Tudo posso naquele que me fortalece.
Filipenses 4.13

CÓDIGO DE PROCESSO CIVIL

RODOLFO KRONEMBERG HARTMANN

CÓDIGO DE PROCESSO CIVIL

3ª edição revista e atualizada pelas Leis nº 13.256/2016 e nº 13.363/2016

COMENTADO

Editora Impetus

Niterói, RJ
2018

© 2018, Editora Impetus Ltda.

Editora Impetus Ltda.
Rua Alexandre Moura, 51 – Gragoatá – Niterói – RJ
CEP: 24210-200 – Telefax: (21) 2621-7007

CONSELHO EDITORIAL:
ANA PAULA CALDEIRA • BENJAMIN CESAR DE AZEVEDO COSTA
ED LUIZ FERRARI • EUGÊNIO ROSA DE ARAÚJO
FÁBIO ZAMBITTE IBRAHIM • FERNANDA PONTES PIMENTEL
IZEQUIAS ESTEVAM DOS SANTOS • MARCELO LEONARDO TAVARES
RENATO MONTEIRO DE AQUINO • ROGÉRIO GRECO
VITOR MARCELO ARANHA AFONSO RODRIGUES • WILLIAM DOUGLAS

PROJETO GRÁFICO: SBNIGRI ARTES E TEXTOS LTDA.
EDITORAÇÃO ELETRÔNICA: SBNIGRI ARTES E TEXTOS LTDA.
CAPA: EDITORA IMPETUS LTDA.
Revisão de Português: C&C Criações e Textos Ltda.
IMPRESSÃO E ENCADERNAÇÃO: EDITORA E GRÁFICA VOZES LTDA.

H333c
    Hartmann, Rodolfo Kronemberg
        Código de Processo Civil / Rodolfo Kronemberg Hartmann. 3. ed. – Niterói, RJ: Impetus, 2018.
    956 p.; 17 x 24 cm.

    Inclui bibliografia.

    ISBN: 978-85-7626-972-4

    1. Processo civil – Brasil. I. Título.

                                      CDD – 347.8105

O autor é seu professor; respeite-o: não faça cópia ilegal.
TODOS OS DIREITOS RESERVADOS – É proibida a reprodução, salvo pequenos trechos, mencionando-se a fonte. A violação dos direitos autorais (Lei nº 9.610/1998) é crime (art. 184 do Código Penal). Depósito legal na Biblioteca Nacional, conforme Decreto nº 1.825, de 20/12/1907.

A **Editora Impetus** informa que quaisquer vícios do produto concernentes aos conceitos doutrinários, às concepções ideológicas, às referências, à originalidade e à atualização da obra são de total responsabilidade do autor/atualizador.

www.impetus.com.br

DEDICATÓRIA

Este livro, como os outros,
É dedicado à Geisa, ao Matheus e ao Lucas.
E, também, ao bom Deus.

"A vida é amiga da arte
É a parte que o sol me ensinou.
O sol que atravessa essa estrada que nunca passou.
Por isso uma força me leva a cantar,
por isso essa força estranha no ar.
Por isso é que eu canto, não posso parar.
Por isso essa voz tamanha". (C.E.V.T.V.)

O AUTOR

- Juiz Federal – RJ
- Mestre em Direito pela UGF – RJ
- Coordenador Adjunto de Processo Civil na Emerj (2006-2013)
- Coordenador da Pós de Processo Civil na Emerj
- Examinador de Processo Civil para ingresso na Emerj (2006-2011 e 2016-2017)
- Coordenador da comissão de Processo Civil na Emarf
- Professor de disciplina (presencial e telepresencial) na Universidade Estácio de Sá e no Proab
- Professor de pós-graduação e palestrante em vários Estados
- Articulista em diversas obras
- Membro do IBDP – Instituto Brasileiro de Direito Processsual
- Membro fundador do ICPC – Instituto Carioca de Processo Civil

<www.rodolfohartmann.com.br>

NOTA DO AUTOR – 3ª EDIÇÃO

O CPC/2015 está em vigor há mais de um ano e, por este motivo, aos poucos já vem sendo deixado de ser chamado de NCPC. Durante este período, muitas lições (acadêmicas e pessoais) foram assimiladas ao mesmo tempo em que nosso País atravessa uma grave crise moral, ética e financeira. Mas não podemos esmorecer. O aprendizado com vivências passadas é importante para que mudanças sejam realizadas e novos sonhos sejam trilhados. Continuamos seguindo. Isso que importa.

Como devem ter percebido pelas cores da capa e pelo nome, este livro foi todo refeito para que fosse transformado de um "CPC comparado" em um "CPC comentado". Uma verdadeira "transformação", como também ocorreu com a outra obra "Curso Completo do Novo Processo Civil", que foi completamente reescrita em 2016.

A maturidade adquirida nos últimos anos permitiu apresentar ao público uma visão realista do CPC/2015, tendo eu percebido que isso me gerou credibilidade e respeito junto aos operadores do Direito, ou seja, aqueles profissionais que, no dia a dia, labutam nos fóruns da vida. Ao mesmo tempo, para reforçar o apelo prático da obra, incluí mais de uma centena de ementas criadas com a novel legislação em vigor, assim como mantive algumas antigas do CPC/73 (sempre destacando esta informação), que me pareceram ainda atuais ou, no mínimo, curiosas. Igualmente, objetivando que a obra seja proveitosa, mantive os primeiros enunciados da Enfam (Escola Nacional de Formação dos Magistrados) e incluí os 107 recentes enunciados criados no 2º semestre de 2017, no I Encontro de Direito Processual Civil, organizado pelo Centro de Estudos do CJF (Conselho da Justiça Federal).

Trata-se de um livro que ainda está em processo de formação e que, se Deus quiser e permitir, será substancialmente acrescentado ao longo dos anos com mais informações, verbetes sumulares e mais decisões judiciais, que cada vez mais são produzidos. Agradeço, por sinal, o valoroso auxílio na leitura dos "Informativos Direito Atual", organizados pela Professora Carmem Becker, que muito me ajudaram na inclusão de novos julgados.

Neste momento, agradeço, mais uma vez, por toda a boa receptividade que meus livros vêm recebendo. Este é um momento diferente e muito chama a atenção que nem sempre o CPC/2015 vem sendo aplicado pelos Tribunais exatamente da mesma forma como vem sendo abordado por alguns membros do meio acadêmico. E digo isso sem qualquer crítica a um lado ou outro. Aliás, confesso que jamais vivenciei algo semelhante em outras disciplinas. Inclusive, mesmo com as inúmeras alterações que o CPC/73 sofreu, elas estavam em consonância com a realidade brasileira ou com a jurisprudência e isso facilitava a sua aplicação. É para se refletir, realmente, e aguardar que, em um futuro próximo, novamente a jurisprudência e a doutrina estejam caminhando juntos, como nos tempos de autores inesquecíveis como José Carlos Barbosa Moreira, Cândido Rangel Dinamarco, Humberto Theodoro Júnior, Luiz Fux, Ada Pelegrini Grinover, Alexandre Freitas Câmara, Ernane Fidélis, Moacir Amaral Santos, Luiz Guilherme Marinoni, Cássio Scarpinella Bueno, entre outros tantos nomes que contribuíram ou contribuem para que a ciência processual possa, efetivamente, se aperfeiçoar e se desenvolver cumprindo seu destino de servir ao jurisdicionado.

Desejo, de coração, que esta obra continue sendo útil a comunidade jurídica.

E se tiverem a curiosidade, façam o download do app gratuito "Questão de Ordem", para dispositivos móveis (iOS e Android) e testem os seus conhecimentos jurídicos sobre o CPC/2015 e outras disciplinas. Trata-se de um projeto muito pessoal que me consumiu mais de um ano. Agradeço, muito, aos professores Flávia Bahia, José Aras, Aurélio Bouret e Josenildo Leal, por acreditarem em um sonho e me ajudarem a realizá-lo. Neste app, o usuário participa de um quiz show, com a adoção de técnicas próprias da "gamificação", que funcionam para o reforço e memorização do que já foi aprendido no estudo tradicional. Fico feliz que, em menos de três meses, ele já atingiu mais de oito mil downloads, o que é prova de que realmente devemos investir tempo e recursos para melhorar a educação no Brasil, com todas as ferramentas possíveis. Esse é, sem dúvidas, um caminho sem retorno e ao qual temos que nos engajar profundamente, em prol dos estudantes do nosso País.

De resto, vamos continuar a aguardar, rezar, confiar e ajudar o próximo. É a nossa Lei e seguimos protegidos.

Rio de Janeiro, 04 de novembro de 2017.

"O tempo é algo que não volta atrás.
Por isso plante seu jardim e decore sua alma,
Ao invés de esperar que alguém lhe traga flores."
Veronica A. Shoffstall

NOTA DO AUTOR – 2ª EDIÇÃO

O ano de 2015 passou como em um rápido abrir e fechar de olhos. Foi, sem dúvida, um ano muito corrido para todos aqueles que se dedicam à disciplina Direito Processual Civil e que realmente são compromissados com a docência. No meu caso em específico, foram viagens para vários Estados do Brasil, diversos artigos publicados em coletâneas com excelentes amigos e profissionais e, praticamente, dois livros de quase 1.000 (mil) páginas escritos: este, que vem agora com nova edição e, também, o CURSO COMPLETO DE PROCESSO CIVIL, agora já todo de acordo com o NCPC.

Em meu íntimo, fiquei feliz com a boa acolhida da nova obra que, em poucos meses, já vem trazendo a sua 2ª edição, agora com alguns acréscimos, principalmente com o aprofundamento de algumas normas que são nucleares no NCPC, além da correção de alguns erros materiais que me foram gentilmente apontados pelo competente Eduardo Lins, a quem expressamente agradeço. Realmente, pude trabalhar melhor este livro em todos os aspectos, trazendo mais argumentos e considerações (incluindo as alterações aprovadas recentemente no Congresso Nacional), que, acredito, possam complementar a edição anterior. E, também, aprendi muito nas salas de aulas com estudantes altamente interessados no tema.

Além disso, incluí ao longo dos artigos os 62 (sessenta e dois) novos enunciados da Enfam – Escola Nacional de Formação e Atualização dos Magistrados, que são, sem sombra de dúvidas, extremamente importantes, pois representam a primeira impressão dos membros do Poder Judiciário sobre o NCPC, o que é um indicativo de como ele poderá ser interpretado assim que entrar em vigor. Mas, por outro lado, mantive os enunciados do meio acadêmico (FPPC), que representaram o primeiro estudo técnico sobre a legislação que se avizinha.

De resto, gostaria de dedicar esta nova edição justamente à minha esposa Geisa, pois, afinal, este foi um livro que teve parte escrita durante uma viagem muito especial para nós. E, faço questão de constar, trata-se da pessoa que mais me amou e me estimulou em aspectos positivos na vida. Simplesmente, já estamos juntos há mais da metade do tempo de existência de cada um. Portanto, obrigado Amor. Serei sempre eterno aluno das lições da vida que aprendo com você. Nossos meninos são especiais, mas deixo a dedicatória para eles nos outros livros. Este, em específico, representa todo nosso esforço ao longo dos anos para sempre melhorarmos.

Rio de Janeiro, 23 de dezembro de 2015.

"Tudo o que é sábio é simples é claro."
(Máximo Gorki).

NOTA DO AUTOR

A notícia da aprovação do NCPC no Senado Federal em dezembro de 2014 era um sinal de que o ano de 2015 seria de muito esforço. E, mesmo sem a versão final com a redação definitiva ter sido disponibilizada naquele momento, o trabalho já tinha que ser iniciado.

Primeiramente, elaborei um texto de quase quarenta páginas resumindo o NCPC e disponibilizei gratuitamente em redes sociais. Na sequência, uma adaptação do mesmo foi divulgada no site Conjur, com grande repercussão. Ao mesmo tempo, foi lançado o primeiro curso de extensão sobre o NCPC na Emerj (Escola da Magistratura do Estado do Rio de Janeiro), com duração de trinta horas, bem como fiz ligeiros ajustes na grade curricular da pós em processo civil que nela é realizada.

Segui com palestras e participei de congressos, bem como gravei módulos específicos para o Cers, Cejas e Alcance. Também lancei, neste período de transição, uma nova edição do *Curso Completo de Processo Civil*, com Capítulo próprio abordando o NCPC (já pela versão final divulgada e abordando os vetos presidenciais), e incluí, ao final dos principais tópicos, quadros destacando como será o novo tratamento assim que a lei entrar em vigor. Além disso, também recebi convite para participar em, pelo menos, quatro coletâneas de artigos distintos sobre a novel legislação. Tem sido, portanto, um início de 2015 bastante movimentado.

Ainda em março, recebi uma ligação da Editora Impetus indagando se eu poderia escrever um livro comparando os dispositivos do NCPC e do CPC/73, com breves anotações, acrescidas de jurisprudências, súmulas e enunciados, quando pertinentes. O tempo correu contra mim, me exigi bastante e, passados pouco mais de trinta dias, o novo livro já estava pronto.

Confesso que, durante a etapa de diagramação e correção de português, tive certa dificuldade em escrever esta "nota do autor", o que até pode parecer paradoxal, posto que o conteúdo técnico foi rapidamente elaborado. É que, de certa forma, estive tão comprometido em realizá-lo, que não fiquei muito pensando no que dizer em um momento como este ou mesmo esclarecer como foi o seu processo de gestação. Em realidade, acho que a minha maior vontade ao escrevê-lo era dizer, aos meus alunos e aos que gostam de mim, o quão é importante mentalizar e concretizar, bem como que realmente existe uma força milagrosa e poderosa que faz continuar. E, também, afirmar que os sonhos são lindos (e eu sou um sonhador), mas a graça reside justamente em transformá-los em realidade.

Na vida, tive muitas bençôes. Mas, entre todas, a mais especial foi minha pequena família, a quem devo absolutamente tudo. Obrigado Geisa, Matheus e Lucas. Foi um mês que fiquei ausente, pois mesmo com a presença física minha mente esteve em outro lugar. Reconheço que foram dias estranhos e agradeço por terem entendido e respeitado este meu momento. Só quem ama de verdade sabe o quanto um mês pode demorar tanto a passar. Se eu levei perto de cinco anos para escrever as quase mil páginas do livro anterior, como explicar que quase essa mesma quantidade tenha sido escrita em apenas um mês? Só com muita força, amor, consideração, respeito e entendimento. Retorno mais forte, para auxiliar no desenvolvimento pessoal de cada um de vocês, porque somos uma família e estamos todos juntos.

Também agradeço aos meus pais, Carlos e Nádia, e aos meus irmãos, Maurício e Guilherme, por tudo que vivemos. Da mesma forma, teço agradecimentos especiais aos meus finados avós Nelson, Eunice, Pedro e Dulce, que estão muito vivos em minhas lembranças. E, claro, um obrigado muito especial ao Tchorman!

Para finalizar esta nota do autor, gostaria de deixar uma pequena oração, sincera, de boas vindas ao NCPC.

> *Que as potencialidades do NCPC sejam todas integralmente desenvolvidas e assimiladas, sempre em prol do coletivo.*
>
> *Que os congressistas, assim como as entidades de classe, não tenham incorrido na soberba ou mesmo sido vaidosos em tentar transformar este NCPC em algo diferente do que ele está potencialmente vocacionado a ser, para atender interesses que não o de servir exclusivamente a sociedade.*
>
> *Que tenhamos a consciência de bem assimilar o que é efetivamente bom e o que é pura autopromoção, associativa ou pessoal, por qualquer um que de alguma forma tenha participado da criação do NCPC.*
>
> *Que o tempo, sempre ele, seja o melhor julgador entre os erros e acertos do NCPC e que a norma prevista no art. 1.069 seja realmente observada para nos subsidiar no futuro próximo, aclarando o que realmente deu certo e o que foi fantasioso ou, apenas, absolutamente desnecessário, para que novas mudanças sejam realizadas.*
>
> *Bem vindo, NCPC! Realize-se para que possamos nos realizar. Temos expectativas e ansiamos por J U S T I Ç A !*

ABREVIATURAS

ACO = Ação de competência originária
ADCT = Ato das Disposições Constitucionais Transitórias
AIJ = Audiência de Instrução e Julgamento
AP = Ação Penal
BB = Banco do Brasil
BTN = Bônus do Tesouro Nacional
CC = Código Civil
CCAF = Câmara de Conciliação e Arbitragem da Administração Federal
CDA = Certidão de Dívida Ativa
CDC = Código de Defesa do Consumidor
CEF = Caixa Econômica Federal
CJF = Conselho da Justiça Federal
CLT = Consolidação das Leis Trabalhistas
CNJ = Conselho Nacional de Justiça
CP = Código Penal
CPC = Código de Processo Civil
CPP = Código de Processo Penal
CF = Constituição da República Federativa do Brasil de 1988
CTN = Código Tributário Nacional
DETRAN = Departamento de Trânsito
DJ = Diário de Justiça
DL = Decreto-Lei
DO = Diário Oficial
DNA = Ácido Desoxirribonucleico
EC = Emenda Constitucional
ECT = Empresa de Correios e Telégrafos
FGTS = Fundo de Garantia do Tempo de Serviço
HC = Habeas Corpus
INSS = Instituto Nacional de Seguridade Social
JEC = Juizado Especial Cível
LINDB = Lei de Introdução às Normas do Direito Brasileiro

LC = Lei Complementar
LEF = Lei de execução fiscal
LOMAN = Lei Orgânica da Magistratura
MP = Ministério Público
NA = Nota do Autor
NCPC = Novo Código de Processo Civil
OAB = Ordem dos Advogados do Brasil
ORTN = Obrigações Reajustáveis do Tesouro Nacional
OTN = Obrigações do Tesouro Nacional
PAES = Parcelamento Especial
PASEP = Programa de Formação do Patrimônio do Servidor Público
PIS = Programa de Integração Social
REFIS = Programa de Recuperação Fiscal
RESP = Recurso Especial
REXTR = Recurso Extraordinário
RISTF = Regimento Interno do Supremo Tribunal Federal
RF = Receita Federal
RGI = Registro Geral de Imóveis
RPV = Requisição de Pequeno Valor
SS = Suspensão de Segurança
STA = Suspensão de tutela antecipada
STF = Supremo Tribunal Federal
STJ = Superior Tribunal de Justiça
STM = Supremo Tribunal Militar
TJ-MG = Tribunal de Justiça do Estado de Minas Gerais
TJ-PE = Tribunal de Justiça do Estado de Pernambuco
TJ-RJ = Tribunal de Justiça do Estado do Rio de Janeiro
TJ-RS = Tribunal de Justiça do Estado do Rio Grande do Sul
TJ-SP = Tribunal de Justiça do Estado de São Paulo
TRF1 = Tribunal Regional Federal da 1ª Região
TRF2 = Tribunal Regional Federal da 2ª Região
TRF3 = Tribunal Regional Federal da 3ª Região
TRF4 = Tribunal Regional Federal da 4ª Região
TRF5 = Tribunal Regional Federal da 5ª Região
TSE = Tribunal Superior Eleitoral
TST = Tribunal Superior do Trabalho
V.G. = *Verbi Gratia*

SUMÁRIO

O Código de Processo Civil de 2015 1

Introdução 1

Teoria geral do processo. Jurisdição. Competência. Ação. Processo 1

Litisconsórcio. Intervenção de terceiros. Impedimento e suspeição 4

Atos processuais e seus vícios 4

Tutela provisória 6

Processo de conhecimento e o novo procedimento comum 6

Teoria geral das provas e provas em espécie 9

Sentença, remessa necessária, coisa julgada e liquidação do julgado 10

Cumprimento da sentença 11

Cumprimento definitivo da sentença que condena a obrigação de pagar 12

Cumprimento da sentença que reconheça a exigibilidade da obrigação de prestar alimentos 13

Cumprimento de sentença que reconheça obrigação de pagar pela Fazenda Pública 14

Cumprimento da sentença que reconheça obrigação de fazer, não fazer e de entrega de coisa 14

Procedimentos especiais de jurisdição contenciosa 15

Procedimentos especiais de jurisdição voluntária 18

Processo de execução 19

Execução contra a Fazenda Pública e a execução de alimentos 24

Embargos à execução e parcelamento 25

Suspensão e extinção da execução 25

Ordem dos processos e processos de competência originária dos tribunais. 26

Incidente de assunção de competência, de arguição de inconstitucionalidade e o conflito de competência 27

Homologação de decisão estrangeira e da concessão de exequatur a carta rogatória 28

Ação rescisória 28

Incidente de resolução de demandas repetitivas 29

Reclamação 31

Recursos: disposições gerais 31

Apelação 32
Agravo de instrumento. Agravo interno. Agravo em recurso especial e extraordinário 33
Embargos de declaração 34
Recurso ordinário 34
Recurso extraordinário e especial. Julgamento dos recursos repetitivos 35
Embargos de divergência 36
Disposições finais e transitórias 36
Conclusão..38

PARTE GERAL

Livro I – Das Normas Processuais Civis 39

Título Único – Das Normas Fundamentais e da Aplicação das Normas Processuais...39
    Capítulo I – Das Normas Fundamentais do Processo Civil 39
    Capítulo II – Da Aplicação das Normas Processuais 57

Livro II – Da Função Jurisdicional 62

Título I – Da Jurisdição e da Ação..62
Título II – Dos Limites Da Jurisdição Nacional e da Cooperação Internacional 70
    Capítulo I – Dos Limites da Jurisdição Nacional......................................70
    Capítulo II – Da Cooperação Internacional..77
        Seção I – Disposições Gerais...77
        Seção II – Do Auxílio Direto..80
        Seção III – Da Carta Rogatória..85
        Seção IV – Disposições Comuns às Seções Anteriores 87
Título III – Da Competência Interna 90
    Capítulo I – Da Competência..90
        Seção I – Disposições Gerais...90
        Seção II – Da Modificação da Competência...................................100
        Seção III – Da Incompetência 109
    Capítulo II – Da Cooperação Nacional..112

Livro III – Dos Sujeitos do Processo **114**
   Título I – Das Partes e dos Procuradores 114
      Capítulo I – Da Capacidade Processual 114
      Capítulo II – Dos Deveres das Partes e de seus Procuradores 120
         Seção I – Dos Deveres 120
         Seção II – Da Responsabilidade das Partes por Dano Processual 124
         Seção III – Das Despesas, dos Honorários Advocatícios e das Multas 126
         Seção IV – Da Gratuidade da Justiça..145
      Capítulo III – Dos Procuradores 154
      Capítulo IV – Da Sucessão das Partes e dos Procuradores........................158
   Título II – Do Litisconsórcio 161
   Título III – Da Intervenção de Terceiros 165
      Capítulo I – Da Assistência...165
         Seção I – Disposições Comuns 165
         Seção II – Da Assistência Simples 166
         Seção III – Da Assistência Litisconsorcial 168
      Capítulo II – Da Denunciação da LIDE 169
      Capítulo III – Do Chamamento ao Processo..173
      Capítulo IV – Do Incidente de Desconsideração da Personalidade
      Jurídica 174
      Capítulo V – Do *Amicus Curiae* 177
   Título IV – Do Juiz e dos Auxiliares da Justiça 180
      Capítulo I – Dos Poderes, dos Deveres e da Responsabilidade do Juiz 180
      Capítulo II – Dos Impedimentos e da Suspeição.....................................184
      Capítulo III – Dos Auxiliares da Justiça..190
         Seção I – Do Escrivão, do Chefe de Secretaria e do Oficial de Justiça 191
         Seção II – Do Perito 195
         Seção III – Do Depositário e do Administrador................................197
         Seção IV – Do Intérprete e do Tradutor 199
      Capítulo III – Dos Auxiliares da Justiça..200
         Seção VI – Dos conciliadores e mediadores judiciais 200
   Título V – Do Ministério Público...207
   Título VI – Da Advocacia Pública 213
   Título VII – Da Defensoria Pública..216

Livro IV – Dos Atos Processuais 219
- Título I – Da Forma, do Tempo e do Lugar dos Atos Processuais 219
  - Capítulo I – Da Forma dos Atos Processuais 219
    - Seção I – Dos Atos em Geral 219
    - Seção II – Da Prática Eletrônica de Atos Processuais 226
    - Seção III – Dos Atos das Partes 230
    - Seção IV – Dos Pronunciamentos do Juiz 231
    - Seção V – Dos Atos do Escrivão ou do Chefe de Secretaria 233
  - Capítulo II – Do Tempo e do Lugar dos Atos Processuais 235
    - Seção I – Do Tempo 235
    - Seção II – Do Lugar 238
  - Capítulo III – Dos Prazos 239
    - Seção I – Disposições Gerais 239
    - Seção II – Da Verificação dos Prazos e das Penalidades 251
- Título II – Da Comunicação dos Atos Processuais 254
  - Capítulo I – Disposições Gerais 254
  - Capítulo II – Da Citação 255
  - Capítulo III – Das Cartas 271
  - Capítulo IV – Das Intimações 275
- Título III – Das Nulidades 280
- Título IV – Da Distribuição e do Registro 285
- Título V – Do Valor da Causa 292

Livro V – Da Tutela Provisória 295
- Título I – Das Disposições Gerais 295
- Título II – Da Tutela de Urgência 299
  - Capítulo I – Disposições Gerais 299
  - Capítulo II – Do Procedimento da Tutela Antecipada Requerida em Caráter Antecedente 305
  - Capítulo III – Do Procedimento da Tutela Cautelar Requerida em Caráter Antecedente 309
- Título III – Da Tutela da Evidência 312

Livro VI – Da Formação, da Suspensão e da Extinção do Processo 315
   Título I – Da Formação do Processo..315
   Título II – Da Suspensão do Processo 316
   Título III – Da Extinção do Processo 319

PARTE ESPECIAL

Livro I – Do Processo de Conhecimento e do Cumprimento de Sentença..........321
   Título I – Do Procedimento Comum 321
      Capítulo I – Disposições Gerais..321
      Capítulo II – Da Petição Inicial 322
         Seção I – Dos Requisitos da Petição Inicial 322
         Seção II – Do Pedido 326
         Seção III – Do Indeferimento da Petição Inicial...................................331
      Capítulo III – Da Improcedência Liminar do Pedido.................................334
      Capítulo IV – Da Conversão da Ação Individual em Ação Coletiva 336
      Capítulo V – Da Audiência de Conciliação ou de Mediação 338
      Capítulo VI – Da Contestação..341
      Capítulo VII – Da Reconvenção 349
      Capítulo VIII – Da Revelia..351
      Capítulo IX – Das Providências Preliminares e do Saneamento 354
         Seção I – Da não Incidência dos Efeitos da Revelia..............................355
         Seção II – Do Fato Impeditivo, Modificativo ou Extintivo do Direito do Autor..356
         Seção III – Das Alegações do Réu 356
      Capítulo X – Do Julgamento Conforme o Estado do Processo....................357
         Seção I – Da Extinção do Processo 357
         Seção II – Do Julgamento Antecipado do Mérito 358
         Seção III – Do Julgamento Antecipado Parcial do Mérito 359
         Seção IV – Do Saneamento e da Organização do Processo 361
      Capítulo XI – Da Audiência de Instrução e Julgamento 364
      Capítulo XII – Das Provas...370
         Seção I – Disposições Gerais...370
         Seção II – Da Produção Antecipada da Prova.......................................382

Seção III – Da Ata Notarial...385
Seção IV – Do Depoimento Pessoal 385
Seção V – Da Confissão 387
Seção VI – Da Exibição de Documento ou Coisa................................390
Seção VII – Da Prova Documental 395
    Subseção I – Da Força Probante dos Documentos............................395
    Subseção II – Da Arguição de Falsidade..404
    Subseção III – Da Produção da Prova Documental 406
Seção VIII – Dos Documentos Eletrônicos 409
Seção IX – Da Prova Testemunhal..410
    Subseção I – Da Admissibilidade e do Valor da Prova Testemunhal...410
    Subseção II – Da Produção Da Prova Testemunhal.........................414
Seção X – Da Prova Pericial..422
Seção XI – Da Inspeção Judicial 432
Capítulo XIII – Da Sentença e da Coisa Julgada...................................433
Seção I – Disposições Gerais...433
Seção II – Dos Elementos e dos Efeitos da Sentença 439
Seção III – Da Remessa Necessária...447
Seção IV – Do Julgamento das Ações Relativas às Prestações de Fazer, de Não Fazer e de Entregar Coisa..448
Seção V – Da Coisa Julgada 450
Capítulo XIV – Da Liquidação de Sentença...460
Título II – Do Cumprimento de Sentença 464
Capítulo I – Das Disposições Gerais..464
Capítulo II – Do Cumprimento Provisório da Sentença que Reconheça a Exigibilidade de Obrigação de Pagar Quantia Certa 474
Capítulo III – Do Cumprimento Definitivo da Sentença que Reconheça a Exigibilidade de Obrigação de Pagar Quantia Certa 479
Capítulo IV – Do Cumprimento da Sentença que Reconheça a Exigibilidade de Obrigação de Prestar Alimentos................................489
Capítulo V – Do Cumprimento da Sentença que Reconheça a Exigibilidade de Pagar quantia certa pela Fazenda Pública 500
Capítulo VI – Do Cumprimento da Sentença que Reconheça a Exigibilidade de Obrigação de Fazer, de não Fazer ou de Entregar Coisa 507

  Seção I – Do Cumprimento da Sentença que Reconheça a Exigibilidade de Obrigação de Fazer e de não Fazer 507

  Seção II – Do Cumprimento da Sentença que Reconheça a | Exigibilidade de Obrigação de Entregar Coisa 512

Título III – Dos Procedimentos Especiais 512

 Capítulo I – Da Ação de Consignação em Pagamento 512

 Capítulo II – Da Ação de Exigir Contas 518

 Capítulo III – Das Ações Possessórias 522

  Seção I – Das Disposições Gerais 522

  Seção II – Da Manutenção e da Reintegração de Posse 527

  Seção III – Do Interdito Proibitório 529

 Capítulo IV – Da Ação de Divisão e da Demarcação de Terras Particulares 530

  Seção I – Das Disposições Gerais 530

  Seção II – Da Demarcação 532

  Seção III – Da Divisão 537

 Capítulo V – Da Ação de Dissolução Parcial de Sociedade 541

 Capítulo VI – Do Inventário e da Partilha 546

  Seção I – Das Disposições Gerais 546

  Seção II – Da Legitimidade para Requerer o Inventário 549

  Seção III – Do Inventariante e das Primeiras Declarações 550

  Seção IV – Das Citações e das Impugnações 555

  Seção V – Da Avaliação e do Cálculo do Imposto 557

  Seção VI – Das Colações 560

  Seção VII – Do Pagamento das Dívidas 562

  Seção VIII – Da Partilha 564

  Seção IX – Do Arrolamento 569

  Seção X – Das Disposições Comuns a Todas as Seções 572

 Capítulo VII – Dos Embargos de Terceiro 575

 Capítulo VIII – Da Oposição 580

 Capítulo IX – Da Habilitação 582

 Capítulo X – Das Ações de Família 584

 Capítulo XI – Da Ação Monitória 588

 Capítulo XII – Da Homologação do Penhor Legal 596

 Capítulo XIII – Da Regulação de Avaria Grossa 598

Capítulo XIV – Da Restauração de Autos 601
Capítulo XV – Dos Procedimentos de Jurisdição Voluntária 604
    Seção I – Disposições Gerais...604
    Seção II – Da Notificação e da Interpelação 607
    Seção III – Da Alienação Judicial 608
    Seção IV – Do Divórcio e da Separação Consensuais, da Extinção Consensual de União Estável e da Alteração do Regime de Bens do Matrimônio...609
    Seção V – Dos Testamentos e dos Codicilos...611
    Seção VI – Da Herança Jacente 613
    Seção VII – Dos Bens dos Ausentes 617
    Seção VIII – Das Coisas Vagas 618
    Seção IX – Da Interdição...619
    Seção X – Das Disposições Comuns à Tutela e à Curatela 626
    Seção XI – Da Organização e da Fiscalização das Fundações.................628
    Seção XII – Da Ratificação dos Protestos Marítimos e dos Processos Testemunháveis Formados a Bordo..629

Livro II – Do Processo de Execução 631
Título I – Da Execução em Geral 631
    Capítulo I – Disposições Gerais...631
    Capítulo II – Das Partes..636
    Capítulo III – Da Competência 638
    Capítulo IV – Dos Requisitos Necessários para Realizar qualquer Execução 640
        Seção I – Do Título Executivo 640
        Seção II – Da Exigibilidade da Obrigação 644
    Capítulo V – Da Responsabilidade Patrimonial 645
Título II – Das Diversas Espécies de Execução 651
    Capítulo I – Disposições Gerais...651
    Capítulo II – Da Execução para a Entrega de Coisa 659
        Seção I – Da Entrega de Coisa Certa 659
        Seção II – Da Entrega de Coisa Incerta..661

    Capítulo III – Da Execução das Obrigações de Fazer ou de Não Fazer 662
        Seção I – Disposições Comuns 662
        Seção II – Da Obrigação de Fazer 663
        Seção III – Da Obrigação de Não Fazer 666
    Capítulo IV – Da Execução por Quantia Certa 666
        Seção I – Disposições Gerais... 666
        Seção II – Da Citação do Devedor e do Arresto..................................... 668
        Seção III – Da Penhora, do Depósito e da Avaliação............................. 672
            Subseção I – Do Objeto da Penhora 672
            Subseção II – Da Documentação da Penhora, de seu Registro
            e do Depósito 685
            Subseção III – Do Lugar de Realização da Penhora 689
            Subseção IV – Das Modificações da Penhora 690
            Subseção V – Da Penhora de Dinheiro em Depósito ou em
            Aplicação Financeira... 693
            Subseção VI – Da Penhora de Créditos 696
            Subseção VII – Da Penhora das Quotas ou Ações de Sociedades
            Personificadas.. 700
            Subseção VIII – Da Penhora de Empresa, de Outros
            Estabelecimentos e de Semoventes 701
            Subseção IX – Da Penhora de Percentual de Faturamento de
            Empresa 703
            Subseção X – Da Penhora de Frutos e Rendimentos de Coisa
            Móvel ou Imóvel 704
            Subseção XI – Da Avaliação 706
        Seção IV – Da Expropriação de Bens 709
        Subseção I – Da Adjudicação 709
        Subseção II – Da Alienação 712
        Seção V – Da Satisfação do Crédito... 728
    Capítulo V – Da Execução Contra a Fazenda Pública................................. 731
    Capítulo VI – Da Execução de Alimentos 733
Título III – Dos Embargos à Execução.. 736
Título IV – Da Suspensão e da Extinção do Processo de Execução 745
    Capítulo I – Da Suspensão.. 745
    Capítulo II – Da Extinção... 749

Livro III – Dos Processos nos Tribunais e dos Meios de Impugnação das Decisões Judiciais..750

    Título I – Da Ordem dos Processos e dos Processos de Competência Originária dos Tribunais..750

        Capítulo I – Disposições Gerais 750

        Capítulo II – Da Ordem dos Processos no Tribunal 752

        Capítulo III – Do Incidente de Assunção de Competência 770

        Capítulo IV – Do Incidente de Arguição de Inconstitucionalidade 772

        Capítulo V – Do Conflito de Competência 774

        Capítulo VI – Da Homologação de Decisão Estrangeira e da Concessão do Exequatur à Carta Rogatória...779

        Capítulo VII – Da Ação Rescisória 785

        Capítulo VIII – Do Incidente de Resolução de Demandas Repetitivas 802

        Capítulo IX – Da Reclamação 810

    Título II – Dos Recursos..814

        Capítulo I – Das Disposições Gerais..814

        Capítulo II – Da Apelação 829

        Capítulo III – Do Agravo de Instrumento...842

        Capítulo IV – Do Agravo Interno..856

        Capítulo V – Dos Embargos de Declaração...860

        Capítulo VI – Dos Recursos para o Supremo Tribunal Federal e para o Superior Tribunal de Justiça 871

            Seção I – Do Recurso Ordinário 871

            Seção II – Do Recurso Extraordinário e do Recurso Especial 875

                Subseção I – Das Disposições Gerais...875

                Subseção II – Do Julgamento dos Recursos Extraordinário e Especial Repetitivos 886

            Seção III – Do Agravo em Recurso Especial e em Recurso Extraordinário 894

            Seção IV – Dos Embargos de Divergência...897

Livro Complementar das Disposições Finais e Transitórias 900

Bibliografia Sugerida..925

O CÓDIGO DE PROCESSO CIVIL DE 2015

Uma breve apresentação das principais inovações

Introdução

Em 16 de março de 2015 foi sancionado o CPC, com previsão para que entre em vigor após decorrido 1 (um) ano da data da sua publicação oficial. Contudo, durante o seu período de *vacatio legis*, foram apresentados 2 (dois) novos projetos de lei, com intuito de já promoverem certas mudanças pontuais, o que reforça o quanto são polêmicas algumas das novidades que foram aprovadas. De todo modo, apenas um deles foi regularmente aprovado (Lei nº 13.256/2016), trazendo mudanças como o retorno do juízo de admissibilidade do REXTR e do RESP aos Tribunais de origem, bem como modificando substancialmente as hipóteses de cabimento do recurso de agravo aos Tribunais Superiores (art. 1.042), dentre outras mais. E, posteriormente, foi aprovada mais outra (Lei nº 13.363/16), que alterou apenas um dispositivo do CPC (art. 313). Ambas, por óbvio, foram incluídas na nova edição desta obra.

Feitos estes esclarecimentos iniciais, deve-se ainda destacar que as considerações tecidas a seguir têm como única e exclusiva pretensão apresentar, em linhas gerais, as principais mudanças que ocorrerão ou mesmo repisar certas situações jurídicas tradicionais que permanecerão. Para uma leitura mais densa e profunda, recomenda-se ao leitor o *Curso Completo de Processo Civil*, que, em sua 4ª (quarta) edição, também lançada em 2017, já vem todo de acordo com o CPC. E, para a aplicação prática do CPC, sugiro a leitura do *Petições & Prática Cível*, que lancei em conjunto com meu irmão Guilherme Kronemberg Hartmann, estando já na 3ª (terceira) tiragem da 1ª (primeira) edição, de 2017.

Teoria geral do processo. Jurisdição. Competência. Ação. Processo

O CPC começa com um capítulo denominado "Das normas fundamentais do processo civil", reconhecendo expressamente princípios constitucionais como o da inafastabilidade (art. 3º), da duração razoável do tempo para a solução do mérito (art. 4º), da isonomia (art. 7º), do contraditório (art. 9º), dentre outros. Além disso, estabelece que o magistrado não poderá decidir qualquer matéria sem antes submetê-la a contraditório das partes, inclusive as matérias que podem ser pronunciadas de ofício (art. 10). Há, porém, exceções, como os casos de tutelas provisórias de urgência, algumas tutelas de evidência e quando se defere a expedição do mandado liminar em ação monitória (art. 9º, parágrafo único). Há, inclusive, outros casos que não foram relacionados entre as normas fundamentais (v.g., art. 854).

Entre os diversos princípios, um que merece especial destaque é o da cooperação, não apenas entre as partes atuantes do processo, mas, também, entre os próprios magistrados que atuam eventualmente nele (art. 6º). Por este motivo, foram melhoradas regras sobre a cooperação internacional (art. 26 – art. 41) e nacional (art. 67 – art. 69), incluindo o já existente sistema de cartas processuais.

Também é previsto, em seu início, uma ordem cronológica de conclusão para o magistrado sentenciar os processos, que deve ser preferencialmente observada (art. 12). Esta lista deve ser pública. Alguns processos estão excluídos e podem ser sentenciados independentemente desta ordem como, por exemplo, quando se tratar de sentença homologatória de acordo proferida em audiência, julgamento em bloco para aplicação de tese jurídica firmada em julgamento de casos repetitivos, aqueles que estiverem previstos em metas do CNJ, entre outras mais. Se o advogado peticionar, isso não vai alterar a ordem de conclusão, desde que não haja reabertura de instrução. Também é importante afirmar que em casos de anulação da decisão pelo Tribunal, o processo retorna ao juízo de origem com preferência, exceto se houver necessidade de dilação probatória. Ocorre, porém, que o CPC, em seu fim (art. 1.046, § 5º), já prevê que essa norma somente se aplica aos novos processos, pois os antigos devem ser sentenciados de acordo com a ordem de distribuição. Portanto, deverão ser feitas duas listagens para que todos possam consultar se estas ordens estarão sendo observadas.

O tema "jurisdição nacional" passou a ser disciplinado de maneira mais adequada, albergando diversas outras situações que anteriormente não estavam previstas no CPC, tal como a possibilidade de demanda instaurada no Brasil quando se tratar de relação regida pelo CDC e o consumidor aqui tiver domicílio ou residência (art. 22, inc. II).

Também há um tratamento mais amplo no que diz respeito à cooperação internacional (que será "ativa", quando depender de atuação de agentes estrangeiros, ou "passiva", para cumprimento perante órgãos nacionais), que abrangerá o cumprimento das cartas rogatórias (art. 36), o auxílio direto (art. 28 – art. 34) e a ação de homologação de decisão estrangeira (art. 960 – art. 965).

Eventualmente, a jurisdição pode ser prestada de ofício, como no processo de restauração de autos, que é de jurisdição contenciosa em procedimento especial (art. 712). Desaparece a possibilidade de o inventário decorrer de iniciativa do magistrado (art. 989, inc. I, CPC/73).

A competência interna, por sua vez, recebe um tratamento muito mais adequado do que o atual (art. 42 – art. 53).

É mantido o princípio da *perpetuatio jurisdictionis* tal como já ocorre nos moldes atuais, embora sejam previstas algumas exceções à sua aplicação como quando suprimirem o órgão (art. 43).

Determinada norma constitucional (art. 109, § 2º, CF) que era restrita à atuação em juízo da União, passa a ser estendida também para as demandas que envolvam o Distrito Federal e os Estados (art. 52).

É repetido o atual conceito de "conexão", embora o mesmo tratamento prático (reunião dos processos para se evitar decisões conflitantes) ocorra entre os processos de conhecimento e de execução (art. 55). A novidade fica por conta de esta reunião também ocorrer mesmo quando não houver conexão (art. 55, § 3º). A "continência", por sua vez, apenas tem o seu processamento melhor detalhado (art. 56 – art. 57).

A prevenção do juízo, em casos de "conexão" ou de "continência", ocorrerá pelo registro ou distribuição da petição inicial (art. 59).

As partes poderão eleger foro para litigar, devendo ele ser expresso a determinado negócio jurídico. O juiz poderá reputar esta cláusula ineficaz se vislumbrar que é abusiva. Após a citação, isso somente poderá ser feito se o demandado alegar este tema em contestação, sob pena de preclusão e prorrogação da competência (art. 63).

Outra inovação é que tanto a incompetência absoluta quanto a relativa devem ser alegadas em preliminar de contestação, de modo que não mais subsistirá o instrumento denominado "exceção" (art. 64 c/c art. 337, inc. II).

Nos casos de incompetência, todos os atos processuais poderão ser aproveitados no novo juízo, inclusive as decisões judiciais, salvo se estas forem revogadas no outro órgão (art. 64, § 4º).

Já um tema que mereceu tratamento bastante reduzido no CPC foi o direito de ação, tal como no anterior. De acordo com o mesmo, não mais será utilizada a expressão "condições da ação" como no anterior, da mesma forma que foi eliminada uma destas, que seria a "possibilidade jurídica do pedido", limitando-se a prever que, para se postular em juízo, basta ter "legitimidade" e "interesse" (v.g., art. 17 c/c art. 485, inc. VI). Mas todos os demais dispositivos sobre este tema repetem em essência aqueles já constantes no atual CPC, cuidando do instituto da substituição processual e do interesse em promover ação com intento de obter tutela declaratória (art. 18 – art. 19). Na doutrina, já há debate sobre se as condições da ação persistem (o que parece ser o melhor entendimento, já que mantidas a legitimidade e o interesse processual) ou se o tema passou a se referir a pressupostos processuais. Passado o arroubo inicial da aprovação de uma nova codificação, o meio acadêmico vem reconhecendo a permanência das "condições da ação".

Quanto ao "processo", desaparecem as disposições específicas sobre o processo cautelar, muito embora permaneçam as tutelas não satisfativas (cautelares) que, inclusive, podem ser prestadas por meio de uma nova sistemática de processamento denominada "tutela provisória", que tanto pode ser concedida com base na urgência como na evidência (art. 294 – art. 311). Da mesma maneira, persiste o processo autônomo denominado "produção antecipada de provas" (art. 381 – art. 383).

O procedimento para a concessão da gratuidade de justiça passa a ser disciplinado pelo CPC (art. 98 – art. 102). Ele agora pode ser deferido para todos ou apenas alguns atos processuais. Também é permitido que as despesas processuais sejam parceladas.

Litisconsórcio. Intervenção de terceiros. Impedimento e suspeição

O tema *litisconsórcio* não teve mudanças do quadro atual. O CPC permanece conceituando o que é o litisconsórcio necessário e unitário (art. 114 e art. 116), bem como as providências que o magistrado deve adotar quando perceber a ausência de litisconsortes no processo (art. 115, parágrafo único), entre outras matérias que não inovam. Permanece a benesse do prazo processual em dobro se os litisconsortes tiverem diferentes procuradores (art. 229), exceto em poucas situações, como no caso de o processo ser "eletrônico".

As modalidades de intervenção de terceiros passam a ser: assistência simples, assistência litisconsorcial, denunciação da lide, chamamento ao processo, incidente de desconsideração da personalidade jurídica e *amicus curiae* (art. 119 – art. 138). A oposição persiste, mas como procedimento especial de jurisdição contenciosa (art. 682 – art. 686). A nomeação à autoria desaparece, mas passa a ser possível que o demandado alegue ilegitimidade passiva em contestação e, se o demandante concordar, poderá ser alterado o ocupante do polo passivo (art. 338 – art. 339).

O impedimento ou suspeição do magistrado ou dos servidores devem ser alegados por simples petição, no prazo de 15 (quinze) dias da ciência do ato (art. 146).

Atos processuais e seus vícios

O CPC prevê, de maneira inédita, a possibilidade de as partes, de comum acordo, ajustarem mudanças no procedimento comum para ajustá-lo às especificidades da causa, inclusive com a previsão de calendário para a prática dos atos processuais, o que vem sendo denominado "negócios processuais" (art. 190). O magistrado, contudo, pode refutar este ajuste quando verificar nulidade ou abusividade.

Entre as situações mais corriqueiras que estão sendo indicadas como passíveis de serem objeto de convenções processuais entre as partes podem ser citadas as seguintes: a) para a modificação do procedimento (art. 190); b) para a criação de calendário para a prática de atos processuais (art. 191); c) para que o saneamento do processo possa ser efetuado pelas próprias partes (art. 357, § 2º); d) para a inversão do ônus da prova ser realizada pelas próprias partes extrajudicialmente (art. 373, § 4º); e) para a renúncia à impenhorabilidade de bens por convenção entre as partes (art. 833); f) para a renúncia à força executiva do título extrajudicial por convenção processual (art. 785); g) para dispensar caução em cumprimento provisório de sentença; h) para que não seja promovido cumprimento provisório da sentença; i) para renúncia prévia ao direito de recorrer ou de não produzir provas; j) para alterar efeito inerente a recurso; k) para criar hipóteses de sustentação oral não previstas em lei ou mesmo ampliação do seu prazo; l) para alteração de prazos peremptórios; m) para modificar deveres e sanções processuais. Este tema, sobre o real alcance das convenções processuais, é, sem sombra de dúvidas, um dos mais polêmicos da novel legislação. E o mais interessante é que, mesmo passados algum tempo do CPC em vigor, temos pouquíssima jurisprudência sobre o assunto, o que já era alertado por alguns doutrinadores, pois o tema traz várias incongruências sistemáticas especialmente quando alguns exemplos são confrontados com normas constitucionais.

Também passa a ser autorizada a possibilidade de certos atos processuais, como intimações e penhoras, serem realizados em domingos, feriados ou mesmo fora dos dias úteis independentemente de autorização judicial, o que é totalmente distinto do modelo anterior (art. 212, § 2º).

Os prazos, por sua vez, passarão a ser contados por dias úteis e não por dias corridos (art. 219). De positivo, há norma (art. 218, § 4º) reputando como "tempestivos" os atos praticados antes do termo inicial.

O processo e os prazos serão suspensos nos dias compreendidos entre 20 de dezembro e 20 de janeiro (art. 220), muito embora os magistrados, servidores, membros do Ministério Público, e membros de outras carreiras devam continuar trabalhando, salvo casos de férias.

Passa a ser admitida, à semelhança do CPP, a prática de ato processual por videoconferência, quando for expedida alguma carta solicitando providência jurisdicional (art. 236, § 3º).

A citação passa a ter como efeitos: induzir litispendência, tornar a coisa litigiosa e constituir em mora o devedor, ou seja, apenas os efeitos materiais serão mantidos (art. 240).

A prescrição passa a ser interrompida pelo "cite-se" (art. 240, parágrafo único).

As modalidades de citação passam a ser as seguintes: correio, oficial de justiça, pelo escrivão ou chefe de secretaria se o citando comparecer em cartório, por edital, por meio eletrônico e por hora certa (art. 246). Ressalta-se que a citação postal, por sua vez, não é mais proibida em execução (art. 246) e até mesmo pode recair na pessoa de funcionário da PJ ou ser recebida pelo funcionário da portaria (art. 248, §§ 2º e 4º).

É formalmente criada a carta arbitral, sendo mantidas as cartas precatórias, rogatórias e de ordem (art. 237).

É permitido que o próprio advogado promova a intimação do patrono da outra parte por meio do correio, juntando aos autos, a seguir, cópia do ofício de intimação e do aviso de recebimento (art. 269, § 1º).

É possível que a intimação seja feita na pessoa do advogado ou em nome da sociedade a que ele pertença (art. 272, § 1º).

O CPC possibilita o cadastro de pessoa para a retirada dos autos, caso em que o advogado, membro do Ministério Público ou Defensoria Pública já serão considerados como intimados (art. 272, § 6º).

De novidade quanto aos vícios dos atos processuais, consta que o juiz, ao pronunciar a nulidade, deverá esclarecer quais são os atos processuais que se encontram maculados, ordenando as providências para que sejam repetidos ou retificados (art. 282).

Tutela Provisória

Instituto inédito é o da tutela provisória (art. 294 – art. 311), que, em certos momentos, justifica o desaparecimento do processo cautelar autônomo.

Em casos de urgência (tutela provisória de urgência antecipada), o magistrado poderá concedê-la e determinar a citação do réu. A petição inicial em casos de urgência pode ser objetiva e, em caso de deferimento, o demandante terá um prazo para emendá-la. O réu, na sequência, é citado para comparecer à audiência de conciliação ou mediação. Se não for apresentado recurso pelo réu da decisão que concedeu a tutela provisória, ela se torna estável (sem gerar coisa julgada) e o processo será extinto sem resolução do mérito. Havendo interesse de qualquer das partes, poderá ser proposta uma demanda autônoma (ação revocatória), perante o mesmo juízo no prazo de 2 (dois) anos. Do contrário, os efeitos da decisão permanecerão estáveis.

Para a tutela provisória de urgência cautelar, segue-se procedimento muito parecido com o CPC/73, muito embora não haja mais a necessidade de instauração de 2 (dois) processos distintos (art. 305 – art. 310).

Por fim, quanto à tutela de evidência, pode ser tanto prestada em caráter provisório (v.g., art. 311) quanto definitivo (v.g., art. 355), dependendo do momento processual.

Processo de conhecimento e o novo procedimento comum

O procedimento comum passa a ter a seguinte ordem: **petição inicial → citação → audiência de conciliação ou mediação → defesa do réu (contestação ou reconvenção) → saneamento no gabinete ou audiência específica para estes fins → audiência de instrução e julgamento → sentença.**

Este rito comum é aplicável subsidiariamente a todos os procedimentos especiais e ao processo de execução (art. 318).

Desaparece o procedimento comum sumário.

A petição inicial deverá observar os mesmo requisitos previstos no CPC (art. 319), além de o demandante ter que se manifestar quanto à opção se gostaria ou não que fosse realizada a audiência de conciliação ou mediação (art. 319, inc. VII). As demandas de danos morais deverão ter pedido determinado (art. 292, inc. V), sob pena de indeferimento da petição inicial (art. 330, § 1º, inc. II).

Para eventuais modificações do pedido (aditamento ou alteração), o autor deve formular requerimento neste sentido até a citação para que elas se operem independentemente de consentimento do demandado. Contudo, mesmo após a citação é possível a modificação se houver a concordância do réu, hipótese em que terá prazo de 15 (quinze) dias para se manifestar. Somente após o saneamento do processo é que não mais será possível qualquer aditamento ou alteração (art. 329).

O indeferimento da petição inicial (art. 330) ocorre em quase as mesmas situações do CPC/73, com exceção da prescrição e decadência, que passaram a ser previstas acertadamente como casos de improcedência liminar, além de poucas outras que foram criadas ou atualizadas. Em caso de recurso interposto pelo demandado, permanece a possibilidade de o juiz se retratar no prazo de 5 (cinco) dias (art. 331).

A improcedência liminar do pedido (art. 332) pode ocorrer nas seguintes situações: a) contrariedade à Súmula do STF e do STJ; b) contrariedade ao julgamento de recursos repetitivos efetuados pelo STF ou pelo STJ; c) contrariedade ao julgamento proferido no incidente de demandas repetitivas ou de assunção de competência; d) contrariedade a enunciado de súmula de Tribunal de Justiça sobre direito local. Em caso de recurso interposto pelo demandado, também permanece a possibilidade de o juiz se retratar no prazo de 5 (cinco) dias.

A audiência de conciliação ou mediação somente não será realizada se as partes manifestarem expressamente desinteresse em sua realização ou quando o direito não permitir solução consensual (art. 334, § 4º). O autor deve se manifestar na própria petição inicial e o demandado, em simples petição até 10 (dez) dias antes de sua realização. O não comparecimento das partes caracteriza ato atentatório à dignidade da justiça, com possibilidade de aplicação de sanção pecuniária, embora seja possível constituir representante que tenha poderes "específicos" para comparecer ao ato. Estas audiências deverão ser designadas com intervalo mínimo de 20 (vinte) minutos entre o início de uma e o início da seguinte, o que soa inconstitucional por ofensa à separação dos Poderes (art. 2º, CF). Com efeito, inadmissível a interferência de um Poder ao outro no exercício da sua atividade-fim. Um paralelo para demonstrar este absurdo seria o Poder Judiciário disciplinar, por meio de decisão judicial, de quantos em quantos minutos os congressistas deveriam votar projetos distintos de lei.

A contestação continua sendo apresentada em 15 (quinze) dias, embora o termo inicial possa variar conforme o caso (art. 335). Havendo audiência de conciliação ou mediação, o prazo se iniciará na data de sua realização, caso não haja composição amigável.

O princípio da eventualidade continuará como atualmente, já que nesta peça o demandado deve trazer todas as suas teses defensivas (336).

São mantidas as questões preliminares, com alguns ajustes (art. 337). Por exemplo, a incompetência relativa agora passa a ser manifestada em contestação (art. 337, inc. II). Esta matéria, por sinal, juntamente com a convenção de arbitragem são as únicas que não podem ser pronunciadas de ofício pelo magistrado (art. 337, § 5º). Outras preliminares novas são: erro na atribuição do valor da causa ou concessão indevida de gratuidade de justiça ao demandante.

Também é autorizado, de maneira inédita, que, se o réu alegar ilegitimidade passiva, possa o autor assim reconhecer e promover retificação da petição inicial, caso em que arcará com as despesas do profissional que representou o réu primitivo (art. 338 – art. 339). De certa maneira, é como se fosse uma "nomeação à autoria" já prevista no CPC/73, mas de uma maneira muito mais ampla.

De maneira absolutamente imprópria, o CPC passa a prever que, em todos os casos, o membro da Defensoria Pública não mais possui o ônus da impugnação específica, ou seja, que o mesmo poderá a partir de então sempre contestar por negativa geral (art. 341, parágrafo único).

A reconvenção deve ser apresentada na própria contestação (art. 343). De novidade, há a permissão para que seja proposta pelo demandado e um terceiro em litisconsórcio e até mesmo em face do autor primitivo e de um terceiro. Admite-se reconvenção na ação monitória, mas não reconvenção da reconvenção.

A revelia permanece com o mesmo tratamento do CPC/73 (art. 344 – art. 346).

Se o réu não contestar, mas ocorrendo qualquer hipótese de não incidência dos efeitos da revelia, o demandante terá que ser intimado para informar se pretende produzir ou não algum meio de prova (art. 348). Se, porém, a defesa for apresentada com algum fato impeditivo, modificativo ou extintivo, o autor será ouvido em 15 (quinze) dias (art. 350). Esta providência (oitiva do demandante) também é adotada se for apresentada questão preliminar em contestação (art. 351).

Admite-se expressamente a extinção parcial do processo ou o julgamento antecipado parcial do mérito (art. 356). Nestes casos, se prevê que o recurso cabível para impugnar o ato decisório é o agravo na modalidade por instrumento (art. 1.015, inc. II), cujo resultado pode até mesmo resultar na aplicação de técnica processual nova que veio a substituir o antigo recurso de "embargos infringentes" (art. 942). Esta decisão parcial poderá desde logo ser liquidada e executada em autos suplementares, se for o caso. Em casos de extinção total do processo ou de julgamento antecipado total do mérito, o recurso já passa a ser o de apelação.

O saneamento deve ser efetuado pelo magistrado por meio de uma decisão interlocutória (art. 357). Havendo dúvidas, qualquer parte pode pedir esclarecimentos ou ajustes, no prazo de 5 (cinco) dias. Também se permite que as partes apresentem ao juiz, para homologação, delimitação consensual das questões de fato e de direito. Havendo complexidade, poderá ser designada uma audiência especial para esta finalidade. As pautas de audiência de saneamento deverão ser preparadas com intervalo mínimo de uma hora entre as audiências, o que é inconstitucional por ofender a separação entre os Poderes (art. 2º, CF), pelas mesmas razões já apontadas anteriormente.

Quanto à audiência de instrução e julgamento, não mais consta que o juiz colhe a prova diretamente. Contudo, apenas na prova testemunhal é que consta a adoção do sistema do *cross examination*, que autoriza que o próprio advogado formule perguntas diretamente (art. 459). Na ausência de testemunha ou perito, a AIJ poderá ser cindida apenas se as partes concordarem. Esta audiência poderá ser gravada por qualquer das partes, independentemente de autorização judicial (art. 367, § 6º), o que já vem gerando algumas polêmicas práticas.

Teoria geral das provas e provas em espécie

Permanece a iniciativa probatória do juiz (art. 370), bem como a adoção do sistema da persuasão racional (art. 371). Passa a ocorrer expressa previsão do uso da prova emprestada, desde que respeitado o contraditório (art. 372).

É repetida a atual regra do ônus da prova, no sentido de que deve ser exercido por aquele que fez a afirmação (art. 373). No entanto, é autorizada a teoria da carga dinâmica do ônus da prova, de modo a permitir que haja a inversão por decisão devidamente motivada, quando for verificado que uma das partes se encontra em melhores condições de produzir a aludida prova. Aliás, também consta a impossibilidade de a inversão do ônus da prova ser determinada na própria sentença, eis que a parte atingida deve ter a oportunidade de desempenhar este novo mister.

Permanece a produção antecipada de prova (art. 381 – art. 383), com feição de processo autônomo e acessório, em que se objetiva uma tutela não satisfativa. É adotado o entendimento de que esta demanda não previne a competência para a demanda principal (art. 381, § 3º). Neste procedimento, não se permite defesa ou recurso, salvo se houver indeferimento da produção da prova (art. 382, § 4º).

Passa a ser regulada a "ata notarial" (art. 384), caso em que se ocorrer fato durante o tramitar do processo que seja controvertido e apresente relevância para a situação jurídica de alguém, poderá o interessado requerer que conste em ata lavrada por escrivão.

O CPC trata dos documentos eletrônicos de forma bastante sucinta e evasiva (art. 439 – art. 441), tanto que se recomenda a verificação da legislação própria a respeito (Lei nº 11.419/2006).

A prova testemunhal deixa de ser tarifada em algumas hipóteses, pois não foi mantida antiga norma do CPC/73 (art. 401), bem como foi revogada outra do CC em igual sentido (art. 1.072, inc. II). A intimação da testemunha deve ser realizada pelo próprio patrono da parte (art. 455).

O CPC também trata acertadamente como "desembargadores" aqueles magistrados atuantes na segunda-instância da Justiça Federal e Trabalhista (art. 454, inc. X). Este dispositivo cuida daquelas pessoas que não são obrigadas a comparecer à AIJ no dia designado, por terem o direito de serem inquiridas em sua residência ou onde exercem suas atividades. Contudo, o mesmo desprestigia os magistrados de primeira instância, que têm idêntico direito reconhecido pela Loman (art. 33, inc. I, da Lei Complementar nº 35/79).

A prova pericial pode ser substituída por prova técnica simplificada, quando o ponto controvertido for de menor complexidade (art. 464, §§ 2º e 3º). Neste caso, será nomeado especialista que irá prestar esclarecimentos em AIJ.

Admite-se que as próprias partes, de comum acordo, escolham o perito para a realização dessa prova (art. 471).

Sentença, remessa necessária, coisa julgada e liquidação do julgado

O CPC conceitua sentença como o ato do juiz, no procedimento comum, que põe fim ao processo ou a uma de suas fases (art. 203, § 1º), mas desde que tenha conteúdo terminativo (art. 485) ou definitivo (art. 487).

A desistência da ação poderá ser apresentada até a sentença. Contudo, havendo apresentação de resposta pelo réu, esta desistência somente poderá ser acolhida caso ele concorde (art. 485, §§ 4º e 5º). Há, porém, hipóteses em que esta anuência é desnecessária, embora de maneira injustificável em um primeiro momento (art. 1.040, §§ 1º, 2º e 3º).

Em casos de sentença terminativa, o recurso permitirá ao magistrado exercer juízo de retratação no prazo de 5 (cinco) dias (art. 485, § 7º).

A sentença deve ter relatório, fundamentação e dispositivo (art. 489). Mas o relatório é dispensado quando se tratar de sentença proferida em procedimento de jurisdição voluntária de ratificação de protestos marítimos e dos processos testemunháveis formados a bordo (art. 712).

O CPC estabelece que as decisões judiciais sejam fundamentadas, para que possa ser verificado se o Estado legitimamente prestou a atividade jurisdicional ou se nela há alguma falha. De forma alguma se pode admitir que o magistrado atue arbitrariamente, não deixando claro às partes os motivos do seu convencimento. Consta que não são consideradas fundamentadas quaisquer decisões que: a) se limitarem à indicação, à reprodução ou à paráfrase de ato normativo sem explicar sua relação com a causa ou a questão decidida; b) empregarem conceitos jurídicos indeterminados, sem explicar o motivo concreto de sua incidência no caso; c) invocarem motivos que se prestariam a justificar qualquer outra decisão; d) não enfrentarem todos os argumentos trazidos no processo capazes de, em tese, infirmar a conclusão adotada pelo julgador; e) se limitarem a invocar precedente ou enunciado de súmula, sem identificar seus fundamentos determinantes nem demonstrar que o caso sob julgamento se ajusta àqueles fundamentos; f) deixarem de seguir enunciado de súmula, jurisprudência ou precedente invocado pela parte, sem demonstrar existência de distinção no caso em julgamento ou a separação do entendimento (art. 489, § 1º).

A parte relativa aos honorários recebe disciplina extensa (art. 85). Os honorários serão devidos na demanda principal, na reconvenção, cumprimento provisório ou definitivo da sentença, na execução (resistida ou não) e também nos recursos, cumulativamente.

Advogados públicos passam a ter direito aos honorários advocatícios, quando for criada lei específica para tanto (art. 85, § 19).

A sentença que condena à prestação pecuniária vale como título executivo judicial e pode também dar ensejo a constituir hipoteca judiciária, podendo ser transcrita em cartório de RGI (art. 494). Também poderá ser protestada após o trânsito em julgado (art. 517).

A remessa necessária é mantida (art. 496), com algumas alterações, especialmente quanto aos valores. No âmbito federal (União e respectivas autarquias e fundações), somente haverá esta remessa se a condenação ou o conteúdo econômico discutido for superior a 1.000 (mil) salários-mínimos. No estadual, este patamar fica em 500 (quinhentos) salários-mínimos e no municipal, em 100 (cem) salários-mínimos. Haverá remessa necessária quando o juiz converte o mandado inicial em mandado executivo na ação monitória promovida em face da Fazenda Pública (art. 701, § 4º).

No julgamento de ações relativas às prestações de fazer, não fazer e de entrega de coisa se permite que o magistrado adote meios executivos na própria sentença ou posteriormente. Em casos de não cumprimento por impossibilidade de obter o resultado prático equivalente, a obrigação será convertida em perdas e danos (art. 497 – art. 501).

Elimina-se a ação declaratória incidental, mas a questão prejudicial será acobertada automaticamente pela coisa julgada, se dessa resolução depender o julgamento do mérito e desde que observados contraditório prévio e o juízo tiver competência para tanto (art. 503, § 1º).

A liquidação passa a ser por "arbitramento" ou pelo "procedimento comum" (art. 509, incs. I e II). Eventual parcela já liquidada na decisão poderá ser executada em apenso (art. 512). Há outros modelos de liquidação "específica" (art. 599 – art. 609), como ocorre na dissolução parcial de sociedade, que é um novo procedimento de jurisdição contenciosa.

Cumprimento da sentença

O cumprimento de sentença continua a observar as regras do procedimento comum, em casos de omissão (art. 513).

Quando se tratar de obrigação de pagar quantia certa, deverá esta fase se iniciar após requerimento do credor, seja este cumprimento definitivo ou provisório. O devedor, em regra, é intimado para cumprir a obrigação na pessoa do seu advogado, mas há situações em que será intimado pessoalmente (por exemplo, quando representado pela Defensoria Pública ou quando o requerimento for efetuado há mais de um ano).

Entre os títulos judiciais (art. 515), as novidades são: créditos de auxiliares da Justiça que forem fixados por decisão judicial (antes eram extrajudiciais) e as decisões interlocutórias estrangeiras após a concessão do *exequatur*. Na maioria das vezes, os títulos judiciais não foram criados nos mesmos autos, o que ensejará novo processo com citação do devedor para cumprir a obrigação em 15 (quinze) dias.

A competência segue basicamente as mesmas disposições do CPC/73 (art. 516). Permanece a possibilidade de o credor escolher onde quer executar a obrigação de pagar entre as seguintes opções: mesmo juízo, domicílio do devedor ou onde este possuir bens passíveis de penhora. De novidade, nas obrigações de fazer ou não fazer o cumprimento pode ser onde elas devam ser efetivadas.

Passa a existir a possibilidade de se protestar uma sentença judicial (art. 517) depois do trânsito em julgado. É permitido que o executado que tenha ajuizado ação rescisória também faça a anotação desta notícia no título protestado. Com o pagamento, cabe ao próprio juízo oficiar determinando o cancelamento do protesto.

Todas as questões relativas à validade do procedimento podem ser arguidas nos próprios autos (art. 518).

Permanece a responsabilidade do credor pela promoção de cumprimento provisório indevido, cujos prejuízos serão apurados nos mesmos autos (art. 520).

Para se levantar depósito em dinheiro ou expropriar os bens, o credor terá que prestar caução, que pode ser dispensada em algumas hipóteses: a) crédito de natureza alimentar, independentemente da origem; b) credor demonstrar situação de necessidade; c) pender o recurso de agravo da inadmissão de recurso extraordinário ou especial; d) sentença estiver de acordo com súmula do STF e do STJ ou nos casos em que haja acórdão proferido em julgamento de casos repetitivos. Contudo, a caução deve ser exigida se a sua dispensa resultar em risco de grave dano de difícil ou incerta reparação (art. 520).

A multa de 10% é aplicável ao cumprimento provisório de sentença, assim como à fixação de novos honorários (art. 520, § 1º).

O cumprimento provisório deve vir acompanhado de diversas peças, exceto quando forem autos eletrônicos (art. 522).

O ato de depositar o valor não é interpretado automaticamente como anuência à decisão, eis que o executado poderá apresentar recurso (art. 520, § 3º).

Se no cumprimento provisório houver alienação judicial de bem, esta não será desfeita (art. 520, § 4º).

Cumprimento definitivo da sentença que condena a obrigação de pagar

Esta fase se inicia após o trânsito em julgado da sentença por meio de requerimento a ser apresentado pelo credor (art. 523).

O requerimento deve vir com planilha atualizando a dívida de maneira pormenorizada (art. 524). Havendo dúvidas quanto ao valor apresentado, a execução é feita no valor apresentado pelo exequente e a penhora será no montante que o magistrado achar adequado (art. 524, § 1º).

O devedor é intimado para cumprimento em 15 (quinze) dias e caso permaneça silente arcará com multa de 10% e mais honorários advocatícios em novos 10% (art. 523, § 1º). Há divergência se estes primeiros 15 (quinze) dias devem ser contados em dias corridos ou em dias úteis, pois alguns ponderam que este prazo teria natureza material, fugindo da incidência da nova regra do CPC (art. 219).

Após o término deste prazo, já é expedido mandado de penhora e avaliação, seguindo-se os atos de expropriação (art. 523, § 3º).

Também após estes 15 (quinze) dias se inicia o prazo para apresentação de impugnação, independentemente de prévia garantia do juízo (art. 525). Mas mesmo após este prazo podem ser trazidas novas defesas por petição simples, desde que sejam supervenientes ao fim do prazo. Entre os temas que podem ser alegados na impugnação, de novidade há a possibilidade de se alegar incompetência absoluta e relativa no que diz respeito apenas ao juízo da execução (art. 525, § 1º, inc. VI). O impedimento e a suspeição do juiz devem ser alegados por petição específica com esta finalidade (art. 146).

A impugnação pode vir a ter efeito suspensivo se houver requerimento do executado, constrição prévia de bens e risco de dano, ainda que sejam possíveis novos atos como substituição, reforço ou redução da penhora (art. 525, § 6º).

Antes de ser intimado para cumprir em 15 (quinze) dias, o próprio réu pode oferecer em juízo o valor que acha devido, apresentando planilha. Na sequência, o autor é ouvido em 5 (cinco) dias, podendo impugnar o valor depositado. Se o depósito for insuficiente, haverá multa de 10% e honorários de 10% a serem arcados pelo executado, seguindo-se execução nos próprios autos pela diferença. Também vale para o cumprimento provisório da sentença (art. 526).

Cumprimento da sentença que reconheça a exigibilidade da obrigação de prestar alimentos

O título executivo pode ser qualquer tipo de decisão judicial, inclusive as interlocutórias, sejam os alimentos definitivos ou provisórios (art. 528). O credor pleiteia o início e o devedor será intimado pessoalmente para pagamento em 3 (três) dias. Se neste ínterim o devedor demonstrar a impossibilidade de pagar, não será decretada a prisão civil, embora possa ser determinado o protesto do pronunciamento judicial (art. 528, § 1º). Em caso de não pagamento ou de ausência de justificativas, será decretada sua prisão entre o prazo de um a três meses (art. 528, § 3º).

A prisão não abate a dívida. Para ser possível a prisão, o débito é aquele que compreende as 3 (três) prestações anteriores ao ajuizamento da execução além dos que vencerem no processo, nos termos do Verbete nº 309 da Súmula do STJ (art. 528, § 7º).

Se for o caso, pode ser requerido o cumprimento provisório da sentença nos mesmos moldes de qualquer outra obrigação de pagar. Neste caso, o credor levantará mensalmente os valores depositados independentemente de caução (art. 531).

A execução poderá ser feita no domicílio do credor (art. 528, § 9º).

Há previsão para desconto em folha de pagamento (art. 529). Mas se o empregador não cumprir a decisão, estará praticando crime de desobediência (art. 529, § 1º). Contudo, há tipo penal específico para tanto na Lei de Alimentos (art. 22, parágrafo único, Lei nº 5.478/68), que deve prevalecer por meio do critério da especialidade.

Passa a ser possível o desconto em folha de pagamento mesmo para pagamento dos débitos anteriores (art. 529, § 3º). A execução dos alimentos provisórios fica em apenso ao processo de alimentos, ao contrário dos definitivos. Se for verificada conduta procrastinatória, o juiz oficiará o Ministério Público para ciência de possível crime de abandono material (art. 532). É mantida a constituição de capital para alimentos indenizatórios, embora esta medida possa ser substituída por inclusão do credor em folha de pagamentos (art. 533).

Cumprimento de sentença que reconheça obrigação de pagar pela Fazenda Pública

Esta execução deixa de ser autônoma e passa a compor uma segunda fase do mesmo processo anterior (art. 534). O credor deve fazer requerimento com planilha da dívida. Neste modelo não é aplicável a multa de 10% (art. 534, § 2º).

A Fazenda Pública será intimada na pessoa do seu procurador para impugnar em 30 (trinta) dias (art. 535). O tratamento é assemelhado ao que ocorre na execução em face de particular no que diz respeito às matérias a serem apresentadas. Não apresentada impugnação ou sendo ela rejeitada, será requisitado o precatório ou o RPV conforme o caso. Admite a requisição imediata da parcela incontroversa da dívida (art. 100, § 8º, CF).

Cumprimento da sentença que reconheça obrigação de fazer, não fazer e de entrega de coisa

O juiz pode iniciar o cumprimento da sentença até mesmo de ofício, neste procedimento que é bem simplificado (art. 536 – art. 538). É possível a fixação de meios executivos para forçar a satisfação da obrigação. O CPC prevê que o devedor apresente impugnação, mas não fala quando será intimado e os dispositivos que falam em intimação indicam que é apenas para o cumprimento de obrigação de pagar (art. 536, § 5º).

O juiz pode determinar as *astreintes* de ofício. Literalmente, só é possível alterar o valor da multa vincenda, embora possa excluir as anteriores (art. 537, § 1º). Contudo, a literalidade deste dispositivo nem sempre vem sendo observada, já que é contrária a jurisprudência antiga pacífica, sem contar que o próprio CPC permite ao magistrado adotar uma interpretação teleológica, observando a razoabilidade e a proporcionalidade em uma de suas normas fundamentais (art. 8º). É permitido o cumprimento provisório das multas, embora o valor só possa ser levantado após o trânsito em julgado (art. 537, § 3º).

Procedimentos especiais de jurisdição contenciosa

Na consignação em pagamento, prevê o Código que se o depósito não for feito pelo réu junto com a inicial, o caso será de extinção sem resolução do mérito (art. 542, parágrafo único).

Na ação de "exigir contas" (art. 550 – art. 553), não há mais o rito para a de "dar contas", que agora será o "comum".

Nas possessórias, consta expressamente a característica da fungibilidade (art. 554). Inova ao permitir que quando houver excessivo número de réus a citação poderá ser aos que se encontrarem no local e, por edital, quanto aos demais (art. 554, § 1º). Também permite que o réu, na contestação, pleiteie proteção possessória (art. 556). Durante este processo, tanto autor como réu não podem propor demanda que busque reconhecer o domínio do bem (art. 557). O rito especial é apenas quando o esbulho ou turbação tiver ocorrido em menos de um ano e dia, pois nos demais é observado o rito comum (art. 558). Na demanda de manutenção de posse há possibilidade de liminar antes da oitiva do demandado (art. 562). Nos litígios coletivos envolvendo disputa de posse, se a liminar não for executada em um ano da data da distribuição, será designada audiência de mediação, com a presença do Ministério Público (art. 565, § 1º).

A divisão e demarcação de terras podem ser realizadas em caráter extrajudicial, desde que os interessados sejam maiores e estejam de acordo (art. 571). Isso também ocorre com a usucapião, que deixa de existir como rito especial (art. 1.071). Na ação de divisão de imóvel, o CPC cria uma hipótese de litisconsórcio passivo necessário: ela ocorre quando a demanda divisória é acolhida e isso atinge indevidamente o imóvel de confinante, que deverá propor uma nova demanda em face de todos os condôminos (art. 594).

A ação de dissolução parcial de sociedade (art. 599 – art. 609) era mencionada no modelo antigo (art. 1.218, inc. VII, CPC/73), sendo disciplinada até então pelo antigo DL nº 1.608/39. Pode ter por objeto resolver a sociedade ou retirada de sócio falecido, entre outras finalidades relacionadas. É instruída com o contrato social consolidado (documento indispensável). Todos os sócios deverão ser citados (litisconsórcio passivo necessário). A sociedade, mesmo não citada, se submete aos efeitos da coisa julgada (ampliação dos limites subjetivos da coisa julgada). Se estiverem de acordo, passa-se à liquidação. Se for apresentada defesa, segue-se o procedimento comum. Contudo, a liquidação necessariamente é a específica deste rito. Será fixada uma data de resolução da sociedade (ex.: data do falecimento do sócio que se pretende excluir).

No inventário (art. 610 – art. 673) consta que o mesmo poderá ser realizado extrajudicialmente (art. 610, § 1º), de acordo com lei específica (Lei nº 11.441/2007), o que reflete mais um exemplo de desjudicialização, ao lado dos já mencionados casos da divisão e demarcação, bem como da usucapião. Deve ser instaurado em dois meses (art. 611), podendo ser prorrogado este prazo por idêntico prazo. Questões de alta indagação (que necessitam de prova) devem vir pela via comum (art. 612). O juiz deixa de ter legitimidade ativa para instaurar o inventário. Por outro lado, o companheiro passa a ter legitimidade (art. 226, § 3º, CF). Continua possível que o inventariante requeira a insolvência do espólio (art. 618, inc. VIII), embora este tema permaneça a ser regulado pelo CPC/73 ainda que o CPC esteja em vigor (art. 1.052). O incidente de remoção do inventariante tramita em apenso (art. 623, parágrafo único). Na partilha, o juiz pode deferir que provisoriamente um dos herdeiros tenha o exercício de usar e fruir de determinado bem. É fixado o prazo de um ano para ação que busque anular partilha amigável e são enumeradas outras hipóteses em que a sentença homologatória pode ser objeto de ação rescisória (art. 657). Permanece a possibilidade de inventário por meio de arrolamento (art. 664). Alguns bens são excluídos de inventário e partilha (art. 666), como as contas de FGTS (Lei nº 6.858/80). São mantidas as hipóteses de cumulação de inventários em alguns casos (art. 672).

Os embargos de terceiro permanecem com o mesmo tratamento, apenas com ajustes nas redações dos dispositivos (art. 674 – art. 680). Passou a prever quem é o legitimado passivo (aquele a quem aproveita a constrição – art. 677, § 4º). Após a defesa, seguem procedimento comum (art. 679). Há limitação para as defesas na contestação em caso de embargos de credor com garantia real (art. 680).

A oposição deixa de ser uma modalidade de intervenção de terceiros e passa a ser um procedimento especial de jurisdição contenciosa. O tratamento permanece o mesmo (art. 682 – art. 686).

A habilitação (art. 687 – art. 692) ocorre quando falece uma das partes e há interesse dos interessados em proceder à sucessão. É processada nos mesmos autos, com suspensão da causa (art. 688). Havendo impugnação dos interessados, ela passa a ficar em apenso (art. 691). Trata-se de nova ação, com citação, defesa, instrução e decisão que pode gerar coisa julgada nos termos da legislação (art. 692).

O CPC disciplina as "ações de família" (art. 693 – art. 699), para os casos contenciosos de divórcio, separação, reconhecimento e extinção de união estável, visitação e filiação. A ação de alimentos, contudo, permanece regida por legislação própria (Lei nº 5.478/68). Nestas demandas deve ocorrer um esforço para a solução consensual. É possível a tutela provisória. Haverá audiência de mediação ou conciliação, que pode se dividir em tantas sessões quanto forem necessárias (art. 696). Permanecendo o litígio, devem observar o procedimento comum (art. 697). O Ministério Público atua como fiscal da ordem jurídica em casos de participação de incapazes (art. 698).

A ação monitória agora é possível também para entrega de bens fungíveis e obrigação de fazer ou não fazer (art. 700, inc. III). São relacionadas hipóteses de indeferimento da petição inicial, além daquelas tradicionais (art. 700, §§ 2º e 4º c/c art. 330). Permite tutela de evidência para que seja expedido o mandado inicial (art. 701). Se o réu cumprir, ficará isento apenas das custas processuais (art. 701, § 1º). Não sendo cumprida a obrigação ou apresentados embargos monitórios, converte-se o mandado em título executivo judicial, por meio de decisão judicial, embora o CPC literalmente diga que ela não seria necessária (art. 701, § 2º). Desta decisão de conversão é cabível ação rescisória (repita-se, o CPC não deixa bem claro que é uma nova decisão, mas assim é na jurisprudência há anos – art. 701, § 3º). A Fazenda Pública tem o direito à remessa necessária (art. 701, § 4º). Admite-se reconvenção na ação monitória, mas não reconvenção da reconvenção (art. 702, § 6º). O juiz pode autorizar a autuação dos embargos em apartado (art. 702, § 6º). Há possibilidade de fixar multa por litigância de má-fé tanto em relação ao demandante quanto ao demandado em alguns casos (art. 702, § 10).

A homologação de penhor legal (art. 703 – art. 706) era tratada como cautelar autônoma e atualmente se encontra como procedimento especial de jurisdição contenciosa. Esta via pode ser realizada extrajudicialmente nos dias atuais, como em outros casos permitidos pelo CPC (v.g., usucapião, demarcação e divisão de imóveis, inventários, dentre outras – art. 703, § 2º). Basicamente, há uma audiência específica no início (art. 705) e restrição a teses defensivas (art. 704), pois no restante este procedimento também segue o rito comum.

A regulação de avaria grossa cuida de um procedimento especial de jurisdição contenciosa (art. 707 – art. 711). As "avarias grossas" são as despesas extraordinárias e as decorrentes de sacrifício do capitão da embarcação (ou à sua ordem) para salvar o navio ou a carga (exemplo: lançar ao mar materiais inflamáveis). O objetivo deste procedimento é repartir os gastos com seguradoras, armadores e donos das mercadorias, ou seja, que haja um vínculo de solidariedade entre elas. Neste procedimento, o objetivo será nomear um regulador de avarias, abrindo-se o processo de avaria grossa.

Por fim, a restauração de autos (art. 712 – art. 718) passa a ser disciplinada de maneira mais abrangente pelo CPC. É admitida que seja realizada até mesmo em relação a autos eletrônicos (art. 712). Trata-se de processo que pode ser iniciado de ofício pelo juiz, por qualquer das partes ou pelo Ministério Público (art. 712). As peças exigidas por lei serão apresentadas (art. 713). A parte contrária será citada. Será possível repetir prova produzida em audiência. Podem ser tomados depoimentos dos servidores e auxiliares da justiça. Após julgamento da restauração, nestes autos seguirá o processo primitivo (exceto se o mesmo reaparecer – art. 716, parágrafo único). Nos Tribunais, esta demanda é distribuída, preferencialmente, ao mesmo relator do processo anterior. Os responsáveis pelo desaparecimento podem ser punidos, até mesmo em esfera cível e penal (art. 718).

Procedimentos especiais de jurisdição voluntária

O CPC cuida de diversos procedimentos especiais de jurisdição contenciosa (art. 719 – art. 770).

O primeiro procedimento é o da notificação e interpelação (art. 726 – art. 729), que antes eram reguladas como "cautelares". O protesto judicial também é tratado neste procedimento (art. 726, § 2º). Após oitiva do interessado e realização da notificação ou do protesto, os autos serão entregues ao interessado (art. 729).

A alienação judicial é procedimento a ser adotado quando entre os interessados não houver disposição sobre a venda dos bens. Segue a mesma sistemática da expropriação em execução (art. 730).

O divórcio e a separação consensuais, bem como a extinção de união estável e a alteração de regimes de bens do matrimônio (art. 731 – art. 734) devem ser requeridos por petição assinada por ambos os cônjuges. O divórcio, a separação e a extinção de união estável podem ser realizados extrajudicialmente, o que reforça o caráter de ser função administrativa. Admite-se advogado comum nestes procedimentos. Ao fim, consta que a sentença nestes casos fará coisa julgada, o que sugere ser função jurisdicional.

Os testamentos e codicilos (art. 735 – art. 737) passam a ser regulados de forma mais exaustiva e atualizada do que no CPC/73, pois agora já cita as espécies existentes (por exemplo, o testamento marítimo).

Na herança jacente (art. 738 – art. 743), o tratamento também ficou mais extenso e até se possibilita uma inspeção judicial no local ou até do delegado, se for o caso. Se após a publicação dos editais surgir algum herdeiro, este procedimento é convertido em inventário. Quanto a eventuais credores, podem se habilitar no inventário ou intentar ação de cobrança. Se não aparecer ninguém em um ano, a herança é considerada jacente. Ao final deste procedimento, o CPC diz que a sentença transita em julgado (mais uma vez reiterando se tratar de atividade jurisdicional).

Quando se pretender declarar a ausência nos casos previstos em lei (art. 744 – art. 745), o juiz mandará arrecadar os bens do ausente (atividade jurisdicional de ofício, para quem vislumbra este caráter na jurisdição voluntária) e irá nomear curador. Serão publicados editais. Após, os interessados podem requerer a abertura da sucessão provisória e, posteriormente, a sua conversão em definitiva. Se posteriormente regressar o ausente, terá que demandar em ação própria eventual direito sobre seus bens.

As coisas vagas cuidam de um procedimento que pode ser iniciado pela autoridade policial e seu tratamento no CPC é inconclusivo (art. 746).

A interdição (art. 747 – art. 763) passa a ser regulada de maneira mais ampla. São relacionados os legitimados ativos. Deve ser juntado laudo médico (documento indispensável) ou justificar a impossibilidade. O magistrado terá que entrevistar o interditando, se for o caso até mesmo fora do juízo. A posterior prova pericial pode ser realizada por uma junta de especialistas. A sentença comportará apelação, que será recebida apenas no efeito devolutivo. É possível o levantamento da interdição, em novo processo que ficará em apenso. O tutor ou o curador nomeados podem ser removidos pela promoção de ação autônoma ajuizada pelo Ministério Público ou por outro que tenha interesse. Após o fim da tutela ou curatela, há a necessidade de se prestar caução. Ressalta-se, ainda, que o CPC revoga normas do CC sobre o tema (art. 1.072, inc. II).

A organização e fiscalização das fundações (art. 764 – art. 735) segue o mesmo tratamento do CPC/73. De novidade, a possibilidade de o Ministério Público ingressar em juízo com o intuito de extingui-las, em casos distintos como, por exemplo, quando seu objeto se tornar ilícito.

Por fim, há ainda o procedimento para ratificação dos protestos marítimos e dos processos testemunháveis formados a bordo (art. 766 – art. 770). Existia norma no modelo anterior (art. 1.218, inc. VIII, CPC/73), que determinava que este tema seria regulado ainda pelo antigo CPC/39. Com o CPC, passam a vigorar apenas as disposições deste quanto ao tema. Todos os protestos e processos testemunháveis firmados a bordo deverão ser apresentados pelo comandante da embarcação ao juiz de direito do primeiro porto, para ratificação judicial (outra hipótese em que há ausência de capacidade postulatória do provocador da atividade jurisdicional). As testemunhas e parte da tripulação serão ouvidas no mesmo dia. Após a audiência, será ratificado o protesto ou processo testemunhável, sem relatório.

Processo de execução

O procedimento para título extrajudicial também se aplica ao cumprimento de sentença e às execuções com ritos distintos (art. 771).

Permanece a multa por ato atentatório à dignidade da Justiça, em patamar não superior a 20% do valor atualizado da execução que é revertido ao credor (art. 774). Há de se atentar que em alguns comportamentos que caracterizam este tipo de ato atentatório a multa cominada será revertida para a outra parte (art. 774), enquanto em outros será para a Fazenda Pública (art. 77).

Também permanece o princípio da disponibilidade, bem como a responsabilidade do exequente em ressarcir eventuais prejuízos caso não tenha êxito (art. 775).

Faz constar que as cobranças das multas ou das indenizações decorrentes de má-fé serão executadas nos próprios autos (art. 777).

Na legitimidade passiva foi incluído o responsável, titular do bem vinculado por garantia real ao pagamento do débito (art. 779, inc. V), além de terem sido realizados ajustes redacionais.

É possível cumular várias execuções no mesmo processo, desde que seja o mesmo executado, o mesmo procedimento e que o juízo seja competente para todos (art. 780).

De acordo com o CPC, diversos serão os foros em que a execução poderá ser deflagrada. Basicamente, as novas regras (art. 781) são: a) execução deve ser proposta no domicílio do devedor ou da eleição constante no título; b) se o executado tiver mais de um domicílio, caberá ao exequente a escolha por qualquer um deles, o que também ocorre quando se tratar de vários executados com domicílios distintos; c) a execução pode ser proposta no foro da residência ou do local em que se encontra o executado, se o seu domicílio for desconhecido ou incerto; d) a execução também poderá ser proposta no foro do lugar em que se praticou o ato ou ocorreu o fato que deu origem ao título, malgrado nele não mais resida o executado.

Os atos determinados pelo magistrado poderão ser cumpridos pelo oficial de justiça nas comarcas contíguas. Se for o caso, é requisitada força policial para auxílio. Também passa a ser possível que, havendo requerimento, possa o juiz determinar a inclusão do nome do executado em cadastro de inadimplentes, o que vale tanto para título judicial quanto extrajudicial (art. 782, parágrafos).

O rol dos títulos executivos extrajudiciais (art. 784) foi pouco modificado. Houve a exclusão dos créditos devidos a auxiliares da justiça que foram homologados judicialmente, pois estes se transformaram em títulos executivos judiciais. De novidade, há a inclusão dos créditos decorrentes de parcela de rateio de despesas em condomínio, se assim tiver sido estabelecido na convenção ou constante em ata de reunião convocada especialmente para este fim (o que já era previsto anteriormente – art. 12, § 2º, Lei nº 4.591/64), bem como também foi incluída a certidão expedida por serventia notarial ou de registro relativa a valores de emolumentos e demais despesas previstas pelos atos por ela praticados. Permanecem aqueles outros previstos em leis específicas como as cédulas de crédito rural (art. 41, DL nº 167/67), industrial (art. 10, DL nº 431/69), dentre outros.

O CPC prevê, lamentavelmente, que a parte pode optar por se valer do processo de conhecimento ainda que já disponha de título executivo extrajudicial (art. 785). Esta norma não traz nada em prol da celeridade processual (art. 4º), decorrendo tão somente de entendimento acadêmico.

A "responsabilidade patrimonial" segue o mesmo tratamento do CPC/73, mas com alguns ajustes (art. 789 – art. 796). Diferencia a responsabilidade do sócio e do responsável em casos de desconsideração da personalidade jurídica. Também permite a execução de bens que foram transferidos em fraude a credores (mencionando que a transferência é "anulada" em demanda própria) e fraude à execução (que é tratada em dispositivo mais adiante e que tem a transferência tida como "ineficaz" ao credor). Amplia as hipóteses em que a fraude à execução pode ocorrer, exigindo para a sua configuração o elemento subjetivo. Quando houver desconsideração da personalidade jurídica, o termo inicial para a fraude à execução é a partir da citação. Deve o juiz intimar o terceiro adquirente antes de decidir, para que ele ofereça embargos de terceiros em 15 (quinze) dias (trata-se de faculdade, pois, se assim não agir, ainda poderá este terceiro propor a mesma medida nos prazos que o CPC estipula ao regular a via embargos de terceiros). Mantém o direito de preferência do fiador ou dos sócios da pessoa jurídica.

A petição inicial deve vir acompanhada do título executivo extrajudicial, planilha e também indicar a espécie de execução (por exemplo, é o caso da execução de alimentos, que pode ter o procedimento de obrigação de pagar ou o que permite a decretação da prisão civil, conforme preferir o exequente – art. 798). Esta peça já deve indicar os bens passíveis de penhora. Poderão ser requeridas medidas urgentes (aplicam-se as disposições da tutela provisória cautelar de arresto, já que a execução pode observar em caráter subsidiário tais normas). É mantida a possibilidade de averbar a certidão de distribuição.

Em casos de deferimento, haverá a interrupção da prescrição, que retroagirá à data da propositura da ação (art. 802).

São os seguintes os casos de matéria de ordem pública: título executivo extrajudicial que não tenha obrigação certa, líquida e exigível, ausência de citação e execução iniciada antes de verificada condição ou termo (art. 803). Elas podem vir por meio de petição conhecida na práxis como "exceção de pré-executividade".

Permanece o princípio do menor sacrifício do executado, embora o devedor tenha que indicar qual seria o meio mais adequado, sob pena de manter os já determinados (art. 805).

Para a entrega de coisa certa (art. 806 – art. 810), o devedor é citado para cumprir a obrigação em 15 (quinze) dias. Ao despachar, o juiz pode fixar multa em valor que pode ser alterado. Se o bem já foi alienado, será expedido mandado e o terceiro adquirente só será ouvido após depositá-lo. Caso a coisa tenha se deteriorado, eventuais prejuízos serão apurados em liquidação. Quanto a coisas incertas, o CPC dispõe que abrange coisas determinadas pelo gênero e pela quantidade e repete o mesmo tratamento do CPC/73 para a concentração da obrigação.

Nas execuções de obrigação de fazer ou não fazer (art. 814 – art. 823), o magistrado já estabelece multa ao despachar a inicial. Estabelece, igualmente, que o juiz pode reduzir valor de multa fixada entre as partes, o que soa inconstitucional. É bem certo que o dispositivo não esclarece se esta "multa" se refere à "cláusula penal" ou "*astreintes*". No primeiro caso, esta interpretação estaria violando o princípio da inércia. Já no segundo, incabível que as partes possam, de comum acordo, engessar a atividade jurisdicional criando meios executivos ao largo do aparato judicial. Este artigo, portanto, deve ser interpretado no sentido de que a "multa" nele referida seja entendida como "cláusula penal", mas desde que haja requerimento do interessado neste sentido, pois é a única forma de aproveitá-lo.

O réu deverá cumprir a obrigação de fazer no prazo que o juiz estabelecer ou naquele que as partes tiverem ajustado. Se o executado não cumprir, poderá o exequente requerer a conversão em perdas e danos. Pode ser que o juiz defira que a obrigação seja cumprida por um terceiro.

O tratamento para execução de obrigação de não fazer é o mesmo do CPC/73 (art. 822 – art. 823).

Para a execução por quantia certa, o CPC esclarece que a expropriação será pela adjudicação, alienação ou apropriação de frutos e rendimentos da empresa ou estabelecimento e de outros bens (art. 825).

Autoriza que o executado possa remir a execução, nos mesmos moldes atuais (art. 826).

O juiz determina a citação do executado e fixa 10% de honorários. Este patamar é reduzido à metade se o valor for pago em 3 (três) dias, contados da "citação" e não mais da "juntada do mandado", o que sinaliza que o legislador adotou quanto a este tema o entendimento doutrinário minoritário. Também há mais polêmica acadêmica sobre este prazo ser de direito material ou processual, o que interfere na forma da sua contagem (art. 219). Se forem oferecidos e rejeitados os embargos, estes honorários podem ser majorados em até 20% (vinte por cento) do valor da causa, o que também ocorre se não forem opostos (art. 827 c/c art. 829).

Continua sendo possível averbar a certidão de distribuição (art. 828).

Não sendo encontrado o devedor, é feito o arresto (art. 830).

A penhora continua gerando direito de preferência (art. 797), assim como a realização da hipoteca judiciária (art. 494).

Quando o CPC enumera os bens que são impenhoráveis (art. 833), o *caput* do dispositivo eliminou a expressão "absolutamente", o que reforça o entendimento doutrinário de que mesmo os bens ali relacionados podem eventualmente ser objeto de constrição judicial, caso as partes tenham celebrado convenção processual neste sentido. Curiosa e acertadamente, a jurisprudência do STJ era contrária a esta possibilidade de renúncia sobre regras de impenhorabilidade absoluta de bens.

O CPC enumera uma ordem para a realização da penhora, chamada de "gradação legal", embora não necessariamente tenha que ser realizada nesta estrita ordem (art. 835).

A penhora em dinheiro pode ser realizada por meio eletrônico como já ocorre atualmente. Esta penhora é feita com a apreensão e o depósito dos bens. Após a penhora, o executado deve ser intimado na pessoa do advogado (art. 837).

A penhora pode ter o seu termo averbado em cartório para afastar eventual alegação de boa-fé do comprador, o que indica que está sendo adotado o entendimento atualmente cristalizado no Verbete nº 375 da Súmula do STJ (art. 844).

Havendo dificuldades no cumprimento do mandado poderá ser requisitada força policial e esta conduta poderá configurar crime de desobediência ou resistência (art. 846, § 2º).

É possível a substituição do bem penhorado em 10 (dez) dias da intimação da penhora, sempre que esta postura não gerar prejuízo ao credor (art. 847). Há um rol em que esta substituição pode ser requerida, como penhora sobre bens de baixa liquidez, entre outros, o que é indicativo de que a iniciativa também pode ser do credor (art. 848). Permanece a possibilidade de redução ou ampliação da penhora, assim como de alienação antecipada dos bens, nos mesmos moldes do CPC/73 (art. 850).

Em casos de substituição, ampliação ou redução de penhora e venda antecipada, a outra parte será ouvida em 3 (três) dias antes de o juiz decidir (art. 853).

A penhora *on-line* permanece, embora literalmente estabeleça que somente poderá ser realizada se houver requerimento do credor. Trata-se de contradição com o dispositivo que regula a "gradação legal", pois este estabelece que o "dinheiro" deve ser objeto da penhora em primeiro lugar. Nela, o contraditório prévio (art. 9º) acertadamente é postergado (art. 854).

Admite-se penhora de crédito (art. 855 – art. 860). Nesta hipótese, o título ou documento deverá ser apreendido. Se permanecer em poder de terceiro, este assumirá a condição de depositário da importância. Permite que seja designada audiência especial na execução para depoimento do executado e do terceiro sobre o crédito, o que caracteriza um incidente cognitivo.

Passa a ser regulada a penhora de quotas ou ações de sociedades personificadas, que poderão ser alienadas em leilão judicial ou mesmo em bolsa de valores, conforme o caso (art. 861).

Retorna o instituto da "penhora de empresas", bem como a de "outros estabelecimentos" e de "semoventes" (art. 862 – art. 865). Essa forma de penhora somente pode ser determinada se não houver outro meio menos gravoso. No caso de "empresa", o risco é que um administrador judicial não saiba gerenciar o fluxo de caixa do negócio, levando a uma situação de ruína. Não foi por outro motivo que esta modalidade de penhora foi abolida do CPC/73 após as reformas.

Permanece a penhora de percentual de faturamento da sociedade (art. 867 – art. 869). Não há um valor prefixado e agora há a previsão de nomear um administrador-depositário para prestar contas mensalmente, o que burocratiza a sua efetivação. Também permanece a penhora de frutos e rendimentos de coisa móvel ou imóvel sem alterações.

A avaliação é realizada juntamente com a penhora, mas pode ser eventualmente repetida (art. 870).

Logo após a penhora e a avaliação, já deve ser dado início à etapa de expropriação dos bens, caso a execução não venha a ser suspendida (art. 875).

A adjudicação continua como nos moldes do CPC/73, mas melhor disciplinada (art. 876 – art. 878). Também faz alusão à possibilidade de o executado remir a execução até a assinatura do auto. Permite, de maneira inédita, que se for frustrada a alienação por iniciativa particular ou em leilão, seja dada nova oportunidade ao credor para manifestar se tem interesse em adjudicar o bem.

A alienação pode ser por iniciativa particular ou por leilão judicial eletrônico ou presencial (art. 879). A ordem é que primeiro seja a adjudicação, depois a alienação por iniciativa particular e somente então o leilão (art. 880). Não vem sendo mais empregada a expressão "hasta pública".

Os leiloeiros devem ter experiência de pelo menos três anos para atuarem nesta função (art. 880, § 3º) e poderão ser indicados diretamente pelo próprio magistrado (art. 883).

É possível parcelar o pagamento em leilão (art. 895).

O CPC prevê a permanência da realização de dois leilões (art. 886, inc. V). Passa a ser possível a oferta de lanço inferior à avaliação já no primeiro leilão, mas desde que não seja inferior ao preço mínimo fixado pelo juiz ou, na ausência deste, que não seja considerado como preço vil.

O preço vil é fixado inicialmente em 50% do valor da avaliação, mas o juiz pode estabelecer outro e isso constará no edital (art. 891, parágrafo único). No caso do incapaz, permanece que o preço não pode ser inferior a 80% (art. 896).

Não foram mantidos os embargos à adjudicação ou à arrematação. Eventual ocorrência de vício deverá ser ventilada por simples petição nos próprios autos e no prazo de 10 (dez) dias após o aperfeiçoamento da arrematação (o que se dá com a assinatura do auto). Se esta petição não tiver fundamento, esta postura pode caracterizar ato atentatório à dignidade da justiça, passível de multa não superior a 20% do valor dos bens em favor do exequente (art. 903, parágrafos).

A satisfação do crédito se dá pela entrega do dinheiro ou pela adjudicação do bem penhorado (art. 904). Não é possível que haja liberação de valores ou de bens em plantão judiciário (art. 905, parágrafo único). Em casos de adjudicação ou mesmo alienação serão mantidos os créditos que recaem sobre os bens, tendo os credores um direito a sub-rogação sobre o respectivo preço (art. 908, § 1º).

Execução contra a Fazenda Pública e a execução de alimentos

Admite expressamente a possibilidade de execução por título extrajudicial em face da Fazenda Pública. A defesa é por embargos, em 30 (trinta) dias (art. 910).

Quanto à execução de alimentos em título extrajudicial (art. 911 – art. 913), o panorama não discrepa do panorama do CPC/73. O credor escolhe se quer este procedimento (que tem possibilidade de prisão civil) ou se vai executar como qualquer dívida, sem nenhuma especialidade. Neste rito, o executado é citado para pagar em 3 (três) dias. O tratamento quanto à prisão civil é idêntico ao do cumprimento de sentença (art. 528).

Permanece a possibilidade de desconto em folha de pagamento (art. 912). Há um choque entre normas, pois o CPC prevê que o empregador que não efetua o desconto responderá por crime de desobediência. Contudo, há tipo penal específico previsto no art. 22 da Lei 5.478/68, que deve prevalecer pelo critério da especialidade, que busca solucionar eventuais antinomias previstas no ordenamento jurídico.

Ainda que os embargos sejam apresentados e a execução fique suspensa, isso não impedirá que o credor levante mensalmente a importância da prestação (art. 913).

Embargos à execução e parcelamento

Se o executado tencionar apresentar defesa, a mesma deverá ser instrumentalizada por meio dos embargos. Os embargos são oferecidos independentemente de penhora, depósito ou caução, no prazo de 15 (quinze) dias, a contar da juntada do mandado (art. 915). Mesmo que haja litisconsortes, o prazo não será diferenciado (art. 915, § 3º).

É possível o parcelamento no mesmo prazo e nos moldes daquele constante no CPC/73, muito embora não seja permitido para o cumprimento de sentença (art. 916, *caput* e § 7º), o que contraria antiga jurisprudência majoritária ao tempo do CPC/73.

Também se afigura possível embargar em situações envolvendo carta precatória, caso em que os embargos podem ser oferecidos tanto no juízo deprecado quanto no deprecante, com a informação de que a competência para apreciar a pretensão neles deduzida pertencerá a este último. A única ressalva ocorre quando os embargos versarem exclusivamente sobre matéria ou fato praticado pelo juízo deprecado, hipótese em que este será o juízo competente (art. 914, § 2º).

Os embargos poderão ser rejeitados liminarmente nas mesmas hipóteses do antigo CPC/73 (art. 918).

A concessão de efeito suspensivo aos embargos também não inova em relação ao panorama anterior. Deste modo, continua sendo necessário para tanto a prévia garantia do juízo ou a presença de alguma situação autorizadora da tutela provisória (art. 919, parágrafos).

Após a admissão dos embargos, o exequente será ouvido para resposta em 15 (quinze) dias, o que configura uma hipótese de citação na pessoa do advogado constituído nos autos (art. 920, inc. I). Na sequência, o magistrado irá julgar imediatamente o pedido ou designar audiência de instrução e julgamento, conforme o caso (art. 920, incs. II e III).

A sentença que for proferida nos embargos comporta recurso de apelação, que continuará tendo efeito suspensivo em casos de extinção sem resolução do mérito ou julgamento pela improcedência (art. 1.012, § 1º, inc. III).

Suspensão e extinção da execução

A suspensão da execução mantém as hipóteses do CPC/73 e estabelece outras já reconhecidas (como a concessão do parcelamento – art. 921).

De novidade, estabelece que, após a suspensão pela ausência de bens penhoráveis, o juiz tenha que aguardar 1 (um) ano, dentro do qual a prescrição estará suspensa, sendo que somente após o seu decurso é que os autos serão arquivados. Na sequência, o prazo prescricional volta a correr integralmente. Após o decurso do novo prazo, o juiz desarquivará o processo e ouvirá as partes para, a seguir, pronunciar a prescrição intercorrente (art. 921, parágrafos). É modelo já adotado na LEF (art. 40, Lei nº 6.830/80). E, para os processos antigos, há regra de direito intertemporal (art. 1.056).

A extinção da execução mantém os casos anteriores, além de acrescentar outros como a pronúncia da prescrição intercorrente (art. 924).

Ordem dos processos e processos de competência originária dos tribunais

O CPC recomenda que os tribunais uniformizem sua jurisprudência e que editem enunciados de súmulas. Também determina que os magistrados observem as decisões do STF em controle de constitucionalidade, as súmulas vinculantes, os acórdãos em incidente de assunção de competência ou de resolução de demandas repetitivas e em julgamento de recursos extraordinários e especiais repetitivos, assim como os enunciados do STF e do STJ em matéria constitucional e infraconstitucional, além da orientação do plenário ou do órgão especial aos quais estiverem vinculados (art. 927).

É admitida a participação do *amicus curiae* para rediscussão de tese (*overruled*), com possibilidade de modulação dos efeitos para o novo entendimento a ser adotado (art. 927, § 2º).

O princípio da publicidade dos atos judiciais deve ser aplicado nos julgamentos dos tribunais (art. 927, § 5º).

O CPC determina que o primeiro recurso referente a um processo torna prevento o relator para eventual recurso subsequente, o que também é aplicável aos processos conexos. Certamente, esta norma trará algumas reflexões. É que, não raro, pode ser que o relator tenha sido removido para outro órgão, o que parece sugerir que cessa essa "prevenção" (art. 930, parágrafo único).

Entre os poderes do relator (art. 932) consta a possibilidade de apreciar o pedido de tutela provisória que lhe for apresentado ou negar seguimento a recurso. Vale dizer que, em casos de inadmissão, primeiro o relator terá que conceder prazo de 5 (cinco) dias ao recorrente para sanar o vício ou apresentar a documentação faltante. Também consta que ele somente poderá dar provimento monocraticamente ao recurso após ter intimado o recorrido para apresentar as contrarrazões. Além disso, caberá a ele decidir o incidente de desconsideração de personalidade jurídica instaurado originariamente no tribunal, o que, obviamente, somente se aplica para causas de competência do próprio órgão colegiado, pois seria inadmissível incluir um terceiro no processo após a sentença já ter sido proferida.

Desaparece a figura do "revisor".

Deve haver pelo menos 5 (cinco) dias entre a publicação da pauta e a realização da sessão de julgamento, exceto naqueles processos cujo julgamento originário tenha sido adiado (art. 935).

O CPC estabelece ordem para o julgamento em sessão (art. 936). Primeiro serão aqueles que tiveram requerimento para sustentação oral. Após, os requerimentos de preferência apresentados até o início da sessão. Depois, os que tiveram o julgamento iniciado na sessão anterior e, por fim, os demais casos.

O relator, após apresentar o processo aos pares, dará a palavra ao advogado do recorrente e, após, ao do recorrido, pelo tempo de 15 (quinze) minutos cada um. Eventualmente, esta manifestação também será dada ao Ministério Público, nos casos em que atuar. A sustentação oral (art. 937) é possível na apelação, recurso ordinário, especial, extraordinário, embargos de divergência, ação rescisória, mandado de segurança, reclamação, agravo interno originário de apelação, ordinário, extraordinário e especial, agravo de instrumento para casos de tutelas provisórias de urgência ou de evidência ou em casos que o regimento assim estipular. É admitida, ainda, que esta sustentação seja realizada por meio eletrônico.

O relator pode determinar que seja regularizado vício sanável, como nos moldes do CPC/73, bem como reconhecer a necessidade de produção de prova, hipótese em que converterá o julgamento em diligência, que tanto pode se realizar no tribunal como no juízo inferior (art. 938, §§ 1º e 3º).

O prazo de vistas passa a ser de 10 (dez) dias. Se os autos não forem devolvidos ou o magistrado ainda não se sentir habilitado, será convocado o tabelar (art. 940).

Quem fez o primeiro voto vencedor é que redigirá o acórdão (art. 941). Até o momento da proclamação do resultado é possível que o magistrado reformule seu voto. Na apelação e agravo por instrumento, o recurso será julgado por três desembargadores.

É criada nova técnica automática (art. 942), sempre que for proferida decisão não unânime em apelação, ou na procedência do pedido da ação rescisória ou mesmo de provimento no agravo de instrumento interposto para impugnar decisão interlocutória de mérito. Esta forma de proceder é que eliminou o recurso de embargos infringentes.

Incidente de assunção de competência, de arguição de inconstitucionalidade e o conflito de competência

O incidente de assunção de competência (art. 947) passa a ser regulado de maneira mais ampla do que no CPC/73, pois pode surgir em julgamento de recurso, remessa necessária ou de causa de competência originária que envolver relevante questão de direito com grande repercussão social, sem repetição em múltiplos processos. Neste caso, o relator poderá propor o início deste incidente de ofício ou a requerimento da parte ou do Ministério Público ou da Defensoria Pública. O órgão colegiado julgará o tema e o acórdão vinculará todos os juízes e órgãos fracionários, salvo se houver revisão de tese (*overruled*).

Já o incidente de arguição de inconstitucionalidade (art. 948 – art. 950) não inova em relação ao CPC/73. Permite participação do *amicus curiae*, embora restrinja sensivelmente quem possa participar nesta condição (por exemplo, os mesmos legitimados para propor demandas do controle concentrado de constitucionalidade).

Por fim, o conflito de competência (art. 951 – art. 959) também não inova muito em relação ao CPC/73. Esclarece que ao julgar o conflito também deverá ser esclarecida a validade dos atos praticados pelo juízo incompetente. Permite que os tribunais também regulem o conflito de atribuições entre autoridade judiciária e autoridade administrativa.

Homologação de decisão estrangeira e da concessão de *exequatur* a carta rogatória

O tema tem tratamento mais adequado pelo CPC (art. 960 – art. 965).

Admite a dispensa da homologação de sentença estrangeira se houver previsão em tratado.

A execução de decisão interlocutória estrangeira será por meio de carta rogatória (esta decisão atualmente é considerada como título executivo judicial).

A homologação de sentença arbitral segue o que estiver disposto em tratado ou em lei, aplicando-se o CPC de maneira subsidiária.

As decisões estrangeiras podem ter efeito no Brasil antes da homologação ou do *exequatur*, se assim determinar tratado.

Admite-se a homologação de decisão não judicial que, no Brasil, teria natureza jurisdicional. É possível, ainda, a homologação parcial de sentença estrangeira ou mesmo concessão de tutelas de urgência. Contudo, o juízo sobre haver ou não urgência é apenas da autoridade jurisdicional estrangeira.

Traz requisitos para a homologação e concessão do *exequatur*.

O cumprimento da decisão estrangeira é apenas na Justiça Federal de primeira instância, ao contrário do que hoje consta em regimento do STJ quando eventual defesa for apresentada.

Ação rescisória

O tema sofre algumas mudanças (art. 966 – art. 975).

O CPC permite ação rescisória de qualquer decisão judicial que seja de mérito. Excepcionalmente também admite para as decisões terminativas que não permitam a repropositura da demanda ou impeça o reexame do mérito além da decisão que não admite recurso (art. 966, § 2º, incs. I e II). No caso desta última, é possível um aumento exponencial do uso da ação rescisória em curto período de tempo. E, ainda, passa a constar que, na ação monitória, o ato que converte o mandado inicial em executivo também desafia ação rescisória (art. 701, § 3º).

É autorizado que a ação rescisória impugne toda a decisão ou apenas capítulo (art. 966, § 3º).

As hipóteses que autorizam a rescisória são mantidas com algumas modificações (art. 966, incisos). O inciso III inclui a hipótese de "simulação", além das outras que prevê. O inciso V tem redação alterada para "norma jurídica", em detrimento de "lei", o que já era amplamente aceito pela jurisprudência e pela doutrina. Também o inciso VII tem a sua redação melhorada, substituindo "documento novo" por "prova nova", o que é bem mais amplo. Desaparece o inciso VIII (casos de desistência, homologação de confissão e de acordo), mas há menção a esta hipótese quando o CPC regula a confissão. O inciso IX (CPC/73) foi transformado no atual inciso VIII. Outros casos que admitem ação rescisória estão previstos no procedimento do inventário e partilha (art. 658).

A legitimidade ativa é mantida como nos termos do CPC/73 (art. 967).

A caução de 5% (cinco por cento) que deve acompanhar a petição inicial pode ser dispensada para a Fazenda Pública, Ministério Público, Defensoria Pública e para os beneficiários de gratuidade de justiça. O seu valor, contudo, fica limitado ao equivalente a 1.000 (mil) salários-mínimos (art. 968, inc. II, §§ 1º e 2º).

A petição inicial pode ser indeferida ou mesmo o mérito pode ser julgado liminarmente no sentido da improcedência (art. 966, §§ 3º e 4º).

Todo o processamento é mantido.

Uma alteração ocorreu quanto ao prazo para ajuizamento da ação rescisória (art. 975, §§ 1º, 2º e 3º). Ele é mantido em 2 (dois) anos e conta-se do trânsito em julgado. Mas se o seu termo final cair em férias forenses, recesso, feriado ou em dia que não houve expediente, será prorrogado para o primeiro dia útil seguinte. Outra alteração é que se a rescisória for proposta pelo motivo de juntada de prova nova (inciso VII), o seu prazo será de 2 (dois) anos da data da descoberta desta prova, muito embora seja necessário observar o prazo máximo de 5 (cinco) anos da data do trânsito em julgado. Por fim, também na hipótese de simulação ou colusão o prazo será do momento em que houver ciência de uma destas circunstâncias. Há hipóteses de outros termos iniciais (art. 525 e art. 535, ambos nos parágrafos finais).

Incidente de resolução de demandas repetitivas

Trata-se de um novo incidente (art. 976 – art. 987) inspirado em um modelo adotado na Alemanha (*Musterverfahren*), de uso mais restrito e levemente diferenciado. Para que seja instaurado é necessário que haja repetição de processos que contenham controvérsia sobre a mesma questão unicamente de direito e risco à isonomia e à segurança jurídica (art. 976).

A legitimidade para este incidente pode ser das próprias partes da demanda, bem como do Ministério Público, Defensoria Pública ou até mesmo de ofício. O *parquet* atuará como fiscal da ordem jurídica nos casos em que não teve a iniciativa (art. 977).

Este requerimento deverá ser dirigido à presidência do tribunal, devidamente instruído com os documentos necessários à demonstração do preenchimento dos pressupostos para a sua instauração. Há isenção de custas (art. 976, § 5º, c/c art. 977).

O órgão responsável pelo julgamento é aquele que o regimento interno indicar, dentre os que tratam da uniformização de jurisprudência do próprio tribunal (art. 978).

A inadmissão do incidente pode ser motivada por já existir quando o tribunal superior já tiver afetado recurso para definição de tese sobre questão de direito material ou processual repetitiva. Pode também ser fundada, por exemplo, na ausência de risco à isonomia. Contudo, a inadmissão não impede a instauração de novo procedimento, caso sejam regularizadas as pendências (art. 976, §§ 3º e 4º).

Após a instauração, haverá publicidade do incidente, bem como do tema que trata (art. 979).

Admitido o incidente, o relator suspenderá os processos individuais ou coletivos pendentes que tramitam em sua área de jurisdição, bem como requisitará informações a órgãos em cujo juízo tramita processo no qual se discute o objeto do incidente (art. 982).

Os requerimentos de tutelas de urgência podem ser apresentados nos próprios processos sobrestados e serão enfrentados nos respectivos juízos (art. 982, § 2º).

Este sobrestamento pode durar até 1 (um) ano. Findo o prazo sem solução, todos os processos voltam a tramitar, o que é extremamente salutar, pois a indefinição na solução atenta contra o tempo razoável de duração do processo. Porém, a suspensão pode permanecer se o relator assim determinar e motivar (art. 980).

O relator poderá admitir e ouvir terceiros na qualidade de *amicus curiae*. Também poderá designar audiência pública para a oitiva de pessoas com experiência e conhecimento na matéria (art. 983).

Após a instrução, será designada data para julgamento. No dia, o relator fará a exposição do fato e na sequência será dado o direito de sustentação oral, pelo prazo de 30 (trinta) minutos, que poderá ser ampliado dependendo do número de inscritos para sustentar (art. 984).

A decisão proferida pelo órgão competente por firmar a tese jurídica também deve analisar o recurso, a remessa necessária ou a causa de competência originária de que se originou este incidente (art. 978, parágrafo único).

Esta decisão será aplicada aos demais processos que versem sobre o mesmo tema na área em que o tribunal possui competência, inclusive perante os juizados especiais (art. 985), o que soa inconstitucional quando confrontado com a Carta Magna (art. 98, CF), pois esta estabelece que compete à turma, composta por juízes de primeiro grau, ser a instância revisora das decisões do sistema dos juizados. Também é aplicável aos futuros processos, que poderão ser resolvidos liminarmente.

A falta de observância da decisão do incidente motivará o uso da via reclamação, ao mesmo tribunal (art. 985, § 1º).

Também o Poder Executivo deve observar o teor da decisão neste incidente, em casos envolvendo a prestação de serviço concedido, permitido ou autorizado, razão pela qual se deve efetuar comunicação à agência reguladora competente para a fiscalização da efetiva aplicação (art. 985, § 2º).

A decisão deste incidente não gera coisa julgada ou preclusão quanto à tese firmada, embora gere coisa julgada no caso concreto que foi apreciado na sequência (art. 986). No entanto, é possível a revisão da tese no mesmo tribunal e pelos mesmos legitimados (*overruled*).

Esta decisão pode ser impugnada por recurso extraordinário ou especial, conforme o caso, muito embora estes passem a ter efeito suspensivo com presunção de existência de repercussão geral (art. 987).

Reclamação

A reclamação (art. 988 – art. 993) é uma demanda de competência originária dos tribunais, para fins de preservar a competência e a autoridade das suas decisões, garantir a observância de decisão proferida pelo STF em controle de constitucionalidade e, ainda, velar pelo respeito à súmula vinculante ou à decisão proferida em incidente de assunção de competência ou no IRDR (art. 988).

Pode ser proposta perante qualquer tribunal, e seu julgamento compete ao órgão cuja competência se busca preservar ou autoridade se pretenda garantir (art. 988, § 1º).

Não há prazo para a reclamação, somente não podendo ser utilizada quando a decisão já tiver transitado em julgado. Contudo, ainda que o recurso pendente não seja apreciado, essa circunstância não impede o processamento desta via processual (art. 988, §§ 5º e 6º).

Ao despachar, o relator (que deve ser preferencialmente o mesmo da demanda principal) requisitará informações à autoridade no prazo de 10 (dez) dias, ordenará a suspensão dos processos e determinará a citação do beneficiário da decisão impugnada, que terá prazo de 15 (quinze) dias para apresentar resposta (art. 989).

Qualquer interessado poderá impugnar o pedido e o Ministério Público deverá atuar como fiscal da ordem jurídica (art. 990).

Julgado procedente o pedido, o tribunal cassa a decisão e determina medida adequada para a solução da controvérsia (art. 992).

Recursos: disposições gerais

Os recursos passam a ser: a) apelação; b) agravo de instrumento; c) agravo interno; d) embargos de declaração; e) recurso ordinário; f) recurso especial; g) recurso extraordinário; h) agravo em recurso especial ou extraordinário; i) embargos de divergência (art. 994).

Consta que as decisões geram efeitos imediatamente, mas que estes podem ser sustados por decisão judicial ou em razão de previsão normativa (art. 995).

Não há alterações na legitimidade para recorrer (art. 996).

É mantido o recurso interposto pela via adesiva na apelação, no recurso especial e no recurso extraordinário (art. 997).

A desistência pode ser manifestada sem que haja anuência de qualquer outra parte, mas não obstará a análise da questão cuja repercussão geral já tenha sido reconhecida em recurso extraordinário ou especial repetitivos (art. 998).

É mantido que não cabe recurso de despacho (art. 1.001).

Os recursos poderão ser interpostos via correio, sendo considerado o prazo da postagem. Todos os recursos devem ser interpostos em 15 (quinze) dias, com exceção dos embargos de declaração (art. 1.003, §§ 4º e 5º).

A análise do recolhimento das custas (incluindo preparo e recolhimento de porte de remessa e retorno, salvo processos eletrônicos) é feita exclusivamente perante o tribunal. É admitida a complementação do preparo parcial apenas uma vez (art. 1.007).

É mantido o efeito substitutivo (art. 1.008).

Apelação

A apelação passa a poder questionar não apenas a sentença, mas todas as decisões interlocutórias na etapa cognitiva, exceto aquelas que permitiam agravo de instrumento. Tais questões devem ser suscitadas como preliminar na apelação ou em suas contrarrazões para que possam ser apreciadas (art. 1.009, §§ 1º, 2º e 3º).

O juízo de admissibilidade não é mais realizado em primeira instância, que apenas colhe as razões e contrarrazões (art. 1.010, § 3º).

Há juízo de retratação, que será realizado antes da admissibilidade do recurso, apenas nos casos de indeferimento (art. 331), improcedência liminar (art. 332), ou qualquer caso de sentença terminativa (art. 485, § 7º).

A regra é o recurso ser recebido no duplo efeito, mas em alguns casos não haverá o efeito suspensivo, à semelhança do que ocorre no CPC/73 (art. 1.012, § 1º).

Permite que haja requerimento ao desembargador para a concessão de efeito suspensivo desde que haja probabilidade de provimento do recurso ou risco de dano grave ou de difícil reparação (art. 1.012, § 3º).

Permanece o efeito devolutivo na extensão (art. 1.013, §§ 1º, 2º, 3º e 4º).

Se a votação não for unânime, serão chamados desembargadores tabelares para nova sessão. Estes desembargadores deverão ser em número que permita alteração do resultado anterior, fazendo prevalecer o voto vencido. Esta praxe é que motivou a extinção do recurso de "embargos infringentes" que, justamente, se destinava a combater estas decisões não unânimes (art. 942).

Agravo de instrumento. Agravo interno. Agravo em recurso especial e extraordinário

O agravo de instrumento se presta a impugnar decisões interlocutórias em situações delineadas por lei (art. 1.015, entre outros).

Foram criadas novas formas de interposição, como pela via postal ou em protocolo realizado na própria comarca ou seção judiciária (art. 1.017, § 2º).

A falta de qualquer peça obrigatória pode ser regularizada. Se o processo for eletrônico o acompanhamento de tais peças é dispensado (art. 1.017, §§ 3º e 5º).

Mantém a obrigatoriedade de juntar cópia do agravo na primeira instância em 3 (três) dias, sob pena das mesmas consequências atuais (agravo ter que arguir o não cumprimento e implicar na inadmissibilidade do recurso), embora apenas para os processos físicos (art. 1.018).

O relator pode liminarmente inadmitir o recurso ou admitir e negar provimento apenas (art. 1.019). Para dar provimento monocraticamente, primeiro terá que intimar o agravo para se manifestar. O relator também poderá dar efeito suspensivo ou ativo ao agravo (art. 1.019, inc. I). A novidade é que esta decisão quanto ao efeito poderá ser impugnada por agravo interno (art. 1.021), diferentemente do CPC/73. O restante do processamento é idêntico, ressalvando que, dependendo do caso do agravo de instrumento, será possível sustentação oral (art. 937, inc. VIII) ou a adoção de nova técnica processual que veio a substituir o antigo recurso de embargos infringentes (art. 942).

O agravo interno (art. 1.021) é usado para impugnar decisões monocráticas do relator, no prazo de 15 (quinze) dias. É exigida argumentação específica pelo agravante, sob pena de o agravo não ser conhecido. Após as contrarrazões, o relator poderá se retratar. Do contrário, será apreciado pelo órgão colegiado. A inadmissibilidade ou negativa de provimento do agravo interno gera imposição de multa de 1% a 5% ao agravado, tornando-se o seu recolhimento prévio uma condição de admissibilidade para os demais recursos, com exceção aos beneficiários de gratuidade de justiça e Fazenda Pública, que farão o pagamento ao final.

O agravo em recurso especial e extraordinário (art. 1.042), que no regime anterior era nominado informalmente como "agravo nos próprios autos" ou "agravo de admissão" (art. 544, CPC/73), serve para impugnar a decisão que inadmite o REXTR ou o RESP nos Tribunais de origem. Após as contrarrazões, o recurso é enviado ao STF ou STJ conforme o caso. Este recurso não gera recolhimento de custas. É permitido que este recurso e os demais sejam julgados na mesma sessão, desde que assegurada a sustentação oral.

Embargos de declaração

Cria uma nova hipótese de cabimento: correção de erro material (art. 1.022, inc. III). Curiosamente, o erro material pode ser corrigido de ofício a qualquer momento, razão pela qual reputa-se como desnecessária a sua inclusão como hipótese de cabimento deste recurso (art. 494, inc. I). Ademais, destaca-se que, nos juizados especiais, permanecem apenas as hipóteses tradicionais de cabimento (art. 1.066).

É recurso interposto em 5 (cinco) dias, com possibilidade de dobra caso haja litisconsortes com diferentes procuradores (art. 1.023). Haverá contrarrazões do embargado se existir risco de efeito modificativo (art. 1.023, § 2º).

O CPC consagra o princípio da fungibilidade, ao permitir que o relator transforme os embargos de declaração em agravo interno no tribunal, mas desde que o recorrente seja intimado previamente para regularizar sua peça (art. 1.024, § 3º).

É admitida a possibilidade de a parte que já tiver recorrido complementar seu recurso anterior caso os embargos de declaração interpostos pela outra venham a ser conhecidos e providos. Nesta mesma situação, se os embargos forem rejeitados, o recurso já interposto pela outra parte se processa independentemente de ratificação (art. 1.024, §§ 4º e 5º).

Passa a permitir, expressamente, que os embargos de declaração sejam utilizados para fins de prequestionamento, inclusive o ficto (art. 1.025).

Os embargos de declaração possuem efeito interruptivo quanto ao prazo dos demais recursos. Embargos protelatórios permitem multa de 2% (dois por cento) do valor da causa ao embargado. Se houver reiteração, pode aumentar para 10% (dez por cento) e passa a ser condição para recebimento dos futuros recursos, exceto aos beneficiários de gratuidade e Fazenda Pública, que só a recolherão ao final (art. 1.026).

Recurso ordinário

Disciplina as hipóteses de cabimento à luz da Carta Magna (art. 102, inc. II, c/c art. 105, inc. II, CF c/c art. 1.027).

Permite agravo de instrumento diretamente no STJ quando se tratar de decisão interlocutória proferida nos processos que envolvam Estado estrangeiro ou organismo internacional (art. 109, inc. II, CF c/c art. 1.027, § 1º), devendo ser observadas aquelas hipóteses em que o CPC autoriza a interposição deste recurso (art. 1.015).

O CPC passa a prever, expressamente, a aplicação da teoria da causa madura no recurso ordinário, o que conflita com entendimento atual do STF (art. 1.027, § 2º).

Indica, por fim, os órgãos de encaminhamento do recurso ordinário, dependendo da hipótese de cabimento envolvida. Também prevê a necessidade de intimação do recorrido para contrarrazões (art. 1.028, parágrafos).

Recurso extraordinário e especial. Julgamento dos recursos repetitivos

O CPC permite que o STF e o STJ desconsiderem vício formal e admitam um recurso tempestivo, desde que estes Tribunais não o reputem grave. Trata-se de norma flagrantemente inconstitucional, pois viola o princípio da isonomia, já que os requisitos de admissibilidade não estarão sendo exigidos de todos indistintamente (art. 1.029, § 3º).

Quando houver incidente de resolução de demandas repetitivas nos tribunais inferiores, o STF ou o STJ poderão determinar que sejam sobrestados todos os processos que versarem sobre aquela mesma matéria (art. 1.029, § 4º).

Admite-se requerimento para concessão de efeito suspensivo (é que o processo cautelar autônomo, utilizado para esta finalidade, praticamente desaparece), que deverá ser apresentado no tribunal superior, ao relator ou mesmo ao presidente e vice-presidente do tribunal inferior, dependendo da hipótese versada (art. 1.029, § 5º).

Nestes recursos, após a apresentação das contrarrazões, será realizado o juízo de admissibilidade pelo próprio tribunal de origem, nos mesmos moldes do modelo primitivo (CPC/73). Se o recurso for inadmitido, caberá a interposição de agravo aos Tribunais Superiores (art. 1.042) ou agravo interno (art. 1.021), dependendo do fundamento do não conhecimento do recurso (art. 1.030, §§ 1º e 2º). Se for admitido, haverá encaminhamento ao tribunal respectivo.

Admite, como no CPC/73, interposição simultânea tanto do recurso extraordinário quanto do especial (art. 1.031).

Permite a aplicação do princípio da fungibilidade, desde que o relator do STJ determine que o recorrente adeque o recurso especial a um extraordinário, com indicação da repercussão geral. Contudo, o STF pode discordar deste procedimento e determinar a devolução dos autos ao STJ para análise do recurso especial primitivo (art. 1.032). O oposto também pode ser feito pelo STF ao STJ, quando for constatada, no recurso extraordinário, uma ofensa reflexa à Constituição. Contudo, o STJ não poderá rever esta conclusão (art. 1.033).

Passa a ser previsto que os recursos especial ou extraordinário, que tiverem sido admitidos por um fundamento, podem ser analisados por outros, mas desde que relativos ao mesmo capítulo da decisão (art. 1.034, parágrafo único).

Permanece a repercussão geral apenas para o recurso extraordinário, com contornos mais precisos (por exemplo, quando contrariar tese fixada em julgamento de casos repetitivos – o que também autoriza reclamação – art. 1.035). Também permanece a possibilidade de *amicus curiae* para a discussão deste tema (art. 1.035, § 4º). O CPC, contudo, não estabelece quórum pra reconhecer a repercussão geral, diferentemente da Constituição (art. 102, § 3º, CF). Negada a repercussão geral, o presidente ou vice do tribunal de origem negarão seguimento aos recursos que estavam sobrestados (art. 1.035, § 8º).

Há um detalhamento maior no processamento do recurso especial e extraordinário repetitivos (art. 1.036 – art. 1.041). Na origem, dois ou mais serão afetados e encaminhados ao tribunal respectivo, embora no tribunal superior haja a determinação que outros também sejam (ou até pode ser tudo feito lá, independentemente do tribunal inferior). Todos os processos que versarem sobre o tema ficarão suspensos, tal como já ocorre na análise da "repercussão geral". Mas, aqueles que foram sobrestados indevidamente por conter tese distinta (*distinguishing*) poderão ser destrancados, por petição direcionada ao órgão em que o processo se encontrar, com contraditório da parte adversária em 5 (cinco) dias. A decisão pode desafiar agravo de instrumento ou agravo interno, conforme o caso. É permitida a participação do *amicus curiae*. Passa a ser possível a designação de audiência pública para debate do tema. O restante do processamento é melhor detalhado e não discrepa do anterior (CPC/73).

A parte pode desistir do processo individual na pendência de um recurso excepcional repetitivo. Neste caso, a desistência independe da anuência do réu e ela pode ser feita a qualquer momento, desde que não tenha sido proferida sentença. Contudo, se já apresentada contestação, deverão ser pagos os honorários e mais as custas (art. 1.040, §§ 1º, 2º e 3º).

Desaparecem os recursos especiais e extraordinários retidos.

Embargos de divergência

O CPC amplia as hipóteses de cabimento dos embargos de divergência, em vez de seguir uma interpretação restritiva que era adotada pelos tribunais superiores (art. 1.043).

Passa a admitir também a interposição quando a divergência tiver sido no mesmo órgão, desde que tenha ocorrido alteração de mais da metade dos seus membros (art. 1.043, § 3º).

A demonstração da divergência se dá da mesma maneira que no CPC/73, ou seja, por pesquisa realizada na rede mundial de computadores (1.043, § 4º).

Quando interpostos no STJ, interrompem o prazo para a interposição do recurso extraordinário. Se este recurso extraordinário já tiver sido interposto pela outra parte, ele pode continuar seu processamento independentemente de ulterior ratificação (art. 1.044, parágrafos).

Disposições finais e transitórias

Estabelece prazo de um ano de *vacatio legis* após sua publicação oficial, aplicando-se suas disposições imediatamente aos processos pendentes (art. 1.045).

As antigas regras sobre os procedimentos sumário e especiais que foram revogados continuam tendo aplicação nos processos pendentes até que sentença tenha sido proferida (art. 1.046, § 1º).

Estabelece uma ordem cronológica para julgamento dos processos já conclusos quando da entrada em vigor do CPC. Esta ordem prioriza a ordem de distribuição. Para os novos processos instaurados a ordem preferencial será a da conclusão (art. 1.046, § 5º c/c art. 12).

As novas disposições sobre direito probatório se aplicam apenas às provas requeridas ou deferidas após o advento do CPC. As antigas permanecem regidas pelo CPC/73 até serem ultimadas (art. 1.047).

Estabelece ordem de prioridade de tramitação para os processos em que figure como parte pessoa com idade igual ou superior a sessenta anos ou portadora de doença grave, bem como aquelas reguladas pela Lei nº 8.069/90. O requerente deve fazer prova de que preenche estes requisitos e ela independe de deferimento pelo órgão jurisdicional (art. 1.048).

Quando qualquer lei específica submeter o processo ao rito sumário ou sumaríssimo, deverá ser observado o novo procedimento comum (art. 1.049).

Estabelece que a Fazenda Pública deve realizar cadastro em 30 (trinta) dias para fins de citação e intimação em processos eletrônicos (art. 1.050). O mesmo tratamento deve ser observado pelas empresas públicas e privadas, exceto pelas microempresas ou as de pequeno porte (art. 1.051).

Até a criação de lei específica, o CPC/73 permanece em vigor regulamentando a insolvência civil (art. 1.052).

Desaparece a ação declaratória incidental para os novos processos, posto que a questão prejudicial já pode ser imediatamente decidida na própria sentença, com força de coisa julgada. Com isso, o CPC sugere que a contestação decorra do exercício do direito de ação, eis que estará ampliando objetivamente o objeto do processo (art. 1.054).

Para as execuções já suspensas e arquivadas, o termo inicial da prescrição intercorrente coincidirá com a data de vigência do CPC (art. 1.056).

Permanecem as restrições de tutelas de urgência em desfavor da Fazenda Pública que constam na Lei nº 8.437/92 e na Lei nº 12.016/09 (que revogou, mas manteve em essência aquelas previstas na Lei nº 4.348/64 e na Lei nº 5.021/66). Portanto, o julgamento na ADC4 continua com plena aplicação (art. 1.059).

O CPC corrige a Lei de Arbitragem, quanto à defesa que é apresentada em título executivo judicial que seja sentença arbitral. A Lei nº 9.307/96 trata como embargos o que a rigor deveria ser impugnação após o advento da Lei nº 11.232/2005 (art. 1.061).

O CPC/73 permanece com ultratividade quanto aos temas que autorizavam o rito sumário em razão da matéria (art. 275, inc. II) enquanto nova lei específica não for editada (art. 1.063). Assim, tais matérias permanecem como sendo de competência dos juizados especiais, sejam eles estaduais, fazendários ou federais. Também é modificado o efeito dos embargos de declaração interpostos no juizado, que passam a ser o interruptivo assim como aqueles interpostos nos demais juízos e tribunais (art. 1.065). Por fim, admite um incidente nos processos de competência dos juizados especiais, que é o incidente de desconsideração de personalidade jurídica (art. 1.062), ainda que a lei específica diga o oposto (art. 10, Lei nº 9.099/95). Este incidente também pode ser instaurado em tribunais, nas suas causas de competência originária.

O CPC muda o Código Eleitoral (Lei nº 4.737/65), prevendo embargos de declaração com prazo de apenas 3 (três) dias e a multa pelo caráter protelatório não tem parâmetro com o valor da causa, e sim com o salário-mínimo (art. 1.067).

Dispõe que todos os agravos internos, previstos em lei ou regimento, devem ser interpostos no prazo de 15 (quinze) dias (art. 1.070).

Passa a permitir o reconhecimento extrajudicial da usucapião, alterando a Lei de Registros Públicos (art. 1.071). Há a necessidade de advogado presente. É possível o ajuizamento de demanda judicial, caso haja rejeição do pleito administrativo. Contudo, o procedimento será o comum.

Por fim (art. 1.072), são revogados alguns dispositivos de leis especiais, como a de alimentos (Lei nº 5.478/68) e de gratuidade de justiça (Lei nº 1.060/50).

Conclusão

Conforme exposto na introdução deste texto, estas considerações tiveram o objetivo de apresentar, em linhas gerais, as principais mudanças trazidas pelo CPC (Lei nº 13.105/2015) ou mesmo repisar algumas regras que irão permanecer. Certamente, algumas o leitor já conhecia e deve ter aplaudido, enquanto outras podem ter gerado certa reflexão. Mas é certo que devemos continuar a aprofundar ainda mais o seu estudo, para que dele se possa extrair o máximo das potencialidades que o CPC possui. Este livro, por sinal, se destina a facilitar este desiderato. Primeiramente, apresentando um breve relato destas inovações e, na sequência, verbetes sumulares, jurisprudências recentes dos tribunais já aplicando o CPC ou mesmo citando antigas que ainda sejam compatíveis. Bons estudos nas páginas que se seguem. Teremos muito trabalho pela frente em continuar esta etapa de transição, que ainda levará algum tempo para ser completa e corretamente assimilada pelos operadores do Direito.

PARTE GERAL

LIVRO I
DAS NORMAS PROCESSUAIS CIVIS

TÍTULO ÚNICO
DAS NORMAS FUNDAMENTAIS E DA APLICAÇÃO DAS NORMAS PROCESSUAIS

CAPÍTULO I
DAS NORMAS FUNDAMENTAIS DO PROCESSO CIVIL

Art. 1º

> Art. 1º O processo civil será ordenado, disciplinado e interpretado conforme os valores e as normas fundamentais estabelecidos na Constituição da República Federativa do Brasil, observando-se as disposições deste Código.

O dispositivo reafirma a força normativa da CF, ao estabelecer que o processo civil deverá ser ordenado, disciplinado e interpretado de acordo com os valores e normas constantes na Carta Magna. Em alguns dispositivos subsequentes esta premissa será reafirmada, com indicação precisa de vários outros princípios constitucionais que servirão de vetores para a escorreita aplicação das normas processuais.

Art. 2º

> Art. 2º O processo começa por iniciativa da parte e se desenvolve por impulso oficial, salvo as exceções previstas em lei.

Este dispositivo reconhece, inicialmente, que a jurisdição possui como característica a inércia, ou seja, somente pode ser prestada após ter ocorrido a regular provocação pelo interessado. E, como consequência, o magistrado irá prestar a jurisdição nos exatos termos em que o demandante tiver requerido, o que coincide com o princípio da congruência, também conhecido como princípio da correlação. O CPC, porém, consagra hipótese em que a jurisdição pode ser prestada de ofício, como nas demandas que envolvem a restauração de autos (art. 712).

Após esta regular provocação, passa a existir uma relação jurídica processual linear entre o Estado-Juiz e o demandante, também dando início ao processo. Assim, este dispositivo regulamenta, em sua segunda parte, o que é conhecido como princípio do impulso oficial, justamente no sentido de que, após ter sido instaurado o processo, deve ele seguir sendo conduzido pelo magistrado, enquanto o autor fica autorizado a se colocar em um aparente estado de inércia. Somente em casos que, para prosseguimento do processo, for fundamental a participação do demandante (v.g., quando tiver sido intimado para regularizar o preparo das custas iniciais para distribuição), é que a sua omissão poderá motivar a extinção do processo sem resolução do mérito pelo abandono.

Art. 3º

Art. 3º Não se excluirá da apreciação jurisdicional ameaça ou lesão a direito.

§ 1º É permitida a arbitragem, na forma da lei.

§ 2º O Estado promoverá, sempre que possível, a solução consensual dos conflitos.

§ 3º A conciliação, a mediação e outros métodos de solução consensual de conflitos deverão ser estimulados por juízes, advogados, defensores públicos e membros do Ministério Público, inclusive no curso do processo judicial.

O artigo reafirma a importância do princípio do livre acesso ao Judiciário, também conhecido como da inafastabilidade, de sede constitucional (art. 5º, XXXV, CF), ao dispor que não será excluída da apreciação jurisdicional ameaça ou lesão de direito. Ao mencionar a expressão "ameaça", o CPC expressamente permite a possibilidade de serem requeridas "tutelas inibitórias" perante o Poder Judiciário, assim como também admite o pleito de "tutelas ressarcitórias", nos casos em que já houver "lesão". As duas espécies de providências jurisdicionais são completamente distintas entre si. A primeira delas, ou seja, a "tutela inibitória" é de natureza satisfativa, mas, ao mesmo tempo, também é preventiva, pois o seu escopo é prevenir a ocorrência de um "ilícito". Assim, diferentemente da "tutela ressarcitória", em que o ilícito/lesão já ocorreu e que o escopo é cessar as suas consequências ou obter a reparação do dano, a "tutela inibitória" torna-se ímpar neste sentido, já que o intento da parte em instaurar o processo é obter uma providência que impeça a prática, a repetição ou a continuação do ilícito, tornando a figura do "dano" completamente estranha a si.

No primeiro parágrafo do dispositivo é permitida a arbitragem, na forma estabelecida em lei (Lei nº 9.307/96). Até hoje grassa séria divergência sobre ela resultar no exercício de atividade jurisdicional ou se deve ser encarada sob o prisma de um equivalente jurisdicional. É que, por um lado, a sentença arbitral é equiparada à de um juiz togado, tanto que é considerada como título judicial (art. 515, VII). Igualmente, outro argumento para tratar a arbitragem como jurisdição é que a sentença arbitral não se sujeita à homologação pelo Poder Judiciário (art. 18, Lei nº 9.307/96) e nem pode ter o seu conteúdo por ele modificado, muito embora possa vir a ser anulada, em razão de alguns vícios (art. 32, Lei nº 9.307/96). Além disso, sob esta perspectiva, não seria correto falar em "procedimento arbitral", mas sim em "processo arbitral", que guardaria enormes semelhanças com o "processo judicial" propriamente dito, inclusive com observância dos mesmos princípios constitucionais. Claro que, para tanto, seria necessária uma visão mais flexível da forma de investidura do árbitro, pois não decorreria da aprovação em concurso de provas e títulos como sói acontecer com o magistrado, mas sim de uma maneira pouco distinta, tal como ocorre também com os jurados que são nomeados para participar de um tribunal do júri. São, pelo menos, os principais argumentos utilizados pelos defensores de uma concepção publicista na arbitragem. O tema, porém, não é pacífico, pois há aqueles que continuam a vislumbrar na arbitragem uma visão meramente contratualista (ou privatista), de modo que não irá resultar no exercício de função jurisdicional, que continua sendo reservada a órgão estatal. É que, para os adeptos desta segunda concepção, que realmente parece ser a melhor, a atividade desempenhada pelo árbitro não é exatamente a mesma de um magistrado, pois despida de diversos atributos da jurisdição, em especial a ausência do uso de medidas coercitivas e de autoefetivação. Além disso, enquanto a jurisdição envolve uma atividade pública e se funda na soberania estatal, a arbitragem se legitima pela autonomia da vontade.

O segundo e o terceiro parágrafos, por sua vez, deixam claro um dos nortes do CPC, que é a obtenção da solução consensual entre os litigantes. Para tanto, o Estado em sentido amplo deverá velar sempre que possível para a obtenção deste desiderato, por meio da conciliação, mediação ou qualquer outro método que possa ser adotado e estimulado pelos juízes, membros do Ministério Público, defensores públicos e advogados, ainda que o processo esteja em curso. Inclusive, no procedimento comum foi criada uma audiência que, pelo menos em princípio, é obrigatória para estes fins (art. 334).

Verbete nº 485 da Súmula do STJ: "*A Lei de Arbitragem aplica-se aos contratos que contenham cláusula arbitral, ainda que celebrados antes da sua edição*".

Ação anulatória de procedimento arbitral e ausência de legitimidade da Câmara Arbitral. "*1. A instituição arbitral, por ser simples administradora do procedimento arbitral, não possui interesse processual nem legitimidade para integrar o polo passivo da ação que busca a sua anulação. 2. Recurso especial* *provido*" (STJ. RESP nº 1.433.940/MF. Rel. Min. Ricardo Villas Bôas Cueva, DJ 02/10/2017).

As hipóteses que buscam preservar a imparcialidade do magistrado também se aplicam ao árbitro, inclusive quando se tratar de decisão arbitral estrangeira. "*A prerrogativa de imparcialidade do julgador aplica-se à arbitragem e sua inobservância resulta em ofensa direta à ordem pública nacional – o que legitima o exame da matéria pelo Superior Tribunal de Justiça, independentemente de decisão proferida pela Justiça estrangeira acerca do tema*" (STJ. Corte Especial. SEC 9.412-EX, Rel. Min. Felix Fischer, Rel. para acórdão Min. João Otávio de Noronha, julgado em 19/04/2017 – Informativo nº 605).

Validade de cláusula arbitral que reserve a solução de determinadas situações para a via judicial. "*É válida a cláusula compromissória que excepcione do juízo arbitral certas situações especiais a serem submetidas ao Poder Judiciário. Isso porque a Lei nº 9.307/1996 não exige, como condição de existência da cláusula compromissória, que a arbitragem seja a única via de resolução admitida pelas partes, para todos os litígios e em relação a todas as matérias. Cabe lembrar, ainda, que a liberdade de contratar encontra respaldo no art. 425 do CC, que estabelece ser "[...] lícito às partes estipular contratos atípicos, observadas as normas gerais fixadas neste Código". Caso os contratantes pudessem o mais, que seria afastar da jurisdição estatal todos os litígios eventualmente decorrentes do contrato, remetendo-os à arbitragem, certamente poderiam o menos, prevendo hipóteses especiais em que determinadas divergências fossem submetidas ao Judiciário. Trata-se de o contrato não ignorar o princípio da inafastabilidade da tutela jurisdicional (art. 5º, XXXV, da CF), com o qual convive a Lei de Arbitragem, aplicável apenas a direitos disponíveis. Determinadas questões urgentes, especialmente as anteriores à instauração do painel arbitral, não só podem como devem ser ajuizadas no Judiciário, para que as partes não se vejam num "vazio jurisdicional", em que não poderiam alcançar tutela judicial ou arbitral (porque não instalada ainda a arbitragem). Nesse sentido, o STJ possui relevantes precedentes: CC 111.230-DF, Segunda Seção, DJe 3/4/2014; RESP 1.277.725-AM, Terceira Turma, DJe 8/3/2013; e RESP 1.297.974-RJ, Terceira Turma, DJe 19/6/2012. Como se vê nos precedentes, mesmo nas hipóteses em que as partes não estabeleceram previamente a competência do Judiciário sobre determinados litígios decorrentes do contrato, o STJ aplicou o princípio da inafastabilidade da jurisdição, pela impossibilidade de ser exercida a jurisdição arbitral antes de instaurada a arbitragem e constituído o painel arbitral. Desse modo, não pode ser considerada nula a cláusula compromissória constante de acordo que excepcione ou reserve certas situações especiais a serem submetidas ao Judiciário, mormente quando essas demandem tutelas de urgência. A contrario sensu, nulidade haveria em previsão que vedasse completamente toda e qualquer apreciação de litígio pelo Judiciário. O convívio harmônico dos juízos arbitrais com os órgãos do Judiciário constitui ponto fundamental ao prestígio da arbitragem. Na escala de apoio do Judiciário à arbitragem, ressai como aspecto essencial o da execução específica da cláusula compromissória, sem a qual a convenção de arbitragem quedaria inócua*" (STJ. RESP 1.331.100-BA, Relª. Minª. Maria Isabel Gallotti, Rel. para acórdão Min. Raul Araújo, julgado em 17/12/2015, DJe 22/02/2016 – Informativo nº 577).

Validade de cláusula arbitral em contrato firmado por sociedade de economia mista (CPC/73). "*São válidos e eficazes os contratos firmados pelas*

> *sociedades de economia mista exploradoras de atividade econômica de produção ou comercialização de bens ou de prestação de serviços (CF, art. 173, § 1º) que estipulem cláusula compromissória submetendo à arbitragem eventuais litígios decorrentes do ajuste"* (STJ. RESP nº 612.439-RS. Rel. Min. João Otávio de Noronha. DJ 14/09/2006).

Art. 4º

Art. 4º As partes têm o direito de obter em prazo razoável a solução integral do mérito, incluída a atividade satisfativa.

O dispositivo em comento reafirma, em parte, o princípio que assegura o tempo razoável para a solução do processo, que é de sede constitucional (art. 5º, LXXVII, CF), mas ligeiramente adaptado, pois passa a prever que o foco será a resolução do mérito. A toda evidência, é um princípio que dá margem a uma interpretação assaz subjetiva a respeito do que é ou não tempo razoável para a duração do processo, pois é certo que já temos há algum tempo uma explosão de litigiosidade, bem como o surgimento de novos direitos (v.g., os de natureza metaindividual), que vêm contribuindo para uma maior busca dos serviços judiciários. E, por este motivo, muitas vezes a celeridade processual acaba irremediavelmente comprometida, pois, ainda que se reconheça uma melhor estrutura do Poder Judiciário atual, ela é insuficiente para sorver todas as demandas instauradas. De qualquer maneira, existe sim o reconhecimento de que a demora na prestação jurisdicional é extremamente nociva, o que gerou diversas modificações no CPC, que tencionam obter uma maior agilidade processual, como a criação do incidente de resolução de demandas repetitivas (art. 976 – art. 987), entre muitos outros. Da mesma maneira, também é de se ressaltar o empenho do CNJ na consecução da finalidade deste princípio que, por meio da estipulação de metas, estimula os membros do Poder Judiciário a adotar esforços no sentido da resolução dos processos mais antigos.

Art. 5º

Art. 5º Aquele que de qualquer forma participa do processo deve comportar-se de acordo com a boa-fé.

Os sujeitos processuais desempenham suas funções de acordo com o modelo de estruturação dado ao processo, em resultado das disposições normativas. Nestas atividades, o atuar cooperativo enaltece a responsabilidade de todos os sujeitos processuais pela justa solução da lide, objetivo final do processo. Assim, o órgão jurisdicional deve ter papel ativo, porém sem feição autoritária, enquanto às partes deverão ser imputados deveres de colaboração, interligados à boa-fé, para influenciar no provimento jurisdicional.

Na legislação vigente, o coração da moralidade processual encontra-se no elenco, não exaustivo, de "deveres das partes e de seus procuradores" (art. 77) e, em contrapartida, da listagem de comportamentos desleais, consubstanciando "deveres" em sentido negativo (art. 80), ambos assaz entrelaçados. No entanto, resta nítido que estes dispositivos não abarcam todas as hipóteses que eventualmente podem vir a ocorrer ao longo do processo. Daí serem utilizadas cláusulas abertas, representativas da substituição, de certa forma, da técnica legislativa pela técnica judicial, através das máximas de experiência. Assim, ocorrendo tais violações, há a necessidade do emprego desses meios punitivos, também porque interessa ao Estado que o "processo", manifestação de sua soberania, não venha a ser manipulado por interesses subalternos desleais, de quem quer que seja. Só assim, ao final, este instrumento poderá se constituir em um veículo hábil capaz de realizar uma curta e segura jornada para a efetivação dos direitos alegados pelas partes.

> **Enunciado nº 1 da I Jornada de Processo Civil CEJ/CJF:** *"A verificação da violação à boa-fé objetiva dispensa a comprovação do animus do sujeito processual".*

Art. 6º

Art. 6º Todos os sujeitos do processo devem cooperar entre si para que se obtenha, em tempo razoável, decisão de mérito justa e efetiva.

O dispositivo cuida do princípio da cooperação entre os sujeitos do processo, o que alberga não apenas a boa-fé mencionada no artigo antecedente como, também, a adoção de uma postura leal durante todo o processo. Este princípio também se aplica à cooperação jurídica internacional (art. 26 – art. 41) e nacional (art. 67 – art. 69).

> **Enunciado nº 95 da I Jornada de Processo Civil CEJ/CJF:** *"O juiz, antes de rejeitar liminarmente a impugnação ao cumprimento de sentença (art. 525, § 5º, do CPC), deve intimar o impugnante para sanar eventual vício, em observância ao dever processual de cooperação (art. 6º do CPC)".*

> **Cooperação entre as partes e validade de notificação feita por um parte a outra (CPC/73).** *"Dentro do contexto dos deveres de cooperação e de lealdade processuais, é perfeitamente razoável assumir que a notificação remetida por uma das partes à outra, em atenção à determinação judicial e nos termos da Lei nº 6.015/73, supre a intimação de que trata o art. 525, I, do CPC. Agravo a que se nega provimento"* (STJ. Agravo regimental no RESP nº 201000612602. Rel.ª Min.ª Nancy Andrighi. DJ 16/08/2010).

Art. 7º

> Art. 7º É assegurada às partes paridade de tratamento em relação ao exercício de direitos e faculdades processuais, aos meios de defesa, aos ônus, aos deveres e à aplicação de sanções processuais, competindo ao juiz zelar pelo efetivo contraditório.

O dispositivo reafirma dois princípios constitucionais: o da isonomia (ou da paridade de armas) e o do contraditório (art. 5º, *caput* e LV, CF).

De acordo com o princípio da isonomia, todos devem ser considerados iguais perante a lei. No entanto, deve ser reconhecido que não seria possível conceber um tratamento processual idêntico a todos indistintamente, eis que cada parte pode ser cercada de certas peculiaridades de modo a justificar um tratamento processual levemente diferenciado. E, vale dizer, este reconhecimento em realidade até mesmo prestigia o princípio da isonomia, de modo que os iguais devem ser tratados na medida daquilo que se igualam e os desiguais de acordo com as suas desigualdades.

É o que ocorre, por exemplo, quando se tratar de parte assistida pela Defensoria Pública, que passa a gozar de prazos em dobro (art. 5º da Lei nº 1.060/50 e art. 44, inc. I, da LC nº 80/94), o que é justificável, afinal, é notoriamente reconhecido que a Defensoria Pública é dotada de corpo profissional insuficiente para atender a população que lhe procura e que merece um tratamento adequado e personalizado, apesar do esforço e competência dos seus membros.

A própria Fazenda Pública, quando atua em juízo, possui certas prerrogativas processuais que não conspiram contra o aludido princípio da isonomia, pois possui uma quantidade de processos excessivamente superior acaso comparada com a média usual entre os particulares, o que lhe justificaria um tratamento diferenciado. Entre estas prerrogativas, podem ser enumeradas: a) prazos em dobro; b) restrição à concessão de tutelas de urgência; c) possibilidade de requerer a suspensão das tutelas de urgência deferidas; d) dispensa de preparo para recorrer ou até mesmo do prévio recolhimento de custas para a instauração de demandas; e) remessa necessária; f) procedimento executivo específico para o recebimento das suas dívidas ativas de natureza tributária ou não; g) procedimento executivo específico para ser executada por quantia certa; dentre outras mais.

Quanto à garantia do contraditório, esta se refere à possibilidade de uma parte ser intimada para se manifestar a respeito de uma afirmação que foi efetuada pela outra, o que pode ser extensível tanto ao demandante quanto ao demandado. Esta garantia é mencionada várias vezes no CPC, que sinaliza que o contraditório não deve ter caráter puramente formal, mas sim substancial, ou seja, com a possibilidade de as partes efetivamente influenciarem na decisão a ser tomada pelo magistrado.

Em algumas situações, porém, o contraditório pode ser postergado, o que já é objeto de outro dispositivo (art. 9º).

> **Prazo em dobro para a Fazenda Pública recorrer não ofende o princípio da isonomia (CPC/73).** "*A norma inscrita no art. 188 do CPC, por constituir* lex generalis, *aplica-se subsidiariamente ao procedimento do REXTR disciplinado pela Lei nº 8.038/90. O benefício da dilatação do prazo para recorrer somente não incidiria no procedimento recursal do apelo extremo, se a lei extravagante – a Lei nº 8.038/90, no caso – contivesse preceito que expressamente afastasse a possibilidade de aplicação supletiva da legislação processual civil codificada. – O benefício do prazo recursal em dobro outorgado às pessoas estatais, por traduzir prerrogativa processual ditada pela necessidade objetiva de preservar o próprio interesse público, não ofende o postulado constitucional da igualdade entre as partes. Doutrina e Jurisprudência*" (STF. REXTR nº 163.691-2. Rel. Min. Celso de Mello. DJ 15/09/1995).
>
> **Intimação da Fazenda Pública para recorrer. Devolução dos autos sem manifestação recursal. Alegada dúvida quanto à atribuição para atuar no feito. Erro inescusável. Paridade de armas.** "*O termo* a quo *do prazo para a interposição de recurso pela União se dá com a entrega dos autos com vista, conforme previsto no art. 6º da Lei 9.028/95 e no art. 20 da Lei 11.033/2004. Assim, comprovada a regularidade dos procedimentos adotados relativamente à intimação da Procuradoria-Regional da União e incontinenti à Procuradoria da Fazenda Nacional, é descabida a pretensão de que seja reaberto o prazo recursal, motivada por dúvida inescusável acerca de quem seria a atribuição para atuar no feito, por afronta aos princípios da isonomia e da paridade de tratamento entre as partes. Unânime*" (TRF-1. ApReeNec 0009031- 20.2007.4.01.3400, Rel.ª Des.ª Federal Maria do Carmo Cardoso, julgado em 13/03/2017).

Art. 8º

Art. 8º Ao aplicar o ordenamento jurídico, o juiz atenderá aos fins sociais e às exigências do bem comum, resguardando e promovendo a dignidade da pessoa humana e observando a proporcionalidade, a razoabilidade, a legalidade, a publicidade e a eficiência.

O artigo recomenda que o magistrado, ao aplicar o ordenamento jurídico, tente realizar uma "interpretação teleológica", de modo a dele extrair os fins sociais da norma frente às exigências do bem comum. Não se trata, porém, do único método interpretativo, também sendo importante destacar que nenhuma modalidade de interpretação pode se sobrepor a outra, pois não há entre elas qualquer traço de verticalização. Assim, muito embora o CPC recomende, neste artigo, a adoção da "interpretação teleológica", outras ainda podem ser usadas, tais como: a) legal: que é aquela de acordo com a própria literalidade do dispositivo analisado; b) autêntica: que é aquela proposta pelo próprio legislador, quando o dispositivo apresenta conceito de algum instituto jurídico; c) lógico-sistemática: que é aquela que evita a análise isolada da norma jurídica, mas sim a sua integração com as demais que compõem o mesmo sistema jurídico; d) histórica: que é aquela que busca analisar o momento histórico e as situações que justificaram a criação de determinada norma jurídica; e) teleológica: que é a mencionada no dispositivo e busca extrair da norma os seus fins sociais.

O dispositivo também recomenda que o magistrado aplique o ordenamento jurídico resguardando e promovendo a dignidade da pessoa humana, a proporcionalidade, a razoabilidade, a legalidade, a publicidade e a eficiência. Curiosamente, embora deva ter esta preocupação, a decisão a ser proferida pelo juiz será nula acaso apresente apenas conceitos jurídicos indeterminados (como a menção a tais princípios), sem explicar o motivo de incidência concreto no caso dos autos (art. 489, II).

Um exemplo prático para a adoção deste artigo é o magistrado reduzir o valor das *astreintes* retroativamente. É que, embora aparentemente haja violação a regra específica do CPC (art. 537, § 1º), por outro lado poderia ser invocada a razoabilidade e proporcionalidade, previstas nesta norma fundamental do CPC, para corrigir tais distorções se os valores acumulados já estiverem muito elevados.

Art. 9º

> **Art. 9º Não se proferirá decisão contra uma das partes sem que ela seja previamente ouvida.**
>
> **Parágrafo único. O disposto no *caput* não se aplica:**
>
> **I – à tutela provisória de urgência;**
>
> **II – às hipóteses de tutela da evidência previstas no art. 311, incisos II e III;**
>
> **III – à decisão prevista no art. 701.**

Aqui, mais uma vez, se afirma a necessidade do prévio contraditório para que a decisão judicial venha a ser proferida. Este artigo, porém, inova ao permitir que nem sempre isso ocorra, ao enumerar três situações em que o contraditório pode ser postergado.

Na primeira delas, o magistrado pode conceder a tutela provisória de urgência em caráter *inaudita altera parte*, ou seja, sem a prévia oitiva do demandado. Tal situação se justifica, pois, em dadas situações urgentes e críticas, ao se possibilitar o contraditório prévio isso poderia gerar um dispêndio de tempo que comprometeria a utilidade da prestação jurisdicional.

A segunda situação em que o contraditório pode ser posterior ocorre nas hipóteses de tutelas de evidência, com fundamento no art. 311, incs. II e III. Nesta nova situação, também se estará diante de uma tutela provisória, ou seja, de uma decisão interlocutória proferida com base em juízo de cognição sumária. Contudo, ela não será dada em razão de urgência e sim pela evidência do direito ou da falta de direito alegada pelo demandante.

De resto, a terceira hipótese se refere ao provimento inicial dado na ação monitória, que se traduz em um mandado judicial corporificando uma ordem para o cumprimento da obrigação. Também nestes casos o contraditório se encontra adiado para momento ulterior ao processo.

Mas este dispositivo (art. 9º, parágrafo único) não deve ser interpretado restritivamente, pois há outros no CPC que também permitem o contraditório posterior (v.g., art. 962, § 2º - que autoriza a execução, no Brasil, de decisão interlocutória estrangeira concessiva de medida de urgência).

De qualquer maneira, insta destacar que o CPC é farto em situações em que o contraditório é até mesmo dispensado, tal como ocorre quando uma das partes se vale do recurso de embargos de declaração, exceto quando o magistrado vislumbrar a possibilidade de acolhimento que implique em modificação da decisão embargada, pois somente neste caso é que o contraditório será exigido (art. 1.023, § 2º). O mesmo, por sinal, também ocorre na penhora *on-line* (art. 854), caso em que esta medida será deferida sem prévia oitiva do executado. Trata-se, portanto, de um rol meramente exemplificativo.

> Enunciado nº 3 da ENFAM: *"É desnecessário ouvir as partes quando a manifestação não puder influenciar na solução da causa".*
>
> Enunciado nº 55 da ENFAM: *"Às hipóteses de rejeição liminar a que se referem os arts. 525, § 5º, 535, § 2º, e 917 do CPC/2015 (excesso de execução) não se aplicam os arts. 9º e 10 desse código".*

Art. 10

Art. 10. O juiz não pode decidir, em grau algum de jurisdição, com base em fundamento a respeito do qual não se tenha dado às partes oportunidade de se manifestar, ainda que se trate de matéria sobre a qual deva decidir de ofício.

Como corolário da garantia do contraditório e, também, para se evitar qualquer surpresa processual, o CPC recomenda que o juiz não decida com fundamento no qual não se tenha dado oportunidade às partes para se manifestarem, mesmo quando se tratar de matéria de ordem pública. Aqui, mais uma vez, avulta a importância do contraditório substancial, pois esta prévia intimação pode trazer sólidos argumentos que convençam o magistrado a proferir decisão em sentido diametralmente oposto. O raciocínio ora estampado permeia diversos outros dispositivos do CPC. Um exemplo embebido da mesma fonte é a norma que impõe que, antes de proferir decisão sem resolução do mérito, o juiz conceda à parte oportunidade para, se possível, corrigir o vício (art. 317).

Quanto às matérias consideradas de ordem pública, ou seja, aquelas que o magistrado pode analisar de ofício e independentemente de qualquer provocação das partes, já são necessárias algumas observações. A primeira é que, muito embora o CPC seja silente, é bastante comum se referir a elas com a designação de "objeções". A segunda observação relevante é que, pelo CPC, o magistrado somente poderá pronunciar tais temas após consultar as partes. Deste modo, permanece a iniciativa do juiz quanto à abordagem dos temas, somente com essa impossibilidade de efetivamente decidir antes que as partes sejam intimadas. E, ainda, vale destacar que são matérias de ordem pública: a) a incompetência absoluta (art. 64, § 1º); b) as questões preliminares que devem ser apresentadas na contestação, com exceção do compromisso arbitral e da incompetência relativa (art. 337, § 5º); c) alguns fundamentos que embasam uma sentença terminativa (art. 485, § 3º), entre outras mais.

Por fim, cumpre destacar que, por vezes, o próprio CPC contradiz esta norma, ao permitir que o juiz decida sem antes consultar as partes. É o que ocorre nos casos em que é realizada a improcedência liminar fundamentada na ocorrência da prescrição ou decadência, pois nestes casos não há necessidade de se intimar previamente o demandante para se manifestar a respeito (art. 487, parágrafo único). De todo modo, há julgados do STJ aplicando-a (art. 10).

> **Enunciado nº 27 da I Jornada de Processo Civil CEJ/CJF:** *"Não é necessário o anúncio prévio do julgamento do pedido nas situações do art. 355 do CPC".*
>
> **Enunciado nº 1 da ENFAM:** *"Entende-se por "fundamento" referido no art. 10 do CPC/2015 o substrato fático que orienta o pedido, e não o enquadramento jurídico atribuído pelas partes".*
>
> **Enunciado nº 2 da ENFAM:** *"Não ofende a regra do contraditório do art. 10 do CPC/2015, o pronunciamento jurisdicional que invoca princípio, quando a regra jurídica aplicada já debatida no curso do processo é emanação daquele princípio".*
>
> **Enunciado nº 4 da ENFAM:** *"Na declaração de incompetência absoluta não se aplica o disposto no art. 10, parte final, do CPC/2015".*
>
> **Enunciado nº 5 da ENFAM:** *"Não viola o art. 10 do CPC/2015 a decisão com base em elementos de fato documentados nos autos sob o contraditório".*
>
> **Enunciado nº 6 da ENFAM:** *"Não constitui julgamento surpresa o lastreado em fundamentos jurídicos, ainda que diversos dos apresentados pelas partes, desde que embasados em provas submetidas ao contraditório".*
>
> **Enunciado nº 55 da ENFAM:** *"Às hipóteses de rejeição liminar a que se referem os arts. 525, § 5º, 535, § 2º, e 917 do CPC/2015 (excesso de execução) não se aplicam os arts. 9º e 10 desse código".*

> **Nulidade de decisão que adotou fundamentação que não foi previamente apresentada às partes: proibição de decisão surpresa.** *"Processual civil. Previdenciário. Julgamento secundum eventum probationis. Aplicação do art. 10 Do CPC/2015. Proibição de decisão surpresa. Violação. Nulidade. 1. Acórdão do TRF da 4ª Região extinguiu o processo sem julgamento do mérito por insuficiência*

de provas sem que o fundamento adotado tenha sido previamente debatido pelas partes ou objeto de contraditório preventivo. 2. O art. 10 do CPC/2015 estabelece que o juiz não pode decidir, em grau algum de jurisdição, com base em fundamento a respeito do qual não se tenha dado às partes oportunidade de se manifestar, ainda que se trate de matéria sobre a qual deva decidir de ofício.3. Trata-se de proibição da chamada decisão surpresa, também conhecida como decisão de terceira via, contra julgado que rompe com o modelo de processo cooperativo instituído pelo Código de 2015 para trazer questão aventada pelo juízo e não ventilada nem pelo autor nem pelo réu. 4. A partir do CPC/2015 mostra-se vedada decisão que inova o litígio e adota fundamento de fato ou de direito sem anterior oportunização de contraditório prévio, mesmo nas matérias de ordem pública que dispensam provocação das partes. Somente argumentos e fundamentos submetidos à manifestação precedente das partes podem ser aplicados pelo julgador, devendo este intimar os interessados para que se pronunciem previamente sobre questão não debatida que pode eventualmente ser objeto de deliberação judicial. 5. O novo sistema processual impôs aos julgadores e partes um procedimento permanentemente interacional, dialético e dialógico, em que a colaboração dos sujeitos processuais na formação da decisão jurisdicional é a pedra de toque do novo CPC. 6. A proibição de decisão surpresa, com obediência ao princípio do contraditório, assegura às partes o direito de serem ouvidas de maneira antecipada sobre todas as questões relevantes do processo, ainda que passíveis de conhecimento de ofício pelo magistrado. O contraditório se manifesta pela bilateralidade do binômio ciência/influência. Um sem o outro esvazia o princípio. A inovação do art. 10 do CPC/2015 está em tornar objetivamente obrigatória a intimação das partes para que se manifestem previamente à decisão judicial. E a consequência da inobservância do dispositivo é a nulidade da decisão surpresa, ou decisão de terceira via, na medida em que fere a característica fundamental do novo modelo de processualística pautado na colaboração entre as partes e no diálogo com o julgador. 7. O processo judicial contemporâneo não se faz com protagonismos e protagonistas, mas com equilíbrio na atuação das partes e do juiz de forma a que o feito seja conduzido cooperativamente pelos sujeitos processuais principais. A cooperação processual, cujo dever de consulta é uma das suas manifestações, é traço característico do CPC/2015. Encontra-se refletida no art. 10, bem como em diversos outros dispositivos espraiados pelo Código. 8. Em atenção à moderna concepção de cooperação processual, as partes têm o direito à legítima confiança de que o resultado do processo será alcançado mediante fundamento previamente conhecido e debatido por elas. Haverá afronta à colaboração e ao necessário diálogo no processo, com violação ao dever judicial de consulta e contraditório, se omitida às partes a possibilidade de se pronunciarem anteriormente 'sobre tudo que pode servir de ponto de apoio para a decisão da causa, inclusive quanto àquelas questões que o juiz pode apreciar de ofício' (MARINONI, Luiz Guilherme; ARENHART, Sérgio Cruz; MITIDIERO, Daniel. Novo código de processo civil comentado. São Paulo: Editora Revista dos Tribunais, 2015, p. 209). 9. Não se ignora que a aplicação desse novo paradigma decisório enfrenta resistências e causa desconforto nos operadores acostumados à sistemática anterior. Nenhuma dúvida, todavia, quanto à responsabilidade dos tribunais em assegurar-lhe efetividade não só como mecanismo de aperfeiçoamento da jurisdição, como de democratização do processo e de legitimação decisória. 10. Cabe ao magistrado ser sensível às circunstâncias do caso concreto e, prevendo a possibilidade de utilização de fundamento não debatido, permitir a manifestação das partes antes da decisão judicial, sob pena de violação ao art. 10 do CPC/2015 e a todo o plexo estruturante do sistema processual cooperativo. Tal necessidade de abrir oitiva das partes previamente à prolação da decisão judicial, mesmo quando passível de atuação de ofício, não é nova no direito processual brasileiro. Colhem-se exemplos no art. 40, § 4º, da LEF, e nos Embargos de Declaração com efeitos infringentes. 11. Nada há de heterodoxo ou atípico no contraditório dinâmico e preventivo exigido pelo CPC/2015. Na eventual hipótese de adoção de fundamento ignorado e imprevisível, a decisão judicial não pode se dar com preterição da ciência prévia das partes. A negativa de efetividade ao art. 10 c/c art. 933 do CPC/2015 implica error in procedendo *e nulidade do julgado, devendo a intimação antecedente ser procedida na instância de origem para permitir a participação dos titulares do direito discutido em juízo na formação do convencimento do julgador e, principalmente, assegurar a necessária correlação ou congruência entre o âmbito do diálogo desenvolvido pelos sujeitos processuais e o conteúdo da decisão prolatada. 12. In casu, o Acórdão recorrido decidiu o recurso de apelação da autora mediante fundamento original não cogitado, explícita ou implicitamente, pelas partes. Resolveu o Tribunal de origem contrariar a sentença monocrática e julgar extinto o processo sem resolução de mérito por insuficiência de prova, sem que as partes tenham tido a oportunidade de exercitar sua influência na formação da convicção do julgador. Por tratar-se de resultado que não está previsto objetivamente no ordenamento jurídico nacional, e refoge ao desdobramento natural da controvérsia, considera-se insuscetível de pronunciamento com desatenção à regra da proibição da decisão surpresa, posto não terem as partes obrigação de prevê-lo ou advinhá-lo. Deve o julgado ser anulado, com retorno dos autos à instância anterior para intimação das partes a se manifestarem sobre a possibilidade aventada pelo juízo no prazo de 5 (cinco) dias. 13. Corrobora a pertinência da solução ora dada ao caso o fato de a resistência de mérito posta no Recurso Especial ser relevante e guardar potencial capacidade de alterar o julgamento prolatado. A despeito da analogia realizada no julgado recorrido com precedente da Corte Especial do STJ proferido sob o rito de recurso representativo de controvérsia (RESP 1.352.721/SP, Corte Especial, Rel. Min. Napoleão Nunes Maia Filho, DJ de 28/4/2016), a extensão e o alcance da decisão utilizada como paradigma para além das circunstâncias ali analisadas e para "todas as hipóteses em que se rejeita a pretensão a benefício previdenciário em decorrência de ausência ou insuficiência de lastro probatório" recomenda cautela. A identidade e aplicabilidade automática do referido julgado a situações outras que não aquelas diretamente enfrentadas no caso apreciado, como ocorre com a controvérsia em liça, merece debate oportuno e circunstanciado como exigência da cooperação processual e da confiança legítima em um julgamento sem surpresas. 14. A ampliação demasiada das hipóteses de retirada da autoridade da coisa julgada fora dos casos expressamente previstos pelo legislador pode acarretar insegurança jurídica e risco de decisões contraditórias. O sistema processual pátrio prevê a chamada coisa julgada secundum eventum probationis apenas para situações bastante específicas e em processos de natureza coletiva. Cuida-se de técnica adotada com parcimônia pelo legislador nos casos de ação popular (art. 18 da Lei 4.717/1965) e de Ação Civil Pública (art. 16 da Lei 7.347/1985 e art. 103, I, CDC). Mesmo nesses casos com expressa previsão normativa, não se está a tratar de extinção do processo sem julgamento do mérito, mas de pedido julgado 'improcedente por insuficiência de provas, hipótese em que qualquer legitimado* poderá *intentar outra ação com idêntico fundamento, valendo-se de nova prova'* (art. 16, ACP). *15. A diferença é significativa, pois, no caso de a ação coletiva ter sido julgada improcedente por deficiência de prova, a própria lei que relativiza a eficácia da coisa julgada torna imutável e indiscutível a sentença no limite das provas produzidas nos autos. Não impede que outros legitimados intentem nova ação com idêntico fundamento, mas exige prova nova para admissibilidade* initio litis *da demanda coletiva. 16. Não é o que se passa nas demandas individuais decidas sem resolução da lide e, por isso, não acobertadas pela eficácia imutável da autoridade da coisa julgada material em nenhuma extensão. A extinção do processo sem julgamento do mérito opera coisa julgada meramente formal e torna inalterável o decisum sob a ótica estritamente endoprocessual. Não obsta que o autor intente nova ação com as mesmas partes, o mesmo pedido e a mesma causa de pedir, inclusive com o mesmo conjunto probatório, e ainda assim receba decisão díspar da prolatada no processo anterior. A jurisdição passa a ser loteria em favor de uma das partes em detrimento da outra, sem mecanismos legais de controle eficiente. Por isso, a solução objeto do julgamento proferido pela Corte Especial do STJ no RESP 1.352.721/SP recomenda interpretação comedida, de forma a não ampliar em demasia as causas sujeitas à instabilidade extraprocessual da preclusão máxima. 17. Por derradeiro, o retorno dos autos à origem para adequação do procedimento à legislação federal tida por violada, sem ingresso no mérito por esta Corte com supressão ou sobreposição de instância, é medida que se impõe não apenas por tecnicismo procedimental, mas também pelo efeito pedagógico da observância fiel do devido processo legal, de modo a conformar o direito do recorrente e o dever do julgador às novas e boas práticas estabelecidas no Digesto Processual de 2015. 18. Recurso Especial provido"* (STJ. RESP 1.676.027/PR. Rel. Min. Herman Benjamin. DJ 26/09/2017).

Art. 11

Art. 11. Todos os julgamentos dos órgãos do Poder Judiciário serão públicos, e fundamentadas todas as decisões, sob pena de nulidade.

Parágrafo único. Nos casos de segredo de justiça, pode ser autorizada a presença somente das partes, de seus advogados, de defensores públicos ou do Ministério Público.

Segundo o princípio da publicidade, adotado no presente dispositivo, todos os atos processuais devem ser públicos, ou seja, acessíveis a qualquer pessoa quanto à integralidade do seu conteúdo. No entanto, não se trata de um princípio pleno, pois a própria lei processual restringe a publicidade de alguns atos em determinadas hipóteses, como naqueles em que for justificável decretar o segredo de justiça. Nestes casos, se entende que o interesse público ou mesmo um interesse particular extremamente íntimo que guarda estreito vínculo com a dignidade da pessoa humana (v.g., processos que versem sobre intimidades familiares – art. 189) autorizam o sigilo de peças e conteúdos do processo, o que se sobrepõe até mesmo ao direito do advogado de ter acesso aos autos quando o mesmo não for o causídico de qualquer uma das partes envolvidas. Quanto a este ponto, aliás, há de se ponderar o interesse econômico do advogado em ter conhecimento do processo para, por exemplo, analisar se irá ou não patrocinar o caso e, ao mesmo tempo, levar em consideração os demais valores protegidos, que seria o interesse público ou mesmo um interesse individual muito íntimo. No choque entre estes valores, o direito assegurado ao advogado em seu estatuto deve ceder (art. 7º, XIII, Lei nº 8.906/94). Este raciocínio, obviamente, somente se aplica aos processos que estão sob segredo de justiça, eis que para todos os demais o causídico tem assegurado o direito de compulsar os autos livremente. Diferentemente, é claro, ocorre quando o advogado se encontra municiado de instrumento de procuração. Neste caso, o mesmo tem direito de ter acesso aos autos para que possa analisar e formatar a defesa do seu cliente da maneira mais adequada. No processo penal, pelo menos, o acesso é assegurado inclusive em sede de inquéritos policiais, desde que não haja peça requerendo a concessão de alguma tutela de urgência pendente de apreciação, se tiver a possibilidade de gerar o comprometimento da medida pleiteada (v.g., uma promoção do Ministério Público para que seja decretada a indisponibilidade das contas bancárias de um investigado).

De resto, pontua o parágrafo único do mencionado dispositivo que, nestes processos em que há segredo de justiça decretado, a publicidade dos atos será restrita aos magistrados, às partes, ao Ministério Público (se for caso de intervenção como *custos legis*), ao advogado constituído pelas partes e, também, aos serventuários que auxiliarão na tramitação do processo. E, nas audiências, apenas estes sujeitos do processo poderão estar presentes além, é claro, de alguns outros que eventualmente se fizerem necessários como, por exemplo, uma testemunha na ocasião em que for depor a respeito dos fatos. No entanto, por vezes este segredo cessa, eis que a lei pode autorizar a publicidade posterior dos fatos. É o que acontece na ação popular, eis que a própria lei específica determina que o segredo de justiça cessará no momento em que ocorrer o trânsito em julgado da sentença de procedência (art. 1º, § 7º, Lei nº 4.717/65).

Súmula Vinculante nº 14 do STF: "*É direito do defensor, no interesse do representando, ter acesso amplo aos elementos de prova que, já documentados em procedimento investigatório realizado por órgão de competência de polícia judiciária, digam respeito ao exercício do direito de defesa*".

Impossibilidade de oposição do sigilo do acordo de leniência ao Poder Judiciário. "*O sigilo do acordo de leniência celebrado com o Cade não pode ser oposto ao Poder Judiciário para fins de acesso aos documentos que instruem o respectivo procedimento administrativo. Com efeito, o dever de colaboração com o Poder Judiciário é imposto a todos, sejam eles partes ou terceiros, interessados ou desinteressados, nos termos dos arts. 339 e 341 do CPC/1973. De fato, não se está diante de uma oposição ao dever de colaboração com fulcro na condição do profissional pautada numa eventual relação de confiança. De modo algum se pode imaginar que os profissionais do Cade, no exercício do poder de polícia, dependam de uma relação de confiança com o agente de mercado, o qual é por ele, a rigor, fiscalizado.*

> *Ao contrário, seu trabalho é essencialmente público, sujeitando-se inclusive ao controle social que fundamenta essa publicidade ampla em regra. Noutros termos, tem-se nesses autos o debate acerca do sigilo de documentos produzidos em procedimento inicialmente público e apenas excepcionalmente sigiloso. O dever de resguardar o sigilo das investigações já se exauriu no momento em que concluídos os trabalhos de instrução do procedimento administrativo, de modo que se impõe a observância da regra geral do dever de colaboração com o Poder Judiciário. Acrescenta-se que esse dever genericamente imposto à coletividade incide com maior razão sobre as instituições estatais. O Estado, a despeito de cindir suas funções e descentralizar-se, mantém-se inequivocamente uno, não se podendo cogitar que uma entidade pública pretenda o direito exclusivo sobre documentos públicos. Esses documentos, enquanto de interesse de outro órgão ou instituição, devem ser partilhados, observados sempre os limites legalmente impostos, tais como os sigilos bancário, fiscal, etc. Ademais, convém consignar que a própria Lei nº 12.529/2011 impõe aos Conselheiros o dever de prestar informações e fornecer documentos ao Poder Judiciário. É o que se depreende da simples leitura do art. 11. Eventual necessidade concreta de parte dos documentos, como aqueles que as recorrentes alegam guardarem segredos industriais, que por óbvio não se confundem com os documentos que demonstram trocas de informações relativas a concerto de preços, deverão ser pontualmente analisados pelo juízo competente. Por fim, no que tange ao argumento de que não seria possível a utilização de prova emprestada por aquele que não compôs a relação processual em que produzida a prova, esclareço, primeiramente, que não se trata aqui, propriamente de empréstimo de prova. Aqui, contudo, o que se pretende é o traslado de documentos encartados em procedimento administrativo, deles extraindo-se cópias. Esses documentos serão incorporados à ação cível, não como prova tecnicamente, mas como elementos sujeitos ao amplo contraditório sob a condução do juízo competente. Aliás, essa é a condição imprescindível até mesmo para o empréstimo de provas, conforme jurisprudência assentada na Corte Especial do STJ (ERESP 617.428-SP, DJe 17/6/2014). Isso porque, como bem assinalado pela Corte Especial naquela oportunidade, a admissão da prova emprestada cumpre o objetivo precípuo de otimização da prestação jurisdicional, incrementando a celeridade e economia processuais, sendo recomendável sua utilização quando possível a observância do necessário contraditório. Assim, reconhecida pelo Tribunal de origem a relevância e utilidade do traslado de documentos do procedimento administrativo para instrução da demanda reparatória, não há óbice que inviabilize a juntada destes, tampouco sigilo que impeça a parte de ter acesso aos referidos documentos, mormente quando a ação tramita na origem sob o igual manto do sigilo processual"* (STJ. RESP 1.554.986-SP, Rel. Min. Marco Aurélio Bellizze, julgado em 08/03/2016, DJe 05/04/2016 – Informativo nº 580).

Art. 12

Art. 12. Os juízes e os tribunais atenderão, preferencialmente, à ordem cronológica de conclusão para proferir sentença ou acórdão.

§ 1º A lista de processos aptos a julgamento deverá estar permanentemente à disposição para consulta pública em cartório e na rede mundial de computadores.

§ 2º Estão excluídos da regra do *caput*:

I – as sentenças proferidas em audiência, homologatórias de acordo ou de improcedência liminar do pedido;

II – o julgamento de processos em bloco para aplicação de tese jurídica firmada em julgamento de casos repetitivos;

III – o julgamento de recursos repetitivos ou de incidente de resolução de demandas repetitivas;

IV – as decisões proferidas com base nos arts. 485 e 932;

V – o julgamento de embargos de declaração;

VI – o julgamento de agravo interno;

VII – as preferências legais e as metas estabelecidas pelo Conselho Nacional de Justiça;

VIII – os processos criminais, nos órgãos jurisdicionais que tenham competência penal;

IX – a causa que exija urgência no julgamento, assim reconhecida por decisão fundamentada.

§ 3º Após elaboração de lista própria, respeitar-se-á a ordem cronológica das conclusões entre as preferências legais.

§ 4º Após a inclusão do processo na lista de que trata o § 1º, o requerimento formulado pela parte não altera a ordem cronológica para a decisão, exceto quando implicar a reabertura da instrução ou a conversão do julgamento em diligência.

§ 5º Decidido o requerimento previsto no § 4º, o processo retornará à mesma posição em que anteriormente se encontrava na lista.

§ 6º Ocupará o primeiro lugar na lista prevista no § 1º ou, conforme o caso, no § 3º, o processo que:

I – tiver sua sentença ou acórdão anulado, salvo quando houver necessidade de realização de diligência ou de complementação da instrução;

II – se enquadrar na hipótese do art. 1.040, inciso II.

O CPC estabelece, nesta norma, uma ordem cronológica preferencial para que os processos sejam decididos, o que busca velar pela transparência deste serviço público. Inclusive, há outra norma (art. 153), que neste mesmo propósito também regula semelhante postura ao escrivão ou chefe de secretaria, mas dentro de suas atividades regulares.

Assim, uma vez estando os autos conclusos para sentença ou acórdão, deverão ser julgados seguindo preferencialmente uma listagem a ser amplamente divulgada, seja em cartório ou na rede mundial de computadores. Vale dizer que esta listagem somente se aplicará aos processos distribuídos após a entrada em vigor do CPC, pois, caso o processo seja anterior, haverá a necessidade de se elaborar outra ordem, sendo que nesta a preferência se dará pela data da distribuição, desde que já se encontre concluso para decisão (art. 1.046, § 5º).

Há algumas exceções enumeradas no artigo, todas perfeitamente salutares, como: a) as sentenças homologatórias proferidas em audiência ou de improcedência liminar do pedido; b) o julgamento de processos em bloco para aplicação de tese jurídica firmada em julgamento de casos repetitivos; c) o julgamento de recursos repetitivos ou de incidente de resolução de demandas repetitivas; d) as decisões proferidas com base nos arts. 485 e 932; e) o julgamento de embargos de declaração; f) o julgamento de agravo interno; g) as preferências legais e as metas estabelecidas pelo Conselho Nacional de Justiça; h) os processos criminais, nos órgãos jurisdicionais que tenham competência penal; i) a causa que exija urgência no julgamento, assim reconhecida por decisão fundamentada.

Eventual demora no processo para fins de julgamento pode motivar que o patrono da parte peticione requerendo o julgamento sem que isso gere a abertura de uma nova conclusão (art. 12, § 5º).

Se a sentença tiver sido anulada pelo Tribunal e não houver necessidade de diligência ou produção de prova, este processo passa a ter preferência sobre os demais. O mesmo também se aplica quando houver publicação da decisão paradigma proferida em REXTR ou RESP repetitivos (art. 12, § 6º).

O dispositivo em comento foi duramente criticado por associações de magistrados, pois interfere na gestão processual em cartório e por desprezar as especializações das matérias de cada juízo. Além disso, trata-se de elaboração de duas listas distintas, que deverão ser atualizadas periodicamente, o que implica em perda de força produtiva dos servidores na consecução de sua atividade-fim em prol do atendimento desta nova providência. Também se observa que não foi estabelecida qualquer consequência se o magistrado não observar a referida ordem para julgamento. Certamente, esta falha não irá resultar em qualquer vício na decisão proferida, mas poderá sujeitar o membro do Poder Judiciário a medidas administrativas adotadas pela Corregedoria do Tribunal ou mesmo pelo CNJ, caso continue a desconsiderar esta imposição normativa.

> Enunciado nº 32 da ENFAM: "*O rol do art. 12, § 2º, do CPC/2015 é exemplificativo, de modo que o juiz poderá, fundamentadamente, proferir sentença ou acórdão fora da ordem cronológica de conclusão, desde que preservadas a moralidade, a publicidade, a impessoalidade e a eficiência na gestão da unidade judiciária*".
>
> Enunciado nº 33 da ENFAM: "*A urgência referida no art. 12, § 2º, IX, do CPC/2015 é diversa da necessária para a concessão de tutelas provisórias de urgência, estando autorizada, portanto, a prolação de sentenças e acórdãos fora*

> *da ordem cronológica de conclusão, em virtude de particularidades gerenciais da unidade judicial, em decisão devidamente fundamentada".*
>
> **Enunciado nº 34 da ENFAM:** *"A violação das regras dos arts. 12 e 153 do CPC/2015 não é causa de nulidade dos atos praticados no processo decidido/cumprido fora da ordem cronológica, tampouco caracteriza, por si só, parcialidade do julgador ou do serventuário".*
>
> **Enunciado nº 36 da ENFAM:** *"A regra do art. 190 do CPC/2015 não autoriza às partes a celebração de negócios jurídicos processuais atípicos que afetem poderes e deveres do juiz, tais como os que: a) limitem seus poderes de instrução ou de sanção à litigância ímproba; b) subtraiam do Estado/juiz o controle da legitimidade das partes ou do ingresso de* amicus curiae; *c) introduzam novas hipóteses de recorribilidade, de rescisória ou de sustentação oral não previstas em lei; d) estipulem o julgamento do conflito com base em lei diversa da nacional vigente; e e) estabeleçam prioridade de julgamento não prevista em lei".*

CAPÍTULO II
DA APLICAÇÃO DAS NORMAS PROCESSUAIS

Art. 13

Art. 13. A jurisdição civil será regida pelas normas processuais brasileiras, ressalvadas as disposições específicas previstas em tratados, convenções ou acordos internacionais de que o Brasil seja parte.

Quanto ao aspecto "espacial", a lei processual aplicada no Brasil é, em regra, aquela produzida internamente, mesmo quando se tratar, por exemplo, de uma carta rogatória para produção de determinada prova neste País, conforme se pode extrair da Lei de Introdução às Normas do Direito Brasileiro (art. 13 da LINDB). Não se exclui, porém, a criação de tratados ou convenções que estabeleçam regras específicas. Fica a ressalva de que o CPC autoriza que as partes aleguem, no curso do processo, normas constantes em diplomas estrangeiros, muito embora transfira ao próprio interessado o ônus de lhe provar o teor e a vigência, se assim determinar o magistrado (art. 376). Na doutrina, é forte o entendimento de que tais normas têm o *status* de lei, podendo até mesmo serem aplicadas no Brasil.

> **Enunciado nº 36 da ENFAM:** *"A regra do art. 190 do CPC/2015 não autoriza às partes a celebração de negócios jurídicos processuais atípicos que afetem poderes e deveres do juiz, tais como os que: a) limitem seus poderes de instrução ou de sanção à litigância ímproba; b) subtraiam do Estado/juiz o controle da legitimidade das partes ou do ingresso de* amicus curiae; *c) introduzam novas hipóteses de recorribilidade, de rescisória ou de sustentação oral não previstas em lei; d) estipulem o julgamento do conflito com base em lei diversa da nacional vigente; e e) estabeleçam prioridade de julgamento não prevista em lei".*

Art. 14

> Art. 14. A norma processual não retroagirá e será aplicável imediatamente aos processos em curso, respeitados os atos processuais praticados e as situações jurídicas consolidadas sob a vigência da norma revogada.

Quanto ao aspecto "temporal", prevê o CPC que a norma processual deve ser aplicada imediatamente tão logo entre em vigor, independentemente da espécie normativa que a prever (CF ou lei).

Para elucidar questões quanto à aplicação da lei processual no tempo, são apresentados três sistemas diferenciados: a) o da unidade processual; b) o das fases processuais; c) o do isolamento dos atos processuais. No primeiro deles, ou seja, no da "unidade processual", o processo inteiro deve ser regido, durante a sua tramitação, pela lei processual que vigia no momento da sua instauração. Quanto ao segundo, do sistema das "fases processuais", é comum desmembrar o processo em diversas etapas, tais como a postulatória, saneadora, instrutória, decisória, recursal e executória. Assim, ainda que haja o advento de uma nova lei processual, a antiga continua a ser aplicada apenas até ser ultimada a respectiva fase em que o processo se encontrava no momento em que entrou em vigor a lei mais nova. Por fim, há também um terceiro sistema, denominado "isolamento dos atos processuais", que é aquele mais utilizado na prática forense, até por constar com previsão expressa no CPC. De acordo com este, cada ato deve ser analisado individualmente, à luz da lei em vigor no momento da sua prática. Assim, ainda que uma nova lei seja editada disciplinando matéria processual, os atos processuais praticados antes da sua vigência serão considerados como existentes, válidos e eficazes, mesmo que a nova norma venha a regulá-los de outra maneira.

Muito embora o CPC priorize o sistema do isolamento dos atos processuais (art. 14), é certo que também expressamente adotou, em outras circunstâncias, o sistema das fases processuais. Com efeito, observa-se que, com a vigência do CPC, foram extintos diversos procedimentos anteriormente previstos no CPC/73, tais como o sumário, usucapião, ação de depósito, ação de anulação de título ao portador, ação de prestação de contas na modalidade de dar contas, ação de nunciação de obra nova, entre outros. Contudo, há norma (art. 1.046, § 1º) prevendo que, enquanto não for proferida sentença na etapa cognitiva, ou seja, enquanto perdurar esta fase, os processos que estejam observando esses ritos extintos e que foram deflagrados por ocasião do CPC/73 continuarão por ele a ser regidos.

Outra hipótese em que observamos a aplicação do sistema das fases processuais ocorre em relação às provas que tiverem sido requeridas ou deferidas de ofício ainda sob a vigência do CPC/73. É que, nestes casos, estas provas deverão ser produzidas ainda de acordo com o modelo anterior (CPC/73), malgrado já esteja em vigor a novel legislação (art. 1.047). Para exemplificar, no que diz respeito à produção de prova oral em AIJ, a legislação anterior autorizava o chamado sistema presidencialista, segundo o qual caberá ao próprio magistrado colher pessoal e diretamente a prova (art. 446, inc. II, CPC/73). Porém, o atual permite que as próprias partes formulem perguntas diretamente às testemunhas (art. 459). Assim, se a prova testemunhal foi requerida, por exemplo, em fevereiro de 2016, ela será produzida de acordo com o modelo primitivo (CPC/73), já que o CPC somente será aplicado para aquelas que forem pleiteadas quando já se encontrava em vigor.

O mesmo irá ocorrer em diversas outras situações indicadas pelo CPC, como na norma que prevê que a resolução da questão prejudicial não será acobertada automaticamente pela coisa julgada nos processos instaurados sob a égide do CPC/73 (art. 1.054) ou mesmo as disposições que autorizam novo termo inicial para a propositura de ação rescisória por violação à norma jurídica (art. 966, inc. II), quando a decisão transitada em julgado estiver calcada em legislação declarada inconstitucional pelo STF em sede de controle concentrado (art. 1.057).

Contudo, embora o CPC traga várias situações que sinalizam a adoção do sistema das fases processuais, deve ser reiterado que, em regra, continuará a ser observado o terceiro e último sistema, denominado isolamento dos atos processuais (art. 14).

De acordo com este, cada ato deve ser analisado individualmente, à luz da lei em vigor no momento da sua prática. Assim, ainda que venha a ser editada uma nova lei disciplinando matéria processual, os atos processuais praticados antes da sua vigência serão considerados como existentes, válidos e eficazes, mesmo que a nova norma venha a regulá-los de outra maneira.

Exemplo prático da adoção do sistema do isolamento dos atos processuais: de acordo com o modelo anterior (CPC/73), a contestação e a reconvenção deveriam ser apresentados em petições distintas (art. 299, CPC/73), o que foi regularmente cumprido pelo demandado. Contudo, com o advento do CPC (art. 343), observa-se que tais modalidades de defesa deverão ser apresentadas na mesma petição. De fato, a lei processual terá aplicação imediata (art. 14), mas deverá respeitar os atos já praticados em consonância com as formalidades anteriores. Neste caso, portanto, nenhum vício estará presente no processo.

Mas, mesmo esta teoria pode gerar alguns questionamentos práticos. Por exemplo, pode ser que haja lei prevendo um prazo de dez dias para o recurso e, na fluência deste, venha uma nova lei alterando o referido prazo, tal como ocorreu, por exemplo, com o recurso de agravo de instrumento, que no modelo anterior era interposto em 10 (dez) dias (art. 522, CPC/73) e, pelo novo, passa a ter o prazo de quinze dias (art. 1.070).

Neste caso, se a parte foi intimada para ciência da decisão ainda sob o modelo anterior, já havia uma situação consolidada em que dispunha de apenas 10 (dez) dias para recorrer.

Outra dúvida frequente ocorre quando o ato processual renova-se continuamente, ou seja, como se a cada dia estivesse sendo novamente praticado. Nesta outra situação, é de se considerar que o ato que se renova diariamente deve ser encarado como um novo ato processual, de modo a lhe ser aplicada a lei processual mais nova. Desta maneira, a penhora de um bem se perfaz dia a dia e se posteriormente à sua efetivação for criada uma lei tornando o referido bem impenhorável, a nova lei aplica-se imediatamente como, aliás, já consta em entendimento sumulado pelo STJ.

> **Verbete nº 205 da Súmula do STJ:** *"A Lei nº 8.009/90 aplica-se à penhora realizada antes da sua vigência".*

> **Direito intertemporal. Teoria do isolamento dos atos processuais e recurso adequado.** *"1. O propósito recursal consiste em definir o recurso cabível contra o provimento jurisdicional que, após a entrada em vigor do CPC/2015, acolhe incidente de impugnação à gratuidade de justiça instaurado, em autos apartados, na vigência do regramento anterior (arts. 4º, 7º e 17 da Lei nº 1.060/50). 2. A sucessão de leis processuais no tempo subordina-se ao princípio geral do tempus regit actum, no qual se fundamenta a teoria do isolamento dos atos processuais. 3. De acordo com essa teoria – atualmente positivada no art. 14 do CPC/2015 – a lei processual nova tem aplicação imediata aos processos em desenvolvimento, resguardando-se, contudo, a eficácia dos atos processuais já realizados na forma da legislação anterior, bem como as situações jurídicas consolidadas sob a vigência da norma revogada. 4. Em homenagem ao referido princípio, esta Corte consolidou o entendimento de que "a lei a reger o recurso cabível e a forma de sua interposição é aquela vigente à data da publicação da decisão impugnada, ocasião em que o sucumbente tem a ciência da exata compreensão dos fundamentos do provimento jurisdicional que pretende combater" (AgInt nos EDcl no ARESP 949.997/AM, 3ª Turma, DJe de 21/09/2017). 5. Na espécie, em que pese a autuação do incidente de impugnação à gratuidade de justiça em autos apartados, segundo o procedimento vigente à época, o provimento jurisdicional que revogou o benefício foi prolatado já na vigência do CPC/2015, que prevê o cabimento do recurso de agravo de instrumento. 6. A via recursal eleita pelo recorrente, portanto, mostra-se adequada, impondo-se a devolução dos autos ao Tribunal de origem para que prossiga no julgamento do agravo de instrumento. 7. Recurso especial conhecido e provido"* (STJ. RESP nº 1.666.321/RS. Relª. Minª. Nancy Andrighi. DJ 13/11/2017).

> **Aplicação imediata de norma que cuida do tema "competência" (CPC/73).** *"É pacífico o entendimento no sentido de que as normas constitucionais que alteram competência de Tribunais possuem eficácia imediata, devendo ser aplicado, de pronto, o dispositivo que promova esta alteração. Precedentes: HC 78.261-QO, Rel. Min. Moreira Alves, DJ 09/04/99, 1ª Turma e HC 78.416, Rel. Min. Maurício Corrêa, DJ 18/05/01, 2ª Turma. Questão de ordem resolvida para tornar insubsistentes os votos já proferidos, declarar a incompetência superveniente deste Supremo Tribunal Federal e determinar a remessa dos autos ao egrégio Superior Tribunal de Justiça"* (STF. Agravo regimental na carta rogatória nº 9.897-1/Estados Unidos da América. Relª. Minª. Ellen Gracie. DJ 14/03/2008).

Art. 15

Art. 15. Na ausência de normas que regulem processos eleitorais, trabalhistas ou administrativos, as disposições deste Código lhes serão aplicadas supletiva e subsidiariamente.

O artigo reconhece que, diante da ausência de normas específicas, tenha o CPC aplicação subsidiária em processos trabalhistas, eleitorais e administrativos. Como se sabe, o Direito Processual acaba sofrendo uma divisão em três outros ramos, que seriam o Direito Processual Civil, o Direito Processual Penal e, por fim, o Direito Processual trabalhista, que por vezes vão se valer de institutos comuns (v.g., citação, resposta do demandado, provas, sentença, recursos, coisa julgada, dentre muitos outros), e, em outras, deverão observar regramentos mais pontuais. Aliás, é justamente o reconhecimento destes institutos comuns que autorizam a adoção de uma teoria unitária do processo e, quiçá, também a construção de uma teoria geral extensível a todos estes segmentos. Contudo, para os regramentos mais pontuais, há necessidade de codificação exclusiva para cada uma delas. Só que como o CPC é fonte subsidiária para as demais, é de se reconhecer a sua importância ímpar no estudo da teoria geral do processo.

No caso específico das normas processuais penais, que não foram mencionadas no artigo em questão, estão em sua maioria reunidas no Código de Processo Penal, que já previa que eventuais omissões autorizam interpretação extensiva e aplicação analógica do CPC (art. 3º, CPP). Já no caso da legislação processual trabalhista, também já vinha recebendo a aplicação subsidiária do CPC (art. 769, CLT). Portanto, o dispositivo somente inova ao positivar o uso do CPC em caráter subsidiário nos processos eleitorais e nos procedimentos administrativos. E, quanto à eleitoral, a ressalva é que a jurisprudência vem reconhecendo que os prazos processuais devem ser contados em dias corridos.

> **Enunciado nº 2 da I Jornada de Processo Civil CEJ/CJF:** *"As disposições do CPC aplicam-se supletiva e subsidiariamente às Leis nos 9.099/1995, 10.259/2001 e 12.153/2009, desde que não sejam incompatíveis com as regras e princípios dessas Leis".*
>
> **Enunciado nº 3 da I Jornada de Processo Civil CEJ/CJF:** *"As disposições do CPC aplicam-se supletiva e subsidiariamente ao Código de Processo Penal, no que não forem incompatíveis com esta Lei".*

> **Contagem dos prazos em dias corridos em processo eleitoral.** *"1. Em razão da incompatibilidade entre a previsão contida no art. 219 do CPC/2015 e o princípio da celeridade, inerente aos feitos que tramitam na Justiça Eleitoral, a jurisprudência desta Corte Superior entende ser inaplicável a contagem dos prazos em dias úteis ao processo eleitoral (AgR-REspe nº 44-61/SP, Rel. Min. Luiz Fux, DJE 26/10/2016; ED-AgR-REspe nº 533-80/MG, Relª. Minª. Maria Thereza*

de Assis Moura, DJE 3/8/2016). 2. Prevalece, in casu, *a redação do caput do art. 7º da Res.-TSE nº 23.478/16, ao prever que o disposto no art. 219 do novo Código de Processo Civil não se aplica aos feitos eleitorais. 3. Merece ser desprovido o agravo interno, tendo em vista a inexistência de argumentos hábeis para modificar a decisão agravada. 4. Agravo regimental a que se nega provimento"* (TSE. Agravo Regimental no Recurso Especial Eleitoral nº 84-27/AM, DJE 05/05/2017).

Revelia em processo trabalhista. *"Na processualística trabalhista, a revelia se caracteriza pelo não comparecimento do réu à audiência, daí que o comparecimento do advogado munido de procuração não a elide, a menos que apresente atestado médico com a declaração da impossibilidade de locomoção do empregador ou do seu preposto no dia da audiência, nos moldes do art. 844 da Consolidação das Leis do Trabalho e da Súmula 122 do Colendo Tribunal Superior do Trabalho"* (TRT-1. RO 00112627220155010064, Rel. Cesar Marques Carvalho, DOERJ, 03/06/2017).

LIVRO II
DA FUNÇÃO JURISDICIONAL

TÍTULO I
DA JURISDIÇÃO E DA AÇÃO

Art. 16

Art. 16. A jurisdição civil é exercida pelos juízes e pelos tribunais em todo o território nacional, conforme as disposições deste Código.

O dispositivo esclarece que a jurisdição civil, assim considerada como atividade pública, somente pode ser prestada pelos juízes e pelos tribunais em todo o território nacional de acordo com as normas do CPC. Observa-se que o artigo deixa de se pronunciar, como no modelo primitivo (CPC/73), a respeito da arbitragem, o que parece sinalizar que ela não decorre do exercício de uma atividade pública e sim deve ser reputada como equivalente jurisdicional, mormente em virtude de sua natureza jurídica eminentemente contratual. Outras considerações sobre a "arbitragem" já foram realizadas em artigo anterior (art. 4º).

Art. 17

Art. 17. Para postular em juízo é necessário ter interesse e legitimidade.

O CPC não mais utiliza a expressão "condições da ação" como no anterior, da mesma forma que eliminou uma delas, que seria a "possibilidade jurídica do pedido", limitando-se a prever que, para postular, em juízo basta ter "legitimidade" e "interesse". Esta constatação decorre não apenas da leitura deste dispositivo, mas, também de outro que enumera as hipóteses de extinção do processo sem resolução do mérito (art. 485, VI).

Por um lado, há aqueles que já defendem que, com o advento do CPC, não mais existem as "condições da ação", em razão da pura e simples exclusão desta nomenclatura, devendo a legitimidade e o interesse ser analisados como "pressupostos processuais". Ocorre que o entendimento, com todas as vênias possíveis, não é de forma alguma o mais adequado, pois muitas críticas podem lhe ser apresentadas.

Inicialmente, se deve destacar que os institutos "processo" e "ação" são muito bem delineados, sendo absolutamente razoável que os requisitos para constituição e desenvolvimento de um ou outro sejam totalmente distintos entre si. Se não fosse, não teria o CPC enumerado a falta de pressupostos processuais como uma das hipóteses de prolação de sentença terminativa (art. 485, inc. IV) e a ilegitimidade ou falta de interesse como outra distinta (art. 485, inc. VI), pois o tema iria se exaurir apenas no primeiro dispositivo.

Ademais, também se pode objetar que o CPP permanece com as "condições da ação", sendo que nele há até mais uma ("justa causa"), o que é indicativo de que o CPC não poderia se arvorar no intento de alterar também a teoria geral do processo. Afinal, não haveria coerência alguma em permanecer uma nomenclatura para um dos ramos da ciência processual e para o outro não, malgrado a legitimidade e o interesse continuem a ser analisados.

Assim, malgrado o CPC não mais adote a expressão "condições da ação", elas permanecem e continuam consubstanciadas, em regra, na análise da legitimidade e do interesse de agir.

> **Ação anulatória de procedimento arbitral e ausência de legitimidade da Câmara Arbitral.** "1. *A instituição arbitral, por ser simples administradora do procedimento arbitral, não possui interesse processual nem legitimidade para integrar o polo passivo da ação que busca a sua anulação. 2. Recurso especial provido*" (STJ. RESP nº 1.433.940/MF. Rel. Min. Ricardo Villas Bôas Cueva, DJ 02/10/2017).
>
> **Ministério Público comum e especial e legitimidade processual.** "*A Segunda Turma negou provimento a dois agravos regimentais em reclamações, ajuizadas por membros do Ministério Público Especial junto aos Tribunais de Contas. Em ambos os casos, se trata de concessão indevida de aposentadoria especial a servidor público civil, em suposta afronta ao que decidido pelo STF na ADI 3.772/DF (DJE de 7.11.2008). A Turma concluiu pela ausência de legitimidade ativa de causa, visto que a legitimidade processual extraordinária e independente do Ministério Público comum não se estende ao Ministério Público junto aos Tribunais de Contas, cuja atuação se limita ao controle externo, nos termos da Constituição*" (STF. Rcl nº 24.156 AgR/DF, Rel. Min. Celso de Mello, DJ 24/10/2017).

Concurso público. Agente penitenciário. Exame psicotécnico. Subjetividade dos critérios previstos no edital. Eliminação. Legitimidade passiva. Entidade responsável pela elaboração do certame. "*Em ação ordinária na qual se discute a eliminação de candidato em concurso público – em razão da subjetividade dos critérios de avaliação de exame psicotécnico previstos no edital – a legitimidade passiva será da entidade responsável pela elaboração do certame*" (STJ. RESP 1.425.594-ES, Rel.ª Min.ª Regina Helena Costa, por unanimidade, julgado em 07/03/2017, DJe 21/03/2017).

Legitimidade ativa do credor trabalhista para pedir falência de devedor. "*A natureza trabalhista do crédito não impede que o credor requeira a falência do devedor. Da análise do art. 97, IV, da Lei nº 11.101/2005 (Art. 97. Podem requerer a falência do devedor: [...] IV – qualquer credor), verifica-se que o legislador conferiu ampla legitimidade ativa para o requerimento de decretação de falência do devedor, de modo que, em princípio, estarão todos os credores aptos a fazê-lo. Nessa linha, há doutrina no sentido de que o credor "é, por excelência, o titular da relação jurídica falimentar. [...] A lei não distingue entre dívida civil, comercial, trabalhista ou fiscal, importando, isso sim, que seja líquida, dando ensejo, repita-se, à ação executiva". Em igual sentido, existem doutrinadores pátrios que têm entendido que "a palavra 'qualquer', constante do inciso, sugere que todos os credores, individualmente ou em conjunto, podem requerer a falência do devedor. Incluir-se-iam, nesse rol, os credores civis, comerciais, trabalhistas e fiscais". Assim, adota-se corrente doutrinária que sustenta que: "Credores trabalhistas, fiscais, acidentários podem em tese requerer a falência do devedor desde que possuam o título executivo pertinente, seja ele judicial ou extrajudicial e esteja protestado para fins falimentares. Neste caso, é possível o pedido de falência com base no art. 94, I, da LRF. Há, também, a possibilidade do pleito de falência com base no art. 94, II, quando superveniente uma execução frustrada*"". (STJ. RESP 1.544.267-DF, Rel. Min. Ricardo Villas Bôas Cueva, por unanimidade, julgado em 23/08/2016, DJe 06/09/2016 – Informativo nº 589).

Legitimidade passiva da incorporadora/imobiliária nas demandas em que o consumidor busca ressarcimento das despesas pagas à título de corretagem que foram contratados diretamente pela primeira. "*Tem legitimidade passiva ad causam a incorporadora, na condição de promitente-vendedora, para responder a demanda em que é pleiteada pelo promitente-comprador a restituição dos valores pagos a título de comissão de corretagem e de taxa de assessoria técnico-imobiliária, alegando-se prática abusiva na transferência desses encargos ao consumidor. De início, levando em consideração, em tese, as alegações dos promitentes-compradores (consumidores), observa-se, nesse tipo de demanda, afirmações como a de que o consumidor compareceu a um estande de vendas com o objetivo de comprar um imóvel, mas acabou sendo obrigado a arcar com os custos dos serviços de corretagem prestados por corretores escolhidos pela incorporadora. Analisando-se esse tipo de alegação com base na teoria da asserção – prevalente na jurisprudência do STJ (RESP 818.603-RS, Terceira Turma, DJe 3/9/2008; e RESP 1.395.875-PE, Segunda Turma, DJe 7/3/2014) –, cumpre indagar se, caso sejam verdadeiras as afirmações do autor, a incorporadora poderia ser condenada a ressarcir os valores pagos a título de corretagem? À primeira vista, pode parecer que caberia ao corretor figurar no polo passivo da relação processual, pois foi quem recebeu os valores diretamente do consumidor. Contudo, do exame* *das alegações dos consumidores, geralmente não se observa nenhuma insurgência quanto à existência de um contrato de corretagem e à necessidade de se remunerar o corretor pelos serviços prestados. Nesses casos, a questão em geral suscitada pelos consumidores se limita a estabelecer quem deve assumir o encargo da restituição dessa remuneração. Sob a ótica dos consumidores, a corretagem foi contratada pela incorporadora de modo que ela é quem deveria responder por esse encargo. Por decorrência lógica, para que o encargo recaia sobre a incorporadora, deve-se admitir o ajuizamento da demanda contra esta, ou seja, reconhecer a legitimidade passiva ad causam. Observe-se que o raciocínio acima se limita à questão da legitimidade passiva, pois a análise da efetiva obrigação de ressarcir os consumidores é questão de mérito, a ser enfrentada em outra oportunidade. De outra parte, com relação aos custos do serviço de assessoria técnico-imobiliária (SATI), os consumidores também alegam, geralmente, que se trata de serviço contratado pela incorporadora, mas com encargo transferido para consumidores. As alegações deduzidas pelos consumidores com relação à SATI são semelhantes às afirmações feitas a respeito da comissão de corretagem, devendo-se adotar, portanto, a mesma solução, admitindo-se a legitimidade passiva da incorporadora*" (STJ. RESP 1.551.968-SP, Rel. Min. Paulo de Tarso Sanseverino, Segunda Seção, por unanimidade, julgado em 24/08/2016, DJe 06/09/2016 – Informativo nº 589).

Legitimidade ativa para pleitear de empreendedor de shopping center indenização por danos a estabelecimento. "*Ainda que, no contrato de locação estabelecido com o empreendedor de shopping center, conste como locatário apenas o sócio majoritário, a sociedade empresária possui legitimidade ativa ad causam concorrente para pleitear indenização por danos ao estabelecimento instalado no centro comercial. Sob a perspectiva do estabelecimento, há uma mitigação do axioma* latino societas distat a singulis, *ou seja, embora haja uma conotação patrimonial, nele, há absoluta sintonia de interesses da pessoa física com a jurídica, interesses que estão diretamente ligados ao aviamento. Nessa linha, se uma sociedade empresária desenvolve seu estabelecimento em um centro de compras, por óbvio, busca obter lucros com sua atividade empresarial, e, para que isso ocorra, há que se ter uma simbiose entre a pessoa jurídica e a pessoa física, no tocante aos seus interesses. Com efeito, por meio desse silogismo, é possível perceber que, havendo pretensão que diga respeito ao estabelecimento com todos os seus componentes, não há dúvidas de que tanto a sociedade empresária quanto seus sócios possuem interesses juridicamente protegidos capazes de habilitá-los como titulares de direito material, podendo eventualmente deduzi-los em juízo. Ocorre que a legitimidade está intrinsecamente ligada ao interesse de agir da parte, isto é, há que se verificar, precipuamente, a utilidade que a referida demanda terá para aquele cujo bem da vida sofreu ou está na iminência de sofrer alguma lesão. Ademais, o debate a respeito da legitimidade ativa da sociedade empresária não pode passar à margem da efetiva consciência da atipicidade contratual estabelecida com o shopping center, tampouco não se pode olvidar do aspecto teleológico da legislação locatícia ora em exame. Nesse contexto, cumpre destacar que o contrato de shopping center possui inúmeras nuances em relação aos demais contratos de locação convencionalmente celebrados. Apesar de tal pacto amparar largamente o empreendedor – uma vez que este elabora previamente as cláusulas contratuais, às quais os lojistas deverão se sujeitar –, é plausível afirmar que a Lei nº 8.245/1991 (Lei de Locações), em consonância com os princípios fundamentais estabelecidos pela CF, também tutela* *os bens e interesses dos lojistas dentro dessa relação negocial. Conforme apontado por doutrina, claramente se nota que o escopo da legislação locatícia, especialmente no tocante ao lojista, é o de salvaguardar seu estabelecimento empresarial, já que esse é seu instrumento de trabalho. É evidente que também está presente, na sociedade, o interesse de resguardar todo o complexo de bens que compõe o estabelecimento, assim como para o sócio, signatário do contrato.* Mutatis mutandis, *essa mesma linha argumentativa foi utilizada pelo legislador no tocante à ação renovatória, na qual se buscou estabelecer uma legitimidade concorrente para pleitear o direito de inerência do locatário (art. 51, § 2º, da Lei de Locações)*". (STJ. RESP 1.358.410-RJ, Rel. Min. Luis Felipe Salomão, por unanimidade, julgado em 04/08/2016, DJe 05/09/2016 – Informativo nº 589).

Legitimidade passiva da sociedade proprietária de semirreboque em ação de reparação de danos. "*A sociedade empresária proprietária de semirreboque pode figurar no polo passivo de ação de reparação de danos ajuizada em decorrência de acidente de trânsito envolvendo o caminhão trator ao qual se encontrava acoplado. De antemão, esclarece-se que determinar se a empresa proprietária de semirreboque pode ser responsabilizada pelos danos causados em acidente envolvendo caminhão trator configura questão cuja solução não parece tranquila na jurisprudência do STJ. Com efeito, em defesa da tese da irresponsabilidade, destaca-se o RESP 494.372-MG (Quarta Turma, DJe 29/3/2010), cuja orientação foi adotada, mais recentemente, em decisão singular proferida no RESP 1.041.424-RS (publicada em 6/2/2012). Em diretriz oposta, há a posição externada pela Terceira Turma no RESP 453.882-MG (DJe 25/9/2012), seguida no julgamento do AgRg no RESP 1.521.006-SP (Terceira Turma, DJe 13/10/2015). De fato, a responsabilidade pelo fato da coisa ocorre quando esta é a causa do evento danoso, mesmo que não tenha havido a interferência ou o comando direto do dono. Não se exige a constatação de conduta direta do dono ou de seus prepostos. É o uso, fruição, proveito de uma coisa, por qualquer meio, que acarreta a responsabilidade pelos danos que ela causar. Nesse sentido, há doutrina no sentido de que: 'Configurado o nexo de causa e efeito entre o bem e o dano, desponta automaticamente a responsabilidade quando terceiros são atingidos', sendo 'despiciendo investigar se o dono procedeu com toda a diligência ou cuidado que se impunha'. Examinando os precedentes do STJ sobre o assunto, percebe-se, no julgamento realizado pela Terceira Turma no RESP 453.882-MG (DJe 25/9/2012), dois fortes fundamentos pela responsabilização do proprietário do semirreboque: o primeiro, referente ao interesse comercial que unia os proprietários dos dois veículos, caminhão e semirreboque, e o segundo, consistente, exatamente, na responsabilidade derivada da escolha mal feita pelo dono, no que respeita ao usuário da coisa. Ademais, no que diz respeito à inexistência de força motriz própria do semirreboque, capaz de isentá-lo de responsabilidade, verifica-se que os veículos são classificados pelo art. 96 do CTB das seguintes formas: quanto à tração, quanto à espécie e quanto à categoria. Quanto à tração, os veículos serão categorizados conforme a maneira com que serão colocados em movimento: "Art. 96. Os veículos classificam-se em: I – quanto à tração: a) automotor; b) elétrico; c) de propulsão humana; d) de tração animal; e) reboque ou semirreboque". Nessa linha, se o veículo possui motor de propulsão, que o faz circular por seus próprios meios, trata-se de um veículo automotor; se, em vez de motor de propulsão movido a combustíveis fósseis, o funcionamento do veículo for impulsionado por energia elétrica, classifica-se como elétrico. Seguindo a classificação, passa-se aos veículos de propulsão humana, de* *tração animal, reboques e semirreboques, que são aqueles desprovidos de motor e que se utilizam de ação externa para serem colocados em movimento. Aqui se encontram os reboques e semirreboques que são tracionados por outro veículo automotor e que se diferenciam pela maneira como são acoplados àquele veículo: enquanto o reboque é engatado atrás de um veículo automotor, o semirreboque apoia-se na unidade tratora ou é a ela ligada por meio de articulação. Assim, o cavalo mecânico e o semirreboque trabalham articuladamente, são dois veículos que unidos constituem partes de um terceiro e específico veículo, o CVC (combinação de veículo de carga), que somente existe a partir da junção dos dois primeiros. Por essa razão, é impossível afirmar que o proprietário do semirreboque é isento de responsabilidade, por ser aquele veículo desprovido de força motora própria, uma vez que essa característica não é suficiente ou decisiva para descaracterizá-lo como veículo. Destaque-se, ainda, a Portaria nº 86/2006 do DENATRAN, que no uso de suas atribuições conferidas pelo CTB, tratou de homologar os veículos e as combinações de transporte de carga com seus respectivos limites de comprimento e peso bruto total, e nesse documento a classificação destinada ao caminhão e ao caminhão somado ao semirreboque é a mesma: ambos são denominados composições. Nessa extensão, o semirreboque não pode ser visto isoladamente, nem mesmo o cavalão mecânico – que sem o semirreboque de nada serve –, devendo ambos, a princípio, responder solidariamente pelos danos causados a terceiros, dada a existência de interesse comum na união para o desempenho da atividade. Por fim, não se pode olvidar que a escolha quanto ao cavalo mecânico é do proprietário do semirreboque, exsurgindo dessa constatação, como afirmado antes, a possível responsabilidade pela má eleição, conduta negligente em relação à coisa. Precedentes citados: RESP 453.882-MG, Terceira Turma, DJe 25/9/2012; AgRg no RESP 1.521.006-SP, Terceira Turma, DJe 13/10/2015"* (STJ. RESP 1.289.202-RS, Rel. Min. Luis Felipe Salomão, por unanimidade, julgado em 02/06/2016, DJe 29/08/2016 – Informativo nº 589).

Ilegitimidade do filho para pleitear o reconhecimento de filiação socioafetiva. *"O filho, em nome próprio, não tem legitimidade para deduzir em juízo pretensão declaratória de filiação socioafetiva entre sua mãe – que era maior, capaz e, ao tempo do ajuizamento da ação, pré-morta – e os supostos pais socioafetivos dela. Em regra, a ação declaratória do estado de filho, conhecida como investigação de paternidade, é apenas uma espécie do gênero declaratória de estado familiar, podendo ser exercida por quem tenha interesse jurídico em ver reconhecida sua condição de descendente de uma determinada estirpe, apontando a outrem uma ascendência parental, caracterizadora de parentesco em linha reta, que o coloca na condição de herdeiro necessário. Ocorre que, segundo dispõe o art. 1.606 do CC, 'a ação de prova de filiação compete ao filho, enquanto viver, passando aos herdeiros, se ele morrer menor ou incapaz', sendo inegável, portanto, que a lei confere legitimidade diretamente ao filho para vindicar o reconhecimento do vínculo de parentesco, seja ele natural ou socioafetivo – a qual não é concorrente entre as gerações de graus diferentes –, podendo ser transferida aos filhos ou netos apenas de forma sucessiva, na hipótese em que a ação tiver sido iniciada pelo próprio filho e não tiver sido extinto o processo, em consonância com a norma inserta no parágrafo único do mesmo dispositivo legal ('Se iniciada a ação pelo filho, os herdeiros poderão continuá-la, salvo se julgado extinto o processo'). Decorre da norma legal em comento que o estado de filiação – além de se caracterizar como um direito indisponível, em função do bem comum maior a proteger, e imprescritível, podendo ser reconhecido a* *qualquer tempo – é uma pretensão que só pode ser buscada pela pessoa que detém a aptidão para isso, uma vez que a legislação pátria atribui a essa tutela a natureza de direito personalíssimo, o qual somente se extingue com a morte civil. Pondere-se que a aptidão do filho da genitora só se justificaria se, ao tempo do óbito, ela se encontrasse incapaz, sem apresentar nenhum indício de capacidade civil ou de que estaria em condições de expressar livremente sua vontade. Nesse diapasão, verifica-se a existência de doutrina que comenta o art. 1.606 do CC no sentido de que 'o referido comando legal limita o direito de herdeiros postularem o direito próprio do de cujus, a não ser que este tenha falecido menor ou incapaz. Não limita, e se o fizesse seria inconstitucional, o direito próprio do herdeiro'. Na mesma linha intelectiva, importa destacar entendimento doutrinário de que 'morrendo o titular da ação de filiação antes de tê-la ajuizado, segundo a atual legislação em vigor, claramente discriminatória, faltará aos seus sucessores legitimidade para promovê-la, sucedendo, pelo texto da lei, induvidosa carência de qualquer ação de investigação de paternidade promovida por iniciativa dos herdeiros do filho que não quis em vida pesquisar a sua perfilhação'. Desse modo, por todos os fundamentos expendidos, impõe-se reconhecer, no caso em tela, a ilegitimidade do filho da genitora, pré-morta, resguardando-se a ele, na esteira dos precedentes do STJ, e se assim o desejar, o direito de ingressar com outra demanda em nome próprio"* (STJ. RESP 1.492.861-RS, Rel. Min. Marco Aurélio Bellizze, julgado em 02/08/2016, DJe 16/08/2016 – Informativo nº 588).

Apelação cível. Mandado de segurança. Área de preservação permanente (APP). Fornecimento de energia elétrica. Competência da Justiça Estadual. Relação contratual entre a concessionária de serviço público e consumidor. Regulamentação específica da Aneel. Interesse de agir. Decisão fartamente fundamentada. Legitimidade ativa. Princípios da razoabilidade e proporcionalidade. Serviço de natureza essencial. Recurso conhecido e improvido. *"Não merece acolhimento a alegada incompetência absoluta da Justiça Estadual. Trata-se, a questão posta a exame, de relação contratual entre a concessionária de serviço público e o consumidor, não se enquadrando em nenhuma das hipóteses aventadas no art. 109, inciso I, da Constituição Federal. Não merece prosperar a alegada ausência de interesse processual, ante a ausência de direito líquido e certo, por ter evidente ligação com o mérito da demanda. O interesse processual consiste em condição da ação, aferida, portanto, em abstrato, de acordo com os elementos da demanda, consistentes nas partes, causa de pedir e pedido, pelo que expondo a lesão como foi exposta e formulando pretensão adequada, que, caso reconhecida, lhe será útil, não há falar-se em carência de ação por esse fundamento. A assertiva de lesão a direito justifica o exercício da atividade jurisdicional. Também deve ser rechaçada a alegada nulidade da sentença por ausência de fundamentação, eis que o decisum, ao contrário do que alega o apelante, foi suficientemente fundamentado, tendo sido fartamente analisadas as questões postas sob o crivo do magistrado. Rejeitam-se, portanto, as preliminares suscitadas. O fornecimento de energia elétrica na localidade, apesar de encontrar-se em pretensa área de preservação permanente, não causará prejuízos ambientais pois já existe rede elétrica instalada, isto significa que não consistirá em dano ao espaço protegido, ao reverso, pois já há ali uma situação consolidada, não acarretando, portanto, prejuízo ao meio ambiente"* (TJ-BA, Proc. 0003493-13.2013.8.05.0099, Rel. Mário Augusto Albiani Alves Junior, DJ 25/02/2017.)

Art. 18

> Art. 18. Ninguém poderá pleitear direito alheio em nome próprio, salvo quando autorizado pelo ordenamento jurídico.
>
> Parágrafo único. Havendo substituição processual, o substituído poderá intervir como assistente litisconsorcial.

Cuida do instituto da "substituição processual", segundo a qual alguém somente pode demandar por direito alheio em seu próprio nome quando autorizado pelo ordenamento jurídico. De inovação, deixa claro que o substituído poderá até mesmo integrar a relação processual na condição de assistente litisconsorcial, que é uma das modalidades de intervenção de terceiros. Este tema, relativo à assistência litisconsorcial, também é regulado oportunamente no CPC (art. 124).

Art. 19

> Art. 19. O interesse do autor pode limitar-se à declaração:
>
> I – da existência, da inexistência ou do modo de ser de uma relação jurídica;
>
> II – da autenticidade ou da falsidade de documento.

Foi mantida a previsão de que o interesse do autor pode se limitar a uma declaração de existência ou inexistência do modo de ser de uma relação jurídica, bem como pode se restringir a declarar autêntico ou falso um determinado documento.

Art. 20

> Art. 20. É admissível a ação meramente declaratória, ainda que tenha ocorrido a violação do direito.

É mantida a possibilidade de ação com pretensão declaratória, mesmo quando haja violação a direito. A sistemática processual evoluiu muito nos últimos anos e já vinha sendo permitido demandas puramente declaratórias, ainda que o objeto da declaração fosse o reconhecimento de uma obrigação de pagar, fazer, não fazer e de entregar coisa. Portanto, ainda que haja violação de direito e mesmo a ocorrência de um dano, o demandante pode optar por obter uma tutela de natureza puramente declaratória em vez de sempre buscar uma de cunho condenatório. Seja em um ou em outro caso, se estará diante de um provimento jurisdicional que será considerado como título executivo judicial (art. 515, I) apto a autorizar o cumprimento de sentença.

> Verbete nº 181 da Súmula do STJ: *"É admissível ação declaratória, visando a obter certeza quanto à exata interpretação de cláusula contratual".*

TÍTULO II
DOS LIMITES DA JURISDIÇÃO NACIONAL E DA COOPERAÇÃO INTERNACIONAL

CAPÍTULO I
DOS LIMITES DA JURISDIÇÃO NACIONAL

Art. 21

Art. 21. Compete à autoridade judiciária brasileira processar e julgar as ações em que:

I – o réu, qualquer que seja a sua nacionalidade, estiver domiciliado no Brasil;

II – no Brasil tiver de ser cumprida a obrigação;

III – o fundamento seja fato ocorrido ou ato praticado no Brasil.

Parágrafo único. Para o fim do disposto no inciso I, considera-se domiciliada no Brasil a pessoa jurídica estrangeira que nele tiver agência, filial ou sucursal.

O dispositivo cuida do tema "jurisdição concorrente", estabelecendo matérias que podem ser objeto de demandas no Brasil e, também em outro País, isolada ou mesmo simultaneamente. Assim, ainda que o fato tenha ocorrido no exterior, a jurisdição brasileira pode apreciar demandas que envolvam demandado domiciliado no Brasil, qualquer que seja a sua nacionalidade. O mesmo também se aplica quando se tratar de pessoa jurídica estrangeira que mantiver, no País, agência, filial ou sucursal.

Da mesma forma, é possível instaurar demandas perante o Poder Judiciário nacional quando neste País a obrigação tiver que ser cumprida ou mesmo quando o fato ou ato litigioso tenha nele ocorrido. Não há impedimento para que, no decorrer da demanda aqui instaurada, também seja a mesma ação deduzida perante o Poder Judiciário alienígena. Contudo, a referida sentença estrangeira não irá gerar qualquer tipo de eficácia no Brasil, exceto se for objeto de uma demanda denominada "homologação de sentença estrangeira", que também é regulada pelo CPC e que é de competência do STJ (art. 960 – art. 965).

Art. 22

Art. 22. Compete, ainda, à autoridade judiciária brasileira processar e julgar as ações:

I – de alimentos, quando:

a) o credor tiver domicílio ou residência no Brasil;

b) o réu mantiver vínculos no Brasil, tais como posse ou propriedade de bens, recebimento de renda ou obtenção de benefícios econômicos;

II – decorrentes de relações de consumo, quando o consumidor tiver domicílio ou residência no Brasil;

III – em que as partes, expressa ou tacitamente, se submeterem à jurisdição nacional.

O presente dispositivo complementa o anterior, estabelecendo outras situações em que a jurisdição nacional é concorrente com a estrangeira.

A primeira situação em que é possível instaurar processo perante a jurisdição brasileira ocorre nas demandas que envolvem pagamento de alimentos quando o credor tiver domicílio ou residência no Brasil, ainda que o devedor resida em outro País. Ratifica-se o entendimento, portanto, de que a obrigação alimentar tem caráter *portable*, ou seja, no sentido de impor ao devedor o encargo de prestá-la perante o domicílio do credor. É o que há longa data defende a doutrina. Importante salientar, outrossim, que esta é a mesma solução preconizada por outro dispositivo (art. 53, II), quando se tratar de obrigação alimentar devida em processo em que ambas as partes tiverem domicílio ou residência no Brasil. A outra hipótese, em que se permite a demanda alimentar ser instaurada no País, é quando o réu mantiver vínculos por aqui, tais como a posse ou propriedade de bens, assim como o recebimento de renda ou obtenção de benefícios econômicos. Esta situação decorre da facilidade de constrição de tais bens e sua posterior conversão em pecúnia, para fins de satisfação do crédito autoral. De certa maneira, também é solução autorizada mesmo para a execução de dívidas não alimentares quando as partes tiverem domicílio ou residência no Brasil, conforme prevê norma que ainda será analisada (art. 516, parágrafo único).

De outro giro, o dispositivo também autoriza que no Brasil sejam processadas as causas regidas pelo CDC, quando o consumidor tiver domicílio por aqui. Esta disposição busca reconhecer a vulnerabilidade do consumidor (art. 4º, Lei nº 8.078/90), de modo a facilitar a sua atuação em juízo. Como as outras mencionadas neste artigo, também esta já encontrava ressonância no ordenamento jurídico pátrio envolvendo pessoas por aqui estabelecidas ou domiciliadas e atualmente é permitida pelo Código de Defesa do Consumidor (art. 101, I, Lei nº 8.078/90). Mas a novel disposição já era defendida há tempos pela doutrina.

Por fim, a última hipótese do artigo versa sobre a possibilidade de as partes, expressa ou tacitamente, optarem por se submeter à jurisdição nacional. No caso de submissão expressa perante a jurisdição brasileira, as partes terão que ajustar um foro de eleição, definindo o Brasil como o País soberano com jurisdição para dirimir o litígio em questão. Por outro lado, a submissão tácita ocorrerá quando o demandante instaurar a demanda e o réu, após ter sido citado, apresentar resposta sem suscitar este tema. Este inciso, como redigido, realmente confere uma grande amplitude às hipóteses de jurisdição nacional, pois não cria qualquer restrição quanto ao tema ou aos envolvidos, desde que todos estejam de comum acordo e não haja abusividade.

> **Foro de eleição envolvendo escolha de Justiça de outro País e validade diante da ausência de abusividade.** "*Competência internacional. Controvérsia entre conhecido jogador de futebol (Robinho) e a empresa Nike acerca das obrigações contraídas em 'contrato de futebol'. Competência concorrente. Foro de eleição. Justiça holandesa. Contrato paritário. Inexistência de assimetria. Cláusula contratual eletiva de foro alienígena admitida. Autonomia da vontade. (...)*" (STJ – RESP 1.518.604/SP, 3ª Turma, Rel. Min. Paulo de Tarso Sanseverino, julgado em 15/03/2016).

Art. 23

Art. 23. Compete à autoridade judiciária brasileira, com exclusão de qualquer outra:

I – conhecer de ações relativas a imóveis situados no Brasil;

II – em matéria de sucessão hereditária, proceder à confirmação de testamento particular e ao inventário e à partilha de bens situados no Brasil, ainda que o autor da herança seja de nacionalidade estrangeira ou tenha domicílio fora do território nacional;

III – em divórcio, separação judicial ou dissolução de união estável, proceder à partilha de bens situados no Brasil, ainda que o titular seja de nacionalidade estrangeira ou tenha domicílio fora do território nacional.

Este dispositivo, ao contrário dos demais, enumera casos em que a jurisdição brasileira é a única que pode analisar certas questões. Trata, portanto, de casos de "jurisdição exclusiva", e não mais "concorrente", como as anteriores analisadas. Certo é, no entanto, que nada impede que tais questões sejam objeto de processo instaurado perante País estrangeiro, muito embora não gere nenhum efeito no Brasil, eis que eventual pedido de homologação de sentença estrangeira será negado, ante a clara violação ao ordenamento jurídico pátrio, que reserva tais temas como sendo exclusivos da jurisdição brasileira.

A primeira hipótese de jurisdição exclusiva diz respeito a demandas que questionam bens imóveis situados no Brasil, o que é perfeitamente justificável para fins de preservação da soberania nacional. Deveras, soaria realmente nocivo permitir que processos iniciados em outro País pudessem tratar de tais bens ou mesmo pudessem alterar registros públicos nacionais. Vale dizer que, há longa data, a doutrina defende que este entendimento aplica-se tanto a demandas reais quanto a pessoais que gerarem reflexos em imóveis brasileiros, incluindo as relações locatícias, que são regidas pela Lei nº 8.245/91.

A segunda situação de jurisdição exclusiva é, de certa maneira, um desdobramento da primeira, pois também versa sobre bens imóveis, muito embora agora especialize o tema. Com efeito, nesta outra hipótese os bens nacionais estão dispostos em testamento particular ou mesmo em processo de inventário ou partilha de bens e, por este motivo, o processo também deve ser iniciado nestas plagas, mesmo quando se tratar de autor da herança de nacionalidade estrangeira ou que tenha o seu domicílio fora do território nacional.

Por fim, a terceira e última hipótese também versa sobre imóveis situados no Brasil, mas quando são analisados para fins de partilha resultante de divórcio, separação judicial ou dissolução de união estável. Mais uma vez, o CPC reservou este tema para ser exclusivo da jurisdição nacional. Este dispositivo nem sempre vem sendo interpretado restritivamente. Com efeito, o STJ já teve oportunidade de decidir que também se enquadra como sendo hipótese exclusiva da jurisdição brasileira as causas de falência, que são regidas pela Lei nº 11.101/2005.

Necessidade de homologar decisão estrangeira sobre divórcio quando a mesma também dispor sobre partilha de bens, guarda ou alimentos. *"1. A regra inserta no art. 961, § 5º, do CPC/2015 (..) aplica-se apenas aos casos de divórcio consensual puro ou simples e não ao divórcio consensual qualificado, que dispõe sobre a guarda, alimentos e/ou partilha de bens, nos termos dos artigos 1º e 2º do Provimento nº 53/2016 do Conselho Nacional de Justiça. 2. Na hipótese, trata-se de pedido de homologação de sentença estrangeira de divórcio consensual qualificado, sendo perfeitamente cabível o pedido de homologação realizado nesta Corte"* (STJ – SEC 14.525/EX, CE, julgado em 07/06/2017).

Partilha de bens. Depósito bancário fora do país. Possibilidade de disposição acerca do bem na separação em curso no país. Competência da jurisdição brasileira. *"É possível, em processo de dissolução de casamento em curso no país, que se disponha sobre direitos patrimoniais decorrentes do regime de bens da sociedade conjugal aqui estabelecida, ainda que a decisão tenha reflexos sobre bens situados no exterior para efeitos da referida partilha"* (STJ. RESP 1.552.913-RJ, Rel.ª Min.ª Maria Isabel Gallotti, por unanimidade, julgado em 08/11/2016, DJe 02/02/2017).

Possibilidade de homologar decisão estrangeira que determinou o perdimento de bem imóvel situado no Brasil em decorrência de condenação penal em crime de lavagem de dinheiro, pois o bem imóvel não terá a sua titularidade transferida para o outro País, mas apenas o produto da sua arrematação. "É possível a homologação de sentença penal estrangeira que determine o perdimento de imóvel situado no Brasil em razão de o bem ser produto do crime de lavagem de dinheiro. *De fato, a Convenção das Nações Unidas contra o Crime Organizado Transnacional (Convenção de Palermo), promulgada pelo Decreto nº 5.015/2004, dispõe que os Estados partes adotarão, na medida em que o seu ordenamento jurídico interno o permita, as medidas necessárias para possibilitar o confisco do produto das infrações previstas naquela convenção ou de bens cujo valor corresponda ao desse produto (art. 12, 1, a), sendo o crime de lavagem de dinheiro tipificado na convenção (art. 6º), bem como na legislação brasileira (art. 1º da Lei nº 9.613/1998). Ademais, nos termos do CP: Art. 9º – A sentença estrangeira, quando a aplicação da lei brasileira produz na espécie as mesmas consequências, pode ser homologada no Brasil para: I – obrigar o condenado à reparação do dano, a restituições e a outros efeitos civis. Verifica-se, assim, que a lei brasileira também prevê a possibilidade de perda, em favor da União, ressalvado o direito do lesado ou de terceiro de boa-fé, do produto do crime, como um dos efeitos da condenação (art. 91, II, b, do CP). Nesse contexto, não prospera a alegação de que a homologação de sentença estrangeira de expropriação de bem imóvel – situado no Brasil – reconhecido como proveniente de atividades ilícitas ocasionaria ofensa à soberania nacional, pautada no argumento de que competiria à autoridade judiciária brasileira conhecer de ações relativas a imóvel situado no País, de acordo com o previsto no art. 12, § 1º, da LINDB, bem como no art. 89, I, do CPC/1973. Com efeito, não se trata especificamente sobre a situação de bem imóvel, sobre a sua titularidade, mas sim sobre os efeitos civis de uma condenação penal determinando o perdimento de bem que foi objeto de crime de lavagem de capitais. Inclusive, é importante destacar que o bem imóvel não será transferido para a titularidade do país interessado, mas será levado a hasta pública, nos termos do art. 133 do CPP*". (STJ. SEC 10.612-FI, Relª. Minª. Laurita Vaz, julgado em 18/05/2016, DJe 28/06/2016 – Informativo nº 586).

Impossibilidade de se homologar decisão estrangeira que decretou a falência de sociedade sediada no Brasil (CPC/73). "*I – Impõe-se a homologação da sentença estrangeira quando atendidos os requisitos indispensáveis ao pedido, bem como constatada a ausência de ofensa à soberania nacional, à ordem pública e aos bons costumes (arts. 5º, incisos I a IV, e 6º da Resolução nº 9/STJ, c/c art. 17 da LICC). II – In casu, busca o requerente, no Brasil, a homologação de sentença de falência (insolvência civil) proferida pela autoridade portuguesa em desfavor do requerido, com quem mantém sociedade empresária, para fins do disposto no parágrafo único do art. 1.030 do novo Código Civil (exclusão de sócio declarado falido). III – Ocorre, não obstante, que a legislação pátria aplicável prescreve que a declaração de falência está restrita, como regra, ao juízo do local onde o devedor possui o centro de suas atividades, haja vista o princípio da universalidade (art. 3º da Lei nº 11.101/2005). IV – Nesse sentido, incabível a homologação de sentença estrangeira para os fins pretendidos pelo requerente, uma vez que a declaração de falência é de competência exclusiva da justiça brasileira, sob pena de ofensa à soberania nacional e à ordem pública. Pedido indeferido*" (STJ. SEC 1.734/PT,

> Rel. Min. Fernando Gonçalves, Rel. p/ Acórdão Min. Felix Fischer, Corte Especial, julgado em 15/09/2010, DJe 16/02/2011).

Art. 24

Art. 24. A ação proposta perante tribunal estrangeiro não induz litispendência e não obsta a que a autoridade judiciária brasileira conheça da mesma causa e das que lhe são conexas, ressalvadas as disposições em contrário de tratados internacionais e acordos bilaterais em vigor no Brasil.

Parágrafo único. A pendência de causa perante a jurisdição brasileira não impede a homologação de sentença judicial estrangeira quando exigida para produzir efeitos no Brasil.

O dispositivo permite que, naqueles casos de jurisdição concorrente (art. 22 e art. 23), sejam instauradas demandas simultâneas tanto perante a jurisdição brasileira, quanto perante a alienígena, sem que isso configure litispendência. Isso ocorre porque, no Brasil, o processo que tramita perante o exterior se traduz em fatos de completa irrelevância, já que desprovido de qualquer eficácia no território nacional. Com efeito, para que uma decisão proferida por juízo ou tribunal estrangeiro possa gerar efeitos, há a necessidade de instauração de um processo de conhecimento com esta finalidade no Brasil, denominado homologação de sentença estrangeira, que atualmente tramita perante o STJ. Assim, somente após esta homologação é que surgirá o título executivo judicial, que poderá ser executado perante a Justiça Federal de primeira instância (art. 109, inc. X, CF/88).

No entanto, uma ressalva ainda deve ser feita quanto a essa possibilidade de tramitação simultânea de processos em países distintos. É que, caso a sentença estrangeira já tenha transitado em julgado, a mesma poderá sem qualquer problema ser objeto de processo de homologação no Brasil, ainda que haja outra ação idêntica em curso por aqui. Afinal, é apenas com o trânsito em julgado da decisão que homologar a sentença estrangeira que ela irá gerar efeitos no Brasil, inclusive o de caracterizar identidade de ações. Assim, é somente neste momento que o processo em trâmite no Brasil deverá ser extinto sem resolução do mérito, por ofensa a coisa julgada. Porém, se a hipótese for inversa, ou seja, se o processo brasileiro já estiver sentenciado e com trânsito em julgado, a sentença estrangeira não mais poderá ser homologada no Brasil, uma vez que, neste outro caso, haveria ofensa a ordem jurídica nacional, o que se constituiria em obstáculo intransponível.

O parágrafo único do dispositivo bem atesta o acima arrazoado, no sentido de que a pendência de causa perante a jurisdição brasileira não impedirá a homologação da sentença estrangeira perante o STJ. É, inclusive, raciocínio já seguido pela jurisprudência.

> **Existência de sentença estrangeira transitada em julgado não impede ajuizamento de ação perante o Poder Judiciário do Brasil (CPC/73).** "*A existência de sentença estrangeira transitada em julgado não impede a instauração de ação de guarda e de alimentos perante o Poder Judiciário brasileiro, pois a sentença de guarda ou de alimentos não é imutável, haja vista o disposto no art. 35 do ECA: 'A guarda poderá ser revogada a qualquer tempo, mediante ato judicial fundamentado, ouvido o Ministério Público'*" (STJ – SEC 6.485/EX, CE, , Rel. Min. Gilson Dipp, julgado em 03/09/2014).
>
> **Pendência de causa perante a Justiça brasileira não obsta a homologação da decisão estrangeira (CPC/73).** "*1. Cuidando-se de competência internacional concorrente, como na hipótese em exame, a tramitação de ação no Brasil ou no exterior que possua o mesmo objeto da sentença estrangeira homologanda não impede o processo de homologação, sendo certo, ainda, que a suspensão do andamento deste feito ofenderia o disposto no art. 90 do Código de Processo Civil. 2. O fato de o laudo arbitral não ser exequível no país de origem não é óbice à homologação, pois dispõe a Lei de Arbitragem, em seu art. 35, que: "Para ser reconhecida ou executada no Brasil, a sentença arbitral estrangeira está sujeita, unicamente, à homologação do Supremo Tribunal Federal". 3. Concluindo o Tribunal Arbitral não ter competência para examinar as pretensões relativas aos contratos submetidos à Arbitragem em Londres, não cabe a este Superior Tribunal de Justiça, em juízo delibatório de homologação, julgar nulo o laudo arbitral, sob pena de invadir a competência do Tribunal Arbitral. Ademais, a análise dessa pretensão demanda incursão no mérito das regras contratuais estabelecidas entre as partes, o que não é permitido neste procedimento homologatório. 4. Eventual possível compensação de valores, assim como a ocorrência de pagamento extrajudicial, são temas que devem ser apreciados em sede de execução. 5. Preenchidos os requisitos exigidos pela Resolução nº 9/STJ e pela Lei de Arbitragem, impõe-se a homologação da sentença estrangeira. 6. Pedido deferido*" (STJ. SEC 9.880/EX, Rel.ª Min.ª Maria Thereza de Assis Moura, Corte Especial, julgado em 21/05/2014, DJe 27/05/2014).

Art. 25

Art. 25. Não compete à autoridade judiciária brasileira o processamento e o julgamento da ação quando houver cláusula de eleição de foro exclusivo estrangeiro em contrato internacional, arguida pelo réu na contestação.

§ 1º Não se aplica o disposto no *caput* às hipóteses de competência internacional exclusiva previstas neste Capítulo.

§ 2º Aplica-se à hipótese do *caput* o art. 63, §§ 1º a 4º.

O dispositivo em comento complementa, de certa forma, o que já constou em artigo antecedente (art. 22, III). Esclarece que, havendo cláusula e eleição de foro ajustada entre os envolvidos definindo País estrangeiro como aquele com jurisdição para solucionar a questão, caberá ao magistrado respeitar esta opção das partes desde que, claro, tal tema seja arguido pelo demandado em sede de contestação. Trata-se de providência que já tinha o aval da jurisprudência, mas que, obviamente, não se aplica aos casos de jurisdição nacional exclusiva (art. 23), pois somente nos casos de jurisdição concorrente é que os particulares poderão dispor do aspecto territorial, estabelecendo cláusula determinando em que País a demanda deve ser instaurada. O CPC remete para o mesmo tratamento dado à cláusula de eleição de foro interna, estabelecendo que o magistrado poderá desconsiderá-la, até mesmo de ofício, caso vislumbre que seja prejudicial ao aderente. Não sendo feito isso de ofício, haverá a necessidade de se aguardar o decurso do prazo de resposta do demandado, eis que ele poderá arguir este tema em sede de contestação.

> **Validade do foro de eleição estrangeiro não ocorre quando o litígio envolver interesse público (CPC/73).** *"1. Em RESP não se reexaminam provas e nem interpretam cláusulas contratuais (Súmulas 5 e 7). 2. A eleição de foro estrangeiro é válida, exceto quando a lide envolver interesses públicos"* (STJ. RESP 242.383/SP, Rel. Min. Humberto Gomes de Barros, Terceira Turma, julgado em 03/02/2005, DJ 21/03/2005).

CAPÍTULO II
DA COOPERAÇÃO INTERNACIONAL

Seção I
Disposições Gerais

Art. 26

Art. 26. A cooperação jurídica internacional será regida por tratado de que o Brasil faz parte e observará:

I – o respeito às garantias do devido processo legal no Estado requerente;

II – a igualdade de tratamento entre nacionais e estrangeiros, residentes ou não no Brasil, em relação ao acesso à justiça e à tramitação dos processos, assegurando-se assistência judiciária aos necessitados;

III – a publicidade processual, exceto nas hipóteses de sigilo previstas na legislação brasileira ou na do Estado requerente;

IV – a existência de autoridade central para recepção e transmissão dos pedidos de cooperação;

V – a espontaneidade na transmissão de informações a autoridades estrangeiras.

§ 1º Na ausência de tratado, a cooperação jurídica internacional poderá realizar-se com base em reciprocidade, manifestada por via diplomática.

§ 2º Não se exigirá a reciprocidade referida no § 1º para homologação de sentença estrangeira.

§ 3º Na cooperação jurídica internacional não será admitida a prática de atos que contrariem ou que produzam resultados incompatíveis com as normas fundamentais que regem o Estado brasileiro.

§ 4º O Ministério da Justiça exercerá as funções de autoridade central na ausência de designação específica.

O dispositivo inaugura um novo capítulo no CPC, chamado de "cooperação internacional", já tratando de normas gerais. Esclarece que esta cooperação entre países deve observar tratado de que o Brasil faça parte, muito embora o seu parágrafo primeiro o dispense, desde que a cooperação seja realizada com base em reciprocidade manifestada por via diplomática. Aliás, o parágrafo segundo até mesmo elimina a necessidade de reciprocidade quando se tratar de homologação de sentença estrangeira, que é uma das manifestações da cooperação internacional.

Embora a cooperação internacional esteja regulamentada no CPC, isso não inibe que tais medidas sejam adotadas em outros processos, inclusive os de natureza penal, até porque diante do silêncio normativo o CPC tem perfeita aplicação subsidiária aos processos penais em curso (art. 3º, CPP). Além disso, também não se pode olvidar que também pode abranger a prática de atos administrativos, o que sugere que melhor seria que o legislador concebesse uma lei específica regulamentando todos os aspectos da cooperação jurídica internacional, em vez de simplesmente apresentar um tratamento tímido em uma lei que deveria regulamentar apenas normas processuais.

Esta cooperação entre países, que tanto pode resultar na prática de atos jurisdicionais como também daqueles de natureza administrativa, deverão respeitar as garantias do devido processo legal, a igualdade de tratamento entre nacionais e estrangeiros, a publicidade processual (exceto quando a lei brasileira ou estrangeira a restringir), a existência de autoridade central para recepção e transmissão dos pedidos de cooperação (que será o Ministério da Justiça na ausência de designação específica), assim como a espontaneidade na transmissão das informações a autoridades estrangeiras. De forma alguma poderá ser admitida cooperação jurídica internacional que implique na prática de atos que violem as normas fundamentais que regem o Estado brasileiro.

Art. 27

Art. 27. A cooperação jurídica internacional terá por objeto:

I – citação, intimação e notificação judicial e extrajudicial;

II – colheita de provas e obtenção de informações;

III – homologação e cumprimento de decisão;

IV – concessão de medida judicial de urgência;

V – assistência jurídica internacional;

VI – qualquer outra medida judicial ou extrajudicial não proibida pela lei brasileira.

O dispositivo enumera de maneira exemplificativa quais são as medidas que poderão ser objeto do requerimento de cooperação jurídica internacional. Os atos listados, que podem ser tanto de cunho extrajudicial (pleiteados pela via do auxílio direto) quanto judicial (requeridos por meio de carta rogatória), são: citação, intimação, notificação judicial e extrajudicial, colheita de provas ou obtenção de informações, homologação e cumprimento de decisão, concessão de medida judicial de urgência, assistência jurídica internacional ou mesmo qualquer outro ato judicial ou extrajudicial que não seja terminantemente proibido pela legislação brasileira.

Na prática, a cooperação internacional se efetiva por meio do "auxílio direto" (quando o pedido de cooperação não tiver por objeto uma decisão judicial estrangeira que esteja sujeita à delibação pela autoridade brasileira) ou pelas "cartas rogatórias" (quando o que se pretender for uma medida de cunho jurisdicional, sendo necessário o juízo de delibação). A cooperação jurídica internacional terá feição "passiva" quando se tratar de pedido apresentado pela autoridade estrangeira à autoridade brasileira e poderá ser "ativa", quando se tratar de intento oposto.

Cooperação jurídica internacional. Tribunal de Justiça autoriza incursão ao Paraguai em busca de bens de devedor de Santa Catarina. *"Agravo por instrumento. Execução fiscal. Cooperação jurídica internacional. Pedido de expedição de carta rogatória à autoridade judicial estrangeira (República do Paraguai) com base no protocolo de cooperação e assistência jurisdicional em matéria civil, comercial, trabalhista e administrativa, também conhecido como Protocolo de Las Leñas. Indeferimento pelo juízo* a quo. *Possibilidade, desde que esgotados todos os meios tendentes à localização de bens do devedor em território nacional. Excepcionalidade da medida justificada a partir dos elementos constantes dos autos. Iniciativa da autoridade judiciária competente do foro de origem e* exequatur *independentemente de citação. Interlocutório reformado. Recurso conhecido e provido. Partindo-se do pressuposto de que a execução é movida no interesse do credor, o deferimento de pedido de cooperação internacional – assim como, via de regra, de toda e qualquer espécie de requisição judicial para fins de averiguação de bens existentes em nome do executado –, depende do esgotamento de todas diligências ao alcance do exequente. "O Protocolo de Las Leñas ("Protocolo de Cooperação e Assistência Jurisdicional em Matéria Civil, Comercial, Trabalhista, Administrativa", entre os países do Mercosul) não afetou a exigência de que qualquer sentença estrangeira – à qual é de equiparar-se a decisão interlocutória concessiva de medida cautelar – para tornar-se exequível no Brasil, há de ser previamente submetida à homologação do Supremo*

> *Tribunal Federal [O precedente data de 09/05/1997, portanto, é anterior à EC 45/2004, que modificou a CF/88 para transferir a competência para homologação de sentença estrangeira e concessão de* exequatur *em carta rogatória do Supremo Tribunal Federal para o Superior Tribunal de Justiça], o que obsta à admissão de seu reconhecimento incidente, no foro brasileiro, pelo juízo a que se requeira a execução; inovou, entretanto, a convenção internacional referida, ao prescrever, no art. 19, que a homologação (dito reconhecimento) de sentenças provindas de Estados partes se faça mediante rogatória, o que importa admitir a iniciativa da autoridade judiciária competente do foro de origem, e que o* exequatur *se defira independentemente da citação do requerido, sem prejuízo da posterior manifestação do requerido, por meio de agravo à decisão concessiva ou de embargos ao seu cumprimento" – STF, AgRg em CR 7613-4, República Argentina, Rel. Minº. Sepúlveda Pertence, DJ 09/05/1997"* (TJ-SC. Agravo de Instrumento nº 0138779-67.2015.8.24.0000, de Campo Erê, Rel. Des. Carlos Adilson Silva, julgado em 11/07/2017).

Seção II
Do Auxílio Direto

Art. 28

> **Art. 28. Cabe auxílio direto quando a medida não decorrer diretamente de decisão de autoridade jurisdicional estrangeira a ser submetida a juízo de delibação no Brasil.**

Este artigo inicia a disciplina a respeito do instrumento de cooperação jurídica internacional, denominado "auxílio direto", que é próprio para a realização de ato ou medida de cunho administrativo e extrajudicial, ainda que apresentado perante membro do Poder Judiciário. Nesta via, a autoridade não busca executar ou efetivar uma decisão jurisdicional, limitando-se a pleitear a prática de determinado ato. Portanto, não é apresentado no auxílio direto qualquer tipo de decisão para que a autoridade do outro País possa verificar se ela pode ou não ser cumprida, em uma análise que é nominada como "juízo de delibação", expressão que é adotada no próprio *caput* do dispositivo. O seu intento, portanto, é a transmissão de um requerimento ou de uma pretensão, que pode ser aceito ou negado pela autoridade do outro País.

Art. 29

> **Art. 29. A solicitação de auxílio direto será encaminhada pelo órgão estrangeiro interessado à autoridade central, cabendo ao Estado requerente assegurar a autenticidade e a clareza do pedido.**

O artigo prevê que, quando se tratar de auxílio direto requerido por Estado estrangeiro, caberá a este encaminhar o pleito à autoridade central que, na ausência de indicação precisa, acaba sendo o Ministério da Justiça (art. 26), devendo assegurar que o pedido seja deduzido de forma clara, além de assegurar a sua autenticidade. Eventuais dúvidas sobre a autenticidade ou clareza do auxílio direto autorizam a autoridade central brasileira a rogar pelos devidos esclarecimentos, antes de deferir ou negar o pedido de auxílio direto.

Art. 30

> **Art. 30. Além dos casos previstos em tratados de que o Brasil faz parte, o auxílio direto terá os seguintes objetos:**
>
> **I – obtenção e prestação de informações sobre o ordenamento jurídico e sobre processos administrativos ou jurisdicionais findos ou em curso;**
>
> **II – colheita de provas, salvo se a medida for adotada em processo, em curso no estrangeiro, de competência exclusiva de autoridade judiciária brasileira;**
>
> **III – qualquer outra medida judicial ou extrajudicial não proibida pela lei brasileira.**

O presente dispositivo apresenta um rol exemplificativo das medidas que poderão ser objeto do pedido de auxílio direto.

O primeiro inciso permite que por esta via sejam obtidas informações sobre o ordenamento jurídico, bem como sobre processos jurisdicionais ou procedimentos administrativos que estejam em curso ou mesmo que já se encontrem findos.

Por seu turno, o segundo inciso autoriza que esta via sirva para a colheita de provas, com exceção de se for para instruir processo que esteja tramitando equivocadamente no exterior, caso a hipótese verse sobre jurisdição nacional exclusiva. A norma realmente tem sentido e gera economia de tempo, evitando atos que servirão a um processo estrangeiro que, posteriormente, sequer poderá ter a sua sentença homologada judicialmente pelo STJ, em razão da falta de observância ao ordenamento jurídico pátrio.

De resto, o último inciso também autoriza que o auxílio direto sirva para qualquer outra medida judicial ou extrajudicial que não seja proibida pela lei nacional.

> **Competência do STF para analisar cooperação jurídica internacional (auxílio direto) para oitiva de estrangeiro custodiado no Brasil em razão de decisão exarada em processo de extradição.** "*Compete ao STF apreciar o pedido de cooperação jurídica internacional na hipótese em que solicitada, via auxílio direto, a oitiva de estrangeiro custodiado no Brasil por força de decisão exarada em processo de extradição. Com base nesse entendimento, a Primeira Turma, por maioria, deu provimento a agravo regimental interposto em face de decisão monocrática que*

assentara a competência do STJ para julgamento de pedido de cooperação jurídica formulado pelo ministério público português por intermédio da Procuradoria-Geral da República. A solicitação em comento tem como objeto a oitiva de extraditando custodiado preventivamente em procedimento extradicional cujo requerente é a República da Irlanda. Ocorre que os supostos delitos cometidos pelo extraditando, e que sustentam o processo de extradição, teriam, segundo alegado pelo Ministério Público de Portugal, repercussão também nesse país. A Turma afirmou que não incidiria, na espécie, o conjunto de regras atinentes à carta rogatória, mas sim as regras que dispõem sobre o auxílio direto (CPC, artigos 28 a 34). Tal auxílio consistiria na obtenção de providências em jurisdição estrangeira, de acordo com a legislação do Estado requerido, por meio de autoridades centrais indicadas em tratado internacional. Prescindiria, ademais, do juízo de delibação a ser proferido pelo STJ. Tratando-se, no caso, de produção probatória e oitiva de testemunho – o que, na seara da assistência jurídica internacional, não demandaria o mecanismo da carta rogatória e do respectivo exequatur – incidiria a regra do art. 28 do CPC ("Cabe auxílio direto quando a medida não decorrer diretamente de decisão de autoridade jurisdicional estrangeira a ser submetida a juízo de delibação no Brasil"). Vencido o Ministro Marco Aurélio (relator), que desprovia o recurso" (STF. Pet 5.946/DF, Rel. orig. Min. Marco Aurélio, Red. p/ o acórdão Min. Edson Fachin, 16/08/2016).

Extradição e expulsão de estrangeiro pai de filho brasileiro. "*A Segunda Turma deferiu parcialmente pedido de extradição feito pela República de Portugal contra extraditando condenado pela prática de dois crimes de homicídio, na forma tentada, e um crime de porte ilegal de arma de fogo. A defesa afirmou que o extraditando tem dois filhos brasileiros com sua companheira também brasileira, que dele dependem para seu sustento. Assim, pediu o sobrestamento do caso para aguardar decisão do Supremo Tribunal Federal (STF) no RE 608.898 RG/DF, no qual se discute a possibilidade de expulsão de cidadão estrangeiro cujo filho nasceu posteriormente ao fato motivador do ato expulsório. Alegou que o julgamento poderia resultar na revisão do Enunciado da Súmula 421/STF. Primeiramente, o Colegiado reconheceu a prescrição do crime de porte ilegal de arma de fogo. Em seguida, determinou a extradição em relação aos crimes de homicídio, na forma tentada. A Corte entendeu que foram atendidos os requisitos da dupla tipicidade e da dupla punibilidade, além de estarem satisfeitas todas as condições legais e convencionais aplicáveis. Ademais, salientou que a questão discutida no RE 608.898 RG/DF diz respeito à expulsão de cidadão estrangeiro e não à extradição, institutos diferentes. Pontuou que a extradição é um instrumento de cooperação na repressão internacional a delitos comuns. Nessa seara, o fato de o extraditando ter filhos brasileiros menores, incapazes, dependentes de economia paterna não ostenta relevância jurídica*" (STF. Ext 1.497/DF, Rel. Min. Ricardo Lewandowski, julgado em 15/08/2017).

Art. 31

Art. 31. A autoridade central brasileira comunicar-se-á diretamente com suas congêneres e, se necessário, com outros órgãos estrangeiros responsáveis pela tramitação e pela execução de pedidos de cooperação enviados e recebidos pelo Estado brasileiro, respeitadas disposições específicas constantes de tratado.

O artigo em questão soa desnecessário no CPC, pois para se atingir o fim pretendido pelo auxílio direto, parece ser óbvio que haja uma comunicação entre os órgãos públicos nacionais e estrangeiros, inclusive em caráter interno, mas respeitando as disposições constantes em tratado, quando este existir. Afinal, a cooperação jurídica internacional também pode ser realizada independentemente de tratado, desde que haja reciprocidade entre os Estados soberanos (art. 26, § 1º).

Art. 32

> Art. 32. No caso de auxílio direto para a prática de atos que, segundo a lei brasileira, não necessitem de prestação jurisdicional, a autoridade central adotará as providências necessárias para seu cumprimento.

Quando se tratar de auxílio direto em que se pleiteia alguma atividade a ser praticada por membro do Poder Judiciário nacional, a autoridade central encaminhará este pleito diretamente ao referido órgão para realização. No entanto, se não for este o caso, então a própria autoridade central deverá perquirir e identificar o órgão público com atribuição para realizá-la, pois, provavelmente, não terá atribuição para realizar o atendimento daquilo que se pleiteia, devido à amplitude de medidas que podem ser solicitadas pela via do auxílio direto. Por este motivo, caberá à autoridade central fazer esta identificação para que depois o requerimento possa ser enviado e cumprido.

Art. 33

> Art. 33. Recebido o pedido de auxílio direto passivo, a autoridade central o encaminhará à Advocacia-Geral da União, que requererá em juízo a medida solicitada.
>
> Parágrafo único. O Ministério Público requererá em juízo a medida solicitada quando for autoridade central.

A cooperação jurídica internacional, como abordado anteriormente, terá feição "passiva" quando se tratar de pedido apresentado pela autoridade estrangeira à autoridade brasileira e poderá ser "ativa", quando se tratar de intento oposto.

No presente dispositivo, há regulamentação quanto ao pedido de auxílio direto passivo. Nele consta que se for identificado o Ministério Público como destinatário da medida a ser apresentada perante o Poder Judiciário, caberá então ao próprio realizar este encaminhamento. Embora omisso, trata-se do Ministério Público da União, precisamente do Ministério Público Federal, uma vez que tais providências devem ser apresentadas perante a Justiça Federal do lugar em que deve ser executada a medida (art. 34). Em caso de medida a ser examinada pelo Poder Judiciário que não tenha sido encaminhada ao Ministério Público Federal por ausência de atribuição desta instituição, esta remessa será então realizada para a Advocacia-Geral da União, que a requererá no juízo competente. O dispositivo não parece reservar nenhuma discricionariedade, tanto ao Ministério Público Federal quanto à Advocacia-Geral da União. De todo modo, não necessariamente os membros destas instituições ficam obrigados a requerer em juízo a medida solicitada. Parece coerente permitir que, havendo motivo relevante para não fazê-lo, o exponham à autoridade central e aguardem a deliberação respectiva, se realmente o auxílio direto poderá ser cumprido no Brasil ou não.

Art. 34

Art. 34. Compete ao juízo federal do lugar em que deva ser executada a medida apreciar pedido de auxílio direto passivo que demande prestação de atividade jurisdicional.

É prevista a competência de juízo integrante da Justiça Federal para o processamento do auxílio direto. O órgão competente deve estar localizado na base territorial em que deva ser executada a medida e poderá decidir ser irá deferi-lo ou não. Não se trata de norma inconstitucional, por supostamente ampliar a competência da Justiça Federal de primeira instância, já que tal medida não se encontra prevista na Constituição (art. 109, CF). Com efeito, a Carta Magna é expressa em prever que a Justiça Federal de primeiro grau é a competente para o cumprimento das cartas rogatórias e, também, para a execução da sentença estrangeira após ela haver sido regulamente homologada perante o STJ. A referida norma (art. 109, X, CF), somente foi silente quanto ao auxílio direto porque nos idos de 1988 esta medida era ainda um tanto quanto incomum no Brasil. De qualquer maneira, não faria sentido reconhecer a competência da Justiça Federal de primeira instância para duas modalidades de cooperação jurídica internacional (cumprimento da carta rogatória e execução de sentença estrangeira após a homologação) e deixar o auxílio direto como de competência da Justiça Estadual, que titulariza competência residual. Ademais, a participação da Advocacia-Geral da União ou mesmo do Ministério Público Federal pode ser interpretada como flagrante interesse de presença da União na causa, o que tornaria a Justiça Federal de qualquer maneira, competente, muito embora agora por outro fundamento (art. 109, I, CF).

Seção III
Da Carta Rogatória

Art. 35

~~Art. 35. Dar-se-á por meio de carta rogatória o pedido de cooperação entre órgão jurisdicional brasileiro e órgão jurisdicional estrangeiro para prática de ato de citação, intimação, notificação judicial, colheita de provas, obtenção de informações e cumprimento de decisão interlocutória, sempre que o ato estrangeiro constituir decisão a ser executada no Brasil.~~

Razões do veto presidencial ao art. 35:

"*Consultados o Ministério Público Federal e o Superior Tribunal de Justiça, entendeu-se que o dispositivo impõe que determinados atos sejam praticados exclusivamente por meio de carta rogatória, o que afetaria a celeridade e efetividade da cooperação jurídica internacional que, nesses casos, poderia ser processada pela via do auxílio direto*".

Comentários ao veto presidencial

O dispositivo previa a carta rogatória como instrumento de cooperação jurídica internacional entre Países. Ocorre que o aludido artigo criava um rol das medidas que poderiam ser objeto de pedido por meio dela, mencionando os atos de citação, intimação, notificação judicial, colheita de provas, obtenção de informações e cumprimento de algumas decisões interlocutórias estrangeiras. A justificativa do veto foi a de que tais medidas não deveriam ser cumpridas apenas por esta modalidade de cooperação judiciária internacional, pois, em alguns casos, haveria uma facilidade maior em sua realização por meio do auxílio direto. Por um lado, até se pode concordar com este argumento, pois é muito tênue a diferença entre estas duas espécies de cooperação e, realmente, o artigo vetado estaria criando uma limitação desnecessária. Mas, de qualquer maneira, ainda assim o dispositivo tinha conteúdo em parte contrário ao entendimento dos Tribunais Superiores, por autorizar que as decisões interlocutórias de cunho constritivo sejam cumpridas pela carta rogatória. É que, em tais casos, em vez de se efetivar esta decisão em solo nacional por esta via, deveria ser proposta ação de homologação de decisão estrangeira perante o STJ para, somente após esta ocorrer, efetivar este ato decisório no Brasil. Mas, de qualquer modo, o dispositivo foi vetado adequadamente, muito embora também pudesse ser acrescentado mais este fundamento.

Art. 36

Art. 36. O procedimento da carta rogatória perante o Superior Tribunal de Justiça é de jurisdição contenciosa e deve assegurar às partes as garantias do devido processo legal.

§ 1º A defesa restringir-se-á à discussão quanto ao atendimento dos requisitos para que o pronunciamento judicial estrangeiro produza efeitos no Brasil.

§ 2º Em qualquer hipótese, é vedada a revisão do mérito do pronunciamento judicial estrangeiro pela autoridade judiciária brasileira.

O procedimento de deferimento da medida solicitada por carga rogatória (*exequatur*) é considerado como sendo de jurisdição contenciosa, devendo ser asseguradas às partes as garantias inerentes ao devido processo legal. A competência para a concessão do *exequatur* perante o STJ pertence ao próprio Presidente dessa Corte. Durante esse processamento, a defesa deve se restringir apenas à discussão quanto ao atendimento dos requisitos para que a decisão judicial estrangeira possa produzir efeitos no Brasil, sendo vedado ao órgão jurisdicional nacional rever o conteúdo desta decisão. Em outras palavras, compete tão somente ao STJ deferir ou não a medida pretendida na decisão judicial alienígena, sendo-lhe vedado modificá-la. Após esta decisão, até será possível interpor recurso de "agravo interno" (art. 39 da Lei nº 8.038/90). E, se esta nova decisão ofender a CF, também é permitida a interposição de um REXTR que será processado e julgado perante o STF.

Não havendo recursos da decisão que corporifica o *exequatur*, o cumprimento da carta rogatória será, então, realizado pelo juízo federal de primeira instância, muito embora eventual descontentamento de qualquer das partes possa ser ventilado por meio do uso dos embargos, que deverá ser apreciado também pelo Presidente do STJ, cuja decisão pode desafiar novo recurso de agravo à Corte Especial. Com o cumprimento integral da medida, caberá ao magistrado federal determinar a devolução da carta rogatória em dez dias ao Presidente do STJ, para que seja então providenciado seu envio à autoridade central. Observa-se, por fim, que muitas vezes as cartas rogatórias vêm sendo dispensadas, quando há tratado firmado entre países soberanos envolvendo cooperação judiciária internacional. O Protocolo de Las Lenãs, por exemplo, foi firmado entre países membros do Mercosul, admitindo até mesmo a dispensa de cartas rogatórias em certas situações, o que prestigia uma maior desburocratização para cumprimento de determinadas medidas.

> **Tratado Estrangeiro firmado pode dispensar que a decisão estrangeira deva ser previamente homologada no STF para ser executada (CPC/73).**
> "*Sentença estrangeira: Protocolo de Las Leñas: homologação mediante carta*

> *rogatória. O Protocolo de Las Leñas ('Protocolo de Cooperação e Assistência Jurisdicional em Matéria Civil, Comercial, Trabalhista, Administrativa' entre os países do Mercosul) não afetou a exigência de que qualquer sentença estrangeira – à qual é de equiparar-se a decisão interlocutória concessiva de medida cautelar – para tornar-se exequível no Brasil, há de ser previamente submetida à homologação do Supremo Tribunal Federal, o que obsta à admissão de seu reconhecimento incidente, no foro brasileiro, pelo juízo a que se requeira a execução; inovou, entretanto, a convenção internacional referida, ao prescrever, no art. 19, que a homologação (dito reconhecimento) de sentença provinda dos Estados partes se faça mediante rogatória, o que importa admitir a iniciativa da autoridade judiciária competente do foro de origem e que o* exequatur *se defira independentemente da citação do requerido, sem prejuízo da posterior manifestação do requerido, por meio de agravo à decisão concessiva ou de embargos ao seu cumprimento*" (STF. Carta Rogatória. Agravo regimental nº 7.613. Rel. Min. Sepúlveda Pertence. DJ 03/04/97).

Seção IV
Disposições Comuns às Seções Anteriores

Art. 37

Art. 37. O pedido de cooperação jurídica internacional oriundo de autoridade brasileira competente será encaminhado à autoridade central para posterior envio ao Estado requerido para lhe dar andamento.

O dispositivo esclarece que nas hipóteses de pedido de cooperação judiciária internacional "ativa", ou seja, aquele em que a autoridade brasileira postula alguma medida ao Estado estrangeiro, este pleito deve ser encaminhado à autoridade central para que posteriormente seja realizado o envio ao País estrangeiro a quem competir o andamento.

Art. 38

Art. 38. O pedido de cooperação oriundo de autoridade brasileira competente e os documentos anexos que o instruem serão encaminhados à autoridade central, acompanhados de tradução para a língua oficial do Estado requerido.

O artigo complementa o anterior, esclarecendo que o pedido de cooperação judiciária internacional ativa já deve vir devidamente instruído com os documentos necessários para análise do órgão próprio, bem como da tradução para a língua oficial do Estado requerido, o que deixa denotar que esta não será uma tarefa que deve ser engendrada pela autoridade central brasileira e sim por aquele que solicita a medida. Ressalva-se que muitos países já aceitam a tramitação de pedidos de cooperação jurídica internacional em língua inglesa, inclusive porque nem sempre haverá disponibilidade de tradutores de línguas mais incomuns no território nacional.

Art. 39

> Art. 39. O pedido passivo de cooperação jurídica internacional será recusado se configurar manifesta ofensa à ordem pública.

O dispositivo em comento reitera que o pedido de cooperação jurídica internacional na modalidade passiva, tanto por meio do auxílio direto quanto da carta rogatória, será recusado quando houver manifesta ofensa à ordem pública. É, de certa maneira, o que já consta em artigo anteriormente analisado (art. 26, § 3º), embora com redação levemente diferenciada.

Art. 40

> Art. 40. A cooperação jurídica internacional para execução de decisão estrangeira dar-se-á por meio de carta rogatória ou de ação de homologação de sentença estrangeira, de acordo com o art. 960.

Estabelece que a cooperação jurídica internacional pode abranger a execução de decisão estrangeira tanto por meio do uso de "carta rogatória" quanto pelo emprego do processo de competência originária do STJ denominado "homologação de sentença estrangeira". Obviamente, o uso da primeira ocorrerá quando se tratar de decisão interlocutória proferida pela autoridade judicial estrangeira que não dê ensejo à necessidade de instaurar execução para cumprimento do seu teor, ou seja, quando esta decisão for incapaz de gerar caráter constritivo.

Deve se destacar desde logo que, antes do CPC, não vinha sendo admitida homologação de decisão interlocutória estrangeira de caráter coercitivo. Desta maneira, em casos em que a medida pleiteada em carta rogatória tivesse natureza executiva (v.g., realização de ato processual equivalente a uma penhora), o *exequatur* seria negado, pois, o que deveria ser feito era homologar a sentença estrangeira oriunda deste mesmo processo para, somente após, promover a execução e a realização deste ato constritivo em território nacional. Contudo, em momento próprio será analisado que o CPC realmente inovou bastante neste ponto, pois passa a admitir expressamente que uma decisão interlocutória estrangeira também seja objeto de processo de "homologação de decisão estrangeira" (que é a sua nova nomenclatura), para posterior efetivação no Brasil (art. 960, *caput* e § 1º).

> **Impossibilidade do emprego de carta rogatória para efetivação da penhora se o País requerente não firmou tratado internacional com o Brasil. Necessidade de se homologar a decisão estrangeira no STJ para ulterior execução (CPC/73).** *"A regra direciona à necessidade de homologação da sentença estrangeira, para que surta efeitos no Brasil. A exceção corre à conta de rogatória originária de país com o qual haja instrumento de cooperação, o que não ocorre relativamente à Bolívia, ante o fato de não estar integrada ao Mercosul e de ainda não haver sido aprovado, pelo Congresso Nacional, o Acordo de Cooperação e Assistência Jurisdicional em Matéria Civil, Comercial, Trabalhista e Administrativa entre os Estados Partes do Mercosul e as Repúblicas da Bolívia e do Chile, nos termos do art. 49, inciso I, da Carta da República"* (STF. Carta rogatória nº 10.479-BO. Rel. Min. Marco Aurélio. DJ 23/05/2003).

Art. 41

Art. 41. Considera-se autêntico o documento que instruir pedido de cooperação jurídica internacional, inclusive tradução para a língua portuguesa, quando encaminhado ao Estado brasileiro por meio de autoridade central ou por via diplomática, dispensando-se ajuramentação, autenticação ou qualquer procedimento de legalização.

Parágrafo único. O disposto no *caput* não impede, quando necessária, a aplicação pelo Estado brasileiro do princípio da reciprocidade de tratamento.

O artigo dispõe que quando se tratar de pedido de cooperação jurídica internacional, enviado ao Brasil por meio de autoridade central estrangeira ou pela via diplomática, os documentos que o acompanham devem ser reputados autênticos, de modo a dispensar ajuramentação, autenticação ou qualquer outro procedimento de legalização, principalmente se houver reciprocidade no relacionamento entre os dois países envolvidos. Trata-se de medida elogiável, que busca desburocratizar o processamento dos pedidos de cooperação jurídica internacional, já estando amparada pela jurisprudência, tanto no que diz respeito ao envio pelas vias diplomáticas quanto pela própria autoridade central.

TÍTULO III
DA COMPETÊNCIA INTERNA

CAPÍTULO I
DA COMPETÊNCIA

Seção I
Disposições Gerais

Art. 42

> Art. 42. As causas cíveis serão processadas e decididas pelo juiz nos limites de sua competência, ressalvado às partes o direito de instituir juízo arbitral, na forma da lei.

O dispositivo pontua que os processos são decididos pelos magistrados togados lotados em juízos que tenham competência para tanto, ressalvada a possibilidade de os interessados tentarem se valer da arbitragem (Lei nº 9.307/96).

Vale destacar que o termo "competência" deriva do latim *competentia*, de *competere* (estar, no gozo ou no uso de, ser capaz, pertencer ou ser próprio) e tende a ser considerado de uma forma geral pela doutrina como sendo o "limite da jurisdição", por fixar especificamente a atuação de cada órgão jurisdicional diante de uma situação concreta. Por sinal, não é incorreto afirmar que nem todo órgão jurisdicional detém competência, muito embora todo órgão competente preste a jurisdição.

Art. 43

> Art. 43. Determina-se a competência no momento do registro ou da distribuição da petição inicial, sendo irrelevantes as modificações do estado de fato ou de direito ocorridas posteriormente, salvo quando suprimirem órgão judiciário ou alterarem a competência absoluta.

Esta norma cuida do princípio da *perpetuatio jurisdictionis*, segundo o qual a competência do juízo é estabelecida no momento da distribuição ou do registro da petição inicial e, a princípio, não deve ser alterada posteriormente. O próprio dispositivo enumera algumas exceções, como a supressão do órgão jurisdicional. Outras são amplamente admitidas, como a intervenção tardia da União na condição de terceiro em processo que tramita na Justiça Estadual. O momento da distribuição ou do registro também será considerado como relevante para fixação do juízo prevento para solucionar casos em que a reunião do processo for necessária, como na conexão ou na continência (art. 59).

Art. 44

> Art. 44. Obedecidos os limites estabelecidos pela Constituição Federal, a competência é determinada pelas normas previstas neste Código ou em legislação especial, pelas normas de organização judiciária e, ainda, no que couber, pelas Constituições dos Estados.

O dispositivo determina que, respeitadas as normas constitucionais, a competência será determinada pelo CPC ou por legislação especial, bem como pelas normas de organização judiciária e, ainda, no que couber, também pelas Constituições estaduais.

Art. 45

> Art. 45. Tramitando o processo perante outro juízo, os autos serão remetidos ao juízo federal competente se nele intervier a União, suas empresas públicas, entidades autárquicas e fundações, ou conselho de fiscalização de atividade profissional, na qualidade de parte ou de terceiro interveniente, exceto as ações:
>
> I – de recuperação judicial, falência, insolvência civil e acidente de trabalho;
>
> II – sujeitas à Justiça Eleitoral e à Justiça do Trabalho.
>
> § 1º Os autos não serão remetidos se houver pedido cuja apreciação seja de competência do juízo perante o qual foi proposta a ação.
>
> § 2º Na hipótese do § 1º, o juiz, ao não admitir a cumulação de pedidos em razão da incompetência para apreciar qualquer deles, não examinará o mérito daquele em que exista interesse da União, de suas entidades autárquicas ou de suas empresas públicas.
>
> § 3º O juízo federal restituirá os autos ao juízo estadual sem suscitar conflito se o ente federal cuja presença ensejou a remessa for excluído do processo.

O dispositivo inicia repetindo, em parte, o disposto na Carta Magna (art. 109, I, CF), ao prever que a Justiça Federal é a competente para as causas em que intervierem a União, suas empresas públicas, entidades autárquicas, fundações ou conselho de fiscalização de atividade profissional, na qualidade de partes principais ou terceiros, com exceção daquelas sujeitas à Justiça Eleitoral e à Justiça do Trabalho, bem como as de recuperação judicial, falência, insolvência e acidente de trabalho. Percebe-se uma ligeira adaptação ao texto constitucional quando o mesmo se refere a demandas envolvendo recuperação judicial e insolvência civil, muito embora não se trate de norma inconstitucional por ampliar a competência da Justiça Federal para além do que já prevê a Constituição. Em realidade, a recuperação judicial e a insolvência civil, assim como as causas de falência mencionadas no texto constitucional, criam um juízo universal em que irão concorrer diversos credores. Logo, para que haja uma coerência entre institutos tão idênticos, a melhor exegese é entender que tais matérias também estão excluídas da competência da Justiça Federal.

No primeiro parágrafo deste dispositivo, consta que os autos não devem ser remetidos ao juízo federal mesmo diante da atuação de um dos entes acima nominados quando um dos pedidos for realmente de competência do juízo em que a demanda tiver sido distribuída.

O segundo parágrafo deixa claro que o juízo em questão não poderá julgar o pedido em que há interesse da União, entidade autárquica ou de suas empresas públicas, razão pela qual deverá ser determinado o desentranhamento de algumas peças para remessa ao juízo de competência federal. Assim, permanecerá o juízo estadual para julgar o pedido que possui competência e o órgão da Justiça Federal irá analisar o outro pedido, de forma a manter a higidez do texto constitucional. Trata-se de solução que não está prevista em lei, mas em conformidade com a jurisprudência atual.

Por fim, o terceiro parágrafo permite ao magistrado federal vislumbrar que não há motivo apto a justificar a intervenção da União, entidade autárquica ou suas empresas públicas nos autos, razão pela qual irá indeferir o seu ingresso e devolver os autos ao juízo estadual, sem suscitar conflito de competência.

> Verbete nº 66 da Súmula do STJ: "*Compete à Justiça Federal processar e julgar execução fiscal promovida por Conselho de fiscalização profissional*".
>
> Verbete nº 224 da Súmula do STJ: "*Excluído do feito o ente federal, cuja presença levara o juiz estadual a declinar da competência, deve o juiz federal restituir os autos e não suscitar conflito*".
>
> Verbete nº 254 da Súmula do STJ: "*A decisão do juízo federal que exclui da relação processual ente federal não pode ser reexaminada no juízo estadual*".
>
> Verbete nº 553 da Súmula do STJ: "*Nos casos de empréstimo compulsório sobre o consumo de energia elétrica, é competente a Justiça estadual para o julgamento de demanda proposta exclusivamente contra a Eletrobrás. Requerida a intervenção da União no feito após a prolação de sentença pelo juízo estadual, os autos devem ser remetidos ao Tribunal Regional Federal competente para o julgamento da apelação se deferida a intervenção*".
>
> Verbete nº 570 da Súmula do STJ: "*Compete à Justiça Federal o processo e julgamento de demanda em que se discute a ausência de ou o obstáculo ao credenciamento de instituição particular de ensino superior no Ministério da Educação como condição de expedição de diploma de ensino a distância aos estudantes*".

Competência do TRF-1 para processar mandado de segurança em que a autoridade coatora é o PGJ do Distrito Federal, pela prática de ato próprio de autoridade federal. "É do TRF da 1ª Região – e não do TJDFT – a competência para processar e julgar mandado de segurança impetrado contra ato do Procurador-Geral de Justiça do Distrito Federal que determinou a retenção de Imposto de Renda (IR) e de contribuição ao Plano de Seguridade Social (PSS) sobre valores decorrentes da conversão em pecúnia de licenças-prêmio. À luz do art. 128 da CF e do art. 24 da LC nº 75/1993, não há dúvidas de que a autoridade indicada como autoridade coatora é federal, visto que membro do MPDFT, o qual, por sua vez, integra o MPU. Deve-se anotar, ainda, que o ato de retenção de tributos federais praticado pelo Procurador-Geral de Justiça decorre de imposição legal e é realizado por delegação do chefe do Ministério Público, Procurador-Geral da República, o que revela a necessidade de ci*entificação da União e de sua participação na lide. Com efeito, o art. 109, VIII, da CF estabelece a competência dos juízes federais para processar e julgar os mandados de segurança contra ato de autoridade federal, excetuando os casos de competência dos tribunais federais. Embora não haja norma constitucional expressa que atribua a competência do TRF da 1ª Região para processar e julgar mandado de segurança contra ato do Procurador-Geral de Justiça do Distrito Federal nem contra ato de qualquer outro membro do MPU, pelo princípio da simetria constitucional, deve-se reconhecer tal competência na hipótese em análise. De fato, o art. 102, I, d, da CF, ao tratar da competência para julgamento dos mandados de segurança impetrados contra atos do Procurador-Geral da República, revela que o Poder Constituinte Originário a atribuiu ao STF. Esse dispositivo estabelece norma de organização judiciária de caráter federativo, razão pela qual, via de regra, as Constituições dos Estados, por força do art. 125*, caput, *da CF, também preveem a competência dos tribunais de justiça para o processamento e julgamento dos mandados de segurança impetrados contra atos dos procuradores-gerais de justiça. Todavia, a situação do DF é peculiar, porquanto, conforme diretriz do art. 20, XIII, da CF, sua organização judiciária é da competência da União, razão pela qual vem disciplinada por lei federal, e não pela Constituição do Distrito Federal. Não obstante, a norma constitucional acima citada foi devidamente observada na Lei federal nº 11.697/2008, que dispõe sobre a organização judiciária do Distrito Federal e dos Territórios, visto que assegurada a competência do Tribunal de Justiça do Distrito Federal para processar e julgar, originariamente, os mandados de segurança impetrados contra ato do Procurador-Geral de Justiça do Distrito Federal. Nesse contexto, na falta de norma constitucional expressa e à luz do princípio da simetria, deve-se reconhecer que os mandados de segurança impetrados contra atos do Procurador-Geral de Justiça do Distrito Federal, quando em atividade submetida à jurisdição administrativa de natureza federal, são da competência do TRF da 1ª Região. A propósito, deixa-se registrado que a competência do TJDFT, órgão federal de jurisdição local, para processar e julgar os mandados de segurança contra atos do Procurador-Geral de Justiça do MPDFT é restrita aos atos praticados sob jurisdição administrativa local, situação sui generis oportunizada pela própria estrutura político-administrativa do DF*" (STJ. RESP 1.303.154-DF, Rel. Min. Gurgel de Faria, julgado em 16/06/2016, DJe 08/08/2016 – Informativo nº 587).

> Competência da Justiça Federal de primeira instância para demandas por danos morais decorrentes da contaminação do vírus HIV e da hepatite em que a União é legitimada passiva. "*Administrativo. Processo civil. Civil. Contaminação do vírus HIV e da hepatite "C". Indenização por danos morais. Legitimidade do Hemope e da Baxter. Legitimidade da União. Competência da Justiça Federal*" (TRF-5. Apelação Cível nº 548.207-PE (Processo nº 2006.83.00.007924-0) Rel. Des. Fed. Ivan Lira de Carvalho (Convocado), julgado em 31/01/2017, por unanimidade).

Art. 46

Art. 46. A ação fundada em direito pessoal ou em direito real sobre bens móveis será proposta, em regra, no foro de domicílio do réu.

§ 1º Tendo mais de um domicílio, o réu será demandado no foro de qualquer deles.

§ 2º Sendo incerto ou desconhecido o domicílio do réu, ele poderá ser demandado onde for encontrado ou no foro de domicílio do autor.

§ 3º Quando o réu não tiver domicílio ou residência no Brasil, a ação será proposta no foro de domicílio do autor, e, se este também residir fora do Brasil, a ação será proposta em qualquer foro.

§ 4º Havendo 2 (dois) ou mais réus com diferentes domicílios, serão demandados no foro de qualquer deles, à escolha do autor.

§ 5º A execução fiscal será proposta no foro de domicílio do réu, no de sua residência ou no do lugar onde for encontrado.

O dispositivo, em essência, disciplina a competência para as demandas fundadas em direito pessoal sobre móveis. O artigo também pontua que, na execução fiscal, será competente o foro do domicílio do executado, o da sua residência ou mesmo onde ele puder ser localizado. Traz, portanto, regra complementar à legislação específica que norteia a execução fiscal (Lei nº 6.830/80), muito embora ela já constasse no modelo primitivo (CPC/73), porém em outro dispositivo (art. 578, CPC/73).

> **Competência. Pedido de declaração de autoria de obra intelectual cumulado com pedido de indenização por seu uso indevido. Aplicação da regra de competência prevista no art. 94 do CPC/73 (art. 46 do CPC/2015).**
> "*O pedido cumulado de indenização, quando mediato e dependente do reconhecimento do pedido antecedente de declaração da autoria da obra, não afasta a regra geral de competência do foro do domicílio do réu*" (STJ. RESP 1.138.522-SP, Rel.ª Min.ª Maria Isabel Gallotti, por unanimidade, julgado em 08/02/2017, DJe 13/03/2017).

Art. 47

> Art. 47. Para as ações fundadas em direito real sobre imóveis é competente o foro de situação da coisa.
>
> § 1º O autor pode optar pelo foro de domicílio do réu ou pelo foro de eleição se o litígio não recair sobre direito de propriedade, vizinhança, servidão, divisão e demarcação de terras e de nunciação de obra nova.
>
> § 2º A ação possessória imobiliária será proposta no foro de situação da coisa, cujo juízo tem competência absoluta.

O dispositivo trata da competência para as demandas fundadas em direito real sobre imóvel. Inova, contudo, ao prever que a ação possessória imobiliária deve ser proposta no foro da situação da coisa, em razão da competência absoluta do juízo.

Art. 48

> Art. 48. O foro de domicílio do autor da herança, no Brasil, é o competente para o inventário, a partilha, a arrecadação, o cumprimento de disposições de última vontade, a impugnação ou anulação de partilha extrajudicial e para todas as ações em que o espólio for réu, ainda que o óbito tenha ocorrido no estrangeiro.
>
> Parágrafo único. Se o autor da herança não possuía domicílio certo, é competente:
>
> I – o foro de situação dos bens imóveis;
>
> II – havendo bens imóveis em foros diferentes, qualquer destes;
>
> III – não havendo bens imóveis, o foro do local de qualquer dos bens do espólio.

O dispositivo, em essência, disciplina a competência para as demandas envolvendo inventário e temas correlatos. Há novidades no que diz respeito a demandas com objetivo de impugnar ou anular partilha extrajudicial, o que se deve em razão da possibilidade de agora ser realizada a partilha perante Cartório, nos termos da legislação especial (Lei nº 11.441/2007). De resto, há outra modificação engendrada no parágrafo único, ao prever que se o autor da herança não possuir domicílio certo, o foro competente não mais será o do seu óbito, e sim onde estiverem localizados os bens imóveis ou, na falta destes, de quaisquer outros bens do espólio.

Art. 49

> Art. 49. A ação em que o ausente for réu será proposta no foro de seu último domicílio, também competente para a arrecadação, o inventário, a partilha e o cumprimento de disposições testamentárias.

O dispositivo é autoexplicativo e cuida da competência nas demandas em que o ausente for réu.

Art. 50

> Art. 50. A ação em que o incapaz for réu será proposta no foro de domicílio de seu representante ou assistente.

O artigo em comento prevê a possibilidade de a demanda ser instaurada em face de incapaz no foro do seu domicílio ou no do seu representante e assistente. A novidade é, justamente, a inclusão do assistente, de modo a tornar o texto atualizado e compatível com as disposições do Código Civil (art. 76, parágrafo único, CC). Assim, os absolutamente incapazes devem ser representados em juízo enquanto os relativamente capazes devem ser assistidos.

Art. 51

> Art. 51. É competente o foro de domicílio do réu para as causas em que seja autora a União.
>
> Parágrafo único. Se a União for a demandada, a ação poderá ser proposta no foro de domicílio do autor, no de ocorrência do ato ou fato que originou a demanda, no de situação da coisa ou no Distrito Federal.

O artigo repete normas constantes na Carta Magna (art. 109, §§ 1º e 2º, CF), cuidando da "competência concorrente", quando se tratar de demandas em que a União esteja no polo passivo. Neste caso de competência concorrente, embora seja possível constatar a existência de opção por uma das partes, ela fica limitada entre as possibilidades disponibilizadas pelo próprio ato normativo, de modo que qualquer escolha que não seja uma destas acarretará a incompetência absoluta, que tanto poderá ser pronunciada de ofício pelo magistrado quanto alegada em preliminar de contestação pelo demandado.

É importante destacar que a jurisprudência do STF apresenta uma interpretação ampliativa de tais normas, de modo a considerá-las aplicáveis também quando se tratar de demandas promovidas em face de autarquias federais.

> **Verbete nº 689 da Súmula do STF:** "*O segurado pode ajuizar ação contra a instituição previdenciária perante o juízo federal do seu domicílio ou nas varas federais da Capital do Estado-membro*".

> **Possibilidade de a regra do art. 109, § 2º, CF (que inspirou o art. 51, parágrafo único, CPC), também ser adotada quando o demandado for autarquia federal (CPC/73).** "*REPERCUSSÃO GERAL. Art. 109, § 2º, da CF e autarquias federais – 1. A regra prevista no § 2º do art. 109 da CF (§ 2º As causas intentadas contra a União poderão ser aforadas na seção judiciária em que for domiciliado o autor, naquela onde houver ocorrido o ato ou fato que deu origem à demanda ou onde esteja situada a coisa, ou, ainda, no Distrito Federal) também se aplica às ações movidas em face de autarquias federais. Essa a conclusão do Plenário que, por maioria, negou provimento a REXTR em que se discutia o critério de definição do foro competente para processar e julgar ação ajuizada em face do Conselho Administrativo de Defesa Econômica – Cade. A Corte registrou que o aludido dispositivo constitucional teria por escopo facilitar a propositura de ação pelo jurisdicionado em contraposição ao ente público. Lembrou que o STF já teria enfrentado a questão da aplicabilidade do art. 109, § 2º, da CF, à autarquia em debate, e que ficara consignada, na ocasião, a finalidade do preceito constitucional, que seria a defesa do réu. Ademais, assentara que o critério de competência constitucionalmente fixado para as ações nas quais a União fosse autora deveria estender-se às autarquias federais, entes menores, que não poderiam ter privilégio maior que a União. O Colegiado asseverou que o preceito constitucional em exame não teria sido concebido para favorecer a União, mas para beneficiar o outro polo da demanda, que teria, dessa forma, mais facilidade para obter a pretendida prestação jurisdicional. Frisou que, com o advento da CF/88, não teria sido estruturada a defesa judicial e extrajudicial das autarquias federais, que possuiriam, à época, representação própria, nos termos do art. 29 do ADCT. Entretanto, com a edição da Lei nº 10.480/2002, a Procuradoria-Geral Federal passara a ser responsável pela representação judicial e extrajudicial das autarquias e fundações públicas federais. Ponderou que fixar entendimento no sentido de o art. 109, § 2º, não ser aplicável a essas hipóteses significaria minar a intenção do constituinte de simplificar o acesso à Justiça. Ressaltou que não se trataria de eventual conflito da legislação processual civil com a Constituição, uma vez que aquela não incidiria no caso. Acresceu que as autarquias federais possuiriam, de maneira geral, os mesmos privilégios e vantagens processuais concedidos à União, dentre os quais o pagamento das custas judiciais somente ao final da demanda, quando vencidas (CPC, art. 27); prazos em quádruplo para contestar e em dobro para recorrer (CPC, art. 188); duplo grau de jurisdição, salvo as exceções legais (CPC, art. 475); execução fiscal de seus créditos (CPC, art. 578); satisfação de julgados pelo regime de precatórios (CF, art. 100 e CPC, art. 730); e foro privilegiado perante a Justiça Federal (CF, art. 109, I). Assinalou que a fixação do foro competente com base no art. 100, IV, a, do CPC, nas ações propostas contra autarquias federais resultaria na concessão de vantagem processual não estabelecida para a União, a qual possuiria foro privilegiado limitado pelo art. 109, § 2º, da CF*" (RE 627.709/DF, Rel. Min. Ricardo Lewandowski, 20/08/2014).

Art. 52

Art. 52. É competente o foro de domicílio do réu para as causas em que seja autor Estado ou o Distrito Federal.

Parágrafo único. Se Estado ou o Distrito Federal for o demandado, a ação poderá ser proposta no foro de domicílio do autor, no de ocorrência do ato ou fato que originou a demanda, no de situação da coisa ou na capital do respectivo ente federado.

O dispositivo em comento repete o tratamento do anterior, adaptando-o às demandas em que forem rés o Estado e o Distrito Federal, de modo que o demandante pode escolher se pretende demandá-los em seu domicilio, no da ocorrência do fato ou do ato, no da situação da coisa ou na Capital do respectivo ente federado. Trata-se de norma claramente inspirada no texto constitucional (art. 109, §§ 1º e 2º, CF).

Art. 53

Art. 53. É competente o foro:

I – para a ação de divórcio, separação, anulação de casamento e reconhecimento ou dissolução de união estável:

a) de domicílio do guardião de filho incapaz;

b) do último domicílio do casal, caso não haja filho incapaz;

c) de domicílio do réu, se nenhuma das partes residir no antigo domicílio do casal;

II – de domicílio ou residência do alimentando, para a ação em que se pedem alimentos;

III – do lugar:

a) onde está a sede, para a ação em que for ré pessoa jurídica;

b) onde se acha agência ou sucursal, quanto às obrigações que a pessoa jurídica contraiu;

c) onde exerce suas atividades, para a ação em que for ré sociedade ou associação sem personalidade jurídica;

d) onde a obrigação deve ser satisfeita, para a ação em que se lhe exigir o cumprimento;

e) de residência do idoso, para a causa que verse sobre direito previsto no respectivo estatuto;

> f) da sede da serventia notarial ou de registro, para a ação de reparação de dano por ato praticado em razão do ofício;
>
> IV – do lugar do ato ou fato para a ação:
>
> a) de reparação de dano;
>
> b) em que for réu administrador ou gestor de negócios alheios;
>
> V – de domicílio do autor ou do local do fato, para a ação de reparação de dano sofrido em razão de delito ou acidente de veículos, inclusive aeronaves.

O artigo define a competência de foro em diversos casos absolutamente distintos entre si. É excluído como competente o foro da residência da mulher, para a ação de separação dos cônjuges e a conversão desta em divórcio, bem como para a anulação de casamento. Em substituição, o foro competente para tais demandas passa a ser o do domicílio do guardião de filho incapaz e, na falta deste, do último domicílio do casal ou, ainda, no foro do domicílio do demandado. De novidade, há também a previsão de competência do lugar da residência do idoso quando se tratar de direito previsto em seu estatuto ou na sede de serventia notarial ou registro, quando o pedido for para reparação de dano praticado por ato ilícito.

> **Verbete nº 383 da Súmula do STJ:** "*A competência para processar e julgar as ações conexas de interesse de menor é, em princípio, do foro do domicílio do detentor de sua guarda*".

> **Competência da Justiça do Trabalho para processar demanda de indenização em que se discute o uso de imagem de jogador de futebol, promovida por atleta em face da editora, eis que nela haverá discussão também sobre o vínculo celetista do demandante e seu clube.** "*É da Justiça do Trabalho – e não da Justiça Comum – a competência para processar e julgar a ação de indenização movida por atleta de futebol em face de editora pelo suposto uso indevido de imagem em álbum de figurinhas quando, após denunciação da lide ao clube de futebol (ex-empregador), este alegar que recebeu autorização expressa do jogador para ceder o direito de uso de sua imagem no período de vigência do contrato de trabalho. O ponto fulcral a ser analisado é a existência ou não de prévio pacto entre a agremiação esportiva e o jogador, envolvendo o direito do uso de imagem do atleta. Com efeito, como é intuitivo, a pretensão indenizatória deduzida contra a editora remete obrigatoriamente a subjacentes relações de trabalho do jogador de futebol com seu ex-empregador, devendo, portanto, ser examinada no contexto dos vínculos laborais e de suas nuances, estabelecidos entre o jogador e o clube de futebol denunciado à lide, circunstância que em tudo recomenda a apreciação da questão pela Justiça do Trabalho, nos termos do art. 114, I e VI, da CF. Precedente citado: CC 34.504-SP, Terceira Turma, DJe 16/6/2003*" (STJ. CC 128.610-RS, Rel. Min. Raul Araújo, julgado em 22/06/2016, DJe 03/08/2016 – Informativo nº 587).

Seção II
Da Modificação da Competência

Art. 54

Art. 54. A competência relativa poderá modificar-se pela conexão ou pela continência, observado o disposto nesta Seção.

O dispositivo estabelece que a "competência relativa" poderá ser modificada pela conexão ou pela continência. Não é difícil distinguir a diferença desta ("competência relativa") da "competência absoluta". Com efeito, na "absoluta" a competência do órgão jurisdicional denota a existência de um motivo de ordem pública, razão pela qual se constitui em uma norma cogente, já que não pode ser afastada pela vontade das partes. Por este motivo, aliás, é que se torna possível ao magistrado conhecer da incompetência absoluta a qualquer momento enquanto não proferida sentença (se houver recurso esta matéria também pode ser conhecida pelos membros do Tribunal) e até mesmo independentemente da provocação de qualquer das partes. Contudo, embora esta matéria não preclua, caberá ao demandado alegá-la em preliminar de contestação (art. 337, inc. II). E, de resto, também deve ser mencionado que a incompetência absoluta de determinado órgão jurisdicional é vício tão grave que apenas é admitida a sua convalidação após o surgimento da coisa soberanamente julgada, que se dá com o decurso do prazo decadencial de dois anos para a propositura da ação rescisória (art. 966, inc. II).

Já a "competência relativa", ao revés, permite que a vontade dos interessados possa influir na sua fixação em certas situações. Com efeito, tal afirmação se extrai da leitura do próprio CPC (art. 63), que esclarece que os interessados podem modificar a competência em razão do valor e do território, elegendo "foro" onde serão propostas as ações oriundas de direitos e obrigações. Desta maneira, observa-se que esta disponibilidade da vontade das partes sobre as regras que determinam o regime é que irá caracterizar a competência relativa, devendo o magistrado respeitar esta opção, sendo vedado conhecer desta matéria sem provocação das partes (art. 337, § 5º).

> **Verbete nº 33 da Súmula do STJ:** *"A incompetência relativa não pode ser declarada de ofício".*

> **Impossibilidade de reunir na Justiça Federal demanda que deveria ser proposta na Justiça Estadual (ou vice-versa) com outra conexa. Caso em que cada processo continua no juízo em que já se encontra, devendo um deles ser suspenso (art. 313, CPC), para aguardar a decisão da questão prejudicial no outro (CPC/73).** *"1. Não há prorrogação de competência*

> *absoluta. 2. Se em uma das causas conexas não figura algum dos entes federais previstos no art. 109, inciso I, da Carta Constitucional, não pode ser prorrogada a competência da Justiça Federal, vez que absolutamente incompetente para julgar ação entre particulares. 3. Suspensão do processo em trâmite perante a Justiça Federal nos termos em que dispõe o art. 265, inciso IV, alínea 'a', do Código de Processo Civil. 4. Conflito conhecido para declarar competente o Juízo de Direito da 3ª Vara Judicial do Foro Regional de Vila Mimosa-Campinas – SP, o suscitado"* (STJ. Conflito de competência nº 58.908. Rel. Min. Fernando Gonçalves. S/d).

Art. 55

Art. 55. Reputam-se conexas 2 (duas) ou mais ações quando lhes for comum o pedido ou a causa de pedir.

§ 1º Os processos de ações conexas serão reunidos para decisão conjunta, salvo se um deles já houver sido sentenciado.

§ 2º Aplica-se o disposto no *caput*:

I – à execução de título extrajudicial e à ação de conhecimento relativa ao mesmo ato jurídico;

II – às execuções fundadas no mesmo título executivo.

§ 3º Serão reunidos para julgamento conjunto os processos que possam gerar risco de prolação de decisões conflitantes ou contraditórias caso decididos separadamente, mesmo sem conexão entre eles.

A "conexão" é conceituada neste dispositivo como aquela situação em que, entre duas ou mais ações, lhes for comum o objeto ou a causa de pedir (art. 55, *caput*).

Neste ponto, aliás, se percebe que a referida norma (art. 55, *caput*) foi inspirada na teoria da tríplice identidade para estabelecer quais situações permitem a conexão, ao possibilitá-la quando for comum, nas mesmas ações o elemento pedido ou a causa de pedir. No entanto, por vezes esta teoria se revela insuficiente para solucionar todas as questões processuais apresentadas, de modo que é recomendável a adoção da teoria da identidade da relação jurídica, que se revela mais adequada no caso acima para favorecer a reunião dos processos pela conexão e quiçá evitar qualquer risco de julgamento contraditório.

Outra hipótese em que também se reconhece a conexão é quando a mesma for recomendável para facilidade da instrução processual (daí a nomenclatura: "conexão probatória"). É que, em dadas situações, dois processos que podem até mesmo envolver partes formalmente distintas estão discutindo os mesmos fatos.

Nestes casos, é recomendável a reunião de ambos, para facilidade da colheita da prova. Imagine-se, por exemplo, vários processos individuais que discutem exatamente o mesmo dano ambiental, que requer a produção de complexa prova pericial. Nestes casos, seria uma faculdade do magistrado promover a reunião dos processos por conveniência da instrução (o que é diferente da hipótese de conexão apresentada no exemplo anterior, que é obrigatória por cuidar de situações que envolvem a mesma relação jurídica e que têm riscos de julgamentos contraditórios). Vale dizer que o CPC recomenda que, em situações como esta, os juízos envolvidos possam realizar uma cooperação nacional, que independe de forma específica (art. 69, inc. II c/c art. 69, § 2º, inc. II).

De qualquer maneira, o conceito de conexão trazido pelo CPC (art. 55, *caput*), não peca apenas pelo seu conteúdo extremamente restrito, uma vez que ele até pode sugerir alguns equívocos. Por exemplo, o dispositivo reputa duas ações conexas quando for comum o mesmo pedido, o que poderia sugerir que se uma determinada pessoa promovesse uma demanda em face de uma sociedade empresarial objetivando receber danos morais e outra pessoa completamente distinta estivesse formulando o mesmo pedido em face de outra sociedade, relativo a eventos que não guardam qualquer relação entre sim, ainda assim as demandas seriam conexas. Só que este raciocínio é completamente equivocado, pois não há qualquer motivo plausível que justifique a reunião de processos que cuidam de partes e relações jurídicas de direito material distintas, apenas tendo em comum o mesmo pedido formulado. Portanto, mesmo para a correta assimilação do que vem a ser o instituto da conexão, há a necessidade de verificar se um processo pode vir a gerar alguma consequência ou efeito em detrimento de outro que se encontra em curso.

O dispositivo também consagra entendimento jurisprudencial, ao determinar que os processos conexos serão reunidos, exceto se um deles já houver sido julgado, muito embora não seja necessário sequer aguardar o trânsito em julgado da decisão. De novidade, prevê que os processos podem ser reunidos mesmo que um deles seja de execução e outro de conhecimento, o que já vinha sendo reconhecido pelo STJ. Observa-se, portanto, que o CPC reconheceu a possibilidade de conexão entre ambos, eliminando antiga divergência doutrinária, pois evidente a ocorrência de questão prejudicial externa. Também foi permitida a reunião de várias execuções, desde que fundadas no mesmo título executivo. Por fim, o terceiro e último parágrafo possibilita a reunião entre processos que possam gerar decisões conflitantes, ainda que tecnicamente não se trate de uma conexão. Vale dizer que, nesta última hipótese, já há precedente do STJ no sentido de que tal norma somente pode ser aplicada para as demandas que ainda não foram objeto de julgamento.

> **Verbete nº 235 da Súmula do STJ:** "*A conexão não determina a reunião dos processos, se um deles já foi julgado*".

> **Inaplicabilidade de norma que prevê reunião de processos (art. 55, § 3º, CPC) em outro que já foi julgado enquanto vigente a codificação anterior.** "*Afastada a aplicação do art. 55, § 3º, do NCPC à demanda julgada sob a égide do CPC/73. Não retroação do julgamento da lide*. Tempus regit actum. *Óbice da Súmula 7/STJ*" (STJ, AgInt no ARESP nº 857.532/RJ. Rel. Min. Luís Felipe Salomão. DJ 24/05/2016).
>
> **Impossibilidade de se reunir ações conexas que se encontram em momentos processuais diferentes (CPC/73).** "*É inviável a conexão de ações que se encontrem em fases judiciais distintas*" (STJ. Agravo regimental no RESP nº 969.740/SP. Rel. Min. Arnaldo Lima. DJ 03/03/2009).
>
> **STJ reconhece conexão entre execução fiscal e ação anulatória, que é um processo de conhecimento (CPC/73).** "*Processual Civil. Competência. Execução Fiscal e Ação Anulatória. Conexão. Tem-se que, precedendo a ação anulatória, a execução, aquela passa a exercer perante esta inegável influência prejudicial a recomendar o* simultaneus processus, *posto conexas pela prejudicialidade, forma expressiva de conexão a recomendar a reunião das ações como expediente apto a evitar decisões inconciliáveis [...] refoge a razoabilidade permitir que a ação anulatória do débito caminhe isoladamente da execução calcada na obrigação que se quer*" (STJ. Conflito de competência nº 31.963. Rel. Min. Humberto Gomes de Barros, DJ 05/08/2002).

Art. 56

Art. 56. Dá-se a continência entre 2 (duas) ou mais ações quando houver identidade quanto às partes e à causa de pedir, mas o pedido de uma, por ser mais amplo, abrange o das demais.

O dispositivo em questão deve ser interpretado literalmente, para definir o que é o instituto processual da "continência", que é frequentemente associada a uma litispendência parcial. Com efeito, pela leitura do referido dispositivo, o que diferenciaria uma ação de outra seria, tão somente, a circunstância de o pedido de uma delas ser mais amplo a ponto de abranger integralmente o da outra. Assim, diante de uma situação de continência entre duas ações, caberia apenas ao juízo prevento (art. 59) determinar a reunião dos processos (daí o tema ser estudado como uma causa de modificação da competência) para, em seguida, verificar se já poderá extinguir uma delas sem resolução do mérito (art. 485, inc. V) ou se ambas ficarão apensadas, o que dependerá da situação concreta (art. 57).

Vale dizer que pode ocorrer que ambas as ações já tenham sido instauradas perante o mesmo órgão jurisdicional, em decorrência de regra de prevenção do juízo (art. 286, inc. III). No entanto, caso isso não tenha ocorrido, deverá ser estabelecido qual dos dois órgãos jurisdicionais se encontra prevento, sendo que assim será reconhecido aquele em que a primeira demanda houver sido distribuída ou simplesmente registrada (art. 59).

Art. 57

Art. 57. Quando houver continência e a ação continente tiver sido proposta anteriormente, no processo relativo à ação contida será proferida sentença sem resolução de mérito, caso contrário, as ações serão necessariamente reunidas.

Altera o procedimento a ser adotado quando for verificada a continência. Determina que se a "ação continente" (mais ampla) tiver sido proposta primeiro, a "ação contida" deverá ser extinta em razão da litispendência parcial, que é um pressuposto processual negativo (art. 485, IV). Do contrário, se a "ação contida" for mais antiga, as demandas deverão ser reunidas perante o primeiro juízo, que estará prevento (art. 286, I), para julgamento conjunto. Um dispositivo subsequente (art. 59) estabelece o critério de prevenção para tais casos, que é o da data da distribuição ou do registro, conforme o caso.

Art. 58

Art. 58. A reunião das ações propostas em separado far-se-á no juízo prevento, onde serão decididas simultaneamente.

O dispositivo esclarece que, sendo caso de conexão ou de continência em que a ação contida for a mais antiga, as demandas deverão ser reunidas perante o juízo prevento.

> **Verbete nº 489 da Súmula do STJ:** *"Reconhecida a continência, devem ser reunidas na Justiça Federal as ações civis públicas propostas nesta e na Justiça Estadual".*

Art. 59

> Art. 59. O registro ou a distribuição da petição inicial torna prevento o juízo.

Estabelece que o juízo prevento para as hipóteses envolvendo conexão ou de continência em que a ação contida for a mais antiga, será o do registro ou da distribuição da demanda mais antiga. Encerra-se, portanto, a dualidade de tratamento que existia anteriormente (CPC/73), prevendo que prevento seria o juízo que primeiro tivesse deferido a inicial quando os órgãos estivessem localizados na mesma base territorial ou o juízo em que a citação primeiramente fosse realizada para os casos de órgãos jurisdicionais situados em foros distintos. Por sinal, a "prevenção do juízo" deixa de ser considerada como um dos efeitos processuais da citação válida (art. 240).

Art. 60

> Art. 60. Se o imóvel se achar situado em mais de um Estado, comarca, seção ou subseção judiciária, a competência territorial do juízo prevento estender-se-á sobre a totalidade do imóvel.

O dispositivo em questão deve ser interpretado literalmente, incluindo menção à "seção" ou à "subseção judiciária", de modo a ajustá-las para os casos de competência da Justiça Federal (art. 110, CF). É que o termo "comarca" é adotado perante a Justiça Estadual.

Art. 61

> Art. 61. A ação acessória será proposta no juízo competente para a ação principal.

O dispositivo em questão deve ser interpretado literalmente, ao prever que a ação acessória deverá ser proposta no juízo competente para a ação principal como, por exemplo, casos envolvendo denunciação da lide (art. 125 – art. 129). O CPC, porém, por vezes excepciona esta regra, tal como ocorre com o processo em que há pretensão cautelar deduzida para fins de produção antecipada de prova (art. 381, § 3º).

> Verbete nº 263 da Súmula do TFR: "*A produção antecipada de prova, por si só, não previne a competência para a ação principal*".

Art. 62

> Art. 62. A competência determinada em razão da matéria, da pessoa ou da função é inderrogável por convenção das partes.

O dispositivo em questão deve ser interpretado literalmente e considera como absoluta a competência em razão da matéria, da pessoa e também a funcional, de modo que não é possível às partes alterá-la.

Art. 63

> Art. 63. As partes podem modificar a competência em razão do valor e do território, elegendo foro onde será proposta ação oriunda de direitos e obrigações.
>
> § 1º A eleição de foro só produz efeito quando constar de instrumento escrito e aludir expressamente a determinado negócio jurídico.
>
> § 2º O foro contratual obriga os herdeiros e sucessores das partes.
>
> § 3º Antes da citação, a cláusula de eleição de foro, se abusiva, pode ser reputada ineficaz de ofício pelo juiz, que determinará a remessa dos autos ao juízo do foro de domicílio do réu.
>
> § 4º Citado, incumbe ao réu alegar a abusividade da cláusula de eleição de foro na contestação, sob pena de preclusão.

O artigo mantém o entendimento de que as partes, de comum acordo, podem alterar regras de competência sobre a base territorial ou aquelas que são fixadas em razão do valor. Também é mantida a exigência de que esta cláusula só tenha validade quando constar expressamente em instrumento escrito e aludir expressamente a determinado negócio jurídico, bem como que o foro contratual obriga herdeiros e sucessores das partes.

Para entender melhor a sua abrangência, vale destacar até o aspecto histórico e o viés essencialmente prático para constatar que, em muitas situações, o fabricante ou prestador de serviço inclui cláusula de eleição de foro em contrato de adesão, de modo que o consumidor acaba se sujeitando a ela, sem possibilidade de influenciar na escolha, o que pode lhe gerar diversos entraves. Com efeito, um consumidor que é, por exemplo, domiciliado no Rio de Janeiro e assina um destes contratos com uma sociedade que atua nacionalmente e que indica foro de eleição em, por exemplo, Brasília, constata que se tiver que ingressar com alguma demanda judicial ou mesmo se defender em uma, terá que tentar contactar um patrono localizado nesta área e, dependendo, nem mesmo poderá comparecer a diversos atos processuais. E, tudo isso, sem sequer levar em consideração o cálculo do custo do processo, que pode se mostrar muito exacerbado para o pouco que uma eventual decisão judicial possa lhe gerar, causando desestímulo para acessar o Judiciário ou mesmo para que possa realizar uma defesa processual mais adequada.

Sensíveis a estas vicissitudes, alguns magistrados, quando se deparam com demandas desta natureza, não deixam de observar que o foro de eleição foi praticamente fixado unilateralmente em detrimento do consumidor e que, pelo menos segundo norma prevista na legislação consumeirista (art. 101, inc. I, Lei nº 8.078/90), ele tem o direito de que as demandas oriundas de uma relação jurídica consumerista sejam processadas e julgadas perante o foro do seu domicílio. E, ainda, percebem que o descumprimento desta norma pode gerar, conforme visto acima, uma maior dificuldade para este consumidor acessar o Poder Judiciário ou mesmo para que possa exercer o seu direito ao contraditório e ampla defesa, todos previstos constitucionalmente. Por tais motivos, já há algum tempo é bastante comum verificar que membros do Poder Judiciário estão anulando de ofício tais cláusulas de eleição de foro que são diversas daquelas em que reside o consumidor, declinando imediatamente de sua competência. Resta analisar, porém, se esta situação reflete uma hipótese de incompetência absoluta pronunciada de ofício ou se é um caso excepcional de incompetência relativa reconhecida independentemente da apresentação de resposta pelo interessado.

No seio doutrinário e mesmo jurisprudencial é comum observar que tal situação vem sendo enquadrada como uma hipótese de incompetência absoluta pronunciada de ofício, eis que tal situação implica em violação ou restrição aos princípios constitucionais da inafastabilidade e do contraditório e ampla defesa. No entanto, não se pode deixar de reconhecer que, mal ou bem, o consumidor anuiu com a estipulação do foro de eleição, posto que concluiu o contrato em que esta cláusula foi inserida. Portanto, observa-se que ainda que tenha sido sugerido o foro de eleição, o mesmo foi aceito pela outra parte, de modo que a sua fixação decorreu de vontade de ambas. E, muito embora seja mais do que razoável e recomendável que o magistrado adote uma postura ativa com o objetivo de evitar que no processo haja um tratamento desigual ou injusto, esta nulificação de ofício da cláusula de eleição reflete, em realidade, um raro caso de incompetência relativa pronunciada de ofício, ou seja, uma hipótese em que o juiz não aceitou a escolha de "foro" que foi pactuada entre as partes.

Justamente por ser uma situação muito frequente, o CPC regula esta prática (art. 63, §§ 1º, 2º, 3º e 4º), muito embora não tenha restringido a atuação do magistrado apenas aos contratos regidos pelo CDC, já que a novel legislação tem aplicação em muitas outras relações jurídicas, ainda que não envolvam consumidores ou fornecedores, tal como pode ocorrer nos contratos de representação comercial, pois neles também deve constar um foro de eleição, que poderá ser anulado em casos de abusividade (art. 39, Lei nº 4.886/65).

Assim, o CPC passou a consagrar estas hipóteses em que o juiz pode pronunciar de ofício a incompetência relativa, malgrado a vedação recomendada pelo Verbete nº 33, da Súmula do STJ e, também, em seu próprio bojo (art. 337, § 5º). E, vale dizer em reforço que, se fosse um caso de incompetência absoluta, poderia ser verificada a qualquer momento, o que não parece ser a diretriz do CPC, ao estabelecer um momento preclusivo para esta verificação (art. 63, §§ 3º e 4º).

Impende ainda destacar que a importância prática em definir se esta atividade do magistrado, consistente em tornar ou não ineficaz o foro de eleição, é resultante da pronúncia de uma incompetência absoluta ou relativa, se presta justamente para perquirir se pode ser realizada a qualquer momento ou não. Se for compreendido que esta situação implica em uma incompetência relativa de ofício, deverá o magistrado pronunciá-la apenas no mesmo prazo de que dispõe o demandado para apresentar contestação, pois, a partir de então, a competência relativa do juízo seria prorrogada para ambos (art. 65). Com efeito, não se vislumbra aceitável defender que a competência relativa pode ter sido prorrogada para o magistrado em um determinado momento e em outro para o demandado, eis que se refere ao mesmo órgão jurisdicional. Contudo, de maneira inadequada, o CPC adotou justamente este raciocínio, no sentido de que o magistrado somente pode tornar ineficaz o foro de eleição antes da citação, malgrado a parte possa alegar o mesmo tema posteriormente (o que será analisado pelo mesmo juiz). No entanto, se for adotada a concepção que esta hipótese resulta em mais um caso de incompetência absoluta pronunciada de ofício, poderá então o magistrado pronunciá-la a qualquer momento enquanto não proferida sentença e, eventualmente, até mesmo o Tribunal, se for interposto algum recurso. Só que, para este entendimento, estaria sendo desprezada a interpretação literal sugerida pelo CPC (art. 65).

Por fim, uma crítica ao dispositivo reside em seu último parágrafo que permite que o demandado, após ser citado, alegue tal tema em preliminar de contestação. Com efeito, a contradição reside na circunstância de que o magistrado somente pode conhecer desta matéria de ofício antes da citação, muito embora ela ainda possa ser alegada pelo réu depois da citação. Não deveria ser assim, pois o tema se refere à competência de órgão jurisdicional. Logo, não há justificativa para a competência de um órgão prorrogar apenas para o magistrado em dado momento e, para o demandado, em outro. É esta, realmente, a única crítica a ser apresentada quanto ao tratamento normativo dado ao assunto.

> Enunciado nº 39 da ENFAM: *"Não é válida convenção pré-processual oral (art. 4º, § 1º, da Lei nº 9.307/1996 e 63, § 1º, do CPC/2015".*

Seção III
Da Incompetência

Art. 64

> Art. 64. A incompetência, absoluta ou relativa, será alegada como questão preliminar de contestação.
>
> § 1º A incompetência absoluta pode ser alegada em qualquer tempo e grau de jurisdição e deve ser declarada de ofício.
>
> § 2º Após manifestação da parte contrária, o juiz decidirá imediatamente a alegação de incompetência.
>
> § 3º Caso a alegação de incompetência seja acolhida, os autos serão remetidos ao juízo competente.
>
> § 4º Salvo decisão judicial em sentido contrário, conservar-se-ão os efeitos de decisão proferida pelo juízo incompetente até que outra seja proferida, se for o caso, pelo juízo competente.

De novidade, passa a autorizar que tanto a incompetência absoluta como a relativa sejam alegadas em preliminar da contestação (art. 337, II). Isso ocorre porque não mais subsistirá o instrumento processual denominado "exceção", de modo que a incompetência relativa terá que ser doravante apresentada também na contestação.

Outra novidade a ser aplaudida é a previsão de que, salvo decisão judicial em sentido contrário, serão conservados os efeitos da decisão proferida por juízo incompetente, até que outra seja proferida pelo órgão competente. Imagina-se, por exemplo, uma demanda envolvendo fornecimento de medicamentos ou de internação hospitalar que foi distribuída de maneira equivocada perante Justiça incompetente. Mesmo que nela já tenha sido deferida tutela provisória de urgência autorizando a medida pleiteada, eventual posterior reconhecimento de incompetência não irá motivar a paralisação do tratamento ou do procedimento cirúrgico, exceto se o juízo competente assim decidir.

> Verbete nº 33 da Súmula do STJ: *"A incompetência relativa não pode ser declarada de ofício"*.
>
> Enunciado nº 4 da ENFAM: *"Na declaração de incompetência absoluta não se aplica o disposto no art. 10, parte final, do CPC/2015"*.

Art. 65

> Art. 65. Prorrogar-se-á a competência relativa se o réu não alegar a incompetência em preliminar de contestação.
>
> Parágrafo único. A incompetência relativa pode ser alegada pelo Ministério Público nas causas em que atuar.

É mantida a regra que a competência relativa se prorroga se o réu não alegá-la, muito embora tenha ocorrido um ajuste no instrumento processual adequado para tanto. É que, conforme exposto anteriormente, tal matéria agora deverá ser abordada em preliminar de contestação e não mais pela via da exceção, eis que esta não mais subsistirá. De novidade, o Ministério Público também passa a ter a possibilidade de alegar esta matéria. Embora o dispositivo seja omisso, é salutar que esta oportunidade seja franqueada ao *parquet* apenas na primeira manifestação que fizer nos autos, para guardar coerência com a regra que permite ao réu alegar esta matéria na primeira peça realmente importante que poderá apresentar nos autos, que será a contestação (art. 64 c/c art. 337, II).

Art. 66

> Art. 66. Há conflito de competência quando:
>
> I – 2 (dois) ou mais juízes se declaram competentes;
>
> II – 2 (dois) ou mais juízes se consideram incompetentes, atribuindo um ao outro a competência;
>
> III – entre 2 (dois) ou mais juízes surge controvérsia acerca da reunião ou separação de processos.
>
> Parágrafo único. O juiz que não acolher a competência declinada deverá suscitar o conflito, salvo se a atribuir a outro juízo.

A redação do artigo estipula as hipóteses em que pode ocorrer conflito de competência, que é um incidente que deve ser dirimido pelo Tribunal nos casos ora elencados. Obviamente, a competência específica de cada Tribunal dependerá da circunstância envolvida. Por exemplo, é o TRF2 competente para julgar este incidente quando envolver órgão jurisdicional federal localizado nas cidades do Rio de Janeiro-RJ e de Vitória-ES, pois ambos se submetem à sua jurisdição.

De maneira inédita, o CPC passa a autorizar que, no caso de o magistrado não concordar com o declínio de competência determinado por outro juízo, caberá a ele suscitar o conflito ou, se for o caso, declinar novamente da competência em prol de outro órgão que vislumbrar como competente. Tal norma deve ser interpretada restritivamente, sendo vedada ao novo juízo (o terceiro envolvido no processo) novamente declinar para outro órgão, o que frustraria a definição da competência e atrasaria a marcha processual. Portanto, havendo o novo declínio mencionado no parágrafo único do mencionado dispositivo, caberá ao novo órgão suscitar o conflito de competência, que será definido entre um destes três juízos envolvidos. De resto, é de se destacar que o processamento do conflito de competência é regulamentado de maneira mais ampla no CPC em momento próprio (art. 951 – art. 959).

> **Verbete nº 428 da Súmula do STJ:** "*Compete ao Tribunal Regional Federal decidir os conflitos de competência entre juizado especial federal e juízo federal da mesma seção judiciária*".

> **Competência do TRF para julgar conflito de competência entre juízo federal e juizado especial federal localizados na mesma Região (CPC/73).** "*Considerou-se que a competência para dirimir o conflito em questão seria do Tribunal Regional Federal ao qual o juiz suscitante e o juizado suscitado estariam ligados, haja vista que tanto os juízes de primeiro grau quanto os que integram os Juizados Especiais Federais estão vinculados àquela Corte. No ponto, registrou-se que esse liame de ambos com o tribunal local restaria caracterizado porque: 1) os crimes comuns e de responsabilidade dos juízes de primeiro grau e das Turmas Recursais dos Juizados Especiais são julgados pelo respectivo Tribunal Regional Federal e 2) as Varas Federais e as Turmas Recursais dos Juizados Especiais Federais são instituídos pelos respectivos Tribunais Regionais Federais, estando subordinados a eles administrativamente*" (STF. REXTR nº 590.409/RJ. Rel. Min. Ricardo Lewandowski. DJ 26/08/2009).
>
> **Conflito de competência. Mandado de segurança. Convenção partidária. Escolha de candidatos. Anulação. Competência da Justiça Eleitoral.** "*Compete à Justiça Eleitoral processar e julgar as causas em que a análise da controvérsia é capaz de produzir reflexos diretos no processo eleitoral*" (STJ. CC 148.693-BA, Rel. Min. Ricardo Villas Bôas Cueva, por unanimidade, julgado em 14/12/2016, DJe 19/12/2016).
>
> **Impossibilidade de magistrado recorrer da decisão que aprecia conflito de competência (CPC/73).** "*Os juízos suscitante e suscitado não detêm legitimidade para interpor recurso contra as decisões proferidas pelo STJ em conflito de competência, as quais devem ser por eles cumpridas sem contestação. Agravo regimental não conhecido*" (Agravo regimental no conflito de competência nº 109.237/MG. Rel. Min. Aldir Passarinho Júnior. DJ 17/05/2010).
>
> **Conflito de competência. Direito fundamental à saúde. Fornecimento de medicamento de baixo custo. Conteúdo econômico mensurável. Competência do Juizado Especial Federal.** "*Competem ao Juizado Especial Federal as causas acerca do fornecimento de medicamento de custo ínfimo, na hipótese em que o conteúdo econômico da demanda seja mensurável, como no caso em que se pleiteia somente o fornecimento do medicamento, versando a pretensão a respeito de obrigações vincendas e a soma de doze parcelas não exceder o valor de sessenta salários-mínimos (art. 3º, § 2º, da Lei nº 10.259/2001). Maioria*" (TRF-1. CC

0012420-13.2016.4.01.0000, Rel. p/ acórdão Des. Federal Kassio Marques, em 28/03/2017).

Conflito de competência. Ação coletiva para fornecimento de vacinas contra a HPV. "*Conflito negativo de competência. Ação civil pública. Tutela jurisdicional inibitória. Abstenção de uso e distribuição de vacina contra HPV. Eficácia nacional do julgado. Leis n°s 8.078/1990 e 7.347/1985. Em se tratando de demanda em que se busca a proteção de interesses difusos e coletivos consistente na abstenção quanto ao uso e distribuição de vacinas contra a HPV (*human papillomavirus infection*) em todo o território nacional, a competência para processar e julgar a ação civil pública será do foro da capital do Estado ou do Distrito Federal, nos termos do art. 93, II, da Lei nº 8.078/1990 c/c o art. 21 da Lei nº 7.347/1985. Unânime*" (TRF-1. CC 0059603-77.2016.4.01.0000, Rel. Des. Federal Souza Prudente, em 28/03/2017).

Conflito de competência. Juizado especial federal e juízo comum. FGTS. Expurgos inflacionários. Juros progressivos. Valor da causa inferior a 60 salários-mínimos. Competência absoluta do Juizado Especial Federal. "*A ausência de juntada dos extratos das contas vinculadas do FGTS não obsta o processamento da demanda no âmbito do Juizado Especial Federal, uma vez que o STJ entendeu, sob a sistemática dos recursos repetitivos, por ocasião do julgamento do RESP 1108034/GO, que a responsabilidade pela apresentação dos extratos analíticos é da Caixa Econômica Federal – como gestora do FGTS –, pois tem total acesso a todos os documentos relacionados ao Fundo e deve fornecer as provas necessárias ao correto exame do pleiteado pelos fundistas. Maioria*" (TRF-1. CC 0000317-71.2016.4.01.0000, Rel.ª Juíza Federal Hind Ghassan Kaiath (convocada), em 28/03/2017).

CAPÍTULO II
DA COOPERAÇÃO NACIONAL

Art. 67

Art. 67. Aos órgãos do Poder Judiciário, estadual ou federal, especializado ou comum, em todas as instâncias e graus de jurisdição, inclusive aos tribunais superiores, incumbe o dever de recíproca cooperação, por meio de seus magistrados e servidores.

O dispositivo trata da cooperação entre órgãos do Poder Judiciário, seja por atuação dos magistrados envolvidos ou dos servidores. Trata-se, a toda evidência, de uma manifestação do princípio da cooperação entre os sujeitos do processo (art. 6º), o que alberga não apenas a boa-fé (art. 5º), como, também, o emprego da lealdade processual entre todos aqueles que participam laboriosamente do desenvolvimento processual.

Art. 68

> Art. 68. Os juízes poderão formular entre si pedido de cooperação para prática de qualquer ato processual.

O dispositivo trata da cooperação entre órgãos do Poder Judiciário, com o objetivo de ser praticada qualquer espécie de ato processual. Esta comunicação deverá ser realizada entre os próprios órgãos.

Art. 69

> Art. 69. O pedido de cooperação jurisdicional deve ser prontamente atendido, prescinde de forma específica e pode ser executado como:
>
> I – auxílio direto;
>
> II – reunião ou apensamento de processos;
>
> III – prestação de informações;
>
> IV – atos concertados entre os juízes cooperantes.
>
> § 1º As cartas de ordem, precatória e arbitral seguirão o regime previsto neste Código.
>
> § 2º Os atos concertados entre os juízes cooperantes poderão consistir, além de outros, no estabelecimento de procedimento para:
>
> I – a prática de citação, intimação ou notificação de ato;
>
> II – a obtenção e apresentação de provas e a coleta de depoimentos;
>
> III – a efetivação de tutela provisória;
>
> IV – a efetivação de medidas e providências para recuperação e preservação de empresas;
>
> V – a facilitação de habilitação de créditos na falência e na recuperação judicial;
>
> VI – a centralização de processos repetitivos;
>
> VII – a execução de decisão jurisdicional.
>
> § 3º O pedido de cooperação judiciária pode ser realizado entre órgãos jurisdicionais de diferentes ramos do Poder Judiciário.

O dispositivo trata da cooperação entre órgãos do Poder Judiciário nacional, dispensando forma processual predeterminada e, também, enumerando as formas como esta cooperação pode ser realizada. Para tanto, poderão ser empregadas as cartas de ordem, precatória e arbitral, bem como o uso do auxílio direto (para a realização de medidas administrativas entre estes órgãos) e até mesmo a reunião e o apensamento dos processos ou mesmo a prestação de informações.

Novidade relevante é a previsão de atos concertados entre juízes cooperantes, entre os quais estão alguns deles exemplificados no parágrafo segundo do artigo. Imagina-se, por exemplo, casos em que há falência decretada, com a consequente formação do juízo universal e, ao mesmo tempo, a existência de diversas execuções individuais já com data para a expropriação dos bens penhorados. Em casos como este, os juízos concertados podem, de comum acordo, estabelecer regras para a alienação dos bens em um órgão e posterior arrecadação para pagamento dos credores em outro, apenas para exemplificar uma hipótese em que a cooperação nacional poderá ocorrer.

LIVRO III
DOS SUJEITOS DO PROCESSO

TÍTULO I
DAS PARTES E DOS PROCURADORES

CAPÍTULO I
DA CAPACIDADE PROCESSUAL

Art. 70

Art. 70. Toda pessoa que se encontre no exercício de seus direitos tem capacidade para estar em juízo.

O dispositivo em questão deve ser interpretado literalmente, dispondo que toda pessoa que se encontre no exercício dos seus direitos tem capacidade para estar em juízo, o que se traduz em um pressuposto processual de validade do processo.

Para melhor assimilar o tema, a "capacidade processual" deve ser compreendida como um gênero, abrangendo como espécies a "capacidade de ser parte", a "capacidade de estar em juízo" e, também, a "capacidade postulatória", de modo que somente estará presente quando as três espécies forem respeitadas. É que, caso ausente qualquer uma delas, o processo poderá seguir uma trilha que o conduzirá à extinção (art. 485, inc. IV), a uma suspensão (v.g., art. 313, inc. I) ou mesmo à revelia (art. 76, inc. II), conforme o caso.

A primeira delas é a "capacidade de ser parte" que é bastante assemelhada à "capacidade de direito" estudada no Direito Civil. Com efeito, por "capacidade de direito" se entende a aptidão que a pessoa, seja ela jurídica ou física, possui para ser titular de direitos e contrair obrigações. Só que, no Direito Processual, a "capacidade de ser parte" se refere à aptidão para ser sujeito de uma relação jurídica processual, que tanto pode ser atribuída àqueles que possuem personalidade jurídica como aos que não a possuem, como seria o caso da massa falida (art. 75, inc. V), do espólio (art. 75, inc. VII), da sociedades de fato (art. 75, inc. IX), condomínios (art. 986, CC), comunidade indígenas ou grupos tribais (art. 37, Lei nº 6.001/73), dentre outras.

A segunda é a "capacidade de estar em juízo", o que de certa forma também se assemelha à "capacidade de fato", pois tanto em uma quanto em outra o que se perquire é se aquela determinada pessoa ou ente tem capacidade para, por si só, estar presente ao processo desacompanhada da presença de outra ou mesmo de autorização, representação ou assistência. É muito conhecida como *legitimatio ad processum*, não guardando semelhanças com a legitimidade para a causa (*legitimatio ad causam*), que é estudada no tema "condições da ação". Portanto, ainda que alguém tenha "capacidade para ser parte", não necessariamente terá "capacidade para estar em juízo", como também ocorre nas classificações próprias do Direito material. Com efeito, caso o direito lesado tenha como titular um menor de dezesseis anos, este terá "capacidade de ser parte", mas necessariamente precisará ser representado em juízo, pois é o seu representante quem irá suprir a "capacidade de estar em juízo". Observa-se, portanto, semelhança com as paralelas no Direito Civil, já que nele o menor em comento tem capacidade de direito, mas para praticar qualquer ato precisará estar representado, por não possuir capacidade de fato.

Por fim, além das duas acima mencionadas também há a necessidade de que a parte possua "capacidade postulatória", assim compreendida como a aptidão de ser autorizada a se dirigir, seja por meio de petições ou oralmente, diretamente ao membro do Poder Judiciário. Esta capacidade postulatória é aquela que possuem os advogados em geral, bem como os membros do Ministério Público e também de outras instituições (v.g., defensores públicos).

Eventualmente até mesmo é possível que a capacidade postulatória seja outorgada diretamente à parte envolvida, o que ocorre em caráter excepcional. Por exemplo, legislação especial (art. 9º, Lei nº 9.099/95), dispensa a presença de advogado quando se tratar de demanda instaurada perante o Juizado Especial Estadual, mas desde que o conteúdo econômico da obrigação não ultrapasse o equivalente a vinte salários-mínimos, muito embora exija obrigatoriamente a constituição de patrono para eventual interposição de recurso inominado ou apresentação de contrarrazões à Turma Recursal (art. 41, § 2º, Lei nº 9.099/95).

Porém, quando for obrigatória a presença do advogado, este deverá obrigatoriamente estar nos autos, o que pode motivar as mais distintas consequências processuais. Assim, se o magistrado constatar a ausência do patrono, a primeira providência é determinar a suspensão do processo por prazo razoável para que o mesmo seja constituído (art. 76). Só que, não regularizada a capacidade postulatória no prazo, a consequência processual irá variar dependendo de esta circunstância envolver o demandante ou o demandado. É que, se estiver ausente o patrono do autor, o processo fatalmente será extinto pela falta de pressuposto processual (art. 76, inc. I c/c art. 485, inc. IV). Porém, se for o demandado quem estiver desacompanhado de advogado, o processo mesmo assim prosseguirá, mas com o decreto da revelia (art. 76, inc. II). Já nos casos de intervenção de terceiros, este poderá ser tanto excluído do processo (caso da oposição) ou mesmo revel (hipótese do chamamento ao processo), dependendo tão somente do polo processual que o mesmo ocupar (art. 76, inc. III).

> **Processo administrativo disciplinar. Capacidade postulatória do servidor demitido e reintegrado ao cargo. Inaplicabilidade do art. 28 da Lei nº 8.906/1994. Estatuto da OAB.** *"O advogado tem capacidade postulatória para, em causa própria, defender seus próprios interesses em juízo, e o fato superveniente de ser reintegrado a cargo público, por decisão judicial, não torna inválidos os atos por ele praticados no período em que vigia sua demissão, os quais são plenamente válidos e legítimos, pois, enquanto não reintegrado ao serviço, ostentou capacidade postulatória para exercer a advocacia. Unânime"* (TRF-1. Ap 0006052-35.2010.4.01.3900, Rel. Des. Federal Jamil de Jesus Oliveira, em 29/03/2017).

Art. 71

Art. 71. O incapaz será representado ou assistido por seus pais, por tutor ou por curador, na forma da lei.

O dispositivo determina que o incapaz será representado ou assistido por seus pais, ou por tutor ou curador, tudo em conformidade com a legislação. Vale acrescentar que as hipóteses que admitem a representação ou assistência do incapaz estão previstas no Código Civil (art. 76, parágrafo único, CC).

Art. 72

Art. 72. O juiz nomeará curador especial ao:

I - incapaz, se não tiver representante legal ou se os interesses deste colidirem com os daquele, enquanto durar a incapacidade;

II - réu preso revel, bem como ao réu revel citado por edital ou com hora certa, enquanto não for constituído advogado.

Parágrafo único. A curatela especial será exercida pela Defensoria Pública, nos termos da lei.

O dispositivo em questão deve ser interpretado literalmente, prevendo que o incapaz só terá curador especial enquanto durar a sua incapacidade, bem como que aquele citado por edital ou por hora certa também poderá dispensá-lo posteriormente, quando constituir advogado próprio de sua confiança. A maior novidade é a menção a que este encargo de curador especial será desempenhado pela Defensoria Pública, nos termos da legislação. Para aquelas localidades em que houver carência de membros da Defensoria Pública, é salutar possibilitar que tal encargo seja desempenhado por advogado dativo, ou seja, aquele nomeado pelo próprio juízo para que o processo não sofra um atraso exacerbado ou mesmo seja prejudicada a defesa do demandado nestes casos. Vale dizer que o curador especial não tem o ônus da impugnação especificada ao apresentar defesa (art. 341, p. único).

> **Possibilidade de o curador especial propor reconvenção em favor de demandado citado por edital ou hora certa.** "*1. O curador especial tem legitimidade para propor reconvenção em favor de réu revel citado por edital (art. 9º, II, do CPC/1973), poder que se encontra inserido no amplo conceito de defesa. 2. Recurso especial conhecido e provido*" (STJ. RESP nº 1088068/MG, Rel. Min. Antonio Carlos Ferreira. DJ 09/10/2017).

Art. 73

Art. 73. O cônjuge necessitará do consentimento do outro para propor ação que verse sobre direito real imobiliário, salvo quando casados sob o regime de separação absoluta de bens.

§ 1º Ambos os cônjuges serão necessariamente citados para a ação:

I – que verse sobre direito real imobiliário, salvo quando casados sob o regime de separação absoluta de bens;

II – resultante de fato que diga respeito a ambos os cônjuges ou de ato praticado por eles;

III – fundada em dívida contraída por um dos cônjuges a bem da família;

IV – que tenha por objeto o reconhecimento, a constituição ou a extinção de ônus sobre imóvel de um ou de ambos os cônjuges.

§ 2º Nas ações possessórias, a participação do cônjuge do autor ou do réu somente é indispensável nas hipóteses de composse ou de ato por ambos praticado.

§ 3º Aplica-se o disposto neste artigo à união estável comprovada nos autos.

O dispositivo inova pouco. Prevê casos em que para um cônjuge propor determinada demanda será necessário o consentimento do outro, dependendo do regime de casamento envolvido. Com efeito, para os casos de regime de absoluta separação de bens, este consentimento será desnecessário. O consentimento em questão (*legitimatio ad processum*) torna-se necessário para que o demandante tenha plena capacidade processual, mais precisamente para que tenha capacidade de estar em juízo. O dispositivo não trata, em seu *caput*, de formação de litisconsórcio, mas tão somente da necessidade de mero consentimento.

Os parágrafos primeiro e segundo, ao revés, já estabelecem casos em que haverá litisconsórcio necessário passivo composto pelo casal, dependendo do regime de casamento adotado. Por fim, o terceiro e último parágrafo determina que as disposições do artigo também se aplicam à união estável comprovada nos autos, o que é absolutamente salutar até mesmo em virtude de a Carta Magna a reconhecer como entidade familiar (art. 226, § 3º, CF).

Art. 74

> Art. 74. O consentimento previsto no art. 73 pode ser suprido judicialmente quando for negado por um dos cônjuges sem justo motivo, ou quando lhe seja impossível concedê-lo.
>
> Parágrafo único. A falta de consentimento, quando necessário e não suprido pelo juiz, invalida o processo.

O dispositivo em questão deve ser interpretado literalmente, tratando da possibilidade de o magistrado suprir a necessidade do consentimento mencionado no *caput* do artigo antecedente quando tiver sido negado sem justo motivo ou quando lhe seja impossível concedê-lo.

Art. 75

> Art. 75. Serão representados em juízo, ativa e passivamente:
>
> I – a União, pela Advocacia-Geral da União, diretamente ou mediante órgão vinculado;
>
> II – o Estado e o Distrito Federal, por seus procuradores;
>
> III – o Município, por seu prefeito ou procurador;
>
> IV – a autarquia e a fundação de direito público, por quem a lei do ente federado designar;
>
> V – a massa falida, pelo administrador judicial;
>
> VI – a herança jacente ou vacante, por seu curador;
>
> VII – o espólio, pelo inventariante;
>
> VIII – a pessoa jurídica, por quem os respectivos atos constitutivos designarem ou, não havendo essa designação, por seus diretores;

IX – a sociedade e a associação irregulares e outros entes organizados sem personalidade jurídica, pela pessoa a quem couber a administração de seus bens;

X – a pessoa jurídica estrangeira, pelo gerente, representante ou administrador de sua filial, agência ou sucursal aberta ou instalada no Brasil;

XI – o condomínio, pelo administrador ou síndico.

§ 1º Quando o inventariante for dativo, os sucessores do falecido serão intimados no processo no qual o espólio seja parte.

§ 2º A sociedade ou associação sem personalidade jurídica não poderá opor a irregularidade de sua constituição quando demandada.

§ 3º O gerente de filial ou agência presume-se autorizado pela pessoa jurídica estrangeira a receber citação para qualquer processo.

§ 4º Os Estados e o Distrito Federal poderão ajustar compromisso recíproco para prática de ato processual por seus procuradores em favor de outro ente federado, mediante convênio firmado pelas respectivas procuradorias.

O dispositivo regulamenta a representação em juízo tanto ativa quanto passiva de determinadas pessoas jurídicas ou formais. Foram incluídas as autarquias e fundações de direito público, que serão representadas por quem a lei do ente federado designar. Quando o inventariante for dativo, o processamento foi simplificado, pois passa a constar que apenas os sucessores do falecido é que serão intimados. Por sua vez, a representação das sociedades irregulares será realizada por quem ficar responsável pela administração dos seus bens. A grande novidade deste dispositivo é a previsão constante no último parágrafo, que autoriza, de maneira até então inédita na legislação processual, que os Estados e o Distrito Federal ajustem compromisso recíproco para a prática de ato processual por seus procuradores em favor de outro ente federado, mediante convênio a ser firmado pelas respectivas procuradorias. Trata-se de medida que poderá acarretar a facilitação da defesa em juízo de tais entes, sendo uma manifestação do princípio da colaboração entre os sujeitos processuais que permeia todo o CPC (art. 6º).

Art. 76

Art. 76. Verificada a incapacidade processual ou a irregularidade da representação da parte, o juiz suspenderá o processo e designará prazo razoável para que seja sanado o vício.

§ 1º Descumprida a determinação, caso o processo esteja na instância originária:

I - o processo será extinto, se a providência couber ao autor;

II - o réu será considerado revel, se a providência lhe couber;

III - o terceiro será considerado revel ou excluído do processo, dependendo do polo em que se encontre.

§ 2º Descumprida a determinação em fase recursal perante tribunal de justiça, tribunal regional federal ou tribunal superior, o relator:

I - não conhecerá do recurso, se a providência couber ao recorrente;

II - determinará o desentranhamento das contrarrazões, se a providência couber ao recorrido.

O dispositivo enumera, de maneira mais satisfatória do que o modelo anterior (CPC/73), as hipóteses em que foram detectados vícios na capacidade processual das partes, dando soluções distintas de acordo com o momento processual ou com o litigante envolvido. Deverá ser fixado prazo razoável para que haja a regularização e, se isso não for feito, o processo será extinto sem resolução do mérito quando se tratar de vício relativo ao demandante. Tratando-se do demandado, o mesmo será considerado revel. Quanto ao terceiro com a capacidade processual irregular, o mesmo será excluído do processo se não a regularizar. O dispositivo também enumera, em seu último parágrafo, que consequências irão ocorrer acaso este vício seja detectado no Tribunal. Ocorre, porém, que o tratamento normativo é insuficiente neste ponto. Com efeito, se durante a interposição do recurso ou das contrarrazões a capacidade processual estava regular, eventual vício posterior não impede a análise de tais peças. Contudo, se desde a origem e antes da interposição de tais petições o vício já existia, a solução processual seria não conhecer das mesmas.

CAPÍTULO II
DOS DEVERES DAS PARTES E DE SEUS PROCURADORES

Seção I
Dos Deveres

Art. 77

Art. 77. Além de outros previstos neste Código, são deveres das partes, de seus procuradores e de todos aqueles que de qualquer forma participem do processo:

I - expor os fatos em juízo conforme a verdade;

II - não formular pretensão ou de apresentar defesa quando cientes de que são destituídas de fundamento;

III – não produzir provas e não praticar atos inúteis ou desnecessários à declaração ou à defesa do direito;

IV – cumprir com exatidão as decisões jurisdicionais, de natureza provisória ou final, e não criar embaraços à sua efetivação;

V – declinar, no primeiro momento que lhes couber falar nos autos, o endereço residencial ou profissional onde receberão intimações, atualizando essa informação sempre que ocorrer qualquer modificação temporária ou definitiva;

VI – não praticar inovação ilegal no estado de fato de bem ou direito litigioso.

§ 1º Nas hipóteses dos incisos IV e VI, o juiz advertirá qualquer das pessoas mencionadas no *caput* de que sua conduta poderá ser punida como ato atentatório à dignidade da justiça.

§ 2º A violação ao disposto nos incisos IV e VI constitui ato atentatório à dignidade da justiça, devendo o juiz, sem prejuízo das sanções criminais, civis e processuais cabíveis, aplicar ao responsável multa de até vinte por cento do valor da causa, de acordo com a gravidade da conduta.

§ 3º Não sendo paga no prazo a ser fixado pelo juiz, a multa prevista no § 2º será inscrita como dívida ativa da União ou do Estado após o trânsito em julgado da decisão que a fixou, e sua execução observará o procedimento da execução fiscal, revertendo-se aos fundos previstos no art. 97.

§ 4º A multa estabelecida no § 2º poderá ser fixada independentemente da incidência das previstas nos arts. 523, § 1º, e 536, § 1º.

§ 5º Quando o valor da causa for irrisório ou inestimável, a multa prevista no § 2º poderá ser fixada em até 10 (dez) vezes o valor do salário-mínimo.

§ 6º Aos advogados públicos ou privados e aos membros da Defensoria Pública e do Ministério Público não se aplica o disposto nos §§ 2º a 5º, devendo eventual responsabilidade disciplinar ser apurada pelo respectivo órgão de classe ou corregedoria, ao qual o juiz oficiará.

§ 7º Reconhecida violação ao disposto no inciso VI, o juiz determinará o restabelecimento do estado anterior, podendo, ainda, proibir a parte de falar nos autos até a purgação do atentado, sem prejuízo da aplicação do § 2º.

§ 8º O representante judicial da parte não pode ser compelido a cumprir decisão em seu lugar.

Este artigo inova, já no *caput,* ao prever que os deveres enumerados no dispositivo também se aplicam aos procuradores das partes, muito embora a verificação da infração a tais deveres não seja tarefa do magistrado. É incluído, neste dispositivo, o dever de declinar o endereço das partes e do próprio procurador e mantê-los sempre atualizados. Passa a ser proibida a inovação ilegal do estado de fato do bem ou direito litigioso, o que antes era regulado pelo extinto procedimento cautelar de atentado.

Nas condutas mencionadas nos incisos IV, V e VI, as pessoas mencionadas no *caput* serão advertidas de que poderão ser punidas pela prática de ato contra a dignidade da Justiça, o que é inspirado no modelo alienígena da *Contempt of Court*. Se as partes efetivamente praticarem tais atos, serão punidas pela imposição de multa a ser revertida para a União ou Estado, dependendo de a demanda tramitar perante a Justiça Federal ou Estadual (art. 96), isso sem prejuízo de outras sanções criminais, cíveis ou processuais cabíveis. Esta imposição de multa decorre do *contempt power*, exercido pelos magistrados togados. O valor da multa, se não for recolhido oportunamente, será inscrito em dívida ativa podendo ser cobrado pela via da execução fiscal.

Quando se tratar de condutas proibidas neste dispositivo, praticadas por advogados públicos ou privados, bem como por membros da Defensoria Pública ou do Ministério Público, caberá ao magistrado tão somente oficiar o órgão de classe ou a corregedoria para que os próprios apurem eventual responsabilidade disciplinar. E, ainda, o último parágrafo regulamenta o óbvio, ou seja, que o representante judicial da parte jamais pode ser compelido a cumprir uma decisão em sua substituição.

Por fim, deve-se novamente mencionar que a multa prevista neste dispositivo é revertida para a própria Fazenda Pública (art. 77 c/c art. 96), muito embora o CPC preveja outras condutas que permitem a punição também por "ato atentatório a dignidade da Justiça", mas cujos valores são revertidos em favor da outra parte (art. 774).

> **Enunciado nº 36 da ENFAM:** *"A regra do art. 190 do CPC/2015 não autoriza às partes a celebração de negócios jurídicos processuais atípicos que afetem poderes e deveres do juiz, tais como os que: a) limitem seus poderes de instrução ou de sanção à litigância ímproba; b) subtraiam do Estado/juiz o controle da legitimidade das partes ou do ingresso de* amicus curiae; *c) introduzam novas hipóteses de recorribilidade, de rescisória ou de sustentação oral não previstas em lei; d) estipulem o julgamento do conflito com base em lei diversa da nacional vigente; e e) estabeleçam prioridade de julgamento não prevista em lei".*

> **Caráter punitivo e restritivo das hipóteses que autorizam a multa decorrente por ato atentatório a dignidade da Justiça aplicada em execução.**
> *"A multa por ato atentatório à dignidade da Justiça previsto no art. 600, III, do CPC/1973 constitui punição cuja aplicabilidade restringe-se aos atos do executado em procedimento executivo. Infere-se do art. 600, III, do CPC/1973 que o ato atentatório à dignidade da Justiça se restringe ao processo de execução e que a conduta de deslealdade processual caracteriza-se somente como aquela praticada pelo*

> *executado. Isso porque o código se utiliza da expressão "ato do executado", além do fato de as hipóteses previstas nos incisos I, II e IV do mesmo art. 600 se referirem a circunstâncias inerentes ao procedimento executivo. Ademais, apesar de o inciso III do citado dispositivo legal tratar da situação de resistência injustificada às ordens judiciais, podendo levar à conclusão de que seria aplicável a qualquer 'tipo de processo', inclusive o de conhecimento, isso não se revela como possível. A razão é bem simples: a cabeça do dispositivo, conforme já destacado, faz alusão expressa a 'atos do executado', e somente dele. Acrescente-se que, para ato atentatório à dignidade da Justiça, o art. 601 do CPC/73 regula a sanção no patamar de até 20% (vinte por cento) sobre o valor atualizado da execução, a ser revertido em proveito do exequente. Mais uma vez, fica claro que a norma aqui discutida tem o seu âmbito de aplicação limitado às execuções, pois, repita-se, até o valor da multa tem como parâmetro o montante cobrado na execução, a ser revertido em proveito do credor/exequente. Acerca da multa, entendimento doutrinário explicita que 'seu caráter é eminentemente punitivo, e não indenizatório, razão pela qual, na fixação do valor, o juiz levará em conta, não necessariamente a existência ou o montante do dano que possa ter sofrido o credor, mas sim a gravidade da culpa ou do dolo com que agiu o devedor'. Nesse viés, o STJ apresenta entendimento sobre a utilização do método restritivo de interpretação das normas que estabelecem penalidades, e a aplicação da interpretação restritiva não se refere apenas à parte que pode praticar o ato (no caso, o executado), mas também à 'espécie de processo' no qual há resistência ao cumprimento da ordem judicial. Não caberia, portanto, ao intérprete querer estender a incidência do art. 600 do CPC/1973 às ações do processo de conhecimento, cautelar e aos procedimentos especiais. Assim, a regra é taxativa. Precedentes citados: RESP 758.270-RS, Primeira Turma, julgado em 8/5/2007, DJ 04/6/2007; RESP 1459154-RJ, Terceira Turma, julgado em 4/9/2014, DJe 11/9/2014" (STJ. RESP 1.231.981/RS, Rel. Min. Luis Felipe Salomão, julgado em 15/12/2015, DJe 03/03/2016 – Informativo nº 578).*

Art. 78

Art. 78. É vedado às partes, a seus procuradores, aos juízes, aos membros do Ministério Público e da Defensoria Pública e a qualquer pessoa que participe do processo empregar expressões ofensivas nos escritos apresentados.

§ 1º Quando expressões ou condutas ofensivas forem manifestadas oral ou presencialmente, o juiz advertirá o ofensor de que não as deve usar ou repetir, sob pena de lhe ser cassada a palavra.

§ 2º De ofício ou a requerimento do ofendido, o juiz determinará que as expressões ofensivas sejam riscadas e, a requerimento do ofendido, determinará a expedição de certidão com inteiro teor das expressões ofensivas e a colocará à disposição da parte interessada.

O dispositivo inova ao incluir que também os magistrados e os membros do Ministério Público e da Defensoria Pública, ou mesmo qualquer outro sujeito do processo, não podem utilizar expressões ofensivas no processo judicial. Anteriormente, esta proibição era dirigida apenas às partes e aos seus procuradores. Também passa a permitir que seja elaborada uma certidão com inteiro teor das expressões ofensivas para que seja disponibilizada ao interessado.

> Ato do magistrado que indefere que expressões supostamente ofensivas sejam riscadas não comporta recurso (CPC/73). "*Riscamento indeferido. Despacho Irrecorrível. Na trilha da jurisprudência do STJ, é irrecorrível o despacho que indefere requerimento da parte para que sejam riscadas determinadas expressões nos autos (RSTJ 60/327). Não conhecimento do agravo*" (TJ-RJ. Agravo de instrumento nº 2003.002.10774. Rel. Des. Sérgio Cavalieri Filho. S/d).

Seção II
Da Responsabilidade das Partes por Dano Processual

Art. 79

> Art. 79. Responde por perdas e danos aquele que litigar de má-fé como autor, réu ou interveniente.

O dispositivo em questão deve ser interpretado literalmente, tratando da responsabilidade por dano processual para aquele que litigar de má-fé no processo.

Art. 80

> Art. 80. Considera-se litigante de má-fé aquele que:
>
> I – deduzir pretensão ou defesa contra texto expresso de lei ou fato incontroverso;
>
> II – alterar a verdade dos fatos;
>
> III – usar do processo para conseguir objetivo ilegal;
>
> IV – opuser resistência injustificada ao andamento do processo;
>
> V – proceder de modo temerário em qualquer incidente ou ato do processo;
>
> VI – provocar incidente manifestamente infundado;
>
> VII – interpuser recurso com intuito manifestamente protelatório.

O dispositivo em questão deve ser interpretado literalmente, tratando das condutas que podem configurar litigância de má-fé, independentemente de terem gerado dano concreto. Trata-se de rol exemplificativo e, além disso, pela mesma conduta pode ser que aquele que o praticou tenha violado mais de um bem tutelado pela ordem jurídica, razão pela qual se revela possível que esta multa seja cumulada com outras como, por exemplo, aquela que também sinaliza desrespeito a Corte (art. 77).

> **Dano processual. Desnecessidade de demonstração para aplicação da multa a que alude o art. 18 do CPC/1973.** "*O dano processual não é pressuposto para a aplicação da multa por litigância de má-fé a que alude o art. 18 do CPC/1973*" (STJ. RESP 1.628.065-MG, Rel.ª Min.ª Nancy Andrighi, Rel. p/acórdão Min. Paulo de Tarso Sanseverino, por maioria, julgado em 21/02/2017, DJe 04/04/2017).

Art. 81

Art. 81. De ofício ou a requerimento, o juiz condenará o litigante de má-fé a pagar multa, que deverá ser superior a um por cento e inferior a dez por cento do valor corrigido da causa, a indenizar a parte contrária pelos prejuízos que esta sofreu e a arcar com os honorários advocatícios e com todas as despesas que efetuou.

§ 1º Quando forem 2 (dois) ou mais os litigantes de má-fé, o juiz condenará cada um na proporção de seu respectivo interesse na causa ou solidariamente aqueles que se coligaram para lesar a parte contrária.

§ 2º Quando o valor da causa for irrisório ou inestimável, a multa poderá ser fixada em até 10 (dez) vezes o valor do salário-mínimo.

§ 3º O valor da indenização será fixado pelo juiz ou, caso não seja possível mensurá-lo, liquidado por arbitramento ou pelo procedimento comum, nos próprios autos.

São alterados os percentuais da multa por litigância de má-fé. Também passa a ser previsto que, para valores irrisórios, o juiz possa penalizar a parte em um patamar que não ultrapasse o equivalente a dez salários-mínimos. Além da fixação da multa, o magistrado pode condenar o infrator a indenizar a outra parte pelos prejuízos sofridos, hipótese em que os danos poderão ser verificados por meio de liquidação, em qualquer uma de suas modalidades ("arbitramento" ou em "procedimento comum"), caso não seja possível mensurá-lo imediatamente. Tanto a indenização quanto a multa por litigância de má-fé são revertidas para a parte que tiver sido vítima (art. 96). Atentar que existem outras multas, como a por "desrespeito a Corte", que por vezes é revertida para a própria Fazenda Pública (art. 77 c/c art. 96) e em outras, para a outra parte (art. 774).

Seção III
Das Despesas, dos Honorários Advocatícios e das Multas

Art. 82

Art. 82. Salvo as disposições concernentes à gratuidade da justiça, incumbe às partes prover as despesas dos atos que realizarem ou requererem no processo, antecipando-lhes o pagamento, desde o início até a sentença final ou, na execução, até a plena satisfação do direito reconhecido no título.

§ 1º Incumbe ao autor adiantar as despesas relativas a ato cuja realização o juiz determinar de ofício ou a requerimento do Ministério Público, quando sua intervenção ocorrer como fiscal da ordem jurídica.

§ 2º A sentença condenará o vencido a pagar ao vencedor as despesas que antecipou.

O dispositivo em questão deve ser interpretado literalmente, tratando do ônus para o pagamento das despesas processuais, com exceção daqueles que obtiverem a gratuidade de justiça.

> Verbete nº 232 da Súmula do STJ: *"A Fazenda Pública, quando parte no processo, fica sujeita à exigência do depósito prévio dos honorários do perito".*

> **Dever de o INPI reembolsar as despesas judiciais do demandante vitorioso em ação de nulidade de registro de marca.** *"Em ação de nulidade de registro de marca em que o INPI for sucumbente, cabe a ele reembolsar as despesas judiciais feitas pela parte autora. Isso porque, ainda que o art. 4º da Lei nº 9.289/1996 estabeleça que a autarquia federal é isenta das custas, o parágrafo único estabelece que, quando sucumbente, deverá ressarcir o vencedor das despesas que tiver adiantado (AgRg no RESP 1.241.379-SP, Sexta Turma, DJe 18/6/2013)"* (STJ. RESP 1.258.662-PR, Rel. Min. Marco Aurélio Bellizze, julgado em 02/02/2016, DJe 05/02/2016 – Informativo nº 576).
>
> **Isenção de custas do INPI em ação de nulidade de registro de marca.** *"Em ação de nulidade de registro de marca, o INPI é isento de pagamento de custas. Os arts. 4º da Lei nº 9.289/1996 e 24-A da Lei nº 9.028/1995 deixam clara a exoneração tributária da Fazenda Pública Federal quanto às custas processuais. Essa isenção tem sido amplamente observada no âmbito dos julgamentos desta Corte Superior, reconhecendo a natureza tributária (taxa) das custas processuais e diferenciando-as das meras despesas – as quais são caracterizadas por se destinarem à remuneração de terceiros. Foi nesse sentido que a Primeira Seção do STJ (RESP*

> *1.144.687-RS, DJe 21/5/2010) consolidou seu entendimento por meio de julgamento submetido à sistemática do art. 543-C do CPC (RESP 1.144.687-RS, DJe 21/5/2010). A condenação, todavia, deve estar compatibilizada com a isenção tributária assegurada legalmente, nos termos da legislação mencionada, atraindo aí a incidência do art. 125, II, do CTN, segundo o qual: 'Art. 125. Salvo disposição de lei em contrário, são os seguintes os efeitos da solidariedade: [...] II – a isenção ou remissão de crédito exonera todos os obrigados, salvo se outorgada pessoalmente a um deles, subsistindo, nesse caso, a solidariedade quanto aos demais pelo saldo'".*
> (STJ. RESP 1.258.662-PR, Rel. Min. Marco Aurélio Bellizze, julgado em 02/02/2016, DJe 05/02/2016 – Informativo nº 576).

Art. 83

Art. 83. O autor, brasileiro ou estrangeiro, que residir fora do Brasil ou deixar de residir no país ao longo da tramitação de processo prestará caução suficiente ao pagamento das custas e dos honorários de advogado da parte contrária nas ações que propuser, se não tiver no Brasil bens imóveis que lhes assegurem o pagamento.

§ 1º Não se exigirá a caução de que trata o *caput*:

I – quando houver dispensa prevista em acordo ou tratado internacional de que o Brasil faz parte;

II – na execução fundada em título extrajudicial e no cumprimento de sentença;

III – na reconvenção.

§ 2º Verificando-se no trâmite do processo que se desfalcou a garantia, poderá o interessado exigir reforço da caução, justificando seu pedido com a indicação da depreciação do bem dado em garantia e a importância do reforço que pretende obter.

O dispositivo em questão deve ser interpretado literalmente, tratando da necessidade de prévia caução a ser prestada pelo demandante em determinadas situações. O tema era tratado, no modelo antigo (CPC/73), como situação apta a deflagrar um processo cautelar em procedimento de caução, que não mais subsiste no cenário atual.

> Enunciado nº 4 da I Jornada de Processo Civil CEJ/CJF: *"A entrada em vigor de acordo ou tratado internacional que estabeleça dispensa da caução prevista no art. 83, § 1º, inc. I do CPC/2015, implica na liberação da caução previamente imposta".*

Art. 84

Art. 84. As despesas abrangem as custas dos atos do processo, a indenização de viagem, a remuneração do assistente técnico e a diária de testemunha.

O dispositivo trata da abrangência das despesas processuais, que também incluem as custas dos atos do processo, indenização de viagem, remuneração de assistente técnico e a diária da testemunha.

Art. 85

Art. 85. A sentença condenará o vencido a pagar honorários ao advogado do vencedor.

§ 1º São devidos honorários advocatícios na reconvenção, no cumprimento de sentença, provisório ou definitivo, na execução, resistida ou não, e nos recursos interpostos, cumulativamente.

§ 2º Os honorários serão fixados entre o mínimo de dez e o máximo de vinte por cento sobre o valor da condenação, do proveito econômico obtido ou, não sendo possível mensurá-lo, sobre o valor atualizado da causa, atendidos:

I – o grau de zelo do profissional;

II – o lugar de prestação do serviço;

III – a natureza e a importância da causa;

IV – o trabalho realizado pelo advogado e o tempo exigido para o seu serviço.

§ 3º Nas causas em que a Fazenda Pública for parte, a fixação dos honorários observará os critérios estabelecidos nos incisos I a IV do § 2º e os seguintes percentuais:

I – mínimo de dez e máximo de vinte por cento sobre o valor da condenação ou do proveito econômico obtido até 200 (duzentos) salários-mínimos;

II – mínimo de oito e máximo de dez por cento sobre o valor da condenação ou do proveito econômico obtido acima de 200 (duzentos) salários-mínimos até 2.000 (dois mil) salários-mínimos;

III – mínimo de cinco e máximo de oito por cento sobre o valor da condenação ou do proveito econômico obtido acima de 2.000 (dois mil) salários-mínimos até 20.000 (vinte mil) salários-mínimos;

IV – mínimo de três e máximo de cinco por cento sobre o valor da condenação ou do proveito econômico obtido acima de 20.000 (vinte mil) salários-mínimos até 100.000 (cem mil) salários-mínimos;

V – mínimo de um e máximo de três por cento sobre o valor da condenação ou do proveito econômico obtido acima de 100.000 (cem mil) salários-mínimos.

§ 4º Em qualquer das hipóteses do § 3º:

I – os percentuais previstos nos incisos I a V devem ser aplicados desde logo, quando for líquida a sentença;

II – não sendo líquida a sentença, a definição do percentual, nos termos previstos nos incisos I a V, somente ocorrerá quando liquidado o julgado;

III – não havendo condenação principal ou não sendo possível mensurar o proveito econômico obtido, a condenação em honorários dar-se-á sobre o valor atualizado da causa;

IV – será considerado o salário-mínimo vigente quando prolatada sentença líquida ou o que estiver em vigor na data da decisão de liquidação.

§ 5º Quando, conforme o caso, a condenação contra a Fazenda Pública ou o benefício econômico obtido pelo vencedor ou o valor da causa for superior ao valor previsto no inciso I do § 3º, a fixação do percentual de honorários deve observar a faixa inicial e, naquilo que a exceder, a faixa subsequente, e assim sucessivamente.

§ 6º Os limites e critérios previstos nos §§ 2º e 3º aplicam-se independentemente de qual seja o conteúdo da decisão, inclusive aos casos de improcedência ou de sentença sem resolução de mérito.

§ 7º Não serão devidos honorários no cumprimento de sentença contra a Fazenda Pública que enseje expedição de precatório, desde que não tenha sido impugnada.

§ 8º Nas causas em que for inestimável ou irrisório o proveito econômico ou, ainda, quando o valor da causa for muito baixo, o juiz fixará o valor dos honorários por apreciação equitativa, observando o disposto nos incisos do § 2º.

§ 9º Na ação de indenização por ato ilícito contra pessoa, o percentual de honorários incidirá sobre a soma das prestações vencidas acrescida de 12 (doze) prestações vincendas.

§ 10. Nos casos de perda do objeto, os honorários serão devidos por quem deu causa ao processo.

§ 11. O tribunal, ao julgar recurso, majorará os honorários fixados anteriormente levando em conta o trabalho adicional realizado em grau recursal, observando, conforme o caso, o disposto nos §§ 2º a 6º, sendo vedado ao tribunal, no cômputo geral da fixação de honorários devidos ao advogado do vencedor, ultrapassar os respectivos limites estabelecidos nos §§2º e 3º para a fase de conhecimento.

§ 12. Os honorários referidos no § 11 são cumuláveis com multas e outras sanções processuais, inclusive as previstas no art. 77.

§ 13. As verbas de sucumbência arbitradas em embargos à execução rejeitados ou julgados improcedentes e em fase de cumprimento de sentença serão acrescidas no valor do débito principal, para todos os efeitos legais.

§ 14. Os honorários constituem direito do advogado e têm natureza alimentar, com os mesmos privilégios dos créditos oriundos da legislação do trabalho, sendo vedada a compensação em caso de sucumbência parcial.

§ 15. O advogado pode requerer que o pagamento dos honorários que lhe caibam seja efetuado em favor da sociedade de advogados que integra na qualidade de sócio, aplicando-se à hipótese o disposto no § 14.

§ 16. Quando os honorários forem fixados em quantia certa, os juros moratórios incidirão a partir da data do trânsito em julgado da decisão.

§ 17. Os honorários serão devidos quando o advogado atuar em causa própria.

§ 18. Caso a decisão transitada em julgado seja omissa quanto ao direito aos honorários ou ao seu valor, é cabível ação autônoma para sua definição e cobrança.

§ 19. Os advogados públicos perceberão honorários de sucumbência, nos termos da lei.

O extenso dispositivo regulamenta a fixação pormenorizada da verba honorária, devendo ser lido com bastante cuidado. Entre algumas novidades nele incluídas, consta que serão devidos honorários na demanda primitiva, na reconvenção, no cumprimento de sentença, na execução (resistida ou não), e nos recursos, cumulativamente. Também podem ser devidos em sede de liquidação de sentença, embora o artigo não a contemple expressamente, mas de acordo com a jurisprudência pátria.

Para os casos envolvendo particulares, pessoas físicas ou pessoas jurídicas de direito privado, o parágrafo segundo prevê que serão fixados percentuais entre dez e o máximo de vinte por cento sobre o valor da condenação ou, não sendo possível mensurá-lo, sobre o valor atualizado da causa.

O parágrafo terceiro, por sua vez, regulamenta especificamente os honorários quando a Fazenda Pública for vencida, estabelecendo critérios diferenciados. Para tanto, quanto maior for a condenação pecuniária, menor será o percentual de honorários que o advogado irá receber sobre a condenação. Esclarece ainda o sétimo parágrafo que não serão devidos honorários advocatícios na execução de sentença contra a Fazenda Pública que enseje a expedição de precatório, desde que não tenha sido embargada. Este tema, porém, já era regulado por lei específica (art. 1º-D, Lei nº 9.494/97), já contando com jurisprudência do STF favorável a esta disposição.

Para as hipóteses em que o valor da causa for muito baixo, irrisório ou inestimável, caberá ao magistrado fixar os honorários mediante apreciação equitativa, nos termos do oitavo parágrafo.

O décimo parágrafo consagra o princípio da causalidade, segundo o qual aquele quem deu causa ao processo é quem deverá responder pela sucumbência.

O décimo primeiro parágrafo deixa claro que nas instâncias recursais os honorários anteriormente fixados poderão ser aumentados, porém respeitando os limites percentuais fixados nos parágrafos anteriores (precisamente o segundo e o terceiro), providência esta que pode resultar em um desestímulo para interposição de recursos. Já há precedentes de Tribunais Superiores reconhecendo ser possível aumentar a verba honorária mesmo em sede de embargos de declaração ou em agravo interno (onde não há alteração da competência de Tribunal ou Juízo) ou mesmo quando o vencedor sequer tenha apresentado contrarrazões ou realizado sustentação oral. Contudo, esta norma é inaplicável para os procedimentos que não permitem o recebimento de honorários, ainda que haja a interposição de recursos.

Também é reconhecido, no décimo quarto parágrafo, que os honorários têm natureza alimentar, gozando dos mesmos privilégios dos créditos oriundos da legislação do trabalho, sendo vedada a sua compensação em caso de sucumbência parcial. Quanto a este último aspecto, aliás, a vedação da compensação colide com antigo entendimento sumulado do STJ.

O parágrafo quinze permite que o advogado faça requerimento para que o pagamento dos honorários seja em favor da sociedade de advogados a que pertence. Esta praxe certamente será universalizada, pois permite um regime tributário muito mais benéfico aos que observarem esta norma, quando a sociedade for optante pelo regime do Simples.

Também há inovação, no décimo oitavo parágrafo, ao permitir que seja cabível ação autônoma para a definição e cobrança de honorários que não foram fixados em sentença proferida em processo anterior, o que conflita com o entendimento sumulado do STJ.

Por fim, passa a permitir, no último parágrafo, que os advogados públicos recebam honorários de sucumbência, nos termos da lei. No caso da esfera federal, já há lei com essa previsão, o que também acontece em inúmeros Estados e Municípios. Contudo, era de se esperar do Poder Legislativo um pouco mais de coerência, afinal o advogado público já recebe vencimentos pelo desempenho do seu trabalho público, muito embora sequer seja responsabilizado pelos honorários da outra parte se a Fazenda Pública for derrotada. E, claro, isso sem sequer entrar na questão envolvendo o teto remuneratório do serviço público. Enfim, trata-se de um dispositivo com redação extensa, que é polêmico e que merece uma cuidadosa leitura, para que possa ser aquilatada toda a sua abrangência.

> Verbete nº 105 da Súmula do STJ: "*Na ação de mandado de segurança não se admite condenação em honorários advocatícios*".
>
> Verbete nº 306 da Súmula do STJ: "*Os honorários advocatícios devem ser compensados quando houver sucumbência recíproca, assegurado o direito autônomo do advogado à execução do saldo sem excluir a legitimidade da própria parte*".
>
> Verbete nº 345 da Súmula do STJ: "*São devidos honorários advocatícios pela Fazenda Pública nas execuções individuais de sentença proferida em ações coletivas, ainda que não embargadas*".
>
> Verbete nº 421 da Súmula do STJ: "*Os honorários advocatícios não são devidos à Defensoria Pública quando ela atua contra pessoa jurídica de direito público à qual pertença*".
>
> Verbete nº 453 da Súmula do STJ: "*Os honorários sucumbenciais, quando omitidos em decisão transitada em julgado, não podem ser cobrados em execução ou em ação própria*".
>
> Enunciado nº 5 da I Jornada de Processo Civil CEJ/CJF: "*Ao proferir decisão parcial de mérito ou decisão parcial fundada no art. 485 do CPC, condenar-se-á proporcionalmente o vencido a pagar honorários ao advogado do vencedor, nos termos do art. 85 do CPC*".
>
> Enunciado nº 6 da I Jornada de Processo Civil CEJ/CJF: "*A fixação dos honorários de sucumbência por apreciação equitativa só é cabível nas hipóteses previstas no § 8º do art. 85 do CPC*".
>
> Enunciado nº 7 da I Jornada de Processo Civil CEJ/CJF: "*A ausência de resposta ao recurso pela parte contrária, por si só, não tem o condão de afastar a aplicação do disposto no art. 85, § 11, do CPC*".
>
> Enunciado nº 8 da I Jornada de Processo Civil CEJ/CJF: "*Não cabe majoração de honorários advocatícios em agravo de instrumento, salvo se interposto contra decisão interlocutória que tenha fixado honorários na origem, respeitados os limites estabelecidos no art. 85, §§ 2º, 3º e 8º, do CPC*".
>
> Enunciado nº 14 da ENFAM: "*Em caso de sucumbência recíproca, deverá ser considerada proveito econômico do réu, para fins do art. 85, § 2º, do CPC/2015, a diferença entre o que foi pleiteado pelo autor e o que foi concedido, inclusive no que se refere às condenações por danos morais*".

Enunciado nº 15 da ENFAM: *"Nas execuções fiscais ou naquelas fundadas em título extrajudicial promovidas contra a Fazenda Pública, a fixação dos honorários deverá observar os parâmetros do art. 85,§ 3º, do CPC/2015".*

Enunciado nº 16 da ENFAM: *"Não é possível majorar os honorários na hipótese de interposição de recurso no mesmo grau de jurisdição (art. 85, § 11, do CPC/2015)".*

Enunciado nº 17 da ENFAM: *"Para apuração do 'valor atualizado da causa' a que se refere o art. 85, § 2º, do CPC/2015, deverão ser utilizados os índices previstos no programa de atualização financeira do CNJ a que faz referência o art. 509, § 3º".*

Impossibilidade de fracionamento dos honorários advocatícios em execução em face da Fazenda Pública. *"A Segunda Turma, por maioria, deu provimento a agravo em recurso extraordinário, no qual se arguiu a impossibilidade de fracionamento de honorários advocatícios, em face do art. 100, § 8º, da Constituição (1). O Colegiado ressaltou que, apesar de a possibilidade de execução autônoma dos honorários ser ponto pacífico, eles não se confundem com o crédito dos patrocinados. Salientou que, no caso, inexiste a pluralidade de autores titulares de crédito e, por conseguinte, o litisconsórcio. A quantia devida a título de honorários advocatícios é única, e, por se tratar de um único processo, calculada sobre o montante total devido. Por essa razão, o fato de o advogado ter atuado em causa plúrima não torna plúrimo também o seu crédito à verba advocatícia. Asseverou que o argumento de que o litisconsórcio facultativo simples representa, na verdade, várias causas cumuladas não pode ser utilizado para justificar a legitimidade do fracionamento da execuçãodos honorários advocatícios sucumbenciais. A Turma assentou que a condenação à verba honorária no título executivo foi global, ou seja, buscou remunerar o trabalho conjunto prestado pelo causídico. Vencido o Ministro Edson Fachin (relator), que desproveu o agravo por entender possível a execução fracionada dos honorários advocatícios. (1) Constituição Federal: 'Art. 100. Os pagamentos devidos pelas Fazendas Públicas Federal, Estaduais, Distrital e Municipais, em virtude de sentença judiciária, far-se-ão exclusivamente na ordem cronológica de apresentação dos precatórios e à conta dos créditos respectivos, proibida a designação de casos ou de pessoas nas dotações orçamentárias e nos créditos adicionais abertos para este fim. (...) § 8o É vedada a expedição de precatórios complementares ou suplementares de valor pago, bem como o fracionamento, repartição ou quebra do valor da execução para fins de enquadramento de parcela do total ao que dispõe o § 3º deste artigo'"* (STF. RE 1.038.035 AgR/RS, Rel. p/o ac. Min. Dias Toffoli, DJ 07/11/2017).

Possibilidade de honorários advocatícios em sede de reclamação. *"Embargos de declaração em agravo interno em reclamação. Direito Processual Civil. Instauração do contraditório. Honorários de sucumbência. Cabimento. Embargos declaratórios acolhidos para sanar omissão. 1. A Lei nº 8.038/93 foi derrogada pela Lei nº 13.105/2015 (art. 1.072, IV), alcançando a expressa revogação, dentre outros, dos arts. 13 a 18 do diploma legislativo de 1990, passando o instituto da reclamatória a estar abalizado pelos arts. 988 a 993 do novel diploma processual, com previsão da instauração do contraditório (CPC, art. 989, III). 2. Embora ambos os institutos possuam sedes materiae na Lei nº 13.105/2015, a litigância de má-fé e os honorários sucumbenciais distinguem-se tanto na* ratio de sua instituição quanto no beneficiário do provimento. 3. Cabimento da condenação em honorários advocatícios quando verificada a angularização da relação processual na ação reclamatória. 4. Embargos declaratórios acolhidos para, suprindo a omissão, fixar os honorários de sucumbência em 10% (dez por cento) sobre o valor do benefício econômico perseguido nos autos em referência (art. 85, § 2º, do CPC), cuja execução deverá ser realizada no juízo de origem" (STF. Rcl nº 25.160 AGR-ED/SP. Rel. Min. Dias Toffoli, DJ 06/10/2017).

Possibilidade de honorários recursais mesmo quando o recorrido, vitorioso no julgamento, não tiver apresentado contrarrazões. "*É cabível a fixação de honorários recursais, prevista no art. 85, § 11, do Código de Processo Civil (CPC), mesmo quando não apresentadas contrarrazões ou contraminuta pelo advogado. O Tribunal, por unanimidade, negou provimento a agravo regimental em ação originária e, por maioria, fixou honorários recursais. Quanto à fixação de honorários recursais, prevaleceu o voto do ministro Luiz Fux, que confirmou o entendimento fixado pela Primeira Turma. Para ele, a sucumbência recursal surgiu com o objetivo de evitar a reiteração de recursos; ou seja, de impedir a interposição de embargos de declaração, que serão desprovidos, independentemente da apresentação de contrarrazões. A finalidade não foi remunerar mais um profissional, porque o outro apresentou contrarrazões. O Ministro Edson Fachin afirmou que a expressão 'trabalho adicional', contida no § 11 do art. 85 do CPC, é um gênero que compreende várias espécies, entre elas, a contraminuta e as contrarrazões. Vencidos, nesse ponto, os ministros Marco Aurélio (relator), Celso de Mello e Cármen Lúcia, que não fixaram os honorários, considerada a inércia do agravado em apresentar contraminuta ao agravo interno. O ministro Marco Aurélio asseverou que, sem a apresentação de contrarrazões nem de contraminuta, não há como aditar os honorários anteriormente fixados*" (STF. AO 2016 AgR/CE, Rel. orig. Min. Marco Aurélio, red. p/o ac. Min. Luiz Fux, DJ 18/05/2017).

Honorários e o marco temporal para a aplicação do CPC/2015: prolação da sentença. "*Os honorários advocatícios nascem contemporaneamente à sentença e não preexistem à propositura da demanda, devendo observar as normas do CPC/2015 nos casos de decisões proferidas a partir de 18/3/2016. De início, destaca-se que a Corte Especial do STJ se posicionou que o arbitramento dos honorários não configura questão meramente processual, mas sim questão de mérito apta a formar um capítulo da sentença (RESP 1.113.175-DF, Rel. Min. Castro Meira, DJe 7/8/2012). Estabelecida a natureza jurídica dos honorários de sucumbência, mister fixar o marco temporal para a aplicação das novas regras previstas no CPC/2015. Neste ponto, a jurisprudência desta Corte é pacífica no sentido de que a sucumbência é regida pela lei vigente na data da sentença (RESP 783.208-SP, Rel. Min. Teori Zavascki, DJe 21/11/2005). Verifica-se, portanto, que os honorários nascem contemporaneamente à sentença e não preexistem à propositura da demanda. Assim sendo, aplicar-se-ão as normas do CPC/2015 nos casos de sentença proferida a partir de sua vigência (18/3/2016)*" (STJ. RESP 1.636.124-AL, Rel. Min. Herman Benjamin, por unanimidade, julgado em 06/12/2016, DJe 27/04/2017).

Possibilidade de honorários recursais mesmo quando o recorrido, vitorioso no julgamento, não tiver apresentado contrarrazões. "*É cabível a fixação de honorários recursais, prevista no art. 85, § 11, do novo Código de Processo Civil,* *mesmo quando não apresentadas contrarrazões ou contraminuta pelo advogado ('art. 85. A sentença condenará o vencido a pagar honorários ao advogado do vencedor. [...] § 11. O tribunal, ao julgar recurso, majorará os honorários fixados anteriormente levando em conta o trabalho adicional realizado em grau recursal, observando, conforme o caso, o disposto nos §§ 2º a 6º, sendo vedado ao tribunal, no cômputo geral da fixação de honorários devidos ao advogado do vencedor, ultrapassar os respectivos limites estabelecidos nos §§ 2º e 3º para a fase de conhecimento'). Com base nessa orientação, a Primeira Turma negou provimento a agravos regimentais e, por maioria, fixou honorários recursais. O ministro Marco Aurélio (relator) ficou vencido. Assentou que a fixação de honorários tem como pressuposto o trabalho desenvolvido pelo profissional da advocacia. Se o advogado não teve trabalho e não apresentou contraminuta ou contrarrazões, considerado o recurso interposto, não seria possível a condenação do recorrente ao pagamento da referida verba. Ressaltou não ter recebido o advogado em audiência, tampouco memorial apresentado por ele*" (STF. AI nº 864.689 AgR/MS e ARE nº 951.257 AgR/RJ. Rel. orig. Min. Marco Aurélio, red. p/ o ac. Min. Edson Fachin. DJ 27/09/2016).

Possibilidade de honorários recursais em sede de julgamento de agravo interno. *"Agravo interno no recurso extraordinário com agravo. Administrativo. Servidor. Incorporação de horas extras. Ausência do necessário prequestionamento. Súmula 282 do STF. Violação ao princípio do devido processo legal. Matéria com repercussão geral rejeitada pelo plenário do STF no ARE 748.371. Tema 660. Negativa de prestação jurisdicional. Inocorrência. Alegada ofensa ao artigo 93, IX, da Constituição Federal. Inexistência. Reiterada rejeição dos argumentos expendidos pela parte nas sedes recursais anteriores. Manifesto intuito protelatório. Multa do artigo 1.021, § 4º, do CPC/2015. Aplicabilidade. Recurso interposto sob a égide do novo Código de Processo Civil. Aplicação de nova sucumbência. Agravo interno desprovido"* (STF. ARE nº 916.685/Agr. Rel. Min. Luiz Fux. DJ 16/09/2016).

Descabimento de honorários recursais em demanda que originariamente não permite condenação em verba desta natureza. *"Descabe a fixação de honorários recursais, preconizados no art. 85, § 11, do CPC/2015 (art. 85. A sentença condenará o vencido a pagar honorários ao advogado do vencedor. [...] § 11. O tribunal, ao julgar recurso, majorará os honorários fixados anteriormente levando em conta o trabalho adicional realizado em grau recursal, observando, conforme o caso, o disposto nos §§ 2º a 6º, sendo vedado ao tribunal, no cômputo geral da fixação de honorários devidos ao advogado do vencedor, ultrapassar os respectivos limites estabelecidos nos §§ 2º e 3º para a fase de conhecimento"), na hipótese de recurso extraordinário formalizado no curso de processo cujo rito os exclua. Com base nessa orientação, a Primeira Turma, em julgamento conjunto de agravos regimentais, a eles negou provimento, sem fixação de honorários. No caso, não haveria previsão de oneração em honorários na ação originária"* (STF. ARE 948.578 AgR/RS. Rel. Min. Marco Aurélio. DJ 21/06/2016).

Possibilidade de honorários recursais em sede de julgamento de embargos de declaração. *"Após 18 de março de 2016, data do início da vigência do novo Código de Processo Civil, é possível condenar a parte sucumbente em honorários advocatícios na hipótese de o recurso de embargos de declaração não atender os requisitos previstos no art. 1.022 do referido diploma e tampouco se enquadrar em situações excepcionais que autorizem a concessão de efeitos infringentes. Com base nessa orientação, a Primeira Turma desproveu os embargos de declaração e, por* maioria, condenou a parte sucumbente ao pagamento de honorários. Afirmou que a razão de ser da sucumbência recursal seria dissuadir manobras protelatórias. Vencido o Ministro Marco Aurélio, que afastava a condenação no caso concreto. Pontuava que os embargos de declaração serviriam para esclarecer ou integrar o julgamento realizado anteriormente. No entanto, o recurso que motivara os embargos de declaração teria sido interposto sob a regência do Código pretérito. Portanto, não seria possível condenar a parte sucumbente com base no Novo Código de Processo Civil" (STF. REXTR nº 929.925 AgR-ED/RS. Rel. Min. Luiz Fux. DJ 07/06/2016).

Ação para fixação e cobrança de honorários contratuais. Descabimento quando no curso da demanda anterior o próprio causídico renunciou aos poderes conferidos. "*Ação de arbitramento de honorários advocatícios. Existência e previsão expressa de remuneração* ad exitum. *Causídico que renunciou aos poderes antes do encerramento das demandas relacionadas aos serviços contratados. Nos contratos em que estipulado o êxito como condição remuneratória dos serviços advocatícios prestados, a renúncia do patrono originário, antes do julgamento definitivo da causa, não lhe confere o direito imediato ao arbitramento de verba honorária proporcional ao trabalho realizado, revelando-se necessário aguardar o desfecho processual positivo para a apuração da quantia devida*" (STJ. RESP 1.337.749-MS, Rel. Min. Luis Felipe Salomão, por unanimidade, julgado em 14/02/2017, DJe 06/04/2017).

Honorários em embargos de terceiros. Princípio da causalidade. Possibilidade de o próprio embargante ser condenado na sucumbência mesmo com o acolhimento do seu pedido. "*Nos Embargos de Terceiro cujo pedido foi acolhido para desconstituir a constrição judicial, os honorários advocatícios serão arbitrados com base no princípio da causalidade, responsabilizando-se o atual proprietário (embargante), se este não atualizou os dados cadastrais; os encargos de sucumbência serão suportados pela parte embargada, porém, na hipótese em que esta, depois de tomar ciência da transmissão do bem, apresentar ou insistir na impugnação ou recurso para manter a penhora sobre o bem cujo domínio foi transferido para terceiro. Em relação ao tema, a sucumbência deve ter por norte a aplicação do princípio da causalidade. Nesse sentido, a Súmula nº 303 do STJ dispôs especificamente: 'Em embargos de terceiro, quem deu causa à constrição indevida deve arcar com os honorários advocatícios.' Na hipótese em análise, os Embargos de Terceiro visavam à desconstituição de penhora efetuada sobre imóvel não mais integrante do patrimônio da parte executada. Nesse contexto, o adquirente do imóvel, ao não providenciar a transcrição do título na repartição competente, expõe o bem à indevida constrição judicial em demandas ajuizadas contra o antigo proprietário. Isso porque as diligências realizadas pelo oficial de Justiça ou pela parte credora em face do antigo proprietário do imóvel, destinadas à localização de bens, no caso específico daqueles sujeitos a registro (imóveis, veículos), são feitas mediante consulta aos Cartórios de Imóveis (Detran, no caso de veículos), razão pela qual a desatualização dos dados cadastrais fatalmente acarretará a efetivação da indevida penhora sobre o bem. Nessas condições, não é lícito que a omissão do atual proprietário do imóvel no cumprimento de um dever legal implique, em favor da parte negligente, que esta deva ser considerada vencedora na demanda, para efeito de atribuição dos encargos de sucumbência. Assim, em regra, não haverá condenação da parte embargada – a qual promovia execução contra o antigo proprietário –*

quando verificado que o imóvel não teve devidamente registrada a alteração na titularidade dominial. Excetua-se a hipótese em que a parte credora, mesmo ciente da transmissão da propriedade, opuser resistência e defender a manutenção da penhora – o que evidencia o conflito de interesses na demanda, apto a ensejar a aplicação do princípio da sucumbência" (STJ. RESP 1.452.840-SP, Rel. Min. Herman Benjamin, Primeira Seção, julgado em 14/09/2016, DJe 05/10/2016 – Informativo nº 591).

Não cabimento de honorários advocatícios em sede de ação civil pública quando o demandado é vencido, tal como ocorre quando o demandante não tiver êxito. "*É firme a jurisprudência da Primeira Seção no sentido de que, por critério de simetria, não cabe a condenação da parte vencida em ação civil pública ao pagamento de honorários advocatícios*" (STJ. RESP nº 1.418.651/RJ. Rel. Min. Herman Benjamim. DJ 13/09/2016).

Descabimento de honorários advocatícios em desfavor do INPI em ação de nulidade de registro de marca, dependendo de exame casuístico. "*Em ação de nulidade de registro de marca a que o INPI não deu causa nem após resistência direta, não cabe condenação do instituto em honorários advocatícios sucumbenciais. Recentemente, a Terceira Turma do STJ debateu a condição da atuação obrigatória do INPI nas ações anulatórias de registro de marca, exigida nos termos do art. 175 da Lei nº 9.279/1996. Naquela oportunidade, a despeito de se ter reconhecido a legitimidade passiva do INPI, consignou-se a existência de uma intervenção sui generis, peculiar ao INPI, sendo que 'o INPI, ao menos em tese, tem posição processual própria e independente da vontade das partes litigantes' (RESP 1.258.662-PR, DJe 5/2/2016). Desse modo, a legitimidade* ad causam *do INPI, como em todas as demais situações processuais, dependerá de exame casuístico e particularizado e exige-se do magistrado tomar em consideração também a conduta processual inicialmente adotada pelo instituto, para além da tradicional avaliação* in status assertionis. *Noutro giro, a exigência legal de participação do INPI em demandas anulatórias de registro de marca não tem por consequência a imposição de um litisconsórcio passivo necessário, tampouco resulta no afastamento automático de sua legitimidade passiva, modificando-se à luz da teoria da causalidade e da própria resistência oferecida no bojo da demanda. Inexistindo resistência direta à pretensão e não sendo imputável ao instituto a causa da propositura da demanda, sua atuação processual lateral afasta a legitimação passiva e, por consequência, sua condenação sucumbencial*" (STJ. RESP 1.378.699-PR, Rel. Min. Marco Aurélio Bellizze, julgado em 07/06/2016, DJe 10/06/2016 – Informativo nº 585).

Cabimento de honorários advocatícios em desfavor do INPI em ação de nulidade de registro de marca, dependendo de exame casuístico. "*Na ação de nulidade de registro de marca em que o INPI foi indicado como réu ao lado de sociedade empresária em virtude da concessão indevida do registro e do não processamento do procedimento administrativo para anular o registro indevidamente concedido, a autarquia federal responde solidariamente pelos honorários advocatícios sucumbenciais, na hipótese em que se reconheceu a omissão do instituto quanto à citada inércia, ainda que o ente federal tenha reconhecido a procedência do pedido judicial. O art. 175 da Lei nº 9.279/1996 (Lei de Propriedade Industrial – LPI) dispõe que "A ação de nulidade do registro será ajuizada no foro da Justiça Federal e o INPI, quando não for autor, intervirá no feito". Com efeito, o tema acerca da natureza jurídica da intervenção do INPI, nas ações de nulidade de marcas e* *patentes, é controvertido na doutrina e na jurisprudência. Isso porque, de fato, a lei impõe a participação do INPI, presumindo a existência de um interesse jurídico que não se confunde com o interesse individual das partes. Em regra, enquanto os particulares disputam um direito patrimonial, calcado essencialmente em objetivos fático-econômicos, o INPI compromete-se com a defesa do interesse social difuso: o desenvolvimento tecnológico e econômico do país. Noutros termos, por não se comprometer com o interesse individual de quaisquer das partes, o INPI, ao menos em tese, tem posição processual própria e independente da vontade das partes litigantes, o que de fato distancia a intervenção da LPI das intervenções típicas previstas no CPC – o qual somente se aplica de forma subsidiária às demandas de nulidade de registro marcário. Assim, não haveria que se cogitar da aplicação do art. 50 do CPC, porquanto a assistência é instituto voluntário, ao passo que a intervenção da LPI é obrigatória. Todavia, na situação concreta, a solução se distingue da regra geral, pois a autora direcionou sua demanda de forma expressa contra o INPI justificada pela inércia do instituto em relação ao andamento de prévio requerimento administrativo para declarar a nulidade do registro marcário concedido à ré. Desse modo, a causa de pedir da recorrida não ficou limitada à concessão indevida do registro, mas incluiu o não processamento do procedimento administrativo, situação imputável exclusivamente à autarquia. Assim, a demanda foi corretamente direcionada ao INPI que, sim, compôs a lide como autêntico réu, devendo, portanto, suportar todos os ônus de sua sucumbência*" (STJ. RESP 1.258.662-PR, Rel. Min. Marco Aurélio Bellizze, julgado em 02/02/2016, DJe 05/02/2016 – Informativo nº 576).

Descabimento de honorários a favor ou não do Ministério Público, em sede de ação civil pública, independentemente do resultado da demanda, exceto hipóteses de má-fé (CPC/73). "*A atuação do Ministério Público, pro populo, nas ações difusas, justificam, ao ângulo da lógica jurídica, sua dispensa em suportar os ônus sucumbenciais, acaso inacolhida a ação civil pública. Consectariamente, o Ministério Público não deve ser condenado ao pagamento de honorários advocatícios e despesas processuais, salvo se comprovada má-fé. Precedentes do STJ. RESP provido*" (STJ. RESP nº 480.156/MG. Rel. Min. Luiz Fux. DJ 03/06/2003).

Apelação cível. Ação revisional. Contrato não anexado aos autos. Juros remuneratórios. Limitação à média do mercado. Possibilidade. Súm. 530 do STJ. Comissão de permanência e capitalização. Pactuação não comprovada. Cobrança não autorizada. Repetição simples do indébito. Admissibilidade. Juros e capitalização em contrato de empréstimo juntado no processo. Inexistência de interesse. Manutenção do avençado. Honorários advocatícios arbitrados no mínimo legal. Impossibilidade de minoração. Majoração em segunda instância. Art. 85, § 11, do NCPC. Recurso parcialmente conhecido e nesse ponto não provido. Invertido o ônus da prova e determinado que a Instituição Financeira trouxesse aos autos o contrato objeto da lide, ficando ela inerte, é admitida a limitação dos juros remuneratórios à taxa média de mercado, bem como a exclusão da capitalização e comissão de permanência, ante a ausência expressa de contratação desses encargos, já que é vedado presumi-la. Não há interesse recursal com relação aos juros e capitalização convencionados no contrato de empréstimo em discussão se a sentença não os alterou. Os honorários advocatícios fixados no mínimo legal não comportam minoração. Publicada a sentença depois da entrada em vigor do novo Código de Processo Civil, os honorários devem ser majorados na via recursal (art. 85, § 11, do NCPC) (TJ-MT. Ap 2246/2017, Des. Rubens de Oliveira Santos Filho, Sexta Câmara Cível, julgado em 15/02/2017, DJE 20/02/2017).

Descabimento de honorários advocatícios em sede de *habeas data* (CPC/73). *"Não cabe condenação em honorários de sucumbência na ação de* habeas data, *uma vez que o acesso ao Poder Judiciário por meio daquele remédio constitucional é franqueado nos termos do art. 5º, inc. LXXVII, da CR/88 e obedece ao disposto nas Súmulas nºˢ 105 do STJ e 512 do STF"* (TJ-MG. Processo nº 1.0024.03.091539-1/001 (1). Rel. Des. Edgard Penna Amorim. DJ 10/03/2005).

Possibilidade de majoração dos honorários advocatícios em sede recursal (CPC/73). *"Direito Processual Civil. Execução. Lucros cessantes. Decisão que fixou a incidência de juros, correção monetária e honorários advocatícios sobre verba apurada em liquidação de sentença, fixados por equidade na instância recursal. Incidência dos juros a partir da citação na forma do Código Civil, ou seja, acrescidos de juros de mora de 6% ao ano, contados da citação e de juros de 12% ao ano, a partir de 11 de janeiro de 2003. Correção monetária. Termo a quo. Julgado que arbitrou o valor da verba por equidade. Honorários advocatícios. Majoração de ofício em mais 5% (cinco por cento) sobre o valor da condenação. A Alta Corte de Direito Federal proclama que os honorários decorrem da sucumbência da parte e por isso devem ser fixados independentemente do pedido (entre tantos outros, ver RESP nº 634.827/BA, 1ª Turma, Rel. o Min. Teori Zavascki, julgado em 19 de agosto de 2004, unânime). Impõe-se, assim, em atendimento ao princípio da equidade referido no art. 20, § 4º, da Lei Processual Civil, que se arbitrem novos honorários pela atuação do profissional vencedor neste recurso, sem prejuízo dos honorários sucumbenciais que lhe foram deferidos pela instância anterior. Provimento parcial do recurso"* (TJ-RJ. Apelação cível nº 2008.002.16929. Rel. Des. Nagib Slaibi Filho, julgado em : 19/11/2008).

Art. 86

Art. 86. Se cada litigante for, em parte, vencedor e vencido, serão proporcionalmente distribuídas entre eles as despesas.

Parágrafo único. Se um litigante sucumbir em parte mínima do pedido, o outro responderá, por inteiro, pelas despesas e pelos honorários.

O dispositivo em questão deve ser interpretado literalmente, tendo apenas excluído a menção à que os honorários seriam compensados em caso de sucumbência recíproca, já que foi dado tratamento distinto ao tema em razão do dispositivo acima mencionado (art. 85, parágrafo quatorze). Ressalva-se que a disposição constante no parágrafo único do dispositivo não se aplica nas demandas que envolvam a formulação de pedido determinado de danos morais, de acordo com entendimento sumulado do STJ.

É de se observar, ainda, uma tendência jurisprudencial em também se adotar esta mesma consequência (rateio das despesas entre as partes), nas hipóteses em que o processo é extinto sem resolução do mérito em razão da falta de interesse processual superveniente.

> **Verbete nº 326 da Súmula do STJ:** "*Na ação de indenização por dano moral, a condenação de montante inferior ao postulado na inicial não implica sucumbência recíproca*".
>
> **Verbete nº 105 da Súmula do TJ-RJ:** "*A indenização por dano moral, fixada em montante inferior ao requerido, não implica, necessariamente, em sucumbência recíproca*".

> **Pagamento do débito por terceiro. Extinção do processo, sem resolução do mérito, por perda superveniente de interesse processual. Condenação ao pagamento dos ônus da sucumbência. Rateio entre as partes.** "*Nas hipóteses de extinção do processo sem resolução de mérito provocada pela perda do objeto da ação em razão de ato de terceiro e sem que exista a possibilidade de se saber qual dos litigantes seria sucumbente se o mérito da ação fosse julgado, o pagamento das custas e dos honorários advocatícios deve ser rateado entre as partes*" (STJ. RESP 1.641.160-RJ, Rel.ª Min.ª Nancy Andrighi, por unanimidade, julgado em 16/3/2017, DJe 21/03/2017).
>
> **Procedência parcial do pedido determinado de danos morais não caracteriza sucumbência recíproca (CPC/73).** "*Em princípio, a sentença que defere menos do que foi pedido a título de indenização por dano moral acarreta a sucumbência recíproca, exigindo a aplicação do art. 21 do Código de Processo Civil. Solução que se afasta, porque, observado esse critério na espécie, a vítima do dano moral pagaria mais à guisa de honorários advocatícios do que receberia por conta do ressarcimento. RESP não conhecido*" (STJ. RESP nº 265.350/RJ. Rel. Min. Ari Pargendler. DJ 22/02/2001).
>
> **Procedência parcial do pedido determinado de danos morais não caracteriza sucumbência recíproca (CPC/73).** "*Embora a verba indenizatória fixada seja inferior à pretendida na inicial, não se considera na hipótese a sucumbência recíproca porque a pretensão principal, que era a condenação do réu, obteve êxito, sendo o arbitramento dos danos morais uma consequência da procedência do pedido, ocorrendo, portanto, a sucumbência exclusiva do réu, independentemente da qualificação dos danos morais*" (TJ-RJ. Apelação Cível nº 2008.001.34160. Rel. Des. Sidney Hartung. DJ 29/10/2008).

Art. 87

Art. 87. Concorrendo diversos autores ou diversos réus, os vencidos respondem proporcionalmente pelas despesas e pelos honorários.

§ 1º A sentença deverá distribuir entre os litisconsortes, de forma expressa, a responsabilidade proporcional pelo pagamento das verbas previstas no *caput*.

§ 2º Se a distribuição de que trata o § 1º não for feita, os vencidos responderão solidariamente pelas despesas e pelos honorários.

O dispositivo em questão deve ser interpretado literalmente, com pequena novidade no sentido de que em casos de litisconsórcio o juiz deverá distribuir de forma expressa a responsabilidade proporcional pelo pagamento da sucumbência, pois, do contrário, os vencidos responderão solidariamente por ela.

Art. 88

Art. 88. Nos procedimentos de jurisdição voluntária, as despesas serão adiantadas pelo requerente e rateadas entre os interessados.

O dispositivo em questão deve ser interpretado literalmente, tratando do adiantamento das despesas pelo requerente nos casos de jurisdição voluntária, embora elas possam ser rateadas pelos interessados.

Art. 89

Art. 89. Nos juízos divisórios, não havendo litígio, os interessados pagarão as despesas proporcionalmente a seus quinhões.

O dispositivo em questão deve ser interpretado literalmente, disciplinando as despesas em juízos divisórios.

Art. 90

Art. 90. Proferida sentença com fundamento em desistência, em renúncia ou em reconhecimento do pedido, as despesas e os honorários serão pagos pela parte que desistiu, renunciou ou reconheceu.

§ 1º Sendo parcial a desistência, a renúncia ou o reconhecimento, a responsabilidade pelas despesas e pelos honorários será proporcional à parcela reconhecida, à qual se renunciou ou da qual se desistiu.

§ 2º Havendo transação e nada tendo as partes disposto quanto às despesas, estas serão divididas igualmente.

§ 3º Se a transação ocorrer antes da sentença, as partes ficam dispensadas do pagamento das custas processuais remanescentes, se houver.

§ 4º Se o réu reconhecer a procedência do pedido e, simultaneamente, cumprir integralmente a prestação reconhecida, os honorários serão reduzidos pela metade.

O dispositivo pouco discrepa do modelo anterior (CPC/73). Apenas incluiu a renúncia ao lado da desistência e do reconhecimento do pedido. Contudo, inova nos dois últimos parágrafos, ao prever que se a transação entre as partes ocorrer antes da sentença elas não arcarão com as custas remanescentes do processo e, também, ao estabelecer que se o demandado reconhecer a procedência do pedido e cumprir integralmente a prestação, os honorários serão reduzidos pela metade. Acrescenta-se que outra norma (art. 485 e §§ 4º e 5º), também trazem novidades quanto à "desistência" como, por exemplo, a fixação de marco temporal para que o demandante a manifeste.

> Enunciado nº 9 da I Jornada de Processo Civil CEJ/CJF: *"Aplica-se o art. 90, § 4º, do CPC ao reconhecimento da procedência do pedido feito pela Fazenda Pública nas ações relativas às prestações de fazer e de não fazer"*.
>
> Enunciado nº 10 da I Jornada de Processo Civil CEJ/CJF: *"O benefício do § 4º do art. 90 do CPC aplica-se apenas à fase de conhecimento"*.

Art. 91

Art. 91. As despesas dos atos processuais praticados a requerimento da Fazenda Pública, do Ministério Público ou da Defensoria Pública serão pagas ao final pelo vencido.

§ 1º As perícias requeridas pela Fazenda Pública, pelo Ministério Público ou pela Defensoria Pública poderão ser realizadas por entidade pública ou, havendo previsão orçamentária, ter os valores adiantados por aquele que requerer a prova.

§ 2º Não havendo previsão orçamentária no exercício financeiro para adiantamento dos honorários periciais, eles serão pagos no exercício seguinte ou ao final, pelo vencido, caso o processo se encerre antes do adiantamento a ser feito pelo ente público.

O dispositivo inclui a Defensoria Pública no *caput*, de modo que as despesas dos atos por ela requeridos serão pagas ao final pelo vencido. Inova, também, nos parágrafos, ao permitir que as perícias requeridas pelos mesmos entes mencionados no *caput* possam ser custeadas por entidade pública, quando houver previsão orçamentária própria para tanto. A diferença de tratamento para a prova pericial é que ela demanda pessoa que possua conhecimento técnico especializado e nem sempre é possível obter um profissional que aceite receber pelos seus serviços apenas ao final do processo. Portanto, tratando-se de perícia é até comum que os entes acima indicados antecipem o valor para a realização da referida prova, o que agora passa a ser disciplinado por este dispositivo. De resto, o último parágrafo retrata em parte esta situação, mas prevendo que o pagamento poderá ser feito no exercício financeiro seguinte, o que certamente afastará os bons profissionais para o exercício desta atividade, já que podem renunciar a este encargo, além de também estar em desarmonia com antigo verbete do STJ.

> Verbete nº 232 da Súmula do STJ: "*A Fazenda Pública, quando parte no processo, fica sujeita à exigência do depósito prévio dos honorários do perito*".

Art. 92

Art. 92. Quando, a requerimento do réu, o juiz proferir sentença sem resolver o mérito, o autor não poderá propor novamente a ação sem pagar ou depositar em cartório as despesas e os honorários a que foi condenado.

O dispositivo em questão deve ser interpretado literalmente, impondo que em casos de sentença terminativa o demandante não mais poderá repetir a ação e instaurar um novo processo sem antes provar o recolhimento integral da sucumbência fixada no anterior. O mesmo raciocínio é mencionado posteriormente no CPC (art. 486, § 2º).

Art. 93

Art. 93. As despesas de atos adiados ou cuja repetição for necessária ficarão a cargo da parte, do auxiliar da justiça, do órgão do Ministério Público ou da Defensoria Pública ou do juiz que, sem justo motivo, houver dado causa ao adiamento ou à repetição.

O dispositivo em questão deve ser interpretado literalmente, apenas para também incluir o membro da Defensoria Pública na hipótese ali mencionada, que cuida da responsabilidade das despesas pela não realização de ato processual.

Art. 94

Art. 94. Se o assistido for vencido, o assistente será condenado ao pagamento das custas em proporção à atividade que houver exercido no processo.

O dispositivo trata da responsabilidade do assistente em arcar com as custas processuais quando o assistido for vencido, embora na proporção à atividade que houver exercido no processo.

Art. 95

Art. 95. Cada parte adiantará a remuneração do assistente técnico que houver indicado, sendo a do perito adiantada pela parte que houver requerido a perícia ou rateada quando a perícia for determinada de ofício ou requerida por ambas as partes.

§ 1º O juiz poderá determinar que a parte responsável pelo pagamento dos honorários do perito deposite em juízo o valor correspondente.

§ 2º A quantia recolhida em depósito bancário à ordem do juízo será corrigida monetariamente e paga de acordo com o art. 465, § 4º.

§ 3º Quando o pagamento da perícia for de responsabilidade de beneficiário de gratuidade da justiça, ela poderá ser:

I – custeada com recursos alocados no orçamento do ente público e realizada por servidor do Poder Judiciário ou por órgão público conveniado;

II – paga com recursos alocados no orçamento da União, do Estado ou do Distrito Federal, no caso de ser realizada por particular, hipótese em que o valor será fixado conforme tabela do tribunal respectivo ou, em caso de sua omissão, do Conselho Nacional de Justiça.

§ 4º Na hipótese do § 3º, o juiz, após o trânsito em julgado da decisão final, oficiará a Fazenda Pública para que promova, contra quem tiver sido condenado ao pagamento das despesas processuais, a execução dos valores gastos com a perícia particular ou com a utilização de servidor público ou da estrutura de órgão público, observando-se, caso o responsável pelo pagamento das despesas seja beneficiário de gratuidade da justiça, o disposto no art. 98, § 2º.

§ 5º Para fins de aplicação do § 3º, é vedada a utilização de recursos do fundo de custeio da Defensoria Pública.

Traz inovações no que diz respeito ao pagamento das despesas para a realização de prova pericial. Naqueles casos em que a perícia foi requerida pelas partes ou determinada de ofício pelo juiz, esta despesa será rateada por elas e não apenas suportada pelo demandante, nos termos do modelo anterior (CPC/73). Também prevê que, em casos de gratuidade de justiça, esta despesa poderá ser suportada por recursos alocados ao orçamento do ente público, com a ressalva das verbas do fundo de custeio da Defensoria Pública. Também prevê que as perícias realizadas por particular devem observar tabelamento a ser criado pelo CNJ.

Art. 96

> Art. 96. O valor das sanções impostas ao litigante de má-fé reverterá em benefício da parte contrária, e o valor das sanções impostas aos serventuários pertencerá ao Estado ou à União.

O dispositivo em questão deve ser interpretado literalmente, prevendo que as multas fixadas por litigância de má-fé serão revertidas à parte contrária e aquelas outras decorrentes de ato atentatório à dignidade da Justiça serão revertidas ao próprio ente federal ou estadual, dependendo da Justiça em que o processo estiver tramitando. Mas ressalva-se que há outras condutas que corporificam ato atentatório a dignidade da Justiça que podem ser praticadas pelos próprios demandantes e cujo numerário é revertido a favor da parte que foi vítima (art. 774).

Art. 97

> Art. 97. A União e os Estados podem criar fundos de modernização do Poder Judiciário, aos quais serão revertidos os valores das sanções pecuniárias processuais destinadas à União e aos Estados, e outras verbas previstas em lei.

O dispositivo é uma novidade, ao autorizar que podem ser criados fundos de modernização do Poder Judiciário, que receberão os valores das sanções previstas no CPC as quais serão revertidas para a própria Fazenda Pública (art. 77 e art. 96).

Seção IV
Da Gratuidade da Justiça

Art. 98

> Art. 98. A pessoa natural ou jurídica, brasileira ou estrangeira, com insuficiência de recursos para pagar as custas, as despesas processuais e os honorários advocatícios tem direito à gratuidade da justiça, na forma da lei.
>
> § 1º A gratuidade da justiça compreende:
>
> I – as taxas ou as custas judiciais;
>
> II – os selos postais;

III – as despesas com publicação na imprensa oficial, dispensando-se a publicação em outros meios;

IV – a indenização devida à testemunha que, quando empregada, receberá do empregador salário integral, como se em serviço estivesse;

V – as despesas com a realização de exame de código genético – DNA e de outros exames considerados essenciais;

VI – os honorários do advogado e do perito e a remuneração do intérprete ou do tradutor nomeado para apresentação de versão em português de documento redigido em língua estrangeira;

VII – o custo com a elaboração de memória de cálculo, quando exigida para instauração da execução;

VIII – os depósitos previstos em lei para interposição de recurso, para propositura de ação e para a prática de outros atos processuais inerentes ao exercício da ampla defesa e do contraditório;

IX – os emolumentos devidos a notários ou registradores em decorrência da prática de registro, averbação ou qualquer outro ato notarial necessário à efetivação de decisão judicial ou à continuidade de processo judicial no qual o benefício tenha sido concedido.

§ 2º A concessão de gratuidade não afasta a responsabilidade do beneficiário pelas despesas processuais e pelos honorários advocatícios decorrentes de sua sucumbência.

§ 3º Vencido o beneficiário, as obrigações decorrentes de sua sucumbência ficarão sob condição suspensiva de exigibilidade e somente poderão ser executadas se, nos 5 (cinco) anos subsequentes ao trânsito em julgado da decisão que as certificou, o credor demonstrar que deixou de existir a situação de insuficiência de recursos que justificou a concessão de gratuidade, extinguindo-se, passado esse prazo, tais obrigações do beneficiário.

§ 4º A concessão de gratuidade não afasta o dever de o beneficiário pagar, ao final, as multas processuais que lhe sejam impostas.

§ 5º A gratuidade poderá ser concedida em relação a algum ou a todos os atos processuais, ou consistir na redução percentual de despesas processuais que o beneficiário tiver de adiantar no curso do procedimento.

§ 6º Conforme o caso, o juiz poderá conceder direito ao parcelamento de despesas processuais que o beneficiário tiver de adiantar no curso do procedimento.

§ 7º Aplica-se o disposto no art. 95, §§ 3º a 5º, ao custeio dos emolumentos previstos no § 1º, inciso IX, do presente artigo, observada a tabela e as condições da lei estadual ou distrital respectiva.

§ 8º Na hipótese do § 1º, inciso IX, havendo dúvida fundada quanto ao preenchimento atual dos pressupostos para a concessão de gratuidade, o notário ou registrador, após praticar o ato, pode requerer, ao juízo competente para decidir questões notariais ou registrais, a revogação total ou parcial do benefício ou a sua substituição pelo parcelamento de que trata o § 6º deste artigo, caso em que o beneficiário será citado para, em 15 (quinze) dias, manifestar-se sobre esse requerimento.

O dispositivo inaugura uma Seção nova no CPC, denominada "Da Gratuidade de Justiça", criando diversas inovações distintas daquelas anteriormente previstas na lei específica (Lei nº 1.060/50).

Permite que a gratuidade seja requerida tanto por pessoa física quanto por pessoa jurídica, muito embora a possibilidade de esta requerer o beneplácito já fosse reconhecida por entendimento sumulado do STJ.

Esclarece minuciosamente quais despesas são abrangidas pela gratuidade de justiça. Mantém o entendimento de que a gratuidade não afasta a condenação pelos ônus da sucumbência, muito embora esta condenação tenha a sua exigibilidade suspensa por cinco anos, salvo mudança de fortuna.

Prevê que a gratuidade pode ser para todos ou apenas para alguns atos do processo, bem como pode ser permitida a redução de despesas que devem ser adiantadas. Como as despesas notariais são abrangidas pela gratuidade, autoriza que o próprio notário ou registrador venha em juízo (com competência para questões notariais ou registrais) questionar o deferimento deste benefício, postulando a sua revogação, o que sugere se tratar de demanda acessória, eis que há menção de que a parte com gratuidade terá que ser citada para responder aos seus termos. É de se criticar, de um lado, a burocracia neste tratamento que sugere o uso de ação específica para estes fins, e, por outro, também a possibilidade de um magistrado de primeira instância (lotado no juízo especializado em matéria notarial ou registral), atuar como instância revisora das decisões proferidas por outro colega que atua em mesma instância, mas perante órgão com competência diferenciada. Defende-se, aqui, que o notário ou registrador compareçam no processo primitivo e, ali mesmo, façam requerimento para revogação da gratuidade de justiça.

Atentar, ainda, que o CPC, em suas disposições finais e transitórias, revogou os arts. 2º, 3º, 4º, 6º, 7º, 11, 12 e 17 da Lei nº 1.060/50 (art. 1.072, III).

> **Verbete nº 481 da Súmula do STJ:** *"Faz jus ao benefício da justiça gratuita a pessoa jurídica com ou sem fins lucrativos que demonstrar sua impossibilidade de arcar com os encargos processuais".*

> **Ação de usucapião especial urbana. Benefícios da justiça e da assistência judiciária gratuita. Presunção relativa de hipossuficiência.** *"É relativa a presunção de hipossuficiência do autor em ação de usucapião especial urbana e, por isso, é ilidida a partir da comprovação inequívoca de que o autor não pode ser considerado 'necessitado' nos termos do parágrafo único do art. 2º Lei nº 1.060/1950"* (STJ. RESP 1.517.822-SP, Rel. Min. Ricardo Villas Bôas Cueva, por unanimidade, julgado em 21/2/2017, DJe 24/02/2017).
>
> **Descabimento de assistência jurídica gratuita em ação civil pública por improbidade administrativa.** *"Concessão de prazo para recolhimento de custas processuais. No caso de massa falida, o estado de miserabilidade não se presume pela quebra da pessoa jurídica. Precedentes do STJ e do TRF1. Não comprovada de maneira efetiva condição de pobreza pela pessoa jurídica, não se concede a assistência judiciária gratuita. Unânime"* (TRF-1. AI 0061477-34.2015.4.01.0000, Rel. Juiz Federal Antônio Oswaldo Scarpa, em 25/04/2017).

Art. 99

Art. 99. O pedido de gratuidade da justiça pode ser formulado na petição inicial, na contestação, na petição para ingresso de terceiro no processo ou em recurso.

§ 1º Se superveniente à primeira manifestação da parte na instância, o pedido poderá ser formulado por petição simples, nos autos do próprio processo, e não suspenderá seu curso.

§ 2º O juiz somente poderá indeferir o pedido se houver nos autos elementos que evidenciem a falta dos pressupostos legais para a concessão de gratuidade, devendo, antes de indeferir o pedido, determinar à parte a comprovação do preenchimento dos referidos pressupostos.

§ 3º Presume-se verdadeira a alegação de insuficiência deduzida exclusivamente por pessoa natural.

§ 4º A assistência do requerente por advogado particular não impede a concessão de gratuidade da justiça.

§ 5º Na hipótese do § 4º, o recurso que verse exclusivamente sobre valor de honorários de sucumbência fixados em favor do advogado de beneficiário estará sujeito a preparo, salvo se o próprio advogado demonstrar que tem direito à gratuidade.

> **§ 6º O direito à gratuidade da justiça é pessoal, não se estendendo a litisconsorte ou a sucessor do beneficiário, salvo requerimento e deferimento expressos.**
>
> **§ 7º Requerida a concessão de gratuidade da justiça em recurso, o recorrente estará dispensado de comprovar o recolhimento do preparo, incumbindo ao relator, neste caso, apreciar o requerimento e, se indeferi-lo, fixar prazo para realização do recolhimento.**

O artigo instrumentaliza como deve ser feito o requerimento para a obtenção da gratuidade de justiça, ou seja, na petição inicial, na contestação ou em simples petição para ingresso do terceiro no processo ou em recurso. Também admite que o requerimento seja feito por petição simples quando se tratar de mudança de fortuna superveniente. Critica-se a redação dos parágrafos terceiro e quarto, que praticamente universalizam a concessão deste benefício. Com efeito, os parágrafos estabelecem que o juiz somente poderá indeferir o pleito se houver elementos nos autos em sentido contrário, muito embora antes de indeferir deva dar oportunidade para a parte trazer esclarecimentos, bem como que é presumida como verdadeira a alegação de insuficiência deduzida por pessoa natural. O dispositivo também traz mais novidades, como a de que a presença de advogado particular não é motivo para indeferimento, que a parte terá que efetuar o preparo nos recursos interpostos em que se discute tão somente a majoração da verba honorária fixada ao advogado do beneficiário da gratuidade, entre outras mais.

> **Gratuidade de Justiça pode ser concedida independentemente de o advogado particular ter que declarar patrocínio gratuito.** *"É possível o deferimento de assistência judiciária gratuita a jurisdicionado que tenha firmado com seu advogado contrato de honorários com cláusula* ad exitum. *Essa solução é consentânea com o propósito da Lei nº 1.060/1950, pois garante ao cidadão de poucos recursos a escolha do causídico que, aceitando o risco de não auferir remuneração no caso de indeferimento do pedido, melhor represente seus interesses em juízo. Ademais, eventual exigência de declaração de patrocínio gratuito incondicional não encontra assento em qualquer dispositivo da Lei nº 1.060/1950, tratando-se de requisito não previsto, em afronta ao princípio plasmado no art. 5º, II, da CF. A propósito, a Quarta Turma do STJ, no julgamento do RMS 7.914-RJ (DJ 28/6/1999), registrou: 'não se pode aplaudir a exigência de que o advogado declare que exercerá o patrocínio gratuito, pois tal não está na lei, a qual se contenta com a aceitação, pelo profissional indicado pela parte, da escolha feita (art. 5º, § 4º, da Lei nº 1.060/50).' Precedentes citados: RESP 1.153.163-RS, Terceira Turma, DJe 2/8/2012; RESP 1.404.556-RS, Terceira Turma, DJe 1º/8/2014; e RESP 1.065.782-RS, Quarta Turma, DJe 22/3/2013"* (STJ. RESP 1.504.432-RJ, Rel. Min. Og Fernandes, julgado em 13/09/2016, DJe 21/09/2016 – Informativo nº 590).
>
> **Possibilidade de requerimento de gratuidade de justiça ser apresentado na própria petição recursal.** *"É possível a formulação de pedido de assistência judiciária gratuita na própria petição recursal, dispensando-se a exigência de petição avulsa, quando não houver prejuízo ao trâmite normal do processo. De fato,*

a redação do art. 6º da Lei nº 1.060/1950 exige que, se a ação estiver em curso, o benefício deverá ser deduzido em petição avulsa. Contudo, não parece ser razoável a interpretação meramente gramatical da norma em apreço, devendo ser levado em consideração o sistema em que ela está atualmente inserida, no qual a própria a CF, no seu art. 5º, LXXIV, traz, como direito fundamental do cidadão, a prestação de assistência judiciária gratuita aos que não tiverem condições de custear as despesas do processo sem sacrifício de seu sustento e de sua família. Há, também, na esfera processual, os princípios da instrumentalidade das formas, do aproveitamento dos atos processuais, do pas de nullité sans grief, da economia processual, da prestação jurisdicional célere e justa, entre outros tantos. Desse arcabouço normativo e principiológico é viável extrair interpretação no sentido de ser possível o recebimento e a apreciação do pedido de assistência judiciária gratuita formulado na própria petição recursal. Nessa linha intelectiva, ao Relator ou ao Presidente do Tribunal bastará: (a) indeferi-lo se entender que há elementos nos autos que afastem a alegada hipossuficiência do requerente; (b) deferi-lo de plano, já que, nos termos da jurisprudência do STJ e do STF, o benefício da assistência judiciária gratuita pode ser pleiteado a qualquer tempo, sendo suficiente para sua obtenção que a parte afirme não ter condição de arcar com as despesas do processo. Observe-se que o ato processual, em regra, não encontrará dificuldade, nem atrasará o curso da demanda principal, sendo, portanto, possível dispensar o excesso de formalismo para receber o requerimento de assistência judiciária gratuita formulado na petição recursal, sempre que possível. Em verdade, é possível que a parte contrária impugne o pleito. Aí sim, nesta situação, por demandar maiores digressões, é razoável que a impugnação seja processada em apenso, sem suspensão do curso do processo principal. Se esta não for a hipótese, é recomendável dispensar-se o excesso de formalismo, dando maior efetividade às normas e princípios constitucionais e processuais citados, recebendo-se, pois, o pedido de assistência judiciária gratuita formulado na própria petição recursal. Por fim, o CPC/2015, certamente por levar em consideração os princípios constitucionais e processuais supracitados, autoriza, em seu art. 99, § 1º, que o pedido de assistência judiciária gratuita seja formulado a qualquer tempo e em qualquer grau de jurisdição, na própria petição recursal, dispensado, com isso, a retrógrada exigência de petição avulsa, sem inclusive fazer distinção entre os pleitos formulados por pessoa física ou jurídica". (STJ. AgRg nos ERESP 1.222.355-MG, Rel. Min. Raul Araújo, julgado em 04/11/2015, DJe 25/11/2015 – Informativo nº 574).

Assistência judiciária e ausência de suporte fático para deferimento do pleito. Judicialidade da decisão impugnada. Recurso conhecido e desprovido. *"1. Embora os recorrentes destaquem que a simples afirmação de que não podem suportar o ônus do pagamento das custas processuais e honorários advocatícios, e que a contrafação do seu pleito é ônus do agravado, é solidificado o entendimento de que pode o magistrado indeferir a assistência judiciária se não encontrar fundamentos que confirmem o estado de hipossuficiência do requerente. AgRg no RESP nº 1.122.012/RS, Rel. Min. Luiz Fux, DJe de 18/11/2009; AgRg no ARESP nº 1.822/RS, Rel. Min. Ricardo Villas Bôas Cueva, DJe de 23/11/2011; AgRg no Ag nº 1.307.450/ES, Rel. Min. Benedito Gonçalves, DJe de 26/09/2011. III – Agravo Regimental improvido. (AgRg no ARESP 33.758/MS, Rel. Min. Francisco Falcão, Primeira Turma, julgado em 2003/2012, DJe 3003/2012). É o caso dos autos. 2. Não se observa como relevantes os fundamentos a amparar o*

> *pedido de reforma da decisão de primeiro grau. 2. Registre-se que a razoabilidade do comando objurgado se manifesta, inclusive, pela determinação de pagamento das despesas processuais e honorários de forma solidária e em inúmeras parcelas. Recurso conhecido e desprovido. Unânime"* (TJ-ES, Proc. AI 0020087-72.2016.8.08.0048, Rel. Walace Pandolpho Kiffer, julgado em 20/02/2017).

Art. 100

Art. 100. Deferido o pedido, a parte contrária poderá oferecer impugnação na contestação, na réplica, nas contrarrazões de recurso ou, nos casos de pedido superveniente ou formulado por terceiro, por meio de petição simples, a ser apresentada no prazo de 15 (quinze) dias, nos autos do próprio processo, sem suspensão de seu curso.

Parágrafo único. Revogado o benefício, a parte arcará com as despesas processuais que tiver deixado de adiantar e pagará, em caso de má-fé, até o décuplo de seu valor a título de multa, que será revertida em benefício da Fazenda Pública estadual ou federal e poderá ser inscrita em dívida ativa.

Desaparece o incidente de impugnação a gratuidade de justiça, que era autuado em apenso, decidido por decisão interlocutória e comportava, pelo menos por lei, a interposição de recurso de apelação, nos termos da legislação específica (art. 17, Lei nº 1.060/50). Agora, eventual questionamento quanto à gratuidade indevidamente concedida deve ser apresentada na contestação, na réplica, nas contrarrazões do recurso ou, em casos de requerimento superveniente, por meio de petição simples, a ser apresentada no prazo de quinze dias nos próprios autos, sem suspensão da marcha processual. Permite, ainda, que sendo revogado o benefício, a parte seja condenada a arcar com as despesas que deixou de adiantar, bem como possa ser condenada por má-fé, embora esta sanção seja revertida ao ente fazendário. Relembre-se, aqui, que o CPC, em suas disposições finais e transitórias, revogou os arts. 2º, 3º, 4º, 6º, 7º, 11, 12 e 17 da Lei nº 1.060/50 (art. 1.072, III).

Art. 101

Art. 101. Contra a decisão que indeferir a gratuidade ou a que acolher pedido de sua revogação caberá agravo de instrumento, exceto quando a questão for resolvida na sentença, contra a qual caberá apelação.

> **§ 1º** O recorrente estará dispensado do recolhimento de custas até decisão do relator sobre a questão, preliminarmente ao julgamento do recurso.
>
> **§ 2º** Confirmada a denegação ou a revogação da gratuidade, o relator ou o órgão colegiado determinará ao recorrente o recolhimento das custas processuais, no prazo de 5 (cinco) dias, sob pena de não conhecimento do recurso.

Deixa claro que o recurso para impugnar a decisão sobre a gratuidade de justiça é o de agravo, na modalidade por instrumento (art. 1.015), exceto quando este pleito tiver sido decidido por sentença, caso em que caberá apelação. De todo modo, somente é possível o agravo de instrumento quando a decisão for denegatória da gratuidade ou quando for revogada. Além disso, dispensa a realização do preparo pelo recorrente enquanto esta questão não tiver sido decidida preliminarmente pelo relator do recurso. E, por fim, reconhecendo o Relator que não há direito à gratuidade, deve ser oportunizado ao recorrente realizar o preparo em cinco dias, findos os quais o recurso não será admitido por motivo de deserção.

> **Recurso da decisão que indefere requerimento de gratuidade de justiça não precisa vir acompanhado do preparo, cabendo ao Relator analisar esta situação antes de pura e simplesmente inadmitir o recurso.** *"Não se aplica a pena de deserção a recurso interposto contra o indeferimento do pedido de justiça gratuita. Nessas circunstâncias, cabe ao magistrado, mesmo constatando a inocorrência de recolhimento do preparo, analisar, inicialmente, o mérito do recurso no tocante à possibilidade de concessão do benefício da assistência judiciária gratuita. Se entender que é caso de deferimento, prosseguirá no exame das demais questões trazidas ou determinará o retorno do processo à origem para que se prossiga no julgamento do recurso declarado deserto. Se confirmar o indeferimento da gratuidade da justiça, deve abrir prazo para o recorrente recolher o preparo recursal e dar sequência ao trâmite processual. Partindo-se de uma interpretação histórico-sistemática das normas vigentes aplicáveis ao caso (CF e Lei nº 1.060/1950) e levando-se em consideração a evolução normativo-processual trazida pelo CPC/2015, é oportuno repensar o entendimento até então adotado pelo STJ no sentido de considerar deserto o recurso interposto sem o comprovante de pagamento das custas processuais, mesmo quando o mérito diga respeito ao pedido de justiça gratuita, tendo em vista a completa falta de boa lógica a amparar a exigência de recolhimento do preparo nesses casos. Isso porque, se o jurisdicionado vem afirmando, requerendo e recorrendo no sentido de obter o benefício da assistência judiciária gratuita, porque diz não ter condição de arcar com as despesas do processo, não há sentido nem lógica em se exigir que ele primeiro pague o que afirma não poder pagar para só depois o Tribunal decidir se realmente ele precisa, ou não, do benefício. Além disso, não há sequer previsão dessa exigência na Lei nº 1.060/1950. Neste ponto, convém apontar que a CF consagra o princípio da legalidade (art. 5º, II), que dispensa o particular de quaisquer obrigações em face do silêncio da lei (campo da licitude). Assim, se a norma não faz exigência específica e expressa, parece inteiramente vedado ao intérprete impô-la, a*

fim de extrair dessa interpretação consequências absolutamente graves, a ponto de eliminar o direito de recorrer da parte e o próprio acesso ao Judiciário. Ademais, é princípio basilar de hermenêutica que não pode o intérprete restringir quando a lei não restringe, condicionar quando a lei não condiciona, ou exigir quando a lei não exige. Essa é a interpretação mais adequada da Lei nº 1.060/1950 e consentânea com os princípios constitucionais da inafastabilidade da tutela jurisdicional e do processo justo e com a garantia constitucional de concessão do benefício da assistência judiciária gratuita ao necessitado (art. 5º, XXXV, LIV e LXXIV, da CF)" (STJ. AgRg nos ERESP 1.222.355-MG, Rel. Min. Raul Araújo, julgado em 04/11/2015, DJe 25/11/2015 – Informativo nº 574).

Impugnação à concessão dos benefícios da justiça gratuita. Pessoa jurídica. Hipossuficiência. Necessidade de comprovação do estado econômico. Recurso desprovido. "*1. A decisão recorrida acolheu a impugnação aos benefícios da assistência judiciária gratuita, oposta pela parte ora apelada, por entender que não restou comprovada a hipossuficiência da parte autora, ora apelante. 2. Em relação ao pedido de justiça gratuita, embora seja possível tal pleito em favor de pessoa jurídica, a sua incapacidade financeira deve ser comprovada, o que não ocorreu, no caso dos autos. Nesse sentido, esta Turma já decidiu que 'não tendo o sindicato agravante se desincumbido de demonstrar, mediante prova inequívoca, a ausência de condições econômicas para arcar com as despesas processuais, não há que ser deferido o benefício da assistência jurídica gratuita, porquanto a situação de pobreza de entidade sindical que recebe contribuição de seus filiados, não é presumida' (AG 00039436320114050000, Des. Fed. Francisco Cavalcanti, TRF5 – Primeira Turma, DJe – 25/05/2012). 3. Acerca do tema, o STJ, inclusive, editou a Súmula nº 481: 'Faz jus ao benefício da justiça gratuita a pessoa jurídica com ou sem fins lucrativos que demonstrar sua impossibilidade de arcar com os encargos processuais'. Precedentes: AC 00004257020134059999, Des. Fed. Francisco Cavalcanti, TRF5 – Primeira Turma, DJe – 08/03/2013, p. 123; AC 00114240920114058300, Des. Fed. Francisco Cavalcanti, TRF5 – Primeira Turma, DJe – 25/07/2013, p. 195. 4. Apelação cível desprovida*" (TRF-5. AC/PB Proc. 08003759620154058202, Des. Fed. Manoel Erhardt, julgado em 12/03/2017).

Benefício da justiça gratuita. Incapacidade para arcar com as despesas processuais sem prejuízo do próprio sustento. Afirmação não ilidida por prova em contrário. "*1. Agravo de Instrumento manejado pelo Particular em face da decisão que indeferiu o benefício da justiça gratuita, ao argumento de que a Agravante não teria comprovado sua condição de hipossuficiente. 2. É assente em nosso ordenamento que a simples afirmação de que o postulante não está em condições de arcar com os ônus do processo, incluindo-se aí os honorários de advogado, sem prejuízo do seu sustento ou de sua família, é bastante para a outorga do benefício, a não ser que haja fundadas razões para o seu indeferimento, vedado, consoante entendimento firmado pelo e. STJ, o estabelecimento de critério objetivo não previsto em lei. Essa orientação, em princípio, não sofreu alterações com a revogação das disposições da Lei 1.060/50 pelo novo Código de Processo Civil. 3. O Juízo indeferiu o pedido de justiça gratuita em razão dos dados coletados no Facebook da Agravante que, segundo ele, seriam aptos a repelir a sua alegação de hipossuficiência. No entanto, a Agravante trouxe aos autos documentos que demonstram estar ela desempregada desde 2015 e, ainda, que as duas microempresas de sua propriedade se encontram inativas. Portanto, os dados colhidos no Facebook estariam desatualizados.*

> *4. Considerando que a Agravante afirma não ter condições de arcar com os ônus do processo sem prejuízo do seu sustento e de sua família e que não há prova em contrário nos autos, tal alegação é suficiente para o deferimento do benefício. Agravo de Instrumento provido"* (TRF-5. AG/SE Proc. 08083839320164050000, Des. Fed. Cid Marconi, julgado em 11/03/2017).

Art. 102

Art. 102. Sobrevindo o trânsito em julgado de decisão que revoga a gratuidade, a parte deverá efetuar o recolhimento de todas as despesas de cujo adiantamento foi dispensada, inclusive as relativas ao recurso interposto, se houver, no prazo fixado pelo juiz, sem prejuízo de aplicação das sanções previstas em lei.

Parágrafo único. Não efetuado o recolhimento, o processo será extinto sem resolução de mérito, tratando-se do autor, e, nos demais casos, não poderá ser deferida a realização de nenhum ato ou diligência requerida pela parte enquanto não efetuado o depósito.

Menciona incorretamente que, havendo trânsito em julgado da decisão que indeferir a gratuidade, caberá à parte o ônus de recolher as despesas pendentes, sob pena de o processo ser extinto sem resolução do mérito e sem prejuízo de outras medidas, caso seja o demandante, ou não podendo ser deferida qualquer prática de ato ou diligência, se for o demandado ou terceiro. A falta de técnica decorre do emprego da expressão "trânsito em julgado", pois, provavelmente, o magistrado terá proferido uma decisão interlocutória, que apenas gera, como regra, "preclusão".

CAPÍTULO III
DOS PROCURADORES

Art. 103

Art. 103. A parte será representada em juízo por advogado regularmente inscrito na Ordem dos Advogados do Brasil.

Parágrafo único. É lícito à parte postular em causa própria quando tiver habilitação legal.

Impõe a necessidade de representação da parte em juízo por advogado, embora reconheça que a lei possa excepcionar tal comando, como em algumas situações autorizadas no sistema dos Juizados Especiais (art. 9º, Lei nº 9.099/95), entre outras mais. Também permite que a parte postule em causa própria, caso tenha habilitação legal para tanto.

> Constitucionalidade de norma prevista na Lei dos Juizados, que dispensa a presença de advogado para postular em nome do demandante em certas circunstâncias (CPC/73). *"EMENTA: AÇÃO DIRETA DE INCONSTITUCIONALIDADE. ACESSO À JUSTIÇA. JUIZADO ESPECIAL. PRESENÇA DO ADVOGADO. IMPRESCINDIBILIDADE RELATIVA. PRECEDENTES. LEI Nº 9.099/95. OBSERVÂNCIA DOS PRECEITOS CONSTITUCIONAIS. RAZOABILIDADE DA NORMA. AUSÊNCIA DE ADVOGADO. FACULDADE DA PARTE. CAUSA DE PEQUENO VALOR. DISPENSA DO ADVOGADO. POSSIBILIDADE. 1. Juizado Especial. Lei nº 9.099/95, art. 9º. Faculdade conferida à parte para demandar ou defender-se pessoalmente em juízo, sem assistência de advogado. Ofensa à Constituição Federal. Inexistência. Não é absoluta a assistência do profissional da advocacia em juízo, podendo a lei prever situações em que é prescindível a indicação de advogado, dados os princípios da oralidade e da informalidade adotados pela norma para tornar mais célere e menos oneroso o acesso à justiça. Precedentes. 2. Lei nº 9.099/95. Fixação da competência dos juízos especiais civis tendo como parâmetro o valor dado à causa. Razoabilidade da lei, que possibilita o acesso do cidadão ao Judiciário de forma simples, rápida e efetiva, sem maiores despesas e entraves burocráticos. Ação julgada improcedente"* (STF. Ação direta de inconstitucionalidade nº 1.539. Rel. Min. Maurício Corrêa. S/d).

Art. 104

Art. 104. O advogado não será admitido a postular em juízo sem procuração, salvo para evitar preclusão, decadência ou prescrição, ou para praticar ato considerado urgente.

§ 1º Nas hipóteses previstas no *caput*, o advogado deverá, independentemente de caução, exibir a procuração no prazo de 15 (quinze) dias, prorrogável por igual período por despacho do juiz.

§ 2º O ato não ratificado será considerado ineficaz relativamente àquele em cujo nome foi praticado, respondendo o advogado pelas despesas e por perdas e danos.

Enumera casos em que o advogado pode postular em juízo mesmo sem procuração. Possibilita a regularização desta situação, desde que o instrumento de mandato seja apresentado em quinze dias, prorrogável por igual período. Estabelece que o ato praticado por advogado sem procuração, se não for ratificado, será considerado ineficaz, e não mais inexistente, como no modelo anterior (CPC/73). A solução atual está de acordo com o Código Civil, quando trata da ausência do instrumento de mandato (art. 662, CC).

> Verbete nº 115 da Súmula do STJ: *"Na instância especial é inexistente recurso interposto por advogado sem procuração nos autos".*

Art. 105

Art. 105. A procuração geral para o foro, outorgada por instrumento público ou particular assinado pela parte, habilita o advogado a praticar todos os atos do processo, exceto receber citação, confessar, reconhecer a procedência do pedido, transigir, desistir, renunciar ao direito sobre o qual se funda a ação, receber, dar quitação, firmar compromisso e assinar declaração de hipossuficiência econômica, que devem constar de cláusula específica.

§ 1º A procuração pode ser assinada digitalmente, na forma da lei.

§ 2º A procuração deverá conter o nome do advogado, seu número de inscrição na Ordem dos Advogados do Brasil e endereço completo.

§ 3º Se o outorgado integrar sociedade de advogados, a procuração também deverá conter o nome dessa, seu número de registro na Ordem dos Advogados do Brasil e endereço completo.

§ 4º Salvo disposição expressa em sentido contrário constante do próprio instrumento, a procuração outorgada na fase de conhecimento é eficaz para todas as fases do processo, inclusive para o cumprimento de sentença.

O dispositivo cuida do instrumento de procuração judicial, ampliando os poderes da cláusula *ad judicia* para abranger, também, a possibilidade de assinar declaração de hipossuficiência, determinando que esta conste em cláusula específica. Autoriza a assinatura digital na procuração, bem como que este instrumento tenha os dados do advogado e de eventual sociedade que integre. Também estabelece que a procuração apresentada para a etapa de conhecimento é válida para todas as demais fases do processo, o que é extremamente positivo e salutar.

Art. 106

Art. 106. Quando postular em causa própria, incumbe ao advogado:

I – declarar, na petição inicial ou na contestação, o endereço, seu número de inscrição na Ordem dos Advogados do Brasil e o nome da sociedade de advogados da qual participa, para o recebimento de intimações;

II – comunicar ao juízo qualquer mudança de endereço.

§ 1º Se o advogado descumprir o disposto no inciso I, o juiz ordenará que se supra a omissão, no prazo de 5 (cinco) dias, antes de determinar a citação do réu, sob pena de indeferimento da petição.

§ 2º Se o advogado infringir o previsto no inciso II, serão consideradas válidas as intimações enviadas por carta registrada ou meio eletrônico ao endereço constante dos autos.

O dispositivo em questão deve ser interpretado literalmente, estabelecendo as obrigações do advogado que postula em causa própria. Demais deveres já foram analisados oportunamente (art. 77).

Art. 107

Art. 107. O advogado tem direito a:

I – examinar, em cartório de fórum e secretaria de tribunal, mesmo sem procuração, autos de qualquer processo, independentemente da fase de tramitação, assegurados a obtenção de cópias e o registro de anotações, salvo na hipótese de segredo de justiça, nas quais apenas o advogado constituído terá acesso aos autos;

II – requerer, como procurador, vista dos autos de qualquer processo, pelo prazo de 5 (cinco) dias;

III – retirar os autos do cartório ou da secretaria, pelo prazo legal, sempre que neles lhe couber falar por determinação do juiz, nos casos previstos em lei.

§ 1º Ao receber os autos, o advogado assinará carga em livro ou documento próprio.

§ 2º Sendo o prazo comum às partes, os procuradores poderão retirar os autos somente em conjunto ou mediante prévio ajuste, por petição nos autos.

§ 3º Na hipótese do § 2º, é lícito ao procurador retirar os autos para obtenção de cópias, pelo prazo de 2 (duas) a 6 (seis) horas, independentemente de ajuste e sem prejuízo da continuidade do prazo.

§ 4º O procurador perderá no mesmo processo o direito a que se refere o § 3º se não devolver os autos tempestivamente, salvo se o prazo for prorrogado pelo juiz.

O dispositivo em questão deve ser interpretado literalmente, tratando dos poderes do advogado. Pequenas novidades são observadas quanto ao prazo de que dispõe para retirar os autos com a finalidade de obtenção de cópias reprográficas, que foi ampliado para um período entre duas a seis horas. Também estabelece que o procurador, que não devolver os autos neste período, não mais poderá exercer este direito.

CAPÍTULO IV
DA SUCESSÃO DAS PARTES E DOS PROCURADORES

Art. 108

> Art. 108. No curso do processo, somente é lícita a sucessão voluntária das partes nos casos expressos em lei.

O dispositivo cuida da sucessão de uma das partes no processo, hipótese em que a primitiva é excluída para o ingresso da nova. Corrige, portanto, erro do modelo anterior (CPC/73), que nominava esta hipótese como "substituição processual", que é hipótese totalmente distinta e que é atualmente regulada em outro dispositivo do CPC (art. 18).

Art. 109

> Art. 109. A alienação da coisa ou do direito litigioso por ato entre vivos, a título particular, não altera a legitimidade das partes.
>
> § 1º O adquirente ou cessionário não poderá ingressar em juízo, sucedendo o alienante ou cedente, sem que o consinta a parte contrária.
>
> § 2º O adquirente ou cessionário poderá intervir no processo como assistente litisconsorcial do alienante ou cedente.
>
> § 3º Estendem-se os efeitos da sentença proferida entre as partes originárias ao adquirente ou cessionário.

O dispositivo em questão deve ser interpretado literalmente, tratando a respeito da alienação do bem litigioso no curso da demanda. Deixa claro, no seu parágrafo segundo, que o adquirente ou cessionário pode vir a atuar como assistente litisconsorcial (art. 124), quando não prestada a autorização mencionada no primeiro parágrafo.

Art. 110

> Art. 110. Ocorrendo a morte de qualquer das partes, dar-se-á a sucessão pelo seu espólio ou pelos seus sucessores, observado o disposto no art. 313, §§ 1º e 2º.

O dispositivo em questão deve ser interpretado literalmente, tratando do que ocorre quando houver a morte de qualquer das partes. O artigo, além disso, se reporta a outro que esmiúça melhor esta situação, caracterizadora de uma sucessão processual quando for bem-sucedida.

> **Ação de interdição e morte superveniente do interditando não acarreta extinção da ação de exigir contas que este promovia, em virtude da possibilidade de sucessão processual pelo espólio.** "*A morte do interditando no curso de ação de interdição não implica, por si só, a extinção do processo sem resolução de mérito da ação de prestação de contas por ele ajuizada mediante seu curador provisório, tendo o espólio legitimidade para prosseguir com a ação de prestação de contas. O poder de representação do curador decorre da falta de capacidade postulatória do curatelado, e não da falta de sua capacidade de direito, que são coisas distintas. A restrição imposta à capacidade de exercício tem por escopo a proteção da pessoa, não sua discriminação ou estigma, de sorte que, ainda que a pessoa seja representada ou assistida, conforme sua incapacidade – total ou relativa –, o direito é do curatelado ou tutelado, e não de seu representante ou assistente, respectivamente. É certo que a morte do interditando no curso da ação de interdição acarreta a extinção do processo sem resolução de mérito, visto tratar-se de ação de natureza personalíssima. Isso não quer dizer, contudo, que a ação de prestação de contas ajuizada pelo interditando mediante representação do curador provisório perca objeto e deva ser extinta sem resolução de mérito. Assim, a extinção da ação de interdição em nada prejudica o curso da ação de prestação de contas, pois o direito titularizado pelo interditando passa, com sua morte, a ser do seu espólio. Ademais, conquanto a ação de prestação de contas seja também uma demanda de natureza personalíssima, apenas o é em relação à parte requerida. Portanto, correto o entendimento de ser válida a substituição processual no polo ativo da ação de prestação de contas pelo espólio do interditando, a teor do art. 43 do CPC/73, inexistindo, nessa medida, ofensa ao art. 267, IV e IX, do referido diploma legal*". (STJ. RESP 1.444.677-SP, Rel. Min. João Otávio de Noronha, julgado em 3/5/2016, DJe 09/05/2016 – Informativo nº 583).
>
> **Investigação de paternidade e óbito do demandado. Sucessão processual dos herdeiros não exclui legitimidade de viúva apresentar resistência.**
> "*Mesmo nas hipóteses em que não ostente a condição de herdeira, a viúva poderá impugnar ação de investigação de paternidade post mortem, devendo receber o processo no estado em que este se encontra. Em princípio, a ação de investigação de paternidade será proposta em face do suposto pai ou suposta mãe, diante do seu caráter pessoal. Desse modo, falecido o suposto pai, a ação deverá ser proposta contra os herdeiros do investigado. Nesse contexto, na hipótese de a viúva não ser herdeira, ela não ostentará, em tese, a condição de parte ou litisconsorte necessária em ação de investigação de paternidade. Assim, a relação processual estará, em regra, completa com a citação do investigado ou de todos os seus herdeiros, não havendo nulidade pela não inclusão no polo passivo de viúva não herdeira. Ocorre que o art. 365 do CC/1916, em dispositivo reproduzido no art. 1.615 do Código em vigor, estabelece: "qualquer pessoa, que justo interesse tenha, pode contestar a ação de investigação da paternidade ou maternidade". Por conseguinte, o interesse em contestar não é privativo dos litisconsortes necessários. Esclareça-se, a propósito, que a doutrina – seja sob a égide do Código de 1916, seja do atual – orienta-se no sentido de que o "justo interesse" pode ser de ordem econômica ou moral. De igual modo já decidiu o STF, em julgado no qual foi reconhecida a legitimidade da viúva do alegado pai*

para contestar ação de investigação de paternidade em hipótese em que não havia petição de herança (RE 21.182-SE, Primeira Turma, julgado em 29/4/1954). Desta feita, o interesse puramente moral da viúva do suposto pai, tendo em conta os vínculos familiares e a defesa do casal que formou com o falecido, compreende-se no conceito de 'justo interesse' para contestar a ação de investigação de paternidade, nos termos do art. 365 do CC/1916 e do art. 1.615 do CC/2002. Não sendo herdeira, deve ela, todavia, receber o processo no estado em que este se encontrar, uma vez que não ostenta a condição de litisconsorte passiva necessária" (STJ. RESP 1.466.423-GO, Relª. Minª. Maria Isabel Gallotti, julgado em 23/2/2016, DJe 02/03/2016 – Informativo nº 578).

Art. 111

Art. 111. A parte que revoga o mandato outorgado a seu advogado constituirá, no mesmo ato, outro que assuma o patrocínio da causa.

Parágrafo único. Não sendo constituído novo procurador no prazo de 15 (quinze) dias, observar-se-á o disposto no art. 76.

O dispositivo cuida da situação em que uma parte revoga o mandato do seu patrono. O seu parágrafo único remete a outro artigo, que melhor esclarece quais providências deverão ser determinadas pelo magistrado e também as suas consequências.

Art. 112

Art. 112. O advogado poderá renunciar ao mandato a qualquer tempo, provando, na forma prevista neste Código, que comunicou a renúncia ao mandante, a fim de que este nomeie sucessor.

§ 1º Durante os 10 (dez) dias seguintes, o advogado continuará a representar o mandante, desde que necessário para lhe evitar prejuízo.

§ 2º Dispensa-se a comunicação referida no *caput* quando a procuração tiver sido outorgada a vários advogados e a parte continuar representada por outro, apesar da renúncia.

O dispositivo cuida da hipótese em que o advogado renuncia a seus poderes. De novidade, apenas o parágrafo segundo, que dispensa a comunicação referida no *caput* quando a procuração tiver sido outorgada a vários patronos e a parte continuar representada por algum outro, apesar da renúncia.

TÍTULO II
DO LITISCONSÓRCIO

Art. 113

Art. 113. Duas ou mais pessoas podem litigar, no mesmo processo, em conjunto, ativa ou passivamente, quando:

I – entre elas houver comunhão de direitos ou de obrigações relativamente à lide;

II – entre as causas houver conexão pelo pedido ou pela causa de pedir;

III – ocorrer afinidade de questões por ponto comum de fato ou de direito.

§ 1º O juiz poderá limitar o litisconsórcio facultativo quanto ao número de litigantes na fase de conhecimento, na liquidação de sentença ou na execução, quando este comprometer a rápida solução do litígio ou dificultar a defesa ou o cumprimento da sentença.

§ 2º O requerimento de limitação interrompe o prazo para manifestação ou resposta, que recomeçará da intimação da decisão que o solucionar.

O artigo trata do litisconsórcio. Observa-se, acertadamente, a exclusão de uma hipótese de litisconsórcio (art. 46, II, CPC/73), pois a mesma já era abrangida pela hipótese remanescente e atualmente insculpida no segundo inciso. Os parágrafos se referem ao litisconsórcio multitudinário ou recusável, com melhor tratamento. Agora é permitido esse reconhecimento tanto em fase de conhecimento quanto em execução, quando o excessivo número de litisconsortes facultativos comprometerem a defesa do réu, a rápida solução do litígio ou mesmo o cumprimento de sentença. Inova, também, ao mencionar que este requerimento interrompe o prazo para eventual apresentação de resposta. Estabelece, ainda, que o indeferimento deste pleito motivará a interposição de um recurso de agravo, na modalidade por instrumento (art. 1.015).

> Responsabilidade civil por fato de outrem – pais pelos atos praticados pelos filhos menores. Ato ilícito. Responsabilidade civil mitigada e subsidiária do incapaz pelos seus atos (CC, art. 928). Litisconsórcio necessário: inocorrência. *"Em ação indenizatória decorrente de ato ilícito, não há litisconsórcio necessário entre o genitor responsável pela reparação (art. 932, I, do CC) e o menor causador do dano. É possível, no entanto, que o autor, por sua opção e liberalidade, tendo em conta que os direitos ou obrigações derivem do mesmo fundamento de fato ou de direito (art. 46, II, CPC/73) intente ação contra ambos – pai e filho –, formando-se um litisconsórcio facultativo e simples"* (STJ. RESP 1.436.401-MG, Rel. Min. Luis Felipe Salomão, por unanimidade, julgado em 02/02/2017, DJe 16/03/2017).

Necessidade de demonstração de motivos para a formação do litisconsórcio ativo facultativo entre o Ministério Público Federal e Estadual. *"Em ação civil pública, a formação de litisconsórcio ativo facultativo entre o Ministério Público Estadual e o Federal depende da demonstração de alguma razão específica que justifique a presença de ambos na lide. Isso porque o art. 127, § 1º, da CF proclama como um dos princípios institucionais do Ministério Público a unicidade. Porém, em homenagem ao sistema federativo, o Ministério Público organiza-se, no que diz respeito à jurisdição comum, de forma dual, cada qual com suas atribuições próprias, estabelecidas em leis complementares (art. 128, § 5º, da CF). Se assim não fosse, desnecessária seria essa forma de organização. É certo que tanto o Ministério Público Federal quanto o Ministério Público Estadual possuem, entre suas atribuições, a de zelar pelos interesses sociais e pela integridade da ordem consumerista. Isso não quer significar, contudo, que devam atuar em litisconsórcio numa ação civil pública sem a demonstração de alguma razão específica que justifique a presença de ambos na lide. Ora, o instituto do litisconsórcio é informado pelos princípios da economia (obtenção do máximo de resultado com o mínimo de esforço) e da eficiência da atividade jurisdicional. Cada litisconsorte é considerado, em face do réu, como litigante distinto e deve promover o andamento do feito e ser intimado dos respectivos atos (art. 49 do CPC/1973). Nesse contexto, a formação desnecessária do litisconsórcio poderá, ao fim e ao cabo, comprometer os princípios informadores do instituto, implicando, por exemplo, maior demora do processo pela necessidade de intimação pessoal de cada membro do Parquet, com prazo específico para manifestação"* (STJ. RESP 1.254.428-MG, Rel. Min. João Otávio de Noronha, julgado em 02/06/2016, DJe 10/06/2016 – Informativo nº 585).

Impossibilidade de litisconsórcio ativo facultativo superveniente, por ofensa ao Princípio do Juiz Natural (CPC/73). *"1. Não é admissível a formação de litisconsórcio ativo facultativo após o ajuizamento da ação, sob pena de violação ao princípio do juiz natural, em face de propiciar ao jurisdicionado a escolha do juiz"* (STJ. RESP 24.743/RJ. Rel. Min. Edson Vidigal. DJ 14/09/1998).

Possibilidade de o magistrado rejeitar número excessivo de litisconsortes ativos facultativos, o que caracteriza "litisconsórcio multitudinário" (CPC/73). *"AÇÃO ORDINÁRIA. LITISCONSORTE. LIMITAÇÃO. POSSIBILIDADE. AGRAVO LEGAL. AGRAVO DE INSTRUMENTO. LITISCONSORTES. NÚMERO. LIMITAÇÃO. POSSIBILIDADE. Quando o número de litisconsortes facultativos comprometer a celeridade processual e dificultar a defesa da parte ré, ainda que se discuta a mesma tese jurídica para todos, razoável é a limitação do número de litigantes para o ajuizamento, da demanda (CPC, art. 46, parágrafo único)"* (TJRJ. Agravo de instrumento nº 2003.002.11633. Rel. Des. Milton Fernandes de Souza. DJ 12/08/2003).

Art. 114

Art. 114. O litisconsórcio será necessário por disposição de lei ou quando, pela natureza da relação jurídica controvertida, a eficácia da sentença depender da citação de todos que devam ser litisconsortes.

O dispositivo define, adequadamente, o que vem a ser o litisconsórcio necessário, uma vez que o modelo anterior fazia grande confusão quanto a alguns conceitos. Segundo o novel artigo, o litisconsórcio é necessário quando assim a lei exigir (v.g., art. 682) ou quando se tratar de relação jurídica de direito material incindível, caso em que a eficácia da sentença depende da participação de todos os litisconsortes no processo. Esta última situação é até mesmo bastante corriqueira, podendo ser exemplificada naquela demanda que for instaurada pelo MP objetivando a anulação de um casamento entre dois cônjuges. Observa-se que, neste caso, não é possível tentar obter a anulação apenas em relação a um deles, o que é indicativo de que se trata de um litisconsórcio necessário em razão de não ser cindível esta relação jurídica.

Art. 115

> **Art. 115. A sentença de mérito, quando proferida sem a integração do contraditório, será:**
>
> **I – nula, se a decisão deveria ser uniforme em relação a todos que deveriam ter integrado o processo;**
>
> **II – ineficaz, nos outros casos, apenas para os que não foram citados.**
>
> **Parágrafo único. Nos casos de litisconsórcio passivo necessário, o juiz determinará ao autor que requeira a citação de todos que devam ser litisconsortes, dentro do prazo que assinar, sob pena de extinção do processo.**

O dispositivo traz poucos ajustes na redação quando confrontada com a do modelo anterior (CPC/73), prevendo a consequência processual quando estiver ausente um litisconsorte necessário no processo (o que resulta na ineficácia da decisão em relação a ele) ou quando a decisão não tiver sido uniforme em casos de litisconsórcio unitário (o que gera nulidade do ato decisório). No parágrafo único, é mantida a impossibilidade da intervenção *iussu iudicis*, ou seja, de o próprio magistrado incluir de ofício o litisconsorte necessário que não se encontra nos autos. Assim, nos casos de litisconsórcio passivo necessário, caberá ao magistrado tão somente determinar que o demandante emende a petição inicial para incluir o litisconsorte ausente, sob pena de extinção do processo sem resolução do mérito. Observa-se, ainda, que o dispositivo não mencionou este tratamento para o litisconsórcio ativo necessário, em virtude de grassar séria divergência doutrinária sobre ele poder ou não existir.

Art. 116

Art. 116. O litisconsórcio será unitário quando, pela natureza da relação jurídica, o juiz tiver de decidir o mérito de modo uniforme para todos os litisconsortes.

O dispositivo passa a definir, adequadamente, o que vem a ser o litisconsórcio unitário, uma vez que o modelo anterior fazia grande confusão quanto a alguns conceitos em outra norma (art. 114). De qualquer modo, vale destacar que, normalmente, o litisconsórcio unitário também é necessário.

Art. 117

Art. 117. Os litisconsortes serão considerados, em suas relações com a parte adversa, como litigantes distintos, exceto no litisconsórcio unitário, caso em que os atos e as omissões de um não prejudicarão os outros, mas os poderão beneficiar.

O dispositivo em questão deve ser interpretado literalmente, tratando inicialmente do litisconsórcio facultativo, ao considerar que os litisconsortes serão considerados como partes distintas. A novidade é ao final, quando menciona que, somente no litisconsórcio unitário, o ato praticado por um litisconsorte não prejudica o outro, embora possa a ele beneficiar.

Art. 118

Art. 118. Cada litisconsorte tem o direito de promover o andamento do processo, e todos devem ser intimados dos respectivos atos.

O dispositivo em questão deve ser interpretado literalmente, permitindo a cada litisconsorte o direito de promover o andamento dos autos, bem como o de ser intimado de todos os seus atos. Vale dizer que outra norma prevê a possibilidade de o ato praticado ter prazo em dobro, atendidas certas circunstâncias (art. 229).

> Verbete nº 641 da Súmula do STF: *"Não se conta em dobro o prazo para recorrer, quando só um dos litisconsortes haja sucumbido"*.

TÍTULO III
DA INTERVENÇÃO DE TERCEIROS

CAPÍTULO I
DA ASSISTÊNCIA

Seção I
Disposições Comuns

Art. 119

Art. 119. Pendendo causa entre 2 (duas) ou mais pessoas, o terceiro juridicamente interessado em que a sentença seja favorável a uma delas poderá intervir no processo para assisti-la.

Parágrafo único. A assistência será admitida em qualquer procedimento e em todos os graus de jurisdição, recebendo o assistente o processo no estado em que se encontre.

É iniciado um título denominado "intervenção de terceiros". Pelo modelo anterior (CPC/73), este capítulo contava, tão somente, com a oposição, nomeação a autoria, denunciação a lide e chamamento ao processo. A assistência simples e a litisconsorcial ficavam situadas em local imediatamente anterior a este título. Com o CPC, a assistência, tanto simples quanto litisconsorcial, passou a ser considerada expressamente como modalidade de intervenção de terceiros, ao lado, ainda, da denunciação a lide, do chamamento ao processo, da desconsideração da personalidade jurídica e do *amicus curiae*. A oposição, por seu turno, foi realocada e atualmente passou a ser tratada como um dos procedimentos especiais de jurisdição contenciosa (art. 682 – art. 686). Já a nomeação a autoria, que tencionava corrigir uma ilegitimidade passiva, desaparece com este nome, muito embora tal prática agora tenha sido generalizada e passível de ser realizada diretamente na própria contestação (art. 338). Este dispositivo, em específico, esclarece o que é a "assistência" e quando ela pode ocorrer, trazendo meros ajustes redacionais. Chama a atenção que, ao contrário do que prevê o parágrafo único, nem sempre o procedimento especial autoriza o ingresso do assistente (art. 10, Lei nº 9.099/95).

> **Verbete nº 553 da Súmula do STJ:** *"Nos casos de empréstimo compulsório sobre o consumo de energia elétrica, é competente a Justiça estadual para o julgamento de demanda proposta exclusivamente contra a Eletrobrás. Requerida a intervenção da União no feito após a prolação de sentença pelo juízo estadual, os autos devem ser remetidos ao Tribunal Regional Federal competente para o julgamento da apelação se deferida a intervenção".*

> **Indeferimento de requerimento para ingresso como assistente simples em razão de atuar como parte em outro processo em que se discute o mesmo tema que foi afeto a julgamento de recursos repetitivos (CPC/73).** "*Não configura interesse jurídico apto a justificar o ingresso de terceiro como assistente simples em processo submetido ao rito do art. 543-C do CPC o fato de o requerente ser parte em outro feito no qual se discute tese a ser firmada em recurso repetitivo. Isso porque, nessa situação, o interesse do terceiro que pretende ingressar como assistente no julgamento do recurso submetido à sistemática dos recursos repetitivos é meramente subjetivo, quando muito reflexo, de cunho meramente econômico, o que não justifica sua admissão como assistente simples. Outrossim, o requerente não se enquadra no rol do art. 543-C, § 4º, do CPC, sendo certo ainda que nem mesmo aqueles inseridos da referida lista podem ser admitidos como assistentes no procedimento de recursos representativos, não sendo possível, também, a interposição de recurso por eles para impugnar a decisão que vier a ser prolatada. Ademais, a admissão da tese sustentada pelo requerente abriria a possibilidade de manifestação de todos aqueles que figuram em feitos que tiveram a tramitação suspensa em vista da afetação, o que, evidentemente, inviabilizaria o julgamento de recursos repetitivos*" (STJ. RESP 1.418.593-MS, Rel. Min. Luis Felipe Salomão, julgado em 14/05/2014).

Art. 120

Art. 120. Não havendo impugnação no prazo de 15 (quinze) dias, o pedido do assistente será deferido, salvo se for caso de rejeição liminar.

Parágrafo único. Se qualquer parte alegar que falta ao requerente interesse jurídico para intervir, o juiz decidirá o incidente, sem suspensão do processo.

O dispositivo cuida do procedimento a ser adotado quando alguém for impugnar o requerimento para ingresso do terceiro na condição de assistente. Estabelece um aumento do prazo para este questionamento, que passa a ser de quinze dias. Também determina que esta questão não irá acarretar a suspensão do processo, bem como que a decisão a seu respeito desafiará um recurso de agravo, na modalidade por instrumento (art. 1.015).

Seção II
Da Assistência Simples

Art. 121

Art. 121. O assistente simples atuará como auxiliar da parte principal, exercerá os mesmos poderes e sujeitar-se-á aos mesmos ônus processuais que o assistido.

Parágrafo único. Sendo revel ou, de qualquer outro modo, omisso o assistido, o assistente será considerado seu substituto processual.

Acertadamente, o CPC trata a assistência simples em seção distinta daquela que regula a assistência litisconsorcial, o que se justifica pela enorme diferença de tratamento. O dispositivo indica a postura do assistente simples e seus poderes, mas inova, também de maneira correta, ao substituir a antiga expressão "gestor de negócios" por "substituto processual", eis que o assistente realmente tem uma espécie de legitimação extraordinária para atuar em juízo pelo assistido, mas jamais para praticar qualquer ato relativo ao direito material, como sugeria a anterior redação (CPC/73). Acrescente-se que, na assistência litisconsorcial, também ocorre uma substituição processual (art. 18, parágrafo único).

Art. 122

Art. 122. A assistência simples não obsta a que a parte principal reconheça a procedência do pedido, desista da ação, renuncie ao direito sobre o que se funda a ação ou transija sobre direitos controvertidos.

O dispositivo em questão deve ser interpretado literalmente, ao dispor que a atuação do assistente simples não impede que o assistido pratique outros atos, sejam eles de cunho processual ou material.

Art. 123

Art. 123. Transitada em julgado a sentença no processo em que interveio o assistente, este não poderá, em processo posterior, discutir a justiça da decisão, salvo se alegar e provar que:

I – pelo estado em que recebeu o processo ou pelas declarações e pelos atos do assistido, foi impedido de produzir provas suscetíveis de influir na sentença;

II – desconhecia a existência de alegações ou de provas das quais o assistido, por dolo ou culpa, não se valeu.

O dispositivo em questão deve ser interpretado literalmente, tratando do fenômeno rotulado como *exceptio male gesti processus*, que se traduz em hipóteses raríssimas que autorizam o assistente simples a discutir, em futuro processo a ser distribuído, os fundamentos da decisão em que tenha participado como terceiro. A mudança merece aplausos, pois este artigo é completamente inaplicável em casos de assistência litisconsorcial que, em realidade, cuidam de litisconsórcio e não de intervenção de terceiros, razão pela qual deve ser aplicada a regra geral (art. 506).

Seção III
Da Assistência Litisconsorcial

Art. 124

> **Art. 124. Considera-se litisconsorte da parte principal o assistente sempre que a sentença influir na relação jurídica entre ele e o adversário do assistido.**

O dispositivo em questão deve ser interpretado literalmente, para definir o que é a assistência litisconsorcial. Um exemplo dela seria o seguinte: uma determinada pessoa ("A") promove uma demanda em face de outra ("B") e, no curso do processo, transfere o direito litigioso para um terceiro estranho ao processo ("C"). Nesta hipótese, "C" apenas poderá ingressar no processo, na qualidade de sucessor processual em razão da exclusão de "A" se o demandado concordar (art. 109, § 1º), que buscou tutelar o princípio da *perpetuatio legitimationis*. Vale dizer que esta concordância expressa neste dispositivo é apenas para fins de acertamento da legitimidade no processo já instaurado, eis que não tem, nesta hipótese, qualquer consequência no campo do direito material, uma vez que a cessão de direito, na maioria das vezes, não necessita de anuência da parte contrária. Só que, se o demandado se recusar a anuir, muito provavelmente o processo continuará com um demandante ("A") que certamente se mostrará pouco disposto ou interessado quanto aos rumos do processo, eis que o direito litigioso já não mais lhe pertence, tanto que ele se encontra atuando em regime de substituição processual. Assim, se for recusada o ingresso de "C" na condição de sucessor processual (o que é autorizado por lei – art. 109, § 1º), ele ainda poderá ingressar como assistente litisconsorcial de "A", o que lhe trará o *status* de parte principal, permitindo-lhe a mais ampla liberdade para a prática dos atos processuais, sem qualquer subordinação à vontade do assistido.

De resto, é importante destacar que o procedimento para ingresso do assistente qualificado é exatamente o mesmo do assistente simples (art. 120).

CAPÍTULO II
DA DENUNCIAÇÃO DA LIDE

Art. 125

Art. 125. É admissível a denunciação da lide, promovida por qualquer das partes:

I – ao alienante imediato, no processo relativo à coisa cujo domínio foi transferido ao denunciante, a fim de que possa exercer os direitos que da evicção lhe resultam;

II – àquele que estiver obrigado, por lei ou pelo contrato, a indenizar, em ação regressiva, o prejuízo de quem for vencido no processo.

§ 1º O direito regressivo será exercido por ação autônoma quando a denunciação da lide for indeferida, deixar de ser promovida ou não for permitida.

§ 2º Admite-se uma única denunciação sucessiva, promovida pelo denunciado, contra seu antecessor imediato na cadeia dominial ou quem seja responsável por indenizá-lo, não podendo o denunciado sucessivo promover nova denunciação, hipótese em que eventual direito de regresso será exercido por ação autônoma.

Trata das hipóteses de cabimento da denunciação da lide, cuja finalidade é gerar a possibilidade imediata de uma das partes principais originárias (demandante ou demandado) já discutir, nos mesmos autos, um suposto direito de regresso, que já poderá ser exercido caso venha a não ter êxito na demanda primitiva. É, portanto, uma faculdade do denunciante, que poderá optar entre a discussão deste direito de regresso nos próprios autos ou pela instauração ulterior de uma demanda própria com este objetivo, até porque foi suprimido o termo "obrigatório", constante na redação anterior (CPC/73). Aliás, é o que consta expressamente no primeiro parágrafo. Também é suprimida a hipótese relativa que autorizava a denunciação da lide ao proprietário ou ao possuidor indireto. É mantida, por sua vez, a hipótese de direito de regresso decorrente da evicção, muito embora somente possa ser denunciado o alienante direto. É que não mais subsiste norma prevista no CC que sugeria a possibilidade de denunciação da lide *per saltum* (art. 456, CC), eis que o referido dispositivo foi revogado pelo CPC (art. 1.072, II). O parágrafo segundo, porém, estabelece que a denunciação a lide em tais casos somente pode ter caráter sucessivo uma vez.

> Verbete nº 50 da Súmula do TJ-RJ: *"Em ação de indenização ajuizada em face de pessoa jurídica de direito público, não se admite a denunciação da lide ao seu agente ou a terceiro (art. 37, § 6º, CF/88)".*

> Verbete nº 92 da Súmula do TJ-RJ: "*Inadmissível, em qualquer hipótese, a denunciação da lide nas ações que versem relação de consumo*".

> **Possibilidade de exercer os direitos que resultam da evicção em ação autônoma, independentemente de ter não ter oferecido denunciação da lide (CPC/73).** "*PROCESSO CIVIL. AGRAVO REGIMENTAL. AÇÃO DE INDENIZAÇÃO POR PERDAS E DANOS. VEÍCULO IMPORTADO. EVICÇÃO. DENUNCIAÇÃO DA LIDE. AUSÊNCIA DE OBRIGATORIEDADE. 1. Esta Corte tem entendimento assente no sentido de que o direito que o evicto tem de recobrar o preço, que pagou pela coisa evicta, independe, para ser exercitado, de ter ele denunciado a lide ao alienante, na ação em que terceiro reivindicara a coisa*" (STJ. RESP nº 255.639/SP. Rel. Min. Carlos Alberto Menezes de Direito. DJ 11/06/2001).
>
> **Denunciação da lide e a impossibilidade de nela discutir fato novo não constante na demanda originária (CPC/73).** "*A denunciação da lide só deve ser admitida quando o denunciado esteja obrigado, por força de lei ou do contrato, a garantir o resultado da demanda, caso o denunciante seja vencido, vedada a intromissão de fundamento novo não constante da ação originária*" (STJ. RESP nº 2.967-RJ. Rel. Min. Barros Monteiros. S/d).

Art. 126

Art. 126. A citação do denunciado será requerida na petição inicial, se o denunciante for autor, ou na contestação, se o denunciante for réu, devendo ser realizada na forma e nos prazos previstos no art. 131.

A denunciação da lide deve ser apresentada pelo demandado na contestação e não mais no prazo de resposta. Quando se tratar de denunciação da lide formulada pelo demandante, deve ser efetuada na própria petição inicial. Também inova ao determinar que o processamento da denunciação da lide deverá observar o mesmo do chamamento ao processo.

Art. 127

Art. 127. Feita a denunciação pelo autor, o denunciado poderá assumir a posição de litisconsorte do denunciante e acrescentar novos argumentos à petição inicial, procedendo-se em seguida à citação do réu.

O dispositivo em questão deve ser interpretado literalmente, aduzindo que o denunciado assume, no processo, a condição de litisconsorte do denunciante. Na doutrina, por sinal, este posicionamento é bastante criticado, pois a denunciação da lide, a rigor, gera uma nova relação processual autônoma e acessória, embora dentro dos mesmos autos. Contudo, o STJ já tem jurisprudência reconhecendo o regime de litisconsórcio em casos de processos em que o demandado, que é o consumidor, efetuou denunciação da lide em desfavor da seguradora.

> **Impossibilidade de a vítima ajuizar ação de reparação de danos diretamente e exclusivamente em face da seguradora (CPC/73).** *"1.1. Descabe ação do terceiro prejudicado ajuizada direta e exclusivamente em face da Seguradora do apontado causador do dano. 1.2. No seguro de responsabilidade civil facultativo a obrigação da Seguradora de ressarcir danos sofridos por terceiros pressupõe a responsabilidade civil do segurado, a qual, de regra, não poderá ser reconhecida em demanda na qual este não interveio, sob pena de vulneração do devido processo legal e da ampla defesa. 2. Recurso especial não provido"* (STJ. RESP 962.230-RS. Rel. Min. Luis Felipe Salomão. DJ 08/02/2012).

Art. 128

Art. 128. Feita a denunciação pelo réu:

I – se o denunciado contestar o pedido formulado pelo autor, o processo prosseguirá tendo, na ação principal, em litisconsórcio, denunciante e denunciado;

II – se o denunciado for revel, o denunciante pode deixar de prosseguir com sua defesa, eventualmente oferecida, e abster-se de recorrer, restringindo sua atuação à ação regressiva;

III – se o denunciado confessar os fatos alegados pelo autor na ação principal, o denunciante poderá prosseguir com sua defesa ou, aderindo a tal reconhecimento, pedir apenas a procedência da ação de regresso.

Parágrafo único. Procedente o pedido da ação principal, pode o autor, se for o caso, requerer o cumprimento da sentença também contra o denunciado, nos limites da condenação deste na ação regressiva.

O dispositivo em questão deve ser interpretado literalmente, pelo menos no que diz respeito ao primeiro inciso. No segundo inciso, há a possibilidade de, em casos de denunciado revel, o denunciante deixar de se defender e abster-se de recorrer, concentrando seus esforços na demanda regressiva para ser ressarcido se vier a ser condenado. No terceiro inciso, também há pequeno acréscimo que passa a permitir ao denunciante requerer o julgamento favorável da denunciação da lide se o denunciado confessar os fatos alegados. O parágrafo único inova substancialmente, seguindo a linha do CPC, no sentido de que a denunciação da lide cria regime de litisconsórcio, ao possibilitar que o demandante possa executar tanto o denunciante quanto o denunciado. Só que, conforme mencionado no dispositivo anterior, há forte resistência doutrinária em relação a este entendimento, somente havendo jurisprudência do STJ autorizando este raciocínio em processos em que o demandado, que é o consumidor, efetuou denunciação da lide em desfavor da seguradora.

Art. 129

Art. 129. Se o denunciante for vencido na ação principal, o juiz passará ao julgamento da denunciação da lide.

Parágrafo único. Se o denunciante for vencedor, a ação de denunciação não terá o seu pedido examinado, sem prejuízo da condenação do denunciante ao pagamento das verbas de sucumbência em favor do denunciado.

De maneira contraditória, o CPC afasta o regime do litisconsórcio, que era mencionado nos dispositivos subsequentes, passando agora a se referir à demanda primitiva como "ação principal", o que sugere que a denunciação da lide seja uma "ação acessória", o que, teoricamente, realmente é o mais adequado. Estabelece, ainda, que primeiro deverá ser julgada a demanda originária e, somente após, haverá o enfrentamento da denunciação da lide, embora tudo seja realizado na mesma sentença. No parágrafo único estabelece que se o denunciante for vencedor na análise da demanda originária, a denunciação a lide não terá o seu mérito apreciado, sem prejuízo de o denunciante ser condenado a arcar com as verbas da sucumbência. O raciocínio a justificar este parágrafo único é que, se o denunciante nada tem a pagar, então também não teria nenhum direito de regresso a receber.

> Verbete nº 537 da Súmula do STJ: "*Em ação de reparação de danos, a seguradora denunciada, se aceitar a denunciação ou contestar o pedido do autor, pode ser condenada, direta e solidariamente junto com o segurado, ao pagamento da indenização devida à vítima, nos limites contratados na apólice*".

> **Possibilidade de a seguradora litisdenunciada em ação de reparação de danos movida pelo segurado responder diretamente a este em caráter solidário (CPC/73).** "*1. Para fins do art. 543-C do CPC: Em ação de reparação de danos movida em face do segurado, a Seguradora denunciada pode ser condenada direta e solidariamente junto com este a pagar a indenização devida à vítima, nos limites contratados na apólice. 2. Recurso especial não provido*" (STJ. RESP 925.130-SP. Rel. Min. Luis Felipe Salomão. DJ 08/02/2012).

CAPÍTULO III
DO CHAMAMENTO AO PROCESSO

Art. 130

> Art. 130. É admissível o chamamento ao processo, requerido pelo réu:
>
> I – do afiançado, na ação em que o fiador for réu;
>
> II – dos demais fiadores, na ação proposta contra um ou alguns deles;
>
> III – dos demais devedores solidários, quando o credor exigir de um ou de alguns o pagamento da dívida comum.

O chamamento ao processo é uma modalidade de intervenção de terceiros que, acaso deferida, acaba gerando um litisconsórcio passivo superveniente em casos de obrigação solidária e, tal como a denunciação a lide, também objetiva o reconhecimento de um direito de regresso. No entanto, o seu traço diferenciador é que tem aplicação mais específica, somente sendo possível nas hipóteses indicadas neste dispositivo.

Art. 131

> Art. 131. A citação daqueles que devam figurar em litisconsórcio passivo será requerida pelo réu na contestação e deve ser promovida no prazo de 30 (trinta) dias, sob pena de ficar sem efeito o chamamento.
>
> Parágrafo único. Se o chamado residir em outra comarca, seção ou subseção judiciárias, ou em lugar incerto, o prazo será de 2 (dois) meses.

O dispositivo esclarece que o chamamento ao processo é provocado exclusivamente pelo réu, que deverá efetuá-la na própria contestação. É fixado um prazo para que o demandado forneça ao juízo todos os dados e elementos necessários para que a citação do chamado seja realizada, de modo a evitar a paralisação injustificada do processo. Haverá prazo maior quando o chamado residir em comarca, seção ou subseção judiciária distinta daquela em que o processo tramita.

Art. 132

> Art. 132. A sentença de procedência valerá como título executivo em favor do réu que satisfizer a dívida, a fim de que possa exigi-la, por inteiro, do devedor principal, ou, de cada um dos codevedores, a sua quota, na proporção que lhes tocar.

O dispositivo em questão deve ser interpretado literalmente, tratando da sentença de procedência que se constitui em título executivo judicial (art. 515), em favor também do réu que satisfizer a dívida.

CAPÍTULO IV
DO INCIDENTE DE DESCONSIDERAÇÃO DA PERSONALIDADE JURÍDICA

Art. 133

Art. 133. O incidente de desconsideração da personalidade jurídica será instaurado a pedido da parte ou do Ministério Público, quando lhe couber intervir no processo.

§ 1º O pedido de desconsideração da personalidade jurídica observará os pressupostos previstos em lei.

§ 2º Aplica-se o disposto neste Capítulo à hipótese de desconsideração inversa da personalidade jurídica.

Regula uma nova modalidade de intervenção de terceiros. A desconsideração da personalidade jurídica tem as suas hipóteses de cabimento regulamentadas pela lei material, ocorrendo usualmente em casos de fraudes em que a pessoa jurídica foi utilizada como mero instrumento para a prática de iniquidades. Seu intuito é transferir a obrigação e a sua correlata responsabilidade para a pessoa que manejou ou arquitetou a atuação da pessoa jurídica.

O CPC busca regulamentar os aspectos processuais relativos ao deferimento da desconsideração, de modo a padronizar este processamento dando maior segurança jurídica. O dispositivo inicia conferindo legitimidade para este requerimento à parte ou ao Ministério Público, quando este intervier no processo. O parágrafo segundo inova ao autorizar, expressamente a denominada "desconsideração inversa da personalidade jurídica", hipótese distinta em que a pessoa jurídica é que fraudulentamente transfere bens a outras pessoas para não ter patrimônio suficiente para arcar com suas responsabilidades. Curiosamente, este incidente também poderá ser adotado nos procedimentos dos juizados especiais, apesar de a lei específica vedar expressamente a intervenção de terceiros (art. 10, Lei nº 9.099/95). Trata-se de novidade autorizada pelo próprio CPC (art. 1.062), muito embora na prática se tenha verificado que os magistrados atuantes em juizados nem sempre estão adotando o procedimento abaixo descrito para que a desconsideração seja deferida, eis que o mesmo é, de certo modo, bem burocrático e lento, o que colide com a base principiológica deste microssistema (art. 2º, Lei nº 9.099/95).

> **Enunciado nº 11 da I Jornada de Processo Civil CEJ/CJF:** "*Aplica-se o disposto nos arts. 133 a 137 do CPC às hipóteses de desconsideração indireta e expansiva da personalidade jurídica*".
>
> **Enunciado nº 42 da I Jornada de Processo Civil CEJ/CJF:** "É cabível a concessão de tutela pr*ovisória de urgência em incidente de desconsideração da personalidade jurídica*".
>
> **Enunciado nº 53 da ENFAM:** "*O redirecionamento da execução fiscal para o sócio-gerente prescinde do incidente de desconsideração da personalidade jurídica previsto no art. 133 do CPC/2015*".

Art. 134

Art. 134. O incidente de desconsideração é cabível em todas as fases do processo de conhecimento, no cumprimento de sentença e na execução fundada em título executivo extrajudicial.

§ 1º A instauração do incidente será imediatamente comunicada ao distribuidor para as anotações devidas.

§ 2º Dispensa-se a instauração do incidente se a desconsideração da personalidade jurídica for requerida na petição inicial, hipótese em que será citado o sócio ou a pessoa jurídica.

§ 3º A instauração do incidente suspenderá o processo, salvo na hipótese do § 2º.

§ 4º O requerimento deve demonstrar o preenchimento dos pressupostos legais específicos para desconsideração da personalidade jurídica.

O dispositivo autoriza que a desconsideração seja deferida durante a etapa de conhecimento, no cumprimento de sentença ou mesmo em execução de títulos extrajudiciais, assumindo nestes dois últimos casos a feição de um incidente cognitivo, pois provas deverão ser produzidas. Este incidente deverá ser regularmente distribuído e ficará em apenso aos autos principais, já devendo estar acompanhado da demonstração do preenchimento de todos os pressupostos legais para o deferimento da desconsideração. Esta distribuição, porém, pode ser dispensada quando o requerimento de desconsideração já vier na própria petição inicial. Na sequência, o processo primitivo será suspenso.

> **Possibilidade de desconsideração da personalidade jurídica em sede de execução (CPC/73).** "*A jurisprudência do STJ é pacífica no sentido de que a desconsideração da personalidade jurídica é medida cabível diretamente no curso da execução*" (STJ. RESP nº 920.602/DF. Rel.ª Min.ª Nancy Andrighi. DJ 23/06/2008).

Art. 135

> Art. 135. Instaurado o incidente, o sócio ou a pessoa jurídica será citado para manifestar-se e requerer as provas cabíveis no prazo de 15 (quinze) dias.

Estabelece que o sócio ou a pessoa jurídica envolvidos serão citados, um ou outro, conforme o caso, para se manifestarem a respeito ou requererem as provas que pretendem produzir no prazo de cinco dias. Embora a desconsideração da personalidade jurídica inaugure um novo incidente (com nova autuação em alguns casos), este não observará o procedimento comum, mas sim o específico determinado neste artigo e no subsequente. Incabível, portanto, imaginar a realização de uma audiência de mediação ou conciliação nestes casos.

> Enunciado nº 52 da ENFAM: "*A citação a que se refere o art. 792, § 3º, do CPC/2015 (fraude à execução) é a do executado originário, e não aquela prevista para o incidente de desconsideração da personalidade jurídica (art. 135 do CPC/2015)*".

Art. 136

> Art. 136. Concluída a instrução, se necessária, o incidente será resolvido por decisão interlocutória.
>
> Parágrafo único. Se a decisão for proferida pelo relator, cabe agravo interno.

Este dispositivo permite que o incidente tenha dilação probatória, se for o caso. Desta maneira, o procedimento em questão poderá até mesmo ter a designação de uma audiência de instrução e julgamento, se for o caso. Ao final, o magistrado irá proferir uma decisão interlocutória, acolhendo ou não a pretensão. Desta decisão, será possível ao interessado recorrer por meio do recurso de agravo, na modalidade por instrumento (art. 1.015).

O parágrafo único, por sua vez, autoriza que este incidente se processe, também, perante os Tribunais, podendo ser julgado monocraticamente pelo relator. Neste último caso, o recurso adequado será o do agravo interno. Uma pequena ressalva quanto à possibilidade de este incidente se processar perante Tribunais, é que o mesmo só deverá ser adotado para as causas de competência originária destes órgãos. Do contrário, se fosse possível este incidente ser processado em sede de recurso de apelação, se estaria alterando o conteúdo de uma sentença que atingiria pessoa que não atuou durante a etapa cognitiva. Também não parece ser o caso de autorizar este procedimento durante a tramitação de um agravo de instrumento, pois equivaleria a suprir o juiz natural da causa que primeiro deveria conhecer e julgar este tema. Portanto, nos Tribunais este incidente seria possível somente nas suas causas originárias.

Art. 137

> Art. 137. Acolhido o pedido de desconsideração, a alienação ou a oneração de bens, havida em fraude de execução, será ineficaz em relação ao requerente.

Adota o entendimento jurisprudencial, no sentido de que acolhido o pedido de desconsideração, eventual alienação anterior de bens será reputada como fraudulenta, sendo considerada ineficaz perante o requerente.

CAPÍTULO V
DO *AMICUS CURIAE*

Art. 138

> Art. 138. O juiz ou o relator, considerando a relevância da matéria, a especificidade do tema objeto da demanda ou a repercussão social da controvérsia, poderá, por decisão irrecorrível, de ofício ou a requerimento das partes ou de quem pretenda manifestar-se, solicitar ou admitir a participação de pessoa natural ou jurídica, órgão ou entidade especializada, com representatividade adequada, no prazo de 15 (quinze) dias de sua intimação.
>
> § 1º A intervenção de que trata o *caput* não implica alteração de competência nem autoriza a interposição de recursos, ressalvadas a oposição de embargos de declaração e a hipótese do § 3º.
>
> § 2º Caberá ao juiz ou ao relator, na decisão que solicitar ou admitir a intervenção, definir os poderes do *amicus curiae*.
>
> § 3º O *amicus curiae* pode recorrer da decisão que julgar o incidente de resolução de demandas repetitivas.

O dispositivo regulamenta no CPC uma modalidade de intervenção de terceiros já existente em diversas situações, denominada *amicus curiae*. Esta participação se justifica para evitar que as Cortes jurisdicionais se tornem instâncias autoritárias de Poder, havendo a necessidade de se fomentar a ideia de cidadania constitucional, de modo a possibilitar a formação de uma sociedade aberta de intérpretes do sistema normativo, onde todos teriam o direito de participar ativamente no processo de revelação e definição da interpretação prevalente. O ingresso do *amicus curiae* no processo foi, portanto, concebido à luz deste panorama apresentado e, atualmente, já possuía assento na legislação esparsa (art. 89, Lei nº 8.884/94; art. 175, Lei nº 9.279/96; art. 7º, § 2º, Lei nº 9.868/99; art. 14, Lei nº 10.259/2001, entre outras). Contudo, é recomendável que se estabeleçam algumas restrições de ordem prática para esta participação, para garantir que os órgãos jurisdicionais possam operar regularmente.

O *caput* do dispositivo estabelece que esta modalidade ocorre tanto em primeira instância como na revisora, devendo o magistrado sopesar a relevância da matéria, a especificidade do tema ou a repercussão social da controvérsia. Os requerentes podem ser pessoa natural ou jurídica, órgão ou entidade especializada, com representatividade adequada ou esta medida pode ser determinada até mesmo de ofício, caso em que devem ser ouvidos no prazo de quinze dias. Esta modalidade interventiva não pode, porém, alterar a competência do órgão jurisdicional. Ao admitir o *amicus curiae*, o magistrado deve definir os seus poderes processuais. A legislação veda, contudo, a possibilidade de interposição de recursos, exceto os embargos de declaração ou para impugnar as decisões que julgam incidentes de resolução de demandas repetitivas. A decisão de indeferimento do ingresso é irrecorrível, embora possa ser objeto de um mandado de segurança, que é uma ação autônoma de impugnação.

Destaca-se que a novidade constante neste último parágrafo, no sentido de que o *amicus curiae* possa recorrer da decisão que julgar o IRDR (art. 976 – art. 987), é bastante curiosa e sinaliza que, em caráter excepcional, este terceiro pode apresentar interesse quanto aos rumos do processo. Com efeito, ao regular este mesmo incidente o CPC já autorizou que dele participassem órgãos e entidades "com interesse na controvérsia" (art. 983). Ocorre que, tradicionalmente, o *amicus curiae* não pode ter interesse pessoal algum quanto aos rumos do processo, pois sua atuação, que era justificada em prol da democracia participativa e desinteressada, passaria a se transmutar em intervenção que somente se justifica para fins de atender aos seus próprios interesses. É, portanto, de se analisar com muito cuidado esta inovação do CPC que desvirtua o seu modelo historicamente conhecido.

> **Enunciado nº 12 da I Jornada de Processo Civil CEJ/CJF:** *"É cabível a intervenção de amicus curiae (art. 138 do CPC) no procedimento do Mandado de Injunção (Lei nº 13.300/2016)".*
>
> **Enunciado nº 82 da I Jornada de Processo Civil CEJ/CJF:** *"Quando houver pluralidade de pedidos de admissão de amicus curiae, o relator deve observar, como critério para definição daqueles que serão admitidos, o equilíbrio na representatividade dos diversos interesses jurídicos contrapostos no litígio, velando, assim, pelo respeito à amplitude do contraditório, paridade de tratamento e isonomia entre todos os potencialmente atingidos pela decisão".*
>
> **Enunciado nº 36 da ENFAM:** *"A regra do art. 190 do CPC/2015 não autoriza às partes a celebração de negócios jurídicos processuais atípicos que afetem poderes e deveres do juiz, tais como os que: a) limitem seus poderes de instrução ou de sanção à litigância ímproba; b) subtraiam do Estado/juiz o controle da legitimidade das partes ou do ingresso de amicus curiae; c) introduzam novas*

hipóteses de recorribilidade, de rescisória ou de sustentação oral não previstas em lei; d) estipulem o julgamento do conflito com base em lei diversa da nacional vigente; e e) estabeleçam prioridade de julgamento não prevista em lei".

Tempo de sustentação oral para o *amicus curiae*. *"Havendo três "amici curiae" para fazer sustentação oral, o Plenário, por maioria, deliberou considerar o prazo em dobro e dividir pelo número de sustentações orais. O tempo de sustentação oral é de quinze minutos. O Colegiado considerou esse tempo em dobro (trinta minutos) e, dividido pelos três "amici curie", disponibilizou dez minutos para a manifestação de cada um deles na tribuna"* (STF. RE 612043/PR, Rel. Min. Marco Aurélio, julgado em 04/05/2017).

Momento preclusivo para ingresso do *amicus curiae* (CPC/73). *"Retomado o julgamento de ação direta de inconstitucionalidade ajuizada pelo Partido Comunista do Brasil – PC do B, Partido Socialista Brasileiro – PSB e pelo Partido dos Trabalhadores – PT contra a Lei Complementar nº 101/2000, que estabelece normas de finanças públicas voltadas para a responsabilidade na gestão fiscal e dá outras providências (v. Informativos 204, 206 e 218). Por maioria, o Tribunal, preliminarmente, deixou de referendar a admissibilidade, no processo, da Associação Paulista dos Magistrados na qualidade de* amicus curiae *(Lei nº 9.868/99, art. 7º, § 2º), uma vez que a mesma formulara o pedido de admissão no feito depois de já iniciado o julgamento da medida liminar. Considerou-se que a manifestação de* amicus curiae *é para efeito de instrução, não sendo possível admiti-la quando em curso o julgamento. Vencidos os Ministros Ilmar Galvão, relator, Carlos Velloso e Sepúlveda Pertence, que referendavam a decisão"* (STF. Ação Direta de Inconstitucionalidade (medida cautelar) nº 2.238-DF. Rel. Min. Ilmar Galvão. DJ 09/05/2002).

Descabimento de intervenção de terceiros em procedimento de dúvida registral por ausência de previsão legal. *"Não é cabível a intervenção de terceiros em procedimento de dúvida registral suscitada por Oficial de Registro de Imóveis (arts. 198 a 207 da Lei nº 6.015/1973). Isso porque inexiste previsão normativa nos aludidos dispositivos legais, que regulam o procedimento, sendo inviável a aplicação subsidiária dos arts. 56 a 80 do CPC/1973. A propósito, veja-se que, em regra, a dúvida registral detém natureza de procedimento administrativo, não jurisdicional, agindo o juiz singular ou o colegiado em atividade de controle da Administração Pública. Esse, inclusive, é o fundamento pelo qual o STJ entende não ser cabível recurso especial nesses casos (AgRg no ARESP 247.565-AM, Terceira Turma, DJe 29/04/2013; e AgRg no ARESP 124.673-SP, Quarta Turma, DJe 20/9/2013). Poder-se-ia argumentar, entretanto, que casos existem em que a dúvida registral se reveste de caráter contencioso, em razão do nascimento de uma pretensão resistida e, portanto, de uma lide, o que conferiria, em tese, a possibilidade de intervenção de terceiros. Contudo, referida possibilidade só poderá ocorrer entre sujeitos que defendam interesses próprios, nunca podendo ser reconhecida entre o registrador e o apresentante do título a registro, pois o oficial não é titular de interesse próprio, não sustentando pretensão alguma"* (STJ. RMS 39.236-SP, Rel. Min. Marco Buzzi, julgado em 26/04/2016, DJe 03/05/2016 – Informativo nº 582).

Descabimento do ingresso como *amicus curiae* ao argumento de que patrocina muitas outras ações sobre o mesmo tema (CPC/73). *"A eventual atuação da Defensoria Pública da União (DPU) em muitas ações em que se discuta*

> *o mesmo tema versado no recurso representativo de controvérsia não é suficiente para justificar a sua admissão como* amicus curiae. *Precedente citado: RESP 1.333.977-MT, Segunda Seção, DJe 12/3/2014"* (RESP 1.371.128-RS, Rel. Min. Mauro Campbell Marques, julgado em 10/09/2014).

TÍTULO IV
DO JUIZ E DOS AUXILIARES DA JUSTIÇA

CAPÍTULO I
DOS PODERES, DOS DEVERES E DA RESPONSABILIDADE DO JUIZ

Art. 139

Art. 139. O juiz dirigirá o processo conforme as disposições deste Código, incumbindo-lhe:

I – assegurar às partes igualdade de tratamento;

II – velar pela duração razoável do processo;

III – prevenir ou reprimir qualquer ato contrário à dignidade da justiça e indeferir postulações meramente protelatórias;

IV – determinar todas as medidas indutivas, coercitivas, mandamentais ou sub-rogatórias necessárias para assegurar o cumprimento de ordem judicial, inclusive nas ações que tenham por objeto prestação pecuniária;

V – promover, a qualquer tempo, a autocomposição, preferencialmente com auxílio de conciliadores e mediadores judiciais;

VI – dilatar os prazos processuais e alterar a ordem de produção dos meios de prova, adequando-os às necessidades do conflito de modo a conferir maior efetividade à tutela do direito;

VII – exercer o poder de polícia, requisitando, quando necessário, força policial, além da segurança interna dos fóruns e tribunais;

VIII – determinar, a qualquer tempo, o comparecimento pessoal das partes, para inquiri-las sobre os fatos da causa, hipótese em que não incidirá a pena de confesso;

IX – determinar o suprimento de pressupostos processuais e o saneamento de outros vícios processuais;

X – quando se deparar com diversas demandas individuais repetitivas, oficiar o Ministério Público, a Defensoria Pública e, na medida do possível, outros legitimados a que se referem o art. 5º da Lei nº 7.347, de 24 de julho de 1985, e o art. 82 da Lei nº 8.078, de 11 de setembro de 1990, para, se for o caso, promover a propositura da ação coletiva respectiva.

Parágrafo único. A dilação de prazos prevista no inciso VI somente pode ser determinada antes de encerrado o prazo regular.

O dispositivo cuida dos poderes, deveres e responsabilidades do magistrado. Nem todos são inéditos, já estando previstos no próprio modelo anterior (CPC/73) embora em artigos esparsos. O CPC, contudo, concentrou-os neste dispositivo. Consta que o juiz deve velar pela duração razoável do processo e não apenas pela rápida solução do litígio. Também permite que sejam determinadas medidas indutivas, coercitivas, mandamentais ou sub-rogatórias quando necessárias para o cumprimento das suas decisões. Recomenda que seja promovida a composição amigável entre as partes, com auxílio de outros sujeitos processuais. Autoriza a possibilidade de serem dilatados os prazos processuais antes do seu termo final ou que seja alterada a ordem de produção das provas para conferir maior efetividade ao processo. Reitera a existência do poder de polícia, bem como enumera outras providências mais, como oficiar aos legitimados para a propositura de demanda coletiva quando se deparar com inúmeras demandas individuais repetitivas.

> Enunciado nº 13 da I Jornada de Processo Civil CEJ/CJF: *"O art. 139, VI, do CPC autoriza o deslocamento para o futuro do termo inicial do prazo".*
>
> Enunciado nº 35 da ENFAM: *"Além das situações em que a flexibilização do procedimento é autorizada pelo art. 139, VI, do CPC/2015, pode o juiz, de ofício, preservada a previsibilidade do rito, adaptá-lo às especificidades da causa, observadas as garantias fundamentais do processo".*
>
> Enunciado nº 48 da ENFAM: *"O art. 139, IV, do CPC/2015 traduz um poder geral de efetivação, permitindo a aplicação de medidas atípicas para garantir o cumprimento de qualquer ordem judicial, inclusive no âmbito do cumprimento de sentença e no processo de execução baseado em títulos extrajudiciais".*

Art. 140

Art. 140. O juiz não se exime de decidir sob a alegação de lacuna ou obscuridade do ordenamento jurídico.

Parágrafo único. O juiz só decidirá por equidade nos casos previstos em lei.

O dispositivo em questão deve ser interpretado literalmente, ao suprimir a menção apenas às sentenças e despachos. Também é de se aplaudir a substituição da palavra "lei" por "ordenamento jurídico", que é mais ampla do que no antigo modelo (CPC/73). O parágrafo único, por seu turno, é idêntico a artigo do modelo anterior (CPC/73), somente autorizando o magistrado a decidir por equidade quando a lei autorizar, tal como ocorre nos procedimentos de jurisdição voluntária (art. 723, parágrafo único).

Art. 141

Art. 141. O juiz decidirá o mérito nos limites propostos pelas partes, sendo-lhe vedado conhecer de questões não suscitadas a cujo respeito a lei exige iniciativa da parte.

O dispositivo em questão deve ser interpretado literalmente, substituindo adequadamente a palavra "lide" por "mérito". Este artigo cuida do princípio da congruência, também chamado de princípio da correlação ou da adstrição. Alerta-se, porém, que há norma autorizando que o juiz interprete o pedido não mais literalmente, mas sim de acordo com o conjunto da postulação e da boa-fé (art. 322, § 2º).

Art. 142

Art. 142. Convencendo-se, pelas circunstâncias, de que autor e réu se serviram do processo para praticar ato simulado ou conseguir fim vedado por lei, o juiz proferirá decisão que impeça os objetivos das partes, aplicando, de ofício, as penalidades da litigância de má-fé.

O dispositivo em questão deve ser interpretado literalmente, quando o magistrado perceber que as partes se valem do processo para a prática de ato simulado ou vedado por lei. Também passa a autorizar a imposição de multa de litigância de má-fé. Era desnecessário mencionar que esta multa poderia ser determinada de ofício, pois já há autorização neste sentido no CPC (art. 81). E, por fim, não se pode olvidar que esta multa se reverte às próprias partes (art. 96).

Art. 143

Art. 143. O juiz responderá, civil e regressivamente, por perdas e danos quando:

I – no exercício de suas funções, proceder com dolo ou fraude;

II – recusar, omitir ou retardar, sem justo motivo, providência que deva ordenar de ofício ou a requerimento da parte.

Parágrafo único. As hipóteses previstas no inciso II somente serão verificadas depois que a parte requerer ao juiz que determine a providência e o requerimento não for apreciado no prazo de 10 (dez) dias.

O dispositivo em questão deve ser interpretado literalmente, tratando da responsabilidade pessoal do magistrado em responder por perdas e danos decorrentes de sua atuação, quando atuar com dolo ou culpa. Inova, contudo, ao dispor que apenas responderá "regressivamente". Portanto, caberá à parte prejudicada primeiramente processar a União ou o Estado, conforme o caso, e somente após o ente público poderá demandar autonomamente em face do magistrado. Trata-se do fenômeno da dupla garantia, várias vezes já reconhecido pela jurisprudência do STF, muito embora no STJ o tema ainda não seja inteiramente pacífico. Também é de se destacar que a jurisprudência pátria não vinha admitindo que, nestas hipóteses, a Fazenda Pública pudesse oferecer denunciação da lide nos próprios autos, mormente por incluir discussão sobre elemento novo (dolo ou culpa), que não precisaria ser discutida no bojo do processo primitivo (art. 37, § 6º, CF).

> Verbete nº 50 da Súmula do TJ-RJ: *"Em ação de indenização ajuizada em face de pessoa jurídica de Direito Público, não se admite a denunciação da lide ao seu agente ou a terceiro (art. 37, § 6º, CF/88)".*

> **Descabimento de a vítima promover demanda diretamente em face do agente público responsável (CPC/73).** "*O § 6º do art. 37 da Magna Carta autoriza a proposição de que somente as pessoas jurídicas de direito público, ou as pessoas jurídicas de direito privado que prestem serviços públicos, é que poderão responder, objetivamente, pela reparação de danos a terceiros. Isto por ato ou omissão dos respectivos agentes, agindo estes na qualidade de agentes públicos, e não como pessoas comuns. Esse mesmo dispositivo constitucional consagra, ainda, dupla garantia: uma, em favor do particular, possibilitando-lhe ação indenizatória contra a pessoa jurídica de direito público, ou de direito privado que preste serviço público, dado que bem maior, praticamente certa, a possibilidade de pagamento do dano objetivamente sofrido. Outra garantia, no entanto, em prol do servidor estatal, que somente responde administrativa e civilmente perante a pessoa jurídica a cujo quadro funcional se vincular*" (STF. REXTR nº 327.904-1. Rel. Min. Carlos Britto. DJ 15/08/2006).

> **Possibilidade de a vítima promover demanda diretamente em face do agente público responsável (CPC/73).** "*Na hipótese de dano causado a particular por agente público no exercício de sua função, há de se conceder ao lesado a possibilidade de ajuizar ação diretamente contra o agente, contra o Estado ou contra ambos. De fato, o art. 37, § 6º, da CF prevê uma garantia para o administrado de buscar a recomposição dos danos sofridos diretamente da pessoa jurídica, que, em princípio, é mais solvente que o servidor, independentemente de demonstração de culpa do agente público. Nesse particular, a CF simplesmente impõe ônus maior ao Estado decorrente do risco administrativo. Contudo, não há previsão de que a demanda tenha curso forçado em face da administração pública, quando o particular livremente dispõe do bônus contraposto; tampouco há imunidade do agente público de não ser demandado diretamente por seus atos, o qual, se ficar comprovado dolo ou culpa, responderá de qualquer forma, em regresso, perante a Administração. Dessa forma, a avaliação quanto ao ajuizamento da ação contra o agente público ou contra o Estado deve ser decisão do suposto lesado. Se, por um lado, o particular*

abre mão do sistema de responsabilidade objetiva do Estado, por outro também não se sujeita ao regime de precatórios, os quais, como é de cursivo conhecimento, não são rigorosamente adimplidos em algumas unidades da Federação. Posto isso, o servidor público possui legitimidade passiva para responder, diretamente, pelo dano gerado por atos praticados no exercício de sua função pública, sendo que, evidentemente, o dolo ou culpa, a ilicitude ou a própria existência de dano indenizável são questões meritórias. Precedente citado: RESP 731.746-SE, Quarta Turma, DJe 4/5/2009" (STJ. RESP nº 1.325.862-PR. Rel. Min. Luis Felipe Salomão. DJ 05/09/2013).

CAPÍTULO II
DOS IMPEDIMENTOS E DA SUSPEIÇÃO

Art. 144

Art. 144. Há impedimento do juiz, sendo-lhe vedado exercer suas funções no processo:

I – em que interveio como mandatário da parte, oficiou como perito, funcionou como membro do Ministério Público ou prestou depoimento como testemunha;

II – de que conheceu em outro grau de jurisdição, tendo proferido decisão;

III – quando nele estiver postulando, como defensor público, advogado ou membro do Ministério Público, seu cônjuge ou companheiro, ou qualquer parente, consanguíneo ou afim, em linha reta ou colateral, até o terceiro grau, inclusive;

IV – quando for parte no processo ele próprio, seu cônjuge ou companheiro, ou parente, consanguíneo ou afim, em linha reta ou colateral, até o terceiro grau, inclusive;

V – quando for sócio ou membro de direção ou de administração de pessoa jurídica parte no processo;

VI – quando for herdeiro presuntivo, donatário ou empregador de qualquer das partes;

VII – em que figure como parte instituição de ensino com a qual tenha relação de emprego ou decorrente de contrato de prestação de serviços;

VIII – em que figure como parte cliente do escritório de advocacia de seu cônjuge, companheiro ou parente, consanguíneo ou afim, em linha reta ou colateral, até o terceiro grau, inclusive, mesmo que patrocinado por advogado de outro escritório;

IX – quando promover ação contra a parte ou seu advogado.

> § 1º Na hipótese do inciso III, o impedimento só se verifica quando o defensor público, o advogado ou o membro do Ministério Público já integrava o processo antes do início da atividade judicante do juiz.
>
> § 2º É vedada a criação de fato superveniente a fim de caracterizar impedimento do juiz.
>
> § 3º O impedimento previsto no inciso III também se verifica no caso de mandato conferido a membro de escritório de advocacia que tenha em seus quadros advogado que individualmente ostente a condição nele prevista, mesmo que não intervenha diretamente no processo.

O dispositivo enumera os casos de impedimento do magistrado. Os cinco primeiros incisos receberam poucos ajustes em relação ao modelo anterior (CPC/73). Com efeito, no terceiro e quarto incisos apenas foram acrescentados os membros do Ministério Público e da Defensoria Pública, além de incluir menção não apenas ao cônjuge como, também, ao companheiro (art. 226, § 3º, CF). Mudanças mais drásticas buscando preservar a imparcialidade do magistrado, porém, foram realizadas nos demais incisos, sendo que algumas são até bem amplas, como aquela referida no inciso oitavo, em que há impedimento quando figurar, como parte, cliente do escritório de advocacia de seu cônjuge, companheiro ou parente, consanguíneo ou afim, em linha reta ou colateral, até o terceiro grau, inclusive, mesmo que patrocinado por advogado de outro escritório. Este inciso, em específico, certamente dará margem à possível alegação de desconhecimento pelo magistrado em questão, uma vez que provavelmente não terá ciência da carteira de clientes da sociedade de advogados da qual participam algumas das pessoas ali mencionadas. De resto, os parágrafos do dispositivo objetivam coibir a criação de impedimentos supervenientes, o que é extremamente salutar.

> As hipóteses que buscam preservar a imparcialidade do magistrado também se aplicam ao árbitro, inclusive quando se tratar de decisão arbitral estrangeira. *"A prerrogativa de imparcialidade do julgador aplica-se à arbitragem e sua inobservância resulta em ofensa direta à ordem pública nacional – o que legitima o exame da matéria pelo Superior Tribunal de Justiça, independentemente de decisão proferida pela Justiça estrangeira acerca do tema"* (STJ. Corte Especial. SEC 9.412-EX, Rel. Min. Felix Fischer, Rel. para acórdão Min. João Otávio de Noronha, julgado em 19/04/2017 – Informativo nº 605).

Art. 145

> Art. 145. Há suspeição do juiz:
>
> I – amigo íntimo ou inimigo de qualquer das partes ou de seus advogados;

II – que receber presentes de pessoas que tiverem interesse na causa antes ou depois de iniciado o processo, que aconselhar alguma das partes acerca do objeto da causa ou que subministrar meios para atender às despesas do litígio;

III – quando qualquer das partes for sua credora ou devedora, de seu cônjuge ou companheiro ou de parentes destes, em linha reta até o terceiro grau, inclusive;

IV – interessado no julgamento do processo em favor de qualquer das partes.

§ 1º Poderá o juiz declarar-se suspeito por motivo de foro íntimo, sem necessidade de declarar suas razões.

§ 2º Será ilegítima a alegação de suspeição quando:

I – houver sido provocada por quem a alega;

II – a parte que a alega houver praticado ato que signifique manifesta aceitação do arguido.

O dispositivo enumera os casos de suspeição do magistrado. São mantidas todas as hipóteses anteriores com pequenos ajustes na redação. No primeiro inciso são incluídos os advogados das partes. O modelo anterior (CPC/73), que previa suspeição do magistrado nos casos de condição de herdeiro, donatário ou empregador agora passa a ser motivo de impedimento, mencionado no artigo anterior. O segundo inciso, por sua vez, substitui a expressão "receber dádivas" por "receber presentes", o que soa correto, pois ofende a seriedade da magistratura tolas adulações como a do modelo anterior (CPC/73), usando expressões próprias para as ofertas direcionadas a divindades. De resto, é mantida a possibilidade de o magistrado se declarar suspeito por motivo de foro íntimo, muito embora não seja necessário declarar suas razões. Esta parte final soa inconstitucional, por ofensa ao princípio da motivação das decisões judiciais (art. 93, IX, CF).

Suspeição e inimizade capital. "*O Plenário negou provimento a agravo regimental em sede de arguição de suspeição promovida pelo presidente da República em face do procurador-geral da República. No caso, a defesa requereu a declaração de suspeição do procurador-geral alegando que ele estaria extrapolando seus limites constitucionais e legais inerentes ao cargo e adotando obsessiva conduta persecutória contra o Presidente da República, cuja motivação seria de ordem pessoal. O ministro Edson Fachin (relator) rejeitou a arguição em decisão monocrática. Contra essa decisão, a defesa interpôs agravo regimental insistindo na existência de inimizade capital entre as partes. O Colegiado aduziu que, de acordo com a análise conjunta das manifestações públicas feitas pelo procurador-geral com os esclarecimentos por ele prestados, não é possível reconhecer inimizade capital. Asseverou que a emissão de opinião por parte do chefe do Ministério Público da União, por si só, não se* *qualifica como hipótese de inimizade capital. Mais que isso, a explicitação das ações desencadeadas pelo Ministério Público afigura-se conduta potencialmente consentânea com a transparência que deve caracterizar o agir republicano. Além disso, ressaltou que o fato de o procurador-geral supostamente não ter informado quais fatos respaldariam eventual acusação por obstrução de Justiça igualmente não traduz inimizade capital, visto que a denúncia sempre deverá observar os requisitos do art. 41 (1) do Código de Processo Penal (CPP), bem como submeter-se aos filtros jurídicos e políticos próprios da imputação de crimes ao presidente da República. Em seguida, a Corte afirmou que o requerimento do procurador-geral para que o acesso aos autos do inquérito fosse restringido apenas ao delegado que já estava trabalhando na investigação não se traduz em interferência ministerial na Polícia Federal. Independentemente do acerto ou desacerto desse requerimento, tal proceder, por meio do qual se almejava resguardar a apuração, não indica inimizade capital entre o membro do Ministério Público e qualquer das partes. Por fim, apontou que a alegação no sentido de que membro do Ministério Público diverso do arguido informou a advogado (e não à parte) funcionamentos do instituto da colaboração premiada não consubstancia a realidade normativa que legitimaria o reconhecimento de causa de suspeição. Primeiramente porque tal alegação decorre exclusivamente de informe jornalístico sem corroboração mínima, sendo que, sob a sistemática do CPP, a arguição dessa natureza desafia maior robustez. Não bastasse isso, o Tribunal ponderou que não há como presumir o conhecimento do arguido acerca dessa cogitada circunstância. Explicou que as causas de impedimento e suspeição são sempre pessoais, no sentido de que não é possível acolher a alegação de que eventual esclarecimento prestado por um procurador da República contaminaria, automaticamente, a higidez da atuação do procurador-geral da República. Asseverou que, nesse contexto, não há como potencializar a suposta subordinação entre o referido procurador e o procurador-geral da República"* (STF. AS 89/DF, Rel. Min. Edson Fachin, julgado em 13/09/2017).

Art. 146

Art. 146. No prazo de 15 (quinze) dias, a contar do conhecimento do fato, a parte alegará o impedimento ou a suspeição, em petição específica dirigida ao juiz do processo, na qual indicará o fundamento da recusa, podendo instruí-la com documentos em que se fundar a alegação e com rol de testemunhas.

§ 1º Se reconhecer o impedimento ou a suspeição ao receber a petição, o juiz ordenará imediatamente a remessa dos autos a seu substituto legal, caso contrário, determinará a autuação em apartado da petição e, no prazo de 15 (quinze) dias, apresentará suas razões, acompanhadas de documentos e de rol de testemunhas, se houver, ordenando a remessa do incidente ao tribunal.

§ 2º Distribuído o incidente, o relator deverá declarar os seus efeitos, sendo que, se o incidente for recebido:

> I – sem efeito suspensivo, o processo voltará a correr;
>
> II – com efeito suspensivo, o processo permanecerá suspenso até o julgamento do incidente.
>
> § 3º Enquanto não for declarado o efeito em que é recebido o incidente ou quando este for recebido com efeito suspensivo, a tutela de urgência será requerida ao substituto legal.
>
> § 4º Verificando que a alegação de impedimento ou de suspeição é improcedente, o tribunal rejeitá-la-á.
>
> § 5º Acolhida a alegação, tratando-se de impedimento ou de manifesta suspeição, o tribunal condenará o juiz nas custas e remeterá os autos ao seu substituto legal, podendo o juiz recorrer da decisão.
>
> § 6º Reconhecido o impedimento ou a suspeição, o tribunal fixará o momento a partir do qual o juiz não poderia ter atuado.
>
> § 7º O tribunal decretará a nulidade dos atos do juiz, se praticados quando já presente o motivo de impedimento ou de suspeição.

O CPC elimina a modalidade de resposta do réu, que também podia ser eventualmente utilizada pelo demandante nestes casos, denominada "exceção". Por este motivo, as matérias que antes eram ventiladas nesta peça agora deverão ser alegadas de outra forma. Nos casos de incompetência relativa, o CPC prevê que seja ventilada em "preliminar da contestação" (art. 337, II). Para as hipóteses de impedimento ou suspeição do magistrado, o interessado deverá apresentar uma "petição específica" com esta finalidade. Curiosamente, todo o processamento subsequente é muito semelhante ao da antiga "exceção", pois permanece o prazo de quinze dias para o oferecimento (na doutrina é pacífico que este prazo não incide para as hipóteses de impedimento, já que estas podem ser alegadas a qualquer momento, inclusive em sede de ação rescisória – art. 966, II), bem como a possibilidade de o juiz negar esta condição em idêntico prazo.

Nos casos tratados neste dispositivo, tais peças de impedimento ou suspeição serão autuadas em apartado e remetidas ao Tribunal. Uma diferença é que este incidente poderá ou não suspender a tramitação do processo em primeiro grau, dependendo de haver sido ou não recebido no efeito suspensivo. Enquanto esse efeito não é dado, caberá ao substituto do magistrado ou a seu tabelar decidir sobre as tutelas de urgência. Dependendo do teor da decisão do incidente, o magistrado pode ser responsabilizado pelas despesas processuais até então, bem como serão determinados quais os atos processuais atingidos e também a partir de que momento o juiz não mais poderia ter atuado. Observa-se, portanto, que apesar da eliminação do termo "exceção", todo o processamento é praticamente mantido. Este processamento também é adotado nos processos que tramitam perante os juizados especiais (art. 30, Lei nº 9.099/95).

> Suspeição de magistrado por motivo superveniente e ausência de efeitos retroativos ao processo, de modo que os atos por ele praticados anteriormente possam ser aproveitados. "*A autodeclaração de suspeição realizada por magistrado em virtude de motivo superveniente não importa em nulidade dos atos processuais praticados em momento anterior ao fato ensejador da suspeição. Isso porque essa declaração não gera efeitos retroativos. Precedentes citados: AgRg no ARESP 763.510-SP, Segunda Turma, DJe 5/11/2015; RHC 43.787-MG, Quinta Turma, DJe 19/10/2015; RMS 33.456-PE, Segunda Turma, DJe 16/5/2011; e RHC 19.853-SC, Sexta Turma, DJe 4/8/2008*". (STJ. PET no RESP 1.339.313-RJ, Rel. Min. Sérgio Kukina, Rel.ª para acórdão Min.ª Assusete Magalhães, julgado em 13/04/2016, DJe 09/08/2016 – Informativo nº 587).

Art. 147

Art. 147. Quando 2 (dois) ou mais juízes forem parentes, consanguíneos ou afins, em linha reta ou colateral, até o terceiro grau, inclusive, o primeiro que conhecer do processo impede que o outro nele atue, caso em que o segundo se escusará, remetendo os autos ao seu substituto legal.

O dispositivo em questão deve ser interpretado literalmente, apenas incluindo que a vedação de atuação dos magistrados se estende para parentesco de até terceiro grau.

Art. 148

Art. 148. Aplicam-se os motivos de impedimento e de suspeição:

I – ao membro do Ministério Público;

II – aos auxiliares da justiça;

III – aos demais sujeitos imparciais do processo.

§ 1º A parte interessada deverá arguir o impedimento ou a suspeição, em petição fundamentada e devidamente instruída, na primeira oportunidade em que lhe couber falar nos autos.

§ 2º O juiz mandará processar o incidente em separado e sem suspensão do processo, ouvindo o arguido no prazo de 15 (quinze) dias e facultando a produção de prova, quando necessária.

§ 3º Nos tribunais, a arguição a que se refere o § 1º será disciplinada pelo regimento interno.

§ 4º O disposto nos §§ 1º e 2º não se aplica à arguição de impedimento ou de suspeição de testemunha.

O dispositivo em questão deve ser interpretado literalmente, permitindo que as causas de impedimento e as de suspeição sejam alegadas também para outros sujeitos processuais. No caso de membro do Ministério Público, é necessário perquirir se ele atua como parte ou como fiscal da ordem jurídica, pois somente na segunda hipótese é que poderá se sujeitar a uma alegação como esta. Com efeito, atuando como parte principal, ou seja, demandante, o *parquet* já será tido como parcial, pois agirá para que o pleito seja integralmente acolhido. De resto, é de se observar que, nesta petição de impedimento ou suspeição do membro do Ministério Público, a apreciação e decisão deverão ser proferidas pelo Tribunal, em conformidade com a regra prevista no terceiro parágrafo, pois existe uma simetria entre as carreiras da Magistratura e do Ministério Público.

Quanto aos demais sujeitos do processo que foram mencionados, que são os auxiliares da Justiça ou demais sujeitos imparciais do processo (v.g., conciliadores ou mediadores), esta peça já será decidida pelo juiz de primeira instância. Não haverá suspensão do processo e o prazo de esclarecimentos da pessoa apontada como parcial passa a ser de quinze dias. O parágrafo quarto ressalva que este procedimento não se aplica em relação à testemunha, pois existe uma forma própria levemente distinta para trazer este tema (art. 457). Por fim, importante constar que o assistente técnico já é considerado naturalmente parcial e, por este motivo, não pode ter peça questionando seu impedimento ou sua suspeição (art. 466, § 1º).

CAPÍTULO III
DOS AUXILIARES DA JUSTIÇA

Art. 149

> Art. 149. São auxiliares da Justiça, além de outros cujas atribuições sejam determinadas pelas normas de organização judiciária, o escrivão, o chefe de secretaria, o oficial de justiça, o perito, o depositário, o administrador, o intérprete, o tradutor, o mediador, o conciliador judicial, o partidor, o distribuidor, o contabilista e o regulador de avarias.

O dispositivo em questão deve ser interpretado literalmente, substituindo a antiga expressão "auxiliares do juízo" (CPC/73) por "auxiliares da Justiça" e incluindo novos sujeitos como o chefe de secretaria (termo usado para designar o equivalente do escrivão na Justiça Federal), tradutor, mediador, conciliador, partidor, distribuidor, contabilista e o regulador de avarias, sendo este último necessário para um novo procedimento especial previsto no CPC, denominado "regulação de avaria grossa" (art. 707 – art. 711).

Seção I
Do Escrivão, do Chefe de Secretaria e do Oficial de Justiça

Art. 150

> Art. 150. Em cada juízo haverá um ou mais ofícios de justiça, cujas atribuições serão determinadas pelas normas de organização judiciária.

O dispositivo não altera a redação primitiva, mas a seção em que foi incluído é renomeada para também fazer menção ao "chefe de secretaria", que é o termo usado para designar o equivalente do escrivão na Justiça Federal.

Art. 151

> Art. 151. Em cada comarca, seção ou subseção judiciária haverá, no mínimo, tantos oficiais de justiça quantos sejam os juízos.

Trata-se de um dispositivo novo, que determina que cada órgão jurisdicional instalado tenha, no mínimo, um oficial de justiça ali lotado atuando. Em determinadas localidades e ramos da Justiça já é comum a existência de mais de um meirinho atuando no mesmo juízo. Trata-se de norma preocupada em possibilitar uma tutela jurisdicional eficiente.

Art. 152

> Art. 152. Incumbe ao escrivão ou ao chefe de secretaria:
>
> I – redigir, na forma legal, os ofícios, os mandados, as cartas precatórias e os demais atos que pertençam ao seu ofício;
>
> II – efetivar as ordens judiciais, realizar citações e intimações, bem como praticar todos os demais atos que lhe forem atribuídos pelas normas de organização judiciária;
>
> III – comparecer às audiências ou, não podendo fazê-lo, designar servidor para substituí-lo;
>
> IV – manter sob sua guarda e responsabilidade os autos, não permitindo que saiam do cartório, exceto:
>
> a) quando tenham de seguir à conclusão do juiz;
>
> b) com vista a procurador, à Defensoria Pública, ao Ministério Público ou à Fazenda Pública;

c) quando devam ser remetidos ao contabilista ou ao partidor;

d) quando forem remetidos a outro juízo em razão da modificação da competência;

V – fornecer certidão de qualquer ato ou termo do processo, independentemente de despacho, observadas as disposições referentes ao segredo de justiça;

VI – praticar, de ofício, os atos meramente ordinatórios.

§ 1º O juiz titular editará ato a fim de regulamentar a atribuição prevista no inciso VI.

§ 2º No impedimento do escrivão ou chefe de secretaria, o juiz convocará substituto e, não o havendo, nomeará pessoa idônea para o ato.

O dispositivo traz alguns ajustes na redação e poucas novidades em relação ao modelo anterior (CPC/73). Faz novamente menção ao chefe de secretaria como em alguns anteriores. Passa a autorizar a carga dos autos também para a Defensoria Pública. Também passa a possibilidade que o escrivão ou chefe de secretaria pratiquem atos ordinatórios, desde que seja editado um ato pelo juiz titular do órgão regulamentando e dando publicidade a estas atribuições.

Art. 153

Art. 153. O escrivão ou o chefe de secretaria atenderá, preferencialmente, à ordem cronológica de recebimento para publicação e efetivação dos pronunciamentos judiciais.

§ 1º A lista de processos recebidos deverá ser disponibilizada, de forma permanente, para consulta pública.

§ 2º Estão excluídos da regra do *caput*:

I – os atos urgentes, assim reconhecidos pelo juiz no pronunciamento judicial a ser efetivado;

II – as preferências legais.

§ 3º Após elaboração de lista própria, respeitar-se-ão a ordem cronológica de recebimento entre os atos urgentes e as preferências legais.

§ 4º A parte que se considerar preterida na ordem cronológica poderá reclamar, nos próprios autos, ao juiz do processo, que requisitará informações ao servidor, a serem prestadas no prazo de 2 (dois) dias.

§ 5º Constatada a preterição, o juiz determinará o imediato cumprimento do ato e a instauração de processo administrativo disciplinar contra o servidor.

O dispositivo cria a necessidade de o escrivão ou chefe de secretaria elaborar uma lista, que deve ser preferencialmente observada, com a ordem cronológica de recebimento para publicação e efetivação de pronunciamentos judiciais, que deverá ser disponibilizada publicamente. Esta ordem exclui algumas situações nela indicadas, como o caso dos atos urgentes. Também estabelece a possibilidade de as partes prejudicadas peticionarem reclamando pela preterição da lista, o que deverá ser apreciado pelo magistrado. Trata-se de norma que, de certa maneira, é bastante parecida com outras previstas no CPC (art. 12 e art. 1.046, § 5º).

As críticas a essas listas decorrem da interferência externa de um Poder à atividade-fim que é desempenhada pelos membros do Poder Judiciário, tornando inflexível o modelo de gestão processual e cartorária, que varia de acordo com o órgão envolvido, notadamente pelo quantitativo de servidores disponibilizados, pela matéria envolvida, pela localidade em que se situa o juízo e, também, pela quantidade de novas demandas distribuídas. Além, é claro, de deslocar força de trabalho de um servidor para a elaboração de tais listas com evidente prejuízo de outras atividades mais importantes.

> Enunciado nº 14 da I Jornada de Processo Civil CEJ/CJF: *"A ordem cronológica do art. 153 do CPC não será renovada quando houver equívoco atribuível ao Poder Judiciário no cumprimento de despacho ou decisão"*.
>
> Enunciado nº 34 da ENFAM: *"A violação das regras dos arts. 12 e 153 do CPC/2015 não é causa de nulidade dos atos praticados no processo decidido/cumprido fora da ordem cronológica, tampouco caracteriza, por si só, parcialidade do julgador ou do serventuário"*.

Art. 154

Art. 154. Incumbe ao oficial de justiça:

I – fazer pessoalmente citações, prisões, penhoras, arrestos e demais diligências próprias do seu ofício, sempre que possível na presença de 2 (duas) testemunhas, certificando no mandado o ocorrido, com menção ao lugar, ao dia e à hora;

II – executar as ordens do juiz a que estiver subordinado;

III – entregar o mandado em cartório após seu cumprimento;

IV – auxiliar o juiz na manutenção da ordem;

V – efetuar avaliações, quando for o caso;

> **VI – certificar, em mandado, proposta de autocomposição apresentada por qualquer das partes, na ocasião de realização de ato de comunicação que lhe couber.**
>
> **Parágrafo único. Certificada a proposta de autocomposição prevista no inciso VI, o juiz ordenará a intimação da parte contrária para manifestar-se, no prazo de 5 (cinco) dias, sem prejuízo do andamento regular do processo, entendendo-se o silêncio como recusa.**

O dispositivo cuida nas atribuições do oficial de justiça, pelo menos nos cinco primeiros incisos. A novidade é o inciso sexto e o seu parágrafo único, no que diz respeito à possibilidade de autocomposição apresentada por qualquer uma das partes, o que deverá ser certificado pelo meirinho, para ulterior manifestação em cinco dias da parte contrária.

Art. 155

> **Art. 155. O escrivão, o chefe de secretaria e o oficial de justiça são responsáveis, civil e regressivamente, quando:**
>
> **I – sem justo motivo, se recusarem a cumprir no prazo os atos impostos pela lei ou pelo juiz a que estão subordinados;**
>
> **II – praticarem ato nulo com dolo ou culpa.**

O dispositivo em questão deve ser interpretado literalmente, apenas fazendo menção a que também será possível responsabilizar civilmente, além do escrivão, o "chefe de secretaria", que é o termo usado para designar o cargo equivalente na Justiça Federal, mas apenas quando atuar com dolo ou culpa. Também consta que esta responsabilização somente poderá ser regressiva. Portanto, caberá à parte prejudicada primeiramente processar a União ou o Estado, conforme o caso, e somente após o ente público poderá demandar autonomamente em face dos sujeitos processuais mencionados neste dispositivo. Trata-se do fenômeno da dupla garantia, várias vezes já reconhecido pela jurisprudência do STF, muito embora no STJ o tema ainda não seja inteiramente pacífico. Também é de se destacar que a jurisprudência pátria não vinha admitindo que, nestas hipóteses, a Fazenda Pública pudesse oferecer denunciação da lide nos próprios autos, mormente por incluir discussão sobre elemento novo (dolo ou culpa), que não precisaria ser discutida no bojo do processo primitivo (art. 37, § 6º, CF).

> **Descabimento de a vítima promover demanda diretamente em face do agente público responsável (CPC/73).** "*O § 6º do art. 37 da Magna Carta autoriza a proposição de que somente as pessoas jurídicas de direito público, ou as pessoas jurídicas de direito privado que prestem serviços públicos, é que poderão responder, objetivamente, pela reparação de danos a terceiros. Isto por ato ou omissão*

dos respectivos agentes, agindo estes na qualidade de agentes públicos, e não como pessoas comuns. Esse mesmo dispositivo constitucional consagra, ainda, dupla garantia: uma, em favor do particular, possibilitando-lhe ação indenizatória contra a pessoa jurídica de direito público, ou de direito privado que preste serviço público, dado que bem maior, praticamente certa, a possibilidade de pagamento do dano objetivamente sofrido. Outra garantia, no entanto, em prol do servidor estatal, que somente responde administrativa e civilmente perante a pessoa jurídica a cujo quadro funcional se vincular" (STF. REXTR nº 327.904-1. Rel. Min. Carlos Britto. DJ 15/08/2006).

Possibilidade de a vítima promover demanda diretamente em face do agente público responsável (CPC/73). *"Na hipótese de dano causado a particular por agente público no exercício de sua função, há de se conceder ao lesado a possibilidade de ajuizar ação diretamente contra o agente, contra o Estado ou contra ambos. De fato, o art. 37, § 6º, da CF prevê uma garantia para o administrado de buscar a recomposição dos danos sofridos diretamente da pessoa jurídica, que, em princípio, é mais solvente que o servidor, independentemente de demonstração de culpa do agente público. Nesse particular, a CF simplesmente impõe ônus maior ao Estado decorrente do risco administrativo. Contudo, não há previsão de que a demanda tenha curso forçado em face da administração pública, quando o particular livremente dispõe do bônus contraposto; tampouco há imunidade do agente público de não ser demandado diretamente por seus atos, o qual, se ficar comprovado dolo ou culpa, responderá de qualquer forma, em regresso, perante a Administração. Dessa forma, a avaliação quanto ao ajuizamento da ação contra o agente público ou contra o Estado deve ser decisão do suposto lesado. Se, por um lado, o particular abre mão do sistema de responsabilidade objetiva do Estado, por outro também não se sujeita ao regime de precatórios, os quais, como é de cursivo conhecimento, não são rigorosamente adimplidos em algumas unidades da Federação. Posto isso, o servidor público possui legitimidade passiva para responder, diretamente, pelo dano gerado por atos praticados no exercício de sua função pública, sendo que, evidentemente, o dolo ou culpa, a ilicitude ou a própria existência de dano indenizável são questões meritórias. Precedente citado: RESP 731.746-SE, Quarta Turma, DJe 4/5/2009"* (STJ. RESP nº 1.325.862-PR. Rel. Min. Luis Felipe Salomão. DJ 05/09/2013).

Seção II
Do Perito

Art. 156

Art. 156. O juiz será assistido por perito quando a prova do fato depender de conhecimento técnico ou científico.

§ 1º Os peritos serão nomeados entre os profissionais legalmente habilitados e os órgãos técnicos ou científicos devidamente inscritos em cadastro mantido pelo tribunal ao qual o juiz está vinculado.

§ 2º Para formação do cadastro, os tribunais devem realizar consulta pública, por meio de divulgação na rede mundial de computadores ou em jornais de grande circulação, além de consulta direta a universidades, a conselhos de classe, ao Ministério Público, à Defensoria Pública e à Ordem dos Advogados do Brasil, para a indicação de profissionais ou de órgãos técnicos interessados.

§ 3º Os tribunais realizarão avaliações e reavaliações periódicas para manutenção do cadastro, considerando a formação profissional, a atualização do conhecimento e a experiência dos peritos interessados.

§ 4º Para verificação de eventual impedimento ou motivo de suspeição, nos termos dos arts. 148 e 467, o órgão técnico ou científico nomeado para realização da perícia informará ao juiz os nomes e os dados de qualificação dos profissionais que participarão da atividade.

§ 5º Na localidade onde não houver inscrito no cadastro disponibilizado pelo tribunal, a nomeação do perito é de livre escolha pelo juiz e deverá recair sobre profissional ou órgão técnico ou científico comprovadamente detentor do conhecimento necessário à realização da perícia.

O dispositivo em questão deve ser interpretado literalmente, impondo que o magistrado seja assistido por perito quando a prova do fato depender de conhecimento técnico ou científico. A novidade fica por conta da possibilidade de o Tribunal manter um cadastro com o nome dos profissionais habilitados para esta tarefa, que serão escolhidos por meio de consulta pública, divulgada na rede mundial de computadores ou em jornais de grande circulação, além de consulta direta a outros órgãos. Nas localidades em que não houver profissional cadastrado, o magistrado é livre para nomear o perito, embora esta escolha deva recair sobre profissional ou órgão técnico ou científico comprovadamente detentor do conhecimento necessário.

Art. 157

Art. 157. O perito tem o dever de cumprir o ofício no prazo que lhe designar o juiz, empregando toda sua diligência, podendo escusar-se do encargo alegando motivo legítimo.

§ 1º A escusa será apresentada no prazo de 15 (quinze) dias, contado da intimação, da suspeição ou do impedimento supervenientes, sob pena de renúncia ao direito a alegá-la.

> § 2º Será organizada lista de peritos na vara ou na secretaria, com disponibilização dos documentos exigidos para habilitação à consulta de interessados, para que a nomeação seja distribuída de modo equitativo, observadas a capacidade técnica e a área de conhecimento.

O dispositivo em questão deve ser interpretado literalmente. É mantida a possibilidade de o perito recusar o encargo por motivo legítimo, caso em que esta escusa deverá ser apresentada em quinze dias, que é um prazo maior do que no modelo anterior (CPC/73). Também prevê que deverá ser realizado um rodízio entre os profissionais constantes no cadastro mencionado no dispositivo subsequente.

Art. 158

> Art. 158. O perito que, por dolo ou culpa, prestar informações inverídicas responderá pelos prejuízos que causar à parte e ficará inabilitado para atuar em outras perícias no prazo de 2 (dois) a 5 (cinco) anos, independentemente das demais sanções previstas em lei, devendo o juiz comunicar o fato ao respectivo órgão de classe para adoção das medidas que entender cabíveis.

O dispositivo inova ao prever que o perito que prestar informações inverídicas por dolo ou culpa ficará inabilitado para atuar em outras perícias por um prazo compreendido entre dois e cinco anos, bem como que caberá ao magistrado comunicar esta situação ao respectivo órgão de classe para a adoção das providências cabíveis.

Seção III
Do Depositário e do Administrador

Art. 159

> Art. 159. A guarda e a conservação de bens penhorados, arrestados, sequestrados ou arrecadados serão confiadas a depositário ou a administrador, não dispondo a lei de outro modo.

Dispositivo sem qualquer alteração na redação quando confrontado com o modelo primitivo (CPC/73), determinando que os bens constrictos judicialmente devem permanecer em poder de um depositário ou administrador, não dispondo a lei de outra maneira. Para somas em dinheiro, há norma específica determinando que seja realizado um depósito bancário em conta a ser movimentada pelo juízo (art. 1.058).

Art. 160

Art. 160. Por seu trabalho o depositário ou o administrador perceberá remuneração que o juiz fixará levando em conta a situação dos bens, ao tempo do serviço e às dificuldades de sua execução.

Parágrafo único. O juiz poderá nomear um ou mais prepostos por indicação do depositário ou do administrador.

O dispositivo em questão deve ser interpretado literalmente, cuidando da possibilidade de o depositário ou administrador do bem receber remuneração fixada pelo magistrado.

Art. 161

Art. 161. O depositário ou o administrador responde pelos prejuízos que, por dolo ou culpa, causar à parte, perdendo a remuneração que lhe foi arbitrada, mas tem o direito a haver o que legitimamente despendeu no exercício do encargo.

Parágrafo único. O depositário infiel responde civilmente pelos prejuízos causados, sem prejuízo de sua responsabilidade penal e da imposição de sanção por ato atentatório à dignidade da justiça.

O dispositivo cuida no *caput* da possibilidade de o depositário ou administrador responder pelos prejuízos que forem causados em decorrência de sua conduta tanto dolosa quanto culposa. Mas inova em seu parágrafo único ao prever que o depositário infiel também poderá responder civil ou criminalmente pelos prejuízos, além de lhe ser imposta multa por ato atentatório à dignidade da justiça. A prisão civil do depositário infiel, contudo, não mais pode ser decretada em virtude da existência de súmula vinculante criada pelo STF neste sentido.

> Súmula Vinculante nº 25, STF: *"É ilícita a prisão civil de depositário infiel, qualquer que seja a modalidade de depósito".*

Seção IV
Do Intérprete e do Tradutor

Art. 162

Art. 162. O juiz nomeará intérprete ou tradutor quando necessário para:

I – traduzir documento redigido em língua estrangeira;

II – verter para o português as declarações das partes e das testemunhas que não conhecerem o idioma nacional;

III – realizar a interpretação simultânea dos depoimentos das partes e testemunhas com deficiência auditiva que se comuniquem por meio da Língua Brasileira de Sinais, ou equivalente, quando assim for solicitado.

Foi incluído o tradutor como auxiliar da Justiça, que passa a receber o mesmo tratamento do intérprete. É prevista a atividade de tradução de documento redigido em língua estrangeira, bem como é feito ajuste na redação do dispositivo quanto às demais tarefas desempenhadas por estes sujeitos do processo.

Art. 163

Art. 163. Não pode ser intérprete ou tradutor quem:

I – não tiver a livre administração de seus bens;

II – for arrolado como testemunha ou atuar como perito no processo;

III – estiver inabilitado para o exercício da profissão por sentença penal condenatória, enquanto durarem seus efeitos.

O dispositivo em questão deve ser interpretado literalmente, dispondo sobre quem não pode atuar como intérprete ou tradutor do juízo.

Art. 164

Art. 164. O intérprete ou tradutor, oficial ou não, é obrigado a desempenhar seu ofício, aplicando-se-lhe o disposto nos arts. 157 e 158.

O dispositivo pouco inova quando confrontado com o modelo primitivo (CPC/73), apenas incluindo o "tradutor" ao lado do "intérprete". Vale dizer que os artigos mencionados no *caput* já foram objeto de comentários em momento oportuno.

CAPÍTULO III
DOS AUXILIARES DA JUSTIÇA

Seção VI
Dos conciliadores e mediadores judiciais

Art. 165

Art. 165. Os tribunais criarão centros judiciários de solução consensual de conflitos, responsáveis pela realização de sessões e audiências de conciliação e mediação e pelo desenvolvimento de programas destinados a auxiliar, orientar e estimular a autocomposição.

§ 1º A composição e a organização dos centros serão definidas pelo respectivo tribunal, observadas as normas do Conselho Nacional de Justiça.

§ 2º O conciliador, que atuará preferencialmente nos casos em que não houver vínculo anterior entre as partes, poderá sugerir soluções para o litígio, sendo vedada a utilização de qualquer tipo de constrangimento ou intimidação para que as partes conciliem.

§ 3º O mediador, que atuará preferencialmente nos casos em que houver vínculo anterior entre as partes, auxiliará aos interessados a compreender as questões e os interesses em conflito, de modo que eles possam, pelo restabelecimento da comunicação, identificar, por si próprios, soluções consensuais que gerem benefícios mútuos.

O CPC trata, acertadamente, da conciliação e mediação como métodos de solução consensual dos conflitos, devendo ser estimuladas pelos sujeitos do processo. Trata-se de norma inserida no rol daquelas que são consideradas como fundamentais para o processo civil (art. 2º, § 3º). Estabelece, ainda, que os Tribunais deverão criar centros judiciários para a solução dos conflitos, onde deverão ser realizadas as audiências de conciliação e mediação (art. 334), bem como seguir as diretrizes estabelecidas pelo CNJ em tais casos. No segundo e terceiro parágrafos constam as atribuições e distinções entre as atividades desempenhadas pelo conciliador (que pode sugerir soluções para o litígio) e pelo mediador (que busca restabelecer a comunicação entre as partes para que elas, por si mesmas, possam chegar à solução consensual).

Art. 166

Art. 166. A conciliação e a mediação são informadas pelos princípios da independência, da imparcialidade, da autonomia da vontade, da confidencialidade, da oralidade, da informalidade e da decisão informada.

§ 1º A confidencialidade estende-se a todas as informações produzidas no curso do procedimento, cujo teor não poderá ser utilizado para fim diverso daquele previsto por expressa deliberação das partes.

§ 2º Em razão do dever de sigilo, inerente às suas funções, o conciliador e o mediador, assim como os membros de suas equipes, não poderão divulgar ou depor acerca de fatos ou elementos oriundos da conciliação ou da mediação.

§ 3º Admite-se a aplicação de técnicas negociais, com o objetivo de proporcionar ambiente favorável à autocomposição.

§ 4º A mediação e a conciliação serão regidas conforme a livre autonomia dos interessados, inclusive no que diz respeito à definição das regras procedimentais.

Disciplina os princípios que norteiam a conciliação e a mediação, além de impor a confidencialidade a todas as informações produzidas no curso do procedimento, que não podem ser utilizadas para outros fins além daqueles expressamente pactuados pelos interessados. Impõe, outrossim, dever de sigilo ao conciliador, mediador e membros de sua equipe, bem como permite o uso de técnicas negociais para esta atividade, respeitando-se, contudo, a autonomia dos interessados.

> Enunciado nº 56 da ENFAM: *"Nas atas das sessões de conciliação e mediação, somente serão registradas as informações expressamente autorizadas por todas as partes".*

Art. 167

Art. 167. Os conciliadores, os mediadores e as câmaras privadas de conciliação e mediação serão inscritos em cadastro nacional e em cadastro de tribunal de justiça ou de tribunal regional federal, que manterá registro de profissionais habilitados, com indicação de sua área profissional.

§ 1º Preenchendo o requisito da capacitação mínima, por meio de curso realizado por entidade credenciada, conforme parâmetro curricular definido pelo Conselho Nacional de Justiça em conjunto com o Ministério da Justiça, o conciliador ou o mediador, com o respectivo certificado, poderá requerer sua inscrição no cadastro nacional e no cadastro de tribunal de justiça ou de tribunal regional federal.

§ 2º Efetivado o registro, que poderá ser precedido de concurso público, o tribunal remeterá ao diretor do foro da comarca, seção ou subseção judiciária onde atuará o conciliador ou o mediador os dados necessários para que seu nome passe a constar da respectiva lista, a ser observada na distribuição alternada e aleatória, respeitado o princípio da igualdade dentro da mesma área de atuação profissional.

§ 3º Do credenciamento das câmaras e do cadastro de conciliadores e mediadores constarão todos os dados relevantes para a sua atuação, tais como o número de processos de que participou, o sucesso ou insucesso da atividade, a matéria sobre a qual versou a controvérsia, bem como outros dados que o tribunal julgar relevantes.

§ 4º Os dados colhidos na forma do § 3º serão classificados sistematicamente pelo tribunal, que os publicará, ao menos anualmente, para conhecimento da população e para fins estatísticos e de avaliação da conciliação, da mediação, das câmaras privadas de conciliação e de mediação, dos conciliadores e dos mediadores.

§ 5º Os conciliadores e mediadores judiciais cadastrados na forma do *caput*, se advogados, estarão impedidos de exercer a advocacia nos juízos em que desempenhem suas funções.

§ 6º O tribunal poderá optar pela criação de quadro próprio de conciliadores e mediadores, a ser preenchido por concurso público de provas e títulos, observadas as disposições deste Capítulo.

O dispositivo estabelece que os conciliadores, mediadores e as câmaras privadas, para realização desta atividade, deverão ser inscritos em cadastro nacional ou regional, que poderá ser precedido de concurso público e, obrigatoriamente, frequentar curso realizado por entidade credenciada nos termos a serem definidos pelo CNJ. Também determina que os tribunais divulgarão por listas as atividades desempenhadas pelo conciliador e mediador, inclusive os sucessos e fracassos. Proíbe, ainda, que os conciliadores ou mediadores exerçam a advocacia nos juízos em que desempenhem estas funções.

Enunciado nº 57 da ENFAM: "*O cadastro dos conciliadores, mediadores e câmaras privadas deve ser realizado nos núcleos estaduais ou regionais de conciliação (Núcleos Permanentes de Métodos Consensuais de Solução de*

> *Conflitos – NUPEMEC)*, que atuarão como órgãos de gestão do sistema de autocomposição".
>
> Enunciado nº 58 da ENFAM: "*As escolas judiciais e da magistratura têm autonomia para formação de conciliadores e mediadores, observados os requisitos mínimos estabelecidos pelo CNJ*".
>
> Enunciado nº 59 da ENFAM: "*O conciliador ou mediador não cadastrado no tribunal, escolhido na forma do § 1º do art. 168 do CPC/2015, deverá preencher o requisito de capacitação mínima previsto no § 1º do art. 167*".
>
> Enunciado nº 60 da ENFAM: "*À sociedade de advogados a que pertença o conciliador ou mediador aplicam-se os impedimentos de que tratam os arts. 167, § 5º, e 172 do CPC/2015*".

Art. 168

Art. 168. As partes podem escolher, de comum acordo, o conciliador, o mediador ou a câmara privada de conciliação e de mediação.

§ 1º O conciliador ou mediador escolhido pelas partes poderá ou não estar cadastrado no tribunal.

§ 2º Inexistindo acordo quanto à escolha do mediador ou conciliador, haverá distribuição entre aqueles cadastrados no registro do tribunal, observada a respectiva formação.

§ 3º Sempre que recomendável, haverá a designação de mais de um mediador ou conciliador.

Permite que as partes, de comum acordo, escolham o conciliador, o mediador ou mesmo a câmara privada, que podem ou não estar cadastrados. Trata-se de opção decorrente da autonomia da vontade dos interessados, já mencionada anteriormente pelo CPC (art. 166). Não sendo feita esta escolha consensual, haverá a distribuição entre aqueles já constantes em lista do tribunal. Também admite que, no mesmo caso, haja a atuação de mais de um facilitador, ou seja, de mais de um conciliador ou mediador.

> Enunciado nº 59 da ENFAM: "*O conciliador ou mediador não cadastrado no tribunal, escolhido na forma do § 1º do art. 168 do CPC/2015, deverá preencher o requisito de capacitação mínima previsto no § 1º do art. 167*".

Art. 169

Art. 169. Ressalvada a hipótese do art. 167, § 6º, o conciliador e o mediador receberão pelo seu trabalho remuneração prevista em tabela fixada pelo tribunal, conforme parâmetros estabelecidos pelo Conselho Nacional de Justiça.

§ 1º A mediação e a conciliação podem ser realizadas como trabalho voluntário, observada a legislação pertinente e a regulamentação do tribunal.

§ 2º Os tribunais determinarão o percentual de audiências não remuneradas que deverão ser suportadas pelas câmaras privadas de conciliação e mediação, com o fim de atender aos processos em que deferida gratuidade da justiça, como contrapartida de seu credenciamento.

O artigo admite que o trabalho desenvolvido pelo conciliador ou mediador possa ser remunerado, por meio de tabela fixada pelo tribunal, com atenção aos parâmetros estabelecidos pelo CNJ. É permitido o trabalho voluntário nestas atividades. Para os processos em que há gratuidade de justiça, este trabalho pode ter um percentual de audiências não remuneradas a serem desempenhadas pelas câmaras privadas, como contrapartida para o seu credenciamento.

Art. 170

Art. 170. No caso de impedimento, o conciliador ou mediador o comunicará imediatamente, de preferência por meio eletrônico, e devolverá os autos ao juiz do processo ou ao coordenador do centro judiciário de solução de conflitos, devendo este realizar nova distribuição.

Parágrafo único. Se a causa de impedimento for apurada quando já iniciado o procedimento, a atividade será interrompida, lavrando-se ata com relatório do ocorrido e solicitação de distribuição para novo conciliador ou mediador.

O dispositivo admite expressamente o impedimento do facilitador, caso em que deverá ser comunicada tal circunstância ao juiz do processo ou ao coordenador do centro judiciário de solução de conflitos. Também impõe, se o impedimento somente foi detectado após o início do procedimento, que esta atividade seja interrompida, lavrando-se ata descrevendo o ocorrido e solicitando a distribuição para outro conciliador ou mediador. Não obstante o dispositivo apenas mencionar o "impedimento", é mais razoável considerar que também as causas de "suspeição" são aplicáveis a estes auxiliares da justiça, o que, por sinal, já constou em dispositivo anterior do CPC (art. 148, III).

Art. 171

Art. 171. No caso de impossibilidade temporária do exercício da função, o conciliador ou mediador informará o fato ao centro, preferencialmente por meio eletrônico, para que, durante o período em que perdurar a impossibilidade, não haja novas distribuições.

O artigo cuida da impossibilidade temporária do exercício de atividade pelo conciliador ou mediador, caso em que tal circunstância deve ser prontamente comunicada para que não seja prejudicado o andamento dos processos.

Art. 172

Art. 172. O conciliador e o mediador ficam impedidos, pelo prazo de 1 (um) ano, contado do término da última audiência em que atuaram, de assessorar, representar ou patrocinar qualquer das partes.

Além de não poderem atuar como advogados nos juízos em que desempenharem a função de facilitadores (art. 167, § 5º), outra consequência desta atividade é que os conciliadores e mediadores não podem assessorar, representar e nem patrocinar qualquer das partes que tenham participado em audiência que tiverem conduzido com esta finalidade. Este impedimento dura um ano a contar da data da realização da respectiva audiência de conciliação ou de mediação.

Art. 173

Art. 173. Será excluído do cadastro de conciliadores e mediadores aquele que:

I – agir com dolo ou culpa na condução da conciliação ou da mediação sob sua responsabilidade ou violar qualquer dos deveres decorrentes do art. 166, §§ 1º e 2º;

II – atuar em procedimento de mediação ou conciliação, apesar de impedido ou suspeito.

§ 1º Os casos previstos neste artigo serão apurados em processo administrativo.

§ 2º O juiz da causa ou o juiz coordenador do centro de conciliação e mediação, se houver, verificando atuação inadequada do mediador ou conciliador, poderá afastá-lo de suas atividades por até 180 (cento e oitenta) dias, por decisão fundamentada, informando o fato imediatamente ao tribunal para instauração do respectivo processo administrativo.

O dispositivo prevê a possibilidade de exclusão do cadastro de conciliadores e mediadores aquele profissional que praticar qualquer conduta aqui descrita, a ser apurada mediante regular procedimento administrativo. Também é permitido o afastamento temporário por até cento e oitenta dias, por decisão fundamentada, caso o magistrado do processo ou o que desempenha atividade de coordenador do centro de conciliação e mediação percebam qualquer atuação inadequada.

Art. 174

Art. 174. A União, os Estados, o Distrito Federal e os Municípios criarão câmaras de mediação e conciliação, com atribuições relacionadas à solução consensual de conflitos no âmbito administrativo, tais como:

I – dirimir conflitos envolvendo órgãos e entidades da administração pública;

II – avaliar a admissibilidade dos pedidos de resolução de conflitos, por meio de conciliação, no âmbito da administração pública;

III – promover, quando couber, a celebração de termo de ajustamento de conduta.

Trata-se de norma importância prática, pois uma grande parte dos processos que tramitam atualmente possui, como um dos litigantes, a própria Fazenda Pública. Desta maneira, caberá à União, Estado, Distrito Federal e Municípios criar câmaras próprias com a finalidade de obtenção da solução consensual no âmbito administrativo, com atenção às especificidades que norteiam o interesse público. No âmbito federal, pelo menos, já existe desde 2007 o CCAF (Câmara de Conciliação e Arbitragem da Administração Federal).

Art. 175

Art. 175. As disposições desta Seção não excluem outras formas de conciliação e mediação extrajudiciais vinculadas a órgãos institucionais ou realizadas por intermédio de profissionais independentes, que poderão ser regulamentadas por lei específica.

Parágrafo único. Os dispositivos desta Seção aplicam-se, no que couber, às câmaras privadas de conciliação e mediação.

O dispositivo atesta que as normas do CPC não afastam ou excluem outras formas de conciliação ou mediação, bem como que as regras tratadas na seção são perfeitamente aplicáveis, quando compatíveis, em relação às câmaras privadas de conciliação e mediação.

TÍTULO V
DO MINISTÉRIO PÚBLICO

Art. 176

> Art. 176. O Ministério Público atuará na defesa da ordem jurídica, do regime democrático e dos interesses e direitos sociais e individuais indisponíveis.

O dispositivo tem o intuito de reforçar as disposições previstas na Constituição, repetindo o que ali já consta (art. 127, CF), sobre as atribuições do Ministério Público. É possível que o *parquet* atue no processo civil como parte principal (demandante como regra e, em casos excepcionais, como demandado, como pode ocorrer na ação rescisória), bem como assuma a postura de fiscal da escorreita aplicação da legislação. Sua legitimação se justifica quando houver interesse e direitos sociais, que são os difusos, coletivos e individuais homogêneos, todos definidos pelo CDC (art. 82, parágrafo único, incs. I, II e III, Lei nº 8.078/90). A instituição também pode atuar na defesa de interesses individuais indisponíveis.

Art. 177

> Art. 177. O Ministério Público exercerá o direito de ação em conformidade com suas atribuições constitucionais.

O dispositivo em questão deve ser interpretado literalmente, no sentido de que o Ministério Público age no processo de acordo com as suas atribuições constitucionais (art. 127 e seguintes, CF).

> **Verbete nº 594 da Súmula do STJ:** "*O Ministério Público tem legitimidade ativa para ajuizar ação de alimentos em proveito de criança ou adolescente independentemente do exercício do poder familiar dos pais, ou do fato de o menor se encontrar nas situações de risco descritas no art. 98 do Estatuto da Criança e do Adolescente, ou de quaisquer outros questionamentos acerca da existência ou eficiência da Defensoria Pública na comarca*".

> **Ministério Público comum e especial e legitimidade processual.** "*A Segunda Turma negou provimento a dois agravos regimentais em reclamações, ajuizadas por*

membros do Ministério Público Especial junto aos Tribunais de Contas. Em ambos os casos, se trata de concessão indevida de aposentadoria especial a servidor público civil, em suposta afronta ao que decidido pelo STF na ADI 3.772/DF (DJE de 7/11/2008). A Turma concluiu pela ausência de legitimidade ativa de causa, visto que a legitimidade processual extraordinária e independente do Ministério Público comum não se estende ao Ministério Público junto aos Tribunais de Contas, cuja atuação se limita ao controle externo, nos termos da Constituição" (STF. Rcl nº 24.156 AgR/DF, Rel. Min. Celso de Mello, DJ 24/10/2017).

Legitimidade do Ministério Público Estadual para propor ação civil pública com o escopo de implementar políticas públicas de relevante repercussão social. *"É cabível ação civil pública proposta por Ministério Público Estadual para pleitear que Município proíba máquinas agrícolas e veículos pesados de trafegarem em perímetro urbano deste e torne transitável o anel viário da região. Em primeiro lugar, se é certo que os Poderes são harmônicos entre si (art. 2º da CF) e que o Executivo tem prioridade indiscutível na implementação de políticas públicas, indubitável também é que, em termos abstratos, o ordenamento jurídico em vigor permite que o Poder Judiciário seja chamado a intervir em situações nas quais a atitude ou a omissão do Administrador se afigure ilegítima. O STJ, atento ao assunto, tem admitido a legitimidade do Ministério Público e a adequação da ação civil pública como meio próprio de se buscar a implementação de políticas públicas com relevante repercussão social (RESP 1.367549-MG, Segunda Turma, DJe 8/9/2014; AgRg no ARESP 50.151-RJ, Primeira Turma, DJe 16/10/2013; RESP 743.678-SP, Segunda Turma, DJe 28/9/2009; RESP 1.041.197-MS, Segunda Turma, DJe 16/9/2009; RESP 429.570-GO, Segunda Turma, DJ 22/3/2004). Ora, não é preciso maior reflexão para constatar que o ordenamento do trânsito de veículos no perímetro das cidades tem importância central nas sociedades modernas e repercute em inúmeros assuntos de interesse público. Ressalte-se que o inciso I do art. 1º da Lei nº 7.347/1985 e o caput do art. 3º do mesmo diploma são claros em dispor que a ação civil pública é meio processual adequado para discutir temas afetos à ordem urbanística e para a obtenção de provimento jurisdicional condenatório de obrigação de fazer. Sobre a adequação da ação civil pública para veicular tema afeto à segurança no trânsito, há ao menos um precedente do STJ que serve de apoio ao raciocínio exposto (RESP 725.257-MG, Primeira Turma, DJ 14/5/2007)"* (STJ. RESP 1.294.451-GO, Rel. Min. Herman Benjamin, julgado em 01/09/2016, DJe 06/10/2016 – Informativo nº 591).

Necessidade de demonstração de motivos para a formação do litisconsórcio ativo facultativo entre o Ministério Público Federal e o Estadual. *"Em ação civil pública, a formação de litisconsórcio ativo facultativo entre o Ministério Público Estadual e o Federal depende da demonstração de alguma razão específica que justifique a presença de ambos na lide. Isso porque o art. 127, § 1º, da CF proclama como um dos princípios institucionais do Ministério Público a unicidade. Porém, em homenagem ao sistema federativo, o Ministério Público organiza-se, no que diz respeito à jurisdição comum, de forma dual, cada qual com suas atribuições próprias, estabelecidas em leis complementares (art. 128, § 5º, da CF). Se assim não fosse, desnecessária seria essa forma de organização. É certo que tanto o Ministério Público Federal quanto o Ministério Público Estadual possuem, entre suas atribuições, a de zelar pelos interesses sociais e pela integridade da ordem* *consumerista. Isso não quer significar, contudo, que devam atuar em litisconsórcio numa ação civil pública sem a demonstração de alguma razão específica que justifique a presença de ambos na lide. Ora, o instituto do litisconsórcio é informado pelos princípios da economia (obtenção do máximo de resultado com o mínimo de esforço) e da eficiência da atividade jurisdicional. Cada litisconsorte é considerado, em face do réu, como litigante distinto e deve promover o andamento do feito e ser intimado dos respectivos atos (art. 49 do CPC/1973). Nesse contexto, a formação desnecessária do litisconsórcio poderá, ao fim e ao cabo, comprometer os princípios informadores do instituto, implicando, por exemplo, maior demora do processo pela necessidade de intimação pessoal de cada membro do Parquet, com prazo específico para manifestação"* (STJ. RESP 1.254.428-MG, Rel. Min. João Otávio de Noronha, julgado em 02/06/2016, DJe 10/06/2016 – Informativo nº 585).

Legitimidade do Ministério Público Estadual para atuar diretamente no STJ e ausência de confronto com o Ministério Público da União.
"*O Ministério Público Estadual (MP Estadual) tem legitimidade para atuar diretamente no STJ nos processos em que figurar como parte. O tema está pacificado no âmbito dos Tribunais Superiores. O STF (QO no RE 593.727-MG, Plenário, julgada em 21/6/2012), em inequívoca evolução jurisprudencial, proclamou a legitimidade do Ministério Público Estadual (MP Estadual) para atuar diretamente no âmbito da Corte Constitucional nos processos em que figurar como parte e estabeleceu, entre outras, as seguintes premissas: a) em matéria de regras gerais e diretrizes, o Procurador Geral da República (PGR) poderia desempenhar no STF dois papéis simultâneos, o de fiscal da lei e o de parte; b) nas hipóteses em que o Ministério Público da União (MPU) figurar como parte no processo, por qualquer de seus ramos, somente o PGR poderia oficiar perante o STF, o qual encarnaria os interesses confiados pela lei e pela Constituição ao referido órgão; c) nos demais casos, o Ministério Público Federal (MPF) exerceria, evidentemente, função de fiscal da lei e, nessa última condição, a sua manifestação não poderia pré-excluir a das partes, sob pena de ofensa ao contraditório; d) a LC federal nº 75/1993 somente teria incidência no âmbito do MPU, sob pena de cassar-se a autonomia dos MP Estadual, que estariam na dependência, para promover e defender interesse em juízo, da aprovação do MPF; e) a CF distinguiu 'a Lei Orgânica do MPU (LC 75/93) – típica lei federal –, da Lei Orgânica Nacional (Lei nº 8.625/93), que se aplicaria em matéria de regras gerais e diretrizes, a todos os Ministérios Públicos estaduais'; f) a Res. STF nº 469/2011 determina a intimação pessoal do MP Estadual nos processos em que figurar como parte; g) não existiria subordinação jurídico-institucional que submetesse os MPs Estaduais à chefia do MPU, instituição cujo chefe é o PGR conforme definido pela CF; h) não são raras as hipóteses em que seriam possíveis situações processuais que estabelecessem posições antagônicas entre o MPU e o MP Estadual, e, em diversos momentos, o Parquet federal, por meio do PGR, teria se manifestado de maneira contrária ao recurso interposto pelo* Parquet *estadual; i) a privação do titular do Parquet estadual para figurar na causa e expor as razões de sua tese consubstanciaria exclusão de um dos sujeitos da relação processual; j) a tese firmada pelo STF 'denotaria* constructo *que a própria práxis demonstrara necessário, uma vez que existiriam órgãos autônomos os quais traduziriam pretensões realmente independentes, de modo que poderia ocorrer eventual cúmulo de argumentos'. Recentemente, a Corte Constitucional reafirmou seu entendimento (ACO 2.351 AgR, Primeira Turma,*

> *DJe 5/3/2015). A Corte Especial do STJ também reformulou seu entendimento (ERESP 1.327.573-RJ, Corte Especial, DJe 27/2/2015). Portanto, diante das premissas estabelecidas, é possível afirmar que: a) o MP Estadual, somente nos casos em figurar como parte nos processos que tramitam no âmbito do STJ, poderá exercer todos os meios inerentes à defesa da sua pretensão (v.g., interpor recursos, realizar sustentação oral e apresentar memoriais de julgamento); b) a função de fiscal da lei no âmbito deste Tribunal Superior será exercida exclusivamente pelo MPF, por meio dos Subprocuradores-Gerais da República designados pelo PGR. O Poder Judiciário tem como uma de suas principais funções a pacificação de conflitos. Assim, o reconhecimento da tese da legitimidade do MP Estadual para atuar no âmbito do STJ não objetiva gerar confronto entre o MPF e o MP Estadual, mas reconhecer a importância e imprescindibilidade de ambas as instituições no sistema judicial brasileiro e estabelecer os limites de atuação do Ministério Público brasileiro no âmbito das Cortes Superiores. Ademais, a plena atuação do MP Estadual na defesa de seus interesses, trará mais vantagens à coletividade e aos direitos defendidos pela referida instituição"* (STJ. ERESP 1.236.822-PR, Rel. Min. Mauro Campbell Marques, julgado em 16/12/2015, DJe 05/02/2016 – Informativo nº 576).
>
> **Ilegitimidade do MP para propor ação em nome de menor que está sob a guarda e responsabilidade da genitora (CPC/73).** *"Tratando-se de menores sob a guarda e responsabilidade da genitora, falta legitimidade ao Ministério Público para propor ação de alimentos como substituto processual. RESP não conhecido, com ressalvas quanto à terminologia"* (STJ. RESP nº 127.725-MG. Rel. Min. Castro Filho. S/d).

Art. 178

Art. 178. O Ministério Público será intimado para, no prazo de 30 (trinta) dias, intervir como fiscal da ordem jurídica nas hipóteses previstas em lei ou na Constituição Federal e nos processos que envolvam:

I – interesse público ou social;

II – interesse de incapaz;

III – litígios coletivos pela posse de terra rural ou urbana.

Parágrafo único. A participação da Fazenda Pública não configura, por si só, hipótese de intervenção do Ministério Público.

Há ajustes na redação do CPC quando comparado com o modelo anterior (CPC/73), que cuida da atuação do membro do Ministério Público na condição de fiscal da ordem jurídica, ou seja, de parte secundária no processo, embora possa requerer diligências e até mesmo recorrer como as consideradas partes principais. É fixado um prazo de trinta dias para que o Ministério Público possa intervir nos casos mencionados no dispositivo, contados a partir da intimação. O que justifica a atuação do *parquet* são causas de interesse público ou social, bem como aquelas em que houver interesse de incapaz ou litígios coletivos pela posse de terra rural ou urbana, que é uma nova hipótese.

O dispositivo cuida de um rol meramente exemplificativo, pois outras normas podem estabelecer a necessidade de atuação dessa instituição, tal como ocorre na Lei de Ação Popular (art. 6º, § 4º, Lei nº 4.717/64), na de ação de alimentos (art. 9º, Lei nº 5.478/68) e na que regula o mandado de segurança (art. 12, Lei nº 12.016/2009), só para citar algumas mais frequentes. A ausência de intimação do Ministério Público para atuar nestas causas se traduz em causa de nulidade do processo (art. 279). O parágrafo único consagra o entendimento que a simples participação da Fazenda Pública no processo não autoriza, por si só, a atuação como fiscal da ordem jurídica, o que já era até mesmo entendimento sumulado, embora restrito às execuções fiscais.

> Verbete nº 189 da Súmula do STJ: *"É desnecessária a intervenção do Ministério Público nas execuções fiscais".*

Art. 179

Art. 179. Nos casos de intervenção como fiscal da ordem jurídica, o Ministério Público:

I – terá vista dos autos depois das partes, sendo intimado de todos os atos do processo;

II – poderá produzir provas, requerer as medidas processuais pertinentes e recorrer.

O dispositivo ajusta os poderes do Ministério Público quando atua como fiscal da ordem jurídica (nomenclatura que substitui a anterior "fiscal da lei"). Esta instituição tem o direito a ter vista dos autos depois das partes, deve ser intimada de todos os atos do processo, poderá produzir provas e até mesmo requerer as medidas processuais pertinentes. Também poderá recorrer, mesmo quando não haja recurso voluntário interposto por qualquer das partes, de acordo com entendimento sumulado pelo STJ.

> Verbete nº 99 da Súmula do STJ: *"O Ministério Público tem legitimidade para recorrer no processo em que oficiou como fiscal da lei, ainda que não haja recurso da parte".*

Art. 180

Art. 180. O Ministério Público gozará de prazo em dobro para manifestar-se nos autos, que terá início a partir da sua intimação pessoal, nos termos do art. 183, § 1º.

§ 1º Findo o prazo para manifestação do Ministério Público sem o oferecimento de parecer, o juiz requisitará os autos e dará andamento ao processo.

§ 2º Não se aplica o benefício da contagem em dobro quando a lei estabelecer, de forma expressa, prazo próprio para o Ministério Público.

O dispositivo estabelece que o membro do Ministério Público possui prazo em dobro para manifestar-se nos autos, contado a partir da sua intimação pessoal. Trata-se de prazo "especial", que não conspira contra o princípio da isonomia (art. 7º), pois a instituição em questão necessita de um prazo diferenciado para poder prestar suas atividades na enorme gama de processos que recebe diariamente. Prevê que, caso o prazo para manifestação não seja observado, o magistrado se limitará a requisitar os autos e a dar prosseguimento ao processo. O benefício do prazo em dobro não se aplica quando a lei restringir essa possibilidade a todos os participantes do processo, como ocorre, por exemplo, nos Juizados Especiais Federais (art. 9º, Lei nº 10.259/2001) ou nos Juizados Especiais Fazendários Estaduais (art. 7º, Lei nº 12.153/2009), bem como quando a lei estabelecer prazo próprio para o Ministério Público, como ocorre nas causas regidas pelo Estatuto da Criança e do Adolescente (art. 198, II, Lei nº 8.069/90).

> Verbete nº 116 da Súmula do STJ: *"A Fazenda Pública e o Ministério Público têm prazo em dobro para interpor agravo regimental no Superior Tribunal de Justiça".*

Art. 181

Art. 181. O membro do Ministério Público será civil e regressivamente responsável quando agir com dolo ou fraude no exercício de suas funções.

O dispositivo faz menção a que também será possível responsabilizar civilmente o membro do Ministério Público, em casos que tenha atuado com dolo ou culpa. Também consta que esta responsabilização somente poderá ser regressiva. Portanto, caberá à parte prejudicada primeiramente processar a União ou o Estado, conforme o caso, e somente após o ente público poderá demandar autonomamente em face do membro do Ministério Público. Trata-se do fenômeno da dupla garantia, várias vezes já reconhecido pela jurisprudência do STF, muito embora no STJ o tema ainda não seja inteiramente pacífico. Também é de se destacar que a jurisprudência pátria não vinha admitindo que, nestas hipóteses, a Fazenda Pública pudesse oferecer denunciação da lide nos próprios autos, mormente por incluir discussão sobre elemento novo (dolo ou culpa), que não precisaria ser discutida no bojo do processo primitivo (art. 37, § 6º, CF).

> **Descabimento de a vítima promover demanda diretamente em face do agente público responsável (CPC/73).** *"O § 6º do art. 37 da Magna Carta autoriza a proposição de que somente as pessoas jurídicas de direito público, ou as*

pessoas jurídicas de direito privado que prestem serviços públicos, é que poderão responder, objetivamente, pela reparação de danos a terceiros. Isto por ato ou omissão dos respectivos agentes, agindo estes na qualidade de agentes públicos, e não como pessoas comuns. Esse mesmo dispositivo constitucional consagra, ainda, dupla garantia: uma, em favor do particular, possibilitando-lhe ação indenizatória contra a pessoa jurídica de direito público, ou de direito privado que preste serviço público, dado que bem maior, praticamente certa, a possibilidade de pagamento do dano objetivamente sofrido. Outra garantia, no entanto, em prol do servidor estatal, que somente responde administrativa e civilmente perante a pessoa jurídica a cujo quadro funcional se vincular" (STF. REXTR nº 327.904-1. Rel. Min. Carlos Britto. DJ 15/08/2006).

Possibilidade de a vítima promover demanda diretamente em face do agente público responsável (CPC/73). *"Na hipótese de dano causado a particular por agente público no exercício de sua função, há de se conceder ao lesado a possibilidade de ajuizar ação diretamente contra o agente, contra o Estado ou contra ambos. De fato, o art. 37, § 6º, da CF prevê uma garantia para o administrado de buscar a recomposição dos danos sofridos diretamente da pessoa jurídica, que, em princípio, é mais solvente que o servidor, independentemente de demonstração de culpa do agente público. Nesse particular, a CF simplesmente impõe ônus maior ao Estado decorrente do risco administrativo. Contudo, não há previsão de que a demanda tenha curso forçado em face da administração pública, quando o particular livremente dispõe do bônus contraposto; tampouco há imunidade do agente público de não ser demandado diretamente por seus atos, o qual, se ficar comprovado dolo ou culpa, responderá de qualquer forma, em regresso, perante a Administração. Dessa forma, a avaliação quanto ao ajuizamento da ação contra o agente público ou contra o Estado deve ser decisão do suposto lesado. Se, por um lado, o particular abre mão do sistema de responsabilidade objetiva do Estado, por outro também não se sujeita ao regime de precatórios, os quais, como é de cursivo conhecimento, não são rigorosamente adimplidos em algumas unidades da Federação. Posto isso, o servidor público possui legitimidade passiva para responder, diretamente, pelo dano gerado por atos praticados no exercício de sua função pública, sendo que, evidentemente, o dolo ou culpa, a ilicitude ou a própria existência de dano indenizável são questões meritórias. Precedente citado: RESP 731.746-SE, Quarta Turma, DJe 4/5/2009"* (STJ. RESP nº 1.325.862-PR. Rel. Min. Luis Felipe Salomão. DJ 05/09/2013).

TÍTULO VI
DA ADVOCACIA PÚBLICA

Art. 182

Art. 182. Incumbe à Advocacia Pública, na forma da lei, defender e promover os interesses públicos da União, dos Estados, do Distrito Federal e dos Municípios, por meio da representação judicial, em todos os âmbitos federativos, das pessoas jurídicas de direito público que integram a administração direta e indireta.

É criado um título novo no CPC, dedicado à atuação da advocacia pública que, na forma da lei, deve defender e promover os interesses públicos da União, Estados, Distrito Federal e Municípios, por meio de representação judicial, bem como das demais entidades que integram a Administração Pública direta e indireta. No âmbito federal, o tema já é regulado pela Lei Orgânica da Advocacia-Geral da União (LC nº 73/93).

Art. 183

> Art. 183. A União, os Estados, o Distrito Federal, os Municípios e suas respectivas autarquias e fundações de direito público gozarão de prazo em dobro para todas as suas manifestações processuais, cuja contagem terá início a partir da intimação pessoal.
>
> § 1º A intimação pessoal far-se-á por carga, remessa ou meio eletrônico.
>
> § 2º Não se aplica o benefício da contagem em dobro quando a lei estabelecer, de forma expressa, prazo próprio para o ente público.

O dispositivo estabelece que o membro da advocacia pública possui prazo em dobro para manifestar-se nos autos, contados a partir da sua intimação pessoal. Trata-se de prazo "especial", que não conspira contra o princípio da isonomia (art. 7º), pois a instituição em questão necessita de um prazo diferenciado para poder prestar suas atividades na enorme gama de processos que recebe diariamente. Prevê a possibilidade de intimação pessoal por carga, remessa ou até mesmo por meio eletrônico. O benefício do prazo em dobro não se aplica quando a lei restringir essa possibilidade a todos os participantes do processo, como ocorre, por exemplo, nos Juizados Especiais Federais (art. 9º, Lei nº 10.259/2001) ou nos Juizados Especiais Fazendários Estaduais (art. 7º, Lei nº 12.153/2009), bem como quando a lei estabelecer prazo próprio para o ente público (v.g., art. 535).

> Verbete nº 116 da Súmula do STJ: "*A Fazenda Pública e o Ministério Público têm prazo em dobro para interpor agravo regimental no Superior Tribunal de Justiça*".

> **Prazo diferenciado para a Fazenda Pública não ofende o princípio da isonomia (CPC/73).** "*A norma inscrita no art. 188 do CPC, por constituir* lex generalis, *aplica-se subsidiariamente ao procedimento do REXTR disciplinado pela Lei nº 8.038/90. O benefício da dilatação do prazo para recorrer somente não incidiria no procedimento recursal do apelo extremo, se a lei extravagante – a Lei nº 8.038/90, no caso – contivesse preceito que expressamente afastasse a possibilidade de aplicação supletiva da legislação processual civil codificada. – O benefício do prazo recursal em dobro outorgado às pessoas estatais, por traduzir prerrogativa processual*

> *ditada pela necessidade objetiva de preservar o próprio interesse público, não ofende o postulado constitucional da igualdade entre as partes. Doutrina e Jurisprudência"* (STF. REXTR nº 163.691-2. Min. Rel. Celso de Mello. DJ 15/09/1995).

Art. 184

Art. 184. O membro da Advocacia Pública será civil e regressivamente responsável quando agir com dolo ou fraude no exercício de suas funções.

O dispositivo faz menção a que também será possível responsabilizar civilmente o membro da advocacia pública, em casos de dolo ou culpa. Da mesma foma, consta que esta responsabilização somente poderá ser regressiva. Portanto, caberá à parte prejudicada primeiramente processar a União ou o Estado, conforme o caso, e somente após o ente público poderá demandar autonomamente em face do membro da advocacia pública. Trata-se do fenômeno da dupla garantia, várias vezes já reconhecido pela jurisprudência do STF, muito embora no STJ o tema ainda não seja inteiramente pacífico. Também é de se destacar que a jurisprudência pátria não vinha admitindo que, nestas hipóteses, a Fazenda Pública pudesse oferecer denunciação da lide nos próprios autos, mormente por incluir discussão sobre elemento novo (dolo ou culpa), que não precisaria ser discutida no bojo do processo primitivo (art. 37, § 6º, CF).

> **Descabimento de a vítima promover demanda diretamente em face do agente público responsável (CPC/73).** *"O § 6º do art. 37 da Magna Carta autoriza a proposição de que somente as pessoas jurídicas de direito público, ou as pessoas jurídicas de direito privado que prestem serviços públicos, é que poderão responder, objetivamente, pela reparação de danos a terceiros. Isto por ato ou omissão dos respectivos agentes, agindo estes na qualidade de agentes públicos, e não como pessoas comuns. Esse mesmo dispositivo constitucional consagra, ainda, dupla garantia: uma, em favor do particular, possibilitando-lhe ação indenizatória contra a pessoa jurídica de direito público, ou de direito privado que preste serviço público, dado que bem maior, praticamente certa, a possibilidade de pagamento do dano objetivamente sofrido. Outra garantia, no entanto, em prol do servidor estatal, que somente responde administrativa e civilmente perante a pessoa jurídica a cujo quadro funcional se vincular"* (STF. REXTR nº 327.904-1. Rel. Min. Carlos Britto. DJ 15/08/2006).
>
> **Possibilidade de a vítima promover demanda diretamente em face do agente público responsável (CPC/73).** *"Na hipótese de dano causado a particular por agente público no exercício de sua função, há de se conceder ao lesado a possibilidade de ajuizar ação diretamente contra o agente, contra o Estado ou contra ambos. De fato, o art. 37, § 6º, da CF prevê uma garantia para o administrado de buscar a recomposição dos danos sofridos diretamente da pessoa jurídica, que, em princípio, é mais solvente que o servidor, independentemente de demonstração de culpa do agente público. Nesse particular, a CF simplesmente impõe ônus maior*

> *ao Estado decorrente do risco administrativo. Contudo, não há previsão de que a demanda tenha curso forçado em face da administração pública, quando o particular livremente dispõe do bônus contraposto; tampouco há imunidade do agente público de não ser demandado diretamente por seus atos, o qual, se ficar comprovado dolo ou culpa, responderá de qualquer forma, em regresso, perante a Administração. Dessa forma, a avaliação quanto ao ajuizamento da ação contra o agente público ou contra o Estado deve ser decisão do suposto lesado. Se, por um lado, o particular abre mão do sistema de responsabilidade objetiva do Estado, por outro também não se sujeita ao regime de precatórios, os quais, como é de cursivo conhecimento, não são rigorosamente adimplidos em algumas unidades da Federação. Posto isso, o servidor público possui legitimidade passiva para responder, diretamente, pelo dano gerado por atos praticados no exercício de sua função pública, sendo que, evidentemente, o dolo ou culpa, a ilicitude ou a própria existência de dano indenizável são questões meritórias. Precedente citado: RESP 731.746-SE, Quarta Turma, DJe 4/5/2009"* (STJ. RESP nº 1.325.862-PR. Rel. Min. Luis Felipe Salomão. DJ 05/09/2013).

TÍTULO VII
DA DEFENSORIA PÚBLICA

Art. 185

Art. 185. A Defensoria Pública exercerá a orientação jurídica, a promoção dos direitos humanos e a defesa dos direitos individuais e coletivos dos necessitados, em todos os graus, de forma integral e gratuita.

É criado um título novo no CPC, dedicado à atuação da Defensoria Pública, que poderá tanto exercer orientação jurídica como promover direitos humanos e a defesa de direitos sociais e coletivos dos necessitados, em todos os graus e de maneira gratuita. No âmbito federal, o tema já é regulado pela Lei Orgânica da Defensoria Pública da União, que mantém regra com redação muito semelhante à do CPC (art. 1º, LC nº 80/94).

> Verbete nº 421 da Súmula do STJ: *"Os honorários advocatícios não são devidos à Defensoria Pública quando ela atua contra pessoa jurídica de direito público à qual pertença"*.

> Ação civil *ex delicto* e permanência da legitimidade do Ministério Público enquanto não for criada Defensoria Pública no Estado (CPC/73). *"A controvérsia constitucional objeto deste REXTR já foi dirimida pelo Supremo Tribunal Federal, cujo Plenário, ao julgar o RE 135.328-SP, Rel. Min. Marco Aurélio, fixou entendimento no sentido de que, enquanto o Estado de São Paulo não instituir e organizar a Defensoria Pública local, tal como previsto na Constituição da República (art. 134), subsistirá, íntegra, na condição de norma*

> *ainda constitucional – que configura um transitório estágio intermediário, situado "entre os estados de plena constitucionalidade ou de absoluta inconstitucionalidade" a regra inscrita no art. 68 do CPP, mesmo que sujeita, em face de modificações supervenientes das circunstâncias de fato, a um processo de progressiva inconstitucionalização"* (STF. REXTR nº 135.328-SP. Rel. Min. Marco Aurélio. S/d).

Art. 186

Art. 186. A Defensoria Pública gozará de prazo em dobro para todas as suas manifestações processuais.

§ 1º O prazo tem início com a intimação pessoal do defensor público, nos termos do art. 183, § 1º.

§ 2º A requerimento da Defensoria Pública, o juiz determinará a intimação pessoal da parte patrocinada quando o ato processual depender de providência ou informação que somente por ela possa ser realizada ou prestada.

§ 3º O disposto no *caput* aplica-se aos escritórios de prática jurídica das faculdades de Direito reconhecidas na forma da lei e às entidades que prestam assistência jurídica gratuita em razão de convênios firmados com a Defensoria Pública.

§ 4º Não se aplica o benefício da contagem em dobro quando a lei estabelecer, de forma expressa, prazo próprio para a Defensoria Pública.

O dispositivo estabelece que o membro da Defensoria Pública possui prazo em dobro para manifestar-se nos autos, contado a partir da sua intimação pessoal. Trata-se de prazo "especial", que não conspira contra o princípio da isonomia (art. 7º), pois a instituição em questão necessita de um prazo diferenciado para poder prestar suas atividades na enorme gama de processos que recebe diariamente. É reconhecido que idêntico direito ao prazo especial é extensível a escritório de prática jurídica das faculdades de Direito reconhecidas na forma da lei e às entidades que prestam assistência jurídica gratuita em razão de convênios firmados com a Defensoria Pública. O benefício do prazo em dobro não se aplica, porém, quando a lei restringir essa possibilidade a todos os participantes do processo, como ocorre, por exemplo, nos Juizados Especiais Federais (art. 9º, Lei nº 10.259/2001) ou nos Juizados Especiais Fazendários Estaduais (art. 7º, Lei nº 12.153/2009), bem como quando a lei estabelecer prazo próprio para a Defensoria Pública (art. 198, II, Lei nº 8.069/90).

Por fim, o dispositivo permite ainda que o defensor público requeira ao magistrado que seja intimado pessoalmente o seu cliente, quando se tratar de providência que tiver que ser praticada pelo próprio, o que deve ser criticado, por tencionar transmudar responsabilidade inerente ao defensor para o Poder Judiciário. Observe-se, por exemplo, que nem mesmo a advocacia privada possui idêntico tratamento, pois não é crível, e muito menos admissível, que um Judiciário já exacerbado de processos tenha ainda que viabilizar as comunicações entre a Defensoria e seu assistido. Portanto, não sendo esta providência sujeita à clausula de reserva jurisdicional, nada impede que seja adotada pelo próprio defensor.

> Enunciado nº 15 da I Jornada de Processo Civil CEJ/CJF: "*Aplicam-se às entidades referidas no § 3º do art. 186 do CPC as regras sobre intimação pessoal das partes e suas testemunhas (art. 186, § 2º; art. 455, § 4º, IV; art. 513, § 2º, II e art. 876, § 1º, II, todos do CPC)*".

Art. 187

> Art. 187. O membro da Defensoria Pública será civil e regressivamente responsável quando agir com dolo ou fraude no exercício de suas funções.

O dispositivo faz menção a que também será possível responsabilizar civilmente o membro da Defensoria Pública, em casos de dolo ou culpa. Da mesma forma, consta que esta responsabilização somente poderá ser regressiva. Portanto, caberá à parte prejudicada primeiramente processar a União ou o Estado, conforme o caso, e somente após o ente público poderá demandar autonomamente em face do membro da Defensoria Pública. Trata-se do fenômeno da dupla garantia, várias vezes já reconhecido pela jurisprudência do STF, muito embora no STJ o tema ainda não seja inteiramente pacífico. Também é de se destacar que a jurisprudência pátria não vinha admitindo que, nestas hipóteses, a Fazenda Pública pudesse oferecer denunciação da lide nos próprios autos, mormente por incluir discussão sobre elemento novo (dolo ou culpa), que não precisaria ser discutida no bojo do processo primitivo (art. 37, § 6º, CF).

> **Descabimento de a vítima promover demanda diretamente em face do agente público responsável (CPC/73).** "*O § 6º do art. 37 da Magna Carta autoriza a proposição de que somente as pessoas jurídicas de direito público, ou as pessoas jurídicas de direito privado que prestem serviços públicos, é que poderão responder, objetivamente, pela reparação de danos a terceiros. Isto por ato ou omissão dos respectivos agentes, agindo estes na qualidade de agentes públicos, e não como pessoas comuns. Esse mesmo dispositivo constitucional consagra, ainda, dupla garantia: uma, em favor do particular, possibilitando-lhe ação indenizatória contra a pessoa jurídica de direito público, ou de direito privado que preste serviço público, dado que bem maior, praticamente certa, a possibilidade de pagamento do dano objetivamente sofrido. Outra garantia, no entanto, em prol do servidor estatal, que somente responde administrativa e civilmente perante a pessoa jurídica a cujo quadro funcional se vincular*" (STF. REXTR nº 327.904-1. Rel. Min. Carlos Britto. DJ 15/08/2006).

Possibilidade de a vítima promover demanda diretamente em face do agente público responsável (CPC/73). "*Na hipótese de dano causado a particular por agente público no exercício de sua função, há de se conceder ao lesado a possibilidade de ajuizar ação diretamente contra o agente, contra o Estado ou contra ambos. De fato, o art. 37, § 6º, da CF prevê uma garantia para o administrado de buscar a recomposição dos danos sofridos diretamente da pessoa jurídica, que, em princípio, é mais solvente que o servidor, independentemente de demonstração de culpa do agente público. Nesse particular, a CF simplesmente impõe ônus maior ao Estado decorrente do risco administrativo. Contudo, não há previsão de que a demanda tenha curso forçado em face da administração pública, quando o particular livremente dispõe do bônus contraposto; tampouco há imunidade do agente público de não ser demandado diretamente por seus atos, o qual, se ficar comprovado dolo ou culpa, responderá de qualquer forma, em regresso, perante a Administração. Dessa forma, a avaliação quanto ao ajuizamento da ação contra o agente público ou contra o Estado deve ser decisão do suposto lesado. Se, por um lado, o particular abre mão do sistema de responsabilidade objetiva do Estado, por outro também não se sujeita ao regime de precatórios, os quais, como é de cursivo conhecimento, não são rigorosamente adimplidos em algumas unidades da Federação. Posto isso, o servidor público possui legitimidade passiva para responder, diretamente, pelo dano gerado por atos praticados no exercício de sua função pública, sendo que, evidentemente, o dolo ou culpa, a ilicitude ou a própria existência de dano indenizável são questões meritórias. Precedente citado: RESP 731.746-SE, Quarta Turma, DJe 4/5/2009*" (STJ. RESP nº 1.325.862-PR. Rel. Min. Luis Felipe Salomão. DJ 05/09/2013).

LIVRO IV
DOS ATOS PROCESSUAIS

TÍTULO I
DA FORMA, DO TEMPO E DO LUGAR DOS ATOS PROCESSUAIS

CAPÍTULO I
DA FORMA DOS ATOS PROCESSUAIS

Seção I
Dos Atos em Geral

Art. 188

Art. 188. Os atos e os termos processuais independem de forma determinada, salvo quando a lei expressamente a exigir, considerando-se válidos os que, realizados de outro modo, lhe preencham a finalidade essencial.

O dispositivo em questão deve ser interpretado literalmente, mantendo o princípio da liberdade de forma dos atos processuais. O antigo parágrafo único passa a ser regulado por outras normas, também com redação similar (art. 194 e art. 195).

Art. 189

Art. 189. Os atos processuais são públicos, todavia tramitam em segredo de justiça os processos:

I – em que o exija o interesse público ou social;

II – que versem sobre casamento, separação de corpos, divórcio, separação, união estável, filiação, alimentos e guarda de crianças e adolescentes;

III – em que constem dados protegidos pelo direito constitucional à intimidade;

IV – que versem sobre arbitragem, inclusive sobre cumprimento de carta arbitral, desde que a confidencialidade estipulada na arbitragem seja comprovada perante o juízo.

§ 1º O direito de consultar os autos de processo que tramite em segredo de justiça e de pedir certidões de seus atos é restrito às partes e aos seus procuradores.

§ 2º O terceiro que demonstrar interesse jurídico pode requerer ao juiz certidão do dispositivo da sentença, bem como de inventário e de partilha resultantes de divórcio ou separação.

O dispositivo em questão deve ser interpretado literalmente sobre as hipóteses em que a publicidade dos atos processuais deve ser restringida. São criadas duas novas hipóteses previstas no terceiro e no quarto incisos, que cuidam de dados protegidos pelo Direito Constitucional à intimidade e processos que versem sobre a arbitragem quando houver confidencialidade lá estipulada e comprovada nos autos.

Impossibilidade de oposição do sigilo do acordo de leniência ao Poder Judiciário. "*O sigilo do acordo de leniência celebrado com o Cade não pode ser oposto ao Poder Judiciário para fins de acesso aos documentos que instruem o respectivo procedimento administrativo. Com efeito, o dever de colaboração com o Poder Judiciário é imposto a todos, sejam eles partes ou terceiros, interessados ou desinteressados, nos termos dos arts. 339 e 341 do CPC/1973. De fato, não se está diante de uma oposição ao dever de colaboração com fulcro na condição do profissional pautada numa eventual relação de confiança. De modo algum se pode imaginar que os profissionais do Cade, no exercício do poder de polícia, dependam de uma relação de confiança com o agente de mercado, o qual é por ele, a rigor, fiscalizado. Ao contrário, seu trabalho é essencialmente público, sujeitando-se inclusive ao controle*

> *social que fundamenta essa publicidade ampla em regra. Noutros termos, tem-se nesses autos o debate acerca do sigilo de documentos produzidos em procedimento inicialmente público e apenas excepcionalmente sigiloso. O dever de resguardar o sigilo das investigações já se exauriu no momento em que concluídos os trabalhos de instrução do procedimento administrativo, de modo que se impõe a observância da regra geral do dever de colaboração com o Poder Judiciário. Acrescenta-se que esse dever genericamente imposto à coletividade incide com maior razão sobre as instituições estatais. O Estado, a despeito de cindir suas funções e descentralizar-se, mantém-se inequivocamente uno, não se podendo cogitar que uma entidade pública pretenda o direito exclusivo sobre documentos públicos. Esses documentos, enquanto de interesse de outro órgão ou instituição, devem ser partilhados, observados sempre os limites legalmente impostos, tais como os sigilos bancário, fiscal, etc. Ademais, convém consignar que a própria Lei nº 12.529/2011 impõe aos Conselheiros o dever de prestar informações e fornecer documentos ao Poder Judiciário. É o que se depreende da simples leitura do art. 11. Eventual necessidade concreta de parte dos documentos, como aqueles que as recorrentes alegam guardarem segredos industriais, que por óbvio não se confundem com os documentos que demonstram trocas de informações relativas a concerto de preços, deverão ser pontualmente analisados pelo juízo competente. Por fim, no que tange ao argumento de que não seria possível a utilização de prova emprestada por aquele que não compôs a relação processual em que produzida a prova, esclareço, primeiramente, que não se trata aqui, propriamente de empréstimo de prova. Aqui, contudo, o que se pretende é o traslado de documentos encartados em procedimento administrativo, deles extraindo-se cópias. Esses documentos serão incorporados à ação cível, não como prova tecnicamente, mas como elementos sujeitos ao amplo contraditório sob a condução do juízo competente. Aliás, essa é a condição imprescindível até mesmo para o empréstimo de provas, conforme jurisprudência assentada na Corte Especial do STJ (ERESP 617.428-SP, DJe 17/6/2014). Isso porque, como bem assinalado pela Corte Especial naquela oportunidade, a admissão da prova emprestada cumpre o objetivo precípuo de otimização da prestação jurisdicional, incrementando a celeridade e economia processuais, sendo recomendável sua utilização quando possível a observância do necessário contraditório. Assim, reconhecida pelo Tribunal de origem a relevância e utilidade do traslado de documentos do procedimento administrativo para instrução da demanda reparatória, não há óbice que inviabilize a juntada destes, tampouco sigilo que impeça a parte de ter acesso aos referidos documentos, mormente quando a ação tramita na origem sob o igual manto do sigilo processual"* (STJ. RESP 1.554.986-SP, Rel. Min. Marco Aurélio Bellizze, julgado em 08/03/2016, DJe 05/04/2016 – Informativo nº 580).

Art. 190

Art. 190. Versando o processo sobre direitos que admitam autocomposição, é lícito às partes plenamente capazes estipular mudanças no procedimento para ajustá-lo às especificidades da causa e convencionar sobre os seus ônus, poderes, faculdades e deveres processuais, antes ou durante o processo.

Parágrafo único. De ofício ou a requerimento, o juiz controlará a validade das convenções previstas neste artigo, recusando-lhes aplicação somente nos casos de nulidade ou de inserção abusiva em contrato de adesão ou em que alguma parte se encontre em manifesta situação de vulnerabilidade.

O tema "negócios processuais" já existia sob a égide do modelo anterior (CPC/73), mas em caráter muito mais restrito. Com efeito, já era apontada como exemplo desta faculdade a norma que foi mantida no CPC (art. 313, § 4º), que permite que as partes convencionem a suspensão do processo por até 6 (seis) meses, enquanto tentam obter a solução consensual. Outro exemplo, da mesma forma largamente permitido sobre negócios processuais, é o da escolha da base territorial de comum acordo pelas partes, o que também permaneceu (art. 63). Contudo, o CPC foi um pouco além, se deixando levar pelos entusiastas deste novo modelo, acabando por prever expressa (ou implicitamente, após ter excluído determinadas expressões ou palavras), várias outras situações, só que muitas de duvidosa constitucionalidade.

Entre as situações mais corriqueiras que estão sendo indicadas como possibilidade de serem objeto de convenções processuais entre as partes, podem ser citadas as seguintes: a) para a modificação do procedimento (art. 190); b) para a criação de calendário para a prática de atos processuais (art. 191); c) para que o saneamento do processo possa ser efetuado pelas próprias partes (art. 357, § 2º); d) para a inversão do ônus da prova ser realizada pelas próprias partes extrajudicialmente (art. 373, § 4º); e) para a renúncia à impenhorabilidade de bens por convenção entre as partes (art. 833); f) para a renúncia à força executiva do título extrajudicial por convenção processual (art. 785); g) para dispensar caução em cumprimento provisório de sentença; h) para que não seja promovido cumprimento provisório da sentença; i) para renúncia prévia ao direito de recorrer ou de não produzir provas; j) para alterar efeito inerente a recurso; k) para criar hipóteses de sustentação oral não previstas em lei ou mesmo ampliação do seu prazo; l) para alteração de prazos peremptórios; m) para modificar deveres e sanções processuais.

No caso específico deste dispositivo (art. 190), consta que as partes, de comum acordo, podem alterar o procedimento a ser observado no processo, o que significa dizer que poderão ser criadas ou suprimidas audiências, modificado o momento de apresentação de resposta, entre outras muitas providências. Contudo, a Carta Magna assegura o direito ao "devido processo legal", não a um "devido processo negocial" (ou "indevido processo legal"), criado pelas próprias partes sem ingerência do ente estatal e com violação às normas constitucionais, que cuidam da atribuição exclusiva do Congresso Nacional para a criação de normas de natureza processual (art. 22, inc. I, CF/88). A jurisprudência pátria, por sinal, era exatamente no sentido do texto, pois sendo o procedimento um tema de ordem pública, ele se consubstanciaria em norma cogente, dele não podendo dispor qualquer uma das partes. Curiosa e contraditoriamente, o mesmo CPC, que tantas vezes impõe ao magistrado o dever de observar os precedentes (art. 927), em muitas outras é o primeiro a desrespeitar jurisprudência pacífica e consolidada, o que deve resultar em profunda reflexão pelo leitor. Portanto, a norma em comento (art. 190) soa inconstitucional no que diz respeito à possibilidade de as partes alterarem regras processuais cogentes de comum acordo, o que deve ser indeferido pelo magistrado.

Por fim, gera reflexão a circunstância de que, na arbitragem, as partes já poderiam realizar várias das convenções acima nominadas, posto que nela predomina o caráter privatista e contratualista na relação entre as partes. Assim, já existindo "arena" própria para tanto, sem que estejam sendo gerados grandes questionamentos, não faria qualquer sentido tentar impor o mesmo sistema aos processos judiciais, que são calcados em premissas e normas completamente distintas, já que envolvem o exercício de atividade pública, seja por parte de quem as cria (Poder Legislativo) ou de quem as aplica (Poder Judiciário).

> Enunciado nº 16 da I Jornada de Processo Civil CEJ/CJF: "*As disposições previstas nos arts. 190 e 191 do CPC poderão aplicar-se aos procedimentos previstos nas leis que tratam dos juizados especiais, desde que não ofendam os princípios e regras previstos nas Leis nºs 9.099/1995, 10.259/2001 e 12.153/2009*".
>
> Enunciado nº 17 da I Jornada de Processo Civil CEJ/CJF: "*A Fazenda Pública pode celebrar convenção processual, nos termos do art. 190 do CPC*".
>
> Enunciado nº 18 da I Jornada de Processo Civil CEJ/CJF: "*A convenção processual pode ser celebrada em pacto antenupcial ou em contrato de convivência, nos termos do art. 190 do CPC*".
>
> Enunciado nº 35 da ENFAM: "*Além das situações em que a flexibilização do procedimento é autorizada pelo art. 139, VI, do CPC/2015, pode o juiz, de ofício, preservada a previsibilidade do rito, adaptá-lo às especificidades da causa, observadas as garantias fundamentais do processo*".
>
> Enunciado nº 36 da ENFAM: "*A regra do art. 190 do CPC/2015 não autoriza às partes a celebração de negócios jurídicos processuais atípicos que afetem poderes e deveres do juiz, tais como os que: a) limitem seus poderes de instrução ou de sanção à litigância ímproba; b) subtraiam do Estado/juiz o controle da legitimidade das partes ou do ingresso de amicus curiae; c) introduzam novas hipóteses de recorribilidade, de rescisória ou de sustentação oral não previstas em lei; d) estipulem o julgamento do conflito com base em lei diversa da nacional vigente; e e) estabeleçam prioridade de julgamento não prevista em lei*".
>
> Enunciado nº 37 da ENFAM: "*São nulas, por ilicitude do objeto, as convenções processuais que violem as garantias constitucionais do processo, tais como as que: a) autorizem o uso de prova ilícita; b) limitem a publicidade do processo para além das hipóteses expressamente previstas em lei; c) modifiquem o regime de competência absoluta; e d) dispensem o dever de motivação*".
>
> Enunciado nº 38 da ENFAM: "*Somente partes absolutamente capazes podem celebrar convenção pré-processual atípica (arts. 190 e 191 do CPC/2015)*".

> **Enunciado nº 39 da ENFAM:** *"Não é válida convenção pré-processual oral (art. 4º, § 1º, da Lei nº 9.307/1996 e 63, § 1º, do CPC/2015)".*
>
> **Enunciado nº 41 da ENFAM:** *"Por compor a estrutura do julgamento, a ampliação do prazo de sustentação oral não pode ser objeto de negócio jurídico entre as partes".*

> **Impossibilidade de as partes alterarem o procedimento previsto em lei (CPC/73).** *"Em nosso sistema processual prevalece a regra da indisponibilidade do procedimento, segundo a qual as partes não podem alterar a espécie procedimental prevista para determinada situação litigiosa. Todavia, há situações em que o ordenamento jurídico possibilita que pedidos sujeitos a procedimentos especiais sejam também formulados via procedimento comum, como é o caso das ações possessórias e monitórias [...]"* (STJ. RESP nº 993.535/PR. Rel.ª Min.ª Nancy Andrighi. DJ 06/04/2010).

Art. 191

Art. 191. De comum acordo, o juiz e as partes podem fixar calendário para a prática dos atos processuais, quando for o caso.

§ 1º O calendário vincula as partes e o juiz, e os prazos nele previstos somente serão modificados em casos excepcionais, devidamente justificados.

§ 2º Dispensa-se a intimação das partes para a prática de ato processual ou a realização de audiência cujas datas tiverem sido designadas no calendário.

Trata-se de outro dispositivo (art. 191) que é flagrantemente inconstitucional, complementando o anterior (art. 190). Ele permite que as partes, juntamente com o magistrado, convencionem calendário para a prática de atos processuais, ainda que tenha sido outro o estabelecido pela legislação. Trata-se, em realidade, de mais uma tentativa de aproximar a "Jurisdição", que é uma atividade pública e estatal, da "arbitragem", que é um equivalente jurisdicional com forte traço privatista. Por sinal, este calendário é expressamente mencionado na legislação arbitral (art. 11, III, Lei nº 9.307/96).

O meio acadêmico vem divulgando que este tipo de convenção processual trará ganhos de eficiência, pois o processo seguirá o calendário previamente aprovado pelas partes, o que tornaria dispensável ulteriores intimações, entre outras providências. Mas o raciocínio não é tão simples assim, pois existem algumas variantes envolvidas.

Com efeito, entre as normas fundamentais do CPC foi criada uma que determina que o magistrado observe uma ordem cronológica para proferir suas decisões (art. 12). Igualmente, há outra impondo que os auxiliares da Justiça implementem as medidas deferidas pelo juiz também de acordo com a ordem de chegada dos autos (art. 153). Observa-se, assim, que o CPC foi estruturado de modo a permitir uma maior transparência na atuação do Poder Judiciário, evitando que haja privilégios injustificáveis na tramitação dos processos, o que é salutar e atende ao interesse público. Contudo, se realmente este calendário for possível e os prazos nele estabelecidos tiverem que ser cumpridos, facilmente se percebe que estará ocorrendo a prevalência do "interesse particular" das partes, em detrimento do "interesse público". Afinal, por meio deste artifício, seria possível burlar tanto a ordem de conclusão para sentenciar, como também a ordem para a efetivação dos provimentos ordinários pelo Cartório para que tudo seja realizado no prazo pactuado pelas partes.

Mas, não obstante este argumento, de que o calendário processual não pode ser usado como forma de burlar as regras que determinam ordem para a prática de atos processuais, há ainda outro, que é o de que prazos peremptórios não podem ser modificados pela vontade das partes, já que estabelecidos por meio de lei, aprovada formalmente pelo Congresso Nacional, que é o único que pode disciplinar matéria processual (art. 22, inc. I, CF/88). Há, inclusive, enunciado da ENFAM neste sentido, de que as convenções processuais não podem criar prioridade de julgamentos de processos, o que está de acordo com esta obra. Portanto, este calendário, conforme apresentado, não seria juridicamente possível de ser imposto ao Poder Judiciário, ante a sua total incompatibilidade com outras normas que compõem o mesmo CPC e que já evidenciam, como é certo, a prevalência do interesse público da sociedade em detrimento do interesse pessoal das partes.

> Enunciado nº 16 da I Jornada de Processo Civil CEJ/CJF: *"As disposições previstas nos arts. 190 e 191 do CPC poderão aplicar-se aos procedimentos previstos nas leis que tratam dos juizados especiais, desde que não ofendam os princípios e regras previstos nas Leis nºs 9.099/1995, 10.259/2001 e 12.153/2009".*
>
> Enunciado nº 38 da ENFAM: *"Somente partes absolutamente capazes podem celebrar convenção pré-processual atípica (arts. 190 e 191 do CPC/2015)".*

Art. 192

Art. 192. Em todos os atos e termos do processo é obrigatório o uso da língua portuguesa.

Parágrafo único. O documento redigido em língua estrangeira somente poderá ser juntado aos autos quando acompanhado de versão para a língua portuguesa tramitada por via diplomática ou pela autoridade central, ou firmada por tradutor juramentado.

O dispositivo em questão deve ser interpretado literalmente, substituindo a necessidade do uso do "vernáculo" pelo da "língua portuguesa". É admitida a juntada de documento em língua estrangeira, mas ele deve vir acompanhado da tradução, na forma estabelecida pelo parágrafo único.

Seção II
Da Prática Eletrônica de Atos Processuais

Art. 193

Art. 193. Os atos processuais podem ser total ou parcialmente digitais, de forma a permitir que sejam produzidos, comunicados, armazenados e validados por meio eletrônico, na forma da lei.

Parágrafo único. O disposto nesta Seção aplica-se, no que for cabível, à prática de atos notariais e de registro.

O dispositivo determina que os atos processuais podem ser total ou parcialmente digitais, devendo observar a forma prevista em lei própria (Lei nº 11.419/2006). Acrescenta, no parágrafo único, que esta disposição também se aplica aos atos notariais e de registro.

> **Análise da prevalência da intimação realizada via Diário de Justiça Eletrônico sobre a eletrônica, na hipótese de duplicidade de intimações.**
> *"Agravo interno no agravo em recurso especial. Processual civil. Intempestividade do agravo em recurso especial porquanto interposto após o prazo previsto no art. 1.003, § 5º, do CPC de 2015. Intimação tácita. Impossibilidade. Validade da publicação do Diário de Justiça Eletrônico. Possibilidade de comprovação da suspensão dos prazos no agravo interno. Falta de apresentação de documento hábil. Preclusão consumativa. Decisão mantida. Agravo interno não provido. 1. O prazo para interposição do recurso especial e do agravo em recurso especial (art. 1.003, § 5º do CPC de 2015) é de 15 (quinze) dias úteis, conforme o art. 219 do CPC de 2015. Intempestividade constatada. 2. "Ocorrendo a intimação eletrônica e a publicação da decisão no DJEERJ, prevalece esta última, uma vez que nos termos da legislação citada a publicação em Diário de Justiça eletrônico substitui qualquer outro meio de publicação oficial para quaisquer efeitos legais". Precedentes. 3. A Corte Especial, no julgamento do ARESP 137.141/SE, Relator Ministro Antônio Carlos Ferreira, ocorrido no dia 19/9/2012, acompanhando o entendimento proferido pelo Supremo Tribunal Federal no AgRg no RE 626.358/MG, Relator Ministro Cezar Peluso, DJ 23/8/2012, modificou sua jurisprudência, passando a permitir a comprovação de feriado local ou suspensão dos prazos processuais não certificada nos autos em momento posterior à interposição do recurso na origem. 4. Ainda que se adotasse o entendimento firmado, sob a égide do Código de Processo Civil de 1973, pela Corte Especial do STJ não se poderia conhecer do recurso uma vez que a parte agravante apresentou o presente agravo interno desacompanhado de documento hábil a comprovar a suspensão dos prazos pelo Tribunal de origem. Preclusão consumativa. 5. "Os recursos interpostos na instância de origem, mesmo que direcionados a esta Corte Superior, observam o calendário de funcionamento do tribunal local, não podendo se utilizar, para todos os casos, dos feriados e das suspensões previstas em Portaria e no Regimento Interno do Superior Tribunal de Justiça, que muitas vezes não coincidem com os da Justiça estadual" (AgRg no ARESP 700.715/MG, Rel. Min. Ricardo Villas Bôas Cuevas, Terceira Turma, julgado em 17/5/2016, DJe*

23/5/2016). 6. Agravo interno não provido" (STJ. AgInt no ARESP 1071.468/RJ, Agravo Interno no Agravo em Recurso Especial 2017/0059717-9, Rel. Min. Luis Felipe Salomão, julgado em 12/09/2017).

Agravo de instrumento e obrigatoriedade da juntada das peças para processo físico. Desnecessidade se for eletrônico nas duas instâncias. "*A disposição constante do art. 1.017, § 5º, do CPC/2015, que dispensa a juntada das peças obrigatórias à formação do agravo de instrumento em se tratando de processo eletrônico, exige, para sua aplicação, que os autos tramitem por meio digital tanto no primeiro quanto no segundo grau de jurisdição*" (STJ. Terceira Turma. RESP 1.643.956-PR, Rel. Min. Ricardo Villas Bôas Cueva, julgado em 09/05/2017 – Informativo nº 605).

Juntada de substabelecimento horas depois da interposição do recurso. Regularidade de representação. Aplicação da Lei nº 11.419/2006. "*Nos termos do art. 3º, parágrafo único, da Lei nº 11.419/2006, são tempestivas as petições transmitidas até às 24 horas do último dia do prazo. Assim, na hipótese em que a reclamada interpôs agravo de instrumento por meio físico, às 15:55h e, no mesmo dia, às 20:39h, juntou, via e-DOC, substabelecimento conferindo poderes ao subscritor do referido recurso, reputa-se regular a representação processual. Sob esses fundamentos, a SBDI-I, por unanimidade, conheceu dos embargos, por divergência jurisprudencial, e, no mérito, por maioria, deu-lhes provimento. Vencidos os Ministros Brito Pereira, relator, e José Roberto Freire Pimenta*" (TST-E-ED-AIRR- 22300-37.2006.5.15.0087, SBDI-I, Rel. Min. Brito Pereira, red. p/ acórdão Min. João Oreste Dalazen, 16/02/2017).

Art. 194

Art. 194. Os sistemas de automação processual respeitarão a publicidade dos atos, o acesso e a participação das partes e de seus procuradores, inclusive nas audiências e sessões de julgamento, observadas as garantias da disponibilidade, independência da plataforma computacional, acessibilidade e interoperabilidade dos sistemas, serviços, dados e informações que o Poder Judiciário administre no exercício de suas funções.

O artigo esmiúça melhor a prática dos atos processuais, mormente os sistemas de automoção processual, de modo a garantir plena publicidade de tudo que é praticado no processo. Prevê que tais atos sejam realizados observando garantias como "disponibilidade" (que se refere ao uso da informação), "independência de plataforma computacional" (que busca evitar que seja priorizado o uso de equipamentos de apenas uma empresa ou marca), "acessibilidade" (que assegura que tais informações também sejam repassadas aos portadores de necessidades especiais) e "interoperabilidade entre sistemas, serviços e dados" (que tenciona permitir que os sistemas desenvolvidos se comuniquem adequadamente entre si). O dispositivo será de grande utilidade, por exemplo, nos casos de sustentação oral em sessões para os advogados que não possuem residência na sede do Tribunal (art. 937, § 4º), entre outros mais que o CPC contempla.

Art. 195

> Art. 195. O registro de ato processual eletrônico deverá ser feito em padrões abertos, que atenderão aos requisitos de autenticidade, integridade, temporalidade, não repúdio, conservação e, nos casos que tramitem em segredo de justiça, confidencialidade, observada a infraestrutura de chaves públicas unificada nacionalmente, nos termos da lei.

O dispositivo fixa critérios para o registro do ato processual, que deverá adotar padrões abertos, atendendo requisitos como "autenticidade" (técnica para validar o ato processual praticado por meio eletrônico), "integridade" (que se refere ao cuidado e proteção com o conteúdo do ato eletrônico), "temporalidade" (relativa ao tempo de armazenamento do ato), "não repúdio" (proibição para a divulgação parcial e seletiva de informações), "conservação" (técnica para conservar o ato eletrônico) "confidencialidade" (limitação de acesso aos atos), embora este último seja apenas nos casos que a lei a exigir.

Art. 196

> Art. 196. Compete ao Conselho Nacional de Justiça e, supletivamente, aos tribunais, regulamentar a prática e a comunicação oficial de atos processuais por meio eletrônico e velar pela compatibilidade dos sistemas, disciplinando a incorporação progressiva de novos avanços tecnológicos e editando, para esse fim, os atos que forem necessários, respeitadas as normas fundamentais deste Código.

Lei específica previa que a competência regulamentar para a prática de atos processuais por meio eletrônico, bem como sua comunicação oficial, pertencia a todos os órgãos do Poder Judiciário, em decorrência de lei específica (art. 18, Lei nº 11.419/2006). Agora esta competência pertence ao CNJ e, apenas supletivamente, aos tribunais, nos termos no novel artigo.

Art. 197

> Art. 197. Os tribunais divulgarão as informações constantes de seu sistema de automação em página própria na rede mundial de computadores, gozando a divulgação de presunção de veracidade e confiabilidade.

Parágrafo único. Nos casos de problema técnico do sistema e de erro ou omissão do auxiliar da justiça responsável pelo registro dos andamentos, poderá ser configurada a justa causa prevista no art. 223, *caput* e § 1º.

O artigo estabelece que há uma presunção relativa de veracidade e confiabilidade no que diz respeito aos dados divulgados pelos tribunais na rede mundial de computadores. Também esclarece ser considerada uma "justa causa", a justificar a fixação de novo prazo para a prática do ato processual, quando ocorrer problema técnico no sistema e de erro ou omissão do auxiliar da justiça responsável para registro dos andamentos, o que é medida salutar neste momento em que ainda está em adaptação a migração dos processos "físicos" para os "eletrônicos", popularmente chamados de "virtuais".

Art. 198

Art. 198. As unidades do Poder Judiciário deverão manter gratuitamente, à disposição dos interessados, equipamentos necessários à prática de atos processuais e à consulta e ao acesso ao sistema e aos documentos dele constantes.

Parágrafo único. Será admitida a prática de atos por meio não eletrônico no local onde não estiverem disponibilizados os equipamentos previstos no *caput*.

O dispositivo determina que o Poder Judiciário deverá disponibilizar espaço e equipamentos necessários para a prática de atos processuais por meio eletrônico ou para consulta aos processos e a seus documentos. Tais equipamentos certamente serão custeados com o novo fundo de custos destinado à modernização do Poder Judiciário, que já foi comentado em artigo antecedente (art. 97). O parágrafo único estabelece que será admitida a prática de ato por meio não eletrônico quando na localidade não for disponibilizada estrutura adequada para tanto.

Art. 199

Art. 199. As unidades do Poder Judiciário assegurarão às pessoas com deficiência acessibilidade aos seus sítios na rede mundial de computadores, ao meio eletrônico de prática de atos judiciais, à comunicação eletrônica dos atos processuais e à assinatura eletrônica.

O artigo cuida da garantia da "acessibilidade" aos que possuem alguma espécie de necessidade especial, que não poderão ser prejudicados no acesso aos processos eletrônicos e nem na prática de atos processuais. De certa maneira, o dispositivo apenas esclarece um pouco mais o que já foi comentado em artigo anterior (art. 194).

Seção III
Dos Atos das Partes

Art. 200

Art. 200. Os atos das partes consistentes em declarações unilaterais ou bilaterais de vontade produzem imediatamente a constituição, modificação ou extinção de direitos processuais.

Parágrafo único. A desistência da ação só produzirá efeitos após homologação judicial.

Dispositivo sem qualquer alteração, permanecendo praticamente idêntico ao do modelo anterior (CPC/73), fazendo considerações sobre os atos praticados pelas partes.

Art. 201

Art. 201. As partes poderão exigir recibo de petições, arrazoados, papéis e documentos que entregarem em cartório.

O dispositivo em questão deve ser interpretado literalmente, mantendo a permissão para que as partes exijam recibo de petições, arrazoados, papéis e mesmo de documentos que entregarem em cartório.

Art. 202

Art. 202. É vedado lançar nos autos cotas marginais ou interlineares, as quais o juiz mandará riscar, impondo a quem as escrever multa correspondente à metade do salário-mínimo.

O dispositivo em questão deve ser interpretado literalmente, mantendo a proibição em lançar, nos autos, cotas marginais ou interlineares, com a possibilidade de as mesmas serem riscadas, além da fixação de multa ao infrator.

Seção IV
Dos Pronunciamentos do Juiz

Art. 203

Art. 203. Os pronunciamentos do juiz consistirão em sentenças, decisões interlocutórias e despachos.

§ 1º Ressalvadas as previsões expressas nos procedimentos especiais, sentença é o pronunciamento por meio do qual o juiz, com fundamento nos arts. 485 e 487, põe fim à fase cognitiva do procedimento comum, bem como o que extingue a execução.

§ 2º Decisão interlocutória é todo pronunciamento judicial de natureza decisória que não se enquadre no § 1º.

§ 3º São despachos todos os demais pronunciamentos do juiz praticados no processo, de ofício ou a requerimento da parte.

§ 4º Os atos meramente ordinatórios, como a juntada e a vista obrigatória, independem de despacho, devendo ser praticados de ofício pelo servidor e revistos pelo juiz quando necessário.

O dispositivo cuida dos pronunciamentos do magistrado, trazendo mudanças nos conceitos dos atos que podem ser praticados.

A "sentença" passa a ser considerada como aquela que tem fundamento nos arts. 485 e 487, pondo fim à etapa de conhecimento ou à execução, salvo disposições expressas em procedimentos especiais. O novo conceito leva em consideração, portanto, que para ser sentença não basta ter o conteúdo dos dispositivos mencionados, também sendo necessário que haja o fim de uma fase ou do próprio processo.

As "decisões interlocutórias", por sua vez, passam a ser quaisquer pronunciamentos jurisdicionais que não se enquadrem no conceito de sentença. Na sequência, há o conceito de "despachos", que são os demais pronunciamentos do juiz que não tenham cunho decisório e que podem ser praticados de ofício ou a requerimento da parte.

Por fim, há a menção a que os atos meramente ordinatórios, como a juntada de peças ou vista obrigatória, poderão ser realizados de ofício pelo servidor e revistos pelo juiz, se for o caso. Esta possibilidade de prática de atos meramente ordinatórios também compete ao escrivão ou diretor de secretaria, conforme já exposto anteriormente (art. 152, VI, § 1º).

Juiz induz patrono a erro ao nominar "decisão interlocutória" como "sentença". Apelação processada como agravo de instrumento em virtude do princípio da fungibilidade. "*Processual Civil. Embargo de divergência em agravo em recurso especial. Divergência entre as Turmas da 2ª Seção em casos*

> *idênticos, inclusive envolvendo as mesmas partes e órgãos judiciais de 1ª e 2ª instâncias. Excepcionalidade do caso concreto. Execução de título extrajudicial. Exceção de pré-executividade. Exclusão de executado do polo passivo. Interposição de apelação ao invés de agravo de instrumento. Inexistência de má-fé. Indução a erro pelo juízo. Relativização da dúvida objetiva na restrita hipótese dos autos. Princípio da fungibilidade. Aplicabilidade. Precedentes. Embargos de divergência a que se dá provimento"* (STJ. EARESP 230380/RJ. Rel. Min. Paulo de Tarso Sanseverino. DJ 11/10/2017).

Art. 204

Art. 204. Acórdão é o julgamento colegiado proferido pelos tribunais.

O dispositivo em questão deve ser interpretado literalmente, mantendo na essência a definição do que é "acórdão". Curiosamente, o CPC não define, assim como o seu anterior, o que seria uma "decisão monocrática", que é um ato extremamente comum praticado pelos magistrados que atuam perante Tribunais (art. 932).

Art. 205

Art. 205. Os despachos, as decisões, as sentenças e os acórdãos serão redigidos, datados e assinados pelos juízes.

§ 1º Quando os pronunciamentos previstos no *caput* forem proferidos oralmente, o servidor os documentará, submetendo-os aos juízes para revisão e assinatura.

§ 2º A assinatura dos juízes, em todos os graus de jurisdição, pode ser feita eletronicamente, na forma da lei.

§ 3º Os despachos, as decisões interlocutórias, o dispositivo das sentenças e a ementa dos acórdãos serão publicados no Diário de Justiça Eletrônico.

O dispositivo em questão deve ser interpretado literalmente, determinando que os pronunciamentos feitos pelo magistrado sejam datados e assinados, mesmo que eletronicamente. Impõe que, mesmo os atos orais, deverão ser reduzidos a termo pelo servidor, o que somente não se aplica se houver previsão contrária em lei específica (v.g., art. 36, Lei nº 9.099/95). Também estabelece que atos ou parte deles devem ser disponibilizados no Diário de Justiça Eletrônico.

Seção V
Dos Atos do Escrivão ou do Chefe de Secretaria

Art. 206

> Art. 206. Ao receber a petição inicial de processo, o escrivão ou o chefe de secretaria a autuará, mencionando o juízo, a natureza do processo, o número de seu registro, os nomes das partes e a data de seu início, e procederá do mesmo modo em relação aos volumes em formação.

O dispositivo em questão deve ser interpretado literalmente, quanto ao que deve ser feito no momento em que a petição é recebida pelo escrivão ou pelo chefe de secretaria. Em realidade, esta praxe acaba sendo observada pelo servidor lotado no setor de distribuição.

Art. 207

> Art. 207. O escrivão ou o chefe de secretaria numerará e rubricará todas as folhas dos autos.
>
> Parágrafo único. À parte, ao procurador, ao membro do Ministério Público, ao defensor público e aos auxiliares da justiça é facultado rubricar as folhas correspondentes aos atos em que intervierem.

O dispositivo em questão deve ser interpretado literalmente, impondo a necessidade de o escrivão ou chefe de secretaria rubricarem todas as folhas do processo. No parágrafo único, há uma faculdade para as pessoas ali mencionadas. Corretamente, foram excluídas as testemunhas, pois elas devem, obrigatoriamente, assinar ou rubricar seu depoimento.

Art. 208

> Art. 208. Os termos de juntada, vista, conclusão e outros semelhantes constarão de notas datadas e rubricadas pelo escrivão ou pelo chefe de secretaria.

Dispositivo sem qualquer alteração quando confrontado com o modelo anterior (CPC/73), exceto pela inclusão do chefe de secretaria ao lado do escrivão, tratando de providências administrativas que devem ser observadas por eles.

Art. 209

> Art. 209. Os atos e os termos do processo serão assinados pelas pessoas que neles intervierem; quando estas não puderem ou não quiserem firmá-los, o escrivão ou o chefe de secretaria certificará a ocorrência.
>
> § 1º Quando se tratar de processo total ou parcialmente documentado em autos eletrônicos, os atos processuais praticados na presença do juiz poderão ser produzidos e armazenados de modo integralmente digital em arquivo eletrônico inviolável, na forma da lei, mediante registro em termo, que será assinado digitalmente pelo juiz e pelo escrivão ou chefe de secretaria, bem como pelos advogados das partes.
>
> § 2º Na hipótese do § 1º, eventuais contradições na transcrição deverão ser suscitadas oralmente no momento de realização do ato, sob pena de preclusão, devendo o juiz decidir de plano, e ordenar o registro, no termo, da alegação e da decisão.

O dispositivo em questão deve ser interpretado literalmente, sem inovações, tratando da recusa de certas pessoas em assinar física ou eletronicamente os atos que tiverem praticado. Em tais casos, caberá ao escrivão ou chefe de secretaria certificar esta ocorrência. Mantém o prazo preclusivo para a alegação de contradição na transcrição, que deverá ser decidida imediatamente pelo magistrado.

Art. 210

> Art. 210. É lícito o uso da taquigrafia, da estenotipia ou de outro método idôneo em qualquer juízo ou tribunal.

Dispositivo sem qualquer alteração, permitindo o uso de taquigrafia, estenotipia ou qualquer método idôneo perante os órgãos jurisdicionais. Tanto uma quanto outra se referem a um método abreviado ou simbólico de escrita, para melhorar sua velocidade em comparação a um método que seja padrão.

Art. 211

> Art. 211. Não se admitem nos atos e termos processuais espaços em branco, salvo os que forem inutilizados, assim como entrelinhas, emendas ou rasuras, exceto quando expressamente ressalvadas.

O dispositivo em questão deve ser interpretado literalmente, determinando que os atos processuais não podem ter entrelinhas, emendas ou rasuras, exceto se forem expressamente ressalvadas. Também há proibição para espaços em branco, salvos os que forem inutilizados.

CAPÍTULO II
DO TEMPO E DO LUGAR DOS ATOS PROCESSUAIS

Seção I
Do Tempo

Art. 212

Art. 212. Os atos processuais serão realizados em dias úteis, das 6 (seis) às 20 (vinte) horas.

§ 1º Serão concluídos após as 20 (vinte) horas os atos iniciados antes, quando o adiamento prejudicar a diligência ou causar grave dano.

§ 2º Independentemente de autorização judicial, as citações, intimações e penhoras poderão realizar-se no período de férias forenses, onde as houver, e nos feriados ou dias úteis fora do horário estabelecido no artigo, observado o disposto no art. 5º, inciso XI, da Constituição Federal.

§ 3º Quando o ato tiver de ser praticado por meio de petição em autos não eletrônicos, esta deverá ser protocolada no horário de funcionamento do fórum ou tribunal, conforme o disposto na lei de organização judiciária local.

É mantido o regramento que os atos processuais somente podem ser praticados em dias úteis, ou seja, naqueles em que há expediente forense normal, no horário das seis às vinte horas, sem prejuízo, é claro, daqueles praticados em regime de plantão. O parágrafo primeiro mantém, em essência, a mesma norma anterior (CPC/73). A novidade está no parágrafo segundo, que passa a dispensar a prévia autorização judicial para a prática de alguns atos processuais durante as férias forenses (onde as houver), nos feriados ou dias úteis fora do horário mencionado no *caput*. Também estabelece, no último parágrafo, quanto ao tempo para a prática de ato processual que não seja eletrônico.

Art. 213

> Art. 213. A prática eletrônica de ato processual pode ocorrer em qualquer horário até as 24 (vinte e quatro) horas do último dia do prazo.
>
> Parágrafo único. O horário vigente no juízo perante o qual o ato deve ser praticado será considerado para fins de atendimento do prazo.

É repetida norma constante na legislação específica sobre processo eletrônico (art. 10, Lei nº 11.419/2006), que permite a prática de ato processual por meio eletrônico em qualquer horário até as vinte e quatro horas do último dia do prazo, devendo ser observado o horário vigente no juízo perante o qual o ato deve ser praticado.

> Juntada de substabelecimento horas depois da interposição do recurso. Regularidade de representação. Aplicação da Lei nº 11.419/2006. *"Nos termos do art. 3º, parágrafo único, da Lei nº 11.419/2006, são tempestivas as petições transmitidas até às 24 horas do último dia do prazo. Assim, na hipótese em que a reclamada interpôs agravo de instrumento por meio físico, às 15:55h e, no mesmo dia, às 20:39h, juntou, via e-DOC, substabelecimento conferindo poderes ao subscritor do referido recurso, reputa-se regular a representação processual. Sob esses fundamentos, a SBDI-I, por unanimidade, conheceu dos embargos, por divergência jurisprudencial, e, no mérito, por maioria, deu-lhes provimento. Vencidos os Ministros Brito Pereira, relator, e José Roberto Freire Pimenta"* (TST. E-ED-AIRR- 22300-37.2006.5.15.0087, SBDI-I, Rel. Min. Brito Pereira, red. p/ acórdão Min. João Oreste Dalazen, 16/02/2017).

Art. 214

> Art. 214. Durante as férias forenses e nos feriados, não se praticarão atos processuais, excetuando-se:
>
> I - os atos previstos no art. 212, § 2º;
>
> II - a tutela de urgência.

O dispositivo permite a prática de alguns atos processuais como citação, intimação, penhora e análise de pedidos de tutelas de urgência mesmo durante o período de férias forenses ou em feriados. Outros atos anteriormente autorizados pelo modelo anterior (CPC/73) foram excluídos. Tais requerimentos, obviamente, serão analisados e decididos pelo juízo plantonista. Aliás, é de se ressalvar que o CPC proíbe que o juiz plantonista defira qualquer medida que implique em levantamento de soma em dinheiro, valores ou mesmo liberação de bens apreendidos (art. 905, parágrafo único).

> **Ação de despejo cumulada com cobrança de alugueres tramita regularmente durante o recesso e as férias forenses, mas o prazo recursal é suspenso neste mesmo período.** *"Nos casos de cumulação da ação de despejo com cobrança de aluguéis, o prazo recursal fica suspenso durante o recesso forense. O art. 58, I, da Lei nº 8.245/1991 assim dispõe: "Ressalvados os casos previstos no parágrafo único do art. 1º, nas ações de despejo, consignação em pagamento de aluguel e acessório da locação, revisionais de aluguel e renovatórias de locação, observar-se-á o seguinte: I – os processos tramitam durante as férias forenses e não se suspendem pela superveniência delas". Esse dispositivo, ao estatuir hipóteses excepcionais de tramitação de determinadas ações locatícias durante o recesso e as férias forenses, deve ser interpretado restritivamente, por se tratar de regra de exceção, na linha de entendimento doutrinário e jurisprudencial. Precedentes citados: RESP 331.868-RJ, Quinta Turma, DJ 9/10/2006; e RESP 441.907-PR, Quinta Turma, DJ 29/5/2006"* (STJ. RESP 1.414.092-PR, Rel. Min. Paulo de Tarso Sanseverino, julgado em 1º/03/2016, DJe 09/03/2016 – Informativo nº 578).
>
> **Dever de a parte comprovar a suspensão do expediente no Tribunal de origem (CPC/73).** *"Nos termos da jurisprudência desta Corte, eventual suspensão do prazo recursal, decorrente de ausência de expediente ou de recesso forense, feriados locais, entre outros, nos tribunais de justiça estaduais, deve ser comprovada por documento idôneo. Esta Corte adota o posicionamento jurisprudencial de que o dia do servidor público – 28 de outubro – não é feriado nacional. Desse modo, é dever da parte comprovar nos autos, por documento idôneo, a suspensão do expediente forense no Tribunal de origem, o que não ocorreu na hipótese"* (STJ. AgInt no ARESP nº 914.876/SP. Rel. Min. Moura Ribeiro. DJ 27/09/2016).

Art. 215

Art. 215. Processam-se durante as férias forenses, onde as houver, e não se suspendem pela superveniência delas:

I – os procedimentos de jurisdição voluntária e os necessários à conservação de direitos, quando puderem ser prejudicados pelo adiamento;

II – a ação de alimentos e os processos de nomeação ou remoção de tutor e curador;

III – os processos que a lei determinar.

O dispositivo permite que, mesmo durante as férias, permaneçam a tramitar os procedimentos de jurisdição voluntária e os necessários à conservação de direitos, as ações de alimentos e as causas de nomeação ou remoção de tutor e curador ou, ainda, aquelas que a lei determinar. Foram excluídas algumas situações, como a dos processos que observarem o rito comum sumário bem como a da cautelar de alimentos provisionais, pois ambos foram abolidos pelo CPC. Trata-se de dispositivo pouco empregado, pois no período os atos somente poderiam ser praticados pelo juízo plantonista, que teria que determinar que os autos chegassem a seu poder para, então, analisar e decidir o que fosse necessário.

Art. 216

Art. 216. Além dos declarados em lei, são feriados, para efeito forense, os sábados, os domingos e os dias em que não haja expediente forense.

O dispositivo em questão deve ser interpretado literalmente, embora passe a fazer menção expressa a que nos sábados não haverá expediente forense.

Seção II
Do Lugar

Art. 217

Art. 217. Os atos processuais realizar-se-ão ordinariamente na sede do juízo, ou, excepcionalmente, em outro lugar em razão de deferência, de interesse da justiça, da natureza do ato ou de obstáculo arguido pelo interessado e acolhido pelo juiz.

O dispositivo em questão deve ser interpretado literalmente, tratando que o lugar para a prática do ato processual deve ser, em regra, a sede do próprio juízo, salvo motivos de deferência, interesse da justiça ou em relação a obstáculo arguido pelo interessado e acolhido pelo juiz.

Um exemplo de prática de ato processual em outro local em razão da deferência é quando se encontra presente a situação descrita em norma do CPC (art. 454), pois, devido ao cargo público que certas pessoas ostentam, elas passam a ter o direito de ser inquiridas em sua residência ou no local em que exercem a sua função, tal como ocorre, por exemplo, com o Presidente da República que eventualmente vier a ser arrolado como testemunha em um determinado processo judicial.

Por seu turno, pode ser que em dado processo seja determinada uma perícia para apuração do dano ambiental praticado, o que até mesmo motiva o magistrado a realizar uma inspeção *in loco*. Nesta situação, é nítido o interesse da Justiça em saber o impacto ambiental sofrido naquele local ou pelas pessoas que ali se encontram, o que justifica a prática do ato processual fora da sede do juízo (art. 481). Por sinal, este mesmo exemplo da perícia ambiental pode ilustrar exemplo de ato processual que terá que ser praticado fora da sede do juízo, em razão da sua própria natureza.

Por fim, o ato processual também pode ser praticado quando há obstáculo arguido pelo interessado e acolhido pelo magistrado como ocorre, por exemplo, quando for arrolada para depor na condição de testemunha uma determinada pessoa que se encontra sob ameaça concreta de morte, caso em que poderá ser autorizada a sua oitiva onde se encontrar (art. 449, parágrafo único).

Vale dizer que em todas essas hipóteses não apenas o magistrado terá que se dirigir até o local como, também, os advogados das partes (e dependendo até mesmo as próprias), bem como o membro do Ministério Público (caso atue como fiscal da lei ou como parte principal), além de servidor público que conte com equipamento adequado para documentar a prova produzida.

CAPÍTULO III
DOS PRAZOS

Seção I
Disposições Gerais

Art. 218

Art. 218. Os atos processuais serão realizados nos prazos prescritos em lei.

§ 1º Quando a lei for omissa, o juiz determinará os prazos em consideração à complexidade do ato.

§ 2º Quando a lei ou o juiz não determinar prazo, as intimações somente obrigarão a comparecimento após decorridas 48 (quarenta e oito) horas.

§ 3º Inexistindo preceito legal ou prazo determinado pelo juiz, será de cinco dias o prazo para a prática de ato processual a cargo da parte.

§ 4º Será considerado tempestivo o ato praticado antes do termo inicial do prazo.

O prazo é o período de tempo compreendido entre dois termos: o inicial e o final. Com o advento do termo inicial (*dies a quo*) surge para uma das partes ou mesmo para um terceiro a possibilidade de praticar o ato, sendo certo que esta possibilidade se encerra com o advento do termo final (*dies ad quem*).

A princípio, os prazos processuais estão previstos em lei. Assim, por exemplo, pode ser citada a norma (art. 1.003, § 5º), que prevê que as partes dispõem do prazo de quinze dias para a interposição de recursos. No entanto, quando a lei for omissa, caberá ao magistrado fixá-lo em patamar razoável para que a parte possa praticar o ato determinado (art. 218, § 1º). Porém, se não houver prazo específico previsto na legislação ou mesmo a fixação pelo juiz, deverá então a parte praticar o ato em 5 (cinco) dias, que é o prazo geral (art. 218, § 3º).

Destaca-se que o CPC prevê a prática de determinados atos processuais ou mesmo a suspensão do processo em prazo fixado em minutos (v.g., art. 364 – que cuida da apresentação das alegações finais orais ao término da audiência de instrução e julgamento), em dias (v.g., art. 1.003, § 5º – que estabelece o prazo geral para apresentação de recurso), em meses (v.g., art. 313, § 4º – que cuida da possibilidade de as partes celebrarem negócio processual para suspender o processo por até seis meses para que tentem uma solução consensual) e até mesmo em anos (v.g., art. 896 – que cuida da hipótese de lanço oferecido em hasta pública pertencente a um incapaz e cujo valor não tenha atingido 80% daquele estipulado na avaliação).

> **Verbete nº 579 da Súmula do STJ:** "*Não é necessário ratificar o recurso especial interposto na pendência do julgamento dos embargos de declaração quando inalterado o julgamento anterior*".

> **Tempestividade de recurso interposto antes da intimação da decisão (CPC/73).** "*É tempestivo, por possuir objeto próprio, o recurso interposto contra decisão já juntada aos autos, ainda que não publicada no Diário de Justiça. Tendo em conta esse entendimento, fixado pela 1ª Turma no AI 497477 AgR/ PR (DJU de 8/10/2004)*" (STF. Ação originária nº 1.133, Rel. Min. Carlos Britto. DJ 16/06/2005).
>
> **Tempestividade de recurso interposto antes da publicação da decisão (CPC/73).** "*Rendo-me, ressalvando meu ponto de vista, à posição assumida pela maioria da Corte Especial deste Sodalício, pelo seu caráter uniformizador no trato das questões jurídicas no país que, com base em recente decisão (EResp 492.461/ MG), datada de 17/11/2004, consignou que a interposição de recursos contra decisões monocráticas ou colegiadas proferidas pelo STJ pode, a partir de agora, ser realizada antes da publicação dessas decisões na imprensa oficial. 4. Embargos de divergência acolhidos*" (STJ. Embargos de divergência em agravo nº 2004/0121708-4. Rel. Min. José Delgado. DJ 04/04/2005).

Art. 219

Art. 219. Na contagem de prazo em dias, estabelecido por lei ou pelo juiz, computar-se-ão somente os dias úteis.

Parágrafo único. O disposto neste artigo aplica-se somente aos prazos processuais.

O dispositivo altera substancialmente a forma de contagem dos prazos processuais estabelecendo que somente irão abranger os dias considerados úteis. De um lado, muitos aplaudem a mudança, de modo que, principalmente os patronos das partes não terão que trabalhar aos finais de semana para que os prazos não sejam ultrapassados. Mas, por outro lado, essa forma de contagem irá ampliar os prazos em demasia, o que conspirará contra o tempo razoável de duração do processo, que é uma das normas fundamentais do CPC (art. 4º). Além disso, a mudança nessa praxe tão enraizada certamente levará a alguns equívocos iniciais, que também podem gerar controvérsias desnecessárias em determinados processos.

Quanto a esta contagem em dias úteis (art. 219), algumas considerações devem ser realizadas. Por exemplo, o prazo para contestar será de 15 (quinze) dias (art. 335), situação em que apenas os dias úteis serão contados. Contudo, muitas vezes o CPC faz menção a prazo em anos (v.g., o prazo de um ano de suspensão do processo quando não forem localizados bens penhoráveis – art. 921, § 1º) ou mesmo em meses (v.g., o prazo de seis meses, que foi estabelecido entre as partes, com fins de tentar obter a solução consensual – art. 313, § 4º). Só que, em tais casos, o prazo continuará a correr de forma contínua, incluindo também os sábados, domingos e feriados. Portanto, não é adequado interpretar que o prazo será de um ano, composto por 365 (trezentos e sessenta e cinco) dias úteis. E, não menos importante, a outra consideração é a de que esta contagem do prazo em dias úteis somente se aplica a atos a serem praticados intraprocessualmente, ou seja, em relação àquele processo já deflagrado. Por este motivo, prazo como o decadencial para a impetração de um mandado de segurança, que é de 120 (cento e vinte) dias, permanecerá a ser contado de forma contínua.

Outra questão interessante é quanto à correta forma de contagem dos prazos nos processos que tramitam perante um juizado especial, se ela deveria ser em dias "úteis" (como estabelece o CPC) ou em dias "corridos". Nesta obra, defende-se que nos juizados todos os prazos devem ser contados continuamente. Explica-se: esta mudança abrupta na forma de contagem dos prazos é inexplicável do ponto de vista técnico, além de fomentar insegurança jurídica enorme, por alterar tradicionais rotinas de trabalho, principalmente quando é constatado ser muito comum a existência de juízos únicos em determinadas localidades, que albergam as mais varias competências como criminal e até mesmo funcionam como juizados adjuntos. Imagine-se, em tais casos, a dúvida do detentor de capacidade postulatória em saber quais os processos, dentro daquele único órgão, devem ter seus prazos contados em dias úteis ou corridos. E, não menos importante, tal norma (art. 219) ainda conspira contra o tempo razoável para a solução do mérito (norma fundamental do CPC – art. 4º), e, também, contra os critérios norteadores do sistema dos juizados (art. 2º, Lei nº 9.099/95). Portanto, por todos estes argumentos, o aludido dispositivo (art. 219) deve por enquanto ter a sua aplicação restrita a processos que apenas tramitam perante juízos cíveis.

Também parece razoável defender que, em todos os processos em que o ECA for aplicado, a contagem dos prazos deverá ser realizada em dias corridos. Com efeito, esta legislação é específica para casos envolvendo crianças e adolescentes, que não podem ser morosos para que a definição judicial venha com certa brevidade. Esta constatação é observada em diversos momentos do ECA como, por exemplo, no prazo máximo de 45 (quarenta e cinco) dias de internação antes que a sentença venha a ser proferida (art. 108, Lei nº 8.069/90) ou mesmo no idêntico prazo para a conclusão do procedimento instaurado para a apuração de ato infracional praticado por adolescente (art. 183, Lei nº 8.069/90). Assim, tal como ocorre nos juizados, cujo microssistema impõe uma solução distinta, também em todos estes procedimentos e processos judiciais regulados pelo ECA a contagem dos prazos deverá ser em dias corridos. Mas, diante da inexistência de um precedente vinculativo solucionando esta questão em ambos os casos, o que por ora se recomenda é que os magistrados sempre explicitem esta circunstância em suas decisões e que os servidores façam constar nos mandados e nas intimações como o juízo estará realizando a contagem dos prazos.

E, ainda sobre a contagem dos prazos em dias úteis, deve-se ter em mente que ela somente se aplica para os prazos ditos "processuais" (art. 219, parágrafo único). Porém, por vezes é possível se detectar alguma situação que pode gerar certas dificuldades em definir qual a real natureza do prazo. Por exemplo, no cumprimento de sentença envolvendo obrigação de pagar entre particulares, o devedor é intimado para cumprir a obrigação no prazo de 15 (quinze) dias e, se nada fizer, imediatamente começarão outros 15 (quinze) dias, mas agora para oferecimento da defesa denominada impugnação (art. 523). Quanto ao segundo prazo, nenhuma dúvida há que possui natureza processual, eis que se refere à apresentação de uma peça relevante ao processo. Mas os primeiros 15 (quinze) dias têm gerado alguma discussão, já havendo até julgados no sentido de que o prazo para qualquer cumprimento de obrigação (seja ela de pagar, fazer, não fazer ou para entrega de coisa) deve ser considerado como "material", motivo pelo qual deveriam ser contados de forma "contínua" (art. 132, CC). Ocorre que não se pode deixar de perceber que este mesmo prazo para cumprimento da obrigação tem reflexos processuais, já que a sua falta de observância acarreta diversas consequências de cunho processual, como fixação de honorários, multa e início da contagem para a apresentação da impugnação. Por este motivo, certamente a mera cogitação de que, em um mesmo processo, certos prazos tenham que ser contados de forma corrida enquanto outros serão em dias úteis, contribuirá ainda mais para fomentar uma enorme insegurança jurídica. Portanto, em prol de uma simplificação, o que ora se defende é que, neste caso em específico (art. 523 – prazo para cumprir obrigação em sede de cumprimento de sentença), seja considerado como de natureza processual e, por este motivo, seja computado em dias úteis, tal como ocorrerá com o prazo seguinte de 15 (quinze) dias para oferecimento da impugnação.

Desta forma, uma vez assimilada a forma de contagem dos prazos pelo CPC, já é possível constatar que, juntado o mandado de intimação aos autos em uma quinta-feira (para que o réu em três dias adote uma determinada providência), o primeiro dia para o prazo da resposta já começa na sexta-feira, não sendo contados sábado e domingo, posto que a contagem somente irá reiniciar na segunda-feira e terminar na terça-feira. No entanto, se neste mesmo exemplo o mandado de intimação fosse carreado aos autos apenas na sexta-feira, o prazo somente começaria a correr no primeiro dia útil em que haja expediente forense normal (segunda-feira) e terminaria no terceiro dia (quarta-feira). Fica a ressalva, porém, que se o termo final, ou seja, se o terceiro dia cair em uma data em que não haja expediente forense, como no sábado ou domingo, será permitida a prática do ato na segunda-feira seguinte, que é o primeiro dia útil. É o que se extrai da leitura do próprio CPC (art. 224 e parágrafos).

> **Enunciado nº 19 da I Jornada de Processo Civil CEJ/CJF:** "*O prazo em dias úteis previsto no art. 219 do CPC aplica-se também aos procedimentos regidos pelas Leis nº 9.099/1995, 10.259/2001 e 12.153/2009*".
>
> **Enunciado nº 20 da I Jornada de Processo Civil CEJ/CJF:** "*Aplica-se o art. 219 do CPC na contagem do prazo para oposição de embargos à execução fiscal previsto no art. 16 da Lei nº 6.830/1980*".
>
> **Enunciado nº 45 da ENFAM:** "*A contagem dos prazos em dias úteis (art. 219 do CPC/2015) aplica-se ao sistema de juizados especiais*".

> **Contagem dos prazos em dias corridos em processo eleitoral.** "*1. Em razão da incompatibilidade entre a previsão contida no art. 219 do CPC/2015 e o princípio da celeridade, inerente aos feitos que tramitam na Justiça Eleitoral, a jurisprudência desta Corte Superior entende ser inaplicável a contagem dos prazos em dias úteis ao processo eleitoral (AgR-REspe nº 44-61/SP, Rel. Min. Luiz Fux, DJE 26.10.2016; ED-AgR-REspe nº 533-80/MG, Rel. Min. Maria Thereza de Assis Moura, DJE 3.8.2016). 2. Prevalece, in casu, a redação do* caput *do art. 7º da Res.-TSE nº 23.478/16, ao prever que o disposto no art. 219 do novo Código de Processo Civil não se aplica aos feitos eleitorais. 3. Merece ser desprovido o agravo interno, tendo em vista a inexistência de argumentos hábeis para modificar a decisão agravada. 4. Agravo regimental a que se nega provimento*" (TSE. Agravo Regimental no Recurso Especial Eleitoral nº 84-27/AM, DJE 05/05/2017).

Art. 220

Art. 220. Suspende-se o curso do prazo processual nos dias compreendidos entre 20 de dezembro e 20 de janeiro, inclusive.

§ 1º Ressalvadas as férias individuais e os feriados instituídos por lei, os juízes, os membros do Ministério Público, da Defensoria Pública e da Advocacia Pública, e os auxiliares da Justiça exercerão suas atribuições durante o período previsto no *caput*.

§ 2º Durante a suspensão do prazo, não se realizarão audiências nem sessões de julgamento.

O artigo estabelece que os prazos processuais serão suspensos entre os dias vinte de dezembro e vinte de janeiro, inclusive. Neste período, também não poderão ser designadas audiências e nem sessões de julgamento. No parágrafo primeiro, estabelece que esta circunstância não é motivo para que os magistrados, auxiliares da justiça ou membros do Ministério Público, Defensoria Pública e Advocacia Pública deixem de exercer suas atribuições no período, exceto por motivo de férias. Em outras palavras, todos continuarão a produzir regularmente no período, apenas não havendo prazo em curso ou mesmo intimações para as partes comparecerem a audiências ou sessões. Após o dia vinte de janeiro, todos os prazos voltam a correr e todo o trabalho acumulado será publicado. Certamente, após esta publicação haverá um transtorno cartorário para juntar todas as novas petições de providências. Lamenta-se, novamente, certo desconhecimento pelo legislador de como é realizada a gestão cartorária e a análise de fluxo de entrada e saída de processos e petições.

> **Enunciado nº 21 da I Jornada de Processo Civil CEJ/CJF:** *"A suspensão dos prazos processuais prevista no caput do art. 220 do CPC estendese ao Ministério Público, à Defensoria Pública e à Advocacia Pública".*

Art. 221

Art. 221. Suspende-se o curso do prazo por obstáculo criado em detrimento da parte ou ocorrendo qualquer das hipóteses do art. 313, devendo o prazo ser restituído por tempo igual ao que faltava para sua complementação.

Parágrafo único. Suspendem-se os prazos durante a execução de programa instituído pelo Poder Judiciário para promover a autocomposição, incumbindo aos tribunais especificar, com antecedência, a duração dos trabalhos.

O dispositivo cuida, em sua maior parte, de hipóteses processuais que também podem gerar a suspensão do curso do prazo, com posterior restituição pelo tempo integral ao que faltava para o seu término. O parágrafo único também cria uma nova situação de suspensão, mas para efeitos de efetivação de programa para promover a autocomposição, como mutirões de conciliações, o que é prática muito frequente na atualidade.

Art. 222

Art. 222. Na comarca, seção ou subseção judiciária onde for difícil o transporte, o juiz poderá prorrogar os prazos por até 2 (dois) meses.

§ 1º Ao juiz é vedado reduzir prazos peremptórios sem anuência das partes.

§ 2º Havendo calamidade pública, o limite previsto no *caput* para prorrogação de prazos poderá ser excedido.

Foram incluídas as seções e subseções judiciárias ao lado das comarcas, pois estas últimas são adotadas, principalmente, na Justiça Estadual, ao contrário das primeiras, que são usadas para designar a base territorial da Justiça Federal (art. 110, CF). O CPC prevê que nas localidades de difícil acesso o prazo poderá ser prorrogado por até dois meses, enquanto a regra anterior mencionava sessenta dias. Também permite a prorrogação em casos de calamidade pública. É mantida a proibição no sentido de o juiz não poder reduzir prazos peremptórios sem anuência das partes, o que é criticável por dois aspectos. O primeiro é que o CPC permanece sem explicitar quais prazos são peremptórios, o que dificulta identificar de quais hipóteses esta norma será reguladora. Já o segundo gera dúvidas maiores por retratar mais um exemplo de "negócios processuais".

Com efeito, sob a égide do modelo anterior (CPC/73), o texto legal previa, expressamente, que as partes não podiam, de comum acordo, reduzir ou prorrogar "prazos peremptórios" (art. 182, CPC/73), que são aqueles que tutelam normas cogentes que resguardam o interesse público. O novo modelo, porém, em dispositivo inédito (art. 222, § 1º), inverte o raciocínio, ao prever que ao magistrado é vedado reduzir "prazos peremptórios", sem a anuência das partes. Em outras palavras, a novel legislação não proíbe (muito pelo contrário, até estimula), que a definição dos prazos seja realizada apenas pelas partes. Curiosamente, esta norma (art. 222, § 1º) conflita com outra do próprio CPC (art. 139, inc. VI), que prevê exatamente o oposto, ou seja, a possibilidade de o magistrado também modificar os prazos adequando-os às necessidades do conflito, de modo a conferir maior efetividade à tutela dos direitos.

Parece que aqui, mais uma vez, deve prevalecer o bom senso, de modo a ser vedada a alteração de todo e qualquer prazo processual por vontade das partes, com exceção daqueles considerados como dilatórios. Imagina-se, por exemplo, que as partes celebrem este negócio processual, reduzindo os prazos dos recursos (que é considerado como peremptório), justamente para que, por meio deste artifício, possam acelerar a tramitação processual e antecipando-se a todos os demais processos em curso, para que tenham prioridade no julgamento nas Cortes Superiores ou intermediárias.

Além disso, também é de se questionar como uma convenção entre as partes pode afastar a incidência de lei, criada pelo Poder Legislativo, que é pontual em afirmar que, pelo menos no CPC, todos os recursos devem ser interpostos em 15 (quinze) dias, com exceção dos embargos de declaração (art. 1.003, § 5º). Enfim, é mais um exemplo de convenção processual que não se sustenta de acordo com a ordem constitucional vigente.

Art. 223

Art. 223. Decorrido o prazo, extingue-se o direito de praticar ou de emendar o ato processual, independentemente de declaração judicial, ficando assegurado, porém, à parte provar que não o realizou por justa causa.

§ 1º Considera-se justa causa o evento alheio à vontade da parte e que a impediu de praticar o ato por si ou por mandatário.

§ 2º Verificada a justa causa, o juiz permitirá à parte a prática do ato no prazo que lhe assinar.

O dispositivo em questão deve ser interpretado literalmente, tratando da denominada "preclusão temporal" em seu *caput*. O primeiro e o segundo parágrafos cuidam da "justa causa", hipótese em que ocorre um acontecimento alheio à vontade da parte que lhe impediu de praticar o ato, caso em que o magistrado irá fixar um novo prazo para a prática do ato processual. O CPC, por vezes, esclarece de maneira mais precisa o que pode ser reputado como "justa causa", como quando ocorrer problema técnico no sistema e de erro ou omissão do auxiliar da justiça responsável pelo registro dos andamentos em processos eletrônicos (art. 197).

Art. 224

Art. 224. Salvo disposição em contrário, os prazos serão contados excluindo o dia do começo e incluindo o dia do vencimento.

§ 1º Os dias do começo e do vencimento do prazo serão protraídos para o primeiro dia útil seguinte, se coincidirem com dia em que o expediente forense for encerrado antes ou iniciado depois da hora normal ou houver indisponibilidade da comunicação eletrônica.

§ 2º Considera-se como data de publicação o primeiro dia útil seguinte ao da disponibilização da informação no Diário da Justiça eletrônico.

§ 3º A contagem do prazo terá início no primeiro dia útil que seguir ao da publicação.

O dispositivo versa sobre a contagem dos prazos processuais, estabelecendo termo inicial e final para tanto. Há, também, menção ao processo eletrônico, caso em que os prazos somente correrão no primeiro dia útil seguinte ao da disponibilização da informação no Diário de Justiça eletrônico.

Art. 225

Art. 225. A parte poderá renunciar ao prazo estabelecido exclusivamente em seu favor, desde que o faça de maneira expressa.

O dispositivo inova ao dispor que a parte somente poderá renunciar ao prazo estabelecido exclusivamente a seu favor se o fizer de maneira expressa. Certamente, tal preocupação busca evitar que o magistrado interprete determinada situação como caracterizadora de uma "preclusão lógica", o que poderá surpreender processualmente esta parte.

Art. 226

> Art. 226. O juiz proferirá:
> I – os despachos no prazo de 5 (cinco) dias;
> II – as decisões interlocutórias no prazo de 10 (dez) dias;
> III – as sentenças no prazo de 30 (trinta) dias.

Foi ampliado para cinco dias o prazo para que o magistrado profira os despachos. Também houve a ampliação para dez dias para que sejam dadas as decisões interlocutórias e foi estabelecido em trinta dias o prazo para que as sentenças sejam proferidas. Todos estes prazos devem ser contados em dias úteis tão somente (art. 219). Esta majoração dos prazos para que o magistrado profira seus atos decisórios decorre do aumento exponencial dos processos em tramitação na atualidade. Vale dizer que tais prazos são reputados como "impróprios", pois a falta de observância injustificada dos mesmos pode sujeitar o juiz a sanções disciplinares a serem apuradas e aplicadas pela corregedoria do Tribunal que atua ou pelo CNJ.

Art. 227

> Art. 227. Em qualquer grau de jurisdição, havendo motivo justificado, pode o juiz exceder, por igual tempo, os prazos a que está submetido.

O dispositivo em questão deve ser interpretado literalmente, mantendo a possibilidade de o magistrado duplicar os prazos do artigo anterior, desde que apresentando motivo justificado. Curiosamente, outros sujeitos do processo como o membro do Ministério Público, da Advocacia Pública ou da Defensoria Pública já possuem prazo em dobro automático e independentemente da apresentação de qualquer motivo justificado, o que também é merecedor de reflexão.

Art. 228

> Art. 228. Incumbirá ao serventuário remeter os autos conclusos no prazo de 1 (um) dia e executar os atos processuais no prazo de 5 (cinco) dias, contado da data em que:

> I – houver concluído o ato processual anterior, se lhe foi imposto pela lei;
>
> II – tiver ciência da ordem, quando determinada pelo juiz.
>
> § 1º Ao receber os autos, o serventuário certificará o dia e a hora em que teve ciência da ordem referida no inciso II.
>
> § 2º Nos processos em autos eletrônicos, a juntada de petições ou de manifestações em geral ocorrerá de forma automática, independentemente de ato de serventuário da justiça.

O dispositivo em questão deve ser interpretado literalmente, ampliando o prazo para que o serventuário remeta os autos conclusos ou execute os atos que lhe competem, tal como ocorreu com os prazos do magistrado, o que é claro reconhecimento do maior volume de processos perante o Poder Judiciário. Há simplificação para o trabalho do serventuário quando se tratar de processo eletrônico, tal como esclarece o segundo parágrafo do artigo.

Art. 229

> Art. 229. Os litisconsortes que tiverem diferentes procuradores, de escritórios de advocacia distintos, terão prazos contados em dobro para todas as suas manifestações, em qualquer juízo ou tribunal, independentemente de requerimento.
>
> § 1º Cessa a contagem do prazo em dobro se, havendo apenas 2 (dois) réus, é oferecida defesa por apenas um deles.
>
> § 2º Não se aplica o disposto no *caput* aos processos em autos eletrônicos.

Trata do prazo em dobro para litisconsortes com procuradores distintos. Este prazo "especial" se justifica para que não haja prejuízo à defesa de qualquer parte, caso seja realizada carga dos autos por um patrono, entre outras situações mais. O dispositivo e seus parágrafos refinam este tratamento. Acertadamente, é previsto que não bastam advogados distintos, sendo necessário que integrem escritórios diferentes para que haja o prazo diferenciado, pois, do contrário, seria altamente desleal patronos do mesmo escritório gozarem deste benefício. Também há a inovação de que esta benesse processual independe de requerimento ou decisão neste sentido. Há também menção a que não haverá contagem do prazo em dobro se apenas um dos litisconsortes contestar, bem como que, nos processos eletrônicos, é vedada esta dobra, o que até mesmo já conta com entendimento da doutrina especializada.

> Verbete nº 641 da Súmula do STF: *"Não se conta em dobro o prazo para recorrer, quando só um dos litisconsortes haja sucumbido"*.

Art. 230

Art. 230. O prazo para a parte, o procurador, a Advocacia Pública, a Defensoria Pública e o Ministério Público será contado da citação, da intimação ou da notificação.

O dispositivo estabelece que o prazo da parte, procurador e do membro do Ministério Público, Defensoria Pública e Advocacia Pública se conta da realização da citação, intimação ou da notificação. Serão considerados apenas dias úteis (art. 219) e a contagem se inicia no primeiro dia útil seguinte (art. 224).

Art. 231

Art. 231. Salvo disposição em sentido diverso, considera-se dia do começo do prazo:

I – a data da juntada aos autos do aviso de recebimento, quando a citação ou intimação for pelo correio;

II – a data da juntada aos autos do mandado cumprido, quando a citação ou a intimação for por oficial de justiça;

III – a data de ocorrência da citação ou da intimação, quando ela se der por ato do escrivão ou do chefe de secretaria;

IV – o dia útil seguinte ao fim da dilação assinada pelo juiz, quando a citação ou intimação for por edital;

V – o dia útil seguinte à consulta ao seu teor da citação ou da intimação ou ao término do prazo para que a consulta se dê, quando a citação ou a intimação for eletrônica;

VI – a data de juntada do comunicado de que trata o art. 232, ou, não havendo este, da juntada da carta aos autos de origem devidamente cumprida, quando a citação ou a intimação se realizar em cumprimento de carta;

VII – a data da publicação, quando a intimação se der pelo Diário da Justiça impresso ou eletrônico;

VIII – o dia da carga, quando a intimação se der por meio da retirada dos autos, em carga, do cartório ou da secretaria.

§ 1º **Quando houver mais de um réu, o dia do começo do prazo para contestar corresponderá à última das datas a que se referem os incisos I a VI do** *caput*.

§ 2º **Havendo mais de um intimado, o prazo para cada um é contado individualmente.**

§ 3º **Quando o ato tiver que ser praticado diretamente pela parte ou por quem, de qualquer forma, participe do processo, sem a intermediação de representante judicial, o dia do começo do prazo para cumprimento da determinação judicial corresponderá à data em que se der a comunicação.**

§ 4º **Aplica-se o disposto no inciso II do** *caput* **à citação com hora certa.**

A norma cuida do início da contagem do prazo, dependendo da situação envolvida. São incluídas algumas novas, como a forma de contagem quando se tratar de citação realizada por ato do escrivão ou do chefe de secretaria, bem como nos casos de processo eletrônico ou de retirada dos autos por carga. Adota o entendimento de que, em casos de citação, o prazo somente se iniciará para todos os litisconsortes após as últimas datas referidas nos seis primeiros incisos. Quanto à intimação, deverá ser contada individualmente para cada parte. Relembre-se que é tempestivo o ato processual praticado antes do seu termo inicial (art. 218).

> **Termo inicial para a apresentação de resposta na ação de busca e apreensão (DL nº 911/69) é o da juntada do mandado de citação cumprido e não a data da execução da liminar.** *"Em ação de busca e apreensão de bem alienado fiduciariamente, o termo inicial para a contagem do prazo de 15 dias para o oferecimento de resposta pelo devedor fiduciante é a data de juntada aos autos do mandado de citação devidamente cumprido, e não a data da execução da medida liminar. A partir da edição da Lei nº 10.931/2004, o § 3º do art. 3º do DL nº 911/69 passou a prever que: 'O devedor fiduciante apresentará resposta no prazo de quinze dias da execução da liminar.' Veja-se que o legislador elegeu a execução da liminar como termo inicial de contagem do prazo para a apresentação de resposta pelo réu. Em relação a esse aspecto, como bem acentuado por doutrina, 'a lei não fala em citação, e essa omissão suscita questionamento quanto ao termo inicial do prazo, seja para purgação da mora ou para resposta do réu'. De fato, conquanto a nova lei seja efetivamente omissa a respeito da citação, tal ato é imprescindível ao desenvolvimento válido e regular do processo, visto que somente a perfeita angularização da relação processual é capaz de garantir à parte demandada o pleno exercício do contraditório, sobretudo porque a ação de que ora se cuida, diversamente do procedimento cautelar previsto no art. 839 e seguintes do CPC/1973, 'constitui processo autônomo e independente de qualquer procedimento posterior' (art. 3º, § 8º, do DL nº 911/1969). Assim, concedida a liminar inaudita altera parte, cumpre ao magistrado determinar a expedição de mandados visando à busca e apreensão do bem alienado fiduciariamente e à citação do réu, assinalando-se, nesse último, o prazo de*

> *15 (quinze) dias para resposta. No entanto, em se tratando de ato citatório, deve tal norma ser interpretada em conjunto com o disposto no art. 241, II, do CPC/1973, segundo o qual começa a correr o prazo, quando a citação for por oficial de justiça, da data de juntada aos autos do respectivo mandado devidamente cumprido. Em doutrina, defende-se que [...] o termo inicial para a contagem do prazo de 15 dias não é a 'execução da liminar', tendo-se em conta a necessidade de interpretar-se o art. 3º, § 3º, do Dec.-lei 911/69 sistematicamente com as regras insculpidas no Código de Processo Civil (macrossistema instrumental), mais precisamente o art. 241, II c/c art. 184, § 2º. Outra não pode ser a interpretação conferida à hipótese vertente, seja pelas regras de hermenêutica aplicáveis, como também por questões de lógica, bom senso e praticidade, pois, se assim não for, tornar-se-á muito frágil a maneira de contagem desse prazo, dando azo à incidência de dúvidas (indesejáveis) em importante seara do processo. Conclui-se, portanto, que a contagem do prazo de quinze dias para oferecimento de resposta, em ação especial de busca e apreensão fundada em propriedade fiduciária tem o dies a quo a partir da juntada aos autos do mandado liminar (e citatório) devidamente cumprido, excluindo-se, para tanto, o dia do começo (primeiro dia útil após), incluindo o do vencimento" (STJ. RESP 1.321.052-MG, Rel. Min. Ricardo Villas Bôas Cueva, julgado em 16/08/2016, DJe 26/08/2016 – Informativo nº 588).*

Art. 232

Art. 232. Nos atos de comunicação por carta precatória, rogatória ou de ordem, a realização da citação ou da intimação será imediatamente informada, por meio eletrônico, pelo juiz deprecado ao juiz deprecante.

Estabelece que atos de comunicação realizados por cooperação nacional entre órgãos jurisdicionais, seja por intermédio de carta precatória, rogatória ou de ordem, deverão ser realizados por meio eletrônico. Relembre-se que a cooperação jurídica nacional também pode ser realizada de outras formas além daquelas mencionadas no presente dispositivo (art. 69).

Seção II
Da Verificação dos Prazos e das Penalidades

Art. 233

Art. 233. Incumbe ao juiz verificar se o serventuário excedeu, sem motivo legítimo, os prazos estabelecidos em lei.

§ 1º Constatada a falta, o juiz ordenará a instauração de processo administrativo, na forma da lei.

> § 2º Qualquer das partes, o Ministério Público ou a Defensoria Pública poderá representar ao juiz contra o serventuário que injustificadamente exceder os prazos previstos em lei.

O dispositivo cuida da postura a ser adotada caso o magistrado verifique que o serventuário não vem cumprindo suas tarefas nos prazos estabelecidos em lei (art. 228). A novidade fica por conta do parágrafo segundo, que amplia o rol dos interessados em representar ao juiz para que instaure procedimento administrativo para apurar a desídia do servidor. Há, quanto ao Escrivão ou Chefe de Secretaria, norma até mais específica que já foi abordada (art. 153).

Art. 234

> Art. 234. Os advogados públicos ou privados, o defensor público e o membro do Ministério Público devem restituir os autos no prazo do ato a ser praticado.
>
> § 1º É lícito a qualquer interessado exigir os autos do advogado que exceder prazo legal.
>
> § 2º Se, intimado, o advogado não devolver os autos no prazo de 3 (três) dias, perderá o direito à vista fora de cartório e incorrerá em multa correspondente à metade do salário--mínimo.
>
> § 3º Verificada a falta, o juiz comunicará o fato à seção local da Ordem dos Advogados do Brasil para procedimento disciplinar e imposição de multa.
>
> § 4º Se a situação envolver membro do Ministério Público, da Defensoria Pública ou da Advocacia Pública, a multa, se for o caso, será aplicada ao agente público responsável pelo ato.
>
> § 5º Verificada a falta, o juiz comunicará o fato ao órgão competente responsável pela instauração de procedimento disciplinar contra o membro que atuou no feito.

O dispositivo determina que os detentores de capacidade postulatória restituam os autos no prazo do ato a ser praticado. Na ausência de devolução, qualquer interessado pode requerer que seja efetuada. Aquele que estiver com os autos será intimado para restituí-los em três dias, sob pena de perder o direito de vistas fora de cartório, além de incorrer em multa correspondente à metade do salário-mínimo, que não poderá ser aplicada pelo magistrado. Sendo advogado faltoso, deverá ser comunicada a OAB para esta verificação e punição. Para as demais carreiras mencionadas no dispositivo, deverá o ofício ser enviado ao órgão responsável pela instauração do procedimento disciplinar contra o membro que atuou no feito. Esta multa terá caráter personalíssimo, ou seja, será devido pelo procurar privado ou público desidioso, e não pela instituição a que estiver vinculado. Observa-se uma coerência no CPC ao impedir que o magistrado, no curso do processo, efetue apurações sobre desvios funcionais e aplicações de sanções dessas pessoas, o que deve ser realizado apenas pelo órgão ou entidade a que estiverem vinculados. Há outras normas neste sentido (v.g., art. 77).

Art. 235

> Art. 235. Qualquer parte, o Ministério Público ou a Defensoria Pública poderá representar ao corregedor do tribunal ou ao Conselho Nacional de Justiça contra juiz ou relator que injustificadamente exceder os prazos previstos em lei, regulamento ou regimento interno.
>
> § 1º Distribuída a representação ao órgão competente e ouvido previamente o juiz, não sendo caso de arquivamento liminar, será instaurado procedimento para apuração da responsabilidade, com intimação do representado por meio eletrônico para, querendo, apresentar justificativa no prazo 15 (quinze) dias.
>
> § 2º Sem prejuízo das sanções administrativas cabíveis, em até 48 (quarenta e oito) horas seguintes à apresentação ou não da justificativa de que trata o § 1º, se for o caso, o corregedor do tribunal ou o relator no Conselho Nacional de Justiça determinará a intimação do representado por meio eletrônico para que, em 10 (dez) dias, pratique o ato.
>
> §3º Mantida a inércia, os autos serão remetidos ao substituto legal do juiz ou relator contra o qual se representou para decisão em 10 (dez) dias.

No caso de o magistrado ultrapassar os prazos estabelecidos em lei para a prática dos pronunciamentos jurisdicionais (art. 226), os advogados públicos ou privados, bem como os membros do Ministério Público e da Defensoria Pública poderão representar ao corregedor do tribunal local ou diretamente ao CNJ para apuração desta situação. Uma vez distribuída esta representação, e não sendo o caso de arquivamento liminar, o magistrado em questão será ouvido em quinze dias. Também é possível que, nas quarenta e oito horas seguintes ao prazo para esclarecimentos, seja determinado que o magistrado pratique o ato em até dez dias, sob pena de os autos serem encaminhados ao tabelar.

TÍTULO II
DA COMUNICAÇÃO DOS ATOS PROCESSUAIS

CAPÍTULO I
DISPOSIÇÕES GERAIS

Art. 236

Art. 236. Os atos processuais serão cumpridos por ordem judicial.

§ 1º Será expedida carta para a prática de atos fora dos limites territoriais do tribunal, da comarca, da seção ou da subseção judiciárias, ressalvadas as hipóteses previstas em lei.

§ 2º O tribunal poderá expedir carta para juízo a ele vinculado, se o ato houver de se realizar fora dos limites territoriais do local de sua sede.

§ 3º Admite-se a prática de atos processuais por meio de videoconferência ou outro recurso tecnológico de transmissão de sons e imagens em tempo real.

O *caput* e os dois primeiros parágrafos repetem, em essência, o regramento do modelo anterior (CPC/73), com ajustes na redação. A novidade fica por conta do último parágrafo, que passa a autorizar expressamente a prática de atos processuais por meio de videoconferência ou outro recurso tecnológico de transmissão de sons e imagens em tempo real, com substituição da expedição de carta precatória, rogatória ou de ordem. Curiosamente, esta medida já vem sendo adotada há alguns anos no CPP, em decorrência de alteração realizada por meio da legislação federal (Lei nº 11.900/2009).

Art. 237

Art. 237. Será expedida carta:

I – de ordem, pelo tribunal, na hipótese do § 2º do art. 236;

II – rogatória, para que órgão jurisdicional estrangeiro pratique ato de cooperação jurídica internacional, relativo a processo em curso perante órgão jurisdicional brasileiro;

III – precatória, para que órgão jurisdicional brasileiro pratique ou determine o cumprimento, na área de sua competência territorial, de ato relativo a pedido de cooperação judiciária formulado por órgão jurisdicional de competência territorial diversa;

> **IV** – arbitral, para que órgão do Poder Judiciário pratique ou determine o cumprimento, na área de sua competência territorial, de ato objeto de pedido de cooperação judiciária formulado por juízo arbitral, inclusive os que importem efetivação de tutela provisória.
>
> **Parágrafo único.** Se o ato, relativo a processo em curso na Justiça Federal ou em tribunal superior, houver de ser praticado em local onde não haja vara federal, a carta poderá ser dirigida ao juízo estadual da respectiva comarca.

O dispositivo esclarece os casos que justificam a expedição de cartas de ordem, rogatória e precatória. Faz menção expressa à possibilidade de carta arbitral, quando for necessária a comunicação entre o órgão jurisdicional e o árbitro. A legislação da arbitragem fazia menção à possibilidade de cooperação (v.g., art. 22, § 4º, Lei nº 9.307/96), mas não ao instrumento para que esta comunicação fosse entabulada. A regulamentação da "carta arbitral" veio suprir este vácuo e, corretamente, não corresponde a uma "carta precatória", pois esta última se refere ao instrumento de comunicação entre órgãos que prestam jurisdição, o que não é o caso da arbitragem, por ser um equivalente jurisdicional.

O parágrafo único permite que seja praticado no juízo estadual ato deprecado pelo órgão integrante da Justiça Federal, caso na localidade não haja juízo instalado, o que é inspirado e autorizado por norma constitucional (art. 109, § 3º, CF). Por sinal, há no CPC outras normas semelhantes (v.g., art. 381, § 4º).

CAPÍTULO II
DA CITAÇÃO

Art. 238

> **Art. 238.** Citação é o ato pelo qual são convocados o réu, o executado ou o interessado para integrar a relação processual.

É alterado o conceito de citação, que passa a ser o ato para que o demandado passe a integrar a relação processual e não mais para que venha em juízo se defender. Também passa a contar que a citação é para que essa convocação seja feita em relação não apenas ao réu, mas também ao executado ou ao terceiro que tenha interesse em integrar esta relação. O CPC tem várias hipóteses em que o demandado não é citado para apresentar contestação (v.g., art. 331 e art. 332).

Art. 239

> Art. 239. Para a validade do processo é indispensável a citação do réu ou do executado, ressalvadas as hipóteses de indeferimento da petição inicial ou de improcedência liminar do pedido.
>
> § 1º O comparecimento espontâneo do réu ou do executado supre a falta ou a nulidade da citação, fluindo a partir desta data o prazo para apresentação de contestação ou de embargos à execução.
>
> § 2º Rejeitada a alegação de nulidade, tratandose de processo de:
>
> I – conhecimento, o réu será considerado revel;
>
> II – execução, o feito terá seguimento.

A norma considera a citação do demandado ou do executado como pressuposto processual de validade, exceto nos casos de indeferimento da petição inicial (art. 330) ou improcedência liminar do pedido (art. 332). Admite, como no modelo anterior (CPC/73), o comparecimento espontâneo, fluindo a partir de então a data para o prazo da apresentação da contestação ou de embargos à execução. Constata-se, porém, erro do legislador, pois no novo procedimento comum o demandado não é citado para contestar e sim para comparecer à audiência de mediação ou conciliação (art. 334). Assim, a melhor exegese seria considerar que o demandado, ao comparecer espontaneamente, já pode se manifestar em sentido favorável à realização desta audiência, hipótese em que o prazo para defesa somente se iniciará após seu término (art. 335, I). Contudo, se já tiver apresentado defesa, a melhor interpretação é a que não há, de sua parte, interesse na autocomposição, motivo pelo qual deverá ser determinado o prosseguimento do processo. De resto, há certa divergência jurisprudencial se há ou não necessidade de o advogado ter poderes específicos (pra receber a citação), para que seja considerada como comparecimento espontâneo a apresentação de alguma petição ao processo.

> **Superação da falta ou nulidade de citação pelo comparecimento espontâneo.** "*Agravo interno no agravo em recurso especial. Processual civil. Ação de busca e apreensão. Comparecimento espontâneo. Pedido de desistência. Condenação aos honorários advocatícios. Princípio da Causalidade. Incidência da Súmula 83/STJ. Agravo desprovido. 1. Nos termos da jurisprudência desta Corte Superior, independentemente da existência de procuração com poderes específicos, o comparecimento espontâneo do réu aos autos supre a ausência ou a nulidade da citação. Aplicação do princípio da causalidade para justificar a condenação da parte autora ao pagamento de honorários advocatícios. Incidência da Súmula 83/STJ. 2. Agravo interno desprovido*" (STJ. AgInt no ARESP 1.032.132/MG, Agravo Interno no Agravo em Recurso Especial 2016/0328039-3, Rel. Min. Marco Aurélio Bellizze, julgado em 04/05/2017, DJe 18/05/2017).

> Citação deve ser realizada pessoalmente ou a procurador regularmente constituído (CPC/73). "*A apresentação de procuração e a retirada dos autos efetuada por advogado destituído de poderes para receber a citação não configura comparecimento espontâneo do réu (art. 214, § 1º, do CPC). Precedentes citados: RESP 648.202-RJ, Segunda Turma, DJe 11/4/2005; e RESP 1.246.098-PE, Segunda Turma, DJe 5/5/2011*". (STJ. AgRg no RESP 1.468.906-RJ, Rel. Min. Mauro Campbell Marques, julgado em 26/08/2014).
>
> Ausência ou nulidade de citação autoriza que este vício seja reconhecido por meio de ação autônoma *querella nullitatis* (CPC/73). "*Civil e Processual Civil. Execução de sentença. Ação de despejo. Penhora de bem do fiador que não foi parte. 1. Não subsiste ato de constrição de bem de fiador em contrato de locação, em caso em que, desfeito do contrato por alienação do imóvel, da ação de despejo por denúncia feita pelo adquirente não participa o fiador, contra o qual, portanto, não se constitui o título executivo judicial. 2. Perdura querella nullitatis insanabilis, solucionável em via ordinária, quando constatada a inexistência de citação do fiador para a execução, de intimação da penhora sobre bem seu e da designação de datas para arrematação*" (STJ. RESP nº 19.241/SP. Rel. Min. Dias Trindade. DJ 1º/06/1992).

Art. 240

Art. 240. A citação válida, ainda quando ordenada por juízo incompetente, induz litispendência, torna litigiosa a coisa e constitui em mora o devedor, ressalvado o disposto nos arts. 397 e 398 da Lei nº 10.406, de 10 de janeiro de 2002 (Código Civil).

§ 1º A interrupção da prescrição, operada pelo despacho que ordena a citação, ainda que proferido por juízo incompetente, retroagirá à data de propositura da ação.

§ 2º Incumbe ao autor adotar, no prazo de 10 (dez) dias, as providências necessárias para viabilizar a citação, sob pena de não se aplicar o disposto no § 1º.

§ 3º A parte não será prejudicada pela demora imputável exclusivamente ao serviço judiciário.

§ 4º O efeito retroativo a que se refere o § 1º aplica-se à decadência e aos demais prazos extintivos previstos em lei.

O artigo cuida dos efeitos da citação. É excluída a menção ao efeito processual de que a citação torna prevento o juízo, em razão de regra anteriormente mencionada que estabelece que o órgão prevento, para as hipóteses envolvendo conexão ou continência, em que a "ação contida" for a mais antiga, será o do registro ou da distribuição da demanda mais antiga (art. 59). Também é excluído o efeito material de que a citação interrompe a prescrição, posto que agora é o despacho que ordena a citação que tem o condão de gerar essa eficácia, tal como já era previsto no Código Civil (art. 202, I, CC). Passa a ser admitido o mesmo tratamento da interrupção da prescrição também para a decadência. Além disso, em momento próprio será abordada norma nova do CPC que cuida da "prescrição intercorrente" na execução (art. 921). De resto, consagra entendimento sumulado pelo STJ, no sentido de que a demora imputável exclusivamente ao serviço judiciário não pode prejudicar a parte diligente.

> **Verbete nº 106 da Súmula do STJ:** "*Proposta a ação no prazo fixado para o seu exercício, a demora na citação, por motivos inerentes ao mecanismo da Justiça, não justifica o acolhimento da arguição de prescrição ou decadência*".

> **Prazo para a impetração do mandado de segurança em relação de trato sucessivo renova-se mensalmente.** "*O prazo decadencial para impetrar mandado de segurança contra redução do valor de vantagem integrante de proventos ou de remuneração de servidor público renova-se mês a mês. A citada redução, ao revés da supressão de vantagem, configura relação de trato sucessivo, pois não equivale à negação do próprio fundo de direito. Assim, o prazo decadencial para se impetrar a ação mandamental renova-se mês a mês. Precedente citado: AgRg no RESP 1.211.840-MS, Segunda Turma, DJe 6/2/2015*" (STJ. ERESP 1.164.514-AM, Rel. Min. Napoleão Nunes Maia Filho, julgado em 16/12/2015, DJe 25/02/2016 – Informativo nº 578).

> **Prazo prescricional para demandar em face da Fazenda Pública quando envolver discussão sobre obrigações de trato sucessivo.** "*I – Nas obrigações de trato sucessivo em que a Fazenda Pública figure como devedora a prescrição não atinge o fundo de direito, mas apenas as parcelas anteriores aos cinco anos antecedentes à propositura da ação, nos termos do Decreto nº 20.910/32 e da Súmula nº 85 do Superior Tribunal de Justiça. II – É inconstitucional a Lei que instituiu Fundo de Benefícios de Servidores Públicos Estaduais – Funbem, sendo devidos os valores descontados indevidamente para fomento e manutenção da aludida contribuição social, corrigidos monetariamente e com juros de mora. III – Diante da especialidade da regra contida no artigo 1º-F, da Lei nº 9.494/97, que trata da incidência dos juros de mora nas condenações impostas à Fazenda Pública para pagamento de verbas remuneratórias, deve-se afastar a aplicação do artigo 161, §1º, do Código Tributário Nacional. IV- Conforme dicção da Súmula 162 do STJ, na repetição de indébito tributário, a correção monetária incide a partir do pagamento indevido. V – Apelo parcialmente provido à unanimidade*" (TJ-MA, Ap 0248822016, Relª. Desª. Cleonice Silva Freire, Terceira Câmara Cível, julgado em 16/02/2017, DJe, 02/03/2017).

Art. 241

Art. 241. Transitada em julgado a sentença de mérito proferida em favor do réu antes da citação, incumbe ao escrivão ou ao chefe de secretaria comunicar-lhe o resultado do julgamento.

O dispositivo em questão deve ser interpretado literalmente, determinando o que deve ser realizado pelo escrivão ou chefe de secretaria nos casos de improcedência liminar do mérito (art. 332).

Art. 242

> Art. 242. A citação será pessoal, podendo, no entanto, ser feita na pessoa do representante legal ou do procurador do réu, do executado ou do interessado.
>
> § 1º Na ausência do citando, a citação será feita na pessoa de seu mandatário, administrador, preposto ou gerente, quando a ação se originar de atos por eles praticados.
>
> § 2º O locador que se ausentar do Brasil sem cientificar o locatário de que deixou, na localidade onde estiver situado o imóvel procurador com poderes para receber citação será citado na pessoa do administrador do imóvel encarregado do recebimento dos aluguéis, que será considerado habilitado para representar o locador em juízo.
>
> § 3º A citação da União, dos Estados, do Distrito Federal, dos Municípios e de suas respectivas autarquias e fundações de direito público será realizada perante o órgão de Advocacia Pública responsável por sua representação judicial.

O dispositivo em questão deve ser interpretado literalmente, ao menos no *caput* e nos dois primeiros parágrafos. Relembre-se que foi mencionado em comentário de norma anterior (art. 239), que o advogado não tem poderes ordinários para receber citação em nome do seu cliente, somente pela cláusula *ad judicia*. A novidade fica apenas por conta do terceiro parágrafo, que estabelece como deve ser realizada a citação da Fazenda Pública perante o órgão público responsável.

Art. 243

> Art. 243. A citação poderá ser feita em qualquer lugar em que se encontre o réu, o executado ou o interessado.
>
> Parágrafo único. O militar em serviço ativo será citado na unidade em que estiver servindo, se não for conhecida sua residência ou nela não for encontrado.

O dispositivo em questão deve ser interpretado literalmente. Ele apenas incluiu a pessoa do executado ou do terceiro interessado ao lado do demandado e autorizou que a citação seja realizada em qualquer lugar. No parágrafo único, mantém o tratamento antigo (CPC/73), quanto ao militar.

Art. 244

> Art. 244. Não se fará a citação, salvo para evitar o perecimento do direito:
>
> I – de quem estiver participando de ato de culto religioso;
>
> II – de cônjuge, de companheiro ou de qualquer parente do morto, consanguíneo ou afim, em linha reta ou na linha colateral em segundo grau, no dia do falecimento e nos 7 (sete) dias seguintes;
>
> III – de noivos, nos 3 (três) primeiros dias seguintes ao casamento;
>
> IV – de doentes, enquanto grave o seu estado.

O dispositivo em questão deve ser interpretado literalmente, prevendo os casos em que a citação não pode ser realizada, salvo para evitar o perecimento do direito. No segundo inciso, houve a inclusão do companheiro, que deve ter, acertadamente, o mesmo tratamento reservado ao cônjuge (art. 226, § 3º, CF).

Art. 245

> Art. 245. Não se fará citação quando se verificar que o citando é mentalmente incapaz ou está impossibilitado de recebê-la.
>
> § 1º O oficial de justiça descreverá e certificará minuciosamente a ocorrência.
>
> § 2º Para examinar o citando, o juiz nomeará médico, que apresentará laudo no prazo de 5 (cinco) dias.
>
> § 3º Dispensa-se a nomeação de que trata o § 2º se pessoa da família apresentar declaração do médico do citando que ateste a incapacidade deste.
>
> § 4º Reconhecida a impossibilidade, o juiz nomeará curador ao citando, observando, quanto à sua escolha, a preferência estabelecida em lei e restringindo a nomeação à causa.
>
> § 5º A citação será feita na pessoa do curador, a quem incumbirá a defesa dos interesses do citando.

O dispositivo cuida das providências que devem ser adotadas na situação em que for constatado que o citando é mentalmente incapaz ou está impossibilitado de receber a citação. A única mudança seria permitir a apresentação de prova documental quanto a este estado por pessoa da família, de modo a dispensar a necessidade de perícia, o que era obrigatório no modelo anterior (CPC/73).

Art. 246

> **Art. 246. A citação será feita:**
>
> **I – pelo correio;**
>
> **II – por oficial de justiça;**
>
> **III – pelo escrivão ou chefe de secretaria, se o citando comparecer em cartório;**
>
> **IV – por edital;**
>
> **V – por meio eletrônico, conforme regulado em lei.**
>
> **§ 1º Com exceção das microempresas e das empresas de pequeno porte, as empresas públicas e privadas são obrigadas a manter cadastro nos sistemas de processo em autos eletrônicos, para efeito de recebimento de citações e intimações, as quais serão efetuadas preferencialmente por esse meio.**
>
> **§ 2º O disposto no § 1º aplica-se à União, aos Estados, ao Distrito Federal, aos Municípios e às entidades da administração indireta.**
>
> **§ 3º Na ação de usucapião de imóvel, os confinantes serão citados pessoalmente, exceto quando tiver por objeto unidade autônoma de prédio em condomínio, caso em que tal citação é dispensada.**

O dispositivo estabelece, como modalidades de citação, aquelas consideradas como "pessoais" e as "fictas". Entre as "pessoais", são consideradas as realizadas por correio, por oficial de justiça, por escrivão ou chefe de secretaria (nova modalidade) ou por meio eletrônico. A citação por edital é considerada como uma modalidade "ficta", assim como aquela realizada por hora certa, muito embora esta última não tenha sido mencionada no dispositivo. A diferença de tratamento é que, para as espécies de citação constantes no segundo grupo, se o demandado não comparecer aos autos após a sua realização, caberá então ao magistrado lhe nomear um curador especial (art. 72).

No primeiro parágrafo, é imposto às empresas privadas (exceto as microempresas ou as de pequeno porte), bem como às públicas, à Fazenda Pública e às pessoas jurídicas integrantes da Administração Pública indireta, que seja realizado e mantido um cadastro junto aos sistemas de processos em autos eletrônicos, para fins de recebimento de citações e intimações a serem realizadas preferencialmente por este meio, o que também é imposto à Fazenda Pública no parágrafo seguinte. Vale dizer que tais disposições são ainda reforçadas nos dispositivos finais do CPC (art. 1.050 c/c art. 1.051), com a estipulação de um prazo para que sejam efetuadas.

O parágrafo terceiro, porém, já inspira alguns cuidados, pois menciona a necessidade de citação dos vizinhos confinantes para as ações de usucapião. Contudo, este procedimento foi revogado e não é mais disciplinado pelo CPC como sendo um dos ritos especiais de jurisdição contenciosa. Com efeito, também em suas disposições finais e transitórias (art. 1.071), o CPC modificou a Lei de Registros Públicos, passando a permitir que a usucapião seja reconhecida diretamente perante Tabelião, de maneira semelhante ao que já vem ocorrendo com o inventário e a separação consensual, embora estas duas últimas hipóteses estejam contempladas em legislação própria (Lei nº 11.441/2007). Assim, somente se a via judicial for escolhida é que poderíamos ter uma demanda com este intento, muito embora tenha que observar o procedimento comum.

> Verbete nº 196 da Súmula do STJ: *"Ao executado que, citado por edital ou por hora certa, permanecer revel, será nomeado curador especial, com legitimidade para apresentação de embargos"*.

Art. 247

Art. 247. A citação será feita pelo correio para qualquer comarca do país, exceto:

I – nas ações de estado, observado o disposto no art. 695, § 3º;

II – quando o citando for incapaz;

III – quando o citando for pessoa de direito público;

IV – quando o citando residir em local não atendido pela entrega domiciliar de correspondência;

V – quando o autor, justificadamente, a requerer de outra forma.

O dispositivo cuida, pelo menos em sua maior parte, dos casos em que a citação não poderá será realizada pela modalidade por correios. Passa a ser admitida a citação por esta via nas execuções, o que de certa forma já era possível apenas na execução fiscal, em razão de previsão em lei específica (art. 8º, I, Lei nº 6.830/80). De resto, apesar de o *caput* mencionar que a citação pode ser realizada por correio para qualquer cidade do País, o mais adequado seria o emprego da carta precatória quando se tratar de ato a ser praticado em foro distinto daquele em que tramitar a demanda.

> Enunciado nº 85 da I Jornada de Processo Civil CEJ/CJF: *"Na execução de título extrajudicial ou judicial (art. 515, § 1º, do CPC) é cabível a citação postal"*.

Art. 248

Art. 248. Deferida a citação pelo correio, o escrivão ou o chefe de secretaria remeterá ao citando cópias da petição inicial e do despacho do juiz e comunicará o prazo para resposta, o endereço do juízo e o respectivo cartório.

§ 1º A carta será registrada para entrega ao citando, exigindo-lhe o carteiro, ao fazer a entrega, que assine o recibo.

§ 2º Sendo o citando pessoa jurídica, será válida a entrega do mandado a pessoa com poderes de gerência geral ou de administração, ou, ainda, a funcionário responsável pelo recebimento de correspondências.

§ 3º Da carta de citação no processo de conhecimento constarão os requisitos do art. 250.

§ 4º Nos condomínios edilícios ou loteamentos com controle de acesso, será válida a entrega do mandado a funcionário da portaria responsável pelo recebimento de correspondência, que, entretanto, poderá recusar o recebimento, se declarar, por escrito, sob as penas da lei, que o destinatário da correspondência está ausente.

O dispositivo em questão deve ser interpretado literalmente, no que diz respeito ao *caput* e a seus parágrafos primeiro e terceiro, que cuidam das providências cartorárias a serem efetuadas quando se tratar de citação realizada por via postal. Uma novidade fica por conta do segundo parágrafo, que trata da citação da pessoa jurídica, passando a ser admitida que recaia em pessoa que tenha poderes de gerência geral ou de administração ou, ainda, de funcionário encarregado especificamente do recebimento da correspondência. Já a outra inovação é que, nos condomínios edilícios ou loteamentos com controle de acesso, será válida a entrega do mandado ao funcionário da portaria responsável pelo recebimento dos correios, que somente poderá se recusar a receber se declarar, sob as penas da lei, que o citando está ausente. Estas novas medidas encampam a denominada "teoria da aparência", que busca evitar que a dificuldade em realizar a citação se transforme em um fardo retardando gravemente o transcurso da marcha processual.

Um aspecto, porém, merece especial atenção. É que o último parágrafo estabelece que o porteiro ou funcionário do condomínio (jamais vizinho ou mesmo o síndico) podem assinar o AR em nome do citando, exceto quando este se encontrar "ausente". Esta "ausência", contudo, não deve ser considerada como aquela "momentânea", ou seja, quando o demandado saiu para trabalhar durante o dia ou para fazer alguma refeição ou lazer, mas sim aquela que já denota um transcurso de tempo contínuo, como seria uma viagem a estudos para o exterior. Vale dizer, por fim, que esta norma também pode ser aplicada quando se tratar de réu que é pessoa jurídica estabelecida em condomínio edilício, tendo a mesma prevalência em detrimento da anterior que já foi abordada (art. 248, § 2º), por ser mais específica.

> Verbete nº 429 da Súmula do STJ: "*A citação postal, quando autorizada por lei, exige o aviso de recebimento*".

> Citação de pessoa jurídica e adoção da teoria da aparência (CPC/73). "*ADMINISTRATIVO. SERVIÇO PÚBLICO. CITAÇÃO. PESSOA JURÍDICA. TEORIA DA APARÊNCIA. FORNECIMENTO DE ÁGUA. COBRANÇA DA TARIFA PELO CONSUMO MÍNIMO PRESUMIDO. LEGALIDADE. PRECEDENTES. RESP PROVIDO. 1 – Consoante entendimento já consolidado nesta Corte Superior, com base na Teoria da Aparência, considera-se válida a citação de pessoa jurídica feita na pessoa de funcionário que se apresenta a oficial de justiça como representante legal, sem mencionar qualquer ressalva quanto à inexistência de poderes (Precedentes: AgRg no ERESP 205.275/ PR, Rel.ª Min.ª Eliana Calmon, DJ de 18/09/2002)*" (STJ. RESP nº 739.397/ RJ. Rel. Min. Teori Albino Zavascky. DJ 26/06/2007).

Art. 249

Art. 249. A citação será feita por meio de oficial de justiça nas hipóteses previstas neste Código ou em lei, ou quando frustrada a citação pelo correio.

O dispositivo em questão deve ser interpretado literalmente, prevendo que a citação será realizada por oficial de justiça nas hipóteses consagradas pelo CPC ou quando não tiver êxito a citação por via postal (art. 247).

Art. 250

Art. 250. O mandado que o oficial de justiça tiver de cumprir conterá:

I – os nomes do autor e do citando, e seus respectivos domicílios ou residências;

II – a finalidade da citação, com todas as especificações constantes da petição inicial, bem como a menção do prazo para contestar, sob pena de revelia, ou para embargar a execução;

III – a aplicação de sanção para o caso de descumprimento da ordem, se houver;

IV – se for o caso, a intimação do citando para comparecer, acompanhado de advogado ou de defensor público, à audiência de conciliação ou de mediação, com a menção do dia, da hora e do lugar do comparecimento;

V – a cópia da petição inicial, do despacho ou da decisão que deferir tutela provisória;

VI – a assinatura do escrivão ou do chefe de secretaria e a declaração de que o subscreve por ordem do juiz.

O dispositivo prevê o que deve constar no mandado de citação que será cumprido pelo oficial de justiça. Foi feita menção em um dos incisos ao defensor público ao lado do advogado, pois é importante que o demandado, que não tenha recursos financeiros ou conhecimento legais, pelo menos saiba que pode tentar se valer da Defensoria Pública para que sua defesa seja apresentada. Há erro técnico no quinto inciso, quando consta que o mandado será instruído com cópia do despacho ou da decisão interlocutória que deferir a tutela provisória, uma vez que este pleito é decidido apenas pela última espécie de pronunciamento judicial. Eventual descumprimento desta norma pode resultar na invalidação do ato citatório (art. 280).

> **Descumprimento dos requisitos que devem constar no mandado de citação não necessariamente acarretará a nulidade do ato (CPC/73).** "*A omissão, no mandado citatório, da advertência prevista no art. 225, II, do CPC, não torna nula a própria citação, efetuada na pessoa dos citandos com a oposição do ciente e entrega da contrafé, mas sim apenas impede que se produza o efeito previsto no art. 285, de que no caso de revelia se presumem aceitos pelo réu, como verdadeiros, os fatos articulados pelo autor*" (STJ. RESP nº 10.137/MG. Rel. Athos Gusmão Carneiro. DJ 27/06/1991).

Art. 251

Art. 251. Incumbe ao oficial de justiça procurar o citando e, onde o encontrar, citá-lo:

I – lendo-lhe o mandado e entregando-lhe a contrafé;

II – portando por fé se recebeu ou recusou a contrafé;

III – obtendo a nota de ciente ou certificando que o citando não a apôs no mandado.

O dispositivo em questão deve ser interpretado literalmente, versando sobre as providências que devem ser adotadas pelo oficial de justiça quando estiver cumprindo positivamente o mandado de citação, que foi expedido pelo juízo.

Art. 252

> **Art. 252. Quando, por 2 (duas) vezes, o oficial de justiça houver procurado o citando em seu domicílio ou residência sem o encontrar, deverá, havendo suspeita de ocultação, intimar qualquer pessoa da família ou, em sua falta, qualquer vizinho de que, no dia útil imediato, voltará a fim de efetuar a citação, na hora que designar.**
>
> **Parágrafo único. Nos condomínios edilícios ou loteamentos com controle de acesso, será válida a intimação a que se refere o *caput* feita a funcionário da portaria responsável pelo recebimento de correspondência.**

O dispositivo trata da citação por modalidade de hora certa, que passa a ser possível quando o oficial de justiça tiver ido ao local em duas ocasiões (no modelo anterior eram três) e, nestas ocasiões, ficar com suspeita de que o citando está se ocultando. Nestes casos, será determinado um dia e hora pelo meirinho para que retorne, devendo as pessoas mencionadas no *caput* ficar com a incumbência de informar ao demandado. Outra novidade é que o parágrafo único estabelece que, nos condomínios edilícios ou nos loteamentos com controle de acesso, valerá a intimação realizada ao funcionário da portaria que seja responsável pelo recebimento da correspondência, para que aja da forma mencionada no *caput*, ou seja, para que comunique o citando nos moldes acima.

Art. 253

> **Art. 253. No dia e na hora designados, o oficial de justiça, independentemente de novo despacho, comparecerá ao domicílio ou à residência do citando a fim de realizar a diligência.**
>
> **§ 1º Se o citando não estiver presente, o oficial de justiça procurará informar-se das razões da ausência, dando por feita a citação, ainda que o citando se tenha ocultado em outra comarca, seção ou subseção judiciárias.**
>
> **§ 2º A citação com hora certa será efetivada mesmo que a pessoa da família ou o vizinho, que houver sido intimado, esteja ausente, ou se, embora presente, a pessoa da família ou o vizinho se recusar a receber o mandado.**

§ 3º Da certidão da ocorrência, o oficial de justiça deixará contrafé com qualquer pessoa da família ou vizinho, conforme o caso, declarando-lhe o nome.

§ 4º O oficial de justiça fará constar do mandado a advertência de que será nomeado curador especial se houver revelia.

O dispositivo continua tratando sobre as providências que devem ser adotadas em razão de a citação ser realizada por hora certa. O parágrafo primeiro inova ao possibilitar que a citação seja válida, ainda que haja a justificativa apresentada de que o citando esteja se ocultando por motivo de viagem a outra localidade. O parágrafo segundo também inova caso a pessoa da família ou o vizinho estejam ausentes no momento do ato ou criem dificuldades em receber o mandado.

> Verbete nº 196 da Súmula do STJ: "*Ao executado que, citado por edital ou por hora certa, permanecer revel, será nomeado curador especial, com legitimidade para a apresentação de embargos*".

Art. 254

Art. 254. Feita a citação com hora certa, o escrivão ou chefe de secretaria enviará ao réu, executado ou interessado, no prazo de 10 (dez) dias, contado da data da juntada do mandado aos autos, carta, telegrama ou correspondência eletrônica, dando-lhe de tudo ciência.

O dispositivo em questão deve ser interpretado literalmente, prevendo a necessidade de o escrivão ou chefe de secretaria enviar ao citando, no prazo de dez dias contados da juntada do mandado aos autos, uma carta, telegrama ou correspondência eletrônica. Vale dizer que, nos procedimentos em que não houver audiência de conciliação e mediação, não é a partir desta data da juntada do aviso que deverá ser iniciado o prazo de resposta, mas sim da juntada do mandado cumprido pelo oficial de justiça (art. 231, § 4º).

> **Citação realizada por hora certa em processo que não foi designada audiência de conciliação e mediação. Prazo para contestar se inicia da juntada aos autos do mandado cumprido e não do AR (CPC/73).** "*A jurisprudência do STJ, nas hipóteses de citação por hora certa, tem se orientado no sentido de fixar, como termo inicial do prazo para a contestação, a data da juntada do mandado de citação cumprido, e não a data da juntada do Aviso de Recebimento da correspondência a que alude o art. 229 do CPC. A moderna interpretação das regras do processo civil deve tender, na medida do possível, para o aproveitamento dos atos praticados e para a solução justa do mérito das controvérsias. Os óbices processuais não podem ser invocados livremente, mas apenas nas hipóteses em que*

> *seu acolhimento se faz necessário para a proteção de direitos fundamentais da parte, como o devido processo legal, a paridade de armas ou a ampla defesa. Não se pode transformar o processo civil em terreno incerto, repleto de óbices e armadilhas"* (STJ. RESP nº 746.524/SC. Rel.ª Min.ª Nancy Andrighi. DJ 03/03/2009).

Art. 255

Art. 255. Nas comarcas contíguas de fácil comunicação e nas que se situem na mesma região metropolitana, o oficial de justiça poderá efetuar, em qualquer delas, citações, intimações, notificações, penhoras e quaisquer outros atos executivos.

O dispositivo amplia as hipóteses de dispensa de expedição de carta precatória quando se tratar de ato a ser praticado em comarcas contíguas de fácil comunicação, bem como nos casos em que os territórios se situem na mesma região metropolitana. A redação anterior (CPC/73) apenas permitia a prática de citações e intimações, mas a nova redação também autoriza para outros atos, tais como notificações, penhoras ou, ainda, de natureza executiva.

Art. 256

Art. 256. A citação por edital será feita:

I – quando desconhecido ou incerto o citando;

II – quando ignorado, incerto ou inacessível o lugar em que se encontrar o citando;

III – nos casos expressos em lei.

§ 1º Considera-se inacessível, para efeito de citação por edital, o país que recusar o cumprimento de carta rogatória.

§ 2º No caso de ser inacessível o lugar em que se encontrar o réu, a notícia de sua citação será divulgada também pelo rádio, se na comarca houver emissora de radiodifusão.

§ 3º O réu será considerado em local ignorado ou incerto se infrutíferas as tentativas de sua localização, inclusive mediante requisição pelo juízo de informações sobre seu endereço nos cadastros de órgãos públicos ou de concessionárias de serviços públicos.

O dispositivo em questão deve ser interpretado literalmente, tratando das hipóteses em que é possível realizar a citação por meio da publicação de editais na imprensa. A única novidade é o terceiro parágrafo, no sentido de que o demandado somente será considerado em local incerto e não sabido após terem sido esgotadas todas as tentativas de localização, inclusive mediante requisição pelo juízo de informações sobre seu endereço nos cadastros de órgãos públicos ou de concessionárias de serviços públicos.

> **Verbete nº 282 da Súmula do STJ:** *"Cabe a citação por edital em ação monitória".*
>
> **Verbete nº 414 da Súmula do STJ:** *"A citação por edital na execução fiscal é cabível quando frustradas as demais modalidades".*

> A citação por edital somente é cabível quando esgotados os meios de localização pessoal do demandado (CPC/73). *"AGRAVO DE INSTRUMENTO. CITAÇÃO POR EDITAL. CARÁTER EXCEPCIONAL. VIOLAÇÃO DO PRINCÍPIO CONSTITUCIONAL DO CONTRADITÓRIO E DA AMPLA DEFESA. NÃO COMPROVAÇÃO DE TEREM SIDO ESGOTADOS OS MEIOS PARA LOCALIZAR OS RÉUS PARA PROCEDER A CITAÇÃO. Age corretamente o Prolator da decisão que decretou a nulidade da citação por edital, uma vez que não foram esgotados os meios de localização dos réus. A citação por edital, somente pode ser deferida em caráter excepcional, em atenção aos princípios da ampla defesa e do contraditório. Remansosa é a jurisprudência nesse sentido. Recurso Desprovido"* (TJ-RJ. Agravo de Instrumento nº 2006.002.11687. Rel. Des. Joaquim Alves de Brito. DJ 27/03/2007).

Art. 257

Art. 257. São requisitos da citação por edital:

I – a afirmação do autor ou a certidão do oficial informando a presença das circunstâncias autorizadoras;

II – a publicação do edital na rede mundial de computadores, no sítio do respectivo tribunal e na plataforma de editais do Conselho Nacional de Justiça, que deve ser certificada nos autos;

III – a determinação, pelo juiz, do prazo, que variará entre 20 (vinte) e 60 (sessenta) dias, fluindo da data da publicação única, ou, havendo mais de uma, da primeira;

IV – a advertência de que será nomeado curador especial em caso de revelia.

Parágrafo único. O juiz poderá determinar que a publicação do edital seja feita também em jornal local de ampla circulação ou por outros meios, considerando as peculiaridades da comarca, da seção ou da subseção judiciárias.

O dispositivo cuida da formalização da citação por edital. Passa a prever a necessidade de um edital ser disponibilizado na rede mundial de computadores, tanto no sítio do tribunal e na plataforma de editais do CNJ, tudo devidamente certificado nos autos. O terceiro inciso sugere, pela interpretação literal, que o edital seja publicado na imprensa apenas uma vez e não mais em três ocasiões como no modelo primitivo (CPC/73). Essa impressão é robustecida pela leitura do novo parágrafo único, de onde se extrai que a nova regra é a publicação apenas pela rede mundial de computadores e, em caráter excepcional, também em jornal local de ampla circulação.

Art. 258

Art. 258. A parte que requerer a citação por edital, alegando dolosamente a ocorrência das circunstâncias autorizadoras para sua realização, incorrerá em multa de 5 (cinco) vezes o salário-mínimo.

Parágrafo único. A multa reverterá em benefício do citando.

O dispositivo em questão deve ser interpretado literalmente, prevendo a possibilidade de punir com multa aquele que requerer dolosamente a citação da outra parte por meio de editais, sem que estejam presentes os requisitos autorizadores para tanto (art. 256).

Art. 259

Art. 259. Serão publicados editais:

I – na ação de usucapião de imóvel;

II – na ação de recuperação ou substituição de título ao portador;

III – em qualquer ação em que seja necessária, por determinação legal, a provocação, para participação no processo, de interessados incertos ou desconhecidos.

O artigo prevê a publicação de editais na ação de usucapião de imóveis, na de recuperação ou substituição de título ao portador ou em qualquer outra ação que seja necessária a provocação, por imposição legal, para que terceiros incertos ou desconhecidos possam ter interesse em participar do processo. Esta última hipótese pode ocorrer quando se decreta uma insolvência civil, para fins de comunicação a eventuais credores desta situação e posterior habilitação de créditos (art. 761, II, CPC/73), devendo ser destacado que este procedimento continuará a ser disciplinado pela antiga legislação reitora, até que outra específica venha a ser criada (art. 1.052).

Quanto à ação de usucapião, é de se destacar que este procedimento foi revogado e não é mais disciplinado pelo CPC como sendo um dos ritos especiais de jurisdição contenciosa. Com efeito, em suas disposições finais e transitórias (art. 1.071), o CPC modificou a Lei de Registros Públicos, passando a permitir que a usucapião seja reconhecida diretamente perante Tabelião, de maneira semelhante ao que já vem ocorrendo com o inventário e a separação consensual, embora estas duas últimas hipóteses estejam contempladas em legislação própria (Lei nº 11.441/2007). Assim, somente se a via judicial for escolhida é que poderíamos ter uma demanda com este intento, muito embora tenha que observar o procedimento comum.

O mesmo, por sinal, ocorre com o procedimento para anulação e substituição de títulos ao portador, que era disciplinado em capítulo próprio na legislação anterior (art. 907 – art. 913, CPC/73), tendo sido revogado pelo CPC, de modo que uma demanda instaurada com este intento necessariamente deverá observar o rito comum.

CAPÍTULO III
DAS CARTAS

Art. 260

Art. 260. São requisitos das cartas de ordem, precatória e rogatória:

I – a indicação dos juízes de origem e de cumprimento do ato;

II – o inteiro teor da petição, do despacho judicial e do instrumento do mandato conferido ao advogado;

III – a menção do ato processual que lhe constitui o objeto;

IV – o encerramento com a assinatura do juiz.

§ 1º O juiz mandará trasladar para a carta quaisquer outras peças, bem como instruí-la com mapa, desenho ou gráfico, sempre que esses documentos devam ser examinados, na diligência, pelas partes, pelos peritos ou pelas testemunhas.

§ 2º Quando o objeto da carta for exame pericial sobre documento, este será remetido em original, ficando nos autos reprodução fotográfica.

§ 3º A carta arbitral atenderá, no que couber, aos requisitos a que se refere o *caput* e será instruída com a convenção de arbitragem e com as provas da nomeação do árbitro e de sua aceitação da função.

O dispositivo tem redação praticamente idêntica ao do modelo anterior (CPC/73), com pequena inclusão no parágrafo terceiro para fazer constar que a carta arbitral, que é uma novidade, atenderá, no que couber, aos mesmos requisitos mencionados no *caput*, sendo instruída com as peças nele mencionadas.

Art. 261

> Art. 261. Em todas as cartas o juiz fixará o prazo para cumprimento, atendendo à facilidade das comunicações e à natureza da diligência.
>
> § 1º As partes deverão ser intimadas pelo juiz do ato de expedição da carta.
>
> § 2º Expedida a carta, as partes acompanharão o cumprimento da diligência perante o juízo destinatário, ao qual compete a prática dos atos de comunicação.
>
> § 3º A parte a quem interessar o cumprimento da diligência cooperará para que o prazo a que se refere o *caput* seja cumprido.

O dispositivo repete, no *caput*, redação muito assemelhada à do modelo anterior (CPC/73). A novidade fica por conta da inclusão dos parágrafos, que consagram medidas que já eram reconhecidas pela jurisprudência. Com efeito, o juízo que expedir a carta deve, tão somente, intimar as partes para ciência desta circunstância, cabendo a elas mesmas diligenciarem no órgão que a receber o cumprimento da diligência. No último parágrafo, há um reforço do princípio da cooperação entre as partes, que foi erigido como norma fundamental do CPC (art. 6º).

Art. 262

> Art. 262. A carta tem caráter itinerante, podendo, antes ou depois de lhe ser ordenado o cumprimento, ser encaminhada a juízo diverso do que dela consta, a fim de se praticar o ato.
>
> Parágrafo único. O encaminhamento da carta para outro juízo será imediatamente comunicado ao órgão expedidor, que intimará as partes.

O dispositivo trata da possibilidade de a carta obter caráter itinerante. De novidade, apenas o parágrafo único, que impõe ao órgão que determinar o encaminhamento que comunique ao juízo expedidor quanto a esta situação.

Art. 263

> Art. 263. As cartas deverão, preferencialmente, ser expedidas por meio eletrônico, caso em que a assinatura do juiz deverá ser eletrônica, na forma da lei.

O dispositivo em questão deve ser interpretado literalmente, por ser auto-explicativo, inovando apenas ao prever que as cartas preferencialmente serão expedidas por meio eletrônico.

Art. 264

Art. 264. A carta de ordem e a carta precatória por meio eletrônico, por telefone ou por telegrama conterão, em resumo substancial, os requisitos mencionados no art. 250, especialmente no que se refere à aferição da autenticidade.

O dispositivo trata dos requisitos para a tramitação da carta de ordem ou da precatória. As novidades ficam por conta da menção à prática por meio eletrônico e quanto à necessidade de aferição da autenticidade.

Art. 265

Art. 265. O secretário do tribunal, o escrivão ou o chefe de secretaria do juízo deprecante transmitirá, por telefone, a carta de ordem ou a carta precatória ao juízo em que houver de se cumprir o ato, por intermédio do escrivão do primeiro ofício da primeira vara, se houver na comarca mais de um ofício ou de uma vara, observando-se, quanto aos requisitos, o disposto no art. 264.

§ 1º O escrivão ou o chefe de secretaria, no mesmo dia ou no dia útil imediato, telefonará ou enviará mensagem eletrônica ao secretário do tribunal, ao escrivão ou ao chefe de secretaria do juízo deprecante, lendo-lhe os termos da carta e solicitando-lhe que os confirme.

§ 2º Sendo confirmada, o escrivão ou o chefe de secretaria submeterá a carta a despacho.

O dispositivo cuida de algumas providências que devem ser observadas pelo "escrivão" e pelo "chefe de secretaria", sendo que este último passou a ser nominalmente designado apenas após a reforma do CPC.

Art. 266

Art. 266. Serão praticados de ofício os atos requisitados por meio eletrônico e de telegrama, devendo a parte depositar, contudo, na secretaria do tribunal ou no cartório do juízo deprecante, a importância correspondente às despesas que serão feitas no juízo em que houver de praticar-se o ato.

O dispositivo apenas incluiu a menção à prática das cartas por meio eletrônico, permanecendo a necessidade de o interessado na medida demonstrar que já efetuou o prévio recolhimento das custas.

Art. 267

> Art. 267. O juiz recusará cumprimento a carta precatória ou arbitral, devolvendo-a com decisão motivada quando:
> I – a carta não estiver revestida dos requisitos legais;
> II – faltar ao juiz competência em razão da matéria ou da hierarquia;
> III – o juiz tiver dúvida acerca de sua autenticidade.
> Parágrafo único. No caso de incompetência em razão da matéria ou da hierarquia, o juiz deprecado, conforme o ato a ser praticado, poderá remeter a carta ao juiz ou ao tribunal competente.

O dispositivo em questão deve ser interpretado literalmente, passando a incluir expressamente a carta arbitral ao lado da carta precatória, além de regular as hipóteses em que o magistrado recusará o cumprimento de qualquer uma delas. O parágrafo único, que é novo, permite que, nos casos de incompetência, o juízo deprecado remeta a carta ao órgão adequado, seja ele de primeira instância ou não.

Art. 268

> Art. 268. Cumprida a carta, será devolvida ao juízo de origem no prazo de 10 (dez) dias, independentemente de traslado, pagas as custas pela parte.

O dispositivo prevê que haverá devolução da carta quando não for comprovado, em dez dias, o recolhimento das custas.

CAPÍTULO IV
DAS INTIMAÇÕES

Art. 269

> Art. 269. Intimação é o ato pelo qual se dá ciência a alguém dos atos e dos termos do processo.
> § 1º É facultado aos advogados promover a intimação do advogado da outra parte por meio do correio, juntando aos autos, a seguir, cópia do ofício de intimação e do aviso de recebimento.

> § 2º O ofício de intimação deverá ser instruído com cópia do despacho, da decisão ou da sentença.
>
> § 3º A intimação da União, dos Estados, do Distrito Federal, dos Municípios e de suas respectivas autarquias e fundações de direito público será realizada perante o órgão de Advocacia Pública responsável por sua representação judicial.

Houve alteração no conceito de "intimação", que passa a ser definida apenas como "ato pelo qual se dá ciência a alguém dos atos e dos termos do processo". Os parágrafos, contudo, trazem novidades.

A primeira, é que será facultado ao advogado promover a intimação do patrono da outra parte, por meio dos correios, o que é de se criticar, pois, mais uma vez se percebe que, no CPC, há uma flagrante inversão das atividades desempenhadas pelos profissionais, e isso sem quaisquer deméritos aos detentores de capacidade postulatória. O advogado, público ou privado, exerce múnus público e é indispensável à administração da Justiça, mas não é reputado pelo CPC como "auxiliar da Justiça", não sendo recomendável que atue praticando atos próprios dele. Infelizmente, o CPC traz diversos exemplos desta situação, como a possibilidade de o causídico documentar e gravar os atos praticados em audiência, o que já estará sendo feito simultaneamente por um servidor (art. 367, §§ 5º e 6º), entre outros casos mais.

Os demais parágrafos preveem a necessidade de o ofício de intimação contar com cópia do pronunciamento do magistrado, bem como há disciplina quanto ao direcionamento das intimações da Fazenda Pública.

> **Intimação deve ser pessoal (não na pessoa do advogado) para perícia médica em ação de cobrança de seguro DPVAT.** "*Em ação de cobrança de seguro DPVAT, a intimação da parte para o comparecimento à perícia médica deve ser pessoal, e não por intermédio de advogado. Consoante determina a legislação processual civil, a intimação é 'o ato pelo qual se dá ciência a alguém dos atos e termos do processo, para que faça ou deixe de fazer alguma coisa' (art. 234 do CPC/1973; e art. 269 do CPC/2015). O diploma processual também disciplina os meios pelos quais devem ser feitas as intimações, tais como, pelo escrivão, oficial de justiça, correio, publicação na imprensa oficial ou até mesmo por ocasião da audiência. A doutrina distingue as intimações meramente comunicativas, que criam ônus e dão início à contagem de prazos processuais, daquelas que ordenam condutas e geram deveres para a parte intimada. Nesse ponto, destaca-se que o ato processual em questão se trata de intimação para a prática de uma conduta pessoal da parte, qual seja: o comparecimento para a realização de perícia médica. Dessa forma, por se tratar de ato que deve necessariamente ser realizado pela parte interessada (ato personalíssimo), não se mostra suficiente a intimação por intermédio de advogado. Acerca disso, há doutrina no sentido de que: 'Não valem as intimações feitas à parte quando o ato processual a praticar deve ser do advogado. A contrario sensu, não pode ser a intimação feita ao representante processual, se o ato deve ser pessoalmente*

> *praticado pela parte'. Nessa linha, a parte deve ser intimada pessoalmente para comparecer à perícia médica designada, visto que não se trata de uma intimação meramente comunicativa, mas sim de uma ordem para a prática de uma conduta que, frisa-se, somente pode ser realizada pessoalmente pela parte interessada. Assim, a intimação pessoal da parte que será submetida ao exame pericial revela-se indispensável, por se tratar de ato personalíssimo, cuja intimação não pode ser suprida por intermédio do advogado. Precedente citado: RESP 1.309.276-SP, Terceira Turma, DJe 29/4/2016".* (STJ. RESP 1.364.911-GO, Rel. Min. Marco Buzzi, por unanimidade, julgado em 1º/09/2016, DJe 06/09/2016 – Informativo nº 589).
>
> **Intimação da Fazenda Pública para recorrer. Devolução dos autos sem manifestação recursal. Alegada dúvida quanto à atribuição para atuar no feito. Erro inescusável. Paridade de armas.** *"O termo a quo do prazo para a interposição de recurso pela União se dá com a entrega dos autos com vista, conforme previsto no art. 6º da Lei 9.028/95 e no art. 20 da Lei 11.033/2004. Assim, comprovada a regularidade dos procedimentos adotados relativamente à intimação da Procuradoria-Regional da União e incontinenti à Procuradoria da Fazenda Nacional, é descabida a pretensão de que seja reaberto o prazo recursal, motivada por dúvida inescusável acerca de quem seria a atribuição para atuar no feito, por afronta aos princípios da isonomia e da paridade de tratamento entre as partes. Unânime"* (TRF-1. ApReeNec 0009031- 20.2007.4.01.3400, Rel.ª Des.ª Federal Maria do Carmo Cardoso, julgado em 13/03/2017).

Art. 270

Art. 270. As intimações realizam-se, sempre que possível, por meio eletrônico, na forma da lei.

Parágrafo único. Aplica-se ao Ministério Público, à Defensoria Pública e à Advocacia Pública o disposto no § 1º do art. 246.

O dispositivo prioriza que as intimações sejam realizadas por meio eletrônico, sempre que possível. O parágrafo único prevê que o Ministério Público, a Defensoria Pública e a Advocacia Pública deverão manter cadastro nos sistemas de processos em autos eletrônicos para o recebimento das intimações. Obviamente, tal norma somente se aplica a processos eletrônicos, eis que para os processos físicos a intimação continua a ser pessoal. Há, por fim, prazo estabelecido pelo CPC para que o cadastro seja realizado (art. 1.050 e art. 1.051).

> **Ocorrência de intimação eletrônica após intimação no DJe e prevalência daquela.** *"Intimação eletrônica precedida de intimação no DJe. Contagem de prazo. Prevalência da intimação eletrônica. Exegese do art. 5º da Lei nº 11.419/2006"* (STJ. AgInt no ARESP 903.091-RJ, Rel. Min. Paulo de Tarso Sanseverino, por unanimidade, julgado em 16/03/2017, DJe 27/03/2017).

Art. 271

Art. 271. O juiz determinará de ofício as intimações em processos pendentes, salvo disposição em contrário.

O dispositivo em questão deve ser interpretado literalmente, tratando da possibilidade de o magistrado agir de ofício determinando as intimações necessárias em processos pendentes.

Art. 272

Art. 272. Quando não realizadas por meio eletrônico, consideram-se feitas as intimações pela publicação dos atos no órgão oficial.

§ 1º Os advogados poderão requerer que, na intimação a eles dirigida, figure apenas o nome da sociedade a que pertençam, desde que devidamente registrada na Ordem dos Advogados do Brasil.

§ 2º Sob pena de nulidade, é indispensável que da publicação constem os nomes das partes, de seus advogados, com o respectivo número da inscrição na Ordem dos Advogados do Brasil, ou, se assim requerido, da sociedade de advogados.

§ 3º A grafia dos nomes das partes não deve conter abreviaturas.

§ 4º A grafia dos nomes dos advogados deve corresponder ao nome completo e ser a mesma que constar da procuração ou que estiver registrada junto à Ordem dos Advogados do Brasil.

§ 5º Constando dos autos pedido expresso para que as comunicações dos atos processuais sejam feitas em nome dos advogados indicados, o seu desatendimento implicará nulidade.

§ 6º A retirada dos autos do cartório ou da secretaria em carga pelo advogado, por pessoa credenciada a pedido do advogado ou da sociedade de advogados, pela Advocacia Pública, pela Defensoria Pública ou pelo Ministério Público implicará intimação de qualquer decisão contida no processo retirado, ainda que pendente de publicação.

§ 7º O advogado e a sociedade de advogados deverão requerer o respectivo credenciamento para a retirada de autos por preposto.

§ 8º A parte arguirá a nulidade da intimação em capítulo preliminar do próprio ato que lhe caiba praticar, o qual será tido por tempestivo se o vício for reconhecido.

§ 9º Não sendo possível a prática imediata do ato diante da necessidade de acesso prévio aos autos, a parte limitar-se-á a arguir

a nulidade da intimação, caso em que o prazo será contado da
intimação da decisão que a reconheça.

O dispositivo inicialmente prevê que, se as intimações não forem realizadas por meio eletrônico, então deverão ser feitas por meio de publicação na imprensa. Inova ao permitir que os advogados requeiram que a intimação a eles direcionada seja realizada no nome da sociedade a que pertençam, desde que registrada nos quadros da OAB. Impõe a necessidade de que as intimações tenham os nomes completos das partes, patronos ou sociedades, sem quaisquer abreviaturas, bem como o número de inscrição da OAB. Haverá nulidade se a intimação for realizada de maneira distinta da requerida (art. 280). Admite o credenciamento de pessoa para a retirada dos autos do juízo, prática que implicará em intimação de qualquer decisão proferida no processo retirado, ainda que pendente a publicação. Impõe que o vício na intimação deva vir em preliminar no próprio ato que deveria praticar, o qual será reputado tempestivo se o vício for reconhecido.

Análise da prevalência da intimação realizada via Diário de Justiça Eletrônico sobre a eletrônica, na hipótese de duplicidade de intimações.
"*Agravo interno no agravo em recurso especial. Processual civil. Intempestividade do agravo em recurso especial porquanto interposto após o prazo previsto no art. 1.003, § 5º, do CPC de 2015. Intimação tácita. Impossibilidade. Validade da publicação do Diário de Justiça Eletrônico. Possibilidade de comprovação da suspensão dos prazos no agravo interno. Falta de apresentação de documento hábil. Preclusão consumativa. Decisão mantida. Agravo interno não provido. 1. O prazo para interposição do recurso especial e do agravo em recurso especial (art. 1.003, § 5º do CPC de 2015) é de 15 (quinze) dias úteis, conforme o art. 219 do CPC de 2015. Intempestividade constatada. 2. "Ocorrendo a intimação eletrônica e a publicação da decisão no DJEERJ, prevalece esta última, uma vez que nos termos da legislação citada a publicação em Diário de Justiça eletrônico substitui qualquer outro meio de publicação oficial para quaisquer efeitos legais". Precedentes. 3. A Corte Especial, no julgamento do ARESP 137.141/SE, Rel. Min. Antônio Carlos Ferreira, ocorrido no dia 19/9/2012, acompanhando o entendimento proferido pelo Supremo Tribunal Federal no AgRg no RE 626.358/MG, Relator Ministro Cezar Peluso, DJ 23/8/2012, modificou sua jurisprudência, passando a permitir a comprovação de feriado local ou suspensão dos prazos processuais não certificada nos autos em momento posterior à interposição do recurso na origem. 4. Ainda que se adotasse o entendimento firmado, sob a égide do Código de Processo Civil de 1973, pela Corte Especial do STJ não se poderia conhecer do recurso uma vez que a parte agravante apresentou o presente agravo interno desacompanhado de documento hábil a comprovar a suspensão dos prazos pelo Tribunal de origem. Preclusão consumativa. 5. 'Os recursos interpostos na instância de origem, mesmo que direcionados a esta Corte Superior, observam o calendário de funcionamento do tribunal local, não podendo se utilizar, para todos os casos, dos feriados e das suspensões previstas em Portaria e no Regimento Interno do Superior Tribunal de Justiça, que muitas vezes não coincidem com os da Justiça estadual' (AgRg no ARESP 700.715/MG, Rel.*

> *Min. Ricardo Villas Bôas Cuevas, Terceira Turma, julgado em 17/5/2016, DJe 23/5/2016). 6. Agravo interno não provido"* (STJ. AgInt no ARESP 1071.468/RJ, Agravo Interno no Agravo em Recurso Especial 2017/0059717-9, Rel. Min. Luis Felipe Salomão, julgado em 12/09/2017).

Art. 273

Art. 273. Se inviável a intimação por meio eletrônico e não houver na localidade publicação em órgão oficial, incumbirá ao escrivão ou chefe de secretaria intimar de todos os atos do processo os advogados das partes:

I – pessoalmente, se tiverem domicílio na sede do juízo;

II – por carta registrada, com aviso de recebimento, quando forem domiciliados fora do juízo.

O dispositivo em questão deve ser interpretado literalmente, embora permaneça a reforçar que as intimações devem ser realizadas preferencialmente por meio eletrônico, conforme já consta em outros artigos do CPC (art. 270).

Art. 274

Art. 274. Não dispondo a lei de outro modo, as intimações serão feitas às partes, aos seus representantes legais, aos advogados e aos demais sujeitos do processo pelo correio ou, se presentes em cartório, diretamente pelo escrivão ou chefe de secretaria.

Parágrafo único. Presumem-se válidas as intimações dirigidas ao endereço constante dos autos, ainda que não recebidas pessoalmente pelo interessado, se a modificação temporária ou definitiva não tiver sido devidamente comunicada ao juízo, fluindo os prazos a partir da juntada aos autos do comprovante de entrega da correspondência no primitivo endereço.

O dispositivo em questão deve ser interpretado literalmente, devendo ser destacado que permanece como regra a realização da intimação pelo correio e, somente não sendo esta possível, é que será tentada a intimação em cartório, nos termos do dispositivo.

Art. 275

Art. 275. A intimação será feita por oficial de justiça quando frustrada a realização por meio eletrônico ou pelo correio.

§ 1º A certidão de intimação deve conter:

I – a indicação do lugar e a descrição da pessoa intimada, mencionando, quando possível, o número de seu documento e o órgão que o expediu;

II – a declaração de entrega da contrafé;

III – a nota de ciente ou a certidão de que o interessado não a apôs no mandado.

§ 2º Caso necessário, a intimação poderá ser efetuada com hora certa ou por edital.

O dispositivo cuida da possibilidade de a intimação ser realizada pelo oficial de justiça, caso não tenha sido possível aquela por meio eletrônico ou pelo correio. Esclarece o que deve constar na certidão do meirinho, havendo como novidade a inclusão de nota de ciente ou a certidão de que o interessado não se opôs ao mandado. Também passa a ser autorizado, expressamente, no parágrafo segundo, que se for necessário as intimações também poderão ser realizadas por edital ou por hora certa.

TÍTULO III
DAS NULIDADES

Art. 276

Art. 276. Quando a lei prescrever determinada forma sob pena de nulidade, a decretação desta não pode ser requerida pela parte que lhe deu causa.

O dispositivo não sofreu qualquer alteração, cuidando do princípio do interesse. De certa maneira, é uma decorrência do dever de lealdade processual, que foi erigido como norma fundamental no CPC (art. 5º). Assim, por exemplo, a parte que distribuir o processo perante juízo relativamente competente (o que pode gerar a nulidade de alguns atos processuais), não pode posteriormente pugnar a este órgão pelo reconhecimento da sua incompetência, pois foi a própria quem deu margem a esta situação. O mesmo ocorre quando a parte indicar um perito e, tão logo este tenha sido aceito pelo juízo, venha a peticionar aduzindo ser impedido (art. 148, inc. II c/c art. 144).

Art. 277

Art. 277. Quando a lei prescrever determinada forma, o juiz considerará válido o ato se, realizado de outro modo, lhe alcançar a finalidade.

O dispositivo em questão deve ser interpretado literalmente, tratando do princípio da instrumentalidade das formas. Houve exclusão da menção a que este princípio só poderia ser aplicado nos casos em que a lei não prescrevesse cominação de nulidade.

Este princípio pontua que, quando a lei prescrever determinada forma, o juiz considerará válido o ato se, realizado de outro modo, lhe alcançar a finalidade. O mesmo, por sinal, também é previsto no Código de Processo Penal (art. 572, inc. II, CPP). Este é, sem sombra de dúvidas, um dos princípios processuais mais importantes, justamente por prestigiar a consecução pretendida pela prática do ato em detrimento de um formalismo muitas vezes exacerbado.

Por exemplo, se o demandado pretender contestar e reconvir ao mesmo tempo, deverá apresentar apenas uma petição que se prestará a estas duas finalidades (art. 343). Só que, se forem apresentadas simultaneamente duas petições, uma apenas para a contestação e outra para a reconvenção, parece claro que seria muito rigoroso considerar que este ato encontra-se maculado, pois a finalidade foi atingida sem qualquer prejuízo ou dificuldade de compreensão pela outra parte.

Em suma: ausente forma prescrita em lei, a parte poderá praticar o ato de qualquer maneira (princípio da liberdade das formas), mas, caso a lei preveja alguma formalidade, esta deve ser observada, sob pena de este ato ser considerado inquinado de algum vício processual. No entanto, se o ato defeituoso atingir a sua finalidade, ainda assim o magistrado poderá validá-lo (princípio da instrumentalidade das formas).

> **Princípio da instrumentalidade e a validade do ato que, mesmo praticado de maneira imperfeita, atingiu a sua finalidade (CPC/73).** "*Segundo proclamou o recente 'IX Congresso Mundial de Direito Processual', e em dispositivo do nosso Código de Processo Civil que se encontra a mais bela regra do atual Direito Processual, a saber, a insculpida no art. 244, Onde se proclama que, 'quando a lei prescrever determinada forma, sem cominação de nulidade, o juiz considerará válido o ato se, realizado de outro modo, lhe alcançar a finalidade*' (STJ. RESP nº 7.184. Rel. Min. Sálvio de Figueiredo Teixeira, s/d).

Art. 278

Art. 278. A nulidade dos atos deve ser alegada na primeira oportunidade em que couber à parte falar nos autos, sob pena de preclusão.

Parágrafo único. Não se aplica o disposto no *caput* às nulidades que o juiz deva decretar de ofício, nem prevalece a preclusão provando a parte legítimo impedimento.

O dispositivo em questão deve ser interpretado literalmente, ao tratar da preclusão se não for alegado o vício do ato processual na primeira oportunidade em que a parte tiver de falar nos autos. O parágrafo único, porém, cria duas exceções. A primeira, quando se tratar de matéria passível de reconhecimento judicial *ex officio*, ou seja, quando for uma objeção. Já a segunda situação ocorre quando a parte alegar e provar uma justa causa para não ter apresentado esta alegação, hipótese em que o prazo lhe será restituído (art. 197).

Art. 279

Art. 279. É nulo o processo quando o membro do Ministério Público não for intimado a acompanhar o feito em que deva intervir.

§ 1º Se o processo tiver tramitado sem conhecimento do membro do Ministério Público, o juiz invalidará os atos praticados a partir do momento em que ele deveria ter sido intimado.

§ 2º A nulidade só pode ser decretada após a intimação do Ministério Público, que se manifestará sobre a existência ou a inexistência de prejuízo.

O dispositivo em questão deve ser interpretado literalmente, impondo a necessidade de intimação do membro do Ministério Público naquelas hipóteses em que deve atuar na condição de fiscal da ordem jurídica (art. 178). As novidades são os parágrafos, que determinam que os atos serão invalidados desde o momento em que o *parquet* deveria ser intimado, bem como quanto à possibilidade de seu aproveitamento, caso o membro do Ministério Público não vislumbre prejuízo ocorrido.

> **A falta de intimação do MP é que caracteriza o vício e não a ausência de sua manifestação após ter sido regularmente intimado (CPC/73).** "*A jurisprudência dos Tribunais e o magistério da doutrina, pronunciando-se sobre a ausência de manifestação do Ministério Público nos processos em que se revela obrigatória a sua intervenção, têm sempre ressaltado que, em tal situação, o que verdadeiramente constitui causa de nulidade processual não é a falta de efetiva atuação do* Parquet*, que eventualmente deixe de emitir parecer no processo, mas, isso sim, a falta de intimação que inviabilize a participação do Ministério Público na causa em julgamento. Hipótese inocorrente na espécie, pois ensejou-se à Procuradoria-Geral da República a possibilidade de opinar no processo*" (STF. Agravo regimental no agravo de instrumento nº 139.671. Rel. Min. Celso de Mello. DJ 20/06/1995).
>
> **Ausência de intimação do MP para atuar como fiscal da ordem jurídica somente gera nulidade se for provada a ocorrência de prejuízo (CPC/73).** "*PROCESSUAL CIVIL. AÇÃO DE INDENIZAÇÃO. INTERESSE DE MENOR. INTERVENÇÃO DO MINISTÉRIO PÚBLICO. AUSÊNCIA DE PREJUÍZO. CPC, Arts. 82, I, 84 e 246. 1. Esta Corte já se posicionou na linha da necessidade de demonstração de prejuízo, para que seja acolhida a nulidade por falta de intimação do Ministério Público, em razão da existência de interesse de incapaz*

> *2. Embargos de declaração rejeitados"* (STJ. Embargos de declaração no RESP nº 449.407. Min. Rel. Mauro Campbell Marques. DJ 25/11/2008).
>
> **Ausência de intimação do MP pode ser suprida por pronunciamento posterior do mesmo órgão (CPC/73).** *"1. A preliminar de nulidade do processo deve ser rejeitada, em virtude da ausência de intervenção do Ministério Público, diante da presença de interesse de menor impúbere. 2. A ausência de intimação do Ministério Público não é causa de nulidade quando suprida por pronunciamento posterior do órgão e inexiste prejuízo comprovado para a parte, por ser uma instituição una e indivisível"* (TJ-RJ. Apelação nº 0008383-30.2008.8.19.0212. Rel.ª Des.ª Mônica Costa di Piero. DJ 20/04/2010).

Art. 280

Art. 280. As citações e as intimações serão nulas quando feitas sem observância das prescrições legais.

O dispositivo em questão deve ser interpretado literalmente, prevendo nulidade das citações e intimações sem a observância das prescrições normativas. Um exemplo de nulidade seria o mandado de citação, a ser cumprido pelo oficial de justiça, vir despido das informações que obrigatoriamente nele devem constar (art. 250).

> **Ausência ou nulidade de citação autoriza que este vício seja reconhecido por meio de ação autônoma *querella nullitatis* (CPC/73).** *"Civil e Processual Civil. Execução de sentença. Ação de despejo. Penhora de bem do fiador que não foi parte. 1. Não subsiste ato de constrição de bem de fiador em contrato de locação, em caso em que, desfeito o contrato por alienação do imóvel, da ação de despejo por denúncia feita pelo adquirente não participa o fiador, contra o qual, portanto, não se constitui o título executivo judicial. 2. Perdura querella nullitatis insanabilis, solucionável em via ordinária, quando constatada a inexistência de citação do fiador para a execução, de intimação da penhora sobre bem seu e da designação de datas para arrematação"* (STJ. RESP nº 19.241/SP. Rel. Min. Dias Trindade. DJ 01/06/1992).
>
> **Descumprimento dos requisitos que devem constar no mandado de citação não necessariamente acarretarão a nulidade do ato (CPC/73).** *"A omissão, no mandado citatório, da advertência prevista no art. 225, II, do CPC, não torna nula a própria citação, efetuada na pessoa dos citandos com a oposição do ciente e entrega da contrafé, mas sim apenas impede que se produza o efeito previsto no art. 285, de que no caso de revelia se presumem aceitos pelo réu, como verdadeiros, os fatos articulados pelo autor"* (STJ. RESP nº 10.137/MG. Rel. Athos Gusmão Carneiro. DJ 27/06/1991).

Art. 281

> Art. 281. Anulado o ato, consideram-se de nenhum efeito todos os subsequentes que dele dependam, todavia, a nulidade de uma parte do ato não prejudicará as outras que dela sejam independentes.

O dispositivo em questão deve ser interpretado literalmente, tratando do princípio da causalidade para os vícios dos atos processuais. Segundo ele, o ato processual considerado como viciado contamina os subsequentes que dele forem derivados, mas não macula aqueles outros atos posteriores que sejam considerados como independentes. No processo penal, é conhecida a regra da vedação da prova ilícita por derivação (art. 573, CPP), embora seu alcance seja muito mais reduzido, por somente se aplicar a atos probatórios, contrariamente do que ocorre no processo civil.

Por exemplo, um determinado processo foi instaurado e, de maneira equivocada, o magistrado supõe que o demandado já foi citado, em que pese esta diligência não ter sido frutífera. Assim, escorado no seu equívoco, o juiz chega a proferir sentença que, aparentemente, teria transitado em julgado, sem que ao menos tenha ocorrido a citação do réu. Nesta situação, caso posteriormente o demandado venha aos autos ou utilize um dos meios processuais para alegar a falta ou nulidade de citação e esta matéria for acolhida, todos os atos que foram praticados em decorrência deste equívoco estarão irremediavelmente atingidos, inclusive a "aparente" sentença que foi proferida pelo magistrado.

Art. 282

> Art. 282. Ao pronunciar a nulidade, o juiz declarará que atos são atingidos e ordenará as providências necessárias a fim de que sejam repetidos ou retificados.
>
> § 1º O ato não será repetido nem sua falta será suprida quando não prejudicar a parte.
>
> § 2º Quando puder decidir o mérito a favor da parte a quem aproveite a decretação da nulidade, o juiz não a pronunciará nem mandará repetir o ato ou suprir-lhe a falta.

O dispositivo em questão deve ser interpretado literalmente, prevendo que o magistrado deve indicar os atos nulificados quando pronunciar o vício. O parágrafo segundo é mantido e cuida do princípio da primazia da resolução do mérito, adotado tanto em processos individuais como em coletivos, sendo que idêntica proposta é observada mais adiante no CPC (art. 488).

Art. 283

Art. 283. O erro de forma do processo acarreta unicamente a anulação dos atos que não possam ser aproveitados, devendo ser praticados os que forem necessários a fim de se observarem as prescrições legais.

Parágrafo único. Dar-se-á o aproveitamento dos atos praticados desde que não resulte prejuízo à defesa de qualquer parte.

O dispositivo em questão deve ser interpretado literalmente, tratando do princípio do prejuízo, que consagra a antiga regra *pars de nullité sans grief*, segundo a qual mesmo um ato viciado pode ser aproveitado, desde que nenhuma parte tenha sido prejudicada. Vale dizer, também, que muitas vezes este princípio vem conjugado com o da instrumentalidade das formas, como se ambos fossem apenas um, o que não é correto. Isso ocorre por ser muito frequente a afirmação de que não haverá nulidade quando o ato atingir a sua finalidade e desde que não haja prejuízo para as partes. Fica a ressalva, contudo, que a análise da ocorrência ou não de prejuízo é um dado essencialmente subjetivo que deve ser realizado pelo magistrado que, por seu turno, deverá externar e motivar as razões do seu convencimento quanto ao tema.

TÍTULO IV
DA DISTRIBUIÇÃO E DO REGISTRO

Art. 284

Art. 284. Todos os processos estão sujeitos a registro, devendo ser distribuídos onde houver mais de um juiz.

Uma vez elaborada a petição inicial, ela deverá ser registrada, quando se tratar de juízo único naquela localidade, ou distribuída, quando houver, naquela base territorial, mais de um órgão jurisdicional instalado. A distribuição, nestes locais em que funcionam mais de um juízo com a mesma competência, busca assegurar uma escorreita aplicação do princípio constitucional do juiz natural (art. 5º, XXXVII e LIII, CF). Em outras palavras, esta prática consubstancia valoroso instrumento de garantia do jurisdicionado, no sentido de que o magistrado que irá atuar naquele processo foi escolhido por meio de critérios absolutamente impessoais e objetivos.

A redação do CPC é bastante assemelhada ao do modelo anterior (CPC/73), apenas tendo excluído menção a que a distribuição deverá ocorrer onde houver mais de um "escrivão". Esta exclusão é positiva, pois a finalidade intrínseca da distribuição busca preservar o princípio do juiz natural, eis que será o magistrado quem desempenhará a atividade jurisdicional no processo. Além disso, a expressão "escrivão" não é adotada em todos os ramos do Poder Judiciário, tal como ocorre na Justiça Federal, em que esta atividade é desempenhada pelo "chefe de secretaria". Neste ponto, portanto, é de se aplaudir a nova redação.

Permanece, contudo, pequeno erro técnico no que diz respeito à necessidade de distribuição quando houver, na localidade, mais de um "juiz", pois o adequado seria adotar a expressão "juízo". É que o processo, uma vez distribuído, fica vinculado a um determinado órgão jurisdicional, até mesmo para fins de aplicação do princípio da *perpetuatio jurisdictionis*, que comporta poucas exceções (v.g., art. 516, parágrafo único). O magistrado, contudo, já pode ser removido para outro órgão, observado procedimento adequado que é estabelecido pelos Tribunais. Portanto, é a única crítica que se faz quanto à redação do novo dispositivo.

Art. 285

Art. 285. A distribuição, que poderá ser eletrônica, será alternada e aleatória, obedecendo-se rigorosa igualdade.

Parágrafo único. A lista de distribuição deverá ser publicada no Diário de Justiça.

Diante dos avanços tecnológicos dos últimos anos, já vinha sendo realizada a distribuição por meio eletrônico, consistente em um sorteio que deve ser alternado e aleatório. O CPC passa, acertadamente, a regular esta hipótese, ratificando esta praxe forense. A preocupação do legislador em preservar o princípio do juiz natural foi tanta que até mesmo constou no novo dispositivo que esta distribuição deve ser "alternada" e "aleatória". O que se busca evitar, assim, é que seguidas distribuições sejam realizadas sempre com o mesmo direcionamento a um determinado órgão jurisdicional.

E, não apenas isso, o CPC manteve a necessidade de se verificar se, efetivamente, esta distribuição vem sendo realizada velando pela mais rigorosa igualdade. Afinal, é até comum, em juízos que possuem a mesma competência em determinada localidade, se constatar uma disparidade entre os acervos processuais. As justificativas para esta situação podem ser as mais distintas possíveis, como ausência de servidores, remoções frequentes de magistrados, adoção de práticas processuais inadequadas e/ou ultrapassadas, dentre muitas outras. No entanto, independentemente da quantidade de processos em tramitação nestes órgãos que possuem a mesma competência, a distribuição dos novos processos deverá se pautar neste critério de igualdade. Além disso, não justificaria direcionar uma quantidade maior de processos ao órgão que, naquele momento, esteja com estatísticas mais sadias, pois tal situação subverteria a razão de ser da própria "distribuição", que é garantir que o magistrado que ali se encontra conduzindo o processo tenha sido escolhido por meio de critérios absolutamente impessoais. E isso, claro, sem perder de vista que a distribuição de mais processos ao órgão jurisdicional que se encontra mais eficiente também seria uma punição àqueles que laboram com ardor cívico e um grande estímulo aos que assim não agem.

Por fim, o dispositivo fez constar que a lista de distribuição deve ser publicada em Diário de Justiça por motivo de transparência e, também, para que todos possam fiscalizar esta escorreita atividade que é considerada como de cunho administrativo, muito embora tenha que ser exercida e ratificada por um magistrado.

Art. 286

> **Art. 286. Serão distribuídas por dependência as causas de qualquer natureza:**
>
> **I – quando se relacionarem, por conexão ou continência, com outra já ajuizada;**
>
> **II – quando, tendo sido extinto o processo sem resolução de mérito, for reiterado o pedido, ainda que em litisconsórcio com outros autores ou que sejam parcialmente alterados os réus da demanda;**
>
> **III – quando houver ajuizamento de ações nos termos do art. 55, § 3º, ao juízo prevento.**
>
> **Parágrafo único. Havendo intervenção de terceiro, reconvenção ou outra hipótese de ampliação objetiva do processo, o juiz, de ofício, mandará proceder à respectiva anotação pelo distribuidor.**

A distribuição, conforme acima exposto, ocorre quando na mesma base territorial se apresentar mais de um juízo com a mesma competência. E, neste caso, poderá se realizar de forma "livre" ou "dirigida", sendo esta última também denominada "por dependência". Em regra, a distribuição livre é aquela precedida de sorteio entre os órgãos jurisdicionais, respeitando-se rigorosa igualdade. Às vezes, porém, a distribuição já ocorre direcionada a determinado órgão jurisdicional, hipótese em que muitas vezes já constará na petição inicial a indicação de determinado juízo específico e até eventualmente o número do outro processo que justificaria este direcionamento. As hipóteses de distribuição por dependência são bastante comuns no CPC, entre as quais se pode citar, além daquelas previstas neste dispositivo: os embargos à execução (art. 914, § 1º), os embargos de terceiros (art. 676), a oposição (art. 683, parágrafo único), além, por óbvio, das hipóteses que ora serão analisadas.

A primeira hipótese de distribuição por dependência ocorre quando entre os processos (o antigo, já distribuído, e o novo) existir o vínculo da conexão ou da continência. Em ambos os casos, o que se busca evitar é que os processos conexos ou continentes tramitem perante órgãos jurisdicionais distintos, de modo a impedir que sejam proferidas decisões discrepantes entre ambos. Por este motivo, aliás, é que não se recomenda a reunião dos processos quando um deles já tiver sido julgado, conforme recomenda o STJ, em razão de seu verbete sumular. Assim, a distribuição por dependência busca evitar possíveis decisões contraditórias, podendo tais matérias ser pronunciadas de ofício pelo magistrado ou mesmo provocadas pelas partes.

A segunda situação que autoriza a distribuição dirigida é aquela em que o processo primitivo tiver sido extinto sem resolução de mérito. Neste caso, quando o demandante for repetir a mesma ação, a distribuição será direcionada ao mesmo órgão jurisdicional em que o processo anterior tiver tramitado, ainda que em companhia de novos litisconsortes. Este dispositivo busca prestigiar o princípio constitucional do juiz natural (art. 5º, XXXVII e LIII, da CF), mas a única crítica seria que o órgão primitivo estaria prevento tão somente para o autor primitivo. Quanto aos demais, deveria o magistrado determinar a extração de cópias reprográficas das peças que instruem o processo e que fossem remetidas ao Cartório Distribuidor para ulterior distribuição. Do contrário, acaso mantidos os novos litisconsortes, esta situação poderia caracterizar um estratagema para burlar regras de distribuição e, consequentemente, o próprio princípio do juiz natural.

Já a última hipótese em que a distribuição deve ser direcionada ocorre quando houver o ajuizamento de ações idênticas, o que será em regra aferido de acordo com a teoria da tríplice identidade, que estabelece como elementos da ação: partes, pedido e causa de pedir. Assim, detectada a ocorrência de ações idênticas pelo Cartório Distribuidor, esta nova demanda será encaminhada ao juízo prevento, que é aquele em que tramita ou tramitou a anterior, para que possa extinguir a nova demanda por litispendência ou por ofensa à coisa julgada material, conforme o caso. Vale dizer que esta solução deve ser adotada mesmo quando se tratarem de procedimentos distintos, embora sejam os mesmos elementos das duas ações. Esta ressalva é importante, por ser muito comum o uso da via do mandado de segurança e, dependendo do resultado ou do teor da sentença, a posterior propositura de uma demanda em procedimento ordinário. Assim, também nestas hipóteses, a distribuição deverá ser direcionada, eis que o demandante poderia estar utilizando o novo processo para tentar a distribuição perante órgão jurisdicional distinto, quando o texto legal é claramente indicativo de que a nova demanda deverá tramitar exatamente no mesmo juízo.

Por fim, o dispositivo inova em seu parágrafo único, ao determinar que, em hipóteses de intervenção de terceiros, reconvenção ou qualquer outra situação que caracterize ampliação objetiva do processo, deverá o magistrado informar tal situação ao distribuidor.

> Verbete nº 235 da Súmula do STJ: "*A conexão não determina a reunião dos processos, se um deles já foi julgado*".

Art. 287

Art. 287. A petição inicial deve vir acompanhada de procuração, que conterá os endereços do advogado, eletrônico e não eletrônico.

Parágrafo único. Dispensa-se a juntada da procuração:

I – no caso previsto no art. 104;

II – se a parte estiver representada pela Defensoria Pública;

III – se a representação decorrer diretamente de norma prevista na Constituição Federal ou em lei.

O dispositivo exige que a petição inicial seja acompanhada de procuração, além de trazer o endereço físico e o eletrônico do advogado, o que facilitará a sua intimação para os atos ulteriores do processo. Esta exigência, de que no próprio corpo do instrumento de procuração conste o endereço físico e o eletrônico do causídico, bem reflete as mudanças causadas no processo tradicional por meio da implantação de novas tecnologias, que vieram a minorar custos, gerar ganho de tempo, além de outras vantagens mais.

Observa-se que o CPC, assim como o modelo anterior (CPC/73), erigiu a juntada da procuração como documento obrigatório para acompanhar a petição inicial, muito embora não tenha reaproveitado a antiga redação, que simplesmente proibia que a distribuição fosse realizada na sua ausência. A mudança é salutar, pois existem casos excepcionais em que a demanda pode ser instaurada sem que o detentor de capacidade postulatória apresente este instrumento.

A primeira situação em que a apresentação da procuração é dispensada ocorre por motivo de urgência, inclusive diante da possibilidade de ocorrência de uma preclusão, decadência ou prescrição. Em casos como este, a distribuição será regularmente realizada e, oportunamente, o mandato deverá ser carreado aos autos, sob pena de o processo ser extinto sem resolução do mérito, por ausência de pressuposto processual para o seu válido e regular prosseguimento.

Outra hipótese de dispensa da procuração ocorre quando o demandante estiver representado pela Defensoria Pública, o que está em consonância com a sua própria Lei Orgânica (art. 44, XI, da LC 80/94), pois se trata de uma prerrogativa dos membros desta instituição. Contudo, não custa rememorar que este dispositivo ressalva que, em certas situações excepcionais em que a lei exigir poderes especiais, o defensor terá que apresentar a procuração. É o que ocorre quando, no processo penal, o defensor público arguir a suspeição do juiz (art. 98, CPP).

Também haverá dispensa de apresentação da procuração quando a representação decorrer diretamente de norma constitucional ou em lei. Esta última situação já é aplicável aos membros do Ministério Público, eis que podem atuar em juízo em nome da instituição sem exibir qualquer procuração. Eventualmente, também pode ocorrer em casos que a lei transfere a capacidade postulatória a qualquer pessoa, como ocorre com as demandas de *habeas corpus* (art. 654 do CPP).

Art. 288

Art. 288. O juiz, de ofício ou a requerimento do interessado, corrigirá o erro ou compensará a falta de distribuição.

O dispositivo cuida de mero ajuste redacional. Nele, basicamente, consta que o magistrado pode de ofício, ou a requerimento de qualquer interessado, corrigir o erro ou a falta de distribuição, para efeitos de compensação.

Quanto à hipótese de "erro", basta imaginar, por exemplo, uma demanda que tenha sido distribuída por dependência. O trabalho desempenhado pelo magistrado atuante no setor de distribuição é se limitar a autorizá-la, lembrando que se trata de atividade de cunho administrativo. Havendo dúvidas, os autos apenas são remetidos provisoriamente ao juízo indicado (v.g., 1ª Vara Cível), para que seja informado se é ou não prevento para aquele novo processo e para que proceda à devolução. Se for confirmada a prevenção, a distribuição é regularizada e os autos são encaminhados a este mesmo órgão, agora já com a expectativa de ficarem ali em definitivo. Do contrário, sendo negada a prevenção, a distribuição será realizada de maneira livre, por meio de um sorteio. Vale dizer que, após este sorteio, o magistrado lotado no novo juízo em que o processo for distribuído (v.g., 2ª Vara Cível) poderá discordar de todo este processamento, por vislumbrar que existe prevenção do órgão anterior. A solução para este imbróglio é que o novo órgão deverá declinar de sua competência a favor do juízo primitivo, com as suas pertinentes ponderações e, caso este mantenha seu posicionamento inicial, também deverá suscitar conflito de competência, a ser dirimido pelo Tribunal a que estiverem vinculados. Percebe-se que, somente neste momento, é que o tema passa a ser jurisdicionalizado, eis que antes de ser suscitado o conflito a questão toda era analisada sob o prisma de uma atividade administrativa que vinha sendo desempenhada pelo magistrado atuante no distribuidor.

Por outro lado, casos de "falta" de distribuição também podem ocorrer com frequência perante o Poder Judiciário, como as demandas instauradas durante o regime de plantão noturno ou aos fins de semana, em razão de manifesta urgência. Nestas situações, o magistrado atuante decidirá pela concessão ou não da liminar e fará constar, ao final do ato decisório, que, encerrado o período de plantão, o processo deverá ser regularmente distribuído para fins de verificação do juiz natural. Se, equivocadamente, o processo tiver sido remetido a outro órgão após o período de plantão sem que esta providência fosse observada, caberá a remessa dos autos ao distribuidor para que esta circunstância seja devidamente ratificada.

Art. 289

> Art. 289. A distribuição poderá ser fiscalizada pela parte, por seu procurador, pelo Ministério Público e pela Defensoria Pública.

A lista de distribuição é pública, motivo pelo qual pode ser acompanhada e fiscalizada pela própria parte e também pelo seu procurador. Só que o CPC inovou ao permitir que esta tarefa também seja desempenhada por membros do Ministério Público e da Defensoria Pública. Conforme exposto anteriormente, a distribuição busca evitar o direcionamento de determinadas demandas a certos órgãos jurisdicionais, ao arrepio da garantia de observância do princípio do juiz natural (art. 5º, XXXVII e LIII, CF). Tem, portanto, finalidade extremamente nobre e salutar, embora se caracterize como atividade de cunho administrativo exercida por membro do Poder Judiciário. Como qualquer atividade exercida por ente público, deve se pautar no princípio da publicidade, que tem fundamento em diversos dispositivos constitucionais e legais. E, é justamente esta publicidade que permitirá uma transparência do desempenho dos atos praticados pelos gestores públicos, seja de que esfera for. Portanto, somente uma efetiva fiscalização da distribuição, pelo maior número de pessoas ou entes possíveis, assegurará que será realizada de acordo com os ditames legais, ou seja, de forma aleatória e alternada, observando-se rigorosos critérios de igualdade. Logo, é de se aplaudir mais esta inovação do CPC.

Art. 290

> Art. 290. Será cancelada a distribuição do feito se a parte, intimada na pessoa de seu advogado, não realizar o pagamento das custas e despesas de ingresso em 15 (quinze) dias.

A petição inicial, para ser distribuída, deve vir acompanhada da prova do recolhimento das custas. Em caso negativo, dispunha o modelo anterior que se essa circunstância não fosse regularizada no prazo de trinta dias, ocorreria o seu cancelamento. Atualmente, o CPC traz um tratamento mais adequado ao tema e, de certa maneira, reconheceu o que já era defendido por inúmeros doutrinadores e até mesmo acatado por diversos Tribunais, no sentido de que a parte deve ser previamente intimada para que regularize esta situação, antes de se iniciar o prazo fatal para o cancelamento da distribuição. Trata-se, a toda evidência, de providência tendente a evitar qualquer surpresa processual, bem como oportunizar o contraditório prévio para que a parte possa prestar os seus esclarecimentos devidos. Por exemplo, pode ser que tenha apresentado o recolhimento adequado e isso não tenha sido percebido no órgão jurisdicional. Assim, a prévia intimação oportunizará que tais informações sejam trazidas, evitando um desnecessário abreviamento do processo.

É de se destacar que foi reduzido o prazo para que o recolhimento das custas seja demonstrado, de trinta para apenas quinze dias. Contudo, pela nova sistemática de contagem de prazos, em que somente são considerados os dias úteis, não haverá perda significativa para o demandante.

Esta decisão de "cancelamento da distribuição" equivale a uma sentença terminativa, que está indeferindo a petição inicial. Apesar de sucinta, como qualquer decisão de cunho terminativo, deve ser fundamentada e condenar o demandante a eventuais ônus sucumbenciais, muito embora os honorários advocatícios da outra parte não sejam devidos em razão da ausência de citação. O recurso cabível para impugnar esta decisão é o de apelação, a ser interposto no prazo de quinze dias, com possibilidade de ser exercido juízo de retratação pelo juiz. A única crítica neste dispositivo é a permanência da expressão "cancelamento da distribuição", pois, conforme visto, o que se tem na hipótese é o indeferimento da petição inicial. Além disso, de todo modo não ocorrerá literalmente o "cancelamento da distribuição", pois se o demandante for repetir a ação, este novo processo será distribuído por prevenção ao antigo órgão, o que demonstra que os seus efeitos jurídicos persistiram.

TÍTULO V
DO VALOR DA CAUSA

Art. 291

> **Art. 291. A toda causa será atribuído valor certo, ainda que não tenha conteúdo econômico imediatamente aferível.**

O dispositivo em questão deve ser interpretado literalmente, prevendo que toda causa deverá ter um valor certo indicado na petição inicial, mesmo que este não seja imediatamente aferível. Nesta última hipótese, é autorizada a formulação de pedido genérico, com valor dado à causa para efeitos meramente de cumprimento da legislação.

Art. 292

> **Art. 292. O valor da causa constará da petição inicial ou da reconvenção e será:**
> **I – na ação de cobrança de dívida, a soma monetariamente corrigida do principal, dos juros de mora vencidos e de outras penalidades, se houver, até a data da propositura da ação;**
> **II – na ação que tiver por objeto a existência, a validade, o cumprimento, a modificação, a resolução, a resilição ou a rescisão de ato jurídico, o valor do ato ou o de sua parte controvertida;**

III – na ação de alimentos, a soma de 12 (doze) prestações mensais pedidas pelo autor;

IV – na ação de divisão, de demarcação e de reivindicação o valor de avaliação da área ou bem objeto do pedido;

V – nas ação indenizatória, inclusive a fundada em dano moral, o valor pretendido;

VI – na ação em que há cumulação de pedidos, a quantia correspondente à soma dos valores de todos eles;

VII – na ação em que os pedidos são alternativos, o de maior valor;

VIII – na ação em que houver pedido subsidiário, o valor do pedido principal.

§ 1º Quando se pedirem prestações vencidas e vincendas, tomar-se-á em consideração o valor de umas e outras.

§ 2º O valor das prestações vincendas será igual a uma prestação anual, se a obrigação for por tempo indeterminado ou por tempo superior a 1 (um) ano; se, por tempo inferior, será igual à soma das prestações.

§ 3º O juiz corrigirá, de ofício e por arbitramento, o valor da causa quando verificar que não corresponde ao conteúdo patrimonial em discussão ou ao proveito econômico perseguido pelo autor, caso em que se procederá ao recolhimento das custas correspondentes.

O dispositivo estabelece como a parte deve chegar ao valor escorreito da causa. No primeiro inciso, fez contar menção de também conter a correção monetária. No quarto inciso também há alteração, pois nos casos de demandas de divisão, de demarcação ou de reivindicação, o valor da causa deverá ser o do bem ou o da avaliação da área e não mais a estimativa oficial para lançamento de imposto, como no modelo anterior (CPC/73). No quinto inciso, fez constar que os pedidos de danos morais devem ser determinados, de modo que não mais deve persistir a faculdade de o demandante apresentar pedido genérico neste sentido, sob pena de indeferimento da petição inicial (art. 330, § 1º, II). Os demais subsequentes se encontram em nova ordem de disposição. A principal novidade fica por conta do terceiro parágrafo, que autoriza que o magistrado corrija de ofício o valor da causa quando violado este artigo, intimando o demandante ao recolhimento das custas correspondentes, se houver. Ressalva-se que se a parte discordar do entendimento do magistrado que alterou o valor da causa, não será possível impugnar esta decisão interlocutória por meio do agravo de instrumento, em razão de não ser uma das hipóteses admitidas em lei em que este recurso pode ser utilizado (art. 1.015).

Enunciado nº 44 da I Jornada de Processo Civil CEJ/CJF: *"É requisito da petição inicial da tutela cautelar requerida em caráter antecedente a indicação do valor da causa".*

Impossibilidade de o valor do dano moral ser vinculado a salário-mínimo no pedido formulado na petição inicial ou reconhecido na sentença (CPC/73). *"DANO MORAL. FIXAÇÃO DE INDENIZAÇÃO COM VINCULAÇÃO A SALÁRIO-MÍNIMO. VEDAÇÃO CONSTITUCIONAL. Art. 7º, IV, CF. O Plenário desta Corte, ao julgar em 1º/10/97, a ADIN 1.425, firmou o entendimento de que, ao estabelecer o art. 7º, IV, da Constituição que é vedada a vinculação ao salário-mínimo para qualquer fim quis evitar que interesses estranhos aos versados na norma constitucional venham a ter influência na fixação do valor mínimo a ser observado. No caso, a indenização por dano moral foi fixada em 500 salários-mínimos para que, inequivocadamente, o valor do salário-mínimo a que essa indenização está vinculada atue como fator de atualização desta, o que é vedado pelo citado dispositivo constitucional. Outros precedentes desta Corte quanto à vedação da vinculação em causa REXTR conhecido e provido"* (STF. REXTR nº 225.488-PR. Rel. Min. Moreira Alves. DJ 11/04/2000).

Possibilidade de o magistrado retificar de ofício o valor dado a causa (CPC/73). *"Em havendo consequências que o valor da causa acarrete ao andamento do feito ou ao Erário Público, esta Corte Superior de Justiça pacificou já entendimento no sentido de que é possível ao magistrado, de ofício, ordenar a retificação do valor da causa,* ad exemplum, *quando o critério de fixação estiver especificamente previsto em lei ou, ainda, quando a atribuição constante da inicial constituir expediente do autor para desviar a competência, o rito procedimental adequado ou alterar regra recursal. A jurisprudência desta Corte é firme na compreensão de que, em sendo os embargos do devedor parciais, o valor da causa deve corresponder à diferença entre o total executado e o reconhecido como devido"* (STJ. RESP nº 753.147-SP. Rel. Min. Hamilton Carvalhido. DJ 14/06/2004).

Comprovação do dano moral e critérios para o valor da indenização. *"É objetiva a responsabilidade da empresa de transporte de passageiros, a qual somente se exonera da obrigação de indenizar quando o fato decorrer de caso fortuito, força maior ou culpa exclusiva da vítima. Portanto, com o embarque do passageiro a empresa transportadora assume a obrigação de conduzi-lo com segurança até chegar incólume ao seu destino, sendo responsável por qualquer dano que porventura venha a ocorrer durante o transporte. Em caso de acidente de trânsito, o abalo moral ocorre in re ipsa, isso quer dizer que é inerente à ofensa perpetrada. O valor da indenização por danos morais envolve critérios subjetivos e deve considerar os diversos fatores que envolveram o ato lesivo e o dano dele resultante".* (TJ-SC. Apelação Cível nº 0057171-17.2011.8.24.002, Rel. Des. Saul Steil, julgado em 16/02/2017).

Pedido de dano moral deve ser determinado e, acaso seja formulado outro pleito na mesma petição inicial, ambos devem ser somados para fixação do valor da causa. *"1. Com o novo Código de Processo Civil em vigor, restou superado o antigo entendimento do Superior Tribunal de Justiça, onde era permitida a formulação de pedido genérico da indenização por danos morais, que resultava no afastamento do pedido indenizatório do cálculo do valor da causa; o art. 292, inciso V, do CPC/15 esclareceu que até mesmo na ação indenizatória fundada em dano*

> *moral deverá o autor especificar o prejuízo que pretende ver ressarcido, permitindo, assim, a observância do real valor econômico almejado pelo autor para o cálculo do valor da causa. 2. Nos termos do art. 292, inciso VI, do CPC/15, existindo pedidos cumulados, estes deverão ser conjuntamente observados para o cálculo do valor da causa"* (TJ-MT. AI 83154/2016, Des. João Ferreira Filho, Primeira Câmara Cível, julgado em 21/02/2017, DJE, 24/02/2017).
>
> **Impossibilidade de pedido genérico de danos morais (CPC/73).** *"Dano moral. Ação de Indenização. Pedido genérico. Inadmissibilidade. Agravo de instrumento. Ação de indenização por dano moral em que o autor pleiteou fosse este fixado segundo o prudente arbítrio do Juiz. Decisão que determinou fosse formulado pedido certo e, se fosse o caso, recolhida a diferença do preparo. Decisão escorreita visto que, no caso, tem o autor condições de apontar o valor que entende adequado, porque ninguém melhor que o ofendido para avaliar a própria dor e o valor para o seu ressarcimento. A hipótese não é daquelas que a lei possibilita a formulação de pedido genérico, por não haver condições de fazer o pedido certo e determinado. Em se tratando de dano moral o pedido pode ser certo e determinado, e por isso não se admitirá a formulação de pedido genérico. Decisão que se mantém"* (TJ-RJ. Agravo de Instrumento nº 5505/2000. Rel.ª Des.ª Maria Augusta Vaz. DJ 08/08/2000).

Art. 293

Art. 293. O réu poderá impugnar, em preliminar da contestação, o valor atribuído à causa pelo autor, sob pena de preclusão, e o juiz decidirá a respeito, impondo, se for o caso, a complementação das custas.

Desaparece a modalidade de resposta do demandado denominada "incidente de impugnação ao valor da causa". Agora, esta tese defensiva deverá ser apresentada em preliminar de contestação (art. 337, III). Após a decisão do juiz, a parte deverá complementar o valor das custas, se for o caso.

LIVRO V
DA TUTELA PROVISÓRIA

TÍTULO I
DAS DISPOSIÇÕES GERAIS

Art. 294

Art. 294. A tutela provisória pode fundamentar-se em urgência ou em evidência.

Parágrafo único. A tutela provisória de urgência, cautelar ou antecipada, pode ser concedida em caráter antecedente ou incidental.

Instituto inédito é o da "tutela provisória" que, em certos momentos, justifica o desaparecimento do processo cautelar autônomo. Nesta hipótese, o que o demandante pretende obter não é uma "tutela definitiva", ou seja, aquele provimento jurisdicional que pode aspirar a imutabilidade. Na denominada "tutela provisória", é possível obter uma proteção jurisdicional por um determinado lapso de tempo. Este provimento pode ser concedido com base na "urgência" ou na "evidência", que serão disciplinadas em títulos próprios no CPC. Vale dizer, ainda, que a "tutela provisória" foi concebida para ser prestada por meio de uma decisão interlocutória, podendo ter tanto o caráter "satisfativo" como "não satisfativo" ou "cautelar", podendo ser requerida em caráter antecedente ou incidentalmente. De resto, conforme já exposto anteriormente, este provimento permite o contraditório posterior (art. 9º, § 1º, I).

> **Verbete nº 729 da Súmula do STF:** "*A decisão na ADC-4 não se aplica a antecipação dos efeitos da tutela em causa de natureza previdenciária*" (N.A.: atualmente este verbete deve ser interpretado fazendo referência à "tutela provisória de urgência antecipada" e não mais à "antecipação dos efeitos da tutela").
>
> **Verbete nº 234 da Súmula TFR:** "*É inadmissível medida cautelar para impedir os efeitos da coisa julgada*" (N.A.: atualmente este verbete deve ser interpretado fazendo referência à "tutela provisória de urgência cautelar" e não mais à "medida cautelar").

Art. 295

Art. 295. A tutela provisória requerida em caráter incidental independe do pagamento de custas.

Aduz que quando a tutela provisória for requerida após já ter sido instaurado o processo, ou seja, em caráter incidental, não haverá necessidade de pagamento de custas.

Art. 296

Art. 296. A tutela provisória conserva sua eficácia na pendência do processo, mas pode, a qualquer tempo, ser revogada ou modificada.

Parágrafo único. Salvo decisão judicial em contrário, a tutela provisória conservará a eficácia durante o período de suspensão do processo.

O dispositivo reconhece a provisoriedade do novo instituto, já que a decisão proferida não tem o condão de se tornar definitiva, ou seja, de gerar coisa julgada material. Por este motivo, a tutela provisória pode vir a ser revogada e/ou modificada a qualquer tempo, o que é realmente natural por se tratar de uma decisão que foi fruto de um juízo de cognição sumária. Contudo, há possibilidade de seus efeitos tornarem-se estáveis, ultrapassado o prazo de 2 (dois) anos (art. 304).

Art. 297

> **Art. 297. O juiz poderá determinar as medidas que considerar adequadas para efetivação da tutela provisória.**
>
> **Parágrafo único. A efetivação da tutela provisória observará as normas referentes ao cumprimento provisório da sentença, no que couber.**

Concedida a tutela provisória por decisão interlocutória, caberá agora a sua efetivação. Se a parte contrária continuar recalcitrante no cumprimento, esta decisão poderá ser exigida observando-se o mesmo tratamento do cumprimento provisório de sentença. Por exemplo, se for uma tutela provisória determinando a entrega de soma em dinheiro, este valor somente poderá ser levantado pelo credor se vier a prestar caução. Se já for uma tutela provisória que imponha obrigação de fazer, não fazer ou de entrega de coisa, o magistrado poderá determinar o meio executivo mais adequado, como a fixação de *astreintes* ou a expedição de mandado de apreensão, conforme o caso. Contudo, a efetivação deste provimento não autoriza que a outra parte possa vir a se defender por impugnação, devendo sua defesa se ater a aspectos processuais que serão alegados por simples petição.

> **Verbete nº 410 da Súmula do STJ**, nos termos seguintes: *"A prévia intimação pessoal do devedor constitui condição necessária para a cobrança de multa pelo descumprimento de obrigação de fazer ou não fazer"*.
>
> **Enunciado nº 38 da I Jornada de Processo Civil CEJ/CJF:** *"As medidas adequadas para efetivação da tutela provisória independem do trânsito em julgado, inclusive contra o Poder Público (art. 297 do CPC)"*.

Art. 298

> **Art. 298. Na decisão que conceder, negar, modificar ou revogar a tutela provisória, o juiz motivará o seu convencimento de modo claro e preciso.**

O dispositivo exige a motivação da decisão que concede, modifica ou revoga a tutela provisória, o que soa até mesmo desnecessário de acordo com a norma constitucional (art. 93, IX, CF) ou outras do CPC (v.g., art. 489, § 1º).

> Verbete nº 735 da Súmula do STF: "*Não cabe REXTR contra acórdão que defere medida liminar*".
>
> Enunciado nº 39 da I Jornada de Processo Civil CEJ/CJF: "*Cassada ou modificada a tutela de urgência na sentença, a parte poderá, além de interpor recurso, pleitear o respectivo restabelecimento na instância superior, na petição de recurso ou em via autônoma*".

Art. 299

Art. 299. A tutela provisória será requerida ao juízo da causa e, quando antecedente, ao juízo competente para conhecer do pedido principal.

Parágrafo único. Ressalvada disposição especial, na ação de competência originária de tribunal e nos recursos a tutela provisória será requerida ao órgão jurisdicional competente para apreciar o mérito.

O dispositivo dispõe que a tutela provisória em caráter antecedente, tenha ou não feição cautelar, deve ser requerida ao juízo competente para conhecer do pedido principal, ou seja, o que pode conceder também a mesma tutela só que em caráter definitivo. Em casos de tutelas provisórias requeridas em caráter incidental, tais requerimentos já deverão ser formulados nos mesmos autos em que já estiver tramitando o processo. Este regramento se repete caso seja a tutela provisória requerida em sede de Tribunais, tanto em ações de competência originária quanto em recursos, exceto se houver alguma ressalva normativa. É o que ocorre quando, no Tribunal, for instaurado um incidente para solução de demandas repetitivas, caso em que eventual requerimento de tutela provisória deverá ser apresentado ao juízo de primeira instância (art. 982, § 2º). Por fim, é de se destacar que as disposições finais do CPC vedam a concessão de tutelas provisórias em detrimento da Fazenda Pública, em algumas circunstâncias (art. 1.059).

> Verbete nº 729 da Súmula do STF: "*A decisão na ADC-4 não se aplica à antecipação dos efeitos da tutela em causa de natureza previdenciária*".

> **Possibilidade de concessão de tutela provisória de urgência em desfavor da Fazenda Pública (CPC/73).** "*1. É possível a concessão de antecipação dos efeitos da tutela em face da Fazenda Pública, como instrumento de efetividade e celeridade da prestação jurisdicional, sendo certo que a regra proibitiva, encartada no art. 1º, da Lei nº 9.494/97, reclama exegese estrita, por isso que, onde não há limitação não é lícito ao magistrado entrevê-la*" (RESP 1.070.897/SP, Rel. Min. Luiz Fux, Primeira Turma, DJe de 2/2/2010). *2. A jurisprudência do Superior Tribunal de Justiça é assente no sentido da impossibilidade de revisão dos pressupostos para a concessão do pedido de tutela antecipada, pois exigiria o reexame do conjunto fático-probatório dos autos, inviável na via eleita, a teor do enunciado sumular 7/STJ. 3. Agravo regimental não provido*" (STJ. Agravo de instrumento nº 201001497273. Rel. Min. Arnaldo Lima. DJ 18/02/2011).

TÍTULO II
DA TUTELA DE URGÊNCIA

CAPÍTULO I
DISPOSIÇÕES GERAIS

Art. 300

Art. 300. A tutela de urgência será concedida quando houver elementos que evidenciem a probabilidade do direito e o perigo de dano ou o risco ao resultado útil do processo.

§ 1º Para a concessão da tutela de urgência, o juiz pode, conforme o caso, exigir caução real ou fidejussória idônea para ressarcir os danos que a outra parte possa vir a sofrer; a caução pode ser dispensada se a parte economicamente hipossuficiente não puder oferecê-la.

§ 2º A tutela de urgência pode ser concedida liminarmente ou após justificação prévia.

§ 3º A tutela de urgência, de natureza antecipada, não será concedida quando houver perigo de irreversibilidade dos efeitos da decisão.

Inicia a disciplina sobre a tutela provisória em casos de urgência. Enumera os seus novos requisitos que são: a) probabilidade do direito; b) perigo de dano ou risco ao resultado útil do processo; c) que os efeitos da decisão sejam reversíveis. Também esclarece que, conforme o caso, o magistrado pode exigir caução real ou fidejussória para ressarcir eventuais danos que a outra parte possa vir a sofrer. De resto, prevê a possibilidade de esta tutela ser concedida liminarmente, ou seja, em caráter *inaudita altera parte* ou, se for o caso, após justificação prévia, que seria a oportunidade de o requerente instruir melhor o seu pleito.

> Enunciado nº 40 da I Jornada de Processo Civil CEJ/CJF: "*A irreversibilidade dos efeitos da tutela de urgência não impede sua concessão, em se tratando de direito provável, cuja lesão seja irreversível*".
>
> Enunciado nº 41 da I Jornada de Processo Civil CEJ/CJF: "*Nos processos sobrestados por força do regime repetitivo, é possível a apreciação e a efetivação de tutela provisória de urgência, cuja competência será do órgão jurisdicional onde estiverem os autos*".
>
> Enunciado nº 42 da I Jornada de Processo Civil CEJ/CJF: "*É cabível a concessão de tutela provisória de urgência em incidente de desconsideração da personalidade jurídica*".

> **Enunciado nº 25 da ENFAM:** "*A vedação da concessão de tutela de urgência cujos efeitos possam ser irreversíveis (art. 300, § 3º, do CPC/2015) pode ser afastada no caso concreto com base na garantia do acesso à Justiça (art. 5º, XXXV, da CF)*".

Antecipação de tutela. Alteração para valor ilíquido. Descabimento. Subtração da eficácia da obrigação de alimentos. Contrariedade ao interesse do menor alimentante. "*Não é possível, em tutela antecipada deferida na ação revisional de alimentos, a alteração de valor fixo de pensão alimentícia para um valor ilíquido, correspondente a percentual de rendimentos que virão a ser apurados no curso do processo. A questão posta nos autos discute o cabimento da revisão da obrigação de alimentos estabelecidos em valor fixo para uma quantia ilíquida. Inicialmente, verifica-se que a vedação à sentença ilíquida prevista no art. 459 do CPC/73 atende aos princípios da efetividade e da celeridade do processo, uma vez que permite à parte vencedora da demanda que busque desde logo satisfação de seu direito, sem as delongas do procedimento de liquidação de sentença. O novo Código de Processo Civil deu realce ainda maior a essa norma, ao estabelecer a obrigação de que o juiz deve proferir sentença líquida ainda que o pedido seja genérico, conforme se verifica no art. 491. É de se observar que, no âmbito da ação de alimentos, a exigência de sentença líquida toma dimensão ainda maior, tendo em vista a necessidade premente do alimentando. Não é por outra razão que a Lei de Alimentos (Lei nº 5.478/68) determina ao juiz que fixe desde o limiar do processo os alimentos provisórios. No caso dos autos, a despeito de os alimentos haverem sido estabelecidos em valor líquido, no curso de demanda revisional o Tribunal de origem deferiu o pedido de antecipação da tutela recursal para estabelecer um valor ilíquido de pensão alimentícia, correspondente a 30% dos rendimentos que viessem a ser comprovados no curso do processo. Tal provimento dá ensejo à nulidade da decisão, uma vez que, além de contrariar a aludida regra processual acerca da liquidez das sentenças, atenta contra o interesse do menor alimentando, pois a pensão alimentícia foi alterada de um valor fixo, passível de imediata execução, para um valor ilíquido, a ser determinado no curso da demanda revisional, impedindo a imediata execução*" (STJ, RESP 1.442.975-PR, Rel. Min. Paulo de Tarso Sanseverino, por unanimidade, julgado em 27/06/2017, DJe 1º/08/2017).

Tutela antecipada e requerimento em sustentação oral. Viabilidade. "É possível o requerimento de antecipação dos efeitos da tutela em sede de sustentação oral. A antecipação dos efeitos da tutela constitui relevante medida à disposição do juiz, para que propicie a prestação jurisdicional oportuna e adequada que, efetivamente, confira proteção ao bem jurídico em litígio, abreviando, ainda que em caráter provisório, os efeitos práticos do provimento definitivo. Em linha de princípio, o requerimento da tutela antecipada – requisito exigido nos termos do art. 273 do CPC/73 –, assim como a sua extensão, pode ser formulado ou alterado pelo autor, desde que observado o pedido inicial, pois a medida não pode ser mais ampla. Assim, pode o autor requerer ou não, na exordial, a antecipação de parte da tutela, e depois pedir a antecipação da tutela jurisdicional em sua totalidade – o ordenamento jurídico não é infenso à modificação do requerimento de tutela antecipatória. Ora, se o pedido poderia ser formulado ao relator, e o próprio art. 273 do CPC/73 deixa nítido que novas circunstâncias autorizam o requerimento, possível também que seja deduzido em sessão de julgamento, em feito que

> comporta sustentação oral, ao Colegiado que apreciará o recurso. Isso porque, tal procedimento consiste em manifestação formal (art. 554 do CPC/73 e 937 do CPC/2015) a oportunizar à parte adversa até mesmo o contraditório prévio ao exame do pedido" (STJ. RESP 1.332.766-SP, Rel. Min. Luis Felipe Salomão, por unanimidade, julgado em 1º/06/2017, DJe 1º/08/2017).
>
> **Risco de dano agravado pela conduta do demandante não pode subverter os fatos a seu favor (CPC/73).** *"Perigo da demora fabricado. Ingresso em juízo apenas em momento crítico, ao invés de fazê-lo assim que o suposto dano efetivamente ocorreu. Situação de perigo provocada pela agravante, para subverter os fatos em seu favor. A ampla publicidade do certame não corrobora o argumento da recorrente de que não teve ciência do procedimento"* (TJ-PE. Agravo regimental oriundo do processo originário 0013088-14.2010.8.17.0000, 220149-2. Rel. Des. José Fernandes de Lemos. DJ 02/02/2011).
>
> **Tutela provisória de urgência em demandas de natureza declaratória, constitutiva ou condenatória (CPC/73).** *"Quanto à alegação de impossibilidade de antecipação de tutela em demanda declaratória, os autores, ora agravados, na verdade, ajuizaram ação declaratória de revogação e anulatória de ato administrativo, elencando vários pedidos, não se tratando de pretensão de cunho meramente declaratório, e, ainda, o pedido de tutela antecipada visava ao sobrestamento do processo administrativo de demarcação de terras, pretensão essa, guardadas as peculiaridades que o caso apresenta, possível de ser apreciada em sede de tutela antecipada, mediante o exame da presença ou não dos requisitos que autorizam a sua concessão, e, dentro desse contexto, independe a natureza da pretensão, se declaratória, condenatória ou constitutiva"* (TRF3. Agravo de instrumento nº 200603001058496. Rel. Juiz (convocado) Valdeci dos Santos. DJ 02/04/2009).

Art. 301

Art. 301. A tutela de urgência de natureza cautelar pode ser efetivada mediante arresto, sequestro, arrolamento de bens, registro de protesto contra alienação de bem e qualquer outra medida idônea para asseguração do direito.

Embora o CPC não mais preveja a existência de processo cautelar autônomo, com exceção da cautelar de produção antecipada de provas (art. 381 – art. 383), o mesmo deixa muito claro que permanece a possibilidade de as tutelas cautelares serem concedidas. Neste dispositivo, verifica-se a possibilidade da obtenção de uma tutela provisória cautelar, decorrente do poder geral de cautela que permanece como inerente à atividade jurisdicional. Nele são enumeradas, de maneira meramente exemplificativa, algumas medidas que poderão ser determinadas, tais como arresto, sequestro, entre outras.

Para os casos de dívida em favor da Fazenda Pública, persiste o procedimento de arrolamento de bens, que é previsto em ato normativo específico (art. 64, Lei nº 9.532/97).

> **Exclusão de imóvel de arrolamento.** "*Sendo a finalidade do arrolamento fiscal possibilitar o controle patrimonial do devedor, não pode o Fisco manter, indefinidamente, a anotação de arrolamento sobre bem já pertencente a terceiro que não é devedor do tributo. Unânime*" (TRF 1 – ApReeNec 0006952-79.2009.4.01.3600, Rel. Juiz Federal Eduardo Morais da Rocha (convocado), em 28/03/2017).

Art. 302

Art. 302. Independentemente da reparação por dano processual, a parte responde pelo prejuízo que a efetivação da tutela de urgência causar à parte adversa, se:

I – a sentença lhe for desfavorável;

II – obtida liminarmente a tutela em caráter antecedente, não fornecer os meios necessários para a citação do requerido no prazo de 5 (cinco) dias;

III – ocorrer a cessação da eficácia da medida em qualquer hipótese legal;

IV – o juiz acolher a alegação de decadência ou prescrição da pretensão do autor.

Parágrafo único. A indenização será liquidada nos autos em que a medida tiver sido concedida, sempre que possível.

O dispositivo prevê as hipóteses em que o demandante, que obteve a tutela provisória, será responsabilizado a pagar os danos processuais que a outra parte eventualmente tiver sofrido. Trata-se de uma responsabilidade objetiva, sendo que já estava prevista em norma anteriormente analisada (art. 297), que remeteu a sua efetivação para idêntico tratamento dado ao cumprimento provisório de sentença. Consta, ainda, que esta indenização será apurada nos próprios autos, sempre que possível.

> **Tutela provisória de urgência revogada por ocasião da prolação da sentença de improcedência. Responsabilidade objetiva do demandante em ressarcir o demandado.** "*Se a antecipação da tutela anteriormente concedida a assistido de plano de previdência complementar fechada houver sido revogada em decorrência de sentença de improcedência do seu pedido, independentemente de culpa ou má-fé, será possível à entidade previdenciária – administradora do plano de benefícios que tenha suportado os prejuízos da tutela antecipada – efetuar descontos mensais no percentual de 10% sobre o montante total de cada prestação do benefício suplementar*

que vier a ser recebida pelo assistido, até que ocorra a integral compensação, com atualização monetária, da verba que fora antecipada, ainda que não tenha havido prévio pedido ou reconhecimento judicial da restituição. De fato, a sistemática adotada pelos dispositivos da legislação processual civil que visam combater o dano processual – relacionados à tutela antecipada, à tutela cautelar e à execução provisória – inspira-se, conforme entendimento doutrinário, em princípios diversos daqueles que norteiam as demais disposições processuais, as quais buscam reprimir as condutas maliciosas e temerárias das partes no trato com o processo, o chamado improbus litigator. Cuida-se de responsabilidade processual objetiva, bastando a existência do dano decorrente da pretensão deduzida em juízo para que sejam aplicados os arts. 273, § 3º, 475-O, I e II, e 811 do CPC/1973 (correspondentes aos arts. 297, parágrafo único, 520, I e II, e 302 do CPC/2015). Desse modo, os danos causados a partir da execução de tutela antecipada (assim também a tutela cautelar e a execução provisória) são disciplinados pelo sistema processual vigente à revelia de indagação acerca da culpa da parte ou de questionamento sobre a existência ou não de má-fé. Nesse contexto, em linha de princípio, a obrigação de indenizar o dano causado pela execução de tutela antecipada posteriormente revogada é consequência natural da improcedência do pedido, decorrência ex lege da sentença. Por isso, independe de pronunciamento judicial, dispensando também, por lógica, pedido da parte interessada. Com mais razão, essa obrigação também independe de pedido reconvencional ou de ação própria para o acertamento da responsabilidade da parte acerca do dano causado pela execução da medida. Aliás, o art. 302, parágrafo único, do CPC/2015 estabelece que, independentemente da reparação por dano processual, a parte responde pelo prejuízo que a tutela de urgência causar à parte adversa, devendo a indenização ser 'liquidada nos autos em que a medida tiver sido concedida, sempre que possível'. Realmente, toda sentença é apta a produzir efeitos principais (condenar, declarar, constituir, por exemplo), que decorrem da demanda e da pretensão apresentada pelo autor, e, também, efeitos secundários, que independem da vontade das partes ou do próprio juízo. Nessa conjuntura, a sentença de improcedência, quando revoga tutela antecipadamente concedida, constitui, como efeito secundário, título de certeza da obrigação de o autor indenizar o réu pelos danos eventualmente experimentados, cujo valor exato será posteriormente apurado em liquidação nos próprios autos. Com efeito, a responsabilidade objetiva pelo dano processual causado por tutela antecipada posteriormente revogada decorre da inexistência do direito anteriormente acautelado, responsabilidade que independe de reconhecimento judicial prévio ou de pedido do lesado. Além do mais, o CC positivou princípio de sobredireito regente das relações jurídicas privadas, qual seja, a boa-fé objetiva (art. 422), o qual constitui cláusula geral, dirigida precipuamente ao julgador, afigurando-se como instrumentalizadora do sistema, a emprestar a este um aspecto móbil apto a mitigar a rigidez da norma posta, legalmente ou contratualmente. Quanto à possibilidade de a entidade previdenciária – administradora do plano de benefícios que tenha suportado os prejuízos da tutela antecipada – efetuar descontos mensais no percentual de 10% sobre o montante total de cada prestação suplementar, considerando não haver norma que trate especificamente do caso, deve-se, por analogia, buscar, no ordenamento, uma norma que diga respeito à situação assemelhada. Embora as previdências privada e pública submetam-se a regimes jurídicos diversos, com regramentos específicos, tanto de nível constitucional, quanto infraconstitucional, o regramento da previdência estatutária, eventualmente, pode servir como instrumento de auxílio à resolução de questões relativas à previdência privada complementar (RESP 814.465-MS, Quarta Turma, DJe 24/5/2011). No tocante à previdência oficial, a Primeira Seção do STJ (RESP 1.384.418-SC, DJe 30/8/2013) entendeu que, conquanto o recebimento de valores por meio de antecipação dos efeitos da tutela não caracterize, do ponto de vista subjetivo, má-fé por parte do beneficiário da decisão, quanto ao aspecto objetivo, é inviável falar que pode o titular do direito precário pressupor a incorporação irreversível da verba ao seu patrimônio, cabendo ser observados os seguintes parâmetros para o ressarcimento: a) a execução de sentença declaratória do direito deverá ser promovida; b) liquidado e incontroverso o crédito executado, o INSS poderá fazer o desconto em folha de até 10% da remuneração dos benefícios previdenciários em manutenção até a satisfação do crédito, adotado, por simetria, o percentual aplicado aos servidores públicos (art. 46, § 1º, da Lei nº 8.112/90). Este entendimento, ademais, consolidou-se no julgamento do RESP Repetitivo 1.401.560-MT (Primeira Seção, DJe 13/10/2015). Dessa forma, a par de ser solução equitativa, a evitar o enriquecimento sem causa, cuida-se também, no caso aqui analisado, de aplicação de analogia em vista do disposto no art. 46, § 1º, da Lei nº 8.112/90, aplicável aos servidores públicos. Além disso, não bastasse a similitude das hipóteses (devolução dos valores recebidos, a título de antecipação de tutela, por servidor público e/ou segurado do INSS) – a bem justificar a manifesta conveniência da aplicação da analogia –, enquanto a previdência oficial é regime que opera com verba do orçamento da União para garantir sua solvência (a teor do art. 195, caput, da CF, a seguridade social será financiada por toda a sociedade) os planos de benefícios de previdência complementar, por disposições contidas nos arts. 20, 21 e 48 da LC nº 109/2001, podem, até mesmo, vir a ser liquidados extrajudicialmente, em caso de insolvência, e eventual resultado deficitário ou superavitário dos planos é, respectivamente, suportado ou revertido em proveito dos participantes e assistidos. Ora, não se pode perder de vista que as entidades fechadas de previdência complementar, por força de lei, são organizadas sob a forma de fundação ou sociedade civil, sem fins lucrativos, havendo um claro mutualismo com a coletividade integrante dos planos de benefícios administrados por essas entidades, de modo que todo eventual excedente é revertido em favor dos participantes e assistidos do plano. O art. 34, I, da LC nº 109/2001 deixa límpido que as entidades fechadas de previdência privada 'apenas' administram os planos (inclusive, portanto, o fundo formado, que não lhes pertence). Nesse contexto, o entendimento firmado aqui – de que pode ser observado o aludido percentual de 10% para a devolução, por assistido de plano de previdência complementar, de valores recebidos a título de antecipação de tutela posteriormente revogada – já foi adotado pela Terceira Turma do STJ (RESP 1.555.853-RS, DJe 16/11/2015)" (STJ. RESP 1.548.749-RS, Rel. Min. Luis Felipe Salomão, julgado em 13/04/2016, DJe 06/06/2016 – Informativo nº 584).

CAPÍTULO II
DO PROCEDIMENTO DA TUTELA ANTECIPADA REQUERIDA EM CARÁTER ANTECEDENTE

Art. 303

Art. 303. Nos casos em que a urgência for contemporânea à propositura da ação, a petição inicial pode limitar-se ao requerimento da tutela antecipada e à indicação do pedido de tutela final, com a exposição da lide, do direito que se busca realizar e do perigo de dano ou do risco ao resultado útil do processo.

§ 1º Concedida a tutela antecipada a que se refere o *caput* deste artigo:

I – o autor deverá aditar a petição inicial, com a complementação de sua argumentação, a juntada de novos documentos e a confirmação do pedido de tutela final, em 15 (quinze) dias, ou em outro prazo maior que o juiz fixar;

II – o réu será citado e intimado para a audiência de conciliação ou de mediação na forma do art. 334;

III – não havendo autocomposição, o prazo para contestação será contado na forma do art. 335;

§ 2º Não realizado o aditamento a que se refere o inciso I do § 1º deste artigo, o processo será extinto sem resolução do mérito.

§ 3º O aditamento a que se refere o inciso I do § 1º deste artigo dar-se-á nos mesmos autos, sem incidência de novas custas processuais.

§ 4º Na petição inicial a que se refere o *caput* deste artigo, o autor terá de indicar o valor da causa, que deve levar em consideração o pedido de tutela final.

§ 5º O autor indicará na petição inicial, ainda, que pretende valer-se do benefício previsto no *caput* deste artigo.

§ 6º Caso entenda que não há elementos para a concessão de tutela antecipada, o órgão jurisdicional determinará a emenda da petição inicial, em até 5 (cinco) dias, sob pena de ser indeferida e de o processo ser extinto sem resolução de mérito.

Em casos de urgência, o interessado apresentará uma petição inicial (se ainda não houver demanda instaurada), para que o magistrado possa conceder a tutela provisória e determinar a citação do réu, por meio de uma decisão interlocutória. A petição inicial, nestes casos, pode ser objetiva e, em caso de deferimento, o demandante terá um prazo para emendá-la, sob pena de extinção do processo sem resolução do mérito. Observa-se, contudo, que esta petição inicial sucinta já deve ter o valor da causa correspondente ao do proveito econômico que virá a ser obtido se fosse concedida a tutela definitiva. O réu, na sequência, é citado para comparecer à audiência de conciliação ou mediação. Provavelmente, os detentores de capacidade postulatória irão preferir, por questões de praticidade, já elaborar a primeira petição bem completa para evitar que posteriormente esta providência de complementação tenha que ser efetuada.

Art. 304

> **Art. 304. A tutela antecipada, concedida nos termos do art. 303, torna-se estável se da decisão que a conceder não for interposto o respectivo recurso.**
>
> **§ 1º No caso previsto no *caput*, o processo será extinto.**
>
> **§ 2º Qualquer das partes poderá demandar a outra com o intuito de rever, reformar ou invalidar a tutela antecipada estabilizada nos termos do *caput*.**
>
> **§ 3º A tutela antecipada conservará seus efeitos enquanto não revista, reformada ou invalidada por decisão de mérito proferida na ação de que trata o § 2º.**
>
> **§ 4º Qualquer das partes poderá requerer o desarquivamento dos autos em que foi concedida a medida, para instruir a petição inicial da ação a que se refere o § 2º, prevento o juízo em que a tutela antecipada foi concedida.**
>
> **§ 5º O direito de rever, reformar ou invalidar a tutela antecipada, previsto no § 2º deste artigo, extingue-se após 2 (dois) anos, contados da ciência da decisão que extinguiu o processo, nos termos do § 1º.**
>
> **§ 6º A decisão que concede a tutela não fará coisa julgada, mas a estabilidade dos respectivos efeitos só será afastada por decisão que a revir, reformar ou invalidar, proferida em ação ajuizada por uma das partes nos termos do § 2º deste artigo.**

O dispositivo complementa o processamento iniciado pelo antecedente, dispondo que, se não for apresentado recurso pelo réu da decisão que concedeu a tutela provisória, ela se torna estável (sem, contudo, gerar coisa julgada) e o processo será extinto sem resolução do mérito.

A redação do *caput* e do parágrafo primeiro, porém, deve ser analisada com alguns cuidados. O primeiro é que pode ser que o demandante tenha interesse em obter uma tutela de urgência, mas em caráter definitivo com o processamento tradicional. Neste caso, não poderia a tutela provisória de urgência se constituir em um obstáculo para que ele venha a obter a mesma tutela em caráter definitivo, se o demandado não recorrer. Parece, portanto, que ainda que concedida a tutela provisória de urgência e, mesmo sem recurso do réu, fica autorizado o demandante a peticionar requerendo o prosseguimento do processo, até que seja dada, por sentença, a mesma tutela, agora em caráter definitivo. De certa maneira, é o que autoriza o parágrafo segundo do mesmo dispositivo, embora exija uma ação própria para tanto, o que não se afigura razoável diante da permanência do princípio da instrumentalidade das formas (art. 277).

Outro ponto delicado quanto à redação do *caput* e do parágrafo primeiro do artigo reside em estabelecerem que a tutela provisória só ficará estável quando não houver recurso interposto pelo demandado. Até se entende a opção do legislador em mencionar "recurso", e não "defesa", pois no procedimento comum o réu não é citado para se defender, e sim para comparecer à audiência de conciliação ou mediação. Logo, havendo citação do demandado e tendo este conhecimento da concessão da liminar, parece justificável que queira realmente recorrer desta decisão, interpondo um agravo na modalidade de instrumento, e não apresentando defesa, já que o momento processual permanece impróprio para tanto. Contudo, parece melhor conceber que qualquer comportamento que o demandado vier a adotar que indique insatisfação quanto ao teor da decisão da tutela provisória, seja por meio do recurso, apresentação de contestação em momento impróprio ou mesmo pelo protocolo de uma simples petição, já será suficiente para afastar a literalidade do primeiro parágrafo, impondo a continuidade do processo até a prolação da sentença. Se, porém, realmente o réu não adotar qualquer comportamento, o processo será extinto com a permanência da decisão que concedeu a tutela provisória.

Conforme indicam os parágrafos, se no decorrer de dois anos (prazo decadencial), qualquer das partes quiser a alteração, reforma ou invalidação da decisão da tutela provisória, será necessário distribuir uma nova demanda, denominada "ação revocatória", que será distribuída por prevenção ao mesmo órgão jurisdicional e observará o procedimento comum. Será possível, inclusive, que haja a concessão de uma nova tutela provisória nesta demanda, fazendo cessar os efeitos da tutela provisória concedida na anterior. Só que esta nova demanda não se limitará apenas a revogar os efeitos da decisão interlocutória anterior, também se tornando o instrumento processual adequado para que seja analisada e prestada ou não a tutela definitiva requerida na demanda anterior. Ao final destes dois anos, a decisão da tutela provisória se estabiliza, sem que gere coisa julgada, pois trata-se de um provimento que foi concedido em juízo de cognição sumária, ou seja, com base em meras probabilidades, razão pela qual não pode aspirar uma imutabilidade do porte da ação rescisória. Aliás, é por este motivo que, findo o prazo de dois anos para a ação revocatória, não será possível o ajuizamento de ação rescisória, pois, repita-se, não se trata de decisão com trânsito em julgado, e sim meramente estabilizada.

Certamente, todo este arrazoado a respeito da tutela provisória de urgência antecipada (ou satisfativa), não será observado nos processos que tramitam perante o sistema dos juizados especiais. De um lado, a primeira das leis (Lei nº 9.099/95) é completamente silente quanto à possibilidade de provimentos antecipatórios, o que até se justifica, pois a tutela antecipada somente foi implementada no CPC/73 em data pouco próxima (Lei nº 8.952/94), o que justifica que ambos os projetos de lei tramitaram simultaneamente no Congresso Nacional. As demais leis que compõem esse microssistema, porém, já são expressas em admitir provimentos de urgência (art. 4º, Lei nº 10.259/2001 e art. 3º, Lei nº 12.153/2009), também estabelecendo o meio próprio para revogar ou modificar tais decisões, que será por recurso, o qual, na prática, é o agravo por instrumento (art. 5º, Lei nº 10.259/2001 e art. 4º, Lei nº 12.153/2009). Desta maneira, como existe disposição específica no trato dos provimentos provisórios, tanto no Juizado Especial Federal quanto no Fazendário, tais normas é que devem prevalecer quando confrontadas com o novo modelo criado pelo CPC. Até porque, se realmente fosse exigido que em tais juizados as rés, que no caso são algum ente público, tivessem que se valer da ação revocatória prevista no CPC para reforma da decisão de cunho antecipatório, teríamos grave problema em justificar a legitimação ativa destes mesmos entes perante os juizados, pois as duas leis são muito claras e pontuais, sobre os mesmos somente poderem figurar no polo passivo (art. 6º, II, Lei nº 10.259/2001 e art. 5º, II, Lei nº 12.153/2009). Igualmente, haveria obstáculo quanto ao procedimento desta ação revocatória, que seria o rito comum do CPC, porque nos juizados só existe a possibilidade de emprego do próprio procedimento especial criado por essas leis. E, por fim, não parece razoável sustentar que esta ação revocatória seja possível perante um juízo cível, eis que não atua como instância revisora das decisões antecipatórias proferidas em sede de juizado federal ou fazendário, pois é a turma recursal que desempenha esta tarefa. Por todos estes motivos e empecilhos, as tutelas de urgência ainda podem e devem ser concedidas nestes dois juizados e eventual impugnação será manifestada por recurso, tal como a lei específica estabelece. Quanto aos juizados estaduais (Lei nº 9.099/95), realmente não há previsão clara a respeito mas, estando atento aos princípios norteadores do microssistema dos juizados (art. 2º, Lei nº 9.099/95), que é expresso em mencionar os critérios da simplicidade, informalidade e celeridade processual, também é recomendável que se mantenha o mesmo modelo anterior (CPC/73), ou seja, tais decisões de cunho antecipatório poderão ser concedidas ou revogadas nos próprios autos e, havendo inconformismo, este deve ser manifestado pela via do mandado de segurança, em razão da ausência de disposição específica autorizando o uso de algum recurso.

> **Enunciado nº 43 da I Jornada de Processo Civil CEJ/CJF:** "*Não ocorre a estabilização da tutela antecipada requerida em caráter antecedente, quando deferida em ação rescisória*".
>
> **Enunciado nº 70 da I Jornada de Processo Civil CEJ/CJF:** "É agravável o pronunciamento jud*icial que postergar a análise de pedido de tutela provisória ou condicioná-la a qualquer exigência*".

> Enunciado nº 18 da ENFAM: "*Na estabilização da tutela antecipada, o réu ficará isento do pagamento das custas e os honorários deverão ser fixados no percentual de 5% sobre o valor da causa (art. 304, , c/c o art. 701, , do CPC/2015)*".
>
> Enunciado nº 27 da ENFAM: "*Não é cabível ação rescisória contra decisão estabilizada na forma do art. 304 do CPC/2015*".
>
> Enunciado nº 28 da ENFAM: "*Admitido o recurso interposto na forma do art. 304 do CPC/2015, converte-se o rito antecedente em principal para apreciação definitiva do mérito da causa, independentemente do provimento ou não do referido recurso*".
>
> Enunciado nº 26 da ENFAM: "*Caso a demanda destinada a rever, reformar ou invalidar a tutela antecipada estabilizada seja ajuizada tempestivamente, poderá ser deferida em caráter liminar a antecipação dos efeitos da revisão, reforma ou invalidação pretendida, na forma do art. 296, parágrafo único, do CPC/2015, desde que demonstrada a existência de outros elementos que ilidam os fundamentos da decisão anterior*".

CAPÍTULO III
DO PROCEDIMENTO DA TUTELA CAUTELAR REQUERIDA EM CARÁTER ANTECEDENTE

Art. 305

> **Art. 305. A petição inicial da ação que visa à prestação de tutela cautelar em caráter antecedente indicará a lide e seu fundamento, a exposição sumária do direito que se objetiva assegurar e o perigo de dano ou risco ao resultado útil do processo.**
>
> **Parágrafo único. Caso entenda que o pedido a que se refere o *caput* tem natureza antecipada, o juiz observará o disposto no art. 303.**

O dispositivo em questão inicia um novo capítulo, que cuida da tutela provisória urgente, de natureza cautelar, requerida em caráter antecedente. Nesta, como na anterior (tutela provisória urgente, mas de natureza satisfativa), deverá ser apresentada uma petição inicial com exposição sumária do direito e do perigo de dano ou do risco de utilidade do processo. Se o magistrado, ao analisar tal peça, verificar que o pleito tem natureza satisfativa, agirá nos moldes do capítulo anterior, ou seja, permanece a fungibilidade entre tutelas antecipatórias satisfativas e cautelares que existia no modelo primitivo (art. 273, § 7º, CPC/73).

> Enunciado nº 44 da I Jornada de Processo Civil CEJ/CJF: "*É requisito da petição inicial da tutela cautelar requerida em caráter antecedente a indicação do valor da causa*".

> **Enunciado nº 45 da I Jornada de Processo Civil CEJ/CJF:** *"Aplica-se às tutelas provisórias o princípio da fungibilidade, devendo o juiz esclarecer as partes sobre o regime processual a ser observado".*

Art. 306

> **Art. 306.** O réu será citado para, no prazo de 5 (cinco) dias, contestar o pedido e indicar as provas que pretende produzir.

O dispositivo prevê que, após a apresentação da petição inicial, já poderá ocorrer o deferimento liminar da tutela provisória, bem como ser determinada a citação do demandado para que venha a se defender em cinco dias. É curioso que, dependendo do processamento subsequente, o demandante terá que adaptar a sua petição inicial para incluir o pleito da tutela satisfativa e, oportunamente, o demandado irá comparecer a uma audiência de conciliação e mediação para, somente após, ter direito a um novo prazo para apresentação de complemento a sua resposta. Neste processar, portanto, é provável que o demandado tenha que contestar em mais de uma ocasião (a primeira quanto ao pleito cautelar e a segunda vez quando o demandante já tiver emendado a petição inicial).

Art. 307

> **Art. 307.** Não sendo contestado o pedido, os fatos alegados pelo autor presumir-se-ão aceitos pelo réu como ocorridos, caso em que o juiz decidirá dentro de 5 (cinco) dias.
>
> **Parágrafo único.** Contestado o pedido no prazo legal, observar-se-á o procedimento comum.

Aduz que, havendo apresentação de resposta, o processo já instaurado seguirá o procedimento comum, de modo que será designada uma audiência de conciliação e mediação (art. 334). Curiosamente, o dispositivo subsequente prevê a necessidade de o autor emendar a petição inicial para complementá-la com os fatos e o pedido da tutela satisfativa, caso em que, após o fracasso na composição amigável em audiência, será permitida ao réu nova oportunidade de apresentar contestação. É uma dinâmica curiosa, pois no mesmo processo o demandado irá oferecer resposta em dois momentos diferentes.

Art. 308

> Art. 308. Efetivada a tutela cautelar, o pedido principal terá de ser formulado pelo autor no prazo de 30 (trinta) dias, caso em que será apresentado nos mesmos autos em que deduzido o pedido de tutela cautelar, não dependendo do adiantamento de novas custas processuais.
>
> § 1º O pedido principal pode ser formulado conjuntamente com o pedido de tutela cautelar.
>
> § 2º A causa de pedir poderá ser aditada no momento de formulação do pedido principal.
>
> § 3º Apresentado o pedido principal, as partes serão intimadas para a audiência de conciliação ou de mediação na forma do art. 334, por seus advogados ou pessoalmente, sem necessidade de nova citação do réu.
>
> § 4º Não havendo autocomposição, o prazo para contestação será contado na forma do art. 335.

Com a efetivação da tutela provisória de urgência, de natureza cautelar, o demandante deverá apresentar o pedido principal e os fatos que o justificam no mesmo órgão e processo, em trinta dias, sem necessidade de novas custas processuais. Se preferir, o autor já pode apresentar tanto o requerimento da tutela provisória como o da tutela definitiva e suas respectivas causas de pedir já na petição inicial mencionada anteriormente (art. 305), o que soa muito mais prático e eficiente.

Art. 309

> Art. 309. Cessa a eficácia da tutela concedida em caráter antecedente, se:
>
> I – o autor não deduzir o pedido principal no prazo legal;
>
> II – não for efetivada dentro de 30 (trinta) dias;
>
> III – o juiz julgar improcedente o pedido principal formulado pelo autor ou extinguir o processo sem resolução de mérito.
>
> Parágrafo único. Se por qualquer motivo cessar a eficácia da tutela cautelar, é vedado à parte renovar o pedido, salvo sob novo fundamento.

O artigo dispõe sobre casos em que irão cessar os efeitos da tutela provisória de urgência, de natureza cautelar. Uma das hipóteses é a ausência da formulação do pedido principal no prazo de trinta dias na forma estabelecida no artigo anterior, o que também irá gerar a extinção do processo sem resolução do mérito, de acordo com entendimento sumulado do STJ.

> **Verbete nº 482 da Súmula do STJ:** "*A falta de ajuizamento da ação principal no prazo do art. 806 do CPC acarreta a perda da eficácia da medida liminar deferida e a extinção do processo cautelar*" (N.A. o dispositivo mencionado neste verbete agora deve se referir ao art. 309 do CPC/15).
>
> **Enunciado nº 46 da I Jornada de Processo Civil CEJ/CJF:** "*A cessação da eficácia da tutela cautelar, antecedente ou incidental, pela não efetivação no prazo de 30 dias, só ocorre se caracterizada omissão do requerente*".

Art. 310

> **Art. 310.** O indeferimento da tutela cautelar não obsta a que a parte formule o pedido principal, nem influi no julgamento desse, salvo se o motivo do indeferimento for o reconhecimento de decadência ou de prescrição.

Se na petição inicial mencionada no início deste capítulo (art. 305), já for apresentada a causa de pedir que justifica o pleito da tutela definitiva, o magistrado poderá ter uma noção da pretensão principal, caso em que já pode vislumbrar a ocorrência da prescrição ou da decadência. Nestes casos, irá proferir sentença resolvendo o mérito, que irá impedir a formulação do pedido principal, ainda que no processo somente tenha sido requerida a concessão da tutela provisória de urgência de natureza cautelar.

TÍTULO III
DA TUTELA DA EVIDÊNCIA

Art. 311

> **Art. 311.** A tutela da evidência será concedida, independentemente da demonstração de perigo de dano ou de risco ao resultado útil do processo, quando:
>
> **I** – ficar caracterizado o abuso do direito de defesa ou o manifesto propósito protelatório da parte;
>
> **II** – as alegações de fato puderem ser comprovadas apenas documentalmente e houver tese firmada em julgamento de casos repetitivos ou súmula vinculante;

> **III** – se tratar de pedido reipersecutório fundado em prova documental adequada do contrato de depósito, caso em que será decretada a ordem de entrega do objeto custodiado, sob cominação de multa;
>
> **IV** – a petição inicial for instruída com prova documental suficiente dos fatos constitutivos do direito do autor, a que o réu não oponha prova capaz de gerar dúvida razoável.
>
> **Parágrafo único.** Nas hipóteses dos incisos II e III o juiz poderá decidir liminarmente.

A tutela provisória pode ser concedida não apenas com fundamento na "urgência", mas também com base na "evidência" do direito alegado ou da falta dele. Também será concedida por meio de uma decisão interlocutória, que não terá o condão de formar coisa julgada. O diferencial neste modelo são as novas hipóteses que autorizam a concessão da tutela provisória.

O primeiro inciso cuida da antiga "antecipação dos efeitos da tutela, com caráter punitivo", caso em que poderá ser concedida de ofício pelo magistrado quando a evidência do direito do demandado ficar caracterizada pelo abuso do direito de defesa ou do manifesto atuar protelatório da parte. Nos demais casos, a evidência fica clara diante da prova já apresentada nos autos ou quando houver tese firmada em julgamentos de casos repetitivos. Em algumas hipóteses, a tutela provisória será concedida liminarmente, em caráter *inaudita altera parte*, mas, em outros, será concedida em momento processual avançado, quando o demandado já tiver sido citado e até mesmo depois de ter apresentado resposta. A concessão da tutela provisória de urgência, contudo, não impede o prosseguimento do processo, que continuará a observar o procedimento comum. Portanto, quanto ao tema, são inaplicáveis as disposições previstas no CPC que disserem respeito às tutelas provisórias concedidas com base na urgência (art. 303 – art. 310).

É de se criticar, contudo, a redação do quarto inciso, pois em tal hipótese o magistrado já deveria proferir sentença, realizando o julgamento antecipado do mérito (art. 355), eis que a hipótese já admitiria a concessão de uma tutela de evidência em caráter definitivo.

> Enunciado nº 47 da I Jornada de Processo Civil CEJ/CJF: "*A probabilidade do direito constitui requisito para concessão da tutela da evidência fundada em abuso do direito de defesa ou em manifesto propósito protelatório da parte contrária*".
>
> Enunciado nº 48 da I Jornada de Processo Civil CEJ/CJF: "*É admissível a tutela provisória da evidência, prevista no art. 311, II, do CPC, também em casos de tese firmada em repercussão geral ou em súmulas dos tribunais superiores*".

Enunciado nº 49 da I Jornada de Processo Civil CEJ/CJF: *"A tutela da evidência pode ser concedida em mandado de segurança".*

Enunciado nº 29 da ENFAM: *"Para a concessão da tutela de evidência prevista no art. 311, III, do CPC/2015, o pedido reipersecutório deve ser fundado em prova documental do contrato de depósito e também da mora".*

Enunciado nº 30 da ENFAM: *"É possível a concessão da tutela de evidência prevista no art. 311, II, do CPC/2015 quando a pretensão autoral estiver de acordo com orientação firmada pelo Supremo Tribunal Federal em sede de controle abstrato de constitucionalidade ou com tese prevista em súmula dos tribunais, independentemente de caráter vinculante".*

Enunciado nº 31 da ENFAM: *"A concessão da tutela de evidência prevista no art. 311, II, do CPC/2015 independe do trânsito em julgado da decisão paradigma".*

Possibilidade da concessão de tutela de evidência em processo em que se discute a posse. *"1. A controvérsia dos autos cinge-se em analisar a existência, ou não, do direito reivindicatório da agravante, que objetiva, em sede de tutela de evidência recursal, a retomada da posse do imóvel por meio do exercício do seu direito de propriedade. 2. A ação reivindicatória encontra-se prevista no caput do artigo 1.228, do Código Civil, típica do proprietário sem posse contra o possuidor desprovido de domínio, sendo necessário para a procedência o preenchimento de três requisitos, quais sejam: (i) domínio sobre o bem, (ii) detenção ou posse injusta do réu e (iii) perfeita caracterização do imóvel. 3. Consoante se verifica pelo exame da matrícula do imóvel em discussão, registrado no Cartório de Registro de Imóveis da Comarca de Quixadá, a propriedade sobre a área discutida é, de fato, da Diocese de Quixadá, ora agravante. Comprovado, portanto, o primeiro requisito para o sucesso da ação reivindicatória, qual seja, o domínio sobre a área discutida. 4. O imóvel em comento foi devidamente individualizado na petição inicial (fls. 19-20), tendo a parte autora especificado (i) sua localização (Distrito de Dom Maurício – "Serra do Estevam" – Quixadá, Ceará); (ii) o tamanho da área (820,5 hectares); (iii) suas confrontações e limites (nos sentidos norte, sul, Leste e oeste). Preenchido, portanto, o requisito atinente à caracterização do bem. 5. Comprovada a propriedade da agravante quanto ao bem em comento, tem-se como válida a notificação extrajudicial que objetivou dar ciência ao agravado acerca da intenção de o proprietário recuperar a posse sobre o bem; não tendo havido aludida desocupação, restou caracterizado o esbulho pacífico, e, por conseguinte, a injustiça da posse, o que fundamenta a presente ação reivindicatória. 6. Além disso, não tendo o réu logrado êxito em comprovar a realização de benfeitorias úteis ou necessárias no imóvel objeto da presente demanda, não há que se falar na indenização ou no direito de retenção previstos no art. art. 1.219 do Código Civil. 7. Ademais, considerando que a posse dos agravantes aparentemente teve início, ao que tudo indica, em contrato de comodato verbal e tácito, resta ausente o* animus domini, *requisito essencial para a obtenção da propriedade por meio de usucapião. 8. O artigo 311, IV, do Código de Processo Civil, preceitua a tutela da evidência será concedida, independentemente da demonstração de perigo de dano ou de risco ao resultado útil do processo, quando estiverem presentes dois requisitos, quais*

> *sejam: (i) prova documental suficiente para a constituição do direito do autor; e (ii) ausência de contraprova suficiente do réu, capaz de gerar dúvida razoável em torno do direito do autor. 9. No caso dos autos, a prova documental colacionada pelo autor (= matrícula do imóvel e notificação extrajudicial) é suficiente para a constituição do direito da agravante, estando preenchido, portanto, o primeiro requisito. 10. Outrossim, o réu não apresenta documentação capaz de desconstituir o pleito autoral, tendo colacionado apenas recibos, orçamentos e declarações de comerciantes locais que em nada contribuem para o deslinde da controvérsia, porquanto não se tem como relacioná-las ao imóvel em comento. 11. Recurso conhecido e provido, para o fim de determinar que o agravado desocupe o imóvel, no prazo de 30 (trinta) dias, com a entrega das chaves, a contar da intimação desta decisão, sob pena da incidência de multa diária no valor de R$ 500,00 (quinhentos reais) até o cumprimento efetivo do comando judicial em epígrafe. ACÓRDÃO Vistos, discutidos e relatados os presentes autos, em que são partes as pessoas acima indicadas, acorda a 3ª Câmara de Direito Privado do Tribunal de Justiça do Estado do Ceará, por unanimidade, em conhecer e dar provimento ao recurso, nos termos do voto da Relatora"* (TJ-CE, Proc. 0625992-13.2016.8.06.0000, Rel.ª Lira Ramos de Oliveira, julgado em 22/02/2017).

LIVRO VI
DA FORMAÇÃO, DA SUSPENSÃO E DA EXTINÇÃO DO PROCESSO

TÍTULO I
DA FORMAÇÃO DO PROCESSO

Art. 312

Art. 312. Considera-se proposta a ação quando a petição inicial for protocolada, todavia, a propositura da ação só produz quanto ao réu os efeitos mencionados no art. 240 depois que for validamente citado.

O dispositivo em questão deve ser interpretado literalmente, prevendo que a demanda somente se considera proposta quando a petição inicial tiver sido protocolizada. Este protocolo, que tanto pode ser por registro como pela distribuição, também passa a ser um critério para a fixação de prevenção quando houver mais de um processo com vínculos pela conexão ou pela continência (art. 59).

TÍTULO II
DA SUSPENSÃO DO PROCESSO

Art. 313

Art. 313. Suspende-se o processo:

I – pela morte ou pela perda da capacidade processual de qualquer das partes, de seu representante legal ou de seu procurador;

II – pela convenção das partes;

III – pela arguição de impedimento ou de suspeição;

IV – pela admissão de incidente de resolução de demandas repetitivas;

V – quando a sentença de mérito:

a) depender do julgamento de outra causa ou de declaração da existência ou de inexistência de relação jurídica que constitua o objeto principal de outro processo pendente;

b) tiver de ser proferida somente após a verificação de determinado fato ou a produção de certa prova, requisitada a outro juízo;

VI – por motivo de força maior;

VII – quando se discutir em juízo questão decorrente de acidentes e fatos da competência do tribunal marítimo;

VIII – nos demais casos que este Código regula.

IX – pelo parto ou pela concessão de adoção, quando a advogada responsável pelo processo constituir a única patrona da causa;

X – quando o advogado responsável pelo processo constituir o único patrono da causa e tornar-se pai.

§ 1º Na hipótese do inciso I, o juiz suspenderá o processo, nos termos do art. 689.

§ 2º Não ajuizada ação de habilitação, ao tomar conhecimento da morte de qualquer das partes o juiz determinará a suspensão do processo e observará o seguinte:

I – falecido o réu, ordenará a intimação do autor para que promova a citação do respectivo espólio, de quem for o sucessor ou, se for o caso, dos herdeiros, no prazo que designar, de no mínimo 2 (dois) e no máximo 6 (seis) meses;

II – falecido o autor e sendo transmissível o direito em litígio, determinará a intimação de seu espólio, de quem for o sucessor ou, se for o caso, dos herdeiros, pelos meios de divulgação que reputar

> mais adequados, para que manifestem interesse na sucessão processual e promovam a respectiva habilitação no prazo designado, sob pena de extinção do processo sem resolução do mérito.
>
> § 3º No caso de morte do procurador de qualquer das partes, ainda que iniciada a audiência de instrução e julgamento, o juiz determinará que a parte constitua novo mandatário, no prazo de 15 (quinze) dias, ao final do qual extinguirá o processo sem resolução de mérito, se o autor não nomear novo mandatário, ou ordenará o prosseguimento do processo à revelia do réu, se falecido o procurador deste.
>
> § 4º O prazo de suspensão do processo nunca poderá exceder um ano nas hipóteses do inciso V, e 6 (seis) meses naquela prevista no inciso II.
>
> § 5º O juiz determinará o prosseguimento do processo assim que esgotados os prazos previstos no § 4º.
>
> § 6º No caso do inciso IX, o período de suspensão será de 30 (trinta) dias, contado a partir da data do parto ou da concessão da adoção, mediante apresentação de certidão de nascimento ou documento similar que comprove a realização do parto, ou de termo judicial que tenha concedido a adoção, desde que haja notificação ao cliente.
>
> § 7º No caso do inciso X, o período de suspensão será de 8 (oito) dias, contado a partir da data do parto ou da concessão da adoção, mediante apresentação de certidão de nascimento ou documento similar que comprove a realização do parto, ou de termo judicial que tenha concedido a adoção, desde que haja notificação ao cliente.

Trata-se de extenso dispositivo que disciplina as hipóteses de suspensão do processo e o que deve ser feito em cada uma delas. Muitas disposições são mantidas com alguns ajustes de redação enquanto outras são completamente inovadoras. No inciso terceiro, foi substituída a expressão "exceção" por petição de "arguição" de impedimento e suspeição (art. 146). No quarto inciso, houve a inclusão da suspensão decorrente da instauração de incidente de demandas repetitivas (art. 976 – art. 987), embora esta suspensão somente possa vigorar por um ano, o que é uma grande vitória da sociedade para evitar que questões tão importantes fiquem indefinidamente pendentes de solução pelos Tribunais. No sétimo inciso, outra novidade, que seria a suspensão quando se discutir em juízo questão decorrente de acidentes e fatos da navegação de competência do Tribunal Marítimo.

Ressalva-se que este dispositivo traz um rol meramente exemplificativo, o que é até mesmo reforçado pelo seu inciso oitavo, que admite a suspensão do processo por outros motivos previstos no próprio CPC (v.g., art. 916). É de se destacar, ainda, a alteração promovida pela Lei nº 13.363/2016, que passou a prever a possibilidade de suspensão do processo em casos de parto ou adoção por parte de advogado(a) que atue como único(a) patrono(a) de seu cliente, muito embora o prazo possa ser variável (oito a trinta dias, dependendo do sexo). De resto, os parágrafos disciplinam as providências que devem ser adotadas em cada hipótese de suspensão, bem como o eventual prazo de duração.

> Enunciado nº 87 da I Jornada de Processo Civil CEJ/CJF: "*O acordo de reparação de danos feito durante a suspensão condicional do processo, desde que devidamente homologado por sentença, é título executivo judicial*".

Art. 314

Art. 314. Durante a suspensão é vedado praticar qualquer ato processual, podendo o juiz, todavia, determinar a realização de atos urgentes a fim de evitar dano irreparável, salvo no caso de arguição de impedimento e de suspeição.

O dispositivo em questão deve ser interpretado literalmente, dispondo que no período de suspensão é defesa a prática de qualquer ato processual, exceto aqueles considerados urgentes. Se, contudo, for apresentada arguição de impedimento ou de suspeição do magistrado, nem mesmo isso poderá ser enfrentado, pois tais pleitos deverão ser analisados pelo tabelar (art. 146, § 3º).

Art. 315

Art. 315. Se o conhecimento do mérito depender de verificação da existência de fato delituoso, o juiz pode determinar a suspensão do processo até que se pronuncie a justiça criminal.

§ 1º Se a ação penal não for proposta no prazo de 3 (três) meses, contado da intimação do ato de suspensão, cessará o efeito desse, incumbindo ao juiz cível examinar incidentemente a questão prévia.

§ 2º Proposta a ação penal, o processo ficará suspenso pelo prazo máximo de 1 (um) ano, ao final do qual aplicar-se-á o disposto na parte final do § 1º.

Prevê a possibilidade de ser suspenso o processo quando for necessário aguardar um pronunciamento a ser dado em processo criminal. O prazo para esta suspensão pode variar entre três meses a um ano, dependendo de o processo criminal já ter ou não se iniciado. O dispositivo claramente busca conciliar a duração razoável do tempo do processo e evitar, simultaneamente, que ocorram decisões conflitantes em duas esferas distintas sobre o mesmo fato.

TÍTULO III
DA EXTINÇÃO DO PROCESSO

Art. 316

> Art. 316. A extinção do processo dar-se-á por sentença.

O dispositivo é, de certa maneira, redundante, pois o atual conceito de sentença já estabelece que é ela quem encerra fase processual ou o próprio processo (art. 203, § 1º). De qualquer maneira, serve para reforçar o conceito apresentado pelo legislador em momento anterior.

Art. 317

> Art. 317. Antes de proferir decisão sem resolução de mérito, o juiz deverá conceder à parte oportunidade para, se possível, corrigir o vício.

O dispositivo tenta estar em harmonia com as normas fundamentais do CPC, entre elas a que garante à parte o tempo razoável para obter a solução do mérito (art. 4º). Assim, havendo motivo que justifique a prolação de uma sentença terminativa, primeiramente o magistrado deverá intimar o demandante para que faça a devida regularização para, somente após, proferir sentença. Este dispositivo é claramente inspirado no princípio da primazia da resolução do mérito (art. 282, § 2º) e é repetido mais à frente no CPC (art. 485).

PARTE ESPECIAL

LIVRO I
DO PROCESSO DE CONHECIMENTO E DO CUMPRIMENTO DE SENTENÇA

TÍTULO I
DO PROCEDIMENTO COMUM

CAPÍTULO I
DISPOSIÇÕES GERAIS

Art. 318

Art. 318. Aplica-se a todas as causas o procedimento comum, salvo disposição em contrário deste Código ou de lei.

Parágrafo único. O procedimento comum aplica-se subsidiariamente aos demais procedimentos especiais e ao processo de execução.

No modelo anterior (CPC/73), o procedimento comum abrangia o ordinário e o sumário. No entanto, o CPC agora apresenta apenas um procedimento comum, que deve ser aplicado a todas as causas, exceto quando houver algum procedimento especial no próprio CPC ou em leis especiais. Este mesmo rito deve ser observado de maneira subsidiária aos demais procedimentos especiais e, também, ao processo de execução. Embora não expresso neste dispositivo, o atual procedimento comum passa a ter a seguinte ordem: *petição inicial* → *citação* → *audiência de conciliação ou mediação* → *defesa do réu (contestação ou reconvenção)* → *saneamento no gabinete ou audiência específica para estes fins* → *audiência de instrução e julgamento* → *sentença*.

> Enunciado nº 86 da I Jornada de Processo Civil CEJ/CJF: "*As prestações vincendas até o efetivo cumprimento da obrigação incluem-se na execução de título executivo extrajudicial (arts. 323 e 318, parágrafo único, do CPC)*".

CAPÍTULO II
DA PETIÇÃO INICIAL

Seção I
Dos Requisitos da Petição Inicial

Art. 319

Art. 319. A petição inicial indicará:

I – o juízo a que é dirigida;

II – os nomes, os prenomes, o estado civil, a existência de união estável, a profissão, o número de inscrição no cadastro de pessoas físicas ou no cadastro nacional de pessoas jurídicas, o endereço eletrônico, o domicílio e a residência do autor e do réu;

III – o fato e os fundamentos jurídicos do pedido;

IV – o pedido com as suas especificações;

V – o valor da causa;

VI – as provas com que o autor pretende demonstrar a verdade dos fatos alegados;

VII – a opção do autor pela realização ou não de audiência de conciliação ou de mediação.

§ 1º Caso não disponha das informações previstas no inciso II, poderá o autor, na petição inicial, requerer ao juiz diligências necessárias a sua obtenção.

§ 2º A petição inicial não será indeferida se, a despeito da falta de informações a que se refere o inciso II, for possível a citação do réu.

§ 3º A petição inicial não será indeferida, pelo não atendimento ao disposto no inciso II deste artigo, se a obtenção de tais informações tornar impossível ou excessivamente oneroso o acesso à justiça.

A petição inicial é a peça que inaugura o processo, ou seja, aquela que corporifica o instrumento da demanda, eis que é por ela que o autor provoca o Estado a prestar a jurisdição, por meio do exercício do direito de ação. Trata-se de ato processual de suma importância, eis que até mesmo é por intermédio dela que o demandante narra os fatos e a pretensão que vai ser analisada pelo magistrado. Por esta razão, a confecção desta peça deve velar pela observância de certas normas processuais (art. 319), malgrado existam outros dispositivos que possam estabelecer as mais distintas exigências, dependendo do tipo de processo ou de procedimento que vai ser instaurado (v.g., art. 798 – que estabelece exigências pontuais para a petição inicial de processo de execução lastreado em título executivo extrajudicial).

No primeiro inciso, corretamente, houve a alteração de indicação do "juiz" para "juízo", o que é mais adequado por se referir ao órgão jurisdicional. No segundo inciso, foi incluída a necessidade de indicar se existe união estável entre as partes, pois isso pode gerar a necessidade de consentimento ou mesmo ser uma hipótese de litisconsórcio passivo necessário. Também há a necessidade de indicação do endereço eletrônico. É importante constar que os parágrafos primeiro e terceiro autorizam que o magistrado determine as medidas necessárias para se obter a qualificação escorreita das partes, quando este ônus for excessivamente difícil de ser desempenhado pelo demandante. Quanto aos demais incisos, a novidade é que deve ainda o autor indicar se pretende ou não que seja realizada a audiência de conciliação ou de mediação, ressalvando que ela é, a princípio, obrigatória, somente não se realizando se ambas as partes se manifestarem em sentido negativo ou se a questão não permitir a autocomposição, conforme literalmente sugere o CPC (art. 334, § 4º, I e II). De resto, no que diz respeito ao pedido e ao valor da causa, o CPC dá tratamento mais exaustivo (art. 291 – art. 293), lembrando que não mais será possível pedido genérico de danos morais (art. 292, V).

> **Verbete nº 558 da Súmula do STJ:** *"Em ações de execução fiscal, a petição inicial não pode ser indeferida sob o argumento da falta de indicação do CPF e/ou RG ou CNPJ da parte executada".*

> **Desnecessidade de indicar, na inicial de ação monitória, o fato que deu origem ao crédito pleiteado (CPC/73).** *"Segundo o entendimento desta Superior Corte, o autor da ação monitória não está obrigado a indicar na petição inicial a origem da dívida expressa no título de crédito sem eficácia executiva. Nesse caso, o ônus da prova incumbe ao réu. Precedentes"* (STJ. Embargos de declaração no agravo regimental no RESP nº 2012/0157349-5. Rel. Min. Luis Felipe Salomão. DJ 09/10/2012).
>
> **Desnecessidade de indicar, na inicial de ação monitória, o fato que deu origem ao crédito pleiteado, ainda que lastreado em cheque prescrito.** *"Apelação cível. Ação monitória. Cheque. Características da literalidade, autonomia e cartularidade que persistem, a despeito da prescrição da força executiva. Artigos 33, 59 e 61 da Lei nº 7.357, de 2/9/1985. Demonstração da causa debendi do título. Desnecessidade. Súmula nº 531 do Superior Tribunal de Justiça. Documento que se mostra suficiente para instruir o pedido injuntivo. Alegação de que não houve a finalização dos serviços contratados. Argumento destituído de credibilidade e de um mínimo de prova. Ausência de qualquer elemento apto a desconstituir o título formalmente perfeito. Ônus probatório. Artigo 373, inciso II, do Código de Processo Civil de 2015. Inversão do ônus da prova que, no caso concreto, não se faz necessária. Ausência de verossimilhança do alegado. Ônus da sucumbência que é imposto ao litigante vencido, nos termos do artigo 85, caput, do Código de Processo Civil de 2015. Majoração dos honorários advocatícios em razão do trabalho realizado em grau de recurso pelo advogado da apelada. Artigo 85, § 11, do Código de Processo Civil de 2015. Recurso desprovido"* (TJ-SC. Apelação Cível nº 0056228-63.2012.8.24.0023, da Capital, Rel. Des. Jânio Machado, julgado em 13/07/2017).

Art. 320

> Art. 320. A petição inicial será instruída com os documentos indispensáveis à propositura da ação.

O dispositivo permanece com redação idêntica em relação ao modelo anterior (CPC/73), versando que a petição inicial deve vir acompanhada dos documentos indispensáveis. O instrumento de procuração, por exemplo, é necessário naquelas situações em que a parte não possui capacidade postulatória por si mesma constituindo-se, na imensa maioria das vezes, em documento absolutamente essencial para a instauração e desenvolvimento regular do processo. Mas existem muitos outros ainda, como na ação monitória, que exige a presença de prova escrita sem eficácia de título executivo que sinalize a existência de uma obrigação de pagar soma em dinheiro, de entrega de coisa fungível ou de bem móvel ou, ainda de obrigação de fazer ou não fazer (art. 700). E, ainda, também para a promoção de qualquer fase de cumprimento ou mesmo execução autônoma, haverá a necessidade de se apresentar o título executivo judicial ou extrajudicial, conforme o caso. Portanto, conclui-se que a aferição do que vem ou não a ser documento indispensável para a propositura da ação dependerá do processo ou do procedimento que vier a ser instaurado ou adotado pela parte.

Art. 321

> Art. 321. O juiz, ao verificar que a petição inicial não preenche os requisitos dos arts. 319 e 320 ou que apresenta defeitos e irregularidades capazes de dificultar o julgamento de mérito, determinará que o autor, no prazo de 15 (quinze) dias, a emende ou a complete, indicando com precisão o que deve ser corrigido ou completado.
>
> Parágrafo único. Se o autor não cumprir a diligência, o juiz indeferirá a petição inicial.

O CPC (art. 321) autoriza que o magistrado determine a emenda da petição inicial no prazo de 15 (quinze) dias, quando constatar que ela não observa os requisitos legais (art. 319) ou que veio desacompanhada de seus documentos indispensáveis, sob pena de extinção do processo. Em situações como essa, a autoridade judicante já deve indicar, em sua decisão, precisamente aquilo que entende que deve ser emendado, até porque o patrono dela poderá discordar e se valer do meio próprio para questionar esta fundamentação.

O mesmo dispositivo também não esclarece quantas vezes poderá ser determinada a emenda, sendo razoável concluir que poderá ser realizada quantas vezes forem necessárias caso seja um vício sanável. E, para se evitar qualquer alegação de prejuízo do demandado quanto à eventual dificuldade de entender os termos da petição inicial que foi por diversas vezes emendada em razão de retificações pontuais feitas em várias peças distintas, é salutar que o demandante adote um procedimento padrão, ainda que não especificado em lei. Assim, o que se sugere é que, após ter sido realizada a intimação do autor para emendar a petição inicial, caberá ao mesmo apresentá-la integralmente com as devidas correções e mais as cópias necessárias para instruir eventual contrafé, por meio de uma simples petição de juntada direcionada ao mesmo órgão jurisdicional. E, se eventualmente for determinada mais uma emenda, este mesmo procedimento deverá ser repetido, com outra juntada de novas petições iniciais integrais e retificadas. É o que se chama de "emenda por peça única", praxe que realmente deve ser adotada quando o processo permanece como "físico".

Por fim, se o vício detectado pelo magistrado for extremamente grave e impassível de emenda, caberá tão somente proferir sentença, indeferindo a petição inicial (art. 330).

> **Possibilidade de emenda da petição inicial em processo coletivo mesmo após já ter sido realizada a citação do demandado** "*1. Não há falar em ofensa ao art. 535 do CPC/1973, se a matéria em exame foi devidamente enfrentada pelo Tribunal de origem, que emitiu pronunciamento de forma fundamentada, ainda que em sentido contrário à pretensão da parte recorrente. 2. No que se refere às ações individuais, a jurisprudência do Superior Tribunal de Justiça diverge sobre a possibilidade de, após a contestação, emendar-se a petição inicial, quando detectados defeitos e irregularidades relacionados ao pedido, num momento entendendo pela extinção do processo, sem julgamento do mérito (RESP 650.936/RJ, Relª. Minª. Eliana Calmon, Segunda Turma, julgado em 21/3/2006, DJ 10/5/2006) em outro, afirmando a possibilidade da determinação judicial de emenda à inicial, mesmo após a contestação do réu (RESP 1229296/SP, Rel. Min. Marco Buzzi, Quarta Turma, julgado em 10/11/2016, DJe 18/11/2016). 3. A ação civil pública é instrumento processual de ordem constitucional, destinado à defesa de interesses transindividuais, difusos, coletivos ou individuais homogêneos e a relevância dos interesses tutelados, de natureza social, imprime ao direito processual civil, na tutela destes bens, a adoção de princípios distintos dos adotados pelo Código de Processo Civil, tais como o da efetividade. 4. O princípio da efetividade está intimamente ligado ao valor social e deve ser utilizado pelo juiz da causa para abrandar os rigores da intelecção vinculada exclusivamente ao Código de Processo Civil – desconsiderando as especificidades do microssistema regente das ações civis –, dado seu escopo de servir à solução de litígios de caráter individual. 5. Deveras, a ação civil constitui instrumento de eliminação da litigiosidade de massa, capaz de dissipar infindos processos individuais, evitando, ademais, a existência de diversidade de entendimentos sobre o mesmo caso, possuindo, ademais, expressivo papel no aperfeiçoamento da prestação jurisdicional, diante de sua vocação inata de proteger um número elevado de pessoas mediante um único processo. 6. A orientação*

que recomenda o suprimento de eventual irregularidade na instrução da exordial por meio de diligência consistente em sua emenda, prestigia a função instrumental do processo, segundo a qual a forma deve servir ao processo e a consecução de seu fim. A técnica processual deve ser observada não como um fim em si mesmo, mas para possibilitar que os objetivos, em função dos quais ela se justifica, sejam alcançados. 7. Recurso especial a que se nega provimento" (STJ. RESP nº 1.279.586/PR, Rel. Min. Luis Felipe Salomão. DJ 17/11/2017).

Seção II
Do Pedido

Art. 322

Art. 322. O pedido deve ser certo.

§ 1º Compreendem-se no principal os juros legais, a correção monetária e as verbas de sucumbência, inclusive os honorários advocatícios.

§ 2º A interpretação do pedido considerará o conjunto da postulação e observará o princípio da boa-fé.

A disciplina quanto ao "pedido" fica mais técnica. O CPC prevê que o pedido seja "certo", ou seja, que o mesmo esteja expresso na petição inicial. O primeiro parágrafo enumera quais são os pedidos "implícitos", ou seja, aqueles que mesmo não estando na inicial devem ser expressamente decididos pelo juiz. São enumerados os juros, a correção monetária e as verbas de sucumbência como exemplos de pedido implícito, muito embora existam outras como os mencionados no artigo subsequente. O último parágrafo inova ao dispor que a interpretação dos pedidos não mais será realizada restritivamente, mas sim levando em consideração o conjunto da postulação e a observância ao princípio da boa-fé (art. 5º).

Verbete nº 254 da Súmula do STF: *"Incluem-se os juros moratórios na liquidação, embora omisso o pedido inicial ou a condenação".*

Verbete nº 453 da Súmula do STJ: *"Os honorários sucumbenciais, quando omitidos em decisão transitada em julgado, não podem ser cobrados em execução ou em ação própria".*

A condenação aos juros moratórios é pedido implícito, não necessitando constar expressamente na petição inicial (CPC/73). *"A importância paga a maior deve ser restituída com a inclusão dos juros moratórios, pois se trata de encargo implícito ao pedido"* (STJ. Agravo no RESP nº 1.177.556–RS. Rel. Min. Massami Uyeda. DJ 26/06/2012).

A condenação aos juros moratórios e correção monetária, por serem pedidos implícitos, não necessitam constar expressamente na petição

> **inicial (CPC/73).** "*De qualquer modo, É entendimento assente nesta Corte que, ao se fixarem juros e correção monetária não pleiteados, não ocorre julgamento extra petita; porquanto, além de cuidar-se de consectário legal considerado implícito no pedido, ao juiz é facultado aplicar o direito ao caso concreto sob fundamentos diversos aos apresentados pela parte*" (STJ. Agravo regimental no RESP nº 2011/0283600-1. Rel. Min. Francisco Falcão. DJ 17/05/2012).
>
> **Interpretação da petição inicial e do seu pedido (CPC/73).** "*A interpretação da inicial não implica dizer que o critério pode ser extensivo ou ampliativo*" (STJ. RESP nº 985.087-SP. Rel. Min. Humberto Gomes de Barros. DJ 1º/04/2008).

Art. 323

Art. 323. Na ação que tiver por objeto cumprimento de obrigação em prestações sucessivas, essas serão consideradas incluídas no pedido, independentemente de declaração expressa do autor, e serão incluídas na condenação, enquanto durar a obrigação, se o devedor, no curso do processo, deixar de pagá-las ou de consigná-las.

O dispositivo em questão deve ser interpretado literalmente, tratando de mais um pedido implícito, que ocorre quando houver prestações periódicas vencendo no curso da demanda. Em tais casos, o CPC também já esclareceu em momento próprio como se calcular o valor da causa (art. 292, § 2º).

> **Enunciado nº 86 da I Jornada de Processo Civil CEJ/CJF:** "*As prestações vincendas até o efetivo cumprimento da obrigação incluem-se na execução de título executivo extrajudicial (arts. 323 e 318, parágrafo único, do CPC)*".

Art. 324

Art. 324. O pedido deve ser determinado.

§ 1º É lícito, porém, formular pedido genérico:

I – nas ações universais, se o autor não puder individuar os bens demandados;

II – quando não for possível determinar, desde logo, as consequências do ato ou do fato;

III – quando a determinação do objeto ou do valor da condenação depender de ato que deva ser praticado pelo réu.

§ 2º O disposto neste artigo aplica-se à reconvenção.

O dispositivo esclarece que o pedido deve ser "determinado", ou seja, que tenha o "bem da vida" ou a pretensão de direito material perfeitamente delineados. Contudo, o dispositivo em questão, que é perfeitamente aplicável também à reconvenção, enumera casos em que poderá ser formulado pedido "genérico", ou seja, quando não há possibilidade de delimitar o aspecto mediato do seu pedido. As hipóteses de pedido genérico permanecem as mesmas do modelo anterior (CPC/73), com ajustes na redação, devendo ser destacado que, nestes casos, o demandante indicará um valor à causa aleatório, apenas para dar cumprimento à legislação (art. 319, V). Relembre-se, outrossim, que o CPC vedou a formulação de pedido genérico quando se tratar de demanda que objetiva a percepção de danos morais (art. 292, V).

Art. 325

Art. 325. O pedido será alternativo quando, pela natureza da obrigação, o devedor puder cumprir a prestação de mais de um modo.

Parágrafo único. Quando, pela lei ou pelo contrato, a escolha couber ao devedor, o juiz lhe assegurará o direito de cumprir a prestação de um ou de outro modo, ainda que o autor não tenha formulado pedido alternativo.

O dispositivo em questão deve ser interpretado literalmente, tratando do que é considerado pedido alternativo e como é realizada a concentração da obrigação.

Art. 326

Art. 326. É lícito formular mais de um pedido em ordem subsidiária, a fim de que o juiz conheça do posterior, quando não acolher o anterior.

Parágrafo único. É lícito formular mais de um pedido, alternativamente, para que o juiz acolha um deles.

O dispositivo em questão deve ser interpretado literalmente, passando a usar a expressão adequada para se referir à hipótese nele contemplada, que realmente cuida de uma cumulação subsidiária de pedidos. O parágrafo único autoriza que, nesta hipótese, o juiz escolha um dos dois alternativamente. Também é importante frisar que, nesta hipótese de cumulação de pedidos, não é exigida a compatibilidade entre os dois pleitos (art. 327, § 3º).

Art. 327

> Art. 327. É lícita a cumulação, em um único processo, contra o mesmo réu, de vários pedidos, ainda que entre eles não haja conexão.
>
> § 1º São requisitos de admissibilidade da cumulação que:
>
> I – os pedidos sejam compatíveis entre si;
>
> II – seja competente para conhecer deles o mesmo juízo;
>
> III – seja adequado para todos os pedidos o tipo de procedimento.
>
> § 2º Quando, para cada pedido, corresponder tipo diverso de procedimento, será admitida a cumulação se o autor empregar o procedimento comum, sem prejuízo do emprego das técnicas processuais diferenciadas previstas nos procedimentos especiais a que se sujeitam um ou mais pedidos cumulados, que não forem incompatíveis com as disposições sobre o procedimento comum.
>
> § 3º O inciso I do § 1º não se aplica às cumulações de pedidos de que trata o art. 326.

O dispositivo em questão deve ser interpretado literalmente, no que diz respeito aos requisitos para a cumulação de pedidos. O *caput* mantém a regra de que é necessário que os pedidos sejam formulados em relação ao mesmo réu, muito embora exista jurisprudência do STJ flexibilizando esta afirmação, permitindo pedidos cumulados entre réus diferentes, mas desde que entre os pleitos exista o vínculo da conexão.

Os requisitos para a cumulação são mantidos integralmente, não sendo exigida a compatibilidade entre eles apenas para os casos de pedidos subsidiários. Outra novidade é o parágrafo segundo, que permite a cumulação mesmo quando os procedimentos forem distintos, mas desde que as técnicas processuais diferenciadas possam ser adotadas também no rito comum, o que é extremamente vago e pode gerar certa insegurança jurídica. Seria o exemplo de uma demanda com pedido possessório e com outro pleito com finalidade de rescindir um contrato. Neste caso, seria adotado o procedimento comum, mas ainda assim o demandante faria jus a liminar própria do procedimento possessório, que adota uma técnica processual diferenciada (art. 558).

> Verbete nº 37 da Súmula do STJ: "*São cumuláveis as indenizações por dano material e de dano moral oriundos do mesmo fato*".
>
> Verbete nº 387 da Súmula do STJ: "*É lícita a cumulação das indenizações de dano estético e dano moral*".

> **Possibilidade de cumular pedido de consignação com o de revisão de cláusulas contratuais (CPC/73).** "*É possível, em razão do mesmo contrato, a cumulação do pedido de consignação dos valores incontroversos com o de revisão de cláusulas ilegais ou abusivas*" (STJ. RESP nº 596.934-RJ. Rel. Min. Castro Filho. DJ 16/06/2004).

Possibilidade de cumulação de pedidos em que cada um envolve demandado distinto (CPC/73). *"É assente nesta Corte a possibilidade de cumulação de pedidos, nos termos do art. 292 do Código de Processo Civil, quando houver na demanda ponto comum de ordem jurídica ou fática, ainda que contra réus diversos. A expressão 'contra o mesmo réu' referida no art. 292 do CPC deve ser interpretada* cum grano salis, *de modo a se preservar o fundamento técnico-político da norma de cumulação simples de pedidos, que é a eficiência do processo e da prestação jurisdicional. Respeitados os requisitos do art. 292, § 1º, do CPC (compatibilidade de pedidos, competência do juízo e adequação do tipo de procedimento), aos quais se deve acrescentar a exigência de que não cause tumulto processual (pressuposto pragmático), nem comprometa a defesa dos demandados (pressuposto político), é admissível, inclusive em ação civil pública, a cumulação de pedidos contra réus distintos e atinentes a fatos igualmente distintos, desde que estes guardem alguma relação entre si. Seria um equívoco exigir a propositura de ações civis públicas individuais para cada uma das várias licitações impugnadas as quais, embora formalmente diversas entre si, integram uma sequência temporal de atos de uma única administração municipal e ocorreram no âmbito do mesmo órgão e programa social"* (STJ. Agravo regimental no RESP nº 953.731/SP. Rel. Min. Herman Benjamim. DJ 02/10/2008).

Impossibilidade de cumulação de pedidos em que cada um envolve demandado distinto (CPC/73). *"O autor cumulou pedidos cominatórios de obrigação de fazer em face de Telecomunicações do Piauí S/A – Telemar com pedido de indenização em face da mesma ré e ainda da Agência Nacional de Telecomunicações – Anatel. Não se trata da cumulação permitida pelo art. 292,* caput, *do Código de Processo Civil, porquanto são pedidos distintos contra réus distintos"* (TRF1. Apelação cível nº 200140000040208. Rel. Des. Federal João Batista Moreira. DJ 22/09/2009).

Impossibilidade de cumular pedido de consignação com o de revisão de cláusulas contratuais (CPC/73). *"Consumidor e Processual Civil. Agravo de instrumento. Ação revisional de contrato de financiamento cumulada com consignação em pagamento. Pleito de consignação de valor parcial. Impossibilidade. Obrigação de pagar o valor integral enquanto não revisado o contrato. Depósito parcial das prestações de financiamento com parcelas pré-fixadas que não afasta a mora do consumidor. Precedentes deste tribunal de justiça. Agravo de instrumento a que se nega seguimento (Art. 557, CPC)"* (TJ-RJ. Agravo de instrumento nº 0068195-18.2012.8.19.0000. Rel. Des. Luiz Fernando de Carvalho. DJ 07/12/2012).

Art. 328

Art. 328. Na obrigação indivisível com pluralidade de credores, aquele que não participou do processo receberá sua parte, deduzidas as despesas na proporção de seu crédito.

O dispositivo permanece com redação idêntica em relação ao modelo anterior (CPC/73), versando sobre os casos de obrigação indivisível com pluralidade de credores.

Art. 329

> Art. 329. O autor poderá:
>
> I – até a citação, aditar ou alterar o pedido ou a causa de pedir, independentemente do consentimento do réu;
>
> II – até o saneamento do processo, aditar ou alterar o pedido e a causa de pedir, com o consentimento do réu, assegurado o contraditório mediante a possibilidade de manifestação deste no prazo mínimo de 15 (quinze) dias, facultado o requerimento de prova suplementar.
>
> Parágrafo único. Aplica-se o disposto neste artigo à reconvenção e à respectiva causa de pedir.

O artigo encerra discussão doutrinária, permitindo que as alterações de ordem quantitativa ou mesmo qualitativa dos pedidos sejam realizadas até a citação, o que independerá de anuência do demandado. Contudo, uma vez formalizada a citação, tais mudanças somente serão possíveis enquanto não for saneado o processo, mas desde que haja consentimento do réu. Nesta última hipótese, as eventuais modificações permitirão que seja reaberto o prazo para resposta, bem como que seja requerida a produção de prova suplementar. Trata-se de dispositivo também aplicável à reconvenção.

> Enunciado nº 35 da I Jornada de Processo Civil CEJ/CJF: *"Considerando os princípios do acesso à justiça e da segurança jurídica, persiste o interesse de agir na propositura de ação declaratória a respeito da questão prejudicial incidental, a ser distribuída por dependência da ação preexistente, inexistindo litispendência entre ambas as demandas (arts. 329 e 503, § 1º, do CPC)".*

Seção III
Do Indeferimento da Petição Inicial

Art. 330

> Art. 330. A petição inicial será indeferida quando:
>
> I – for inepta;
>
> II – a parte for manifestamente ilegítima;
>
> III – o autor carecer de interesse processual;
>
> IV – não atendidas as prescrições dos arts. 106 e 321.
>
> § 1º Considera-se inepta a petição inicial quando:

I – lhe faltar pedido ou causa de pedir;

II – o pedido for indeterminado, ressalvadas as hipóteses legais em que se permite o pedido genérico;

III – da narração dos fatos não decorrer logicamente a conclusão;

IV – contiver pedidos incompatíveis entre si.

§ 2º Nas ações que tenham por objeto a revisão de obrigação decorrente de empréstimo, de financiamento ou de alienação de bens, o autor terá de, sob pena de inépcia, discriminar na petição inicial, dentre as obrigações contratuais, aquelas que pretende controverter, além de quantificar o valor incontroverso do débito.

§ 3º Na hipótese do § 2º, o valor incontroverso deverá continuar a ser pago no tempo e modo contratados.

O dispositivo cuida em sua maior parte de mero ajuste redacional, no que diz respeito às causas de indeferimento da petição inicial. O procedimento inadequado deixa de ser uma hipótese expressa de indeferimento por ser desnecessária, já que esta hipótese caracteriza ausência de interesse processual.

Há menção de que também é caso de indeferimento se o pedido for indeterminado, exceto se for uma das hipóteses que admitem pedido genérico (art. 324, § 1º). Por exemplo, interpretando literalmente o CPC, o pedido de danos morais não mais poderá ser apresentado em caráter genérico (art. 292, inc. V). Não sendo feito desta maneira, caberá ao magistrado intimar a parte para que emende a inicial, apontando o equívoco (art. 321). Contudo, não sendo realizada a emenda da petição inicial, a mesma será indeferida, por esta nova hipótese.

Também haverá a necessidade de quantificar o valor incontroverso, nas demandas que tenham objetivo de revisão de obrigação em alguns casos. Os casos antigos de prescrição e decadência deixam, acertadamente, de serem hipóteses de indeferimento para serem incluídas como casos de improcedência liminar (art. 332, § 1º), gerando prolação de sentença definitiva, ao contrário de todas as situações aqui contempladas, que apenas permitem sentença de cunho terminativa.

É importante consignar, ainda, que esta expressão, "indeferimento da petição inicial", somente pode ser empregada enquanto ainda não tiver ocorrido a determinação da citação do demandado. O raciocínio é simples: é que se for determinada a citação do réu, então isso caracteriza, ainda que implicitamente, o deferimento da petição inicial, o que tornaria este indeferimento posterior extremamente contraditório. Portanto, é melhor concluir que o "indeferimento" se dá somente antes de o juiz prolatar o "despacho liminar de conteúdo positivo", ou seja, de determinar a citação do réu. No entanto, é importante frisar que aquelas situações que admitem o indeferimento da petição inicial não precluem, razão pela qual estas matérias podem ser trazidas pelo demandado em sua defesa ou até mesmo pronunciadas de ofício pelo juiz (hipótese, por exemplo, da ilegitimidade das partes ou da falta de interesse processual). Só que, caso a citação já tenha sido efetivada, ainda assim tais matérias poderão ser reconhecidas, só que não mais com a alcunha de "indeferimento da petição inicial", mas sim de "julgamento conforme o estado do processo" (art. 354). Portanto, deve o purista da ciência processual ter especial cuidado quanto ao uso adequado das nomenclaturas processuais.

De resto, importante frisar que, quando se tratar de sentença de indeferimento da petição inicial, o interessado poderá se valer do recurso de apelação para impugná-la, o que irá caracterizar um dos casos em que este recurso possuirá juízo de retratação (art. 331). Este juízo de retratação ocorre quando a lei permite que o magistrado que prolatou a decisão possa revê-la sem que o recurso já interposto tenha que ser encaminhado ao Tribunal. É uma providência que ocorre em vários recursos, muito embora não em todas as situações. No recurso de apelação, que é a hipótese vertente, somente será possível o juízo de retratação em poucos outros casos no CPC (art. 331, art. 332 e art. 485, § 7º) ou em lei específica (art. 198, inc. VII, Lei nº 8.069/90).

> Verbete nº 558 da Súmula do STJ: "*Em ações de execução fiscal, a petição inicial não pode ser indeferida sob o argumento da falta de indicação do CPF e/ou RG ou CNPJ da parte executada*".

Art. 331

Art. 331. Indeferida a petição inicial, o autor poderá apelar, facultado ao juiz, no prazo de 5 (cinco) dias, retratar-se.

§ 1º Se não houver retratação, o juiz mandará citar o réu para responder ao recurso.

§ 2º Sendo a sentença reformada pelo tribunal, o prazo para contestação começará a correr da intimação do retorno dos autos, observado o disposto no art. 334.

§ 3º Não interposta a apelação, o réu será intimado do trânsito em julgado da sentença.

O artigo mantém o juízo de retratação nos casos de indeferimento da petição inicial, com prazo levemente maior estabelecido em cinco dias. Não havendo retratação, determina que somente neste momento é que a outra parte será citada para responder ao recurso, o que é uma novidade, pois tal ato era desnecessário de acordo com a jurisprudência do STF. Embora não haja menção neste dispositivo, a admissibilidade deste recurso passa a ser realizada diretamente pelo próprio Tribunal (art. 1.010, § 3º). Em casos de não interposição de qualquer recurso, haverá o trânsito em julgado e o demandado será cientificado desta situação.

> Enunciado nº 68 da I Jornada de Processo Civil CEJ/CJF: "*A intempestividade da apelação desautoriza o órgão a quo a proferir juízo positivo de retratação*".

> Indeferimento da petição inicial e desnecessidade de o demandado ser citado com o escopo unicamente de apresentar contrarrazões (CPC/73). "*Citação da pessoa jurídica legitimada passiva ad causam, para contra-arrazoar. Desnecessidade. Não ocorrência de coisa julgada material nem preclusão em relação a ela. Inteligência e constitucionalidade do art. 296, parágrafo único, do Código de Processo Civil, com a redação da Lei nº 8.952/94. Interpretação conforme à Constituição (art. 5º, LIV e LV)*" (STF. Agravo regimental no agravo de instrumento nº 427.533/RS. Rel. Min. Marco Aurélio. DJ 02/08/2004).

CAPÍTULO III
DA IMPROCEDÊNCIA LIMINAR DO PEDIDO

Art. 332

Art. 332. Nas causas que dispensem a fase instrutória, o juiz, independentemente da citação do réu, julgará liminarmente improcedente o pedido que contrariar:

I – enunciado de súmula do Supremo Tribunal Federal ou do Superior Tribunal de Justiça;

II – acórdão proferido pelo Supremo Tribunal Federal ou pelo Superior Tribunal de Justiça em julgamento de recursos repetitivos;

III – entendimento firmado em incidente de resolução de demandas repetitivas ou de assunção de competência;

IV – enunciado de súmula de tribunal de justiça sobre direito local.

§ 1º O juiz também poderá julgar liminarmente improcedente o pedido se verificar, desde logo, a ocorrência de decadência ou de prescrição.

§ 2º Não interposta a apelação, o réu será intimado do trânsito em julgado da sentença, nos termos do art. 241.

§ 3º Interposta a apelação, o juiz poderá retratar-se em 5 (cinco) dias.

§ 4º Se houver retratação, o juiz determinará o prosseguimento do processo, com a citação do réu, e, se não houver retratação, determinará a citação do réu para apresentar contrarrazões, no prazo de 15 (quinze) dias.

A improcedência liminar do pedido é possível nas hipóteses que dispensarem dilação probatória e que seja dispensada a citação do réu, nos seguintes casos:

a) contrariedade à Súmula do STF e do STJ; b) contrariedade ao julgamento de recursos repetitivos efetuados pelo STF ou pelo STJ; c) contrariedade ao julgamento proferido no incidente de demandas repetitivas ou de assunção de competência; d) contrariedade à enunciado de súmula de tribunal de justiça sobre direito local; e) decadência ou prescrição. Acredita-se que estas hipóteses no dispositivo (art. 332) sejam consideradas como um rol meramente exemplificativo, podendo a improcedência liminar ocorrer também em outros casos por meio de uma interpretação analógica. Por exemplo, não parece incoerente sustentar que, nos Juizados Especiais Federais, a improcedência liminar possa ser realizada com base em enunciado da TNU (Turma Nacional de Uniformização), ainda que tal circunstância não esteja expressamente prevista no CPC, posto que este órgão por vezes estabelece precedentes vinculativos (art. 14, Lei nº 10.259/2001).

Pelo CPC, não há mais necessidade de que hajam precedentes proferidos oriundos do mesmo juízo. Em caso de recurso interposto pelo demandado, também permanece a possibilidade de o juiz se retratar no prazo de cinco dias. Mantém o juízo de retratação nos casos de indeferimento da petição inicial, com prazo levemente maior estabelecido em cinco dias. Não havendo reconsideração, determina que somente neste momento é que a outra parte será intimada para responder ao recurso. Em casos de não interposição de qualquer recurso, haverá o trânsito em julgado e o demandado será cientificado desta situação, conforme já observado em dispositivo anterior (art. 241).

> **Enunciado nº 22 da I Jornada de Processo Civil CEJ/CJF:** "*Em causas que dispensem a fase instrutória, é possível o julgamento de improcedência liminar do pedido que contrariar decisão do Supremo Tribunal Federal em controle concentrado de constitucionalidade ou Enunciado de súmula vinculante*".
>
> **Enunciado nº 68 da I Jornada de Processo Civil CEJ/CJF:** "*A intempestividade da apelação desautoriza o órgão a quo a proferir juízo positivo de retratação*".
>
> **Enunciado nº 43 da ENFAM:** "*O art. 332 do CPC/2015 se aplica ao sistema de juizados especiais e o inciso IV também abrange os enunciados e súmulas dos seus órgãos colegiados competentes*".

> **Improcedência liminar do pedido pode ser realizada em casos em que o tema já é pacífico nos Tribunais Superiores (CPC/73).** "*ART. 285-A DO CPC. ENTENDIMENTO. TRIBUNAIS SUPERIORES. A Turma entendeu que a aplicação do art. 285-A do CPC supõe que a sentença de improcedência prima facie esteja alinhada ao entendimento cristalizado nas instâncias superiores, especialmente no STJ e no STF. Segundo o Min. Relator, os casos em que o CPC permite o julgamento liminar ou monocrático baseiam-se na solidez da jurisprudência, não havendo como se dissociar dessa técnica quando da utilização do dispositivo em comento. Ressaltou que a Lei nº 11.277/2006, ao incluí-lo no código processual, trouxe mecanismo voltado à celeridade e racionalidade processuais, o que não seria alcançado caso fosse permitida a prolação de decisões contrárias aos posicionamentos já consolidados*" (STJ. RESP nº 1.109.398-MS. Rel. Min. Luis Felipe Salomão. DJ 16/06/2011).

CAPÍTULO IV
DA CONVERSÃO DA AÇÃO INDIVIDUAL EM AÇÃO COLETIVA

Art. 333

~~Art. 333. Atendidos os pressupostos da relevância social e da dificuldade de formação do litisconsórcio, o juiz, a requerimento do Ministério Público ou da Defensoria Pública, ouvido o autor, poderá converter em coletiva a ação individual que veicule pedido que:~~

~~I – tenha alcance coletivo, em razão da tutela de bem jurídico difuso ou coletivo, assim entendidos aqueles definidos pelo art. 81, parágrafo único, incisos I e II, da Lei nº 8.078, de 11 de setembro de 1990 (Código de Defesa do Consumidor), e cuja ofensa afete, a um só tempo, as esferas jurídicas do indivíduo e da coletividade;~~

~~II – tenha por objetivo a solução de conflito de interesse relativo a uma mesma relação jurídica plurilateral, cuja solução, por sua natureza ou por disposição de lei, deva ser necessariamente uniforme, assegurando-se tratamento isonômico para todos os membros do grupo.~~

~~§ 1º Além do Ministério Público e da Defensoria Pública, podem requerer a conversão os legitimados referidos no art. 5º da Lei nº 7.347, de 24 de julho de 1985, e no art. 82 da Lei nº 8.078, de 11 de setembro de 1990 (Código de Defesa do Consumidor).~~

~~§ 2º A conversão não pode implicar a formação de processo coletivo para a tutela de direitos individuais homogêneos.~~

~~§ 3º Não se admite a conversão, ainda, se:~~

~~I – já iniciada, no processo individual, a audiência de instrução e julgamento; ou~~

~~II – houver processo coletivo pendente com o mesmo objeto; ou~~

~~III – o juízo não tiver competência para o processo coletivo que seria formado.~~

~~§ 4º Determinada a conversão, o juiz intimará o autor do requerimento para que, no prazo fixado, adite ou emende a petição inicial, para adaptá-la à tutela coletiva.~~

~~§ 5º Havendo aditamento ou emenda da petição inicial, o juiz determinará a intimação do réu para, querendo, manifestar-se no prazo de 15 (quinze) dias.~~

> ~~§ 6º O autor originário da ação individual atuará na condição de litisconsorte unitário do legitimado para condução do processo coletivo.~~
>
> ~~§ 7º O autor originário não é responsável por nenhuma despesa processual decorrente da conversão do processo individual em coletivo.~~
>
> ~~§ 8º Após a conversão, observar-se-ão as regras do processo coletivo.~~
>
> ~~§ 9º A conversão poderá ocorrer mesmo que o autor tenha cumulado pedido de natureza estritamente individual, hipótese em que o processamento desse pedido dar-se-á em autos apartados.~~
>
> ~~§ 10. O Ministério Público deverá ser ouvido sobre o requerimento previsto no *caput*, salvo quando ele próprio o houver formulado.~~

Razões do veto presidencial ao art. 333:

> *"Da forma como foi redigido, o dispositivo poderia levar à conversão de ação individual em ação coletiva de maneira pouco criteriosa, inclusive em detrimento do interesse das partes. O tema exige disciplina própria para garantir a plena eficácia do instituto. Além disso, o novo Código já contempla mecanismos para tratar demandas repetitivas. No sentido do veto manifestou-se também a Ordem dos Advogados do Brasil – OAB".*

Comentários ao veto presidencial

A mesma razão para este veto também foi aplicada a outro dispositivo que versava sobre a possibilidade de a ação individual ser convertida em coletiva (art. 1.015, XII). O veto foi adequado. Com efeito, o dispositivo trazia inovação sem precedentes, ao permitir que, em casos de relevância social e dificuldade de formação de litisconsórcio, possa qualquer legitimado para a ação civil pública (art. 5º, Lei nº 7.347/85) requerer que uma determinada demanda individual seja convertida em demanda coletiva. Esta conversão não seria possível, porém, quando o direito social em questão fosse o individual homogêneo ou quando já se tivesse iniciado a audiência de instrução e julgamento. Outras situações que também não autorizariam a conversão ocorreriam quando já existisse processo coletivo com idêntico propósito ou o juízo não tivesse competência para o processo coletivo que viesse a ser formado. Mas, nestes casos de conversão, previa o dispositivo que o requerente iria emendar a inicial apresentada, bem como que o demandado apresentaria resposta em quinze dias, ficando o autor originário na condição de litisconsorte unitário ativo e dispensado de recolher qualquer outra despesa processual.

O artigo em questão, como se observa, era completamente subversivo ao sistema das tutelas coletivas e desnecessário para a ordem jurídica, já sendo bastante criticado no meio jurídico. Com efeito, uma característica inerente ao processo coletivo é, justamente, a possibilidade do *opt out*, ou seja, de o titular individual do direito de feição coletiva optar pela via individual em detrimento de aguardar a solução do processo coletivo (art. 104, Lei nº 8.078/90). Só que este dispositivo retirava esta possibilidade, ao determinar que a via individual seria tolhida quando o processo fosse convertido em coletivo. Além disso, também se poderia objetar que, se os requerentes desta conversão têm legitimidade para propor ação civil pública, então deveriam adotar esta providência e não intervir em um processo individual, tencionando transformá-lo em coletivo.

De resto, recorda-se que o CPC, acertadamente, já prevê em outro dispositivo (art. 139, inc. X), que quando o juiz se deparar com processos que potencialmente caracterizam uma lesão social, a tarefa se limitará a oficiar aos legitimados para o processo coletivo para que tenham ciência desta circunstância e adotem as providências necessárias cabíveis. Portanto, correto o veto ao dispositivo, embora os fundamentos pudessem ser acrescentados destas outras observações.

CAPÍTULO V
DA AUDIÊNCIA DE CONCILIAÇÃO OU DE MEDIAÇÃO

Art. 334

Art. 334. Se a petição inicial preencher os requisitos essenciais e não for o caso de improcedência liminar do pedido, o juiz designará audiência de conciliação ou de mediação com antecedência mínima de 30 (trinta) dias, devendo ser citado o réu com pelo menos 20 (vinte) dias de antecedência.

§ 1º O conciliador ou mediador, onde houver, atuará necessariamente na audiência de conciliação ou de mediação, observando o disposto neste Código, bem como as disposições da lei de organização judiciária.

§ 2º Poderá haver mais de uma sessão destinada à conciliação e à mediação, não podendo exceder a 2 (dois) meses da data de realização da primeira sessão, desde que necessárias à composição das partes.

§ 3º A intimação do autor para a audiência será feita na pessoa de seu advogado.

§ 4º A audiência não será realizada:

I – se ambas as partes manifestarem, expressamente, desinteresse na composição consensual;

II – quando não se admitir a autocomposição.

> § 5º O autor deverá indicar, na petição inicial, seu desinteresse na autocomposição, e o réu deverá fazê-lo, por petição, apresentada com dez dias de antecedência, contados da data da audiência.
>
> § 6º Havendo litisconsórcio, o desinteresse na realização da audiência deve ser manifestado por todos os litisconsortes.
>
> § 7º A audiência de conciliação ou de mediação pode realizar-se por meio eletrônico, nos termos da lei.
>
> § 8º O não comparecimento injustificado do autor ou do réu à audiência de conciliação é considerado ato atentatório à dignidade da justiça e será sancionado com multa de até dois por cento da vantagem econômica pretendida ou do valor da causa, revertida em favor da União ou do Estado.
>
> § 9º As partes devem estar acompanhadas por seus advogados ou defensores públicos.
>
> § 10. A parte poderá constituir representante, por meio de procuração específica, com poderes para negociar e transigir.
>
> § 11. A autocomposição obtida será reduzida a termo e homologada por sentença.
>
> § 12. A pauta das audiências de conciliação ou de mediação será organizada de modo a respeitar o intervalo mínimo de 20 (vinte) minutos entre o início de uma e o início da seguinte.

A audiência de conciliação ou mediação somente não será realizada se as partes manifestarem expressamente desinteresse em sua realização. O autor deve se manifestar na própria petição inicial e o demandado, em simples petição até dez dias antes de sua realização. Também é dispensada esta audiência em casos que não permitirem autocomposição. O não comparecimento das partes caracteriza ato atentatório à dignidade da Justiça, com possibilidade de aplicação de sanção pecuniária. Ambas devem comparecer pessoalmente com a presença de seus advogados e/ou defensores públicos. É possível que a parte constitua representante para o ato, por meio de instrumento que contenha "poderes específicos".

Observa-se, assim, que, pelo menos na primeira hipótese em que a audiência não será realizada, o CPC sinaliza que isso somente ocorrerá com estas duas manifestações volitivas expressas. Contudo, tal norma (art. 334, § 4º, inc. I), deve ser interpretada com algum temperamento, posto que a obrigatoriedade desta audiência inaugural de conciliação ou de mediação traz uma contradição em si mesma, pois um dos princípios da mediação é, justamente, a autonomia de vontade (art. 166) e não uma imposição para que compareça a um ato com esta finalidade. Portanto, aqui se defende que basta apenas a manifestação expressa de uma das partes no sentido da desnecessidade desta audiência para que ela não ocorra.

Estas audiências deverão ser designadas com intervalo mínimo de vinte minutos entre o início de uma e o início da seguinte, o que soa inconstitucional por ofensa à separação dos Poderes (art. 2º, CF). Com efeito, inadmissível a interferência de um Poder ao outro no exercício da sua atividade-fim. Um paralelo seria o Poder Judiciário disciplinar de quantos em quantos minutos os congressistas devem votar projetos distintos de lei. Desnecessária, portanto, esta menção ao intervalo entre a realização de cada audiência.

> **Enunciado nº 23 da I Jornada de Processo Civil CEJ/CJF:** "*Na ausência de auxiliares da justiça, o juiz poderá realizar a audiência inaugural do art. 334 do CPC, especialmente se a hipótese for de conciliação*".
>
> **Enunciado nº 24 da I Jornada de Processo Civil CEJ/CJF:** "*Havendo a Fazenda Pública publicizado ampla e previamente as hipóteses em que está autorizada a transigir, pode o juiz dispensar a realização da audiência de mediação e conciliação, com base no art. 334, § 4º, II, do CPC, quando o direito discutido na ação não se enquadrar em tais situações*".
>
> **Enunciado nº 25 da I Jornada de Processo Civil CEJ/CJF:** "*As audiências de conciliação ou mediação, inclusive dos juizados especiais, poderão ser realizadas por videoconferência, áudio, sistemas de troca de mensagens, conversa on-line, conversa escrita, eletrônica, telefônica e telemática ou outros mecanismos que estejam à disposição dos profissionais da autocomposição para estabelecer a comunicação entre as partes*".
>
> **Enunciado nº 26 da I Jornada de Processo Civil CEJ/CJF:** "*A multa do § 8º do art. 334 do CPC não incide no caso de não comparecimento do réu intimado por edital*".
>
> **Enunciado nº 67 da I Jornada de Processo Civil CEJ/CJF:** "*Há interesse recursal no pleito da parte para impugnar a multa do art. 334, § 8º, do CPC por meio de apelação, embora tenha sido vitoriosa na demanda*".
>
> **Enunciado nº 56 da ENFAM:** "*Nas atas das sessões de conciliação e mediação, somente serão registradas as informações expressamente autorizadas por todas as partes*".
>
> **Enunciado nº 57 da ENFAM:** "*O cadastro dos conciliadores, mediadores e câmaras privadas deve ser realizado nos núcleos estaduais ou regionais de conciliação (Núcleos Permanentes de Métodos Consensuais de Solução de Conflitos – NUPEMEC), que atuarão como órgãos de gestão do sistema de autocomposição*".
>
> **Enunciado nº 58 da ENFAM:** "*As escolas judiciais e da magistratura têm autonomia para formação de conciliadores e mediadores, observados os requisitos mínimos estabelecidos pelo CNJ*".
>
> **Enunciado nº 59 da ENFAM:** "*O conciliador ou mediador não cadastrado no tribunal, escolhido na forma do § 1º do art. 168 do CPC/2015, deverá preencher o requisito de capacitação mínima previsto no § 1º do art. 167*".
>
> **Enunciado nº 60 da ENFAM:** "*À sociedade de advogados a que pertença o conciliador ou mediador aplicam-se os impedimentos de que tratam os arts. 167, § 5º, e 172 do CPC/2015*".

> **Enunciado nº 61 da ENFAM:** "*Somente a recusa expressa de ambas as partes impedirá a realização da audiência de conciliação ou mediação prevista no art. 334 do CPC/2015, não sendo a manifestação de desinteresse externada por uma das partes justificativa para afastar a multa de que trata o art. 334, § 8º*".
>
> **Enunciado nº 62 da ENFAM:** "*O conciliador e o mediador deverão advertir os presentes, no início da sessão ou audiência, da extensão do princípio da confidencialidade a todos os participantes do ato*".

CAPÍTULO VI
DA CONTESTAÇÃO

Art. 335

Art. 335. O réu poderá oferecer contestação, por petição, no prazo de 15 (quinze) dias, cujo termo inicial será a data:

I – da audiência de conciliação ou de mediação, ou da última sessão de conciliação, quando qualquer parte não comparecer ou, comparecendo, não houver autocomposição;

II – do protocolo do pedido de cancelamento da audiência de conciliação ou de mediação apresentado pelo réu, quando ocorrer a hipótese do art. 334, § 4º, inciso I;

III – prevista no art. 231, de acordo com o modo como foi feita a citação, nos demais casos.

§ 1º No caso de litisconsórcio passivo, ocorrendo a hipótese do art. 334, § 6º, o termo inicial previsto no inciso II será, para cada um dos réus, a data de apresentação de seu respectivo pedido de cancelamento da audiência.

§ 2º Quando ocorrer a hipótese do art. 334, § 4º, inciso II, e havendo litisconsórcio passivo, o autor desistir da ação em relação a réu ainda não citado, o prazo para resposta correrá da data de intimação da decisão que homologar a desistência.

Ocorrendo qualquer hipótese mencionada nos incisos do dispositivo, será iniciado o prazo da defesa para apresentar contestação em quinze dias. Por exemplo, não havendo autocomposição na audiência de conciliação ou mediação, será a partir da mesma que este prazo começará a ser contado. É de se recordar que existe a possibilidade de este prazo ser dobrado em algumas circunstâncias (v.g., art. 183).

Art. 336

> Art. 336. Incumbe ao réu alegar, na contestação, toda a matéria de defesa, expondo as razões de fato e de direito com que impugna o pedido do autor e especificando as provas que pretende produzir.

O dispositivo em questão deve ser interpretado literalmente, tratando-se do princípio da eventualidade. Há possibilidade, porém, de novas teses defensivas serem apresentadas no curso do processo, em poucas situações (art. 342). É de se salientar, ainda, que como regra não é possível formular pedido contraposto, que deve ser restrito somente às hipóteses autorizadas em lei, como ocorre nos juizados especiais (art. 31, Lei nº 9.099/95).

> A contestação, com a formulação de pedido contraposto, é a via processual adequada para suposto devedor ser ressarcido em dobro pela cobrança efetuada com má-fé pela credora. "*A aplicação da sanção civil do pagamento em dobro por cobrança judicial de dívida já adimplida (cominação encartada no art. 1.531 do CC/16, reproduzida no art. 940 do CC/2002) pode ser postulada pelo réu na própria defesa, independendo da propositura de ação autônoma ou do manejo de reconvenção, sendo imprescindível a demonstração de má-fé do credor. Da análise do art. 1.531 do CC/16 (art. 940 do CC/2002), extrai-se que a existência de dívida já paga constitui tanto defesa do réu (caracterizando objeção de ordem material), quanto fato gerador da pretensão indenizatória a ser exercida em face do autor da demanda. Portanto, o mesmo fato gera pedidos diversos por parte do réu. Os pedidos de improcedência da demanda e de pagamento em dobro, consequentemente, caracterizam-se como pretensões conexas formuladas pelo réu, uma vez que são oriundas da mesma causa de pedir (a existência de dívida já paga). Desse modo, observada a função social do Direito – princípio estruturante do ordenamento jurídico –, não se revela razoável o rigor da exigência do manejo simultâneo de contestação e de reconvenção (ou posterior ajuizamento de ação autônoma) para deduzir os aludidos pedidos conexos. Outrossim, em hipóteses como esta, a parte demandada, a rigor, não está apresentando em juízo, quando da contestação, um pedido acerca de um direito material preexistente ao advento da ação contra si proposta, como se fosse um pleito do réu contra o autor, resultante de alguma injunção por este último não observada, de tal modo que a referida pretensão pudesse se constituir em objeto de uma lide própria. Pelo contrário, em episódios como este ora em evidência, o acontecimento fundante do pleito reclamado pelo acionado somente se verifica por ocasião do surgimento da petição inicial contra ele deflagrada. Antes disso, o requerido sequer tem condições de deduzir, de inferir que contra ele o autor irá pedir pecúnia já paga. Assim, o objeto ora sob mira não nasce preponderantemente da interação dos litigantes preliminarmente à ação, mas reflete, sim, apanágio de relevância muito maior, interesse de ordem pública, pois é o Estado que, além de não tolerar, não consentir, utiliza-se da sua força de império para reprimir e impor pena ao litigante que pede coisa já recebida. Além disso, a pena em comento é sanção que a lei determina à jurisdição impingir e, pois, sua cominação não está à mercê do animus dos litigantes, nem do talante do próprio juiz,*

visto que resulta da lei. Ademais, dada a complementaridade entre a sanção civil em tela e a penalidade processual por litigância de má-fé – ainda que possuam natureza jurídica distinta – verifica-se que ambas são voltadas à punição dos demandantes que se utilizam do processo judicial para consecução de objetivo ilegal, afigurando-se coerente a exegese no sentido da aplicação analógica da regra disposta no caput *do art. 18 do CPC ("O juiz ou tribunal, de ofício ou a requerimento, condenará o litigante de má-fé a pagar multa não excedente a um por cento sobre o valor da causa e a indenizar a parte contrária dos prejuízos que esta sofreu, mais os honorários advocatícios e todas as despesas que efetuou"). Nessa ordem de ideias, resguardando a boa-fé nas relações jurídicas e o interesse público de garantia da dignidade da justiça, incumbirá ao juiz, inclusive de ofício, a condenação do autor (imbuído de má-fé) ao pagamento em dobro ou do equivalente exigido a maior em virtude da conduta ilícita descrita no art. 1.531 do CC/16 (art. 940 do CC/2002). De fato, em que pese a aludida sanção estar inserida em norma de direito material, constata-se que sua transgressão se dá por meio de um exercício abusivo do direito de ação, assim como ocorre em algumas das condutas tipificadas nos arts. 16 e 17 do CPC, o que autoriza a interpretação analógica acima destacada, a despeito da diversidade dos objetos jurídicos tutelados. Por derradeiro, no que tange a uma visão sistemática do ordenamento jurídico brasileiro, salienta-se que o réu está autorizado a formular o chamado "pedido contraposto" no bojo da contestação. Assim ocorre no rito sumário (art. 278, § 1º, do CPC), no procedimento dos Juizados Especiais Cíveis (art. 31 da Lei nº 9.099/95) e nas ações possessórias (art. 922 do CPC). Inclusive, neste último caso, admite-se que o réu, na contestação, pleiteie a indenização pelos prejuízos resultantes da turbação ou do esbulho cometido pelo autor. Essa hipótese, em razão da natureza da pretensão deduzida, é deveras assemelhada à sanção civil do art. 1.531 do CC/16 (art. 940 do CC/2002). Por fim, apesar de o art. 1.532 do CC/1916 não fazer menção à demonstração de má-fé do demandante, é certo que a jurisprudência desta Corte, na linha da exegese cristalizada na Súmula nº 159 do STF, reclama a constatação da prática de conduta maliciosa ou reveladora do perfil de deslealdade do credor para fins de aplicação da sanção civil em debate. Essa orientação explica-se à luz da concepção subjetiva do abuso do direito adotada pelo Codex revogado"* (STJ. RESP 1.111.270-PR, Rel. Min. Marco Buzzi, Segunda Seção, julgado em 25/11/2015, DJe 16/02/2016 – Informativo nº 576).

Art. 337

Art. 337. Incumbe ao réu, antes de discutir o mérito, alegar:

I – inexistência ou nulidade da citação;

II – incompetência absoluta e relativa;

III – incorreção do valor da causa;

IV – inépcia da petição inicial;

V – perempção;

VI – litispendência;

VII – coisa julgada;

VIII – conexão;

IX – incapacidade da parte, defeito de representação ou falta de autorização;

X – convenção de arbitragem;

XI – ausência de legitimidade ou de interesse processual;

XII – falta de caução ou de outra prestação que a lei exige como preliminar;

XIII – indevida concessão do benefício da gratuidade de justiça.

§ 1º Verifica-se a litispendência ou a coisa julgada quando se reproduz ação anteriormente ajuizada.

§ 2º Uma ação é idêntica a outra quando possui as mesmas partes, a mesma causa de pedir e o mesmo pedido.

§ 3º Há litispendência quando se repete ação que está em curso.

§ 4º Há coisa julgada quando se repete ação que já foi decidida por decisão transitada em julgado.

§ 5º Excetuadas a convenção de arbitragem e a incompetência relativa, o juiz conhecerá de ofício das matérias enumeradas neste artigo.

§ 6º A ausência de alegação da existência de convenção de arbitragem, na forma prevista neste Capítulo, implica aceitação da jurisdição estatal e renúncia ao juízo arbitral.

O dispositivo estabelece quais são as questões preliminares que devem ser alegadas no início da contestação. As novidades ficam por conta da inclusão da incompetência relativa (eis que deixa de subsistir a peça denominada "exceção" – art. 64), a incorreção do valor da causa (pois desaparece a "impugnação ao valor da causa" – art. 293) e a indevida concessão de gratuidade de justiça (diante da ausência da peça "impugnação à gratuidade de justiça" – art. 100). Também houve ajuste quanto às condições da ação, pois as mesmas foram reduzidas a apenas duas, que passaram a ser mencionadas expressamente no dispositivo em comento. No quinto parágrafo consta que a incompetência relativa não pode ser pronunciada de ofício, o que é novidade no ordenamento jurídico, pois anteriormente a única vedação decorreria de verbete sumular do STJ, que continua sendo aplicável. No último parágrafo há indicação de que a não alegação da existência de convenção de arbitragem implicará em renúncia ao juízo arbitral.

> Verbete nº 33 da Súmula do STJ: *"A incompetência relativa não pode ser declarada de ofício"*.
>
> Verbete nº 485 da Súmula do STJ: *"A Lei de Arbitragem aplica-se aos contratos que contenham cláusula arbitral, ainda que celebrados antes da sua edição"*.

Validade de cláusula arbitral que reserve a solução de determinadas situações para a via judicial. *"É válida a cláusula compromissória que excepcione do juízo arbitral certas situações especiais a serem submetidas ao Poder Judiciário. Isso porque a Lei nº 9.307/96 não exige, como condição de existência da cláusula compromissória, que a arbitragem seja a única via de resolução admitida pelas partes, para todos os litígios e em relação a todas as matérias. Cabe lembrar, ainda, que a liberdade de contratar encontra respaldo no art. 425 do CC, que estabelece ser '[...] lícito às partes estipular contratos atípicos, observadas as normas gerais fixadas neste Código'. Caso os contratantes pudessem o mais, que seria afastar da jurisdição estatal todos os litígios eventualmente decorrentes do contrato, remetendo-os à arbitragem, certamente poderiam o menos, prevendo hipóteses especiais em que determinadas divergências fossem submetidas ao Judiciário. Trata-se de o contrato não ignorar o princípio da inafastabilidade da tutela jurisdicional (art. 5º, XXXV, da CF), com o qual convive a Lei de Arbitragem, aplicável apenas a direitos disponíveis. Determinadas questões urgentes, especialmente as anteriores à instauração do painel arbitral, não só podem como devem ser ajuizadas no Judiciário, para que as partes não se vejam num 'vazio jurisdicional', em que não poderiam alcançar tutela judicial ou arbitral (porque não instalada ainda a arbitragem). Nesse sentido, o STJ possui relevantes precedentes: CC 111.230-DF, Segunda Seção, DJe 3/4/2014; RESP 1.277.725-AM, Terceira Turma, DJe 8/3/2013; e RESP 1.297.974-RJ, Terceira Turma, DJe 19/6/2012. Como se vê nos precedentes, mesmo nas hipóteses em que as partes não estabeleceram previamente a competência do Judiciário sobre determinados litígios decorrentes do contrato, o STJ aplicou o princípio da inafastabilidade da jurisdição, pela impossibilidade de ser exercida a jurisdição arbitral antes de instaurada a arbitragem e constituído o painel arbitral. Desse modo, não pode ser considerada nula a cláusula compromissória constante de acordo que excepcione ou reserve certas situações especiais a serem submetidas ao Judiciário, mormente quando essas demandem tutelas de urgência. A* contrario sensu, *nulidade haveria em previsão que vedasse completamente toda e qualquer apreciação de litígio pelo Judiciário. O convívio harmônico dos juízos arbitrais com os órgãos do Judiciário constitui ponto fundamental ao prestígio da arbitragem. Na escala de apoio do Judiciário à arbitragem, ressai como aspecto essencial o da execução específica da cláusula compromissória, sem a qual a convenção de arbitragem quedaria inócua"* (STJ. RESP 1.331.100-BA, Relª. Minª. Maria Isabel Gallotti, Rel. para acórdão Min. Raul Araújo, julgado em 17/12/2015, DJe 22/2/2016 – Informativo nº 577).

Validade de cláusula arbitral em contrato firmado por sociedade de economia mista (CPC/73). *"São válidos e eficazes os contratos firmados pelas sociedades de economia mista exploradoras de atividade econômica de produção ou comercialização de bens ou de prestação de serviços (CF, art. 173, § 1º) que estipulem cláusula compromissória submetendo à arbitragem eventuais litígios decorrentes do ajuste"* (STJ. RESP nº 612.439-RS. Rel. Min. João Otávio de Noronha. DJ 14/09/2006).

Art. 338

> Art. 338. Alegando o réu, na contestação, ser parte ilegítima ou não ser o responsável pelo prejuízo invocado, o juiz facultará ao autor, em 15 (quinze) dias, a alteração da petição inicial para substituição do réu.
>
> Parágrafo único. Realizada a substituição, o autor reembolsará as despesas e pagará honorários ao procurador do réu excluído, que serão fixados entre três e cinco por cento do valor da causa ou, sendo este irrisório, nos termos do art. 85, § 8º.

Permite que o réu alegue ser parte ilegítima e, se o demandante concordar, a petição inicial deverá ser emendada para fins de exclusão do demandado primitivo e inclusão do adequado. Nestes casos, o advogado do réu primitivo fará jus aos honorários mencionados no dispositivo, bem como seu cliente será ressarcido de eventuais despesas que teve. É dispositivo com clara inspiração no princípio da instrumentalidade e comprometido com o tempo razoável de duração do processo.

Art. 339

> Art. 339. Quando alegar sua ilegitimidade, incumbe ao réu indicar o sujeito passivo da relação jurídica discutida sempre que tiver conhecimento, sob pena de arcar com as despesas processuais e de indenizar o autor pelos prejuízos decorrentes da falta de indicação.
>
> § 1º O autor, ao aceitar a indicação, procederá, no prazo de 15 (quinze) dias, à alteração da petição inicial para a substituição do réu, observando-se, ainda, o parágrafo único do art. 338.
>
> § 2º No prazo de 15 (quinze) dias, o autor pode optar por alterar a petição inicial para incluir, como litisconsorte passivo, o sujeito indicado pelo réu.

Na sequência do dispositivo anterior, o demandado que alegar sua ilegitimidade também deverá declinar em sua contestação quem seria o réu correto sempre que tiver conhecimento, sob pena de arcar com custas processuais e indenização do autor. Neste caso de indicação nominal de quem seria o legitimado passivo, havendo concordância do demandante a petição inicial será emendada para realizar esta retificação ou mesmo incluir o indicado para atuar ao lado do réu primitivo em regime de litisconsórcio. O dispositivo lembra bastante, apesar de possuir algumas diferenças, a antiga modalidade de intervenção de terceiros que não mais permanece no CPC, denominada "nomeação a autoria", pois esta também tencionava corrigir um vício de ilegitimidade passiva. Contudo, o novo tratamento difere do atual, principalmente pelos seguintes motivos: a) a nomeação a autoria somente era possível em dois casos de ilegitimidade passiva, e no CPC não há qualquer restrição; b) o nomeado deveria aceitar ser incluído no polo passivo, o que acertadamente não é previsto no CPC; c) não havia possibilidade de formação de litisconsórcio no polo passivo.

Art. 340

Art. 340. Havendo alegação de incompetência relativa ou absoluta, a contestação poderá ser protocolada no foro de domicílio do réu, fato que será imediatamente comunicado ao juiz da causa, preferencialmente por meio eletrônico.

§ 1º A contestação será submetida a livre distribuição ou, se o réu houver sido citado por meio de carta precatória, juntada aos autos dessa carta, seguindo-se a sua imediata remessa para o juízo da causa.

§ 2º Reconhecida a competência do foro indicado pelo réu, o juízo para o qual for distribuída a contestação ou a carta precatória será considerado prevento.

§ 3º Alegada a incompetência nos termos do *caput*, será suspensa a realização da audiência de conciliação ou de mediação, se tiver sido designada.

§ 4º Definida a competência, o juízo competente designará nova data para a audiência de conciliação ou de mediação.

O artigo disciplina o processamento da contestação quando apresentar como argumento a ocorrência da incompetência absoluta ou relativa. Autoriza que a defesa seja apresentada em tais casos diretamente no juízo em que o demandado tiver domicilio, muito embora este tema deva ser enfrentado pelo juízo natural, ou seja, aquele em que a demanda já tiver sido proposta. Esta alegação, quando anterior à realização da audiência de conciliação ou mediação, irá suspender a sua realização. O acolhimento desta tese já torna prevento o órgão anterior em que a contestação tinha sido anteriormente distribuída.

Vale dizer que esta norma está em consonância com outra já abordada (art. 218, § 4º), que autoriza que os atos processuais sejam tempestivos mesmo quando apresentados prematuramente, ou seja, antes do início do seu termo inicial comum (art. 335).

Art. 341

> Art. 341. Incumbe também ao réu manifestar-se precisamente sobre as alegações de fato constantes da petição inicial, presumindo-se verdadeiras as não impugnadas, salvo se:
>
> I – não for admissível, a seu respeito, a confissão;
>
> II – a petição inicial não estiver acompanhada de instrumento que a lei considerar da substância do ato;
>
> III – estiverem em contradição com a defesa, considerada em seu conjunto.
>
> Parágrafo único. O ônus da impugnação especificada dos fatos não se aplica ao defensor público, ao advogado dativo e ao curador especial.

A norma trata do princípio do ônus da impugnação especificada, com inclusão da Defensoria Pública e a exclusão do Ministério Público no parágrafo único. Quanto ao *parquet*, a exclusão é elogiável, pois realmente são raros os casos em que esta instituição efetivamente atua no polo passivo de qualquer demanda. Mas, a inclusão da Defensoria Pública já pode gerar uma grande crítica.

Com efeito, nos casos em que o réu é citado por edital ou por hora certa e não comparece aos autos, haverá a nomeação de curador especial, que será, justamente, o membro da Defensoria Pública (art. 72, parágrafo único). Assim, não tendo o Poder Judiciário localizado pessoalmente o demandado, certamente o membro da Defensoria também não obterá êxito nesta tentativa, razão pela qual seria perfeitamente justificável que apresentasse contestação "por negativa geral", ou seja, sem impugnar especificamente os fatos afirmados pelo autor. Contudo, o parágrafo único fala que este ônus não compete nem ao curador (que já é o defensor público) nem à própria Defensoria Pública, em qualquer hipótese.

Esta interpretação de forma alguma é razoável. Com efeito, se o réu é citado pessoalmente e comparece à Defensoria, o seu membro terá todos os elementos para apresentar uma defesa bem elaborada, inclusive com temas de cunho material. Além disso, o CPC exige um extenso dever de fundamentação ao magistrado (art. 489, § 1º), não sendo justificável que dispense outros operadores do Direito de motivar seus respectivos atos, mormente quando todos têm os mesmos deveres jurídicos (art. 7º). Portanto, em que pese à literalidade do dispositivo em comento, somente nos casos de curadoria (art. 72), o defensor público estará isento do ônus da impugnação especificada.

> **Possibilidade de emprego de presunções no processo civil.** "*A utilização de presunções não pode ser afastada de plano, uma vez que sua observância no direito processual nacional é exigida como forma de facilitação de provas difíceis,*

> *desde que razoáveis. Na apreciação de lucros cessantes, o julgador não pode se afastar de forma absoluta de presunções e deduções, porquanto deverá perquirir acerca dos benefícios legítimos que não foram realizados por culpa da parte* ex adversa. *Exigir prova absoluta do lucro que não ocorreu, seria impor ao lesado o ônus de prova impossível"* (STJ. RESP nº 1.549.467. Rel. Min. Marco Aurélio Bellize. DJ 19/09/2016).

Art. 342

Art. 342. Depois da contestação, só é lícito ao réu deduzir novas alegações quando:

I – relativas a direito ou a fato superveniente;

II – competir ao juiz conhecer delas de ofício;

III – por expressa autorização legal, puderem ser formuladas em qualquer tempo e grau de jurisdição.

O dispositivo em questão deve ser interpretado literalmente, autorizando novas teses defensivas após já ter sido apresentada a contestação, o que mitiga o princípio da eventualidade. Há menção no primeiro inciso de que também poderão ser alegados fatos supervenientes, o que é uma novidade em relação ao modelo anterior (CPC/73).

CAPÍTULO VII
DA RECONVENÇÃO

Art. 343

Art. 343. Na contestação, é lícito ao réu propor reconvenção para manifestar pretensão própria, conexa com a ação principal ou com o fundamento da defesa.

§ 1º Proposta a reconvenção, o autor será intimado, na pessoa de seu advogado, para apresentar resposta no prazo de 15 (quinze) dias.

§ 2º A desistência da ação ou a ocorrência de causa extintiva que impeça o exame de seu mérito não obsta ao prosseguimento do processo quanto à reconvenção.

§3º A reconvenção pode ser proposta contra o autor e terceiro.

§ 4º A reconvenção pode ser proposta pelo réu em litisconsórcio com terceiro.

§ 5º Se o autor for substituto processual, o reconvinte deverá afirmar ser titular de direito em face do substituído e a reconvenção deverá

> ser proposta em face do autor, também na qualidade de substituto processual.
>
> § 6º O réu pode propor reconvenção independentemente de oferecer contestação.

A reconvenção é prevista como sendo uma modalidade de resposta do demandado (art. 343), o que indica que o seu tratamento normativo é bastante escasso. Em realidade, não se trata propriamente de um instrumento do qual o réu possa se valer para apresentar defesas processuais ou meritórias, pelo menos na maior parte das vezes. É que a reconvenção corporifica o exercício de um novo direito de ação e, por este motivo, acaba gerando uma nova relação jurídica processual dentro dos mesmos autos, com introdução de novos fatos (desde que sejam conexos àqueles que constam na petição inicial ou na contestação) e de uma nova pretensão. O seu objetivo não é, portanto, ser um instrumento de defesa do réu, mas sim prestigiar a economia processual, eis que o magistrado estaria conduzindo apenas um processo e proferiria tão somente uma sentença, malgrado estivesse analisando vários fatos conexos entre si e julgando pelo menos duas pretensões distintas. E, vale dizer, essa constatação é ainda reforçada por norma do CPC (art. 343, § 2º), que reconhece a plena autonomia da reconvenção (que jamais é acessória, ao contrário, por exemplo, da denunciação a lide), eis que esta justificará a continuidade do processo ainda que o demandante primitivo venha a desistir da ação originária.

Esta via passa a contar com um processamento distinto quando comparado com a do modelo anterior (CPC/73). Agora, deverá ser apresentada na própria contestação e não mais em peça autônoma. Sendo apresentada na própria contestação, deverá observar os requisitos da petição inicial (art. 319), inclusive sendo atribuído um valor à causa (art. 292), pois realmente trata-se de peça que serve para exercer o direito de ação, veiculando fatos que são conexos à ação principal ou com o fundamento de defesa. Mantém que o autor primitivo será intimado, na pessoa do seu advogado, para responder em quinze dias, muito embora este ato seja uma citação. Admite que a reconvenção seja proposta por terceiro em companhia do demandado primitivo no regime de litisconsórcio ou, em caso inverso, que a mesma seja instaurada em face do autor primitivo e terceiro também em litisconsórcio. O quinto parágrafo repete o modelo anterior (CPC/73), mas torna muito mais claras as hipóteses de reconvenção quando houver substituição processual.

Não se deve olvidar que a reconvenção gera o exercício de novo direito de ação, introduz fatos novos, nela há formulação de novo pedido e, por este motivo, o sucumbente terá que arcar com os honorários da parte vencedora quanto a este capítulo (art. 85, § 1º).

> Verbete nº 258 da Súmula do STF: "*É admissível reconvenção em ação declaratória*".

> **Verbete nº 292 da Súmula do STJ:** *"A reconvenção é cabível na ação monitória".*

> **Possibilidade de o curador especial propor reconvenção em favor de demandado citado por edital ou hora certa.** *"1. O curador especial tem legitimidade para propor reconvenção em favor de réu revel citado por edital (art. 9º, II, do CPC/1973), poder que se encontra inserido no amplo conceito de defesa. 2. Recurso especial conhecido e provido"* (STJ. RESP nº 1088068/MG, Rel. Min. Antonio Carlos Ferreira. DJ 09/10/2017).

CAPÍTULO VIII
DA REVELIA

Art. 344

> **Art. 344.** Se o réu não contestar a ação, será considerado revel e presumir-se-ão verdadeiras as alegações de fato formuladas pelo autor.

A revelia, no Direito Processual Civil, é uma consequência que advém ao demandado caso não apresente a sua contestação tempestivamente, gerando efeitos materiais (art. 344) e processuais (art. 346).

Muito embora existam duas modalidades de resposta do demandado no procedimento comum (contestação e reconvenção – que são apresentadas na mesma peça, embora com finalidades distintas), apenas a ausência de contestação é que, em regra, gera a revelia. Com efeito, de todas as teses defensivas que podem ser apresentadas (sejam elas de cunho material ou processual), apenas na contestação é que o fato afirmado pelo demandante pode ser impugnado de modo que, ausente esta modalidade de defesa, incidirão os efeitos materiais que abaixo serão abordados.

> **Limites dos efeitos da revelia: presunção de ocorrência do dano, mas não na quantificação apontada pelo demandante.** *"Reconhecida a revelia, a presunção de veracidade quanto aos danos narrados na petição inicial não alcança a definição do* quantum *indenizatório indicado pelo autor. Como assentado na doutrina, a revelia não viola o processo justo, o devido processo legal, porque não significa a formação de um contraditório virtual ou presumido, muito menos a existência de uma confissão ficta. A própria existência da ação atesta a inconformação entre a pretensão do autor e a resistência do réu. Por isso, os efeitos da revelia não são absolutos, conduzindo à automática procedência dos pedidos. A revelia produz efeitos relativos, apenas autorizando o julgador, como destinatário do comando inserto no art. 319 do CPC, a considerar verdadeiros os fatos afirmados pelo autor. Caberá ao juiz a análise conjunta das alegações e das provas produzidas (RESP 1.128.646-SP, Terceira Turma, DJe de 14/9/2011; e EDcl no Ag 1.344.460-DF, Quarta Turma, DJe de 21/8/2013). A par disso, a revelia permite ao juiz considerar*

> *verdadeiros os fatos relacionados à ocorrência de dano suportado pelo autor em razão da conduta do réu. Assim, o que deve ser considerado 'verdadeiro' é a ocorrência do dano. Importa destacar que não se pode confundir a existência do dano com a sua correta quantificação feita pelo autor na petição inicial. O quantum é decorrência do dano, e seu valor deve corresponder ao prejuízo efetivamente sofrido pela parte lesada, a ser ressarcido pelo causador, não sendo permitido o enriquecimento sem causa. Precedentes citados: AgRg no ARESP 450.729-MG, Quarta Turma, DJe de 28/5/2014; e AgRg no RESP 1.414.864-PE, Segunda Turma, DJe de 11/2/2014"* (STJ. RESP 1.520.659-RJ, Rel. Min. Raul Araújo, julgado em 1º/10/2015, DJe 30/11/2015 – Informativo nº 574).
>
> **Não ocorrência da revelia em embargos à execução (CPC/73).** *"Não há por que falar em revelia em processo de execução, ante a ausência de impugnação dos embargos à execução pelo credor"* (STJ. RESP nº 671.515-RJ. Rel. Min. João Otávio de Noronha. DJ 23/10/2006).
>
> **Mandado de citação que não contém advertência sobre risco de revelia em caso de não apresentação de defesa não nulifica todo o ato realizado em si (CPC/73).** *"A omissão, no mandado citatório, da advertência prevista no art. 225, II, do CPC, não torna nula a própria citação, efetuada na pessoa dos citandos com a oposição do ciente e entrega da contrafé, mas sim apenas impede que se produza o efeito previsto no art. 285, de que no caso de revelia se presumem aceitos pelo réu, como verdadeiros, os fatos articulados pelo autor"* (STJ. RESP nº 10.137/MG. Rel. Athos Gusmão Carneiro. DJ 27/06/1991).
>
> **Revelia em processo trabalhista.** *"Na processualística trabalhista, a revelia se caracteriza pelo não comparecimento do réu à audiência, daí que o comparecimento do advogado munido de procuração não a elide, a menos que apresente atestado médico com a declaração da impossibilidade de locomoção do empregador ou do seu preposto no dia da audiência, nos moldes do art. 844 da Consolidação das Leis do Trabalho e da Súmula 122 do Colendo Tribunal Superior do Trabalho"* (TRT-1. RO 00112627220155010064, Rel. Cesar Marques Carvalho, DOERJ, 03/06/2017).

Art. 345

Art. 345. A revelia não produz o efeito mencionado no art. 344 se:

I – havendo pluralidade de réus, algum deles contestar a ação;

II – o litígio versar sobre direitos indisponíveis;

III – a petição inicial não estiver acompanhada de instrumento que a lei considere indispensável à prova do ato;

IV – as alegações de fato formuladas pelo autor forem inverossímeis ou estiverem em contradição com prova constante dos autos.

O dispositivo em questão versa sobre casos em que o efeito material ou primário da revelia será afastado. Na primeira hipótese (art. 345, inc. I) consta que não haverá o efeito material da revelia se, havendo pluralidade de réus, um deles contestar a demanda, independentemente da caracterização de um litisconsórcio unitário ou não. Com efeito, sendo caso de litisconsórcio unitário, não há qualquer dúvida de que este dispositivo realmente é aplicado, uma vez que haverá obrigatoriedade de decisão igual para todos, de modo que tudo aquilo que um alegar em seu favor poderá ser comunicado ao outro. Mas, mesmo nas hipóteses de litisconsórcio simples ou comum, também este dispositivo pode ser aplicado, já que o magistrado terá que julgar, em sua sentença, o fato comum que foi afirmado pelo demandante e impugnado apenas por um dos litisconsortes. Assim, ao analisar os argumentos trazidos na resposta de um dos litisconsortes em processo que busca o ressarcimento por danos materiais sofridos, o magistrado poderá concluir, por exemplo, pela inexistência do evento que foi afirmado pelo demandante, hipótese em que fatalmente esta conclusão também será estendida ao outro litisconsorte, sob pena de a sentença conter uma contradição. É correto concluir, portanto, que realmente esta regra (art. 345, inc. I) é adotada usualmente no litisconsórcio unitário, malgrado possa por vezes ser adotada, também, no litisconsórcio considerado simples ou comum.

Já a outra hipótese (art. 345, inc. II) estabelece que também não se opera o efeito material da revelia quando o litígio versar sobre direitos "indisponíveis", terminologia que gera certas reflexões. É que, por direito indisponível, se entende aquele de que a parte não pode dispor ou renunciar, muita embora seja possível em algumas hipóteses até mesmo realizar alguma forma de acordo, transação ou ato de liberalidade quanto a algum aspecto, tal como ocorre, por exemplo, com o direito aos alimentos que, mesmo sendo indisponível, pode ser perfeitamente transacionado entre as partes. Mas, de qualquer maneira, fica a ressalva de que nestes casos envolvendo direitos "indisponíveis", como na hipótese em que foi proposta uma demanda objetivando a modificação do valor dos alimentos, não haverá o efeito material da revelia, ainda que o demandado deixe de apresentar sua peça de resistência.

Na sequência (art. 345, inc. III), o CPC estabelece que o efeito material da revelia não se opera quando a petição inicial não vier acompanhada de instrumento público que a lei considere indispensável à prova do ato. Só que nesta última hipótese se percebe uma aparente contradição no CPC, pois, havendo ausência deste documento, deveria o magistrado então ter determinado a emenda em momento próprio (art. 321), estabelecendo que o autor promova a emenda da inicial, para instruí-la adequadamente. No entanto, ainda assim esta norma poderá ser aplicada caso o magistrado não tenha agido dessa maneira sugerida. Um exemplo de instrumento público que é indispensável para se comprovar a propriedade de um bem imóvel é a escritura pública registrada em cartório de RGI. Observe-se que, neste caso, dispõe o CPC (art. 406) que q*uando a lei exigir, como da substância do ato, o instrumento público, nenhuma outra prova, por mais especial que seja, pode suprir-lhe a falta.*

Há, também, uma última hipótese em que o efeito material da revelia poderá ser afastado (art. 345, inc. IV), que, acertadamente, estabelece que não haja este efeito quando as alegações fáticas apresentadas pelo demandante soarem inverossímeis ou quando estiverem em contradição com as provas constantes nos autos.

Por fim, vale dizer que quando este dispositivo for aplicado (art. 345), o magistrado não estará autorizado a proferir o julgamento antecipado do mérito (art. 355, II).

> **Possibilidade de a revelia ser reconhecida em desfavor da Fazenda Pública (CPC/73).** "*Os efeitos materiais da revelia não são afastados quando, regularmente citado, deixa o Município de contestar o pedido do autor, sempre que não estiver em litígio contrato genuinamente administrativo, mas sim uma obrigação de direito privado firmada pela Administração Pública*" (STJ. RESP nº 1.084.745-MG. Rel. Min. Luís Felipe Salomão. DJ 06/11/2012).

Art. 346

> **Art. 346.** Os prazos contra o revel que não tenha patrono nos autos fluirão da data de publicação do ato decisório no órgão oficial.
>
> **Parágrafo único.** O revel poderá intervir no processo em qualquer fase, recebendo-o no estado em que se encontrar.

O dispositivo em questão deve ser interpretado literalmente, tratando do efeito processual ou secundário da revelia, que dispensa novas intimações ao réu revel. É mantido que ele receberá o processo no estado em que se encontra caso nele resolva intervir ulteriormente.

Fica a ressalva, porém, que a revelia ocorre porque o réu deixou de apresentar contestação, de modo que, ainda que possa vir posteriormente a acompanhar o processo, não necessariamente poderá mudar muito o quadro negativo que se instaurou, pois lhe será defeso apresentar qualquer tese defensiva, exceto nas poucas hipóteses admitidas por lei (art. 342). Desta maneira, sua postura irá se limitar, basicamente, a pleitear a produção de provas contrapostas às alegações do autor (art. 349).

CAPÍTULO IX
DAS PROVIDÊNCIAS PRELIMINARES E DO SANEAMENTO

Art. 347

> **Art. 347.** Findo o prazo para a contestação, o juiz tomará, conforme o caso, as providências preliminares constantes das seções deste Capítulo.

Após a citação do demandado, caberá ao magistrado determinar as providências preliminares ao processo (art. 347 – art. 353), de acordo com o comportamento que for adotado pelo réu.

Na hipótese de ausência de contestação do réu e caso não tenham se operado os efeitos da revelia (art. 345), caberá ao juiz determinar a intimação do demandante para informar se pretende produzir ainda algum tipo de prova (art. 348).

Porém, se o demandado tiver apresentado contestação, o magistrado então terá que analisar o teor desta peça. É que, se for apresentada qualquer defesa de cunho processual ou que se constitua em exceção substancial indireta, existem dispositivos (art. 350 e art. 351) estabelecendo que o autor será então intimado a se manifestar em peça popularmente conhecida como "réplica", no prazo de 15 (quinze) dias, sendo-lhe permitida a produção de prova.

Em qualquer uma das hipóteses, caberá em seguida ao magistrado verificar se já é possível proferir decisão, que tanto pode ser de extinção conforme o estado do processo (art. 354), como também poderá ser no sentido do julgamento total ou mesmo parcial do mérito (art. 355 e art. 356). Do contrário, não sendo hipótese passível de decisão, resta apenas determinar o prosseguimento do processo, com a realização da etapa de saneamento (art. 357).

Seção I
Da Não Incidência dos Efeitos da Revelia

Art. 348

> Art. 348. Se o réu não contestar a ação, o juiz, verificando a inocorrência do efeito da revelia previsto no art. 344, ordenará que o autor especifique as provas que pretenda produzir, se ainda não as tiver indicado.

O dispositivo em questão deve ser interpretado literalmente, determinando que o autor seja intimado para especificar provas, caso seja uma daquelas hipóteses em que não incidem os efeitos primários da revelia ao demandado.

Art. 349

> Art. 349. Ao réu revel será lícita a produção de provas, contrapostas às alegações do autor, desde que se faça representar nos autos a tempo de praticar os atos processuais indispensáveis a essa produção.

O dispositivo permite que mesmo o réu revel postule e produza provas, mas apenas para contrapor as alegações do autor, o que é coerente, pois o demandado revel já não poderia mais trazer qualquer tese defensiva para comprovar, exceto aqueles temas que são autorizados (art. 342).

Seção II
Do Fato Impeditivo, Modificativo ou Extintivo do Direito do Autor

Art. 350

> Art. 350. Se o réu alegar fato impeditivo, modificativo ou extintivo do direito do autor, este será ouvido no prazo de 15 (quinze) dias, permitindo-lhe o juiz a produção de prova.

O artigo dispõe que o demandante será intimado a se manifestar em quinze dias sobre os fatos impeditivos, modificativos ou extintivos que forem apresentados pelo demandado em sua defesa, por meio da "réplica". Há dispositivo posterior autorizando que, na réplica, o demandante também se manifeste sobre documentos apresentados junto com a contestação (art. 437).

Seção III
Das Alegações do Réu

Art. 351

> Art. 351. Se o réu alegar qualquer das matérias enumeradas no art. 337, o juiz determinará a oitiva do autor no prazo de 15 (quinze) dias, permitindo-lhe a produção de prova.

O dispositivo dispõe que o demandante será intimado a se manifestar em quinze dias sobre as questões preliminares que forem apresentadas pelo demandado em sua defesa, por meio da "réplica". Houve redução das matérias acaso fosse realizado confronto com o modelo anterior (CPC/73), pois antes era possível observar tal prática sempre que o demandado trouxesse defesa de cunho processual, tanto dilatória quanto peremptória. Há dispositivo posterior autorizando que, na réplica, o demandante também se manifeste sobre documentos apresentados junto com a contestação (art. 437).

Art. 352

> Art. 352. Verificando a existência de irregularidades ou vícios sanáveis, o juiz determinará sua correção em prazo nunca superior a 30 (trinta) dias.

O dispositivo em questão deve ser interpretado literalmente, prevendo as medidas que devem ser adotadas quando verificada a existência de irregularidade ou "vícios sanáveis". Esta expressão, aliás, por ser mais ampla e técnica, adequadamente substituiu a anterior (CPC/73), que era "nulidades sanáveis", sendo bem mais restrita.

Art. 353

> Art. 353. Cumpridas as providências preliminares ou não havendo necessidade delas, o juiz proferirá julgamento conforme o estado do processo, observando o que dispõe o Capítulo X.

O dispositivo em questão deve ser interpretado literalmente, prevendo que ultimadas as providências preliminares será o momento, então, de se realizar o julgamento conforme o estado do processo.

CAPÍTULO X
DO JULGAMENTO CONFORME O ESTADO DO PROCESSO

Seção I
Da Extinção do Processo

Art. 354

> Art. 354. Ocorrendo qualquer das hipóteses previstas nos arts. 485 e 487, incisos II e III, o juiz proferirá sentença.
>
> Parágrafo único. A decisão a que se refere o *caput* pode dizer respeito a apenas parcela do processo, caso em que será impugnável por agravo de instrumento.

Vindo os autos conclusos ao magistrado, caberá a ele analisar se já é possível sentenciar o processo, embora não por todos os fundamentos (art. 485 ou com base no art. 487, incs. II ou III). O dispositivo em comento (art. 354) apenas não prevê a possibilidade de extinção com julgamento do mérito (art. 487, inc. I), eis que esta hipótese já retrata um "julgamento antecipado do mérito", que é disciplinado pelo dispositivo seguinte (art. 355). Logo, se constata uma coerência do CPC, que somente autoriza a resolução do mérito com julgamento (art. 487, inc. I), se antes não for possível sentenciar por qualquer outro fundamento em que não haja um efetivo julgamento (art. 485 ou com base no art. 487, incs. II ou III).

O parágrafo único também prevê que se a decisão mencionada no *caput* se referir apenas à parcela do processo, será o caso de prolação de decisão interlocutória, com possibilidade de impugnação por meio do recurso de agravo, na modalidade por instrumento (art. 1.015).

Seção II
Do Julgamento Antecipado do Mérito

Art. 355

> Art. 355. O juiz julgará antecipadamente o pedido, proferindo sentença com resolução de mérito, quando:
>
> I – não houver necessidade de produção de outras provas;
>
> II – o réu for revel, ocorrer o efeito previsto no art. 344 e não houver requerimento de prova, na forma do art. 349.

O "julgamento antecipado do mérito", que é considerado como uma das modalidades de tutela de evidência (pois já há evidência do direito alegado pelo demandante ou mesmo da sua ausência), confere uma autorização para que o magistrado já possa sentenciar o processo com resolução do mérito (art. 487, inc. I). Para a sua aplicação, no entanto, é necessário que tenha antes sido realizada a citação do demandado, o que o torna diferente da improcedência liminar (art. 332), embora neste caso também tenha sido proferida uma sentença com o mesmo conteúdo.

Este julgamento antecipado do mérito pode ser feito, de acordo com o CPC (art. 355), nas seguintes situações: a) quando não houver necessidade de produzir outras provas; b) quando ocorrer a revelia (art. 344) e desde que não haja requerimento para produção de prova (art. 349).

Na primeira situação, isto é, quando não houver necessidade de produzir outras provas, a desnecessidade de dilação probatória autoriza a imediata resolução do mérito. Na segunda situação, o julgamento antecipado também é possível quando o demandado for revel. A revelia, como se sabe, decorre da falta de contestação e gera efeitos primários (presunção relativa de veracidade daquilo que o demandante afirma – art. 344) e secundários (desnecessidade de intimação do advogado ou de seu patrono para os atos ulteriores do processo – art. 346). Assim, diante da ausência de contestação, os fatos afirmados na petição inicial são considerados como existentes, de modo a dispensar eventual dilação probatória bem como para autorizar a imediata resolução do mérito.

Destaca-se, por oportuno, que por vezes a revelia não gera, de plano, a evidência do direito alegado ou mesmo a falta dele. É que, em algumas hipóteses, os efeitos primários não se perfazem (art. 355, inc. II – quando se tratar de direito indisponível). Assim, ausente a presunção, ainda que relativa, de veracidade dos fatos que o autor afirma, encontra-se o magistrado desautorizado a proceder ao julgamento antecipado do mérito.

> **Enunciado nº 27 da I Jornada de Processo Civil CEJ/CJF:** *"Não é necessário o anúncio prévio do julgamento do pedido nas situações do art. 355 do CPC".*

Seção III
Do Julgamento Antecipado Parcial do Mérito

Art. 356

Art. 356. O juiz decidirá parcialmente o mérito quando um ou mais dos pedidos formulados ou parcela deles:

I – mostrar-se incontroverso;

II – estiver em condições de imediato julgamento, nos termos do art. 355.

§ 1º A decisão que julgar parcialmente o mérito poderá reconhecer a existência de obrigação líquida ou ilíquida.

§ 2º A parte poderá liquidar ou executar, desde logo, a obrigação reconhecida na decisão que julgar parcialmente o mérito, independentemente de caução, ainda que haja recurso contra essa interposto.

§ 3º Na hipótese do § 2º, se houver trânsito em julgado da decisão, a execução será definitiva.

§ 4º A liquidação e o cumprimento da decisão que julgar parcialmente o mérito poderão ser processados em autos suplementares, a requerimento da parte ou a critério do juiz.

§ 5º A decisão proferida com base neste artigo é impugnável por agravo de instrumento.

O CPC (art. 356) passou a admitir o julgamento antecipado parcial do mérito, o que será realizado por meio da prolação de uma decisão interlocutória, nos casos ali mencionados, que são ocorrência de pedidos incontroversos ou casos que permitem julgamento nos termos do dispositivo anterior. De certa forma, era praxe já autorizada pelo modelo primitivo (art. 273, § 6º, CPC/73), mas com outra nomenclatura ("antecipação da tutela da parcela incontroversa do pedido").

Este ato decisório (art. 356) tem a finalidade de formar mais rapidamente o título executivo judicial, ao menos da parcela incontroversa, de modo que o credor já fica autorizado a promover a execução em autos apartados ou não (para que não haja confusão quanto ao procedimento a ser adotado, embora ainda seja o mesmo processo), enquanto nos autos originais continua a discussão quanto à parcela litigiosa do pedido. Vale dizer que esta decisão eventualmente poderá ser ilíquida, o que recomendará a observância de regramento mais específico (art. 509 – art. 512).

O dispositivo também reconhece que esta decisão gera coisa julgada, em decorrência de ser prolatada com base em um juízo de cognição exauriente (art. 356, § 3º). Com efeito, a cognição, em relação a esta parte decidida deixará de ser sumária (baseada em juízo de probabilidade) e passará a ser exauriente (fundada em juízo de certeza – já que não há discordância das partes), com a formação de coisa julgada material e formal, mesmo que não tenha ocorrido o encerramento do processo de conhecimento em relação à parcela restante do pedido ou em relação aos demais pedidos.

E, não menos importante, este ato judicial (art. 356) deve ser reputado como decisão interlocutória e não como sentença parcial de mérito. Com efeito, o conceito atual de sentença (art. 203, § 1º), estabelece que somente é proferida quando for encerrada toda a etapa cognitiva, o que não ocorreu. Assim, é correto considerar que este ato processual corporifica uma tutela de evidência do direito do demandante, razão pela qual o magistrado irá reconhecê-lo por meio de uma decisão interlocutória que, em caráter excepcional, resolve parte do mérito, constituindo o título executivo judicial apto a ensejar desde logo a sua execução. E, vale dizer, o CPC prevê expressamente que esta decisão comporta recurso de agravo de instrumento (art. 1.015, inc. II), que, em casos de julgamento por maioria, permitirá a aplicação de nova técnica processual (art. 942, § 3º, inc. II). Esta decisão também pode desafiar ação rescisória, se presente algum fundamento para tanto (art. 966).

> Enunciado nº 5 da I Jornada de Processo Civil CEJ/CJF: *"Ao proferir decisão parcial de mérito ou decisão parcial fundada no art. 485 do CPC, condenar-se-á proporcionalmente o vencido a pagar honorários ao advogado do vencedor, nos termos do art. 85 do CPC".*
>
> Enunciado nº 61 da I Jornada de Processo Civil CEJ/CJF: *"Deve ser franqueado às partes sustentar oralmente as suas razões, na forma e pelo prazo previsto no art. 937, caput, do CPC, no agravo de instrumento que impugne decisão de resolução parcial de mérito (art. 356, § 5º, do CPC)".*
>
> Enunciado nº 49 da ENFAM: *"No julgamento antecipado parcial do mérito, o cumprimento provisório da decisão inicia-se independentemente de caução (art. 356, § 2º, do CPC/2015), sendo aplicável, todavia, a regra do art. 520, IV".*

> **Decisão que realiza o julgamento antecipado parcial do mérito por meio de decisão interlocutória não deve abranger condenação em custas e honorários advocatícios, que deverão ser fixados apenas no momento em que a sentença for proferida (CPC/73).** *"DIREITO PROCESSUAL CIVIL.*

> *CONSECTÁRIOS LEGAIS NA TUTELA DO INCONTROVERSO EM ANTECIPAÇÃO DOS EFEITOS DA TUTELA. O valor correspondente à parte incontroversa do pedido pode ser levantado pelo beneficiado por decisão que antecipa os efeitos da tutela (art. 273, § 6º, do CPC), mas o montante não deve ser acrescido dos respectivos honorários advocatícios e juros de mora, os quais deverão ser fixados pelo juiz na sentença. Com efeito, enquanto nos demais casos de antecipação de tutela são indispensáveis os requisitos do perigo de dano, da aparência e da verossimilhança para a sua concessão, na tutela antecipada do § 6º do art. 273 do CPC basta o caráter incontroverso de uma parte dos pedidos, que pode ser reconhecido pela confissão, pela revelia e, ainda, pela própria prova inequívoca nos autos. Se um dos pedidos, ou parte deles, já se encontre comprovado, confessado ou reconhecido pelo réu, não há razão que justifique o seu adiamento até a decisão final que aprecie a parte controversa da demanda que carece de instrução probatória, podendo ser deferida a antecipação de tutela para o levantamento da parte incontroversa (art. 273, § 6º, do CPC). Verifica-se, portanto, que a antecipação em comento não é baseada em urgência, muito menos se refere a um juízo de probabilidade – ao contrário, é concedida mediante técnica de cognição exauriente após a oportunidade do contraditório. Entretanto, por política legislativa, a tutela do incontroverso, ainda que envolva técnica de cognição exauriente, não é suscetível de imunidade pela coisa julgada, o que inviabiliza o adiantamento dos consectários legais da condenação (juros de mora e honorários advocatícios). De fato, a despeito das reformas legislativas que se sucederam visando à modernização do sistema processual pátrio, deixou o legislador de prever expressamente a possibilidade de cisão da sentença. Daí a diretiva de que o processo brasileiro não admite sentenças parciais, recaindo sobre as decisões não extintivas o conceito de 'decisão interlocutória de mérito'"* (STJ. RESP 1.234.887-RJ, Rel. Min. Ricardo Villas Bôas Cueva, julgado em 19/9/2013).

Seção IV
Do Saneamento e da Organização do Processo

Art. 357

Art. 357. Não ocorrendo qualquer das hipóteses deste Capítulo, deverá o juiz, em decisão de saneamento e de organização do processo:

I – resolver as questões processuais pendentes, se houver;

II – delimitar as questões de fato sobre as quais recairá a atividade probatória, especificando os meios de prova admitidos;

III – definir a distribuição do ônus da prova, observado o art. 373;

IV – delimitar as questões de direito relevantes para a decisão do mérito;

V – designar, se necessário, audiência de instrução e julgamento.

§ 1º Realizado o saneamento, as partes têm o direito de pedir esclarecimentos ou solicitar ajustes, no prazo comum de 5 (cinco) dias, findo o qual a decisão se torna estável.

§ 2º As partes podem apresentar ao juiz, para homologação, delimitação consensual das questões de fato e de direito a que se referem os incisos II e IV, a qual, se homologada, vincula as partes e o juiz.

§ 3º Se a causa apresentar complexidade em matéria de fato ou de direito, deverá o juiz designar audiência para que o saneamento seja feito em cooperação com as partes, oportunidade em que o juiz, se for o caso, convidará as partes a integrar ou esclarecer suas alegações.

§ 4º Caso tenha sido determinada a produção de prova testemunhal, o juiz fixará prazo comum não superior a 15 (quinze) dias para que as partes apresentem rol de testemunhas.

§ 5º Na hipótese do § 3º, as partes devem levar, para a audiência prevista, o respectivo rol de testemunhas.

§ 6º O número de testemunhas arroladas não pode ser superior a 10 (dez), sendo 3 (três), no máximo, para a prova de cada fato.

§ 7º O juiz poderá limitar o número de testemunhas levando em conta a complexidade da causa e dos fatos individualmente considerados.

§ 8º Caso tenha sido determinada a produção da prova pericial, o juiz deve observar o disposto no art. 465 e, se possível, estabelecer, desde logo, calendário para sua realização.

§ 9º As pautas deverão ser preparadas com intervalo mínimo de 1 (uma) hora entre as audiências.

Não sendo possível sentenciar o processo, caberá ao juiz determinar o seu prosseguimento, que se dará pela realização do saneamento. Este saneamento deve ser efetuado pelo magistrado por meio de uma decisão interlocutória, enfrentando as questões expostas nos incisos do dispositivo. Havendo dúvidas, qualquer parte pode pedir esclarecimentos ou ajustes, no prazo de cinco dias.

O dispositivo também permite que as partes apresentem ao juiz, para homologação, delimitação consensual das questões de fato e de direito, em mais um exemplo de "convenção processual". Contudo, esta norma é inócua, pois quem irá proferir julgamento é o magistrado regularmente investido para prestar a jurisdição. Afinal, se as próprias partes fixam os pontos controvertidos e determinam as provas a serem produzidas, essa circunstância não poderá vincular o juiz e nem mesmo subtrair a sua iniciativa probatória (art. 370), caso ainda tenha alguma dúvida que seja necessária esclarecer antes de ser proferida a sentença. Portanto, ainda que seja apresentado o negócio processual quanto ao saneamento (e sendo ele considerado como juridicamente possível), o magistrado poderá agir de maneira supletiva, fixando outros pontos, bem como determinando os meios de provas que entender adequados.

Eventualmente, se a causa apresentar complexidade, poderá ser designada uma audiência especial para esta finalidade. Vale dizer, ainda, que as pautas de audiência deverão ser preparadas com intervalo mínimo de uma hora entre as audiências, o que é inconstitucional por ofender a separação entre os Poderes (art. 2º, CF).

> **Verbete nº 424 da Súmula do STF:** *"Transita em julgado o despacho saneador de que não houve recurso, excluídas as questões deixadas, explícita ou implicitamente, para a sentença".*
>
> **Enunciado nº 28 da I Jornada de Processo Civil CEJ/CJF:** *"Os incisos do art. 357 do CPC não exaurem o conteúdo possível da decisão de saneamento e organização do processo".*
>
> **Enunciado nº 29 da I Jornada de Processo Civil CEJ/CJF:** *"A estabilidade do saneamento não impede a produção de outras provas, cuja necessidade se origine de circunstâncias ou fatos apurados na instrução".*

> **Possibilidade de o magistrado indeferir provas que entender como irrelevantes para a formação da sua convicção.** *"É entendimento desta Corte que a produção probatória se destina ao convencimento do julgador e, sendo assim, o juiz, por estar mais próximo da realidade, pode rejeitar a produção de determinadas provas, em virtude da irrelevância para a formação de sua convicção, mormente se voltadas a demonstrar o quanto já revelado no processo por outras vias, descaracterizando, assim, o prejuízo capaz de viciar o feito, como ocorreu na espécie"* (STJ. AgInt no ARESP nº 855.974/BA. Rel. Min. Raul Araújo. DJ 1º/09/2016).
>
> **Agravo de instrumento. Decisão saneadora em ação anulatória. Possibilidade. Recurso desprovido.** *"- O exame da existência de coisa julgada pode anteceder a sentença, por constituir pressuposto processual a ser verificado pelo Juiz, não havendo ilegalidade em que seja procedido previamente o seu exame. – Partindo-se das premissas trazidas pela recorrente, que seriam fazendas distintas e que não há áreas comuns, entendo que a decisão impugnada não traz qualquer prejuízo para a agravante, mesmo porque o pedido trazido na exordial consubstancia-se apenas na nulidade da certidão, não havendo pedido expresso quanto às 'áreas comuns'. – Em que pese a decisão recorrida ter sido proferida na vigência do Código de Processo Civil de 1973, ela atende o novo reclamo do art. 357 do novo CPC (artigo similar: art. 331, § 2º, do CPC/73), ao resolver questões processuais e delimitando as questões de fato sobre as quais recairá a atividade probatória. – Decisão de fls. 481/482 reconsiderada, agravo de instrumento desprovido"* (TRF-3. Agravo de Instrumento, 548543/MS 0000307-07.2015.4.03.0000, Rel. Des. Fed. Souza Ribeiro, julgado em 12/09/2017, e-DJF3 Judicial 1 21/09/2017).
>
> **Possibilidade de o magistrado indeferir provas que entender como irrelevantes para a formação da sua convicção.** *"O juiz é o destinatário das provas e, maduro o processo pela instrução suficiente ao convencimento do magistrado e ao julgamento, não há cerceamento de defesa, por dispensa de outras provas. A ausência da municipalidade no feito não acarreta qualquer nulidade, uma vez que poderia figurar como litisconsorte ativo facultativo, nos termos do art. 17, § 3º, da Lei 8.429/92, não sendo o caso de litisconsorte necessário. A contratação*

> *de restaurante para fornecer alimentação sem qualquer procedimento licitatório, e não sendo o caso de dispensa, apresenta irregularidade, contudo, deve-se observar o interesse público e a inexistência de prejuízo ao erário, que* in casu *não ocorreu. A responsabilização por ato de improbidade por ofensa aos princípios da Administração Pública somente é possível quando comprovadamente cometidos mediante dolo, que é elemento subjetivo necessário para sua caracterização. A contratação de serviço de alimentação firmada sem licitação, por si só, não expressa a presença do elemento subjetivo. Recurso há que se nega provimento"* (TJ-RO, 000004 – Processo nº 0001272-92.2014.822.0020 – Apelação, julgado em 22/02/2017).

CAPÍTULO XI
DA AUDIÊNCIA DE INSTRUÇÃO E JULGAMENTO

Art. 358

Art. 358. No dia e na hora designados, o juiz declarará aberta a audiência de instrução e julgamento e mandará apregoar as partes e os respectivos advogados, bem como outras pessoas que dela devam participar.

Não sendo o caso de julgamento conforme o estado do processo (art. 354 – art. 357), o magistrado então deverá designar dia e hora para a realização da AIJ (art. 358 – art. 368), se for necessária a produção de prova oral.

A audiência de instrução e julgamento se constitui em um ato processual complexo, ou seja, em um ato processual que pode ser decomposto em diversos outros, que são praticados de maneira sequenciada e com os mais diversos objetivos. Isso ocorre porque a AIJ permite: a) a tentativa de conciliação entre as partes; b) a produção de provas; c) a apresentação de alegações finais orais; d) a prolação da sentença; e) a interposição de recursos pelas partes.

A AIJ, contudo, não deve ser obrigatoriamente designada, uma vez que eventualmente até mesmo pode ser necessária a dilação probatória, muito embora tais provas não tenham que ser produzidas apenas em audiência. Porém, se tiver que ser designada, deve se atentar quanto ao disposto ao CPC (no art. 212), que permite que este ato seja praticado em dias úteis das 6 (seis) às 20 (vinte) horas, inclusive com a ressalva que até mesmo autoriza que esta audiência possa terminar após esse horário, desde que haja risco de prejuízo ao ato ou se houver possibilidade de ocorrência de grave dano (art. 212, § 1º).

Art. 359

> Art. 359. Instalada a audiência, o juiz tentará conciliar as partes, independentemente do emprego de outros métodos de solução consensual de conflitos, como a mediação e a arbitragem.

O dispositivo em questão deve ser interpretado literalmente, reforçando o dever do magistrado em tentar obter uma solução consensual entre as partes, o que é a tônica do CPC (art. 2º, § 2º).

Art. 360

> Art. 360. O juiz exerce o poder de polícia, incumbindo-lhe:
>
> I – manter a ordem e o decoro na audiência;
>
> II – ordenar que se retirem da sala de audiência os que se comportarem inconvenientemente;
>
> III – requisitar, quando necessário, força policial;
>
> IV – tratar com urbanidade as partes, os advogados, os membros do Ministério Público e da Defensoria Pública e qualquer pessoa que participe do processo;
>
> V – registrar em ata, com exatidão, todos os requerimentos apresentados em audiência.

O dispositivo em questão deve ser interpretado literalmente, tratando das incumbências do magistrado durante a condução da AIJ, trazendo como novidade a previsão de que todos devem ser tratados com urbanidade, bem como de que sejam registrados em ata todos os requerimentos apresentados. Já foi analisado anteriormente que todas as decisões dadas pelo magistrado, inclusive as orais, devem ser registradas (art. 205, § 1º).

É de se destacar que este dever de urbanidade é recíproco, também sendo devido por todos em relação ao magistrado, embora, como já se tenha percebido até então, o CPC em grande parte dos seus dispositivos, apenas enumere mais deveres para a magistratura, sem qualquer correspondência com os demais sujeitos do processo. Igualmente, que os requerimentos deverão constar em ata, mas não serão necessariamente ali enfrentados, pois há prazo próprio fixado por lei para que o juiz profira suas decisões (art. 226 c/c art. 227).

Art. 361

> Art. 361. As provas orais serão produzidas em audiência, ouvindo-se nesta ordem, preferencialmente:
>
> I – o perito e os assistentes técnicos, que responderão aos quesitos de esclarecimentos requeridos no prazo e na forma do art. 477, caso não respondidos anteriormente por escrito;
>
> II – o autor e, em seguida, o réu, que prestarão depoimentos pessoais;
>
> III – as testemunhas arroladas pelo autor e pelo réu, que serão inquiridas.
>
> Parágrafo único. Enquanto depuserem o perito, os assistentes técnicos, as partes e as testemunhas, não poderão os advogados e o Ministério Público intervir ou apartear, sem licença do juiz.

O dispositivo em questão deve ser interpretado literalmente, tratando da ordem em que as provas devem ser produzidas em AIJ. O *caput* inova ao permitir que esta ordem não seja estanque, ou seja, que, dependendo da situação, possa ocorrer inversão, o que está de acordo com outra norma já abordada (art. 139, inc. VI). O parágrafo único mantém a regra segundo a qual durante a produção da prova oral as partes não podem apartear ou intervir sem autorização judicial, havendo, corretamente, a inclusão do membro do Ministério Público também nesta norma.

Art. 362

> Art. 362. A audiência poderá ser adiada:
>
> I – por convenção das partes;
>
> II – se não puder comparecer, por motivo justificado, qualquer pessoa que dela deva necessariamente participar;
>
> III – por atraso injustificado de seu início em tempo superior a 30 (trinta) minutos do horário marcado.
>
> § 1º O impedimento deverá ser comprovado até a abertura da audiência, e, não o sendo, o juiz procederá à instrução.
>
> § 2º O juiz poderá dispensar a produção das provas requeridas pela parte cujo advogado ou defensor público não tenha comparecido à audiência, aplicando-se a mesma regra ao Ministério Público.
>
> § 3º Quem der causa ao adiamento responderá pelas despesas acrescidas.

O dispositivo em questão deve ser interpretado literalmente, tratando de casos em que a AIJ poderá ser adiada. Uma tímida novidade é a redação do segundo inciso, que permite o adiamento quando qualquer sujeito processual não puder comparecer, o que difere do modelo anterior (CPC/73), que era mais restrito. O parágrafo segundo inclui o membro do Ministério Público, acertadamente, pois no caso de se ausentar na AIJ a prova por ele requerida poderá ser dispensada.

Art. 363

Art. 363. Havendo antecipação ou adiamento da audiência, o juiz, de ofício ou a requerimento da parte, determinará a intimação dos advogados ou da sociedade de advogados para ciência da nova designação.

O dispositivo inova ao permitir que, em casos de antecipação ou de adiamento de audiência, seja feita comunicação prévia às partes e seus patronos, evitando que isso somente seja feito na data anteriormente designada para a AIJ que não irá se realizar.

Art. 364

Art. 364. Finda a instrução, o juiz dará a palavra ao advogado do autor e do réu, bem como ao membro do Ministério Público, se for o caso de sua intervenção, sucessivamente, pelo prazo de 20 (vinte) minutos para cada um, prorrogável por 10 (dez) minutos, a critério do juiz.

§ 1º Havendo litisconsorte ou terceiro interveniente, o prazo, que formará com o da prorrogação um só todo, dividir-se-á entre os do mesmo grupo, se não convencionarem de modo diverso.

§ 2º Quando a causa apresentar questões complexas de fato ou de direito, o debate oral poderá ser substituído por razões finais escritas, que serão apresentadas pelo autor e pelo réu, bem como pelo Ministério Público, se for o caso de sua intervenção, em prazos sucessivos de 15 (quinze) dias, assegurada vista dos autos.

Finda a instrução, as partes deverão apresentar as suas alegações finais orais (art. 364), que após serão reduzidas a termo. Este dispositivo, por sinal, autoriza que este prazo seja de 20 (vinte) minutos, muito embora possa ocorrer a sua prorrogação, a critério do magistrado, por mais 10 (dez) minutos. No entanto, caso o processo tenha um litisconsórcio ou mesmo a intervenção de um terceiro, há norma prevendo que o prazo para alegações finais orais serão então necessariamente fixados em 30 (trinta) minutos, que serão divididos igualmente entre os integrantes do mesmo grupo, salvo se os próprios dispuserem de maneira diferente, o que caracteriza mais um exemplo de convenção processual (art. 364, § 1º).

Pode ocorrer, também, que a situação apresente complexas questões de fato ou de direito, hipótese em que o CPC (art. 364, § 2º) autoriza que as alegações finais orais sejam substituídas por memoriais escritos, caso em que, de acordo com o dispositivo, caberá ao juiz fixar dia e hora para que as partes os apresentem em 15 (quinze) dias, contados sucessivamente.

Art. 365

Art. 365. A audiência é una e contínua, podendo ser excepcional e justificadamente cindida na ausência do perito ou de testemunha, desde que haja concordância das partes.

Parágrafo único. Diante da impossibilidade de realização da instrução, do debate e do julgamento no mesmo dia, o juiz marcará seu prosseguimento para a data mais próxima possível, em pauta preferencial.

O dispositivo em questão deve ser interpretado literalmente, prevendo a possibilidade de continuidade da AIJ em outra data, em casos de ausência de testemunha ou perito. Diferencia-se da norma que prevê o adiamento pela ausência de qualquer sujeito processual (art. 362), pois nesta já houve início da AIJ. É de se criticar a necessidade de anuência das partes para esta cisão, pois mesmo que não haja concordância pode ser que o magistrado entenda que a realização desta prova é imprescindível, até porque o CPC lhe reconhece a iniciativa probatória (art. 370).

O parágrafo único também autoriza a cisão da AIJ em casos de impossibilidade de se realizar instrução, debates e julgamento no mesmo dia, criando mais uma "pauta preferencial", como tantas outras "listas" a se perder de vista (v.g., lista de processos para serem sentenciados pela conclusão – art. 12, lista de processos para serem sentenciados pela distribuição – art. 1.046, § 1º, lista de processos pendentes de alguma providência – art. 153, lista de mediadores e conciliadores – art. 167, § 4º, entre muitas outras que tiram o foco e retardam a execução da tarefa-fim do Judiciário, que é prestar a jurisdição).

Art. 366

Art. 366. Encerrado o debate ou oferecidas as razões finais, o juiz proferirá sentença em audiência ou no prazo de 30 (trinta dias).

O dispositivo em questão deve ser interpretado literalmente, prevendo que na sequência o magistrado já deverá proferir sentença ou, então, no prazo de trinta dias, que foi ampliado para se amoldar à nova regra geral de prazo para os pronunciamentos judiciais (art. 226, III), muito embora possa ser dobrado caso haja motivo justificável (art. 227).

Art. 367

Art. 367. O servidor lavrará, sob ditado do juiz, termo que conterá, em resumo, o ocorrido na audiência, bem como, por extenso, os despachos, as decisões e a sentença, se proferida no ato.

§ 1º Quando o termo não for registrado em meio eletrônico, o juiz rubricar-lhe-á as folhas, que serão encadernadas em volume próprio.

§ 2º Subscreverão o termo o juiz, os advogados, o membro do Ministério Público e o escrivão ou chefe de secretaria, dispensadas as partes, exceto quando houver ato de disposição para cuja prática os advogados não tenham poderes.

§ 3º O escrivão ou chefe de secretaria trasladará para os autos cópia autêntica do termo de audiência.

§ 4º Tratando-se de autos eletrônicos, observar-se-á o disposto neste Código, em legislação específica e nas normas internas dos tribunais.

§ 5º A audiência poderá ser integralmente gravada em imagem e em áudio, em meio digital ou analógico, desde que assegure o rápido acesso das partes e dos órgãos julgadores, observada a legislação específica.

§ 6º A gravação a que se refere o § 5º também pode ser realizada diretamente por qualquer das partes, independentemente de autorização judicial.

O dispositivo cuida da lavratura do termo ou assentada da AIJ, com tratamento muito parecido ao do modelo anterior em alguns aspectos. Há menção à possibilidade de registro deste termo por meio eletrônico, bem como a quais são os sujeitos processuais que devem assiná-lo.

É autorizada a gravação da audiência tanto por imagem quanto por áudio, seja por meio digital ou análogo. É de se criticar a previsão constante no parágrafo sexto, que permite a gravação da AIJ por qualquer das partes e independentemente de autorização judicial. Mais uma vez, o CPC peca por tentar descaracterizar a atuação de cada sujeito do processo, posto ser do auxiliar da justiça a prática desta tarefa em específico. Já permite às partes alteração de procedimento ao arrepio das normas processuais (art. 190), já permite que o saneamento seja feito de comum acordo entre ambas, dispensando a visualização do magistrado sobre as questões (art. 357, § 2º), já permite que advogados cumpram mandados de intimação (art. 269, § 1º), então não causa mais surpresa uma norma tão desnecessária e impertinente quanto esta.

Certamente, haverá mais gastos públicos em equipar absolutamente todos os órgãos jurisdicionais para realizar e armazenar indefinidamente uma gravação que servirá, não apenas ao processo, mas, também, como contraprova, se qualquer uma das partes ou presentes ao ato manipularem trechos da gravação. Ademais, a gravação realizada por outros sujeitos processuais contribuirá para um clima bélico no decorrer do ato, afastando a possibilidade de autocomposição, além de ser em parte inútil, pois sequer será usada no processo, posto que neste será adotada a gravação ou transcrição efetuada pelo serventuário. E isso sem contar que, em momentos em que grande parte da população brasileira se vangloria, nas redes sociais da internet, de qualquer evento praticado no seu dia a dia, certamente comparecer a uma audiência, com possibilidade de registrá-la e divulgá-la para todos, absolutamente nada, mas nada trará de cívico, de útil, de produtivo ou construtivo para a sociedade, até mesmo por desvirtuar a finalidade do ato.

Art. 368

Art. 368. A audiência será pública, ressalvadas as exceções legais.

O dispositivo em questão deve ser interpretado literalmente, reconhecendo a publicidade da AIJ, exceto quando a lei estabelecer em sentido contrário. Há dispositivo no CPC restringindo a publicidade de determinados atos, conforme já analisado (art. 189).

CAPÍTULO XII
DAS PROVAS

Seção I
Disposições Gerais

Art. 369

Art. 369. As partes têm o direito de empregar todos os meios legais, bem como os moralmente legítimos, ainda que não especificados neste Código, para provar a verdade dos fatos em que se funda o pedido ou a defesa e influir eficazmente na convicção do juiz.

O dispositivo cuida da possibilidade de o CPC autorizar tanto o uso de provas típicas quanto atípicas no processo. As provas "típicas" são aquelas que estão expressamente previstas no CPC, tais como: depoimento pessoal das partes, depoimento das testemunhas, prova pericial, prova documental, confissão, dentre outras mais. Mas, por outro lado, as provas "atípicas" são aquelas que não estão claramente positivadas, muito embora ainda assim possam ser empregadas para a elucidação dos fatos, conforme autoriza o CPC (art. 369).

A grande crítica quanto ao uso das provas atípicas é que elas não necessariamente decorrem de um conhecimento científico sólido, o que realmente pode comprometer o seu valor. Por exemplo, uma prova pericial é realizada por um *expert* e, por este motivo, muitas vezes goza de um prestígio maior perante os magistrados para a solução de fatos que exigem conhecimento mais técnico. No entanto, uma carta psicografada já poderia sofrer algumas objeções acaso fosse apresentada ao processo, eis que a psicografia é uma ciência não exata e cujos fundamentos, mesmo enquanto ciência, ainda carecem de demonstração mais robusta e técnica pelos meios tradicionais.

De qualquer maneira, podem ser indicados como exemplos de provas atípicas relativamente corriqueiras na práxis forense a exibição de vídeo em audiência, a inspeção *in loco* realizada pelo oficial de justiça (eis que o CPC somente prevê a inspeção judicial), dentre outros.

Ao final do dispositivo há reforço de que o contraditório deve ser participativo e efetivo para que realmente possa gerar reflexos e influenciar a convicção do magistrado.

> **Possibilidade de o magistrado indeferir provas que entender como irrelevantes para a formação da sua convicção.** "*É entendimento desta Corte que a produção probatória se destina ao convencimento do julgador e, sendo assim, o juiz, por estar mais próximo da realidade, pode rejeitar a produção de determinadas provas, em virtude da irrelevância para a formação de sua convicção, mormente se voltadas a demonstrar o quanto já revelado no processo por outras vias, descaracterizando, assim, o prejuízo capaz de viciar o feito, como ocorreu na espécie*" (STJ. AgInt no ARESP nº 855.974/BA. Rel. Min. Raul Araújo. DJ 1º/09/2016).
>
> **Ilicitude de prova pericial realizada no aplicativo WhatsApp sem autorização judicial em processo penal.** "*Penal e processual penal. Apelações criminais. Preliminar de cerceamento de defesa. Inocorrência. Preliminar rejeitada. Latrocínio. Recurso defensivo. Autoria e materialidade comprovadas. Apelo defensivo não provido. Recursos ministerial e da assistência de acusação. Autoria duvidosa em relação aos corréus. Versão acusatória não corroborada pelos elementos de prova produzidos nos autos. Manutenção da absolvição. Inteligência do art. 386, VII, do CPP. Majoração das penas aplicadas em relação ao acusado condenado. Descabimento. Apelos ministerial e da assistência não providos. Estando autoria e materialidade devidamente comprovadas nos autos, a manutenção da condenação do segundo apelante é medida que se impõe. Contudo, não passando de mera suspeita a imputação do crime aos demais corréus, não tendo o Ministério Público se desincumbido de provar a coautoria destes em relação à empreitada delituosa, a*

> *manutenção da absolvição é medida de rigor. – Agiu com acerto o d. Sentenciante ao considerar ilícita a prova produzida pela perícia realizada, sem autorização judicial, em conversas do aplicativo WhatsApp contidas no telefone celular do acusado, que estava apreendido e sob a guarda da Polícia Judiciária. – Quando se constata que as penas-base foram fixadas nos mínimos legais de forma justificada, a manutenção das reprimendas é medida que se impõe. Recursos não providos. V.v. Ementa: Latrocínio. Preliminar. Perícia realizada no aplicativo WhatsApp sem autorização judicial. Ausência de ilegalidade. Mérito. Corré. Autoria e materialidade comprovadas. Condenação. Necessidade. Participação de menor importância. – A garantia constitucional da inviolabilidade das comunicações telefônicas se refere, especificamente, à vedação de escutas clandestinas, e não à verificação de mensagens de texto ou das últimas ligações recebidas ou efetuadas por meio de celulares apreendidos.– Lícita a perícia realizada nos celulares dos suspeitos da prática do crime, com a transcrição de diálogos havidos entre eles por meio do aplicativo WhatsApp, sem autorização judicial. Demonstradas nos autos, pelas provas suficientes, a materialidade e a autoria delitivas, incorrendo os acusados na norma incriminadora do art. art. 157, § 3º, do CP, pela prática de subtração de coisa alheia móvel, valendo-se de violência real, da qual resulta a morte do ofendido, sem a demonstração de qualquer justificativa ou excludente, impõe-se a aplicação do preceito penal secundário com a condenação imputada. – Nos termos do art. 29, § 1º, do CP: 'Se a participação for de menor importância, a pena pode ser diminuída de 1/6 (um sexto) a 1/3 (um terço)'"* (TJ-MG. Apelação Criminal nº 1.0686.16.000011-9/001, Rel. Des. Corrêa Camargo, 4ª Câmara Criminal, julgado em 09/08/2017, publ. 17/08/2017).

Art. 370

Art. 370. Caberá ao juiz, de ofício ou a requerimento da parte, determinar as provas necessárias ao julgamento do mérito.

Parágrafo único. O juiz indeferirá, em decisão fundamentada, as diligências inúteis ou meramente protelatórias.

O dispositivo em questão deve ser interpretado literalmente, mantendo a iniciativa probatória do magistrado, bem como dispondo que poderão ser indeferidas, motivadamente, as provas inúteis ou meramente protelatórias. Avilta aqui, em importância, o saneamento do processo, que vai fixar as questões pendentes que devem ser esclarecidas pelas provas a serem produzidas.

> Verbete nº 156 da Súmula do TJ-RJ: *"A decisão que defere ou indefere a produção de determinada prova só será reformada se teratológica"*.

Art. 371

> Art. 371. O juiz apreciará a prova constante dos autos, independentemente do sujeito que a tiver promovido, e indicará na decisão as razões da formação de seu convencimento.

O dispositivo em questão deve ser interpretado literalmente, tratando do princípio da comunhão das provas, ao mencionar que elas não necessariamente pertencem ou serão favoráveis à parte que as tenha produzido. Também cuida do princípio do livre convencimento motivado, que tem sede constitucional (art. 93, inc. IX, CF).

No meio acadêmico, há os que comemoram a exclusão da palavra "livremente" do modelo anterior (CPC/73), o que justificaria chamar o sistema valorativo apenas de "convencimento motivado".

Art. 372

> Art. 372. O juiz poderá admitir a utilização de prova produzida em outro processo, atribuindo-lhe o valor que considerar adequado, observado o contraditório.

O CPC passa a admitir, expressamente, o uso da "prova emprestada", que é uma expressão utilizada quando se junta no processo judicial prova que tenha sido produzida em outro processo ou procedimento administrativo.

Como não era regulada claramente no modelo anterior (CPC/73), isso acabava fomentando algumas questões polêmicas. Com efeito, por vezes se objeta que a prova emprestada somente poderia ser admitida em outro processo desde que houvesse sido produzida validamente, que envolvesse as mesmas partes e desde que recaísse sobre o mesmo fato. Argumenta-se, para tanto, que tal cuidado se justifica diante da necessidade de observância à garantia do devido processo legal, de onde decorre o princípio da ampla defesa e do contraditório, eis que não se poderá adotar uma prova sem que uma das partes tenha participado das suas etapas de produção.

No entanto, tal rigorismo deve ser abrandado, eis que a prova emprestada deve receber, no Direito Processual Civil, o mesmo tratamento reservado à prova documental, já que estará reduzida necessariamente a termo. Logo, apresentada aos autos a prova emprestada, ou seja, aquela produzida em outro processo ou procedimento administrativo, o magistrado intimará a parte contrária para que se manifeste sobre ela, preservando o contraditório exigido pelo novel dispositivo.

E, se ainda assim persistir a necessidade de algum outro esclarecimento sobre o mesmo fato, ao magistrado caberá, então, determinar que eventuais outras provas possam ser produzidas ou mesmo deferir os requerimentos formulados pelas partes neste mesmo sentido.

Os Tribunais Superiores já possuem precedentes que até mesmo autorizam, desde que observado o devido processo legal, a utilização de provas colhidas em processo criminal como fundamento para reconhecer, no âmbito da ação de conhecimento no cível, a obrigação de reparação dos danos causados. Neste caso, observa-se que há uma identidade entre os fatos apurados em ambos os processos, eis que é extremamente corriqueiro que uma mesma conduta possa lesionar dois bens jurídicos distintos, um se constituindo em ilícito penal e o outro em ilícito cível. Portanto, é mais um reforço para se permitir o uso da prova emprestada entre processos distintos.

> **Verbete nº 591 da Súmula do STJ:** "*É permitida a prova emprestada no processo administrativo disciplinar, desde que devidamente autorizada pelo juízo competente e respeitados o contraditório e a ampla defesa*".
>
> **Enunciado nº 30 da I Jornada de Processo Civil CEJ/CJF:** "*É admissível a prova emprestada, ainda que não haja identidade de partes, nos termos do art. 372 do CPC*".

> **Possibilidade de uso, em procedimento administrativo, de prova emprestada produzida em processo criminal (CPC/73).** "*PROVA EMPRESTADA. Penal. Interceptação telefônica. Escuta ambiental. Autorização judicial e produção para fim de investigação criminal. Suspeita de delitos cometidos por autoridades e agentes públicos. Dados obtidos em inquérito policial. Uso em procedimento administrativo disciplinar, contra os mesmos servidores. Admissibilidade. Resposta afirmativa a questão de ordem. Inteligência do art. 5º, inc. XII, da CF, e do art. 1º da Lei federal nº 9.296/96. Voto vencido. Dados obtidos em interceptação de comunicações telefônicas e em escutas ambientais, judicialmente autorizadas para produção de prova em investigação criminal ou em instrução processual penal, podem ser usados em procedimento administrativo disciplinar, contra a mesma ou as mesmas pessoas em relação às quais foram colhidos*" (STF. Questão de ordem no inquérito nº 2.424. Rel. Min. Cezar Peluso. DJ 25/04/2007).
>
> **Possibilidade de uso, em processo cível, de prova emprestada produzida em processo criminal (CPC/73).** "*A utilização de provas colhidas no processo criminal como fundamentação para condenação à reparação do dano causado não constitui violação ao art. 935 do CC/2002 (1.525 do CC/16). 2. Não há óbices para que o Juízo cível fundamente a decisão em provas colhidas na seara penal, desde que observado o devido processo legal. In casu, os réus da Ação de Ressarcimento também figuraram no polo passivo da Ação Penal, portanto, restaram observados os princípios do contraditório e ampla defesa, pois os acusados tiveram oportunidade de se manifestar sobre as provas colhidas. 3. Agravo Regimental desprovido*" (STJ. Agravo regimental no ARESP nº 24.940-RJ. Rel. Min. Napoleão Nunes Maia Filho. DJ 18/02/2014).
>
> **Possibilidade de uso, em processo de improbidade administrativa, de prova emprestada produzida em processo criminal (CPC/73).** "*Esta Corte Superior possui entendimento pacificado no sentido de que é possível o uso emprestado em ação*

> *de improbidade administrativa do resultado de interceptação telefônica em ação penal. Precedentes do STJ e do STF. 4. A decisão deferindo a interceptação deve constar necessariamente dos autos da ação penal, e não da ação na qual o resultado da medida probatória figurará como prova emprestada, daí por que inexiste a nulidade por ausência do referido provimento judicial nestes autos"* (STJ. RESP nº 200902128645. Rel. Min. Mauro Campbell Marques. DJ 08/10/2010).

Art. 373

Art. 373. O ônus da prova incumbe:

I – ao autor, quanto ao fato constitutivo de seu direito;

II – ao réu, quanto à existência de fato impeditivo, modificativo ou extintivo do direito do autor.

§ 1º Nos casos previstos em lei ou diante de peculiaridades da causa, relacionadas à impossibilidade ou à excessiva dificuldade de cumprir o encargo nos termos do *caput* ou à maior facilidade de obtenção da prova do fato contrário, poderá o juiz atribuir o ônus da prova de modo diverso, desde que o faça por decisão fundamentada, caso em que deverá dar à parte a oportunidade de se desincumbir do ônus que lhe foi atribuído.

§ 2º A decisão prevista no § 1º deste artigo não pode gerar situação em que a desincumbência do encargo pela parte seja impossível ou excessivamente difícil.

§ 3º A distribuição diversa do ônus da prova também pode ocorrer por convenção das partes, salvo quando:

I – recair sobre direito indisponível da parte;

II – tornar excessivamente difícil a uma parte o exercício do direito.

§ 4º A convenção de que trata o § 3º pode ser celebrada antes ou durante o processo.

O dispositivo cuida do ônus da prova. Nos incisos, mantém o ônus da prova como estático, pois a prova compete, a princípio, a quem tiver alegado o fato. Os parágrafos, contudo, adotam a teoria da carga dinâmica do ônus da prova, passando a autorizar que o juiz inverta este ônus em casos de impossibilidade ou excessiva dificuldade de cumprir o encargo ou, ainda, quando uma das partes tiver maior facilidade em produzir a aludida prova. Nestes casos, a decisão do magistrado deverá ser devidamente fundamentada e deverá ser dada oportunidade à parte que tiver este novo ônus para que dele se desincumba. A norma não fica restrita somente às relações consumeristas, que já previam a inversão do ônus da prova em diversas situações, seja em caráter *ope judicis* ou *ope legis* (art. 6º, inc. VIII, e art. 12, § 3º, Lei nº 8.078/90, respectivamente).

O artigo (art. 373, §§ 3º e 4º) também autoriza que o ônus da prova seja convencionado pelas partes, exceto em algumas situações, como naquelas que envolvam direitos indisponíveis. É de se criticar esta parte final, pois, mais uma vez, deve ser ressalvado que o ônus da prova é matéria afeta ao Direito Processual Civil, que somente pode ser disciplinada por lei criada pelo Congresso Nacional (art. 22, inc. I, CF/88) e não por convenção entre as partes. De qualquer maneira, fica uma pequena dúvida: se o consumidor, por meio de legislação própria (Lei nº 8.078/90), já tem direito à inversão do ônus da prova a seu favor, por qual razão teria interesse em negociar algo em sentido distinto? Por este motivo, todo consumidor (e também qualquer outra pessoa – já que o CPC não reduz esta possibilidade apenas para estas relações) terá que sempre analisar com muito cuidado cada contrato a que está aderindo, para verificar se há alguma cláusula neste sentido que lhe poderia trazer grandes entraves no processo. Em abono ao alerta feito, chama-se a atenção que o mesmo dispositivo (art. 373, § 4º) ainda permite que esta inversão do ônus da prova seja realizada em caráter extrajudicial, ou seja, antes mesmo de ser instaurado o processo.

Em suma, quanto ao aspecto concernente ao "negócio processual", este dispositivo retrata mais uma norma absolutamente desnecessária no cenário jurídico, que apenas vai fomentar um debate interminável, muito embora já tenha sido detectado pelo leitor atento o seu claro intento em agraciar certos setores da economia.

> **Verbete nº 91 da Súmula do TJ-RJ:** "*A inversão do ônus da prova, prevista na legislação consumerista, não pode ser determinada na sentença*".
>
> **Verbete nº 227 da Súmula do TJ-RJ:** "*A decisão que deferir ou rejeitar a inversão do ônus da prova somente será reformada se teratológica*".
>
> **Verbete nº 229 da Súmula do TJ-RJ:** "*A inversão do ônus da prova constitui direito básico do consumidor, uma vez preenchidos os pressupostos previstos no art. 6º, inciso VIII, do CDC, sem implicar, necessariamente, na reversão do custeio, em especial quanto aos honorários do perito*".
>
> **Enunciado nº 72 da I Jornada de Processo Civil CEJ/CJF:** "*É admissível a interposição de agravo de instrumento tanto para a decisão interlocutória que rejeita a inversão do ônus da prova, como para a que a defere*".

> **Desapropriação e ônus da prova do expropriando.** "*É ônus do expropriado provar a existência de fato impeditivo do direito de desistência da desapropriação*" (STJ. RESP 1.368.773-MS, Rel. Min. Og Fernandes, Rel. para acórdão Min. Herman Benjamin, por maioria, julgado em 06.12.2016, DJe 02/02/2017).
>
> **Ônus da prova impossível e emprego de presunções pelo magistrado.** "*A utilização de presunções não pode ser afastada de plano, uma vez que sua observância no direito processual nacional é exigida como forma de facilitação de provas difíceis, desde que razoáveis. Na apreciação de lucros cessantes, o julgador não pode se afastar de forma absoluta de presunções e deduções, porquanto deverá perquirir acerca dos benefícios legítimos que não foram realizados por culpa da parte ex adversa. Exigir prova absoluta do lucro que não ocorreu, seria impor ao lesado o ônus de prova*

impossível" (STJ. RESP nº 1.549.467. Rel. Min. Marco Aurélio Bellize. DJ 19/09/2016).

Inversão do ônus da prova não equivale à inversão do ônus financeiro da prova (CPC/73). *"Assistência judiciária gratuita. Inversão do ônus da prova. Perícia. Precedentes da Corte. 1. O benefício da assistência judiciária gratuita e a inversão do ônus da prova não são incompatíveis. 2. A simples inversão do ônus da prova, no sistema do Código de Defesa do Consumidor, não gera a obrigação de custear as despesas com a perícia, embora sofra a parte ré as consequências decorrentes de sua não produção. 3. O deferimento da inversão do ônus da prova e da assistência judiciária, pelo princípio da ponderação, impõe que seja beneficiado o consumidor, com o que não cabe a orientação jurisprudencial sobre o custeio da prova pericial nos termos da Lei nº 1.060/50. 4. RESP conhecido e provido"* (STJ. RESP nº 639.534. Rel. Min. Carlos Alberto Menezes Direito. DJ 09/11/2005).

Inversão do ônus da prova *ope judice*, em relação regida pelo CDC, depende de decisão judicial (CPC/73). *"RESPONSABILIDADE CIVIL. MÉDICO E HOSPITAL. INVERSÃO DO ÔNUS DA PROVA. RESPONSABILIDADE DOS PROFISSIONAIS LIBERAIS – MATÉRIA DE FATO E JURISPRUDÊNCIA DO STJ (RESP nº 122.505-SP). 1. No sistema do Código de Defesa do Consumidor a 'responsabilidade pessoal dos profissionais liberais será apurada mediante a verificação de culpa' art. 14, § 4º). 2. A chamada inversão do ônus da prova, no Código de Defesa do Consumidor, está no contexto da facilitação da defesa dos direitos do consumidor, ficando subordinada ao 'critério do juiz, quando for verossímil a alegação ou quando for ele hipossuficiente, segundo as regras ordinárias de experiências' (art. 6º, VIII). Isso quer dizer que não é automática a inversão do ônus da prova. Ela depende de circunstâncias concretas que serão apuradas pelo juiz no contexto da 'facilitação da defesa' dos direitos do consumidor. E essas circunstâncias concretas, nesse caso, não foram consideradas presentes pelas instâncias ordinárias. 3. RESP não conhecido"* (STJ. RESP nº 171.988/RS. Rel. Min. Waldemar Zveiter. DJ 24/05/1999).

Financiamento contratado por pessoa analfabeta. Inobservância de procedimentos legais e dever de indenizar. Inversão do ônus da prova. *"Apelação cível. Ação ordinária. Contratação de financiamento. Pessoa analfabeta. Procedimentos legais não observados. Responsabilidade do fornecedor. Ônus da prova. Dano moral. Indenização. Quantum adequado. Sentença mantida. Recurso não provido. – A contratação de financiamento encerra relação de consumo, portanto, aplicável é o Código de Defesa do Consumidor. – Em negócio jurídico firmado por pessoa analfabeta é indispensável que a assinatura seja a rogo e esteja acompanhada por instrumento público de mandato através do qual a pessoa analfabeta outorgue poderes para que o terceiro assine em seu lugar. – Existindo dúvidas acerca da veracidade dos fatos, cabível e exigível da instituição financeira que demonstrasse que houve a referida contratação e a eventual autenticidade da digital da autora, a teor do art. 6º, VIII, do CDC. – Na fixação do montante devido a título de danos morais, o Julgador deve pautar-se pelo bom senso, moderação e prudência, sem perder de vista que, por um lado, a indenização deve ser a mais completa possível e, por outro, ela não pode se tornar fonte de lucro. – A sentença que entendeu dessa forma deve ser mantida e o recurso não provido"* (TJ-MG. Apelação Cível nº 1.0486.14.002730-2/001, Rel.ª Des.ª Mariângela Meyer, 10ª Câmara Cível, julgada em 05/09/2017 e § 15/09/2017).

> **Teoria da carga dinâmica do ônus da prova: deve provar o fato aquele que reunir as melhores condições para tanto (CPC/73).** "*Agravo interno na apelação cível. Decisão do relator que deu provimento ao recurso, fundada em jurisprudência dominante desta Corte. Inteligência do* caput *e do § 1º-A art. 557 do CPC. PLANOS ECONÔMICOS. AÇÃO DE REPETIÇÃO DE EXPURGOS INFLACIONÁRIOS. Insurge-se a apelante contra a sentença que julgou improcedente o pedido de repetição de expurgos inflacionários referentes aos planos Bresser, Verão e Collor I por ausência de prova do fato constitutivo da pretensão autoral. Prescrição vintenária. Declaração da prescrição quanto ao plano Bresser. Indicação pela autora do número da agência e conta-corrente, data da abertura e do CPF e nome completo da então titular. Indícios probatórios mínimos. Obrigação legal do réu de produzir a prova de fato impeditivo, modificativo ou extintivo do direito da autora. Inteligência do art. 333 II CPC. Possibilidade do banco demonstrar que a conta pertencia a outro correntista, que a mesma sequer fora aberta, fato constatável a partir das listagens das contas existentes, ou mesmo que o número apresentado foge ao padrão. Verossimilhança da situação de fato vivenciada pela autora. Impossibilidade de prever o cidadão que anos depois de sofrer as consequências danosas dos planos econômicos, poderia reaver o que perdeu junto ao Judiciário. Princípio da carga dinâmica da prova. Compete a quem tem a melhor possibilidade de fazer a prova apresentá-la em juízo para que se alcance a verdade real. Planos econômicos governamentais que adotavam índices de reajuste de poupança que não refletiam a real inflação, causando defasagem na correção monetária (expurgo) e, inclusive, alcançando situações jurídicas resguardadas por direito adquirido. Expurgos inflacionários que se deram nos seguintes percentuais: Plano Verão: 22,36% (Jan/89), 10,14% (fev/89); Plano Collor I: 84,32% (mar/90), 44,80% (abr/90) e 2,49% (mai/90). Precedentes jurisprudenciais. Autor que não faz pedido de pagamento quanto aos meses de abril e maio de 1990. Extratos bancários que poderão ser juntados em sede de liquidação, pena de serem considerados válidos os valores apresentados pelo autor. Inteligência do art. 475-B, CPC. Desprovimento do agravo interno*" (TJ-RJ. Apelação cível nº 0010686-17.2008.8.19.0212. Rel.ª Des.ª Cristina Tereza Gaulia. DJ 02/03/2010).

Art. 374

Art. 374. Não dependem de prova os fatos:

I – notórios;

II – afirmados por uma parte e confessados pela parte contrária;

III – admitidos no processo como incontroversos;

IV – em cujo favor milita presunção legal de existência ou de veracidade.

O dispositivo em questão deve ser interpretado literalmente, tratando de fatos que independem de prova.

A primeira hipótese (art. 374, inc. I) estabelece que não dependem de prova os fatos "notórios", ou seja, aqueles que em tese são por todos conhecidos, ou pelo menos para o "homem médio", que seria aquele indivíduo moderado (ou seja, que esteja no meio entre os extremos), cujas características sejam razoáveis e que, por este motivo, dele se possa exigir os mínimos conhecimentos para uma adequada vida social. No Brasil, por exemplo, seria notório saber o nome do atual Presidente da República. Porém, já não seria notório exigir de todos o conhecimento do nome de toda a equipe de jogadores da seleção brasileira que foram os responsáveis pelo título mundial de futebol no ano de 2002, muito embora esta informação seja por muitos conhecida. Logo, o que não é notório ao "homem médio", tem que ser comprovado por aquele que alega.

A segunda situação (art. 374, inc. II) também estabelece que não dependem de provas os fatos "afirmados por uma parte e confessados pela parte contrária", o que é perfeitamente salutar, pois a confissão nada mais é do que o reconhecimento, por uma das partes, da ocorrência dos fatos que a outra afirma. É, por sinal, o que consta em outra norma (art. 389), o que denota que não há necessidade de se produzir qualquer prova para elucidar este fato, já que sobre eles as partes não manifestam qualquer discrepância.

Ainda, o CPC (art. 374, inc. III) prevê que também não dependem de provas os fatos que, no processo, são admitidos como incontroversos. É o que ocorre, por exemplo, naquela hipótese prevista de julgamento antecipado parcial do mérito (art. 356), quando o demandado é citado e reconhece a procedência parcial do pleito deduzido pelo autor. Assim, neste caso em que o demandante formula pedido condenatório de R$ 100.000,00 (cem mil reais) e o réu vem em juízo reconhecendo como legítimo apenas R$ 80.000,00 (oitenta mil reais), não haverá necessidade de o magistrado determinar que o suplicante produza prova a respeito deste fato – dívida de R$ 80.000,00 (oitenta mil reais) que é incontroverso entre as partes. Outro exemplo é quando o demandado apresentar defesa de mérito indireta em sua contestação, caso em que estará concordando com os fatos narrados pelo demandante, muito embora apresente algum substrato fático modificativo, impeditivo ou extintivo.

Por fim, a última hipótese (art. 374, inc. IV) dispensa a produção de provas quando se tratar de um fato em cujo favor milita presunção legal de existência ou de veracidade. É o que já ocorre quando o demandado contesta e não impugna especificamente todos os fatos narrados na petição inicial confeccionada pelo patrono do demandante. É que, nestas situações, o próprio CPC (art. 341, *caput*), estabelece que: *"Incumbe também ao réu manifestar-se precisamente sobre as alegações de fato constantes na petição inicial, presumindo-se verdadeiras as não impugnadas"*. Por exemplo, se o demandante postular em face do réu o ressarcimento de despesas efetuadas com hospedagem em razão da realização de um evento e este último, em sua defesa, apenas questionar se esta despesa está ou não abrangida no contrato anterior firmado entre as partes. É que, neste caso, não haverá necessidade de se comprovar a realização de tais gastos, eis que não tendo os mesmos sido impugnados, então são presumivelmente verdadeiros, de modo que sequer haverá necessidade de comprová-los, diante da presunção gerada por lei (art. 341), eis que se trata de fato que não foi impugnado pelo demandado.

Art. 375

> Art. 375. O juiz aplicará as regras de experiência comum subministradas pela observação do que ordinariamente acontece e, ainda, as regras de experiência técnica, ressalvado, quanto a estas, o exame pericial.

O dispositivo em questão deve ser interpretado literalmente, mantendo a possibilidade de o juiz aplicar as regras de experiência comum quando da análise ou observação do que ordinariamente acontece e, também, até mesmo as regras de experiência técnica, embora com ressalvas ao exame pericial.

Art. 376

> Art. 376. A parte que alegar direito municipal, estadual, estrangeiro ou consuetudinário provar-lhe-á o teor e a vigência, se assim o juiz determinar.

O dispositivo em questão deve ser interpretado literalmente, tratando de atos normativos que podem ser objeto de prova. Quanto à comprovação de ato normativo oriundo do Município ou do Estado, nenhuma ressalva há de ser realizada, principalmente se for relevado que para a preparação e aprovação para concursos da carreira da Magistratura realmente não costumam ser exigidos o conhecimento de normas dessa natureza. Por este motivo, enfim, seria perfeitamente coerente que o magistrado pudesse determinar que a parte fizesse prova da existência de atos dessa natureza.

Já quando a parte comprovar a vigência de "normas estrangeiras", a dúvida reside em analisar se estes atos podem ser considerados ou não como fontes normativas no Direito pátrio. Afinal, se a resposta for negativa, não poderiam estar sendo invocadas a favor de qualquer uma das partes. Embora a resposta a esta questão não seja inteiramente pacífica, é de se reputar como mais coerente o entendimento em sentido de que uma norma estrangeira é apenas um mero "fato", para demonstrar ao juiz como funciona o sistema normativo alienígena, sem qualquer obrigatoriedade de o magistrado fundamentar a sua decisão com espeque nesta legislação. Este raciocínio é coerente, pois a regra é de que somente os fatos é que dependem de provas.

Por fim, quanto a prova recair sobre os "costumes", é de se ponderar que a Constituição não fez qualquer referência ao costume como fonte de produção jurídica. Daí alguns defenderem que o costume deve ser considerado não como instrumento da criação de uma regra, mas sim como um meio de prova da existência dessa regra. Esta afirmação, porém, deve ser vista com ressalvas, pois trata-se de doutrina sobre normas jurídicas estrangeiras. No Brasil, o costume é, sim, previsto como fonte normativa secundária (art. 4º, LINDB).

Art. 377

> Art. 377. A carta precatória, a carta rogatória e o auxílio direto suspenderão o julgamento da causa no caso previsto no art. 313, inciso V, alínea "b", quando, tendo sido requeridos antes da decisão de saneamento, a prova neles solicitada for imprescindível.
>
> Parágrafo único. A carta precatória e a carta rogatória não devolvidas no prazo ou concedidas sem efeito suspensivo poderão ser juntadas aos autos a qualquer momento.

O dispositivo em questão deve ser interpretado literalmente, apenas incluindo o "auxílio direto", que, juntamente com a carta precatória ou rogatória, poderá suspender o tramitar do processo em algumas hipóteses. Este tema, "auxílio direto", já foi abordado anteriormente (art. 28 – art. 34).

Art. 378

> Art. 378. Ninguém se exime do dever de colaborar com o Poder Judiciário para o descobrimento da verdade.

O dispositivo em questão deve ser interpretado literalmente, disciplinando que todos devem colaborar com o Poder Judiciário para o descobrimento da verdade.

> Enunciado nº 31 da I Jornada de Processo Civil CEJ/CJF: "*A compatibilização do disposto nos arts. 378 e 379 do CPC com o art. 5º, LXIII, da CF/1988, assegura à parte, exclusivamente, o direito de não produzir prova contra si quando houver reflexos no ambiente penal*".

Art. 379

> Art. 379. Preservado o direito de não produzir prova contra si própria, incumbe à parte:
>
> I – comparecer em juízo, respondendo ao que lhe for interrogado;
>
> II – colaborar com o juízo na realização de inspeção judicial que for considerada necessária;
>
> III – praticar o ato que lhe for determinado.

O dispositivo mantêm certos deveres para as partes. A novidade fica por conta da inclusão de que tais condutas não devem ser observadas se resultarem em provas produzidas em desfavor da própria parte.

> **Enunciado nº 31 da I Jornada de Processo Civil CEJ/CJF:** *"A compatibilização do disposto nos arts. 378 e 379 do CPC com o art. 5º, LXIII, da CF/1988, assegura à parte, exclusivamente, o direito de não produzir prova contra si quando houver reflexos no ambiente penal".*

Art. 380

Art. 380. Incumbe ao terceiro, em relação a qualquer causa:

I – informar ao juiz os fatos e as circunstâncias de que tenha conhecimento;

II – exibir coisa ou documento que esteja em seu poder.

Parágrafo único. Poderá o juiz, em caso de descumprimento, determinar, além da imposição de multa, outras medidas indutivas, coercitivas, mandamentais ou sub-rogatórias.

O dispositivo em questão deve ser interpretado literalmente, versando sobre a incumbência de terceiros perante o juízo. A novidade fica por conta da inclusão do parágrafo único, que passa a prever a possibilidade de o magistrado fixar multas e outras medidas executivas em detrimento do sujeito processual que não cumprir suas decisões. No entanto, há desvirtuamento da boa técnica processual neste dispositivo, pois quando se refere à "multa", ao lado de outras medidas executivas, sugere que se tratam das *astreintes* (art. 537). Contudo, tais multas (*astreintes*) podem ser fixadas apenas em relação às partes principais do processo, que são demandante e demandado. Portanto, eventual multa estabelecida para punir comportamento de terceiro deverá ter fundamento em outro dispositivo como, por exemplo, decorrente de conduta que configure ato atentatório à dignidade da Justiça (art. 77).

Seção II
Da Produção Antecipada da Prova

Art. 381

Art. 381. A produção antecipada da prova será admitida nos casos em que:

I – haja fundado receio de que venha a tornar-se impossível ou muito difícil a verificação de certos fatos na pendência da ação;

II – a prova a ser produzida seja suscetível de viabilizar a autocomposição ou outro meio adequado de solução de conflito;

III – o prévio conhecimento dos fatos possa justificar ou evitar o ajuizamento de ação.

§ 1º O arrolamento de bens observará o disposto nesta Seção quando tiver por finalidade apenas a realização de documentação e não a prática de atos de apreensão.

§ 2º A produção antecipada da prova é da competência do juízo do foro onde esta deva ser produzida ou do foro de domicílio do réu.

§ 3º A produção antecipada da prova não previne a competência do juízo para a ação que venha a ser proposta.

§ 4º O juízo estadual tem competência para produção antecipada de prova requerida em face da União, de entidade autárquica ou de empresa pública federal se, na localidade, não houver vara federal.

§ 5º Aplica-se o disposto nesta Seção àquele que pretender justificar a existência de algum fato ou relação jurídica para simples documento e sem caráter contencioso, que exporá, em petição circunstanciada, a sua intenção.

O dispositivo inaugura seção que cuida da "produção antecipada de prova" que, no modelo anterior (CPC/73), tratava-se de um processo cautelar típico. Contudo, como desapareceram as disposições específicas sobre o processo cautelar autônomo, é de se considerar que este é um dos poucos que ainda permaneceram. É de se ressalvar, porém, que o CPC regula o tema de maneira mais ampla, pois sob esta mesma nomenclatura "produção antecipada de provas", também foram abrangidas as anteriores hipóteses que justificavam as cautelares autônomas de "arrolamento" e de "justificação".

O dispositivo autoriza as hipóteses em que esta produção antecipada de prova pode ser realizada, bem como estabelece que a competência para processá-la será do foro em que deverá ser produzida ou do domicílio do réu, sendo que o juízo que a processar não fica prevento para eventual demanda ulterior, o que está de acordo com verbete sumular do antigo TFR. É repetida norma inspirada na Constituição, no sentido de que caberá ao juízo estadual processá-la nos casos em que não houver juízo federal instalado na localidade (art. 109, § 3º, CF). Por sinal, há no CPC outras normas semelhantes (art. 237, parágrafo único).

> Verbete nº 263 da Súmula do TFR: "*A produção antecipada de prova, por si só, não previne a competência para a ação principal*".
>
> Enunciado nº 50 da I Jornada de Processo Civil CEJ/CJF: "*A eficácia da produção antecipada de provas não está condicionada a prazo para a propositura de outra ação*".

> **Possibilidade de emprego da produção antecipada de provas com o intuito de exibir contratos bancários.** "*No âmbito de ação de produção antecipada de prova, o pedido administrativo de exibição de contratos bancários por meio de carta com aviso de recebimento é suficiente para legitimar o cabimento da demanda judicial, admitindo-se, no caso de descumprimento da ordem de exibição pelo réu, a aplicação das sanções de busca e apreensão ou de presunção de veracidade dos fatos que o demandante pretende alegar com os documentos*" (TJ-SC. Proc. 0302803-18.2016.8.24.0020. Rel. Des. José Carlos Carstens Köhler. 4ª Câmara de Direito Comercial, julgado em 21/03/2017. Classe: Apelação Cível).

Art. 382

Art. 382. Na petição, o requerente apresentará as razões que justificam a necessidade de antecipação da prova e mencionará com precisão os fatos sobre os quais a prova há de recair.

§ 1º O juiz determinará, de ofício ou a requerimento da parte, a citação de interessados na produção da prova ou no fato a ser provado, salvo se inexistente caráter contencioso.

§ 2º O juiz não se pronunciará sobre a ocorrência ou a inocorrência do fato, nem sobre as respectivas consequências jurídicas.

§ 3º Os interessados poderão requerer a produção de qualquer prova no mesmo procedimento, desde que relacionada ao mesmo fato, salvo se a sua produção conjunta acarretar excessiva demora.

§ 4º Neste procedimento, não se admitirá defesa ou recurso, salvo contra decisão que indeferir totalmente a produção da prova pleiteada pelo requerente originário.

O artigo esclarece o processamento da produção antecipada de prova, com indicativo de que até mesmo será possível requerer a produção de outras provas não especificadas na petição inicial, desde que relacionadas ao mesmo fato. Também estabelece que o magistrado não se pronunciará sobre os fatos que forem objeto de tais provas e nem mesmo sobre as suas consequências jurídicas. Além disso, é vedado o oferecimento de defesa ou recurso neste procedimento, exceto se o magistrado indeferir a produção da prova pleiteada pelo requerente. Dependendo do teor da decisão, ou seja, se for uma decisão interlocutória ou sentença, isso influenciará na espécie recursal que será empregada.

> **Enunciado nº 32 da I Jornada de Processo Civil CEJ/CJF:** "*A vedação à apresentação de defesa prevista no art. 382, § 4º, do CPC, não impede a alegação pelo réu de matérias defensivas conhecíveis de ofício*".

Art. 383

> Art. 383. Os autos permanecerão em cartório durante 1 (um) mês para extração de cópias e certidões pelos interessados.
>
> Parágrafo único. Findo o prazo, os autos serão entregues ao promovente da medida.

Diferentemente do modelo anterior (CPC/73), após o final do prazo mencionado no dispositivo, os autos da produção antecipada de prova serão entregues ao requerente para que os utilize da melhor forma que lhe aprouver (v.g., para instruir como meio de prova algum requerimento de natureza administrativa), o que já acontecia na antiga demanda cautelar de justificação.

Seção III
Da Ata Notarial

Art. 384

> Art. 384. A existência e o modo de existir de algum fato podem ser atestados ou documentados, a requerimento do interessado, mediante ata lavrada por tabelião.
>
> Parágrafo único. Dados representados por imagem ou som gravados em arquivos eletrônicos poderão constar da ata notarial.

O dispositivo cria uma nova espécie de prova, denominada "ata notarial", que nada mais é do que uma ata ou certidão lavrada pelo tabelião, que pode estar também representada por imagem ou som que atestem a existência ou o modo de existir de algum determinado fato. Claro que, apesar de o tabelião ter atos que gozam de fé pública, sua afirmação não é definitiva, devendo ser interpretada sim como uma prova produzida por uma parte. Portanto, ainda que na certidão conste a existência de uma filiação entre duas pessoas, tal prova não terá contornos absolutos e seu conteúdo poderá ceder frente aos demais meios de provas produzidos em juízo.

Seção IV
Do Depoimento Pessoal

Art. 385

> Art. 385. Cabe à parte requerer o depoimento pessoal da outra parte, a fim de que esta seja interrogada na audiência de instrução e julgamento, sem prejuízo do poder do juiz de ordená-lo de ofício.

§ 1º Se a parte, pessoalmente intimada para prestar depoimento pessoal e advertida da pena de confesso, não comparecer ou, comparecendo, se recusar a depor, o juiz aplicar-lhe-á a pena.

§ 2º É vedado a quem ainda não depôs assistir ao interrogatório da outra parte.

§ 3º O depoimento pessoal da parte que residir em comarca, seção ou subseção judiciária diversa daquela onde tramita o processo poderá ser colhido por meio de videoconferência ou outro recurso tecnológico de transmissão de sons e imagens em tempo real, o que poderá ocorrer, inclusive, durante a realização da audiência de instrução e julgamento.

O dispositivo em questão deve ser interpretado literalmente, por ser autoexplicativo sobre a prova documental. A novidade fica por conta do terceiro parágrafo, autorizando a prática da colheita do depoimento por videoconferência ou outro recurso tecnológico, o que torna desnecessária a expedição de carta precatória para estes mesmos fins.

> Enunciado nº 33 da I Jornada de Processo Civil CEJ/CJF: "*No depoimento pessoal, o advogado da contraparte formulará as perguntas diretamente ao depoente*".

> **Pena de confissão não gera presunção relativa ao demandante (CPC/73).** "*A pena de confissão não gera presunção absoluta, de forma a excluir a apreciação do juiz acerca de outros elementos probatórios. Prematura, assim, a decisão do magistrado que, declarada encerrada desde logo a instrução, dispensa a oitiva das testemunhas arroladas*" (STJ. RESP nº 161.438/SP. Rel. Barros Monteiro. DJ 06/10/2005).

> **Pena de confissão e advertência constante no mandado de intimação (CPC/73).** "*Depoimento pessoal. Pena de confissão. Exegese do art. 343, §§ 1º e 2º do código de processo civil. Confissão ficta. A pena de confissão, – meio de prova, aliás, que conduz a uma presunção relativa, e não absoluta –, somente poderá ser aplicada se no mandado intimatório constar expressamente, para ciência inequívoca do intimado, que se o mesmo não comparecer ou se recusar a depor, se presumirão verdadeiros os fatos contra ele alegados. Não é bastante a sucinta menção à pena de confesso*" (STJ. RESP nº 2.340. Rel. Min. Athos Gusmão Carneiro. DJ 10/09/1990).

Art. 386

Art. 386. Quando a parte, sem motivo justificado, deixar de responder ao que lhe for perguntado ou empregar evasivas, o juiz, apreciando as demais circunstâncias e os elementos de prova, declarará, na sentença, se houve recusa de depor.

O dispositivo em questão deve ser interpretado literalmente, disciplinando que o juiz deverá declarar, na sentença, casos em que houve recusa em depor.

Art. 387

> Art. 387. A parte responderá pessoalmente sobre os fatos articulados, não podendo servir-se de escritos anteriormente preparados, permitindo-lhe o juiz, todavia, a consulta a notas breves, desde que objetivem completar esclarecimentos.

O dispositivo em questão deve ser interpretado literalmente, tratando da possibilidade de o depoente consultar notas breves durante o seu depoimento.

Art. 388

> Art. 388. A parte não é obrigada a depor sobre fatos:
>
> I – criminosos ou torpes que lhe forem imputados;
>
> II – a cujo respeito, por estado ou profissão, deva guardar sigilo;
>
> III – acerca dos quais não possa responder sem desonra própria, de seu cônjuge, de seu companheiro ou de parente em grau sucessível;
>
> IV – que coloquem em perigo a vida do depoente ou das pessoas referidas no inciso III.
>
> Parágrafo único. Esta disposição não se aplica às ações de estado e de família.

O dispositivo cuida dos casos em que a parte não é obrigada a depor sobre determinados fatos. Há a inclusão dos fatos que possam causar desonra ou perigo à vida do próprio depoente, cônjuge, companheiro ou de parente em grau de sucessão.

Seção V
Da Confissão

Art. 389

> Art. 389. Há confissão, judicial ou extrajudicial, quando a parte admite a verdade de fato contrário ao seu interesse e favorável ao do adversário.

O dispositivo em questão deve ser interpretado literalmente, tratando quais circunstâncias caracterizam uma confissão judicial ou extrajudicial. Mas é importante destacar que a "confissão" não induz, necessariamente, ao "reconhecimento do pedido". Com efeito, foi visto ser possível que o réu demandado pelo pagamento de uma dívida venha em juízo reconhecer a sua existência (o que equivaleria a uma "confissão") e, concomitantemente, pode apresentar uma defesa de mérito indireta extintiva como, por exemplo, a já realização do pagamento. Desta forma, observa-se que nem sempre uma "confissão" leva, inexoravelmente, ao reconhecimento da procedência daquilo que a parte adversa pleiteia. Por seu turno, o "reconhecimento do pedido" já é mais amplo, uma vez que nele o demandado estaria não apenas confirmando a ocorrência dos fatos afirmados pelo autor em sua petição inicial como, também, estaria concordando com a pretensão deduzida em juízo. Por este motivo, ocorrendo o "reconhecimento total do pedido", o magistrado já estará autorizado a julgar conforme o estado do processo (art. 354).

Art. 390

> Art. 390. A confissão judicial pode ser espontânea ou provocada.
>
> § 1º A confissão espontânea pode ser feita pela própria parte ou por representante com poder especial.
>
> § 2º A confissão provocada constará do termo de depoimento pessoal.

O dispositivo em questão deve ser interpretado literalmente sobre a possibilidade de a confissão ser espontânea ou provocada, devendo constar no termo do depoimento pessoal.

Art. 391

> Art. 391. A confissão judicial faz prova contra o confitente, não prejudicando, todavia, os litisconsortes.
>
> Parágrafo único. Nas ações que versarem sobre bens imóveis ou direitos reais sobre imóveis alheios, a confissão de um cônjuge ou companheiro não valerá sem a do outro, salvo se o regime de casamento for o de separação absoluta de bens.

A norma repete o tratamento do modelo anterior (CPC/73), apenas incluindo como novidade que a confissão realizada por um cônjuge ou companheiro de nada valerá sem a do outro, exceto se o regime de casamento for o de separação absoluta de bens.

Art. 392

> Art. 392. Não vale como confissão a admissão, em juízo, de fatos relativos a direitos indisponíveis.
>
> § 1º A confissão será ineficaz se feita por quem não for capaz de dispor do direito a que se referem os fatos confessados.
>
> § 2º A confissão feita por um representante somente é eficaz nos limites em que este pode vincular o representado.

O dispositivo em questão deve ser interpretado literalmente, pelo menos no *caput*. Nos parágrafos, há menção de que a confissão é ineficaz se realizada por aquele que não dispõe de poderes para tanto, bem como que aquela feita por representante somente gerará efeitos nos exatos limites em que este possa vincular o representado.

Art. 393

> Art. 393. A confissão é irrevogável, mas pode ser anulada se decorreu de erro de fato ou de coação.
>
> Parágrafo único. A legitimidade para a ação prevista no *caput* é exclusiva do confitente e pode ser transferida a seus herdeiros se ele falecer após a propositura.

O artigo dispõe que a confissão pode ser anulada quando decorrente de erro de fato ou de coação, desde que haja propositura de demanda específica para esta finalidade, que no modelo anterior era nominada como "ação anulatória", embora observe na atualidade o procedimento comum e seja de competência do órgão de primeira instância. O parágrafo único disciplina a legitimidade ativa para esta demanda. Se, eventualmente, já tiver sido proferida sentença de mérito transitada em julgado, o interessado poderá propor ação rescisória, tentando rescindir a sentença e, consequentemente, também a confissão, presente um dos motivos que autorizam a rescindibilidade (art. 966).

Art. 394

> Art. 394. A confissão extrajudicial, quando feita oralmente, só terá eficácia nos casos em que a lei não exija prova literal.

O dispositivo em questão deve ser interpretado literalmente, tratando da confissão extrajudicial. O CPC atualmente se silencia quanto à confissão por escrito, eis que o artigo em comento somente trata, agora, da confissão verbal.

Art. 395

> Art. 395. A confissão é, em regra, indivisível, não podendo a parte que a quiser invocar como prova aceitá-la no tópico que a beneficiar e rejeitá-la no que lhe for desfavorável, porém cindir-se-á quando o confitente a ela aduzir fatos novos, capazes de constituir fundamento de defesa de direito material ou de reconvenção.

O dispositivo em questão deve ser interpretado literalmente, prevendo que a confissão é, em regra, indivisível, embora em alguns casos possa ser cindida como, por exemplo, se o confitente aduzir fatos novos relevantes.

Seção VI
Da Exibição de Documento ou Coisa

Art. 396

> Art. 396. O juiz pode ordenar que a parte exiba documento ou coisa que se encontre em seu poder.

Sendo necessário, qualquer parte pode requerer ou mesmo o juiz determinar de ofício que seja exibido documento ou coisa que se encontre em poder de um dos litigantes ou mesmo de um terceiro. O requerimento para exibição de documento ou coisa é realizado no bojo do próprio processo primitivo, quando estiver em poder de uma das partes. Nesta hipótese, caberá ao demandante requerer a exibição da coisa ou do documento, esclarecendo a finalidade da prova, bem como as razões que a legitimam a supor que elas se encontram em poder da parte contrária.

Art. 397

> Art. 397. O pedido formulado pela parte conterá:
>
> I – a individuação, tão completa quanto possível, do documento ou da coisa;
>
> II – a finalidade da prova, indicando os fatos que se relacionam com o documento ou com a coisa;
>
> III – as circunstâncias em que se funda o requerente para afirmar que o documento ou a coisa existe e se acha em poder da parte contrária.

O dispositivo em questão deve ser interpretado literalmente, disciplinando o que deve constar no requerimento formulado pelo demandante para a exibição da coisa ou documento. Da mesma maneira, nada impede que a exibição de documento seja requerida pelo réu, hipótese em que o tratamento será rigorosamente igual.

Exibição de documentos e incumbências do requerente para a obtenção da medida pretendida. "*Em relação ao sistema* credit scoring, *o interesse de agir para a propositura da ação cautelar de exibição de documentos exige, no mínimo, a prova de: i) requerimento para obtenção dos dados ou, ao menos, a tentativa de fazê-lo à instituição responsável pelo sistema de pontuação, com a fixação de prazo razoável para atendimento; e ii) que a recusa do crédito almejado ocorreu em razão da pontuação que lhe foi atribuída pelo sistema* Scoring. *De início, cabe ressaltar que a Segunda Seção do STJ, no julgamento do RESP 1.419.697-RS (DJe 17/11/2014), também submetido ao regime do art. 543-C do CPC/73, definiu que, no tocante ao sistema* scoring *de pontuação, 'apesar de desnecessário o consentimento do consumidor consultado, devem ser a ele fornecidos esclarecimentos, caso solicitados, acerca das fontes dos dados considerados (histórico de crédito), bem como as informações pessoais valoradas'. Como sabido, o interesse de agir é condição da ação que possui três aspectos: (i) utilidade, pois o processo deve trazer algum proveito para o autor; (ii) adequação, uma vez que se exige correspondência entre o meio escolhido e a tutela pretendida; (iii) necessidade, haja vista a demonstração de que a tutela jurisdicional seja imprescindível para alcançar a pretensão do autor. Nesse sentido, conforme jurisprudência sedimentada desta Corte Superior, inclusive em sede de recurso repetitivo, haverá interesse de agir para a exibição sempre que o autor pretender conhecer e fiscalizar documentos próprios ou comuns de seu interesse, notadamente referentes à sua pessoa e que estejam em poder de terceiro, sendo que, conforme entendimento doutrinário, 'passou a ser relevante para a exibitória não mais a alegação de ser comum o documento, e sim a afirmação de ter o requerente interesse comum em seu conteúdo'. Verifica-se, pois, que haverá interesse de agir daquele consumidor que intente ação de exibição de documentos objetivando conhecer os principais elementos e critérios considerados para a análise do seu histórico, e também as informações pessoais utilizadas – respeitado o limite do segredo empresarial –, e desde que diretamente atingido por tais critérios quando pretendeu obter crédito no mercado. No tocante ao interesse de agir, não se pode olvidar que se trata de 'uma condição da ação essencialmente ligada aos princípios da economicidade e da eficiência. Partindo-se da premissa de que os recursos públicos são escassos, o que se traduz em limitações na estrutura e na força de trabalho do Poder Judiciário, é preciso racionalizar a demanda, de modo a não permitir o prosseguimento de processos que, de plano, revelam-se inúteis, inadequados ou desnecessários. Do contrário, o acúmulo de ações inviáveis poderia comprometer o bom funcionamento do sistema judiciário, inviabilizando a tutela efetiva das pretensões idôneas' (STF, RE 631.240-MG, Tribunal Pleno, DJe 10/11/2014). Nessa perspectiva, vem a jurisprudência exigindo, em algumas circunstâncias, sob o aspecto da necessidade no interesse de agir, a imprescindibilidade de, ao menos, uma postura ativa do interessado em obter determinado direito (informação ou benefício), antes do ajuizamento da ação pretendida. Dessarte, a mesma lógica deve valer em relação ao sistema* scoring *de pontuação mantido por entidades de proteção ao crédito, inclusive em razão da transparência e boa-fé objetiva que devem* *primar as relações de consumo e tendo-se em conta a licitude de referido sistema já reconhecida pela Segunda Seção do STJ. Nessa ordem de ideias, o interesse de agir para cautelar de exibição de documentos, no que tange ao crediscore, exige também que o requerente comprove que a recusa do crédito almejado ocorreu em razão da pontuação que lhe foi atribuída. Somado a isso, deverá, ainda, demonstrar que houve requerimento ou, ao menos, a tentativa de fazê-lo à instituição responsável pelo sistema de pontuação para permitir, inclusive, que o fornecedor exerça o seu dever de informação e, ao mesmo tempo, que o consumidor realize o controle dos dados considerados e as respectivas fontes para atribuição da nota (art. 43 do CDC e art. 5º da Lei nº 12.414/2011), podendo retificá-los ou restringi-los caso se tratem de informações sensíveis ou excessivas, que venham a configurar abuso de direito, tudo com um prazo razoável para atendimento. Aliás, referida exigência é consentânea com a legislação brasileira no tocante ao habeas data – remédio jurídico que também salvaguarda os direitos do consumidor com relação às suas informações em registros e bancos de dados –, haja vista a determinação de que a petição de introito seja instruída com a prova da recusa (art. 8º da Lei nº 9.507/1997). Realmente, não se mostra razoável, tendo como norte a atual jurisprudência do STF e do STJ, que o pedido de exibição de documentos seja feito diretamente ao Judiciário, sem que antes se demonstre que a negativa da pretensão creditória ao estabelecimento comercial tenha ocorrido justamente em virtude de informações constantes no crediscore e que, posteriormente, tenha havido resistência da instituição responsável pelo sistema na disponibilização das informações requeridas em prazo razoável"* (STJ. RESP 1.304.736-RS, Rel. Min. Luis Felipe Salomão, Segunda Seção, julgado em 24/02/2016, DJe 30/03/2016 – Informativo nº 579).

Art. 398

Art. 398. O requerido dará sua resposta nos 5 (cinco) dias subsequentes à sua intimação.

Parágrafo único. Se o requerido afirmar que não possui o documento ou a coisa, o juiz permitirá que o requerente prove, por qualquer meio, que a declaração não corresponde à verdade.

O dispositivo em questão deve ser interpretado literalmente, disciplinando o prazo em que o requerido oferecerá sua resposta.

Art. 399

Art. 399. O juiz não admitirá a recusa se:

I – o requerido tiver obrigação legal de exibir;

II – o requerido tiver aludido ao documento ou à coisa, no processo, com o intuito de constituir prova;

III – o documento, por seu conteúdo, for comum às partes.

O dispositivo em questão deve ser interpretado literalmente, disciplinando que em algumas hipóteses o magistrado não admitirá a recusa apresentada pelo requerido. Estas hipóteses de recusa serão mencionadas em breve (art. 404).

Art. 400

> **Art. 400. Ao decidir o pedido, o juiz admitirá como verdadeiros os fatos que, por meio do documento ou da coisa, a parte pretendia provar se:**
>
> **I – o requerido não efetuar a exibição nem fizer nenhuma declaração no prazo do art. 398;**
>
> **II – a recusa for havida por ilegítima.**
>
> **Parágrafo único. Sendo necessário, o juiz pode adotar medidas indutivas, coercitivas, mandamentais ou sub-rogatórias para que o documento seja exibido.**

O dispositivo em questão deve ser interpretado literalmente, pelo menos quanto ao *caput* e seus incisos, com ajuste na indicação de artigo jurídico e versando sobre a consequência processual se não for apresentado o documento ou a coisa determinada pelo magistrado. A inovação fica concentrada no parágrafo único, que autoriza que o magistrado determine medidas executivas para que a coisa seja apresentada, o que parece contrariar a consequência já estabelecida no *caput*, além de violar norma constitucional, pois ninguém pode ser obrigado a fazer prova contra si. Aliás, é de se destacar que a redação constante no parágrafo único choca frontalmente com entendimento já sumulado pelo STJ, pelo menos no que se refere a fixação das *astreintes* para tanto.

> Verbete nº 372 da Súmula do STJ: "*Na ação de exibição de documentos, não cabe a aplicação de multa cominatória*".

> **Impossibilidade de se fixar** *astreintes* **em virtude de descumprimento da ordem de exibir documentos (CPC/73)** "*A fixação de multa pecuniária por descumprimento da ordem de apresentação do documento é incompatível com a ação cautelar respectiva, porquanto suficiente a presunção de veracidade que o provimento da ação, como elemento probante, fornece ao processo principal. RESP parcialmente provido*" (STJ. RESP nº 201000353542. Rel. Min. Herman Benjamim. DJ 1º/07/2010).

Art. 401

> **Art. 401. Quando o documento ou a coisa estiver em poder de terceiro, o juiz ordenará sua citação para responder no prazo de 15 (quinze) dias.**

Caso a coisa ou o documento esteja em poder de um terceiro após já ter sido instaurado o processo principal, a única distinção é que será permitida a emenda da petição inicial, apenas para que este terceiro seja incluído no polo passivo da demanda (art. 401), o que irá gerar um litisconsórcio passivo necessário, diante da permanência do demandado primitivo. Após a citação, o novo demandado terá 15 (quinze) dias para responder.

Art. 402

> Art. 402. Se o terceiro negar a obrigação de exibir ou a posse do documento ou da coisa, o juiz designará audiência especial, tomando-lhe o depoimento, bem como o das partes e, se necessário, o de testemunhas, e em seguida proferirá decisão.

O dispositivo em questão deve ser interpretado literalmente, apenas substituindo a palavra "sentença" constante no modelo anterior por "decisão", o que é um reconhecimento de que tal questão poderá ser dirimida antes mesmo de a sentença propriamente dita ser proferida. Neste caso, o tema será decidido por meio de uma decisão interlocutória, que comportará agravo de instrumento (art. 1.015, inc. VI).

Art. 403

> Art. 403. Se o terceiro, sem justo motivo, se recusar a efetuar a exibição, o juiz ordenar-lhe-á que proceda ao respectivo depósito em cartório ou em outro lugar designado, no prazo de 5 (cinco) dias, impondo ao requerente que o ressarça pelas despesas que tiver.
>
> Parágrafo único. Se o terceiro descumprir a ordem, o juiz expedirá mandado de apreensão, requisitando, se necessário, força policial, sem prejuízo da responsabilidade por crime de desobediência, pagamento de multa e outras medidas indutivas, coercitivas, mandamentais ou sub-rogatórias necessárias para assegurar a efetivação da decisão.

O dispositivo em questão deve ser interpretado literalmente, tratando das medidas executivas que poderão ser adotadas em relação ao terceiro caso descumpra a decisão judicial de exibir o documento. Fica novamente o alerta de que o dispositivo menciona o pagamento de multas ao lado de outras medidas indutivas, coercitivas, mandamentais ou sub-rogatórias, sugerindo que tais multas sejam as *astreintes*. Contudo, estas podem ser fixadas apenas em relação às partes principais do processo, que são demandante e demandado. Portanto, eventual multa estabelecida para punir comportamento de terceiro deverá ter fundamento em outro dispositivo (v.g., conduta que configure ato atentatório à dignidade da Justiça – art. 77).

> Verbete nº 372 da Súmula do STJ: *"Na ação de exibição de documentos, não cabe a aplicação de multa cominatória".*

Art. 404

Art. 404. A parte e o terceiro se escusam de exibir, em juízo, o documento ou a coisa se:

I – concernente a negócios da própria vida da família;

II – sua apresentação puder violar dever de honra;

III – sua publicidade redundar em desonra à parte ou ao terceiro, bem como a seus parentes consanguíneos ou afins até o terceiro grau, ou lhes representar perigo de ação penal;

IV – sua exibição acarretar a divulgação de fatos a cujo respeito, por estado ou profissão, devam guardar segredo;

V – subsistirem outros motivos graves que, segundo o prudente arbítrio do juiz, justifiquem a recusa da exibição;

VI – houver disposição legal que justifique a recusa da exibição.

Parágrafo único. Se os motivos de que tratam os incisos I a VI do *caput* disserem respeito a apenas uma parcela do documento, a parte ou o terceiro exibirá a outra em cartório, para dela ser extraída cópia reprográfica, de tudo sendo lavrado auto circunstanciado.

O dispositivo em questão deve ser interpretado literalmente, com a inclusão de um sexto inciso como escusa para o dever de exibição de documento. O parágrafo único também inova ao permitir que seja extraída cópia do documento e não que seja feito um resumo dele, conforme constava no modelo anterior (CPC/73).

Seção VII
Da Prova Documental

Subseção I
Da Força Probante dos Documentos

Art. 405

Art. 405. O documento público faz prova não só da sua formação, mas também dos fatos que o escrivão, o chefe de secretaria, o tabelião ou o servidor declarar que ocorreram em sua presença.

O dispositivo em questão deve ser interpretado literalmente, incluindo menção ao chefe de secretaria, que exerce função semelhante à do escrivão só que na Justiça Federal, enquanto o outro atua na Estadual.

Art. 406

Art. 406. Quando a lei exigir instrumento público como da substância do ato, nenhuma outra prova, por mais especial que seja, pode suprir-lhe a falta.

O dispositivo em questão deve ser interpretado literalmente, tratando de uma prova tarifada, pois o documento público, quando exigido por lei, não pode ser substituído por outro meio de prova. É uma exceção ao sistema da persuasão racional (art. 371).

Art. 407

Art. 407. O documento feito por oficial público incompetente ou sem a observância das formalidades legais, sendo subscrito pelas partes, tem a mesma eficácia probatória do documento particular.

O dispositivo em questão deve ser interpretado literalmente sobre o valor probante do documento feito por oficial público sem atribuição, caso em que valerá como documento particular, se tiver sido subscrito pelas partes.

Art. 408

Art. 408. As declarações constantes do documento particular escrito e assinado ou somente assinado presumem-se verdadeiras em relação ao signatário.

Parágrafo único. Quando, todavia, contiver declaração de ciência de determinado fato, o documento particular prova a ciência, mas não o fato em si, incumbindo o ônus de prová-lo ao interessado em sua veracidade.

O dispositivo cuida da presunção de veracidade do que consta em documento particular quanto a seu signatário.

Art. 409

Art. 409. A data do documento particular, quando a seu respeito surgir dúvida ou impugnação entre os litigantes, provar-se-á por todos os meios de direito.

Parágrafo único. Em relação a terceiros, considerar-se-á datado o documento particular:

I – no dia em que foi registrado;

II – desde a morte de algum dos signatários;

III – a partir da impossibilidade física que sobreveio a qualquer dos signatários;

IV – da sua apresentação em repartição pública ou em juízo;

V – do ato ou do fato que estabeleça, de modo certo, a anterioridade da formação do documento.

O dispositivo trata da prova da data do documento particular, bem como dela em relação a terceiros.

Art. 410

Art. 410. Considera-se autor do documento particular:

I – aquele que o fez e o assinou;

II – aquele por conta de quem ele foi feito, estando assinado;

III – aquele que, mandando compô-lo, não o firmou porque, conforme a experiência comum, não se costuma assinar, como livros empresariais e assentos domésticos.

O dispositivo disciplina a respeito de quem deve ser considerado como "autor" de um determinado documento particular.

Art. 411

Art. 411. Considera-se autêntico o documento quando:

I – o tabelião reconhecer a firma do signatário;

II – a autoria estiver identificada por qualquer outro meio legal de certificação, inclusive eletrônico, nos termos da lei;

III – não houver impugnação da parte contra quem foi produzido o documento.

O dispositivo em questão deve ser interpretado literalmente, mas inclui que o documento também pode ser considerado autêntico quando a autoria estiver identificada por qualquer meio legal de certificação, inclusive eletrônico, bem como quando não houver impugnação da parte em desfavor de quem foi produzido o documento.

Art. 412

> Art. 412. O documento particular de cuja autenticidade não se duvida prova que o seu autor fez a declaração que lhe é atribuída.
>
> Parágrafo único. O documento particular admitido expressa ou tacitamente é indivisível, sendo vedado à parte que pretende utilizar-se dele aceitar os fatos que lhe são favoráveis e recusar os que são contrários ao seu interesse, salvo se provar que estes não ocorreram.

O dispositivo em questão deve ser interpretado literalmente, tratando ainda de documento particular e impondo ser ele indivisível, sendo vedado à parte aceitar somente parcela do que lhe for favorável e refutar o restante.

Art. 413

> Art. 413. O telegrama, o radiograma ou qualquer outro meio de transmissão tem a mesma força probatória do documento particular se o original constante da estação expedidora tiver sido assinado pelo remetente.
>
> Parágrafo único. A firma do remetente poderá ser reconhecida pelo tabelião, declarando-se essa circunstância no original depositado na estação expedidora.

O dispositivo em questão deve ser interpretado literalmente, disciplinando a transmissão e a força probatória do documento particular.

Art. 414

> Art. 414. O telegrama ou o radiograma presume-se conforme com o original, provando as datas de sua expedição e de seu recebimento pelo destinatário.

O dispositivo em questão deve ser interpretado literalmente, dizendo que o telegrama ou o radiograma presumem-se de acordo com a via original, respeitadas as condições ali estabelecidas.

Art. 415

> Art. 415. As cartas e os registros domésticos provam contra quem os escreveu quando:
>
> I – enunciam o recebimento de um crédito;
>
> II – contêm anotação que visa a suprir a falta de título em favor de quem é apontado como credor;
>
> III – expressam conhecimento de fatos para os quais não se exija determinada prova.

O dispositivo em questão deve ser interpretado literalmente, tratando de quando as cartas e os registros domésticos se constituem em prova contra quem os escreveu.

Art. 416

> Art. 416. A nota escrita pelo credor em qualquer parte de documento representativo de obrigação, ainda que não assinada, faz prova em benefício do devedor.
>
> Parágrafo único. Aplica-se essa regra tanto para o documento que o credor conservar em seu poder quanto para aquele que se achar em poder do devedor ou de terceiro.

O dispositivo cuida das notas feitas pelo credor em qualquer parte do documento representativo da obrigação, que fazem prova em benefício do devedor.

Art. 417

> Art. 417. Os livros empresariais provam contra seu autor, sendo lícito ao empresário, todavia, demonstrar, por todos os meios permitidos em direito, que os lançamentos não correspondem à verdade dos fatos.

O dispositivo em questão deve ser interpretado literalmente, apenas tendo alterado a expressão "livros comerciais" por "livros empresariais", que é mais genérica e atual.

Art. 418

> Art. 418. Os livros empresariais que preencham os requisitos exigidos por lei provam a favor de seu autor no litígio entre empresários.

O dispositivo em questão deve ser interpretado literalmente, apenas tendo alterado a expressão "livros comerciais" por "livros empresariais", que é mais genérica e atual.

Art. 419

> Art. 419. A escrituração contábil é indivisível, e, se dos fatos que resultam dos lançamentos, uns são favoráveis ao interesse de seu autor e outros lhe são contrários, ambos serão considerados em conjunto, como unidade.

O dispositivo em questão deve ser interpretado literalmente, tratando da indivisibilidade da escrituração contábil.

Art. 420

> Art. 420. O juiz pode ordenar, a requerimento da parte, a exibição integral dos livros empresariais e dos documentos do arquivo:
>
> I – na liquidação de sociedade;
>
> II – na sucessão por morte de sócio;
>
> III – quando e como determinar a lei.

O dispositivo em questão deve ser interpretado literalmente, apenas tendo alterado a expressão "livros comerciais" por "livros empresariais", que é mais genérica e atual.

Art. 421

> Art. 421. O juiz pode, de ofício, ordenar à parte a exibição parcial dos livros e dos documentos, extraindo-se deles a suma que interessar ao litígio, bem como reproduções autenticadas.

O dispositivo em questão deve ser interpretado literalmente, cuidando da possibilidade de ser determinada, *ex officio*, a exibição parcial de livros e documentos, extraindo seu resumo ou até reproduções autenticadas.

Art. 422

> Art. 422. Qualquer reprodução mecânica, como a fotográfica, a cinematográfica, a fonográfica ou de outra espécie, tem aptidão para fazer prova dos fatos ou das coisas representadas, se a sua conformidade com o documento original não for impugnada por aquele contra quem foi produzida.
>
> § 1º As fotografias digitais e as extraídas da rede mundial de computadores fazem prova das imagens que reproduzem, devendo, se impugnadas, ser apresentada a respectiva autenticação eletrônica ou, não sendo possível, realizada perícia.
>
> § 2º Se se tratar de fotografia publicada em jornal ou revista, será exigido um exemplar original do periódico, caso impugnada a veracidade pela outra parte.
>
> § 3º Aplica-se o disposto neste artigo à forma impressa de mensagem eletrônica.

O dispositivo em questão deve ser interpretado literalmente, mas inclui outras formas mais modernas para a prova dos fatos ou coisas representadas, se a sua conformidade com o documento original não for questionada. São incluídas, por exemplo, fotografias digitais extraídas da rede mundial de computadores, entre outras mais.

Art. 423

> Art. 423. As reproduções dos documentos particulares, fotográficas ou obtidas por outros processos de repetição, valem como certidões sempre que o escrivão ou o chefe de secretaria certificar sua conformidade com o original.

O dispositivo em questão deve ser interpretado literalmente por ser autoexplicativo. Em essência, apenas acrescentou menção ao chefe de secretaria, que exerce função semelhante à do escrivão, só que na Justiça Federal, enquanto o outro atua na Estadual.

Art. 424

> Art. 424. A cópia de documento particular tem o mesmo valor probante que o original, cabendo ao escrivão, intimadas as partes, proceder à conferência e certificar a conformidade entre a cópia e o original.

O dispositivo em questão deve ser interpretado literalmente, pelo menos em relação ao *caput*. Os parágrafos do modelo antigo (CPC/73) foram remanejados para outro dispositivo, sofrendo ligeiras adaptações (art. 422).

Art. 425

Art. 425. Fazem a mesma prova que os originais:

I – as certidões textuais de qualquer peça dos autos, do protocolo das audiências ou de outro livro a cargo do escrivão ou do chefe de secretaria, se extraídas por ele ou sob sua vigilância e por ele subscritas;

II – os traslados e as certidões extraídas por oficial público de instrumentos ou documentos lançados em suas notas;

III – as reproduções dos documentos públicos, desde que autenticadas por oficial público ou conferidas em cartório com os respectivos originais;

IV – as cópias reprográficas de peças do próprio processo judicial declaradas autênticas pelo advogado, sob sua responsabilidade pessoal, se não lhes for impugnada a autenticidade;

V – os extratos digitais de bancos de dados públicos e privados, desde que atestado pelo seu emitente, sob as penas da lei, que as informações conferem com o que consta na origem;

VI – as reproduções digitalizadas de qualquer documento público ou particular, quando juntadas aos autos pelos órgãos da justiça e seus auxiliares, pelo Ministério Público e seus auxiliares, pela Defensoria Pública e seus auxiliares, pelas procuradorias, pelas repartições públicas em geral e por advogados, ressalvada a alegação motivada e fundamentada de adulteração.

§ 1º Os originais dos documentos digitalizados mencionados no inciso VI deverão ser preservados pelo seu detentor até o final do prazo para propositura de ação rescisória.

§ 2º Tratando-se de cópia digital de título executivo extrajudicial ou de documento relevante à instrução do processo, o juiz poderá determinar seu depósito em cartório ou secretaria.

O dispositivo em questão deve ser interpretado literalmente por ser autoexplicativo. Em essência, apenas acrescentou menção ao chefe de secretaria, que exerce função semelhante à do escrivão, só que na Justiça Federal, enquanto o outro atua na Estadual.

Também foi incluída, no sexto inciso, a Defensoria Pública. O artigo cuida de documentos que têm a mesma força probante que os originais.

Art. 426

> Art. 426. O juiz apreciará fundamentadamente a fé que deva merecer o documento, quando em ponto substancial e sem ressalva contiver entrelinha, emenda, borrão ou cancelamento.

O dispositivo em questão deve ser interpretado literalmente, muito embora tenha substituído a expressão "livremente", que constava no modelo anterior (CPC/73), por "fundamentadamente", o que de certa maneira soa desnecessário em decorrência da exigência constitucional de que toda decisão judicial deve ser devidamente motivada (art. 93, inc. IX, CF).

Art. 427

> Art. 427. Cessa a fé do documento público ou particular sendo-lhe declarada judicialmente a falsidade.
>
> Parágrafo único. A falsidade consiste em:
>
> I – formar documento não verdadeiro;
>
> II – alterar documento verdadeiro.

O dispositivo em questão deve ser interpretado literalmente, cuidando dos casos em que cessa a fé no documento público ou particular. Acrescenta-se que o próximo dispositivo (art. 428), já é específico apenas para os documentos considerados como particulares.

Art. 428

> Art. 428. Cessa a fé do documento particular quando:
>
> I – for impugnada sua autenticidade e enquanto não se comprovar sua veracidade;
>
> II – assinado em branco, for impugnado seu conteúdo, por preenchimento abusivo.
>
> Parágrafo único. Dar-se-á abuso quando aquele que recebeu documento assinado com texto não escrito no todo ou em parte formá-lo ou completá-lo por si ou por meio de outrem, violando o pacto feito com o signatário.

O dispositivo em questão deve ser interpretado literalmente, cuidando dos casos em que cessa a fé no documento particular.

Art. 429

> **Art. 429. Incumbe o ônus da prova quando:**
>
> **I – se tratar de falsidade de documento ou de preenchimento abusivo, à parte que a arguir;**
>
> **II – se tratar de impugnação da autenticidade, à parte que produziu o documento.**

O dispositivo em questão deve ser interpretado literalmente, cuidando do ônus da prova nas hipóteses ali contempladas. Trata-se, portanto, de norma específica, que deve prevalecer sobre a regra geral (art. 373, *caput* e incisos).

Subseção II
Da Arguição de Falsidade

Art. 430

> **Art. 430. A falsidade deve ser suscitada na contestação, na réplica ou no prazo de 15 (quinze) dias, contado a partir da intimação da juntada do documento aos autos.**
>
> **Parágrafo único. Uma vez arguida, a falsidade será resolvida como questão incidental, salvo se a parte requerer que o juiz a decida como questão principal, nos termos do inciso II do art. 19.**

A arguição da falsidade deixa de dar início a um incidente, devendo agora ser feita ao longo do processo em uma das peças mencionadas no *caput* ou mesmo em alguma outra posterior, desde que respeitados os quinze dias da juntada do documento aos autos. O dispositivo prevê que ela será solucionada como questão prejudicial, salvo se a parte requerer a sua apreciação como questão principal, hipótese em que deverá até mesmo constar no dispositivo (art. 433).

Contudo, a solução quanto a este ponto, que se refere à questão prejudicial, tanto neste quanto no dispositivo subsequente, está em desarmonia com outra norma do CPC. Com efeito, o CPC (art. 503, § 1º) passou a prever que a coisa julgada irá abranger não apenas a solução da questão principal como, também, automaticamente a da questão prejudicial interna, independentemente de requerimento da parte interessada e desde que preenchidos certos requisitos. Quanto a este ponto, recomenda-se a leitura das críticas que foram realizadas em relação a este último dispositivo (art. 503, § 1º).

Art. 431

> Art. 431. A parte arguirá a falsidade expondo os motivos em que funda a sua pretensão e os meios com que provará o alegado.

O dispositivo em questão deve ser interpretado literalmente, a respeito de como será processado este instituto. Desaparecem os limites temporais para o oferecimento da antiga arguição de falsidade, que mudavam o processamento, ou seja, se ficaria em apenso ou não. Com isso, adota-se um único processamento, o que é recomendável para efeitos de padronização e consequente celeridade da prestação jurisdicional.

Desta forma, aquele que alegar a falsidade deve esclarecer os motivos que a justificam (art. 431). Por exemplo, a falsidade de um documento "público" pode ocorrer quando não for verdadeiro ou alterar documento verdadeiro (art. 427, parágrafo único). Por seu turno, a falsidade de documento "particular" decorre de ser impugnada a sua assinatura ou quando o mesmo tiver sido assinado em branco com posterior preenchimento abusivo (art. 428). Vale dizer que o ônus da prova quanto à falsidade compete à parte que o arguir (art. 429, inc. I), exceto quando se tratar de impugnação da autenticidade, hipótese em que o ônus competirá àquela parte que produziu o documento (art. 429, inc. II).

Art. 432

> Art. 432. Depois de ouvida a outra parte no prazo de 15 (quinze) dias, será realizado o exame pericial.
>
> Parágrafo único. Não se procederá ao exame pericial se a parte que produziu o documento concordar em retirá-lo.

O dispositivo em questão deve ser interpretado literalmente, por ser autoexplicativo havendo majoração do prazo de manifestação da outra parte quando esta alegação for apresentada. Uma mudança é que o CPC não exige, na atualidade, concordância do adversário para que a prova seja retirada dos autos.

Art. 433

> Art. 433. A declaração sobre a falsidade do documento, quando suscitada como questão principal, constará da parte dispositiva da sentença e sobre ela incidirá também a autoridade da coisa julgada.

Sendo esta questão (sobre a arguição de falsidade) decidida no decorrer do processo se estará diante de uma decisão interlocutória. Contudo, é possível que qualquer das partes requeira que este tema não seja analisado sob o viés de uma questão prejudicial, mas sim como questão principal (art. 430, parágrafo único). Em tais casos, esta declaração também constará na parte dispositiva da sentença e sobre ela incidirá a autoridade da coisa julgada (art. 433), o que, por sinal, se coaduna com outra norma do CPC que ainda será analisada (art. 503, § 1º). Contudo, as que norteiam este tema (art. 430, parágrafo único c/c art. 433) são em parte mais técnicas do que a outra, pois esta situação excepcional de uma questão prejudicial ser decidida com força de questão principal e de formar coisa julgada somente será possível se houver requerimento neste sentido. Afinal, esta peça estará corporificando o exercício de um novo direito de ação, possibilitando que o magistrado preste a jurisdição nos limites da provocação pois, se assim não for, toda e qualquer questão prejudicial poderia ser acobertada pelo manto da coisa julgada, estando o Poder Judiciário de ofício definindo direitos que não foram solicitados pelas partes. Quanto a este ponto, recomenda-se a leitura das críticas que foram realizadas em relação a este outro dispositivo (art. 503, § 1º), que literalmente dispensa o "requerimento das partes" para que o mesmo resultado ocorra.

Subseção III
Da Produção da Prova Documental

Art. 434

> Art. 434. Incumbe à parte instruir a petição inicial ou a contestação com os documentos destinados a provar suas alegações.
>
> Parágrafo único. Quando o documento consistir em reprodução cinematográfica ou fonográfica, a parte deverá trazê-lo nos termos do *caput*, mas sua exposição será realizada em audiência, intimando-se previamente as partes.

O dispositivo em questão deve ser interpretado literalmente, pelo menos quanto ao *caput*. O parágrafo único inova ao fazer menção à produção de documento que consiste em reprodução cinematográfica ou fonográfica, casos em que sua exposição será realizada em audiência, com prévia intimação das partes para comparecimento.

Art. 435

> Art. 435. É lícito às partes, em qualquer tempo, juntar aos autos documentos novos, quando destinados a fazer prova de fatos ocorridos depois dos articulados ou para contrapô-los aos que foram produzidos nos autos.
>
> Parágrafo único. Admite-se também a juntada posterior de documentos formados após a petição inicial ou a contestação, bem como dos que se tornaram conhecidos, acessíveis ou disponíveis após esses atos, cabendo à parte que os produzir comprovar o motivo que a impediu de juntá-los anteriormente e incumbindo ao juiz, em qualquer caso, avaliar a conduta da parte de acordo com o art. 5º.

O dispositivo em questão deve ser interpretado literalmente, por ser autoexplicativo sobre a possibilidade de juntada de documentos novos aos autos. O parágrafo único inova ao permitir que estes documentos também sejam juntados se a parte demonstrar que somente tomou ciência deles ou que os mesmos ficaram disponíveis e conhecidos em momento posterior ao oferecimento da petição inicial ou da contestação. De qualquer maneira, o magistrado irá analisar se a parte requerente está ou não agindo com lealdade processual e boa-fé.

Art. 436

> Art. 436. A parte, intimada a falar sobre documento constante dos autos, poderá:
>
> I – impugnar a admissibilidade da prova documental;
>
> II – impugnar sua autenticidade;
>
> III – suscitar sua falsidade, com ou sem deflagração do incidente de arguição de falsidade;
>
> IV – manifestar-se sobre seu conteúdo.
>
> Parágrafo único. Nas hipóteses dos incisos II e III, a impugnação deverá basear-se em argumentação específica, não se admitindo alegação genérica de falsidade.

O dispositivo esclarece como a parte adversária pode impugnar a admissibilidade ou autenticidade da prova, bem como suscitar sua falsidade ou manifestar-se sobre o seu conteúdo. Em alguns casos enumerados neste artigo, porém, não será admitida fundamentação genérica.

Art. 437

Art. 437. O réu manifestar-se-á na contestação sobre os documentos anexados à inicial, e o autor manifestar-se-á na réplica sobre os documentos anexados à contestação.

§ 1º Sempre que uma das partes requerer a juntada de documento aos autos, o juiz ouvirá, a seu respeito, a outra parte, que disporá do prazo de 15 (quinze) dias para adotar qualquer das posturas indicadas no art. 436.

§ 2º Poderá o juiz, a requerimento da parte, dilatar o prazo para manifestação sobre a prova documental produzida, levando em consideração a quantidade e a complexidade da documentação.

A norma estabelece o momento processual em que uma parte deve se manifestar no processo quando for apresentado documento pela outra, dando tratamento mais esmiuçado em relação ao que era adotado pelo modelo anterior (CPC/73). Nas hipóteses não mencionadas no *caput*, a parte interessada disporá de quinze dias para se manifestar, com possibilidade de dilação do prazo levando em consideração a quantidade e complexidade da documentação.

Art. 438

Art. 438. O juiz requisitará às repartições públicas, em qualquer tempo ou grau de jurisdição:

I – as certidões necessárias à prova das alegações das partes;

II – os procedimentos administrativos nas causas em que forem interessados a União, os Estados, o Distrito Federal, os Municípios ou entidades da administração indireta.

§ 1º Recebidos os autos, o juiz mandará extrair, no prazo máximo e improrrogável de 1 (um) mês, certidões ou reproduções fotográficas das peças que indicar e das que forem indicadas pelas partes, e, em seguida, devolverá os autos à repartição de origem.

§ 2º As repartições públicas poderão fornecer todos os documentos em meio eletrônico, conforme disposto em lei, certificando, pelo mesmo meio, que se trata de extrato fiel do que consta em seu banco de dados ou no documento digitalizado.

O dispositivo cuida da possibilidade de o juiz requisitar certidões ou procedimentos administrativos diretamente às repartições públicas. Há a inclusão do Distrito Federal no segundo inciso, pois ele também pode ser alvo de tais requisições. Contudo, esta possibilidade mencionada na norma cuida, em realidade, de uma faculdade que somente deve ser exercida se realmente tais documentos forem relevantes para o esclarecimento de fatos referentes à resolução do mérito da causa. Por este motivo, deve ser afastada a possibilidade, por exemplo, de expedição de ofício a qualquer órgão que possua cadastro de bens do executado (RGI, Detran, RF, dentre outros). É que esta medida não se destina a ser prova de fato relevante para o julgamento, até porque sequer há julgamento em execução. Da mesma forma, também devem ser indeferidos requerimentos de expedição de ofício a registros civis de pessoas jurídicas ou a junta comercial para que estes órgãos forneçam o contrato social da empresa ré, ao argumento de que isso é necessário para se apurar sobre qual pessoa deve recair a citação, já que este documento não se destina a fazer prova de fato relevante, além da possibilidade de se obtê-lo independentemente da ingerência estatal, bastando que o interessado se dirija até o local para requerê-lo, pagando os emolumentos.

> **Informações em banco de dados criminais. Impossibilidade de exclusão.**
> "*As informações relativas aos processos criminais em que extinta a punibilidade do réu devem ser mantidas nos registros criminais da Polícia de forma inacessível à população em geral. Trata-se de apelação interposta contra a sentença que julgou improcedente a ação de obrigação de fazer c/c indenização por danos morais, na qual o autor pretendia a retirada de seus dados do sistema de registros da Polícia Civil e o recebimento de indenização. Em suas razões de apelo, o autor sustentou que houve a extinção da punibilidade nos processos penais em que aparece como acusado e que a permanência de seu nome no banco de dados da Secretaria de Segurança Pública do DF gera constrangimento e humilhação. Para o Relator, a sentença a quo deve ser mantida haja vista que, conforme dispõem os arts. 748 do CPP e 202 da LEP, as condenações anteriores devem ficar inacessíveis às pessoas em geral, mas não aos agentes públicos encarregados da investigação e repressão criminal. Desta feita, em virtude da necessidade de manutenção das informações criminais para futuras consultas pelos agentes públicos autorizados e para os fins previstos na lei, a Turma negou provimento ao recurso*" (TJ-DFT. Acórdão nº 1032476, 20160110783983APC, Rel. Mario-Zam Belmiro, 8ª Turma Cível, julgado em 13/07/2017, DJE 24/07/2017, p. 496/501).

Seção VIII
Dos Documentos Eletrônicos

Art. 439

Art. 439. A utilização de documentos eletrônicos no processo convencional dependerá de sua conversão à forma impressa e da verificação de sua autenticidade, na forma da lei.

Trata-se de dispositivo inédito, que versa sobre o uso de documentos eletrônicos, dispondo ser necessária a sua forma impressa para uso no processo, bem como a verificação de sua autenticidade.

Art. 440

> Art. 440. O juiz apreciará o valor probante do documento eletrônico não convertido, assegurado às partes o acesso ao seu teor.

Trata-se de dispositivo inédito, que versa sobre o uso de documentos eletrônicos, dispondo que o magistrado apreciará o seu valor probante ainda que não tenha sido convertido, embora seja assegurado às partes o seu pleno acesso.

Art. 441

> Art. 441. Serão admitidos documentos eletrônicos produzidos e conservados com a observância da legislação específica.

Trata-se de dispositivo inédito, que versa sobre o uso de documentos eletrônicos, dispondo que somente serão admitidos aqueles que sejam produzidos e conservados de acordo com a legislação específica.

Seção IX
Da Prova Testemunhal

Subseção I
Da Admissibilidade e do Valor da Prova Testemunhal

Art. 442

> Art. 442. A prova testemunhal é sempre admissível, não dispondo a lei de modo diverso.

O dispositivo em questão deve ser interpretado literalmente, tendo este artigo reproduzido a parte inicial do modelo primitivo (CPC/73), com exclusão do resto. Em essência, cuida da prova testemunhal, que é aquela que consiste na tomada de depoimento prestado por alguém que não é parte principal do processo. O seu objetivo é a obtenção de esclarecimentos sobre os fatos controvertidos que são relevantes para a resolução do mérito do processo, devendo a atuação da testemunha se limitar a informar se o fato ocorreu ou não, bem como em que circunstâncias. Jamais, em hipótese alguma, a testemunha deve realizar juízo de valor sobre os eventos, pois não lhe compete apreciá-los. Mais uma vez, repisa-se, a sua atuação é limitada a esclarecer sobre a dinâmica da situação e apenas isso. Embora o CPC seja silente quanto a esta afirmação, consta norma expressa neste sentido no Código de Processo Penal (art. 213, CPP), que é inteiramente aplicável.

Assim como não se deve permitir juízos pessoais realizados pela testemunha, da mesma maneira não se pode deferir a oitiva daquela que nada sabe sobre os fatos, mas que ali se encontra para prestar esclarecimentos técnicos dos mais diversos tipos. Em situações como esta, que são muito frequentes, a parte arrola uma testemunha para esclarecer não o fato objeto do processo (v.g., a existência de um contrato de financiamento para aquisição de casa própria), mas sim sobre detalhes técnicos (v.g., a metodologia de avaliação de imóveis). Nestes casos, o magistrado deve indeferir motivadamente a oitiva da aludida "testemunha", pois se a intenção é a obtenção de esclarecimentos técnicos, existe a prova "pericial" que é a específica para estes fins.

No entanto, por vezes a prova "testemunhal" propriamente dita também pode ser indeferida quando, por exemplo, o fato já estiver provado por documento, confissão da parte ou por exame pericial (art. 443). Contudo, não sendo qualquer uma dessas hipóteses e, sendo relevante o fato cujos depoimentos serão prestados, caberá então ao magistrado deferir a realização desta prova (art. 442).

Art. 443

> Art. 443. O juiz indeferirá a inquirição de testemunhas sobre fatos:
>
> I – já provados por documento ou confissão da parte;
>
> II – que só por documento ou por exame pericial puderem ser provados.

O dispositivo em questão deve ser interpretado literalmente, tendo este artigo reproduzido a parte final do modelo primitivo (CPC/73), com exclusão do resto.

Art. 444

> Art. 444. Nos casos em que a lei exigir prova escrita da obrigação, é admissível a prova testemunhal quando houver começo de prova por escrito, emanado da parte contra a qual se pretende produzir a prova.

O dispositivo em questão deve ser interpretado literalmente, tendo este artigo reproduzido um dos incisos do modelo primitivo (CPC/73), com exclusão do resto.

Restou clara a possibilidade de produção de prova testemunhal nestes casos, ainda que a lei exija prova escrita.

Art. 445

> Art. 445. Também se admite a prova testemunhal quando o credor não pode ou não podia, moral ou materialmente, obter a prova escrita da obrigação, em casos como o de parentesco, de depósito necessário ou de hospedagem em hotel ou em razão das práticas comerciais do local onde contraída a obrigação.

O dispositivo cuida do assunto com pequenos acréscimos, tendo reproduzido um dos incisos do modelo primitivo (CPC/73), com exclusão do resto. Houve, ainda, inclusão da hipótese de "práticas comerciais do local onde contraída a obrigação".

Art. 446

> Art. 446. É lícito à parte provar com testemunhas:
> I – nos contratos simulados, a divergência entre a vontade real e a vontade declarada;
> II – nos contratos em geral, os vícios de consentimento.

O dispositivo em questão deve ser interpretado literalmente, excluindo a antiga qualificação de "inocente" para uma das partes. Trata de hipóteses em que uma das partes tenta demonstrar ato simulado ou vício de consentimento nos contratos.

Art. 447

> Art. 447. Podem depor como testemunhas todas as pessoas, exceto as incapazes, impedidas ou suspeitas.
> § 1º São incapazes:
> I – o interdito por enfermidade ou deficiência mental;
> II – o que, acometido por enfermidade ou retardamento mental, ao tempo em que ocorreram os fatos, não podia discerni-los, ou, ao tempo em que deve depor, não está habilitado a transmitir as percepções;
> III – o que tiver menos de 16 (dezesseis) anos;
> IV – o cego e o surdo, quando a ciência do fato depender dos sentidos que lhes faltam.

§ 2º São impedidos:

I – o cônjuge, o companheiro, o ascendente e o descendente em qualquer grau e o colateral, até o terceiro grau, de alguma das partes, por consanguinidade ou afinidade, salvo se o exigir o interesse público ou, tratando-se de causa relativa ao estado da pessoa, não se puder obter de outro modo a prova que o juiz repute necessária ao julgamento do mérito;

II – o que é parte na causa;

III – o que intervém em nome de uma parte, como o tutor, o representante legal da pessoa jurídica, o juiz, o advogado e outros que assistam ou tenham assistido as partes.

§ 3º São suspeitos:

I – o inimigo da parte ou o seu amigo íntimo;

II – o que tiver interesse no litígio.

§ 4º Sendo necessário, pode o juiz admitir o depoimento das testemunhas menores, impedidas ou suspeitas.

§ 5º Os depoimentos referidos no § 4º serão prestados independentemente de compromisso, e o juiz lhes atribuirá o valor que possam merecer.

O dispositivo, extenso, estabelece as pessoas que não podem depor, bem como traz algumas modificações redacionais, principalmente no *caput* e nos dois primeiros parágrafos. No segundo parágrafo, em seu primeiro inciso, houve a inclusão do companheiro. Também foram excluídas algumas situações de suspeição para depor que constavam no modelo anterior (CPC/73). Os dois últimos parágrafos até mesmo autorizam o depoimento de menores, impedidos ou suspeitos, mas sem que seja dado o compromisso, qualificando-os como meros informantes.

Art. 448

Art. 448. A testemunha não é obrigada a depor sobre fatos:

I – que lhe acarretem grave dano, bem como ao seu cônjuge ou companheiro e aos seus parentes consanguíneos ou afins, em linha reta ou colateral, até o terceiro grau;

II – a cujo respeito, por estado ou profissão, deva guardar sigilo.

O dispositivo em questão deve ser interpretado literalmente, com a inclusão do companheiro no primeiro inciso e menção de que agora tal situação também se aplica aos parentes ou afins até o terceiro grau.

Art. 449

Art. 449. Salvo disposição especial em contrário, as testemunhas devem ser ouvidas na sede do juízo.

Parágrafo único. Quando a parte ou a testemunha, por enfermidade ou por outro motivo relevante, estiver impossibilitada de comparecer, mas não de prestar depoimento, o juiz designará, conforme as circunstâncias, dia, hora e lugar para inquiri-la.

O dispositivo permanece idêntico ao do modelo anterior (CPC/73), impondo que as testemunhas sejam ouvidas na sede do juízo, salvo nos casos mencionados no parágrafo único.

Subseção II
Da Produção da Prova Testemunhal

Art. 450

Art. 450. O rol de testemunhas conterá, sempre que possível, o nome, a profissão, o estado civil, a idade, o número de inscrição no Cadastro de Pessoas Físicas, o número de registro de identidade e o endereço completo da residência e do local de trabalho.

O dispositivo estabelece que o rol de testemunhas deve ter mais informações, como o número no Cadastro de Pessoas Físicas. O momento e o prazo adequados para apresentação das testemunhas, bem como o seu número máximo estão previstos em outro artigo (art. 357, §§ 4º e 6º).

> Enunciado nº 34 da I Jornada de Processo Civil CEJ/CJF: *"A qualificação incompleta da testemunha só impede a sua inquirição se houver demonstração de efetivo prejuízo"*.

Art. 451

Art. 451. Depois de apresentado o rol de que tratam os §§ 4º e 5º do art. 357, a parte só pode substituir a testemunha:

I – que falecer;

II – que, por enfermidade, não estiver em condições de depor;

III – que, tendo mudado de residência ou de local de trabalho, não for encontrada.

Uma vez apresentado o rol de testemunhas, o CPC (art. 451) esclarece em quais hipóteses poderá ocorrer a substituição. Segundo o aludido dispositivo, esta é permitida quando a testemunha inicialmente arrolada vier a falecer, não tiver condições de depor ou, ainda, quando tiver mudado de residência e não mais for encontrada. Mas, não sendo qualquer uma dessas hipóteses, a substituição deverá ser indeferida, eis que equivaleria a permitir que a parte estivesse arrolando "nova" testemunha extemporaneamente. No entanto, acaso o magistrado esteja convencido da utilidade de sua oitiva, poderá então determinar que a aludida testemunha seja ouvida como se fosse "do juízo", eis que dispõe de iniciativa probatória (art. 370).

Art. 452

> Art. 452. Quando for arrolado como testemunha, o juiz da causa:
>
> I – declarar-se-á impedido, se tiver conhecimento de fatos que possam influir na decisão, caso em que será vedado à parte que o incluiu no rol desistir de seu depoimento;
>
> II – se nada souber, mandará excluir o seu nome.

Se o próprio magistrado tiver sido arrolado como testemunha em processo que tramita perante o juízo em que se encontra lotado, deverá ser observada norma própria (art. 452), com a declaração de impedimento se realmente tiver conhecimento de fatos que possam influir na sua decisão. No entanto, se nada souber, bastará então determinar a exclusão do seu nome do rol das testemunhas, o que será realizado por meio da prolação de uma decisão interlocutória.

Art. 453

> Art. 453. As testemunhas depõem, na audiência de instrução e julgamento, perante o juiz da causa, exceto:
>
> I – as que prestam depoimento antecipadamente;
>
> II – as que são inquiridas por carta.
>
> § 1º A oitiva de testemunha que residir em comarca, seção ou subseção judiciária diversa daquela onde tramita o processo poderá ser realizada por meio de videoconferência ou outro recurso tecnológico de transmissão e recepção de sons e imagens em tempo real, o que poderá ocorrer, inclusive, durante a audiência de instrução e julgamento.
>
> § 2º Os juízos deverão manter equipamento para a transmissão e recepção de sons e imagens a que se refere o § 1º.

O dispositivo em questão deve ser interpretado literalmente, pelos menos no *caput* e nos dois primeiros incisos, tratando do depoimento da testemunha perante o juiz da causa e enumerando algumas exceções. Os parágrafos inovam ao permitir que esta oitiva seja realizada por videoconferência ou outro recurso tecnológico de transmissão de sons e imagens em tempo real, devendo os juízos ser devidamente equipados para tanto.

Art. 454

Art. 454. São inquiridos em sua residência ou onde exercem sua função:

I – o presidente e o vice-presidente da República;

II – os ministros de Estado;

III – os ministros do Supremo Tribunal Federal, os conselheiros do Conselho Nacional de Justiça e os ministros do Superior Tribunal de Justiça, do Superior Tribunal Militar, do Tribunal Superior Eleitoral, do Tribunal Superior do Trabalho e do Tribunal de Contas da União;

IV – o procurador-geral da República e os conselheiros do Conselho Nacional do Ministério Público;

V – o advogado-geral da União, o procurador-geral do Estado, o procurador-geral do Município, o defensor público-geral federal e o defensor público-geral do Estado;

VI – os senadores e os deputados federais;

VII – os governadores dos Estados e do Distrito Federal;

VIII – o prefeito;

IX – os deputados estaduais e distritais;

X – os desembargadores dos Tribunais de Justiça, dos Tribunais Regionais Federais, dos Tribunais Regionais do Trabalho e dos Tribunais Regionais Eleitorais e os conselheiros dos Tribunais de Contas dos Estados e do Distrito Federal;

XI – o procurador-geral de justiça;

XII – o embaixador de país que, por lei ou tratado, concede idêntica prerrogativa a agente diplomático do Brasil.

§ 1º O juiz solicitará à autoridade que indique dia, hora e local a fim de ser inquirida, remetendo-lhe cópia da petição inicial ou da defesa oferecida pela parte que a arrolou como testemunha.

§ 2º Passado 1 (um) mês sem manifestação da autoridade, o juiz designará dia, hora e local para o depoimento, preferencialmente na sede do juízo.

§ 3º O juiz também designará dia, hora e local para o depoimento, quando a autoridade não comparecer, injustificadamente, à sessão agendada para a colheita de seu testemunho no dia, hora e local por ela mesma indicados.

O extenso dispositivo regula os casos em que certas pessoas, pelos cargos que ocupam, não devem ser ouvidas na sede do juízo, mas sim em seu local de trabalho. Foram incluídas muitas novas pessoas neste artigo, tais como os conselheiros do CNJ, os conselheiros do CNMP, o Advogado-Geral da União, o Procurador-Geral do Estado, o Procurador-Geral do Município, o Defensor Público-Geral Federal, o Defensor Público-Geral do Estado, Prefeitos, Deputados Distritais e o Procurador-Geral de Justiça. Também o CPC trata, acertadamente, como "desembargadores", aqueles magistrados atuantes na 2ª instância da Justiça Federal e Trabalhista. Contudo, desprestigia os magistrados de primeira instância, que têm idêntico direito reconhecido em lei específica e que foram solenemente ignorados pelo CPC (art. 33, inc. I, LC nº 35/79). Outra novidade decorre da ausência de resposta da autoridade em um mês, o que permitirá ao magistrado designar dia, hora e local para seu depoimento.

Art. 455

Art. 455. Cabe ao advogado da parte informar ou intimar a testemunha por ele arrolada do dia, da hora e do local da audiência designada, dispensando-se a intimação do juízo.

§ 1º A intimação deverá ser realizada por carta com aviso de recebimento, cumprindo ao advogado juntar aos autos, com antecedência de pelo menos 3 (três) dias da data da audiência, cópia da correspondência de intimação e do comprovante de recebimento.

§ 2º A parte pode comprometer-se a levar a testemunha à audiência, independentemente da intimação de que trata o § 1º, presumindo-se, caso a testemunha não compareça, que a parte desistiu de sua inquirição.

§ 3º A inércia na realização da intimação a que se refere o § 1º importa desistência da inquirição da testemunha.

§ 4º A intimação será feita pela via judicial quando:

I – for frustrada a intimação prevista no § 1º deste artigo;

II – sua necessidade for devidamente demonstrada pela parte ao juiz;

III – figurar no rol de testemunhas servidor público ou militar, hipótese em que o juiz o requisitará ao chefe da repartição ou ao comando do corpo em que servir;

IV – a testemunha houver sido arrolada pelo Ministério Público ou pela Defensoria Pública;

V – a testemunha for uma daquelas previstas no art. 454.

§ 5º A testemunha que, intimada na forma do § 1º ou do § 4º, deixar de comparecer sem motivo justificado será conduzida e responderá pelas despesas do adiamento.

A regra é que as testemunhas sejam ouvidas na AIJ, razão pela qual devem ser intimadas previamente para comparecimento ao aludido ato, seja pelo correio ou por mandado, quando possuírem residência certa (art. 455, § 1º). No entanto, a própria parte pode se comprometer a trazer a testemunha à audiência, independentemente da realização de qualquer intimação (art. 455, § 2º). Só que, caso seja assumido este ônus e a testemunha não comparecer, esta ausência é interpretada como desistência quanto à necessidade da sua oitiva. Mas, se não for esta a hipótese, ou seja, se a parte não assumiu expressamente o ônus de conduzir a testemunha ao juízo, a ausência desta ao ato poderá gerar graves reflexos, como a redesignação da AIJ e a determinação que venha a ser conduzida "debaixo de vara", ou seja, de maneira coercitiva, respondendo ainda pelas despesas do adiamento (art. 455, § 5º).

> Enunciado nº 15 da I Jornada de Processo Civil CEJ/CJF: "*Aplicam-se às entidades referidas no § 3º do art. 186 do CPC as regras sobre intimação pessoal das partes e suas testemunhas (art. 186, § 2º; art. 455, § 4º, IV; art. 513, § 2º, II e art. 876, § 1º, II, todos do CPC)*".

Art. 456

Art. 456. O juiz inquirirá as testemunhas separada e sucessivamente, primeiro as do autor e depois as do réu, e providenciará para que uma não ouça o depoimento das outras.

Parágrafo único. O juiz poderá alterar a ordem estabelecida no *caput* se as partes concordarem.

Durante a realização da AIJ, o juiz deverá inquirir cada testemunha separada e sucessivamente; primeiro aquelas arroladas pelo demandante e após as do demandado, muito embora seja necessário determinar as providências necessárias para que uma não ouça o depoimento das outras (art. 456). Esta ordem, contudo, até poderá ser alterada, se as partes não se opuserem (art. 456, parágrafo único). Critica-se este último dispositivo, ao exigir a anuência das partes para que haja esta inversão, pois outra norma, mais específica sobre a atuação do magistrado em juízo, já lhe autoriza agir desta forma independentemente de concordância das partes (art. 139, inc. VI), mas desde que seja sempre em prol de uma maior efetividade nas tutelas do direito.

Art. 457

Art. 457. Antes de depor, a testemunha será qualificada, declarará ou confirmará seus dados e informará se tem relações de parentesco com a parte ou interesse no objeto do processo.

§ 1º É lícito à parte contraditar a testemunha, arguindo-lhe a incapacidade, o impedimento ou a suspeição, bem como, caso a testemunha negue os fatos que lhe são imputados, provar a contradita com documentos ou com testemunhas, até 3 (três), apresentadas no ato e inquiridas em separado.

§ 2º Sendo provados ou confessados os fatos a que se refere o § 1º, o juiz dispensará a testemunha ou lhe tomará o depoimento como informante.

§ 3º A testemunha pode requerer ao juiz que a escuse de depor, alegando os motivos previstos neste Código, decidindo o juiz de plano após ouvidas as partes.

O CPC (art. 457, § 1º) autoriza que qualquer das partes contradite a testemunha arrolada pela outra, arguindo-lhe incapacidade, impedimento ou suspeição. A recusa deverá ser apresentada por petição ou mesmo oralmente no momento imediatamente anterior ao que a aludida testemunha houver de ser compromissada. Feito isso, caberá ao magistrado indagar a testemunha sobre esta contradita. Se anuir com a contradita, esta testemunha será então dispensada ou será ouvida na qualidade de informante, o que reduz em muito o valor probatório de suas afirmações, por não estar compromissada a dizer apenas a verdade. No entanto, se a testemunha discordar do que lhe foi imputado, é possível ainda a parte provar a aludida contradita por meio de prova documental ou até mesmo pela oitiva de 3 (três) outras testemunhas, que são apresentadas no ato e inquiridas em separado. Finda a instrução neste incidente, caberá ao magistrado proferir uma decisão interlocutória resolvendo esta questão.

Da mesma forma, ainda que não haja a apresentação por qualquer das partes de uma contradita, também é lícito que a própria testemunha arrolada se dirija diretamente ao magistrado aduzindo que não pode depor em razão da ocorrência de um dos motivos previstos em lei (art. 448 – v.g., fatos a cujo respeito deve guardar sigilo em razão da profissão que desempenha). Nestes casos, após intimar as partes presentes para que se manifestem a respeito, o próprio magistrado decidirá de plano esta situação (art. 457, § 3º).

Art. 458

> Art. 458. Ao início da inquirição, a testemunha prestará o compromisso de dizer a verdade do que souber e lhe for perguntado.
>
> Parágrafo único. O juiz advertirá à testemunha que incorre em sanção penal quem faz afirmação falsa, cala ou oculta a verdade.

O dispositivo permanece idêntico, impondo que a testemunha preste o compromisso de dizer a verdade do que souber e lhe for perguntado, devendo ser cientificada de que o descumprimento pode gerar a prática de crime.

Art. 459

> Art. 459. As perguntas serão formuladas pelas partes diretamente à testemunha, começando pela que a arrolou, não admitindo o juiz aquelas que puderem induzir a resposta, não tiverem relação com as questões de fato objeto da atividade probatória ou importarem repetição de outra já respondida.
>
> § 1º O juiz poderá inquirir a testemunha tanto antes quanto depois da inquirição feita pelas partes.
>
> § 2º As testemunhas devem ser tratadas com urbanidade, não se lhes fazendo perguntas ou considerações impertinentes, capciosas ou vexatórias.
>
> § 3º As perguntas que o juiz indeferir serão transcritas no termo, se a parte o requerer.

O dispositivo altera a forma de inquirição da testemunha. O modelo anterior estava em consonância com os poderes exercidos pelo magistrado na condução da AIJ, sendo adotado o sistema presidencialista, segundo o qual apenas o magistrado é que pode colher a prova direta e pessoalmente. Desta maneira, para todas as provas orais produzidas em AIJ, os causídicos deveriam apresentar as perguntas ao magistrado que, por sua vez, indagaria diretamente o depoente. Contudo, este dispositivo autoriza o sistema do *cross examination*, ao permitir que as partes façam perguntas diretamente às testemunhas, embora o magistrado possa indeferir algumas. Ressalva-se que o sistema presidencialista era previsto no antigo modelo do regramento da AIJ e, com o CPC, não mais consta expresso em nenhum dispositivo. Por outro lado, o presente artigo somente autoriza o *cross examination* na prova testemunhal. Em razão da analogia, que é uma fonte subsidiária da ciência processual (art. 4º, LINDB), é de se reconhecer que o novo sistema é aplicável a qualquer prova oral produzida em audiência, o que também encontraria respaldo no processo penal (art. 212, CPP). De resto, o magistrado continua podendo inquirir as testemunhas antes ou depois das partes.

> **Enunciado nº 33 da I Jornada de Processo Civil CEJ/CJF:** *"No depoimento pessoal, o advogado da contraparte formulará as perguntas diretamente ao depoente".*

Art. 460

Art. 460. O depoimento poderá ser documentado por meio de gravação.

§ 1º Quando digitado ou registrado por taquigrafia, estenotipia ou outro método idôneo de documentação, o depoimento será assinado pelo juiz, pelo depoente e pelos procuradores.

§ 2º Se houver recurso em processo em autos não eletrônicos, o depoimento somente será digitado quando for impossível o envio de sua documentação eletrônica.

§ 3º Tratando-se de autos eletrônicos, observar-se-á o disposto neste Código e na legislação específica sobre a prática eletrônica de atos processuais.

O dispositivo em questão deve ser interpretado literalmente, disciplinando como será realizado o depoimento e sua documentação em casos de autos que sejam eletrônicos ou não.

Art. 461

Art. 461. O juiz pode ordenar, de ofício ou a requerimento da parte:

I – a inquirição de testemunhas referidas nas declarações da parte ou das testemunhas;

II – a acareação de 2 (duas) ou mais testemunhas ou de alguma delas com a parte, quando, sobre fato determinado que possa influir na decisão da causa, divergirem as suas declarações.

§ 1º Os acareados serão reperguntados para que expliquem os pontos de divergência, reduzindo-se a termo o ato de acareação.

§ 2º A acareação pode ser realizada por videoconferência ou por outro recurso tecnológico de transmissão de sons e imagens em tempo real.

O dispositivo em questão deve ser interpretado literalmente, no que trata da inquirição de testemunhas referidas ou da realização da acareação. Os parágrafos, novos, disciplinam melhor como deve ser feita a acareação e, inclusive, autorizam a sua realização por videoconferência ou por outro recurso tecnológico que permita transmissão de sons e imagens em tempo real.

Art. 462

> Art. 462. A testemunha pode requerer ao juiz o pagamento da despesa que efetuou para comparecimento à audiência, devendo a parte pagá-la logo que arbitrada ou depositá-la em cartório dentro de 3 (três) dias.

O dispositivo em questão deve ser interpretado literalmente, prevendo que a testemunha tem direito a receber as despesas que efetuou para vir a AIJ, também estabelecendo como isso deve ser realizado. O parágrafo único do modelo anterior (CPC/73) foi deslocado para o próximo dispositivo.

Art. 463

> Art. 463. O depoimento prestado em juízo é considerado serviço público.
>
> Parágrafo único. A testemunha, quando sujeita ao regime da legislação trabalhista, não sofre, por comparecer à audiência, perda de salário nem desconto no tempo de serviço.

O dispositivo reconhece que a testemunha exerce múnus público e não sofre perda de salário ou desconto de tempo de serviço se possuir vínculo celetista. É comum o juízo fornecer a ela uma "ressalva", com as informações necessárias (comparecimento, horário e duração da AIJ, nº do processo, entre outras).

Seção X
Da Prova Pericial

Art. 464

> Art. 464. A prova pericial consiste em exame, vistoria ou avaliação.
>
> § 1º O juiz indeferirá a perícia quando:
>
> I – a prova do fato não depender de conhecimento especial de técnico;

II – for desnecessária em vista de outras provas produzidas;

III – a verificação for impraticável.

§ 2º De ofício ou a requerimento das partes, o juiz poderá, em substituição à perícia, determinar a produção de prova técnica simplificada, quando o ponto controvertido for de menor complexidade.

§ 3º A prova técnica simplificada consistirá apenas na inquirição de especialista, pelo juiz, sobre ponto controvertido da causa que demande especial conhecimento científico ou técnico.

§ 4º Durante a arguição, o especialista, que deverá ter formação acadêmica específica na área objeto de seu depoimento, poderá valer-se de qualquer recurso tecnológico de transmissão de sons e imagens com o fim de esclarecer os pontos controvertidos da causa.

A prova pericial é uma prova essencialmente técnica, em que há necessidade de um perito que tenha conhecimento específico sobre o assunto em questão, estando regulada entre no CPC (art. 464 – art. 480). Mas, por vezes, pode ser que na localidade não existam especialistas em determinado assunto, de modo que um profissional com algum conhecimento terá que realizá-la (v.g., é necessário um especialista em cardiologia, mas na localidade somente existem clínicos gerais). Nestes casos, se demonstrada esta situação ainda assim a prova pericial poderá ser produzida, muito embora o seu valor probatório seja sensivelmente diminuído.

A perícia pode consistir em exame, vistoria ou avaliação (art. 464). Este meio de prova pode, porém, ser indeferido nas hipóteses mencionadas em lei (v.g., art. 464, § 1º), como, por exemplo, quando a prova do fato não depender do conhecimento especial de técnico.

No procedimento comum, caberá às partes requerer a produção de prova desta natureza no momento oportuno (até o saneamento do processo) ou, então, o juiz poderá determiná-la de ofício (art. 370). Deferida a prova, dispõe o CPC (art.464, § 1º) que as partes deverão ser intimadas para indicar assistente técnico (se for o caso), arguir o impedimento ou a suspeição do perito ou apresentar os quesitos em 15 (quinze) dias, prazo este que não é preclusivo, pois estas providências poderão até ser realizadas tardiamente, desde que a perícia ainda não tenha se iniciado.

A grande novidade desta norma fica por conta dos dois últimos parágrafos, que criam a possibilidade de o juiz determinar de ofício ou a requerimento da parte uma prova técnica simplificada, para os pontos controvertidos de menor complexidade. Trata-se de prova que consiste na inquirição de um especialista pelo magistrado, que deverá ter formação acadêmica compatível, podendo ser realizada pelos meios tradicionais ou por qualquer recurso tecnológico de sons e imagens.

Art. 465

Art. 465. O juiz nomeará perito especializado no objeto da perícia e fixará de imediato o prazo para a entrega do laudo.

§ 1º Incumbe às partes, dentro de 15 (quinze) dias contados da intimação do despacho de nomeação do perito:

I – arguir o impedimento ou a suspeição do perito, se for o caso;

II – indicar assistente técnico;

III – apresentar quesitos.

§ 2º Ciente da nomeação, o perito apresentará em 5 (cinco) dias:

I – proposta de honorários;

II – currículo, com comprovação de especialização;

III – contatos profissionais, em especial o endereço eletrônico, para onde serão dirigidas as intimações pessoais.

§ 3º As partes serão intimadas da proposta de honorários para, querendo, manifestar-se no prazo comum de 5 (cinco) dias, após o que o juiz arbitrará o valor, intimando-se as partes para os fins do art. 95.

§ 4º O juiz poderá autorizar o pagamento de até cinquenta por cento dos honorários arbitrados a favor do perito no início dos trabalhos, devendo o remanescente ser pago apenas ao final, depois de entregue o laudo e prestados todos os esclarecimentos necessários.

§ 5º Quando a perícia for inconclusiva ou deficiente, o juiz poderá reduzir a remuneração inicialmente arbitrada para o trabalho.

§ 6º Quando tiver de realizar-se por carta, poder-se-á proceder à nomeação de perito e à indicação de assistentes técnicos no juízo ao qual se requisitar a perícia.

É ampliado o prazo para quinze dias para que as partes se manifestem sobre a nomeação do perito. Neste prazo, também pode ser arguido o seu impedimento ou suspeição, bem como apresentados os quesitos. Vale dizer, porém, que este prazo não é preclusivo, de acordo com a jurisprudência do STJ. Os parágrafos segundo e terceiro estabelecem as informações que devem ser apresentadas pelo perito, assim como a sua proposta de honorários, que poderá sofrer autorização judicial para pagamento de até cinquenta por cento no início do serviço e o restante ao final. É permitida a redução dos valores do perito, se o seu trabalho tiver sido inconclusivo ou insuficiente. Em casos de expedição de cartas, a nomeação do perito e a indicação dos assistentes técnicos serão realizadas no órgão que a receber.

> **Possibilidade de indicar assistente técnico e formular quesitos enquanto não iniciados os trabalhos da prova pericial (CPC/73).** "*É possível a indicação de assistente técnico e a formulação de quesitos de perícia, além do quinquídio previsto no art. 421, § 1º, do Código de Processo Civil (prazo não preclusivo), desde que não dado início aos trabalhos da prova pericial. Precedentes*" (STJ. RESP nº 796.960-MS. Rel. Min. Fernando Gonçalves. DJ 15/04/2010).

Art. 466

Art. 466. O perito cumprirá escrupulosamente o encargo que lhe foi cometido, independentemente de termo de compromisso.

§ 1º Os assistentes técnicos são de confiança da parte e não estão sujeitos a impedimento ou suspeição.

§ 2º O perito deve assegurar aos assistentes das partes o acesso e o acompanhamento das diligências e dos exames que realizar, com prévia comunicação, comprovada nos autos, com antecedência mínima de 5 (cinco) dias.

O dispositivo permanece idêntico ao modelo anterior (CPC/73), pelo menos no *caput*. O parágrafo segundo, que é novo, traz a obrigação de o perito assegurar aos assistentes técnicos o acesso e acompanhamento das diligências e exames que efetuar.

Art. 467

Art. 467. O perito pode escusar-se ou ser recusado por impedimento ou suspeição.

Parágrafo único. O juiz, ao aceitar a escusa ou ao julgar procedente a impugnação, nomeará novo perito.

O dispositivo cuida das hipóteses em que o perito pode escusar-se da nomeação ou ser recusado.

Art. 468

Art. 468. O perito pode ser substituído quando:

I – faltar-lhe conhecimento técnico ou científico;

II – sem motivo legítimo, deixar de cumprir o encargo no prazo que lhe foi assinado.

§ 1º No caso previsto no inciso II, o juiz comunicará a ocorrência à corporação profissional respectiva, podendo, ainda, impor multa ao

> perito, fixada tendo em vista o valor da causa e o possível prejuízo decorrente do atraso no processo.
>
> § 2º O perito substituído restituirá, no prazo de 15 (quinze) dias, os valores recebidos pelo trabalho não realizado, sob pena de ficar impedido de atuar como perito judicial pelo prazo de 5 (cinco) anos.
>
> § 3º Não ocorrendo a restituição voluntária de que trata o § 2º, a parte que tiver realizado o adiantamento dos honorários poderá promover execução contra o perito, na forma dos arts. 513 e seguintes deste Código, com fundamento na decisão que determinar a devolução do numerário.

O dispositivo cuida dos casos em que o perito pode ser substituído. Os dois últimos parágrafos inovam ao determinar que o perito deve devolver o valor recebido quando não tiver realizado a perícia, fixando um prazo de quinze dias sob pena de não mais poder atuar como perito judicial por cinco anos. Também permite que a parte que tiver adiantado o valor possa executar o perito, valendo-se como título executivo judicial da decisão interlocutória que determinou a devolução. Trata-se de um título executivo judicial não previsto no rol próprio (art. 515).

Art. 469

> Art. 469. As partes poderão apresentar quesitos suplementares durante a diligência, que poderão ser respondidos pelo perito previamente ou na audiência de instrução e julgamento.
>
> Parágrafo único. O escrivão dará à parte contrária ciência da juntada dos quesitos aos autos.

O dispositivo em questão deve ser interpretado literalmente, tratando da possibilidade de apresentação de quesitos suplementares a serem devidamente esclarecidos. O parágrafo único menciona o "escrivão", mas, neste momento, se olvidou de colocar ao seu lado o "chefe de secretaria", que seria o que desempenha função equivalente na Justiça Federal e que vinha sendo incluído em todos os demais artigos antecedentes (v.g., art. 423).

Art. 470

> Art. 470. Incumbe ao juiz:
>
> I – indeferir quesitos impertinentes;
>
> II – formular os quesitos que entender necessários ao esclarecimento da causa.

O dispositivo em questão deve ser interpretado literalmente, e trata da incumbência do magistrado em indeferir quesitos impertinentes ou mesmo apresentar os seus próprios.

Art. 471

> Art. 471. As partes podem, de comum acordo, escolher o perito, indicando-o mediante requerimento, desde que:
>
> I – sejam plenamente capazes;
>
> II – a causa possa ser resolvida por autocomposição.
>
> § 1º As partes, ao escolher o perito, já devem indicar os respectivos assistentes técnicos para acompanhar a realização da perícia, que se realizará em data e local previamente anunciados.
>
> § 2º O perito e os assistentes técnicos devem entregar, respectivamente, laudo e pareceres em prazo fixado pelo juiz.
>
> § 3º A perícia consensual substitui, para todos os efeitos, a que seria realizada por perito nomeado pelo juiz.

O dispositivo permite que as partes, de comum acordo, possam escolher o perito, indicando-o mediante requerimento, se forem plenamente capazes e se a causa permitir autocomposição, o que caracterizaria um exemplo de "negócio processual". Neste mesmo momento, também deverão indicar seus assistentes técnicos e todos os laudos e pareceres deverão ser apresentados no prazo fixado pelo magistrado. Consta que esta perícia consensual substitui a que seria determinada pelo juiz.

Art. 472

> Art. 472. O juiz poderá dispensar prova pericial quando as partes, na inicial e na contestação, apresentarem, sobre as questões de fato, pareceres técnicos ou documentos elucidativos que considerar suficientes.

O dispositivo mantém redação idêntica à do modelo anterior (CPC/73), autorizando que o juiz dispense a prova pericial em determinadas situações.

Art. 473

> Art. 473. O laudo pericial deverá conter:
>
> I – a exposição do objeto da perícia;

II – a análise técnica ou científica realizada pelo perito;

III – a indicação do método utilizado, esclarecendo-o e demonstrando ser predominantemente aceito pelos especialistas da área do conhecimento da qual se originou;

IV – resposta conclusiva a todos os quesitos apresentados pelo juiz, pelas partes e pelo órgão do Ministério Público.

§ 1º No laudo, o perito deve apresentar sua fundamentação em linguagem simples e com coerência lógica, indicando como alcançou suas conclusões.

§ 2º É vedado ao perito ultrapassar os limites de sua designação, bem como emitir opiniões pessoais que excedam o exame técnico ou científico do objeto da perícia.

§ 3º Para o desempenho de sua função, o perito e os assistentes técnicos podem valer-se de todos os meios necessários, ouvindo testemunhas, obtendo informações, solicitando documentos que estejam em poder da parte, de terceiros ou em repartições públicas, bem como instruir o laudo com planilhas, mapas, plantas, desenhos, fotografias ou outros elementos necessários ao esclarecimento do objeto da perícia.

O dispositivo enumera o que deve constar no laudo pericial e, principalmente, tenta evitar que ele seja inconclusivo. Consta que deve ser empregada linguagem simplificada bem como se deve evitar qualquer opinião de cunho pessoal que exceda o caráter técnico da perícia.

Art. 474

Art. 474. As partes terão ciência da data e do local designados pelo juiz ou indicados pelo perito para ter início a produção da prova.

O dispositivo mantém redação idêntica à do modelo anterior (CPC/73), devendo ser dada publicidade da data e do local da produção da prova pericial.

Art. 475

Art. 475. Tratando-se de perícia complexa que abranja mais de uma área de conhecimento especializado, o juiz poderá nomear mais de um perito, e a parte, indicar mais de um assistente técnico.

O dispositivo determina que as partes sejam previamente intimadas da data e local em que será realizada a diligência, justamente para que possam acompanhá-las, norma esta que se não for observada poderá gerar a nulidade do ato produzido. Mas fica a ressalva que, apesar de não constar tão claramente neste último dispositivo, não há necessidade de que o perito e os assistentes técnicos atuem sempre em conjunto, pois pode ser perfeitamente crível que cada um prefira atuar de maneira autônoma durante a realização do encargo. Mas, caso isso ocorra, esta norma (art. 474) deverá ser observada, com a consequente intimação das partes para que, caso queiram, também possam estar presentes ao evento.

Art. 476

> Art. 476. Se o perito, por motivo justificado, não puder apresentar o laudo dentro do prazo, o juiz poderá conceder-lhe, por uma vez, prorrogação pela metade do prazo originalmente fixado.

O dispositivo cuida da impossibilidade de o perito cumprir o prazo estabelecido pelo magistrado para a finalização dos seus trabalhos. Pela nova redação, será prorrogado o prazo pela metade do originalmente fixado, o que é distinto do modelo anterior (CPC/73), que dava ampla liberdade para o juiz em sua fixação.

Art. 477

> Art. 477. O perito protocolará o laudo em juízo, no prazo fixado pelo juiz, pelo menos 20 (vinte) dias antes da audiência de instrução e julgamento.
>
> § 1º As partes serão intimadas para, querendo, manifestar-se sobre o laudo do perito do juízo no prazo comum de 15 (quinze) dias, podendo o assistente técnico de cada uma das partes, em igual prazo, apresentar seu respectivo parecer.
>
> § 2º O perito do juízo tem o dever de, no prazo de 15 (quinze) dias, esclarecer ponto:
>
> I – sobre o qual exista divergência ou dúvida de qualquer das partes, do juiz ou do órgão do Ministério Público;
>
> II – divergente apresentado no parecer do assistente técnico da parte.
>
> § 3º Se ainda houver necessidade de esclarecimentos, a parte requererá ao juiz que mande intimar o perito ou o assistente técnico a comparecer à audiência de instrução e julgamento, formulando, desde logo, as perguntas, sob forma de quesitos.

§ 4º O perito ou o assistente técnico será intimado por meio eletrônico, com pelo menos 10 (dez) dias de antecedência da audiência.

Na hipótese de já haver sido designada AIJ, o laudo pericial deverá ser apresentado com 20 (vinte) dias de antecedência, cuja contagem deve ser realizada de maneira invertida. Já os assistentes técnicos, por seu turno, irão apresentar seus pareceres em prazo comum de 15 (quinze) dias após a intimação do laudo. Este prazo, no entanto, já é de natureza "legal", razão pela qual é possível que nem sempre o termo final seja idêntico para ambas as partes. É que, se em um polo processual constar litisconsortes com diferentes procuradores ou uma das partes assistida pela Defensoria Pública, este prazo será então duplicado (art. 229 e art. 186).

Se necessário algum esclarecimento quanto ao laudo, o perito será intimado para realizá-lo por escrito e, se mesmo essa providência não for suficiente, deverá prestar estas informações na AIJ. Outrossim, tanto o especialista quanto o assistente técnico, se for o caso, devem ser intimados com antecedência mínima de 10 (dez) dias (art. 477, §§ 3º e 4º).

Art. 478

Art. 478. Quando o exame tiver por objeto a autenticidade ou a falsidade de documento ou for de natureza médico-legal, o perito será escolhido, de preferência, entre os técnicos dos estabelecimentos oficiais especializados, a cujos diretores o juiz autorizará a remessa dos autos, bem como do material sujeito a exame.

§ 1º Nas hipóteses de gratuidade de justiça, os órgãos e as repartições oficiais deverão cumprir a determinação judicial com preferência, no prazo estabelecido.

§ 2º A prorrogação do prazo referido no § 1º pode ser requerida motivadamente.

§ 3º Quando o exame tiver por objeto a autenticidade da letra e da firma, o perito poderá requisitar, para efeito de comparação, documentos existentes em repartições públicas e, na falta destes, poderá requerer ao juiz que a pessoa a quem se atribuir a autoria do documento lance em folha de papel, por cópia ou sob ditado, dizeres diferentes, para fins de comparação.

O dispositivo em questão deve ser interpretado literalmente, sobretudo na redação do *caput* e do terceiro parágrafo. As novidades ficam por conta dos demais parágrafos, que cuidam de deferimento de gratuidade de justiça a favor daquele a quem interessa a produção da prova.

Art. 479

Art. 479. O juiz apreciará a prova pericial de acordo com o disposto no art. 371, indicando na sentença os motivos que o levaram a considerar ou a deixar de considerar as conclusões do laudo, levando em conta o método utilizado pelo perito.

O dispositivo pontua que o juiz não fica adstrito ao laudo pericial, podendo decidir de maneira contrária a ele, o que é absolutamente razoável diante do sistema por nós adotado da persuasão racional, desde que seja devidamente motivada a sua decisão. No entanto, malgrado esta ressalva, é ao mesmo tempo inegável que a perícia possui, de uma forma geral, grande credibilidade para o magistrado, no momento em que enfrenta questões de cunho essencialmente técnico e científico, mormente em áreas que não domina.

Art. 480

Art. 480. O juiz determinará, de ofício ou a requerimento da parte, a realização de nova perícia quando a matéria não estiver suficientemente esclarecida.

§ 1º A segunda perícia tem por objeto os mesmos fatos sobre os quais recaiu a primeira e destina-se a corrigir eventual omissão ou inexatidão dos resultados a que esta conduziu.

§ 2º A segunda perícia rege-se pelas disposições estabelecidas para a primeira.

§ 3º A segunda perícia não substitui a primeira, cabendo ao juiz apreciar o valor de uma e de outra.

O dispositivo em questão deve ser interpretado literalmente, pelo menos no *caput*, ao estabelecer que não se trata de uma faculdade, e sim de um dever do magistrado determinar a nova perícia se a anterior não tiver sido suficientemente esclarecedora. Os novos parágrafos repetem, em essência, o modelo anterior (CPC/73).

Seção XI
Da Inspeção Judicial

Art. 481

> Art. 481. O juiz, de ofício ou a requerimento da parte, pode, em qualquer fase do processo, inspecionar pessoas ou coisas, a fim de se esclarecer sobre fato que interesse à decisão da causa.

A inspeção judicial pode ocorrer de ofício ou a requerimento da parte e pode se dar em qualquer fase do processo, sempre que for necessário ao magistrado ter que verificar o estado de pessoas ou coisas, para que possa ser esclarecido um fato que seja relevante para o julgamento da causa.

Art. 482

> Art. 482. Ao realizar a inspeção, o juiz poderá ser assistido por um ou mais peritos.

O dispositivo em questão deve ser interpretado literalmente, prevendo que durante a inspeção o magistrado pode estar acompanhado por um ou mais peritos.

Art. 483

> Art. 483. O juiz irá ao local onde se encontre a pessoa ou a coisa quando:
> I – julgar necessário para a melhor verificação ou interpretação dos fatos que deva observar;
> II – a coisa não puder ser apresentada em juízo sem consideráveis despesas ou graves dificuldades;
> III – determinar a reconstituição dos fatos.
> Parágrafo único. As partes têm sempre direito a assistir à inspeção, prestando esclarecimentos e fazendo observações que considerem de interesse para a causa.

Havendo necessidade de inspeção judicial, o magistrado deverá se deslocar até o local onde se encontra a pessoa ou coisa, para melhor verificação da situação, quando a coisa não puder ser apresentada em juízo sem grandes dificuldades ou quando for ordenada a reconstituição dos fatos. Do contrário, a inspeção deverá ser realizada no próprio juízo, local adequado para a prática dos atos processuais (art. 217). Mas, seja a inspeção realizada no juízo ou fora dele, o magistrado deverá estar acompanhado de um ou mais peritos (art. 482) e também das partes e de seus respectivos patronos (art. 483, parágrafo único).

Art. 484

> **Art. 484. Concluída a diligência, o juiz mandará lavrar auto circunstanciado, mencionando nele tudo quanto for útil ao julgamento da causa.**
>
> **Parágrafo único. O auto poderá ser instruído com desenho, gráfico ou fotografia.**

O dispositivo mantém redação idêntica à do modelo anterior (CPC/73), estabelecendo o que deve ser feito após a inspeção judicial. Ou seja, deverá estar presente ao ato um servidor do juízo, para lavrar o auto circunstanciado, mencionando nele tudo quanto for útil para o julgamento, inclusive por meio de desenho, gráfico ou fotografia.

CAPÍTULO XIII
DA SENTENÇA E DA COISA JULGADA

Seção I
Disposições Gerais

Art. 485

> **Art. 485. O juiz não resolverá o mérito quando:**
>
> **I – indeferir a petição inicial;**
>
> **II – o processo ficar parado durante mais de 1 (um) ano por negligência das partes;**
>
> **III – por não promover os atos e as diligências que lhe incumbir, o autor abandonar a causa por mais de 30 (trinta) dias;**
>
> **IV – verificar a ausência de pressupostos de constituição e de desenvolvimento válido e regular do processo;**
>
> **V – reconhecer a existência de perempção, de litispendência ou de coisa julgada;**
>
> **VI – verificar ausência de legitimidade ou de interesse processual;**

VII – acolher a alegação de existência de convenção de arbitragem ou quando o juízo arbitral reconhecer sua competência;

VIII – homologar a desistência da ação;

IX – em caso de morte da parte, a ação for considerada intransmissível por disposição legal; e

X – nos demais casos prescritos neste Código.

§ 1º Nas hipóteses descritas nos incisos II e III, a parte será intimada pessoalmente para suprir a falta no prazo de 5 (cinco) dias.

§ 2º No caso do § 1º, quanto ao inciso II, as partes pagarão proporcionalmente as custas, e, quanto ao inciso III, o autor será condenado ao pagamento das despesas e dos honorários de advogado.

§ 3º O juiz conhecerá de ofício da matéria constante dos incisos IV, V, VI e IX, em qualquer tempo e grau de jurisdição, enquanto não ocorrer o trânsito em julgado.

§ 4º Oferecida a contestação, o autor não poderá, sem o consentimento do réu, desistir da ação.

§ 5º A desistência da ação pode ser apresentada até a sentença.

§ 6º Oferecida a contestação, a extinção do processo por abandono da causa pelo autor depende de requerimento do réu.

§ 7º Interposta a apelação em qualquer dos casos de que tratam os incisos deste artigo, o juiz terá 5 (cinco) dias para retratar-se.

O CPC (art. 203, § 1º) define sentença, pelo menos no procedimento comum, como o pronunciamento do magistrado que, resolvendo ou não o mérito (art. 485 e art. 487), coloca fim a fase de conhecimento ou que extingue a execução. Observa-se, assim, que para que o ato seja reputado como sentença torna-se necessário observar: a) o seu conteúdo (art. 485 ou art. 487); b) o momento em que foi proferido, pois somente será considerada como sentença a que puser fim a fase ou ao processo; c) que tenha sido proferida em processo que observou o procedimento comum.

O dispositivo em questão (art. 485) deve ser interpretado literalmente, prevendo os casos em que o magistrado irá proferir sentença sem resolução do mérito. O sexto inciso não mais faz menção à expressão "condições da ação", também tendo sido eliminada a referência à "possibilidade jurídica do pedido", que efetivamente deixou de existir. Mas, quanto ao fim das "condições da ação" propriamente ditas, *vide* comentários em outra norma (art. 17).

Por outro lado, os parágrafos já sofreram mais ajustes. De início, o primeiro amplia para cinco dias o prazo que a parte terá para dar andamento ao processo, após ter sido intimada, sob pena de ser extinto o processo pelos fundamentos do segundo e do terceiro incisos.

No quarto parágrafo, há ligeira mudança quanto à desistência da demanda, que a partir de agora só independerá de anuência do demandado se o requerimento tiver sido apresentado antes de a contestação ter sido oferecida (o modelo anterior mencionava que era até o prazo para contestar). Há, no CPC, outra norma em caso bem específico que dispensa a necessidade de concordância do réu para eventual desistência manifestada pelo autor (art. 1.040, parágrafos), mas as críticas ao dispositivo são muito fortes, por se tratar de clara deslealdade e má-fé processual, violando normas fundamentais do CPC (art. 5º e art. 6º).

O quinto parágrafo, por sua vez, é muito pertinente, ao estabelecer um momento para que o demandante formule requerimento de desistência, que passa a ser antes de a sentença ser proferida. Mas, quanto ao mandado de segurança, em específico, há orientação jurisprudencial do STF autorizando que a desistência ocorra mesmo no processamento de recursos.

O sexto parágrafo consagra entendimento já sumulado pelo STJ, embora não seja observado em execução fiscal.

Por fim, o último parágrafo estabelece, de maneira até então inédita, que em todos os casos de sentença terminativa a interposição do recurso de apelação irá gerar a possibilidade de o juiz exercer juízo de retratação, o que, no modelo anterior (CPC/73), era restrito tão somente aos casos em que a apelação era interposta de indeferimento da petição inicial ou nos casos de improcedência liminar.

> **Verbete nº 240 da Súmula do STJ:** "*A extinção do processo, por abandono da causa pelo autor, depende de requerimento do réu*".
>
> **Enunciado nº 68 da I Jornada de Processo Civil CEJ/CJF:** "*A intempestividade da apelação desautoriza o órgão a quo a proferir juízo positivo de retratação*".

> **Ilegitimidade do filho para pleitear o reconhecimento de filiação socioafetiva.** "*O filho, em nome próprio, não tem legitimidade para deduzir em juízo pretensão declaratória de filiação socioafetiva entre sua mãe – que era maior, capaz e, ao tempo do ajuizamento da ação, pré-morta – e os supostos pais socioafetivos dela. Em regra, a ação declaratória do estado de filho, conhecida como investigação de paternidade, é apenas uma espécie do gênero declaratória de estado familiar, podendo ser exercida por quem tenha interesse jurídico em ver reconhecida sua condição de descendente de uma determinada estirpe, apontando a outrem uma ascendência parental, caracterizadora de parentesco em linha reta, que o coloca na condição de herdeiro necessário. Ocorre que, segundo dispõe

o art. 1.606 do CC, 'a ação de prova de filiação compete ao filho, enquanto viver, passando aos herdeiros, se ele morrer menor ou incapaz', sendo inegável, portanto, que a lei confere legitimidade diretamente ao filho para vindicar o reconhecimento do vínculo de parentesco, seja ele natural ou socioafetivo – a qual não é concorrente entre as gerações de graus diferentes –, podendo ser transferida aos filhos ou netos apenas de forma sucessiva, na hipótese em que a ação tiver sido iniciada pelo próprio filho e não tiver sido extinto o processo, em consonância com a norma inserta no parágrafo único do mesmo dispositivo legal ('Se iniciada a ação pelo filho, os herdeiros poderão continuá-la, salvo se julgado extinto o processo'). Decorre da norma legal em comento que o estado de filiação – além de se caracterizar como um direito indisponível, em função do bem comum maior a proteger, e imprescritível, podendo ser reconhecido a qualquer tempo – é uma pretensão que só pode ser buscada pela pessoa que detém a aptidão para isso, uma vez que a legislação pátria atribui a essa tutela a natureza de direito personalíssimo, o qual somente se extingue com a morte civil. Pondere-se que a aptidão do filho da genitora só se justificaria se, ao tempo do óbito, ela se encontrasse incapaz, sem apresentar nenhum indício de capacidade civil ou de que estaria em condições de expressar livremente sua vontade. Nesse diapasão, verifica-se a existência de doutrina que comenta o art. 1.606 do CC no sentido de que 'o referido comando legal limita o direito de herdeiros postularem o direito próprio do de cujus, a não ser que este tenha falecido menor ou incapaz. Não limita, e se o fizesse seria inconstitucional, o direito próprio do herdeiro'. Na mesma linha intelectiva, importa destacar entendimento doutrinário de que 'morrendo o titular da ação de filiação antes de tê-la ajuizado, segundo a atual legislação em vigor, claramente discriminatória, faltará aos seus sucessores legitimidade para promovê-la, sucedendo, pelo texto da lei, induvidosa carência de qualquer ação de investigação de paternidade promovida por iniciativa dos herdeiros do filho que não quis em vida pesquisar a sua perfilhação'. Desse modo, por todos os fundamentos expendidos, impõe-se reconhecer, no caso em tela, a ilegitimidade do filho da genitora, pré-morta, resguardando-se a ele, na esteira dos precedentes do STJ, e se assim o desejar, o direito de ingressar com outra demanda em nome próprio" (STJ. RESP 1.492.861-RS, Rel. Min. Marco Aurélio Bellizze, julgado em 02/08/2016, DJe 16/08/2016 – Informativo nº 588).

Possibilidade de desistência do mandado de segurança mesmo após a sentença já ter sido proferida (CPC/73). "*EMENTA: RECURSO EXTRAORDINÁRIO. REPERCUSSÃO GERAL ADMITIDA. PROCESSO CIVIL. MANDADO DE SEGURANÇA. PEDIDO DE DESISTÊNCIA DEDUZIDO APÓS A PROLAÇÃO DE SENTENÇA. ADMISSIBILIDADE. 'É lícito ao impetrante desistir da ação de mandado de segurança, independentemente de aquiescência da autoridade apontada como coatora ou da entidade estatal interessada ou, ainda, quando for o caso, dos litisconsortes passivos necessários' (MS 26.890-AgR/DF, Pleno, Ministro Celso de Mello, DJe de 23/10/2009), 'a qualquer momento antes do término do julgamento' (MS 24.584-AgR/DF, Pleno, Ministro Ricardo Lewandowski, DJe de 20/6/2008), 'mesmo após eventual sentença concessiva do 'writ' constitucional, (...) não se aplicando, em tal hipótese, a norma inscrita no art. 267, § 4º, do CPC' (RE 255.837-AgR/PR, Segunda Turma, Ministro Celso de Mello, DJe*

> *de 27/11/2009). Jurisprudência desta Suprema Corte reiterada em repercussão geral (Tema 530 – Desistência em mandado de segurança, sem aquiescência da parte contrária, após prolação de sentença de mérito, ainda que favorável ao impetrante). Recurso extraordinário provido"* (REXTR nº 669367-RJ. Rel. Min. Luiz Fux. DJ 02/05/2013).
>
> **Possibilidade de desistência do mandado de segurança independentemente da anuência da autoridade coatora (CPC/73).** *"MS. DESISTÊNCIA. CONSENTIMENTO. PARTE ADVERSA. Trata-se de RESP contra acórdão que, em resumo, declarou que o pedido de desistência de mandado de segurança pode ser formulado a qualquer tempo e independentemente de anuência da outra parte. A Turma, ao prosseguir o julgamento, por maioria, conheceu do recurso, mas lhe negou provimento, reiterando o entendimento de que o disposto no art. 267, § 4º, do CPC não se aplica ao mandado de segurança, que é regulado por regra específica. Daí, então, ser lícita a apresentação de pedido de desistência em qualquer fase processual, independentemente do consentimento da parte contrária. Precedentes citados do STF: AgRg no RE 318.281-SP, DJ 21/9/2007; MS 22.129-DF, DJ 23/11/1994; do STJ: AgRg no ERESP 389.638-PR, DJ 25/6/2007; AgRg no Ag 821.787-CE, DJ 31/5/2007, e Pet 4.375-PR, DJ 18/9/2006"* (STJ. RESP nº 930.952-RJ. Rel. originário Min. José Delgado. Rel. Min. Luiz Fux, julgado em 12/05/2009).
>
> **Ilegitimidade do espólio ou sucessores em execução fiscal ajuizada após o falecimento do executado.** *"O entendimento jurisprudencial desta Corte é no sentido de que o redirecionamento do feito contra o espólio ou sucessores do de cujus configura verdadeira substituição do sujeito passivo da cobrança, o que é vedado, nos termos da Súmula 392 do STJ. Precedente deste Tribunal. Unânime"* (TRF-1. Ap 0063598-49.2016.4.01.9199, rel. Des. Federal Hercules Fajoses, em 28/03/2017).

Art. 486

Art. 486. O pronunciamento judicial que não resolve o mérito não obsta a que a parte proponha de novo a ação.

§ 1º No caso de extinção em razão de litispendência e nos casos dos incisos I, IV, VI e VII do art. 485, a propositura da nova ação depende da correção do vício que levou à sentença sem resolução do mérito.

§ 2º A petição inicial, todavia, não será despachada sem a prova do pagamento ou do depósito das custas e dos honorários de advogado.

§ 3º Se o autor der causa, por 3 (três) vezes, a sentença fundada em abandono da causa, não poderá propor nova ação contra o réu com o mesmo objeto, ficando-lhe ressalvada, entretanto, a possibilidade de alegar em defesa o seu direito.

O dispositivo em questão deve ser interpretado literalmente, tratando de situações em que o demandante somente pode distribuir nova ação idêntica à anterior quando já tiver corrigido o vício e recolhido previamente a sucumbência do processo anterior. São os casos de indeferimento da petição inicial, ausência de pressuposto processual, litispendência, falta de condições da ação e existência de convenção de arbitragem. O parágrafo terceiro trata do fenômeno da "perempção".

Art. 487

Art. 487. Haverá resolução de mérito quando o juiz:

I – acolher ou rejeitar o pedido formulado na ação ou na reconvenção;

II – decidir, de ofício ou a requerimento, sobre a ocorrência de decadência ou prescrição;

III – homologar:

a) o reconhecimento da procedência do pedido formulado na ação ou na reconvenção;

b) a transação;

c) a renúncia à pretensão formulada na ação ou na reconvenção.

Parágrafo único. Ressalvada a hipótese do § 1º do art. 332, a prescrição e a decadência não serão reconhecidas sem que antes seja dada às partes oportunidade de manifestar-se.

O dispositivo em questão deve ser interpretado literalmente, das hipóteses em que haverá resolução de mérito. No primeiro inciso foi incluída a palavra "reconvenção". O segundo inciso mantém as hipóteses de decadência e prescrição, embora tenha alterado a sua localização no CPC. O terceiro engloba a homologação do reconhecimento da procedência do pedido, da transação e, também, da renúncia. O parágrafo único ressalva que, com exceção dos casos de improcedência liminar, o magistrado somente poderá pronunciar a prescrição e a decadência se antes estes temas tiverem sido submetidos às partes.

> Mostra-se viável a homologação de acordo, assinado por procuradores com poderes específicos, desde que observados os interesses dos litigantes, culminando, como via de consequência, na extinção do feito." *Apelação cível. Embargos à execução. Sentença de improcedência. Recurso da autora. Superveniente acordo das partes. Ânimo de composição do feito suficientemente demonstrado. Perda do objeto recursal. Homologação do pacto e extinção do processo, com resolução de mérito, nos termos do art. 487, III, b, c/c 932, III, ambos do CPC/2015.*

> *"Versando a lide a respeito de direito disponível, mostra-se viável a homologação de acordo, assinado por procuradores com poderes específicos, que observa os interesses dos litigantes, culminando, como via de consequência, na extinção do feito com fundamento no art. 487, III, do Código de Processo Civil [...]. Portanto, é medida impositiva a homologação da composição e a consequente extinção do feito, com resolução de mérito, de acordo com o art. 487, III, "b", do Código de Processo Civil (CPC/1973, art. 269, III), consoante os termos da composição, julgando-se prejudicado o recurso, pela perda superveniente de seu objeto" (Embargos de Declaração nº 0702477-23.2012.8.24.0023, da Capital, Rel. Des. Robson Luz Varella, julgado em 28-3-2017).Recurso prejudicado"* (TJ-SC. Apelação Cível nº 0004141-36.2014.8.24.0064, de São José, Rel. Des. Luiz Zanelato, julgado em 31/08/2017).

Art. 488

> Art. 488. Desde que possível, o juiz resolverá o mérito sempre que a decisão for favorável à parte a quem aproveitaria eventual pronunciamento nos termos do art. 485.

Trata-se de dispositivo que prevê que, sempre que possível, o magistrado deverá resolver o mérito favoravelmente à parte a quem aproveitaria eventual pronunciamento judicial de cunho terminativo, o que consagra o princípio da primazia da resolução do mérito, anteriormente previsto no CPC, até em mais de uma norma (arts. 4º e 282, § 2º).

Seção II
Dos Elementos e dos Efeitos da Sentença

Art. 489

> Art. 489. São elementos essenciais da sentença:
>
> I – o relatório, que conterá os nomes das partes, a identificação do caso, com a suma do pedido e da contestação, e o registro das principais ocorrências havidas no andamento do processo;
>
> II – os fundamentos, em que o juiz analisará as questões de fato e de direito;
>
> III – o dispositivo, em que o juiz resolverá as questões principais que as partes lhe submeterem.
>
> § 1º Não se considera fundamentada qualquer decisão judicial, seja ela interlocutória, sentença ou acórdão, que:

I – se limitar à indicação, à reprodução ou à paráfrase de ato normativo, sem explicar sua relação com a causa ou a questão decidida;

II – empregar conceitos jurídicos indeterminados, sem explicar o motivo concreto de sua incidência no caso;

III – invocar motivos que se prestariam a justificar qualquer outra decisão;

IV – não enfrentar todos os argumentos deduzidos no processo capazes de, em tese, infirmar a conclusão adotada pelo julgador;

V – se limitar a invocar precedente ou enunciado de súmula, sem identificar seus fundamentos determinantes nem demonstrar que o caso sob julgamento se ajusta àqueles fundamentos;

VI – deixar de seguir enunciado de súmula, jurisprudência ou precedente invocado pela parte, sem demonstrar a existência de distinção no caso em julgamento ou a superação do entendimento.

§ 2º No caso de colisão entre normas, o juiz deve justificar o objeto e os critérios gerais da ponderação efetuada, enunciando as razões que autorizam a interferência na norma afastada e as premissas fáticas que fundamentam a conclusão.

§ 3º A decisão judicial deve ser interpretada a partir da conjugação de todos os seus elementos e em conformidade com o princípio da boa-fé.

O dispositivo em questão deve ser interpretado literalmente, tratando dos elementos da sentença, que continuam a ser relatório, fundamentação e dispositivo. O relatório, contudo, pode ser algumas vezes dispensado, como ocorre nos processos que tramitam perante os juizados especiais (art. 38, Lei nº 9.099/95) ou no procedimento de jurisdição voluntária que é designado por "ratificação dos protestos marítimos e dos processos testemunháveis formados a bordo" (art. 770).

O parágrafo primeiro inova, ao prever casos em que a decisão judicial não será considerada como fundamentada, quando: a) se limitar à indicação, à reprodução ou à paráfrase de ato normativo sem explicar sua relação com a causa ou a questão decidida; b) empregar conceitos jurídicos indeterminados, sem explicar o motivo concreto de sua incidência no caso; c) invocar motivos que se prestariam a justificar qualquer outra decisão; d) não enfrentar todos os argumentos trazidos no processo capazes de, em tese, infirmar a conclusão adotada pelo julgador; e) se limitar a invocar precedente ou enunciado de súmula, sem identificar seus fundamentos determinantes nem demonstrar que o caso sob julgamento se ajusta àqueles fundamentos; f) deixar de seguir enunciado de súmula, jurisprudência ou precedente invocado pela parte, sem demonstrar existência de distinção no caso em julgamento ou a separação do entendimento. Também estabelece que a decisão deve ser interpretada em todos os seus elementos e em conformidade com a boa-fé.

Embora o dispositivo seja omisso, permanecerá a possibilidade, já reconhecida pela jurisprudência há anos, de se antecipar a tutela provisória na própria sentença, o que se justifica para dar imediata efetividade ao ato decisório proferido, pois irá permanecer a regra em que o recurso de apelação será recebido, na maior parte das vezes, com efeito suspensivo (art. 1.012).

Há previsão de que se esta norma não for observada pelo magistrado ao proferir a sua decisão, será possível ao interessado se valer dos embargos de declaração (art. 1.022, parágrafo único, inc. II). Contudo, não haverá necessidade de esgotar todos os argumentos trazidos pelas partes, sendo necessário tão somente que o juiz analise o que realmente for essencial para a solução do caso real, conforme jurisprudência do STJ. E, de resto, não se pode olvidar que o CPC estabeleceu ordens cronológicas para que as sentenças sejam proferidas (arts. 12 e 1.046, § 5º), embora elas não sejam rígidas.

> **Verbete nº 52 da Súmula do TJ-RJ:** *"Inexiste omissão a sanar através de embargos declaratórios, quando o acórdão não enfrentou todas as questões arguidas pelas partes, desde que uma delas tenha sido suficiente para o julgamento do recurso".*
>
> **Enunciado nº 37 da I Jornada de Processo Civil CEJ/CJF:** *"Aplica-se aos juizados especiais o disposto nos parágrafos do art. 489 do CPC".*
>
> **Enunciado nº 7 da ENFAM:** *"O acórdão, cujos fundamentos não tenham sido explicitamente adotados como razões de decidir, não constitui precedente vinculante".*
>
> **Enunciado nº 9 da ENFAM:** *"É ônus da parte, para os fins do disposto no art. 489, § 1º, V e VI, do CPC/2015, identificar os fundamentos determinantes ou demonstrar a existência de distinção no caso em julgamento ou a superação do entendimento, sempre que invocar jurisprudência, precedente ou enunciado de súmula".*
>
> **Enunciado nº 10 da ENFAM:** *"A fundamentação sucinta não se confunde com a ausência de fundamentação e não acarreta a nulidade da decisão se forem enfrentadas todas as questões cuja resolução, em tese, influencie a decisão da causa".*
>
> **Enunciado nº 11 da ENFAM:** *"Os precedentes a que se referem os incisos V e VI do § 1º do art. 489 do CPC/2015 são apenas os mencionados no art. 927 e no inciso IV do art. 332".*
>
> **Enunciado nº 12 da ENFAM:** *"Não ofende a norma extraível do inciso IV do § 1º do art. 489 do CPC/2015 a decisão que deixar de apreciar questões cujo exame tenha ficado prejudicado em razão da análise anterior de questão subordinante".*

Enunciado nº 13 da ENFAM: *"O art. 489, § 1º, IV, do CPC/2015 não obriga o juiz a enfrentar os fundamentos jurídicos invocados pela parte, quando já tenham sido enfrentados na formação dos precedentes obrigatórios".*

Enunciado nº 40 da ENFAM: *"Incumbe ao recorrente demonstrar que o argumento reputado omitido é capaz de infirmar a conclusão adotada pelo órgão julgador".*

Enunciado nº 42 da ENFAM: *"Não será declarada a nulidade sem que tenha sido demonstrado o efetivo prejuízo por ausência de análise de argumento deduzido pela parte".*

Enunciado nº 47 da ENFAM: *"O art. 489 do CPC/2015 não se aplica ao sistema de juizados especiais".*

Embargos de declaração e desnecessidade de o magistrado analisar todas as questões suscitadas pelas partes. *"Mesmo após a vigência do CPC/2015, não cabem embargos de declaração contra decisão que não se pronuncie tão somente sobre argumento incapaz de infirmar a conclusão adotada. Os embargos de declaração, conforme dispõe o art. 1.022 do CPC/2015, destinam-se a suprir omissão, afastar obscuridade ou eliminar contradição existente no julgado. O julgador não está obrigado a responder a todas as questões suscitadas pelas partes, quando já tenha encontrado motivo suficiente para proferir a decisão. A prescrição trazida pelo inciso IV do § 1º do art. 489 do CPC/2015 ['§ 1º Não se considera fundamentada qualquer decisão judicial, seja ela interlocutória, sentença ou acórdão, que: (...) IV – não enfrentar todos os argumentos deduzidos no processo capazes de, em tese, infirmar a conclusão adotada pelo julgador'] veio confirmar a jurisprudência já sedimentada pelo STJ, sendo dever do julgador apenas enfrentar as questões capazes de infirmar a conclusão adotada na decisão".* (STJ. EDcl no MS 21.315-DF, Relª. Minª. Diva Malerbi (Desembargadora convocada do TRF da 3ª Região), julgado em 08/06/2016, DJe 15/06/2016 – Informativo nº 585).

Embargos de declaração e desnecessidade de o magistrado analisar todas as questões suscitadas pelas partes (CPC/73). *"Não há falar em negativa de prestação jurisdicional se o tribunal de origem motiva adequadamente sua decisão, solucionando a controvérsia com a aplicação do direito que entende cabível à hipótese, apenas não no sentido pretendido pela parte"* (STJ. AgInt no ARESP 834.495/DF. Rel. Min. Ricardo Villas Bôas Cueva. DJ 15/09/2016).

Possibilidade de concessão de tutela provisória na própria sentença (CPC/73). *"Tutela Antecipada – Sentença – Se a tutela antecipada pode ser concedida a qualquer momento (art. 273 do CPC), antes mesmo da prova e do juízo final favorável à pretensão do autor, nada justifica impedir sua concessão depois da instrução e da sentença procedente do pedido, em decisão aos embargos declaratórios"* (STJ. RESP nº 279.251-SP. Rel. Min. Ruy Rosado. DJ 15/02/2001).

Art. 490

> Art. 490. O juiz resolverá o mérito acolhendo ou rejeitando, no todo ou em parte, os pedidos formulados pelas partes.

O dispositivo em questão deve ser interpretado literalmente, tratando da possibilidade de o juiz decidir analisando, no todo ou em parte, os pedidos formulados pela parte. No modelo anterior (CPC/73) era possível proferir sentença terminativa fundamentando de maneira concisa, o que não é mais permitido pela legislação, muito embora na prática isso continue sendo efetivado.

Art. 491

> Art. 491. Na ação relativa à obrigação de pagar quantia, ainda que formulado pedido genérico, a decisão definirá desde logo a extensão da obrigação, o índice de correção monetária, a taxa de juros, o termo inicial de ambos e a periodicidade da capitalização dos juros, se for o caso, salvo quando:
>
> I – não for possível determinar, de modo definitivo, o montante devido;
>
> II – a apuração do valor devido depender da produção de prova de realização demorada ou excessivamente dispendiosa, assim reconhecida na sentença.
>
> § 1º Nos casos previstos neste artigo, seguir-se-á a apuração do valor devido por liquidação.
>
> § 2º O disposto no *caput* também se aplica quando o acórdão alterar a sentença.

O dispositivo, inédito, impõe ao magistrado, atuante em primeira instância ou não, a necessidade de definir nas obrigações pecuniárias a extensão da obrigação, índice de correção monetária, taxa de juros, seu termo inicial e periodicidade de sua capitalização, exceto em poucas hipóteses.

> Verbete nº 362 da Súmula do STJ: *"A correção monetária do valor da indenização do dano moral incide desde a data do arbitramento"*.
>
> Verbete nº 490 da Súmula do STJ: *"A dispensa do reexame necessário, quando o valor da condenação ou do direito controvertido for inferior a 60 salários-mínimos, não se aplica a sentenças ilíquidas"*.

> **Verbete nº 97 da Súmula do TJ-RJ:** *"A correção monetária da verba indenizatória de dano moral, sempre arbitrada em moeda corrente, somente deve fluir do julgado que a fixar".*

> **Antecipação de tutela. Alteração para valor ilíquido. Descabimento. Subtração da eficácia da obrigação de alimentos. Contrariedade ao interesse do menor alimentante.** *"Não é possível, em tutela antecipada deferida na ação revisional de alimentos, a alteração de valor fixo de pensão alimentícia para um valor ilíquido, correspondente a percentual de rendimentos que virão a ser apurados no curso do processo. A questão posta nos autos discute o cabimento da revisão da obrigação de alimentos estabelecidos em valor fixo para uma quantia ilíquida. Inicialmente, verifica-se que a vedação à sentença ilíquida prevista no art. 459 do CPC/73 atende aos princípios da efetividade e da celeridade do processo, uma vez que permite à parte vencedora da demanda que busque desde logo satisfação de seu direito, sem as delongas do procedimento de liquidação de sentença. O novo Código de Processo Civil deu realce ainda maior a essa norma, ao estabelecer a obrigação de que o juiz deve proferir sentença líquida ainda que o pedido seja genérico, conforme se verifica no art. 491. É de se observar que, no âmbito da ação de alimentos, a exigência de sentença líquida toma dimensão ainda maior, tendo em vista a necessidade premente do alimentando. Não é por outra razão que a Lei de Alimentos (Lei nº 5.478/68) determina ao juiz que fixe desde o limiar do processo os alimentos provisórios. No caso dos autos, a despeito de os alimentos haverem sido estabelecidos em valor líquido, no curso de demanda revisional o Tribunal de origem deferiu o pedido de antecipação da tutela recursal para estabelecer um valor ilíquido de pensão alimentícia, correspondente a 30% dos rendimentos que viessem a ser comprovados no curso do processo. Tal provimento dá ensejo à nulidade da decisão, uma vez que, além de contrariar a aludida regra processual acerca da liquidez das sentenças, atenta contra o interesse do menor alimentando, pois a pensão alimentícia foi alterada de um valor fixo, passível de imediata execução, para um valor ilíquido, a ser determinado no curso da demanda revisional, impedindo a imediata execução"* (STJ. RESP 1.442.975-PR, Rel. Minº Paulo de Tarso Sanseverino, por unanimidade, julgado em 27/06/2017, DJe 1º/08/2017).

Art. 492

Art. 492. É vedado ao juiz proferir decisão de natureza diversa da pedida, bem como condenar a parte em quantidade superior ou em objeto diverso do que lhe foi demandado.

Parágrafo único. A decisão deve ser certa, ainda que resolva relação jurídica condicional.

O dispositivo em questão deve ser interpretado literalmente, tratando do princípio da congruência e da necessidade de a sentença conter obrigação certa, mesmo quando é julgada relação jurídica condicional.

Art. 493

Art. 493. Se, depois da propositura da ação, algum fato constitutivo, modificativo ou extintivo do direito influir no julgamento do mérito, caberá ao juiz tomá-lo em consideração, de ofício ou a requerimento da parte, no momento de proferir a decisão.

Parágrafo único. Se constatar de ofício o fato novo, o juiz ouvirá as partes sobre ele antes de decidir.

O dispositivo cuida da possibilidade de o magistrado conhecer fato modificativo, impeditivo ou extintivo após a propositura da ação que poderá influenciar na decisão de mérito. Em tais casos, o juiz deve apreciá-lo somente após ouvir as partes envolvidas, o que se encontra de acordo com norma fundamental do CPC (art. 10).

Art. 494

Art. 494. Publicada a sentença, o juiz só poderá alterá-la:

I – para corrigir-lhe, de ofício ou a requerimento da parte, inexatidões materiais ou erros de cálculo;

II – por meio de embargos de declaração.

O dispositivo cuida dos casos em que o magistrado pode rever a sua sentença mesmo após já publicada. Restou incluir, além das hipóteses aqui previstas, aquelas em que é possível o juízo de retratação após a interposição do recurso de apelação, que acontece nos casos de prolação de sentença terminativa (art. 485, § 7º), bem como nos de indeferimento da petição inicial (art. 331) ou de improcedência liminar do pedido (art. 332, § 3º).

> **Possibilidade de o magistrado corrigir erros materiais mesmo em decisão já transitada em julgado (CPC/73).** "*O magistrado pode corrigir de ofício, mesmo após o trânsito em julgado, erro material consistente no desacordo entre o dispositivo da sentença que julga procedente o pedido e a fundamentação no sentido da improcedência da ação. Isso porque o art. 463, I, do CPC permite ao magistrado a correção de erros materiais existentes na sentença, ainda que a decisão já tenha transitado em julgado, sem que se caracterize ofensa à coisa julgada. Precedentes citados: AgRg no Aresp 89.520-DF, Primeira Turma, Dje 15/8/2014; e RESP 1.294.294-RS, Terceira Turma, Dje 16/5/2014*" (STJ. RMS 43.956-MG, Rel. Min. Og Fernandes, julgado em 9/9/2014).
>
> **Possibilidade de o magistrado modificar, em poucos casos (art. 331, art. 332 e art. 494, CPC/2015) sua sentença já publicada (CPC/73).** "*Publicada a sentença de mérito, sua modificação, pelo juiz de primeiro grau, somente é possível nas hipóteses previstas nos arts. 285-A, 296 e 463 do CPC [...]*" (STJ. RESP nº 945.891-SC. Rel. Min. Teori Albino Zavascky. DJ 03/04/2008).

Art. 495

Art. 495. A decisão que condenar o réu ao pagamento de prestação consistente em dinheiro e a que determinar a conversão de prestação de fazer, de não fazer ou de dar coisa em prestação pecuniária valerão como título constitutivo de hipoteca judiciária.

§ 1º A decisão produz a hipoteca judiciária:

I – embora a condenação seja genérica;

II – ainda que o credor possa promover o cumprimento provisório da sentença ou esteja pendente arresto sobre bem do devedor;

III – mesmo que impugnada por recurso dotado de efeito suspensivo.

§ 2º A hipoteca judiciária poderá ser realizada mediante apresentação de cópia da sentença perante o cartório de registro imobiliário, independentemente de ordem judicial, de declaração expressa do juiz ou de demonstração de urgência.

§ 3º No prazo de até 15 (quinze) dias da data de realização da hipoteca, a parte informá-la-á ao juízo da causa, que determinará a intimação da outra parte para que tome ciência do ato.

§ 4º A hipoteca judiciária, uma vez constituída, implicará, para o credor hipotecário, o direito de preferência, quanto ao pagamento, em relação a outros credores, observada a prioridade no registro.

§ 5º Sobrevindo a reforma ou a invalidação da decisão que impôs o pagamento de quantia, a parte responderá, independentemente de culpa, pelos danos que a outra parte tiver sofrido em razão da constituição da garantia, devendo o valor da indenização ser liquidado e executado nos próprios autos.

O dispositivo cuida de casos em que a sentença valerá como título constitutivo de hipoteca judiciária. Há novas hipóteses elencadas, como o de sentenças que convertem a obrigação de fazer em obrigação de pagar. Entre o segundo e o quinto parágrafos há novidades esclarecendo como deve ser instrumentalizada esta hipoteca judiciária em cartório de registro imobiliário, até mesmo independendo de decisão judicial neste sentido. Determina, também, prazo de quinze dias para que o registro desta hipoteca seja comunicado ao órgão jurisdicional. De resto, ainda esclarece que esta hipoteca judiciária confere ao credor um direito de preferência em relação aos demais, bem como que existe a possibilidade de o suposto credor responder à outra parte pelos prejuízos sofridos, caso a decisão venha a ser reformada. Vale dizer que a realização da penhora também gera direito de preferência ao credor (art. 797). Em casos concomitantes de constituição de hipoteca judiciária e de penhora efetivada por credores distintos, a preferência se dará pela anterioridade do ato.

Seção III
Da Remessa Necessária

Art. 496

Art. 496. Está sujeita ao duplo grau de jurisdição, não produzindo efeito senão depois de confirmada pelo tribunal, a sentença:

I – proferida contra a União, os Estados, o Distrito Federal, os Municípios e suas respectivas autarquias e fundações de direito público;

II – que julgar procedentes, no todo ou em parte, os embargos à execução fiscal.

§ 1º Nos casos previstos neste artigo, não interposta a apelação no prazo legal, o juiz ordenará a remessa dos autos ao tribunal, e, se não o fizer, o presidente do respectivo tribunal avocá-los-á.

§ 2º Em qualquer dos casos referidos no § 1º, o tribunal julgará a remessa necessária.

§ 3º Não se aplica o disposto neste artigo quando a condenação ou o proveito econômico obtido na causa for de valor certo e líquido inferior a:

I – 1.000 (mil) salários-mínimos para a União e as respectivas autarquias e fundações de direito público;

II – 500 (quinhentos) salários-mínimos para os Estados, o Distrito Federal, as respectivas autarquias e fundações de direito público e os Municípios que constituam capitais dos Estados;

III – 100 (cem) salários-mínimos para todos os demais Municípios e respectivas autarquias e fundações de direito público.

§ 4º Também não se aplica o disposto neste artigo quando a sentença estiver fundada em:

I – súmula de tribunal superior;

II – acórdão proferido pelo Supremo Tribunal Federal ou pelo Superior Tribunal de Justiça em julgamento de recursos repetitivos;

III – entendimento firmado em incidente de resolução de demandas repetitivas ou de assunção de competência;

IV – entendimento coincidente com orientação vinculante firmada no âmbito administrativo do próprio ente público, consolidada em manifestação, parecer ou súmula administrativa.

O dispositivo em questão deve ser interpretado literalmente, nominando como "remessa necessária" este sucedâneo recursal, que deve ser observado em algumas circunstâncias, sob pena de a decisão jurisdicional não transitar em julgado e nem mesmo gerar efeitos. São alteradas as hipóteses que justificam esta remessa, dependendo do ente público envolvido. Também são modificadas as situações que justificam a dispensa da remessa necessária, incluindo novas, como o caso de entendimento firmado em incidente de resolução de demandas repetitivas ou de assunção de competência, bem como quando se tratar de ato decisório coincidente com orientação vinculante firmada no âmbito administrativo do próprio ente público.

> Verbete nº 423 da Súmula do STF: "*Não transita em julgado a sentença por haver omitido o recurso ex officio, que se considera interposto ex lege*".
>
> Verbete nº 45 da Súmula do STJ: "*No reexame necessário, é defeso, ao Tribunal, agravar a condenação imposta à Fazenda Pública*".
>
> Verbete nº 253 da Súmula do STJ: "*O art. 557 do CPC, que autoriza o relator a decidir o recurso, alcança o reexame necessário*".
>
> Verbete nº 325 da Súmula do STJ: "*A remessa oficial devolve ao Tribunal o reexame de todas as parcelas da condenação suportadas pela Fazenda Pública, inclusive dos honorários de advogado*".
>
> Verbete nº 390 da Súmula do STJ: *"Nas decisões por maioria, em reexame necessário, não se admitem embargos infringentes"* (N.A.: diante da eliminação dos embargos infringentes, este verbete sumular deverá ser interpretado no sentido de que, na hipótese que ele aborda, não será admitida a técnica de julgamento prevista no art. 942 do CPC).
>
> Verbete nº 490 da Súmula do STJ: "*A dispensa do reexame necessário, quando o valor da condenação ou do direito controvertido for inferior a 60 salários-mínimos, não se aplica a sentenças ilíquidas*".

Seção IV
Do Julgamento das Ações Relativas às Prestações de Fazer, de Não Fazer e de Entregar Coisa

Art. 497

> **Art. 497. Na ação que tenha por objeto a prestação de fazer ou de não fazer, o juiz, se procedente o pedido, concederá a tutela específica ou determinará providências que assegurem a obtenção de tutela pelo resultado prático equivalente.**
>
> **Parágrafo único. Para a concessão da tutela específica destinada a inibir a prática, a reiteração ou a continuação de um ilícito, ou a sua remoção, é irrelevante a demonstração da ocorrência de dano ou da existência de culpa ou dolo.**

O dispositivo cuida dos casos em que o magistrado profere sentença condenando o demandado a uma obrigação de fazer, não fazer ou de entregar coisa. Neles, o próprio juiz, de ofício, poderá adotar algum meio executivo que assegure aquela tutela em específico. O parágrafo único reconhece que o jurisdicionado pode provocar o Estado para que lhe seja outorgada uma tutela inibitória visando a impedir a prática, reiteração ou a continuação de um ilícito, bem como a tutela de remoção, nos casos em que não há sequer necessidade de se comprovar qualquer "dano".

Curiosamente, tais normas que compõem essa Seção IV (art. 497 – art. 501), em alguns aspectos têm o mesmo conteúdo novamente trabalhado poucos dispositivos a frente (art. 536 – art. 538).

> **Obrigação de fazer consistente no fornecimento de medicamentos aos hipossuficientes. Garantia constitucional e dever comum da União, dos Estados, do Distrito Federal e dos Municípios.** "*Sentença de procedência. Apelações. Condenação dos entes públicos a entrega do remédio necessário, por substituição ou acréscimo, no curso e em decorrência do tratamento da doença indicada na inicial. Solidariedade entre os entes federativos que permite o exercício do direito de o particular exigir a prestação dos serviços de saúde de quaisquer dos entes federados, de tal forma que a burocracia não dificulte a sua concretização. Manutenção do julgado de 1ª grau. Recursos conhecidos e desprovidos, na forma do art. 932, IV, a, do CPC/2015*" (TJ-RJ, proc. 0181061-20.2013.8.19.0004, Des. Mauro Dickstein. julgado em 23/02/2017).

Art. 498

Art. 498. Na ação que tenha por objeto a entrega de coisa, o juiz, ao conceder a tutela específica, fixará o prazo para o cumprimento da obrigação.

Parágrafo único. Tratando-se de entrega de coisa determinada pelo gênero e pela quantidade, o autor individualizá-la-á na petição inicial, se lhe couber a escolha, ou, se a escolha couber ao réu, este a entregará individualizada, no prazo fixado pelo juiz.

O dispositivo em questão deve ser interpretado literalmente nas sentenças que reconhecem obrigação de entrega de coisa. Foram excluídos os dois últimos parágrafos do modelo anterior (CPC/73).

Art. 499

Art. 499. A obrigação somente será convertida em perdas e danos se o autor o requerer ou se impossível a tutela específica ou a obtenção de tutela pelo resultado prático equivalente.

O dispositivo cuida dos casos em que a obrigação originária é convertida em perdas e danos.

Art. 500

> Art. 500. A indenização por perdas e danos dar-se-á sem prejuízo da multa fixada periodicamente para compelir o réu ao cumprimento específico da obrigação.

O dispositivo em questão deve ser interpretado literalmente para esclarecer que o valor das perdas e danos é estabelecido sem prejuízo do pagamento de eventuais *astreintes* que vierem a ser fixadas no curso do processo em relação ao demandado. O tratamento das *astreintes* é mais aprofundado em norma vindoura (art. 537).

Art. 501

> Art. 501. Na ação que tenha por objeto a emissão de declaração de vontade, a sentença que julgar procedente o pedido, uma vez transitada em julgado, produzirá todos os efeitos da declaração não emitida.

O dispositivo cuida dos casos em que a sentença reconhece uma obrigação de o demandado emitir declaração de vontade, caso em que a própria sentença, uma vez transitada em julgado, produzirá todos os efeitos de eventual declaração que não venha a ser emitida.

Seção V
Da Coisa Julgada

Art. 502

> Art. 502. Denomina-se coisa julgada material a autoridade que torna imutável e indiscutível a decisão de mérito não mais sujeita a recurso.

O dispositivo cuida do conceito da "coisa julgada material". Buscando tentar harmonizar a divergência doutrinária, foi substituída a palavra "eficácia" (que era prevista no CPC/73), por "autoridade", para evidenciar que a coisa julgada, por si só, não é um mero efeito da sentença que se agrega aos seus demais efeitos, mas sim uma qualidade, uma autoridade, que torna imutável e indiscutível o seu conteúdo.

A coisa julgada é um valoroso instituto que prestigia sobremaneira a segurança jurídica e a proteção da confiança, ao impor que determinados litígios não mais possam ser reapreciados pelo Poder Judiciário, quando já escoados todos os recursos ou todas as possibilidades de utilizá-los sem sucesso.

> **Verbete nº 734 da Súmula do STF:** "*Não cabe reclamação quando já houver transitado em julgado o ato judicial que se alega tenha desrespeitado decisão do Supremo Tribunal Federal*".
>
> **Verbete nº 234 da Súmula TFR:** "*É inadmissível medida cautelar para impedir os efeitos da coisa julgada*" (N.A.: atualmente este verbete deve ser interpretado fazendo referência à "tutela provisória de urgência cautelar" e não mais à "medida cautelar").

> **Sentença de improcedência já transitada em julgado em ação de investigação de paternidade. Possibilidade de ajuizar novamente a mesma ação com o intuito de produzir novas provas (CPC/73).** "*Investigação de paternidade. Demanda anterior julgada improcedente. Coisa julgada em sentido material. Superveniência de novo meio de prova (DNA). Pretendida 'relativização' da autoridade da coisa julgada. Prevalência, no caso, do direito fundamental ao conhecimento da própria ancestralidade. A busca da identidade genética como expressão dos direitos da personalidade. Acolhimento da postulação recursal deduzida pela suposta filha. Observância, na espécie, pelo relator, do princípio da colegialidade. Reconhecido e provido. – Ressalva da posição pessoal do relator (Ministro Celso de Mello), minoritária, que entende que o instituto da 'res judicata', de extração eminentemente constitucional, por qualificar-se como elemento inerente à própria noção conceitual de estado democrático de direito, não pode ser degradado, em sua condição de garantia fundamental, por teses como a da 'relativização' da coisa julgada. Na percepção pessoal do relator (Ministro Celso de Mello), a desconsideração da autoridade da coisa julgada mostra-se apta a provocar consequências altamente lesivas à estabilidade das relações intersubjetivas, à exigência de certeza e de segurança jurídicas e à preservação do equilíbrio social. A invulnerabilidade da coisa julgada material deve ser preservada em razão de exigências de ordem político-social que impõem a preponderância do valor constitucional da segurança jurídica, que representa, em nosso ordenamento positivo, um dos subprincípios da própria ordem democrática*" (STF. *Habeas Corpus* nº 112.195. Rel. Min. Celso de Mello. DJ 29/11/2011).
>
> ***Querela nullitatis insanabilis* utilizada para impugnar decisão de mérito já transitada em julgado. Extinção por ofensa a coisa julgada. Possibilidade de o Tribunal, em grau recursal, aplicar a teoria da causa madura para afastar a coisa julgada do processo anterior.** "*Afastada a extinção da ação por impossibilidade jurídica do pedido. Inexistência de prejudicialidade que tenha afetado a decisão judicial. Análise do mérito, nos termos do art. 1.013, § 3º, I, do CPC/2015. Violação ao princípio da moralidade administrativa (aqui lastreado na noção de justa indenização), com a solidez da decisão fundada em dados errôneos ou tendenciosos. Possibilidade de revolver a coisa julgada, quando seus fundamentos são comprovadamente indignos à realidade. Precedentes. Particularidades do imóvel objeto desta ação que não permitem automática comparação com terrenos*

vizinhos, de geografias distintas. Indenização fixada com base em parâmetros que não se vinculavam à realidade. Observações produzidas pelo IPT e INPE não combatidas na perícia atual ainda que tivessem uma plêiade de dados de muito maior complexidade do que o questionável laudo no qual baseou seus parâmetros. Equívocos cometidos na perícia original que valorizaram indevidamente o imóvel, que não foram elucidados pelo laudo desta querela, quanto a: a-) características geográficas da terra nua; b-) dimensão e variedade da cobertura vegetal; c-) valorização da madeira. O laudo omitiu características que pudessem comprometer a implantação do loteamento pelos então proprietários, desprezando as vegetações de mangue e restinga, e valorizando o percentual aproveitável de madeira, inclusive quanto de sua qualidade. A perícia realizada neste feito não respondeu aos questionamentos produzidos, trilhando caminho com os mesmos parâmetros da perícia original. Possibilidade de flexibilização da coisa julgada (tratando-se da coisa julgada com base irreal). Levantamento acobertado por decisão judicial transitada em julgado, com presunção de boa-fé. Acolhimento em parte do pedido da Fazenda para determinar a devolução ao Estado dos valores pendentes de levantamento, de maneira a equilibrar a segurança jurídica, a justa indenização, a moralidade pública e as responsabilidades das partes na consolidação do julgado. Sentença reformada para julgar procedente em parte a ação, dando a desapropriação por quitada, permitindo ao Estado o levantamento dos valores pendentes, fixada a sucumbência recíproca das partes. Recurso de apelação da autora provido em parte e prejudicado o recurso adesivo" (TJ-SP. Ap. 0000190-76.2008.8.26.0294, Rel. Des. Marcelo Semer, julgado em 06/03/2017).

Art. 503

Art. 503. A decisão que julgar total ou parcialmente o mérito tem força de lei nos limites da questão principal expressamente decidida.

§ 1º O disposto no *caput* aplica-se à resolução de questão prejudicial, decidida expressa e incidentemente no processo, se:

I – dessa resolução depender o julgamento do mérito;

II – a seu respeito tiver havido contraditório prévio e efetivo, não se aplicando no caso de revelia;

III – o juízo tiver competência em razão da matéria e da pessoa para resolvê-la como questão principal.

§ 2º A hipótese do § 1º não se aplica se no processo houver restrições probatórias ou limitações à cognição que impeçam o aprofundamento da análise da questão prejudicial.

Este dispositivo passou a prever que a coisa julgada irá abranger não apenas a solução da questão principal como também, automaticamente, a da questão prejudicial interna, desde que deste enfrentamento dependa a resolução do mérito, tenha sido respeitado o contraditório prévio e o juízo tenha competência em razão da matéria e da pessoa para apreciar tal tema. Em outras palavras, a norma pontua que o magistrado estará decidindo além dos limites provocados inicialmente.

Imagine-se, por exemplo, um juízo único integrante da Justiça Estadual em localidade em que não há Justiça Federal instalada (para que possa exercer jurisdição federal delegada – art. 109, § 3º, CF). Se for proposta uma demanda em face do INSS objetivando percepção de pensão por morte, pode ser necessário que o demandante demonstre a existência de uma união estável. O magistrado, para deferir o pedido, inicialmente terá que solucionar a existência ou não da união estável. No modelo primitivo (art. 469, inc. III, CPC/73), esta questão prejudicial enfrentada na fundamentação, somente se transformaria em questão principal e seria expressamente mencionada no dispositivo se a parte oferecesse uma ação declaratória incidental (art. 325 c/c art. 470, CPC/73). Contudo, o novo modelo fomenta insegurança jurídica e alarga os limites da provocação, pois o dispositivo é incisivo no sentido de que, automaticamente, a solução da questão prejudicial passa a ter o mesmo tratamento da resolução da questão principal. Neste exemplo hipotético apresentado, ainda que o demandante somente tivesse interesse em perceber o benefício previdenciário, sairá também com uma declaração de união estável. E o mais curioso é que se o INSS interpuser recurso de apelação, um capítulo da decisão será apreciado pelo TJ (relativo à declaração de união estável) e o outro pelo TRF (no que diz respeito ao benefício previdenciário em questão).

Esta norma (art. 503, § 1º), se realmente for adotada literalmente, também vai acabar aproximando institutos jurídicos completamente distintos entre si, como os "embargos de terceiros" (art. 674 – art. 681) e a "oposição" (art. 682 – art. 686), pois enquanto o primeiro busca fazer cessar uma constrição judicial, o segundo já cuida de uma demanda de cunho petitório. Contudo, se os embargos de terceiros apresentarem uma questão prejudicial de propriedade do embargante para fins de demonstrar que o esbulho judicial foi indevido, o que quase sempre ocorrerá, a sentença do magistrado também será expressa neste sentido, tornando esta via processual muito semelhante à oposição.

Por estes motivos, seja pelo viés de a Jurisdição estar sendo prestada além dos limites da provocação ou pela enorme insegurança jurídica que esta novidade irá gerar, certamente é de se recomendar uma interpretação sistemática, para que se possa extrair de outra norma do CPC (art. 430, parágrafo único), a real abrangência desta nova situação. Com efeito, neste outro artigo, que cuida da possibilidade de uma das partes arguir a falsidade de documento, há previsão de que esta questão prejudicial se transformará em principal desde que a parte a requeira expressamente. Portanto, somente se houver requerimento do interessado, em petição que corporifica exercício superveniente do direito de ação, é que esta questão prejudicial homogênea será decidida na sentença e terá conclusão no dispositivo deste ato, gerando coisa julgada. E, para se manter a coerência sistêmica, esta petição deverá ser apresentada até o saneamento do processo, eis que, após, haverá o fenômeno da estabilização, sendo razoável aplicar por analogia regra que impõe este raciocínio no que diz respeito à mudança do pedido (art. 329).

Do contrário, se não for apresentada qualquer petição, o tema será analisado apenas na fundamentação do ato decisório, sem ampliar os limites objetivos da coisa julgada (art. 504, incs. I e II). Logo, recomenda-se que este mesmo raciocínio seja também aplicado em relação à norma ora discutida (art. 503, § 1º), ou seja, de que somente se uma das partes peticionar para que o juiz decida expressamente sobre a questão prejudicial é que esta será transformada em questão principal, também sendo acobertada pela coisa julgada, mas desde que atendido o contraditório prévio e efetivo, bem como que o juízo seja competente.

Em suma, o que se observa é que o CPC apenas eliminou a expressão "ação declaratória incidental", mantendo-a em essência, o que também já foi observado com a eliminação dos termos "condições da ação" (malgrado persista a análise da legitimidade e do interesse), "nomeação a autoria" (criando instituto mais abrangente no art. 338 e no art. 339), "exceção de impedimento ou suspeição" (transformando-a em petição de arguição de impedimento ou suspeição, nos termos do art. 146), "embargos infringentes" (que deixaram de ser um recurso para se transformarem em técnica automática no processamento de recurso – art. 942), "processo cautelar" (muito embora continue sendo possível a concessão de tutelas cautelares de acordo com os arts. 305 a 310), entre muitos outros. Enfim, mais uma vez se observa que, em vários momentos, o CPC se limita a inovar nas nomenclaturas, por meio de "jogos de palavras", e não propriamente na essência dos institutos processuais.

> **Enunciado nº 35 da I Jornada de Processo Civil CEJ/CJF:** "*Considerando os princípios do acesso à justiça e da segurança jurídica, persiste o interesse de agir na propositura de ação declaratória a respeito da questão prejudicial incidental, a ser distribuída por dependência da ação preexistente, inexistindo litispendência entre ambas as demandas (arts. 329 e 503, § 1º, do CPC)*".

Art. 504

> **Art. 504. Não fazem coisa julgada:**
> **I – os motivos, ainda que importantes para determinar o alcance da parte dispositiva da sentença;**
> **II – a verdade dos fatos, estabelecida como fundamento da sentença.**

A coisa julgada, uma vez formada, alcança objetivamente apenas o dispositivo do ato decisório, ou seja, a sua conclusão. Esta afirmação decorre de uma interpretação a *contrario sensu* desta norma, que deixa bem claro que os fundamentos da decisão não são atingidos pela coisa julgada. Logo, como seria inviável que um mero relatório pudesse gerá-la, somente resta o dispositivo, este sim que terá o seu conteúdo imutável.

Art. 505

> Art. 505. Nenhum juiz decidirá novamente as questões já decididas relativas à mesma lide, salvo:
>
> I – se, tratando-se de relação jurídica de trato continuado, sobreveio modificação no estado de fato ou de direito, caso em que poderá a parte pedir a revisão do que foi estatuído na sentença;
>
> II – nos demais casos prescritos em lei.

O dispositivo em questão deve ser interpretado literalmente, tratando de situações em que a mesma relação jurídica de direito material pode novamente ser analisada em outro processo.

Art. 506

> Art. 506. A sentença faz coisa julgada às partes entre as quais é dada, não prejudicando terceiros.

O dispositivo em questão deve ser interpretado literalmente, excluindo a parte final. Cuida do efeito vinculativo da coisa julgada, que é adstrito somente às partes principais da demanda. Em certas situações, porém, é possível que ocorra uma extensão dos efeitos subjetivos da coisa julgada, de modo que alguém que não tenha participado do processo também possa ser atingido pela preclusão máxima. O CPC prevê estas hipóteses em alguns casos, como no de substituição processual (art. 109, § 3º) ou nas demandas que objetivam a dissolução parcial da sociedade (art. 601, parágrafo único).

Também seria possível sustentar, de acordo com a redação do novo dispositivo, que até se poderia ampliar os limites subjetivos da coisa julgada apenas em casos sem prejuízo, em situações envolvendo o litisconsórcio facultativo unitário. Por exemplo, foi realizada prova em concurso público para os cargos da magistratura federal e três candidatos vêm em juízo, no mesmo processo, pleiteando a anulação de uma questão com base na mesma causa de pedir. Se este pedido for acolhido, estará beneficiando não apenas os autores, mas, também, todos os demais "virtuais" litisconsortes facultativos unitários que não estiveram neste processo, o que permitiria a aplicação deste dispositivo (art. 506, CPC). Do contrário, se o pedido fosse julgado improcedente, nada impediria que algum outro candidato buscasse o Poder Judiciário com a mesma finalidade.

> Enunciado nº 36 da I Jornada de Processo Civil CEJ/CJF: "*O disposto no art. 506 do CPC não permite que se incluam, dentre os beneficiados pela coisa julgada, litigantes de outras demandas em que se discuta a mesma tese jurídica*".

Associados atingidos pela coisa julgada são apenas aqueles já afiliados no momento da propositura da demanda coletiva. "*A eficácia subjetiva da coisa julgada formada a partir de ação coletiva, de rito ordinário, ajuizada por associação civil na defesa de interesses dos associados, somente alcança os filiados, residentes no âmbito da jurisdição do órgão julgador, que o fossem em momento anterior ou até a data da propositura da demanda, constantes da relação jurídica juntada à inicial do processo de conhecimento. Com base nesse entendimento, o Plenário, apreciando o Tema 499 da repercussão geral, por maioria, negou provimento ao recurso extraordinário e declarou a constitucionalidade do art. 2º-A da Lei 9.494/97. No caso, determinada associação propôs ação coletiva ordinária contra a União. O objetivo era a repetição de valores descontados a título de imposto de renda de servidores, incidente sobre férias não usufruídas por necessidade do serviço. Com a procedência do pleito no processo de conhecimento e o subsequente trânsito em julgado, foi deflagrado, por associação, o início da fase de cumprimento de sentença. Nesta, o tribunal de origem assentou, em agravo, a necessidade de a primeira peça da execução vir instruída com documentação comprobatória de filiação do associado em momento anterior ou até o dia do ajuizamento da ação de conhecimento, conforme o art. 2º-A, parágrafo único, da Lei 9.494/97, incluído pela Medida Provisória 2.180-35/2001 (vide Informativo 863). O Plenário ressaltou que, ante o conteúdo do art. 5º, XXI, da Constituição Federal, autorização expressa pressupõe associados identificados, com rol determinado, aptos à deliberação. Nesse caso, a associação, além de não atuar em nome próprio, persegue o reconhecimento de interesses dos filiados. Decorre daí a necessidade da colheita de autorização expressa de cada associado, de forma individual, ou mediante assembleia geral designada para esse fim, considerada a maioria formada. Enfatizou que a enumeração dos associados até o momento imediatamente anterior ao do ajuizamento se presta à observância do princípio do devido processo legal, inclusive sob o enfoque da razoabilidade. Por meio da enumeração, presente a relação nominal, é que se viabilizam o direito de defesa, o contraditório e a ampla defesa. Reputou que a condição de filiado é pressuposto do ato de concordância com a submissão da controvérsia ao Judiciário. Vencido o Ministro Ricardo Lewandowski, que deu provimento ao recurso para afastar a exigência de prévia filiação para que o associado possa executar a sentença proferida em ação coletiva de rito ordinário. Para o magistrado, o legislador ordinário restringiu, indevidamente, o alcance dos dispositivos constitucionais que garantem o amplo acesso à Justiça e a representatividade das associações quanto aos seus associados. Vencido, em parte, o Ministro Edson Fachin, que deu parcial provimento ao recurso extraordinário, na linha do Ministro Ricardo Lewandowski, mas restringiu a condição de filiado até a época da formação do título exequendo. Vencido, em parte, o ministro Alexandre de Moraes que proveu parcialmente o extraordinário para dar interpretação conforme quanto à circunscrição*" (STF. RE nº 612.043/PR, Rel. Min. Marco Aurélio. 10/05/2017).

Extensão dos efeitos de sentença transitada em julgado que reconheceu relação de parentesco para o avô, ainda que este não tenha integrado a relação jurídica processual. "*Os efeitos da sentença transitada em julgado que reconhece o vínculo de parentesco entre filho e pai em ação de investigação de paternidade alcançam o avô, ainda que este não tenha participado da relação jurídica processual. Os efeitos da sentença, que não se confundem com a coisa julgada e seus limites subjetivos, irradiam-se com eficácia erga omnes, atingindo mesmo aqueles que não* *figuraram como parte na relação jurídica processual. O art. 472 do CPC/73 preceitua que 'A sentença faz coisa julgada às partes entre as quais é dada, não beneficiando, nem prejudicando terceiros. Nas causas relativas ao estado de pessoa, se houverem sido citados no processo, em litisconsórcio necessário, todos os interessados, a sentença produz coisa julgada em relação a terceiros. Como se observa, essa norma estabelece os limites subjetivos da coisa julgada. Em tais condições, portanto, a coisa julgada formada na ação de investigação de paternidade ajuizada pelo filho em face do pai não atinge o avô, na medida em que proposta exclusivamente contra seu filho. No entanto, são institutos diversos a coisa julgada – que se sujeita aos limites subjetivos estabelecidos pelo art. 472 do CPC/73 – e os efeitos da sentença (estes definidos por doutrina como "as alterações que a sentença produz sobre as relações existentes fora do processo"). Traçado assim o marco distintivo entre eles, pode-se afirmar com certeza científica que os efeitos da sentença não encontram a mesma limitação subjetiva que o art. 472 do CPC/73 destina ao instituto da coisa julgada, de maneira que também podem atingir, direta ou indiretamente, terceiros que não participaram da relação jurídica processual. Guardam, pois, eficácia erga omnes. Assim, tendo o filho promovido ação de investigação de paternidade contra o pai, na qual se deu o julgamento de procedência do pedido e o trânsito em julgado, o vínculo parental entre eles é, por força da coisa julgada que ali se formou, imutável e indiscutível, à luz do art. 467 do CPC/73. Nesse contexto, o avô agora suporta as consequências da decisão que assentou a paternidade de seu filho, cujos efeitos atingem-no de maneira reflexa, por força de sua ascendência em relação ao pai judicialmente reconhecido. Ora, se o neto é filho de seu filho, logo, por força de um vínculo jurídico lógico e necessário, é seu neto (art. 1.591 do CC). Não está o avô sujeito à coisa julgada, que só atinge as partes da ação investigatória, mas efetivamente suporta os efeitos que resultam da decisão, independentemente de sua participação na relação processual"* (STJ. RESP 1.331.815-SC, Rel. Min. Antonio Carlos Ferreira, julgado em 16/06/2016, DJe 01/08/2016 – Informativo nº 587).

Possibilidade de os efeitos da coisa julgada em demanda coletiva atingir até mesmo os terceiros que não suspenderam as suas demandas individuais, por ausência da *fair noticy* que é de responsabilidade da demandada. *"Os autores de ações individuais em cujos autos não foi dada ciência do ajuizamento de ação coletiva e que não requereram a suspensão das demandas individuais podem se beneficiar dos efeitos da coisa julgada formada na ação coletiva. Ao disciplinar a execução de sentença coletiva, o art. 104 da Lei nº 8.078/90 (CDC) dispõe que os autores devem requerer a suspensão da ação individual que veicula a mesma questão em ação coletiva, a fim de se beneficiarem da sentença que lhes é favorável no feito coletivo. Todavia, compete à parte ré dar ciência aos interessados da existência desta ação nos autos da ação individual, momento no qual começa a correr o prazo de 30 dias para a parte autora postular a suspensão do feito individual. Constitui ônus do demandado dar ciência inequívoca da propositura da ação coletiva àqueles que propuseram ações individuais, a fim de que possam fazer a opção pela continuidade do processo individual, ou requerer a sua suspensão para se beneficiar da sentença coletiva"* (STJ. RESP 1.593.142-DF, Rel. Min. Napoleão Nunes Maia Filho, julgado em 07/06/2016, DJe 21/06/2016 – Informativo nº 585).

Sentença de improcedência em demanda coletiva em que se discute direito individual homogêneo e impossibilidade de qualquer outro legitimado repetir a mesma ação. Possibilidade, porém, de ajuizamento de demandas

> individuais pelos eventuais interessados. "*Após o trânsito em julgado de decisão que julga improcedente ação coletiva proposta em defesa de direitos individuais homogêneos, independentemente do motivo que tenha fundamentado a rejeição do pedido, não é possível a propositura de nova demanda com o mesmo objeto por outro legitimado coletivo, ainda que em outro Estado da Federação. Inicialmente, saliente-se que a leitura precipitada do disposto no inciso III do art. 103 do CDC poderia levar à equivocada conclusão de que apenas a procedência da ação coletiva emanaria efeitos capazes de obstar a nova propositura de demanda coletiva idêntica. Ocorre que a interpretação do referido inciso deve se dar com a observância do disposto no § 2º, que é claro ao estabelecer que, mesmo diante de solução judicial pela improcedência do pedido coletivo original, apenas os interessados que não tiverem intervindo na ação coletiva na condição de litisconsortes é que poderão propor demanda análoga e, ainda assim, única e exclusivamente a título individual. Ciente disso, a simples leitura dos arts. 81, III, e 103, III, § 2º, do CDC evidencia que, para a aferição da exata extensão dos efeitos da sentença proferida em ação coletiva que tenha por objeto direitos individuais homogêneos – diversamente do que ocorre em se tratando de direitos difusos e coletivos –, é juridicamente irrelevante investigar se o provimento judicial de improcedência do pedido resultou ou não de eventual insuficiência probatória. Isso porque a redação do inciso III do art. 103 do CDC não repete a ressalva (incisos I e II do referido dispositivo) de que a sentença de improcedência por insuficiência de provas seria incapaz de fazer coisa julgada. Dessa forma, para os direitos individuais homogêneos, o legislador adotou técnica distinta, ressalvando a formação de coisa julgada somente em favor dos 'interessados que não tiverem intervindo no processo como litisconsortes', de modo que somente esses poderão propor ação de indenização a título individual, independentemente do resultado negativo – de improcedência por qualquer motivo – da demanda coletiva anteriormente proposta*" (STJ. RESP 1.302.596-SP, Rel. Min. Paulo de Tarso Sanseverino, Rel. para acórdão Min. Ricardo Villas Bôas Cueva, julgado em 09/12/2015, DJe 1º/02/2016 – Informativo nº 575).

Art. 507

Art. 507. É vedado à parte discutir no curso do processo as questões já decididas a cujo respeito se operou a preclusão.

O dispositivo em questão deve ser interpretado literalmente, tratando do fenômeno da preclusão, não mais permitindo que as partes discutam questões já decididas e acobertadas por ela. Por exemplo, ao ser proferida decisão interlocutória, a parte interessada deverá perquirir se a hipótese comporta agravo de instrumento (art. 1.015). Caso o agravo seja possível e ele não seja interposto, haverá a preclusão do aludido ato decisório, incidindo a aplicação desta norma (art. 507). Do contrário, não sendo hipótese deste recurso, não haverá preclusão imediata, pois o tema poderá ser ventilado no próprio recurso de apelação, após a sentença já ter sido prolatada (art. 1.009, § 1º).

Ausência de preclusão *pro judicato* em juízo de admissibilidade recursal. "*Recurso especial. Retratação do relator da decisão que deu prosseguimento inicial aos embargos de divergência. Inexistência de preclusão. Ausência de similitude fáticojurídica entre o aresto recorrido e os acórdãos invocados como paradigmas. Agravo interno a que se nega provimento. 1. "A decisão que admite o recurso de embargos de divergência não é atingida pela preclusão, de modo que o relator poderá indeferir liminarmente ou negar provimento em decisão monocrática se constatar irregularidade no recurso que impeça seu processamento, inexistindo preclusão pro judicato (precedentes)" (AgInt nos ERESP 1.526.946/RN, Rel. Min. Felix Fischer, Corte Especial, julgado em 7/12/2016, DJe 15/12/2016). 2. Os embargos de divergência devem indicar, com clareza e precisão, as circunstâncias que identificam ou assemelham os casos confrontados, nos termos do art. 1.043, § 4º, do novo Código de Processo Civil e do art. 266, § 4º, do Regimento Interno do Superior Tribunal de Justiça. 3. 'Ressalta-se ainda que a finalidade dos Embargos de Divergência é a uniformização da jurisprudência do Tribunal, não se apresentando como um recurso a mais nem se prestando para a correção de eventual equívoco ou violação que possa ter ocorrido no julgamento do Agravo em Recurso Especial' (AgInt nos EARESP 862.496/ MG, Rel. Min. Herman Benjamin, Corte Especial, julgado em 16/11/2016, DJe 30/11/2016).4. No caso, tanto no aresto embargado quanto no acórdão invocado como paradigma (RESP 677.585, Rel. Min. Luiz Fux), foi admitida a intervenção do Poder Judiciário, e não há, em nenhum desses julgados, a inferência de que a tese jurídica firmada foi a de não ingerência no mérito administrativo. Ao revés, no próprio aresto embargado, admite-se (item '6') que o Judiciário pode imiscuir-se 'na análise do mérito administrativo, desde que seja analisado sob o seu aspecto jurídico, e para que sejam observados, além da legalidade em sentido amplo, também os princípios e mandamentos constitucionais'. 5. Assim, inexiste qualquer premissa firmada, seja no aresto paradigma, seja no acórdão embargado, que demonstre dissenso quanto a essa tese de direito. Esclareça-se que o dissenso apto a impulsionar o prosseguimento dos embargos de divergência deve ser objetivo, direto, claro, que não demande qualquer intermediação. Não pode a parte, para atingir essa finalidade, remeter-se à interpretação do que a decisão quis dizer. Para a configuração de tal dissenso, importa que o decisório tenha efetivamente dito de forma clara e direta e, nisso, haja divergência com outro julgado, sob a mesma base fática. 6. No que se refere aos demais paradigmas invocados, verifica-se que o aresto recorrido (discussão quanto à intervenção do Estado no domínio econômico) e os dois outros acórdãos invocados como paradigmas se reportam a bases fáticas inteiramente diferentes (questão da punição disciplinar e prescrição da pretensão administrativa). Não se trata, aqui, de formalismo estéril, como pretende frisar a parte agravante, mas, sim, de aplicação do quanto dispõe o § 4º do art. 1.043 do CPC/2015, no tocante às "circunstâncias que identificam ou assemelham os casos confrontados". 7. Agravo interno a que se nega provimento*" (STJ. AgInt nos ERESP 1.436.903/DF, Agravo Interno nos Embargos de Divergência em Recurso Especial 2014/0035705-1, Rel. Min. Og Fernandes, julgado em 07/06/2017, DJe 14/06/2017).

Matéria de ordem pública ("condição da ação") pode ser analisada em qualquer momento e até mesmo de ofício pelo magistrado, diante da não ocorrência da preclusão (CPC/73). "*Condição da ação. Ilegitimidade de parte. Ausência de preclusão. Art. 267, § 3º do CPC. – Proposta a questão sobre a ilegitimidade de parte, não pode o tribunal eximir-se de apreciá-la, sob alegação de preclusão, sendo-lhe mesmo possível apreciá-la de ofício. REXTR conhecido e provido em parte*" (STF. REXTR nº 103.949. Rel. Min. Rafael Mayer. S/d).

Art. 508

> Art. 508. Transitada em julgado a decisão de mérito, considerar-se-ão deduzidas e repelidas todas as alegações e as defesas que a parte poderia opor tanto ao acolhimento quanto à rejeição do pedido.

O dispositivo em questão deve ser interpretado literalmente, tratando da eficácia preclusiva da coisa julgada. Segundo ele, no momento em que a coisa julgada se forma, estarão automaticamente repelidos todos os argumentos que as partes podiam invocar a seu favor naquele processo e também em qualquer outro que venha a ser instaurado se versar sobre a mesma ação. Este efeito é, por vezes, nominado "julgamento implícito", o que deve ser evitado diante do que estabelece a Carta Magna (art. 93, inc. IX, CF), que exige que todos os atos decisórios sejam devidamente fundamentados. Para exemplificar, foi instaurado processo de "A" em face de "B", requerendo o recebimento de um determinado valor. Ao ser citado, "B" vislumbra que pode alegar como defesa diversas teses como a circunstância de a dívida já estar prescrita ou paga, muito embora isso tenha que ser feito na mesma peça e ocasião, em atendimento ao princípio da eventualidade. No entanto, se isso não for realizado, ou seja, se a contestação somente versar sobre uma dessas duas teses defensivas, não mais poderá o réu suscitar a outra no mesmo processo e nem mesmo em demanda posterior, caso já tenha transitado em julgado a sentença que foi proferida no primeiro. É a hipótese de "B" ter sido derrotado no processo primitivo quanto ao argumento de que a dívida estava prescrita e, não obstante o trânsito em julgado, viesse a instaurar novo processo, mas agora estando no polo ativo e requerendo a declaração de extinção da obrigação face ao pagamento realizado. É curioso notar que, neste exemplo, a segunda demanda será extinta por ofensa a coisa julgada material anterior (art. 485, inc. V), muito embora não haja tríplice identidade entre as duas demandas, já que são diferentes as partes em seus respectivos polos, bem como o pedido ou a causa de pedir. Este, por sinal, é um exemplo em que a coisa julgada é analisada não em razão da teoria da tríplice identidade e sim pela teoria da identidade da relação jurídica.

CAPÍTULO XIV
DA LIQUIDAÇÃO DE SENTENÇA

Art. 509

> Art. 509. Quando a sentença condenar ao pagamento de quantia ilíquida, proceder-se-á à sua liquidação, a requerimento do credor ou do devedor:

I – por arbitramento, quando determinado pela sentença, convencionado pelas partes ou exigido pela natureza do objeto da liquidação;

II – pelo procedimento comum, quando houver necessidade de alegar e provar fato novo.

§ 1º Quando na sentença houver uma parte líquida e outra ilíquida, ao credor é lícito promover simultaneamente a execução daquela e, em autos apartados, a liquidação desta.

§ 2º Quando a apuração do valor depender apenas de cálculo aritmético, o credor poderá promover, desde logo, o cumprimento da sentença.

§ 3º O Conselho Nacional de Justiça desenvolverá e colocará à disposição dos interessados programa de atualização financeira.

§ 4º Na liquidação é vedado discutir de novo a lide ou modificar a sentença que a julgou.

A liquidação é regulada por disposições específicas do CPC (art. 509 – art. 512), sendo considerada como uma outra etapa eventualmente inserida entre as fases de conhecimento e de execução, com a finalidade de delimitar a extensão da obrigação constante no título.

A liquidação, porém, nem sempre será necessária. É que, em algumas situações, a lei veda que o magistrado possa vir a proferir sentença genérica, ou seja, ilíquida. É o caso do juizado especial (art. 38, parágrafo único, Lei nº 9.099/95). Além disso, esta liquidação também será dispensada quando a decisão judicial necessitar de meros cálculos aritméticos para a sua atualização monetária, caso em que bastará a apresentação de planilha (art. 509, § 2º), sendo da incumbência do CNJ disponibilizar programa para esta finalidade (art. 509, § 3º).

Como apresentado, a liquidação é uma etapa no processo, entre a fase de conhecimento e a de execução, que se inicia após o requerimento do interessado, seja o autor ou o próprio devedor (art. 509, *caput*). Como não se trata de um novo processo, a princípio não fará sentido impor um novo recolhimento de taxa judiciária, muito embora possam ser devidas despesas decorrentes deste incidente, tais como a remuneração de um perito eventualmente nomeado. Ademais, como não há nova citação, basta uma intimação ao demandado, na pessoa do seu advogado, para que possa manifestar eventual inconformismo. Na ausência de advogado, esta intimação é pessoal. E, ainda, no curso da liquidação é defeso tentar discutir novamente a lide ou modificar a sentença que a julgou (art. 509, § 4º).

São duas as suas modalidades: por arbitramento ou em procedimento comum. E, por fim, ainda que o magistrado tenha estabelecido uma modalidade expressamente na sentença, a sua realização por outra não ofenderá a autoridade da coisa julgada já formada, de acordo com entendimento já sumulado pelo STJ.

> **Verbete nº 344 da Súmula do STJ:** *"A liquidação por forma diversa da estabelecida na sentença não ofende a coisa julgada".*

> **Possibilidade de sentença proferida em processo coletivo já estabelecer o meio executivo mais apropriado para o cumprimento da obrigação e até mesmo eventual procedimento para sua liquidação (CPC/73)** *"É possível que sentença condenatória proferida em ação civil pública em que se discuta direito individual homogêneo contenha determinações explícitas da forma de liquidação e/ou estabeleça meios tendentes a lhe conferir maior efetividade, desde que essas medidas se voltem uniformemente para todos os interessados. Com efeito, o legislador, ao estabelecer que 'a condenação será genérica' no art. 95 do CDC, procurou apenas enfatizar que, no ato de prolação da sentença, o bem jurídico objeto da tutela coletiva (mesmo que se trate de direitos individuais homogêneos) ainda deve ser tratado de forma indivisível, alcançando todos os interessados de maneira uniforme. Ademais, as medidas em questão encontram amparo nos arts. 84, §§ 4º e 5º, e 100 do CDC, que praticamente repetem os termos do art. 461, § 5º, do CPC"* (RESP 1.304.953-RS, Rel.ª Min.ª Nancy Andrighi, julgado em 26/8/2014).

Art. 510

> **Art. 510.** Na liquidação por arbitramento, o juiz intimará as partes para a apresentação de pareceres ou documentos elucidativos, no prazo que fixar, e, caso não possa decidir de plano, nomeará perito, observando-se, no que couber, o procedimento da prova pericial.

O dispositivo simplifica a necessidade do exame técnico, até mesmo dispensando que, na liquidação por arbitramento, seja sempre nomeado um perito. Isso até pode ocorrer, porém não necessariamente.

> **Liquidação por arbitramento e a possibilidade de utilização de deduções e presunções para a apuração de lucros cessantes.** *"É possível ao julgador, na fase de liquidação de sentença por arbitramento, acolher as conclusões periciais fundadas em presunções e deduções para a quantificação do prejuízo sofrido pelo credor a título de lucros cessantes. Inicialmente, destaca-se que, para a tutela dos lucros cessantes, impõe-se ter em mente que essa espécie de dano material existe quando o prejudicado não teria de desenvolver nenhuma atividade excepcional para obtenção do ganho que deixou de realizar, ou seja, quando esse ganho seria resultado natural da atividade comum. Nessa trilha, alerta doutrina: '[n]a apreciação dos danos que devem ser ressarcidos a título de lucros cessantes, o juiz há de, entretanto,*

> ter em conta, não só os atuais, consequência direta e imediata da lesão, mas também a alteração de condições habitualmente existentes e das quais seja lícito deduzir com certa segurança a presunção de que criariam a favor do lesado uma situação que lhe traria benefícios patrimoniais legítimos.' Vê-se, portanto, na apuração dos lucros cessantes, um campo fértil à utilização de deduções e presunções, as quais, na maioria dos casos, serão imprescindíveis à prestação adequada da tutela jurisdicional devida. Com efeito, pretender-se chegar a uma conta exata do quanto se deixou de lucrar com uma atividade que não foi realizada por culpa do devedor, é o mesmo que se exigir a prova de fatos não ocorridos – prova diabólica e impossível. Essa exigência resulta assim, por via transversa, na negativa de reparação integral do dano judicialmente reconhecido em fase de cumprimento de sentença. Nesse contexto, a utilização de presunções não pode ser afastada de plano, uma vez que sua observância no direito processual nacional é exigida como forma de facilitação de provas difíceis" (STJ. RESP 1.549.467-SP, Rel. Min. Marco Aurélio Bellizze, julgado em 13/09/2016, DJe 19/09/2016 – Informativo nº 590).

Art. 511

Art. 511. Na liquidação pelo procedimento comum, o juiz determinará a intimação do requerido, na pessoa de seu advogado ou da sociedade de advogados a que estiver vinculado, para, querendo, apresentar contestação no prazo de 15 (quinze) dias, observando-se, a seguir, no que couber, o disposto no Livro I da Parte Especial deste Código.

O dispositivo cuida da liquidação em procedimento comum, impondo que o requerido será intimado na pessoa do seu advogado ou de sociedade de advogados de que ele participe para apresentar defesa em quinze dias. Na sequência, deverá ser observado o procedimento comum. Basicamente, o que foi excluído da liquidação neste rito foi a realização de uma nova audiência de conciliação ou mediação.

Art. 512

Art. 512. A liquidação poderá ser realizada na pendência de recurso, processando-se em autos apartados no juízo de origem, cumprindo ao liquidante instruir o pedido com cópias das peças processuais pertinentes.

Esta norma autoriza o que vem sendo chamado de "liquidação provisória", que é aquela promovida pelo interessado mesmo na pendência de recurso no Tribunal. Esta possibilidade vem sendo admitida ainda que o recurso tenha sido recebido no duplo efeito, ou seja, no efeito devolutivo e suspensivo, posto que somente estará suspensa a exigibilidade da obrigação, mas não as providências necessárias para quantificá-la adequadamente.

TÍTULO II
DO CUMPRIMENTO DE SENTENÇA

CAPÍTULO I
DAS DISPOSIÇÕES GERAIS

Art. 513

Art. 513. O cumprimento da sentença será feito segundo as regras deste Título, observando-se, no que couber e conforme a natureza da obrigação, o disposto no Livro II da Parte Especial deste Código.

§ 1º O cumprimento da sentença que reconhece o dever de pagar quantia, provisório ou definitivo, far-se-á a requerimento do exequente.

§ 2º O devedor será intimado para cumprir a sentença:

I – pelo Diário da Justiça, na pessoa de seu advogado constituído nos autos;

II – por carta com aviso de recebimento, quando representado pela Defensoria Pública ou quando não tiver procurador constituído nos autos, ressalvada a hipótese do inciso IV;

III – por meio eletrônico, quando, no caso do § 1º do art. 246, não tiver procurador constituído nos autos;

IV – por edital, quando, citado na forma do art. 256, tiver sido revel na fase de conhecimento.

§ 3º Na hipótese do § 2º, incisos II e III, considera-se realizada a intimação quando o devedor houver mudado de endereço sem prévia comunicação ao juízo, observado o disposto no parágrafo único do art. 274.

§ 4º Se o requerimento a que alude o § 1º for formulado após 1 (um) ano do trânsito em julgado da sentença, a intimação será feita na pessoa do devedor, por meio de carta com aviso de recebimento encaminhada ao endereço constante dos autos, observado o disposto no parágrafo único do art. 274 e no § 3º deste artigo.

§ 5º O cumprimento da sentença não poderá ser promovido em face do fiador, do coobrigado ou do corresponsável que não tiver participado da fase de conhecimento.

O dispositivo cuida do cumprimento de sentença, que poderá ter procedimento variável dependendo da obrigação que tiver contida em si. Caso seja pagamento de soma em dinheiro devida por particular em face de particular, o novo procedimento, que também receberá tratamento mais adiante, passará a ter a seguinte forma: **requerimento para início do cumprimento de sentença → intimação do devedor para cumprimento em quinze dias → na falta de cumprimento da obrigação neste prazo, automaticamente incidirão 10% de multa e 10% de honorários, também já iniciando, neste mesmo momento, o prazo de quinze dias para impugnar, que agora não mais dependerá de prévia garantia do juízo → a concessão do efeito suspensivo à impugnação obstará a expropriação dos bens enquanto a mesma não for apreciada → expropriação dos bens e pagamento ao credor → sentença declarando a satisfação da obrigação e extinguindo a execução.**

O dispositivo regula que, após o requerimento de início da execução apresentado pelo credor, deverá ser realizada a intimação do demandado para que seja cumprida a sentença. Esta intimação pode ser realizada das mais variadas maneiras, dependendo da situação que estiver evidenciada nos autos. O último parágrafo afasta a possibilidade de cumprimento de sentença em face de fiador, coobrigado ou corresponsável que não tenha participado da etapa cognitiva o que, de certa maneira, coincide com entendimento já sumulado pelo STJ, embora com enfoque em outra situação.

> **Enunciado nº 15 da I Jornada de Processo Civil CEJ/CJF:** *"Aplicam-se às entidades referidas no § 3º do art. 186 do CPC as regras sobre intimação pessoal das partes e suas testemunhas (art. 186, § 2º; art. 455, § 4º, IV; art. 513, § 2º, II e art. 876, § 1º, II, todos do CPC)".*

Art. 514

Art. 514. Quando o juiz decidir relação jurídica sujeita a condição ou termo, o cumprimento da sentença dependerá de demonstração de que se realizou a condição ou de que ocorreu o termo.

O dispositivo em questão deve ser interpretado literalmente para os casos em que o juiz decidir relação jurídica sujeita a condição ou termo, situações em que o cumprimento da sentença dependerá de o credor demonstrar que tais sujeições já ocorreram.

Art. 515

Art. 515. São títulos executivos judiciais, cujo cumprimento dar-se-á de acordo com os artigos previstos neste Título:

I – as decisões proferidas no processo civil que reconheçam a exigibilidade de obrigação de pagar quantia, de fazer, de não fazer ou de entregar coisa;

II – a decisão homologatória de autocomposição judicial;

III – a decisão homologatória de autocomposição extrajudicial de qualquer natureza;

IV – o formal e a certidão de partilha, exclusivamente em relação ao inventariante, aos herdeiros e aos sucessores a título singular ou universal;

V – o crédito de auxiliar da justiça, quando as custas, emolumentos ou honorários tiverem sido aprovados por decisão judicial;

VI – a sentença penal condenatória transitada em julgado;

VII – a sentença arbitral;

VIII – a sentença estrangeira homologada pelo Superior Tribunal de Justiça;

IX – a decisão interlocutória estrangeira, após a concessão do exequatur à carta rogatória pelo Superior Tribunal de Justiça;

~~X – o acórdão proferido pelo Tribunal Marítimo quando do julgamento de acidentes e fatos da navegação.~~

§ 1º Nos casos dos incisos VI a IX, o devedor será citado no juízo cível para o cumprimento da sentença ou para a liquidação no prazo de 15 (quinze) dias.

§ 2º A autocomposição judicial pode envolver sujeito estranho ao processo e versar sobre relação jurídica que não tenha sido deduzida em juízo.

O dispositivo cuida do rol, exemplificativo, dos títulos executivos judiciais, trazendo alguns ajustes quando confrontado com o modelo anterior (CPC/73). No primeiro inciso consta que serão consideradas como título executivo judicial as decisões proferidas no processo civil que reconheçam a exigibilidade de obrigação de pagar quantia, de fazer, de não fazer ou de entregar coisa. Não há, portanto, a exigência de que somente seja título judicial a decisão que contenha uma "condenação".

Os dois incisos seguintes são muito parecidos. No primeiro deles (inc. II) será reputada como título judicial a decisão homologatória de autocomposição judicial, ainda que abranja terceiros estranhos ao processo ou mesmo outras relações jurídicas (art. 515, § 2º). Já o outro (inc. III) cuida da decisão homologatória de autocomposição extrajudicial de qualquer natureza. Mas, basicamente, a diferença entre ambos é que o primeiro se refere a acordo homologado no curso de um processo judicial, ao passo que o outro se refere a uma hipótese em que o acordo foi firmado antes mesmo da instauração do processo, tendo as partes vindo em juízo instaurar um procedimento especial de jurisdição voluntária justamente com esta finalidade de homologar a transação extrajudicial (art. 725, inc. VIII).

A quarta hipótese (inc. IV) trata do formal e da certidão de partilha, que são títulos executivos extrajudiciais exclusivamente em relação ao inventariante, herdeiros e sucessores a título singular ou universal. O raciocínio aqui é o de que só há titulo executivo constituído em relação àqueles que participaram do processo. Se, por exemplo, o inventário foi concluído, gerando para um dos herdeiros direito sobre um determinado bem que se encontra com terceiro, o formal ou a certidão de partilha somente será título executivo extrajudicial em relação aos que também atuaram no processo de inventário. Quanto aos terceiros, restará, tão somente, o caminho do processo de conhecimento.

A quinta situação (inc. V) se refere ao crédito de auxiliar da justiça, quando os valores tiverem sido aprovados por decisão judicial, que, no modelo primitivo, era considerado como título executivo extrajudicial (art. 585, inc. VI) e agora recebe o tratamento adequado de título judicial.

Há, também, previsão (inc. VI) de que é título executivo judicial a *sentença penal condenatória transitada em julgado*, o que já demanda alguns esclarecimentos. A sentença penal é aquela proferida por um juízo que exerce competência criminal, podendo gerar tanto efeitos penais (v.g., restrição ao direito de liberdade do acusado) como civis (v.g., condenação a reparar os danos causados). A vítima pode, portanto, optar entre dois caminhos: o primeiro, que seria promover uma demanda perante o juízo cível e aguardar a sentença para então executá-la e, o segundo, que seria aguardar o início e desenvolvimento do processo criminal (usualmente deflagrado pelo Ministério Público), a prolação da sentença penal condenatória e, também, a preclusão das vias impugnativas (a norma é bem pontual ao não admitir a "execução provisória" neste caso), para que, somente então, possa ser liquidada esta sentença penal e, posteriormente, seja dado o início à sua execução. É o que consta, também, no Código de Processo Penal (art. 64, CPP): "*Sem prejuízo do disposto no artigo anterior, a ação para ressarcimento do dano poderá ser proposta no juízo cível, contra o autor do crime e, se for caso, contra o responsável civil*".

Prosseguindo na análise do rol dos títulos judiciais, a nova hipótese (inc. VII) se refere à sentença arbitral, que também é considerada como título executivo judicial, malgrado exista divergência em perquirir se o árbitro desempenha ou não atividade jurisdicional. De qualquer maneira, é de se relevar que o árbitro não dispõe de poderes de efetivação das suas próprias decisões , o que fatalmente levará à instauração de uma execução perante a Justiça Federal ou Estadual, dependendo tão somente de quem tiver figurado no compromisso arbitral. E, a defesa do interessado poderá se dar de duas formas distintas (teoria da dupla porta): a primeira, mediante ajuizamento de uma ação objetivando o reconhecimento da nulidade da sentença arbitral no prazo de 90 (noventa) dias, perante o Poder Judiciário (art. 33, parágrafo único, Lei nº 9.307/96); e a segunda, mediante apresentação de impugnação ao cumprimento de sentença (art. 33, § 3º, Lei nº 9.307/96 c/c art. 1.061).

O próximo caso (inc. VIII) contém uma impropriedade técnica, quando o CPC estabelece que é título executivo judicial a sentença estrangeira homologada pelo STJ, pois esta execução, que irá tramitar na Justiça Federal de 1ª instância (art. 109, inc. X,

CF/88), deverá ter como título executivo, em realidade, o acórdão proferido pelo STJ, que homologou a "decisão", seja ela acórdão, decisão monocrática ou mesmo sentença. Não custa rememorar, aliás, que a sentença arbitral estrangeira também poderá ser homologada (art. 35, Lei nº 9.307/96 c/c art. 960, § 3º), ao passo que os títulos de créditos estrangeiros independem desta homologação, desde que satisfaçam aos requisitos de formação exigidos pela lei do lugar de sua celebração e que indiquem o Brasil como o lugar para o cumprimento da obrigação (art. 784, §§ 2º e 3º).

Há, ainda, previsão (inc. IX) de que também será reputada como título judicial a decisão interlocutória estrangeira, após a concessão do *exequatur* pelo STJ. Em tais casos, seu cumprimento será realizado por carta rogatória (art. 962).

Razões do veto presidencial ao décimo inciso do art. 515:

"*Ao atribuir natureza de título executivo judicial às decisões do Tribunal Marítimo, o controle de suas decisões poderia ser afastado do Poder Judiciário, possibilitando a interpretação de que tal colegiado administrativo passaria a dispor de natureza judicial*".

Comentário ao veto presidencial

O inciso em questão reputava como título executivo judicial o acórdão proferido pelo Tribunal Marítimo quando do julgamento de acidentes e fatos da navegação. O veto foi bem assinalado e os motivos realmente são adequados. Com efeito, o Tribunal Marítimo não é integrante do Poder Judiciário e tratar as suas decisões como títulos judiciais poderia sugerir o oposto, bem como induzir ao raciocínio de que as suas decisões não seriam revistas em sede jurisdicional.

> **Enunciado nº 85 da I Jornada de Processo Civil CEJ/CJF:** "*Na execução de título extrajudicial ou judicial (art. 515, § 1º, do CPC) é cabível a citação postal*".
>
> **Enunciado nº 87 da I Jornada de Processo Civil CEJ/CJF:** "*O acordo de reparação de danos feito durante a suspensão condicional do processo, desde que devidamente homologado por sentença, é título executivo judicial*".

> **Ato de composição entre as partes, posteriormente homologado pelo juízo, é título executivo judicial.** "*O ato de composição entre denunciado e vítima visando à reparação civil do dano, embutido na decisão concessiva de suspensão condicional do processo (art. 89 da Lei nº 9.099/95), é título judicial apto a lastrear eventual execução*" (STJ. RESP 1.123.463-DF, Rel.ª Min.ª Maria Isabel Gallotti, por unanimidade, julgado em 21/02/2017, DJe 14/03/2017).
>
> **Recursos Repetitivos: possibilidade de executar até mesmo sentenças que não são condenatórias.** "*A sentença, qualquer que seja sua natureza, de procedência ou improcedência do pedido, constitui título executivo judicial, desde que estabeleça obrigação de pagar quantia, de fazer, não fazer ou entregar coisa, admitida sua prévia liquidação e execução nos próprios autos. De início, destaca-se que o ponto nodal da controvérsia consiste em definir se há exequibilidade (ou não) em sentenças não condenatórias, notadamente após o acréscimo, pela Lei*

nº 11.232/2005, do art. 475-N, I, ao CPC/73 ("Art. 475-N. São títulos executivos judiciais: I – a sentença proferida no processo civil que reconheça a existência de obrigação de fazer, não fazer, entregar coisa ou pagar quantia), quer a decisão contenha julgamento de procedência, quer de improcedência, dada a natureza dúplice do elemento declaratório presente em toda decisão judicial. Inclusive, a Lei nº 13.105/2015 (CPC/2015) reproduz essa norma: 'Art. 515. São títulos executivos judiciais, cujo cumprimento dar-se-á de acordo com os artigos previstos neste Título: I – as decisões proferidas no processo civil que reconheçam a exigibilidade de obrigação de pagar quantia, de fazer, de não fazer ou de entregar coisa'. Daí a atualidade da matéria. De fato, a execução forçada não se destina ao ajustamento ou à definição do direito do exequente, de modo que sua instauração demanda necessariamente que a situação jurídica do titular do direito tenha sido completa e previamente reconhecida em título executivo, assim entendido, por doutrina, como 'o documento que contém um ato de acertamento do direito que o credor pretende executar'. É o que se dessume da interpretação conjunta dos arts. 580 e 586 do CPC/1973, reproduzidos respectivamente pelos arts. 786 e 783 do CPC/2015. Com efeito, a decisão de cunho condenatório sempre foi considerada o título executivo judicial por excelência, à evidência da norma inserta no revogado art. 584, I, do CPC/1973 ('Art. 584. São títulos executivos judiciais: I – a sentença condenatória proferida no processo civil'). A grande carga de executividade dessa espécie de decisão decorre do fato de que seu comando consubstancia efetiva manifestação judicial acerca da existência e validade da relação jurídica controvertida e da exigibilidade da pretensão que dela deriva, revestindo-a com o grau de certeza exigido pela lei quanto à obrigação inadimplida, em virtude da identificação de todos os elementos dessa relação jurídica. Às decisões de natureza declaratória, contudo, antes da vigência da Lei nº 11.232/2005, era negada a eficácia executiva, ainda que secundária, ao argumento de que elas se limitavam à declaração de certeza acerca da existência ou da inexistência de relação jurídica (art. 4º do CPC/1973) – o que constituiria o cerne da pretensão exercitada –, não se estendendo ao reconhecimento da existência de prestação a cargo do vencido. Diante disso, para fins de aferição da exequibilidade do provimento judicial, a utilização do critério da natureza da decisão não parece ser o melhor caminho, porquanto enseja polêmicas intermináveis e inócuas, que não oferecem contribuição no campo prático. Na verdade, o exame do conteúdo da decisão mostra-se método mais adequado à discriminação das sentenças passíveis de serem consideradas como título executivo, bastando, de acordo com doutrina, que ela contenha 'a identificação integral de uma norma jurídica concreta, com prestação exigível de dar, fazer, não fazer ou pagar quantia'. Nesse ponto, é relevante salientar que os referidos dispositivos legais não atribuem eficácia executiva a todas as sentenças declaratórias indiscriminadamente, mas apenas àquelas que, reconhecendo a existência da obrigação, contenham, em seu bojo, os pressupostos de certeza e exigibilidade (art. 586 do CPC/1973), sendo certo que, na ausência de liquidez, é admitida a prévia liquidação, tal qual ocorre com o provimento condenatório. Afinal, há de se considerar os princípios da efetividade jurisdicional e da economia processual como freios ao formalismo excessivo presente na imposição ao titular do direito já reconhecido em sentença declaratória da exigibilidade da obrigação de ajuizamento de demanda condenatória inútil, porquanto até mesmo a ampla análise da pretensão deduzida em juízo estaria impedida pela coisa julgada formada no processo anterior. Precedentes citados: RESP 1.422.401-PR, Primeira Turma,

> *DJe 30/5/2014; AgRg no ARESP 720.870-SP, Segunda Turma, DJe 27/8/2015; AgRg no RESP 1.460.032-RN, Segunda Turma, DJe 14/9/2015; AgRg no RESP 1.018.250-RS, Segunda Turma, DJe 25/9/2014; AgRg no RESP 1.384.913-ES, Terceira Turma, DJe 24/8/2015; e RESP 1.508.910-SP, Terceira Turma, DJe 26/5/2015"* (STJ. RESP 1.324.152-SP, Rel. Min. Luis Felipe Salomão, Corte Especial, julgado em 04/05/2016, DJe 15/06/2016 – Informativo nº 585).

Art. 516

> **Art. 516. O cumprimento da sentença efetuar-se-á perante:**
>
> **I – os tribunais, nas causas de sua competência originária;**
>
> **II – o juízo que decidiu a causa no primeiro grau de jurisdição;**
>
> **III – o juízo cível competente, quando se tratar de sentença penal condenatória, de sentença arbitral, de sentença estrangeira ou de acórdão proferido pelo Tribunal Marítimo.**
>
> **Parágrafo único. Nas hipóteses dos incisos II e III, o exequente poderá optar pelo juízo do atual domicílio do executado, pelo juízo do local onde se encontrem os bens sujeitos à execução ou pelo juízo do local onde deva ser executada a obrigação de fazer ou de não fazer, casos em que a remessa dos autos do processo será solicitada ao juízo de origem.**

O dispositivo em questão deve ser interpretado literalmente, por ser autoexplicativo tratando da competência para o cumprimento da sentença. No terceiro inciso foi acrescentada a menção ao acórdão proferido por Tribunal Marítimo, eis que esta decisão passaria a ser considerada também como título executivo judicial, na esteira do que já foi comentado no artigo antecessor. Contudo, diante do veto presidencial acima mencionado, esta norma, no que diz respeito ao Tribunal Marítimo, perdeu qualquer aplicabilidade e sentido, pois as suas decisões permaneceram não sendo consideradas como títulos executivos judiciais.

No parágrafo único foi acrescentada mais uma hipótese de competência concorrente para o cumprimento de sentença, pois o credor também poderá optar pelo foro do lugar em que tiver que ser executada a obrigação de fazer ou não fazer.

> **Cumprimento de sentença em face da Fazenda Pública deve ser perante o mesmo órgão jurisdicional que proferiu sentença, sem possibilidade de escolha de outra base territorial pelo credor.** *"A competência para cumprimento de execução contra a Fazenda Pública é do juízo que decidiu a causa em primeiro grau de jurisdição, conforme art. 535 do CPC/ 2015, que determina o pagamento por meio de precatório ou requisição de pequeno valor, não havendo razão para que a execução seja processada em juízo diverso. Não se aplica nesse caso o art. 475-P do CPC/1973 (ou art. 516 do CPC/2015). Unânime"* (TRF-1. CC 0068706-16.2013.4.01.0000, Rel. Des. Federal Kassio Marques, em 28/03/2017).

Possibilidade de o credor de alimentos escolher a base territorial para início da execução, também sendo incluído o foro do seu domicílio (CPC/73). "*DIREITO PROCESSUAL CIVIL. COMPETÊNCIA PARA O PROCESSAMENTO DE EXECUÇÃO DE PRESTAÇÃO ALIMENTÍCIA. Na definição da competência para o processamento de execução de prestação alimentícia, cabe ao alimentando a escolha entre: a) o foro do seu domicílio ou de sua residência; b) o juízo que proferiu a sentença exequenda; c) o juízo do local onde se encontram bens do alimentante sujeitos à expropriação; ou d) o juízo do atual domicílio do alimentante. De fato, o descumprimento de obrigação alimentar, antes de ofender a autoridade de uma decisão judicial, viola o direito à vida digna de quem dela necessita (art. 1º, III, da CF). Em face dessa peculiaridade, a interpretação das normas relativas à competência, quando o assunto é alimentos, deve, sempre, ser a mais favorável aos alimentandos, sobretudo em se tratando de menores, por incidência, também, do princípio do melhor interesse e da proteção integral à criança e ao adolescente (art. 3º da Convenção sobre os Direitos da Criança e art. 1º do ECA). Nesse contexto, é relativa (e não absoluta) a presunção legal de que o alimentando, diante de seu estado de premente necessidade, tem dificuldade de propor a ação em foro diverso do seu próprio domicílio ou residência, que dá embasamento à regra do art. 100, II, do CPC, segundo a qual é competente o foro "do domicílio ou da residência do alimentando, para a ação em que se pedem alimentos", de modo que o alimentando pode renunciar à referida presunção se lhe for mais conveniente ajuizar a ação em local diverso. Da mesma forma, ainda que se trate de execução de alimentos – forma especial de execução por quantia certa –, deve-se adotar o mesmo raciocínio, permitindo, assim, a relativização da competência funcional prevista no art. 475-P do CPC, em virtude da natureza da prestação exigida. Desse modo, deve-se resolver a aparente antinomia havida entre os arts. 475-P, II e parágrafo único, 575, II, e 100, II, do CPC em favor do reconhecimento de uma regra de foro concorrente para o processamento de execução de prestação alimentícia que permita ao alimentando escolher entre: a) o foro do seu domicílio ou de sua residência (art. 100, II, CPC); b) o juízo que proferiu a sentença exequenda (art. 475-P, II, e art. 575, II, do CPC); c) o juízo do local onde se encontram bens do alimentante sujeitos à expropriação (parágrafo único do art. 475-P do CPC); ou d) o juízo do atual domicílio do alimentante (parágrafo único do art. 475-P do CPC)*" (CC 118.340-MS, Rel.ª Min.ª Nancy Andrighi, julgado em 11/09/2013).

Possibilidade de o credor escolher a base territorial para início do cumprimento de sentença (CPC/73). "*PROCESSUAL CIVIL. SENTENÇA CONDENATÓRIA. EXECUÇÃO (CUMPRIMENTO). JUÍZO COMPETENTE. INTELIGÊNCIA DO ART. 475-P DO CPC. 1 – Não obstante as inovações trazidas pelo art. 475-P do CPC, continua o juízo em que proferida a sentença sendo, regra geral, o competente para a sua execução (cumprimento), até porque a opção do parágrafo único do mesmo dispositivo (no caso do inciso II do* caput *deste artigo, o exequente poderá optar pelo juízo do local onde se encontram bens sujeitos à expropriação ou pelo do atual domicílio do executado, casos em que a remessa dos autos do processo será solicitada ao juízo de origem) deve ser a ele apresentada. 2 – Conflito conhecido para determinar a remessa dos autos ao Juízo da Primeira Vara Cível da Comarca de São Luis – MA*" (STJ. Conflito de competência nº 101.139-DF. Rel. Min. Fernando Gonçalves. DJ 16/02/2009).

> Competência da Justiça Federal para processar execução de sentença proferida pela Justiça Estadual, quando a União passa a intervir no processo como sucessora processual (CPC/73). "*CONFLITO DE COMPETÊNCIA. PROCESSO CIVIL. EXECUÇÃO DE SENTENÇA PROFERIDA PELA JUSTIÇA ESTADUAL. Art. 575, II, DO CPC. INTERVENÇÃO DA UNIÃO NO FEITO. DESLOCAMENTO DA COMPETÊNCIA PARA A JUSTIÇA FEDERAL. 1. Estatui o art. 575, II, do CPC que a competência para conhecer de execução fundada em título judicial é do Juízo que decidiu a causa no primeiro grau de jurisdição. 2. Todavia, depreende-se que a intervenção da União no feito executivo, como sucessora processual da extinta RFFSA (Rede Ferroviária Federal S/A), enseja o deslocamento da competência para a Justiça Federal (art. 109, I, da Constituição da República). 3. Conflito conhecido para declarar a competência do Juízo Federal da 3ª Vara e Juizado Especial Previdenciário de Santo Ângelo – SJ/RS, o suscitante*" (STJ. Conflito de competência nº 54.762/RS. Rel.ª Min.ª Eliana Calmon. DJ 09/04/2007).

Art. 517

Art. 517. A decisão judicial transitada em julgado poderá ser levada a protesto, nos termos da lei, depois de transcorrido o prazo para pagamento voluntário previsto no art. 523.

§ 1º Para efetivar o protesto, incumbe ao exequente apresentar certidão de teor da decisão.

§ 2º A certidão de teor da decisão deverá ser fornecida no prazo de 3 (três) dias e indicará o nome e a qualificação do exequente e do executado, o número do processo, o valor da dívida e a data de decurso do prazo para pagamento voluntário.

§ 3º O executado que tiver proposto ação rescisória para impugnar a decisão exequenda pode requerer, a suas expensas e sob sua responsabilidade, a anotação da propositura da ação à margem do título protestado.

§ 4º A requerimento do executado, o protesto será cancelado por determinação do juiz, mediante ofício a ser expedido ao cartório, no prazo de 3 (três) dias, contado da data de protocolo do requerimento, desde que comprovada a satisfação integral da obrigação.

Cuida da possibilidade de a decisão judicial ser levada a protesto pelo credor, depois de decorrido o prazo de quinze dias para pagamento voluntário (art. 523). É um dispositivo que tenta estabelecer um novo meio para pressionar o devedor a cumprir a sua obrigação, pois estaria sendo dada publicidade de sua impontualidade. A efetivação do protesto em si continua a ser regida por legislação especial (Lei nº 9.492/97), sendo de iniciativa do credor. Cumprida a obrigação, o juízo expedirá ofício para que seja feito o seu cancelamento. Se o executado tiver proposto ação rescisória, poderá pedir, às suas expensas, a anotação da propositura desta demanda à margem do protesto.

O CPC também passa a permitir o protesto do pronunciamento judicial que reconhece obrigação alimentar, conforme será analisado em momento próprio (art. 528, § 1º), o que poderá ser realizado sem o cumprimento de todas essas exigências aqui mencionadas.

> **Enunciado nº 99 da I Jornada de Processo Civil CEJ/CJF:** "*A inclusão do nome do executado em cadastros de inadimplentes poderá se dar na execução definitiva de título judicial ou extrajudicial*".

> **Possibilidade de protesto e inscrição do nome do devedor de alimentos em cadastros de inadimplentes.** "*Em execução de alimentos devidos a filho menor de idade, é possível o protesto e a inscrição do nome do devedor em cadastros de proteção ao crédito. Não há impedimento legal para que se determine a negativação do nome de contumaz devedor de alimentos no ordenamento pátrio. Ao contrário, a exegese conferida ao art. 19 da Lei de Alimentos (Lei nº 5.478/1968), que prevê incumbir ao juiz da causa adotar as providências necessárias para a execução da sentença ou do acordo de alimentos, deve ser a mais ampla possível, tendo em vista a natureza do direito em discussão, o qual, em última análise, visa garantir a sobrevivência e a dignidade da criança ou adolescente alimentando. Ademais, o princípio do melhor interesse da criança e do adolescente encontra respaldo constitucional (art. 227 da CF). Nada impede, portanto, que o mecanismo de proteção que visa salvaguardar interesses bancários e empresariais em geral (art. 43 da Lei nº 8.078/90) acabe garantindo direito ainda mais essencial relacionado ao risco de vida que violenta a própria dignidade da pessoa humana e compromete valores superiores à mera higidez das atividades comerciais. Não por outro motivo o legislador ordinário incluiu a previsão de tal mecanismo no Novo Código de Processo Civil, como se afere da literalidade dos arts. 528 e 782. Precedente citado: RESP 1.533.206-MG, Quarta Turma, DJe 1º/2/2016*" (STJ, RESP 1.469.102-SP, Rel. Min. Ricardo Villas Bôas Cueva, julgado em 8/3/2016, DJe 15/3/2016 – Informativo nº 579).

Art. 518

Art. 518. Todas as questões relativas à validade do procedimento de cumprimento da sentença e dos atos executivos subsequentes poderão ser arguidas pelo executado nos próprios autos e nestes serão decididas pelo juiz.

O dispositivo prevê que qualquer matéria é decidida nos próprios autos do cumprimento de sentença, diferentemente do regime da execução por título extrajudicial, que muitas vezes é apresentada em ação autônoma denominada embargos à execução.

Art. 519

Art. 519. Aplicam-se as disposições relativas ao cumprimento da sentença, provisório ou definitivo, e à liquidação, no que couber, às decisões que concederem tutela provisória.

O dispositivo prevê que as decisões que apreciarem e deferirem requerimento de tutela provisória deverão observar, para seu cumprimento, as disposições do cumprimento provisório ou definitivo de sentença, bem como aquelas reservadas à liquidação. De certa maneira, tais decisões interlocutórias já estão incluídas como títulos executivos judiciais, na esteira do que foi analisado acima (art. 515, I).

CAPÍTULO II
DO CUMPRIMENTO PROVISÓRIO DA SENTENÇA QUE RECONHEÇA A EXIGIBILIDADE DE OBRIGAÇÃO DE PAGAR QUANTIA CERTA

Art. 520

Art. 520. O cumprimento provisório da sentença impugnada por recurso desprovido de efeito suspensivo será realizado da mesma forma que o cumprimento definitivo, sujeitando-se ao seguinte regime:

I – corre por iniciativa e responsabilidade do exequente, que se obriga, se a sentença for reformada, a reparar os danos que o executado haja sofrido;

II – fica sem efeito, sobrevindo decisão que modifique ou anule a sentença objeto da execução, restituindo-se as partes ao estado anterior e liquidando-se eventuais prejuízos nos mesmos autos;

III – se a sentença objeto de cumprimento provisório for modificada ou anulada apenas em parte, somente nesta ficará sem efeito a execução;

IV – o levantamento de depósito em dinheiro e a prática de atos que importem transferência de posse ou alienação de propriedade ou de outro direito real, ou dos quais possa resultar grave dano ao executado, dependem de caução suficiente e idônea, arbitrada de plano pelo juiz e prestada nos próprios autos.

§ 1º No cumprimento provisório da sentença, o executado poderá apresentar impugnação, se quiser, nos termos do art. 525.

§ 2º A multa e os honorários a que se refere o § 1º do art. 523 são devidos no cumprimento provisório de sentença condenatória ao pagamento de quantia certa.

§ 3º Se o executado comparecer tempestivamente e depositar o valor, com a finalidade de isentar-se da multa, o ato não será havido como incompatível com o recurso por ele interposto.

§ 4º A restituição ao estado anterior a que se refere o inciso II não implica o desfazimento da transferência de posse ou da alienação de propriedade ou de outro direito real eventualmente já realizada, ressalvado, sempre, o direito à reparação dos prejuízos causados ao executado.

§ 5º Ao cumprimento provisório de sentença que reconheça obrigação de fazer, de não fazer ou de dar coisa aplica-se, no que couber, o disposto neste Capítulo.

A execução definitiva é aquela promovida lastreada em título "definitivo", isto é, título executivo judicial já transitado em julgado ou título executivo extrajudicial. Já a execução "provisória" é realizada com base em título judicial que ainda não transitou em julgado, em virtude da pendência de recurso de apelação, recebido sem efeito suspensivo, permitindo ao credor que algumas etapas processuais já pudessem estar sendo antecipadas. Mas, se eventualmente o recurso tivesse sido recebido no duplo efeito, não seria permitido iniciar qualquer execução. E, além disso, deve ser lembrado que nem toda sentença pode ser submetida a uma execução provisória como, por exemplo, a que condena a Fazenda Pública ao pagamento de soma em dinheiro (art. 2º-B, Lei nº 9.494/97).

A vantagem de promover desde logo a execução provisória é que o exequente já poderá ir praticando diversos atos processuais antes mesmo de a decisão exequenda transitar em julgado, o que gera enorme ganho de tempo. No entanto, há também riscos, pois, caso a execução provisória seja promovida e, posteriormente, a decisão for reformada em instância recursal, ficará o exequente responsabilizado objetivamente pela reparação dos prejuízos que eventualmente tenha sofrido o suposto devedor (art. 520, inc. I).

A execução provisória se desenvolve, praticamente, de forma idêntica a uma execução definitiva, com exceção de alguns detalhes. É que, se no curso da execução provisória, o exequente pretender levantar depósito em dinheiro ou mesmo praticar algum ato que implique na alienação de bens da propriedade do executado, deverá prestar uma caução nos próprios autos (art. 520, inc. IV).

É autorizado que no cumprimento provisório o executado apresente impugnação, bem como que em caso de não pagamento haja a imposição automática da multa e dos honorários advocatícios, quando ultrapassado o prazo de quinze dias (art. 523, § 1º). É de se salientar que a jurisprudência do STJ vinha negando a possibilidade desta multa em sede de cumprimento provisório de sentença. O terceiro parágrafo autoriza que o devedor efetue o pagamento para fins de isenção da multa, sem que isso seja interpretado como anuência tácita à decisão e prejudique a análise do seu recurso (art. 1.000).

O quarto parágrafo traz ainda importante regra ao esclarecer que a expropriação de bens realizada em sede de cumprimento provisório de sentença não é desfeita em caso de provimento ao recurso interposto pelo executado, devendo este ser ressarcido pelo exequente.

> **Enunciado nº 88 da I Jornada de Processo Civil CEJ/CJF:** "*A caução prevista no inc. IV do art. 520 do CPC não pode ser exigida em cumprimento definitivo de sentença. Considera-se como tal o cumprimento de sentença transitada em julgado no processo que deu origem ao crédito executado, ainda que sobre ela penda impugnação destituída de efeito suspensivo*".

> **Execução provisória de débitos da Fazenda Pública: obrigação de fazer e regime de precatórios.** "*A execução provisória de obrigação de fazer em face da Fazenda Pública não atrai o regime constitucional dos precatórios. Com base nessa orientação, o Supremo Tribunal Federal, ao apreciar o Tema 45 da repercussão geral, por unanimidade, negou provimento a recurso extraordinário em que se questionava a possibilidade de execução provisória de obrigação de fazer contra a Fazenda Pública, haja vista a previsão constitucional dos precatórios. O caso trata de execução de obrigações de fazer, mediante implantação de benefício equivalente à metade do valor de pensão instituída por militar decesso em favor da companheira, a par da outra metade a ser percebida pela esposa, até então favorecida com a integralidade da verba. Inicialmente, a Corte relembrou a jurisprudência firmada no sentido da inaplicabilidade ao Poder Público do regime jurídico da execução provisória de prestação obrigacional, após a Emenda Constitucional 30/2000, que deu nova redação ao § 1º do art. 100 da Constituição Federal. Considerou, entretanto, que a sistemática dos precatórios não se aplica no caso concreto, por se tratar de obrigação de fazer, ou seja, implantação de pensão instituída por militar. Asseverou que toda decisão não autossuficiente pode ser cumprida de maneira imediata, na pendência de recursos não recebidos com efeito suspensivo. Não há parâmetro constitucional nem legal que obste a pretensão de executar provisoriamente a sentença condenatória de obrigação de fazer relativa à implementação de pensão de militar, antes do trânsito em julgado dos embargos do devedor opostos pela Fazenda Pública. Assim, inexiste razão para que a obrigação de fazer tenha seu efeito financeiro postergado em função do trânsito em julgado, sob pena de hipertrofiar uma regra constitucional de índole excepcionalíssima. Dessa forma, concluiu haver compatibilidade material entre o regime de cumprimento integral de decisão provisória do art. 475-O do CPC/73 e a sistemática dos precatórios, com previsão no art. 100 da CF, haja vista que este apenas se refere às obrigações de pagar quantia certa*" (STF. REXTR nº 573.872/RS. Rel. Min. Edson Fachin. DJ 24/05/2017).

> **Necessidade de aguardar a prolação da sentença favorável ao demandante para que este possa promover a execução provisória das** *astreintes*, **caso o recurso de apelação interposto pelo demandado não tenha efeito**

suspensivo (CPC/73). *"A multa diária prevista no § 4º do art. 461 do CPC, devida desde o dia em que configurado o descumprimento, quando fixada em antecipação de tutela, somente poderá ser objeto de execução provisória após a sua confirmação pela sentença de mérito e desde que o recurso eventualmente interposto não seja recebido com efeito suspensivo. Isso porque se deve prestigiar a segurança jurídica e evitar que a parte se beneficie de quantia que, posteriormente, venha se saber indevida, reduzindo, dessa forma, o inconveniente de um eventual pedido de repetição de indébito que, por vezes, não se mostra exitoso. Ademais, o termo "sentença", assim como utilizado nos arts. 475-O e 475-N, I, do CPC, deve ser interpretado de forma restrita, razão pela qual é inadmissível a execução provisória de multa fixada por decisão interlocutória em antecipação dos efeitos da tutela, ainda que ocorra a sua confirmação por acórdão. Esclareça-se que a ratificação de decisão interlocutória que arbitra multa cominatória por posterior acórdão, em razão da interposição de recurso contra ela interposto, continuará tendo em sua gênese apenas a análise dos requisitos de prova inequívoca e verossimilhança, próprios da cognição sumária que ensejaram o deferimento da antecipação dos efeitos da tutela. De modo diverso, a confirmação por sentença da decisão interlocutória que impõe multa cominatória decorre do próprio reconhecimento da existência do direito material reclamado que lhe dá suporte, o qual é apurado após ampla dilação probatória e exercício do contraditório. Desta feita, o risco de cassação da multa e, por conseguinte, a sobrevinda de prejuízo à parte contrária em decorrência de sua cobrança prematura, tornar-se-á reduzido após a prolação da sentença, ao invés de quando a execução ainda estiver amparada em decisão interlocutória proferida no início do processo, inclusive no que toca à possibilidade de modificação do seu valor ou da sua periodicidade"* (STJ. RESP 1.200.856-RS, Rel. Min. Sidnei Beneti, julgado em 1º/7/2014).

Execução provisória e necessidade de caução para levantar valores ou expropriar bens, mesmo tratando-se de credor que é beneficiário da gratuidade de justiça (CPC/73). *"AGRAVO DE INSTRUMENTO. Decisão que deferiu levantamento, independentemente de caução idônea, de quantia depositada à disposição do juízo em sede de execução provisória. Agravados que declararam sua própria pobreza a fim de obter o benefício da gratuidade de justiça, não sendo certo, portanto, que seu patrimônio poderá arcar com o ressarcimento a que estarão eventualmente obrigados no caso de a sentença condenatória vir a ser reformada. Perigo de irreparabilidade do dano caracterizado. Aplicação do art. 475-O, parágrafo segundo, inciso II, do CPC a fim de que só seja deferido o levantamento do montante depositado mediante o oferecimento de caução idônea pelos agravados. Decisão que se reforma"* (TJ-RJ. Apelação cível nº 2008.002.06473. Rel.ª Des.ª Maria Augusta Vaz. Julgado em: 08/04/2008).

Execução fiscal e necessidade de aguardar o trânsito em julgado da sentença proferida em embargos para que haja a expropriação dos bens penhorados (CPC/73). *"Processo civil. Execução. Execução fiscal. Lei nº 6.830/80. Depósito em dinheiro. Levantamento. Trânsito em julgado. A Lei de Execuções Fiscais contém dispositivo expresso segundo o qual o levantamento de depósito judicial em dinheiro depende de trânsito em julgado da sentença. Norma do art. 32, § 2º, LEF é especial em relação ao Código de Processo Civil. Sejam os embargos à execução recebidos, ou não, no efeito suspensivo, seja a execução caracterizada como definitiva ou provisória, o levantamento de dinheiro dado em garantia na execução fiscal depende*

> *do trânsito em julgado da decisão que julga os embargos do devedor. Inaplicabilidade do disposto no art. 475-O do CPC e da Súmula nº 317 do STJ. Recurso provido"* (TJ-RJ. Agravo de instrumento nº 2008.002.30373. Rel. Des. Marco Antônio Ibrahim, julgado em: 23/09/2009).

Art. 521

Art. 521. A caução prevista no inciso IV do art. 520 poderá ser dispensada nos casos em que:

I – o crédito for de natureza alimentar, independentemente de sua origem;

II – o credor demonstrar situação de necessidade;

III – pender o agravo do art. 1.042;

IV – a sentença a ser provisoriamente cumprida estiver em consonância com súmula da jurisprudência do Supremo Tribunal Federal ou do Superior Tribunal de Justiça ou em conformidade com acórdão proferido no julgamento de casos repetitivos.

Parágrafo único. A exigência de caução será mantida quando da dispensa possa resultar manifesto risco de grave dano de difícil ou incerta reparação.

O dispositivo enumera situações em que a caução mencionada no artigo antecedente pode ser dispensada. É esclarecido que esta dispensa se opera para créditos de natureza alimentar, qualquer que seja a sua origem, bem como quando pender o agravo em REXTR ou RESP (art. 1.042, incs. II e III). Também inova ao dispensar a caução para casos em que a sentença estiver em consonância com súmula de jurisprudência dominante do STF ou do STJ ou, ainda, em casos de acórdãos relativos a julgamento de casos repetitivos. É de se criticar, contudo, a inclusão de desnecessidade desta caução quando o credor demonstrar situação de necessidade, pois em casos tais provavelmente o valor levantado seria imediatamente gasto, gerando risco ao executado que não teria como ser ressarcido no caso de provimento do seu recurso. Mas, felizmente, foi criada norma (art. 521, parágrafo único) praticamente fulminando esta situação, pois prevê que não será dispensada a caução em nenhuma hipótese em que ocorrer risco de grave dano ou de difícil ou incerta reparação. Portanto, motivo de hipossuficiência do exequente, isoladamente, não torna a caução desnecessária.

Art. 522

Art. 522. O cumprimento provisório da sentença será requerido por petição dirigida ao juízo competente.

> **Parágrafo único.** Não sendo eletrônicos os autos, a petição será acompanhada de cópias das seguintes peças do processo, cuja autenticidade poderá ser certificada pelo próprio advogado, sob sua responsabilidade pessoal:
>
> I – decisão exequenda;
>
> II – certidão de interposição do recurso não dotado de efeito suspensivo;
>
> III – procurações outorgadas pelas partes;
>
> IV – decisão de habilitação, se for o caso;
>
> V – facultativamente, outras peças processuais consideradas necessárias para demonstrar a existência do crédito.

Prevê o CPC nesta norma que o requerimento para início do cumprimento provisório da sentença deve ser dirigido ao juízo competente (art. 516) e que, não sendo eletrônicos os autos, deve vir acompanhado das cópias reprográficas das peças ali mencionadas, devendo estas serem certificadas pelo próprio patrono como autênticas. Isto ocorre porque, sendo o processo físico, os autos estarão no tribunal para processamento do recurso de apelação que foi interposto apenas no efeito devolutivo (art. 1.012, § 1º), daí a necessidade da extração destas cópias para instruir os autos da execução provisória que tramitará em órgão de primeira instância. Obviamente, esta execução provisória será devidamente autuada e terá um novo número de distribuição, uma vez que os autos originais se encontram na instância recursal.

CAPÍTULO III
DO CUMPRIMENTO DEFINITIVO DA SENTENÇA QUE RECONHEÇA A EXIGIBILIDADE DE OBRIGAÇÃO DE PAGAR QUANTIA CERTA

Art. 523

> **Art. 523.** No caso de condenação em quantia certa, ou já fixada em liquidação, e no caso de decisão sobre parcela incontroversa, o cumprimento definitivo da sentença far-se-á a requerimento do exequente, sendo o executado intimado para pagar o débito, no prazo de 15 (quinze) dias, acrescido de custas, se houver.
>
> **§ 1º** Não ocorrendo pagamento voluntário no prazo do *caput*, o débito será acrescido de multa de dez por cento e, também, de honorários de advogado de dez por cento.
>
> **§ 2º** Efetuado o pagamento parcial no prazo previsto no *caput*, a multa e os honorários previstos no § 1º incidirão sobre o restante.

> **§ 3º Não efetuado tempestivamente o pagamento voluntário, será expedido, desde logo, mandado de penhora e avaliação, seguindo-se os atos de expropriação.**

O dispositivo enumera como será o novo procedimento para cumprimento definitivo da sentença que reconhece obrigação de pagar quantia certa entre particulares. Este rito passará a ter a seguinte forma: **requerimento para início do cumprimento de sentença → intimação do devedor para cumprimento em quinze dias → na falta de cumprimento da obrigação neste prazo, automaticamente incidirão 10% de multa e 10% de honorários, também já iniciando, neste mesmo momento, o prazo de quinze dias para impugnar, que agora não mais dependerá de prévia garantia do juízo → a concessão do efeito suspensivo à impugnação obstará a expropriação dos bens enquanto não for apreciada → expropriação dos bens e pagamento ao credor → sentença declarando a satisfação da obrigação e extinguindo a execução.**

Assim, o credor apresentará uma peça requerendo o início deste cumprimento, observando as formalidades do dispositivo subsequente. Após, ocorrerá a intimação do devedor para cumprimento em quinze dias, de uma das maneiras já trabalhadas anteriormente (art. 523, § 2º). Não havendo pagamento neste prazo, automaticamente incidirão os honorários advocatícios e a multa mencionada no *caput*, iniciando novo prazo de quinze dias para que a impugnação seja apresentada. Se realizado pagamento parcial, a multa e os honorários recairão sobre o montante ainda em aberto.

No meio acadêmico, há divergência sobre se estes primeiros quinze dias para o devedor cumprir a obrigação devem ser contados em dias úteis ou corridos. Com efeito, a contagem dos prazos em dias úteis somente se aplica para os prazos ditos "processuais" (art. 219, parágrafo único). Porém, por vezes é possível se detectar alguma situação que pode gerar certas dificuldades em definir qual a real natureza do prazo, tal como ocorre neste caso. Apesar do argumento de que o "pagamento" se trata de um ato "material", não se pode deixar de perceber que este mesmo prazo para cumprimento da obrigação tem reflexos processuais, já que a sua falta de observância acarreta diversas consequências de cunho processual, como fixação de honorários, multa e início da contagem para a apresentação da impugnação. Por este motivo, certamente a mera cogitação de que, em um mesmo processo, certos prazos tenham que ser contados de forma corrida enquanto outros serão em dias úteis, contribuirá ainda mais para fomentar uma enorme insegurança jurídica. Portanto, em prol de uma simplificação, o que ora se defende é que, neste caso em específico (art. 523 – prazo para cumprir obrigação em sede de cumprimento de sentença), seja considerado como de natureza processual e, por este motivo, seja computado em dias úteis, tal como ocorrerá com o prazo seguinte de 15 (quinze) dias para oferecimento da impugnação.

O artigo também prevê que o mandado de penhora e avaliação somente poderá ser expedido no mesmo momento em que ocorrer o termo inicial para a apresentação da impugnação, deixando claro que após o seu cumprimento já poderá ocorrer a expropriação dos bens. O STJ já tinha jurisprudência autorizando a fixação de novos honorários nesta etapa.

> **Enunciado nº 84 da I Jornada de Processo Civil CEJ/CJF:** "*O comparecimento espontâneo da parte constitui termo inicial dos prazos para pagamento e, sucessivamente, impugnação ao cumprimento de sentença*".
>
> **Enunciado nº 89 da I Jornada de Processo Civil CEJ/CJF:** "*Conta-se em dias úteis o prazo do* caput *do art. 523 do CPC*".
>
> **Enunciado nº 92 da I Jornada de Processo Civil CEJ/CJF:** "*A intimação prevista no* caput *do art. 523 do CPC deve contemplar, expressamente, o prazo sucessivo para impugnar o cumprimento de sentença*".

> **Impossibilidade de aplicação da multa de 10% (art. 523, § 1º) em cumprimento de sentença de obrigação sem liquidez necessária.** "*(...) 5. Não há como aplicar, na fase de cumprimento de sentença, a multa de 10% (dez por cento) prevista no art. 475-J do CPC/1973 (atual art. 523, § 1º, do CPC/2015) se a condenação não se revestir da liquidez necessária ao seu cumprimento espontâneo. 6. Configurada a iliquidez do título judicial exequendo (perdas e danos e* astreintes*), revela-se prematura a imposição da multa do art. 475-J do CPC/1973, sendo de rigor o seu afastamento. (...) 14. Recurso especial provido*" (STJ. RESP nº 1691748/PR. Rel. Min. Ricardo Villas Bôas Cuevas. DJ 17/11/2017).
>
> **Possibilidade de nova verba honorária no início do cumprimento de sentença (CPC/73).** "*PROCESSUAL CIVIL. FIXAÇÃO DE HONORÁRIOS NA FASE DE CUMPRIMENTO DA SENTENÇA. CABIMENTO. RESP PROVIDO. Muito embora o capítulo do cumprimento de sentença seja omisso quanto à fixação da verba honorária, a interpretação sistemática e teleológica da norma conduz ao entendimento de que é cabível arbitramento de honorários. RESP provido*" (STJ. RESP nº 1.050.435/SP. Rel. Min. Sidnei Beneti. DJ 24/04/2009).

Art. 524

Art. 524. O requerimento previsto no art. 523 será instruído com demonstrativo discriminado e atualizado do crédito, devendo a petição conter:

I – o nome completo, o número de inscrição no Cadastro de Pessoas Físicas ou no Cadastro Nacional da Pessoa Jurídica do exequente e do executado, observado o disposto no art. 319, §§ 1º a 3º;

II – o índice de correção monetária adotado;

III – os juros aplicados e as respectivas taxas;

IV – o termo inicial e o termo final dos juros e da correção monetária utilizados;

V – a periodicidade da capitalização dos juros, se for o caso;

VI – especificação dos eventuais descontos obrigatórios realizados;

> **VII – indicação dos bens passíveis de penhora, sempre que possível.**
>
> **§ 1º Quando o valor apontado no demonstrativo aparentemente exceder os limites da condenação, a execução será iniciada pelo valor pretendido, mas a penhora terá por base a importância que o juiz entender adequada.**
>
> **§ 2º Para a verificação dos cálculos, o juiz poderá valer-se de contabilista do juízo, que terá o prazo máximo de 30 (trinta) dias para efetuá-la, exceto se outro lhe for determinado.**
>
> **§ 3º Quando a elaboração do demonstrativo depender de dados em poder de terceiros ou do executado, o juiz poderá requisitá-los, sob cominação do crime de desobediência.**
>
> **§ 4º Quando a complementação do demonstrativo depender de dados adicionais em poder do executado, o juiz poderá, a requerimento do exequente, requisitá-los, fixando prazo de até 30 (trinta) dias para o cumprimento da diligência.**
>
> **§ 5º Se os dados adicionais a que se refere o § 4º não forem apresentados pelo executado, sem justificativa, no prazo designado, reputar-se-ão corretos os cálculos apresentados pelo exequente apenas com base nos dados de que dispõe.**

O requerimento do credor não precisa ter forma de petição inicial. É uma simples peça postulando o início da fase executiva. Caso queira, o exequente já pode indicar os bens que pretende penhorar ou mesmo já requerer a "penhora *on-line*" (art. 854). Vale lembrar que é rara a hipótese de o próprio devedor indicar os bens à penhora, o que apenas ocorre quando se tratar de algum procedimento especial (v.g., execução fiscal) ou quando o magistrado assim determinar (art. 774, inc. V).

Este requerimento também deve vir acompanhado de uma planilha atualizando a dívida, sendo da incumbência do CNJ disponibilizar programa para que ela possa ser realizada (art. 509, § 3º).

Se for do interesse do credor, o mesmo poderá requerer uma certidão de deferimento da etapa executiva (art. 828 c/c art. 513). Mas não deveria ser necessário que houvesse o recolhimento de uma nova taxa judiciária, posto que o processo permanece sendo o mesmo, ainda que iniciando outra etapa. Assim, caberia ao exequente apenas adiantar as despesas necessárias para prover a prática das novas diligências, como a realização da penhora e avaliação. E estes valores, por óbvio, serão posteriormente incluídos em execução e aquele que os adiantou será devidamente ressarcido. Contudo, alguns Tribunais também vêm exigindo o recolhimento prévio de uma nova taxa judiciária.

Igualmente, o CPC permite que o credor proteste a sentença (art. 517 – depois que decorrer o prazo para o pagamento voluntário), bem como requeira ao magistrado que o nome do executado seja incluído em cadastro de inadimplentes (art. 782, § 3º), que corporificam meios de coerção para forçar o devedor a cumprir sua obrigação.

> **Enunciado nº 91 da I Jornada de Processo Civil CEJ/CJF:** "*Interpreta-se o art. 524 do CPC e seus parágrafos no sentido de permitir que a parte patrocinada pela Defensoria Pública continue a valer-se da contadoria judicial para elaborar cálculos para execução ou cumprimento de sentença*".

Art. 525

Art. 525. Transcorrido o prazo previsto no art. 523 sem o pagamento voluntário, inicia-se o prazo de 15 (quinze) dias para que o executado, independentemente de penhora ou nova intimação, apresente, nos próprios autos, sua impugnação.

§ 1º Na impugnação, o executado poderá alegar:

I – falta ou nulidade da citação se, na fase de conhecimento, o processo correu à revelia;

II – ilegitimidade de parte;

III – inexequibilidade do título ou inexigibilidade da obrigação;

IV – penhora incorreta ou avaliação errônea;

V – excesso de execução ou cumulação indevida de execuções;

VI – incompetência absoluta ou relativa do juízo da execução;

VII – qualquer causa modificativa ou extintiva da obrigação, como pagamento, novação, compensação, transação ou prescrição, desde que supervenientes à sentença.

§ 2º A alegação de impedimento ou suspeição observará o disposto nos arts. 146 e 148.

§ 3º Aplica-se à impugnação o disposto no art. 229.

§ 4º Quando o executado alegar que o exequente, em excesso de execução, pleiteia quantia superior à resultante da sentença, cumprir-lhe-á declarar de imediato o valor que entende correto, apresentando demonstrativo discriminado e atualizado de seu cálculo.

§ 5º Na hipótese do § 4º, não apontado o valor correto ou não apresentado o demonstrativo, a impugnação será liminarmente rejeitada, se o excesso de execução for o seu único fundamento, ou, se houver outro, a impugnação será processada, mas o juiz não examinará a alegação de excesso de execução.

§ 6º A apresentação de impugnação não impede a prática dos atos executivos, inclusive os de expropriação, podendo o juiz, a requerimento do executado e desde que garantido o juízo com penhora, caução ou depósito suficientes, atribuir-lhe efeito suspensivo, se seus fundamentos forem relevantes e se o prosseguimento da execução for manifestamente suscetível de causar ao executado grave dano de difícil ou incerta reparação.

§ 7º A concessão de efeito suspensivo a que se refere o § 6º não impedirá a efetivação dos atos de substituição, de reforço ou de redução da penhora e de avaliação dos bens.

§ 8º Quando o efeito suspensivo atribuído à impugnação disser respeito apenas a parte do objeto da execução, esta prosseguirá quanto à parte restante.

§ 9º A concessão de efeito suspensivo à impugnação deduzida por um dos executados não suspenderá a execução contra os que não impugnaram, quando o respectivo fundamento disser respeito exclusivamente ao impugnante.

§ 10. Ainda que atribuído efeito suspensivo à impugnação, é lícito ao exequente requerer o prosseguimento da execução, oferecendo e prestando, nos próprios autos, caução suficiente e idônea a ser arbitrada pelo juiz.

§ 11. As questões relativas a fato superveniente ao término do prazo para apresentação da impugnação, assim como aquelas relativas à validade e à adequação da penhora, da avaliação e dos atos executivos subsequentes, podem ser arguidas por simples petição, tendo o executado, em qualquer dos casos, o prazo de 15 (quinze) dias para formular esta arguição, contado da comprovada ciência do fato ou da intimação do ato.

§ 12. Para efeito do disposto no inciso III do § 1º deste artigo, considera-se também inexigível a obrigação reconhecida em título executivo judicial fundado em lei ou ato normativo considerado inconstitucional pelo Supremo Tribunal Federal, ou fundado em aplicação ou interpretação da lei ou do ato normativo tido pelo Supremo Tribunal Federal como incompatível com a Constituição Federal, em controle de constitucionalidade concentrado ou difuso.

§ 13. No caso do § 12, os efeitos da decisão do Supremo Tribunal Federal poderão ser modulados no tempo, em atenção à segurança jurídica.

§ 14. A decisão do Supremo Tribunal Federal referida no § 12 deve ser anterior ao trânsito em julgado da decisão exequenda.

§ 15. Se a decisão referida no § 12 for proferida após o trânsito em julgado da decisão exequenda, caberá ação rescisória, cujo prazo será contado do trânsito em julgado da decisão proferida pelo Supremo Tribunal Federal.

O dispositivo estabelece o prazo de quinze dias para oferecimento da defesa denominada "impugnação" e deixa claro que ela independe de prévia garantia do juízo, o que era diferente no modelo anterior (CPC/73). Também trata das matérias que podem ser apresentadas em "impugnação".

Há inclusão de matérias novas como cumulação indevida de execuções, incompetência absoluta e relativa. Não se trata, porém, de um rol taxativo, pois nela também podem ser apresentados os vícios que podem macular o procedimento arbitral que resultou na sentença arbitral que se encontra sendo executada (art. 33, § 3º, Lei nº 9.307/96 c/c art. 1.061).

Outrossim, também há menção a que matérias como impedimento ou suspeição do magistrado devem ser alegadas pela via própria, que é por simples petição específica para estes fins, bem como que o prazo para oferecer a impugnação pode ser duplicado quando forem executados com diferentes procuradores (o que conflita com o regime próprio dos embargos à execução, já que neste outro caso há proibição específica a respeito – art. 915, § 3º).

Nos casos de impugnação com alegação de excesso, caberá ao executado já indicar qual seria o montante superior, sob pena de rejeição liminar desta alegação. O dispositivo também deixa claro que impugnação não impede a prática de atos executivos e nem os de expropriação, muito embora possa ser dado o efeito suspensivo pelo magistrado, acaso atendidas as exigências do parágrafo sexto.

Prevê, de maneira inédita, que a concessão do efeito suspensivo a um executado não se opera aos demais, o que fatalmente pode gerar discussão sobre múltiplas penhoras realizadas posteriormente quando o juízo já se encontrava integralmente garantido.

Também disciplina que, havendo qualquer fato superveniente ao término do prazo para impugnar, passa a ser expressamente autorizada sua comunicação por simples petição, assegurado o direito de a outra parte se manifestar em quinze dias.

Por fim, os quatro últimos parágrafos se referem à inexigibilidade do título executivo judicial, estando exatamente na mesma linha da jurisprudência do STF, que impede a modulação retroativa da declaração de inconstitucionalidade da lei que tiver fundamentado a sentença quando esta já tiver transitado em julgado. Vale dizer, ainda, que o décimo quinto parágrafo traz um termo inicial para o prazo bienal do ajuizamento da ação rescisória que não foi ressalvado pela norma que cuida especificamente do tema (art. 975).

Enunciado nº 90 da I Jornada de Processo Civil CEJ/CJF: *"Conta-se em dobro o prazo do art. 525 do CPC nos casos em que o devedor é assistido pela Defensoria Pública".*

Enunciado nº 93 da I Jornada de Processo Civil CEJ/CJF: *"Da decisão que julga a impugnação ao cumprimento de sentença cabe apelação, se extinguir o processo, ou agravo de instrumento, se não o fizer".*

Enunciado nº 94 da I Jornada de Processo Civil CEJ/CJF: *"Aplica-se o procedimento do art. 920 do CPC à impugnação ao cumprimento de sentença, com possibilidade de rejeição liminar nas hipóteses dos arts. 525, § 5º, e 918 do CPC".*

Enunciado nº 95 da I Jornada de Processo Civil CEJ/CJF: *"O juiz, antes de rejeitar liminarmente a impugnação ao cumprimento de sentença (art. 525, § 5º, do CPC), deve intimar o impugnante para sanar eventual vício, em observância ao dever processual de cooperação (art. 6º do CPC)".*

Enunciado nº 50 da ENFAM: *"O oferecimento de impugnação manifestamente protelatória ao cumprimento de sentença será considerado conduta atentatória à dignidade da Justiça (art. 918, III, parágrafo único, do CPC/2015), ensejando a aplicação da multa prevista no art. 774, parágrafo único".*

Enunciado nº 51 da ENFAM: *"A majoração de honorários advocatícios prevista no art. 827, § 2º, do CPC/2015 não é aplicável à impugnação ao cumprimento de sentença".*

Enunciado nº 55 da ENFAM: *"Às hipóteses de rejeição liminar a que se referem os arts. 525, § 5º, 535, § 2º, e 917 do CPC/2015 (excesso de execução) não se aplicam os arts. 9º e 10 desse código".*

Constitucionalidade das normas que impedem a eficácia de decisão transitada em julgado baseada em lei considerada inconstitucional pelo STF. *"O Plenário iniciou julgamento de recurso extraordinário em que se discute a constitucionalidade do parágrafo único do art. 741 do CPC/73, cuja redação original fora modificada pela Lei 11.232/2005 ("Art. 741. Na execução contra a Fazenda Pública, os embargos só poderão versar sobre: [...] II – inexigibilidade do título ... Parágrafo único. Para efeito do disposto no inciso II do* caput *deste artigo, considera-se também inexigível o título judicial fundado em lei ou ato normativo declarados inconstitucionais pelo Supremo Tribunal Federal, ou fundado em aplicação ou interpretação da lei ou ato normativo tidas pelo Supremo Tribunal Federal como incompatíveis com a Constituição Federal"). O Ministro Teori Zavascki (relator) negou provimento ao recurso, no que foi acompanhado pelos Ministros Edson Fachin, Roberto Barroso, Rosa Weber, Luiz Fux, Dias Toffoli, Cármen Lúcia e Gilmar Mendes. Afirmou que são constitucionais as disposições normativas do parágrafo único do art. 741 do CPC e do § 1º do art. 475-L, ambos do CPC/73, bem como os correspondentes preceitos do CPC/2015 (art. 525, § 1º, III e §§ 12 e 14 e o art. 535, § 5º). Essas normas teriam buscado harmonizar a garantia da coisa julgada com o primado da Constituição. Ademais, vieram agregar ao sistema processual brasileiro um mecanismo com eficácia rescisória de sentenças revestidas de vício de inconstitucionalidade qualificado, assim caracterizado nas seguintes hipóteses: (a) nos casos em que a sentença exequenda estiver fundada em norma reconhecidamente inconstitucional; ou (b) quando a sentença exequenda tiver deixado de aplicar* *norma reconhecidamente constitucional; e (c) desde que, em qualquer dos casos, o reconhecimento dessa constitucionalidade ou a inconstitucionalidade tiver decorrido de julgamento do STF realizado em data anterior ao trânsito em julgado da sentença exequenda. Explicitou que, na situação dos autos, ainda que o acórdão tivesse declarado a inconstitucionalidade do parágrafo único do art. 741 do CPC, a hipótese seria de negar provimento ao recurso. Isto porque não se comportariam no âmbito normativo do referido diploma as sentenças que, contrariando precedente do STF a respeito, tivessem reconhecido o direito a diferenças de correção monetária das contas do FGTS. Realçou que, para afirmar devida a incidência da correção monetária pelos índices aplicados pela gestora do Fundo (a Caixa Econômica Federal), o STF não declarara a constitucionalidade ou a inconstitucionalidade de qualquer norma, nem mesmo mediante as técnicas de interpretação conforme a Constituição ou sem redução de texto. Resolvera questão de direito intertemporal, qual seja, saber qual das normas infraconstitucionais – a antiga ou a nova – deveria ser aplicada para calcular a correção monetária das contas do FGTS. Além disso, a deliberação tomada se fizera com base na aplicação direta de normas constitucionais, nomeadamente a que trata da irretroatividade da lei, em garantia do direito adquirido (CF, art. 5º, XXXVI). Os Ministros Marco Aurélio e Celso de Mello também acompanharam o relator no desprovimento do recurso, mas por outro fundamento. Pontuaram que a coisa julgada só poderia ser mitigada pela Constituição. Em seguida, pediu vista o Ministro Ricardo Lewandowski (Presidente)"* (STF. RE 611.503/SP, Rel. Min. Teori Zavascki, 1º/06/2016).

Necessidade de emprego da ação rescisória para desconstituir coisa julgada material de decisão lastreada em lei declarada inconstitucional pelo STF, com modulação retroativa (CPC/73). *"A sentença de mérito transitada em julgado só pode ser desconstituída mediante ajuizamento de específica ação autônoma de impugnação (ação rescisória) que haja sido proposta na fluência do prazo decadencial previsto em lei, pois, com o exaurimento de referido lapso temporal, estar-se-á diante da coisa soberanamente julgada, insuscetível de ulterior modificação, ainda que o ato sentencial encontre fundamento em legislação que, em momento posterior, tenha sido declarada inconstitucional pelo Supremo Tribunal Federal, quer em sede de controle abstrato, quer no âmbito de fiscalização incidental de constitucionalidade. A decisão do Supremo Tribunal Federal que haja declarado inconstitucional determinado diploma legislativo em que se apoie o título judicial, ainda que impregnada de eficácia* ex tunc, *como sucede com os julgamentos proferidos em sede de fiscalização concentrada (RTJ 87/758 – RTJ 164/506-509 – RTJ 201/765), detém-se ante a autoridade da coisa julgada, que traduz, nesse contexto, limite insuperável à força retroativa resultante dos pronunciamentos que emanam,* "in abstracto"*, da Suprema Corte. Doutrina. Precedentes"* (STF. REXTR nº 594.350/RS. Rel. Min. Celso de Mello. DJ 11/06/2010).

Termo inicial para apresentação de impugnação é contado da ciência quanto à penhora on-line. Entendimento em caso ocorrido enquanto ainda eram vigentes as regras da codificação anterior. *"O termo inicial do prazo para apresentar impugnação ao cumprimento de sentença é contado a partir da ciência inequívoca do devedor quanto à penhora on-line realizada, não havendo necessidade de sua intimação formal"* (STJ. ERESP 1.415.522-ES, Rel. Min. Felix Fischer, por unanimidade, julgado em 29/03/2017, DJe 05/04/2017).

Inexigibilidade de título executivo judicial transitado em julgado calcado em lei não recepcionada pela Constituição. *"Ainda que tenha havido o trânsito em julgado, é inexigível a obrigação reconhecida em sentença com base exclusivamente em lei não recepcionada pela Constituição. Fundado o título judicial exclusivamente na aplicação ou interpretação da lei ou ato normativo tidas pelo STF como incompatíveis com a CF, é perfeitamente permitido o reconhecimento da inexigibilidade da obrigação na própria fase de execução. Por outro lado, fundada a sentença em preceitos outros, decorrentes, por exemplo, da interpretação da legislação civil ou das disposições constitucionais vigentes, a obrigação é perfeitamente exigível, só podendo ser suprimida a partir da rescisão do título pelas vias ordinárias, sob pena de restar configurada grave ofensa à eficácia preclusiva da coisa julgada material. Isso porque, a partir da entrada em vigor da Lei nº 11.232/2005, que incluiu, no CPC/1973, o art. 475-L, passou a existir disposição expressa e cogente assegurando ao executado arguir, em impugnação ao cumprimento de sentença, a inexigibilidade do título judicial. Essa norma, diga-se de passagem, foi reproduzida, com pequeno ajuste técnico na terminologia empregada, no art. 525 do CPC/2015"* (STJ. RESP 1.531.095-SP, Rel. Min. Ricardo Villas Bôas Cueva, julgado em 09/08/2016, DJe 16/08/2016 – Informativo nº 588).

Art. 526

Art. 526. É lícito ao réu, antes de ser intimado para o cumprimento da sentença, comparecer em juízo e oferecer em pagamento o valor que entender devido, apresentando memória discriminada do cálculo.

§ 1º O autor será ouvido no prazo de 5 (cinco) dias, podendo impugnar o valor depositado, sem prejuízo do levantamento do depósito a título de parcela incontroversa.

§ 2º Concluindo o juiz pela insuficiência do depósito, sobre a diferença incidirão multa de dez por cento e honorários advocatícios, também fixados em dez por cento, seguindo-se a execução com penhora e atos subsequentes.

§ 3º Se o autor não se opuser, o juiz declarará satisfeita a obrigação e extinguirá o processo.

O dispositivo fornece legitimação ativa ao próprio devedor para iniciar a execução do título judicial que o condenou, o que já era previsto no modelo primitivo antes da reforma na execução (Lei nº 11.232/2005).

Há um tratamento mais pontual, prevendo que essa possibilidade deve ser exercida antes do início do cumprimento da sentença e que haverá o contraditório do credor no prazo de cinco dias, muito embora desde logo seja autorizado o levantamento da quantia incontroversa. Havendo depósito menor, haverá a multa e os honorários advocatícios fixados automaticamente em dez por cento, seguindo-se a execução e seus atos subsequentes.

Art. 527

Art. 527. Aplicam-se as disposições deste Capítulo ao cumprimento provisório da sentença, no que couber.

Permite que no cumprimento provisório de sentença sejam observadas, quando pertinentes, as mesmas regras do cumprimento definitivo.

CAPÍTULO IV
DO CUMPRIMENTO DA SENTENÇA QUE RECONHEÇA A EXIGIBILIDADE DE OBRIGAÇÃO DE PRESTAR ALIMENTOS

Art. 528

Art. 528. No cumprimento de sentença que condene ao pagamento de prestação alimentícia ou de decisão interlocutória que fixe alimentos, o juiz, a requerimento do exequente, mandará intimar o executado pessoalmente para, em 3 (três) dias, pagar o débito, provar que o fez ou justificar a impossibilidade de efetuá-lo.

§ 1º Caso o executado, no prazo referido no *caput*, não efetue o pagamento, não prove que o efetuou ou não apresente justificativa da impossibilidade de efetuá-lo, o juiz mandará protestar o pronunciamento judicial, aplicando-se, no que couber, o disposto no art. 517.

§ 2º Somente a comprovação de fato que gere a impossibilidade absoluta de pagar justificará o inadimplemento.

§ 3º Se o executado não pagar ou se a justificativa apresentada não for aceita, o juiz, além de mandar protestar o pronunciamento judicial na forma do § 1º, decretar-lhe-á a prisão pelo prazo de 1 (um) a 3 (três) meses.

§ 4º A prisão será cumprida em regime fechado, devendo o preso ficar separado dos presos comuns.

§ 5º O cumprimento da pena não exime o executado do pagamento das prestações vencidas e vincendas.

§ 6º Paga a prestação alimentícia, o juiz suspenderá o cumprimento da ordem de prisão.

§ 7º O débito alimentar que autoriza a prisão civil do alimentante é o que compreende até as 3 (três) prestações anteriores ao ajuizamento da execução e as que se vencerem no curso do processo.

> § 8º O exequente pode optar por promover o cumprimento da sentença ou decisão desde logo, nos termos do disposto neste Livro, Título II, Capítulo III, caso em que não será admissível a prisão do executado, e, recaindo a penhora em dinheiro, a concessão de efeito suspensivo à impugnação não obsta a que o exequente levante mensalmente a importância da prestação.
>
> § 9º Além das opções previstas no art. 516, parágrafo único, o exequente pode promover o cumprimento da sentença ou decisão que condena ao pagamento de prestação alimentícia no juízo de seu domicílio.

O CPC estabelece um procedimento distinto para o cumprimento de sentença que tenha por objeto o recebimento de verba de natureza alimentar. A justificativa para esta circunstância é que a cobrança de alimentos não pode se sujeitar a um processamento moroso, uma vez que estes valores são necessários para a subsistência do credor.

De acordo com o dispositivo, caso o credor já possua uma decisão reconhecendo o seu direito a alimentos, seja ela de natureza interlocutória ou uma sentença, poderá pleitear o seu imediato cumprimento, seja no mesmo juízo ou perante o foro em que passar a ter domicílio. Na sequência, o devedor será intimado pessoalmente para, em três dias, pagar os valores ou justificar a sua impossibilidade, pois, do contrário, poderá ser decretada a sua prisão civil.

O NCPC, na esteira do que prevê a Constituição (art. 5º, LXVII, da CF), autoriza que seja apresentada justificativa plausível para o não pagamento, hipótese em que não será decretada a prisão civil. Esta impossibilidade absoluta de pagamento deve ser devidamente provada pelo executado e, se for acolhida pelo magistrado, será determinado o protesto do pronunciamento judicial para fins de publicidade desta impontualidade. Do contrário, não sendo apresentada qualquer justificativa ou efetuado o pagamento pelo devedor, será então decretada a sua prisão civil, pelo prazo de um a três meses. A jurisprudência do STJ, contudo, veda que a prisão seja determinada de ofício, pois dependeria de requerimento da parte autora, já que ela é quem tem conhecimento pormenorizado da real situação financeira do devedor.

Esta prisão tem o seu período de tempo bastante controvertido, pois embora o CPC a tenha fixado de um a três meses, não se pode olvidar que a Lei de Alimentos já estabelece prazo de no máximo sessenta dias (art. 19 da Lei nº 5.478/68, que não foi revogado nas disposições finais e transitórias do CPC). Na doutrina, há quem defenda este último período de tempo, ante o argumento de que a execução deve ser realizada da forma menos gravosa possível ao executado. Mas, por outro lado, melhor é aplicar o prazo mais alongado, previsto na nova legislação, tendo em vista que em conflitos de normas um dos critérios para solucionar as antinomias é, justamente, o da cronologia que impõe que a norma mais recente prevalece no confronto com a anterior.

Há ainda que mencionar que esta prisão, em razão da sua natureza civil, não admite tratamento assemelhado à prisão penal. Vale dizer, portanto, que é incabível a substituição por alguma outra medida despenalizadora (art. 44 do CP) ou mesmo a progressão do seu regime de cumprimento. Pelo contrário, o CPC é incisivo no sentido de que a prisão será cumprida em regime fechado, devendo o devedor ficar separado dos presos comuns.

Também deixa claro o CPC que a prisão não exime o executado de pagar as prestações vencidas ou vincendas, bem como que realizado o pagamento será imediatamente suspensa a ordem de prisão.

O novo diploma, ao dispor sobre a verba que autoriza a prisão, segue a mesma linha do que já consta em entendimento sumulado pelo STJ, no sentido de que abrange as três prestações anteriores ao ajuizamento da execução e as que se vencerem no curso do processo. A razão é singela, uma vez que há a presunção de que os valores anteriores a estas três prestações já perderam a natureza alimentar em razão do decurso do tempo, já não mais se destinando à subsistência do credor. Por esta razão, é que estes valores anteriores até podem ser cobrados ou executados, embora não por este procedimento e, consequentemente, não mais será possível decretar a prisão civil do devedor em relação a eles. Aliás, a critério do credor, pode até ser dispensado o rito aqui disciplinado e executadas todas as verbas alimentares perante o procedimento padrão para cumprimento de sentença.

> **Verbete nº 596 da Súmula do STJ:** *"A obrigação alimentar dos avós tem natureza complementar e subsidiária, somente se configurando no caso de impossibilidade total ou parcial de seu cumprimento pelos pais"*.
>
> **Verbete nº 594 da Súmula do STJ:** *"O Ministério Público tem legitimidade ativa para ajuizar ação de alimentos em proveito de criança ou adolescente independentemente do exercício do poder familiar dos pais, ou do fato de o menor se encontrar nas situações de risco descritas no art. 98 do Estatuto da Criança e do Adolescente, ou de quaisquer outros questionamentos acerca da existência ou eficiência da Defensoria Pública na comarca"*.
>
> **Verbete nº 309 da Súmula do STJ:** *"O débito alimentar que autoriza a prisão civil do alimentante é o que compreende as três prestações anteriores ao ajuizamento da execução e as que se vencerem no curso do processo"*.
>
> **Enunciado nº 99 da I Jornada de Processo Civil CEJ/CJF:** *"A inclusão do nome do executado em cadastros de inadimplentes poderá se dar na execução definitiva de título judicial ou extrajudicial"*.

> **Prova testemunhal é apta para justificar impossibilidade de pagamento da pensão alimentícia, desde que esta prova oral seja realizada no prazo para pagamento.** *"Na execução de alimentos pelo rito do art. 733 do CPC/73, o executado pode comprovar a impossibilidade de pagamento por meio de prova testemunhal, desde que a oitiva ocorra no tríduo previsto para a justificação"* (STJ. RESP 1.601.338-SP, Rel. Min. Ricardo Villas Bôas Cueva, Rel.ª para acórdão Min.ª Nancy Andrighi, por maioria, julgado em 13/12/2016, DJe 24/02/2017).

Transferência de guarda no curso de execução de dívida alimentar não gera a extinção do processo. "*A genitora que, ao tempo em que exercia a guarda judicial dos filhos, representou-os em ação de execução de débitos alimentares possui legitimidade para prosseguir no processo executivo com intuito de ser ressarcida, ainda que, no curso da cobrança judicial, a guarda tenha sido transferida ao genitor (executado). De fato, a partir da modificação da guarda ocorrida no curso da ação de execução de alimentos, a genitora, representante judicial dos seus filhos, deixou de pedir, por si, a proteção a direito alheio, pois a tutela pretendida, antes protegida à guisa de alimentos, passou a sê-lo a título ressarcitório, de um direito dela próprio. A respeito, doutrina consigna o seguinte: 'Para evitar prejuízo enorme, como o genitor que detém a guarda é quem acaba sozinho provendo ao sustento da prole, indispensável reconhecer a ocorrência de sub-rogação. Ou seja, resta ele como titular do crédito vencido e não pago enquanto o filho era menor, ainda que relativamente capaz. Se ele está sob sua guarda, como o dever de lhe prover o sustento é de ambos os genitores, quando tal encargo é desempenhado somente por um deles, pode reembolsar-se com relação ao omisso. [...] O mesmo ocorre quando o filho passa para a guarda do outro genitor. Se existe um crédito alimentar, quem arcou sozinho com o sustento do filho pode reembolsar-se do que despendeu. Dispõe ele de legitimidade para cobrar os alimentos. Age em nome próprio, como credor sub-rogado.' A legislação processual civil, inclusive, permite expressamente ao sub-rogado que não receber o crédito do devedor, prosseguir na execução, nos mesmos autos, conforme dispunha o art. 673, § 2º, do CPC/73, cujo comando fora mantido pelo art. 857, § 2º, do CPC/2015. No caso, há uma dívida que foi paga, pouco importando a sua natureza e, portanto, àquele que arcou com o compromisso assiste agora o direito de se ver pago. O diferencial, contudo, é que na hipótese a modificação da guarda dos filhos (alimentados) ocorreu no curso de ação de execução de alimentos já em trâmite. Ou seja, ao tempo da extinção da ação, a relação material existente entre as partes não era nem de gestão de negócios, tampouco de sub-rogação de créditos, mas apenas e, tão somente, de cobrança de alimentos que não estavam sendo pagos pelo alimentante. Assim, a modificação dos credores e do estado das partes verificado no curso da lide já aforada não pode ser imposta à representante dos alimentados que, por sua vez, bancou as prestações alimentícias de responsabilidade exclusiva do executado, e agora, sob a égide do princípio da economia processual, do agrupamento dos atos processuais e tendo em vista a nova orientação do CPC/2015, pretende se ver ressarcida dos valores dispendidos para o sustento de seus filhos, cuja obrigação – à época – cabia ao genitor (executado). Logo, sendo iniludível que o crédito executado é referente ao período em que os filhos estavam sob os cuidados exclusivos da genitora, época em que essa suportou sozinha a obrigação de sustentá-los, não há como afastar a sua legitimidade para prosseguir na execução, ainda que no curso da demanda executiva o genitor tenha passado a exercer a guarda deles. Isso porque o montante da quantia devida advém de período anterior à modificação da guarda. Por fim, ressalta-se que entendimento contrário prestigiaria o inadimplemento alimentar, indo de encontro aos interesses das crianças, o que, evidentemente, não pode ser incentivado pelo STJ. Ademais, a medida extintiva possivelmente ensejaria a propositura de nova demanda executiva pela genitora, circunstância que confrontaria com os princípios da celeridade e da economia processual, norteadores do sistema processual civil vigente*" (STJ. RESP 1.410.815-SC, Rel. Min. Marco Buzzi, julgado em 09/08/2016, DJe 23/09/2016 – Informativo nº 590).

Possibilidade de protesto e inscrição do nome do devedor de alimentos em cadastros de inadimplentes. *"Em execução de alimentos devidos a filho menor de idade, é possível o protesto e a inscrição do nome do devedor em cadastros de proteção ao crédito. Não há impedimento legal para que se determine a negativação do nome de contumaz devedor de alimentos no ordenamento pátrio. Ao contrário, a exegese conferida ao art. 19 da Lei de Alimentos (Lei nº 5.478/68), que prevê incumbir ao juiz da causa adotar as providências necessárias para a execução da sentença ou do acordo de alimentos, deve ser a mais ampla possível, tendo em vista a natureza do direito em discussão, o qual, em última análise, visa garantir a sobrevivência e a dignidade da criança ou adolescente alimentando. Ademais, o princípio do melhor interesse da criança e do adolescente encontra respaldo constitucional (art. 227 da CF). Nada impede, portanto, que o mecanismo de proteção que visa salvaguardar interesses bancários e empresariais em geral (art. 43 da Lei nº 8.078/90) acabe garantindo direito ainda mais essencial relacionado ao risco de vida que violenta a própria dignidade da pessoa humana e compromete valores superiores à mera higidez das atividades comerciais. Não por outro motivo o legislador ordinário incluiu a previsão de tal mecanismo no Novo Código de Processo Civil, como se afere da literalidade dos arts. 528 e 782. Precedente citado: RESP 1.533.206-MG, Quarta Turma, DJe 1º/2/2016"* (STJ. RESP 1.469.102-SP, Rel. Min. Ricardo Villas Bôas Cueva, julgado em 08/03/2016, DJe 15/03/2016 – Informativo nº 579).

Competência para a execução de alimentos consubstanciada em título executivo judicial também pode ser no foro do domicílio do credor (CPC/73). *"DIREITO PROCESSUAL CIVIL. COMPETÊNCIA PARA O PROCESSAMENTO DE EXECUÇÃO DE PRESTAÇÃO ALIMENTÍCIA. Na definição da competência para o processamento de execução de prestação alimentícia, cabe ao alimentando a escolha entre: a) o foro do seu domicílio ou de sua residência; b) o juízo que proferiu a sentença exequenda; c) o juízo do local onde se encontram bens do alimentante sujeitos à expropriação; ou d) o juízo do atual domicílio do alimentante. De fato, o descumprimento de obrigação alimentar, antes de ofender a autoridade de uma decisão judicial, viola o direito à vida digna de quem dela necessita (art. 1º, III, da CF). Em face dessa peculiaridade, a interpretação das normas relativas à competência, quando o assunto é alimentos, deve, sempre, ser a mais favorável aos alimentandos, sobretudo em se tratando de menores, por incidência, também, do princípio do melhor interesse e da proteção integral à criança e ao adolescente (art. 3º da Convenção sobre os Direitos da Criança e art. 1º do ECA). Nesse contexto, é relativa (e não absoluta) a presunção legal de que o alimentando, diante de seu estado de premente necessidade, tem dificuldade de propor a ação em foro diverso do seu próprio domicílio ou residência, que dá embasamento à regra do art. 100, II, do CPC, segundo a qual é competente o foro 'do domicílio ou da residência do alimentando, para a ação em que se pedem alimentos', de modo que o alimentando pode renunciar à referida presunção se lhe for mais conveniente ajuizar a ação em local diverso. Da mesma forma, ainda que se trate de execução de alimentos – forma especial de execução por quantia certa –, deve-se adotar o mesmo raciocínio, permitindo, assim, a relativização da competência funcional prevista no art. 475-P do CPC, em virtude da natureza da prestação exigida. Desse modo, deve-se resolver a aparente antinomia havida entre os arts. 475-P, II e parágrafo único, 575, II, e 100, II, do CPC em favor do reconhecimento de uma regra de foro concorrente para* *o processamento de execução de prestação alimentícia que permita ao alimentando escolher entre: a) o foro do seu domicílio ou de sua residência (art. 100, II, CPC); b) o juízo que proferiu a sentença exequenda (art. 475-P, II, e art. 575, II, do CPC); c) o juízo do local onde se encontram bens do alimentante sujeitos à expropriação (parágrafo único do art. 475-P do CPC); ou d) o juízo do atual domicílio do alimentante (parágrafo único do art. 475-P do CPC)"*. (STJ. CC 118.340-MS, Rel.ª Min.ª Nancy Andrighi, julgado em 11/09/2013).

Execução de alimentos e iniciativa do credor em escolher qual o meio executivo a ser adotado, sendo vedado a opção ser exercida pelo magistrado e de maneira mais gravosa ao executado (CPC/73). *"I – A execução de sentença condenatória de prestação alimentícia, em princípio, rege-se pelo procedimento da execução por quantia certa, ressaltando-se, contudo, que, a considerar o relevo das prestações de natureza alimentar, que possuem nobres e urgentes desideratos, a lei adjetiva civil confere ao exequente a possibilidade de requerer a adoção de mecanismos que propiciam a célere satisfação do débito alimentar, seja pelo meio coercitivo da prisão civil do devedor, seja pelo DESCONTO em folha de pagamento da importância devida; II – Não se concebe, contudo, que a exequente da verba alimentar, maior interessada na satisfação de seu crédito e que detém efetivamente legitimidade para propor os meios executivos que entenda conveniente, seja compelida a adotar procedimento mais gravoso para com o executado, do qual não se utilizou voluntariamente, muitas vezes para não arrefecer ainda mais os laços de afetividade, já comprometidos com a necessária intervenção do Poder Judiciário, ou por qualquer outra razão que assim repute relevante. III – Ordem concedida"* (STJ. *Habeas Corpus* nº 128.229-SP. Rel. Min. Massami Uyeda. DJ 23/04/2009).

Art. 529

Art. 529. Quando o executado for funcionário público, militar, diretor ou gerente de empresa ou empregado sujeito à legislação do trabalho, o exequente poderá requerer o desconto em folha de pagamento da importância da prestação alimentícia.

§ 1º Ao proferir a decisão, o juiz oficiará à autoridade, à empresa ou ao empregador, determinando, sob pena de crime de desobediência, o desconto a partir da primeira remuneração posterior do executado, a contar do protocolo do ofício.

§ 2º O ofício conterá o nome e o número de inscrição no Cadastro de Pessoas Físicas do exequente e do executado, a importância a ser descontada mensalmente, o tempo de sua duração e a conta na qual deve ser feito o depósito.

§ 3º Sem prejuízo do pagamento dos alimentos vincendos, o débito objeto de execução pode ser descontado dos rendimentos ou rendas do executado, de forma parcelada, nos termos do *caput* deste artigo, contanto que, somado à parcela devida, não ultrapasse cinquenta por cento de seus ganhos líquidos.

Caso queira e desde que o executado seja funcionário público, militar, diretor ou gerente de empresa, o credor poderá requerer que o pagamento seja realizado por meio de desconto em folha de pagamento. Trata-se de um valoroso meio de sub-rogação, situação em que a obrigação estará sendo cumprida por outra pessoa, embora se valendo de recursos que integram o patrimônio do devedor. Assim, em casos de deferimento desta medida, o juízo irá oficiar a empresa, o empregador ou mesmo a autoridade competente para que estes descontos sejam realizados já na primeira remuneração posterior. Este ofício a ser enviado pelo juízo deve ser o mais abrangente possível, com informação dos nomes e números de inscrição em cadastro de pessoas físicas do exequente e do executado, bem como do valor da importância a ser descontada mensalmente, o tempo de duração da medida e, também, a conta em que o depósito deve ser realizado.

Havendo descumprimento desta determinação judicial, o CPC inova ao prever que esta circunstância caracterizará crime de desobediência praticado por aquele que deveria realizar o desconto e não o fez. Contudo, já existe figura penal delituosa prevista na Lei de Alimentos, com tipos penais primário e secundário muito mais específicos (art. 22, parágrafo único, da Lei nº 5.478/68). Assim, nesta situação e atendendo às peculiaridades que norteiam o Direito Penal, deverá continuar sendo aplicável o disposto na lei específica, posto que a descrição do crime de desobediência é extremamente genérica.

O dispositivo em comento também permite, de maneira inédita, que o débito seja descontado de outras fontes de renda do executado ou até mesmo parcelado, desde que tais valores não ultrapassem cinquenta por cento dos seus ganhos líquidos. Verifica-se, aqui, não apenas a preocupação com o cumprimento do dever de alimentar, mas, também, com a própria subsistência do executado, razão pela qual se estipulou um patamar mínimo que deve ser respeitado. É, de certa maneira, manifestação do princípio constitucional da dignidade da pessoa humana, que se traduz no atual epicentro axiológico da ordem jurídica.

> **Execução de alimentos e possibilidade de expedição de ofício para desconto de seguro-desemprego ao INSS.** *"Necessária, portanto, a expedição de ofício para desconto da verba alimentar diretamente do seguro-desemprego auferido pelo recorrido. Benefício aliás, que sequer possui natureza indenizatória, mas remuneratória para o sustento do trabalhador e de sua família. Decisão reformada. Recurso provido"* (TJ-SP. AI 2222248-83.2016.8.26.0000, Rel. Des. José Roberto Furquim Cabella, julgado em 27/01/2017).

Art. 530

Art. 530. Não cumprida a obrigação, observar-se-á o disposto nos arts. 831 e seguintes.

O dispositivo do CPC em comento estabelece que, não sendo cumprida a obrigação de pagar alimentos, seja pela ineficácia da prisão civil ou mesmo pela ausência de vínculo laboral que pudesse justificar o desconto em folha de pagamento, deverão ser observados os artigos que regulam o instituto da "penhora".

A penhora nada mais é do que um meio de sub-rogação, que tem como finalidade definir qual será o bem pertencente ao patrimônio do devedor que irá se submeter à ulterior expropriação. O CPC, em dispositivos que tratam especificamente sobre este tema, inovou substancialmente. Com efeito, há disposições específicas norteando como pode ser instrumentalizada a penhora em dinheiro ou depósito em instituição financeira, bem como a penhora de créditos, de quotas ou ações. Também normatizou a penhora de empresa, outros estabelecimentos e semoventes, além da tradicional penhora de percentual do faturamento da empresa ou de frutos e rendimentos de coisa móvel ou imóvel. Todas, sem exceção, podem ser deferidas para o cumprimento da obrigação de pagar alimentos.

Para que se tenha o mínimo de coerência sistemática no CPC, é certo que, quando possível, o ato de avaliação deverá ser desempenhado pelo oficial de justiça no mesmo momento em que a penhora for realizada o que, neste ponto, guarda similitude com o modelo anterior (CPC/73).

De resto, como se trata de cumprimento de sentença ou de decisão interlocutória que imponha obrigação de alimentos, a defesa do executado deverá ser instrumentalizada por meio do instrumento denominado "impugnação". Vale dizer que o dispositivo é explícito no sentido de que mesmo a outorga de efeito suspensivo a este mecanismo não impedirá que o credor levante mensalmente a importância da prestação.

Art. 531

Art. 531. O disposto neste Capítulo aplica-se aos alimentos definitivos ou provisórios.

§ 1º A execução dos alimentos provisórios, bem como a dos alimentos fixados em sentença ainda não transitada em julgado, se processa em autos apartados.

§ 2º O cumprimento definitivo da obrigação de prestar alimentos será processado nos mesmos autos em que tenha sido proferida a sentença.

Neste dispositivo, o CPC estabelece que todo este proceder é aplicável em casos de "alimentos provisórios" ou "alimentos definitivos", embora existam muitas outras classificações.

Do ponto de vista processual, fala-se em "alimentos provisórios", que seriam aqueles estabelecidos no início do processo em que se objetiva o recebimento de alimentos (art. 4º da Lei nº 5.478/68). Também se fala em "alimentos definitivos", quando forem estabelecidos em sentença já transitada em julgado proferida em ação de alimentos. De outro giro, no campo do direito material, já é possível classificar os alimentos em "legítimos", quando decorrerem do vínculo de parentesco. Há também que se mencionar os "alimentos indenizativos", que, na verdade, se traduzem em uma verba de natureza alimentar, eis que destinada à subsistência de alguém que foi vítima de um ato ilícito. E, ainda, existem os "alimentos convencionais", que seriam aqueles estipulados por vontade das partes como, por exemplo, em legado (art. 1.928, parágrafo único, CC).

A melhor exegese seria defender que este procedimento para cumprimento de sentença pode ser aplicado a qualquer uma das espécies de alimentos acima mencionadas, pois entre todas é comum a urgência em seu recebimento. Desta forma, caberá ao credor optar pelo mecanismo processual que achar mais eficiente para o recebimento do seu crédito, sendo neste ponto irrelevantes as supostas classificações de alimentos ou verba de natureza alimentar estabelecidas pelo legislador ou pela doutrina, como se apenas uma ou outra autorizasse a adoção de certas medidas.

Ressalva-se, porém, a existência de forte resistência doutrinária em se permitir a adoção da prisão civil quando se tratar da cobrança de "alimentos indenizativos". O dispositivo também deixa claro que a execução dos "alimentos provisórios" será autuada em apenso, para que não haja confusão com o rito cognitivo da ação de alimentos. Já os "alimentos definitivos" devem ser executados nos mesmos autos.

Art. 532

> **Art. 532. Verificada a conduta procrastinatória do executado, o juiz deverá, se for o caso, dar ciência ao Ministério Público dos indícios da prática do crime de abandono material.**

O CPC passa a prever que se durante o cumprimento de alimentos for detectada conduta procrastinatória do executado, caberá ao juiz ou a qualquer outra pessoa comunicar esta situação ao Ministério Público, para que seja apurada a prática de crime de abandono material. Este artigo trata de inovação sem paralelo no modelo anterior (CPC/73), mas que de certa forma já era prevista no Código de Processo Penal e com maior amplitude, pois qualquer pessoa pode comunicar, verbalmente ou por escrito, a prática de possível infração delituosa às autoridades responsáveis pela investigação de delitos (art. 5º, § 3º, CPP).

A inovação quanto à antiga norma é que o CPC impôs esta providência como um "dever" e não apenas uma mera "faculdade" do magistrado. É nítida, portanto, a preocupação do legislador quanto à proteção do incapaz. Certamente, esta providência não inibirá o magistrado de adotar, no próprio processo em que esta circunstância for verificada, outras medidas tendentes a cessar este comportamento desleal. Assim, sem prejuízo da expedição do ofício mencionado, poderão ser fixadas multas para inibir este comportamento, que pode configurar ato atentatório à dignidade da Justiça também, entre outras mais. Por óbvio, tais penalidades financeiras irão se somar ao montante já devido e não pago até o momento pelo executado.

> **Abandono material. Menor. Descumprimento do dever de prestar assistência material ao filho. Ato ilícito. Danos morais. Compensação. Possibilidade.** "*A omissão voluntária e injustificada do pai quanto ao amparo material do filho gera danos morais, passíveis de compensação pecuniária. Cinge-se a controvérsia a definir se é possível a condenação em danos morais do pai que deixa de prestar assistência material ao filho. Inicialmente, cabe frisar que o dever de convivência familiar, compreendendo a obrigação dos pais de prestar auxílio afetivo, moral e psíquico aos filhos, além de assistência material, é direito fundamental da criança e do adolescente, consoante se extrai da legislação civil, de matriz constitucional (Constituição Federal, art. 227). Da análise dos artigos 186, 1.566, 1.568, 1.579 do CC/2002 e 4º, 18-A e 18-B, 19 e 22 do ECA, extrai-se os pressupostos legais inerentes à responsabilidade civil e ao dever de cuidado para com o menor, necessários à caracterização da conduta comissiva ou omissiva ensejadora do ato ilícito indenizável. Com efeito, o descumprimento voluntário do dever de prestar assistência material, direito fundamental da criança e do adolescente, afeta a integridade física, moral, intelectual e psicológica do filho, em prejuízo do desenvolvimento sadio de sua personalidade e atenta contra a sua dignidade, configurando ilícito civil e, portanto, os danos morais e materiais causados são passíveis de compensação pecuniária. Ressalta-se que – diferentemente da linha adotada pela Terceira Turma desta Corte, por ocasião do julgamento do RESP 1.159.242-SP, Rel.ª Min.ª Nancy Andrighi – a falta de afeto, por si só, não constitui ato ilícito, mas este fica configurado diante do descumprimento do dever jurídico de adequado amparo material. Desse modo, estabelecida a correlação entre a omissão voluntária e injustificada do pai quanto ao amparo material e os danos morais ao filho dali decorrentes, é possível a condenação ao pagamento de reparação por danos morais, com fulcro também no princípio da dignidade da pessoa humana – art. 1º, III, da Constituição Federal*" (STJ. RESP 1.087.561-RS, Rel. Min. Raul Araújo, por unanimidade, julgado em 13/06/2017, DJe 18/08/2017).

Art. 533

Art. 533. Quando a indenização por ato ilícito incluir prestação de alimentos, caberá ao executado, a requerimento do exequente, constituir capital cuja renda assegure o pagamento do valor mensal da pensão.

§ 1º O capital a que se refere o *caput*, representado por imóveis ou por direitos reais sobre imóveis suscetíveis de alienação, títulos da dívida pública ou aplicações financeiras em banco oficial,

será inalienável e impenhorável enquanto durar a obrigação do executado, além de constituir-se em patrimônio de afetação.

§ 2º O juiz poderá substituir a constituição do capital pela inclusão do exequente em folha de pagamento de pessoa jurídica de notória capacidade econômica ou, a requerimento do executado, por fiança bancária ou garantia real, em valor a ser arbitrado de imediato pelo juiz.

§ 3º Se sobrevier modificação nas condições econômicas, poderá a parte requerer, conforme as circunstâncias, redução ou aumento da prestação.

§ 4º A prestação alimentícia poderá ser fixada tomando por base o salário-mínimo.

§ 5º Finda a obrigação de prestar alimentos, o juiz mandará liberar o capital, cessar o desconto em folha ou cancelar as garantias prestadas.

O dispositivo prevê a possibilidade de "constituição de capital", que é uma forma de assegurar o cumprimento da decisão que obriga o demandado a pagar, à vítima, verba de natureza alimentar em decorrência de ilícito civil.

Trata-se de um mecanismo que pode ser adotado no bojo de qualquer procedimento tendente ao recebimento de qualquer espécie de verba alimentar, desde que haja requerimento do credor neste sentido. O executado será simplesmente intimado para que disponibilize, perante o juízo, um enorme valor que será aos poucos liberado ao exequente. Este capital também pode ser constituído por títulos da dívida pública, aplicações financeiras, entre outros mais que são citados no dispositivo, tornando-se estes bens inalienáveis e impenhoráveis enquanto perdurar a obrigação do executado, eis que o CPC claramente menciona que se constituem em patrimônio de afetação, o que até mesmo afasta hipótese de arrecadação em processo de insolvência civil.

Sobrevindo mudança nas condições econômicas, poderá a parte requerer que haja redução ou mesmo a ampliação da prestação, o que vai ser analisado e decidido nos próprios autos. Esta providência, quando adotada em relação a executado que for uma pessoa jurídica (a mesma já era prevista no modelo anterior para os "alimentos indenizativos"), pode criar alguns embaraços como, por exemplo, uma descapitalização da mencionada sociedade. Por este motivo, ela vem sendo frequentemente substituída por outra, que consistiria na inclusão do credor em folha de pagamento. De certa forma, é a manifestação do princípio que garante a menor onerosidade ao executado, que também é mantido pelo CPC (art. 805).

Após ter findado a obrigação, o capital excedente é liberado, os descontos em folha cessarão, bem como haverá o cancelamento das garantias prestadas.

CAPÍTULO V
DO CUMPRIMENTO DA SENTENÇA QUE RECONHEÇA A EXIGIBILIDADE DE PAGAR QUANTIA CERTA PELA FAZENDA PÚBLICA

Art. 534

Art. 534. No cumprimento de sentença que impuser à Fazenda Pública o dever de pagar quantia certa, o exequente apresentará demonstrativo discriminado e atualizado do crédito contendo:

I – o nome completo e o número de inscrição no Cadastro de Pessoas Físicas ou no Cadastro Nacional da Pessoa Jurídica do exequente;

II – o índice de correção monetária adotado;

III – os juros aplicados e as respectivas taxas;

IV – o termo inicial e o termo final dos juros e da correção monetária utilizados;

V – a periodicidade da capitalização dos juros, se for o caso;

VI – a especificação dos eventuais descontos obrigatórios realizados.

§ 1º Havendo pluralidade de exequentes, cada um deverá apresentar o seu próprio demonstrativo, aplicando-se à hipótese, se for o caso, o disposto nos §§ 1º e 2º do art. 113.

§ 2º A multa prevista no § 1º do art. 523 não se aplica à Fazenda Pública.

O artigo cuida do procedimento para o cumprimento de sentença por obrigação de pagar em desfavor da "Fazenda Pública", que deve ser compreendida como a União, Estados, Distrito Federal, Municípios, autarquias e fundações autárquicas. O mesmo processamento também é aplicado, em caráter excepcional, a EBCT – Empresa Brasileira de Correios e Telégrafos, em decorrência de legislação própria (DL 509/69), cuja recepção já foi proclamada pelo STF. Para as demais obrigações, não há procedimento especial quando se tratar de Fazenda Pública atuando no polo passivo.

O CPC encerrou a execução autônoma de título executivo judicial em desfavor de tais entes, eis que agora prevê que o regime também será o do processo sincrético, ou seja, aquele em que há uma primeira fase com caráter cognitivo e outra, que ora se discute, em que há a etapa executiva. Este dispositivo enumera o que deve conter na petição neste sentido, que é muito semelhante ao do cumprimento de sentença entre particulares (art. 524). Não há possibilidade de cumprimento provisório em desfavor da Fazenda Pública nos casos previstos em lei específica (art. 2º-B, Lei nº 9.494/97). Também não há incidência da multa de dez por cento, prevista em artigo anterior (art. 523, § 3º), posto que os pagamentos devidos pela Fazenda Pública necessariamente são realizados por meio de precatório ou RPV.

> **Execução provisória de débitos da Fazenda Pública: obrigação de fazer e regime de precatórios.** "*A execução provisória de obrigação de fazer em face da Fazenda Pública não atrai o regime constitucional dos precatórios. Com base nessa orientação, o Supremo Tribunal Federal, ao apreciar o Tema 45 da repercussão geral, por unanimidade, negou provimento a recurso extraordinário em que se questionava a possibilidade de execução provisória de obrigação de fazer contra a Fazenda Pública, haja vista a previsão constitucional dos precatórios. O caso trata de execução de obrigações de fazer, mediante implantação de benefício equivalente à metade do valor de pensão instituída por militar decesso em favor da companheira, a par da outra metade a ser percebida pela esposa, até então favorecida com a integralidade da verba. Inicialmente, a Corte relembrou a jurisprudência firmada no sentido da inaplicabilidade ao Poder Público do regime jurídico da execução provisória de prestação obrigacional, após a Emenda Constitucional 30/2000, que deu nova redação ao § 1º do art. 100 da Constituição Federal. Considerou, entretanto, que a sistemática dos precatórios não se aplica no caso concreto, por se tratar de obrigação de fazer, ou seja, implantação de pensão instituída por militar. Asseverou que toda decisão não autossuficiente pode ser cumprida de maneira imediata, na pendência de recursos não recebidos com efeito suspensivo. Não há parâmetro constitucional nem legal que obste a pretensão de executar provisoriamente a sentença condenatória de obrigação de fazer relativa à implementação de pensão de militar, antes do trânsito em julgado dos embargos do devedor opostos pela Fazenda Pública. Assim, inexiste razão para que a obrigação de fazer tenha seu efeito financeiro postergado em função do trânsito em julgado, sob pena de hipertrofiar uma regra constitucional de índole excepcionalíssima. Dessa forma, concluiu haver compatibilidade material entre o regime de cumprimento integral de decisão provisória do art. 475-O do CPC/1973 e a sistemática dos precatórios, com previsão no art. 100 da CF, haja vista que este apenas se refere às obrigações de pagar quantia certa*" (STF. REXTR nº 573.872/RS. Rel. Min. Edson Fachin. DJ 24/05/2017).
>
> **EBCT (Empresa Brasileira de Correios e Telégrafos), mesmo sendo empresa pública deve ser executada de acordo com o mesmo regime que a Fazenda Pública (CPC/73).** "*O fato de as empresas públicas, as sociedades de economia mista e outras entidades que explorem atividade econômica estarem sujeitas ao regime jurídico das empresas privadas não significa que a elas sejam equiparadas sem qualquer restrição. Veja-se, por exemplo, que, em face da norma constitucional, as empresas públicas somente podem admitir servidores mediante concurso público, vedada a acumulação de cargos [...] a exploração de atividade econômica pela ECT – Empresa Brasileira de Correios e Telégrafos não importa sujeição ao regime jurídico das empresas privadas, pois sua participação neste cenário está ressalvada pela primeira parte do art. 173 da Constituição Federal ('Ressalvados os casos previstos nesta Constituição [...]'), por se tratar de serviço público mantido pela União Federal [...]. Logo, são impenhoráveis seus bens por pertencerem à entidade estatal mantenedora. Ante o exposto, tenho como recepcionado o Decreto-Lei nº 509/69, que estendeu à Empresa Brasileira de Correios e Telégrafos os privilégios conferidos à Fazenda Pública, dentre eles o da impenhorabilidade de seus bens, rendas e serviços, devendo a execução fazer-se mediante precatório, sob pena de vulneração ao disposto no art. 100*

da Constituição de 1988. Por conseguinte, conheço do REXTR e dou-lhe provimento" (STF. REXTR nº 220.906. Rel. Min. Maurício Corrêa. DJ 21/10/2003).

Cumprimento de sentença em face da Fazenda Pública deve ser perante o mesmo órgão jurisdicional que proferiu a sentença, sem possibilidade de escolha de outra base territorial pelo credor. *"A competência para cumprimento de execução contra a Fazenda Pública é do juízo que decidiu a causa em primeiro grau de jurisdição, conforme art. 535 do CPC/2015, que determina o pagamento por meio de precatório ou requisição de pequeno valor, não havendo razão para que a execução seja processada em juízo diverso. Não se aplica nesse caso o art. 475-P do CPC/73 (ou art. 516 do CPC/2015). Unânime"* (TRF1. CC 0068706-16.2013.4.01.0000, Rel. Des. Federal Kassio Marques, julgado em 28/03/2017).

Art. 535

Art. 535. A Fazenda Pública será intimada na pessoa de seu representante judicial, por carga, remessa ou meio eletrônico, para, querendo, no prazo de 30 (trinta) dias e nos próprios autos, impugnar a execução, podendo arguir:

I – falta ou nulidade da citação se, na fase de conhecimento, o processo correu à revelia;

II – ilegitimidade de parte;

III – inexequibilidade do título ou inexigibilidade da obrigação;

IV – excesso de execução ou cumulação indevida de execuções;

V – incompetência absoluta ou relativa do juízo da execução;

VI – qualquer causa modificativa ou extintiva da obrigação, como pagamento, novação, compensação, transação ou prescrição, desde que supervenientes ao trânsito em julgado da sentença.

§ 1º A alegação de impedimento ou suspeição observará o disposto nos arts. 146 e 148.

§ 2º Quando se alegar que o exequente, em excesso de execução, pleiteia quantia superior à resultante do título, cumprirá à executada declarar de imediato o valor que entende correto, sob pena de não conhecimento da arguição.

§ 3º Não impugnada a execução ou rejeitadas as arguições da executada:

I – expedir-se-á, por intermédio do presidente do tribunal competente, precatório em favor do exequente, observando-se o disposto na Constituição Federal;

II – por ordem do juiz, dirigida à autoridade na pessoa de quem o ente público foi citado para o processo, o pagamento de obrigação

de pequeno valor será realizado no prazo de 2 (dois) meses contado da entrega da requisição, mediante depósito na agência de banco oficial mais próxima da residência do exequente.

§ 4º Tratando-se de impugnação parcial, a parte não questionada pela executada será, desde logo, objeto de cumprimento.

§ 5º Para efeito do disposto no inciso III do *caput* deste artigo, considera-se também inexigível a obrigação reconhecida em título executivo judicial fundado em lei ou ato normativo considerado inconstitucional pelo Supremo Tribunal Federal, ou fundado em aplicação ou interpretação da lei ou do ato normativo tido pelo Supremo Tribunal Federal como incompatível com a Constituição Federal, em controle de constitucionalidade concentrado ou difuso.

§ 6º No caso do § 5º, os efeitos da decisão do Supremo Tribunal Federal poderão ser modulados no tempo, de modo a favorecer a segurança jurídica.

§ 7º A decisão do Supremo Tribunal Federal referida no § 5º deve ter sido proferida antes do trânsito em julgado da decisão exequenda.

§ 8º Se a decisão referida no § 5º for proferida após o trânsito em julgado da decisão exequenda, caberá ação rescisória, cujo prazo será contado do trânsito em julgado da decisão proferida pelo Supremo Tribunal Federal.

No modelo anterior (CPC/73), a Fazenda Pública era obrigatoriamente citada para apresentar "embargos à execução". Havia, inclusive, dúvida quanto ao prazo para o oferecimento, em razão de um choque entre a Consolidação das Leis Trabalhistas, a redação originária do CPC/73 e outra lei especial (art. 884, CLT; art. 730, CPC/73; art. 1º-B, Lei nº 9.494/97). No CPC, o dispositivo prevê que a Fazenda Pública será intimada para apresentar defesa denominada "impugnação", cujo prazo para oferecimento será de trinta dias. Vale dizer que, por se tratar de prazo especial para a Fazenda Pública, não há de se cogitar na dobra de prazos já tratada anteriormente (art. 183, § 2º).

O dispositivo não altera as matérias que serão apresentadas em impugnação, apenas acrescentando que a alegação de incompetência pode ser tanto da absoluta quanto da relativa. São excluídas as matérias impedimento e suspeição que deverão ser apresentadas da maneira própria, ou seja, por petição específica com esta finalidade. Havendo alegação de excesso de execução, competirá à Fazenda Pública indicar este montante. Em caso de ausência de impugnação ou rejeição da mesma, o juiz irá requisitar o precatório ou o RPV, conforme o caso, e tudo de acordo com a Carta Magna (art. 100, CF; art. 87, ADCT).

Por fim, os quatro últimos parágrafos se referem à inexigibilidade do título executivo judicial, estando exatamente na mesma linha da jurisprudência do STF, que impede a modulação retroativa da declaração de inconstitucionalidade da lei que tiver fundamentado a sentença quando esta já tiver transitado em julgado. Vale dizer, ainda, que o oitavo parágrafo traz um termo inicial para o prazo bienal do ajuizamento da ação rescisória que não foi ressalvado pela norma que cuida especificamente do tema (art. 975).

> **Verbete nº 655 da Súmula do STF:** *"A exceção prevista no art. 100, caput, da Constituição, em favor dos créditos de natureza alimentícia, não dispensa a expedição de precatório, limitando-se a isentá-los da observância da ordem cronológica dos precatórios decorrentes de condenações de outra natureza".*
>
> **Verbete nº 733 da Súmula do STF:** *"Não cabe REXTR contra decisão proferida no processamento de precatórios".*
>
> **Verbete nº 144 da Súmula do STJ:** *"Os créditos de natureza alimentícia gozam de preferência, desvinculados os precatórios da ordem cronológica dos créditos de natureza diversa".*
>
> **Verbete nº 311 da Súmula do STJ:** *"Os atos do presidente do tribunal que disponham sobre processamento e pagamento de precatório não têm caráter jurisdicional".*
>
> **Verbete nº 136 da Súmula do TJ-RJ:** *"Nas hipóteses de litisconsórcio ativo facultativo, o crédito devido a cada litisconsorte, para fins de aplicação do § 3º do art. 100 da Constituição Federal, deverá ser individualmente considerado".*
>
> **Verbete nº 137 da Súmula do TJ-RJ:** *"A medida cabível pelo descumprimento da requisição de pequeno valor, de competência do Juízo de primeiro grau, é o sequestro".*

> **Enunciado nº 55 da ENFAM:** *"Às hipóteses de rejeição liminar a que se referem os arts. 525, § 5º, 535, § 2º, e 917 do CPC/2015 (excesso de execução) não se aplicam os arts. 9º e 10 desse código".*
>
> **Impossibilidade de fracionamento dos honorários advocatícios em execução em face da Fazenda Pública.** *"A Segunda Turma, por maioria, deu provimento a agravo em recurso extraordinário, no qual se arguiu a impossibilidade de fracionamento de honorários advocatícios, em face do art. 100, § 8º, da Constituição (1). O Colegiado ressaltou que, apesar de a possibilidade de execução autônoma dos honorários ser ponto pacífico, eles não se confundem com o crédito dos patrocinados. Salientou que, no caso, inexiste a pluralidade de autores titulares de crédito e, por conseguinte, o litisconsórcio. A quantia devida a título de honorários advocatícios é única, e, por se tratar de um único processo, calculada sobre o montante total devido. Por essa razão, o fato de o advogado ter atuado em causa plúrima não torna plúrimo também o seu crédito à verba advocatícia. Asseverou que o argumento de que o litisconsórcio facultativo simples representa, na verdade, várias causas cumuladas não pode ser utilizado para justificar a legitimidade do fracionamento da execuçãodos honorários advocatícios sucumbenciais. A Turma assentou que a condenação à verba honorária no título executivo foi global, ou seja, buscou remunerar o trabalho conjunto prestado pelo causídico. Vencido o ministro Edson*

Fachin (relator), que desproveu o agravo por entender possível a execução fracionada dos honorários advocatícios. (1) Constituição Federal: 'Art. 100. Os pagamentos devidos pelas Fazendas Públicas Federal, Estaduais, Distrital e Municipais, em virtude de sentença judiciária, far-se-ão exclusivamente na ordem cronológica de apresentação dos precatórios e à conta dos créditos respectivos, proibida a designação de casos ou de pessoas nas dotações orçamentárias e nos créditos adicionais abertos para este fim. (...) § 8º É vedada a expedição de precatórios complementares ou suplementares de valor pago, bem como o fracionamento, repartição ou quebra do valor da execução para fins de enquadramento de parcela do total ao que dispõe o § 3º deste artigo'" (STF. RE 1.038.035 AgR/RS, Rel. p/o ac. Min. Dias Toffoli, DJ 07/11/2017).

Necessidade de emprego da ação rescisória para desconstituir coisa julgada material de decisão lastreada em lei declarada inconstitucional pelo STF, com modulação retroativa (CPC/73). *"A sentença de mérito transitada em julgado só pode ser desconstituída mediante ajuizamento de específica ação autônoma de impugnação (ação rescisória) que haja sido proposta na fluência do prazo decadencial previsto em lei, pois, com o exaurimento de referido lapso temporal, estar-se-á diante da coisa soberanamente julgada, insuscetível de ulterior modificação, ainda que o ato sentencial encontre fundamento em legislação que, em momento posterior, tenha sido declarada inconstitucional pelo Supremo Tribunal Federal, quer em sede de controle abstrato, quer no âmbito de fiscalização incidental de constitucionalidade. A decisão do Supremo Tribunal Federal que haja declarado inconstitucional determinado diploma legislativo em que se apóie o título judicial, ainda que impregnada de eficácia* ex tunc, *como sucede com os julgamentos proferidos em sede de fiscalização concentrada (RTJ 87/758 – RTJ 164/506-509 – RTJ 201/765), detém-se ante a autoridade da coisa julgada, que traduz, nesse contexto, limite insuperável à força retroativa resultante dos pronunciamentos que emanam,* in abstracto, *da Suprema Corte. Doutrina. Precedentes"* (STF. REXTR nº 594.350/RS. Rel. Min. Celso de Mello. DJ 11/06/2010).

Impossibilidade do uso de recurso extraordinário para impugnar ato proferido pela Presidência do Tribunal local sobre o processamento administrativo dos precatórios (CPC/73). *"Não cabe REXTR contra decisão proferida no processamento de precatórios já que esta tem natureza administrativa e não jurisdicional, inexistindo, assim, causa decidida em última ou única instância por órgão do Poder Judiciário no exercício de função jurisdicional"* (STF. REXTR nº 311.487-SP. Rel. Min. Moreira Alves. DJ 18/09/2001).

Retenção de honorários advocatícios contratuais sobre a diferença de valores de repasse ao Fundef. Percentual calculado sobre o valor integral do precatório. *"O advogado deve receber os honorários contratuais calculados sobre o valor global do precatório decorrente da condenação da União ao pagamento a Município da complementação de repasses ao Fundo de Manutenção e Desenvolvimento do Ensino Fundamental e de Valorização do Magistério (FUNDEF), e não sobre o montante que venha a sobrar após eventual compensação de crédito de que seja titular o Fisco federal"* (STJ. RESP 1.516.636-PE, Rel. Min. Napoleão Nunes Maia Filho, por unanimidade, julgado em 11/10/2016, DJe 13/02/2017).

Inexigibilidade de título executivo judicial transitado em julgado calcado em lei não recepcionada pela Constituição. *"Ainda que tenha havido o* *trânsito em julgado, é inexigível a obrigação reconhecida em sentença com base exclusivamente em lei não recepcionada pela Constituição. Fundado o título judicial exclusivamente na aplicação ou interpretação da lei ou ato normativo tidas pelo STF como incompatíveis com a CF, é perfeitamente permitido o reconhecimento da inexigibilidade da obrigação na própria fase de execução. Por outro lado, fundada a sentença em preceitos outros, decorrentes, por exemplo, da interpretação da legislação civil ou das disposições constitucionais vigentes, a obrigação é perfeitamente exigível, só podendo ser suprimida a partir da rescisão do título pelas vias ordinárias, sob pena de restar configurada grave ofensa à eficácia preclusiva da coisa julgada material. Isso porque, a partir da entrada em vigor da Lei nº 11.232/2005, que incluiu, no CPC/73, o art. 475-L, passou a existir disposição expressa e cogente assegurando ao executado arguir, em impugnação ao cumprimento de sentença, a inexigibilidade do título judicial. Essa norma, diga-se de passagem, foi reproduzida, com pequeno ajuste técnico na terminologia empregada, no art. 525 do CPC/2015".* (STJ. RESP 1.531.095-SP, Rel. Min. Ricardo Villas Bôas Cueva, julgado em 09/08/2016, DJe 16/08/2016 – Informativo nº 588).

Ação coletiva. Sindicato. Substituição Processual. Execução contra a Fazenda Pública. Individualização do crédito de cada substituído. Possibilidade. Expedição de Requisição de Pequeno Valor (RPV). *"No caso de ação coletiva em que o sindicato atua como substituto processual na defesa de direitos individuais homogêneos, o pagamento individualizado do crédito devido pela Fazenda Púbica aos substituídos não afronta o art. 100, § 8º, da CF. A titularidade do crédito judicialmente concedido não pertence ao sindicato, mas aos empregados que ele substitui, de modo que é possível considerar o valor deferido a cada um deles, isoladamente, para fins de expedição da Requisição de Pequeno Valor (RPV). Sob esse entendimento, já consolidado no STF e no Tribunal Pleno do TST (TSTReeNec e RO-118-88.2015.5.05.0000), a SBDI-I, por unanimidade, conheceu dos embargos, por divergência jurisprudencial, e, no mérito, deu-lhe provimento para restabelecer o acórdão do TRT no que tange à expedição de RPV, nos termos do art. 87 do ADCT"* (TST-E-RR-126900- 42.1994.5.04.0021, SBDI-I, Rel. Min. Cláudio Mascarenhas Brandão, 17/11/2016).

FGTS. Execução fiscal. Prazo prescricional. Supremo Tribunal Federal. Alteração de entendimento. Modulação dos efeitos. Prescrição não consumada. *"O prazo prescricional aplicável à cobrança de débitos referentes ao FGTS foi alterado pelo Supremo Tribunal Federal de 30 para 5 anos, com modulação dos efeitos a partir da data da decisão no ARE 709.212/DF (13/11/2014), passando-se a aplicar o prazo quinquenal para aqueles cujo termo inicial da prescrição ocorresse após o julgamento. Para os casos em que o prazo prescricional já estivesse em curso, aplicar-se-ia o que ocorresse primeiro: 30 anos, contados do termo inicial, ou cinco anos, a partir da referida decisão. Unânime"* (TRF-5. Ap 0002767-11.2013.4.01.3809, Rel. Juiz Federal Roberto Carlos de Oliveira [convocado]), em 25/01/2017.)

CAPÍTULO VI
DO CUMPRIMENTO DA SENTENÇA QUE RECONHEÇA A EXIGIBILIDADE DE OBRIGAÇÃO DE FAZER, DE NÃO FAZER OU DE ENTREGAR COISA

SEÇÃO I
DO CUMPRIMENTO DA SENTENÇA QUE RECONHEÇA A EXIGIBILIDADE DE OBRIGAÇÃO DE FAZER E DE NÃO FAZER

Art. 536

Art. 536. No cumprimento de sentença que reconheça a exigibilidade de obrigação de fazer ou de não fazer, o juiz poderá, de ofício ou a requerimento, para a efetivação da tutela específica ou a obtenção de tutela pelo resultado prático equivalente, determinar as medidas necessárias à satisfação do exequente.

§ 1º Para atender ao disposto no *caput*, o juiz poderá determinar, entre outras medidas, a imposição de multa, a busca e apreensão, a remoção de pessoas e coisas, o desfazimento de obras e o impedimento de atividade nociva, podendo, caso necessário, requisitar o auxílio de força policial.

§ 2º O mandado de busca e apreensão de pessoas e coisas será cumprido por 2 (dois) oficiais de justiça, observando-se o disposto no art. 846, §§ 1º a 4º, se houver necessidade de arrombamento.

§ 3º O executado incidirá nas penas de litigância de má-fé quando injustificadamente descumprir a ordem judicial, sem prejuízo de sua responsabilização por crime de desobediência.

§ 4º No cumprimento de sentença que reconheça a exigibilidade de obrigação de fazer ou de não fazer, aplica-se o art. 525, no que couber.

§ 5º O disposto neste artigo aplica-se, no que couber, ao cumprimento de sentença que reconheça deveres de fazer e de não fazer de natureza não obrigacional.

O dispositivo cuida do cumprimento de sentença que estabeleça obrigação de fazer ou não fazer. Permite que, nestes casos, o próprio cumprimento seja iniciado de ofício, pois o magistrado já poderá estabelecer as medidas necessárias para a satisfação da obrigação. Os parágrafos primeiro e segundo enumeram exemplos de meios de coerção ou sub-rogação.

Há a advertência de que o executado pode incidir nas penas de litigância de má-fé, sem prejuízo de responsabilização por crime de desobediência. Passa a ser autorizado que o executado, nestes casos, apresente defesa denominada "impugnação", o que conflita com o entendimento anterior do STJ, que permitia petição simples para trazer qualquer matéria que fosse de ordem pública.

> **No cumprimento de sentença de obrigação de fazer ou não fazer o processo permanece sincrético e dividido em uma etapa cognitiva e outra executiva, sem possibilidades de o devedor se defender na execução por meio de embargos (CPC/73).** "*1. As decisões judiciais que imponham obrigação de fazer ou não fazer ao advento da Lei nº 10.444/2002, passaram a ter execução imediata e de ofício. 2. Aplicando-se o disposto nos arts. 644, caput, combinado com o art. 461, com a redação dada pela Lei nº 10.444/2002, ambos do CPC, verifica-se a dispensa do processo de execução como processo autônomo. 3. Se a nova sistemática dispensou a execução, é induvidosa a dispensa também dos embargos, não tendo aplicação o disposto no art. 738 do CPC. 4. Extinção do feito, por ausência de pressuposto de constituição e desenvolvimento regular do processo (art. 267, IV c/c § 3º do CPC). 5. RESP Improvido*" (STJ. RESP nº 742.033. Rel.ª Min.ª Eliana Calmon. DJ 30/05/2005).
>
> **Obrigação de fazer. Fornecimento de medicamentos aos hipossuficientes. Garantia constitucional e dever comum da União, dos Estados, do Distrito Federal e dos Municípios.** "*Sentença de procedência. Apelações. Condenação dos entes públicos a entrega do remédio necessário, por substituição ou acréscimo, no curso e em decorrência do tratamento da doença indicada na inicial. Solidariedade entre os entes federativos que permite o exercício do direito de o particular exigir a prestação dos serviços de saúde de quaisquer dos entes federados, de tal forma que a burocracia não dificulte a sua concretização. Manutenção do julgado de 1º grau. Recursos conhecidos e desprovidos, na forma do art. 932, IV, a, do CPC/2015*" (TJ-RJ, proc. 0181061-20.2013.8.19.0004, Des. Mauro Dickstein, julgado em 23/02/2017).

Art. 537

Art. 537. A multa independe de requerimento da parte e poderá ser aplicada na fase de conhecimento, em tutela provisória ou na sentença, ou na fase de execução, desde que seja suficiente e compatível com a obrigação e que se determine prazo razoável para cumprimento do preceito.

§ 1º O juiz poderá, de ofício ou a requerimento, modificar o valor ou a periodicidade da multa vincenda ou excluí-la, caso verifique que:

I – se tornou insuficiente ou excessiva;

II – o obrigado demonstrou cumprimento parcial superveniente da obrigação ou justa causa para o descumprimento.

§ 2º O valor da multa será devido ao exequente.

§ 3º A decisão que fixa a multa é passível de cumprimento provisório, devendo ser depositada em juízo, permitido o levantamento do valor após o trânsito em julgado da sentença favorável à parte.

§ 4º A multa será devida desde o dia em que se configurar o descumprimento da decisão e incidirá enquanto não for cumprida a decisão que a tiver cominado.

§ 5º O disposto neste artigo aplica-se, no que couber, ao cumprimento de sentença que reconheça deveres de fazer e de não fazer de natureza não obrigacional.

O dispositivo cuida das *astreintes*, que podem ser até mesmo fixadas de ofício. Estas multas são revertidas exclusivamente ao demandante. Consta que poderão ser fixadas em fase de conhecimento ou de execução, bem como em casos de concessão de tutela provisória. Há entendimento sumulado pelo STJ no sentido de que somente iniciarão a correr após intimação pessoal do executado, o que deve ser conjugado com o disposto no quarto parágrafo. O terceiro parágrafo autoriza o cumprimento provisório de tais multas, muito embora a jurisprudência do STJ exija que haja pelo menos sentença julgando procedente o pedido, ainda que pendente recurso recebido somente no efeito devolutivo, o que não é ressalvado pela norma em comento.

A grande discussão, porém, será sobre a escorreita interpretação do primeiro parágrafo. Com efeito, no modelo primitivo (CPC/73), a maior dúvida era sobre a decisão judicial que reduz o valor das *astreintes* poder ter ou não efeito retroativo, atingindo o montante já acumulado. O tema não era pacífico. Assim, de um lado, há aqueles que defendiam que o valor poderia ser reduzido, mas a eficácia desta decisão seria *ex nunc*, pois o valor acumulado já integraria o patrimônio do credor da prestação. Por outro lado, havia também quem entendesse que esta decisão teria caráter retroativo, pois o magistrado percebeu que este mecanismo executivo estava sendo ineficiente para atingir os seus fins, tendo sido completamente desvirtuado e transformado em fonte de enriquecimento indevido. Logo, segundo este segundo entendimento, o juiz faria retroagir até o momento processual em que percebeu este desvio.

A segunda visão era, por sinal, o entendimento que costumava ser adotado na prática, muito embora fosse muito simples resolver esta questão mediante adoção de outra forma de proceder pelo juiz. É que esta problemática toda reside na circunstância de que o valor das *astreintes* vai se acumulando em razão da imposição ter sido diária ou semanal, por exemplo. Mas, para se evitar este problema gerado pelo acúmulo dos valores, bastaria que o juiz fixasse *astreintes* de incidência única. Em outras palavras, o demandado deveria cumprir a obrigação em, por exemplo, 15 (quinze) dias, sob pena de sofrer *astreintes* única de R$ 30.000,00 (trinta mil reais). Com o descumprimento, os autos iriam conclusos ao magistrado que poderia mudar o meio executivo ou insistir no mesmo, mas agora estabelecendo um valor ainda maior. Da mesma forma, também não se vislumbraria obstáculos práticos na fixação de multas diárias (v.g., em R$ 1.000,00 – mil reais), desde logo constando na decisão que o montante seria limitado a um determinado patamar, como, por exemplo, R$ 50.000,00 (cinquenta mil reais).

Contudo, de maneira inexplicável, o CPC desprezou a jurisprudência pátria e passou a prever, em norma própria (art. 537, § 1º), que o magistrado apenas pode mudar a periodicidade da multa vincenda. Não faz sentido seguir esta orientação, seja pelos argumentos supra, seja porque o próprio CPC impõe que os magistrados sigam os precedentes (art. 927). Uma lástima, portanto, a constatação de que, diante do insucesso da revisão desta tese no próprio Poder Judiciário, tenha-se optado por outro caminho menos tortuoso, diretamente perante o Poder Legislativo. É para se refletir realmente.

> **Verbete nº 410 da Súmula do STJ:** *"A prévia intimação pessoal do devedor constitui condição necessária para a cobrança de multa pelo descumprimento de obrigação de fazer ou não fazer".*
>
> **Enunciado nº 96 da I Jornada de Processo Civil CEJ/CJF:** *"Os critérios referidos no caput do art. 537 do CPC devem ser observados no momento da fixação da multa, que não está limitada ao valor da obrigação principal e não pode ter sua exigibilidade postergada para depois do trânsito em julgado".*

Possibilidade de o magistrado modificar o valor das *astreintes*. "1. Recurso especial interposto contra acórdão publicado na vigência do Código de Processo Civil de 2015 (Enunciados Administrativos nºs 2 e 3/STJ). 2. A alegação genérica da suposta violação do art. 1.022, II, do CPC/2015, sem especificação das teses que teriam restado omissas pelo acórdão recorrido, atrai a incidência da Súmula nº 284/STF. 3. A decisão que arbitra astreintes, *instrumento de coerção indireta ao cumprimento do julgado, não faz coisa julgada material, podendo, por isso mesmo, ser modificada, a requerimento da parte ou de ofício, seja para aumentar ou diminuir o valor da multa ou, ainda, para suprimi-la. Precedentes. 4. Nos termos do art. 537 do CPC/2015, a alteração do valor da multa cominatória pode se dar quando se revelar insuficiente ou excessiva para compelir o devedor a cumprir o julgado, ou caso se demonstrar o cumprimento parcial superveniente da obrigação ou a justa causa para o seu descumprimento. Necessidade, na hipótese, de o magistrado de primeiro grau apreciar a alegação de impossibilidade de cumprimento da obrigação de fazer conforme o comando judicial antes de ser feito novo cálculo pela Contadoria Judicial. (...) 14. Recurso especial provido*" (STJ. RESP nº 1.691.748/PR. Rel. Min. Ricardo Villas Bôas Cuevas. DJ 17/11/2017).

Impossibilidade de redução de ofício do valor das *astreintes* em grau recursal em casos de não admissibilidade do recurso. "*O valor das* astreintes *não pode ser reduzido de ofício em segunda instância quando a questão é suscitada em recurso de apelação não conhecido*" (STJ. RESP 1.508.929-RN, Rel. Min. Moura Ribeiro, por unanimidade, julgado em 7.3.2017, DJe 21/03/2017).

Obrigação de fazer e possibilidade de fixação preventiva de *astreintes* para a hipótese de eventual descumprimento imotivado do regime de visitação. "*A aplicação de* astreintes *é válida quando o genitor detentor da guarda da criança* *descumpre acordo homologado judicialmente sobre o regime de visitas*" (STJ. RESP 1.481.531-SP, Rel. Min. Moura Ribeiro, por unanimidade, julgado em 16.2.2017, DJe 07/03/2017).

Necessidade de aguardar a prolação da sentença favorável ao demandante para que este possa promover a execução provisória das *astreintes*, caso o recurso de apelação interposto pelo demandado não tenha efeito suspensivo (CPC/73). "*A multa diária prevista no § 4º do art. 461 do CPC, devida desde o dia em que configurado o descumprimento, quando fixada em antecipação de tutela, somente poderá ser objeto de execução provisória após a sua confirmação pela sentença de mérito e desde que o recurso eventualmente interposto não seja recebido com efeito suspensivo. Isso porque se deve prestigiar a segurança jurídica e evitar que a parte se beneficie de quantia que, posteriormente, venha se saber indevida, reduzindo, dessa forma, o inconveniente de um eventual pedido de repetição de indébito que, por vezes, não se mostra exitoso. Ademais, o termo 'sentença', assim como utilizado nos arts. 475-O e 475-N, I, do CPC, deve ser interpretado de forma restrita, razão pela qual é inadmissível a execução provisória de multa fixada por decisão interlocutória em antecipação dos efeitos da tutela, ainda que ocorra a sua confirmação por acórdão. Esclareça-se que a ratificação de decisão interlocutória que arbitra multa cominatória por posterior acórdão, em razão da interposição de recurso contra ela interposto, continuará tendo em sua gênese apenas a análise dos requisitos de prova inequívoca e verossimilhança, próprios da cognição sumária que ensejaram o deferimento da antecipação dos efeitos da tutela. De modo diverso, a confirmação por sentença da decisão interlocutória que impõe multa cominatória decorre do próprio reconhecimento da existência do direito material reclamado que lhe dá suporte, o qual é apurado após ampla dilação probatória e exercício do contraditório. Desta feita, o risco de cassação da multa e, por conseguinte, a sobrevinda de prejuízo à parte contrária em decorrência de sua cobrança prematura, tornar-se-á reduzido após a prolação da sentença, ao invés de quando a execução ainda estiver amparada em decisão interlocutória proferida no início do processo, inclusive no que toca à possibilidade de modificação do seu valor ou da sua periodicidade*" (STJ. RESP 1.200.856-RS, Rel. Min. Sidnei Beneti, julgado em 1º/7/2014).

Impossibilidade de fixar *astreintes* para os casos de descumprimento de obrigação pecuniária (CPC/73). "*Dispositivos do Código de Processo Civil, na redação dada pela reformadora Lei nº 10.444 de 2002, que deixam clara a possibilidade de estatuir-se* astreinte *na prevenção do descumprimento de obrigações de dar, de fazer ou de não fazer. Nunca acerca de obrigações de pagar quantia em espécie ou assim traduzidas. Repúdio evidente do ordenamento adjetivo pátrio à dupla compulsão que aí haveria; a de caráter patrimonial constritiva, mais a de tal sanção acumulada. Ponderação que se faz mister, na interpretação das normas regenciais, e que é essencial à tutela da jurisdição no Estado de Direito Democrático. Cuidados que se impõem para com certas correntes, eivadas de radicalismo e ausentes de equilíbrio*" (TJ-RJ. Apelação cível nº 2003.005.00242. Rel. Des. Luiz Felipe Haddad, julgado em 15/04/2004).

Seção II
DO CUMPRIMENTO DA SENTENÇA QUE RECONHEÇA A EXIGIBILIDADE DE OBRIGAÇÃO DE ENTREGAR COISA

Art. 538

Art. 538. Não cumprida a obrigação de entregar coisa no prazo estabelecido na sentença, será expedido mandado de busca e apreensão ou de imissão na posse em favor do credor, conforme se tratar de coisa móvel ou imóvel.

§ 1º A existência de benfeitorias deve ser alegada na fase de conhecimento, em contestação, de forma discriminada e com atribuição, sempre que possível e justificadamente, do respectivo valor.

§ 2º O direito de retenção por benfeitorias deve ser exercido na contestação, na fase de conhecimento.

§ 3º Aplicam-se ao procedimento previsto neste artigo, no que couber, as disposições sobre o cumprimento de obrigação de fazer ou de não fazer.

O dispositivo regula o cumprimento de sentença que reconheça a obrigação de entrega de coisa, também prevendo a adoção de meios executivos como a expedição do mandado de busca e apreensão ou de imissão na posse em favor do credor. Prevê que eventual alegação de retenção por benfeitorias tenha que ser trazida apenas na etapa de conhecimento, e com a indicação dos valores empregados. Determina, ao final, que este rito observe as mesmas disposições para o cumprimento de sentença de obrigação de fazer e não fazer, o que já era previsto no modelo anterior (CPC/73).

TÍTULO III
DOS PROCEDIMENTOS ESPECIAIS

CAPÍTULO I
DA AÇÃO DE CONSIGNAÇÃO EM PAGAMENTO

Art. 539

Art. 539. Nos casos previstos em lei, poderá o devedor ou terceiro requerer, com efeito de pagamento, a consignação da quantia ou da coisa devida.

§ 1º Tratando-se de obrigação em dinheiro, poderá o valor ser depositado em estabelecimento bancário, oficial onde houver, situado no lugar do pagamento, cientificando-se o credor por carta com aviso de recebimento, assinado o prazo de 10 (dez) dias para a manifestação de recusa.

§ 2º Decorrido o prazo do § 1º, contado do retorno do aviso de recebimento, sem a manifestação de recusa, considerar-se-á o devedor liberado da obrigação, ficando à disposição do credor a quantia depositada.

§ 3º Ocorrendo a recusa, manifestada por escrito ao estabelecimento bancário, poderá ser proposta, dentro de 1 (um) mês, a ação de consignação, instruindo-se a inicial com a prova do depósito e da recusa.

§ 4º Não proposta a ação no prazo do § 3º, ficará sem efeito o depósito, podendo levantá-lo o depositante.

O pagamento em consignação é uma modalidade de extinção das obrigações, regulada pelo Código Civil (art. 334 e art. 345), podendo ser realizado extrajudicial ou judicialmente pelo próprio devedor ou por um terceiro juridicamente interessado ou não (art. 304, *caput* e parágrafo único, CC). Caso um deles opte pela consignação extrajudicial, o tema já passa a ser regulado por este artigo, que prevê a possibilidade tanto da consignação de valores como de bens.

O dispositivo cuida da faculdade de o devedor ou terceiro promoverem a consignação extrajudicial de dinheiro, o que é mais uma hipótese de desjudicialização, à semelhança do que ocorre com outros procedimentos especiais, tal como na usucapião (que deixou de existir no CPC), nas demandas demarcatórias e divisórias, no inventário, dentre alguns outros mais.

Para os casos de consignação judicial, admite-se que o objeto da prestação recaia sobre pecúnia ou sobre coisa devida. No parágrafo primeiro foi excluída a menção à correção monetária, muito embora esta permaneça e seja de incumbência da instituição financeira, conforme entendimento já sumulado pelo STJ.

> Verbete nº 179 da Súmula do STJ: *"O estabelecimento de crédito que recebe dinheiro, em depósito judicial, responde pelo pagamento da correção monetária relativa aos valores recolhidos"*.

Art. 540

Art. 540. Requerer-se-á a consignação no lugar do pagamento, cessando para o devedor, à data do depósito, os juros e os riscos, salvo se for julgada improcedente.

O dispositivo em questão deve ser interpretado literalmente, com exclusão da menção à competência para a consignação de coisa, o que foi feito para se adequar ao Código Civil (art. 341, CC).

> **Improcedência de pedido consignatório formulado por mutuário de contrato do SFH que pretendia discutir valores devidos.** *"Deverá ser julgada improcedente a ação de consignação em pagamento no caso em que o autor – mutuário de contrato de financiamento habitacional celebrado no âmbito do SFH em conformidade com o Plano de Comprometimento da Renda (Lei n° 8.692/93) que, em razão da redução de sua renda, a viu comprometida em percentual superior ao máximo estabelecido no contrato – a tenha ajuizado buscando a quitação e extinção de suas obrigações tão somente por meio da consignação dos valores que ele unilateralmente entende como devidos. A Lei n° 8.692/93, normativo que define planos de reajustamento dos encargos mensais e dos saldos devedores nos contratos de financiamento habitacional no âmbito do SFH, estabelece: 'Art. 4° O reajustamento dos encargos mensais nos contratos regidos pelo Plano de Comprometimento da Renda terá por base o mesmo índice e a mesma periodicidade de atualização do saldo devedor dos contratos, mas a aplicação deste índice não poderá resultar em comprometimento de renda em percentual superior ao máximo estabelecido no contrato. § 1° Sempre que o valor do novo encargo resultar em comprometimento da renda do mutuário em percentual superior ao estabelecido em contrato, a instituição financiadora, a pedido do mutuário, procederá à revisão do seu valor, para adequar a relação encargo mensal/renda ao referido percentual máximo. § 2° As diferenças apuradas nas revisões dos encargos mensais serão atualizadas com base nos índices contratualmente definidos para reajuste do saldo devedor e compensados nos encargos mensais subsequentes. § 3° Não se aplica o disposto no § 1° às situações em que o comprometimento da renda em percentual superior ao máximo estabelecido no contrato tenha-se verificado em razão da redução da renda ou por alteração na composição da renda familiar, inclusive em decorrência da exclusão de um ou mais coadquirentes. § 4° Nas situações de que trata o parágrafo anterior, é assegurado ao mutuário o direito de renegociar as condições de amortização, buscando adequar novo comprometimento de renda ao percentual máximo estabelecido no contrato, mediante a dilação do prazo de liqüidação do financiamento, observado o prazo máximo estabelecido em contrato e demais condições pactuadas.' A hipótese em análise, em que o mutuário teve redução em sua renda, encaixa-se no disposto no art. 4°, §§ 3° e 4°, da Lei n° 8.692/93, que assegura ao mutuário o direito de renegociar as condições de amortização. Porém, tem-se singela ação de consignação em pagamento, com a qual se busca simplesmente a quitação e extinção das obrigações do mutuário, sem levar em conta a necessidade de realizar seu direito de renegociação da dívida nos termos, mais abrangentes, acima dispostos. Assim, descabe impor ao mutuante que simplesmente aceite a quitação das obrigações do mutuário pelo pagamento em consignação de valores calculados unilateralmente, de forma estranha às condições legais e contratualmente pactuadas, pois a redução do valor das prestações implica a necessária dilação do prazo do financiamento, e não apenas a simples redução do valor da parcela do empréstimo para adequá-la ao percentual de comprometimento da nova renda. Precedente citado: AgRg no Ag 887.024-PR, Terceira Turma, DJe 8/10/2008"* (STJ, RESP 886.846-DF, Rel. Min. Raul Araújo, julgado em 07/06/2016, DJe 01/07/2016 – Informativo n° 586).

Art. 541

> Art. 541. Tratando-se de prestações sucessivas, consignada uma delas, pode o devedor continuar a depositar, no mesmo processo e sem mais formalidades, as que se forem vencendo, desde que o faça em até 5 (cinco) dias contados da data do respectivo vencimento.

O dispositivo em questão deve ser interpretado literalmente, tratando da possibilidade de consignação de prestações periódicas, o que corporifica um pedido implícito (art. 321). Vale dizer que a forma de se calcular o valor da causa em tais casos já foi analisada em momento anterior (art. 292, § 2º).

Art. 542

> Art. 542. Na petição inicial, o autor requererá:
>
> I - o depósito da quantia ou da coisa devida, a ser efetivado no prazo de 5 (cinco) dias contados do deferimento, ressalvada a hipótese do art. 539, § 3º;
>
> II - a citação do réu para levantar o depósito ou oferecer contestação.
>
> Parágrafo único. Não realizado o depósito no prazo do inciso I, o processo será extinto sem resolução do mérito.

O dispositivo cuida dos requisitos específicos da petição inicial para a demanda de consignação em pagamento. Há inclusão do parágrafo único mencionando a consequência no caso de o depósito não ser realizado tempestivamente. Ressalva-se que a Lei de Locação já previa esta mesma solução para as consignatórias por ela disciplinadas (art. 67, II, Lei nº 8.245/91).

Art. 543

> Art. 543. Se o objeto da prestação for coisa indeterminada e a escolha couber ao credor, será este citado para exercer o direito dentro de 5 (cinco) dias, se outro prazo não constar de lei ou do contrato, ou para aceitar que o devedor a faça, devendo o juiz, ao despachar a petição inicial, fixar lugar, dia e hora em que se fará a entrega, sob pena de depósito.

Dispositivo sem qualquer alteração quando confrontado com o modelo anterior (CPC/73), versando sobre a consignação de coisa indeterminada, nos mesmos moldes do Código Civil (art. 244, CC).

Art. 544

> Art. 544. Na contestação, o réu poderá alegar que:
>
> I – não houve recusa ou mora em receber a quantia ou a coisa devida;
>
> II – foi justa a recusa;
>
> III – o depósito não se efetuou no prazo ou no lugar do pagamento;
>
> IV – o depósito não é integral.
>
> Parágrafo único. No caso do inciso IV, a alegação somente será admissível se o réu indicar o montante que entende devido.

Dispositivo sem qualquer alteração, versando sobre os temas que podem ser veiculados em sede de contestação, bem como que o credor já indique o valor que falta ser integralizado, se for o caso. É de se ressalvar que, em tal situação, a parcela incontroversa já poderá ser imediatamente levantada pelo credor (art. 545, § 1º). Também é de se acrescentar que este artigo enumera um rol meramente exemplificativo das matérias que podem ser alegadas pelo demandado. Por fim, a jurisprudência vem permitindo que o demandado também possa apresentar reconvenção além da contestação, se for o caso.

Art. 545

> Art. 545. Alegada a insuficiência do depósito, é lícito ao autor completá-lo, em 10 (dez) dias, salvo se corresponder a prestação cujo inadimplemento acarrete a rescisão do contrato.
>
> § 1º No caso do *caput*, poderá o réu levantar, desde logo, a quantia ou a coisa depositada, com a consequente liberação parcial do autor, prosseguindo o processo quanto à parcela controvertida.
>
> § 2º A sentença que concluir pela insuficiência do depósito determinará, sempre que possível, o montante devido e valerá como título executivo, facultado ao credor promover-lhe o cumprimento nos mesmos autos, após liquidação, se necessária.

O dispositivo cuida dos casos em que for alegada a insuficiência de depósito e as providências seguintes a serem adotadas. Com efeito, caso o credor entenda que haja uma insuficiência do valor depositado, deverá trazer esta matéria em sede de contestação (art. 544, inc. IV), indicando o montante que entende devido, independentemente de apresentar reconvenção ou pedido contraposto com este intento. Na sequência, o valor incontroverso já poderá ser levantado imediatamente pelo credor (art. 545, § 1º) e, ao término da instrução, o magistrado irá proferir sentença determinando que o autor efetue o pagamento de eventual diferença, o que até mesmo servirá como título executivo judicial (art. 545, § 2º). Trata-se, portanto, de sentença de procedência parcial do pedido, pois irá declarar a extinção parcial do vínculo obrigacional apenas em relação ao valor já depositado e, ao mesmo tempo, condená-lo a pagar a diferença dos valores.

Pode ocorrer, porém, que após ser alegada a insuficiência do depósito, venha o autor/devedor a complementá-lo voluntariamente no prazo de 10 (dez) dias (art. 545). Neste caso, haverá situação equivalente a um "reconhecimento do que consta na contestação", devendo o juiz julgar procedente o pedido, liberando o devedor de sua obrigação, já que realmente quitou integralmente a sua dívida. Só que esta hipótese destoa um pouco do tradicional, pois o responsável pela propositura da demanda foi o próprio demandante, ao tentar se livrar da obrigação depositando valor menor. Assim, neste caso, e, atento ao princípio da causalidade, deverá o demandante/devedor ser condenado a pagar as custas e os honorários advocatícios da outra parte, ainda que a sentença tenha sido de procedência. É que não faria qualquer sentido julgar o pleito improcedente, pois não haveria a declaração de extinção do vínculo obrigacional ainda que já tivesse sido realizado o depósito integral da dívida.

E, ainda, se o magistrado entender que o valor depositado pelo autor está correto e que não subsistem as defesas apresentadas pelo réu, caberá a ele tão somente proferir sentença de procedência do pedido, que terá, como já visto, natureza declaratória, condenando o credor/réu ao pagamento da sucumbência.

Art. 546

> **Art. 546. Julgado procedente o pedido, o juiz declarará extinta a obrigação e condenará o réu ao pagamento de custas e honorários advocatícios.**
>
> **Parágrafo único. Proceder-se-á do mesmo modo se o credor receber e der quitação.**

O dispositivo em questão deve ser interpretado literalmente, para o caso de procedência do pedido. A redação do modelo anterior (CPC/73) sugeria uma interpretação literal de que existiria a possibilidade de uma situação de revelia que gerasse presunção absoluta em desfavor do demandado, o que foi acertadamente excluído, pois conspira contra o princípio constitucional da ampla defesa a lei prever uma consequência desta (art. 5º, LV, CF).

Art. 547

> **Art. 547. Se ocorrer dúvida sobre quem deva legitimamente receber o pagamento, o autor requererá o depósito e a citação dos possíveis titulares do crédito para provarem o seu direito.**

O dispositivo em questão deve ser interpretado literalmente quando a consignatória tiver como causa de pedir a dúvida sobre a pessoa a quem compete receber legitimamente a prestação.

Art. 548

> **Art. 548. No caso do art. 547:**
>
> **I – não comparecendo pretendente algum, converter-se-á o depósito em arrecadação de coisas vagas;**
>
> **II – comparecendo apenas um, o juiz decidirá de plano;**
>
> **III – comparecendo mais de um, o juiz declarará efetuado o depósito e extinta a obrigação, continuando o processo a correr unicamente entre os presuntivos credores, observado o procedimento comum.**

O dispositivo em questão deve ser interpretado literalmente, com pequenos acertos, para os casos em que não comparecer nenhuma pessoa que legitimamente possa receber a prestação. Inicialmente, observa-se que o tratamento reservado ao depósito será o mesmo das coisas vagas, tal como previsto no Código Civil (art. 1.236 – art. 1.237) e não mais o reservado aos bens de ausentes, que era o modelo primitivo (CPC/73). Também houve a substituição de procedimento ordinário para procedimento comum, por ser a nomenclatura atual do CPC.

Art. 549

> **Art. 549. Aplica-se o procedimento estabelecido neste Capítulo, no que couber, ao resgate do aforamento.**

Dispositivo sem qualquer alteração, permitindo a aplicação, no que couber, das mesmas normas que regulam o resgate do aforamento.

CAPÍTULO II
DA AÇÃO DE EXIGIR CONTAS

Art. 550

> **Art. 550. Aquele que afirmar ser titular do direito de exigir contas requererá a citação do réu para que as preste ou ofereça contestação no prazo de 15 (quinze) dias.**

> § 1º Na petição inicial, o autor especificará, detalhadamente, as razões pelas quais exige as contas, instruindo-a com documentos comprobatórios dessa necessidade, se existirem.
>
> § 2º Prestadas as contas, o autor terá 15 (quinze) dias para se manifestar, prosseguindo-se o processo na forma do Capítulo X do Título I deste Livro.
>
> § 3º A impugnação das contas apresentadas pelo réu deverá ser fundamentada e específica, com referência expressa ao lançamento questionado.
>
> § 4º Se o réu não contestar o pedido, observar-se-á o disposto no art. 355.
>
> § 5º A decisão que julgar procedente o pedido condenará o réu a prestar as contas no prazo de 15 (quinze) dias, sob pena de não lhe ser lícito impugnar as que o autor apresentar.
>
> § 6º Se o réu apresentar as contas no prazo previsto no § 5º, seguir-se-á o procedimento do § 2º, caso contrário, o autor apresentá-las-á no prazo de 15 (quinze) dias, podendo o juiz determinar a realização de exame pericial, se necessário.

No antigo modelo, era prevista a denominada "ação de prestação de contas", com duas modalidades distintas, sendo a primeira de "exigir contas" e a segunda de "oferecer contas", com procedimentos levemente diferenciados. O CPC passa a regular apenas a primeira delas, o que justifica a alteração do capítulo para nele constar "da ação de exigir contas", que também pode ser utilizada nas relações que envolvam instituição financeira, de acordo com entendimento sumulado pelo STJ. Contudo, até seria possível uma demanda com o objetivo de o mandatário "oferecer contas", mas esta deverá observar o procedimento comum.

Neste procedimento, haverá uma primeira etapa tendente a julgar inicialmente a existência da obrigação com a condenação do demandado a prestá-las e uma segunda fase, semelhante a uma liquidação, que tem como objetivo apurar e declarar o saldo devido, que pode ser tanto favorável ao demandante quanto ao demandado em razão do seu caráter de demanda dúplice. Na primeira fase, o prazo para resposta do réu foi ampliado para quinze dias. Se a resposta não for apresentada, é possível já realizar o julgamento antecipado do mérito, com a prolação de sentença favorável condenando o demandado a prestar as contas em quinze dias, sob pena de não poder futuramente impugnar as que o demandante apresentar.

Verbete nº 259 da Súmula do STJ: *"A ação de prestação de contas pode ser proposta pelo titular da conta-corrente bancária".*

Verbete nº 477 da Súmula do STJ: *"A decadência do art. 26 do CDC não é aplicável à prestação de contas para obter esclarecimentos sobre cobrança de taxas, tarifas e encargos bancários".*

Possibilidade de ação de exigir contas proposta pelo devedor fiduciante em face do credor fiduciário para apurar o valor obtido com a venda extrajudicial do bem objeto do contrato de propriedade fiduciária: *"1. A violação do art. 844 do CPC/73 não foi debatida no Tribunal de origem, o que implica ausência de prequestionamento. Incidência da Súmula nº 282/STF. 2. No caso de alienação extrajudicial de veículo automotor regida pelo art. 2º do Decreto-Lei nº 911/69 – redação anterior à Lei nº 13.043/2014 –, tem o devedor interesse processual na ação de prestação de contas, quanto aos valores decorrentes da venda e à correta imputação no débito (saldo remanescente). 3. A administração de interesse de terceiro decorre do comando normativo que exige destinação específica do quantum e a entrega de eventual saldo ao devedor. 4. Após a entrada em vigor da Lei nº 13.043/2014, que alterou o art. 2º do Decreto-Lei nº 911/69, a obrigação de prestar contas ficou expressamente consignada. 5. Recurso especial conhecido em parte e não provido"* (STJ. RESP 1.678.525/SP, Rel. Min. Antonio Carlos Ferreira. DJ 09/10/2017).

Abuso de mandato e o termo inicial para a fluência dos juros moratórios. *"Reconhecido o abuso de mandato por desacerto contratual, em razão de o advogado ter repassado valores a menor para seu mandatário, o marco inicial dos juros moratórios é a data da citação, nos termos do artigo 219 do CPC/73"* (STJ. RESP 1.403.005-MG, Rel. Min. Paulo de Tarso Sanseverino, por unanimidade, julgado em 6.4.2017, DJe 11/04/2017).

Ação de prestação de contas entre sindicato e trabalhador a ele filiado. Retenção de honorários advocatícios em crédito trabalhista deferido em juízo. Competência da Justiça do Trabalho. *"Art. 114, III, da CF. A Justiça do Trabalho é competente para processar e julgar ação proposta por trabalhador em face do sindicato a que é filiado, em que se postula a prestação de contas acerca de valores retidos a título de honorários advocatícios em crédito trabalhista decorrente de ação ajuizada anteriormente pela entidade sindical na condição de substituta processual. A relação entre empregado de determinada categoria e o respectivo sindicato decorre do enquadramento sindical e irradia o principal efeito da defesa dos direitos e interesses da categoria, nos termos do art. 8º, III, da CF e do art. 513, 'a', da CLT, inserindo-se, portanto, na expressão contida no art. 114, III, da Constituição, que se refere às ações sobre representação sindical entre sindicatos e trabalhadores. Sob esse fundamento, a SBDI-I, por unanimidade, conheceu dos embargos, por divergência jurisprudencial, e, no mérito, por maioria, negou-lhes provimento. Vencidos os Ministros Augusto César Leite de Carvalho, Walmir Oliveira da Costa e Brito Pereira, os quais entendiam que, se compete à Justiça comum julgar cobrança de honorários advocatícios, inclusive nas hipóteses em que tais verbas são reclamadas por sindicato, não se pode alterar a competência somente em razão de a ação ter sido ajuizada por quem se beneficiou dos serviços contra o prestador"* (TST. E-ED-RR-128300- 64.2008.5.03.0042, SBDI-I, Rel. Min. Marcio Eurico Vitral Amaro, 17/08/2017).

Art. 551

> Art. 551. As contas do réu serão apresentadas na forma adequada, especificando-se as receitas, a aplicação das despesas e os investimentos, se houver.
>
> § 1º Havendo impugnação específica e fundamentada pelo autor, o juiz estabelecerá prazo razoável para que o réu apresente os documentos justificativos dos lançamentos individualmente impugnados.
>
> § 2º As contas do autor, para os fins do art. 550, § 5º, serão apresentadas na forma adequada, já instruídas com os documentos justificativos, especificando-se as receitas, a aplicação das despesas e os investimentos, se houver, bem como o respectivo saldo.

Este dispositivo já cuida da segunda etapa da demanda de exigir contas, trazendo mero ajuste redacional, alterando a expressão "forma mercantil" para "forma adequada". Havendo impugnação específica do autor, o magistrado pode estabelecer prazo razoável para os esclarecimentos do demandado.

Art. 552

> Art. 552. A sentença apurará o saldo e constituirá título executivo judicial.

O dispositivo em questão deve ser interpretado literalmente, reconhecendo que a sentença que for proferida na segunda etapa deste procedimento constituirá título executivo judicial, que tanto poderá ser objeto de execução promovida pelo demandante como pelo demandado, dependendo tão somente da titularidade do crédito reconhecido.

Art. 553

> Art. 553. As contas do inventariante, do tutor, do curador, do depositário e de qualquer outro administrador serão prestadas em apenso aos autos do processo em que tiver sido nomeado.
>
> Parágrafo único. Se qualquer dos referidos no *caput* for condenado a pagar o saldo e não o fizer no prazo legal, o juiz poderá destituí-lo, sequestrar os bens sob sua guarda, glosar o prêmio ou a gratificação a que teria direito e determinar as medidas executivas necessárias à recomposição do prejuízo.

O dispositivo cuida da prestação de contas que pode ser determinada para aqueles que assumiram o encargo em processo judicial. Nestes casos, a exigência das contas pode ser requerida por qualquer das partes e será autuada em apenso. Ao final, caso entenda que haja algum valor ou bem a restituir, isso será determinado por decisão, que também poderá destituí-lo do encargo, bem como motivar decisão jurisdicional de sequestro dos seus bens ou mesmo de glosa do prêmio ou de eventual gratificação que tenha direito (art. 553, parágrafo único). Vale dizer que o magistrado também poderá determinar, inclusive de ofício, que tais administradores esclareçam o desempenho do seu mister, muito embora esta situação já ocorra nos próprios autos, tendo as mesmas consequências (art. 553, parágrafo único).

CAPÍTULO III
DAS AÇÕES POSSESSÓRIAS

Seção I
Das Disposições Gerais

Art. 554

Art. 554. A propositura de uma ação possessória em vez de outra não obstará a que o juiz conheça do pedido e outorgue a proteção legal correspondente àquela cujos pressupostos estejam provados.

§ 1º No caso de ação possessória em que figure no polo passivo grande número de pessoas, serão feitas a citação pessoal dos ocupantes que forem encontrados no local e a citação por edital dos demais, determinando-se, ainda, a intimação do Ministério Público e, se envolver pessoas em situação de hipossuficiência econômica, da Defensoria Pública.

§ 2º Para fim da citação pessoal prevista no § 1º, o oficial de justiça procurará os ocupantes no local por uma vez, citando-se por edital os que não forem encontrados.

§ 3º O juiz deverá determinar que se dê ampla publicidade da existência da ação prevista no § 1º e dos respectivos prazos processuais, podendo, para tanto, valer-se de anúncios em jornal ou rádio locais, da publicação de cartazes na região do conflito e de outros meios.

O "proprietário" de um bem tem os poderes de usar, fruir ou até dispor dele. O "possuidor", ao revés, possui apenas o exercício, pleno ou não, do poder de usar ou de fruir do bem, quando lhe for transmitido regularmente. Mas, ainda quando haja essa transferência da posse de um bem, o proprietário permanece como possuidor, mesmo sem dispor fisicamente da coisa. Isso ocorre graças à adoção da teoria subjetiva da posse, que autoriza o seu desdobramento. Desta maneira, aquela pessoa que tenha fisicamente o bem em seu poder será considerada como o "possuidor direto", enquanto o proprietário será tratado como "possuidor indireto". E, vale dizer, esta ressalva é de suma importância, pois ambos terão legitimidade e poderão se valer das demandas possessórias para a defesa da posse. O mesmo já não ocorre, porém, com o "detentor", que é aquele que realmente pode ter um bem em seu poder, mas em razão de exercer uma relação de dependência perante o real proprietário, de estar conservando o bem segundo o nome deste ou em cumprimento de suas instruções ou, ainda, quando se tratar de mera tolerância ou permissão (art. 1.198 e art. 1.208, CC). É que a detenção é considerada tão precária em relação às outras que sequer é protegida pela legislação, razão pela qual não poderá o detentor se valer das medidas abaixo listadas, que apenas podem ser utilizadas pelo proprietário ou pelo possuidor.

É possível que haja a ocorrência de diversos tipos de moléstia à posse de alguém, o que irá permitir a adoção de um ou outro meio mais específico. A primeira delas é o "esbulho", situação em que haverá perda total da posse pelo possuidor. Além desta, também é frequente a ocorrência da "turbação", caso em que a posse é perdida apenas parcialmente. E, ainda, existe a "ameaça", ou seja, um temor de que a posse venha a sofrer um futuro esbulho ou turbação, o que também é merecedor de proteção legal.

Ocorrendo o "esbulho" ou a "turbação", não há necessidade de o proprietário ou possuidor virem imediatamente a juízo, pois a legislação (art. 1.210, § 1º, CC) autoriza o denominado "desforço imediato da posse", ou seja, uma hipótese excepcional de autotutela quando não for possível aguardar o provimento jurisdicional devido a uma situação absolutamente emergencial. Nestes casos, o próprio proprietário ou possuidor pode se valer dos meios indispensáveis à restituição ou manutenção da posse, desde que sejam moderados e empregados imediatamente.

Havendo necessidade de pleitear a tutela da posse jurisdicionalmente, deverá o legitimado ativo se valer das denominadas "ações possessórias". A via adequada para a ocorrência do esbulho chama-se "reintegração de posse". Já para os casos de turbação se deve utilizar a "manutenção da posse". Por fim, nos casos de ameaça, adota-se a ação denominada "interdito proibitório". Vale dizer, contudo, que a moléstia sofrida pode não ter se estancado, ou seja, pode ser que ela continue se ampliando gradativamente, malgrado já tenha sido proposta uma demanda judicial. Para exemplificar, em caso de ameaça o demandante terá proposto um interdito proibitório, que pode não ter impedido o atuar do demandado. Assim, pode ocorrer que, mesmo na pendência do processo, esta simples ameaça tenha se transformado em um esbulho.

O dispositivo em enfoque cuida de mero ajuste redacional no *caput*, reconhecendo a característica da fungibilidade nos procedimentos possessórios, o que acaba mitigando os rigores do princípio da congruência. Isso ocorre porque, como a ofensa à posse pode não ter sido necessariamente estancada, passa a ser recomendável que a proteção jurisdicional outorgada pelo magistrado corresponda à lesão atual a que o demandante estiver exposto.

Os parágrafos são novidades, autorizando que em demandas com enorme número de demandados possa ser realizada a citação pessoal dos ocupantes que estiverem no local e por edital dos demais (com as recomendações ali constantes), bem como sendo determinada, na sequência, a intimação do Ministério Público e da Defensória Pública, se a situação envolver pessoas em situação de hipossuficiência econômica.

Possibilidade de ação possessória ser instaurada por invasor de terra pública em face de outros particulares. *"É cabível o ajuizamento de ações possessórias por parte de invasor de terra pública contra outros particulares. Inicialmente, salienta-se que não se desconhece a jurisprudência do STJ no sentido de que a ocupação de área pública sem autorização expressa e legítima do titular do domínio constitui mera detenção (RESP 998.409-DF, Terceira Turma, DJe 3/11/2009). Contudo, vislumbra-se que, na verdade, isso revela questão relacionada à posse. Nessa ordem de ideias, ressalta-se o previsto no art. 1.198 do CC, in verbis: "Considera-se detentor aquele que, achando-se em relação de dependência para com outro, conserva a posse em nome deste e em cumprimento de ordens ou instruções suas". Como se vê, para que se possa admitir a relação de dependência, a posse deve ser exercida em nome de outrem que ostente o* jus possidendi *ou o* jus possessionis. *Ora, aquele que invade terras públicas e nela constrói sua moradia jamais exercerá a posse em nome alheio, de modo que não há entre ele e o ente público uma relação de dependência ou de subordinação e, por isso, não há que se falar em mera detenção. De fato, o animus domni é evidente, a despeito de ele ser juridicamente infrutífero. Inclusive, o fato de as terras serem públicas e, dessa maneira, não serem passíveis de aquisição por usucapião, não altera esse quadro. Com frequência, o invasor sequer conhece essa característica do imóvel. Portanto, os interditos possessórios são adequados à discussão da melhor posse entre particulares, ainda que ela esteja relacionada a terras públicas"* (STJ. RESP 1.484.304-DF, Rel. Min. Moura Ribeiro, julgado em 10/03/2016, DJe 15/03/2016 – Informativo nº 579).

Desapropriação indireta. Impossibilidade. Consolidação da ocupação. Não ocorrência. Posse ilegítima. Aquisição da propriedade pelo Incra. Negociações infrutíferas. *"1. Nos termos do que dispunha o artigo 927 do Código de Processo Civil de 1973, o possuidor tem direito a ser reintegrado na posse em caso de esbulho, desde que provada a sua posse, o esbulho praticado pelo réu, a data da ofensa e a perda da posse. Assim, preenchidos os requisitos do citado dispositivo legal, impõe-se a manutenção da sentença que deferiu o pedido de reintegração de posse. 2. Não merece amparo a pretensão de decretação da desapropriação indireta haja vista que a medida só é cabível nos casos em que a ocupação se dá por parte do poder público. 3. Insubsistente a alegação dos réus de que a situação de ocupação está consolidada e deveria ser reconhecida, haja vista que este quadro somente vem se perpetuando em razão da desobediência às decisões judiciais anteriormente proferidas. 4. A aquisição da terra pelo Incra não se mostrou possível haja vista que imóvel, em razão de seu valor, não é passível de ser desapropriado pelo Instituto, além do fato de a invasão da propriedade ter ocorrido de forma ilícita, o que impede sua desapropriação, como expressamente previsto em lei. Apelação cível conhecida e desprovida. Sentença mantida"* (TJ-GO – 437561-54.2006.8.09.0002 – Apelação Cível. Rel. Fernando de Castro Mesquita. DJ 2.167 de 13/12/2016).

Art. 555

Art. 555. É lícito ao autor cumular ao pedido possessório o de:

I – condenação em perdas e danos;

II – indenização dos frutos.

Parágrafo único. Pode o autor requerer, ainda, imposição de medida necessária e adequada para:

I – evitar nova turbação ou esbulho;

II – cumprir-se a tutela provisória ou final.

O dispositivo em questão deve ser interpretado literalmente, disciplinando que o autor cumule o pedido de proteção possessória com outros decorrentes do fato e que estejam ali relacionados, como o de condenação por perdas e danos e de indenização dos frutos, bem como a imposição de meios para evitar nova turbação ou esbulho ou mesmo o cumprimento escorreito da decisão que defere a tutela provisória.

Art. 556

Art. 556. É lícito ao réu, na contestação, alegando que foi o ofendido em sua posse, demandar a proteção possessória e a indenização pelos prejuízos resultantes da turbação ou do esbulho cometido pelo autor.

Dispositivo com redação idêntica à do modelo primitivo (CPC/73), versando sobre a possibilidade de o demandado pedir proteção possessória e indenização dos prejuízos no seu próprio instrumento de resposta.

Art. 557

Art. 557. Na pendência de ação possessória é vedado, tanto ao autor quanto ao réu, propor ação de reconhecimento do domínio, exceto se a pretensão for deduzida em face de terceira pessoa.

Parágrafo único. Não obsta à manutenção ou à reintegração de posse a alegação de propriedade ou de outro direito sobre a coisa.

O dispositivo em questão deve ser interpretado literalmente, não permitindo que seja proposta demanda objetivando reconhecimento de domínio na pendência da possessória, na forma do que também estabelece o Código Civil (art. 1.210, § 2º).

Há a ressalva, inédita, de que até pode ser proposta demanda petitória, mas desde que envolva terceiro. Também não deve ser decidida a demanda possessória obrigatoriamente em favor daquele que for o proprietário, muito embora exista antigo entendimento sumulado pelo STF em sentido distinto. O parágrafo único também retrata uma novidade.

> Verbete nº 487 da Súmula do STF: *"Será deferida a posse a quem, evidentemente, tiver o domínio, se com base neste for ela disputada"*.

Art. 558

> Art. 558. Regem o procedimento de manutenção e de reintegração de posse as normas da Seção II deste Capítulo quando a ação for proposta dentro de ano e dia da turbação ou do esbulho afirmado na petição inicial.
>
> Parágrafo único. Passado o prazo referido no *caput*, será comum o procedimento, não perdendo, contudo, o caráter possessório.

O dispositivo em questão deve ser interpretado literalmente, alterando a menção a procedimento "ordinário" para rito "comum", que é a nomenclatura do atual CPC. Estabelece que, para as demandas possessórias propostas dentro de um ano e dia, o procedimento a ser observado é o de que trata a Seção II do presente Capítulo, enquanto naquelas extemporâneas será observado o rito comum.

Art. 559

> Art. 559. Se o réu provar, em qualquer tempo, que o autor provisoriamente mantido ou reintegrado na posse carece de idoneidade financeira para, no caso de sucumbência, responder por perdas e danos, o juiz designar-lhe-á o prazo de 5 (cinco) dias para requerer caução, real ou fidejussória, sob pena de ser depositada a coisa litigiosa, ressalvada a impossibilidade da parte economicamente hipossuficiente.

O dispositivo em questão deve ser interpretado literalmente, embora crie uma novidade, pelo menos no CPC, ao dispor que o demandante hipossuficiente não precisará prestar a caução referida no artigo. É que esta dispensa já era prevista em lei específica (art. 3º, VII, Lei nº 1.060/50).

Seção II
Da Manutenção e da Reintegração de Posse

Art. 560

Art. 560. O possuidor tem direito a ser mantido na posse em caso de turbação e reintegrado em caso de esbulho.

Dispositivo com redação idêntica à do modelo primitivo (CPC/73), dispondo sobre os casos que autorizam a manutenção ou a reintegração de posse.

Art. 561

Art. 561. Incumbe ao autor provar:
I – a sua posse;
II – a turbação ou o esbulho praticado pelo réu;
III – a data da turbação ou do esbulho;
IV – a continuação da posse, embora turbada, na ação de manutenção, ou a perda da posse, na ação de reintegração.

Dispositivo com redação idêntica à do modelo primitivo (CPC/73), dispondo sobre o que o autor deve provar junto com a apresentação da petição inicial.

Art. 562

Art. 562. Estando a petição inicial devidamente instruída, o juiz deferirá, sem ouvir o réu, a expedição do mandado liminar de manutenção ou de reintegração, caso contrário, determinará que o autor justifique previamente o alegado, citando-se o réu para comparecer à audiência que for designada.

Parágrafo único. Contra as pessoas jurídicas de direito público não será deferida a manutenção ou a reintegração liminar sem prévia audiência dos respectivos representantes judiciais.

Dispositivo com redação idêntica à do modelo primitivo (CPC/73), dispondo sobre a possibilidade de o magistrado deferir mandado liminar de manutenção ou reintegração de posse. Em caso contrário, será designada uma audiência de justificação, que se destinará apenas à produção de prova pelo demandante, sem oportunidade de o réu apresentar provas ou mesmo a sua defesa. O parágrafo único ressalva que quando a demandada for a Fazenda Pública não poderá ser dada a liminar sem que antes seja realizada esta audiência.

Art. 563

> Art. 563. Considerada suficiente a justificação, o juiz fará logo expedir mandado de manutenção ou de reintegração.

O dispositivo em questão deve ser interpretado literalmente, com a consequência de acolhimento do pleito autoral, embora em caráter liminar.

Art. 564

> Art. 564. Concedido ou não o mandado liminar de manutenção ou de reintegração, o autor promoverá, nos 5 (cinco) dias subsequentes, a citação do réu para, querendo, contestar a ação no prazo de 15 (quinze) dias.
>
> Parágrafo único. Quando for ordenada a justificação prévia, o prazo para contestar será contado da intimação da decisão que deferir ou não a medida liminar.

O dispositivo em questão deve ser interpretado literalmente, dispondo sobre como deve ser feita a citação ou intimação do réu para que apresente a sua defesa no prazo de quinze dias.

Art. 565

> Art. 565. No litígio coletivo pela posse de imóvel, quando o esbulho ou a turbação afirmado na petição inicial houver ocorrido há mais de ano e dia, o juiz, antes de apreciar o pedido de concessão da medida liminar, deverá designar audiência de mediação, a realizar-se em até 30 (trinta) dias, que observará o disposto nos §§ 2º e 4º.
>
> § 1º Concedida a liminar, se essa não for executada no prazo de 1 (um) ano, a contar da data de distribuição, caberá ao juiz designar audiência de mediação, nos termos dos §§ 2º a 4º deste artigo.
>
> § 2º O Ministério Público será intimado para comparecer à audiência, e a Defensoria Pública será intimada sempre que houver parte beneficiária de gratuidade da justiça.
>
> § 3º O juiz poderá comparecer à área objeto do litígio quando sua presença se fizer necessária à efetivação da tutela jurisdicional.

§ 4º Os órgãos responsáveis pela política agrária e pela política urbana da União, de Estado ou do Distrito Federal e de Município onde se situe a área objeto do litígio poderão ser intimados para a audiência, a fim de se manifestarem sobre seu interesse no processo e sobre a existência de possibilidade de solução para o conflito possessório.

§ 5º Aplica-se o disposto neste artigo ao litígio sobre propriedade de imóvel.

O dispositivo regula, de maneira inédita, os casos em que ocorre litígio coletivo pela posse ou propriedade de imóvel. Nos casos em que a ofensa à posse tiver ocorrido há mais de um ano e dia, caberá primeiro designar uma audiência de conciliação ou mediação antes de apreciar a liminar. Contudo, mesmo quando já deferida a liminar e esta não for executada no prazo de um ano, também será designada uma audiência com estes mesmos fins.

Nestas audiências, deverão estar presentes o membro do Ministério Público e o da Defensoria Pública, se houverem hipossuficientes interessados. O próprio magistrado pode ir ao local realizar uma inspeção judicial. Trata, também, da possibilidade de os órgãos responsáveis pela política agrária e urbana onde se situar o imóvel intervirem no processo, até para tentar possibilitar uma solução ao conflito. Esta intervenção, apesar de inominada, deve ser considerada como a do *amicus curiae*, recebendo o mesmo tratamento (art. 138).

Art. 566

Art. 566. Aplica-se, quanto ao mais, o procedimento comum.

O dispositivo em questão deve ser interpretado literalmente, alterando a menção a procedimento "ordinário" para rito "comum", que é a nomenclatura do atual CPC.

Seção III
Do Interdito Proibitório

Art. 567

Art. 567. O possuidor direto ou indireto que tenha justo receio de ser molestado na posse poderá requerer ao juiz que o segure da turbação ou esbulho iminente, mediante mandado proibitório em que se comine ao réu determinada pena pecuniária caso transgrida o preceito.

O dispositivo em questão deve ser interpretado literalmente, cuidando do procedimento a ser observado para os casos em que há ameaça à posse.

Art. 568

Art. 568. Aplica-se ao interdito proibitório o disposto na Seção II deste Capítulo.

O dispositivo em questão deve ser interpretado literalmente, mas tem o mesmo sentido, tratando da aplicação do procedimento da demanda de manutenção ou de reintegração de posse também para os casos de interditos proibitórios.

CAPÍTULO IV
DA AÇÃO DE DIVISÃO E DA DEMARCAÇÃO DE TERRAS PARTICULARES

Seção I
Das Disposições Gerais

Art. 569

Art. 569. Cabe:

I – ao proprietário a ação de demarcação, para obrigar o seu confinante a estremar os respectivos prédios, fixando-se novos limites entre eles ou aviventando-se os já apagados;

II – ao condômino a ação de divisão, para obrigar os demais consortes a estremar os quinhões.

A ação de demarcação tem o objetivo de estabelecer uma linha divisória entre dois terrenos ou mesmo fixar os limites entre eles, caso ocorra confusão entre os bens. Já a ação de divisão, por seu turno, tem a finalidade de extinguir um condomínio existente sobre um determinado terreno, dividindo-o em quinhões que serão adjudicados aos comunheiros. O dispositivo cuida da legitimidade ativa para as demandas de divisão e de demarcação de terras particulares.

Art. 570

Art. 570. É lícita a cumulação dessas ações, caso em que deverá processar-se primeiramente a demarcação total ou parcial da coisa comum, citando-se os confinantes e os condôminos.

O dispositivo em questão deve ser interpretado literalmente, mínimo mesmo, permitindo a cumulação de pedidos, devendo a demarcação ser julgada antes da divisão.

Art. 571

> Art. 571. A demarcação e a divisão poderão ser realizadas por escritura pública, desde que maiores, capazes e concordes todos os interessados, observando-se, no que couber, os dispositivos deste Capítulo.

O dispositivo autoriza que tanto a divisão quanto a demarcação sejam realizadas extrajudicialmente por escritura pública, caso todos os interessados sejam capazes, maiores e se entre eles não houver qualquer litígio. É, realmente, uma tendência do legislador, pois se percebe que os mais variados casos vêm deixando de ser analisados pelo Poder Judiciário, tais como inventário envolvendo pessoas capazes e desde que não haja litígio, bem como separação consensual (ambos regulados pela Lei nº 11.441/2007), além de outras hipóteses previstas no CPC, que incluem não apenas a divisão e demarcação de terras como a usucapião (art. 1.071) e a homologação de penhor legal (art. 703, § 2º).

Art. 572

> Art. 572. Fixados os marcos da linha de demarcação, os confinantes considerar-se-ão terceiros quanto ao processo divisório, ficando-lhes, porém, ressalvado o direito de vindicar os terrenos de que se julguem despojados por invasão das linhas limítrofes constitutivas do perímetro ou de reclamar indenização correspondente ao seu valor.
>
> § 1º No caso do *caput*, serão citados para a ação todos os condôminos, se a sentença homologatória da divisão ainda não houver transitado em julgado, e todos os quinhoeiros dos terrenos vindicados, se a ação for proposta posteriormente.
>
> § 2º Neste último caso, a sentença que julga procedente a ação, condenando a restituir os terrenos ou a pagar a indenização, valerá como título executivo em favor dos quinhoeiros para haverem dos outros condôminos que forem parte na divisão ou de seus sucessores a título universal, na proporção que lhes tocar, a composição pecuniária do desfalque sofrido.

O dispositivo em questão deve ser interpretado literalmente, detalhando o procedimento após a fixação dos marcos da linha de demarcação. Também estabelece hipóteses em que deverá ocorrer a citação de todos os condôminos.

> Ação demarcatória e litisconsórcio passivo facultativo entre o réu e os confinantes da área do bem que não é objeto de demarcação. "*Em ação demarcatória de parte de imóvel, é facultativo – e não necessário – o litisconsórcio passivo entre o réu e os confinantes da área do bem que não é objeto de demarcação. Nas demarcatórias parciais, há o litisconsórcio passivo necessário entre demandante e os vizinhos lindeiros da área específica cuja demarcação é pretendida. É essa a única interpretação cabível do disposto no art. 950 do CPC/73. Tratamento diverso se dá aos demais confinantes da área que não é objeto de demarcação, pois, quanto a estes, não há litisconsórcio passivo necessário, apenas facultativo. Nesse sentido, há entendimento doutrinário sobre o art. 950 do CPC/73, segundo o qual, são legitimados passivamente todos os confinantes da área demarcanda; se a demarcação for parcial, são réus os confinantes da área a ser demarcada, e não os demais, o que é óbvio*" (STJ. RESP 1.599.403-MT, Rel. Min. João Otávio de Noronha, julgado em 23/06/2016, DJe 01/07/2016 – Informativo nº 586).

Art. 573

> Art. 573. Tratando-se de imóvel georreferenciado, com averbação no registro de imóveis, pode o juiz dispensar a realização de prova pericial.

Trata-se de dispositivo inédito. O imóvel considerado como georreferenciado é aquele que tem todas as suas coordenadas conhecidas, ou seja, suas confrontações, características e limites, o que é assim determinado por lei específica (art. 176, § 3º e art. 225, § 3º, ambos da Lei nº 6.015/73). Assim, apresentada toda a documentação pertinente, a prova pericial já não mais será necessária, o que, aliás, já foi tratado em dispositivo anterior (art. 464, § 1º, II).

Seção II
Da Demarcação

Art. 574

> Art. 574. Na petição inicial, instruída com os títulos da propriedade, designar-se-á o imóvel pela situação e pela denominação, descrever-se-ão os limites por constituir, aviventar ou renovar e nomear-se-ão todos os confinantes da linha demarcanda.

Dispositivo com redação idêntica à do modelo primitivo (CPC/73), dispondo sobre a petição inicial nas demandas que objetivam a demarcação, além dos documentos que devem acompanhá-la.

Art. 575

Art. 575. Qualquer condômino é parte legítima para promover a demarcação do imóvel comum, requerendo a intimação dos demais para, querendo, intervir no processo.

O dispositivo em questão deve ser interpretado literalmente, apenas substituindo a palavra "citação" por "intimação" quando confrontada com a do modelo anterior (CPC/73).

Art. 576

Art. 576. A citação dos réus será feita por correio, observado o disposto no art. 247.

Parágrafo único. Será publicado edital, nos termos do inciso III do art. 259.

O dispositivo em questão deve ser interpretado literalmente, dispondo em quais modalidades a citação deverá ser realizada. Sendo os demandados identificados e localizados, a citação deverá ser feita de maneira pessoal pelos correios. Nos demais casos, a citação será realizada pela modalidade por editais, que é considerada como ficta e que motivará a nomeação de um curador especial.

Art. 577

Art. 577. Feitas as citações, terão os réus o prazo comum de 15 (quinze) dias para contestar.

O dispositivo em questão deve ser interpretado literalmente, embora reduza o prazo de resposta dos demandados para quinze dias.

Art. 578

Art. 578. Após o prazo de resposta do réu, observar-se-á o procedimento comum.

O dispositivo em questão deve ser interpretado literalmente, prevendo que após o prazo de resposta será observado o procedimento comum, pois o ordinário deixa de subsistir.

Art. 579

> Art. 579. Antes de proferir a sentença, o juiz nomeará um ou mais peritos para levantar o traçado da linha demarcanda.

O dispositivo esclarece sobre a necessidade da nomeação de um perito para que possam ser levantados os traços da linha demarcada antes de o juiz proferir sentença. O modelo anterior (CPC/73) fazia menção a pelo menos dois arbitradores e um agrimensor.

Art. 580

> Art. 580. Concluídos os estudos, os peritos apresentarão minucioso laudo sobre o traçado da linha demarcanda, considerando os títulos, os marcos, os rumos, a fama da vizinhança, as informações de antigos moradores do lugar e outros elementos que coligirem.

O dispositivo em questão deve ser interpretado literalmente, substituindo o termo "arbitradores" por "peritos", da mesma forma que o artigo anterior. O parágrafo único do dispositivo equivalente ao modelo primitivo (CPC/73), que previa intimação das partes para manifestação sobre o laudo, foi suprimido.

Art. 581

> Art. 581. A sentença que julgar procedente o pedido determinará o traçado da linha demarcanda.
>
> Parágrafo único. A sentença proferida na ação demarcatória determinará a restituição da área invadida, se houver, declarando o domínio ou a posse do prejudicado, ou ambos.

O *caput* repete a mesma redação do modelo primitivo (CPC/73). O parágrafo único cuida de uma novidade, ao prever que a sentença proferida em demandas demarcatórias se presta a determinar a restituição da área invadida, se for o caso. Também poderá declarar o domínio ou a posse do prejudicado.

Art. 582

> Art. 582. Transitada em julgado a sentença, o perito efetuará a demarcação e colocará os marcos necessários.
>
> Parágrafo único. Todas as operações serão consignadas em planta e memorial descritivo com as referências convenientes para a identificação, em qualquer tempo, dos pontos assinalados, observada a legislação especial que dispõe sobre a identificação do imóvel rural.

O dispositivo em questão deve ser interpretado literalmente, substituindo a menção ao "agrimensor" por "perito". Também inovou ao fazer menção a "imóvel rural" ao final do parágrafo único, devendo ser observada a legislação específica do assunto.

Art. 583

> Art. 583. As plantas serão acompanhadas das cadernetas de operações de campo e do memorial descritivo, que conterá:
>
> I – o ponto de partida, os rumos seguidos e a aviventação dos antigos com os respectivos cálculos;
>
> II – os acidentes encontrados, as cercas, os valos, os marcos antigos, os córregos, os rios, as lagoas e outros;
>
> III – a indicação minuciosa dos novos marcos cravados, dos antigos aproveitados, das culturas existentes e da sua produção anual;
>
> IV – a composição geológica dos terrenos, bem como a qualidade e a extensão dos campos, das matas e das capoeiras;
>
> V – as vias de comunicação;
>
> VI – as distâncias a pontos de referência, tais como rodovias federais e estaduais, ferrovias, portos, aglomerações urbanas e polos comerciais;
>
> VII – a indicação de tudo o mais que for útil para o levantamento da linha ou para a identificação da linha já levantada.

O dispositivo cuida do que deve constar nas plantas que serão acompanhadas das cadernetas de operações de campo e do memorial descritivo. O sexto inciso também foi modificado, pois a redação primitiva se encontrava desatualizada frente aos avanços sociais e urbanos, razão pela qual realmente era necessária uma atualização das antigas nomenclaturas, que mencionavam apenas estradas de ferro, porto de embarque e mercados.

Art. 584

> Art. 584. É obrigatória a colocação de marcos tanto na estação inicial, dita marco primordial, quanto nos vértices dos ângulos, salvo se algum desses últimos pontos for assinalado por acidentes naturais de difícil remoção ou destruição.

O dispositivo em questão deve ser interpretado literalmente, estabelecendo a obrigatoriedade da colocação de marcos na estação inicial e nos vértices dos ângulos.

Art. 585

> Art. 585. A linha será percorrida pelos peritos, que examinarão os marcos e os rumos, consignando em relatório escrito a exatidão do memorial e da planta apresentados pelo agrimensor ou as divergências porventura encontradas.

O dispositivo em questão deve ser interpretado literalmente, substituindo "arbitradores" por "peritos", impondo que a linha deverá ser por eles percorrida, devendo os marcos e rumos estarem consignados em relatório escrito.

Art. 586

> Art. 586. Juntado aos autos o relatório dos peritos, o juiz determinará que as partes se manifestem sobre ele no prazo comum de 15 (quinze) dias.
> Parágrafo único. Executadas as correções e as retificações que o juiz determinar, lavrar-se-á, em seguida, o auto de demarcação em que os limites demarcandos serão minuciosamente descritos de acordo com o memorial e a planta.

O dispositivo em questão deve ser interpretado literalmente, substituindo "arbitradores" por "peritos", além de ampliar o prazo de manifestação das partes para quinze dias.

Art. 587

> Art. 587. Assinado o auto pelo juiz e pelos peritos, será proferida a sentença homologatória da demarcação.

O dispositivo em questão deve ser interpretado literalmente, substituindo "arbitradores" e "agrimensor" por "peritos", tratando da homologação do auto de demarcação.

Seção III
Da Divisão
Art. 588

> Art. 588. A petição inicial será instruída com os títulos de domínio do promovente e conterá:
>
> I – a indicação da origem da comunhão e a denominação, a situação, os limites e as características do imóvel;
>
> II – o nome, o estado civil, a profissão e a residência de todos os condôminos, especificando-se os estabelecidos no imóvel com benfeitorias e culturas;
>
> III – as benfeitorias comuns.

O dispositivo em questão deve ser interpretado literalmente, dispondo sobre a petição inicial nas demandas que objetivam a divisão do imóvel, bem como os documentos que devem acompanhá-la. Foi excluída a menção ao dispositivo que estabelece os requisitos comuns para a petição inicial, o que constava no modelo primitivo (CPC/73).

Art. 589

> Art. 589. Feitas as citações como preceitua o art. 576, prosseguir-se-á na forma dos arts. 577 e 578.

O dispositivo em questão deve ser interpretado literalmente, adequando os dispositivos nominados, em artigo que versa sobre como deverá ser realizada a citação dos demandados.

Art. 590

> Art. 590. O juiz nomeará um ou mais peritos para promover a medição do imóvel e as operações de divisão, observada a legislação especial que dispõe sobre a identificação do imóvel rural.
>
> Parágrafo único. O perito deverá indicar as vias de comunicação existentes, as construções e as benfeitorias, com a indicação dos seus valores e dos respectivos proprietários e ocupantes, as águas principais que banham o imóvel e quaisquer outras informações que possam concorrer para facilitar a partilha.

O dispositivo em questão deve ser interpretado literalmente, esmiuçando o que deve ser objeto de exame pelo perito que vier a ser nomeado. Mais uma vez o dispositivo se refere a "imóvel rural", determinando que seja observada a sua legislação própria.

Art. 591

> Art. 591. Todos os condôminos serão intimados a apresentar, dentro de 10 (dez) dias, os seus títulos, se ainda não o tiverem feito, e a formular os seus pedidos sobre a constituição dos quinhões.

O dispositivo em questão deve ser interpretado literalmente, dispondo sobre a intimação dos condôminos para apresentar, dentro de dez dias, os seus títulos ou formular pedidos sobre constituição de quinhões, caso ainda não os possuam.

Art. 592

> Art. 592. O juiz ouvirá as partes no prazo comum de 15 (quinze) dias.
> § 1º Não havendo impugnação, o juiz determinará a divisão geodésica do imóvel.
> § 2º Havendo impugnação, o juiz proferirá, no prazo de 10 (dez) dias, decisão sobre os pedidos e os títulos que devam ser atendidos na formação dos quinhões.

O dispositivo em questão deve ser interpretado literalmente, ampliando para quinze dias o prazo para as partes se manifestarem, bem como as providências que o magistrado deve adotar a partir deste momento.

Art. 593

> Art. 593. Se qualquer linha do perímetro atingir benfeitorias permanentes dos confinantes feitas há mais de 1 (um) ano, serão elas respeitadas, bem como os terrenos onde estiverem, os quais não se computarão na área dividenda.

O dispositivo em questão deve ser interpretado literalmente, embora exclua a menção a aspectos que caracterizavam a benfeitoria e que empregavam critérios como a temporariedade ou mesmo a qualidade e que constavam no parágrafo único do modelo primitivo (CPC/73).

Art. 594

> Art. 594. Os confinantes do imóvel dividendo podem demandar a restituição dos terrenos que lhes tenham sido usurpados.
>
> § 1º Serão citados para a ação todos os condôminos, se a sentença homologatória da divisão ainda não houver transitado em julgado, e todos os quinhoeiros dos terrenos vindicados, se a ação for proposta posteriormente.
>
> § 2º Nesse último caso terão os quinhoeiros o direito, pela mesma sentença que os obrigar à restituição, a haver dos outros condôminos do processo divisório ou de seus sucessores a título universal a composição pecuniária proporcional ao desfalque sofrido.

O dispositivo em questão deve ser interpretado literalmente, tratando da possibilidade de os confinantes do imóvel dividendo pleitearem a restituição de terrenos que lhes foram usurpados, sendo estabelecido o procedimento para tanto.

Art. 595

> Art. 595. Os peritos proporão, em laudo fundamentado, a forma da divisão, devendo consultar, quanto possível, a comodidade das partes, respeitar, para adjudicação a cada condômino, a preferência dos terrenos contíguos às suas residências e benfeitorias e evitar o retalhamento dos quinhões em glebas separadas.

O dispositivo em questão deve ser interpretado literalmente, por ser autoexplicativo substituindo "arbitradores" e "agrimensor" por "peritos", diminuindo sensivelmente algumas imposições do modelo primitivo (CPC/73).

Art. 596

> Art. 596. Ouvidas as partes, no prazo comum de 15 (quinze) dias, sobre o cálculo e o plano da divisão, o juiz deliberará a partilha.
>
> Parágrafo único. Em cumprimento dessa decisão, o perito procederá à demarcação dos quinhões, observando, além do disposto nos arts. 584 e 585, as seguintes regras:
>
> I – as benfeitorias comuns que não comportarem divisão cômoda serão adjudicadas a um dos condôminos mediante compensação;

II – instituir-se-ão as servidões que forem indispensáveis em favor de uns quinhões sobre os outros, incluindo o respectivo valor no orçamento para que, não se tratando de servidões naturais, seja compensado o condômino aquinhoado com o prédio serviente;

III – as benfeitorias particulares dos condôminos que excederem à área a que têm direito serão adjudicadas ao quinhoeiro vizinho mediante reposição;

IV – se outra coisa não acordarem as partes, as compensações e as reposições serão feitas em dinheiro.

O dispositivo em questão deve ser interpretado literalmente, substituindo "agrimensor" por "perito" e aumentando o prazo de manifestação das partes para quinze dias, neste artigo que cuida sobre deliberações sobre a partilha.

Art. 597

Art. 597. Terminados os trabalhos e desenhados na planta os quinhões e as servidões aparentes, o perito organizará o memorial descritivo.

§ 1º Cumprido o disposto no art. 586, o escrivão, em seguida, lavrará o auto de divisão, acompanhado de uma folha de pagamento para cada condômino.

§ 2º Assinado o auto pelo juiz e pelo perito, será proferida sentença homologatória da divisão.

§ 3º O auto conterá:

I – a confinação e a extensão superficial do imóvel;

II – a classificação das terras com o cálculo das áreas de cada consorte e com a respectiva avaliação ou, quando a homogeneidade das terras não determinar diversidade de valores, a avaliação do imóvel na sua integridade;

III – o valor e a quantidade geométrica que couber a cada condômino, declarando-se as reduções e as compensações resultantes da diversidade de valores das glebas componentes de cada quinhão.

§ 4º Cada folha de pagamento conterá:

I – a descrição das linhas divisórias do quinhão, mencionadas as confinantes;

II – a relação das benfeitorias e das culturas do próprio quinhoeiro e das que lhe foram adjudicadas por serem comuns ou mediante compensação;

III – a declaração das servidões instituídas, especificados os lugares, a extensão e o modo de exercício.

O dispositivo em questão deve ser interpretado literalmente, substituindo "agrimensor" por "perito" e realmente realizando pequenas alterações no texto.

Art. 598

> Art. 598. Aplica-se às divisões o disposto nos arts. 575 a 578.

O dispositivo em questão deve ser interpretado literalmente, corrigindo os artigos que eram mencionados pelo modelo primitivo (CPC/73).

CAPÍTULO V
DA AÇÃO DE DISSOLUÇÃO PARCIAL DE SOCIEDADE

Art. 599

> Art. 599. A ação de dissolução parcial de sociedade pode ter por objeto:
> I – a resolução da sociedade empresária contratual ou simples em relação ao sócio falecido, excluído ou que exerceu o direito de retirada ou recesso; e
> II – a apuração dos haveres do sócio falecido, excluído ou que exerceu o direito de retirada ou recesso; ou
> III – somente a resolução ou a apuração de haveres.
> § 1º A petição inicial será necessariamente instruída com o contrato social consolidado.
> § 2º A ação de dissolução parcial de sociedade pode ter também por objeto a sociedade anônima de capital fechado quando demonstrado, por acionista ou acionistas que representem cinco por cento ou mais do capital social, que não pode preencher o seu fim.

O dispositivo inicia o procedimento para a ação de dissolução parcial de sociedade, que era mencionada no modelo anterior apenas vagamente, com a menção a que continuava a ser regulada por ato normativo específico (art. 1.218, VII, CPC/73), que era o DL nº 1.608/39 (CPC/39) e que nominava o tema como: "dissolução e liquidação de sociedades". O Código Civil, embora não instrumentalize, trata da "dissolução integral" de certas sociedades em dispositivos próprios (art. 994, art. 1.028, II, art. 1.071, VI, art. 1.094, VIII e art. 1.103, I).

Este artigo prevê o objetivo destas demandas, em especial a apuração de haveres daquele que se desliga da sociedade, bem como enumera o que deve acompanhar a petição inicial. O parágrafo segundo permite que esta demanda seja instaurada mesmo quando se tratar de sociedade anônima de capital fechado.

Art. 600

Art. 600. A ação pode ser proposta:

I – pelo espólio do sócio falecido, quando a totalidade dos sucessores não ingressar na sociedade;

II – pelos sucessores, após concluída a partilha do sócio falecido;

III – pela sociedade, se os sócios sobreviventes não admitirem o ingresso do espólio ou dos sucessores do falecido na sociedade, quando esse direito decorrer do contrato social;

IV – pelo sócio que exerceu o direito de retirada ou recesso, se não tiver sido providenciada, pelos demais sócios, a alteração contratual consensual formalizando o desligamento, depois de transcorridos 10 (dez) dias do exercício do direito;

V – pela sociedade, nos casos em que a lei não autoriza a exclusão extrajudicial; ou

VI – pelo sócio excluído.

Parágrafo único. O cônjuge ou companheiro do sócio cujo casamento, união estável ou convivência terminou poderá requerer a apuração de seus haveres na sociedade, que serão pagos à conta da quota social titulada por este sócio.

O dispositivo enumera os legitimados ativos para a propositura da ação de dissolução parcial de sociedade.

Art. 601

Art. 601. Os sócios e a sociedade serão citados para, no prazo de 15 (quinze) dias, concordar com o pedido ou apresentar contestação.

Parágrafo único. A sociedade não será citada se todos os seus sócios o forem, mas ficará sujeita aos efeitos da decisão e à coisa julgada.

O dispositivo enumera os legitimados passivos para a propositura da ação de dissolução parcial de sociedade, criando no parágrafo único uma hipótese de ampliação dos limites subjetivos da coisa julgada, ao prever que mesmo a sociedade que não tiver sido citada será atingida pelos efeitos da decisão proferida. Também fixa em quinze dias o prazo para resposta.

Art. 602

> Art. 602. A sociedade poderá formular pedido de indenização compensável com o valor dos haveres a apurar.

O dispositivo autoriza que a sociedade formule pedido de indenização compensável com o valor dos haveres a apurar, o que sugere se tratar de demanda com feição dúplice, eis que eventual título executivo constituído pode reconhecer um direito de crédito favorável aos demandados, que não foram aqueles que exerceram qualquer direito de ação.

Art. 603

> Art. 603. Havendo manifestação expressa e unânime pela concordância da dissolução, o juiz a decretará, passando-se imediatamente à fase de liquidação.
>
> § 1º Na hipótese prevista no *caput*, não haverá condenação em honorários advocatícios de nenhuma das partes, e as custas serão rateadas segundo a participação das partes no capital social.
>
> § 2º Havendo contestação, observar-se-á o procedimento comum, mas a liquidação da sentença seguirá o disposto neste Capítulo.

Em casos de ausência de controvérsia, o magistrado julgará a dissolução parcial, condenando os envolvidos nas custas proporcionais, com isenção dos honorários, seguindo-se uma etapa de liquidação com contornos bem específicos. Do contrário, havendo resposta por qualquer um dos réus, deverá ser observado o procedimento comum.

Art. 604

> Art. 604. Para apuração dos haveres, o juiz:
>
> I – fixará a data da resolução da sociedade;
>
> II – definirá o critério de apuração dos haveres à vista do disposto no contrato social; e
>
> III – nomeará o perito.
>
> § 1º O juiz determinará à sociedade ou aos sócios que nela permanecerem que depositem em juízo a parte incontroversa dos haveres devidos.

§ 2º O depósito poderá ser, desde logo, levantando pelo ex-sócio, pelo espólio ou pelos sucessores.

§ 3º Se o contrato social estabelecer o pagamento dos haveres, será observado o que nele se dispôs no depósito judicial da parte incontroversa.

O dispositivo estabelece certos critérios que deverão ser observados pelo magistrado ao iniciar a apuração dos haveres do sócio que pretende se retirar.

> **Desnecessidade de nomeação de liquidante para dissolução parcial de sociedade, bastando apenas a de um perito técnico.** "*É indevida a nomeação de liquidante em ação de dissolução parcial de sociedade empresária, bastando, para a apuração dos haveres do sócio falecido, a nomeação de perito técnico habilitado. Inicialmente, registre-se que, segundo entendimento doutrinário, a dissolução total de sociedade visa à liquidação e à extinção dela, enquanto a dissolução parcial objetiva a resolução do contrato societário em relação a um ou mais sócios. Assim, nessa última, ao contrário da dissolução total, preserva-se a sociedade, operando-se apenas a exclusão do sócio, com a respectiva apuração de haveres. Dessa diferença fundamental sobressai a necessária distinção entre os procedimentos para cada situação. Nesse contexto, a doutrina e a jurisprudência mais recente do STJ entendem que, somente nos casos de dissolução total da sociedade, faz-se necessária a figura do liquidante, porquanto suas atribuições estão relacionadas com a gestão do patrimônio social de modo a regularizar a sociedade que se pretende dissolver. Por sua vez, na dissolução parcial, em que se pretende apurar exclusivamente os haveres de sócio falecido ou retirante, com a preservação da atividade, é adequada simplesmente a nomeação de perito técnico habilitado a realizar perícia contábil, a fim de determinar o valor da quota-parte devida aos herdeiros ou ao ex-sócio. Logo, de acordo com a orientação doutrinária e jurisprudencial, nada justifica, na dissolução parcial, a investidura de quem quer que seja para a prática de atos que seriam atribuídos à figura do liquidante nas dissoluções totais. Precedentes citados: RESP 242.603-SC, Quarta Turma, DJe 18/12/2008; e RESP 406.775-SP, Quarta Turma, DJ 1º/7/2005*" (STJ. RESP 1.557.989-MG, Rel. Min. Ricardo Villas Bôas Cueva, julgado em 17/03/2016, DJe 31/3/2016 – Informativo nº 580).

Art. 605

Art. 605. A data da resolução da sociedade será:

I – no caso de falecimento do sócio, a do óbito;

II – na retirada imotivada, o sexagésimo dia seguinte ao do recebimento, pela sociedade, da notificação do sócio retirante;

III – no recesso, o dia do recebimento, pela sociedade, da notificação do sócio dissidente;

IV – na retirada por justa causa de sociedade por prazo determinado e na exclusão judicial de sócio, a do trânsito em julgado da decisão que dissolver a sociedade; e

V – na exclusão extrajudicial, a data da assembleia ou da reunião de sócios que a tiver deliberado.

O dispositivo estabelece certos critérios para a fixação da data da resolução da sociedade. A decisão do magistrado, contudo, pode ser revista antes de iniciada a perícia (art. 607).

Art. 606

Art. 606. Em caso de omissão do contrato social, o juiz definirá, como critério de apuração de haveres, o valor patrimonial apurado em balanço de determinação, tomando-se por referência a data da resolução e avaliando-se bens e direitos do ativo, tangíveis e intangíveis, a preço de saída, além do passivo também a ser apurado de igual forma.

Parágrafo único. Em todos os casos em que seja necessária a realização de perícia, a nomeação do perito recairá preferencialmente sobre especialista em avaliação de sociedades.

O dispositivo estabelece critério para a apuração de haveres e prevê a possibilidade de prova pericial, impondo que o perito, preferencialmente, seja especialista em avaliação de sociedades.

Art. 607

Art. 607. A data da resolução e o critério de apuração de haveres podem ser revistos pelo juiz, a pedido da parte, a qualquer tempo antes do início da perícia.

Admite que as partes requeiram ao juiz que haja mudanças na data da resolução da sociedade ou no critério para apuração de haveres, mas desde que ainda não tenha se iniciado a perícia mencionada no artigo anterior.

Art. 608

Art. 608. Até a data da resolução, integram o valor devido ao ex-sócio, ao espólio ou aos sucessores a participação nos lucros ou os juros sobre o capital próprio declarados pela sociedade e, se for o caso, a remuneração como administrador.

Parágrafo único. Após a data da resolução, o ex-sócio, o espólio ou os sucessores terão direito apenas à correção monetária dos valores apurados e aos juros contratuais ou legais.

Admite que, até a data da resolução, o ex-sócio, espólio ou sucessores terão direito à participação nos lucros e juros sobre capital próprio e, dependendo, até mesmo remuneração se atuarem como administrador.

Art. 609

Art. 609. Uma vez apurados, os haveres do sócio retirante serão pagos conforme disciplinar o contrato social e, no silêncio deste, nos termos do § 2º do art. 1.031 da Lei nº 10.406, de 10 de janeiro de 2002 (Código Civil).

Estabelece a forma de pagamento do sócio retirante, que deverá observar o contrato social ou, no silêncio deste, o próprio Código Civil (art. 1.031, § 2º).

CAPÍTULO VI
DO INVENTÁRIO E DA PARTILHA

Seção I
Das Disposições Gerais

Art. 610

Art. 610. Havendo testamento ou interessado incapaz, proceder-se-á ao inventário judicial.

§ 1º Se todos forem capazes e concordes, o inventário e a partilha poderão ser feitos por escritura pública, a qual constituirá documento hábil para qualquer ato de registro, bem como para levantamento de importância depositada em instituições financeiras.

§ 2º O tabelião somente lavrará a escritura pública se todas as partes interessadas estiverem assistidas por advogado ou por defensor público, cuja qualificação e assinatura constarão do ato notarial.

O inventário e a partilha devem ser realizados quando se abre uma sucessão *mortis causa* ou mesmo nas hipóteses de ausência (art. 6º e art. 22, CC). Muito embora o simples óbito de uma pessoa já implique na transmissão da propriedade e da posse aos herdeiros legítimos e testamentários (direito de *saisine*), ainda assim este procedimento é necessário, para que estes sucessores venham a obter o título (formal de partilha ou carta de adjudicação), para a regularização de todos os bens. É um processo que serve, portanto, para descrição e avaliação do patrimônio deixado pelo falecido e, após isso ter sido ultimado, regularizar os aspectos tributários e os quinhões deixados para cada herdeiro.

O dispositivo em questão deve ser interpretado literalmente, prevendo que o inventário judicial será realizado quando houver testamento ou interessado incapaz. Admite que o inventário e a partilha sejam realizados extrajudicialmente, o que já é regulado por lei específica (Lei nº 11.441/2007), e que permitirá o levantamento de importâncias depositadas em instituições financeiras.

> Enunciado nº 51 da I Jornada de Processo Civil CEJ/CJF: "*Havendo registro judicial ou autorização expressa do juízo sucessório competente, nos autos do procedimento de abertura, registro e cumprimento de testamento, sendo todos os interessados capazes e concordes, poderão ser feitos o inventário e a partilha por escritura pública*".

Art. 611

Art. 611. O processo de inventário e de partilha deve ser instaurado dentro de 2 (dois) meses, a contar da abertura da sucessão, ultimando-se nos 12 (doze) meses subsequentes, podendo o juiz prorrogar esses prazos, de ofício ou a requerimento de parte.

O dispositivo em questão deve ser interpretado literalmente, alterando "sessenta dias" por "dois meses", que seria um prazo para a instauração do inventário, bem como prevê outro para o seu encerramento.

> Verbete nº 542 da Súmula do STF: "*Não é inconstitucional a multa instituída pelo Estado-membro, como sanção pelo retardamento do início ou da ultimação do inventário*".

Art. 612

Art. 612. O juiz decidirá todas as questões de direito desde que os fatos relevantes estejam provados por documento, só remetendo para as vias ordinárias as questões que dependerem de outras provas.

O dispositivo em questão deve ser interpretado literalmente, excluindo a menção a questões de "alta indagação", que, por não serem o objetivo principal do inventário, seriam analisadas apenas nas vias ordinárias. Agora o CPC reconhece que o inventário é um procedimento em que as provas são eminentemente documentais, só remetendo para o procedimento comum (embora continue empregando a expressão "vias ordinárias") aquelas matérias que demandarem dilação probatória.

Art. 613

Art. 613. Até que o inventariante preste o compromisso, continuará o espólio na posse do administrador provisório.

O dispositivo em questão deve ser interpretado literalmente, com exclusão da referência ao artigo que era anteriormente mencionado.

Art. 614

Art. 614. O administrador provisório representa ativa e passivamente o espólio, é obrigado a trazer ao acervo os frutos que desde a abertura da sucessão percebeu, tem direito ao reembolso das despesas necessárias e úteis que fez e responde pelo dano a que, por dolo ou culpa, der causa.

O dispositivo em questão deve ser interpretado literalmente, tratando da responsabilidade de o administrador provisório representar o espólio ativa e passivamente.

Seção II
Da Legitimidade para Requerer o Inventário

Art. 615

> Art. 615. O requerimento de inventário e de partilha incumbe a quem estiver na posse e na administração do espólio, no prazo estabelecido no art. 611.
>
> Parágrafo único. O requerimento será instruído com a certidão de óbito do autor da herança.

O dispositivo em questão deve ser interpretado literalmente, impondo que quem estiver na posse e administração do espólio deve requerer o inventário no prazo de dois meses, instruindo-o com a certidão de óbito.

Art. 616

> Art. 616. Têm, contudo, legitimidade concorrente:
>
> I – o cônjuge ou companheiro supérstite;
>
> II – o herdeiro;
>
> III – o legatário;
>
> IV – o testamenteiro;
>
> V – o cessionário do herdeiro ou do legatário;
>
> VI – o credor do herdeiro, do legatário ou do autor da herança;
>
> VII – o Ministério Público, havendo herdeiros incapazes;
>
> VIII – a Fazenda Pública, quando tiver interesse;
>
> IX – o administrador judicial da falência do herdeiro, do legatário, do autor da herança ou do cônjuge ou companheiro supérstite.

O dispositivo em questão deve ser interpretado literalmente, por ser autoexplicativo, tratando da legitimidade concorrente para requerer a abertura do inventário. Foi incluído o companheiro, em razão da equiparação constitucional (art. 226, § 3º, CF). Também houve a substituição do "síndico" da massa falida por "administrador judicial", de modo a manter coerência com a lei específica (Lei nº 11.101/2005). O magistrado era previsto em outro dispositivo do modelo anterior (CPC/73) como legitimado ativo para iniciar o inventário, mas esta regra não se repetiu.

Seção III
Do Inventariante e das Primeiras Declarações

Art. 617

Art. 617. O juiz nomeará inventariante na seguinte ordem:

I – o cônjuge ou companheiro sobrevivente, desde que estivesse convivendo com o outro ao tempo da morte deste;

II – o herdeiro que se achar na posse e na administração do espólio, se não houver cônjuge ou companheiro sobrevivente ou se estes não puderem ser nomeados;

III – qualquer herdeiro, quando nenhum deles estiver na posse e na administração do espólio;

IV – o herdeiro menor, por seu representante legal;

V – o testamenteiro, se lhe tiver sido confiada a administração do espólio ou se toda a herança estiver distribuída em legados;

VI – o cessionário do herdeiro ou do legatário;

VII – o inventariante judicial, se houver;

VIII – pessoa estranha idônea, quando não houver inventariante judicial.

Parágrafo único. O inventariante, intimado da nomeação, prestará, dentro de 5 (cinco) dias, o compromisso de bem e fielmente desempenhar a função.

O dispositivo em questão deve ser interpretado literalmente, contemplando a inclusão de mais pessoas que poderão ser nomeadas como inventariantes.

> Ação de inventário. Arrolamento de bens. Distinção de regime sucessório entre cônjuges e companheiros. Impossibilidade. Art. 1.790 do CC/2002. Inconstitucionalidade reconhecida pelo STF "*É inconstitucional a distinção de regimes sucessórios entre cônjuges e companheiros, devendo ser aplicado, em ambos os casos, o regime estabelecido no art. 1.829 do CC/2002. Cinge-se a controvérsia a definir se é possível a diferenciação dos regimes jurídicos sucessórios entre o casamento e a união estável. A respeito desse tema o STF, por maioria, ao concluir a análise dos Recursos Extraordinários nº 646.721 e 878.694, julgados sob a égide do regime da repercussão geral, reconheceu, incidentalmente, a inconstitucionalidade do art. 1.790 do Código Civil, dispositivo que estabelecia a diferenciação dos direitos de cônjuges e companheiros para fins sucessórios. A tese fixada pela Corte Suprema em ambos os casos ficou assim sintetizada: (...) No sistema constitucional vigente, é inconstitucional a distinção de regimes sucessórios*

> *entre cônjuges e companheiros, devendo ser aplicado em ambos os casos o regime estabelecido no artigo 1.829 do CC/2002". Extrai-se do voto do Ministro Luís Roberto Barroso, relator do RE nº 878.694, que o STF já equiparou as uniões homoafetivas às uniões 'convencionais', o que implicaria utilizar argumentos semelhantes em ambos os casos, especialmente porque após a Constituição de 1988 foram editadas as Leis nºs 8.971/1994 e 9.278/1996 que equipararam os regimes jurídicos sucessórios do casamento e da união estável. Salientou, ainda, que o Código Civil, ao diferenciar o casamento e as uniões estáveis no plano sucessório, promoveu um retrocesso e uma inconstitucional hierarquização entre as famílias, por reduzir o nível de proteção estatal conferido aos indivíduos somente pelo fato de não estarem casados, motivo pelo qual o art. 1.790 do Código Civil de 2002 viola a igualdade, a dignidade da pessoa humana, a proporcionalidade e contraria a vedação à proteção insuficiente, bem como a proibição ao retrocesso. Havendo, portanto, respaldo na jurisprudência do Supremo, não há justo motivo tanto"* (STJ. RESP 1.332.773-MS, Rel. Min. Ricardo Villas Bôas Cueva, por unanimidade, julgado em 27/06/2017, DJe 01/08/2017).

Art. 618

Art. 618. Incumbe ao inventariante:

I – representar o espólio ativa e passivamente, em juízo ou fora dele, observando-se, quanto ao dativo, o disposto no art. 75, § 1º;

II – administrar o espólio, velando-lhe os bens com a mesma diligência que teria se seus fossem;

III – prestar as primeiras e as últimas declarações pessoalmente ou por procurador com poderes especiais;

IV – exibir em cartório, a qualquer tempo, para exame das partes, os documentos relativos ao espólio;

V – juntar aos autos certidão do testamento, se houver;

VI – trazer à colação os bens recebidos pelo herdeiro ausente, renunciante ou excluído;

VII – prestar contas de sua gestão ao deixar o cargo ou sempre que o juiz lhe determinar;

VIII – requerer a declaração de insolvência.

O dispositivo em questão deve ser interpretado literalmente, retificando os artigos que menciona, tratando das atribuições do inventariante. Permanece a possibilidade de o inventariante requerer a insolvência do espólio, cujo processamento permanecerá sendo regulado pelo CPC/73 (art. 748 – art. 786-A), de acordo com as disposições finais do CPC (art. 1.052).

Art. 619

Art. 619. Incumbe ainda ao inventariante, ouvidos os interessados e com autorização do juiz:

I – alienar bens de qualquer espécie;

II – transigir em juízo ou fora dele;

III – pagar dívidas do espólio;

IV – fazer as despesas necessárias para a conservação e o melhoramento dos bens do espólio.

O dispositivo é idêntico ao modelo anterior e complementa as atribuições do inventariante.

Art. 620

Art. 620. Dentro de 20 (vinte) dias contados da data em que prestou o compromisso, o inventariante fará as primeiras declarações, das quais se lavrará termo circunstanciado, assinado pelo juiz, pelo escrivão e pelo inventariante, no qual serão exarados:

I – o nome, o estado, a idade e o domicílio do autor da herança, o dia e o lugar em que faleceu e se deixou testamento;

II – o nome, o estado, a idade, o endereço eletrônico e a residência dos herdeiros e, havendo cônjuge ou companheiro supérstite, além dos respectivos dados pessoais, o regime de bens do casamento ou da união estável;

III – a qualidade dos herdeiros e o grau de parentesco com o inventariado;

IV – a relação completa e individualizada de todos os bens do espólio, inclusive aqueles que devem ser conferidos à colação, e dos bens alheios que nele forem encontrados, descrevendo-se:

a) os imóveis, com as suas especificações, nomeadamente local em que se encontram, extensão da área, limites, confrontações, benfeitorias, origem dos títulos, números das matrículas e ônus que os gravam;

b) os móveis, com os sinais característicos;

c) os semoventes, seu número, suas espécies, suas marcas e seus sinais distintivos;

> d) o dinheiro, as joias, os objetos de ouro e prata e as pedras preciosas, declarando-se-lhes especificadamente a qualidade, o peso e a importância;
>
> e) os títulos da dívida pública, bem como as ações, as quotas e os títulos de sociedade, mencionando-se-lhes o número, o valor e a data;
>
> f) as dívidas ativas e passivas, indicando-se-lhes as datas, os títulos, a origem da obrigação e os nomes dos credores e dos devedores;
>
> g) direitos e ações;
>
> h) o valor corrente de cada um dos bens do espólio.
>
> § 1º O juiz determinará que se proceda:
>
> I – ao balanço do estabelecimento, se o autor da herança era empresário individual;
>
> II – à apuração de haveres, se o autor da herança era sócio de sociedade que não anônima.
>
> § 2º As declarações podem ser prestadas mediante petição, firmada por procurador com poderes especiais, à qual o termo se reportará.

O dispositivo em questão deve ser interpretado literalmente, estabelecendo o que deve constar nas primeiras declarações do inventariante. Além de pequenas mudanças na redação do artigo, há a inclusão do último parágrafo, permitindo que as declarações sejam prestadas por simples petição, firmada por procurador com poderes especiais, à qual o termo se reportará.

Art. 621

> Art. 621. Só se pode arguir sonegação ao inventariante depois de encerrada a descrição dos bens, com a declaração, por ele feita, de não existirem outros por inventariar.

O dispositivo é idêntico ao modelo primitivo (CPC/73) e cuida do momento oportuno para a alegação de existência de bens sonegados.

Art. 622

> Art. 622. O inventariante será removido de ofício ou a requerimento:
>
> I – se não prestar, no prazo legal, as primeiras ou as últimas declarações;

II – se não der ao inventário andamento regular, se suscitar dúvidas infundadas ou se praticar atos meramente protelatórios;

III – se, por culpa sua, bens do espólio se deteriorarem, forem dilapidados ou sofrerem dano;

IV – se não defender o espólio nas ações em que for citado, se deixar de cobrar dívidas ativas ou se não promover as medidas necessárias para evitar o perecimento de direitos;

V – se não prestar contas ou se as que prestar não forem julgadas boas;

VI – se sonegar, ocultar ou desviar bens do espólio.

O dispositivo em questão deve ser interpretado literalmente, permitindo que a remoção do inventariante também possa ser realizada de ofício, caso ocorra uma das situações ali descritas.

Art. 623

Art. 623. Requerida a remoção com fundamento em qualquer dos incisos do art. 622, será intimado o inventariante para, no prazo de 15 (quinze) dias, defender-se e produzir provas.

Parágrafo único. O incidente da remoção correrá em apenso aos autos do inventário.

O dispositivo em questão deve ser interpretado literalmente, embora aumente o prazo de defesa do inventariante para quinze dias.

Art. 624

Art. 624. Decorrido o prazo, com a defesa do inventariante ou sem ela, o juiz decidirá.

Parágrafo único. Se remover o inventariante, o juiz nomeará outro, observada a ordem estabelecida no art. 617.

O dispositivo em questão deve ser interpretado literalmente, embora altere o artigo que era mencionado no modelo primitivo (CPC/73).

Art. 625

> Art. 625. O inventariante removido entregará imediatamente ao substituto os bens do espólio e, caso deixe de fazê-lo, será compelido mediante mandado de busca e apreensão ou de imissão na posse, conforme se tratar de bem móvel ou imóvel, sem prejuízo da multa a ser fixada pelo juiz em montante não superior a três por cento do valor dos bens inventariados.

O dispositivo cuida, em sua maior parte, das incumbências que deverão ser realizadas pelo inventariante removido. Inova ao permitir que o magistrado estabeleça multa pelo não cumprimento de tais determinações no patamar ali estabelecido. Como tecnicamente não é possível a fixação de *astreintes* em relação a terceiros no processo, esta multa deve ser interpretada como sendo decorrente de ato atentatório à dignidade da Justiça (art. 77), mas com patamar específico, pois esta sim é que pode atingir quem não é parte principal do processo.

Seção IV
Das Citações e das Impugnações

Art. 626

> Art. 626. Feitas as primeiras declarações, o juiz mandará citar, para os termos do inventário e da partilha, o cônjuge, o companheiro, os herdeiros e os legatários e intimar a Fazenda Pública, o Ministério Público, se houver herdeiro incapaz ou ausente, e o testamenteiro, se houver testamento.
>
> § 1º O cônjuge ou o companheiro, os herdeiros e os legatários serão citados pelo correio, observado o disposto no art. 247, sendo, ainda, publicado edital, nos termos do inciso III do art. 259.
>
> § 2º Das primeiras declarações extrair-se-ão tantas cópias quantas forem as partes.
>
> § 3º A citação será acompanhada de cópia das primeiras declarações.
>
> § 4º Incumbe ao escrivão remeter cópias à Fazenda Pública, ao Ministério Público, ao testamenteiro, se houver, e ao advogado, se a parte já estiver representada nos autos.

O dispositivo em questão deve ser interpretado literalmente, disciplinando que após a apresentação das primeiras declarações será então determinada a citação de algumas pessoas. Corretamente, o CPC passou a prever que a Fazenda Pública e o Ministério Público serão intimados, corrigindo erro técnico do modelo anterior (CPC/73).

Art. 627

Art. 627. Concluídas as citações, abrir-se-á vista às partes, em cartório e pelo prazo comum de 15 (quinze) dias, para que se manifestem sobre as primeiras declarações, incumbindo às partes:

I – arguir erros, omissões e sonegação de bens;

II – reclamar contra a nomeação de inventariante;

III – contestar a qualidade de quem foi incluído no título de herdeiro.

§ 1º Julgando procedente a impugnação referida no inciso I, o juiz mandará retificar as primeiras declarações.

§ 2º Se acolher o pedido de que trata o inciso II, o juiz nomeará outro inventariante, observada a preferência legal.

§ 3º Verificando que a disputa sobre a qualidade de herdeiro a que alude o inciso III demanda produção de provas que não a documental, o juiz remeterá a parte às vias ordinárias e sobrestará, até o julgamento da ação, a entrega do quinhão que na partilha couber ao herdeiro admitido.

O dispositivo em questão deve ser interpretado literalmente, ampliando para quinze dias o prazo de que as partes passarão a dispor para que possam se manifestar sobre o conteúdo das primeiras declarações. O parágrafo terceiro, novamente, menciona "vias ordinárias", o que deve ser atualmente interpretado como para um novo processo cognitivo que observe o "procedimento comum".

Art. 628

Art. 628. Aquele que se julgar preterido poderá demandar sua admissão no inventário, requerendo-a antes da partilha.

§ 1º Ouvidas as partes no prazo de 15 (quinze) dias, o juiz decidirá.

§ 2º Se para solução da questão for necessária a produção de provas que não a documental, o juiz remeterá o requerente às vias ordinárias, mandando reservar, em poder do inventariante, o quinhão do herdeiro excluído até que se decida o litígio.

O dispositivo em questão deve ser interpretado literalmente, ampliando para quinze dias o prazo de que as partes dispõem para se manifestarem em relação à petição apresentada por aquele que se julgar preterido.

> **Ilegitimidade passiva da viúva meeira, que não é herdeira, para figurar no polo passivo de ação de petição de herança.** "*A viúva meeira que não ostente a condição de herdeira é parte ilegítima para figurar no polo passivo de ação de petição de herança na qual não tenha sido questionada a meação, ainda que os bens integrantes de sua fração se encontrem em condomínio pro indiviso com os bens pertencentes ao quinhão hereditário. Isso porque eventual procedência da ação de petição de herança em nada refletirá na esfera de direitos da viúva meeira, tendo em vista que não será possível subtrair nenhuma fração de sua meação, que permanecerá invariável, motivo pela qual não deve ser qualificada como litisconsorte passiva necessária (RESP 331.781-MG, Terceira Turma, DJ 19/4/2004). Deve-se ressaltar, ainda, a natureza universal da ação de petição de herança, na qual, segundo esclarece entendimento doutrinário, não ocorre a devolução de coisas destacadas, mas do patrimônio hereditário: por inteiro, caso o autor seja herdeiro de uma classe mais privilegiada; ou de quota-parte, caso seja herdeiro de mesma classe de quem recebeu a herança (RESP 1.244.118-SC, Terceira Turma, DJe 28/10/2013). Desse modo, o autor terá o reconhecimento de seu direito sucessório e o recebimento de sua quota-parte, e não de bens singularmente considerados, motivo pelo qual não haverá alteração na situação fática dos bens, que permanecerão em condomínio pro indiviso. Assim, caso não se questione a fração atribuída à meeira, eventual procedência do pedido em nada a alterará. Ressalte-se que diversa seria a situação se os bens houvessem sido repartidos entre meeira e herdeiros de forma desigual, e o autor da ação se insurgisse contra a avaliação e especificação dos bens atribuídos à meeira, alegando prejuízo à metade destinada aos herdeiros*" (STJ. RESP 1.500.756-GO, Rel.ª Min.ª Maria Isabel Gallotti, julgado em 23/02/2016, DJe 02/03/2016 – Informativo nº 578).

Art. 629

Art. 629. A Fazenda Pública, no prazo de 15 (quinze) dias, após a vista de que trata o art. 627, informará ao juízo, de acordo com os dados que constam de seu cadastro imobiliário, o valor dos bens de raiz descritos nas primeiras declarações.

O dispositivo em questão deve ser interpretado literalmente, reduzindo para quinze dias o prazo de que a Fazenda Pública dispõe para se manifestar.

Seção V
Da Avaliação e do Cálculo do Imposto

Art. 630

Art. 630. Findo o prazo previsto no art. 627 sem impugnação ou decidida a impugnação que houver sido oposta, o juiz nomeará, se for o caso, perito para avaliar os bens do espólio, se não houver na comarca avaliador judicial.

> **Parágrafo único. Na hipótese prevista no art. 620, § 1º, o juiz nomeará perito para avaliação das quotas sociais ou apuração dos haveres.**

O dispositivo em questão deve ser interpretado literalmente, alterando os dispositivos do modelo primitivo e substituindo a menção ao "contador" por "perito".

Art. 631

> **Art. 631. Ao avaliar os bens do espólio, o perito observará, no que for aplicável, o disposto nos arts. 872 e 873.**

O dispositivo em questão deve ser interpretado literalmente, alterando os dispositivos mencionados no modelo primitivo e dispondo sobre como os bens deverão ser avaliados pelo perito.

Art. 632

> **Art. 632. Não se expedirá carta precatória para a avaliação de bens situados fora da comarca onde corre o inventário se eles forem de pequeno valor ou perfeitamente conhecidos do perito nomeado.**

O dispositivo é idêntico ao modelo primitivo e cuida da dispensa de expedição de carta precatória para avaliação de bens situados em outras localidades quando os mesmos forem de pequeno valor ou já conhecidos pelo perito nomeado.

Art. 633

> **Art. 633. Sendo capazes todas as partes, não se procederá à avaliação se a Fazenda Pública, intimada pessoalmente, concordar de forma expressa com o valor atribuído, nas primeiras declarações, aos bens do espólio.**

O dispositivo em questão deve ser interpretado literalmente, excluindo a referência ao dispositivo mencionado no modelo primitivo (CPC/73).

Art. 634

> Art. 634. Se os herdeiros concordarem com o valor dos bens declarados pela Fazenda Pública, a avaliação cingir-se-á aos demais.

O dispositivo é idêntico ao do modelo primitivo (CPC/73) e cuida da desnecessidade de avaliação de bens quando os herdeiros concordarem com os valores apresentados pela Fazenda Pública.

Art. 635

> Art. 635. Entregue o laudo de avaliação, o juiz mandará que as partes se manifestem no prazo de 15 (quinze) dias, que correrá em cartório.
>
> § 1º Versando a impugnação sobre o valor dado pelo perito, o juiz a decidirá de plano, à vista do que constar dos autos.
>
> § 2º Julgando procedente a impugnação, o juiz determinará que o perito retifique a avaliação, observando os fundamentos da decisão.

O dispositivo em questão deve ser interpretado literalmente, ampliando para quinze dias o prazo para manifestação das partes sobre a avaliação apresentada.

Art. 636

> Art. 636. Aceito o laudo ou resolvidas as impugnações suscitadas a seu respeito, lavrar-se-á em seguida o termo de últimas declarações, no qual o inventariante poderá emendar, aditar ou completar as primeiras.

O dispositivo é idêntico ao do modelo primitivo (CPC/73) e cuida da lavratura das últimas declarações pelo inventariante.

Art. 637

> Art. 637. Ouvidas as partes sobre as últimas declarações no prazo comum de 15 (quinze) dias, proceder-se-á ao cálculo do tributo.

O dispositivo em questão deve ser interpretado literalmente, ampliando para quinze dias o prazo para manifestação das partes sobre as últimas declarações apresentadas pelo inventariante.

Art. 638

> Art. 638. Feito o cálculo, sobre ele serão ouvidas todas as partes no prazo comum de 5 (cinco) dias, que correrá em cartório, e, em seguida, a Fazenda Pública.
>
> § 1º Se acolher eventual impugnação, o juiz ordenará nova remessa dos autos ao contabilista, determinando as alterações que devam ser feitas no cálculo.
>
> § 2º Cumprido o despacho, o juiz julgará o cálculo do tributo.

O dispositivo em questão deve ser interpretado literalmente, tratando da elaboração dos cálculos dos tributos e da consequente vista às partes e à Fazenda Pública para manifestação.

> Verbete nº 112 da Súmula do STF: "*O imposto de transmissão causa mortis é devido pela alíquota vigente ao tempo da abertura da sucessão*".

Seção VI
Das Colações

Art. 639

> Art. 639. No prazo estabelecido no art. 627, o herdeiro obrigado à colação conferirá por termo nos autos ou por petição à qual o termo se reportará os bens que recebeu ou, se já não os possuir, trar-lhes-á o valor.
>
> Parágrafo único. Os bens a serem conferidos na partilha, assim como as acessões e as benfeitorias que o donatário fez, calcular-se-ão pelo valor que tiverem ao tempo da abertura da sucessão.

O dispositivo em questão deve ser interpretado literalmente, alterando o artigo mencionado no modelo primitivo (CPC/73) e cuidando da colação de bens.

Art. 640

> Art. 640. O herdeiro que renunciou à herança ou o que dela foi excluído não se exime, pelo fato da renúncia ou da exclusão, de conferir, para o efeito de repor a parte inoficiosa, as liberalidades que obteve do doador.

§ 1º É lícito ao donatário escolher, dentre os bens doados, tantos quantos bastem para perfazer a legítima e a metade disponível, entrando na partilha o excedente para ser dividido entre os demais herdeiros.

§ 2º Se a parte inoficiosa da doação recair sobre bem imóvel que não comporte divisão cômoda, o juiz determinará que sobre ela se proceda a licitação entre os herdeiros.

§ 3º O donatário poderá concorrer na licitação referida no § 2º e, em igualdade de condições, terá preferência sobre os herdeiros.

O dispositivo é idêntico ao do modelo primitivo (CPC/73) e cuida do herdeiro que renunciou à herança ou que foi dela excluído, mais precisamente, da necessidade de que ele reporte aos autos os bens que já recebeu inoficiosamente ou, então, que traga o valor correspondente.

Art. 641

Art. 641. Se o herdeiro negar o recebimento dos bens ou a obrigação de os conferir, o juiz, ouvidas as partes no prazo comum de 15 (quinze) dias, decidirá à vista das alegações e das provas produzidas.

§ 1º Declarada improcedente a oposição, se o herdeiro, no prazo improrrogável de 15 (quinze) dias, não proceder à conferência, o juiz mandará sequestrar-lhe, para serem inventariados e partilhados, os bens sujeitos à colação ou imputar ao seu quinhão hereditário o valor deles, se já não os possuir.

§ 2º Se a matéria exigir dilação probatória diversa da documental, o juiz remeterá as partes às vias ordinárias, não podendo o herdeiro receber o seu quinhão hereditário, enquanto pender a demanda, sem prestar caução correspondente ao valor dos bens sobre os quais versar a conferência.

O dispositivo em questão deve ser interpretado literalmente, ampliando para quinze dias o prazo para manifestação das partes sobre o herdeiro que nega o recebimento inoficioso de bens. Foi substituída a menção à "matéria de alta indagação", prevista no segundo parágrafo do modelo primitivo (CPC/73), por "matéria (que) exigir dilação probatória diversa da documental", caso em que deverá ser proposta demanda com este fim específico, e com observância do rito comum.

Seção VII
Do Pagamento das Dívidas

Art. 642

> Art. 642. Antes da partilha, poderão os credores do espólio requerer ao juízo do inventário o pagamento das dívidas vencidas e exigíveis.
>
> § 1º A petição, acompanhada de prova literal da dívida, será distribuída por dependência e autuada em apenso aos autos do processo de inventário.
>
> § 2º Concordando as partes com o pedido, o juiz, ao declarar habilitado o credor, mandará que se faça a separação de dinheiro ou, em sua falta, de bens suficientes para o pagamento.
>
> § 3º Separados os bens, tantos quantos forem necessários para o pagamento dos credores habilitados, o juiz mandará aliená-los, observando-se as disposições deste Código relativas à expropriação.
>
> § 4º Se o credor requerer que, em vez de dinheiro, lhe sejam adjudicados, para o seu pagamento, os bens já reservados, o juiz deferir-lhe-á o pedido, concordando todas as partes.
>
> § 5º Os donatários serão chamados a pronunciar-se sobre a aprovação das dívidas, sempre que haja possibilidade de resultar delas a redução das liberalidades.

O dispositivo em questão deve ser interpretado literalmente, apenas inovando na inclusão de um quinto parágrafo, dispondo sobre a necessidade de os donatários se manifestarem a respeito da aprovação das dívidas, quando ocorrer o risco de resultar delas a redução das liberalidades.

Art. 643

> Art. 643. Não havendo concordância de todas as partes sobre o pedido de pagamento feito pelo credor, será o pedido remetido às vias ordinárias.
>
> Parágrafo único. O juiz mandará, porém, reservar, em poder do inventariante, bens suficientes para pagar o credor quando a dívida constar de documento que comprove suficientemente a obrigação e a impugnação não se fundar em quitação.

O dispositivo em questão deve ser interpretado literalmente, alterando de "meios ordinários" para "vias ordinárias", muito embora a interpretação seja a de que deverá ser um processo de conhecimento, em procedimento comum.

Art. 644

> Art. 644. O credor de dívida líquida e certa, ainda não vencida, pode requerer habilitação no inventário.
>
> Parágrafo único. Concordando as partes com o pedido referido no *caput*, o juiz, ao julgar habilitado o crédito, mandará que se faça separação de bens para o futuro pagamento.

O dispositivo é idêntico ao do modelo primitivo (CPC/73) e cuida da possibilidade de credores se habilitarem nos autos do inventário.

Art. 645

> Art. 645. O legatário é parte legítima para manifestar-se sobre as dívidas do espólio:
>
> I – quando toda a herança for dividida em legados;
>
> II – quando o reconhecimento das dívidas importar redução dos legados.

O dispositivo é idêntico ao do modelo primitivo (CPC/73) e cuida da legitimidade do legatário para se manifestar sobre as dívidas do inventário.

Art. 646

> Art. 646. Sem prejuízo do disposto no art. 860, é lícito aos herdeiros, ao separarem bens para o pagamento de dívidas, autorizar que o inventariante os indique à penhora no processo em que o espólio for executado.

O dispositivo em questão deve ser interpretado literalmente, alterando o dispositivo mencionado no modelo primitivo sobre a possibilidade de o inventariante indicar bens à penhora em processos em que o espólio atuar na condição de executado.

Seção VIII
Da Partilha

Art. 647

Art. 647. Cumprido o disposto no art. 642, § 3º, o juiz facultará às partes que, no prazo comum de 15 (quinze) dias, formulem o pedido de quinhão e, em seguida, proferirá a decisão de deliberação da partilha, resolvendo os pedidos das partes e designando os bens que devam constituir quinhão de cada herdeiro e legatário.

Parágrafo único. O juiz poderá, em decisão fundamentada, deferir antecipadamente a qualquer dos herdeiros o exercício dos direitos de usar e de fruir de determinado bem, com a condição de que, ao término do inventário, tal bem integre a cota desse herdeiro, cabendo a este, desde o deferimento, todos os ônus e bônus decorrentes do exercício daqueles direitos.

O dispositivo aumenta o prazo para quinze dias para que as partes apresentem pedido de quinhão e não mais prevê, como no modelo primitivo (CPC/73), um prazo para que o magistrado profira decisão, razão pela qual o prazo em questão deve ser aquele já mencionado anteriormente, que cuida de regramento genérico (art. 226). Passa também a autorizar que o juiz defira, motivadamente, que qualquer dos herdeiros já possa usar e fruir determinado bem, com algumas condições.

Art. 648

Art. 648. Na partilha, serão observadas as seguintes regras:

I - a máxima igualdade possível quanto ao valor, à natureza e à qualidade dos bens;

II - a prevenção de litígios futuros;

III - a máxima comodidade dos coerdeiros, do cônjuge ou do companheiro, se for o caso.

O dispositivo, de conteúdo inédito, determina algumas diretrizes que deverão ser observadas para a realização da partilha.

Art. 649

> Art. 649. Os bens insuscetíveis de divisão cômoda que não couberem na parte do cônjuge ou companheiro supérstite ou no quinhão de um só herdeiro serão licitados entre os interessados ou vendidos judicialmente, partilhando-se o valor apurado, salvo se houver acordo para que sejam adjudicados a todos.

O dispositivo, de conteúdo inédito, trata dos bens insuscetíveis de divisão cômoda, caso em que será realizada uma "licitação" entre os interessados ou mesmo venda judicial, de modo a permitir a partilha do valor apurado.

Art. 650

> Art. 650. Se um dos interessados for nascituro, o quinhão que lhe caberá será reservado em poder do inventariante até o seu nascimento.

O dispositivo, de conteúdo inédito, trata de quando um dos herdeiros for nascituro, trazendo incumbências ao inventariante, além das outras já analisadas (art. 618 c/c art. 619).

Art. 651

> Art. 651. O partidor organizará o esboço da partilha de acordo com a decisão judicial, observando nos pagamentos a seguinte ordem:
>
> I – dívidas atendidas;
>
> II – meação do cônjuge;
>
> III – meação disponível;
>
> IV – quinhões hereditários, a começar pelo coerdeiro mais velho.

O dispositivo é idêntico ao do modelo primitivo (CPC/73) e cuida do que deverá constar no esboço da partilha a ser apresentado pelo partidor.

> Enunciado nº 52 da I Jornada de Processo Civil CEJ/CJF: *"Na organização do esboço da partilha tratada pelo art. 651 do CPC, deve-se incluir a meação do companheiro".*

Art. 652

Art. 652. Feito o esboço, as partes manifestar-se-ão sobre esse no prazo comum de 15 (quinze) dias, e, resolvidas as reclamações, a partilha será lançada nos autos.

O dispositivo em questão deve ser interpretado literalmente, embora amplie para quinze dias o prazo para manifestação das partes sobre o esboço da partilha.

Art. 653

Art. 653. A partilha constará:

I – de auto de orçamento, que mencionará:

a) os nomes do autor da herança, do inventariante, do cônjuge ou companheiro supérstite, dos herdeiros, dos legatários e dos credores admitidos;

b) o ativo, o passivo e o líquido partível, com as necessárias especificações;

c) o valor de cada quinhão;

II – de folha de pagamento para cada parte, declarando a quota a pagar-lhe, a razão do pagamento e a relação dos bens que lhe compõem o quinhão, as características que os individualizam e os ônus que os gravam.

Parágrafo único. O auto e cada uma das folhas serão assinados pelo juiz e pelo escrivão.

O dispositivo incluiu o companheiro, para que haja compatibilidade com o modelo imposto pela Carta Magna (art. 226, § 3º, CF). O parágrafo único é mantido apenas mencionando, acertadamente, o "escrivão", sem menção ao "chefe de secretaria", que seria o equivalente na Justiça Federal. Isso ocorre porque o processo de inventário é de competência exclusiva da Justiça Estadual.

Art. 654

Art. 654. Pago o imposto de transmissão a título de morte e juntada aos autos certidão ou informação negativa de dívida para com a Fazenda Pública, o juiz julgará por sentença a partilha.

Parágrafo único. A existência de dívida para com a Fazenda Pública não impedirá o julgamento da partilha, desde que o seu pagamento esteja devidamente garantido.

O dispositivo é autoexplicativo, pelo menos no *caput*. Há o acréscimo do parágrafo único prevendo que a existência de dívidas fazendárias não impedirá o julgamento da partilha, caso já existam garantias para o seu pagamento.

Art. 655

Art. 655. Transitada em julgado a sentença mencionada no art. 654, receberá o herdeiro os bens que lhe tocarem e um formal de partilha, do qual constarão as seguintes peças:

I – termo de inventariante e título de herdeiros;

II – avaliação dos bens que constituíram o quinhão do herdeiro;

III – pagamento do quinhão hereditário;

IV – quitação dos impostos;

V – sentença.

Parágrafo único. O formal de partilha poderá ser substituído por certidão de pagamento do quinhão hereditário quando esse não exceder a 5 (cinco) vezes o salário-mínimo, caso em que se transcreverá nela a sentença de partilha transitada em julgado.

O dispositivo em questão deve ser interpretado literalmente, apenas com pequena alteração no seu parágrafo único, que excluiu a menção a que o salário-mínimo seria aquele "vigente na sede do juízo".

Art. 656

Art. 656. A partilha, mesmo depois de transitada em julgado a sentença, pode ser emendada nos mesmos autos do inventário, convindo todas as partes, quando tenha havido erro de fato na descrição dos bens, podendo o juiz, de ofício ou a requerimento da parte, a qualquer tempo, corrigir-lhe as inexatidões materiais.

O dispositivo é autoexplicativo, prevendo a possibilidade de emenda da sentença de partilha nos mesmos autos primitivos.

Art. 657

Art. 657. A partilha amigável, lavrada em instrumento público, reduzida a termo nos autos do inventário ou constante de escrito particular homologado pelo juiz, pode ser anulada por dolo, coação, erro essencial ou intervenção de incapaz, observado o disposto no § 4º do art. 966.

Parágrafo único. O direito à anulação de partilha amigável extingue-se em 1 (um) ano, contado esse prazo:

I – no caso de coação, do dia em que ela cessou;

II – no caso de erro ou dolo, do dia em que se realizou o ato;

III – quanto ao incapaz, do dia em que cessar a incapacidade.

O dispositivo em questão deve ser interpretado literalmente, dispondo sobre a possibilidade de ser promovida ação anulatória de partilha realizada extrajudicialmente (Lei nº 11.441/2007), que deverá ser ajuizada no prazo de um ano, cujo termo inicial é variável.

> **Prazo para anular partilha de bens em dissolução de união estável.** *"É de quatro anos o prazo de decadência para anular partilha de bens em dissolução de união estável, por vício de consentimento (coação), nos termos do art. 178 do Código Civil"* (STJ. RESP 1.621.610-SP, Rel. Min. Luis Felipe Salomão, por unanimidade, julgado em 07/02/2017, DJe 20/03/2017).

Art. 658

Art. 658. É rescindível a partilha julgada por sentença:

I – nos casos mencionados no art. 657;

II – se feita com preterição de formalidades legais;

III – se preteriu herdeiro ou incluiu quem não o seja.

O dispositivo em questão deve ser interpretado literalmente, tratando das hipóteses em que pode ser proposta ação rescisória para rescindir a sentença judicial que homologou a partilha. Trata-se de dispositivo que enumera outros casos de rescindibilidade, ou seja, de causas de pedir para embasar a promoção da ação rescisória, além daquelas previstas em artigo próprio (art. 966).

Seção IX
Do Arrolamento

Art. 659

Art. 659. A partilha amigável, celebrada entre partes capazes, nos termos da lei, será homologada de plano pelo juiz, com observância dos arts. 660 a 663.

§ 1º O disposto neste artigo aplica-se, também, ao pedido de adjudicação, quando houver herdeiro único.

§ 2º Transitada em julgado a sentença de homologação de partilha ou de adjudicação, será lavrado o formal de partilha ou elaborada a carta de adjudicação e, em seguida, serão expedidos os alvarás referentes aos bens e às rendas por ele abrangidos, intimando-se o fisco para lançamento administrativo do imposto de transmissão e de outros tributos porventura incidentes, conforme dispuser a legislação tributária, nos termos do § 2º do art. 662.

O dispositivo em questão deve ser interpretado literalmente, tratando da homologação judicial da partilha amigável. Houve exclusão de que a homologação somente seria possível após a prova da quitação dos tributos relativos aos bens do espólio e às suas rendas.

Art. 660

Art. 660. Na petição de inventário, que se processará na forma de arrolamento sumário, independentemente da lavratura de termos de qualquer espécie, os herdeiros:

I – requererão ao juiz a nomeação do inventariante que designarem;

II – declararão os títulos dos herdeiros e os bens do espólio, observado o disposto no art. 630;

III – atribuirão valor aos bens do espólio, para fins de partilha.

O dispositivo cuida dos requisitos da petição inicial para o arrolamento, com retificação do artigo mencionado no modelo primitivo (CPC/73).

Art. 661

Art. 661. Ressalvada a hipótese prevista no parágrafo único do art. 663, não se procederá à avaliação dos bens do espólio para nenhuma finalidade.

O dispositivo em questão deve ser interpretado literalmente, embora retifique o artigo mencionado no modelo primitivo (CPC/73). Cuida da impossibilidade de se realizar avaliação de bens do espólio neste procedimento, mas apresenta uma exceção (art. 663, parágrafo único).

Art. 662

Art. 662. No arrolamento, não serão conhecidas ou apreciadas questões relativas ao lançamento, ao pagamento ou à quitação de taxas judiciárias e de tributos incidentes sobre a transmissão da propriedade dos bens do espólio.

§ 1º A taxa judiciária, se devida, será calculada com base no valor atribuído pelos herdeiros, cabendo ao fisco, se apurar em processo administrativo valor diverso do estimado, exigir a eventual diferença pelos meios adequados ao lançamento de créditos tributários em geral.

§ 2º O imposto de transmissão será objeto de lançamento administrativo, conforme dispuser a legislação tributária, não ficando as autoridades fazendárias adstritas aos valores dos bens do espólio atribuídos pelos herdeiros.

O dispositivo é autoexplicativo, vedando análise de questões referentes a lançamento, pagamento ou à quitação de tributos neste procedimento.

> **Impossibilidade de renúncia posterior ao arrolamento de bens.** "*Recurso especial. Direito civil. Sucessões. Herança. Aceitação tácita. Art. 1.804 do Código Civil. Abertura de inventário. Arrolamento de bens. Renúncia posterior. Impossibilidade. Arts. 1.809 e 1.812 do Código Civil. Ato irretratável e irrevogável*" (STJ. RESP 1.622.331 – SP 2012/0179349-2, Rel. Min. Ricardo Villas Bôas Cueva, julgado em 08/11/2016).

Art. 663

> Art. 663. A existência de credores do espólio não impedirá a homologação da partilha ou da adjudicação, se forem reservados bens suficientes para o pagamento da dívida.
>
> Parágrafo único. A reserva de bens será realizada pelo valor estimado pelas partes, salvo se o credor, regularmente notificado, impugnar a estimativa, caso em que se promoverá a avaliação dos bens a serem reservados.

O dispositivo é autoexplicativo, prevendo que a existência de credores do espólio não é causa impeditiva para a homologação da partilha ou da adjudicação, observando as formalidades ali dispostas.

Art. 664

> Art. 664. Quando o valor dos bens do espólio for igual ou inferior a 1.000 (mil) salários-mínimos, o inventário processar-se-á na forma de arrolamento, cabendo ao inventariante nomeado, independentemente de assinatura de termo de compromisso, apresentar, com suas declarações, a atribuição de valor aos bens do espólio e o plano da partilha.
>
> § 1º Se qualquer das partes ou o Ministério Público impugnar a estimativa, o juiz nomeará avaliador, que oferecerá laudo em 10 (dez) dias.
>
> § 2º Apresentado o laudo, o juiz, em audiência que designar, deliberará sobre a partilha, decidindo de plano todas as reclamações e mandando pagar as dívidas não impugnadas.
>
> § 3º Lavrar-se-á de tudo um só termo, assinado pelo juiz, pelo inventariante e pelas partes presentes ou por seus advogados.
>
> § 4º Aplicam-se a essa espécie de arrolamento, no que couber, as disposições do art. 672, relativamente ao lançamento, ao pagamento e à quitação da taxa judiciária e do imposto sobre a transmissão da propriedade dos bens do espólio.
>
> § 5º Provada a quitação dos tributos relativos aos bens do espólio e às suas rendas, o juiz julgará a partilha.

O dispositivo cuida dos casos em que o "inventário" judicial pode ter uma tramitação mais simplificada, sendo chamado de "arrolamento". Há alteração do valor para que isso ocorra, pois o CPC prevê que, para tanto, os bens do espólio não podem ser superiores a mil salários-mínimos. No § 4º também é retificado o artigo anteriormente mencionado no modelo primitivo (CPC/73). Contudo, há erro material, posto que faz referência à norma equivocada (deveria ter sido feita menção ao art. 662, e não ao art. 672, como constou no texto final).

Art. 665

> Art. 665. O inventário processar-se-á também na forma do art. 664, ainda que haja interessado incapaz, desde que concordem todas as partes e o Ministério Público.

Dispositivo de redação inédita, que autoriza que o inventário siga o processamento mais ágil do arrolamento, mesmo quando haja interesses de incapaz, mas somente se concordarem todas as partes e também o membro do Ministério Público.

Art. 666

> Art. 666. Independerá de inventário ou de arrolamento o pagamento dos valores previstos na Lei nº 6.858, de 24 de novembro de 1980.

O dispositivo é autoexplicativo, prevendo situações em que o inventário ou arrolamento não precisam ser instaurados.

Art. 667

> Art. 667. Aplicam-se subsidiariamente a esta Seção as disposições das Seções VII e VIII deste Capítulo.

O dispositivo em questão deve ser interpretado literalmente, retificando a menção às seções do modelo primitivo (CPC/73).

Seção X
Das Disposições Comuns a Todas as Seções

Art. 668

> Art. 668. Cessa a eficácia da tutela provisória prevista nas Seções deste Capítulo:

I – se a ação não for proposta em 30 (trinta) dias contados da data em que da decisão foi intimado o impugnante, o herdeiro excluído ou o credor não admitido;

II – se o juiz extinguir o processo de inventário com ou sem resolução de mérito.

O dispositivo é autoexplicativo, tratando dos casos de cessação da "tutela provisória", termo que substituiu, em parte, as "medidas cautelares" mencionadas no *caput* do modelo primitivo (CPC/73). É que a "tutela provisória" é assaz mais abrangente, pois também pode ser prestada em outras hipóteses (v.g., em casos de evidência ou não do direito). Também foram excluídas as menções a artigos.

Art. 669

Art. 669. São sujeitos à sobrepartilha os bens:

I – sonegados;

II – da herança descobertos após a partilha;

III – litigiosos, assim como os de liquidação difícil ou morosa;

IV – situados em lugar remoto da sede do juízo onde se processa o inventário.

Parágrafo único. Os bens mencionados nos incisos III e IV serão reservados à sobrepartilha sob a guarda e a administração do mesmo ou de diverso inventariante, a consentimento da maioria dos herdeiros.

O dispositivo em questão deve ser interpretado literalmente, tratando sobre os bens que ficam sujeitos à sobrepartilha, com substituição, no parágrafo único, da palavra "aprazimento" por "consentimento", que ora passou a vigorar.

Art. 670

Art. 670. Na sobrepartilha dos bens, observar-se-á o processo de inventário e de partilha.

Parágrafo único. A sobrepartilha correrá nos autos do inventário do autor da herança.

O dispositivo é autoexplicativo, estabelecendo que a sobrepartilha seja realizada nos mesmos autos em que tiver sido realizado o inventário ou a partilha.

Art. 671

Art. 671. O juiz nomeará curador especial:

I – ao ausente, se não o tiver;

II – ao incapaz, se concorrer na partilha com o seu representante, desde que exista colisão de interesses.

O dispositivo em questão deve ser interpretado literalmente, passando a prever que somente será dado curador especial ao incapaz quando ocorrer colisão de interesses na partilha entre ele e seu representante.

Art. 672

Art. 672. É lícita a cumulação de inventários para a partilha de heranças de pessoas diversas quando houver:

I – identidade de pessoas entre as quais devam ser repartidos os bens;

II – heranças deixadas pelos dois cônjuges ou companheiros;

III – dependência de uma das partilhas em relação à outra.

Parágrafo único. No caso previsto no inciso III, se a dependência for parcial, por haver outros bens, o juiz pode ordenar a tramitação separada, se melhor convier ao interesse das partes ou à celeridade processual.

O dispositivo em questão deve ser interpretado literalmente, permitindo com mais clareza a hipótese em que é admitida a cumulação de inventários para a partilha de herança entre pessoas diversas. O parágrafo único autoriza que o magistrado, dependendo da situação, determine a tramitação em separado dos inventários, se assim for melhor ao interesse das partes ou para garantir a celeridade processual.

Art. 673

Art. 673. No caso previsto no art. 672, inciso II, prevalecerão as primeiras declarações, assim como o laudo de avaliação, salvo se alterado o valor dos bens.

O dispositivo em questão deve ser interpretado literalmente, tratando da prevalência das primeiras declarações na hipótese mencionada no segundo inciso do artigo antecedente, ou seja, quando houver cumulação de inventários envolvendo pessoas distintas. Foi excluído o parágrafo único que constava no modelo primitivo (CPC/73).

CAPÍTULO VII
DOS EMBARGOS DE TERCEIRO

Art. 674

Art. 674. Quem, não sendo parte no processo, sofrer constrição ou ameaça de constrição sobre bens que possua ou sobre os quais tenha direito incompatível com o ato constritivo, poderá requerer seu desfazimento ou sua inibição por meio de embargos de terceiro.

§ 1º Os embargos podem ser de terceiro proprietário, inclusive fiduciário, ou possuidor.

§ 2º Considera-se terceiro, para ajuizamento dos embargos:

I – o cônjuge ou companheiro, quando defende a posse de bens próprios ou de sua meação, ressalvado o disposto no art. 843;

II – o adquirente de bens cuja constrição decorreu de decisão que declara a ineficácia da alienação realizada em fraude à execução;

III – quem sofre constrição judicial de seus bens por força de desconsideração da personalidade jurídica, de cujo incidente não fez parte;

IV – o credor com garantia real para obstar expropriação judicial do objeto de direito real de garantia, caso não tenha sido intimado, nos termos legais dos atos expropriatórios respectivos.

O dispositivo cuida dos embargos de terceiro, que possuem natureza jurídica de processo de conhecimento. Esta via pode ser utilizada quando um terceiro, que não seja parte no processo, tem a sua esfera jurídica atingida por ato de apreensão judicial como, por exemplo, justamente a penhora. A redação do *caput* fica mais simplificada e deixa de mencionar especificamente alguns atos de constrição que poderiam autorizar o emprego desta via processual.

Entre os legitimados ativos está o proprietário (fiduciário ou não), além da inclusão do companheiro para atender ao modelo constitucional (art. 226, § 3º, CF). Outra inclusão é a do adquirente dos bens cuja constrição decorreu de decisão que declarou a ineficácia da transferência realizada em fraude à execução. Também foi mantido como legitimado ativo o credor com garantia real para impedir a expropriação judicial do objeto do direito real de garantia, embora este inciso tenha sofrido ajustes na redação. Quanto a este último exemplo, é importante destacar que a não observância das cautelas processuais no momento adequado implicará em perda desta garantia real, conforme imposto pelo Código Civil (art. 1.499, VI, CC).

> Verbete nº 84 da Súmula do STJ: "*É admissível a oposição de embargos de terceiro fundados em alegação de posse advinda de compromisso de compra e venda de imóvel, ainda que desprovido do registro*".
>
> Verbete nº 134 da Súmula do STJ: "*Embora intimado da penhora em imóvel do casal, o cônjuge do executado pode opor embargos de terceiro para defesa de sua meação*".
>
> Verbete nº 303 da Súmula do STJ: "*Em embargos de terceiro, quem deu causa à constrição indevida deve arcar com os honorários advocatícios*".

Art. 675

Art. 675. Os embargos podem ser opostos a qualquer tempo no processo de conhecimento enquanto não transitada em julgado a sentença e, no cumprimento de sentença ou no processo de execução, até 5 (cinco) dias depois da adjudicação, da alienação por iniciativa particular ou da arrematação, mas sempre antes da assinatura da respectiva carta.

Parágrafo único. Caso identifique a existência de terceiro titular de interesse em embargar o ato, o juiz mandará intimá-lo pessoalmente.

O dispositivo em questão deve ser interpretado literalmente, por ser autoexplicativo tratando de até que momento os embargos de terceiro podem ser apresentados. Há novidade no parágrafo único, permitindo ao magistrado determinar, de ofício, que terceiro seja intimado caso vislumbre possibilidade de ele ter interesse em apresentar novos embargos de terceiro. De resto, não se pode olvidar que esta hipótese retrata o que vem sendo tratado pela doutrina e jurisprudência como embargos de terceiro "repressivos", que não se confundem com os embargos de terceiro "preventivos" que se encontra regulado por outra norma (art. 792, § 4º).

> Enunciado nº 102 da I Jornada de Processo Civil CEJ/CJF: "*A falta de oposição dos embargos de terceiro preventivos no prazo do art. 792, § 4º, do CPC não impede a propositura dos embargos de terceiro repressivos no prazo do art. 675 do mesmo Código*".
>
> Enunciado nº 54 da ENFAM: "*A ausência de oposição de embargos de terceiro no prazo de 15 (quinze) dias prevista no art. 792, § 4º, do CPC/2015 implica preclusão para fins do art. 675, , do mesmo código*".

Art. 676

> Art. 676. Os embargos serão distribuídos por dependência ao juízo que ordenou a constrição e autuados em apartado.
>
> Parágrafo único. Nos casos de ato de constrição realizado por carta, os embargos serão oferecidos no juízo deprecado, salvo se indicado pelo juízo deprecante o bem constrito ou se já devolvida a carta.

O dispositivo em questão deve ser interpretado literalmente, pelo menos no que se refere ao *caput*, que alterou a expressão "apreensão" por "constrição". Há a inclusão do parágrafo único disciplinando a competência para oferecimento dos embargos de terceiro, que muito se assemelha ao tratamento assegurado em outro dispositivo, embora regule literalmente apenas os embargos à execução (art. 914). Mas a aplicação do raciocínio por analogia já era manifesta, mesmo no modelo primitivo (CPC/73).

Art. 677

> Art. 677. Na petição inicial, o embargante fará a prova sumária de sua posse ou de seu domínio e da qualidade de terceiro, oferecendo documentos e rol de testemunhas.
>
> § 1º É facultada a prova da posse em audiência preliminar designada pelo juiz.
>
> § 2º O possuidor direto pode alegar, além da sua posse, o domínio alheio.
>
> § 3º A citação será pessoal, se o embargado não tiver procurador constituído nos autos da ação principal.
>
> § 4º Será legitimado passivo o sujeito a quem o ato de constrição aproveita, assim como o será seu adversário no processo principal quando for sua a indicação do bem para a constrição judicial.

O dispositivo em questão deve ser interpretado literalmente, por ser autoexplicativo. Ele cuida da petição inicial e dos documentos que devem acompanhá-la. Foi excluída a menção ao dispositivo que enumera os requisitos genéricos para a petição inicial (art. 319), mas foi incluída a necessidade de que se faça prova suficiente do "domínio", posto que o proprietário também passa a ter legitimidade ativa para estas demandas.

Quanto aos parágrafos, os três primeiros possuem redação idêntica à do modelo primitivo (CPC/73). O mesmo, porém, já não ocorre com o quarto, que traz uma feliz inovação, pois estabelece quem deve figurar no polo passivo dos embargos de terceiro, eliminando dúvida doutrinária e jurisprudencial. Pelo novel dispositivo, o embargado será aquele que for se aproveitar do ato de constrição. Eventualmente, poderá ocorrer um litisconsórcio passivo com a presença do seu adversário no processo primitivo se ficar demonstrando que este é quem fez a indicação do bem.

Art. 678

> Art. 678. A decisão que reconhecer suficientemente provado o domínio ou a posse determinará a suspensão das medidas constritivas sobre os bens litigiosos objeto dos embargos, bem como a manutenção ou a reintegração provisória da posse, se o embargante a houver requerido.
>
> Parágrafo único. O juiz poderá condicionar a ordem de manutenção ou de reintegração provisória de posse à prestação de caução pelo requerente, ressalvada a impossibilidade da parte economicamente hipossuficiente.

Como no dispositivo anterior, inclui menção à prova do "domínio". O parágrafo único é inédito, possibilitando a exigência de caução para fins de condicionar a ordem de manutenção ou reintegração provisória da posse, que até pode ser dispensada em casos de hipossuficiência econômica.

Art. 679

> Art. 679. Os embargos poderão ser contestados no prazo de 15 (quinze) dias, findo o qual se seguirá o procedimento comum.

O dispositivo em questão deve ser interpretado literalmente, tendo ampliado o prazo de defesa, que passa a ser de quinze dias. Também prevê, na sequência, que os embargos de terceiro passem a observar o procedimento comum, não mais o cautelar, que era o previsto no modelo anterior (CPC/73) e que foi extinto pelo CPC.

Art. 680

> Art. 680. Contra os embargos do credor com garantia real, o embargado somente poderá alegar que:
>
> I – o devedor comum é insolvente;
>
> II – o título é nulo ou não obriga a terceiro;
>
> III – outra é a coisa dada em garantia.

O dispositivo é autoexplicativo, estabelecendo as matérias de defesa que o embargado poderá apresentar caso o embargante seja credor com garantia real.

Art. 681

Art. 681. Acolhido o pedido inicial, o ato de constrição judicial indevida será cancelado, com o reconhecimento do domínio, da manutenção da posse ou da reintegração definitiva do bem ou do direito ao embargante.

O dispositivo é inédito e prevê que, com o acolhimento do pedido, o ato de constrição indevido será cancelado e sentença reconhecerá a manutenção da posse, reintegração do bem ou mesmo o domínio.

Vale dizer que este dispositivo está em consonância com outros do CPC (v.g., art. 503, § 1º), que preveem que a solução da questão prejudicial interna será automaticamente acobertada pela coisa julgada, uma vez que o objetivo principal destes embargos é cessar o esbulho judicial, muito embora exista uma prejudicial referente à posse ou propriedade que necessariamente terá que ser enfrentada antes, como condicionante de mérito. Contudo, há várias críticas a este raciocínio, conforme já abordando anteriormente (art. 503).

> **Verbete nº 303 da Súmula do STJ:** *"Em embargos de terceiro, quem deu causa à constrição indevida deve arcar com os honorários advocatícios".*
>
> **Enunciado nº 53 da I Jornada de Processo Civil CEJ/CJF:** *"Para o reconhecimento definitivo do domínio ou da posse do terceiro embargante (art. 681 do CPC), é necessária a presença, no polo passivo dos embargos, do réu ou do executado a quem se impute a titularidade desse domínio ou dessa posse no processo principal".*

> **Honorários em embargos de terceiros. Princípio da causalidade. Possibilidade de o próprio embargante ser condenado na sucumbência mesmo com o acolhimento do seu pedido.** *"Nos Embargos de Terceiro cujo pedido foi acolhido para desconstituir a constrição judicial, os honorários advocatícios serão arbitrados com base no princípio da causalidade, responsabilizando-se o atual proprietário (embargante), se este não atualizou os dados cadastrais; os encargos de sucumbência serão suportados pela parte embargada, porém, na hipótese em que esta, depois de tomar ciência da transmissão do bem, apresentar ou insistir na impugnação ou recurso para manter a penhora sobre o bem cujo domínio foi transferido para terceiro. Em relação ao tema, a sucumbência deve ter por norte a aplicação do princípio da causalidade. Nesse sentido, a Súmula nº 303 do STJ dispôs especificamente: 'Em embargos de terceiro, quem deu causa à constrição indevida deve arcar com os honorários advocatícios.' Na hipótese em análise, os Embargos de Terceiro visavam à desconstituição de penhora efetuada sobre imóvel não mais integrante do patrimônio da parte executada. Nesse contexto, o adquirente*

do imóvel, ao não providenciar a transcrição do título na repartição competente, expõe o bem à indevida constrição judicial em demandas ajuizadas contra o antigo proprietário. Isso porque as diligências realizadas pelo oficial de Justiça ou pela parte credora em face do antigo proprietário do imóvel, destinadas à localização de bens, no caso específico daqueles sujeitos a registro (imóveis, veículos), são feitas mediante consulta aos Cartórios de Imóveis (Detran, no caso de veículos), razão pela qual a desatualização dos dados cadastrais fatalmente acarretará a efetivação da indevida penhora sobre o bem. Nessas condições, não é lícito que a omissão do atual proprietário do imóvel no cumprimento de um dever legal implique, em favor da parte negligente, que esta deva ser considerada vencedora na demanda, para efeito de atribuição dos encargos de sucumbência. Assim, em regra, não haverá condenação da parte embargada – a qual promovia execução contra o antigo proprietário – quando verificado que o imóvel não teve devidamente registrada a alteração na titularidade dominial. Excetua-se a hipótese em que a parte credora, mesmo ciente da transmissão da propriedade, opuser resistência e defender a manutenção da penhora – o que evidencia o conflito de interesses na demanda, apto a ensejar a aplicação do princípio da sucumbência" (STJ. RESP 1.452.840-SP, Rel. Min. Herman Benjamin, Primeira Seção, julgado em 14/9/2016, DJe 5/10/2016 – Informativo nº 591).

Embargos de terceiro e penhora sobre conta bancária de terceiros. "*Penhora eletrônica de valores bancários de conta de empresa distinta da executada. Condenação da embargada em honorários advocatícios. Manutenção. Resistência. Princípio da sucumbência*" (TRF5. Processo nº 0800284-94.2015.4.05.8205 (PJe) Rel. Desembargador Federal Manoel de Oliveira Erhardt, julgado em 30/01/2017, por unanimidade).

CAPÍTULO VIII
DA OPOSIÇÃO

Art. 682

Art. 682. Quem pretender, no todo ou em parte, a coisa ou o direito sobre que controvertem autor e réu poderá, até ser proferida a sentença, oferecer oposição contra ambos.

A oposição era disciplinada como uma das espécies de intervenção de terceiros no modelo anterior e, com o CPC, passa a ser considerada como um procedimento especial de jurisdição contenciosa. O dispositivo permanece com redação idêntica.

Art. 683

Art. 683. O opoente deduzirá o pedido em observação aos requisitos exigidos para propositura da ação.

> **Parágrafo único. Distribuída a oposição por dependência, serão os opostos citados, na pessoa de seus respectivos advogados, para contestar o pedido no prazo comum de 15 (quinze) dias.**

O dispositivo em questão deve ser interpretado literalmente. No *caput*, houve supressão da menção aos artigos que regulam os requisitos genéricos da petição inicial. É mantida a regra de que a oposição é distribuída por dependência, bem como que irá gerar um litisconsórcio passivo necessário. A citação dos opostos continua sendo realizada na pessoa dos advogados, que passam a ter este poder por autorização legal. Foi excluída a menção à citação de réu revel na demanda primitiva.

Art. 684

> **Art. 684. Se um dos opostos reconhecer a procedência do pedido, contra o outro prosseguirá o opoente.**

O dispositivo é autoexplicativo, estabelecendo a possibilidade de apenas um dos opostos contestar a demanda.

Art. 685

> **Art. 685. Admitido o processamento, a oposição será apensada aos autos e tramitará simultaneamente à ação originária, sendo ambas julgadas pela mesma sentença.**
>
> **Parágrafo único. Se a oposição for proposta após o início da audiência de instrução, o juiz suspenderá o curso do processo ao fim da produção das provas, salvo se concluir que a unidade da instrução atende melhor ao princípio da duração razoável do processo.**

O dispositivo em questão deve ser interpretado literalmente, tratando dos casos em que a oposição irá, ou não, tramitar em apenso. Se houver sido oferecida depois da AIJ, o modelo primitivo (CPC/73) permitia a possibilidade de o magistrado suspender a demanda por até noventa dias, o que não foi repetido. Pelo CPC, ao revés, passa até mesmo a ser autorizado que o juiz entenda pela continuidade do processo, com posterior prolação de sentença.

Art. 686

> **Art. 686. Cabendo ao juiz decidir simultaneamente a ação originária e a oposição, desta conhecerá em primeiro lugar.**

O dispositivo cuida de mero ajuste redacional. A oposição e a demanda originária são, em regra, julgadas na mesma sentença, devendo o magistrado iniciá-la justamente pelo enfrentamento da oposição.

CAPÍTULO IX
DA HABILITAÇÃO

Art. 687

Art. 687. A habilitação ocorre quando, por falecimento de qualquer das partes, os interessados houverem de suceder-lhe no processo.

A "habilitação" se presta a regularizar um dos polos da relação jurídica processual, devido ao falecimento de uma das partes, o que após ter sido realizado irá caracterizar uma hipótese de sucessão processual. O dispositivo é autoexplicativo, estabelecendo os motivos que autorizam o requerimento de habilitação.

> Enunciado nº 54 da I Jornada de Processo Civil CEJ/CJF: "*Estando o processo em grau de recurso, o requerimento de habilitação far-se-á de acordo com o Regimento Interno do respectivo tribunal (art. 687 do CPC)*".
>
> Enunciado nº 55 da I Jornada de Processo Civil CEJ/CJF: "*É cabível apelação contra sentença proferida no procedimento especial de habilitação (arts. 687 a 692 do CPC)*".

> Habilitação dos herdeiros para o recebimento dos valores previdenciários não pagos em vida ao segurado (art. 112, Lei nº 8.213/91). "*Os valores previdenciários não recebidos pelo segurado em vida, mesmo que reconhecidos apenas judicialmente, devem ser pagos, prioritariamente, aos dependentes habilitados à pensão por morte, para só então, na falta destes, serem pagos aos demais sucessores na forma da lei civil*" (STJ. RESP 1.596.774-RS, Rel. Min. Mauro Campbell Marques, por unanimidade, julgado em 21/3/2017, DJe 27/3/2017).

Art. 688

Art. 688. A habilitação pode ser requerida:

I – pela parte, em relação aos sucessores do falecido;

II – pelos sucessores do falecido, em relação à parte.

O dispositivo é autoexplicativo, estabelecendo a legitimidade ativa para se requerer a habilitação.

Art. 689

> Art. 689. Proceder-se-á à habilitação nos autos do processo principal, na instância em que estiver, suspendendo-se, a partir de então, o processo.

O dispositivo estabelece que a habilitação pode ser realizada na instância em que o processo se encontrar, que será suspenso a partir de então.

Art. 690

> Art. 690. Recebida a petição, o juiz ordenará a citação dos requeridos para se pronunciarem no prazo de 5 (cinco) dias.
>
> Parágrafo único. A citação será pessoal, se a parte não tiver procurador constituído nos autos.

O dispositivo estabelece as providências a serem observadas pelo juiz após receber a petição, bem como é mantido o prazo de resposta do réu em cinco dias, além de determinar que a citação da outra parte será pessoal somente se ela não tiver procurador constituído nos autos primitivos.

Art. 691

> Art. 691. O juiz decidirá o pedido de habilitação imediatamente, salvo se este for impugnado e houver necessidade de dilação probatória diversa da documental, caso em que determinará que o pedido seja autuado em apartado e disporá sobre a instrução.

O dispositivo cuida de uma novidade, que é a possibilidade de a habilitação ficar autuada em apenso, caso haja necessidade de dilação probatória.

Art. 692

> Art. 692. Transitada em julgado a sentença de habilitação, o processo principal retomará o seu curso, e cópia da sentença será juntada aos autos respectivos.

O dispositivo em questão deve ser interpretado literalmente, prevendo que, após o trânsito em julgado da sentença de habilitação, a causa principal irá retomar o seu curso e cópia da sentença será juntada aos autos.

> Enunciado nº 55 da I Jornada de Processo Civil CEJ/CJF: "*É cabível apelação contra sentença proferida no procedimento especial de habilitação (arts. 687 a 692 do CPC)*".

CAPÍTULO X
DAS AÇÕES DE FAMÍLIA

Art. 693

> **Art. 693. As normas deste Capítulo aplicam-se aos processos contenciosos de divórcio, separação, reconhecimento e extinção de união estável, guarda, visitação e filiação.**
>
> **Parágrafo único. A ação de alimentos e a que versar sobre interesse de criança ou de adolescente observarão o procedimento previsto em legislação específica, aplicando-se, no que couber, as disposições deste Capítulo.**

O dispositivo é inédito, inserido em capítulo que versa sobre as "ações de família", que abrange os processos litigiosos de divórcio, separação, reconhecimento e extinção de união estável, guarda, visitação e filiação.

A competência para essas demandas já foi analisada anteriormente, sendo exclusiva da jurisdição brasileira (art. 23, III), devendo ser propostas, a princípio, no domicílio do guardião de filho incapaz (art. 53, I), tramitando em segredo de justiça (art. 189, II). Contudo, caso não haja caráter contencioso, algumas dessas demandas poderão tramitar com outro procedimento, sendo consideradas como hipóteses de jurisdição voluntária (art. 728).

> **Família. Ação de conversão de união estável em casamento. Obrigatoriedade de formulação exclusivamente pela via administrativa. Inexistência. Conversão pela via judicial. Possibilidade.** "*Os arts. 1.726, do CC/2002 e 8º, da Lei nº 9.278/96 não impõem a obrigatoriedade de que se formule pedido de conversão de união estável em casamento pela via administrativa, antes de se ingressar com pedido judicial. Cinge-se a controvérsia a reconhecer a existência de interesse de agir para a propositura de ação de conversão de união estável em casamento, considerando a possibilidade do procedimento ser efetuado extrajudicialmente. No que se refere ao art. 8º da Lei nº 9.278/96, de fato, uma interpretação literal do dispositivo supracitado levaria à conclusão de que a via adequada para a conversão de união estável em casamento é a administrativa. Consequentemente, seria possível afirmar que a via judicial só seria acessível aos*

contratantes quando for negado pedido extrajudicial, configurando verdadeiro pressuposto de admissibilidade. Ocorre, entretanto, que a norma prevista no referido artigo não se encontra isolada no sistema jurídico. Conforme se depreende da literalidade do seu art. 226, § 3º, a Constituição Federal optou por estabelecer que, de forma a oferecer proteção adequada à família, a lei deve facilitar a conversão de união estável em casamento. Assim, em vista da hierarquia do texto constitucional, a interpretação dos arts. 1.726, do CC e 8º da Lei nº 9.278/96 deve se dar em observância ao objetivo delineado constitucionalmente, qual seja, a facilitação da conversão de modalidade familiar. Observa-se quanto aos artigos ora em análise que não há, em nenhum deles, uma redação restritiva ou o estabelecimento de uma via obrigatória ou exclusiva, mas, tão somente, o oferecimento de opções: o art. 8º da Lei nº 9.278/96 prevê a opção de se obter a conversão pela via extrajudicial, enquanto o art. 1.726, do CC/2002 prevê a possibilidade de se obter a conversão pela via judicial. Ainda, considerando que a Lei nº 9.278/96 é anterior ao Código Civil de 2002, a única interpretação que permite a coexistência entre as duas normas no sistema jurídico é a de que nenhuma delas impõe procedimento obrigatório. Entendimento contrário levaria à exclusão do art. 8º da referida lei do sistema jurídico, vez que a norma posterior revoga a anterior" (STJ. RESP 1.685.937-RJ, Rel.ª Minª Nancy Andrighi, por unanimidade, julgado em 17/8/2017, DJe 22/08/2017).

Ação de reconhecimento e dissolução de união estável. Partilha de direitos sobre concessão de uso de bem público. Possibilidade. *"Na dissolução de união estável, é possível a partilha dos direitos de concessão de uso para moradia de imóvel público. A discussão dos autos está em definir sobre a possibilidade de partilha dos direitos à concessão de uso em imóvel público, decorrente de programa habitacional voltado à população de baixa renda. A discussão dos autos está em definir sobre a possibilidade de partilha dos direitos à concessão de uso em imóvel público, decorrente de programa habitacional voltado à população de baixa renda. Inicialmente, cumpre salientar que os entes governamentais têm se valido do instituto da concessão de uso como meio de concretização da política habitacional e de regularização fundiária, conferindo a posse de imóveis públicos para a moradia da população carente. Especificamente com relação à concessão de uso especial para fins de moradia, sua previsão legal deu-se, inicialmente, pelo Estatuto da Cidade (Lei nº 10.257/2001, art. 4º, V, h), como espécie do gênero concessão de uso, em um mecanismo voltado a conferir efetividade à função social das cidades e da propriedade urbana, regularizando áreas públicas ocupadas por possuidores e suas famílias. No entanto, em razão do veto presidencial de diversos outros dispositivos, sua regulamentação só veio a ser efetivada pela MP nº 2.220/2001. Trata-se de hipótese, cuja natureza contratual foi afastada pela doutrina, por ser uma atividade vinculada, voltada a reconhecer ao ocupante, preenchidos os requisitos, o direito subjetivo à concessão para moradia. No caso analisado, a concessão feita pelo Estado voltou-se a atender a morada da família, havendo, inclusive, expedição de instrumento em favor do casal, para a regularização do uso e da posse do imóvel. Nesse ponto, fato é, que a concessão permitiu à família o direito privativo ao uso do bem. Diante desse contexto, é plenamente possível a meação dos direitos sobre o imóvel em comento. Apesar de não haver a transferência de domínio, a concessão também se caracteriza como direito real,* oponível *erga omnes, notadamente com a inclusão do inciso XI ao art. 1.225 do Código Civil. Com efeito, a concessão de uso de bens destinados a programas* *habitacionais, apesar de não se alterar a titularidade do imóvel e ser concedida, em regra, de forma graciosa, possui, de fato, expressão econômica. Dessa forma, não há como afastar a repercussão patrimonial do direito em questão para fins de meação, até porque, mesmo que intitulada de gratuita, a onerosidade da concessão é reconhecida por conferir, segundo a doutrina, ao particular o direito ao desfrute do valor de uso em situação desigual em relação aos demais particulares, fazendo natural que haja uma carga econômica a recair sobre o beneficiário"* (STJ. RESP 1.494.302-DF, Rel. Min. Luis Felipe Salomão, por unanimidade, julgado em 13/6/2017, DJe 15/08/2017).

Possibilidade de fixação preventiva de *astreintes* para a hipótese de eventual descumprimento imotivado do regime de visitação. *"A aplicação de astreintes é válida quando o genitor detentor da guarda da criança descumpre acordo homologado judicialmente sobre o regime de visitas"* (STJ. RESP 1.481.531-SP, Rel. Min. Moura Ribeiro, por unanimidade, julgado em 16.2.2017, DJe 07/03/2017).

Partilha de bens. Depósito bancário fora do país. Possibilidade de disposição acerca do bem na separação em curso no país. Competência da jurisdição brasileira. *"É possível, em processo de dissolução de casamento em curso no país, que se disponha sobre direitos patrimoniais decorrentes do regime de bens da sociedade conjugal aqui estabelecida, ainda que a decisão tenha reflexos sobre bens situados no exterior para efeitos da referida partilha"* (STJ. RESP 1.552.913-RJ, Rel.ª Min.ª Maria Isabel Gallotti, por unanimidade, julgado em 08/11/2016, DJe 02/02/2017).

Art. 694

Art. 694. Nas ações de família, todos os esforços serão empreendidos para a solução consensual da controvérsia, devendo o juiz dispor do auxílio de profissionais de outras áreas de conhecimento para a mediação e conciliação.

Parágrafo único. A requerimento das partes, o juiz pode determinar a suspensão do processo enquanto os litigantes se submetem a mediação extrajudicial ou a atendimento multidisciplinar.

O dispositivo, inédito, recomenda que todos os esforços sejam direcionados para a solução consensual da controvérsia, devendo o magistrado dispor de profissionais de outras áreas para auxiliar neste desiderato.

Art. 695

Art. 695. Recebida a petição inicial e, se for o caso, tomadas as providências referentes à tutela provisória, o juiz ordenará a citação do réu para comparecer à audiência de mediação e conciliação, observado o disposto no art. 694.

§ 1º O mandado de citação conterá apenas os dados necessários à audiência e deverá estar desacompanhado de cópia da petição inicial, assegurado ao réu o direito de examinar seu conteúdo a qualquer tempo.

§ 2º A citação ocorrerá com antecedência mínima de 15 (quinze) dias da data designada para a audiência.

§ 3º A citação será feita na pessoa do réu.

§ 4º Na audiência, as partes deverão estar acompanhadas de seus advogados ou de defensores públicos.

O dispositivo é inédito, estabelecendo as providências quando o juiz receber a petição inicial e determinar a citação do demandado para comparecer a uma audiência de conciliação ou mediação.

Art. 696

Art. 696. A audiência de mediação e conciliação poderá dividir-se em tantas sessões quantas sejam necessárias para viabilizar a solução consensual, sem prejuízo de providências jurisdicionais para evitar o perecimento do direito.

O dispositivo é inédito, permitindo o fracionamento da audiência de conciliação ou mediação para que seja tentada, ao máximo, a busca da solução consensual entre as partes.

Art. 697

Art. 697. Não realizado o acordo, passarão a incidir, a partir de então, as normas do procedimento comum, observado o art. 335.

O dispositivo é inédito, prevendo que, não havendo solução consensual, será iniciado o prazo para o demandado oferecer resposta, seguindo-se o procedimento comum a partir de então. Percebe-se, assim, que este procedimento especial não é tão específico, pois, em realidade, somente traz algumas alterações nas tratativas de se obter uma solução consensual.

Art. 698

Art. 698. Nas ações de família, o Ministério Público somente intervirá quando houver interesse de incapaz e deverá ser ouvido previamente à homologação de acordo.

O dispositivo é inédito, tratando da atuação do membro do Ministério Público como fiscal da ordem jurídica. Para manter consonância com dispositivo já analisado (art. 178, II), o membro do *parquet* somente atuará em tais demandas quando houver interesse de incapaz, devendo se manifestar previamente à homologação de qualquer acordo.

Art. 699

Art. 699. Quando o processo envolver discussão sobre fato relacionado a abuso ou à alienação parental, o juiz, ao tomar o depoimento do incapaz, deverá estar acompanhado por especialista.

O dispositivo é inédito, prevendo que, em casos de abuso ou alienação parental, o juiz tomará o depoimento do incapaz acompanhado de especialista. Estas situações, que caracterizam abuso ou alienação parental, já estão reguladas por lei específica (art. 2º, Lei nº 12.318/2010).

CAPÍTULO XI
DA AÇÃO MONITÓRIA

Art. 700

Art. 700. A ação monitória pode ser proposta por aquele que afirmar, com base em prova escrita sem eficácia de título executivo, ter direito de exigir do devedor capaz:

I – o pagamento de quantia em dinheiro;

II – a entrega de coisa fungível ou infungível ou de bem móvel ou imóvel;

III – o adimplemento de obrigação de fazer ou de não fazer.

§ 1º A prova escrita pode consistir em prova oral documentada, produzida antecipadamente nos termos do art. 381.

§ 2º Na petição inicial, incumbe ao autor explicitar, conforme o caso:

I – a importância devida, instruindo-a com memória de cálculo;

II – o valor atual da coisa reclamada;

III – o conteúdo patrimonial em discussão ou o proveito econômico perseguido.

§ 3º O valor da causa deverá corresponder à importância prevista no § 2º, incisos I a III.

§ 4º Além das hipóteses do art. 330, a petição inicial será indeferida quando não atendido o disposto no § 2º deste artigo.

§ 5º Havendo dúvida quanto à idoneidade de prova documental apresentada pelo autor, o juiz intimá-lo-á para, querendo, emendar a petição inicial, adaptando-a ao procedimento comum.

§ 6º É admissível ação monitória em face da Fazenda Pública.

§ 7º Na ação monitória, admite-se citação por qualquer dos meios permitidos para o procedimento comum.

A ação monitória pode ser utilizada sempre que alguém pretende obter pagamento de soma em dinheiro, entrega de coisa fungível ou infungível ou de bem móvel ou imóvel, assim como o adimplemento de obrigação de fazer ou não fazer (art. 700, incs. I, II e III). Apesar da divergência doutrinária, trata-se de um processo de conhecimento que busca estabelecer uma sequência de atos processuais que permita uma rápida formação do título executivo judicial.

A ação monitória não traz grandes especificidades, razão pela qual a parte pode escolher entre adotar o seu procedimento ou o rito comum. O seu grande diferencial, em realidade, ocorre no início do processo, pois quando o juiz defere a inicial, não apenas determina a citação do demandado como, também, já expede uma ordem de cumprimento da obrigação que, se for acatada em 15 (quinze) dias, deixará o demandado isento de arcar com as custas do processo (art. 701, § 1º). No entanto, caso não haja esse cumprimento e nem mesmo a apresentação de resposta (que é por meio dos "embargos monitórios"), surge o grande diferencial deste procedimento, pois enquanto nos demais a ausência de resposta gera a revelia que possibilita o julgamento antecipado do mérito (art. 355, inc. II), neste a ausência de resposta caracteriza uma contumácia que autoriza, de imediato, a conversão do mandado inicial em mandado executivo, por sentença. Trata-se, portanto, de uma hipótese em que o magistrado não estará julgando a pretensão deduzida pelo autor, pois esta conversão, embora realizada pelo juiz, é automática e obrigatória, pois decorrente da lei e sem margens a qualquer subjetivismo (701, § 2º).

Esclarecido a essência do instituto, ressalva-se que o dispositivo traz novidades quanto ao emprego da ação monitória. Esta via passa agora a ser possível também para os casos em que o demandante pretender o adimplemento de obrigação de entrega de coisa infungível e de obrigação de fazer ou não fazer, além das outras hipóteses já previstas.

O artigo elenca alguns requisitos específicos para a confecção da petição inicial, bem como admite que a prova escrita, mencionada no *caput*, seja aquela produzida antecipadamente. Eventual dúvida quanto à idoneidade da prova documental, que não pode ser criada unilateralmente pelo demandante, dará ensejo à emenda da petição inicial, para adequá-la ao procedimento comum. Por oportuno, deve-se destacar que o

STJ já consagrou, em verbetes sumulares, casos em que há ou não documento escrito hábil a ensejar a propositura de uma ação monitória.

Passa a ser prevista expressamente a possibilidade de esta demanda ser promovida em face da Fazenda Pública, bem como de que, nela, qualquer modalidade de citação poderá será realizada, o que se coaduna com entendimentos sumulados pelo STJ.

> **Verbete nº 247 da Súmula do STJ:** "*O contrato de abertura de crédito em conta-corrente, acompanhado de demonstrativo do débito, constitui documento hábil para o ajuizamento da ação monitória*".
>
> **Verbete nº 282 da Súmula do STJ:** "*Cabe a citação por edital em ação monitória*".
>
> **Verbete nº 299 da Súmula do STJ:** "*É admissível a ação monitória em cheque prescrito*".
>
> **Verbete nº 339 da Súmula do STJ:** "*É cabível ação monitória contra a Fazenda Pública*".
>
> **Verbete nº 384 da Súmula do STJ:** "*Cabe ação monitória para haver o saldo remanescente de venda extrajudicial de bem alienado fiduciariamente em garantia*".
>
> **Verbete nº 503 da Súmula do STJ:** "*O prazo para ajuizamento de ação monitória em face do emitente de cheque sem força executiva é quinquenal, a contar do dia seguinte à data de emissão estampada na cártula*".
>
> **Verbete nº 504 da Súmula do STJ:** "*O prazo para ajuizamento de ação monitória em face do emitente de nota promissória em força executiva é quinquenal, a contar do dia seguinte ao vencimento do título*".
>
> **Enunciado nº 101 da I Jornada de Processo Civil CEJ/CJF:** "*É admissível ação monitória, ainda que o autor detenha título executivo extrajudicial*".

> **Correspondência eletrônica (e-mail) é prova escrita idônea para a propositura de ação monitória.** "*1. A prova hábil a instruir a ação monitória, isto é, apta a ensejar a determinação da expedição do mandado monitório – a que alude os artigos 1.102-A do CPC/73 e 700 do CPC/2015 –, precisa demonstrar a existência da obrigação*, devendo o documento ser *escrito e suficiente para, efetivamente, influir na convicção do magistrado acerca do direito alegado, não sendo necessário prova robusta, estreme de dúvida, mas sim documento idôneo que permita juízo de probabilidade do direito afirmado pelo autor. 2. O correio eletrônico (e-mail) pode fundamentar a pretensão monitória, desde que o juízo se convença da verossimilhança das alegações e da idoneidade das declarações, possibilitando ao réu impugnar-lhe pela via processual adequada. 3. O exame sobre a validade, ou não, da correspondência eletrônica (e-mail) deverá ser aferida no caso concreto, juntamente com os demais elementos de prova trazidos pela parte autora. 4. Recurso especial não provido*" (STJ. RESP 1.381.603-MS, Rel. Min. Luis Felipe Salomão, julgado em 06/10/2016, DJe 11/11/2016).
>
> **Contrato de arrendamento rural é prova escrita idônea para a propositura de ação monitória.** "*O contrato de arrendamento rural que, a despeito da vedação prevista no art. 18, parágrafo único, do Decreto nº 59.566/66, estabelece pagamento*

em quantidade de produtos agrícolas pode ser usado como prova escrita para instruir ação monitória. Dispõe o art. 1.102-A do CPC/73 que: 'A ação monitória compete a quem pretender, com base em prova escrita sem eficácia de título executivo, pagamento de soma em dinheiro, entrega de coisa fungível ou de determinado bem móvel.' Ademais, exige-se a presença de elementos indiciários caracterizadores da materialização de um débito decorrente de uma obrigação de pagar ou de entregar coisa fungível ou bem móvel, proveniente de uma relação jurídica material. Por sua vez, o STJ, na linha da doutrina, entende que é imprescindível ao regular processamento da ação monitória a instrução do feito com documento escrito, firmado ou não pelo devedor da obrigação, desde que se possa inferir indícios da existência do crédito afirmado pelo autor (RESP 647.1840-DF, Terceira Turma, DJ 12/6/2006; RESP 1.138.090-MT, Quarta Turma, DJe 1º/8/2013). No caso, a ação monitória foi instruída com contrato de arrendamento rural cujo preço restou ajustado em quantidade de produtos agrícolas, o que é expressamente vedado pelo art. 18, parágrafo único, do Decreto nº 59.566/66. Com efeito, é defeso ajustar como preço do arrendamento rural quantidade fixa de frutos ou produtos, ou seu equivalente em dinheiro. Atento à referida disposição legal, o STJ orienta-se no sentido de ser nula cláusula de contrato de arrendamento rural que assim dispõe, no entanto, tem entendido, igualmente, que essa nulidade não obsta que o credor proponha ação visando à cobrança de dívida por descumprimento do contrato, hipótese em que o valor devido deve ser apurado, por arbitramento, em liquidação de sentença (RESP 566.520-RS, Quarta Turma, DJ de 30/8/2004; RESP 407.130-RS, Terceira Turma, DJ 5/8/2002). De fato, o arrendamento rural é o contrato agrário pelo qual uma pessoa (arrendatário) se obriga a ceder a outra (arrendador), por tempo determinado ou não, o uso e gozo de imóvel rural, total ou parcialmente, incluindo, ou não, outros bens, benfeitorias e ou facilidades, com o objetivo de que nele seja exercida atividade de exploração agrícola, pecuária, agroindustrial, extrativa ou mista, mediante certa retribuição ou aluguel. Por seu turno, dispõe o art. 2º do Decreto nº 59.566/66 que: 'Art. 2º. Todos os contratos agrários reger-se-ão pelas normas do presente Regulamento, as quais serão de obrigatória aplicação em todo o território nacional e irrenunciáveis os direitos e vantagens nelas instituídos. Parágrafo único. Qualquer estipulação contratual que contrarie as normas estabelecidas neste artigo será nula de pleno direito e de nenhum efeito.' Assim, em contrato agrário, o imperativo de ordem pública determina sua interpretação de acordo com o regramento específico, visando obter uma tutela jurisdicional que se mostre adequada à função social da propriedade. As normas de regência do tema detêm caráter cogente, de observância obrigatória, porquanto disciplinam interesse de ordem pública, consubstanciado na proteção, em especial, do arrendatário rural, o qual, pelo desenvolvimento do seu trabalho, exerce a relevante função de fornecer alimentos à população. Nessa perspectiva, a doutrina entende que 'Os contratos agrários não podem ser interpretados da mesma forma que os contratos regidos pelo Código Civil. (...) Por conseguinte, autonomia de vontade nos moldes preceituados no Código Civil existirá apenas na decisão ou não de contratar, pois se houve opção de contrato, a vontade se subsumirá nos ditames da lei'. Contudo, essa forma especial de interpretação dos contratos agrários não pode servir de guarida para a prática de condutas repudiadas pelo ordenamento jurídico, de modo a impedir, por exemplo, que o credor exija o que lhe é devido por inquestionável descumprimento do contrato. Portanto, ainda que o contrato de arrendamento rural se encontre eivado *de vício, relativo à forma de remuneração do proprietário da terra, que lhe subtraía atributo essencial para ser considerado válido, tem-se que não se pode negar o valor probatório da relação jurídica efetivamente havida, de maneira que o referido documento é capaz de alicerçar ação monitória*" (STJ. RESP 1.266.975-MG, Rel. Min. Ricardo Villas Bôas Cueva, julgado em 10/03/2016, DJe 28/03/2016 – Informativo nº 580).

Desnecessidade de indicar, na inicial de ação monitória, o fato que deu origem ao crédito pleiteado (CPC/73). "*Segundo o entendimento desta Superior Corte, o autor da ação monitória não está obrigado a indicar na petição inicial a origem da dívida expressa no título de crédito sem eficácia executiva. Nesse caso, o ônus da prova incumbe ao réu. Precedentes*" (STJ. Embargos de declaração no agravo regimental no RESP nº 2012/0157349-5. Rel. Min. Luis Felipe Salomão. DJ 09/10/2012).

Desnecessidade de indicar, na inicial de ação monitória, o fato que deu origem ao crédito pleiteado, ainda que lastreado em cheque prescrito. "*Apelação cível. Ação monitória. Cheque. Características da literalidade, autonomia e cartularidade que persistem, a despeito da prescrição da força executiva. Artigos 33, 59 e 61 da Lei nº 7.357, de 2/9/1985. Demonstração da causa debendi do título. Desnecessidade. Súmula nº 531 do Superior Tribunal de Justiça. Documento que se mostra suficiente para instruir o pedido injuntivo. Alegação de que não houve a finalização dos serviços contratados. Argumento destituído de credibilidade e de um mínimo de prova. Ausência de qualquer elemento apto a desconstituir o título formalmente perfeito. Ônus probatório. Artigo 373, inciso II, do Código de Processo Civil de 2015. Inversão do ônus da prova que, no caso concreto, não se faz necessária. Ausência de verossimilhança do alegado. Ônus da sucumbência que é imposto ao litigante vencido, nos termos do artigo 85, caput, do Código de Processo Civil de 2015. Majoração dos honorários advocatícios em razão do trabalho realizado em grau de recurso pelo advogado da apelada. Artigo 85, § 11, do Código de Processo Civil de 2015. Recurso desprovido*" (TJ-SC. Apelação Cível nº 0056228-63.2012.8.24.0023, da Capital, Rel. Des. Jânio Machado, julgado em 13/07/2017).

Aceite na duplicata suprimido pela comprovação da entrega. A necessidade do aceite na duplicata pode ser suprida pela comprovação da efetiva entrega da mercadoria. Apelação cível. Monitória. Duplicata mercantil sem aceite. Sentença que acolheu os embargos e julgou improcedente o pedido injuntivo. Insurgência do credor. "*Relação comercial demonstrada pela prova testemunhal. Mercadoria entregue. Alegação de que a madeira estava deteriorada, imprópria para uso. Motivo que não desincumbe do pagamento. Direito de devolução ao fornecedor não exercido a tempo e modo. Ausência de recusa justificada. Art. 7º da Lei nº 5.474/68. Aceitação do bem. Obrigação do comprador em arcar com o pagamento da duplicata, mesmo que sem aceite. Ônus sucumbenciais ajustados. Recurso conhecido e provido. Demonstrada a relação comercial havida entre as partes e comprovada a entrega da mercadoria resta suprimida a necessidade de aceite na duplicata*" (TJ-SC. Apelação Cível nº 0013252-56.2013.8.24.0039, de Lages, Rel. Des. Jaime Machado Junior, julgado em 13.07.2017).

Art. 701

Art. 701. Sendo evidente o direito do autor, o juiz deferirá a expedição de mandado de pagamento, de entrega de coisa ou para execução de obrigação de fazer ou de não fazer, concedendo ao réu prazo de 15 (quinze) dias para o cumprimento e o pagamento de honorários advocatícios de cinco por cento do valor atribuído à causa.

§ 1º O réu será isento do pagamento de custas processuais se cumprir o mandado no prazo.

§ 2º Constituir-se-á de pleno direito o título executivo judicial, independentemente de qualquer formalidade, se não realizado o pagamento e não apresentados os embargos previstos no art. 702, observando-se, no que couber, o Título II do Livro I da Parte Especial.

§ 3º É cabível ação rescisória da decisão prevista no *caput* quando ocorrer a hipótese do § 2º.

§ 4º Sendo a ré Fazenda Pública, não apresentados os embargos previstos no art. 702, aplicar-se-á o disposto no art. 496, observando-se, a seguir, no que couber, o Título II do Livro I da Parte Especial.

§ 5º Aplica-se à ação monitória, no que couber, o art. 916.

O dispositivo enumera o processamento inicial da ação monitória. Prevê que será expedida uma ordem para cumprimento da obrigação, que deverá ser adimplida em quinze dias, o que isentará o réu apenas das custas processuais, ao contrário do modelo primitivo, que também o isentava de arcar com os honorários advocatícios.

Não havendo cumprimento ou resposta, o juiz converterá o mandado inicial em executivo, passando o credor a contar com um título executivo judicial. Este ato que convola o mandado inicial em executivo pode dar ensejo à remessa necessária, se a ré for a Fazenda Pública, muito embora a adoção desta providência dependa do valor envolvido (art. 496).

Também passa a ser admitida expressamente a possibilidade de ajuizamento de ação rescisória para impugnar este ato que converte um mandado em outro, caso presente alguma causa autorizadora do uso desta via processual (art. 966).

Destaca-se que esta forma de proceder (convolar mandado inicial por mandado executivo prolatando sentença) é largamente utilizada na prática forense, tal como já narrado no dispositivo anterior (art. 700). Contudo, pela interpretação literal esta conversão seria implícita e automática, isto é, sem a necessidade de o magistrado proferir qualquer decisão, tanto que há previsão de que eventual remessa necessária seria em relação à decisão que determinou o cumprimento do mandado inicial. Contudo, embora esta rotina já tenha sido detectada em precedente recente do STJ, não vem sendo adotada, até porque a Constituição não permite "decisão implícita", o que até mesmo não se coaduna com outra norma do CPC que exige fundamentação abrangente pelo magistrado. Portanto, como diversas outras normas do CPC, esta não deve ser interpretada literalmente neste aspecto, sendo salutar que haja uma sentença do juiz convertendo o mandado inicial em executivo, como já era, por sinal, no antigo modelo (CPC/73).

Por fim, também é de se criticar a incongruência constante no último parágrafo desta norma, que passou a permitir o parcelamento (moratória legal – art. 916) na ação monitória, em que o autor nem mesmo dispõe de título executivo, ao mesmo tempo em que o proibiu para o cumprimento de sentença (art. 916, § 7º), contrariando jurisprudência mansa e pacífica. Era de se aguardar, portanto, exatamente o que vem acontecendo nos dias atuais, em que muitas normas do CPC não estão recebendo uma interpretação literal.

> **Desnecessidade de proferir nova decisão judicial no momento da conversão do mandado monitório em executivo, acaso o demandado não apresente embargos monitórios.** "*DIREITO PROCESSUAL CIVIL. NATUREZA JURÍDICA DA CONVERSÃO DO MANDADO MONITÓRIO EM TÍTULO EXECUTIVO. Em ação monitória, após o decurso do prazo para pagamento ou entrega da coisa sem a oposição de embargos pelo réu, o juiz não poderá analisar matérias de mérito, ainda que conhecíveis de ofício. Com efeito, na primeira decisão proferida no procedimento especial monitório, embora em exame perfunctório, revela-se algum conteúdo decisório, ao se garantir ao juiz o conhecimento prévio da força probatória do documento que instrui a petição inicial, assegurando-lhe um juízo de probabilidade para então determinar a expedição do mandado monitório. Em seguida, de acordo com o art. 1.102-C do CPC, no prazo de quinze dias, 'poderá o réu oferecer embargos, que suspenderão a eficácia do mandado inicial. Se os embargos não forem opostos, constituir-se-á, de pleno direito, o título executivo judicial, convertendo-se o mandado inicial em mandado executivo e prosseguindo-se na forma do Livro I, Título VIII, Capítulo X, desta Lei'. O entendimento de que a expressão 'título executivo judicial' do art. 1.102-C do CPC apontaria necessariamente a uma sentença revela-se ultrapassado e simplista. Com efeito, mostra-se relevante a advertência de doutrina para o fato de que as sentenças condenatórias são apenas uma espécie do gênero título executivo judicial, com ele não se confundindo. Na hipótese em que não há oposição de embargos monitórios, a ação monitória concretiza o objetivo a que se propõe: o de converter em título executivo judicial prova escrita da existência de obrigação, inviabilizando qualquer aprofundamento do conhecimento jurisdicional exigido para a prolação de uma sentença de mérito. Isso porque a conversão do mandado monitório em executivo é extraída como única solução possível e imposta por lei, diante da inércia do devedor em procedimento monitório. Por outro lado, manifestando-se o devedor, conforme sua deliberada intenção de opor-se à manifestação do credor – autor monitório –, inicia-se um incidente processual com contornos típicos de ação de conhecimento, admitindo-se amplo contraditório e dilação probatória, fases processuais absolutamente ausentes no procedimento monitório não embargado. Esse é, portanto, o âmbito adequado para o conhecimento e apreciação de matérias*

> *de mérito, às quais resultarão ao final na constituição, ou não, daquele documento monitório em título executivo. Noutros termos, mesmo as questões conhecíveis de ofício, só podem ser apreciadas se aberto o conhecimento pela oposição dos embargos monitórios. Ressalta-se que o CPC/2015 parece reconhecer essa transmudação da decisão inicial em definitiva em razão da mera inércia do devedor. Isso porque, além de dispensar expressamente a necessidade de qualquer ato para conversão do mandado monitório em executivo (art. 701, § 2º, do NCPC), ainda determina que se conte da decisão inicial (que determina a expedição do mandado monitório) o prazo para propositura de ação rescisória, na hipótese de ausência de oposição de embargos monitórios pelo devedor (art. 701, § 3º, do NCPC). Muito embora em vacatio legis, não se pode desconsiderar o viés interpretativo extraído do novo texto legal, o qual não inova, mas torna ainda mais óbvias e corrobora as disposições existentes no atual CPC"* (STJ. RESP 1.432.982-ES, Rel. Min. Marco Aurélio Bellizze, julgado em 17/11/2015, DJe 26/11/2015 – Informativo nº 574).

Art. 702

Art. 702. Independentemente de prévia segurança do juízo, o réu poderá opor, nos próprios autos, no prazo previsto no art. 701, embargos à ação monitória.

§ 1º Os embargos podem se fundar em matéria passível de alegação como defesa no procedimento comum.

§ 2º Quando o réu alegar que o autor pleiteia quantia superior à devida, cumprir-lhe-á declarar de imediato o valor que entende correto, apresentando demonstrativo discriminado e atualizado da dívida.

§ 3º Não apontado o valor correto ou não apresentado o demonstrativo, os embargos serão liminarmente rejeitados, se esse for o seu único fundamento, e, se houver outro fundamento, os embargos serão processados, mas o juiz deixará de examinar a alegação de excesso.

§ 4º A oposição dos embargos suspende a eficácia da decisão referida no *caput* do art. 701 até o julgamento em primeiro grau.

§ 5º O autor será intimado para responder aos embargos no prazo de 15 (quinze) dias.

§ 6º Na ação monitória admite-se a reconvenção, sendo vedado o oferecimento de reconvenção à reconvenção.

§ 7º A critério do juiz, os embargos serão autuados em apartado, se parciais, constituindo-se de pleno direito o título executivo judicial em relação à parcela incontroversa.

§ 8º Rejeitados os embargos, constituir-se-á de pleno direito o título executivo judicial, prosseguindo-se o processo em observância ao disposto no Título II do Livro I da Parte Especial, no que for cabível.

§ 9º Cabe apelação contra a sentença que acolhe ou rejeita os embargos.

§ 10. O juiz condenará o autor de ação monitória proposta indevidamente e de má-fé ao pagamento, em favor do réu, de multa de até dez por cento sobre o valor da causa.

§ 11. O juiz condenará o réu que de má-fé opuser embargos à ação monitória ao pagamento de multa de até dez por cento sobre o valor atribuído à causa, em favor do autor.

É mantida a regra segundo a qual os embargos oferecidos em ação monitória independem da prévia garantia do juízo. Há menção a que esta defesa pode trazer qualquer matéria que poderia ser alegada em procedimento comum, assim como eventual excesso de cobrança, caso em que passa a ser ônus do embargante alegar e demonstrar o montante excessivo, sob pena de rejeição liminar deste argumento e, quiçá, até dos próprios embargos, se esta for a única tese defensiva.

O dispositivo também prevê que, com o oferecimento dos embargos, será suspensa a eficácia do mandado inicial. Mas há novidade, como a possibilidade de os embargos ficarem em apenso, se forem parciais e se assim determinar o magistrado. Há previsão, outrossim, de que o demandado apresente reconvenção, tal como já adotado em verbete sumular do STJ, muito embora seja vedada a apresentação de reconvenção da reconvenção neste procedimento.

Na sequência, a parte autora será intimada para se manifestar quanto aos embargos no prazo de quinze dias. Não havendo necessidade de dilação probatória, o magistrado julgará a pretensão, sendo que a sua sentença comporta apelação. Em casos de má-fé, é possível impor uma sanção pecuniária ao infrator, que será revertida à parte contrária.

Verbete nº 292 da Súmula do STJ: *"A reconvenção é cabível na ação monitória, após a conversão do procedimento em ordinário".*

CAPÍTULO XII
DA HOMOLOGAÇÃO DO PENHOR LEGAL

Art. 703

Art. 703. Tomado o penhor legal nos casos previstos em lei, requererá o credor, ato contínuo, a homologação.

§ 1º Na petição inicial, instruída com o contrato de locação ou a conta pormenorizada das despesas, a tabela dos preços e a relação dos objetos retidos, o credor pedirá a citação do devedor para pagar ou contestar na audiência preliminar que for designada.

§ 2º A homologação do penhor legal poderá ser promovida pela via extrajudicial mediante requerimento, que conterá os requisitos previstos no § 1º deste artigo, do credor a notário de sua livre escolha.

§ 3º Recebido o requerimento, o notário promoverá a notificação extrajudicial do devedor para, no prazo de 5 (cinco) dias, pagar o débito ou impugnar sua cobrança, alegando por escrito uma das causas previstas no art. 704, hipótese em que o procedimento será encaminhado ao juízo competente para decisão.

§ 4º Transcorrido o prazo sem manifestação do devedor, o notário formalizará a homologação do penhor legal por escritura pública.

A homologação de penhor legal era antes prevista como um procedimento cautelar nominado, passando agora a ser disciplinada como um procedimento de jurisdição contenciosa.

As suas hipóteses estão contempladas no Código Civil (art. 1.467, CC), cuidando de um raro caso de autotutela, que deverá ser ratificado judicial ou até mesmo extrajudicialmente. Aliás, a possibilidade de este ato ser realizado extrajudicialmente também é novidade, passando a ser admitida expressamente no parágrafo segundo, sendo que os subsequentes continuam a regular esta atividade.

O parágrafo primeiro, por seu turno, estabelece o que deve acompanhar a petição inicial para a homologação judicial. Também há mudanças, pois o demandado é citado para comparecer à audiência preliminar e, nela, oferecer defesa ou pagamento, e não mais para em vinte e quatro horas cumprir a obrigação ou apresentar defesa.

Art. 704

Art. 704. A defesa só pode consistir em:

I – nulidade do processo;

II – extinção da obrigação;

III – não estar a dívida compreendida entre as previstas em lei ou não estarem os bens sujeitos a penhor legal;

IV – alegação de haver sido ofertada caução idônea, rejeitada pelo credor.

O dispositivo em questão deve ser interpretado literalmente, prevendo os temas que podem ser veiculados na defesa apresentada na via judicial. Há, contudo, inclusão de uma nova tese defensiva, que seria a recusa de caução idônea pelo credor. Essa possibilidade, de oferecer caução idônea para evitar o penhor legal, já era prevista pelo Código Civil, pelo menos em relação ao locatário (art. 1.472, CC).

Art. 705

> Art. 705. A partir da audiência preliminar, observar-se-á o procedimento comum.

O dispositivo é inédito, prevendo que, após a realização da audiência preliminar, em que já deveria ter sido apresentada a defesa, passa o rito especial a observar o procedimento comum.

Art. 706

> Art. 706. Homologado judicialmente o penhor legal, consolidar-se-á a posse do autor sobre o objeto.
>
> § 1º Negada a homologação, o objeto será entregue ao réu, ressalvado ao autor o direito de cobrar a dívida pelo procedimento comum, salvo se acolhida a alegação de extinção da obrigação.
>
> § 2º Contra a sentença caberá apelação, e, na pendência de recurso, poderá o relator ordenar que a coisa permaneça depositada ou em poder do autor.

O dispositivo em questão deve ser interpretado literalmente, detalhando de maneira mais adequada as providências a serem observadas quando se tratar de homologação judicial deferida ou indeferida, com a menção a que, mesmo no tramitar do recurso de apelação, poderá o relator ordenar que a coisa permaneça depositada ou em poder do autor. Também autoriza que, em casos de negativa de homologação, o autor não fique impedido de tentar receber o seu crédito pela via comum, salvo se for acolhida a alegação de extinção da obrigação.

CAPÍTULO XIII
DA REGULAÇÃO DE AVARIA GROSSA

Art. 707

> Art. 707. Quando inexistir consenso acerca da nomeação de um regulador de avarias, o juiz de direito da comarca do primeiro porto onde o navio houver chegado, provocado por qualquer parte interessada, nomeará um de notório conhecimento.

A "regulação de avaria grossa" era prevista no Código Comercial (art. 772 e seguintes, CCOM), juntamente com normas de direito material.

Estas "avarias grossas" são as despesas extraordinárias e as decorrentes de sacrifício do capitão da embarcação (ou à sua ordem) para salvar o navio ou a carga (exemplo: lançar ao mar materiais inflamáveis). O objetivo deste procedimento é repartir os gastos com seguradoras, armadores e donos das mercadorias, ou seja, que haja um vínculo de solidariedade entre elas.

O Código Comercial previa que dependeria de prova arbitral específica (art. 783, CCOM). Tal norma foi inspiradora do CPC, pois há previsão de que, neste rito, será nomeado um regulador de avarias, abrindo-se o processo de avaria grossa. O artigo esclarece, ainda, que se deve nomear um regulador de notório conhecimento. Neste dispositivo, também é estabelecida a competência territorial para este processo.

Art. 708

Art. 708. O regulador declarará justificadamente se os danos são passíveis de rateio na forma de avaria grossa e exigirá das partes envolvidas a apresentação de garantias idôneas para que possam ser liberadas as cargas aos consignatários.

§ 1º A parte que não concordar com o regulador quanto à declaração de abertura da avaria grossa deverá justificar suas razões ao juiz, que decidirá no prazo de 10 (dez) dias.

§ 2º Se o consignatário não apresentar garantia idônea a critério do regulador, este fixará o valor da contribuição provisória com base nos fatos narrados e nos documentos que instruírem a petição inicial, que deverá ser caucionado sob a forma de depósito judicial ou de garantia bancária.

§ 3º Recusando-se o consignatário a prestar caução, o regulador requererá ao juiz a alienação judicial de sua carga na forma dos arts. 879 a 903.

§ 4º É permitido o levantamento, por alvará, das quantias necessárias ao pagamento das despesas da alienação a serem arcadas pelo consignatário, mantendo-se o saldo remanescente em depósito judicial até o encerramento da regulação.

O dispositivo é inédito, tratando da incumbência inicial do regulador em justificar se os danos são passíveis de rateio, bem como a exigência de que as partes apresentem garantias idôneas para que as cargas possam ser liberadas aos consignatários.

Há previsão de ser fixado valor de contribuição provisória caso não seja apresentada a caução. Também pode ser deferida a alienação judicial da carga, em alguns casos específicos (art. 879 – art. 903), com a permissão de levantamento das quantias necessárias para o pagamento desta medida.

Permite, ainda, que as partes possam discordar da abertura de avaria grossa pelo regulador no prazo de dez dias, devendo o juiz decidir na sequência.

Art. 709

> Art. 709. As partes deverão apresentar nos autos os documentos necessários à regulação da avaria grossa em prazo razoável a ser fixado pelo regulador.

O dispositivo é inédito, tratando da possibilidade de as partes apresentarem documentos necessários para a regulação da avaria grossa. Como exemplos, podem ser citados as cópias reprográficas de processos marítimos, a juntada do diário de máquina desde vinte e quatro horas antes da avaria, o acostamento aos autos do relatório técnico do armador esclarecendo os motivos da avaria, entre outros mais.

Art. 710

> Art. 710. O regulador apresentará o regulamento da avaria grossa no prazo de até 12 (doze) meses, contado da data da entrega dos documentos nos autos pelas partes, podendo o prazo ser estendido a critério do juiz.
>
> § 1º Oferecido o regulamento da avaria grossa, dele terão vista as partes pelo prazo comum de 15 (quinze) dias, e, não havendo impugnação, o regulamento será homologado por sentença.
>
> § 2º Havendo impugnação ao regulamento, o juiz decidirá no prazo de 10 (dez) dias, após a oitiva do regulador.

O dispositivo é inédito, tratando de um prazo de que o regulador dispõe para, à vista dos documentos fornecidos pelas partes, apresentar o regulamento da avaria grossa. Qualquer questionamento apresentado pelas partes deverá ser julgado pelo magistrado em dez dias, após a prévia oitiva para esclarecimentos do regulador.

Art. 711

> Art. 711. Aplicam-se ao regulador de avarias os arts. 156 a 158, no que couber.

O dispositivo é inédito, reconhecendo que o regulador atua como um auxiliar da justiça, mais precisamente de forma semelhante à função de um perito, muito embora com uma amplitude maior em algumas atribuições. Por isso, ele deve se submeter às mesmas causas de impedimento e suspeição, assim como deve ter deveres de diligência, sofrer inabilitação, entre outras consequências diretamente decorrentes da sua atuação.

CAPÍTULO XIV
DA RESTAURAÇÃO DE AUTOS

Art. 712

Art. 712. Verificado o desaparecimento dos autos, eletrônicos ou não, pode o juiz, de ofício, qualquer das partes ou o Ministério Público, se for o caso, promover-lhes a restauração.

Parágrafo único. Havendo autos suplementares, nesses prosseguirá o processo.

O dispositivo cuida da "restauração de autos", que passa a ser disciplinada de maneira mais abrangente pelo CPC, pois passa a admitir que seja realizada inclusive em relação a autos eletrônicos. Trata-se da via processual adequada quando o processo primitivo tiver se extraviado ou perdido. Também cuida de um raro exemplo de processo em jurisdição contenciosa que pode ser iniciado de ofício.

Art. 713

Art. 713. Na petição inicial, declarará a parte o estado do processo ao tempo do desaparecimento dos autos, oferecendo:

I – certidões dos atos constantes do protocolo de audiências do cartório por onde haja corrido o processo;

II – cópia das peças que tenha em seu poder;

III – qualquer outro documento que facilite a restauração.

O dispositivo em questão deve ser interpretado literalmente, tratando do que deve constar na petição inicial e as peças que devem acompanhá-la. Há, no inciso segundo, a substituição da palavra "requerimento" por "peças", que é a mais adequada e abrangente ao caso.

Art. 714

Art. 714. A parte contrária será citada para contestar o pedido no prazo de 5 (cinco) dias, cabendo-lhe exibir as cópias, as contrafés e as reproduções dos atos e dos documentos que estiverem em seu poder.

§ 1º Se a parte concordar com a restauração, lavrar-se-á o auto que, assinado pelas partes e homologado pelo juiz, suprirá o processo desaparecido.

§ 2º Se a parte não contestar ou se a concordância for parcial, observar-se-á o procedimento comum.

O dispositivo em questão deve ser interpretado literalmente, destacando-se a alteração no parágrafo segundo, que passou a prever que, se não houver apresentação de resposta ou quando a defesa for parcial, deverá então ser observado o procedimento comum, o que destoa do modelo primitivo (CPC/73), que remetia ao mesmo processamento das cautelares, que agora foram revogadas em quase sua totalidade (por exemplo, permanece a produção antecipada de provas, com novidades – art. 381- art. 383).

Art. 715

Art. 715. Se a perda dos autos tiver ocorrido depois da produção das provas em audiência, o juiz, se necessário, mandará repeti-las.

§ 1º Serão reinquiridas as mesmas testemunhas, que, em caso de impossibilidade, poderão ser substituídas de ofício ou a requerimento.

§ 2º Não havendo certidão ou cópia do laudo, far-se-á nova perícia, sempre que possível pelo mesmo perito.

§ 3º Não havendo certidão de documentos, esses serão reconstituídos mediante cópias ou, na falta dessas, pelos meios ordinários de prova.

§ 4º Os serventuários e os auxiliares da justiça não podem eximir-se de depor como testemunhas a respeito de atos que tenham praticado ou assistido.

§ 5º Se o juiz houver proferido sentença da qual ele próprio ou o escrivão possua cópia, esta será juntada aos autos e terá a mesma autoridade da original.

O dispositivo em questão deve ser interpretado literalmente. O *caput*, por exemplo, atualmente trata de "perda dos autos", em substituição ao modelo anterior (CPC/73) que mencionava o "desaparecimento dos autos". No parágrafo quinto, além da menção ao "escrivão", também poderia ser adicionado o "chefe de secretaria", que atua na Justiça Federal em função muito semelhante, tanto que ambos são nominados em conjunto em diversos dispositivos do CPC (v.g., art. 152).

Art. 716

> Art. 716. Julgada a restauração, seguirá o processo os seus termos.
>
> Parágrafo único. Aparecendo os autos originais, neles se prosseguirá, sendo-lhes apensados os autos da restauração.

O dispositivo é autoexplicativo, cuidando do prosseguimento do processo anterior nos próprios autos da restauração, exceto quando ele aparecer novamente.

Art. 717

> Art. 717. Se o desaparecimento dos autos tiver ocorrido no tribunal, o processo de restauração será distribuído, sempre que possível, ao relator do processo.
>
> § 1º A restauração far-se-á no juízo de origem quanto aos atos nele realizados.
>
> § 2º Remetidos os autos ao tribunal, nele completar-se-á a restauração e proceder-se-á ao julgamento.

O dispositivo é autoexplicativo, cuidando da competência para o processamento da restauração de autos.

Art. 718

> Art. 718. Quem houver dado causa ao desaparecimento dos autos responderá pelas custas da restauração e pelos honorários de advogado, sem prejuízo da responsabilidade civil ou penal em que incorrer.

O dispositivo é autoexplicativo, cuidando da sucumbência para este procedimento.

CAPÍTULO XV
DOS PROCEDIMENTOS DE JURISDIÇÃO VOLUNTÁRIA

Seção I
Disposições Gerais

Art. 719

Art. 719. Quando este Código não estabelecer procedimento especial, regem os procedimentos de jurisdição voluntária as disposições constantes desta Seção.

A jurisdição "voluntária" consubstancia o exercício de uma atividade meramente administrativa pelo magistrado, apesar de pequena divergência doutrinária. Com efeito, há quem defenda que, também na jurisdição "voluntária", há o exercício de jurisdição, eis que se trata de atividade desempenhada por um membro do Poder Judiciário e, também, porque mesmo nos casos típicos de jurisdição "contenciosa" nem sempre todas as suas características estarão presentes. Com efeito, não é em todo processo que haverá coisa julgada material, por exemplo, quando for concedida uma tutela provisória de urgência antecipada na fase de conhecimento e o demandado não interpuser recurso de agravo de instrumento – art. 304, § 6º.

No entanto, a concepção mais tradicional e acertada continua a visualizar, nesta prática, o exercício de uma atividade meramente administrativa por parte do magistrado, já que ausentes as principais características da jurisdição, o que reflete na afirmação de que a jurisdição "voluntária" deve ser compreendida como administração pública dos interesses privados.

Explicando: o legislador, em algumas situações bem específicas, concluiu que a matéria ou situação envolve algum interesse social ou mesmo individual sensível, de modo a justificar que necessariamente tenha que ser analisado pelo Poder Judiciário, ainda que não haja qualquer litígio entre as partes. Ou, em outras palavras, certos negócios ou atos jurídicos somente terão validade e eficácia caso sejam homologados por membro do Poder Judiciário. São as hipóteses contempladas em dispositivos próprios do CPC (art. 719 – art. 770), como, por exemplo, o procedimento a ser adotado quando localizados bens de ausentes e como os mesmos devem ser regularizados (art. 744 – art. 745). E, tanto é flagrante a ausência de atividade jurisdicional nestes procedimentos, que o legislador vem recentemente autorizando que algumas destas questões sejam até mesmo resolvidas diretamente perante Cartórios extrajudiciais, sem qualquer ingerência de magistrados, em fenômeno conhecido como "desjudicialização" (v.g., nas hipóteses descritas na Lei nº 11.441/2007, que cuida da possibilidade de inventário, partilha, separação e divórcios consensuais, desde que respeitadas as previsões constantes na própria legislação).

Portanto, a jurisdição "voluntária" realmente se consubstancia em atividade administrativa, distinguindo-se da "contenciosa" principalmente porque: a) a atividade é desenvolvida em um procedimento administrativo que é conduzido pelo magistrado, em que eventualmente apenas consta um requerimento do(s) interessado(s); b) neste procedimento somente constam interessados, ou seja, não existe litígio e sim interesses convergentes; c) a decisão proferida pelo juiz não tem o condão de atingir a imutabilidade (v.g., nada impede que haja uma separação consensual perante o Poder Judiciário devidamente homologada pelo magistrado e que, anos depois, as mesmas pessoas venham a contrair novas núpcias entre si).

De resto, o dispositivo em questão deve ser interpretado literalmente, estabelecendo que os procedimentos de jurisdição voluntária deverão observar os artigos da Seção em que se encontra inserido.

Art. 720

Art. 720. O procedimento terá início por provocação do interessado, do Ministério Público ou da Defensoria Pública, cabendo-lhes formular o pedido devidamente instruído com os documentos necessários e com a indicação da providência judicial.

O dispositivo em questão deve ser interpretado literalmente, tratando da legitimação ativa, destacando-se a inclusão da Defensoria Pública como um dos legitimados ativos.

> Enunciado nº 56 da I Jornada de Processo Civil CEJ/CJF: *"A legitimidade conferida à Defensoria Pública pelo art. 720 do CPC compreende as hipóteses de jurisdição voluntária previstas na legislação extravagante, notadamente no Estatuto da Criança e do Adolescente".*

Art. 721

Art. 721. Serão citados todos os interessados, bem como intimado o Ministério Público, nos casos do art. 178, para que se manifestem, querendo, no prazo de 15 (quinze) dias.

O dispositivo em questão deve ser interpretado literalmente, por ser autoexplicativo. Inicialmente, determina que o Ministério Público será intimado, e não mais citado como no modelo primitivo (CPC/73), o que é adequado tendo em vista que o *parquet* não é legitimado passivo para estas demandas. A segunda alteração se refere a restringir a atuação do membro do Ministério Público aos casos mencionados em dispositivo já analisado (art. 178). Por fim, o último ajuste é quanto ao prazo para que as partes possam se manifestar, que é ampliado para quinze dias.

Art. 722

Art. 722. A Fazenda Pública será sempre ouvida nos casos em que tiver interesse.

O dispositivo é autoexplicativo, cuidando da possibilidade de a Fazenda Pública se manifestar nos autos quando demonstrar interesse que justifique a sua intervenção.

Art. 723

Art. 723. O juiz decidirá o pedido no prazo de 10 (dez) dias.

Parágrafo único. O juiz não é obrigado a observar critério de legalidade estrita, podendo adotar em cada caso a solução que considerar mais conveniente ou oportuna.

O dispositivo em questão deve ser interpretado literalmente, desmembrando o dispositivo primitivo em *caput* e parágrafo único. Prevê a possibilidade de o magistrado decidir com base em equidade, e não apenas na legalidade estrita, o que não se trata de uma novidade propriamente dita.

Art. 724

Art. 724. Da sentença caberá apelação.

O dispositivo é autoexplicativo, dispondo que a sentença, proferida em procedimentos de jurisdição voluntária, desafia recurso de apelação.

Art. 725

Art. 725. Processar-se-á na forma estabelecida nesta Seção o pedido de:

I – emancipação;

II – sub-rogação;

III – alienação, arrendamento ou oneração de bens de crianças ou adolescentes, de órfãos e de interditos;

IV – alienação, locação e administração da coisa comum;

V – alienação de quinhão em coisa comum;

VI – extinção de usufruto, quando não decorrer da morte do usufrutuário, do termo da sua duração ou da consolidação, e de fideicomisso, quando decorrer de renúncia ou quando ocorrer antes do evento que caracterizar a condição resolutória;

VII – expedição de alvará judicial;

VIII – homologação de autocomposição extrajudicial, de qualquer natureza ou valor.

Parágrafo único. As normas desta Seção aplicam-se, no que couber, aos procedimentos regulados nas seções seguintes.

O dispositivo inclui medidas que podem ser analisadas e deferidas ou homologadas com base neste procedimento, em um rol meramente exemplificativo. Algumas foram incluídas pelo novel artigo como, por exemplo, o requerimento e a expedição de alvará judicial, a homologação de autocomposição judicial, dentre outras.

Seção II
Da Notificação e da Interpelação

Art. 726

Art. 726. Quem tiver interesse em manifestar formalmente sua vontade a outrem sobre assunto juridicamente relevante poderá notificar pessoas participantes da mesma relação jurídica para dar-lhes ciência de seu propósito.

§ 1º Se a pretensão for a de dar conhecimento geral ao público, mediante edital, o juiz só a deferirá se a tiver por fundada e necessária ao resguardo de direito.

§ 2º Aplica-se o disposto nesta Seção, no que couber, ao protesto judicial.

No modelo primitivo existia um procedimento cautelar típico denominado "protestos, notificações e interpelações". Com o atual CPC, a nomenclatura foi reduzida para "notificação e interpelação", embora o "protesto" ainda seja mencionado no parágrafo segundo. De resto, houve a eliminação de algumas situações que justificavam a intimação por editais.

Art. 727

Art. 727. Também poderá o interessado interpelar o requerido, no caso do art. 726, para que faça ou deixe de fazer o que o requerente entenda ser de seu direito.

O dispositivo é inédito, esclarecendo a finalidade da interpelação, que serve para que o requerido faça ou deixe de fazer aquilo que o requerente entenda ser de seu direito.

Art. 728

Art. 728. O requerido será previamente ouvido antes do deferimento da notificação ou do respectivo edital:

I – se houver suspeita de que o requerente, por meio da notificação ou do edital, pretende alcançar fim ilícito;

II – se tiver sido requerida a averbação da notificação em registro público.

O dispositivo permite a oitiva prévia do requerido nos casos em que há suspeita de que o requerente pretende alcançar fins ilícitos com a publicação dos editais ou se tiver requerido a averbação da notificação em registro público.

Art. 729

Art. 729. Deferida e realizada a notificação ou interpelação, os autos serão entregues ao requerente.

O dispositivo em questão deve ser interpretado literalmente, retirando a menção ao tempo em que os autos deverão ser entregues ao requerente da medida.

Seção III
Da Alienação Judicial

Art. 730

Art. 730. Nos casos expressos em lei, não havendo acordo entre os interessados sobre o modo como se deve realizar a alienação do bem, o juiz, de ofício ou a requerimento dos interessados ou do depositário, mandará aliená-lo em leilão, observando-se o disposto na Seção I deste Capítulo e, no que couber, o disposto nos arts. 879 a 903.

O dispositivo cuida da alienação judicial, que passa a ter as suas hipóteses de cabimento ampliadas, quando confrontadas com o modelo primitivo (CPC/73). Também dá um tratamento diferenciado ao prever que, além de observar o que consta na Seção I deste Capítulo, deverá ser aplicado o mesmo processamento da expropriação judicial por leilões (art. 879 – art. 903).

Neste procedimento, portanto, os bens serão avaliados e vendidos em leilão, pela maior oferta, ainda que seja inferior ao valor da alienação, exceto quando se tratar de preço vil (art. 891). No caso de bem de incapaz, será considerado como vil o valor inferior a 80% (oitenta por cento) da avaliação (art. 896). Contudo, havendo igualdade de ofertas, o próprio CPC (art. 892, § 2º) enumera aqueles que terão preferência. Com a alienação do bem, o valor será depositado e ficará à disposição do juízo.

Seção IV
Do Divórcio e da Separação Consensuais, da Extinção Consensual de União Estável e da Alteração do Regime de Bens do Matrimônio

Art. 731

Art. 731. A homologação do divórcio ou da separação consensuais, observados os requisitos legais, poderá ser requerida em petição assinada por ambos os cônjuges, da qual constarão:

I – as disposições relativas à descrição e à partilha dos bens comuns;

II – as disposições relativas à pensão alimentícia entre os cônjuges;

III – o acordo relativo à guarda dos filhos incapazes e ao regime de visitas; e

IV – o valor da contribuição para criar e educar os filhos.

Parágrafo único. Se os cônjuges não acordarem sobre a partilha dos bens, far-se-á esta depois de homologado o divórcio, na forma estabelecida nos arts. 647 a 658.

O divórcio e a separação consensuais, bem como a extinção de união estável e a alteração de regime de bens do matrimônio devem ser requeridos por petição assinada por ambos os cônjuges, com a comprovação do que o artigo disciplina.

Art. 732

> Art. 732. As disposições relativas ao processo de homologação judicial de divórcio ou de separação consensuais aplicam-se, no que couber, ao processo de homologação da extinção consensual de união estável.

O dispositivo é inédito, permitindo que as disposições específicas para processo de homologação judicial de divórcio consensual também se apliquem, naquilo que forem pertinentes, ao processo de extinção consensual da união estável, devendo realmente ser respeitado este tratamento, eis que ambos tratam de entidade familiar (art. 226, § 3º, CF).

Art. 733

> Art. 733. O divórcio consensual, a separação consensual e a extinção consensual de união estável, não havendo nascituro ou filhos incapazes e observados os requisitos legais, poderão ser realizados por escritura pública, da qual constarão as disposições de que trata o art. 731.
>
> § 1º A escritura não depende de homologação judicial e constitui título hábil para qualquer ato de registro, bem como para levantamento de importância depositada em instituições financeiras.
>
> § 2º O tabelião somente lavrará a escritura se os interessados estiverem assistidos por advogado ou por defensor público, cuja qualificação e assinatura constarão do ato notarial.

Se o divórcio, a separação e a extinção de união estável forem consensuais, podem ser realizados extrajudicialmente, o que reforça, para os adeptos desta corrente, que os casos de jurisdição voluntária não cuidam do exercício de atividade jurisdicional propriamente dita. Contudo, estas situações não eram exatamente inéditas, eis que já eram admitidas por outro ato normativo (Lei nº 11.441/2007), desde que não houvesse nascituros ou filhos incapazes. Contudo, para que a via extrajudicial possa ser efetivada, ainda persiste a necessidade de que haja algum detentor de capacidade postulatória para este procedimento. E, por fim, nos casos narrados neste dispositivo, não há necessidade de a escritura ser homologada judicialmente.

Art. 734

Art. 734. A alteração do regime de bens do casamento, observados os requisitos legais, poderá ser requerida, motivadamente, em petição assinada por ambos os cônjuges, na qual serão expostas as razões que justificam a alteração, ressalvados os direitos de terceiros.

§ 1º Ao receber a petição inicial, o juiz determinará a intimação do Ministério Público e a publicação de edital que divulgue a pretendida alteração de bens, somente podendo decidir depois de decorrido o prazo de 30 (trinta) dias da publicação do edital.

§ 2º Os cônjuges, na petição inicial ou em petição avulsa, podem propor ao juiz meio alternativo de divulgação da alteração do regime de bens, a fim de resguardar direitos de terceiros.

§ 3º Após o trânsito em julgado da sentença, serão expedidos mandados de averbação aos cartórios de registro civil e de imóveis e, caso qualquer dos cônjuges seja empresário, ao Registro Público de Empresas Mercantis e Atividades Afins.

O dispositivo é inédito, permitindo a alteração do regime de casamento, em consonância com o que já era admitido no Código Civil (art. 1.639, § 2º, CC). Disciplina, também, todo o processamento, aí incluindo a necessidade de se intimar o membro do Ministério Público, bem como de publicar um edital para ciência desta mudança. É permitido, ainda, que os requerentes sugiram meio alternativo para divulgar essa alteração de regimes, desde que não seja prejudicado direito de terceiros. Somente após o trânsito em julgado é que serão expedidos mandados de averbação nos mais diferentes Cartórios.

Seção V
Dos Testamentos e dos Codicilos

Art. 735

Art. 735. Recebendo testamento cerrado, o juiz, se não achar vício externo que o torne suspeito de nulidade ou falsidade, o abrirá e mandará que o escrivão o leia em presença do apresentante.

§ 1º Do termo de abertura constarão o nome do apresentante e como ele obteve o testamento, a data e o lugar do falecimento do testador, com as respectivas provas, e qualquer circunstância digna de nota.

> § 2º Depois de ouvido o Ministério Público, não havendo dúvidas a serem esclarecidas, o juiz mandará registrar, arquivar e cumprir o testamento.
>
> § 3º Feito o registro, será intimado o testamenteiro para assinar o termo da testamentária.
>
> § 4º Se não houver testamenteiro nomeado ou se ele estiver ausente ou não aceitar o encargo, o juiz nomeará testamenteiro dativo, observando-se a preferência legal.
>
> § 5º O testamenteiro deverá cumprir as disposições testamentárias e prestar contas em juízo do que recebeu e despendeu, observando-se o disposto em lei.

Este procedimento deve ser observado quando houver testamento ou codicilo que, dependendo da sua espécie, precisam ser confirmados ou registrados neste procedimento de jurisdição voluntária para verificar se são legítimos e se atendem a todas as formalidades. Somente após é que serão levados ao inventário. Nada impede, contudo, que também possam ser anulados, por meio de outra ação própria em procedimento de jurisdição contenciosa, em casos diversos como, por exemplo, naqueles de disposições testamentárias inoficiosas (que excedem a legítima).

O dispositivo inicia a regulamentação para o procedimento envolvendo testamentos e codicilos. Há, em sua maior parte, mero ajuste redacional tornando o processamento todo mais conciso. Algumas normas do modelo anterior não foram reproduzidas no CPC.

Art. 736

> Art. 736. Qualquer interessado, exibindo o traslado ou a certidão de testamento público, poderá requerer ao juiz que ordene o seu cumprimento, observando-se, no que couber, o disposto nos parágrafos do art. 735.

O dispositivo em questão deve ser interpretado literalmente, tratando da possibilidade de qualquer interessado requerer o cumprimento do testamento ou do codicilo.

Art. 737

> Art. 737. A publicação do testamento particular poderá ser requerida, depois da morte do testador, pelo herdeiro, pelo legatário ou pelo testamenteiro, bem como pelo terceiro detentor

> do testamento, se impossibilitado de entregá-lo a algum dos outros legitimados para requerê-la.
>
> § 1º Serão intimados os herdeiros que não tiverem requerido a publicação do testamento.
>
> § 2º Verificando a presença dos requisitos da lei, ouvido o Ministério Público, o juiz confirmará o testamento.
>
> § 3º Aplica-se o disposto neste artigo ao codicilo e aos testamentos marítimo, aeronáutico, militar e nuncupativo.
>
> § 4º Observar-se-á, no cumprimento do testamento, o disposto nos parágrafos do art. 735.

O dispositivo em questão deve ser interpretado literalmente, simplificando o procedimento. Por exemplo, dispensa-se a oitiva de testemunhas que constava no modelo anterior (CPC/73). Igualmente, também já não há mais a necessidade de a petição inicial vir acompanhada de cédula do testamento particular. O seu parágrafo terceiro, corretamente, passa a fazer referência expressa ao testamento aeronáutico, que, enfim, foi incluído ao lado dos demais ali mencionados e cujo cumprimento também deve observar o que é previsto nos artigos anteriores.

Seção VI
Da Herança Jacente

Art. 738

> Art. 738. Nos casos em que a lei considere jacente a herança, o juiz em cuja comarca tiver domicílio o falecido procederá imediatamente à arrecadação dos respectivos bens.

Fala-se em "herança jacente" quando alguém morre e deixa bens sem que haja testamento e herdeiros ou sucessores conhecidos. O dispositivo em questão deve ser interpretado literalmente, mantendo quase na íntegra a redação anterior, estabelecendo a competência de foro para este procedimento. Observa-se que somente foi utilizada a expressão "Comarca", que é própria da Justiça Estadual, pois este tipo de demanda não pode tramitar perante a Justiça Federal, eis que ausente qualquer motivo que a justifique ali (art. 109, CF).

Art. 739

Art. 739. A herança jacente ficará sob a guarda, a conservação e a administração de um curador até a respectiva entrega ao sucessor legalmente habilitado ou até a declaração de vacância.

§ 1º Incumbe ao curador:

I – representar a herança em juízo ou fora dele, com intervenção do Ministério Público;

II – ter em boa guarda e conservação os bens arrecadados e promover a arrecadação de outros porventura existentes;

III – executar as medidas conservatórias dos direitos da herança;

IV – apresentar mensalmente ao juiz balancete da receita e da despesa;

V – prestar contas ao final de sua gestão.

§ 2º Aplica-se ao curador o disposto nos arts. 159 a 161.

O dispositivo em questão deve ser interpretado literalmente, tratando das incumbências que devem ser desempenhadas pelo curador nomeado especialmente para o caso.

Art. 740

Art. 740. O juiz ordenará que o oficial de justiça, acompanhado do escrivão ou do chefe de secretaria e do curador, arrole os bens e descreva-os em auto circunstanciado.

§ 1º Não podendo comparecer ao local, o juiz requisitará à autoridade policial que proceda à arrecadação e ao arrolamento dos bens, com 2 (duas) testemunhas, que assistirão às diligências.

§ 2º Não estando ainda nomeado o curador, o juiz designará depositário e lhe entregará os bens, mediante simples termo nos autos, depois de compromissado.

§ 3º Durante a arrecadação, o juiz ou a autoridade policial inquirirá os moradores da casa e da vizinhança sobre a qualificação do falecido, o paradeiro de seus sucessores e a existência de outros bens, lavrando-se de tudo auto de inquirição e informação.

§ 4º O juiz examinará reservadamente os papéis, as cartas missivas e os livros domésticos e, verificando que não apresentam interesse, mandará empacotá-los e lacrá-los para serem assim entregues aos sucessores do falecido ou queimados quando os bens forem declarados vacantes.

§ 5º Se constar ao juiz a existência de bens em outra comarca, mandará expedir carta precatória a fim de serem arrecadados.

§ 6º Não se fará a arrecadação, ou essa será suspensa, quando, iniciada, apresentarem-se para reclamar os bens o cônjuge ou companheiro, o herdeiro ou o testamenteiro notoriamente reconhecido e não houver oposição motivada do curador, de qualquer interessado, do Ministério Público ou do representante da Fazenda Pública.

O dispositivo inicia o *caput* cometendo impropriedade técnica, pois incluiu, ao lado do "escrivão", a possibilidade de o magistrado determinar que o "chefe de secretaria" acompanhe o oficial de justiça para a lavratura do auto de arrolamento. Contudo, já foi esclarecido em diversos momentos que o "chefe de secretaria" atua na Justiça Federal, bem como que este processo não é de sua competência (art. 739).

É mantida, no parágrafo primeiro, a possibilidade de a própria autoridade ir ao local para realizar o arrolamento e a arrecadação dos bens. É possível, inclusive, que haja inquirição de pessoas no local pelo próprio magistrado ou pela autoridade policial. O parágrafo sexto permite a suspensão da arrecadação, quando quem reclamar os bens for o cônjuge ou companheiro, herdeiro ou testamenteiro notoriamente reconhecido, mas desde que não haja oposição.

Art. 741

Art. 741. Ultimada a arrecadação, o juiz mandará expedir edital, que será publicado na rede mundial de computadores, no sítio do tribunal a que estiver vinculado o juízo e na plataforma de editais do Conselho Nacional de Justiça, onde permanecerá por 3 (três) meses, ou, não havendo sítio, no órgão oficial e na imprensa da comarca, por 3 (três) vezes com intervalos de 1 (um) mês, para que os sucessores do falecido venham a habilitar-se no prazo de 6 (seis) meses contado da primeira publicação.

§ 1º Verificada a existência de sucessor ou de testamenteiro em lugar certo, far-se-á a sua citação, sem prejuízo do edital.

§ 2º Quando o falecido for estrangeiro, será também comunicado o fato à autoridade consular.

§ 3º Julgada a habilitação do herdeiro, reconhecida a qualidade do testamenteiro ou provada a identidade do cônjuge ou companheiro, a arrecadação converter-se-á em inventário.

§ 4º Os credores da herança poderão habilitar-se como nos inventários ou propor a ação de cobrança.

O dispositivo cuida do edital a ser expedido após ter sido realizada a arrecadação. Todos os parágrafos são muito parecidos com o que constava no modelo anterior (CPC/73), exceto pela menção a que este edital também deverá ser disponibilizado na rede mundial de computadores, seja no sítio do Tribunal a que estiver vinculado o órgão jurisdicional ou na própria plataforma de editais do CNJ, lá permanecendo por pelo menos três meses.

Art. 742

Art. 742. O juiz poderá autorizar a alienação:

I – de bens móveis, se forem de conservação difícil ou dispendiosa;

II – de semoventes, quando não empregados na exploração de alguma indústria;

III – de títulos e papéis de crédito, havendo fundado receio de depreciação;

IV – de ações de sociedade quando, reclamada a integralização, não dispuser a herança de dinheiro para o pagamento;

V – de bens imóveis:

a) se ameaçarem ruína, não convindo a reparação;

b) se estiverem hipotecados e vencer-se a dívida, não havendo dinheiro para o pagamento.

§ 1º Não se procederá, entretanto, à venda se a Fazenda Pública ou o habilitando adiantar a importância para as despesas.

§ 2º Os bens com valor de afeição, como retratos, objetos de uso pessoal, livros e obras de arte, só serão alienados depois de declarada a vacância da herança.

O dispositivo é idêntico ao do modelo anterior (CPC/73), apenas transformando um antigo artigo no atual parágrafo segundo. Cuida de hipóteses e impedimentos para a autorização judicial de alienação dos bens.

Art. 743

Art. 743. Passado 1 (um) ano da primeira publicação do edital e não havendo herdeiro habilitado nem habilitação pendente, será a herança declarada vacante.

§ 1º Pendendo habilitação, a vacância será declarada pela mesma sentença que a julgar improcedente, aguardando-se, no caso de serem diversas as habilitações o julgamento da última.

§ 2º Transitada em julgado a sentença que declarou a vacância, o cônjuge, o companheiro, os herdeiros e os credores só poderão reclamar o seu direito por ação direta.

O dispositivo é praticamente idêntico ao do modelo anterior (CPC/73), apenas transformando um antigo artigo no atual parágrafo segundo. A única alteração foi ao seu fim, para incluir a figura do companheiro entre os que ali já constavam possuindo legitimidade para propor ação direta com o objetivo de reclamar eventual direito após a sentença de vacância ter sido publicada.

Seção VII
Dos Bens dos Ausentes

Art. 744

Art. 744. Declarada a ausência nos casos previstos em lei, o juiz mandará arrecadar os bens do ausente e nomear-lhes-á curador na forma estabelecida na Seção VI, observando-se o disposto em lei.

A ausência ocorre, nos termos da legislação (art. 22 e art. 23, CC), quando alguém desaparece do seu domicílio sem deixar representante a quem caiba administrar os seus bens ou quando deixar mandatário que não queira ou não possa continuar a exercer este ônus.

O dispositivo começa a regulamentar o procedimento para o processo envolvendo os bens de ausentes, simplificando o que constava no modelo primitivo (CPC/73). Assim, uma vez ocorrendo declaração de ausência judicial, deverá ser observado o que consta nesta Seção.

Art. 745

Art. 745. Feita a arrecadação, o juiz mandará publicar editais na rede mundial de computadores, no sítio do tribunal a que estiver vinculado e na plataforma de editais do Conselho Nacional de Justiça, onde permanecerá por 1 (um) ano, ou, não havendo sítio, no órgão oficial e na imprensa da comarca, durante 1 (um) ano, reproduzida de 2 (dois) em 2 (dois) meses, anunciando a arrecadação e chamando o ausente a entrar na posse de seus bens.

§ 1º Findo o prazo previsto no edital, poderão os interessados requerer a abertura da sucessão provisória, observando-se o disposto em lei.

> § 2º O interessado, ao requerer a abertura da sucessão provisória, pedirá a citação pessoal dos herdeiros presentes e do curador e, por editais, a dos ausentes para requererem habilitação, na forma dos arts. 689 a 692.
>
> § 3º Presentes os requisitos legais, poderá ser requerida a conversão da sucessão provisória em definitiva.
>
> § 4º Regressando o ausente ou algum de seus descendentes ou ascendentes para requerer ao juiz a entrega de bens, serão citados para contestar o pedido os sucessores provisórios ou definitivos, o Ministério Público e o representante da Fazenda Pública, seguindo-se o procedimento comum.

O dispositivo estabelece todo o procedimento ulterior quando se tratar de processo envolvendo bens de ausentes. Logo no *caput*, há uma inovação por prever que, após a arrecadação, deverão ser publicados editais na rede mundial de computadores, no sítio do tribunal a que estiver vinculado aquele determinado órgão jurisdicional e, também, na plataforma de editais do CNJ, onde deverá permanecer por um ano.

O parágrafo primeiro exclui a menção que constava no modelo primitivo (CPC/73), de que a sucessão provisória somente poderia ser iniciada após um ano se não houvesse comparecimento de procurador ou representante aos autos. O CPC, simplesmente, continua permitindo que esta sucessão provisória seja iniciada após um ano, mas já remete o tratamento restante para lei específica. Curiosamente, o parágrafo terceiro, da mesma forma, traz disposições semelhantes, excluindo certos requisitos que constavam expressos anteriormente para a conversão da sucessão provisória em definitiva, também determinando que deverá ser observado o que estiver previsto na legislação específica.

De resto, o parágrafo quarto não mais menciona o prazo de dez anos para que o ausente que tenha regressado possa propor demanda objetivando a entrega dos seus bens. Também passa a ser previsto expressamente que o rito neste novo processo será o "comum" e não mais o "ordinário".

Seção VIII
Das Coisas Vagas

Art. 746

> Art. 746. Recebendo do descobridor coisa alheia perdida, o juiz mandará lavrar o respectivo auto, do qual constará a descrição do bem e as declarações do descobridor.
>
> § 1º Recebida a coisa por autoridade policial, esta a remeterá em seguida ao juízo competente.

> § 2º Depositada a coisa, o juiz mandará publicar edital na rede mundial de computadores, no sítio do tribunal a que estiver vinculado e na plataforma de editais do Conselho Nacional de Justiça ou, não havendo sítio, no órgão oficial e na imprensa da comarca, para que o dono ou o legítimo possuidor a reclame, salvo se se tratar de coisa de pequeno valor e não for possível a publicação no sítio do tribunal, caso em que o edital será apenas afixado no átrio do edifício do fórum.
>
> § 3º Observar-se-á, quanto ao mais, o disposto em lei.

Este procedimento objetiva a regularização da propriedade de coisas perdidas e achadas, o que também inclui os objetos deixados nos hotéis, oficinas ou outros estabelecimentos e que não tiverem sido reclamados dentro do prazo próprio. As coisas vagas cuidam, portanto, de um processo que pode ser iniciado pela autoridade policial e seu tratamento no CPC é muito reduzido. As alterações são meramente pontuais. Consta que o edital com informação sobre a coisa depositada também deverá ser disponibilizado na rede mundial de computadores, no sítio do Tribunal a que estiver vinculado o órgão jurisdicional e na própria plataforma de editais do CNJ. Quanto ao restante, o CPC se reporta à lei específica, que é o Código Civil, deixando de regular, como no modelo primitivo (CPC/73), algumas pequenas nuances quanto ao tema.

Seção IX
Da Interdição

Art. 747

> Art. 747. A interdição pode ser promovida:
>
> I – pelo cônjuge ou companheiro;
>
> II – pelos parentes ou tutores;
>
> III – pelo representante da entidade em que se encontra abrigado o interditando;
>
> IV – pelo Ministério Público.
>
> Parágrafo único. A legitimidade deverá ser comprovada por documentação que acompanhe a petição inicial.

A interdição tem por finalidade a declaração de incapacidade de uma pessoa, seja por anomalia psíquica ou prodigalidade, do surdo-mudo sem educação que o habilite a enunciar precisamente a sua vontade ou, ainda, pelos viciados em substâncias entorpecentes, quando acometidos de perturbações mentais. Pelo CPC, a interdição passa a ser regulada de maneira mais ampla. São relacionados os legitimados ativos neste dispositivo, prevendo novos, tais como o companheiro, os parentes afins, e, ainda, os representantes da entidade em que se encontra abrigado o interditando. Inova, no parágrafo único, ao permitir a possibilidade de comprovar esta legitimidade por documentação que acompanhe a petição inicial.

> **Ação de interdição e morte superveniente do interditando não acarreta extinção da ação de exigir contas que este promovia, em virtude da possibilidade de sucessão processual pelo espólio.** *"A morte do interditando no curso de ação de interdição não implica, por si só, a extinção do processo sem resolução de mérito da ação de prestação de contas por ele ajuizada mediante seu curador provisório, tendo o espólio legitimidade para prosseguir com a ação de prestação de contas. O poder de representação do curador decorre da falta de capacidade postulatória do curatelado, e não da falta de sua capacidade de direito, que são coisas distintas. A restrição imposta à capacidade de exercício tem por escopo a proteção da pessoa, não sua discriminação ou estigma, de sorte que, ainda que a pessoa seja representada ou assistida, conforme sua incapacidade – total ou relativa –, o direito é do curatelado ou tutelado, e não de seu representante ou assistente, respectivamente. É certo que a morte do interditando no curso da ação de interdição acarreta a extinção do processo sem resolução de mérito, visto tratar-se de ação de natureza personalíssima. Isso não quer dizer, contudo, que a ação de prestação de contas ajuizada pelo interditando mediante representação do curador provisório perca objeto e deva ser extinta sem resolução de mérito. Assim, a extinção da ação de interdição em nada prejudica o curso da ação de prestação de contas, pois o direito titularizado pelo interditando passa, com sua morte, a ser do seu espólio. Ademais, conquanto a ação de prestação de contas seja também uma demanda de natureza personalíssima, apenas o é em relação à parte requerida. Portanto, correto o entendimento de ser válida a substituição processual no polo ativo da ação de prestação de contas pelo espólio do interditando, a teor do art. 43 do CPC/1973, inexistindo, nessa medida, ofensa ao art. 267, IV e IX, do referido diploma legal".* (STJ. RESP 1.444.677-SP, Rel. Min. João Otávio de Noronha, julgado em 03/05/2016, DJe 09/05/2016 – Informativo nº 583).
>
> **Possibilidade de produção de prova pericial por equipe multidisciplinar em ação de interdição.** *"Insurgência do Ministério Público quanto ao indeferimento da realização de perícia por equipe multidisciplinar, para avaliação dos limites da curatela. Estatuto da Pessoa com Deficiência (Lei nº 13.146/2015) e o novo regramento das incapacidades. Reconhecimento igual perante a lei das pessoas com deficiência. Submissão de pessoa com deficiência à curatela apenas nos limites do necessário. Medida extraordinária que deve ser empregada de modo proporcional às circunstâncias de cada caso. Perícia realizada por equipe multidisciplinar como o meio previsto pelo Estatuto da Pessoa com Deficiência para avaliar qual medida de autonomia de que pode desfrutar a pessoa relativamente incapaz. Curatelando que já fora submetido à avaliação do Serviço Social e a Laudo de Insanidade Mental ou Dependência Toxicológica. Complementação da avaliação interdisciplinar para que as restrições impostas à sua autonomia circunscrevam-se aos limites do absolutamente necessário, em respeito à sua dignidade. Decisão reformada. Recurso Parcialmente Provido"* (TJ-SP . Agravo de Instrumento nº 2073009-05.2016.8.26.0000. Juiz: Carlos Eduardo Gomes dos Santos, s/d).

Art. 748

Art. 748. O Ministério Público só promoverá interdição em caso de doença mental grave:

I – se as pessoas designadas nos incisos I, II e III do art. 747 não existirem ou não promoverem a interdição;

II – se, existindo, forem incapazes as pessoas mencionadas nos incisos I e II do art. 747.

O dispositivo em questão deve ser interpretado literalmente, estabelecendo os casos em que o Ministério Público deterá legitimidade para instaurar este procedimento de interdição.

Art. 749

Art. 749. Incumbe ao autor, na petição inicial, especificar os fatos que demonstram a incapacidade do interditando para administrar seus bens e, se for o caso, para praticar atos da vida civil, bem como o momento em que a incapacidade se revelou.

Parágrafo único. Justificada a urgência, o juiz pode nomear curador provisório ao interditando para a prática de determinados atos.

O dispositivo em questão deve ser interpretado literalmente, prevendo detalhes do que deve constar ou acompanhar a petição inicial de interdição. Passa a permitir, no parágrafo único, que em casos de urgência seja nomeado um curador provisório.

Art. 750

Art. 750. O requerente deverá juntar laudo médico para fazer prova de suas alegações ou informar a impossibilidade de fazê-lo.

O dispositivo é inédito e impõe que a petição inicial já seja acompanhada de prova documental (laudo médico) ou de uma justificativa para a sua eventual ausência.

Art. 751

Art. 751. O interditando será citado para, em dia designado, comparecer perante o juiz, que o entrevistará minuciosamente acerca de sua vida, negócios, bens, vontades, preferências e laços

> familiares e afetivos e sobre o que mais lhe parecer necessário para convencimento quanto à sua capacidade para praticar atos da vida civil, devendo ser reduzidas a termo as perguntas e respostas.
>
> § 1º Não podendo o interditando deslocar-se, o juiz o ouvirá no local onde estiver.
>
> § 2º A entrevista poderá ser acompanhada por especialista.
>
> § 3º Durante a entrevista, é assegurado o emprego de recursos tecnológicos capazes de permitir ou de auxiliar o interditando a expressar suas vontades e preferências e a responder às perguntas formuladas.
>
> § 4º A critério do juiz, poderá ser requisitada a oitiva de parentes e de pessoas próximas.

O dispositivo em questão deve ser interpretado literalmente, trazendo algumas novidades. Estabelece que o magistrado irá determinar a citação do interditando e que, na data da entrevista, deverá indagá-lo obrigatoriamente sobre temas como seus laços familiares e afetivos, entre outros. O CPC deixa de prever que este ato é uma audiência, para disciplina-lo como mera entrevista. De resto, todos os parágrafos são inéditos. É permitido ao magistrado se deslocar até o local para esta inquirição, caso em que poderá estar acompanhado de especialista. Esta inquirição, que também poderá ser em relação a parentes e pessoas próximas, poderá ser realizada com emprego de recursos tecnológicos para que o interditando possa manifestar sua vontade.

Art. 752

> Art. 752. Dentro do prazo de 15 (quinze) dias contado da entrevista, o interditando poderá impugnar o pedido.
>
> § 1º O Ministério Público intervirá como fiscal da ordem jurídica.
>
> § 2º O interditando poderá constituir advogado, e, caso não o faça, deverá ser nomeado curador especial.
>
> § 3º Caso o interditando não constitua advogado, o seu cônjuge, companheiro ou qualquer parente sucessível poderá intervir como assistente.

O dispositivo em questão deve ser interpretado literalmente. Trata o ato previsto no dispositivo anterior realmente como uma entrevista, e não mais como audiência. É ampliado para quinze dias o prazo para que o interditando apresente impugnação ao pedido de interdição. Passa a ser permitido que seja nomeado curador especial ao interditando que não constituiu patrono, bem como que o cônjuge, companheiro ou parente possa intervir como assistente.

Art. 753

Art. 753. Decorrido o prazo previsto no art. 752, o juiz determinará a produção de prova pericial para avaliação da capacidade do interditando para praticar atos da vida civil.

§ 1º A perícia pode ser realizada por equipe composta por expertos com formação multidisciplinar.

§ 2º O laudo pericial indicará especificadamente, se for o caso, os atos para os quais haverá necessidade de curatela.

O dispositivo em questão deve ser interpretado literalmente, com alguns acréscimos em relação ao modelo primitivo (CPC/73). Trata da necessidade de elaboração de prova pericial para estes casos, o que até mesmo pode ser realizado por equipe composta por expertos com formação multidisciplinar. Também prevê que o laudo pode indicar mais incisivamente quais são os atos em que o interditando necessariamente precisará de curatela.

Arts. 754

Art. 754. Apresentado o laudo, produzidas as demais provas e ouvidos os interessados, o juiz proferirá sentença.

O dispositivo e inédito e apenas prevê que, encerrada a instrução e ouvidos os interessados, o magistrado irá proferir sentença.

Art. 755

Art. 755. Na sentença que decretar a interdição, o juiz:

I – nomeará curador, que poderá ser o requerente da interdição, e fixará os limites da curatela, segundo o estado e o desenvolvimento mental do interdito;

II – considerará as características pessoais do interdito, observando suas potencialidades, habilidades, vontades e preferências.

§ 1º A curatela deve ser atribuída a quem melhor possa atender aos interesses do curatelado.

§ 2º Havendo, ao tempo da interdição, pessoa incapaz sob a guarda e a responsabilidade do interdito, o juiz atribuirá a curatela a quem melhor puder atender aos interesses do interdito e do incapaz.

§ 3º A sentença de interdição será inscrita no registro de pessoas naturais e imediatamente publicada na rede mundial de computadores, no sítio do tribunal a que estiver vinculado o juízo e na plataforma de editais do Conselho Nacional de Justiça, onde permanecerá por 6 (seis) meses, na imprensa local, 1 (uma) vez, e no órgão oficial, por 3 (três) vezes, com intervalo de 10 (dez) dias, constando do edital os nomes do interdito e do curador, a causa da interdição, os limites da curatela e, não sendo total a interdição, os atos que o interdito poderá praticar autonomamente.

O dispositivo estabelece o que deve constar na sentença de interdição. Há várias novidades, tal como a necessidade de nela se indicar os limites da curatela, considerando as características pessoais do interditando. Os parágrafos primeiro e segundo são inéditos e o último foi adaptado para fazer constar que esta sentença também deverá ser divulgada em rede mundial de computadores, no sítio do tribunal a que estiver vinculado o juízo, bem como na plataforma de editais do CNJ, pelo prazo de seis meses.

Foi retirada, acertadamente, a menção a que a sentença de interdição produziria efeito desde logo, ainda que sujeita a recurso de apelação. É que o CPC já foi mais claro, ao enumerar esta situação em dispositivo próprio, que trata dos casos em que a apelação é recebida no efeito devolutivo e desprovida do efeito suspensivo (art. 1.012, VI).

Art. 756

Art. 756. Levantar-se-á a curatela quando cessar a causa que a determinou.

§ 1º O pedido de levantamento da curatela poderá ser feito pelo interdito, pelo curador ou pelo Ministério Público e será apensado aos autos da interdição.

§ 2º O juiz nomeará perito ou equipe multidisciplinar para proceder ao exame do interdito e designará audiência de instrução e julgamento após a apresentação do laudo.

§ 3º Acolhido o pedido, o juiz decretará o levantamento da interdição e determinará a publicação da sentença, após o trânsito em julgado, na forma do art. 755, § 3º, ou, não sendo possível, na imprensa local e no órgão oficial, por 3 (três) vezes, com intervalo de 10 (dez) dias, seguindo-se a averbação no registro de pessoas naturais.

§ 4º A interdição poderá ser levantada parcialmente quando demonstrada a capacidade do interdito para praticar alguns atos da vida civil.

O dispositivo cuida do pedido de levantamento da curatela, o que deve ser realizado por nova demanda. O parágrafo primeiro prevê a legitimidade para este novo processo, substituindo adequadamente a expressão "interditando", que constava no modelo primitivo (CPC/73), por "interdito", eis que já há interdição decretada.

Nesses processos, será determinada prova pericial com a possibilidade de exame por equipe multidisciplinar. Em caso de sentença favorável, após o trânsito em julgado deverá ser publicada em rede mundial de computadores, no sítio do tribunal a que estiver vinculado o juízo, bem como na plataforma de editais do CNJ, pelo prazo de seis meses. O último parágrafo também inova ao permitir que a interdição possa ser levantada parcialmente, quando demonstrada a capacidade para a prática de pelo menos alguns atos da vida civil.

> **Enunciado nº 57 da I Jornada de Processo Civil CEJ/CJF:** *"Todos os legitimados a promover a curatela, cujo rol deve incluir o próprio sujeito a ser curatelado, também o são para realizar o pedido do seu levantamento".*

Art. 757

Art. 757. A autoridade do curador estende-se à pessoa e aos bens do incapaz que se encontrar sob a guarda e a responsabilidade do curatelado ao tempo da interdição, salvo se o juiz considerar outra solução como mais conveniente aos interesses do incapaz.

O dispositivo é inédito, disciplinando a autoridade do curador, que se estende tanto à pessoa como aos bens do incapaz, mas apenas àqueles sob sua guarda e responsabilidade no tempo da interdição, embora permita, de maneira vaga, que o magistrado considere outra solução que vá mais de encontro aos interesses do incapaz.

Art. 758

Art. 758. O curador deverá buscar tratamento e apoio apropriados à conquista da autonomia pelo interdito.

O dispositivo é inédito, fomentando a percepção de que o curador deve efetivar esforços apropriados para que o interdito vá alcançando sua autonomia.

Seção X
Das Disposições Comuns à Tutela e à Curatela
Art. 759

> Art. 759. O tutor ou o curador será intimado a prestar compromisso no prazo de 5 (cinco) dias contado da:
>
> I – nomeação feita em conformidade com a lei;
>
> II – intimação do despacho que mandar cumprir o testamento ou o instrumento público que o houver instituído.
>
> § 1º O tutor ou o curador prestará o compromisso por termo em livro rubricado pelo juiz.
>
> § 2º Prestado o compromisso, o tutor ou o curador assume a administração dos bens do tutelado ou do interditado.

O dispositivo trata da necessidade de o tutor ou curador ser intimado para prestar compromisso no prazo de cinco dias, que pode ter o seu termo inicial variável. Passa a ser dispensada pelo CPC a necessidade de especialização de hipoteca legal dos imóveis necessários para acautelamento dos bens que serão administrados pelo curador, bem como o prazo que era estipulado em dez dias para tanto.

Art. 760

> Art. 760. O tutor ou o curador poderá eximir-se do encargo apresentando escusa ao juiz no prazo de 5 (cinco) dias contado:
>
> I – antes de aceitar o encargo, da intimação para prestar compromisso;
>
> II – depois de entrar em exercício, do dia em que sobrevier o motivo da escusa.
>
> § 1º Não sendo requerida a escusa no prazo estabelecido neste artigo, considerar-se-á renunciado o direito de alegá-la.
>
> § 2º O juiz decidirá de plano o pedido de escusa, e, não o admitindo, exercerá o nomeado a tutela ou a curatela enquanto não for dispensado por sentença transitada em julgado.

O dispositivo em questão deve ser interpretado literalmente, cuidando dos casos em que o tutor ou curador possa se eximir do encargo. É mantido o prazo de cinco dias, embora o termo inicial seja variável.

Art. 761

> Art. 761. Incumbe ao Ministério Público ou a quem tenha legítimo interesse requerer, nos casos previstos na lei, a remoção do tutor ou do curador.
>
> Parágrafo único. O tutor ou o curador será citado para contestar a arguição no prazo de 5 (cinco) dias, findo o qual, observar-se-á o procedimento comum.

O dispositivo em questão deve ser interpretado literalmente, cuidando dos casos em que é possível o requerimento de remoção do tutor ou do curador.

Art. 762

> Art. 762. Em caso de extrema gravidade, o juiz poderá suspender o tutor ou o curador do exercício de suas funções, nomeando substituto interino.

O dispositivo é autoexplicativo, permitindo que o magistrado possa, de ofício e em casos de extrema gravidade, suspender o tutor ou o curador, nomeando um provisório.

Art. 763

> Art. 763. Cessando as funções do tutor ou do curador pelo decurso do prazo em que era obrigado a servir, ser-lhe-á lícito requerer a exoneração do encargo.
>
> § 1º Caso o tutor ou o curador não requeira a exoneração do encargo dentro dos 10 (dez) dias seguintes à expiração do termo, entender-se-á reconduzido, salvo se o juiz o dispensar.
>
> § 2º Cessada a tutela ou a curatela, é indispensável a prestação de contas pelo tutor ou pelo curador, na forma da lei civil.

O dispositivo em questão deve ser interpretado literalmente, tratando do que deverá ser realizado após cessarem as funções do curador. É mantida a possibilidade de recondução nos mesmos moldes do modelo primitivo (CPC/73). A única novidade é, realmente, o parágrafo segundo, que prevê a necessidade de o tutor ou curador prestar contas de seu trabalho, o que pode ser realizado até mesmo nos próprios autos (art. 553).

Seção XI
Da Organização e da Fiscalização das Fundações

Art. 764

Art. 764. O juiz decidirá sobre a aprovação do estatuto das fundações e de suas alterações sempre que o requeira o interessado, quando:

I – ela for negada previamente pelo Ministério Público ou por este forem exigidas modificações com as quais o interessado não concorde;

II – o interessado discordar do estatuto elaborado pelo Ministério Público.

§ 1º O estatuto das fundações deve observar o disposto na Lei nº 10.406, de 10 de janeiro de 2002 (Código Civil).

§ 2º Antes de suprir a aprovação, o juiz poderá mandar fazer no estatuto modificações a fim de adaptá-lo ao objetivo do instituidor.

As fundações devem ter o seu estatuto aprovado pelo magistrado, na forma em que dispõe este procedimento de jurisdição voluntária. Embora o dispositivo seja muito semelhante ao do modelo anterior (CPC/73), porém mais conciso, passa a ser previsto que o estatuto deve observar o Código Civil (CC).

Art. 765

Art. 765. Qualquer interessado ou o Ministério Público promoverá em juízo a extinção da fundação quando:

I – se tornar ilícito o seu objeto;

II – for impossível a sua manutenção;

III – vencer o prazo de sua existência.

O dispositivo em questão deve ser interpretado literalmente, tratando dos casos em que é possível propor demanda judicial com o objetivo de extinguir a fundação.

Seção XII
Da Ratificação dos Protestos Marítimos e dos Processos Testemunháveis Formados a Bordo

Art. 766

> Art. 766. Todos os protestos e os processos testemunháveis formados a bordo e lançados no livro Diário da Navegação deverão ser apresentados pelo comandante ao juiz de direito do primeiro porto, nas primeiras 24 (vinte e quatro) horas de chegada da embarcação, para sua ratificação judicial.

O último procedimento de jurisdição voluntária previsto no CPC é o de ratificação dos protestos marítimos e dos processos testemunháveis formados a bordo. Não se trata exatamente de uma novidade, pois o modelo anterior (art. 1.218, VIII, CPC/73) remetia este tema a diploma ainda mais antigo (art. 725 – art. 729, CPC/39). Agora, o tema passa a ser regulado apenas pelo CPC.

O dispositivo em comento prevê que todos os protestos e processos testemunháveis firmados a bordo deverão ser apresentados pelo comandante da embarcação ao juiz de direito do primeiro porto, para ratificação judicial. Prevê, portanto, assim como ocorre nas coisas vagas, que seja dispensada a capacidade postulatória daquele que iniciou este procedimento.

Art. 767

> Art. 767. A petição inicial conterá a transcrição dos termos lançados no livro Diário da Navegação e deverá ser instruída com cópias das páginas que contenham os termos que serão ratificados, dos documentos de identificação do comandante e das testemunhas arroladas, do rol de tripulantes, do documento de registro da embarcação e, quando for o caso, do manifesto das cargas sinistradas e a qualificação de seus consignatários, traduzidos, quando for o caso, de forma livre para o português.

Trata-se de dispositivo inédito, prevendo os requisitos da petição inicial para este procedimento, bem como os documentos que a devem acompanhar.

Art. 768

Art. 768. A petição inicial deverá ser distribuída com urgência e encaminhada ao juiz, que ouvirá, sob compromisso a ser prestado no mesmo dia, o comandante e as testemunhas em número mínimo de 2 (duas) e máximo de 4 (quatro), que deverão comparecer ao ato independentemente de intimação.

§ 1º Tratando-se de estrangeiros que não dominem a língua portuguesa, o autor deverá fazer-se acompanhar por tradutor, que prestará compromisso em audiência.

§ 2º Caso o autor não se faça acompanhar por tradutor, o juiz deverá nomear outro que preste compromisso em audiência.

Trata-se de dispositivo inédito que prevê que, nestes casos, o magistrado deverá ouvir, no mesmo dia, o comandante e as testemunhas. Esta urgência se justifica, pois, provavelmente, a embarcação não permanecerá atracada por muito tempo em porto brasileiro. Também prevê a necessidade de tradutor para o caso de se inquirir estrangeiros que não dominem a língua nacional.

Art. 769

Art. 769. Aberta a audiência, o juiz mandará apregoar os consignatários das cargas indicados na petição inicial e outros eventuais interessados, nomeando para os ausentes curador para o ato.

Trata-se de dispositivo inédito, prevendo como deve ser o início da audiência nestes procedimentos.

Art. 770

Art. 770. Inquiridos o comandante e as testemunhas, o juiz, convencido da veracidade dos termos lançados no Diário da Navegação, em audiência, ratificará por sentença o protesto ou o processo testemunhável lavrado a bordo, dispensado o relatório.

Parágrafo único. Independentemente do trânsito em julgado, o juiz determinará a entrega dos autos ao autor ou ao seu advogado, mediante a apresentação de traslado.

Trata-se de dispositivo inédito, cuidando da prolação de sentença logo após o término da instrução. Ressalva-se que, diante da urgência que envolve a questão, o ato decisório poderá ser proferido independentemente da confecção de relatório, à semelhança do que ocorre no sistema dos juizados especiais, embora lá o fundamento não decorra de urgência, mas sim de uma maior simplicidade para a prática dos atos processuais (art. 2º e art. 38, parágrafo único, Lei nº 9.099/95). O parágrafo único também prevê que, independentemente do trânsito em julgado, os autos serão entregues ao autor ou ao seu patrono, mediante apresentação de translado.

LIVRO II
DO PROCESSO DE EXECUÇÃO

TÍTULO I
DA EXECUÇÃO EM GERAL

CAPÍTULO I
DISPOSIÇÕES GERAIS

Art. 771

Art. 771. Este Livro regula o procedimento da execução fundada em título extrajudicial, e suas disposições aplicam-se, também, no que couber, aos procedimentos especiais de execução, aos atos executivos realizados no procedimento de cumprimento de sentença, bem como aos efeitos de atos ou fatos processuais a que a lei atribuir força executiva.

Parágrafo único. Aplicam-se subsidiariamente à execução as disposições do Livro I da Parte Especial.

A execução usualmente é conceituada como o processo ou etapa em que o magistrado determina as medidas executivas tendentes ao cumprimento de uma obrigação constante no título executivo. Neste processo ou etapa, a atuação jurisdicional não busca reconhecer um direito, mas sim adotar as medidas necessárias para a sua satisfação. Há, portanto, um mérito na execução, justamente consistente na prática destes atos, muito embora nela não ocorra julgamento. Por este mesmo motivo (ausência de julgamento) é que não há necessidade de produção de provas com vistas a obter o convencimento do magistrado, embora essas até possam ocorrer quando, no bojo da execução, se instaura algum incidente cognitivo como, por exemplo, quando se discute a respeito da ocorrência de uma desconsideração da personalidade jurídica (art. 134).

O dispositivo prevê, de modo semelhante ao modelo anterior (CPC/73), que as regras que norteiam a execução por título extrajudicial também são aplicáveis, quando pertinentes, ao cumprimento de sentença. Inova, todavia, ao dispor que também são observados, ainda que de maneira subsidiária, os procedimentos executivos especiais do próprio CPC, bem como os efeitos de atos ou fatos processuais a que a lei atribuir força executiva.

Art. 772

> Art. 772. O juiz pode, em qualquer momento do processo:
>
> I – ordenar o comparecimento das partes;
>
> II – advertir o executado de que seu procedimento constitui ato atentatório à dignidade da justiça;
>
> III – determinar que sujeitos indicados pelo exequente forneçam informações em geral relacionadas ao objeto da execução, tais como documentos e dados que tenham em seu poder, assinando-lhes prazo razoável.

O dispositivo prevê atos que podem ser determinados pelo juiz, como o de ordenar o comparecimento das partes, advertir o executado de que pratica ato atentatório à dignidade da Justiça e, também, de determinar que terceiros estranhos ao processo forneçam as informações relativas ao objeto da execução. Esta última hipótese, por sinal, deve ser adotada com algumas cautelas, pois, em regra, o ônus de instruir adequadamente a execução pertence ao exequente. Somente em hipóteses excepcionais, como naqueles em que há cláusula de reserva jurisdicional, é que seria autorizado que um terceiro fosse intimado para esta finalidade, pois nestes casos realmente o credor não poderia obter o documento ou a informação pelos meios lícitos.

Art. 773

> Art. 773. O juiz poderá, de ofício ou a requerimento, determinar as medidas necessárias ao cumprimento da ordem de entrega de documentos e dados.
>
> Parágrafo único. Quando, em decorrência do disposto neste artigo, o juízo receber dados sigilosos para os fins da execução, o juiz adotará as medidas necessárias para assegurar a confidencialidade.

O dispositivo é inédito e decorre da previsão constante no terceiro inciso do dispositivo anterior. Autoriza que sejam adotadas as medidas necessárias, ou seja, meios coercitivos ou sub-rogatórios, para que os documentos e dados sejam apresentados.

O parágrafo único chama a atenção, porém, para aqueles casos em que os dados sejam sigilosos, hipótese em que devem ser adotadas as medidas necessárias para que seja assegurada a confidencialidade.

Art. 774

> **Art. 774. Considera-se atentatória à dignidade da justiça a conduta comissiva ou omissiva do executado que:**
>
> **I – frauda a execução;**
>
> **II – se opõe maliciosamente à execução, empregando ardis e meios artificiosos;**
>
> **III – dificulta ou embaraça a realização da penhora;**
>
> **IV – resiste injustificadamente às ordens judiciais;**
>
> **V – intimado, não indica ao juiz quais são e onde estão os bens sujeitos à penhora e os respectivos valores, nem exibe prova de sua propriedade e, se for o caso, certidão negativa de ônus.**
>
> **Parágrafo único. Nos casos previstos neste artigo, o juiz fixará multa em montante não superior a vinte por cento do valor atualizado do débito em execução, a qual será revertida em proveito do exequente, exigível nos próprios autos do processo, sem prejuízo de outras sanções de natureza processual ou material.**

O dispositivo cuida de um rol de atos que, se forem praticados no decorrer da execução, configuram atos atentatórios à dignidade da Justiça. Em realidade, também no processo de conhecimento um dos demandantes pode incorrer nessas multas, embora o comportamento proibido seja diferenciado (art. 77).

A novidade fica por conta da inclusão do terceiro inciso, quando o executado dificulta ou embaraça a realização da penhora. O quinto inciso também foi alterado apenas para excluir o prazo de cinco dias que era previsto no modelo anterior (CPC/73), e que servia para o executado indicar bens à penhora se assim o magistrado determinasse. Contudo, passa a prever que o executado terá o ônus de também fazer prova da propriedade do bem, apresentar certidão negativa de ônus (se for o caso) e até mesmo indicar o lugar em que se encontra.

Este comportamento proibido pode ser apenado com multa de até vinte por cento do débito executado devidamente atualizado. Critica-se, porém, o destino da multa, criando distorção no sistema processual. Com efeito, já foi visto que, quando uma das partes litiga de má-fé, a multa é revertida para a outra parte, que é aquela que foi aviltada (art. 81). Por outro lado, quando se trata de ato atentatório à dignidade da Justiça, o próprio Poder Judiciário foi desrespeitado, razão pela qual a multa lhe deve ser devida. Este raciocínio, por sinal, consta expresso no CPC no que diz respeito ao processo de conhecimento (art. 77, § 3º c/c art. 96 c/c art. 97). Contudo, pela leitura dos comportamentos proibitivos, o que se percebe é que, realmente, sua principal vítima continua sendo o Poder Judiciário, que permanece sistematicamente sendo vilipendiado. Portanto, a previsão neste artigo de que a multa deve ser revertida para a parte contrária, destoa do modelo previsto no CPC. Até se entende a razão, pois antes da reforma os comportamentos vedados na fase de conhecimento (art. 77) não recebiam esta nomenclatura, mas sim de *contempt of court*. Só que, quando se alterou a designação jurídica do mesmo, passando a nominá-lo também de ato atentatório à dignidade da Justiça, deveria ser feita essa correção no que diz respeito ao destinatário da multa em execução. Para se manter a coerência, reconhecendo que existem diferenças entre os dois institutos jurídicos, é de se interpretar que esta multa deve ser também revertida à Fazenda Pública.

> **Enunciado nº 50 da ENFAM:** "*O oferecimento de impugnação manifestamente protelatória ao cumprimento de sentença será considerado conduta atentatória à dignidade da Justiça (art. 918, III, parágrafo único, do CPC/2015), ensejando a aplicação da multa prevista no art. 774, parágrafo único*".

> **Caráter punitivo e restritivo das hipóteses que autorizam a multa decorrente de ato atentatório a dignidade da Justiça aplicada em execução.**
> "*A multa por ato atentatório à dignidade da Justiça previsto no art. 600, III, do CPC/1973 constitui punição cuja aplicabilidade restringe-se aos atos do executado em procedimento executivo. Infere-se do art. 600, III, do CPC/1973 que o ato atentatório à dignidade da Justiça se restringe ao processo de execução e que a conduta de deslealdade processual caracteriza-se somente como aquela praticada pelo executado. Isso porque o código se utiliza da expressão 'ato do executado', além do fato de as hipóteses previstas nos incisos I, II e IV do mesmo art. 600 se referirem a circunstâncias inerentes ao procedimento executivo. Ademais, apesar de o inciso III do citado dispositivo legal tratar da situação de resistência injustificada às ordens judiciais, podendo levar à conclusão de que seria aplicável a qualquer 'tipo de processo', inclusive o de conhecimento, isso não se revela como possível. A razão é bem simples: a cabeça do dispositivo, conforme já destacado, faz alusão expressa a 'atos do executado', e somente dele. Acrescente-se que, para ato atentatório à dignidade da Justiça, o art. 601 do CPC/1973 regula a sanção no patamar de até 20% (vinte por cento) sobre o valor atualizado da execução, a ser revertido em proveito do exequente. Mais uma vez, fica claro que a norma aqui discutida tem o seu âmbito de aplicação limitado às execuções, pois, repita-se, até o valor da multa tem como parâmetro o montante cobrado na execução, a ser revertido em proveito do credor/exequente. Acerca da multa, entendimento doutrinário explicita que 'seu caráter é eminentemente punitivo, e não indenizatório, razão pela qual, na fixação do valor, o juiz levará em conta, não necessariamente a existência ou o montante do dano que possa ter sofrido o credor, mas sim a gravidade da culpa ou do dolo com que agiu o devedor'. Nesse viés, o STJ apresenta entendimento sobre a utilização do método restritivo de interpretação das normas que estabelecem penalidades, e a aplicação da interpretação restritiva não se refere apenas à parte*

> *que pode praticar o ato (no caso, o executado), mas também à 'espécie de processo' no qual há resistência ao cumprimento da ordem judicial. Não caberia, portanto, ao intérprete querer estender a incidência do art. 600 do CPC/1973 às ações do processo de conhecimento, cautelar e aos procedimentos especiais. Assim, a regra é taxativa. Precedentes citados: RESP 758.270-RS, Primeira Turma, julgado em 8/5/2007, DJ 04/6/2007; RESP 1459154-RJ, Terceira Turma, julgado em 4/9/2014, DJe 11/9/2014"* (STJ. RESP 1.231.981/RS, Rel. Min. Luis Felipe Salomão, julgado em 15/12/2015, DJe 03/03/2016 – Informativo nº 578).

Art. 775

Art. 775. O exequente tem o direito de desistir de toda a execução ou de apenas alguma medida executiva.

Parágrafo único. Na desistência da execução, observar-se-á o seguinte:

I – serão extintos a impugnação e os embargos que versarem apenas sobre questões processuais, pagando o exequente as custas processuais e os honorários advocatícios;

II – nos demais casos, a extinção dependerá da concordância do impugnante ou embargante.

O dispositivo em questão deve ser interpretado literalmente, versando sobre o princípio da disponibilidade, que também é conhecido como princípio do desfecho único. No primeiro inciso houve acréscimo da defesa denominada "impugnação". De resto, ressalva-se que, na fase de conhecimento, há outra norma que regula a possibilidade da "desistência" (art. 485, §§ 4º e 5º).

> Verbete nº 153 da Súmula do STJ: *"A desistência da execução fiscal, após o oferecimento dos embargos, não exime o exequente dos encargos da sucumbência"*.

Art. 776

Art. 776. O exequente ressarcirá ao executado os danos que este sofreu, quando a sentença, transitada em julgado, declarar inexistente, no todo ou em parte, a obrigação que ensejou a execução.

O dispositivo em questão deve ser interpretado literalmente, tratando da responsabilidade do exequente em ressarcir os prejuízos sofridos pelo executado em decorrência da promoção de uma execução indevida. Apesar do silêncio normativo, a doutrina e a jurisprudência pátrias visualizam que esta hipótese cuida de uma responsabilidade civil objetiva, pois independe de dolo ou culpa por parte do exequente.

Art. 777

Art. 777. A cobrança de multas ou de indenizações decorrentes de litigância de má-fé ou de prática de ato atentatório à dignidade da justiça será promovida nos próprios autos do processo.

O dispositivo em questão deve ser interpretado literalmente, prevendo que a execução dos valores referentes às multas aplicadas ocorrerá nos mesmos autos.

CAPÍTULO II
DAS PARTES

Art. 778

Art. 778. Pode promover a execução forçada o credor a quem a lei confere título executivo.

§ 1º Podem promover a execução forçada ou nela prosseguir, em sucessão ao exequente originário:

I – o Ministério Público, nos casos previstos em lei;

II – o espólio, os herdeiros ou os sucessores do credor, sempre que, por morte deste, lhes for transmitido o direito resultante do título executivo;

III – o cessionário, quando o direito resultante do título executivo lhe for transferido por ato entre vivos;

IV – o sub-rogado, nos casos de sub-rogação legal ou convencional.

§ 2º A sucessão prevista no § 1º independe de consentimento do executado.

O dispositivo em questão deve ser interpretado literalmente, tratando dos legitimados ativos para promover a execução, sejam originários ou supervenientes. O CPC, porém, resgata a possibilidade de o próprio devedor iniciar a execução, mas apenas quando se tratar de título executivo judicial. Esta situação, que já foi analisada anteriormente (art. 526), cuida do que era denominado "execução invertida", até antes de ter sido revogada (Lei nº 11.232/2005).

Art. 779

> Art. 779. A execução pode ser promovida contra:
>
> I – o devedor, reconhecido como tal no título executivo;
>
> II – o espólio, os herdeiros ou os sucessores do devedor;
>
> III – o novo devedor que assumiu, com o consentimento do credor, a obrigação resultante do título executivo;
>
> IV – o fiador do débito constante em título extrajudicial;
>
> V – o responsável, titular do bem vinculado por garantia real, ao pagamento do débito;
>
> VI – o responsável tributário, assim definido em lei.

O dispositivo em questão deve ser interpretado literalmente, tratando dos legitimados passivos para figurar na execução, sejam eles originários ou supervenientes. No quarto inciso, passa a contar apenas "fiador" e não mais "fiador judicial", como no modelo primitivo (CPC/73). Também há a inclusão, no quinto inciso, de um novo legitimado, que é o responsável titular do bem vinculado por garantia real ao pagamento do débito.

> Verbete nº 268 da Súmula do STJ: "*O fiador que não integrou a relação processual na ação de despejo não responde pela execução do julgado*".
>
> Verbete 435 da Súmula do STJ: "*Presume-se dissolvida irregularmente a empresa que deixar de funcionar no seu domicílio fiscal, sem comunicação aos órgãos competentes, legitimando o redirecionamento da execução fiscal para o sócio gerente*".
>
> Enunciado nº 97 da I Jornada de Processo Civil CEJ/CJF: "*A execução pode ser promovida apenas contra o titular do bem oferecido em garantia real, cabendo, nesse caso, somente a intimação de eventual coproprietário que não tenha outorgado a garantia*".

Art. 780

> Art. 780. O exequente pode cumular várias execuções, ainda que fundadas em títulos diferentes, quando o executado for o mesmo e desde que para todas elas seja competente o mesmo juízo e idêntico o procedimento.

O dispositivo em questão deve ser interpretado literalmente, tratando dos requisitos para que possa ocorrer a cumulação de execuções, ou seja, casos em que um mesmo processo pode conter vários títulos executivos, desde que todos sejam em relação ao mesmo devedor, bem como seja idêntico o rito procedimental, além de estar configurada a competência do juízo.

CAPÍTULO III
DA COMPETÊNCIA

Art. 781

Art. 781. A execução fundada em título extrajudicial será processada perante o juízo competente, observando-se o seguinte:

I – a execução poderá ser proposta no foro de domicílio do executado, de eleição constante do título ou, ainda, de situação dos bens a ela sujeitos;

II – tendo mais de um domicílio, o executado poderá ser demandado no foro de qualquer deles;

III – sendo incerto ou desconhecido o domicílio do executado, a execução poderá ser proposta no lugar onde for encontrado ou no foro de domicílio do exequente;

IV – havendo mais de um devedor, com diferentes domicílios, a execução será proposta no foro de qualquer deles, à escolha do exequente;

V – a execução poderá ser proposta no foro do lugar em que se praticou o ato ou em que ocorreu o fato que deu origem ao título, mesmo que nele não mais resida o executado.

De acordo com o CPC, diversos serão os foros em que a execução poderá ser deflagrada, tudo estando bem mais detalhado do que no modelo anterior (CPC/73).

Basicamente, as novas regras são: a) execução deve ser proposta no domicílio do devedor ou da eleição constante no título; b) se o executado tiver mais de um domicílio, caberá ao exequente a escolha de qualquer um deles, o que também ocorre quando se tratar de vários executados com domicílios distintos; c) a execução pode ser proposta no foro da residência ou do local em que se encontra o executado, se o seu domicílio for desconhecido ou incerto; d) a execução também poderá ser proposta no foro do lugar em que se praticou o ato ou ocorreu o fato que deu origem ao título, malgrado nele não mais resida o executado.

Para o cumprimento de sentença, já há outra norma pontuando sobre a "competência" (art. 516).

Art. 782

Art. 782. Não dispondo a lei de modo diverso, o juiz determinará os atos executivos, e o oficial de justiça os cumprirá.

§ 1º O oficial de justiça poderá cumprir os atos executivos determinados pelo juiz também nas comarcas contíguas, de fácil comunicação, e nas que se situem na mesma região metropolitana.

§ 2º Sempre que, para efetivar a execução, for necessário o emprego de força policial, o juiz a requisitará.

§ 3º A requerimento da parte, o juiz pode determinar a inclusão do nome do executado em cadastros de inadimplentes.

§ 4º A inscrição será cancelada imediatamente se for efetuado o pagamento, se for garantida a execução ou se a execução for extinta por qualquer outro motivo.

§ 5º O disposto nos §§ 3º e 4º aplica-se à execução definitiva de título judicial.

O dispositivo em questão deve ser interpretado literalmente. Ele prevê que o oficial de justiça deverá cumprir os atos determinados pelo magistrado, até mesmo em comarcas contíguas, desde que de fácil comunicação, bem como naquelas que se situarem na mesma região metropolitana. Também mantém a possibilidade de ser empregada força policial, se for o caso.

Os parágrafos terceiro, quarto e quinto criaram a possibilidade de, a requerimento da parte, o juiz determinar a inclusão do nome do executado em cadastros de inadimplentes, o que somente será cancelado em casos de pagamento da dívida, quando a execução já estiver garantida por bens ou mesmo quando ela for extinta por qualquer outro motivo. Vale dizer que esta possibilidade, de incluir o nome do devedor em cadastro de inadimplentes, também se aplica à execução definitiva de título judicial. Vale lembrar, ainda, que o artigo já comentado também autoriza que a parte interessada promova o protesto da sentença transitada em julgado (art. 517), o que não é causa impeditiva para se proceder às anotações indicadas neste dispositivo.

> **Enunciado nº 98 da I Jornada de Processo Civil CEJ/CJF:** "*O art. 782, § 3º, do CPC não veda a possibilidade de o credor, ou mesmo o órgão de proteção ao crédito, fazer a inclusão extrajudicial do nome do executado em cadastros de inadimplentes*".

CAPÍTULO IV
DOS REQUISITOS NECESSÁRIOS PARA REALIZAR QUALQUER EXECUÇÃO

Seção I
Do Título Executivo

Art. 783

> Art. 783. A execução para cobrança de crédito fundar-se-á sempre em título de obrigação certa, líquida e exigível.

O dispositivo é autoexplicativo, prevendo, adequadamente, que o título executivo deve conter uma obrigação que seja, nesta ordem, certa, líquida e exigível. A ausência de qualquer um destes elementos da obrigação torna o título executivo inexistente, o que, se não for sanado, irá gerar a extinção da execução, por falta de pressuposto processual (art. 485, IV).

Art. 784

> Art. 784. São títulos executivos extrajudiciais:
>
> I – a letra de câmbio, a nota promissória, a duplicata, a debênture e o cheque;
>
> II – a escritura pública ou outro documento público assinado pelo devedor;
>
> III – o documento particular assinado pelo devedor e por 2 (duas) testemunhas;
>
> IV – o instrumento de transação referendado pelo Ministério Público, pela Defensoria Pública, pela Advocacia Pública, pelos advogados dos transatores ou por conciliador ou mediador credenciado por tribunal;
>
> V – o contrato garantido por hipoteca, penhor, anticrese ou outro direito real de garantia e aquele garantido por caução;
>
> VI – o contrato de seguro de vida em caso de morte;
>
> VII – o crédito decorrente de foro e laudêmio;
>
> VIII – o crédito, documentalmente comprovado, decorrente de aluguel de imóvel, bem como de encargos acessórios, tais como taxas e despesas de condomínio;

> IX – a certidão de dívida ativa da Fazenda Pública da União, dos Estados, do Distrito Federal e dos Municípios, correspondente aos créditos inscritos na forma da lei;
>
> X – o crédito referente às contribuições ordinárias ou extraordinárias de condomínio edilício, previstas na respectiva convenção ou aprovadas em assembleia geral, desde que documentalmente comprovadas;
>
> XI – a certidão expedida por serventia notarial ou de registro relativa a valores de emolumentos e demais despesas devidas pelos atos por ela praticados, fixados nas tabelas estabelecidas em lei;
>
> XII – todos os demais títulos aos quais, por disposição expressa, a lei atribuir força executiva.
>
> § 1º A propositura de qualquer ação relativa a débito constante de título executivo não inibe o credor de promover-lhe a execução.
>
> § 2º Os títulos executivos extrajudiciais oriundos de país estrangeiro não dependem de homologação para serem executados.
>
> § 3º O título estrangeiro só terá eficácia executiva quando satisfeitos os requisitos de formação exigidos pela lei do lugar de sua celebração e quando o Brasil for indicado como o lugar de cumprimento da obrigação.

O rol dos títulos executivos extrajudiciais foi pouco modificado. Houve a exclusão dos créditos devidos a auxiliares da justiça que foram homologados judicialmente, pois estes se transformaram em títulos executivos judiciais. No inciso quarto, passa a ser título executivo extrajudicial aquele instrumento de transação referendado pela advocacia pública. O quinto inciso passa a permitir que qualquer contrato com direito real de garantia também seja reconhecido como título executivo. No sexto inciso, o contrato de seguro de vida somente é título executivo extrajudicial em caso de morte.

De novidade, há a inclusão dos créditos decorrentes de parcela de rateio de despesas em condomínio, se assim tiver sido estabelecido na convenção ou constante em ata de reunião convocada especialmente para este fim (o que já era previsto no art. 12, § 2º, Lei nº 4.591/64), bem como também foi incluída a certidão expedida por serventia notarial ou de registro relativa a valores de emolumentos e demais despesas previstas pelos atos por ela praticados.

Ademais, permanecem como títulos executivos extrajudiciais aqueles outros previstos em leis específicas como as cédulas de crédito rural (art. 41, DL 167/67), industrial (art. 10, DL 431/69), dentre outros. E, por fim, o parágrafo segundo deste dispositivo excluiu a menção ao STF que era feita no modelo anterior (CPC/73), o que é adequado, uma vez que totalmente desnecessária.

Verbete nº 279 da Súmula do STJ: "*É cabível execução por título extrajudicial contra a Fazenda Pública*".

Enunciado nº 86 da I Jornada de Processo Civil CEJ/CJF: "*As prestações vincendas até o efetivo cumprimento da obrigação incluem-se na execução de título executivo extrajudicial (arts. 323 e 318, parágrafo único, do CPC)*".

Enunciado nº 100 da I Jornada de Processo Civil CEJ/CJF: "*Interpreta-se a expressão condomínio edilício do art. 784, X, do CPC de forma a compreender tanto os condomínios verticais, quanto os horizontais de lotes, nos termos do art. 1.358-A do Código Civil*".

Título executivo extrajudicial: certidão de dívida ativa de natureza tributária. A declaração de inconstitucionalidade da lei reguladora do tributo em questão não acarreta a automática extinção da execução fiscal. "*A declaração de inconstitucionalidade do art. 3º, § 1º, da Lei nº 9.718/1998, pelo STF, não afasta automaticamente a presunção de certeza e de liquidez da CDA, motivo pelo qual é vedado extinguir de ofício, por esse motivo, a Execução Fiscal. O leading case do STJ sobre a questão jurídica controvertida é o RESP 1.002.502-RS (DJe 10/12/2009), ocasião em que a Segunda Turma reconheceu que, a despeito da inconstitucionalidade do § 1º do art. 3º da Lei nº 9.718/98, a CDA constituída sobre essa base legal conserva seus atributos, uma vez que: a) existem casos em que a base de cálculo apurada da Contribuição para o PIS e da Cofins é composta integralmente por receitas que se enquadram no conceito clássico de faturamento; b) ainda que haja outras receitas estranhas à atividade operacional da pessoa jurídica, é possível expurgá-las do título mediante simples cálculos aritméticos; c) eventual excesso deve ser alegado como matéria de defesa, não cabendo ao Juízo da Execução inverter a presunção de certeza, de liquidez e de exigibilidade do título executivo. Essa orientação acabou prevalecendo e tornou-se pacífica no âmbito do STJ. Precedentes citados: AgRg nos ERESP 1.192.764-RS, Primeira Seção, DJe 15/2/2012; AgRg no RESP 1.307.548-PE, Segunda Turma, DJe 12/3/2014; AgRg no RESP 1.204.855-PE, Primeira Turma, DJe 16/10/2012*" (STJ. RESP 1.386.229-PE, Rel. Min. Herman Benjamin, Primeira Seção, julgado em 10/08/2016, DJe 05/10/2016 – Informativo nº 591).

Contrato administrativo é título executivo extrajudicial (CPC/73). "*O julgamento da controvérsia pressupõe a resolução de dois pontos fundamentais: (1º) definir se o contrato administrativo firmado entre os consórcios e a empresa pública enquadra-se em alguma das hipóteses do inciso II do art. 585 do CPC; (2º) verificar se o contrato em exame está revestido dos requisitos de certeza, liquidez e exigibilidade, previstos no art. 586 do CPC. Quanto ao primeiro aspecto, ressalte-se que esta Corte de Justiça, em algumas ocasiões, ao interpretar o disposto no art. 585, II, do CPC, tem reconhecido a natureza de documento público aos contratos administrativos, tendo em vista emanar de ato do Poder Público. Entende-se, portanto, que o contrato administrativo 'caracteriza-se como documento público, porquanto oriundo de ato administrativo perfeito e revestido de todas as formalidades inerentes aos contratos públicos' (RESP 700.114/MT, Primeira Turma, Rel. Min. Luiz Fux, DJ de 14/5/2007). Nesse sentido: RESP 487.913/MG, Primeira Turma, Rel. Min. José Delgado, DJ de 9/6/2003; RESP 882.747/MA, Primeira Turma, Rel. Min. José Delgado, DJ de 26/11/2007)*" (STJ. RESP nº 879.046/DF. Rel.ª Min.ª Denise Arruda. DJ 18/06/2009).

> **Crédito hipotecário e crédito decorrente de taxa de condomínio. Direito de preferência que se atribui ao condomínio.** "*Segundo entendimento jurisprudencial do STJ, o crédito condominial prefere ao hipotecário. Assim, a penhora de imóvel levada a efeito pelo condomínio para cobrança das respectivas taxas deve prevalecer sobre a hipoteca que incide sobre o mesmo bem, em razão de contrato de financiamento habitacional firmado entre o agente financeiro e mutuário. Precedente do STJ. Unânime*" (TRF-1. Ap 0009256-06.2008.4.01.3400, Rel. Des. Federal Daniel Paes Ribeiro, em 28/08/2017).
>
> **Cobrança de despesas condominiais de imóvel novo. Responsabilidade da construtora.** "*A construtora é responsável pelas despesas condominiais de imóvel novo até a imissão na posse pelo promissário comprador e a ciência inequívoca do condomínio acerca da transação. Empresa de empreendimentos imobiliários apelou da sentença que julgou procedente o pedido de cobrança de taxas condominiais ajuizado por condomínio de edifício residencial. Nas razões do recurso, alegou que a cláusula contratual que impõe ao promitente comprador a obrigação de pagar as taxas condominiais e o IPTU após a expedição do habite-se, além de ser clara e expressa, não é abusiva, pois não imputa ao consumidor uma desvantagem extrema. A Turma negou provimento ao recurso. Segundo os Desembargadores, as despesas condominiais referentes a imóvel novo são de responsabilidade da construtora até a imissão na posse do bem pelo adquirente, que ocorre com o recebimento das chaves. Desse modo, no presente caso, concluíram que a previsão contratual quanto às responsabilidades acerca das taxas condominiais e dos impostos é abusiva e contrária ao entendimento deste Tribunal*" (TJ-DFT. Acórdão nº 1034218, 20150710318267APC, Rel. Des. Robson Barbosa de Azevedo, Quinta Turma Cível, julgado em 26/07/2017, DJe: 03/08/2017).

Art. 785

Art. 785. A existência de título executivo extrajudicial não impede a parte de optar pelo processo de conhecimento, a fim de obter título executivo judicial.

Trata-se de dispositivo inédito, que permite ao credor optar pela via cognitiva mesmo quando já dispõe de título executivo extrajudicial. Esta é uma antiga polêmica especialmente doutrinária, pois pouquíssimas vezes um credor renuncia à força executiva do seu título para iniciar o processo com todas as agruras da etapa cognitiva. Ela não contribui para uma maior agilidade dos processos, muito pelo contrário, pois todos os atos e etapas da fase de conhecimento terão que ser praticados, bem como haverá toda a correspondente cascata recursal. Uma lástima, realmente, esta nova previsão no CPC, além de não ter qualquer sentido prático.

> **Enunciado nº 101 da I Jornada de Processo Civil CEJ/CJF:** "*É admissível ação monitória, ainda que o autor detenha título executivo extrajudicial*".

Seção II
Da Exigibilidade da Obrigação

Art. 786

> Art. 786. A execução pode ser instaurada caso o devedor não satisfaça a obrigação certa, líquida e exigível consubstanciada em título executivo.
>
> Parágrafo único. A necessidade de simples operações aritméticas para apurar o crédito exequendo não retira a liquidez da obrigação constante do título.

O dispositivo em questão deve ser interpretado literalmente, prevendo que a execução pode ser iniciada desde que o devedor não honre a obrigação constante no título, bem como que a necessidade de elaboração de meros cálculos aritméticos não torna a obrigação ilíquida.

Art. 787

> Art. 787. Se o devedor não for obrigado a satisfazer sua prestação senão mediante a contraprestação do credor, este deverá provar que a adimpliu ao requerer a execução, sob pena de extinção do processo.
>
> Parágrafo único. O executado poderá eximir-se da obrigação, depositando em juízo a prestação ou a coisa, caso em que o juiz não permitirá que o credor a receba sem cumprir a contraprestação que lhe tocar.

O dispositivo em questão deve ser interpretado literalmente. Ele passa a prever uma consequência, que é a extinção do processo, quando o credor não provar que adimpliu a sua contraprestação que foi alegada pelo executado. No parágrafo único, não mais consta a regra do modelo primitivo de que a execução seria suspensa nos casos ali previstos.

Art. 788

> Art. 788. O credor não poderá iniciar a execução ou nela prosseguir se o devedor cumprir a obrigação, mas poderá recusar o recebimento da prestação se ela não corresponder ao direito ou à obrigação

estabelecidos no título executivo, caso em que poderá requerer a execução forçada, ressalvado ao devedor o direito de embargá-la.

O dispositivo em questão deve ser interpretado literalmente, prevendo que o credor não poderá iniciar ou prosseguir a execução se o devedor cumprir a sua obrigação, embora mantenha a possibilidade se o objeto da prestação não corresponder à obrigação constante no título executivo extrajudicial.

CAPÍTULO V
DA RESPONSABILIDADE PATRIMONIAL

Art. 789

Art. 789. O devedor responde com todos seus bens presentes e futuros para o cumprimento de suas obrigações, salvo as restrições estabelecidas em lei.

O dispositivo em questão deve ser interpretado literalmente, prevendo que o devedor responde por sua dívida com todos os seus bens presentes e futuros, exceto os que tenham restrições estabelecidas em lei (v.g., os impenhoráveis – art. 833). Eventualmente, mesmo os bens que não mais integram o patrimônio do executado podem ser penhorados, desde que sua transferência tenha se operado de maneira fraudulenta.

Art. 790

Art. 790. São sujeitos à execução os bens:

I – do sucessor a título singular, tratando-se de execução fundada em direito real ou obrigação reipersecutória;

II – do sócio, nos termos da lei;

III – do devedor, ainda que em poder de terceiros;

IV – do cônjuge ou companheiro, nos casos em que seus bens próprios ou de sua meação respondem pela dívida;

V – alienados ou gravados com ônus real em fraude à execução;

VI – cuja alienação ou gravação com ônus real tenha sido anulada em razão do reconhecimento, em ação autônoma, de fraude contra credores;

VII – do responsável, nos casos de desconsideração da personalidade jurídica.

O dispositivo cuida do tema responsabilidade patrimonial, seja ela primária ou secundária, embora tenha algumas novidades.

No quarto inciso houve a inclusão do companheiro, para que haja o mesmo tratamento assegurado ao cônjuge (art. 226, § 3º, CF). O sexto inciso, que é inédito ao menos no CPC, prevê que também estarão sujeitos à execução os bens cuja alienação ou gravação com ônus real tenha sido anulada em razão do reconhecimento, em demanda própria, de fraude contra credores, muito embora já houvesse norma com sentido parecido no Código Civil (art. 165, CC).

Por fim, o último inciso prevê que, em casos de desconsideração da personalidade jurídica, o responsável responde com seus bens pelas obrigações. Este último caso atualmente decorrerá da observância de um procedimento já analisado anteriormente (art. 133 – art. 137), que cuida de uma nova modalidade de intervenção de terceiros. Vale dizer, o Código Civil também prevê consequência semelhante à tratada por esta norma (art. 50, CC, e art. 28, CDC).

Art. 791

> Art. 791. Se a execução tiver por objeto obrigação de que seja sujeito passivo o proprietário de terreno submetido ao regime do direito de superfície, ou o superficiário, responderá pela dívida, exclusivamente, o direito real do qual é titular o executado, recaindo a penhora ou outros atos de constrição exclusivamente sobre o terreno, no primeiro caso, ou sobre a construção ou a plantação, no segundo caso.
>
> § 1º Os atos de constrição a que se refere o *caput* serão averbados separadamente na matrícula do imóvel, com a identificação do executado, do valor do crédito e do objeto sobre o qual recai o gravame, devendo o oficial destacar o bem que responde pela dívida, se o terreno, a construção ou a plantação, de modo a assegurar a publicidade da responsabilidade patrimonial de cada um deles pelas dívidas e pelas obrigações que a eles estão vinculadas.
>
> § 2º Aplica-se, no que couber, o disposto neste artigo à enfiteuse, à concessão de uso especial para fins de moradia e à concessão de direito real de uso.

O dispositivo é inédito e regula o bem que seja objeto de garantia na execução. Nos casos ali enumerados, prevê que a constrição não recaia sobre o direito real como um todo, mas sim somente na parcela do direito de propriedade.

Art. 792

> Art. 792. A alienação ou a oneração de bem é considerada fraude à execução:
>
> I – quando sobre o bem pender ação fundada em direito real ou com pretensão reipersecutória, desde que a pendência do processo tenha sido averbada no respectivo registro público, se houver;
>
> II – quando tiver sido averbada, no registro do bem, a pendência do processo de execução, na forma do art. 828;
>
> III – quando tiver sido averbado, no registro do bem, hipoteca judiciária ou outro ato de constrição judicial originário do processo onde foi arguida a fraude;
>
> IV – quando, ao tempo da alienação ou da oneração, tramitava contra o devedor ação capaz de reduzi-lo à insolvência;
>
> V – nos demais casos expressos em lei.
>
> § 1º A alienação em fraude à execução é ineficaz em relação ao exequente.
>
> § 2º No caso de aquisição de bem não sujeito a registro, o terceiro adquirente tem o ônus de provar que adotou as cautelas necessárias para a aquisição, mediante a exibição das certidões pertinentes, obtidas no domicílio do vendedor e no local onde se encontra o bem.
>
> § 3º Nos casos de desconsideração da personalidade jurídica, a fraude à execução verifica-se a partir da citação da parte cuja personalidade se pretende desconsiderar.
>
> § 4º Antes de declarar a fraude à execução, o juiz deverá intimar o terceiro adquirente, que, se quiser, poderá opor embargos de terceiro, no prazo de 15 (quinze) dias.

O dispositivo esclarece os comportamentos que podem caracterizar fraude à execução. O primeiro inciso passa a prever, além da hipótese original, a venda de bens em que haja pretensão reipersecutória, desde que, na pendência do processo, tenha sido feita a averbação de sua existência em registro público. Os demais incisos já eram previstos, com diferença de redação no modelo primitivo (CPC/73), razão pela qual não cuidam de novidades.

Os parágrafos, porém, são todos inéditos. O primeiro, estabelece que a alienação em fraude à execução é ineficaz em relação ao exequente. O segundo permite que o terceiro comprador do bem alegue boa-fé, o que descaracterizaria a fraude à execução, muito embora tal norma apenas regule os casos em que os bens não se sujeitam a registro. Este parágrafo também prevê que, em tais casos, o ônus da prova é do terceiro comprador. O terceiro parágrafo estabelece o termo inicial da fraude à execução em casos de desconsideração da personalidade jurídica. Por fim, o último parágrafo prevê que, antes de decretar a fraude à execução, o juiz deverá intimar o terceiro, se tiver conhecimento, para que ele possa opor embargos de terceiro, caso queira. Esta norma prevê um prazo de quinze dias para tanto, o que conflita com outra já analisada, que estabelece o momento preclusivo para o ajuizamento desta nova demanda (art. 675).

> Verbete nº 375 da Súmula do STJ: "*O reconhecimento da fraude de execução depende do registro da penhora do bem alienado ou da prova de má-fé do terceiro adquirente*".
>
> Enunciado nº 102 da I Jornada de Processo Civil CEJ/CJF: "*A falta de oposição dos embargos de terceiro preventivos no prazo do art. 792, § 4º, do CPC não impede a propositura dos embargos de terceiro repressivos no prazo do art. 675 do mesmo Código*".
>
> Enunciado nº 52 da ENFAM: "*A citação a que se refere o art. 792, § 3º, do CPC/2015 (fraude à execução) é a do executado originário, e não aquela prevista para o incidente de desconsideração da personalidade jurídica (art. 135 do CPC/2015)*".
>
> Enunciado nº 54 da ENFAM: "*A ausência de oposição de embargos de terceiro no prazo de 15 (quinze) dias prevista no art. 792, § 4º, do CPC/2015 implica preclusão para fins do art. 675, , do mesmo código*".

> **Possibilidade de ser instaurado o incidente de desconsideração da personalidade jurídica no decorrer da execução (CPC/73).** "*A jurisprudência do STJ é pacífica no sentido de que a desconsideração da personalidade jurídica é medida cabível diretamente no curso da execução*" (STJ. RESP nº 920.602/DF. Rel.ª Min.ª Nancy Andrighi. DJ 23/06/2008).

Art. 793

Art. 793. O exequente que estiver, por direito de retenção, na posse de coisa pertencente ao devedor não poderá promover a execução sobre outros bens senão depois de excutida a coisa que se achar em seu poder.

Dispositivo com redação idêntica, exceto pela supressão de uma vírgula, tratando da impossibilidade de o credor promover a execução em relação a outros bens do devedor enquanto, por direito de retenção, permanecer com a posse de coisa do executado.

Art. 794

Art. 794. O fiador, quando executado, tem o direito de exigir que primeiro sejam executados os bens do devedor situados na mesma comarca, livres e desembargados, indicando-os pormenorizadamente à penhora.

§ 1º Os bens do fiador ficarão sujeitos à execução se os do devedor, situados na mesma comarca que os seus, forem insuficientes à satisfação do direito do credor.

§ 2º O fiador que pagar a dívida poderá executar o afiançado nos autos do mesmo processo.

§ 3º O disposto no *caput* não se aplica se o fiador houver renunciado ao benefício de ordem.

O dispositivo em questão deve ser interpretado literalmente, com alguns acréscimos. Passa a prever, à semelhança do que ocorre no Código Civil (art. 827, CC), que o benefício de ordem somente abrange os bens livres e desembaraçados do devedor, que estejam situados na mesma localidade. O parágrafo terceiro também repete norma já prevista na lei material (art. 828, I, CC).

Art. 795

Art. 795. Os bens particulares dos sócios não respondem pelas dívidas da sociedade, senão nos casos previstos em lei.

§ 1º O sócio réu, quando responsável pelo pagamento da dívida da sociedade, tem o direito de exigir que primeiro sejam excutidos os bens da sociedade.

§ 2º Incumbe ao sócio que alegar o benefício do § 1º nomear quantos bens da sociedade situados na mesma comarca, livres e desembargados, bastem para pagar o débito.

§ 3º O sócio que pagar a dívida poderá executar a sociedade nos autos do mesmo processo.

§ 4º Para a desconsideração da personalidade jurídica é obrigatória a observância do incidente previsto neste Código.

O dispositivo cuida, em quase sua totalidade, de mero ajuste redacional, prevendo que os bens do sócio não respondem pelas dívidas da sociedade, exceto nos casos legais. A única inovação é o acréscimo do parágrafo quarto, que impõe que seja observada a forma processual adequada para fins de regular a desconsideração da personalidade jurídica (art. 133 – art. 137).

> **Verbete nº 435 da Súmula do STJ:** *"Presume-se dissolvida irregularmente a empresa que deixar de funcionar no seu domicílio fiscal, sem comunicação aos órgãos competentes, legitimando o redirecionamento da execução fiscal para o sócio gerente".*

> **Possibilidade de o sócio, em certas hipóteses, responder subsidiariamente pelas dívidas contraídas pela pessoa jurídica de que participa.** *"Quando a sociedade empresária for dissolvida irregularmente, é possível o redirecionamento de execução fiscal de dívida ativa não tributária contra o sócio-gerente da pessoa jurídica executada, independentemente da existência de dolo. Na esteira do entendimento firmado na Súmula 435 do STJ, a qual foi concebida no âmbito de execução fiscal de dívida tributária, a dissolução irregular da sociedade empresária é causa suficiente para o redirecionamento da execução fiscal contra o sócio-gerente. Isso porque o sócio-gerente tem o dever de manter atualizados os registros empresariais e comerciais, em especial quanto à localização da sociedade empresária e a sua dissolução. Caso não proceda assim, ocorrerá presunção de ilícito, uma vez que a ilicitude se dá justamente pela inobservância do rito próprio para a dissolução da sociedade empresarial, nos termos das Leis 8.934/1994 e 11.101/2005 e dos arts. 1.033 a 1.038 e 1.102 a 1.112 do CC. Desse modo, é obrigação dos gestores das sociedades empresárias manter atualizados os respectivos cadastros, incluindo os atos relativos à mudança de endereço dos estabelecimentos e, especialmente, os referentes à dissolução da sociedade. Nessa linha intelectiva, não se pode conceber que a dissolução irregular da sociedade seja considerada "infração à lei" para efeito do art. 135 do CTN e assim não seja para efeito do art. 10 do Decreto 3.078/1919. Aliás, cabe registrar que o art. 135, III, do CTN traz similar comando ao do art. 10 do referido Decreto, sendo que a única diferença entre eles é que, enquanto o CTN enfatiza a exceção – a responsabilização dos sócios em situações excepcionais –, o Decreto enfatiza a regra – a ausência de responsabilização dos sócios em situações regulares. Ademais, ambos trazem a previsão de que os atos praticados em nome da sociedade com excesso de poder (mandato), em violação a lei, contrato ou estatutos sociais ensejam a responsabilização dos sócios perante terceiros (redirecionamento) e a própria sociedade da qual fazem parte, não havendo em nenhum dos casos a exigência de dolo. Precedentes citados: RESP 697.108-MG, Primeira Turma, DJe 13/5/2009; e AgRg no ARESP 8.509-SC, Segunda Turma, DJe 4/10/2011"* (RESP 1.371.128-RS, Rel. Min. Mauro Campbell Marques, julgado em 10/09/2014).

Art. 796

Art. 796. O espólio responde pelas dívidas do falecido, mas, feita a partilha, cada herdeiro responde por elas dentro das forças da herança e na proporção da parte que lhe coube.

O dispositivo em questão deve ser interpretado literalmente, prevendo a responsabilidade do espólio pelas dívidas do falecido, exceto quando já realizada a partilha.

TÍTULO II
DAS DIVERSAS ESPÉCIES DE EXECUÇÃO

CAPÍTULO I
DISPOSIÇÕES GERAIS

Art. 797

Art. 797. Ressalvado o caso de insolvência do devedor, em que tem lugar o concurso universal, realiza-se a execução no interesse do exequente que adquire, pela penhora, o direito de preferência sobre os bens penhorados.

Parágrafo único. Recaindo mais de uma penhora sobre o mesmo bem, cada exequente conservará o seu título de preferência.

O dispositivo em questão deve ser interpretado literalmente, prevendo que a execução se desenvolve de acordo com o princípio do maior interesse do credor, bem como mantém norma que sinaliza que a realização da penhora gera um direito de preferência. Não se pode olvidar, porém, que já foi analisada outra norma, que cuida da possibilidade de a decisão do magistrado valer como título constitutivo de hipoteca judiciária, que também gera direito de preferência, nos mesmos moldes da penhora (art. 495, § 4º). Em uma ou outra, valerá o critério da anterioridade de sua realização para estes fins.

> **Crédito hipotecário e crédito decorrente de taxa de condomínio. Direito de preferência que se atribui ao condomínio.** "*Segundo entendimento jurisprudencial do STJ, o crédito condominial prefere ao hipotecário. Assim, a penhora de imóvel levada a efeito pelo condomínio para cobrança das respectivas taxas deve prevalecer sobre a hipoteca que incide sobre o mesmo bem, em razão de contrato de financiamento habitacional firmado entre o agente financeiro e mutuário. Precedente do STJ. Unânime*" (TRF-1. Ap 0009256-06.2008.4.01.3400, Rel. Des. Federal Daniel Paes Ribeiro, em 28/08/2017).

Art. 798

Art. 798. Ao propor a execução, incumbe ao exequente:

I – instruir a petição inicial com:

a) o título executivo extrajudicial;

b) o demonstrativo do débito atualizado até a data de propositura da ação, quando se tratar de execução por quantia certa;

c) a prova de que se verificou a condição ou ocorreu o termo, se for o caso;

d) a prova, se for o caso, de que adimpliu a contraprestação que lhe corresponde ou que lhe assegura o cumprimento, se o executado não for obrigado a satisfazer a sua prestação senão mediante a contraprestação do exequente;

II – indicar:

a) a espécie de execução de sua preferência, quando por mais de um modo puder ser realizada;

b) os nomes completos do exequente e do executado e seus números de inscrição no Cadastro de Pessoas Físicas ou no Cadastro Nacional da Pessoa Jurídica;

c) os bens suscetíveis de penhora, sempre que possível.

Parágrafo único. O demonstrativo do débito deverá conter:

I – o índice de correção monetária adotado;

II – a taxa de juros aplicada;

III – os termos inicial e final de incidência do índice de correção monetária e da taxa de juros utilizados;

IV – a periodicidade da capitalização dos juros, se for o caso;

V – a especificação de desconto obrigatório realizado.

O dispositivo prevê o que é necessário para que a petição inicial em processo de execução seja regular. Há novidades, como a imposição para indicar o número de inscrição no CPF ou no CNPJ, tanto do credor quanto do devedor. Também prevê que o credor deve indicar qual a espécie de execução que pretende realizar, quando esta puder ser feita de mais de um modo. Pode ocorrer, por exemplo, que mesmo diante de uma obrigação de pagar alimentos, o credor não opte pelo procedimento especial que lhe autoriza a prisão civil, mas sim pelo rito comum para qualquer obrigação pecuniária envolvendo particulares. Outro exemplo seria indicar quem tem preferência em promover uma insolvência civil com o emprego do procedimento para execução de título extrajudicial em relação a devedor solvente.

Permanece a possibilidade de já se indicar, na petição inicial, os bens do executado que serão penhorados, pois se trata de iniciativa do credor para tanto, exceto quando o magistrado determinar (art. 774, IV) ou quando lei específica prever de maneira diferente (art. 9º, III, Lei nº 6.830/80). O parágrafo único regula como deve ser elaborado o demonstrativo de cálculo, com muito mais exigências do que no modelo primitivo (CPC/73).

Art. 799

Art. 799. Incumbe ainda ao exequente:

I – requerer a intimação do credor pignoratício, hipotecário, anticrético ou fiduciário, quando a penhora recair sobre bens gravados por penhor, hipoteca, anticrese ou alienação fiduciária;

II – requerer a intimação do titular de usufruto, uso ou habitação, quando a penhora recair sobre bem gravado por usufruto, uso ou habitação;

III – requerer a intimação do promitente comprador, quando a penhora recair sobre bem em relação ao qual haja promessa de compra e venda registrada;

IV – requerer a intimação do promitente vendedor, quando a penhora recair sobre direito aquisitivo derivado de promessa de compra e venda registrada;

V – requerer a intimação do superficiário, enfiteuta ou concessionário, em caso de direito de superfície, enfiteuse, concessão de uso especial para fins de moradia ou concessão de direito real de uso, quando a penhora recair sobre imóvel submetido ao regime do direito de superfície, enfiteuse ou concessão;

VI – requerer a intimação do proprietário de terreno com regime de direito de superfície, enfiteuse, concessão de uso especial para fins de moradia ou concessão de direito real de uso, quando a penhora recair sobre direitos do superficiário, do enfiteuta ou do concessionário;

VII – requerer a intimação da sociedade, no caso de penhora de quota social ou de ação de sociedade anônima fechada, para o fim previsto no art. 876, § 7º;

VIII – pleitear, se for o caso, medidas urgentes;

IX – proceder à averbação em registro público do ato de propositura da execução e dos atos de constrição realizados, para conhecimento de terceiros.

O dispositivo modifica o que ainda incumbe ao credor realizar no início ou no decorrer do processo. O primeiro inciso acrescenta a necessidade de se intimar o credor fiduciário quando a penhora recair sobre bens que forem objeto de contrato de propriedade fiduciária. O segundo inciso também acrescenta a necessidade de intimar o titular do direito de habitação, quando a penhora recair sobre um bem com este gravame. Os demais incisos não têm correspondentes no modelo primitivo (CPC/73), exceto o nono, que é proceder à averbação em registro público do ato da propositura da execução e dos atos de constrição realizados, para que terceiros possam ter conhecimento.

> Enunciado nº 104 da I Jornada de Processo Civil CEJ/CJF: "*O fornecimento de certidão para fins de averbação premonitória (art. 799, IX, do CPC) independe de prévio despacho ou autorização do juiz*".

Art. 800

Art. 800. Nas obrigações alternativas, quando a escolha couber ao devedor, esse será citado para exercer a opção e realizar a prestação dentro de 10 (dez) dias, se outro prazo não lhe foi determinado em lei ou em contrato.

§ 1º Devolver-se-á ao credor a opção, se o devedor não a exercer no prazo determinado.

§ 2º A escolha será indicada na petição inicial da execução quando couber ao credor exercê-la.

O dispositivo em questão deve ser interpretado literalmente, com supressão da palavra "sentença". É artigo que cuida de como se deve proceder quando a obrigação, contida no título executivo extrajudicial, for alternativa.

Art. 801

Art. 801. Verificando que a petição inicial está incompleta ou que não está acompanhada dos documentos indispensáveis à propositura da execução, o juiz determinará que o exequente a corrija, no prazo de 15 (quinze) dias, sob pena de indeferimento.

O dispositivo em questão deve ser interpretado literalmente, tratando da providência a ser adotada quando a petição inicial estiver incompleta ou desacompanhada de documentos indispensáveis. A única mudança é que tal situação deverá ser sanada no novo prazo de quinze dias, sob pena de indeferimento. Recomenda-se que ao aplicar esta norma o magistrado indique o que deve ser corrigido, tal como consta na correlata norma que tutela a mesma situação, mas no processo de conhecimento (art. 321).

> Verbete nº 558 da Súmula do STJ: "*Em ações de execução fiscal, a petição inicial não pode ser indeferida sob o argumento da falta de indicação do CPF e/ ou RG ou CNPJ da parte executada*".

Art. 802

> Art. 802. Na execução, o despacho que ordena a citação, desde que realizada em observância ao disposto no § 2º do art. 240, interrompe a prescrição, ainda que proferido por juízo incompetente.
>
> Parágrafo único. A interrupção da prescrição retroagirá à data de propositura da ação.

O dispositivo em questão deve ser interpretado literalmente, para sanar a redação anterior que gerava algumas dúvidas. Pelo novo artigo, o despacho que ordena a citação é que interromperá a prescrição, tal como ocorre na fase de conhecimento (art. 202, I, CC c/c art. 240, § 2º), embora a sua interrupção retroaja à data da propositura da ação (art. 240, § 1º).

> **Verbete nº 150 da Súmula do STF:** "*Prescreve a execução no mesmo prazo de prescrição da ação*".
>
> **Verbete nº 106 da Súmula do STJ:** "*Proposta a ação no prazo fixado para o seu exercício, a demora na citação, por motivos inerentes ao mecanismo da Justiça, não justifica o acolhimento da arguição de prescrição ou decadência*".

> **Prazo prescricional para a propositura de execução individual lastreada em sentença proferida em processo coletivo tem o seu início a partir do trânsito em julgado desta última.** "*O prazo prescricional para a execução individual é contado do trânsito em julgado da sentença coletiva, sendo desnecessária a providência de que trata o art. 94 da Lei nº 8.078/90. O art. 94 do CDC dispõe que, 'Proposta a ação, será publicado edital no órgão oficial, a fim de que os interessados possam intervir no processo como litisconsortes, sem prejuízo de ampla divulgação pelos meios de comunicação social por parte dos órgãos de defesa do consumidor'. Realmente, essa providência (de ampla divulgação midiática) é desnecessária em relação ao trânsito em julgado de sentença coletiva. Isso porque o referido dispositivo disciplina a hipótese de divulgação da notícia da propositura da ação coletiva, para que eventuais interessados possam intervir no processo ou acompanhar seu trâmite, nada estabelecendo, porém, quanto à divulgação do resultado do julgamento. Diante disso, o marco inicial do prazo prescricional aplicável às execuções individuais de sentença prolatada em processo coletivo é contado, ante a inaplicabilidade do art. 94 do CDC, a partir do trânsito em julgado da sentença coletiva. Note-se, ainda, que o art. 96 do CDC, segundo o qual 'Transitada em julgado a sentença condenatória, será publicado edital, observado o disposto no art. 93', foi objeto de veto pela Presidência da República, o que torna infrutífero o esforço de interpretação analógica para aplicar a providência prevista no art. 94 com o fim de promover a ampla divulgação midiática do teor da sentença coletiva transitada em julgado, ante a impossibilidade de o Poder Judiciário, qual legislador ordinário, derrubar o veto presidencial ou, eventualmente, corrigir erro formal porventura existente na norma. Assim, em que pese o caráter social que se busca tutelar nas ações coletivas, não se afigura possível suprir a ausência de previsão legal quanto à ampla divulgação midiática do teor da sentença sem romper*

> *a harmonia entre os Poderes. Ressalte-se que, embora essa questão não tenha sido o tema do RESP 1.273.643-PR (Segunda Seção, DJe 4/4/2013, julgado no regime dos recursos repetitivos) – no qual se definiu que, "No âmbito do Direito Privado, é de cinco anos o prazo prescricional para ajuizamento da execução individual em pedido de cumprimento de sentença proferida em Ação Civil Pública" –, percebe-se que a desnecessidade da providência de que trata o art. 94 da Lei nº 8.078/90 foi a premissa do julgamento do caso concreto no referido recurso, haja vista que, ao definir se aquela pretensão executória havia prescrito, considerou-se o termo a quo do prazo prescricional como a data do trânsito em julgado da sentença coletiva. Precedentes citados: AgRg no AgRg no RESP 1.169.126-RS, Quinta Turma, DJe 11/2/2015; AgRg no RESP 1.175.018-RS, Sexta Turma, DJe 1º/7/2014; AgRg no RESP 1.199.601-AP, Primeira Turma, DJe 4/2/2014; e EDcl no RESP 1.313.062-PR, Terceira Turma, DJe 5/9/2013)"* (STJ. RESP 1.388.000-PR, Rel. Min. Napoleão Nunes Maio Filho, Rel. para acórdão Min. Og Fernandes, Primeira Seção, julgado em 26/08/2015, DJe 12/04/2016 – Informativo nº 580).

Art. 803

Art. 803. É nula a execução se:

I – o título executivo extrajudicial não corresponder a obrigação certa, líquida e exigível;

II – o executado não for regularmente citado;

III – instaurada antes de se verificar a condição ou ocorrer o termo.

Parágrafo único. A nulidade de que cuida este artigo será pronunciada pelo juiz, de ofício ou a requerimento da parte, independentemente de embargos à execução.

O dispositivo em questão deve ser interpretado literalmente, mas com pequena novidade. O artigo cuida de hipóteses em que a execução padece de vício grave. Os três incisos mantêm, em essência, as mesmas disposições do modelo anterior (CPC/73). O parágrafo único acrescenta que tais matérias podem ser analisadas de ofício pelo magistrado ou mesmo alegadas por qualquer das partes por meio de simples petição, independentemente do oferecimento de embargos a execução. Comumente, tais peças são nominadas como "exceção de pré-executividade", como de costume, muito embora seja uma nomenclatura não prevista na legislação.

> **Exceção de pré-executividade pode trazer temas de ordem pública como prescrição ou ilegitimidade do sócio executado pela dívida da pessoa jurídica.** *"Processual civil. Agravo de instrumento. Exceção de pré-executividade. Data de entrega da declaração. Termo inicial. Constituição do crédito tributário. Prescrição. Não ocorrência. Ilegitimidade passiva do excipiente. Descabimento. Preclusão. Sócio que figurava na sociedade à época da dissolução irregular"* (TRF-5. Processo nº 0001186-23.2016.4.05.0000. Rel. Desembargador Federal Paulo Roberto de Oliveira Lima, julgado em 31/01/ 2017, por unanimidade).

Art. 804

Art. 804. A alienação de bem gravado por penhor, hipoteca ou anticrese será ineficaz em relação ao credor pignoratício, hipotecário ou anticrético não intimado.

§ 1º A alienação de bem objeto de promessa de compra e venda ou de cessão registrada será ineficaz em relação ao promitente comprador ou ao cessionário não intimado.

§ 2º A alienação de bem sobre o qual tenha sido instituído direito de superfície, seja do solo, da plantação ou da construção, será ineficaz em relação ao concedente ou ao concessionário não intimado.

§ 3º A alienação de direito aquisitivo de bem objeto de promessa de venda, de promessa de cessão ou de alienação fiduciária será ineficaz em relação ao promitente vendedor, ao promitente cedente ou ao proprietário fiduciário não intimado.

§ 4º A alienação de imóvel sobre o qual tenha sido instituída enfiteuse, concessão de uso especial para fins de moradia ou concessão de direito real de uso será ineficaz em relação ao enfiteuta ou ao concessionário não intimado.

§ 5º A alienação de direitos do enfiteuta, do concessionário de direito real de uso ou do concessionário de uso especial para fins de moradia será ineficaz em relação ao proprietário do respectivo imóvel não intimado.

§ 6º A alienação de bem sobre o qual tenha sido instituído usufruto, uso ou habitação será ineficaz em relação ao titular desses direitos reais não intimado.

Apenas o *caput* deste dispositivo guarda relação com o modelo primitivo (CPC/73), tratando de casos de alienação de bem gravado com algum ônus real, sem que tenha ocorrido a intimação do credor pignoratício, hipotecário ou anticrético envolvido, embora tenha excluído o usufrutuário. Todos os parágrafos são inéditos, impondo a necessidade de intimação do beneficiário do direito real de garantia. São previstos casos como o de promessa de compra e venda ou cessão, direito de superfície, dentre outros.

Art. 805

Art. 805. Quando por vários meios o exequente puder promover a execução, o juiz mandará que se faça pelo modo menos gravoso para o executado.

Parágrafo único. Ao executado que alegar ser a medida executiva mais gravosa incumbe indicar outros meios mais eficazes e menos onerosos, sob pena de manutenção dos atos executivos já determinados.

O dispositivo cuida do princípio do menor sacrifício do executado, pelo qual, se a execução puder ser realizada de várias formas, então que ela se desenvolva da maneira menos prejudicial ao devedor. A inovação fica em razão da criação do parágrafo único, que impõe ao executado, quando alegar que a medida é mais grave, o ônus de indicar outros meios mais eficazes e menos onerosos, sob pena de serem mantidos os atuais, o que é salutar e prestigia a boa-fé entre as partes (art. 5º).

> **Princípio do menor sacrifício do executado e a possibilidade de substituir bem penhorado. Fiança bancária e seguro garantia judicial produzem os mesmos efeitos que dinheiro.** *"7. O CPC/2015 (art. 835, § 2º) equiparou, para fins de substituição da penhora, a dinheiro a fiança bancária e o seguro garantia judicial, desde que em valor não inferior ao do débito constante da inicial da execução, acrescido de 30% (trinta por cento). 8. O seguro garantia judicial, espécie de seguro de danos, garante o pagamento de valor correspondente aos depósitos judiciais que o tomador (potencial devedor) necessite realizar no trâmite de processos judiciais, incluídas multas e indenizações. A cobertura terá efeito depois de transitada em julgado a decisão ou o acordo judicial favorável ao segurado (potencial credor de obrigação pecuniária sub judice) e sua vigência deverá vigorar até a extinção das obrigações do tomador* (Circular Susep nº 477/2013). *A renovação da apólice, a princípio automática, somente não ocorrerá se não houver mais risco a ser coberto ou se apresentada nova garantia. 9. No cumprimento de sentença, a fiança bancária e o seguro garantia judicial são as opções mais eficientes sob o prisma da análise econômica do direito, visto que reduzem os efeitos prejudiciais da penhora ao desonerar os ativos de sociedades empresárias submetidas ao processo de execução, além de assegurar, com eficiência equiparada ao dinheiro, que o exequente receberá a soma pretendida quando obter êxito ao final da demanda. 10. Dentro do sistema de execução, a fiança bancária e o seguro garantia judicial produzem os mesmos efeitos jurídicos que o dinheiro para fins de garantir o juízo, não podendo o exequente rejeitar a indicação, salvo por insuficiência, defeito formal ou inidoneidade da salvaguarda oferecida. 11. Por serem automaticamente conversíveis em dinheiro ao final do feito executivo, a fiança bancária e o seguro garantia judicial acarretam a harmonização entre o princípio da máxima eficácia da execução para o credor e o princípio da menor onerosidade para o executado, a aprimorar consideravelmente as bases do sistema de penhora judicial e a ordem de gradação legal de bens penhoráveis, conferindo maior proporcionalidade aos meios de satisfação do crédito ao exequente. 12. No caso, após a definição dos valores a serem pagos a título de perdas e danos e de astreintes, nova penhora poderá ser feita, devendo ser autorizado, nesse instante, o oferecimento de seguro garantia judicial pelo devedor, desde que cubra a integralidade do débito e contenha o acréscimo de 30% (trinta por cento), pois, com a entrada em vigor do CPC/2015, equiparou-se a dinheiro. 13. Não evidenciado o caráter protelatório*

> *dos embargos de declaração, impõe-se a inaplicabilidade da multa prevista no § 2º do art. 1.026 do CPC/2015. Incidência da Súmula nº 98/STJ. 14. Recurso especial provido"* (STJ. RESP nº 1.691.748/PR. Rel. Min. Ricardo Villas Bôas Cuevas. DJ 17/11/2017).

CAPÍTULO II
DA EXECUÇÃO PARA A ENTREGA DE COISA

Seção I
Da Entrega de Coisa Certa

Art. 806

Art. 806. O devedor de obrigação de entrega de coisa certa, constante de título executivo extrajudicial, será citado para, em 15 (quinze) dias, satisfazer a obrigação.

§ 1º Ao despachar a inicial, o juiz poderá fixar multa por dia de atraso no cumprimento da obrigação, ficando o respectivo valor sujeito a alteração, caso se revele insuficiente ou excessivo.

§ 2º Do mandado de citação constará ordem para imissão na posse ou busca e apreensão, conforme se tratar de bem imóvel ou móvel, cujo cumprimento se dará de imediato, se o executado não satisfizer a obrigação no prazo que lhe foi designado.

Regula o procedimento para as execuções de títulos extrajudiciais que envolvam obrigação de entrega de coisa certa, sendo irrelevante a qualidade de quem está no polo ativo ou passivo, ou seja, tais demandas podem ser promovidas por ou em face da Fazenda Pública, pessoas jurídicas de direito público ou privado, dentre outros, sem qualquer modificação ritual.

Há mudança quanto ao prazo para o executado satisfazer a obrigação, que passa a ser de quinze dias após a citação. No mesmo ato que deferir a petição inicial, o magistrado já poderá fixar as *astreintes*, havendo previsão nova de que tais valores podem ser ampliados ou reduzidos. O tema *astreintes* já foi, por sinal, abordado em outra norma (art. 537).

Não havendo cumprimento da obrigação no prazo de quinze dias, o mandado a ser cumprido pelo oficial de justiça passa a ter como objeto a imissão na posse do imóvel ou a busca e apreensão do móvel, conforme o caso. Ressalva-se que não há necessidade de primeiro ser depositada a coisa para depois iniciar o prazo para o executado embargar, o que até mesmo é ressaltado em outro dispositivo (art. 914).

Art. 807

> Art. 807. Se o executado entregar a coisa, será lavrado o termo respectivo e considerada satisfeita a obrigação, prosseguindo-se a execução para o pagamento de frutos ou o ressarcimento de prejuízos, se houver.

O dispositivo em questão deve ser interpretado literalmente, prevendo que, com a entrega da coisa, será considerado que a obrigação já foi satisfeita, muito embora possa eventualmente prosseguir com o objetivo de obter o pagamento dos frutos ou o ressarcimento de prejuízos.

Art. 808

> Art. 808. Alienada a coisa quando já litigiosa, será expedido mandado contra o terceiro adquirente, que somente será ouvido após depositá-la.

O dispositivo, idêntico ao do modelo anterior (CPC/73), trata de alienação de coisa "já litigiosa", o que ocorre com a realização da citação no processo (art. 240). Em tais casos, será expedido mandado em relação ao terceiro adquirente, que somente será ouvido em juízo após proceder ao depósito da coisa.

Art. 809

> Art. 809. O exequente tem direito a receber, além de perdas e danos, o valor da coisa, quando essa se deteriorar, não lhe for entregue, não for encontrada ou não for reclamada do poder de terceiro adquirente.
>
> § 1º Não constando do título o valor da coisa e sendo impossível sua avaliação, o exequente apresentará estimativa, sujeitando-a ao arbitramento judicial.
>
> § 2º Serão apurados em liquidação o valor da coisa e os prejuízos.

O dispositivo em questão deve ser interpretado literalmente, tratando do direito do exequente de receber, além das perdas e danos, o valor da coisa que se deteriorou, não lhe foi entregue, não foi encontrada ou não foi reclamada em poder do terceiro. Os parágrafos regulam como se deve apurar o valor do bem, caso ele não conste no título executivo extrajudicial. A jurisprudência recente também permite que na liquidação sejam apurados prejuízos sofridos em razão da demora.

> Execução para entrega de coisa incerta. Demora no cumprimento da obrigação que gerou prejuízos ao credor que podem ser apurados e executados nos mesmos autos. "*1. Extinção pelo acórdão recorrido de execução para entrega de coisa incerta, declarando quitada a obrigação, após a entrega do produto, mesmo com atraso, entendendo que os eventuais prejuízos sofridos pelo credor devem ser apurados em ação própria, não sendo possível prosseguir na via executória. 2. Possibilidade de conversão do procedimento de execução para entrega de coisa incerta para execução por quantia certa na hipótese de ter sido entregue o produto perseguido com atraso, gerando danos ao credor da obrigação. 3. Inteligência dos artigos 624, segunda parte, do CPC/73 c/c 389 do Código Civil. 4. A certeza da obrigação deriva da própria lei processual ao garantir, em favor do credor do título extrajudicial, os frutos e o ressarcimento dos prejuízos decorrentes da mora do devedor. 5. A liquidação pode ser por estimativa do credor ou por simples cálculo (art. 627, §§ 1º e 2º, do CPC/73 ou art. 809, §§ 1º e 2º, do CPC/2015). 6. Reforma do acórdão recorrido para restabelecimento da decisão do juízo de primeiro grau, que havia procedido à conversão da execução*" (STJ. RESP nº 1.507.339/MT, Rel. Min. Paulo de Tarso Sanseverino. DJ 30/10/2017).

Art. 810

Art. 810. Havendo benfeitorias indenizáveis feitas na coisa pelo executado ou por terceiros de cujo poder ela houver sido tirada, a liquidação prévia é obrigatória.

Parágrafo único. Havendo saldo:

I – em favor do executado ou de terceiros, o exequente o depositará ao requerer a entrega da coisa;

II – em favor do exequente, esse poderá cobrá-lo nos autos do mesmo processo.

O dispositivo regula os casos em que houver benfeitorias indenizáveis, quando, então, deverá ocorrer liquidação prévia e obrigatória. O parágrafo único prevê o que deve ser realizado dependendo de a quem o saldo tiver sido favorável.

Seção II
Da Entrega de Coisa Incerta

Art. 811

Art. 811. Quando a execução recair sobre coisa determinada pelo gênero e pela quantidade, o executado será citado para entregá-la individualizada, se lhe couber a escolha.

Parágrafo único. Se a escolha couber ao exequente, esse deverá indicá-la na petição inicial.

O dispositivo em questão deve ser interpretado literalmente, tratando da execução para entrega de coisa incerta. Em um primeiro momento, haverá a necessidade de "concentrar a obrigação", ou seja, torná-la "certa", para que na sequência seja aplicado o procedimento antecedente (art. 806 – art. 810). O artigo regula como esta concentração deve ser realizada, dependendo de a escolha caber ao exequente ou ao executado.

Art. 812

> Art. 812. Qualquer das partes poderá, no prazo de 15 (quinze) dias, impugnar a escolha feita pela outra, e o juiz decidirá de plano ou, se necessário, ouvindo perito de sua nomeação.

O dispositivo em questão deve ser interpretado literalmente, embora haja um acréscimo do prazo para uma das partes discordar da escolha feita pela outra, o que agora poderá ser manifestado no prazo de quinze dias.

Art. 813

> Art. 813. Aplicar-se-ão à execução para entrega de coisa incerta, no que couber, as disposições da Seção I deste Capítulo.

O dispositivo em questão deve ser interpretado literalmente, prevendo que, após a concentração da obrigação haver sido feita, observar-se-á o rito para execução por título extrajudicial que tenha como objeto uma obrigação líquida, certa e exigível de entrega de coisa certa.

CAPÍTULO III
DA EXECUÇÃO DAS OBRIGAÇÕES DE FAZER OU DE NÃO FAZER

Seção I
Disposições Comuns

Art. 814

> Art. 814. Na execução de obrigação de fazer ou não fazer fundada em título extrajudicial, ao despachar a inicial, o juiz fixará multa por período de atraso no cumprimento da obrigação e a data a partir da qual será devida.
>
> Parágrafo único. Se o valor da multa estiver previsto no título e for excessivo, o juiz poderá reduzi-lo.

Dispositivo com redação idêntica à do modelo anterior (CPC/73). Prevê que para as execuções de obrigação de fazer ou não fazer reconhecidas em título executivo extrajudicial, o magistrado já fixará multa ao despachar a inicial.

Estabelece, igualmente, que o juiz pode reduzir o valor de multa fixada entre as partes, o que soa inconstitucional. É bem certo que o dispositivo não esclarece se esta "multa" se refere à "cláusula penal" ou "*astreintes*". No primeiro caso, esta interpretação estaria violando o princípio da inércia. Já no segundo, incabível que as partes possam, de comum acordo, engessar a atividade jurisdicional criando meios executivos ao largo do aparato judicial. Este artigo, portanto, deve ser interpretado no sentido de que a "multa" nele mencionada, seja entendida como "cláusula penal", mas desde que haja requerimento do interessado neste sentido, pois é a única forma de aproveitá-lo.

> **Verbete nº 410 da Súmula do STJ:** "*A prévia intimação pessoal do devedor constitui condição necessária para a cobrança de multa pelo descumprimento de obrigação de fazer ou não fazer*" (N.A. o verbete sumular se refere às astreintes).

Seção II
Da Obrigação de Fazer

Art. 815

> **Art. 815.** Quando o objeto da execução for obrigação de fazer, o executado será citado para satisfazê-la no prazo que o juiz lhe designar, se outro não estiver determinado no título executivo.

Dispositivo com redação idêntica à do modelo anterior (CPC/73). Prevê que o executado será citado para satisfazer a obrigação de fazer no prazo estipulado pelo magistrado, se outro não estiver fixado no título executivo.

Art. 816

> **Art. 816.** Se o executado não satisfizer a obrigação no prazo designado, é lícito ao exequente, nos próprios autos do processo, requerer a satisfação da obrigação à custa do executado ou perdas e danos, hipótese em que se converterá em indenização.
>
> **Parágrafo único.** O valor das perdas e danos será apurado em liquidação, seguindo-se a execução para cobrança de quantia certa.

O dispositivo em questão deve ser interpretado literalmente, tratando da hipótese em que a obrigação não tiver sido cumprida no prazo estabelecido. Neste caso, caberá ao credor optar pela conversão da obrigação de fazer em obrigação de pagar indenização por perdas e danos (o que será apurado em liquidação, seguindo-se a execução para cobrança de quantia certa) ou requerer que a obrigação de fazer seja realizada por terceiros, à custa do executado.

> Enunciado nº 103 da I Jornada de Processo Civil CEJ/CJF: *"Pode o exequente – em execução de obrigação de fazer fungível, decorrente do inadimplemento relativo, voluntário e inescusável do executado – requerer a satisfação da obrigação por terceiro, cumuladamente ou não com perdas e danos, considerando que o caput do art. 816 do CPC não derrogou o caput do art. 249 do Código Civil".*

Art. 817

Art. 817. Se a obrigação puder ser satisfeita por terceiro, é lícito ao juiz autorizar, a requerimento do exequente, que aquele a satisfaça à custa do executado.

Parágrafo único. O exequente adiantará as quantias previstas na proposta que, ouvidas as partes, o juiz houver aprovado.

O dispositivo em questão deve ser interpretado literalmente, tratando de uma das hipóteses mencionadas no artigo antecedente. É que, se o credor optar por um terceiro cumprir a obrigação, caberá a ele antecipar as despesas necessárias para, depois, se sub-rogar no direito de receber esses valores.

Art. 818

Art. 818. Realizada a prestação, o juiz ouvirá as partes no prazo de 10 (dez) dias e, não havendo impugnação, considerará satisfeita a obrigação.

Parágrafo único. Caso haja impugnação, o juiz a decidirá.

O dispositivo em questão deve ser interpretado literalmente, prevendo que, após ter sido realizada a obrigação de fazer por terceiro, o juiz ouvirá as partes em dez dias, findos os quais irá considerar como satisfeita a obrigação, caso não haja impugnação de qualquer uma delas.

Art. 819

Art. 819. Se o terceiro contratado não realizar a prestação no prazo ou se o fizer de modo incompleto ou defeituoso, poderá o exequente requerer ao juiz, no prazo de 15 (quinze) dias, que o autorize a concluí-la ou a repará-la à custa do contratante.

Parágrafo único. Ouvido o contratante no prazo de 15 (quinze) dias, o juiz mandará avaliar o custo das despesas necessárias e o condenará a pagá-lo.

O dispositivo disciplina os casos em que o terceiro contratado não realizar a prestação no prazo ou a realizar de modo incompleto. O prazo foi ampliado para quinze dias, tanto para o requerimento do exequente com a finalidade de que possa concluir a prestação ou repará-la, bem como do contratante para se manifestar a respeito.

Art. 820

Art. 820. Se o exequente quiser executar ou mandar executar, sob sua direção e vigilância, as obras e os trabalhos necessários à realização da prestação, terá preferência, em igualdade de condições de oferta, em relação ao terceiro.

Parágrafo único. O direito de preferência deverá ser exercido no prazo de 5 (cinco) dias, após aprovada a proposta do terceiro.

O dispositivo em questão deve ser interpretado literalmente, cuidando do direito de preferência do exequente caso o próprio queira executar ou mandar executar, sob a sua direção e vigilância, as obras e trabalhos necessários à prestação do fato.

Art. 821

Art. 821. Na obrigação de fazer, quando se convencionar que o executado a satisfaça pessoalmente, o exequente poderá requerer ao juiz que lhe assine prazo para cumpri-la.

Parágrafo único. Havendo recusa ou mora do executado, sua obrigação pessoal será convertida em perdas e danos, caso em que se observará o procedimento de execução por quantia certa.

O dispositivo em questão deve ser interpretado literalmente, tratando de casos de obrigação de fazer de cunho personalíssimo. Neles, o descumprimento já pode gerar a conversão desta obrigação em perdas e danos, caso em que, após ter sido ultimada a liquidação (quando necessária), será iniciado o procedimento de execução por quantia certa, só que agora fundado em título executivo judicial. Ressalva-se que o dispositivo não prevê expressamente a necessidade de liquidação, mas, para se guardar observância à escorreita sistemática, esta pode ser necessária, estando até mesmo expressamente prevista para casos semelhantes, que envolvam obrigação de não fazer (art. 823).

Seção III
Da Obrigação de Não Fazer

Art. 822

> Art. 822. Se o executado praticou ato a cuja abstenção estava obrigado por lei ou por contrato, o exequente requererá ao juiz que assine prazo ao executado para desfazê-lo.

O dispositivo em questão deve ser interpretado literalmente, tratando da possibilidade de a execução ser promovida com base em título extrajudicial que envolva obrigação de não fazer.

Art. 823

> Art. 823. Havendo recusa ou mora do executado, o exequente requererá ao juiz que mande desfazer o ato à custa daquele, que responderá por perdas e danos.
>
> Parágrafo único. Não sendo possível desfazer-se o ato, a obrigação resolve-se em perdas e danos, caso em que, após a liquidação, se observará o procedimento de execução por quantia certa.

O dispositivo em questão deve ser interpretado literalmente, quando houver mora ou recusa do executado no cumprimento da obrigação. Há, porém, novidades no parágrafo único, que prevê que se não for possível desfazer o ato, a obrigação será convertida em perdas e danos, caso em que, após ter sido ultimada a liquidação, será iniciado o procedimento de execução por quantia certa, só que agora fundada em título executivo judicial.

CAPÍTULO IV
DA EXECUÇÃO POR QUANTIA CERTA

Seção I
Disposições Gerais

Art. 824

> Art. 824. A execução por quantia certa realiza-se pela expropriação de bens do executado, ressalvadas as execuções especiais.

O dispositivo começa a regular as disposições gerais sobre a execução por quantia certa em título extrajudicial que contenha obrigação de pagar. Mantém a previsão de que este modelo executivo se desenvolve e se realiza pela expropriação de bens do devedor, ressalvadas as execuções especiais, como aquela promovida em face da Fazenda Pública, cuja obrigação será cumprida por meio do precatório ou do RPV.

Art. 825

> Art. 825. A expropriação consiste em:
>
> I – adjudicação;
>
> II – alienação;
>
> III – apropriação de frutos e rendimentos de empresa ou de estabelecimentos e de outros bens.

Há alguns ajustes na redação do dispositivo, que trata das formas de expropriação. É mantida a "adjudicação" como modalidade preferencial. A "alienação" passa a ser a segunda, embora não mais conste, ao menos neste artigo, se é realizada por iniciativa particular ou em hasta pública, o que será tratado em momento próprio (art. 879). Por fim, uma terceira modalidade seria pela "apropriação de frutos e rendimentos de empresa ou estabelecimentos e de outros bens", que resulta em uma alteração da nomenclatura do modelo anterior (CPC/73), que se reportava apenas ao usufruto de bem móvel ou imóvel.

Art. 826

> Art. 826. Antes de adjudicados ou alienados os bens, o executado pode, a todo tempo, remir a execução, pagando ou consignando a importância atualizada da dívida, acrescida de juros, custas e honorários advocatícios.

O dispositivo em questão deve ser interpretado literalmente, tratando do instituto da "remição", que pode ser exercido pelo devedor, desde que pague ou consigne toda a importância devidamente atualizada, com juros e honorários advocatícios. Este instituto pode impedir a expropriação de um bem já penhorado, por caracterizar um resgate, ficando o credor com o valor depositado. Há, porém, outros casos de remição no CPC (v.g., art. 877, § 3º, e art. 902).

Seção II
Da Citação do Devedor e do Arresto

Art. 827

Art. 827. Ao despachar a inicial, o juiz fixará, de plano, os honorários advocatícios de dez por cento, a serem pagos pelo executado.

§ 1º No caso de integral pagamento no prazo de 3 (três) dias, o valor dos honorários advocatícios será reduzido pela metade.

§ 2º O valor dos honorários poderá ser elevado até vinte por cento, quando rejeitados os embargos à execução, podendo a majoração, caso não opostos os embargos, ocorrer ao final do procedimento executivo, levando-se em conta o trabalho realizado pelo advogado do exequente.

O dispositivo cuida do procedimento para a execução por título extrajudicial, que contenha obrigação de pagar. Este rito passa a ser o seguinte: **petição inicial → deferimento da execução, fixação dos honorários advocatícios e determinação para citar o executado, estando este ciente de que se pagar integralmente o débito em três dias os honorários serão reduzidos pela metade → não ocorrendo cumprimento, a partir do quarto dia a penhora e avaliação já poderão ser realizadas pelo oficial de justiça → após a juntada do mandado de citação aos autos, se inicia o prazo de quinze dias para oferecer embargos ou requerer o parcelamento da dívida.**

As modificações são que agora os honorários não serão inicialmente fixados de acordo com o que o magistrado entender como razoável, mas sim em dez por cento. O parágrafo segundo possibilita que haja majoração da verba honorária para vinte por cento, seja quando os embargos forem rejeitados ou mesmo quando ao final do procedimento for percebido um trabalho exaustivo desempenhado pelo patrono do credor.

> Enunciado nº 51 da ENFAM: "*A majoração de honorários advocatícios prevista no art. 827, § 2º, do CPC/2015 não é aplicável à impugnação ao cumprimento de sentença*".

Art. 828

Art. 828. O exequente poderá obter certidão de que a execução foi admitida pelo juiz, com identificação das partes e do valor da causa, para fins de averbação no registro de imóveis, de veículos ou de outros bens sujeitos a penhora, arresto ou indisponibilidade.

§ 1º No prazo de 10 (dez) dias de sua concretização, o exequente deverá comunicar ao juízo as averbações efetivadas.

§ 2º Formalizada penhora sobre bens suficientes para cobrir o valor da dívida, o exequente providenciará, no prazo de 10 (dez) dias, o cancelamento das averbações relativas àqueles não penhorados.

§ 3º O juiz determinará o cancelamento das averbações, de ofício ou a requerimento, caso o exequente não o faça no prazo.

§ 4º Presume-se em fraude à execução a alienação ou a oneração de bens efetuada após a averbação.

§ 5º O exequente que promover averbação manifestamente indevida ou não cancelar as averbações nos termos do § 2º indenizará a parte contrária, processando-se o incidente em autos apartados.

O dispositivo em questão deve ser interpretado literalmente, tratando da faculdade de o credor obter certidão de distribuição da execução para que seja averbada em registro de imóveis, de veículos, entre outros. Mas há novidades. A primeira, é que para que esta certidão seja expedida, a execução deve ter sido primeiramente deferida pelo magistrado. Passa a ter previsão de que, com a efetivação de penhora suficiente, caberá ao exequente o ônus de, em dez dias, cancelar as averbações relativas aos bens que não foram penhorados, muito embora isso também possa ser determinado de ofício caso o exequente não cumpra este prazo. Outra norma (art. 844) cuida da possibilidade de averbar o termo ou auto de penhora ou arresto.

> Verbete nº 375 da Súmula do STJ: *"O reconhecimento da fraude de execução depende do registro da penhora do bem alienado ou da prova de má-fé do terceiro adquirente"*.

Art. 829

Art. 829. O executado será citado para pagar a dívida no prazo de 3 (três) dias, contado da citação.

§ 1º Do mandado de citação constarão, também, a ordem de penhora e a avaliação a serem cumpridas pelo oficial de justiça tão logo verificado o não pagamento no prazo assinalado, de tudo lavrando-se auto, com intimação do executado.

§ 2º A penhora recairá sobre os bens indicados pelo exequente, salvo se outros forem indicados pelo executado e aceitos pelo juiz, mediante demonstração de que a constrição proposta lhe será menos onerosa e não trará prejuízo ao exequente.

O dispositivo traz mudanças infelizes, que tumultuarão o processamento desses feitos. Realmente, passa a ser expresso que o prazo de três dias para que o executado pague a dívida seja contado a partir da citação, e não da juntada do mandado. Esse entendimento era defendido por doutrina minoritária e ficou incoerente quando confrontado com outras normas do CPC, que preveem, por exemplo, que o prazo para embargar será de quinze dias da juntada do mandado cumprido (art. 915). Aí reside a confusão que irá ocorrer. Havendo a citação, a partir dela o devedor terá o prazo de três dias para pagar. Contudo, somente a partir do momento em que o mandado de citação for juntado aos autos é que se iniciará o prazo de quinze dias para o executado oferecer embargos ou parcelar.

Não há qualquer justificativa plausível para esta redação como se encontra no CPC, nem mesmo aduzindo que o prazo não é para a prática de ato processual, e sim de cunho material, pois traz reflexos enormes ao processo. Portanto, aqui se defende, para manter coerência com todo o sistema do CPC, que continue sendo aplicável o entendimento majoritário anterior de que, mesmo em execução, o prazo nestas hipóteses somente se iniciará da juntada do mandado, e não da realização da citação propriamente dita.

O parágrafo segundo do dispositivo prevê que os bens serão penhorados de acordo com a indicação do credor, o que deve sofrer releitura, pois deve ser observada a ordem de preferência legal (art. 835). Esta ordem, contudo, não é absoluta, podendo ceder em casos em que o credor não tenha prejuízo e a execução possa se desenvolver de uma maneira não tão onerosa ao devedor.

> Enunciado nº 85 da I Jornada de Processo Civil CEJ/CJF: *"Na execução de título extrajudicial ou judicial (art. 515, § 1º, do CPC) é cabível a citação postal"*.

Art. 830

Art. 830. Se o oficial de justiça não encontrar o executado, arrestar--lhe-á tantos bens quantos bastem para garantir a execução.

§ 1º Nos 10 (dez) dias seguintes à efetivação do arresto, o oficial de justiça procurará o executado 2 (duas) vezes em dias distintos e, havendo suspeita de ocultação, realizará a citação com hora certa, certificando pormenorizadamente o ocorrido.

§ 2º Incumbe ao exequente requerer a citação por edital, uma vez frustradas a pessoal e a com hora certa.

§ 3º Aperfeiçoada a citação e transcorrido o prazo de pagamento, o arresto converter-se-á em penhora, independentemente de termo.

O dispositivo cuida do instituto do "arresto", que, apesar do nome, não possui feição cautelar, e sim executiva, sendo o equivalente a uma "pré-penhora", podendo ser realizado enquanto não tiver ocorrido a citação na execução, pois, após esta, o mais adequado já seria permitir a penhora. Por este motivo, aliás, é que este instituto, inclusive, somente tem aplicação na execução por título extrajudicial, eis que no cumprimento de sentença o executado já se encontra nos autos desde o início.

Há, porém, mudanças no processamento deste arresto, que reduziu a necessidade de o oficial de justiça se dirigir até o local a apenas duas vezes, bem como passa a ser autorizada expressamente que a citação seja realizada pela modalidade por hora certa. Os parágrafos segundo e terceiro disciplinam o restante do processamento, com diferenças em relação ao modelo primitivo (CPC/73), eis que impõem que o exequente promova a citação por editais, bem como que, findo o prazo para pagamento, o arresto será convertido em penhora.

> **Verbete nº 196 da Súmula do STJ:** *"Ao executado que, citado por edital ou por hora certa, permanecer revel, será nomeado curador especial, com legitimidade para apresentação de embargos".*

> **Possibilidade de arresto online (CPC/73).** *"DIREITO PROCESSUAL CIVIL. ARRESTO EXECUTIVO POR MEIO ELETRÔNICO. Será admissível o arresto de bens penhoráveis na modalidade on-line quando não localizado o executado para citação em execução de título extrajudicial. De fato, a própria legislação prevê medidas judiciais constritivas passíveis de deferimento sem a prévia oitiva da parte contrária. Entre elas, encontra-se o arresto executivo de que trata o art. 653 do CPC (também denominado de prévio ou pré-penhora): medida de caráter cautelar consubstanciada na constrição de bens do executado com o intuito de assegurar a efetivação de futura penhora tão somente na hipótese dele (o executado) não ter sido encontrado para citação. Dessa forma, em interpretação conjunta dos arts. 653 e 654 do CPC, no processo de execução de título extrajudicial, não sendo localizado o devedor, será cabível o arresto de seus bens. Não ocorrendo o pagamento após a citação do executado, que inclusive poderá ser ficta, a medida constritiva será convertida em penhora. Ante o exposto, infere-se que a citação é condição apenas para a conversão do arresto em penhora, e não para a constrição nos termos do art. 653 do CPC. Assim, mostra-se plenamente viável o arresto na hipótese em que tenha sido frustrada, em execução de título extrajudicial, a tentativa de citação do executado. Quanto à possibilidade de arresto na modalidade on-line, mediante bloqueio eletrônico de valores, a Primeira Seção do STJ (RESP 1.184.765-PA, julgado conforme o rito do art. 543-C do CPC) entendeu possível a realização de arresto prévio por meio eletrônico (sistema Bacen-Jud) no âmbito da execução fiscal. Em que pese o referido precedente ter sido firmado à luz da Lei nº 6.830/80 (Lei de Execuções Fiscais), é inevitável a aplicação desse entendimento também às execuções de títulos extrajudiciais reguladas pelo CPC, tendo em vista os ideais de celeridade e efetividade da prestação jurisdicional. Por consequência, aplica-se, por analogia, ao arresto executivo em análise o art. 655-A do CPC, permitindo, portanto, o arresto na modalidade on-line. Por fim, ressalta-se, evidentemente, que o arresto executivo realizado por meio eletrônico não poderá*

> *recair sobre bens impenhoráveis (art. 649 do CPC e Lei nº 8.009/90), por sua natureza de pré-penhora e considerando o disposto no art. 821 do CPC (dispositivo legal que se refere ao arresto cautelar): "Aplicam-se ao arresto as disposições referentes à penhora, não alteradas na presente Seção"* (STJ. RESP 1.338.032-SP, Rel. Min. Sidnei Beneti, julgado em 05/11/2013).

Seção III
Da Penhora, do Depósito e da Avaliação

Subseção I
Do Objeto da Penhora

Art. 831

Art. 831. A penhora deverá recair sobre tantos bens quantos bastem para o pagamento do principal atualizado, dos juros, das custas e dos honorários advocatícios

---

O dispositivo em questão deve ser interpretado literalmente, prevendo que a penhora deve recair sobre tantos bens quantos forem necessários para integral satisfação da dívida, além dos seus consectários legais.

Art. 832

Art. 832. Não estão sujeitos à execução os bens que a lei considera impenhoráveis ou inalienáveis.

O dispositivo é autoexplicativo, prevendo que não estão sujeitos à execução os bens que a lei considerar impenhoráveis ou inalienáveis. É a hipótese, por exemplo, dos bens públicos (art. 100, CC).

Art. 833

Art. 833. São impenhoráveis:

I - os bens inalienáveis e os declarados, por ato voluntário, não sujeitos à execução;

II - os móveis, os pertences e as utilidades domésticas que guarnecem a residência do executado, salvo os de elevado valor ou os que ultrapassem as necessidades comuns correspondentes a um médio padrão de vida;

III – os vestuários, bem como os pertences de uso pessoal do executado, salvo se de elevado valor;

IV – os vencimentos, os subsídios, os soldos, os salários, as remunerações, os proventos de aposentadoria, as pensões, os pecúlios e os montepios, bem como as quantias recebidas por liberalidade de terceiro e destinadas ao

sustento do devedor e de sua família, os ganhos de trabalhador autônomo e os honorários de profissional liberal, ressalvado o § 2º;

V – os livros, as máquinas, as ferramentas, os utensílios, os instrumentos ou outros bens móveis necessários ou úteis ao exercício da profissão do executado;

VI – o seguro de vida;

VII – os materiais necessários para obras em andamento, salvo se essas forem penhoradas;

VIII – a pequena propriedade rural, assim definida em lei, desde que trabalhada pela família;

IX – os recursos públicos recebidos por instituições privadas para aplicação compulsória em educação, saúde ou assistência social;

X – a quantia depositada em caderneta de poupança, até o limite de 40 (quarenta) salários-mínimos;

XI – os recursos públicos do fundo partidário recebidos por partido político, nos termos da lei;

XII – os créditos oriundos de alienação de unidades imobiliárias, sob regime de incorporação imobiliária, vinculados à execução da obra.

§ 1º A impenhorabilidade não é oponível à execução de dívida relativa ao próprio bem, inclusive àquela contraída para sua aquisição.

§ 2º O disposto nos incisos IV e X do *caput* não se aplica à hipótese de penhora para pagamento de prestação alimentícia, independentemente de sua origem, bem como às importâncias excedentes a 50 (cinquenta) salários-mínimos mensais, devendo a constrição observar o disposto no art. 528, § 8º, e no art. 529, § 3º.

§ 3º Incluem-se na impenhorabilidade prevista no inciso V do *caput* os equipamentos, os implementos e as máquinas agrícolas pertencentes a pessoa física ou a empresa individual produtora rural, exceto quando tais bens tenham sido objeto de financiamento e estejam. vinculados em garantia a negócio jurídico ou quando respondam por dívida de natureza alimentar, trabalhista ou previdenciária.

O CPC, ao dispor sobre os bens considerados como impenhoráveis (art. 833), suprimiu a palavra "absolutamente", que constava no modelo primitivo (art. 649, CPC/73). A supressão foi proposital, pois doutrina ativa na tramitação da novel legislação já defendia a possibilidade de a parte renunciar a esta proteção. Contudo, a jurisprudência sempre foi refratária a este entendimento, o que parece o mais acertado. Com efeito, basta uma atenta leitura da norma em comento (art. 833), para se chegar à conclusão de que, naquelas situações em que o legislador erigiu um bem como impenhorável, pautou em um critério razoável para proteger um direito ou interesse extremamente relevante, como vestuário, utensílios domésticos, exercício de profissão, dentre outras mais. Logo, não poderia esta proteção, diretamente ligada à garantia da dignidade da pessoa humana (art. 1º, inc. III, CF/88), ser renunciada em negócio processual.

Não se discute aqui que, na inexistência de um processo judicial, a parte até poderá renunciar unilateralmente a todo o seu patrimônio. Contudo, na pendência deste, esta renúncia já não seria aceita, muito menos quando pactuada bilateralmente entre credor e devedor, nas chamadas convenções pré-processuais. Do contrário, também aqui haverá, mais uma vez, preocupação, principalmente com as relações consumeiristas, pois, diante do novo "arcabouço" (mesmo!) normativo, os consumidores terão que analisar com muito afinco os contratos que celebram, especialmente os de financiamento perante as instituições financeiras, para perquirir se estarão renunciando à impenhorabilidade do bem de família, entre outros relacionados na legislação (art. 833).

Quanto ao conteúdo do dispositivo, há algumas mudanças, muito embora a maioria dos incisos permaneça com a mesma redação (art. 833, incs. I, II, III, IV, VI, VII, VIII e IX). O quinto inciso foi levemente modificado para fazer constar que os instrumentos úteis para o exercício da profissão do executado é que serão impenhoráveis. O décimo e o décimo primeiro incisos mantêm a sua essência, embora tenham sofrido ajustes redacionais. O décimo segundo inciso cuida de uma novidade, pelo menos no CPC, ao estabelecer a impenhorabilidade dos créditos oriundos de alienação de unidades imobiliárias, sob o regime de incorporação imobiliária, que sejam vinculados à execução da obra. Vale dizer que este novo inciso, em realidade, já era até previsto, mas em outra lei específica (art. 31-A, Lei nº 10.931/2004).

Há, porém, outras mudanças nos parágrafos. No primeiro deles, não é possível alegar a impenhorabilidade do bem quando se tratar de dívida contraída em relação a ele ou para sua aquisição. Já o parágrafo segundo passa a prever que, tanto nas hipóteses previstas no quarto quanto no décimo incisos, não haverá impenhorabilidade de tais bens para pagamento de dívidas alimentícias, independentemente de sua origem. Este parágrafo também afasta a impenhorabilidade de qualquer quantia recebida pelo executado que exceder cinquenta salários-mínimos. O parágrafo terceiro, por fim, é uma novidade, pois não há norma correspondente no modelo primitivo (CPC/73).

> **Verbete nº 205 da Súmula do STJ:** "*A Lei nº 8.009/90 aplica-se à penhora realizada antes da sua vigência*".
>
> **Verbete nº 364 da Súmula do STJ:** "*O conceito de impenhorabilidade do bem de família abrange também o imóvel pertencente a pessoas solteiras, separadas e viúvas*".
>
> **Verbete nº 63 da Súmula do TJ-RJ:** "*Cabe a incidência da penhora sobre imóvel único do fiador de contrato de locação, Lei nº 8.009/90 (art. 3º, VII) e Lei nº 8.245/91*".
>
> **Enunciado nº 105 da I Jornada de Processo Civil CEJ/CJF:** "*As hipóteses de penhora do art. 833, § 2º, do CPC aplicam-se ao cumprimento da sentença ou à execução de título extrajudicial relativo a honorários advocatícios, em razão de sua natureza alimentar*".

> **Impenhorabilidade de saldo em conta de FGTS para pagamento de honorários advocatícios.** "*1. Recurso especial interposto contra acórdão publicado na vigência do Código de Processo Civil de 1973 (Enunciados Administrativos nºs 2 e 3/STJ). 2. Cinge-se a controvérsia a verificar a possibilidade de penhora do saldo do Fundo de Garantia por Tempo de Serviço – FGTS para o pagamento de honorários de sucumbência. 3. O Superior Tribunal de Justiça, em linhas gerais, tem dado interpretação extensiva à expressão "prestação alimentícia" constante do § 2º do artigo 649 do Código de Processo Civil de 1973, afastando a impenhorabilidade de salários e vencimentos nos casos de pagamento de prestações alimentícias lato senso, englobando prestação de alimentos stricto senso e outras verbas de natureza alimentar, como os honorários advocatícios contratuais e sucumbenciais. 4. A hipótese dos autos não é propriamente de penhora de salários e vencimentos, mas, sim, de saldo do fundo de garantia por tempo de serviço – FGTS, verba que tem regramento próprio. 5. De acordo com o artigo 7º, III, da Constituição Federal, o FGTS é um direito de natureza trabalhista e social. Trata-se de uma poupança forçada do trabalhador, que tem suas hipóteses de levantamento elencadas na Lei nº 8.036/90. O rol não é taxativo, tendo sido contemplados casos diretamente relacionados com a melhora da condição social do trabalhador e de seus dependentes. 6. Esta Corte tem admitido, excepcionalmente, o levantamento do saldo do FGTS em circunstâncias não previstas na lei de regência, mais especificamente nos casos de comprometimento de direito fundamental do titular do fundo ou de seus dependentes, o que não ocorre na situação retratada nos autos. 7. Recurso especial não provido*" (STJ. RESP nº 1.619.868/SP, Rel. Min. Ricardo Villas Bôas Cueva. DJ 30/10/2017).
>
> **Impenhorabilidade dos créditos vinculados ao FIES – recurso público recebido por instituição privada para aplicação compulsória em educação.** "*1. Cumprimento de sentença homologatória de acordo extrajudicial, requerido em 10/10/2014, de que foi extraído o presente recurso especial, interposto em 03/11/2015 e atribuído ao gabinete em 02/09/2016. 2. O propósito recursal é dizer sobre a possibilidade de penhora dos créditos vinculados ao programa Fundo de Financiamento Estudantil-FIES, constituídos em favor da recorrente. 3. A inserção do inciso IX no art. 649 do CPC/73, pela Lei 11.382/2006, visa a garantir a efetiva aplicação dos recursos públicos recebidos pelas entidades privadas às áreas da educação, saúde e assistência social, afastando a possibilidade de sua destinação para a satisfação de execuções individuais promovidas por particulares. 4. O recebimento,*

pelas instituições de ensino superior, dos Certificados Financeiros do Tesouro – Série E (CFT-E) – e mesmo do valor financeiro equivalente, no caso da sua recompra – está condicionado à efetiva prestação de serviços educacionais aos alunos beneficiados pelo financiamento estudantil, sendo, inclusive, vedada a sua negociação com outras pessoas jurídicas de direito privado (art. 10, § 1º, da Lei 10.260/2001). 5. O fato de a recorrente ter prestado os serviços de educação previamente ao recebimento dos créditos correspondentes do FIES não descaracteriza sua destinação; ao contrário, reforça a ideia de que se trata de recursos compulsoriamente aplicados em educação. 6. Considerando que, na hipótese, (i) a penhora incide diretamente na fonte dos recursos, ou seja, é clara a sua origem pública e (ii) os valores recebidos pela recorrente vinculam-se à contraprestação pelos serviços educacionais prestados, conclui-se pela impenhorabilidade dos créditos. 7. Recurso especial conhecido e provido" (STJ. RESP nº 1.588.226/DF. Rel.ª Min.ª Nancy Andrighi, DJ 20/10/2017).

Impenhorabilidade da pequena propriedade rural. Requisitos e ônus da prova. *"No que concerne à proteção da pequena propriedade rural, incumbe ao executado comprovar que a área é qualificada como pequena, nos termos legais; e ao exequente demonstrar que não há exploração familiar da terra"* (STJ. RESP 1.408.152-PR, Rel. Min. Luis Felipe Salomão, por unanimidade, julgado em 1º/12/2016, DJe 02/02/2017).

Impenhorabilidade de estabelecimento comercial cujo rendimento custeia a locação residencial da família do devedor. *"É impenhorável o único imóvel comercial do devedor quando o aluguel daquele está destinado unicamente ao pagamento de locação residencial por sua entidade familiar. Inicialmente, registre-se que o STJ pacificou a orientação de que não descaracteriza automaticamente o instituto do bem de família, previsto na Lei nº 8.009/90, a constatação de que o grupo familiar não reside no único imóvel de sua propriedade (AgRg no RESP 404.742-RS, Segunda Turma, DJe 19/12/2008; e AgRg no RESP 1.018.814-SP, Segunda Turma, DJe 28/11/2008). A Segunda Turma também possui entendimento de que o aluguel do único imóvel do casal não desconfigura como bem de família (RESP 855.543-DF, Segunda Turma, DJ 3/10/2006). Ainda sobre o tema, há entendimento acerca da impossibilidade de penhora de dinheiro aplicado em poupança, por se verificar sua vinculação ao financiamento para aquisição de imóvel residencial (RESP 707.623-RS, Segunda Turma, DJe 24/9/2009)"* (STJ. RESP 1.616.475-PE, Rel. Min. Herman Benjamin, julgado em 15/9/2016, DJe 11/10/2016 – Informativo nº 591).

Possibilidade de penhorar imóvel (bem de família) dado em hipoteca não registrada. *"DIREITO CIVIL E PROCESSUAL CIVIL. PENHORABILIDADE DE BEM DE FAMÍLIA IMÓVEL DADO EM HIPOTECA NÃO REGISTRADA. A ausência de registro da hipoteca em cartório de registro de imóveis não afasta a exceção à regra de impenhorabilidade prevista no art. 3º, V, da Lei nº 8.009/90, a qual autoriza a penhora de bem de família dado em garantia hipotecária na hipótese de dívida constituída em favor de entidade familiar. A hipoteca é um direito real de garantia (art. 1.225, IX, do CC) incidente, em regra, sobre bens imóveis e que dá ao credor o poder de excutir o bem, alienando-o judicialmente e dando-lhe primazia sobre o produto da arrematação para satisfazer sua dívida. Por um lado, a constituição da hipoteca pode dar-se por meio de contrato (convencional), pela lei (legal) ou por sentença (judicial) e, desde então, já tem validade inter partes como um direito pessoal. Por outro lado, nos termos do* *art. 1.227 do CC, só se dá a constituição de um direito real após a sua inscrição no cartório de registro de imóveis da circunscrição imobiliária competente. Assim é que essa inscrição confere à hipoteca a eficácia de direito real oponível erga omnes. Nesse sentido, há entendimento doutrinário de acordo com o qual "Somente com o registro da hipoteca nasce o direito real. Antes dessa providência o aludido gravame não passará de um crédito pessoal, por subsistente apenas inter partes; depois do registro, vale erga omnes". Se a ausência de registro da hipoteca não a torna inexistente, mas apenas válida inter partes como crédito pessoal, a ausência de registro da hipoteca não afasta a exceção à regra de impenhorabilidade prevista no art. 3º, V, da Lei nº 8.009/90"* (STJ. RESP 1.455.554-RN, Rel. Min. João Otávio de Noronha, julgado em 14/06/2016, DJe 16/06/2016 – Informativo nº 585).

Exceção à impenhorabilidade do bem de família: imóvel adquirido com o produto do crime. *"Na execução civil movida pela vítima, não é oponível a impenhorabilidade do bem de família adquirido com o produto do crime, ainda que a punibilidade do acusado tenha sido extinta em razão do cumprimento das condições estipuladas para a suspensão condicional do processo. De acordo com o art. 3º da Lei nº 8.009/90, 'A impenhorabilidade é oponível em qualquer processo de execução civil, fiscal, previdenciária, trabalhista ou de outra natureza, salvo se movido: [...] VI – por ter sido adquirido com produto de crime ou para execução de sentença penal condenatória a ressarcimento, indenização ou perdimento de bens". Especificamente acerca da exceção mencionada (inciso VI), infere-se que o legislador, entre a preservação da moradia do devedor e o dever de reparação dos danos oriundos de conduta criminosa, optou por privilegiar o ofendido em detrimento do infrator, afastando a impenhorabilidade do bem de família. Percebe-se que o legislador especificou duas hipóteses distintas de exceção à impenhorabilidade no mencionado inciso VI, quais sejam: a) bem adquirido com produto de crime; b) para execução de sentença penal condenatória a ressarcimento, indenização ou perdimento de bens. Com efeito, à incidência da norma inserta no inciso VI do art. 3º da Lei nº 8.009/90, isto é, da exceção à impenhorabilidade do bem de família em virtude de ter sido adquirido com o produto de crime, forçoso reconhecer a dispensa de condenação criminal transitada em julgado, porquanto inexiste determinação legal neste sentido. Afinal, caso fosse a intenção do legislador exigir sentença penal condenatória para a exceção prevista na primeira parte do inciso VI, teria assim feito expressamente, como o fez com a segunda parte do referido dispositivo. Logo, não havendo determinação expressa na lei no sentido de que a exceção (bem adquirido com produto de crime) exija a existência de sentença penal condenatória, temerário seria adotar outra interpretação, sob pena de malograr o propósito expressamente almejado pela norma, direcionado a não estimular a prática ou reiteração de ilícitos. Assim, o cometimento de crime e o fato de o imóvel ter sido adquirido com seus proveitos é suficiente para afastar a impenhorabilidade do bem de família. Na hipótese, a conduta ilícita praticada consubstancia-se no cometimento de crime, tanto que fora oferecida e recebida denúncia, bem assim ofertada proposta de suspensão condicional do processo, cujo pressuposto para sua concessão é a prática de crime em que a pena mínima cominada seja igual ou inferior a um ano (art. 89, caput, Lei nº 9.099/95)".* (STJ. RESP 1.091.236-RJ, Rel. Min. Marco Buzzi, julgado em 15/12/2015, DJe 1º/02/2016 – Informativo nº 575).

Impenhorabilidade da pequena propriedade rural mesmo que dada em garantia hipotecária. *"A pequena propriedade rural, trabalhada pela família, é impenhorável, ainda que dada pelos proprietários em garantia hipotecária para financiamento da atividade produtiva. Conforme exposto no RESP 262.641-RS (Quarta Turma, DJ 15/4/2002), o art. 5º, XXVI, da CF "revogou as determinações contidas na legislação ordinária, proibindo a penhora desse bem por sobradas razões, a fim de garantir condições mínimas de sobrevivência e capacidade de produção ao pequeno agricultor. Se não for assim, evidentemente o dispositivo constitucional não está sendo aplicado; e ele existe exatamente para essa finalidade". Ademais, convém esclarecer não ser relevante a alteração legislativa promovida pela Lei nº 11.382/2006, que substituiu a impenhorabilidade do imóvel rural de até um módulo (art. 649, X, do CPC, incluído pela Lei nº 7.513/1987) pela impenhorabilidade da "pequena propriedade rural, assim definida em lei" (art. 649, VIII, do CPC, com redação dada pela Lei nº 11.382/2006), haja vista que, em uma interpretação teleológica, fica clara a intenção do legislador de proteger a atividade agropecuária de subsistência do trabalhador rural e de sua família, a par do enquadramento do imóvel como pequena propriedade rural. Precedentes citados dos STJ: AgRg no RESP 261.350-RS, Terceira Turma, DJ 6/5/2002; e RESP 684.648-RS, Quarta Turma, DJe 21/10/2013. Precedente citado do STF: AI 184.198 AgR, Segunda Turma, DJ 4/4/1997".* (STJ. RESP 1.368.404-SP, Rel. Min. Maria Isabel Gallotti, julgado em 13/10/2015, DJe 23/11/2015 – Informativo nº 574).

Impenhorabilidade de pequenas reservas de capital poupadas até 40 salários mínimos, ainda que não oriundas de depósitos em cadernetas de poupança (CPC/73). *"Sendo a única aplicação financeira do devedor e não havendo indícios de má-fé, abuso, fraude, ocultação de valores ou sinais exteriores de riqueza, é absolutamente impenhorável, até o limite de 40 salários-mínimos, a quantia depositada em fundo de investimento. A regra de impenhorabilidade estatuída no inciso X do art. 649 do CPC merece interpretação extensiva para alcançar pequenas reservas de capital poupadas, e não apenas os depósitos em caderneta de poupança. Diante do texto legal em vigor, e considerado o seu escopo, não há sentido em restringir o alcance da regra apenas às cadernetas de poupança assim rotuladas, sobretudo no contexto atual em que diversas outras opções de aplicação financeira se abrem ao pequeno investidor, eventualmente mais lucrativas, e contando com facilidades como o resgate automático. O escopo do inciso X do art. 649 não é estimular a aquisição de reservas em caderneta de poupança em detrimento do pagamento de dívidas, mas proteger devedores de execuções que comprometam o mínimo necessário para a sua subsistência e de sua família, finalidade para qual não tem influência alguma que a reserva esteja acumulada em papel moeda, conta-corrente, caderneta de poupança propriamente dita ou outro tipo de aplicação financeira, com ou sem garantia do Fundo Garantidor de Créditos (FGC)"* (STJ. RESP 1.230.060-PR, Rel.ª Min.ª Maria Isabel Gallotti, julgado em 13/08/2014).

Impenhorabilidade do imóvel em que o executado reside sozinho. *"A interpretação teleológica do art. 1º da Lei nº 8.009/90 revela que a norma não se limita ao resguardo da família. Seu escopo definitivo é a proteção de um direito fundamental da pessoa humana: o direito à moradia. Se assim ocorre, não faz sentido proteger quem vive em grupo e abandonar o indivíduo que sofre o mais doloroso dos sentimentos: a solidão. É impenhorável, por efeito do preceito contido no art. 1º da Lei nº 8.009/90, o imóvel em que reside, sozinho, o devedor celibatário"*

(STJ. Embargos de declaração no RESP nº 182.223/SP. Rel. Min. Sálvio de Figueiredo. DJ 06/02/2002).

Impenhorabilidade dos bens das microempresas e empresas de pequeno porte quando essenciais à sua atividade. "*Nesse sentido, entende o STJ que os bens úteis e/ou necessários às atividades desenvolvidas por pequenas empresas, nas quais os sócios atuam pessoalmente, são impenhoráveis, na forma do disposto no art. 649, VI, do CPC/1973. Unânime*" (TRF-1. Ap 0007078-19.2006.4.01.3800, Rel. Juiz Federal Eduardo Morais da Rocha, em 25/04/2017).

Descabimento de penhora *on-line* para valores oriundos de empréstimo consignado. "*São impenhoráveis os valores percebidos pelo executado a título de salários/proventos. A existência de saldo proveniente de empréstimo consignado não descaracteriza a natureza salarial da conta, sobretudo porque o saldo devedor será pago mediante o desconto de parcelas nos proventos do executado. Unânime*" (TRF-1. 8ª T. – AI 0017300-82.2015.4.01.0000, Rel. Des. Federal Novély Vilanova, em 06/03/2017).

Empresa em recuperação judicial e a impossibilidade de constrição de bens. "*1. Agravo de instrumento contra decisão que, nos autos da execução fiscal, indeferiu pedido de realização da penhora on-line, por meio do sistema Bacenjud, sob o argumento de que os atos de constrição de bens da empresa em recuperação judicial poderiam inviabilizar o plano de recuperação. 2. A ação originária é uma execução fiscal proposta pela Anatel em face da Telemar Norte Leste S/A para cobrança de débitos fiscais inscritos em Dívida Ativa, decorrentes de sanções de multas administrativas. 3. Em que pese não haver obstáculo para que a ação de execução fiscal tenha prosseguimento, o STJ possui jurisprudência consolidada vedando atos judiciais que reduzam o patrimônio da sociedade em recuperação judicial, enquanto mantida essa condição. 4. No caso, a decisão proferida pelo Juízo a quo ponderou que, além da impossibilidade de se praticar atos constritivos do patrimônio do executado, os créditos da Anatel encontram-se relacionados no rol dos credores, sendo perfeitamente cabível que ela adote providências de caráter administrativo na defesa de seus interesses. 5. Agravo de instrumento desprovido*" (TRF-2. 6ª T. – AI 0012212-02.2016.4.02.0000 (TRF2. 2016.00.00.012212-8). Rel. Alcides Martins Ribeiro Filho, julgado em 13/03/2017).

Impenhorabilidade de maquinário da empresa. "*Processual civil. Tributário. Agravo de instrumento. Embargos à execução. Maquinário da empresa. Impenhorabilidade. Art. 833, inc. V do CPC. Aplicabilidade do art. 914 do CPC/2015 às execuções fiscais. Regime previsto no art. 543-C do CPC/73. Necessidade de garantia da execução. Improvimento*" (TRF- 3. AI 575.323/SP, Desembargador Federal Valdeci Dos Santos, DJe 16/03/2017).

Impenhorabilidade da pequena propriedade rural. "*Respeitadas as normas contidas na Constituição da República, art. 5º, XXVI, no código Florestal, art. 3º, V, c/c o art. 3 da lei nº 11.326/2006, na Lei 8.629/1993, art. 4º, na Lei nº 8.009/90, art. 1º, e no Código de Processo Civil, art. 833, VII, é impenhorável o imóvel rural cuja área não exceda quatro módulos fiscais e que seja explorado mediante o trabalho pessoal do agricultor familiar e empreendedor familiar rural. (TJSC, Agravo de Instrumento nº 0122348-55.2015.8.24.0000, de Campos Novos, Rel. Des. Sebastião César Evangelista, julgado em 01.09.2016). Conjunto probatório presente nos autos suficiente para demonstrar que a propriedade é trabalhada* *pela entidade familiar do agravante. Impenhorabilidade garantida pelo art. 5º, XXVI, da Constituição Federal, e art. 833, VIII, do CPC/2015. Interpretação abrangente e finalística, diante da sua natureza principiológica. Inexistência, no caso, de indicativos de que o agravante possui outros bens imóveis. Finalidade da propriedade rural, todavia, que não necessita, imprescindivelmente, ser residencial, bastando que sirva para a extração do sustento e da renda do devedor e de sua família. O entendimento consolidado na jurisprudência do Superior Tribunal de Justiça erige-se no sentido de que a interpretação do magistrado acerca da aplicação do benefício da impenhorabilidade do bem de família não deve ser restrita e literal, mas abrangente e finalística, diante da sua natureza principiológica. Tanto é que o enunciado na Súmula 486 dispõe que é impenhorável o único imóvel residencial do devedor que esteja locado a terceiros, dede que a renda obtida com a locação seja revertida para a subsistência ou moradia da sua família. Recurso conhecido e provido"* (TJ-SC. Processo: 0035078-56.2016.8.24.0000. Rel. Des. Luiz Zanelato. Origem: Fraiburgo. Órgão Julgador: Primeira Câmara de Direito Comercial, julgado em 20/04/2017. Classe: Agravo de Instrumento).

Art. 834

Art. 834. Podem ser penhorados, à falta de outros bens, os frutos e os rendimentos dos bens inalienáveis.

O dispositivo em questão deve ser interpretado literalmente, com exclusão da parte final do artigo previsto no modelo primitivo (CPC/73). Permite que, diante da ausência de outros bens, possam ser constrictos os frutos e rendimentos de bens inalienáveis.

Art. 835

Art. 835. A penhora observará, preferencialmente, a seguinte ordem:

I - dinheiro, em espécie ou em depósito ou aplicação em instituição financeira;

II - títulos da dívida pública da União, dos Estados e do Distrito Federal com cotação em mercado;

III - títulos e valores mobiliários com cotação em mercado;

IV - veículos de via terrestre;

V - bens imóveis;

VI - bens móveis em geral;

VII - semoventes;

VIII - navios e aeronaves;

IX - ações e quotas de sociedades simples e empresárias;

> X – percentual do faturamento de empresa devedora;
>
> XI – pedras e metais preciosos;
>
> XII – direitos aquisitivos derivados de promessa de compra e venda e de alienação fiduciária em garantia;
>
> XIII – outros direitos.
>
> § 1º É prioritária a penhora em dinheiro, podendo o juiz, nas demais hipóteses, alterar a ordem prevista no *caput* de acordo com as circunstâncias do caso concreto.
>
> § 2º Para fins de substituição da penhora, equiparam-se a dinheiro a fiança bancária e o seguro garantia judicial, desde que em valor não inferior ao do débito constante da inicial, acrescido de trinta por cento.
>
> § 3º Na execução de crédito com garantia real, a penhora recairá sobre a coisa dada em garantia, e, se a coisa pertencer a terceiro garantidor, este também será intimado da penhora.

O dispositivo cuida da "gradação legal", que é a ordem em que preferencialmente deve ser realizada a penhora. Há uma reorganização em sua redação, sempre com foco em possibilitar ao credor bens que tenham mais liquidez ou que possam ser rapidamente expropriados para o recebimento da pecúnia.

Destaca-se, outrossim, que o parágrafo primeiro impõe que a penhora seja realizada prioritariamente em dinheiro, de modo que a previsão constante no *caput*, no sentido de que a ordem ali prevista não é obrigatória, somente deve ser aplicada em relação aos demais incisos. Quanto às novidades constantes nesta ordem, observa-se que foram incluídos os "veículos de via terrestre" no quarto inciso, muito embora já fossem considerados no modelo primitivo como "bens móveis". A penhora de "semoventes", que era possível no modelo primitivo antes de uma das reformas processuais (Lei nº 11.382/2006), retornou no sétimo inciso. No nono inciso, os bens permanecem os mesmos, mas houve a inclusão da menção à "sociedade simples". O décimo segundo inciso também é uma novidade, cuidando dos "direitos aquisitivos derivados de promessa de compra e venda e de alienação fiduciária em garantia".

Por fim, é ainda de se destacar a redação do parágrafo terceiro, que menciona atualmente apenas a "garantia real" do crédito, não havendo mais a restrição a algumas espécies, como ocorria no modelo primitivo (CPC/73).

> **Possibilidade de substituir bem penhorado. Fiança bancária e seguro garantia judicial produzem os mesmos efeitos que dinheiro (atenção ao princípio do menor sacrifício do executado).** "*7. O CPC/2015 (art. 835, § 2º) equiparou, para fins de substituição da penhora, a dinheiro a fiança bancária e o seguro garantia judicial, desde que em valor não inferior ao do débito constante*

da inicial da execução, acrescido de 30% (trinta por cento). 8. O seguro garantia judicial, espécie de seguro de danos, garante o pagamento de valor correspondente aos depósitos judiciais que o tomador (potencial devedor) necessite realizar no trâmite de processos judiciais, incluídas multas e indenizações. A cobertura terá efeito depois de transitada em julgado a decisão ou o acordo judicial favorável ao segurado (potencial credor de obrigação pecuniária sub judice) e sua vigência deverá vigorar até a extinção das obrigações do tomador (Circular Susep nº 477/2013). A renovação da apólice, a princípio automática, somente não ocorrerá se não houver mais risco a ser coberto ou se apresentada nova garantia. 9. No cumprimento de sentença, a fiança bancária e o seguro garantia judicial são as opções mais eficientes sob o prisma da análise econômica do direito, visto que reduzem os efeitos prejudiciais da penhora ao desonerar os ativos de sociedades empresárias submetidas ao processo de execução, além de assegurar, com eficiência equiparada ao dinheiro, que o exequente receberá a soma pretendida quando obter êxito ao final da demanda. 10. Dentro do sistema de execução, a fiança bancária e o seguro garantia judicial produzem os mesmos efeitos jurídicos que o dinheiro para fins de garantir o juízo, não podendo o exequente rejeitar a indicação, salvo por insuficiência, defeito formal ou inidoneidade da salvaguarda oferecida. 11. Por serem automaticamente conversíveis em dinheiro ao final do feito executivo, a fiança bancária e o seguro garantia judicial acarretam a harmonização entre o princípio da máxima eficácia da execução para o credor e o princípio da menor onerosidade para o executado, a aprimorar consideravelmente as bases do sistema de penhora judicial e a ordem de gradação legal de bens penhoráveis, conferindo maior proporcionalidade aos meios de satisfação do crédito ao exequente. 12. No caso, após a definição dos valores a serem pagos a título de perdas e danos e de astreintes, nova penhora poderá ser feita, devendo ser autorizado, nesse instante, o oferecimento de seguro garantia judicial pelo devedor, desde que cubra a integralidade do débito e contenha o acréscimo de 30% (trinta por cento), pois, com a entrada em vigor do CPC/2015, equiparou-se a dinheiro. 13. Não evidenciado o caráter protelatório dos embargos de declaração, impõe-se a inaplicabilidade da multa prevista no § 2º do art. 1.026 do CPC/2015. Incidência da Súmula nº 98/STJ. 14. Recurso especial provido" (STJ. RESP nº 1.691.748/PR. Rel. Min. Ricardo Villas Bôas Cuevas. DJ 17/11/2017).

Para fins de penhora, a cota de fundo de investimentos não pode ser considerada como dinheiro em aplicações financeiras, razão pela qual a constrição não deve ser realizada preferencialmente sobre tais bens. "*A cota de fundo de investimento não se subsume à ordem de preferência legal disposta no inciso I do art. 655 do CPC/73 (ou no inciso I do art. 835 do CPC/2015). Inicialmente, cabe destacar que a tese firmada pode nortear também a interpretação de casos vindouros, sob a vigência do CPC/2015, pois, como visto, a redação do dispositivo legal correlato não foi modificada. No mérito, registre-se que, de acordo com o disposto no art. 2º, V, da Lei nº 6.385/76 (que disciplinou o mercado de valores mobiliários e criou a Comissão de Valores Mobiliários), as cotas de fundos de investimento consistem em valores mobiliários e, por isso, não se encontram em primeiro lugar, na ordem legal de preferência de penhora, contida no inciso I do art. 655 do CPC/73, mas sim, expressamente, no inciso X (ou no inciso III do art. 835 do CPC/2015; ou no inciso VIII do art. 11 da Lei nº 6.830/80). Ressai evidenciado, assim, pela própria literalidade do dispositivo legal, que valores mobiliários, como é o caso das cotas de fundo de investimento, não se confundem com* *aplicações financeiras previstas na legislação processual (art. 655, I, do CPC/73). Veja-se, pois, que, diversamente do que ocorre com o dinheiro em espécie, com o dinheiro depositado em conta bancária ou com aquele representado por aplicações financeiras, as cotas de fundo de investimento encontram-se invariavelmente sujeitas aos riscos de mercado, de crédito e de liquidez, o que, por si só, justifica a diversidade de gradação, para efeito de penhora, imposta pela lei adjetiva civil. A partir da constituição do fundo de investimento, que se dá por meio da reunião de aportes financeiros manejados por investidores, o terceiro administrador os aplica em títulos e valores mobiliários, com o intuito de obter lucro/rendimento, sujeitando-se aos riscos das variações dos índices do mercado financeiro. Destaca-se, por conseguinte, haver uma indissociável vinculação entre os recursos aportados em um fundo de investimento (convertidos, a partir de então, em cotas, de titularidade de cada investidor) com a aplicação propriamente realizada pelo fundo em determinados ativos financeiros, com cotações no mercado. Por consectário, referidos recursos, convertidos em cotas, passarão a seguir, necessariamente, a sorte desses ativos investidos pelo fundo quanto à existência, à negociabilidade, à liquidez e, portanto, aos riscos daí advindos, em maior ou menor grau. Como assinalado, esses riscos são inerentes a todos os fundos de investimento, que podem ser naturalmente minorados – mas não totalmente extirpados – a depender dos ativos e títulos financeiros que, de modo preestabelecido, venham a compor a carteira do fundo e retratem, na medida do possível, um investimento de perfil mais conservador. Tampouco se afigura influente à conclusão o fato de o fundo de investimento ser qualificado como de "renda fixa", pois, conforme determina a Instrução Normativa nº 505 da CVM, esse fundo tem "como principal fator de risco de sua carteira" a variação da taxa de juros, de índice de preço, ou ambos, devendo possuir "no mínimo 80% (oitenta por cento) da carteira em ativos relacionados diretamente, ou sintetizados via derivativos, ao fator de risco que dá nome à classe" (arts. 109 e 110), o que evidencia, de igual modo, a presença dos riscos acima aludidos, ainda que em menor grau. Assim gizados os contornos das cotas de fundo de investimento, que, por expressa definição legal, constituem valores mobiliários (art. 2º, V, da Lei nº 6.385/76), pode-se afirmar com segurança que essas não se incluem, para efeito de ordem legal da penhora, no conceito "de dinheiro em aplicação financeira", cuja eventual constrição judicial recai sobre numerário certo e líquido, que ficará bloqueado ou depositado, à disposição do juízo em que se processa a execução"* (STJ. RESP 1.388.642-SP, Rel. Min. Marco Aurélio Bellizze, Segunda Seção, por unanimidade, julgado em 03/08/2016, DJe 06/09/2016 – Informativo nº 589).

Recusa do credor à penhora de cotas de fundo de investimento é legítima, pois não observada a gradação estabelecida por lei. *"A recusa da nomeação à penhora de cotas de fundo de investimento, reputada legítima a partir das particularidades de cada caso concreto, não encerra, em si, excessiva onerosidade ao devedor, violação do recolhimento dos depósitos compulsórios e voluntários do Banco Central do Brasil ou afronta à impenhorabilidade das reservas obrigatórias. A gradação legal estabelecida no art. 655 do CPC/73, estruturado de acordo com o grau de aptidão satisfativa do bem penhorável, embora seja a regra, não tem caráter absoluto, podendo ser flexibilizada, em atenção às particularidades do caso concreto, sopesando-se, necessariamente, a potencialidade de satisfação do crédito, na medida em que a execução se processa segundo os interesses do credor (art. 612), bem como de acordo com a forma menos gravosa ao devedor (art. 620). Essa compreensão, é certo, encontra-se sedimentada* *na jurisprudência do STJ, por meio da Súmula nº 417, que assim dispõe: "na execução civil, a penhora do dinheiro na ordem de nomeação de bens não tem caráter absoluto". Ressai evidenciado, por conseguinte, que, uma vez inobservada a gradação disposta na lei, afigura-se lícito ao credor recusar a nomeação de cotas de fundos de investimento, se, com esteio nas particularidades do caso, o aludido valor mobiliário não guarda em si a esperada liquidez a satisfazer prontamente a obrigação inadimplida, circunstância que não encerra, em si, excessiva onerosidade ao devedor. Também sob o enfoque da onerosidade excessiva ao devedor, absolutamente insubsistente a tese de que a recusa da nomeação à penhora das cotas de fundo de investimento importaria, por via transversa, na violação do recolhimento dos depósitos compulsórios e voluntários do Banco Central do Brasil (art. 10, IV, da Lei nº 4.595/64) ou na afronta da impenhorabilidade das reservas obrigatórias (art. 68 da Lei nº 9.069/95). Reconhecida a licitude da recusa, cabe ao banco executado, inclusive, como condição de procedibilidade de impugnação ao cumprimento de sentença (definitiva), garantir o juízo, por meio de constrição que recaia sobre numerário constante de suas agências ou sobre o produto do capital investido em suas aplicações financeiras, providência que não toca a intangibilidade dos depósitos mantidos no Banco Central, tampouco a impenhorabilidade das reservas bancárias. Aliás, linha argumentativa contrária não encontra ressonância na jurisprudência pacífica do STJ, bem sintetizada na Súmula nº 328, editada pela Corte Especial, nos seguintes termos: "Na execução contra instituição financeira, é penhorável o numerário disponível, excluídas as reservas bancárias mantidas no Banco Central" (STJ. RESP 1.388.642-SP, Rel. Min. Marco Aurélio Bellizze, Segunda Seção, por unanimidade, julgado em 03/08/2016, DJe 06/09/2016 – Informativo nº 589).*

Art. 836

Art. 836. Não se levará a efeito a penhora quando ficar evidente que o produto da execução dos bens encontrados será totalmente absorvido pelo pagamento das custas da execução.

§ 1º Quando não encontrar bens penhoráveis, independentemente de determinação judicial expressa, o oficial de justiça descreverá na certidão os bens que guarnecem a residência ou o estabelecimento do executado, quando este for pessoa jurídica.

§ 2º Elaborada a lista, o executado ou seu representante legal será nomeado depositário provisório de tais bens até ulterior determinação do juiz.

O dispositivo cuida de situações em que a penhora não deverá ser realizada. O *caput* é idêntico ao modelo primitivo (CPC/73), enquanto o seu primeiro parágrafo possui meros ajustes na redação. O último parágrafo, contudo, é uma novidade, ao prever que o executado ou seu representante legal será nomeado depositário provisório dos bens de que o artigo trata, até ulterior determinação por parte do magistrado, o que é medida salutar para evitar que até mesmos estes bens desapareçam.

Subseção II
Da Documentação da Penhora, de seu Registro e do Depósito

Art. 837

> Art. 837. Obedecidas as normas de segurança instituídas sob critérios uniformes pelo Conselho Nacional de Justiça, a penhora de dinheiro e as averbações de penhoras de bens imóveis e móveis podem ser realizadas por meio eletrônico.

O dispositivo em questão deve ser interpretado literalmente e trata das normas de segurança que devem ser estabelecidas quando a penhora recair sobre dinheiro ou quando houver necessidade de se averbar penhoras de bens móveis ou imóveis que foram realizadas eletronicamente. A única mudança, realmente, é que tais atos deverão, a partir de então, ser elaborados pelo CNJ.

Art. 838

> Art. 838. A penhora será realizada mediante auto ou termo, que conterá:
> I – a indicação do dia, do mês, do ano e do lugar em que foi feita;
> II – os nomes do exequente e do executado;
> III – a descrição dos bens penhorados, com as suas características;
> IV – a nomeação do depositário dos bens.

O dispositivo em questão deve ser interpretado literalmente. De novidade, o *caput* passou a fazer alusão também ao "termo" de penhora. Basicamente, a diferença entre "auto de penhora" e "termo de penhora" é que, na primeira, o mandado de penhora foi cumprido pelo oficial de justiça independentemente de qualquer parte ter indicado bem à penhora, enquanto na segunda, um dos litigantes chegou a realizar esta indicação.

Art. 839

> Art. 839. Considerar-se-á feita a penhora mediante a apreensão e o depósito dos bens, lavrando-se um só auto se as diligências forem concluídas no mesmo dia.
> Parágrafo único. Havendo mais de uma penhora, serão lavrados autos individuais.

Dispositivo praticamente idêntico ao do modelo primitivo (CPC/73), prevendo quando se considera feita a penhora, bem como dispondo sobre a necessidade de lavratura de mais de um termo ou auto de penhora quando se tratar de constrição de mais de um bem.

Art. 840

> **Art. 840. Serão preferencialmente depositados:**
>
> **I – as quantias em dinheiro, os papéis de crédito e as pedras e os metais preciosos, no Banco do Brasil, na Caixa Econômica Federal ou em banco do qual o Estado ou o Distrito Federal possua mais da metade do capital social integralizado, ou, na falta desses estabelecimentos, em qualquer instituição de crédito designada pelo juiz;**
>
> **II – os móveis, os semoventes, os imóveis urbanos e os direitos aquisitivos sobre imóveis urbanos, em poder do depositário judicial;**
>
> **III – os imóveis rurais, os direitos aquisitivos sobre imóveis rurais, as máquinas, os utensílios e os instrumentos necessários ou úteis à atividade agrícola, mediante caução idônea, em poder do executado.**
>
> **§ 1º No caso do inciso II do *caput*, se não houver depositário judicial, os bens ficarão em poder do exequente.**
>
> **§ 2º Os bens poderão ser depositados em poder do executado nos casos de difícil remoção ou quando anuir o exequente.**
>
> **§ 3º As joias, as pedras e os objetos preciosos deverão ser depositados com registro do valor estimado de resgate.**

O dispositivo cuida de onde deve ser preferencialmente depositado o bem penhorável, o que vai depender, evidentemente, do objeto que tiver sofrido a constrição judicial. O primeiro inciso somente foi alterado para incluir o Distrito Federal ao lado dos Estados. O segundo inciso passou a prever que também os semoventes e os direitos aquisitivos sobre imóveis urbanos devem ficar sob a responsabilidade do depositário judicial. O terceiro inciso, por sua vez, é completamente inédito, autorizando que o executado fique como depositário de tais bens, mas somente se prestar caução idônea ao juízo.

O parágrafo primeiro permite que alguns bens penhorados fiquem em poder do executado quando, na localidade, não houver depositário judicial. Por fim, os demais parágrafos sofrem meros ajustes redacionais, quando confrontados com o modelo primitivo (CPC/73).

> **Verbete nº 319 da Súmula do STJ:** *"O encargo de depositário de bens penhorados pode ser expressamente recusado".*

Art. 841

> Art. 841. Formalizada a penhora por qualquer dos meios legais, dela será imediatamente intimado o executado.
>
> § 1º A intimação da penhora será feita ao advogado do executado ou à sociedade de advogados a que aquele pertença.
>
> § 2º Se não houver constituído advogado nos autos, o executado será intimado pessoalmente, de preferência por via postal.
>
> § 3º O disposto no § 1º não se aplica aos casos de penhora realizada na presença do executado, que se reputa intimado.
>
> § 4º Considera-se realizada a intimação a que se refere o § 2º quando o executado houver mudado de endereço sem prévia comunicação ao juízo, observado o disposto no parágrafo único do art. 274.

O dispositivo em questão deve ser interpretado literalmente, cuidando das providências que devem ser adotadas após a realização da penhora. A novidade fica por conta do primeiro parágrafo, que passa a permitir que a intimação da penhora também seja realizada à sociedade de advogados, o que se coaduna com o novo modelo implementado pelo CPC (art. 272, § 1º). Outra inovação se encontra no segundo parágrafo, que passa a estabelecer que a intimação do devedor que não possui advogado será realizada preferencialmente pela via postal.

Por sua vez, o terceiro parágrafo já é totalmente inédito, ao dispensar a necessidade de penhora do executado quando este já estiver presente na ocasião em que a penhora tiver sido realizada. Por fim, também o último parágrafo não encontra correspondente no modelo primitivo (CPC/73) ao prever que a intimação do devedor deverá ser realizada no endereço fornecido nos autos, bem como que ela será considerada válida ainda que ele tenha alterado o endereço sem ter comunicado previamente ao juízo.

Art. 842

> Art. 842. Recaindo a penhora sobre bem imóvel ou direito real sobre imóvel, será intimado também o cônjuge do executado, salvo se forem casados em regime de separação absoluta de bens.

O dispositivo inova em parte quando comparado com o modelo primitivo (CPC/73) ao incluir a necessidade de intimação do cônjuge quando a penhora recair sobre direito real sobre imóvel, exceto quando o regime de casamento for o de separação absoluta de bens.

Art. 843

> Art. 843. Tratando-se de penhora de bem indivisível, o equivalente à quota-parte do coproprietário ou do cônjuge alheio à execução recairá sobre o produto da alienação do bem.
>
> § 1º É reservada ao coproprietário ou ao cônjuge não executado a preferência na arrematação do bem em igualdade de condições.
>
> § 2º Não será levada a efeito expropriação por preço inferior ao da avaliação na qual o valor auferido seja incapaz de garantir, ao coproprietário ou ao cônjuge alheio à execução, o correspondente à sua quota-parte calculado sobre o valor da avaliação.

O dispositivo inova em parte em relação ao modelo primitivo (CPC/73) ao incluir que também a quota-parte do coproprietário do bem penhorado recairá sobre o produto da alienação judicial do bem indivisível. O parágrafo primeiro permite ao cônjuge e ao coproprietário a preferência na arrematação do bem em igualdade de condições, tratando da modalidade de expropriação denominada "adjudicação". O parágrafo segundo também é uma novidade, guardando relação com outra norma já analisada (art. 836).

Art. 844

> Art. 844. Para presunção absoluta de conhecimento por terceiros, cabe ao exequente providenciar a averbação do arresto ou da penhora no registro competente, mediante apresentação de cópia do auto ou do termo, independentemente de mandado judicial.

O dispositivo inova em parte em relação ao modelo primitivo (CPC/73) ao permitir que a averbação da constrição judicial não recaia somente em casos de penhora, mas também de arresto. Também discrepa do modelo anterior ao não fazer referência apenas aos bens imóveis, de modo que qualquer bem sujeito a registro poderá ser comunicado, independentemente de mandado judicial, para que conste em seus assentamentos a constrição realizada. Tal conduta, de comunicar estes órgãos para averbação do termo ou do auto, lavrado pelo oficial de justiça, é importante para evitar que eventual terceiro adquirente do bem possa alegar boa-fé, eis que a jurisprudência o prestigia. De resto, já foi abordada norma semelhante que permite que seja averbada a certidão da distribuição da execução deferida pelo magistrado (art. 828).

> Verbete nº 375 da Súmula do STJ: *"O reconhecimento da fraude à execução depende do registro da penhora do bem alienado ou da prova de má-fé do terceiro adquirente".*

Subseção III
Do Lugar de Realização da Penhora

Art. 845

> Art. 845. Efetuar-se-á a penhora onde se encontrem os bens, ainda que sob a posse, a detenção ou a guarda de terceiros.
>
> § 1º A penhora de imóveis, independentemente de onde se localizem, quando apresentada certidão da respectiva matrícula, e a penhora de veículos automotores, quando apresentada certidão que ateste a sua existência, serão realizadas por termo nos autos.
>
> § 2º Se o executado não tiver bens no foro do processo, não sendo possível a realização da penhora nos termos do § 1º, a execução será feita por carta, penhorando-se, avaliando-se e alienando-se os bens no foro da situação.

O dispositivo inova em parte, pois o parágrafo primeiro passa a permitir que a penhora de veículos automotores também possa ser realizada desde logo se apresentada certidão que ateste a sua existência. O restante, é mero ajuste redacional.

Art. 846

> Art. 846. Se o executado fechar as portas da casa a fim de obstar a penhora dos bens, o oficial de justiça comunicará o fato ao juiz, solicitando-lhe ordem de arrombamento.
>
> § 1º Deferido o pedido, 2 (dois) oficiais de justiça cumprirão o mandado, arrombando cômodos e móveis em que se presuma estarem os bens, e lavrarão de tudo auto circunstanciado, que será assinado por 2 (duas) testemunhas presentes à diligência.
>
> § 2º Sempre que necessário, o juiz requisitará força policial, a fim de auxiliar os oficiais de justiça na penhora dos bens.
>
> § 3º Os oficiais de justiça lavrarão em duplicata o auto da ocorrência, entregando uma via ao escrivão ou ao chefe de secretaria, para ser juntada aos autos, e a outra à autoridade policial a quem couber a apuração criminal dos eventuais delitos de desobediência ou de resistência.
>
> § 4º Do auto da ocorrência constará o rol de testemunhas, com a respectiva qualificação.

O dispositivo em questão deve ser interpretado literalmente, tratando dos casos em que o executado não permite que o oficial de justiça cumpra o mandado de penhora e avaliação. Nele foi excluída, do parágrafo segundo, a menção à possibilidade de prisão penal pela prática do crime de desobediência. No terceiro parágrafo, há mero ajuste redacional alterando a expressão que envolve a lavratura de "auto de resistência" para "auto da ocorrência", bem como foi incluída menção ao "chefe de secretaria", que seria o equivalente ao "escrivão", mas na Justiça Federal. O quarto parágrafo, por fim, também apresente ajustes quanto ao nome do auto lavrado pelo meirinho.

Subseção IV
Das Modificações da Penhora

Art. 847

Art. 847. O executado pode, no prazo de 10 (dez) dias contado da intimação da penhora, requerer a substituição do bem penhorado, desde que comprove que lhe será menos onerosa e não trará prejuízo ao exequente.

§ 1º O juiz só autorizará a substituição se o executado:

I – comprovar as respectivas matrículas e os registros por certidão do correspondente ofício, quanto aos bens imóveis;

II – descrever os bens móveis, com todas as suas propriedades e características, bem como o estado deles e o lugar onde se encontram;

III – descrever os semoventes, com indicação de espécie, de número, de marca ou sinal e do local onde se encontram;

IV – identificar os créditos, indicando quem seja o devedor, qual a origem da dívida, o título que a representa e a data do vencimento; e

V – atribuir, em qualquer caso, valor aos bens indicados à penhora, além de especificar os ônus e os encargos a que estejam sujeitos.

§ 2º Requerida a substituição do bem penhorado, o executado deve indicar onde se encontram os bens sujeitos à execução, exibir a prova de sua propriedade e a certidão negativa ou positiva de ônus, bem como abster-se de qualquer atitude que dificulte ou embarace a realização da penhora.

§ 3º O executado somente poderá oferecer bem imóvel em substituição caso o requeira com a expressa anuência do cônjuge, salvo se o regime for o de separação absoluta de bens.

§ 4º O juiz intimará o exequente para manifestar-se sobre o requerimento de substituição do bem penhorado.

O dispositivo inova em parte em relação ao modelo primitivo (CPC/73), tratando dos casos em que o executado pode requerer a substituição do bem penhorado. É mantido o prazo de dez dias para que este requerimento seja apresentado.

No primeiro inciso do parágrafo primeiro passou a constar que basta ao devedor fazer menção à matrícula e registro por certidão do tabelião do cartório, não mais sendo necessário ser situado o bem e suas divisas e confrontações. O segundo inciso já impõe um novo trabalho ao executado, que é o de descrever os bens imóveis com todas as suas propriedades e características, bem como o estado deles e o lugar onde se encontram, o que, de certa maneira, também passa a ser exigido no terceiro inciso quanto aos semoventes. O quarto inciso sofreu mero ajuste na redação enquanto o quinto inciso, por sua vez, inseriu a necessidade de o executado acrescentar os ônus e encargos a que estejam sujeitos os bens penhorados.

Já o parágrafo terceiro foi acrescido da dispensa de expressa anuência do cônjuge, nos casos de separação absoluta de bens, quando o executado oferecer bens em substituição. Por fim, o quarto parágrafo somente discrepa do modelo primitivo ao não mais fazer menção ao prazo de três dias, pois este agora é previsto em outra norma (art. 853).

Art. 848

Art. 848. As partes poderão requerer a substituição da penhora se:

I – ela não obedecer à ordem legal;

II – ela não incidir sobre os bens designados em lei, contrato ou ato judicial para o pagamento;

III – havendo bens no foro da execução, outros tiverem sido penhorados;

IV – havendo bens livres, ela tiver recaído sobre bens já penhorados ou objeto de gravame;

V – ela incidir sobre bens de baixa liquidez;

VI – fracassar a tentativa de alienação judicial do bem; ou

VII – o executado não indicar o valor dos bens ou omitir qualquer das indicações previstas em lei.

Parágrafo único. A penhora pode ser substituída por fiança bancária ou por seguro garantia judicial, em valor não inferior ao do débito constante da inicial, acrescido de trinta por cento.

O dispositivo em questão deve ser interpretado literalmente, com pequena mudança no *caput*, quando se refere às "partes". Os incisos, por sua vez, seguem os do artigo anterior com ligeiras mudanças. Trata-se de norma que autoriza as hipóteses em que pode ser requerida a substituição do bem penhorado.

Art. 849

> Art. 849. Sempre que ocorrer a substituição dos bens inicialmente penhorados, será lavrado novo termo.

O dispositivo em questão deve ser interpretado literalmente, prevendo necessidade da lavratura de novo termo de penhora quando ocorrer a substituição. No modelo primitivo (CPC/73) constava um prazo de três dias para a outra parte se manifestar, o que agora se encontra em outra norma (art. 853).

Art. 850

> Art. 850. Será admitida a redução ou a ampliação da penhora, bem como sua transferência para outros bens, se, no curso do processo, o valor de mercado dos bens penhorados sofrer alteração significativa.

Trata-se de dispositivo inédito, prevendo a possibilidade de se transferir a penhora para outros bens quando, no curso do processo, houver alteração significativa de sua liquidez ou valor de mercado.

Art. 851

> Art. 851. Não se procede à segunda penhora, salvo se:
>
> I – a primeira for anulada;
>
> II – executados os bens, o produto da alienação não bastar para o pagamento do exequente;
>
> III – o exequente desistir da primeira penhora, por serem litigiosos os bens ou por estarem submetidos a constrição judicial.

O dispositivo em questão deve ser interpretado literalmente, tratando dos casos em que não será realizada uma segunda penhora, exceto nas hipóteses ali contempladas.

Art. 852

> Art. 852. O juiz determinará a alienação antecipada dos bens penhorados quando:

I – se tratar de veículos automotores, de pedras e metais preciosos e de outros bens móveis sujeitos à depreciação ou à deterioração;

II – houver manifesta vantagem.

O dispositivo cuida dos casos em que é possível a alienação antecipada dos bens penhorados. A novidade fica apenas por conta do primeiro inciso, que restringe o modelo primitivo (CPC/73), ao impor que em casos de depreciação ou deterioração somente poderão ser alienados os bens ali descritos.

Art. 853

Art. 853. Quando uma das partes requerer alguma das medidas previstas nesta Subseção, o juiz ouvirá sempre a outra, no prazo de 3 (três) dias, antes de decidir.

Parágrafo único. O juiz decidirá de plano qualquer questão suscitada.

O dispositivo em questão deve ser interpretado literalmente, passando a prever, de forma ampla, que sempre que uma parte requerer a substituição do bem penhorado a outra deverá ser ouvida no prazo de três dias.

Subseção V
Da Penhora de Dinheiro em Depósito ou em Aplicação Financeira

Art. 854

Art. 854. Para possibilitar a penhora de dinheiro em depósito ou em aplicação financeira, o juiz, a requerimento do exequente, sem dar ciência prévia do ato ao executado, determinará às instituições financeiras, por meio de sistema eletrônico gerido pela autoridade supervisora do sistema financeiro nacional, que torne indisponíveis ativos financeiros existentes em nome do executado, limitando-se a indisponibilidade ao valor indicado na execução.

§ 1º No prazo de 24 (vinte e quatro) horas a contar da resposta, de ofício, o juiz determinará o cancelamento de eventual indisponibilidade excessiva, o que deverá ser cumprido pela instituição financeira em igual prazo.

§ 2º Tornados indisponíveis os ativos financeiros do executado, este será intimado na pessoa de seu advogado ou, não o tendo, pessoalmente.

§ 3º Incumbe ao executado, no prazo de 5 (cinco) dias, comprovar que:

I – as quantias tornadas indisponíveis são impenhoráveis;

II – ainda remanesce indisponibilidade excessiva de ativos financeiros.

§ 4º Acolhida qualquer das arguições dos incisos I e II do § 3º, o juiz determinará o cancelamento de eventual indisponibilidade irregular ou excessiva, a ser cumprido pela instituição financeira em 24 (vinte e quatro) horas.

§ 5º Rejeitada ou não apresentada a manifestação do executado, converter-se-á a indisponibilidade em penhora, sem necessidade de lavratura de termo, devendo o juiz da execução determinar à instituição financeira depositária que, no prazo de 24 (vinte e quatro) horas, transfira o montante indisponível para conta vinculada ao juízo da execução.

§ 6º Realizado o pagamento da dívida por outro meio, o juiz determinará, imediatamente, por sistema eletrônico gerido pela autoridade supervisora do sistema financeiro nacional, a notificação da instituição financeira para que, em até 24 (vinte e quatro) horas, cancele a indisponibilidade.

§ 7º As transmissões das ordens de indisponibilidade, de seu cancelamento e de determinação de penhora previstas neste artigo far-se-ão por meio de sistema eletrônico gerido pela autoridade supervisora do sistema financeiro nacional.

§ 8º A instituição financeira será responsável pelos prejuízos causados ao executado em decorrência da indisponibilidade de ativos financeiros em valor superior ao indicado na execução ou pelo juiz, bem como na hipótese de não cancelamento da indisponibilidade no prazo de 24 (vinte e quatro) horas, quando assim determinar o juiz.

§ 9º Quando se tratar de execução contra partido político, o juiz, a requerimento do exequente, determinará às instituições financeiras, por meio de sistema eletrônico gerido por autoridade supervisora do sistema bancário, que tornem indisponíveis ativos financeiros somente em nome do órgão partidário que tenha contraído a dívida executada ou que tenha dado causa à violação de direito ou ao dano, ao qual cabe exclusivamente a responsabilidade pelos atos praticados, na forma da lei.

O artigo cuida da realização da penhora *on-line*, muito embora as suas disposições também sejam aplicadas ao arresto *on-line*. A maior parte das modificações decorre de ajustes redacionais, sem necessidade de maiores digressões.

O parágrafo primeiro prevê que o magistrado deve cancelar eventuais indisponibilidades excessivas no prazo de vinte e quatro horas, o que também deve ser observado pela instituição financeira em igual prazo. Explica-se, sendo enviada a ordem eletrônica (ato previsto no sétimo parágrafo) para realização da penhora *on-line*, são bloqueadas todas as contas bancárias do executado no montante solicitado, pois nem o magistrado nem as partes têm a informação de quais são as contas bancárias em nome do executado. É relevante impor um prazo para que estas constrições indevidas sejam liberadas, mas o legislador foi rigoroso ao impor um prazo tão diminuto assim, que, certamente, será interpretado como um prazo meramente "impróprio", sem quaisquer sanções processuais aos envolvidos.

Os parágrafos terceiro e quarto sugerem que o executado possa se insurgir contra este bloqueio em peça que não necessariamente seja a impugnação ou os embargos, em razão do prazo diminuto para que seja alegada esta matéria.

O parágrafo quinto, por sua vez, já é adotado diuturnamente na prática forense. Os últimos parágrafos versam sobre a responsabilidade da instituição financeira que não obedecer às ordens judiciais e, também, quanto às peculiaridades envolvendo a execução contra partido político.

> **Verbete nº 117 da Súmula do TJ-RJ:** *"A penhora on-line, de regra, não ofende o princípio da execução menos gravosa para o devedor".*

> **Termo inicial para apresentação de impugnação é contato da ciência quanto à penhora on-line. Entendimento em caso ocorrido enquanto ainda eram vigentes as regras da codificação anterior (CPC/73).** *"O termo inicial do prazo para apresentar impugnação ao cumprimento de sentença é contado a partir da ciência inequívoca do devedor quanto à penhora "on-line" realizada, não havendo necessidade de sua intimação formal"* (STJ. ERESP 1.415.522-ES, Rel. Min. Felix Fischer, por unanimidade, julgado em 29/03/2017, DJe 05/04/2017).
>
> **Possibilidade de arresto on-line (CPC/73).** *"DIREITO PROCESSUAL CIVIL. ARRESTO EXECUTIVO POR MEIO ELETRÔNICO. Será admissível o arresto de bens penhoráveis na modalidade on-line quando não localizado o executado para citação em execução de título extrajudicial. De fato, a própria legislação prevê medidas judiciais constritivas passíveis de deferimento sem a prévia oitiva da parte contrária. Entre elas, encontra-se o arresto executivo de que trata o art. 653 do CPC (também denominado de prévio ou pré-penhora): medida de caráter cautelar consubstanciada na constrição de bens do executado com o intuito de assegurar a efetivação de futura penhora tão somente na hipótese dele (o executado) não ter sido encontrado para citação. Dessa forma, em interpretação conjunta dos arts. 653 e 654 do CPC, no processo de execução de título extrajudicial, não sendo localizado o devedor, será cabível o arresto de seus bens. Não ocorrendo o pagamento*

após a citação do executado, que inclusive poderá ser ficta, a medida constritiva será convertida em penhora. Ante o exposto, infere-se que a citação é condição apenas para a conversão do arresto em penhora, e não para a constrição nos termos do art. 653 do CPC. Assim, mostra-se plenamente viável o arresto na hipótese em que tenha sido frustrada, em execução de título extrajudicial, a tentativa de citação do executado. Quanto à possibilidade de arresto na modalidade on-line, mediante bloqueio eletrônico de valores, a Primeira Seção do STJ (RESP 1.184.765-PA, julgado conforme o rito do art. 543-C do CPC) entendeu possível a realização de arresto prévio por meio eletrônico (sistema Bacen-Jud) no âmbito da execução fiscal. Em que pese o referido precedente ter sido firmado à luz da Lei nº 6.830/80 (Lei de Execuções Fiscais), é inevitável a aplicação desse entendimento também às execuções de títulos extrajudiciais reguladas pelo CPC, tendo em vista os ideais de celeridade e efetividade da prestação jurisdicional. Por consequência, aplica-se, por analogia, ao arresto executivo em análise o art. 655-A do CPC, permitindo, portanto, o arresto na modalidade on-line. Por fim, ressalta-se, evidentemente, que o arresto executivo realizado por meio eletrônico não poderá recair sobre bens impenhoráveis (art. 649 do CPC e Lei nº 8.009/90), por sua natureza de pré-penhora e considerando o disposto no art. 821 do CPC (dispositivo legal que se refere ao arresto cautelar): "Aplicam-se ao arresto as disposições referentes à penhora, não alteradas na presente Seção" (RESP 1.338.032-SP, Rel. Min. Sidnei Beneti, julgado em 05/11/2013).

Execução fiscal e desnecessidade de o credor exaurir todos os meios antes de ser realizada a penhora on-line. *"Com o advento da Lei 11.382/2006, ficou superado o entendimento anterior que condicionava a efetivação da penhora eletrônica à comprovação de que o credor havia exaurido as diligências para encontrar bens do devedor passíveis de penhora. Unânime"* (TRF-1. AI 0070189-76.2016.4.01.0000, Rel. Des. Federal José Amilcar Machado, em 28/03/2017).

Descabimento de penhora *on-line* para valores oriundos de empréstimo consignado. *"São impenhoráveis os valores percebidos pelo executado a título de salários/proventos. A existência de saldo proveniente de empréstimo consignado não descaracteriza a natureza salarial da conta, sobretudo porque o saldo devedor será pago mediante o desconto de parcelas nos proventos do executado. Unânime"* (TRF-1. Oitava T. – AI 0017300-82.2015.4.01.0000, Rel. Des. Federal Novély Vilanova, em 06/03/2017).

Subseção VI
Da Penhora de Créditos

Art. 855

Art. 855. Quando recair em crédito do executado, enquanto não ocorrer a hipótese prevista no art. 856, considerar-se-á feita a penhora pela intimação:

I – ao terceiro devedor para que não pague ao executado, seu credor;

II – ao executado, credor do terceiro, para que não pratique ato de disposição do crédito.

O dispositivo em questão deve ser interpretado literalmente, tratando de penhora recaindo em crédito do executado, naquelas situações elencadas no artigo subsequente.

Art. 856

Art. 856. A penhora de crédito representado por letra de câmbio, nota promissória, duplicata, cheque ou outros títulos far-se-á pela apreensão do documento, esteja ou não este em poder do executado.

§ 1º Se o título não for apreendido, mas o terceiro confessar a dívida, será este tido como depositário da importância.

§ 2º O terceiro só se exonerará da obrigação depositando em juízo a importância da dívida.

§ 3º Se o terceiro negar o débito em conluio com o executado, a quitação que este lhe der caracterizará fraude à execução.

§ 4º A requerimento do exequente, o juiz determinará o comparecimento, em audiência especialmente designada, do executado e do terceiro, a fim de lhes tomar os depoimentos.

O dispositivo em questão deve ser interpretado literalmente, tratando de como deve ser realizada a penhora de crédito que é representado por nota promissória, duplicata, cheque ou outros títulos de créditos.

Art. 857

Art. 857. Feita a penhora em direito e ação do executado, e não tendo ele oferecido embargos ou sendo estes rejeitados, o exequente ficará sub-rogado nos direitos do executado até a concorrência de seu crédito.

§ 1º O exequente pode preferir, em vez da sub-rogação, a alienação judicial do direito penhorado, caso em que declarará sua vontade no prazo de 10 (dez) dias contado da realização da penhora.

§ 2º A sub-rogação não impede o sub-rogado, se não receber o crédito do executado, de prosseguir na execução, nos mesmos autos, penhorando outros bens.

O dispositivo em questão deve ser interpretado literalmente, tratando de como deve ser realizada a penhora em dinheiro e ações do executado.

Transferência de guarda e a consequente sub-rogação no curso de execução de dívida alimentar não gera a extinção do processo. *"A genitora que, ao tempo em que exercia a guarda judicial dos filhos, representou-os em ação de execução de débitos alimentares possui legitimidade para prosseguir no processo executivo com intuito de ser ressarcida, ainda que, no curso da cobrança judicial, a guarda tenha sido transferida ao genitor (executado). De fato, a partir da modificação da guarda ocorrida no curso da ação de execução de alimentos, a genitora, representante judicial dos seus filhos, deixou de pedir, por si, a proteção a direito alheio, pois a tutela pretendida, antes protegida à guisa de alimentos, passou a sê-lo a título ressarcitório, de um direito dela própria. A respeito, doutrina consigna o seguinte: "Para evitar prejuízo enorme, como o genitor que detém a guarda é quem acaba sozinho provendo ao sustento da prole, indispensável reconhecer a ocorrência de sub-rogação. Ou seja, resta ele como titular do crédito vencido e não pago enquanto o filho era menor, ainda que relativamente capaz. Se ele está sob sua guarda, como o dever de lhe prover o sustento é de ambos os genitores, quando tal encargo é desempenhado somente por um deles, pode reembolsar-se com relação ao omisso. [...] O mesmo ocorre quando o filho passa para a guarda do outro genitor. Se existe um crédito alimentar, quem arcou sozinho com o sustento do filho pode reembolsar-se do que despendeu. Dispõe ele de legitimidade para cobrar os alimentos. Age em nome próprio, como credor sub-rogado." A legislação processual civil, inclusive, permite expressamente ao sub-rogado que não receber o crédito do devedor, prosseguir na execução, nos mesmos autos, conforme dispunha o art. 673, § 2º, do CPC/73, cujo comando fora mantido pelo art. 857, § 2º, do CPC/2015. No caso, há uma dívida que foi paga, pouco importando a sua natureza e, portanto, àquele que arcou com o compromisso assiste agora o direito de se ver pago. O diferencial, contudo, é que na hipótese a modificação da guarda dos filhos (alimentados) ocorreu no curso de ação de execução de alimentos já em trâmite. Ou seja, ao tempo da extinção da ação, a relação material existente entre as partes não era nem de gestão de negócios, tampouco de sub-rogação de créditos, mas apenas e, tão somente, de cobrança de alimentos que não estavam sendo pagos pelo alimentante. Assim, a modificação dos credores e do estado das partes verificado no curso da lide já aforada não pode ser imposta à representante dos alimentados que, por sua vez, bancou as prestações alimentícias de responsabilidade exclusiva do executado, e agora, sob a égide do princípio da economia processual, do agrupamento dos atos processuais e tendo em vista a nova orientação do CPC/2015, pretende se ver ressarcida dos valores dispendidos para o sustento de seus filhos, cuja obrigação – à época – cabia ao genitor (executado). Logo, sendo iniludível que o crédito executado é referente ao período em que os filhos estavam sob os cuidados exclusivos da genitora, época em que essa suportou sozinha a obrigação de sustentá-los, não há como afastar a sua legitimidade para prosseguir na execução, ainda que no curso da demanda executiva o genitor tenha passado a exercer a guarda deles. Isso porque o montante da quantia devida advém de período anterior à modificação da guarda. Por fim, ressalta-se que entendimento contrário prestigiaria o inadimplemento alimentar, indo de encontro aos interesses das crianças, o que, evidentemente, não pode ser incentivado pelo STJ. Ademais, a medida extintiva possivelmente ensejaria a propositura de nova demanda executiva pela genitora, circunstância que confrontaria com os princípios da celeridade e da economia processual, norteadores do sistema processual civil vigente"* (STJ. RESP 1.410.815-SC, Rel. Min. Marco Buzzi, julgado em 09/08/2016, DJe 23/09/2016 – Informativo nº 590).

Art. 858

> Art. 858. Quando a penhora recair sobre dívidas de dinheiro a juros, de direito a rendas ou de prestações periódicas, o exequente poderá levantar os juros, os rendimentos ou as prestações à medida que forem sendo depositados, abatendo-se do crédito as importâncias recebidas, conforme as regras de imputação do pagamento.

O dispositivo em questão deve ser interpretado literalmente, tratando de como deve ser realizada a penhora sobre dívidas de dinheiro a juros, de direito a rendas ou de prestações periódicas.

Art. 859

> Art. 859. Recaindo a penhora sobre direito a prestação ou a restituição de coisa determinada, o executado será intimado para, no vencimento, depositá-la, correndo sobre ela a execução.

O dispositivo em questão deve ser interpretado literalmente, tratando de como deve ser realizada a penhora sobre direito a prestação ou restituição de coisa depositada.

Art. 860

> Art. 860. Quando o direito estiver sendo pleiteado em juízo, a penhora que recair sobre ele será averbada, com destaque, nos autos pertinentes ao direito e na ação correspondente à penhora, a fim de que esta seja efetivada nos bens que forem adjudicados ou que vierem a caber ao executado.

O dispositivo em questão deve ser interpretado literalmente, tratando de como deve ser realizada a penhora de direitos, prevendo que esta constrição deve ser averbada nos autos, com destaque.

Subseção VII
Da penhora das Quotas ou Ações de Sociedades Personificadas

Art. 861

Art. 861. Penhoradas as quotas ou as ações de sócio em sociedade simples ou empresária, o juiz assinará prazo razoável, não superior a 3 (três) meses, para que a sociedade:

I – apresente balanço especial, na forma da lei;

II – ofereça as quotas ou as ações aos demais sócios, observado o direito de preferência legal ou contratual;

III – não havendo interesse dos sócios na aquisição das ações, proceda à liquidação das quotas ou das ações, depositando em juízo o valor apurado, em dinheiro.

§ 1º Para evitar a liquidação das quotas ou das ações, a sociedade poderá adquiri-las sem redução do capital social e com utilização de reservas, para manutenção em tesouraria.

§ 2º O disposto no *caput* e no § 1º não se aplica à sociedade anônima de capital aberto, cujas ações serão adjudicadas ao exequente ou alienadas em bolsa de valores, conforme o caso.

§ 3º Para os fins da liquidação de que trata o inciso III do *caput*, o juiz poderá, a requerimento do exequente ou da sociedade, nomear administrador, que deverá submeter à aprovação judicial a forma de liquidação.

§ 4º O prazo previsto no *caput* poderá ser ampliado pelo juiz, se o pagamento das quotas ou das ações liquidadas:

I – superar o valor do saldo de lucros ou reservas, exceto a legal, e sem diminuição do capital social, ou por doação; ou

II – colocar em risco a estabilidade financeira da sociedade simples ou empresária.

§ 5º Caso não haja interesse dos demais sócios no exercício de direito de preferência, não ocorra a aquisição das quotas ou das ações pela sociedade e a liquidação do inciso III do *caput* seja excessivamente onerosa para a sociedade, o juiz poderá determinar o leilão judicial das quotas ou das ações.

O dispositivo regula como se opera a penhora das quotas ou das ações de sociedade simples ou personificada. Tal praxe já era admitida no modelo primitivo (v.g., art. 655, VI, CPC/73), embora padecesse de regulamentação mais precisa.

Trata-se de uma penhora extremamente complexa, pois há necessidade de que a sociedade cumpra diversas providências em prazo não superior a três meses, como a apresentação de balanço especial, entre outras. Este prazo pode ser ampliado em poucas hipóteses, conforme autoriza o parágrafo quarto.

Há, também, previsão de que a própria sociedade adquira as quotas em questão, embora esta possibilidade não seja dada à sociedade anônima. O último parágrafo, enfim, prevê a possibilidade de ser designado leilão judicial específico para a venda de tais quotas.

Subseção VIII
Da Penhora de Empresa, de Outros Estabelecimentos e de Semoventes

Art. 862

Art. 862. Quando a penhora recair em estabelecimento comercial, industrial ou agrícola, bem como em semoventes, plantações ou edifícios em construção, o juiz nomeará administrador-depositário, determinando-lhe que apresente em 10 (dez) dias o plano de administração.

§ 1º Ouvidas as partes, o juiz decidirá.

§ 2º É lícito às partes ajustar a forma de administração e escolher o depositário, hipótese em que o juiz homologará por despacho a indicação.

§ 3º Em relação aos edifícios em construção sob regime de incorporação imobiliária, a penhora somente poderá recair sobre as unidades imobiliárias ainda não comercializadas pelo incorporador.

§ 4º Sendo necessário afastar o incorporador da administração da incorporação, será ela exercida pela comissão de representantes dos adquirentes ou, se se tratar de construção financiada, por empresa ou profissional indicado pela instituição fornecedora dos recursos para a obra, devendo ser ouvida, neste último caso, a comissão de representantes dos adquirentes.

O dispositivo inova em parte em relação ao modelo primitivo (CPC/73), tratando da penhora de estabelecimento comercial, industrial ou agrícola, bem como em relação aos semoventes, plantações ou edifícios em construção. O *caput* possui mero ajuste para fazer constar que a nomeação passará a recair sobre o "administrador-depositário".

Os primeiros dois parágrafos apenas aperfeiçoaram a redação originária (CPC/73). A novidade fica por conta do parágrafo terceiro, que esclarece a possibilidade de a penhora recair apenas sobre as unidades imobiliárias ainda não comercializadas pelo incorporador, em casos de edifícios em construção sob o regime de incorporação imobiliária. O parágrafo quarto também inova ao regular a possibilidade de afastamento do incorporador da administração da incorporação.

Art. 863

> Art. 863. A penhora de empresa que funcione mediante concessão ou autorização far-se-á, conforme o valor do crédito, sobre a renda, sobre determinados bens ou sobre todo o patrimônio, e o juiz nomeará como depositário, de preferência, um de seus diretores.
>
> § 1º Quando a penhora recair sobre a renda ou sobre determinados bens, o administrador-depositário apresentará a forma de administração e o esquema de pagamento, observando-se, quanto ao mais, o disposto em relação ao regime de penhora de frutos e rendimentos de coisa móvel e imóvel.
>
> § 2º Recaindo a penhora sobre todo o patrimônio, prosseguirá a execução em seus ulteriores termos, ouvindo-se, antes da arrematação ou da adjudicação, o ente público que houver outorgado a concessão.

O dispositivo em questão deve ser interpretado literalmente, tratando da penhora de empresa que atua mediante concessão ou autorização.

Art. 864

> Art. 864. A penhora de navio ou de aeronave não obsta que continuem navegando ou operando até a alienação, mas o juiz, ao conceder a autorização para tanto, não permitirá que saiam do porto ou do aeroporto antes que o executado faça o seguro usual contra riscos.

O dispositivo em questão deve ser interpretado literalmente, tratando de como deve ser realizada a penhora de navio ou aeronave, prevendo, ainda, que mesmo o gravame não impede a sua regular utilização.

Art. 865

> Art. 865. A penhora de que trata esta Subseção somente será determinada se não houver outro meio eficaz para a efetivação do crédito.

O dispositivo é inédito e prevê, basicamente, que tais modalidades de penhora, previstas nesta subseção VIII, somente devem ser adotadas em caráter subsidiário, ou seja, se não houver outro meio mais eficaz para a satisfação do crédito do autor.

Subseção IX
Da Penhora de Percentual de Faturamento de Empresa

Art. 866

Art. 866. Se o executado não tiver outros bens penhoráveis ou se, tendo-os, esses forem de difícil alienação ou insuficientes para saldar o crédito executado, o juiz poderá ordenar a penhora de percentual de faturamento de empresa.

§ 1º O juiz fixará percentual que propicie a satisfação do crédito exequendo em tempo razoável, mas que não torne inviável o exercício da atividade empresarial.

§ 2º O juiz nomeará administrador-depositário, o qual submeterá à aprovação judicial a forma de sua atuação e prestará contas mensalmente, entregando em juízo as quantias recebidas, com os respectivos balancetes mensais, a fim de serem imputadas no pagamento da dívida.

§ 3º Na penhora de percentual de faturamento de empresa, observar-se-á, no que couber, o disposto quanto ao regime de penhora de frutos e rendimentos de coisa móvel e imóvel.

O dispositivo inova em parte em relação ao modelo primitivo (CPC/73). Há uma preocupação de que a penhora de parte do faturamento da sociedade possa levá-la a uma descapitalização e, quiçá, à sua própria ruína. Para tanto, passa a prever o primeiro parágrafo que o magistrado deve atentar para isto, fixando um percentual que possa tanto viabilizar o recebimento da dívida quanto o exercício da atividade empresarial.

Outra novidade é o que consta no parágrafo terceiro, no sentido de que deve ser observado, no que for possível, o mesmo procedimento para a penhora de frutos e rendimentos de coisa móvel ou imóvel. Há previsão, também, da necessidade de o juiz nomear um "administrador-depositário" que deverá prestar contas mensalmente dos valores recebidos pela sociedade.

Verbete nº 100 da Súmula do TJ-RJ: "*A penhora de receita auferida por estabelecimento comercial, industrial ou agrícola, desde que fixada em percentual que não comprometa a respectiva atividade empresarial, não ofende o princípio da execução menos gravosa, nada impedindo que a nomeação do depositário recaia sobre o representante legal do devedor*".

> **Verbete nº 119 da Súmula do TJ-RJ:** *"A garantia do juízo da execução, deferida penhora de receita, efetiva-se com a lavratura do termo e a intimação do depositário, fluindo o prazo para a impugnação do devedor, independente da arrecadação"* (N.A.: este verbete necessita de uma releitura, pois o termo inicial para o oferecimento da impugnação está previsto no art. 525 do CPC. Também não há necessidade de prévia garantia do juízo para recebimento da impugnação, nos termos do mesmo dispositivo).

> **Improbidade administrativa e possibilidade de constrição judicial sobre percentual de faturamento de empresa.** *"Admite-se a incidência da medida de indisponibilidade de bens sobre o faturamento de empresa desde que em valor não excedente a 20% (vinte por cento), a fim de que sejam preservadas suas atividades e saúde financeira. Unânime"* (TRF. AI 0034758-78.2016.4.01.0000, Rel. Juiz Federal Guilherme Mendonça Doehler, em 24/01/2017.)

Subseção X
Da Penhora de Frutos e Rendimentos de Coisa Móvel ou Imóvel

Art. 867

Art. 867. O juiz pode ordenar a penhora de frutos e rendimentos de coisa móvel ou imóvel quando a considerar mais eficiente para o recebimento do crédito e menos gravosa ao executado.

O dispositivo em questão deve ser interpretado literalmente, tratando de como deve ser realizada a penhora de "frutos e rendimentos de coisa móvel ou imóvel", o que exclui a antiga nomenclatura a respeito do "usufruto de bem móvel ou imóvel", o que realmente é mais acertado. Destaca-se que esta modalidade também é subsidiária, pois somente pode ser realizada se for respeitado o princípio que garante o menor sacrifício ao devedor (art. 805).

> **Enunciado nº 106 da I Jornada de Processo Civil CEJ/CJF:** *"Na expropriação, a apropriação de frutos e rendimentos poderá ser priorizada em relação à adjudicação, se não prejudicar o exequente e for mais favorável ao executado".*

Art. 868

Art. 868. Ordenada a penhora de frutos e rendimentos, o juiz nomeará administrador-depositário, que será investido de todos os poderes que concernem à administração do bem e à fruição de seus frutos e utilidades, perdendo o executado o direito de gozo do bem, até que o exequente seja pago do principal, dos juros, das custas e dos honorários advocatícios.

§ 1º A medida terá eficácia em relação a terceiros a partir da publicação da decisão que a conceda ou de sua averbação no ofício imobiliário, em caso de imóveis.

§ 2º O exequente providenciará a averbação no ofício imobiliário mediante a apresentação de certidão de inteiro teor do ato, independentemente de mandado judicial.

O dispositivo prevê a necessidade de ser nomeado um administrador-depositário para os casos de penhora de frutos e rendimentos de coisa móvel ou imóvel. Ele permanecerá na administração do bem até que a dívida seja integralmente paga, além dos juros, custas e honorários advocatícios. Os parágrafos dispõem que, para que esta medida tenha eficácia perante terceiros, caberá ao credor providenciar a averbação desta penhora no ofício imobiliário.

Art. 869

Art. 869. O juiz poderá nomear administrador-depositário o exequente ou o executado, ouvida a parte contrária, e, não havendo acordo, nomeará profissional qualificado para o desempenho da função.

§ 1º O administrador submeterá à aprovação judicial a forma de administração e a de prestar contas periodicamente.

§ 2º Havendo discordância entre as partes ou entre essas e o administrador, o juiz decidirá a melhor forma de administração do bem.

§ 3º Se o imóvel estiver arrendado, o inquilino pagará o aluguel diretamente ao exequente, salvo se houver administrador.

§ 4º O exequente ou o administrador poderá celebrar locação do móvel ou do imóvel, ouvido o executado.

§ 5º As quantias recebidas pelo administrador serão entregues ao exequente, a fim de serem imputadas ao pagamento da dívida.

§ 6º O exequente dará ao executado, por termo nos autos, quitação das quantias recebidas.

O dispositivo inova em parte em relação ao modelo primitivo (CPC/73), tratando precisamente sobre a nomeação do "administrador-depositário". É possível que até mesmos as partes sejam nomeadas nesta função, mas desde que a outra concorde.

Subseção XI
Da Avaliação

Art. 870

> Art. 870. A avaliação será feita pelo oficial de justiça.
>
> Parágrafo único. Se forem necessários conhecimentos especializados e o valor da execução o comportar, o juiz nomeará avaliador, fixando-lhe prazo não superior a 10 (dez) dias para entrega do laudo.

O dispositivo em questão deve ser interpretado literalmente, tratando da avaliação do bem que foi penhorado. O artigo subsequente, que cuida das hipóteses de dispensa da avaliação, passa a abranger o que constava na redação primitiva deste, na parte em que o executado concordava com a estimativa feita pelo oficial de justiça. Já o parágrafo único, por sua vez, inova ao permitir a nomeação de avaliador específico para esta tarefa, desde que o valor da execução comporte a adoção desta medida.

Art. 871

> Art. 871. Não se procederá à avaliação quando:
>
> I – uma das partes aceitar a estimativa feita pela outra;
>
> II – se tratar de títulos ou de mercadorias que tenham cotação em bolsa, comprovada por certidão ou publicação no órgão oficial;
>
> III – se tratar de títulos da dívida pública, de ações de sociedades e de títulos de crédito negociáveis em bolsa, cujo valor será o da cotação oficial do dia, comprovada por certidão ou publicação no órgão oficial;
>
> IV – se tratar de veículos automotores ou de outros bens cujo preço médio de mercado possa ser conhecido por meio de pesquisas realizadas por órgãos oficiais ou de anúncios de venda divulgados em meios de comunicação, caso em que caberá a quem fizer a nomeação o encargo de comprovar a cotação de mercado.
>
> Parágrafo único. Ocorrendo a hipótese do inciso I deste artigo, a avaliação poderá ser realizada quando houver fundada dúvida do juiz quanto ao real valor do bem.

O dispositivo em questão deve ser interpretado literalmente, cuidando dos casos em que não será realizada a avaliação. A novidade fica por conta do quarto inciso, que prevê que a avaliação é dispensada quando se tratar de veículos automotores ou outros bens cujo valor médio de mercado possa ser conhecido pela análise em anúncios de vendas ou mesmo por pesquisas a órgãos oficiais. Para os veículos, em específico, é muito comum a utilização da "tabela FIPE". Outra inovação fica por conta da inclusão do parágrafo único, que passa a autorizar que o magistrado determine a avaliação mesmo quando as partes estiverem de acordo quanto ao valor do bem, caso o julgador ainda esteja com fundada dúvida sobre o seu real valor.

Art. 872

> Art. 872. A avaliação realizada pelo oficial de justiça constará de vistoria e de laudo anexados ao auto de penhora ou, em caso de perícia realizada por avaliador, de laudo apresentado no prazo fixado pelo juiz, devendo-se, em qualquer hipótese, especificar:
>
> I – os bens, com as suas características, e o estado em que se encontram;
>
> II – o valor dos bens.
>
> § 1º Quando o imóvel for suscetível de cômoda divisão, a avaliação, tendo em conta o crédito reclamado, será realizada em partes, sugerindo-se, com a apresentação de memorial descritivo, os possíveis desmembramentos para alienação.
>
> § 2º Realizada a avaliação e, sendo o caso, apresentada a proposta de desmembramento, as partes serão ouvidas no prazo de 5 (cinco) dias.

O dispositivo em questão deve ser interpretado literalmente, com pequenas inovações sobre como será realizada a avaliação pelo oficial de justiça. No modelo primitivo (CPC/73), esta avaliação já constava no próprio mandado de citação. No CPC, porém, o dispositivo em comento sugere que a avaliação constará de vistoria e de laudo que serão anexados ao mandado de penhora, o que parece ser um retrocesso. Há novidade quanto à possibilidade de desmembramento do imóvel, também sendo franqueado às partes o direito de se manifestar em cinco dias.

Art. 873

> Art. 873. É admitida nova avaliação quando:
>
> I – qualquer das partes arguir, fundamentadamente, a ocorrência de erro na avaliação ou dolo do avaliador;
>
> II – se verificar, posteriormente à avaliação, que houve majoração ou diminuição no valor do bem;

III - o juiz tiver fundada dúvida sobre o valor atribuído ao bem na primeira avaliação.

Parágrafo único. Aplica-se o art. 480 à nova avaliação prevista no inciso III do *caput* deste artigo.

O dispositivo em questão deve ser interpretado literalmente, disciplinando os casos em que é admitida uma nova avaliação. No terceiro inciso foi inserida a expressão "primeira avaliação", que não constava no modelo primitivo (CPC/73). O parágrafo único é inédito, possibilitando nova avaliação quando a anterior não tiver todas as dúvidas esclarecidas. Há outras hipóteses previstas no CPC em que é possível nova avaliação (art. 878).

Art. 874

Art. 874. Após a avaliação, o juiz poderá, a requerimento do interessado e ouvida a parte contrária, mandar:

I - reduzir a penhora aos bens suficientes ou transferi-la para outros, se o valor dos bens penhorados for consideravelmente superior ao crédito do exequente e dos acessórios;

II - ampliar a penhora ou transferi-la para outros bens mais valiosos, se o valor dos bens penhorados for inferior ao crédito do exequente.

O dispositivo em questão deve ser interpretado literalmente, tratando de situações em que a penhora pode ser reduzida ou ampliada.

Art. 875

Art. 875. Realizadas a penhora e a avaliação, o juiz dará início aos atos de expropriação do bem.

O dispositivo em questão deve ser interpretado literalmente, prevendo que, após a penhora e a avaliação, será iniciada a etapa expropriatória dos bens por uma de suas modalidades (art. 825). Ressalva-se, embora não conste no artigo, que a etapa expropriatória poderá ser suspensa caso o executado consiga obter efeito suspensivo para sua defesa, seja ela por meio da impugnação ou dos embargos à execução.

Seção IV
Da Expropriação de Bens

Subseção I
Da Adjudicação

Art. 876

Art. 876. É lícito ao exequente, oferecendo preço não inferior ao da avaliação, requerer que lhe sejam adjudicados os bens penhorados.

§ 1º Requerida a adjudicação, o executado será intimado do pedido:

I – pelo Diário da Justiça, na pessoa de seu advogado constituído nos autos;

II – por carta com aviso de recebimento, quando representado pela Defensoria Pública ou quando não tiver procurador constituído nos autos;

III – por meio eletrônico, quando, sendo o caso do § 1º do art. 246, não tiver procurador constituído nos autos.

§ 2º Considera-se realizada a intimação quando o executado houver mudado de endereço sem prévia comunicação ao juízo, observado o disposto no art. 274, parágrafo único.

§ 3º Se o executado, citado por edital, não tiver procurador constituído nos autos, é dispensável a intimação prevista no § 1º.

§ 4º Se o valor do crédito for:

I – inferior ao dos bens, o requerente da adjudicação depositará de imediato a diferença, que ficará à disposição do executado;

II – superior ao dos bens, a execução prosseguirá pelo saldo remanescente.

§ 5º Idêntico direito pode ser exercido por aqueles indicados no art. 889, incisos II a VIII, pelos credores concorrentes que hajam penhorado o mesmo bem, pelo cônjuge, pelo companheiro, pelos descendentes ou pelos ascendentes do executado.

§ 6º Se houver mais de um pretendente, proceder-se-á a licitação entre eles, tendo preferência, em caso de igualdade de oferta, o cônjuge, o companheiro, o descendente ou o ascendente, nessa ordem.

§ 7º No caso de penhora de quota social ou de ação de sociedade anônima fechada realizada em favor de exequente alheio à sociedade, esta será intimada, ficando responsável por informar aos sócios a ocorrência da penhora, assegurando-se a estes a preferência.

O dispositivo inova em parte em relação ao modelo primitivo (CPC/73), tratando de uma das modalidades de expropriação dos bens, que é a denominada "adjudicação". Trata-se da via preferencial para a expropriação dos bens penhorados. O dispositivo inicia regulando como será realizada esta adjudicação quando o próprio credor for o interessado, detalhando o que antes não ocorria no modelo primitivo (CPC/73). Há possibilidade de se dispensar a intimação do executado, caso tenha sido citado por edital. O parágrafo quarto mantém regra antiga regulando casos e consequências em que o valor do crédito exequendo for superior ou inferior aos bens.

Este direito à adjudicação pode ser exercido não apenas pelo exequente mas também por uma gama bem maior de interessados, que estão relacionados em dispositivo que ainda será apresentado (art. 889, II a VIII). O parágrafo sexto trata da possibilidade de licitação quando houver mais de um pretendente ao mesmo bem, sendo que em caso de igualdade de ofertas deverá ser observada a listagem nele constante, na qual foi incluído também o companheiro.

Por fim, o último parágrafo apenas inova ao fazer menção à sociedade anônima fechada, bem como que esta será intimada e ficará responsável por comunicar aos sócios a ocorrência da penhora, para que lhes seja assegurado plenamente o exercício do direito de preferência.

> **Enunciado nº 15 da I Jornada de Processo Civil CEJ/CJF:** "*Aplicam-se às entidades referidas no § 3º do art. 186 do CPC as regras sobre intimação pessoal das partes e suas testemunhas (art. 186, § 2º; art. 455, § 4º, IV; art. 513, § 2º, II e art. 876, § 1º, II, todos do CPC)*".
>
> **Enunciado nº 106 da I Jornada de Processo Civil CEJ/CJF:** "*Na expropriação, a apropriação de frutos e rendimentos poderá ser priorizada em relação à adjudicação, se não prejudicar o exequente e for mais favorável ao executado*".

> **Possibilidade de adjudicar bem do devedor que está indisponível por decisão proferida em processo coletivo.** "*A indisponibilidade de bens do executado deferida em ação civil pública não impede a adjudicação de um determinado bem ao credor que executa o devedor comum com substrato em título executivo judicial*" (STJ. RESP 1.493.067-RJ, Rel.ª Min.ª Nancy Andrighi, por unanimidade, julgado em 21/03/2017, DJe 24/03/2017).
>
> **Adjudicação é a modalidade preferencial para a expropriação de bens do devedor em execução.** "*A adjudicação do bem penhorado deve ser assegurada ao legitimado que oferecer preço não inferior ao da avaliação. Com a edição da Lei nº 11.382/2006, que alterou alguns artigos do CPC/73, a adjudicação (art. 647, I) passou a ser a forma preferencial de satisfação do direito do credor, tornando secundárias as tradicionais formas de expropriação previstas no art. 647 do referido código. Igualmente, o CPC/15 também prevê a adjudicação como forma preferencial de satisfação do direito do credor. Conforme preceitua doutrina especializada, a adjudicação pode ser conceituada como "o ato executivo expropriatório, por meio do qual o juiz, em nome do Estado, transfere o bem penhorado para o exequente ou a outras pessoas a quem a lei confere preferência na aquisição*" (STJ. RESP

1.505.399-RS, Rel.ª Min.ª Maria Isabel Gallotti, julgado em 12/04/2016, DJe 12/05/2016 – Informativo nº 583).

O momento para requerimento de adjudicação deve ser após resolvidas as questões relativas à avaliação do bem penhorado e antes da expropriação em hasta pública. "*A adjudicação poderá ser requerida após resolvidas as questões relativas à avaliação do bem penhorado e antes de realizada a hasta pública. O limite temporal para requerimento da adjudicação, embora não esteja claro na legislação, consoante doutrina, parece ser o início da hasta pública. Com efeito, a norma prevista no art. 686 do CPC/1973 limita-se a prever que 'Não requerida a adjudicação e não realizada a alienação particular do bem penhorado, será expedido o edital de hasta pública (...)'. Nesse contexto, doutrina entende que 'a falta de previsão legal deste momento conclusivo recomenda que o juiz consulte o credor, depois da penhora e da avaliação dos bens, sobre seu interesse na adjudicação. Não havendo manifestação em prazo razoável, segue-se para a alienação em hasta pública'. Assim, os legitimados têm direito a realizar a adjudicação do bem a qualquer momento, após resolvidas as questões relativas à avaliação do bem e antes de realizada a hasta pública. Ressalte-se que diante da importância conferida à adjudicação no sistema atual, segundo doutrina, 'ainda que expedidos os editais de hasta pública, nada impede a adjudicação pelo exequente ou por qualquer um dos legitimados do art. 685-A, § 2º, do CPC', situação em que o adjudicante ficará obrigado a arcar com as despesas decorrentes de atos que se tornaram desnecessários em razão da sua opção tardia, sendo aplicável o art. 29 do CPC/73. Esse entendimento visa a assegurar a menor onerosidade da execução, princípio consagrado no sistema processual brasileiro com objetivo de proteger a boa-fé e impedir o abuso de direito do credor que, dispondo de diversos meios igualmente eficazes, escolha meio executivo mais danoso ao executado*" (STJ. RESP 1.505.399-RS, Rel.ª Min.ª Maria Isabel Gallotti, julgado em 12/04/2016, DJe 12/05/2016 – Informativo nº 583).

Art. 877

Art. 877. Transcorrido o prazo de 5 (cinco) dias, contado da última intimação, e decididas eventuais questões, o juiz ordenará a lavratura do auto de adjudicação.

§ 1º Considera-se perfeita e acabada a adjudicação com a lavratura e a assinatura do auto pelo juiz, pelo adjudicatário, pelo escrivão ou chefe de secretaria, e, se estiver presente, pelo executado, expedindo-se:

I – a carta de adjudicação e o mandado de imissão na posse, quando se tratar de bem imóvel;

II – a ordem de entrega ao adjudicatário, quando se tratar de bem móvel.

§ 2º A carta de adjudicação conterá a descrição do imóvel, com remissão à sua matrícula e aos seus registros, a cópia do auto de adjudicação e a prova de quitação do imposto de transmissão.

> § 3º No caso de penhora de bem hipotecado, o executado poderá remi-lo até a assinatura do auto de adjudicação, oferecendo preço igual ao da avaliação, se não tiver havido licitantes, ou ao do maior lance oferecido.
>
> § 4º Na hipótese de falência ou de insolvência do devedor hipotecário, o direito de remição previsto no § 3º será deferido à massa ou aos credores em concurso, não podendo o exequente recusar o preço da avaliação do imóvel.

O dispositivo inova em parte em relação ao modelo primitivo (CPC/73), prevendo a necessidade de se aguardar pelo menos cinco dias, contados da última intimação e depois de serem decididas todas as eventuais questões, para que o magistrado possa ordenar a lavratura do auto de adjudicação. O parágrafo primeiro apenas substitui a expressão "adjudicante" por "adjudicatário". O parágrafo terceiro cuida de outra hipótese de remição, além daquela já analisada anteriormente (art. 826). O último parágrafo, inédito, cuida justamente da possibilidade de remição em casos de falência ou insolvência do devedor hipotecário.

Art. 878

> Art. 878. Frustradas as tentativas de alienação do bem, será reaberta oportunidade para requerimento de adjudicação, caso em que também se poderá pleitear a realização de nova avaliação.

O dispositivo é inédito. A adjudicação é a modalidade expropriatória preferencial, somente sendo autorizadas as demais (art. 825), quando esta em específico não tiver sido requerida. Contudo, acaso não se consiga realizar a efetiva expropriação do bem em nenhuma das demais espécies, será dada nova oportunidade para que o credor o aceite, devendo ainda, se for o caso, ser realizada nova avaliação.

Subseção II
Da Alienação

Art. 879

> Art. 879. A alienação far-se-á:
> I – por iniciativa particular;
> II – em leilão judicial eletrônico ou presencial.

O dispositivo inova em parte em relação ao modelo primitivo (CPC/73), prevendo que as anteriores modalidades de expropriação, denominadas "alienação por iniciativa particular" e "alienação em hasta pública", passam simplesmente a ser designadas por um gênero chamado de "alienação", abrangendo as espécies "por iniciativa particular" ou "em leilão judicial eletrônico ou presencial". Importante destacar, outrossim, que o CPC aboliu a expressão "praça", que era empregada para designar a expropriação de bens imóveis, usando doravante "leilão" tanto para os imóveis quanto para os móveis.

Art. 880

Art. 880. Não efetivada a adjudicação, o exequente poderá requerer a alienação por sua própria iniciativa ou por intermédio de corretor ou leiloeiro público credenciado perante o órgão judiciário.

§ 1º O juiz fixará o prazo em que a alienação deve ser efetivada, a forma de publicidade, o preço mínimo, as condições de pagamento, as garantias e, se for o caso, a comissão de corretagem.

§ 2º A alienação será formalizada por termo nos autos, com a assinatura do juiz, do exequente, do adquirente e, se estiver presente, do executado, expedindo-se:

I – a carta de alienação e o mandado de imissão na posse, quando se tratar de bem imóvel;

II – a ordem de entrega ao adquirente, quando se tratar de bem móvel.

§ 3º Os tribunais poderão editar disposições complementares sobre o procedimento da alienação prevista neste artigo, admitindo, quando for o caso, o concurso de meios eletrônicos, e dispor sobre o credenciamento dos corretores e leiloeiros públicos, os quais deverão estar em exercício profissional por não menos que 3 (três) anos.

§ 4º Nas localidades em que não houver corretor ou leiloeiro público credenciado nos termos do § 3º, a indicação será de livre escolha do exequente.

O dispositivo em questão deve ser interpretado literalmente, tratando da alienação por iniciativa particular. É substituída a expressão "mandado de entrega" por "ordem de entrega". Passa a ser permitido, também, o credenciamento de leiloeiros públicos para esta modalidade, embora tenha sido reduzido de cinco para três anos o prazo em que já deverão estar em exercício profissional. O parágrafo quarto prevê que somente onde não houver corretor ou leiloeiro público é que as partes poderão indicá-los livremente.

Art. 881

Art. 881. A alienação far-se-á em leilão judicial se não efetivada a adjudicação ou a alienação por iniciativa particular.

§ 1º O leilão do bem penhorado será realizado por leiloeiro público.

§ 2º Ressalvados os casos de alienação a cargo de corretores de bolsa de valores, todos os demais bens serão alienados em leilão público.

O dispositivo cuida de mero ajuste redacional. No *caput*, é substituído o termo "hasta pública" por "leilão público". O leilão judicial passa a ser de exclusiva responsabilidade do leiloeiro público, embora em certas situações a alienação possa ser realizada por outras pessoas, como o corretor, no caso de alienação de ações ou valores mobiliários.

Art. 882

Art. 882. Não sendo possível a sua realização por meio eletrônico, o leilão será presencial.

§ 1º A alienação judicial por meio eletrônico será realizada, observando-se as garantias processuais das partes, de acordo com regulamentação específica do Conselho Nacional de Justiça.

§ 2º A alienação judicial por meio eletrônico deverá atender aos requisitos de ampla publicidade, autenticidade e segurança, com observância das regras estabelecidas na legislação sobre certificação digital.

§ 3º O leilão presencial será realizado no local designado pelo juiz.

O dispositivo indica que o leilão judicial deve ser realizado preferencialmente por meio eletrônico, tudo de acordo com as normas e regulamentos do CNJ. O parágrafo segundo reitera que estes atos praticados eletronicamente devem atender aos requisitos de ampla publicidade, autenticidade e segurança. O leilão presencial, por seu turno, será realizado no local em que o magistrado designar, e não apenas no átrio do prédio do fórum, como ocorria pelo modelo primitivo (CPC/73) em casos de bens móveis.

Art. 883

Art. 883. Caberá ao juiz a designação do leiloeiro público, que poderá ser indicado pelo exequente.

A norma inova ao prever que a indicação e a nomeação do leiloeiro público passam a ser feitas pelo magistrado, muito embora possa ser aceita a indicação pelo exequente.

Art. 884

> **Art. 884. Incumbe ao leiloeiro público:**
> **I –** publicar o edital, anunciando a alienação;
> **II –** realizar o leilão onde se encontrem os bens ou no lugar designado pelo juiz;
> **III –** expor aos pretendentes os bens ou as amostras das mercadorias;
> **IV –** receber e depositar, dentro de 1 (um) dia, à ordem do juiz, o produto da alienação;
> **V –** prestar contas nos 2 (dois) dias subsequentes ao depósito.
> **Parágrafo único.** O leiloeiro tem o direito de receber do arrematante a comissão estabelecida em lei ou arbitrada pelo juiz.

O dispositivo em questão deve ser interpretado literalmente, tratando das incumbências que devem ser desempenhadas pelo leiloeiro público.

Art. 885

> **Art. 885.** O juiz da execução estabelecerá o preço mínimo, as condições de pagamento e as garantias que poderão ser prestadas pelo arrematante.

O dispositivo inova em relação ao modelo primitivo (CPC/73), autorizando que o próprio magistrado estabeleça preço mínimo para o pagamento, bem como as suas condições e eventuais garantias. Desta maneira, no dia do primeiro leilão o lanço deverá respeitar este preço mínimo fixado, sob pena de restar caracterizada uma das hipóteses de vício na arrematação (art. 903). Acrescenta-se que, na ausência de preço mínimo estabelecido pelo julgador, somente não serão aceitos aqueles lanços que caracterizarem preço vil (art. 891).

Art. 886

> **Art. 886.** O leilão será precedido de publicação de edital, que conterá:
> **I –** a descrição do bem penhorado, com suas características, e, tratando-se de imóvel, sua situação e suas divisas, com remissão à matrícula e aos registros;

II – o valor pelo qual o bem foi avaliado, o preço mínimo pelo qual poderá ser alienado, as condições de pagamento e, se for o caso, a comissão do leiloeiro designado;

III – o lugar onde estiverem os móveis, os veículos e os semoventes e, tratando-se de créditos ou direitos, a identificação dos autos do processo em que foram penhorados;

IV – o sítio, na rede mundial de computadores, e o período em que se realizará o leilão, salvo se este se der de modo presencial, hipótese em que serão indicados o local, o dia e a hora de sua realização;

V – a indicação de local, dia e hora de segundo leilão presencial, para a hipótese de não haver interessado no primeiro;

VI – menção da existência de ônus, recurso ou processo pendente sobre os bens a serem leiloados.

Parágrafo único. No caso de títulos da dívida pública e de títulos negociados em bolsa, constará do edital o valor da última cotação.

O dispositivo em questão deve ser interpretado literalmente, tratando do que deve constar no edital do leilão. O inciso segundo inova ao possibilitar que nele já conste o preço mínimo para venda, o que se traduz em uma faculdade, pois, diante de eventual omissão, será o equivalente a cinquenta salários-mínimos (art. 891 – preço vil). O inciso quarto também inova em parte, ao prever a indicação do sítio, na rede mundial de computadores, do período em que será realizado o leilão, o que realmente busca dar mais publicidade ao ato em questão. No quinto inciso não consta mais, como no modelo primitivo (CPC/73), o prazo que deveria ocorrer entre a realização do primeiro e do segundo leilão.

Art. 887

Art. 887. O leiloeiro público designado adotará providências para a ampla divulgação da alienação.

§ 1º A publicação do edital deverá ocorrer pelo menos 5 (cinco) dias antes da data marcada para o leilão.

§ 2º O edital será publicado na rede mundial de computadores, em sítio designado pelo juízo da execução, e conterá descrição detalhada e, sempre que possível, ilustrada dos bens, informando expressamente se o leilão se realizará de forma eletrônica ou presencial.

§ 3º Não sendo possível a publicação na rede mundial de computadores ou considerando o juiz, em atenção às condições

> da sede do juízo, que esse modo de divulgação é insuficiente ou inadequado, o edital será afixado em local de costume e publicado, em resumo, pelo menos uma vez em jornal de ampla circulação local.
>
> § 4º Atendendo ao valor dos bens e às condições da sede do juízo, o juiz poderá alterar a forma e a frequência da publicidade na imprensa, mandar publicar o edital em local de ampla circulação de pessoas e divulgar avisos em emissora de rádio ou televisão local, bem como em sítios distintos do indicado no § 2º.
>
> § 5º Os editais de leilão de imóveis e de veículos automotores serão publicados pela imprensa ou por outros meios de divulgação, preferencialmente na seção ou no local reservados à publicidade dos respectivos negócios.
>
> § 6º O juiz poderá determinar a reunião de publicações em listas referentes a mais de uma execução.

O dispositivo cuida de outras incumbências do leiloeiro para que não haja qualquer mácula ao leilão. O edital deverá agora ser publicado pelo menos cinco dias antes da realização do referido ato. O segundo parágrafo também autoriza que haja publicação na rede mundial de computadores, embora o terceiro o dispense em alguns casos, situação em que o edital deverá ser afixado em local de costume e publicado, em resumo, pelo menos uma vez em jornal que tenha ampla circulação local. O parágrafo quinto, por fim, inova ao trazer tratamento específico para os casos em que ocorrer penhora de veículos automotores.

Art. 888

> Art. 888. Não se realizando o leilão por qualquer motivo, o juiz mandará publicar a transferência, observando-se o disposto no art. 887.
>
> Parágrafo único. O escrivão, o chefe de secretaria ou o leiloeiro que culposamente der causa à transferência responde pelas despesas da nova publicação, podendo o juiz aplicar-lhe a pena de suspensão por 5 (cinco) dias a 3 (três) meses, em procedimento administrativo regular.

O dispositivo cuida de mero ajuste redacional. Foi excluída a palavra "praça", constante no *caput*, pois o CPC passa a permitir que a expressão "leilão" seja empregada tanto em relação a bens móveis quanto a bens imóveis. No parágrafo único, foi excluída a menção ao "porteiro" e incluída a figura do "chefe de secretaria", que seria equivalente ao "escrivão", só que na Justiça Federal. De resto, este dispositivo tem pequena alteração quando prevê que, se o leilão não for realizado, o juiz mandará publicar a transferência por meio eletrônico, e não mais pela imprensa local, como constava no modelo primitivo (CPC/73).

Art. 889

Art. 889. Serão cientificados da alienação judicial, com pelo menos 5 (cinco) dias de antecedência:

I – o executado, por meio de seu advogado ou, se não tiver procurador constituído nos autos, por carta registrada, mandado, edital ou outro meio idôneo;

II – o coproprietário de bem indivisível do qual tenha sido penhorada fração ideal;

III – o titular de usufruto, uso, habitação, enfiteuse, direito de superfície, concessão de uso especial para fins de moradia ou concessão de direito real de uso, quando a penhora recair sobre bem gravado com tais direitos reais;

IV – o proprietário do terreno submetido ao regime de direito de superfície, enfiteuse, concessão de uso especial para fins de moradia ou concessão de direito real de uso, quando a penhora recair sobre tais direitos reais;

V – o credor pignoratício, hipotecário, anticrético, fiduciário ou com penhora anteriormente averbada, quando a penhora recair sobre bens com tais gravames, caso não seja o credor, de qualquer modo, parte na execução;

VI – o promitente comprador, quando a penhora recair sobre bem em relação ao qual haja promessa de compra e venda registrada;

VII – o promitente vendedor, quando a penhora recair sobre direito aquisitivo derivado de promessa de compra e venda registrada;

VIII – a União, o Estado e o Município, no caso de alienação de bem tombado.

Parágrafo único. Se o executado for revel e não tiver advogado constituído, não constando dos autos seu endereço atual ou, ainda, não sendo ele encontrado no endereço constante do processo, a intimação considerar-se-á feita por meio do próprio edital de leilão.

O dispositivo inova em relação ao modelo primitivo (CPC/73), cuidando da necessidade de se intimar algumas pessoas para a realização da alienação judicial, devendo ser observado um prazo de pelo menos cinco dias de antecedência. Há inovações, precisamente, no segundo e no oitavo incisos. O parágrafo único também é novo e cuida da possibilidade de intimar o devedor no próprio edital de leilão quando for revel e não tiver advogado constituído nos autos, bem como quando não constar nos autos o seu endereço atual, ou não tiver sido encontrado no endereço que consta nos autos.

Art. 890

Art. 890. Pode oferecer lance quem estiver na livre administração de seus bens, com exceção:

I – dos tutores, dos curadores, dos testamenteiros, dos administradores ou dos liquidantes, quanto aos bens confiados à sua guarda e à sua responsabilidade;

II – dos mandatários, quanto aos bens de cuja administração ou alienação estejam encarregados;

III – do juiz, do membro do Ministério Público e da Defensoria Pública, do escrivão, do chefe de secretaria e dos demais servidores e auxiliares da justiça, em relação aos bens e direitos objeto de alienação na localidade onde servirem ou a que se estender a sua autoridade;

IV – dos servidores públicos em geral, quanto aos bens ou aos direitos da pessoa jurídica a que servirem ou que estejam sob sua administração direta ou indireta;

V – dos leiloeiros e seus prepostos, quanto aos bens de cuja venda estejam encarregados;

VI – dos advogados de qualquer das partes.

O dispositivo inova em relação ao modelo primitivo (CPC/73), além de incluir novas pessoas que não podem participar do leilão, tal como os agentes públicos em geral, bem como os advogados de quaisquer das partes, entre outros. A redação do dispositivo também foi apurada, estabelecendo que, para alguns impedidos, essa restrição se dá apenas na localidade em que servirem ou onde se estender a sua autoridade.

Art. 891

Art. 891. Não será aceito lance que ofereça preço vil.

Parágrafo único. Considera-se vil o preço inferior ao mínimo estipulado pelo juiz e constante do edital, e, não tendo sido fixado preço mínimo, considera-se vil o preço inferior a cinquenta por cento do valor da avaliação.

O dispositivo inova em relação ao modelo primitivo (CPC/73), estabelecendo o que vem a ser "preço vil", caso em que o lance não poderá ser aceito, sob pena de vício na arrematação (art. 903). No entanto, já foi verificado que poderá ser fixado, pelo magistrado, um "preço mínimo", que seria um prévio valor estabelecido e que constará no edital de ciência da realização dos leilões, tendo este que ser respeitado (art. 885). Contudo, caso este não tenha sido fixado, será de pelo menos cinquenta por cento do valor da avaliação, tal como regula a presente norma. Há, por fim, dispositivo fixando outro patamar quando se tratar de bens pertencentes a incapazes (art. 896).

Art. 892

Art. 892. Salvo pronunciamento judicial em sentido diverso, o pagamento deverá ser realizado de imediato pelo arrematante, por depósito judicial ou por meio eletrônico.

§ 1º Se o exequente arrematar os bens e for o único credor, não estará obrigado a exibir o preço, mas, se o valor dos bens exceder ao seu crédito, depositará, dentro de 3 (três) dias, a diferença, sob pena de tornar-se sem efeito a arrematação, e, nesse caso, realizar-se-á novo leilão, à custa do exequente.

§ 2º Se houver mais de um pretendente, proceder-se-á entre eles à licitação, e, no caso de igualdade de oferta, terá preferência o cônjuge, o companheiro, o descendente ou o ascendente do executado, nessa ordem.

§ 3º No caso de leilão de bem tombado, a União, os Estados e os Municípios terão, nessa ordem, o direito de preferência na arrematação, em igualdade de oferta.

O dispositivo em questão deve ser interpretado literalmente, prevendo que o pagamento para os bens arrematados seja realizado de imediato, muito embora o magistrado possa permitir que seja feito de outra forma. Foi mantido o prazo de três dias para pagamento de eventual diferença. Para os casos em que os pretendentes oferecerem igual oferta, algumas pessoas terão preferência na ordem ali estabelecida.

Art. 893

Art. 893. Se o leilão for de diversos bens e houver mais de um lançador, terá preferência aquele que se propuser a arrematá-los todos, em conjunto, oferecendo, para os bens que não tiverem lance, preço igual ao da avaliação e, para os demais, preço igual ao do maior lance que, na tentativa de arrematação individualizada, tenha sido oferecido para eles.

O dispositivo em questão deve ser interpretado literalmente, tratando da hipótese em que diversos bens forem a leilão e casos em que possa ser dada preferência a um lançador.

Art. 894

Art. 894. Quando o imóvel admitir cômoda divisão, o juiz, a requerimento do executado, ordenará a alienação judicial de parte dele, desde que suficiente para o pagamento do exequente e para a satisfação das despesas da execução.

§ 1º Não havendo lançador, far-se-á a alienação do imóvel em sua integridade.

§ 2º A alienação por partes deverá ser requerida a tempo de permitir a avaliação das glebas destacadas e sua inclusão no edital, e, nesse caso, caberá ao executado instruir o requerimento com planta e memorial descritivo subscritos por profissional habilitado.

O dispositivo em questão deve ser interpretado literalmente, mantendo a possibilidade de venda de parte do imóvel, desde que seja cômoda a sua divisão, o que atende ao princípio que garante que a execução se desenvolva da maneira menos gravosa ao executado (art. 805). O parágrafo segundo, contudo, é totalmente inédito, trazendo certos requisitos para que o executado apresente este pleito.

Art. 895

Art. 895. O interessado em adquirir o bem penhorado em prestações poderá apresentar, por escrito:

I – até o início do primeiro leilão, proposta de aquisição do bem por valor não inferior ao da avaliação;

II – até o início do segundo leilão, proposta de aquisição do bem por valor que não seja considerado vil.

§ 1º A proposta conterá, em qualquer hipótese, oferta de pagamento de pelo menos vinte e cinco por cento do valor do lance à vista e o restante parcelado em até 30 (trinta) meses, garantido por caução idônea, quando se tratar de móveis, e por hipoteca do próprio bem, quando se tratar de imóveis.

§ 2º As propostas para aquisição em prestações indicarão o prazo, a modalidade, o indexador de correção monetária e as condições de pagamento do saldo.

~~§ 3º As prestações, que poderão ser pagas por meio eletrônico, serão corrigidas mensalmente pelo índice oficial de atualização financeira, a ser informado, se for o caso, para a operadora do cartão de crédito.~~

§ 4º No caso de atraso no pagamento de qualquer das prestações, incidirá multa de dez por cento sobre a soma da parcela inadimplida com as parcelas vincendas.

§ 5º O inadimplemento autoriza o exequente a pedir a resolução da arrematação ou promover, em face do arrematante, a execução do valor devido, devendo ambos os pedidos ser formulados nos autos da execução em que se deu a arrematação.

§ 6º A apresentação da proposta prevista neste artigo não suspende o leilão.

§ 7º A proposta de pagamento do lance à vista sempre prevalecerá sobre as propostas de pagamento parcelado.

§ 8º Havendo mais de uma proposta de pagamento parcelado:

I – em diferentes condições, o juiz decidirá pela mais vantajosa, assim compreendida, sempre, a de maior valor;

II – em iguais condições, o juiz decidirá pela formulada em primeiro lugar.

§ 9º No caso de arrematação a prazo, os pagamentos feitos pelo arrematante pertencerão ao exequente até o limite de seu crédito, e os subsequentes, ao executado.

O CPC passou a admitir que o pagamento parcelado pelo arrematante também seja realizado no caso de bens móveis. Houve redução do valor do pagamento inicial para vinte e cinco por cento do lance à vista, com parcelamento do restante em até trinta meses, desde que garantido por caução idônea. Passa a ser prevista multa caso ocorra algum atraso nestes pagamentos. São apresentados parâmetros para que o magistrado possa decidir qual a forma mais interessante para o pagamento do bem.

Razões do veto presidencial ao parágrafo terceiro do art. 895:

> "O dispositivo institui correção monetária mensal por um índice oficial de preços, o que caracteriza indexação. Sua introdução potencializaria a memória inflacionária, culminando em uma indesejada inflação inercial".

Comentário ao veto presidencial

Este parágrafo previa que o interessado em adquirir bem penhorado poderia pagar o valor parcelado por meio eletrônico, em parcelas que seriam corrigidas mensalmente por índice oficial de atualização financeira, o qual seria informado, se fosse o caso, por operadora de cartão de crédito. Em realidade, o parcelamento ainda será permitido, conforme exposto no *caput* e nos demais parágrafos deste dispositivo. Mas, realmente, esta parte teve que ser vetada, pois estava sendo criada a previsão de uma correção monetária mensal por um índice oficial de preços, o que caracteriza uma indexação. A preocupação do veto foi, portanto, que este artigo poderia potencializar a memória inflacionária, culminando em uma indesejada inflação inercial. Os motivos, portanto, são convincentes e o veto realmente se justifica.

Art. 896

> Art. 896. Quando o imóvel de incapaz não alcançar em leilão pelo menos oitenta por cento do valor da avaliação, o juiz o confiará à guarda e à administração de depositário idôneo, adiando a alienação por prazo não superior a 1 (um) ano.
>
> § 1º Se, durante o adiamento, algum pretendente assegurar, mediante caução idônea, o preço da avaliação, o juiz ordenará a alienação em leilão.
>
> § 2º Se o pretendente à arrematação se arrepender, o juiz impor-lhe-á multa de vinte por cento sobre o valor da avaliação, em benefício do incapaz, valendo a decisão como título executivo.
>
> § 3º Sem prejuízo do disposto nos §§ 1º e 2º, o juiz poderá autorizar a locação do imóvel no prazo do adiamento.
>
> § 4º Findo o prazo do adiamento, o imóvel será submetido a novo leilão.

O dispositivo em questão deve ser interpretado literalmente, tratando da arrematação que envolva bem pertencente a incapaz. Estipula, nestes casos, que o preço vil (art. 891) será aquele inferior oitenta por cento ao valor da avaliação.

Art. 897

> Art. 897. Se o arrematante ou seu fiador não pagar o preço no prazo estabelecido, o juiz impor-lhe-á, em favor do exequente, a perda da caução, voltando os bens a novo leilão, do qual não serão admitidos a participar o arrematante e o fiador remissos.

O dispositivo em questão deve ser interpretado literalmente, tratando das consequências para o arrematante ou seu fiador caso não paguem o preço no prazo estabelecido.

Art. 898

Art. 898. O fiador do arrematante que pagar o valor do lance e a multa poderá requerer que a arrematação lhe seja transferida.

Dispositivo idêntico ao do modelo primitivo (CPC/73), dispondo que o fiador que pagar o valor do lance e da multa tem o direito de requerer que o bem arrematado lhe seja transferido.

Art. 899

Art. 899. Será suspensa a arrematação logo que o produto da alienação dos bens for suficiente para o pagamento do credor e para a satisfação das despesas da execução.

O dispositivo em questão deve ser interpretado literalmente, apenas explicitando que a arrematação é suspensa tão logo o credor receba integralmente o que lhe é devido, incluindo as despesas processuais.

Art. 900

Art. 900. O leilão prosseguirá no dia útil imediato, à mesma hora em que teve início, independentemente de novo edital, se for ultrapassado o horário de expediente forense.

O dispositivo em questão deve ser interpretado literalmente, estabelecendo o horário do expediente forense como limite para a realização do leilão. Em tais casos, terá prosseguimento no primeiro dia útil seguinte. Contudo, se houver risco de dano ou lesão, ele será continuado (art. 212).

Art. 901

Art. 901. A arrematação constará de auto que será lavrado de imediato e poderá abranger bens penhorados em mais de uma execução, nele mencionadas as condições nas quais foi alienado o bem.

§ 1º A ordem de entrega do bem móvel ou a carta de arrematação do bem imóvel, com o respectivo mandado de imissão na posse, será expedida depois de efetuado o depósito ou prestadas as garantias

> pelo arrematante, bem como realizado o pagamento da comissão do leiloeiro e das demais despesas da execução.
>
> § 2º A carta de arrematação conterá a descrição do imóvel, com remissão à sua matrícula ou individuação e aos seus registros, a cópia do auto de arrematação e a prova de pagamento do imposto de transmissão, além da indicação da existência de eventual ônus real ou gravame.

O dispositivo em questão deve ser interpretado literalmente, cuidando das providências a serem adotadas após a arrematação. Inova, em parte, ao permitir que possa o auto de arrematação abranger bens penhorados em mais de uma execução. Tratando-se de carta de arrematação de bem imóvel, que será acompanhada do respectivo mandado de imissão na posse. Tanto neste caso como no da expedição de ordem de entrega de bem imóvel é necessário que o arrematante já tenha efetuado previamente o depósito ou oferecido garantias, bem como já tenha liquidado a comissão devida ao leiloeiro e as demais despesas da execução.

Art. 902

> Art. 902. No caso de leilão de bem hipotecado, o executado poderá remi-lo até a assinatura do auto de arrematação, oferecendo preço igual ao do maior lance oferecido.
>
> Parágrafo único. No caso de falência ou insolvência do devedor hipotecário, o direito de remição previsto no *caput* defere-se à massa ou aos credores em concurso, não podendo o exequente recusar o preço da avaliação do imóvel.

O dispositivo é inédito e cuida de uma hipótese específica de remição feita pelo devedor quando se tratar de bem imóvel que tenha sido objeto de hipoteca. Este direito pode, em casos de falência ou de insolvência do devedor hipotecário, ser transmitido para a massa.

> Após a arrematação do bem, o juízo em que a execução tramitou não tem competência para determinar o cancelamento de todos os demais gravames que constam em decorrência de determinações judiciais proferidas em outros juízos. "*Arrematado bem imóvel, o Juízo da execução que conduziu a arrematação não pode determinar o cancelamento automático de constrições determinadas por outros Juízos de mesma hierarquia e registradas na matrícula do bem, mesmo que o edital de praça e o auto de arrematação tivessem sido silentes quanto à existência dos referidos gravames. Isso porque, além de o Juízo da execução não deter competência para o desfazimento ou cancelamento de constrições e registros determinados por outros Juízos de mesma hierarquia, os titulares dos*

> *direitos decorrentes das decisões judiciais proferidas em outros processos, as quais geraram as constrições e registros imobiliários que os arrematantes pretendem cancelar, têm direito ao devido processo legal, com seus consectários contraditório e ampla defesa. Ademais, as possíveis falhas nos atos judiciais que antecederam a arrematação, porque não mencionavam as outras constrições de outros Juízos sobre o imóvel a ser arrematado, não possibilitam ao Juízo da arrematação determinar a baixa de outras constrições levadas a efeito por outros juízos"* (STJ. RMS 48.609-MT, Rel. Min. Raul Araújo, julgado em 19/05/2016, DJe 08/06/2016 – Informativo nº 585).

Art. 903

Art. 903. Qualquer que seja a modalidade de leilão, assinado o auto pelo juiz, pelo arrematante e pelo leiloeiro, a arrematação será considerada perfeita, acabada e irretratável, ainda que venham a ser julgados procedentes os embargos do executado ou a ação autônoma de que trata o § 4º deste artigo, assegurada a possibilidade de reparação pelos prejuízos sofridos.

§ 1º Ressalvadas outras situações previstas neste Código, a arrematação poderá, no entanto, ser:

I – invalidada, quando realizada por preço vil ou com outro vício;

II – considerada ineficaz, se não observado o disposto no art. 804;

III – resolvida, se não for pago o preço ou se não for prestada a caução.

§ 2º O juiz decidirá acerca das situações referidas no § 1º, se for provocado em até 10 (dez) dias após o aperfeiçoamento da arrematação.

§ 3º Passado o prazo previsto no § 2º sem que tenha havido alegação de qualquer das situações previstas no § 1º, será expedida a carta de arrematação e, conforme o caso, a ordem de entrega ou mandado de imissão na posse.

§ 4º Após a expedição da carta de arrematação ou da ordem de entrega, a invalidação da arrematação poderá ser pleiteada por ação autônoma, em cujo processo o arrematante figurará como litisconsorte necessário.

§ 5º O arrematante poderá desistir da arrematação, sendo-lhe imediatamente devolvido o depósito que tiver feito:

I – se provar, nos 10 (dez) dias seguintes, a existência de ônus real ou gravame não mencionado no edital;

> II – se, antes de expedida a carta de arrematação ou a ordem de entrega, o executado alegar alguma das situações previstas no § 1º;
>
> III – uma vez citado para responder a ação autônoma de que trata o § 4º deste artigo, desde que apresente a desistência no prazo de que dispõe para responder a essa ação.
>
> § 6º Considera-se ato atentatório à dignidade da justiça a suscitação infundada de vício com o objetivo de ensejar a desistência do arrematante, devendo o suscitante ser condenado, sem prejuízo da responsabilidade por perdas e danos, ao pagamento de multa, a ser fixada pelo juiz e devida ao exequente, em montante não superior a vinte por cento do valor atualizado do bem.

O dispositivo inova em relação ao modelo primitivo (CPC/73), pelo menos em alguns pontos. Mantém a premissa de que a arrematação somente é considerada perfeita, acabada e irretratável quando o auto do leilão tiver sido assinado pelo magistrado. Igualmente, permanece a previsão de que nem mesmo o provimento de recurso à sentença dos embargos que seja favorável ao devedor tem o condão de macular este ato. Em realidade, as hipóteses que permitem a anulação, ineficácia ou resolução da arrematação são todas descritas neste dispositivo. Tais matérias poderão ser alegadas por qualquer interessado no prazo de dez dias, cabendo ao magistrado analisá-las nos próprios autos. Desaparecem, portanto, os embargos à arrematação ou adjudicação, que era a via própria para o reconhecimento destes vícios, muito embora a legitimidade ativa para apresentá-los pertencesse apenas ao executado.

Passado o prazo de dez dias, a carta de arrematação será expedida, mas os interessados ainda poderão tentar nulificar o ato por meio de ação própria, que deverá observar o procedimento comum, sendo que neste caso o arrematante irá figurar no processo como litisconsorte necessário. Há possibilidade de o arrematante desistir da arrematação, observadas as condições indicadas. O último parágrafo prevê mais uma hipótese de comportamento que tipifica a prática de ato atentatório à dignidade da Justiça, bem específico para a situação envolvendo o arrematante. Critica-se este dispositivo no ponto em que prevê que a multa é devida ao exequente, pelos mesmos motivos já apresentados nas anotações referentes a outros dispositivos (art. 77 e art. 774).

> **Cabimento de embargos à adjudicação ou arrematação à luz do CPC/73 e possibilidade de tais hipóteses serem alegadas por simples petição com o advento do CPC/2015.** "*Cabem embargos à adjudicação sob alegação de não ter sido excluída da obrigação exequenda a capitalização de juros conforme determinado pela sentença proferida em anteriores embargos à execução. Os embargos à arrematação e à adjudicação são conhecidos pela doutrina e jurisprudência como embargos de segunda fase, uma vez que a legislação processual condicionou sua utilização à discussão de nulidades ou irregularidades supervenientes à penhora. Com efeito, o rol de matérias que podem ser objeto dos embargos de segunda*

> *fase, entre eles, o de adjudicação (art. 746 do CPC, com redação dada pela Lei nº 11.382/2006) deve ser tido como exemplificativo. Essa linha de raciocínio é a que se mostra mais consentânea com a nova sistemática processual implementada pela Lei nº 11.382/2006 no CPC, voltada a tornar o processo de execução um instrumento mais eficiente e efetivo, com aptidão para uma tutela jurisdicional lógica, razoável, célere e efetiva. A referida mudança legislativa objetivou assegurar a justiça da execução, conferindo aos embargos à adjudicação a função primordial de dotar o executado de instrumento específico contra defeitos processuais e defesas de mérito novas, que não existiam no momento em que lhe era dado opor embargos de primeira fase, assim como fato extintivo, modificativo ou impeditivo da obrigação que tenha ocorrido após o momento de oposição dos embargos de primeira fase. Quanto ao ponto, o STJ já se manifestou favoravelmente à possiblidade de arguição de quaisquer matérias ligadas às nulidades absolutas (RESP 262.654-RS, Quarta Turma, DJ 20/11/2000). A partir da entrada em vigor do CPC/2015, não haverá, sequer, a especificação atual, podendo as matérias a serem alegadas para a nulidade da adjudicação, arrematação e alienação por petição nos autos ou por meio de ação autônoma. De mais a mais, preceitua o inciso I do art. 618 do CPC que é nula a execução "se o título executivo extrajudicial não corresponder a obrigação certa, líquida e exigível (art. 586)"* (STJ. RESP 1.173.304-SP, Rel. Min. Luis Felipe Salomão, julgado em 20/10/2015, DJe 01/02/2016 – Informativo nº 575).

Seção V
Da satisfação do crédito

Art. 904

> Art. 904. A satisfação do crédito exequendo far-se-á:
> I – pela entrega do dinheiro;
> II – pela adjudicação dos bens penhorados.

O dispositivo em questão deve ser interpretado literalmente, tratando sobre os casos em que ocorre a "satisfação do crédito exequendo", substituindo a expressão utilizada no modelo primitivo (CPC/73), que se referia a "pagamento ao credor". O usufruto de bem imóvel ou de empresa, antes mencionado, passa a ser tratado expressamente no artigo seguinte.

Art. 905

> Art. 905. O juiz autorizará que o exequente levante, até a satisfação integral de seu crédito, o dinheiro depositado para segurar o juízo ou o produto dos bens alienados, bem como do faturamento de empresa ou de outros frutos e rendimentos de coisas ou empresas penhoradas, quando:

I – a execução for movida só a benefício do exequente singular, a quem, por força da penhora, cabe o direito de preferência sobre os bens penhorados e alienados;

II – não houver sobre os bens alienados outros privilégios ou preferências instituídos anteriormente à penhora.

Parágrafo único. Durante o plantão judiciário, veda-se a concessão de pedidos de levantamento de importância em dinheiro ou valores ou de liberação de bens apreendidos.

O dispositivo em questão deve ser interpretado literalmente, mas com acréscimos que dizem respeito ao levantamento dos valores decorrentes de faturamento da empresa e dos frutos e rendimentos de coisas ou empresas penhoradas. Há, porém, novidade no sentido de que no juízo plantonista não se pode deferir requerimentos de levantamento de importância em dinheiro ou valores, bem como a liberação de bens apreendidos. Esta norma, embora tenha bons propósitos, é inconstitucional, pois não pode o Poder Legislativo se imiscuir na atividade desempenhada por membros do Poder Judiciário (art. 2º, CF). Também é de se criticar a sua inclusão em um dispositivo localizado em Seção denominada "da satisfação do crédito", o que pode passar despercebido por inúmeros operadores do Direito. Assim, embora seja elogiável o seu conteúdo, a norma padece dessas vicissitudes.

Art. 906

Art. 906. Ao receber o mandado de levantamento, o exequente dará ao executado, por termo nos autos, quitação da quantia paga.

Parágrafo único. A expedição de mandado de levantamento poderá ser substituída pela transferência eletrônica do valor depositado em conta vinculada ao juízo para outra indicada pelo exequente.

O dispositivo em questão deve ser interpretado literalmente, cuidando da possibilidade de o mandado de levantamento ser substituído por transferência eletrônica do montante que está na conta vinculada ao juízo para outra conta do beneficiário dos valores. Vale dizer que esta rotina de trabalho já era empregada por vários juízos muito antes da vigência do atual CPC.

Art. 907

Art. 907. Pago ao exequente o principal, os juros, as custas e os honorários, a importância que sobrar será restituída ao executado.

O dispositivo em questão deve ser interpretado literalmente, prevendo que o executado receba eventual saldo de valores disponibilizados em juízo, após o credor já ter seu crédito integralmente satisfeito.

Art. 908

> Art. 908. Havendo pluralidade de credores ou exequentes, o dinheiro lhes será distribuído e entregue consoante a ordem das respectivas preferências.
>
> § 1º No caso de adjudicação ou alienação, os créditos que recaem sobre o bem, inclusive os de natureza propter rem, sub-rogam-se sobre o respectivo preço, observada a ordem de preferência.
>
> § 2º Não havendo título legal à preferência, o dinheiro será distribuído entre os concorrentes, observando-se a anterioridade de cada penhora.

O dispositivo cuida da situação em que há pluralidade de credores ou exequentes, caso em que o dinheiro será distribuído, de acordo com uma ordem de preferência que é estabelecida por outras leis. Eventual crédito em favor da União não gera o deslocamento da competência, conforme entendimento já sumulado pelo STJ. É de se ressalvar, ainda, que, não havendo preferência entre os credores, o dinheiro será distribuído observando a ordem de penhora (art. 797). No modelo primitivo (CPC/73), a forma de ingresso dos demais credores no processo era realizada de uma forma convencionada como "protesto por preferência", nomenclatura que deixou de existir no CPC.

> Verbete nº 270 da Súmula do STJ: *"O protesto pela preferência de crédito, apresentado por ente federal em execução que tramita na Justiça Estadual, não desloca a competência para a Justiça Federal"*.

Art. 909

> Art. 909. Os exequentes formularão as suas pretensões, que versarão unicamente sobre o direito de preferência e a anterioridade da penhora, e, apresentadas as razões, o juiz decidirá.

No modelo anterior (CPC/73), o ingresso do outro credor nos autos era realizado por meio do denominado "protesto por preferência". Esta nomenclatura, porém, deixa de subsistir e o procedimento para esta análise foi simplificado, passando o artigo a dispor que esta alegação de direito de preferência deve ser justificada ou pela natureza do crédito ou pela anterioridade da penhora (art. 797), casos em que caberá ao magistrado decidir.

CAPÍTULO V
DA EXECUÇÃO CONTRA A FAZENDA PÚBLICA

Art. 910

Art. 910. Na execução fundada em título extrajudicial, a Fazenda Pública será citada para opor embargos em 30 (trinta) dias.

§ 1º Não opostos embargos ou transitada em julgado a decisão que os rejeitar, expedir-se-á precatório ou requisição de pequeno valor em favor do exequente, observando-se o disposto no art. 100 da Constituição Federal.

§ 2º Nos embargos, a Fazenda Pública poderá alegar qualquer matéria que lhe seria lícito deduzir como defesa no processo de conhecimento.

§ 3º Aplica-se a este Capítulo, no que couber, o disposto nos artigos 534 e 535.

De início, é de se destacar o entendimento já sumulado pelo STJ de que é possível promover execução por título extrajudicial para receber obrigação de pagar em detrimento da Fazenda Pública. No modelo primitivo (CPC/73), esta execução tinha o mesmo procedimento, fosse o título judicial ou extrajudicial. Contudo, com o CPC ela passa a ser disciplinada exclusivamente neste artigo, mantendo a essência do modelo primitivo (CPC/73). A Fazenda Pública será citada e a defesa será por meio dos embargos à execução, que devem ser oferecidos no prazo de trinta dias. Caso não haja resistência ou o pedido nos embargos tenha sido julgado improcedente por decisão transitada em julgado, será somente neste momento requisitado o precatório ou o RPV, dependendo dos valores envolvidos. Destaca-se, por fim, que neste rito não há penhora, uma vez que os bens públicos são impenhoráveis.

> Verbete nº 655 da Súmula do STF: *"A exceção prevista no art. 100, , da Constituição, em favor dos créditos de natureza alimentícia, não dispensa a expedição de precatório, limitando-se a isentá-los da observância da ordem cronológica dos precatórios decorrentes de condenações de outra natureza".*
>
> Verbete nº 733 da Súmula do STF: *"Não cabe REXTR contra decisão proferida no processamento de precatórios".*
>
> Verbete nº 144 da Súmula do STJ: *"Os créditos de natureza alimentícia gozam de preferência, desvinculados os precatórios da ordem cronológica dos créditos de natureza diversa".*
>
> Verbete nº 279 da Súmula do STJ: *"É cabível execução por título extrajudicial contra a Fazenda Pública".*

Verbete nº 311 da Súmula do STJ: *"Os atos do presidente do tribunal que disponham sobre processamento e pagamento de precatório não têm caráter jurisdicional".*

Verbete nº 345 da Súmula do STJ: *"São devidos honorários advocatícios pela Fazenda Pública nas execuções individuais de sentença proferida em ações coletivas, ainda que não embargadas".*

Verbete nº 136 da Súmula do TJ-RJ: *"Nas hipóteses de litisconsórcio ativo facultativo, o crédito devido a cada litisconsorte, para fins de aplicação do § 3º do art. 100 da Constituição Federal, deverá ser individualmente considerado".*

Verbete nº 137 da Súmula do TJ-RJ: *"A medida cabível pelo descumprimento da requisição de pequeno valor, de competência do Juízo de primeiro grau, é o sequestro".*

Impossibilidade de fracionamento dos honorários advocatícios em execução em face da Fazenda Pública. *"A Segunda Turma, por maioria, deu provimento a agravo em recurso extraordinário, no qual se arguiu a impossibilidade de fracionamento de honorários advocatícios, em face do art. 100, § 8º, da Constituição (1). O Colegiado ressaltou que, apesar de a possibilidade de execução autônoma dos honorários ser ponto pacífico, eles não se confundem com o crédito dos patrocinados. Salientou que, no caso, inexiste a pluralidade de autores titulares de crédito e, por conseguinte, o litisconsórcio. A quantia devida a título de honorários advocatícios é única, e, por se tratar de um único processo, calculada sobre o montante total devido. Por essa razão, o fato de o advogado ter atuado em causa plúrima não torna plúrimo também o seu crédito à verba advocatícia. Asseverou que o argumento de que o litisconsórcio facultativo simples representa, na verdade, várias causas cumuladas não pode ser utilizado para justificar a legitimidade do fracionamento da execuçãodos honorários advocatícios sucumbenciais. A Turma assentou que a condenação à verba honorária no título executivo foi global, ou seja, buscou remunerar o trabalho conjunto prestado pelo causídico. Vencido o ministro Edson Fachin (relator), que desproveu o agravo por entender possível a execução fracionada dos honorários advocatícios. (1) Constituição Federal: 'Art. 100. Os pagamentos devidos pelas Fazendas Públicas Federal, Estaduais, Distrital e Municipais, em virtude de sentença judiciária, far-se-ão exclusivamente na ordem cronológica de apresentação dos precatórios e à conta dos créditos respectivos, proibida a designação de casos ou de pessoas nas dotações orçamentárias e nos créditos adicionais abertos para este fim. (...) § 8º É vedada a expedição de precatórios complementares ou suplementares de valor pago, bem como o fracionamento, repartição ou quebra do valor da execução para fins de enquadramento de parcela do total ao que dispõe o § 3º deste artigo"* (STF. RE 1038035 AgR/RS, Rel. p/o ac. Min. Dias Toffoli, DJ 07/11/2017).

Impossibilidade do emprego de recurso extraordinário para impugnar ato praticado pela Presidência do Tribunal local sobre processamento de precatório (CPC/73). *"Não cabe REXTR contra decisão proferida no processamento de precatórios já que esta tem natureza administrativa e não jurisdicional, inexistindo, assim, causa decidida em última ou única instância por órgão do Poder Judiciário no exercício de função jurisdicional"* (STF. REXTR nº 311.487-SP. Rel. Min. Moreira Alves. DJ 18/09/2001).

> **Erro no prazo para embargos à execução e aplicação do princípio da primazia da resolução do mérito.** "*Registro equivocado no sistema PJE do prazo de 60 dias. Aplicação do princípio da primazia da resolução de mérito prevista no CPC/2015. Juros de mora e correção monetária. Consectários legais. Matéria de ordem pública. Pagamento administrativo. Possível duplicidade. Enriquecimento sem causa. Recurso provido*" (TRF-5. Processo nº 0806081-28.2015.4.05.0000 (PJe). Rel. Des. Federal Carlos Rebêlo Júnior, julgado em 16/02/2017, por unanimidade).

CAPÍTULO VI
DA EXECUÇÃO DE ALIMENTOS

Art. 911

> **Art. 911.** Na execução fundada em título executivo extrajudicial que contenha obrigação alimentar, o juiz mandará citar o executado para, em 3 (três) dias, efetuar o pagamento das parcelas anteriores ao início da execução e das que se vencerem no seu curso, provar que o fez ou justificar a impossibilidade de fazê-lo.
>
> **Parágrafo único.** Aplicam-se, no que couber, os §§ 2º a 7º do art. 528.

A possibilidade de se executar título extrajudicial que reconhecesse obrigação alimentar já era amplamente admitida pela jurisprudência, inclusive com a possibilidade de ser decretada a prisão civil. O CPC, portanto, passa a disciplinar esta situação, que já era reconhecida, de maneira extremamente semelhante ao do cumprimento de sentença que reconheça obrigação alimentar. Com efeito, distribuída a petição inicial e estando ela devidamente instruída, o executado será citado para pagar os alimentos ou justificar a sua impossibilidade em três dias, sob pena de ser decretada a sua prisão civil pelo período de um a três meses.

Para se dar um tratamento uniforme tanto para a execução por título extrajudicial como para o judicial, é de se aplicar o entendimento já sumulado pelo STJ, que apenas permite a decretação da prisão civil quando não realizado o pagamento das três parcelas anteriores à distribuição da execução, além das que se vencerem no curso do processo.

> **Verbete nº 309 da Súmula do STJ:** "*O débito alimentar que autoriza a prisão civil do alimentante é o que compreende as três prestações anteriores ao ajuizamento da execução e as que se vencerem no curso do processo*".
>
> **Verbete nº 594 da Súmula do STJ:** "*O Ministério Público tem legitimidade ativa para ajuizar ação de alimentos em proveito de criança ou adolescente independentemente do exercício do poder familiar dos pais, ou do fato de o menor se encontrar nas situações de risco descritas no art. 98 do Estatuto da Criança e do Adolescente, ou de quaisquer outros questionamentos acerca da existência ou eficiência da Defensoria Pública na comarca*".

> **Verbete nº 596 da Súmula do STJ:** "*A obrigação alimentar dos avós tem natureza complementar e subsidiária, somente se configurando no caso de impossibilidade total ou parcial de seu cumprimento pelos pais*".

> **Prova testemunhal é apta para justificar impossibilidade de pagamento da pensão alimentícia, desde que esta prova oral seja realizado no prazo para pagamento.** "*Na execução de alimentos pelo rito do art. 733 do CPC/73, o executado pode comprovar a impossibilidade de pagamento por meio de prova testemunhal, desde que a oitiva ocorra no tríduo previsto para a justificação*" (STJ. RESP 1.601.338-SP, Rel. Min. Ricardo Villas Bôas Cueva, Rel.ª para acórdão Min.ª Nancy Andrighi, por maioria, julgado em 13/12/2016, DJe 24/02/2017).

Art. 912

Art. 912. Quando o executado for funcionário público, militar, diretor ou gerente de empresa, bem como empregado sujeito à legislação do trabalho, o exequente poderá requerer o desconto em folha de pagamento de pessoal a importância da prestação alimentícia.

§ 1º Ao despachar a inicial, o juiz oficiará à autoridade, à empresa ou ao empregador, determinando, sob pena de crime de desobediência, o desconto a partir da primeira remuneração posterior do executado, a contar do protocolo do ofício.

§ 2º O ofício conterá os nomes e o número de inscrição no cadastro de pessoas físicas do exequente e do executado, a importância a ser descontada mensalmente, a conta na qual deva ser feito o depósito e, se for o caso, o tempo de sua duração.

Caso queira e desde que o executado seja funcionário público, militar, diretor ou gerente de empresa, o credor poderá requerer que o pagamento seja realizado por meio de desconto em folha de pagamento. Trata-se de um valoroso meio de sub-rogação, situação em que a obrigação estará sendo cumprida por outra pessoa, embora se valendo de recursos que integram o patrimônio do devedor. Assim, em casos de deferimento desta medida, o juízo irá oficiar a empresa, o empregador ou mesmo a autoridade competente para que estes descontos sejam realizados já na primeira remuneração posterior.

Este ofício a ser enviado pelo juízo deve ser o mais abrangente possível, com informação dos nomes e números de inscrição em cadastro de pessoas físicas do exequente e do executado, bem como do valor da importância a ser descontado mensalmente, o tempo de duração da medida e, também, a conta em que o depósito deve ser realizado.

Havendo descumprimento desta determinação judicial, o CPC inova ao prever que esta circunstância caracterizará crime de desobediência praticado por aquele que deveria realizar o desconto e não o fez. Contudo, já existe figura penal delituosa prevista na Lei de Alimentos, com tipo penal primário e secundário muito mais específico (art. 22, parágrafo único, da Lei nº 5.478/68). Assim, nesta situação e atendendo as peculiaridades que norteiam o Direito Penal, deverá continuar sendo aplicável o disposto na lei específica, posto que a descrição do crime de desobediência é extremamente genérica.

Art. 913

Art. 913. Não requerida a execução nos termos deste Capítulo, observar-se-á o disposto no art. 824 e seguintes, com a ressalva de que, recaindo a penhora em dinheiro, a concessão de efeito suspensivo aos embargos à execução não obsta a que o exequente levante mensalmente a importância da prestação.

O dispositivo em comento estabelece que, não sendo cumprida a obrigação de pagar alimentos, seja pela ineficácia da prisão civil ou mesmo pela ausência de vínculo laboral que possa justificar o desconto em folha de pagamento, deverão ser observados os artigos que regulam o instituto da "penhora".

A penhora nada mais é do que um meio de sub-rogação, que tem como finalidade definir qual será o bem pertencente ao patrimônio do devedor que irá se submeter à ulterior expropriação. O CPC, em dispositivos que tratam especificamente deste tema, o inovou substancialmente. Com efeito, há disposições específicas norteando como pode ser instrumentalizada a penhora em dinheiro ou depósito em instituição financeira, bem como a penhora de créditos, de quotas ou ações. Também normatizou a penhora de empresa, outros estabelecimentos e semoventes, além da tradicional penhora de percentual do faturamento da empresa ou de frutos e rendimentos de coisa móvel ou imóvel. Todas, sem exceção, podem ser deferidas para o cumprimento da obrigação de pagar alimentos.

Para que se tenha o mínimo de coerência sistemática no CPC, é certo que, quando possível, o ato de avaliação deverá ser desempenhado pelo oficial de justiça no mesmo momento em que a penhora for realizada o que, neste ponto, guarda similitude com as disposições do CPC/73. De resto, como se trata de cumprimento de sentença ou de decisão interlocutória que imponha obrigação de alimentos, a defesa do executado deverá ser instrumentalizada por meio do denominado "embargos à execução". Vale dizer que o dispositivo é explícito no sentido de que mesmo a outorga de efeito suspensivo a este mecanismo não impedirá que o credor levante mensalmente a importância da prestação.

TÍTULO III
DOS EMBARGOS À EXECUÇÃO

Art. 914

> Art. 914. O executado, independentemente de penhora, depósito ou caução, poderá se opor à execução por meio de embargos.
>
> § 1º Os embargos à execução serão distribuídos por dependência, autuados em apartado e instruídos com cópias das peças processuais relevantes, que poderão ser declaradas autênticas pelo próprio advogado, sob sua responsabilidade pessoal.
>
> § 2º Na execução por carta, os embargos serão oferecidos no juízo deprecante ou no juízo deprecado, mas a competência para julgá-los é do juízo deprecante, salvo se versarem unicamente sobre vícios ou defeitos da penhora, avaliação ou alienação dos bens efetuadas no juízo deprecado.

O dispositivo estabelece que os embargos são apresentados independentemente de prévia penhora, depósito ou caução, muito embora seja necessário ter cuidado com leis especiais que possam prever de maneira diferente (art. 16, § 1º, Lei nº 6.830/80). O juízo em que tramitar a execução já estará prevento para o seu recebimento, sendo que a petição inicial deve vir acompanhada de cópias reprográficas do processo mais antigo. Há exceção quando a execução resultar na expedição de carta precatória, hipótese em que os embargos até poderão ser apresentados no juízo deprecado e, em caráter mais excepcional ainda, até mesmo processados e julgados por este.

Art. 915

> Art. 915. Os embargos serão oferecidos no prazo de 15 (quinze) dias, contado, conforme o caso, na forma do art. 231.
>
> § 1º Quando houver mais de um executado, o prazo para cada um deles embargar conta-se a partir da juntada do respectivo comprovante da citação, salvo no caso de cônjuges ou de companheiros, quando será contado a partir da juntada do último.
>
> § 2º Nas execuções por carta, o prazo para embargos será contado:
>
> I – da juntada, na carta, da certificação da citação, quando versarem unicamente sobre vícios ou defeitos da penhora, da avaliação ou da alienação dos bens;

II – da juntada, nos autos de origem, do comunicado de que trata o § 4º deste artigo ou, não havendo este, da juntada da carta devidamente cumprida, quando versarem sobre questões diversas da prevista no inciso I deste parágrafo.

§ 3º Em relação ao prazo para oferecimento dos embargos à execução, não se aplica o disposto no art. 229.

§ 4º Nos atos de comunicação por carta precatória, rogatória ou de ordem, a realização da citação será imediatamente informada, por meio eletrônico, pelo juiz deprecado ao juiz deprecante.

O dispositivo em questão deve ser interpretado literalmente, pelo menos em sua maior parte. É mantido o prazo dos embargos em quinze dias, bem como determinado que o termo inicial é o mesmo previsto no processo de conhecimento (art. 231), até porque esta é a natureza jurídica desta via processual. O parágrafo primeiro incluiu, acertadamente, o companheiro ao lado do cônjuge. Há inédita previsão pormenorizada nos casos de contagem dos prazos para as execuções por carta, qualquer que seja sua modalidade. Da mesma maneira, também há menção de que não se aplica aos embargos a dobra dos prazos própria dos litisconsortes que atuam com diferentes procuradores (art. 229), o que é diferente da impugnação ao cumprimento de sentença (art. 525, § 3º).

> **Embargos à execução. Intimação da penhora. Necessidade de menção expressa no mandado do prazo para apresentação dos embargos. Precedente da 1ª Seção do STJ.** "*O mandado de intimação da penhora, em sede de execução fiscal, deve informar, expressamente, o prazo para a apresentação dos embargos e indicar que o termo inicial é a data da efetiva intimação, sob pena de nulidade, tendo em vista a necessidade da ciência efetiva do destinatário da intimação do período de tempo que ele possui para tomar as providências cabíveis. Unânime*".
> (TRF, Ap 0005590-06.2013.4.01.3502, Rel. Juiz Federal Leandro Saon da Conceição Bianco, em 07/02/2017.)

Art. 916

Art. 916. No prazo para embargos, reconhecendo o crédito do exequente e comprovando o depósito de trinta por cento do valor em execução, acrescido de custas e de honorários de advogado, o executado poderá requerer que lhe seja permitido pagar o restante em até 6 (seis) parcelas mensais, acrescidas de correção monetária e de juros de um por cento ao mês.

§ 1º O exequente será intimado para manifestar-se sobre o preenchimento dos pressupostos do *caput*, e o juiz decidirá o requerimento em 5 (cinco) dias.

> **§ 2º** Enquanto não apreciado o requerimento, o executado terá de depositar as parcelas vincendas, facultado ao exequente seu levantamento.
>
> **§ 3º** Deferida a proposta, o exequente levantará a quantia depositada, e serão suspensos os atos executivos.
>
> **§ 4º** Indeferida a proposta, seguir-se-ão os atos executivos, mantido o depósito, que será convertido em penhora.
>
> **§ 5º** O não pagamento de qualquer das prestações acarretará cumulativamente:
>
> I - o vencimento das prestações subsequentes e o prosseguimento do processo, com o imediato reinício dos atos executivos;
>
> II - a imposição ao executado de multa de dez por cento sobre o valor das prestações não pagas.
>
> **§ 6º** A opção pelo parcelamento de que trata este artigo importa renúncia ao direito de opor embargos.
>
> **§ 7º** O disposto neste artigo não se aplica ao cumprimento da sentença.

O dispositivo em questão deve ser interpretado literalmente, pelo menos em sua maior parte, cuidando da possibilidade de o executado requerer, no mesmo prazo que dispõe para embargar, o parcelamento da dívida nos moldes estabelecidos neste artigo. Este parcelamento, para ser deferido, impõe alguns requisitos objetivos como o requerimento no prazo e, também, o pagamento de 30% (trinta por cento) como depósito inicial e o pagamento do restante em 6 (seis) parcelas com juros de 1% (um por cento) ao mês. No entanto, o dispositivo não prevê a necessidade de anuência do exequente. Este, no máximo, pode discordar caso não estejam presentes estes requisitos objetivos (art. 916, § 1º). Por óbvio, se o devedor pretender um parcelamento em bases distintas, obrigatoriamente deverá haver a concordância do credor, muito embora nesta última hipótese exista divergência sobre o processo ficar suspenso (art. 922) ou ser extinto (art. 924, inc. III).

Aquele que opta pelo parcelamento e não o honrar integralmente fica impedido de embargar posteriormente (art. 916, § 6º), além de se sujeitar à imposição de uma multa pecuniária de 10% (dez por cento) sobre o saldo restante. Vale dizer que esta norma não traz nenhum ranço de inconstitucionalidade por ofensa ao princípio da inafastabilidade (art. 5º, inc. XXXV, CF), uma vez que o próprio executado, voluntariamente, se sujeitou a esta situação. Mas, se mesmo assim, o devedor excluído do parcelamento embargar, ao magistrado competirá rejeitá-los de plano (art. 918, inc. III).

Sendo deferido o parcelamento, a execução ficará suspensa enquanto se aguarda o integral pagamento de todas as parcelas (art. 921, inc. V). E, caso a penhora já tenha sido realizada antes do requerimento do parcelamento, não será desconstituída. É que, caso assim fosse, esse mecanismo poderia ser empregado como ardil para o desfazimento do ato. Melhor aguardar, portanto, o integral cumprimento do parcelamento, eis que o bem já penhorado poderá ainda ser utilizado na eventualidade de a execução retomar o seu curso normal, se os pagamentos cessarem antes da satisfação do crédito exequendo.

Por fim, havia divergência sobre este parcelamento ser também aplicável no procedimento para o cumprimento de sentença. A doutrina e até mesmo a jurisprudência, por vezes, vinham se inclinando em sentido negativo, sob a justificativa de que o executado não deve receber estímulos para cumprir uma obrigação constante na sentença, além de uma pretensa incompatibilidade entre os procedimentos, que não poderia em um dado momento exigir maior celeridade sob pena de aplicação de multa (art. 523, § 1º) e, depois, permitir o sobrestamento por alguns meses (art. 916). Este entendimento, por sinal, é o que restou positivado no CPC (art. 916, § 7º). Contudo, nem por isso o tema se tornou pacífico, pois há quem defenda que não existem empecilhos técnicos para a permissão da moratória legal em sede de cumprimento de sentença. Este último entendimento, por sinal, parece ser o melhor, afinal, quem bem conhece as agruras do desenvolvimento de uma execução, sabe que dificilmente ela estará concluída rapidamente. O parcelamento, portanto, é medida salutar, que objetiva pôr fim ao litígio e que deve ser usado tanto na execução baseada em título extrajudicial como no judicial, bem como até mesmo em procedimentos especiais, como a ação monitória (art. 701, § 5º).

> **Possibilidade do parcelamento (moratória legal) em cumprimento de sentença.** "*Direito dos Contratos. Fase de cumprimento de sentença. Requerimento pelo devedor de parcelamento do valor da execução. Indeferimento pelo Juízo. Conforme a sentença, a agravante foi condenada a pagar a quantia de R$ 15.501,00 (quinze mil, quinhentos e um reais) que correspondia ao pagamento dos honorários advocatícios. Insurgência do devedor. Parcelamento do débito. Possibilidade. Princípios da efetividade e celeridade. Aplica-se ao caso o art. 916 do CPC. Acesso à justiça e ao princípio da isonomia contido no art. 5º da Constituição Federal. Ausência de prejuízo para o credor que terá o seu crédito satisfeito. Precedente citado: 0041614-68.2009.8.19.0000 – Agravo de Instrumento, Nagib Slaibi – Sexta Câmara Cível, Data de julgamento: 16/12/2009. Parcial provimento do recurso*" (TJ-RJ. AI nº 0026669-95.2017.8.19.0000. Rel. Des. Nagib Slaibi Filho. DJ 26/07/2017).
>
> **Impossibilidade do parcelamento (moratória legal) em cumprimento de sentença.** "*Agravo de instrumento. Cumprimento de sentença. Parcelamento do débito. Impossibilidade. Decisão proferida na vigência do CPC/2015. Vedação do parcelamento pretendido em fase de cumprimento de sentença. Art. 916, § 7º, do CPC/2015. Precedentes deste TJRJ. Manutenção da decisão proferida*" (TJ-RJ. AI nº 0014497-24.2017.8.19.0000. Rel.ª Des.ª Maria Luiza de Freitas Carvalho. DJ 24/05/2017).

Art. 917

Art. 917. Nos embargos à execução, o executado poderá alegar:

I – inexequibilidade do título ou inexigibilidade da obrigação;

II – penhora incorreta ou avaliação errônea;

III – excesso de execução ou cumulação indevida de execuções;

IV – retenção por benfeitorias necessárias ou úteis, nos casos de execução para entrega de coisa certa;

V – incompetência absoluta ou relativa do juízo da execução;

VI – qualquer matéria que lhe seria lícito deduzir como defesa em processo de conhecimento.

§ 1º A incorreção da penhora ou da avaliação poderá ser impugnada por simples petição, no prazo de 15 (quinze) dias, contado da ciência do ato.

§ 2º Há excesso de execução quando:

I – o exequente pleiteia quantia superior à do título;

II – ela recai sobre coisa diversa daquela declarada no título;

III – ela se processa de modo diferente do que foi determinado no título;

IV – o exequente, sem cumprir a prestação que lhe corresponde, exige o adimplemento da prestação do executado;

V – o exequente não prova que a condição se realizou.

§ 3º Quando alegar que o exequente, em excesso de execução, pleiteia quantia superior à do título, o embargante declarará na petição inicial o valor que entende correto, apresentando demonstrativo discriminado e atualizado de seu cálculo.

§ 4º Não apontado o valor correto ou não apresentado o demonstrativo, os embargos à execução:

I – serão liminarmente rejeitados, sem resolução de mérito, se o excesso de execução for o seu único fundamento;

II – serão processados, se houver outro fundamento, mas o juiz não examinará a alegação de excesso de execução.

§ 5º Nos embargos de retenção por benfeitorias, o exequente poderá requerer a compensação de seu valor com o dos frutos ou dos danos considerados devidos pelo executado, cumprindo ao juiz, para a apuração dos respectivos valores, nomear perito, observando-se, então, o art. 464.

> § 6º O exequente poderá a qualquer tempo ser imitido na posse da coisa, prestando caução ou depositando o valor devido pelas benfeitorias ou resultante da compensação.
>
> § 7º A arguição de impedimento e suspeição observará o disposto nos arts. 146 e 148.

O dispositivo prevê quais as matérias de defesa que podem ser alegadas em sede de embargos, bem como o processamento eventual de acordo com cada uma delas. Foi incluída a matéria "incompetência relativa", eis que o anterior instrumento para alegá-la ("exceção") foi abolido pelo CPC. O parágrafo primeiro permite que incorreção da penhora ou da avaliação sejam comunicadas por simples petição, o que é salutar, pois, além de serem matérias de ordem pública, provavelmente tais atos serão praticados após já ter se escoado o prazo para o oferecimento dos embargos.

Nos casos indicados que configuram excesso de execução, caberá ao devedor indicar desde logo o valor que é excessivo, pois, do contrário, tal matéria será liminarmente desconsiderada, o que até mesmo pode resultar no fim dos embargos se esta tiver sido a única matéria deduzida. É de se destacar, ainda, que a alegação de excesso de execução não impedirá o prosseguimento da execução no que diz respeito à parcela incontroversa, preenchidos, por óbvio, os requisitos para que os embargos sejam recebidos no efeito suspensivo (art. 919, § 3º).

As matérias impedimento e suspeição do magistrado devem ser alegadas por petição específica para estes fins (art. 146).

Art. 918

> Art. 918. O juiz rejeitará liminarmente os embargos:
>
> I – quando intempestivos;
>
> II – nos casos de indeferimento da petição inicial e de improcedência liminar do pedido;
>
> III – manifestamente protelatórios.
>
> Parágrafo único. Considera-se conduta atentatória à dignidade da justiça o oferecimento de embargos manifestamente protelatórios.

O dispositivo cuida dos casos em que o magistrado irá rejeitar liminarmente os embargos, prolatando sentença. Foi mantida a hipótese de improcedência liminar do pedido, que não se confunde com indeferimento da petição inicial, eis que a primeira implica na prolação de ato decisório que resolve o mérito. Quando o executado for excluído da moratória legal (art. 916) e ainda assim apresentar embargos, estes serão liminarmente rejeitados ante o fundamento do terceiro inciso. O parágrafo único, inclusive, prevê que nesta última hipótese os embargos protelatórios configuram ato atentatório à dignidade da Justiça, embora não discipline em que patamar a multa será estabelecida e nem qual será o seu destinatário.

> Enunciado nº 94 da I Jornada de Processo Civil CEJ/CJF: *"Aplica-se o procedimento do art. 920 do CPC à impugnação ao cumprimento de sentença, com possibilidade de rejeição liminar nas hipóteses dos arts. 525, § 5º, e 918 do CPC".*
>
> Enunciado nº 55 da ENFAM: *"Às hipóteses de rejeição liminar a que se referem os arts. 525, § 5º, 535, § 2º, e 917 do CPC/2015 (excesso de execução) não se aplicam os arts. 9º e 10 desse código".*

Art. 919

Art. 919. Os embargos à execução não terão efeito suspensivo.

§ 1º O juiz poderá, a requerimento do embargante, atribuir efeito suspensivo aos embargos quando verificados os requisitos para a concessão da tutela provisória e desde que a execução já esteja garantida por penhora, depósito ou caução suficientes.

§ 2º Cessando as circunstâncias que a motivaram, a decisão relativa aos efeitos dos embargos poderá, a requerimento da parte, ser modificada ou revogada a qualquer tempo, em decisão fundamentada.

§ 3º Quando o efeito suspensivo atribuído aos embargos disser respeito apenas a parte do objeto da execução, esta prosseguirá quanto à parte restante.

§ 4º A concessão de efeito suspensivo aos embargos oferecidos por um dos executados não suspenderá a execução contra os que não embargaram quando o respectivo fundamento disser respeito exclusivamente ao embargante.

§ 5º A concessão de efeito suspensivo não impedirá a efetivação dos atos de substituição, de reforço ou de redução da penhora e de avaliação dos bens.

O mero oferecimento dos embargos não gera, por si só, a suspensão da execução. Portanto, ainda que o devedor seja citado e os apresente, a penhora e a avaliação poderão ser realizadas regularmente. Contudo, uma vez garantida a execução e, presentes os requisitos para a concessão da tutela provisória (art. 300), o magistrado poderá atribuir este efeito. É correto concluir, portanto, que a penhora não é um requisito de admissibilidade dos embargos, mas sim para que seja concedido o efeito suspensivo ao mesmo.

Analisando esta norma, percebe-se que é razoável a exigência da realização prévia da penhora para a suspensão da execução uma vez que, caso contrário, fica o exequente exposto a uma demora desnecessária que pode lhe causar graves prejuízos, como a dilapidação ou deterioração do patrimônio do seu devedor. E, da mesma forma, uma vez garantido o juízo, passa o executado a ficar exposto a um risco, que é a imediata expropriação dos seus bens, uma vez que não existem obstáculos para que esta alienação seja realizada mesmo na pendência dos embargos. Sob este ponto de vista, estes dois requisitos são plenamente justificáveis, por impedirem que o credor fique desguarnecido ao mesmo tempo em que o executado é protegido.

Mas não se justifica a exigência de que o efeito suspensivo somente possa ser concedido se houver requerimento por parte do embargante. É que, eventualmente, o processo pode vir a apresentar situações emergenciais, o que justificaria a adoção, por parte do magistrado, do seu poder geral de cautela, que é implícito e que independente de provocação de qualquer uma das partes. Assim, sob este ponto de vista, o efeito suspensivo poderia ser concedido pelo juiz independentemente de requerimento de qualquer das partes.

Por outro lado, ainda que seja concedido o efeito suspensivo, isso não impede que, eventualmente, possam ser praticados atos no processo de execução, tais como a substituição, reforço ou mesmo a redução da penhora (art. 919, § 5º).

Outrossim, releva acrescentar que, em hipótese autorizada em lei, a imediata expropriação dos bens poderá ser realizada ainda que os embargos tenham sido recebidos com efeito suspensivo. É do que cuida a norma (art. 852) que autoriza a alienação antecipada dos bens em hipóteses de deterioração ou depreciação, por exemplo.

Igualmente, não se pode olvidar que o efeito suspensivo conferido aos embargos não necessariamente terá que ser total. Com efeito, caso o fundamento dos embargos seja o excesso de execução, esta prosseguirá pela quantia incontroversa, já podendo ser realizados, imediata e independentemente de qualquer caução, os atos tendentes à expropriação dos bens constritos (art. 919, § 3º c/c art. 921, inc. II). Contudo, se for alegada esta matéria, competirá ao devedor já indicar, na petição inicial dos embargos, o montante excessivo, sob pena de rejeição liminar desta alegação (art. 917, §§ 3º e 4º).

E, por fim, esta regra que cuida dos requisitos para a concessão do efeito suspensivo aos embargos (art. 919, § 1º) também poderá ser utilizada em outros procedimentos específicos, como na execução fiscal (art. 1º, Lei nº 6.830/80), eis que nessa lei não há norma regulando o tema.

> **Enunciado nº 71 da I Jornada de Processo Civil CEJ/CJF:** *"É cabível o recurso de agravo de instrumento contra a decisão que indefere o pedido de atribuição de efeito suspensivo a Embargos à Execução, nos termos do art. 1.015, X, do CPC".*
>
> **Enunciado nº 50 da ENFAM:** *"O oferecimento de impugnação manifestamente protelatória ao cumprimento de sentença será considerado conduta atentatória à dignidade da Justiça (art. 918, III, parágrafo único, do CPC/2015), ensejando a aplicação da multa prevista no art. 774, parágrafo único".*

Art. 920

> **Art. 920. Recebidos os embargos:**
>
> **I – o exequente será ouvido no prazo de 15 (quinze) dias;**
>
> **II – a seguir, o juiz julgará imediatamente o pedido ou designará audiência;**
>
> **III – encerrada a instrução, o juiz proferirá sentença.**

Os embargos são apresentados por meio de uma petição inicial. Mas, não sendo o caso de rejeição liminar, o juiz irá então determinar a citação do embargado/exequente, na pessoa do advogado, muito embora o CPC (art. 920, inc. I) não tenha utilizado esta nomenclatura. É uma das raras hipóteses em que a citação pode recair na pessoa do advogado, ainda que este não tenha instrumento de procuração que ostente poderes específicos para tanto. É que, neste caso, a própria lei autoriza o recebimento da citação, tal como também ocorre na oposição (art. 683, parágrafo único) e na reconvenção (art. 343, § 1º – que repete o mesmo erro na nomenclatura que já ocorria no modelo primitivo).

A lei processual não dá um nome para a peça que deve ser apresentada pelo embargado. Por este motivo, é comum que essa petição seja nominada como "resposta" ou "contestação", sendo o prazo para o seu oferecimento estabelecido em 15 (quinze) dias (art. 920, inc. I).

Se, eventualmente, o embargado não apresentar resposta, surge dúvida sobre ser ou não possível reconhecer a revelia neste caso. A jurisprudência, de forma bem expressiva, se posiciona de forma contrária ao reconhecimento da revelia em sede de embargos à execução. É que, realmente, a ausência de impugnação por parte do embargado gera a presunção relativa de que o embargante está com a razão (art. 344). No entanto, ao mesmo tempo o embargado tem uma presunção que lhe favorece, já que ostenta um título executivo extrajudicial, documento de tal envergadura que até mesmo dispensa a instauração de um processo de conhecimento para reconhecimento de um direito. Assim, o que há em uma situação como esta é um choque de presunções, cada qual favorável a uma das partes, que vão se repelir mutuamente, desfazendo-se completamente. Mas, muito embora não haja o efeito material da revelia nos embargos à execução, os efeitos processuais (art. 346) se operam regularmente, de modo que os prazos correrão independentemente de intimação ao patrono do exequente.

Após o oferecimento da resposta, o juiz já estará autorizado a julgar a pretensão, exceto se for necessária a produção de prova oral em audiência, caso em que deverá designá-la (art. 920, inc. II). E, finda a instrução, será então o momento de sentenciar (art. 920, inc. III).

A sentença deverá condenar o vencido a arcar com a sucumbência e o recurso apto a impugná-la é o de apelação, que será recebido no duplo efeito, exceto quando os embargos forem liminarmente rejeitados ou quando o pedido nele contido tiver sido julgado improcedente (art. 1.012, § 1º, inc. III).

> **Verbete nº 317 da Súmula do STJ:** "*É definitiva a execução de título extrajudicial, ainda que pendente apelação contra sentença que julgue improcedente os embargos*".
>
> **Enunciado nº 94 da I Jornada de Processo Civil CEJ/CJF:** "*Aplica-se o procedimento do art. 920 do CPC à impugnação ao cumprimento de sentença, com possibilidade de rejeição liminar nas hipóteses dos arts. 525, § 5º, e 918 do CPC*".

> **A execução de título extrajudicial é definitiva, mesmo que pendente de julgamento o recurso de apelação interposto para impugnar a sentença de improcedência proferida nos embargos (CPC/73).** "*EMBARGOS DE DIVERGÊNCIA. PROCESSO CIVIL. EXECUÇÃO. TÍTULO EXTRAJUDICIAL. EMBARGOS. APELAÇÃO. CARÁTER DEFINITIVO DA EXECUÇÃO. 1. É definitiva a execução fundada em título extrajudicial, ainda que pendente de julgamento a apelação contra sentença de improcedência dos embargos do devedor. Inteligência do art. 587 do CPC. Súmula nº 317 do STJ. 2. Embargos de divergência acolhidos*" (STJ. Embargos de divergência nº 243.245-SP. Rel.ª Min.ª Laurita Vaz. DJ 13/10/2008).
>
> **Não incidência dos efeitos da revelia acaso o embargado não ofereça defesa em relação aos embargos (CPC/73).** "*Não há por que falar em revelia em processo de execução, ante a ausência de impugnação dos embargos à execução pelo credor*" (STJ. RESP nº 671.515-RJ. Rel. Min. João Otávio de Noronha. DJ 23/10/2006).

TÍTULO IV
DA SUSPENSÃO E DA EXTINÇÃO DO PROCESSO DE EXECUÇÃO

CAPÍTULO I
DA SUSPENSÃO

Art. 921

Art. 921. Suspende-se a execução:

I – nas hipóteses dos arts. 313 e 315, no que couber;

II – no todo ou em parte, quando recebidos com efeito suspensivo os embargos à execução;

III – quando o executado não possuir bens penhoráveis;

IV – se a alienação dos bens penhorados não se realizar por falta de licitantes e o exequente, em 15 (quinze) dias, não requerer a adjudicação nem indicar outros bens penhoráveis;

V – quando concedido o parcelamento de que trata o art. 916.

§ 1º Na hipótese do inciso III, o juiz suspenderá a execução pelo prazo de 1 (um) ano, durante o qual se suspenderá a prescrição.

§ 2º Decorrido o prazo máximo de 1 (um) ano sem que seja localizado o executado ou que sejam encontrados bens penhoráveis, o juiz ordenará o arquivamento dos autos.

§ 3º Os autos serão desarquivados para prosseguimento da execução se a qualquer tempo forem encontrados bens penhoráveis.

§ 4º Decorrido o prazo de que trata o § 1º sem manifestação do exequente, começa a correr o prazo de prescrição intercorrente.

§ 5º O juiz, depois de ouvidas as partes, no prazo de 15 (quinze) dias, poderá, de ofício, reconhecer a prescrição de que trata o § 4º e extinguir o processo.

O dispositivo cuida das hipóteses em que a execução fica suspensa. Há menções mais pontuais, como a previsão dos casos gerais indicados pelo CPC (art. 313 e art. 315), bem como quando for concedido o parcelamento (art. 916) ou se não houver alienação dos bens penhorados por falta de licitantes.

A grande inovação passa a ser o reconhecimento expresso, pelo menos no CPC, da possibilidade de ocorrência da prescrição intercorrente, o que já até existe em outras leis específicas (art. 40, Lei nº 6.830/80). Em casos tais, que envolvam ausência de bens penhoráveis, o juiz suspenderá a execução pelo prazo de um ano. Ao fim deste prazo sem que tenham sido localizados bens, será ordenado o arquivamento dos autos e começara a correr o prazo da prescrição intercorrente, que irá variar conforme a situação concreta (v.g., se o título for judicial ou extrajudicial, dentre outros). Findo o prazo da prescrição intercorrente, este tema pode ser apresentado pelo interessado ou conhecido até de ofício pelo magistrado, caso em que deverá ser prestigiado o contraditório e, na sequência, o processo será extinto com resolução de mérito (art. 924, V).

Há norma específica sobre o termo inicial desta prescrição para os processos que já estavam em curso por ocasião do advento do CPC (art. 1.056).

> Verbete nº 150 da Súmula do STF: *"Prescreve a execução no mesmo prazo de prescrição da ação"*.
>
> Verbete nº 264 da Súmula do STF: *"Verifica-se a prescrição intercorrente pela paralisação da ação rescisória por mais de cinco anos"*.

Prescrição intercorrente e imprescindibilidade de prévia intimação dos exequentes antes da sua pronúncia pelo magistrado. *"Em execução de título extrajudicial, o credor deve ser intimado para opor fato impeditivo à incidência da prescrição intercorrente antes de sua decretação de ofício. Prestigiando a segurança jurídica e o reconhecimento antigo e reiterado de que as pretensões executivas prescrevem no mesmo prazo da ação, nos termos da Súmula nº 150 do STF, albergou-se na Terceira Turma do STJ possibilidade de reconhecimento de ofício da prescrição intercorrente, utilizando-se como parâmetro legal a incidência analógica do art. 40, §§ 4º e 5º, da Lei nº 6.830/80 – Lei de Execução Fiscal (LEF). Essa mesma solução foi concretizada no CPC/2015, em que se passou a prever expressamente regra paralela ao art. 40 da LEF, nos seguintes termos: 'Art. 921. Suspende-se a execução: (...) § 4º. Decorrido o prazo de que trata o § 1º sem manifestação do exequente, começa a correr o prazo de prescrição intercorrente. § 5º. O juiz, depois de ouvidas as partes, no prazo de 15 (quinze) dias, poderá, de ofício, reconhecer a prescrição de que trata o § 4º e extinguir o processo.' Todavia, ressalte-se que em ambos os textos legais – tanto na LEF como no CPC/15 – prestigiou-se a abertura de prévio contraditório, não para que a parte dê andamento ao processo, mas para possibilitar-lhe a apresentação de defesa quanto à eventual ocorrência de fatos impeditivos da prescrição. E em razão dessa exigência legal de respeito ao prévio contraditório, cumpre enfatizar que, quanto à aplicação do instituto no âmbito da execução fiscal, o STJ, por intermédio de sua Primeira Seção, assentou o entendimento de que é indispensável a prévia intimação da Fazenda Pública, credora naquelas demandas, para os fins de reconhecimento da prescrição intercorrente (ERESP 699.016/PE, Primeira Seção, DJe 17/3/2008; RMS 39.241/SP, Segunda Turma, DJe 19/6/2013). Nessa ordem de ideias, a viabilização do contraditório, ampliada pelo art. 10 do CPC/15 – que impõe sua observância mesmo para a decisão de matérias conhecíveis de ofício –, concretiza a atuação leal do Poder Judiciário, corolária da boa-fé processual hoje expressamente prevista no art. 5º do CPC/15 e imposta a todos aqueles que atuem no processo. Ao mesmo tempo, conforme doutrina, mantém-se a limitação da exposição do devedor aos efeitos da litispendência, harmonizando-se a prescrição intercorrente ao direito fundamental à razoável duração do processo"* (STJ. RESP 1.589.753-PR, Rel. Min. Marco Aurélio Bellizze, julgado em 17/05/2016, DJe 31/05/2016 – Informativo nº 584).

Prescrição intercorrente pode ser conhecida de ofício pelo magistrado em sede de execução fiscal (CPC/73). *"TRIBUTÁRIO. PROCESSUAL CIVIL. EXECUÇÃO FISCAL. PRESCRIÇÃO. DECRETAÇÃO DE OFÍCIO. DIREITO PATRIMONIAL. POSSIBILIDADE, A PARTIR DA LEI Nº 11.051/2004. 1. A jurisprudência do STJ sempre foi no sentido de que 'o reconhecimento da prescrição nos processos executivos fiscais, por envolver direito patrimonial, não pode ser feita de ofício pelo juiz, ante a vedação prevista no art. 219, § 5º, do Código de Processo Civil' (RESP 655.174/PE, Segunda Turma, Rel. Min. Castro Meira, DJ de 09/05/2005). 2. Ocorre que o atual parágrafo 4º do art. 40 da LEF (Lei nº 6.830/80), acrescentado pela Lei nº 11.051, de 30/12/2004 (art. 6º), viabiliza a decretação da prescrição intercorrente por iniciativa judicial, com a única condição de ser previamente ouvida a Fazenda*

> *Pública, permitindo-lhe argüir eventuais causas suspensivas ou interruptivas do prazo prescricional. Tratando-se de norma de natureza processual, tem aplicação imediata, alcançando inclusive os processos em curso, cabendo ao juiz da execução decidir a respeito da sua incidência, por analogia, à hipótese dos autos. 3. RESP a que se dá provimento"* (STJ. RESP nº 746.437/RS. Rel. Min. Teori Albino Zavascky. DJ 22/08/2005).

Art. 922

Art. 922. Convindo as partes, o juiz declarará suspensa a execução durante o prazo concedido pelo exequente para que o executado cumpra voluntariamente a obrigação.

Parágrafo único. Findo o prazo sem cumprimento da obrigação, o processo retomará o seu curso.

O dispositivo trata da hipótese de suspensão da execução quando as partes assim ajustarem para que a obrigação seja cumprida pelo executado. Trata-se de norma adotada, sobretudo nos executivos fiscais, eis que nestes muitas vezes a CDA decorre de uma obrigação tributária. Por este motivo é que, havendo eventual parcelamento de dívidas tributárias, as próprias leis específicas deste parcelamento irão determinar o sobrestamento da execução fiscal. Acrescente-se que há entendimento jurisprudencial muito forte no sentido de que, nas execuções promovidas entre particulares, eventual acordo caracteriza transação ou novação, o que justificaria a imediata prolação de sentença, pois extinta a obrigação primitiva em decorrência da nova (art. 924, III).

Art. 923

Art. 923. Suspensa a execução, não serão praticados atos processuais; podendo o juiz, entretanto, salvo no caso de arguição de impedimento ou suspeição, ordenar providências urgentes.

O dispositivo é muito semelhante ao modelo primitivo (CPC/73), prevendo que durante o período de suspensão da execução não será praticado nenhum ato processual, exceto as providências urgentes. A novidade é a previsão de que, se tiver sido arguido o impedimento ou a suspeição, nem mesmo estes atos poderão ser praticados. Esta ressalva, porém, deveria ter uma redação melhorada, para prever que até mesmo tais atos poderão ser realizados, mas por ordem do juiz tabelar.

CAPÍTULO II
DA EXTINÇÃO

Art. 924

> Art. 924. Extingue-se a execução quando:
>
> I – a petição inicial for indeferida;
>
> II – a obrigação for satisfeita;
>
> III – o executado obtiver, por qualquer outro meio, a extinção total da dívida;
>
> IV – o exequente renunciar ao crédito;
>
> V – ocorrer a prescrição intercorrente.

O dispositivo cuida dos casos em que ocorrerá a extinção da execução. Foram incluídas, corretamente, as hipóteses de indeferimento da petição inicial e a ocorrência da prescrição intercorrente, que, como visto anteriormente, é uma novidade. A forma de contagem da prescrição intercorrente deve observar outros dispositivos (art. 921 e art. 1.056). Foi excluída a menção expressa à "transação", eis que adotado termo mais genérico no terceiro inciso.

> Verbete nº 150 da Súmula do STF: *"Prescreve a execução no mesmo prazo de prescrição da ação"*.
>
> Verbete nº 133 da Súmula do TJ-RJ: *"Aplica-se supletivamente e no que couber o art. 267, II e III, do Código de Processo Civil ao processo de execução e ao cumprimento de sentença"*.

Art. 925

> Art. 925. A extinção só produz efeito quando declarada por sentença.

O dispositivo deve ser interpretado literalmente, prevendo que somente quando for proferida sentença é que a extinção da execução produzirá os seus regulares efeitos.

LIVRO III
DOS PROCESSOS NOS TRIBUNAIS E DOS MEIOS DE IMPUGNAÇÃO DAS DECISÕES JUDICIAIS

TÍTULO I
DA ORDEM DOS PROCESSOS E DOS PROCESSOS DE COMPETÊNCIA ORIGINÁRIA DOS TRIBUNAIS

CAPÍTULO I
DISPOSIÇÕES GERAIS

Art. 926

> Art. 926. Os tribunais devem uniformizar sua jurisprudência e mantê-la estável, íntegra e coerente.
>
> § 1º Na forma estabelecida e segundo os pressupostos fixados no regimento interno, os tribunais editarão enunciados de súmula correspondentes a sua jurisprudência dominante.
>
> § 2º Ao editar enunciados de súmula, os tribunais devem ater-se às circunstâncias fáticas dos precedentes que motivaram sua criação.

Embora o CPC tenha eliminado o incidente de uniformização de jurisprudência, o dispositivo recomenda que os Tribunais mantenham o conjunto de suas decisões de maneira estável, íntegra e coerente. Tais incumbências serão incrementadas com a adoção de outros instrumentos processuais, como o IRDR – Incidente de Resolução de Demandas Repetitivas (art. 976 – art. 987), a Assunção de Competência (art. 947), entre outros mais. Há previsão, nos parágrafos, de que os tribunais poderão continuar a editar súmulas correspondentes à sua jurisprudência, sempre observando as circunstâncias de fato dos precedentes que as justificaram.

Art. 927

> Art. 927. Os juízes e os tribunais observarão:
>
> I – as decisões do Supremo Tribunal Federal em controle concentrado de constitucionalidade;
>
> II – os enunciados de súmula vinculante;
>
> III – os acórdãos em incidente de assunção de competência ou de resolução de demandas repetitivas e em julgamento de recursos extraordinário e especial repetitivos;

IV – os enunciados das súmulas do Supremo Tribunal Federal em matéria constitucional e do Superior Tribunal de Justiça em matéria infraconstitucional;

V – a orientação do plenário ou do órgão especial aos quais estiverem vinculados.

§ 1º Os juízes e os tribunais observarão o disposto no art. 10 e no art. 489, § 1º, quando decidirem com fundamento neste artigo.

§ 2º A alteração de tese jurídica adotada em enunciado de súmula ou em julgamento de casos repetitivos poderá ser precedida de audiências públicas e da participação de pessoas, órgãos ou entidades que possam contribuir para a rediscussão da tese.

§ 3º Na hipótese de alteração de jurisprudência dominante do Supremo Tribunal Federal e dos tribunais superiores ou daquela oriunda de julgamento de casos repetitivos, pode haver modulação dos efeitos da alteração no interesse social e no da segurança jurídica.

§ 4º A modificação de enunciado de súmula, de jurisprudência pacificada ou de tese adotada em julgamento de casos repetitivos observará a necessidade de fundamentação adequada e específica, considerando os princípios da segurança jurídica, da proteção da confiança e da isonomia.

§ 5º Os tribunais darão publicidade a seus precedentes, organizando-os por questão jurídica decidida e divulgando-os, preferencialmente, na rede mundial de computadores.

O dispositivo, inédito, impõe que os magistrados observem em seus julgamentos os precedentes ali mencionados. Não chega ao requinte de estabelecer que tais decisões mencionadas nos seus incisos são vinculativas, mas é o que se conclui diante de uma análise sistemática do CPC, mormente pela causa de pedir que pode gerar o uso da via reclamação (art. 988 e seguintes), quando este dispositivo estiver sendo descumprido.

O parágrafo primeiro determina que os magistrados, ao aplicarem os precedentes, não devem se limitar apenas a citá-los, devendo observar a escorreita forma de fundamentação das decisões judiciais e, também, submeter o tema previamente às partes para evitar "decisão surpresa" (art. 10 e art. 489, § 1º).

O parágrafo segundo cuida de outra inovação que, no direito comparado é conhecida como *overruled*, ou seja, a possibilidade de revisão do precedente vinculativo, o que pode ser realizado precedido de audiências públicas com a participação de pessoas ou órgãos que possam contribuir para a rediscussão da tese, por meio desta nova modalidade de intervenção de terceiros, denominada *amicus curiae* (art. 138).

O terceiro parágrafo complementa o segundo, prevendo a possibilidade de modulação dos efeitos da nova tese que vier a ser consagrada, de modo a prestigiar o interesse social e a segurança jurídica. Os demais parágrafos cuidam da necessidade de se fundamentar adequadamente a decisão que adotar um novo entendimento, bem como da obrigação de dar publicidade a ela.

> **Enunciado nº 59 da I Jornada de Processo Civil CEJ/CJF:** "*Não é exigível identidade absoluta entre casos para a aplicação de um precedente, seja ele vinculante ou não, bastando que ambos possam compartilhar os mesmos fundamentos determinantes*".
>
> **Enunciado nº 7 da ENFAM:** "*O acórdão, cujos fundamentos não tenham sido explicitamente adotados como razões de decidir, não constitui precedente vinculante*".
>
> **Enunciado nº 8 da ENFAM:** "*Os enunciados das súmulas devem reproduzir os fundamentos determinantes do precedente*".

Art. 928

Art. 928. Para os fins deste Código considera-se julgamento de casos repetitivos a decisão proferida em:

I – incidente de resolução de demandas repetitivas;

II – recursos especial e extraordinário repetitivos.

Parágrafo único. O julgamento de casos repetitivos tem por objeto questão de direito material ou processual.

Trata-se de norma inédita, prevendo que os julgamentos, tanto de questão afeta ao direito material quanto ao processual, quando oriundos de incidentes de resolução de demandas repetitivas ou de RESP ou REXTR repetitivos, são considerados como julgamento de casos repetitivos.

CAPÍTULO II
DA ORDEM DOS PROCESSOS NO TRIBUNAL

Art. 929

Art. 929. Os autos serão registrados no protocolo do tribunal no dia de sua entrada, cabendo à secretaria ordená-los, com imediata distribuição.

Parágrafo único. A critério do tribunal, os serviços de protocolo poderão ser descentralizados, mediante delegação a ofícios de justiça de primeiro grau.

O dispositivo cuida, no *caput*, de mero ajuste redacional, prevendo que todos os autos devem ser registrados no mesmo dia de sua entrada no Tribunal. No parágrafo único, contudo, há previsão de que sejam criados serviços de protocolo descentralizados, o que facilita sobremaneira o trabalho dos detentores de capacidade postulatória que não tiverem domicílio na sede do Tribunal.

Art. 930

> Art. 930. Far-se-á a distribuição de acordo com o regimento interno do tribunal, observando-se a alternatividade, o sorteio eletrônico e a publicidade.
>
> Parágrafo único. O primeiro recurso protocolado no tribunal tornará prevento o relator para eventual recurso subsequente interposto no mesmo processo ou em processo conexo.

O dispositivo cuida, no *caput*, de mero ajuste redacional, embora passe a incluir a possibilidade de o sorteio ser realizado eletronicamente. Já o parágrafo único traz uma salutar regra de prevenção para todos os eventuais recursos subsequentes relativos ao mesmo processo que originou o primeiro deles. Inclusive, da forma como se encontra redigido, parece sugerir algo muito próximo ao princípio da identidade física do magistrado, que estabelece um critério para que a causa seja julgada preferencialmente por aquele que foi determinado. Contudo, este princípio deixa de subsistir no CPC, seja na primeira instância ou nas demais, com exceção desta norma que em alguns pontos lembra-o. Também deve o presente parágrafo ser interpretado de outra maneira, pois, a toda evidência, não é possível estabelecer a vinculação quanto ao relator. Isso ocorre porque, eventualmente, o desembargador pode ter interesse em ser removido para outro órgão fracionário que não tenha competência cível. Logo, esta norma há de ser interpretada como de prevenção do órgão que receber o primeiro recurso oriundo de um determinado processo. Se, eventualmente, este desembargador ainda estiver atuando no órgão, permanecerá como relator. Do contrário, estará apenas prevento o órgão primitivo.

Art. 931

> Art. 931. Distribuídos, os autos serão imediatamente conclusos ao relator, que, em 30 (trinta) dias, depois de elaborar o voto, restitui-los-á, com relatório, à secretaria.

O dispositivo inova em relação ao modelo primitivo (CPC/73), ao prever que os autos serão conclusos imediatamente ao relator, assim como que ele disporá de trinta dias para elaborar o seu voto e devolvê-lo à secretaria. Trata-se de prazo impróprio, isto é, aquele cuja falta de observância não gera consequências processuais.

Art. 932

Art. 932. Incumbe ao relator:

I – dirigir e ordenar o processo no tribunal, inclusive em relação à produção de prova, bem como, quando for o caso, homologar autocomposição das partes;

II – apreciar o pedido de tutela provisória nos recursos e nos processos de competência originária do tribunal;

III – não conhecer de recurso inadmissível, prejudicado ou que não tenha impugnado especificamente os fundamentos da decisão recorrida;

IV – negar provimento a recurso que for contrário a:

a) súmula do Supremo Tribunal Federal, do Superior Tribunal de Justiça ou do próprio tribunal;

b) acórdão proferido pelo Supremo Tribunal Federal ou pelo Superior Tribunal de Justiça em julgamento de recursos repetitivos;

c) entendimento firmado em incidente de resolução de demandas repetitivas ou de assunção de competência;

V – depois de facultada a apresentação de contrarrazões, dar provimento ao recurso se a decisão recorrida for contrária a:

a) súmula do Supremo Tribunal Federal, do Superior Tribunal de Justiça ou do próprio tribunal;

b) acórdão proferido pelo Supremo Tribunal Federal ou pelo Superior Tribunal de Justiça em julgamento de recursos repetitivos;

c) entendimento firmado em incidente de resolução de demandas repetitivas ou de assunção de competência;

VI – decidir o incidente de desconsideração da personalidade jurídica, quando este for instaurado originariamente perante o tribunal;

VII – determinar a intimação do Ministério Público, quando for o caso;

VIII – exercer outras atribuições estabelecidas no regimento interno do tribunal.

> **Parágrafo único.** Antes de considerar inadmissível o recurso, o relator concederá o prazo de 5 (cinco) dias ao recorrente para que seja sanado vício ou complementada a documentação exigível.

O dispositivo inova em relação ao modelo primitivo (CPC/73), que cuida dos poderes do relator.

O primeiro inciso é inédito e impõe a atribuição de dirigir o processo, decidir a respeito de produção de provas e, também, homologar a solução consensual entre as partes. Vale dizer que outra norma permite ao Relator suspender o processamento do recurso para que provas sejam produzidas em vez de pura e simplesmente já anular a decisão impugnada (art. 938, § 3º).

O segundo inciso já cuida precisamente da análise de requerimento de tutelas provisórias.

O terceiro e o quarto incisos são muito parecidos com os do modelo primitivo (CPC/73), permitindo que o relator profira uma decisão monocrática negando a admissibilidade do recurso, bem como já o admita e negue provimento. Mas, para tanto, é necessário observar se existe entendimento sumulado, decisão proferida em incidente de assunção de competência, entre outros parâmetros ali estabelecidos. Certamente, foi dificultada a prolação de decisões monocráticas com estas restrições e se deve aguardar se a jurisprudência será no sentido da interpretação literal ou não de tais normas.

O quinto inciso, por seu turno, busca eliminar a discussão jurisprudencial sobre o relator poder, monocraticamente, conhecer e dar provimento ao recurso sem sequer intimar o recorrido que, em tese, estará sendo prejudicado. Pela nova redação, o contraditório deve ser prévio e, somente então, poderá ser dado provimento ao recurso, mas também com observância dos parâmetros ali estabelecidos.

O sexto inciso prevê a possibilidade de a desconsideração da personalidade jurídica, que é uma nova modalidade de intervenção de terceiros, ser instaurada diretamente no Tribunal, hipótese em que a sua decisão competirá ao relator. Este incidente já foi abordado em momento próprio (art. 133 – art. 137).

Os demais incisos preveem, ainda, a necessidade de determinar a intimação do membro do Ministério Público se for o caso de sua atuação como fiscal da ordem jurídica (art. 178), além do exercício de outras atribuições eventualmente estabelecidas por cada Tribunal em seu regimento. Regra inédita, contudo, é a do parágrafo único, que prevê que o relator, antes de negar seguimento ao recurso pela inadmissibilidade, previamente intime o recorrente para que, em cinco dias, regularize o vício detectado ou complemente a documentação exigível. Contudo, esta providência não será observada para fins de complementação da argumentação ou de razões recursais, pois somente se aplica em casos de vícios formais que possam ser corrigidos. Já há precedente do STF neste sentido.

> **Verbete nº 568 da Súmula do STJ:** *"O relator, monocraticamente e no Superior Tribunal de Justiça, poderá dar ou negar provimento ao recurso quando houver entendimento dominante acerca do tema".*
>
> **Enunciado nº 66 da I Jornada de Processo Civil CEJ/CJF:** *"Admite-se a correção da falta de comprovação do feriado local ou da suspensão do expediente forense, posteriormente à interposição do recurso, com fundamento no art. 932, parágrafo único, do CPC".*
>
> **Enunciado nº 73 da I Jornada de Processo Civil CEJ/CJF:** *"Para efeito de não conhecimento do agravo de instrumento por força da regra prevista no § 3º do art. 1.018 do CPC, deve o juiz, previamente, atender ao art. 932, parágrafo único, e art. 1.017, § 3º, do CPC, intimando o agravante para sanar o vício ou complementar a documentação exigível".*

Impossibilidade de o relator do recurso permitir ao recorrente que complemente suas razões recursais. *"O prazo de cinco dias previsto no parágrafo único do art. 932 do CPC/2015 [Art. 932. Incumbe ao relator: [...] III – não conhecer de recurso inadmissível, prejudicado ou que não tenha impugnado especificamente. ... Parágrafo único. Antes de considerar inadmissível o recurso, o relator concederá o prazo de 5 (cinco) dias ao recorrente para que seja sanado vício ou complementada a documentação exigível"] só se aplica aos casos em que seja necessário sanar vícios formais, como ausência de procuração ou de assinatura, e não à complementação da fundamentação. Com base nessa orientação, a Primeira Turma, por maioria, negou provimento a agravo regimental e condenou a parte sucumbente ao pagamento de honorários advocatícios. Inicialmente, a Turma rejeitou proposta do Ministro Marco Aurélio de afetar a matéria ao Plenário para analisar a constitucionalidade do dispositivo, que, ao seu ver, padeceria de razoabilidade. Na sequência, o Colegiado destacou que, na situação dos autos, o agravante não atacara todos os fundamentos da decisão agravada. Além disso, estar-se-ia diante de juízo de mérito e não de admissibilidade. O Ministro Roberto Barroso, em acréscimo, afirmou que a retificação somente seria cabível nas hipóteses de recurso inadmissível, mas não nas de prejudicialidade ou de ausência de impugnação específica de fundamentos. Vencido o Ministro Marco Aurélio, que provia o recurso"* (STF. ARE 953.221 AgR/SP, Rel. Min. Luiz Fux, 07/06/2016).

Impossibilidade de o relator dar provimento a recurso independentemente de ter oportunizado ao recorrido a possibilidade de apresentar contrarrazões (CPC/73). *"Opostos embargos declaratórios de decisão colegiada, o relator poderá negar seguimento monocraticamente, com base no caput do art. 557 do CPC, pois não haverá mudança do decisum, mas não poderá dar provimento ao recurso para suprir omissão, aclarar obscuridade ou sanar contradição do julgado, com fundamento no § 1º-A do mesmo artigo, pois em tal hipótese haveria inexorável modificação monocrática da deliberação da Turma, Seção ou Câmara do qual faz parte"* (STJ. RESP nº 1.049.974-SP. Rel. Min. Luiz Fux. DJ 03/08/2010).

Possibilidade de o relator dar provimento a recurso independentemente de ter oportunizado ao recorrido a possibilidade de apresentar contrarrazões (CPC/73). *"O relator, lastreado no art. 557 e parágrafos do CPC, pode, de pronto, negar seguimento ou dar provimento ao recurso sem que se ouça a parte adversa, isso em razão dos princípios da celeridade e efetividade. Note-se não se excluir*

> *o contraditório dos recursos porquanto a colegialidade e*, a fortiori, *o duplo grau restam incólumes pela possibilidade de interposição do agravo regimental. Com esse entendimento, a Turma, ao prosseguir o julgamento, por maioria, negou provimento aoRESP Precedentes citados: EDcl no AgRg no Ag 643.770-MG, DJ 21/8/2006, e RESP 714.794-RS, DJ 12/9/2005"* (STJ. RESP nº 789.025-RS. Rel. Min. Luiz Fux. DJ 10/04/2007).

Art. 933

Art. 933. Se o relator constatar a ocorrência de fato superveniente à decisão recorrida ou a existência de questão apreciável de ofício ainda não examinada que devem ser considerados no julgamento do recurso, intimará as partes para que se manifestem no prazo de 5 (cinco) dias.

§ 1º Se a constatação ocorrer durante a sessão de julgamento, esse será imediatamente suspenso a fim de que as partes se manifestem especificamente.

§ 2º Se a constatação se der em vista dos autos, deverá o juiz que a solicitou encaminhá-los ao relator, que tomará as providências previstas no *caput* e, em seguida, solicitará a inclusão do feito em pauta para prosseguimento do julgamento, com submissão integral da nova questão aos julgadores.

O dispositivo é inédito e busca prestigiar o contraditório das partes e que sejam evitadas decisões surpresa, pois prevê o que deve ser feito pelo tribunal quando constatada matéria de ofício ainda não abordada pelas partes. Trata-se de norma inspirada em outra do mesmo CPC (art. 10).

> Enunciado nº 60 da I Jornada de Processo Civil CEJ/CJF: *"É direito das partes a manifestação por escrito, no prazo de cinco dias, sobre fato superveniente ou questão de ofício na hipótese do art. 933, § 1º, do CPC, ressalvada a concordância expressa com a forma oral em sessão".*

> Nulidade de decisão que adotou fundamentação que não foi previamente apresentada às partes: proibição de decisão surpresa. *"PROCESSUAL CIVIL. PREVIDENCIÁRIO. JULGAMENTO SECUNDUM EVENTUM PROBATIONIS. APLICAÇÃO DO ART. 10 DO CPC/2015. PROIBIÇÃO DE DECISÃO SURPRESA. VIOLAÇÃO. NULIDADE. 1. Acórdão do TRF da 4ª Região extinguiu o processo sem julgamento do mérito por insuficiência de provas sem que o fundamento adotado tenha sido previamente debatido pelas partes ou objeto de contraditório preventivo. 2. O art. 10 do CPC/2015 estabelece que o juiz não pode decidir, em grau algum de jurisdição, com base em fundamento a respeito do qual não se tenha dado às partes oportunidade de se manifestar, ainda que se trate*

de matéria sobre a qual deva decidir de ofício. 3. Trata-se de proibição da chamada decisão surpresa, também conhecida como decisão de terceira via, contra julgado que rompe com o modelo de processo cooperativo instituído pelo Código de 2015 para trazer questão aventada pelo juízo e não ventilada nem pelo autor nem pelo réu. 4. A partir do CPC/2015 mostra-se vedada decisão que inova o litígio e adota fundamento de fato ou de direito sem anterior oportunização de contraditório prévio, mesmo nas matérias de ordem pública que dispensam provocação das partes. Somente argumentos e fundamentos submetidos à manifestação precedente das partes podem ser aplicados pelo julgador, devendo este intimar os interessados para que se pronunciem previamente sobre questão não debatida que pode eventualmente ser objeto de deliberação judicial. 5. O novo sistema processual impôs aos julgadores e partes um procedimento permanentemente interacional, dialético e dialógico, em que a colaboração dos sujeitos processuais na formação da decisão jurisdicional é a pedra de toque do novo CPC. 6. A proibição de decisão surpresa, com obediência ao princípio do contraditório, assegura às partes o direito de serem ouvidas de maneira antecipada sobre todas as questões relevantes do processo, ainda que passíveis de conhecimento de ofício pelo magistrado. O contraditório se manifesta pela bilateralidade do binômio ciência/influência. Um sem o outro esvazia o princípio. A inovação do art. 10 do CPC/2015 está em tornar objetivamente obrigatória a intimação das partes para que se manifestem previamente à decisão judicial. E a consequência da inobservância do dispositivo é a nulidade da decisão surpresa, ou decisão de terceira via, na medida em que fere a característica fundamental do novo modelo de processualística pautado na colaboração entre as partes e no diálogo com o julgador. 7. O processo judicial contemporâneo não se faz com protagonismos e protagonistas, mas com equilíbrio na atuação das partes e do juiz de forma a que o feito seja conduzido cooperativamente pelos sujeitos processuais principais. A cooperação processual, cujo dever de consulta é uma das suas manifestações, é traço característico do CPC/2015. Encontra-se refletida no art. 10, bem como em diversos outros dispositivos espraiados pelo Código. 8. Em atenção à moderna concepção de cooperação processual, as partes têm o direito à legítima confiança de que o resultado do processo será alcançado mediante fundamento previamente conhecido e debatido por elas. Haverá afronta à colaboração e ao necessário diálogo no processo, com violação ao dever judicial de consulta e contraditório, se omitida às partes a possibilidade de se pronunciarem anteriormente "sobretudo que pode servir de ponto de apoio para a decisão da causa, inclusive quanto àquelas questões que o juiz pode apreciar de ofício" (MARIONI, Luiz Guilherme; ARENHART, Sérgio Cruz; MITIDIERO, Daniel. Novo código de processo civil comentado. São Paulo: Editora Revista dos Tribunais, 2015, § 209). 9. Não se ignora que a aplicação desse novo paradigma decisório enfrenta resistências e causa desconforto nos operadores acostumados à sistemática anterior. Nenhuma dúvida, todavia, quanto à responsabilidade dos tribunais em assegurar-lhe efetividade não só como mecanismo de aperfeiçoamento da jurisdição, como de democratização do processo e de legitimação decisória. 10. Cabe ao magistrado ser sensível às circunstâncias do caso concreto e, prevendo a possibilidade de utilização de fundamento não debatido, permitir a manifestação das partes antes da decisão judicial, sob pena de violação ao art. 10 do CPC/2015 e a todo o plexo estruturante do sistema processual cooperativo. Tal necessidade de abrir oitiva das partes previamente à prolação da decisão judicial, mesmo quando passível de atuação de ofício, não é nova no direito processual brasileiro. Colhem-se exemplos no art. 40, § 4º, da LEF, e nos Embargos de Declaração com efeitos infringentes. 11. Nada há de heterodoxo ou atípico no contraditório dinâmico e preventivo exigido pelo CPC/2015. Na eventual hipótese de adoção de fundamento ignorado e imprevisível, a decisão judicial não pode se dar com preterição da ciência prévia das partes. A negativa de efetividade ao art. 10 c/c art. 933 do CPC/2015 implica error in procedendo *e nulidade do julgado, devendo a intimação antecedente ser procedida na instância de origem para permitir a participação dos titulares do direito discutido em juízo na formação do convencimento do julgador e, principalmente, assegurar a necessária correlação ou congruência entre o âmbito do diálogo desenvolvido pelos sujeitos processuais e o conteúdo da decisão prolatada. 12. In casu, o Acórdão recorrido decidiu o recurso de apelação da autora mediante fundamento original não cogitado, explícita ou implicitamente, pelas partes. Resolveu o Tribunal de origem contrariar a sentença monocrática e julgar extinto o processo sem resolução de mérito por insuficiência de prova, sem que as partes tenham tido a oportunidade de exercitar sua influência na formação da convicção do julgador. Por tratar-se de resultado que não está previsto objetivamente no ordenamento jurídico nacional, e refoge ao desdobramento natural da controvérsia, considera-se insuscetível de pronunciamento com desatenção à regra da proibição da decisão surpresa, posto não terem as partes obrigação de prevê-lo ou advinhá-lo. Deve o julgado ser anulado, com retorno dos autos à instância anterior para intimação das partes a se manifestarem sobre a possibilidade aventada pelo juízo no prazo de 5 (cinco) dias. 13. Corrobora a pertinência da solução ora dada ao caso o fato de a resistência de mérito posta no Recurso Especial ser relevante e guardar potencial capacidade de alterar o julgamento prolatado. A despeito da analogia realizada no julgado recorrido com precedente da Corte Especial do STJ proferido sob o rito de recurso representativo de controvérsia (RESP 1.352.721/SP, Corte Especial, Rel. Min. Napoleão Nunes Maia Filho, DJ de 28/4/2016), a extensão e o alcance da decisão utilizada como paradigma para além das circunstâncias ali analisadas e para 'todas as hipóteses em que se rejeita a pretensão a benefício previdenciário em decorrência de ausência ou insuficiência de lastro probatório' recomenda cautela. A identidade e aplicabilidade automática do referido julgado a situações outras que não aquelas diretamente enfrentadas no caso apreciado, como ocorre com a controvérsia em liça, merece debate oportuno e circunstanciado como exigência da cooperação processual e da confiança legítima em um julgamento sem surpresas. 14. A ampliação demasiada das hipóteses de retirada da autoridade da coisa julgada fora dos casos expressamente previstos pelo legislador pode acarretar insegurança jurídica e risco de decisões contraditórias. O sistema processual pátrio prevê a chamada coisa julgada secundum eventum probationis apenas para situações bastante específicas e em processos de natureza coletiva. Cuida--se de técnica adotada com parcimônia pelo legislador nos casos de ação popular (art. 18 da Lei 4.717/65) e de Ação Civil Pública (art. 16 da Lei 7.347/85 e art. 103, I, CDC). Mesmo nesses casos com expressa previsão normativa, não se está a tratar de extinção do processo sem julgamento do mérito, mas de pedido julgado 'improcedente por insuficiência de provas, hipótese em que qualquer legitimado poderá intentar outra ação com idêntico fundamento, valendo-se de nova prova' (art. 16, ACP). 15. A diferença é significativa, pois, no caso de a ação coletiva ter sido julgada improcedente por deficiência de prova, a própria lei que relativiza a eficácia da coisa julgada torna imutável e indiscutível a sentença no limite das provas produzidas nos autos. Não impede que outros legitimados intentem nova ação com idêntico fundamento, mas exige prova nova para admissibilidade initio litis da demanda coletiva. 16. Não é o que se passa nas demandas individuais decidas sem resolução da lide e, por isso, não acobertadas pela eficácia imutável da autoridade da coisa julgada material em nenhuma extensão. A extinção do processo sem julgamento do mérito opera coisa julgada meramente formal e torna inalterável o decisum sob a ótica estritamente endoprocessual. Não obsta que o autor intente nova ação com as mesmas partes, o mesmo pedido e a mesma causa de pedir, inclusive com o mesmo conjunto probatório, e ainda assim receba decisão díspar da prolatada no processo anterior. A jurisdição passa a ser loteria em favor de uma das partes em detrimento da outra, sem mecanismos legais de controle eficiente. Por isso, a solução objeto do julgamento proferido pela Corte Especial do STJ no RESP 1.352.721/SP recomenda interpretação comedida, de forma a não ampliar em demasia as causas sujeitas à instabilidade extraprocessual da preclusão máxima. 17. Por derradeiro, o retorno dos autos à origem para adequação do procedimento à legislação federal tida por violada, sem ingresso no mérito por esta Corte com supressão ou sobreposição de instância, é medida que se impõe não apenas por tecnicismo procedimental, mas também pelo efeito pedagógico da observância fiel do devido processo legal, de modo a conformar o direito do recorrente e o dever do julgador às novas e boas práticas estabelecidas no Digesto Processual de 2015. 18. Recurso Especial provido"* (STJ. RESP 1.676.027/PR. Rel. Min. Herman Benjamin. DJ 26/09/2017).

Art. 934

Art. 934. Em seguida, os autos serão apresentados ao presidente, que designará dia para julgamento, ordenando, em todas as hipóteses previstas neste Livro, a publicação da pauta no órgão oficial.

O dispositivo realiza mero ajuste redacional, prevendo que, após a devolução dos autos ao presidente do órgão fracionário, será designado dia e hora para julgamento.

Art. 935

Art. 935. Entre a data de publicação da pauta e a da sessão de julgamento decorrerá, pelo menos, o prazo de 5 (cinco) dias, incluindo-se em nova pauta os processos que não tenham sido julgados, salvo aqueles cujo julgamento tiver sido expressamente adiado para a primeira sessão seguinte.

§ 1º Às partes será permitida vista dos autos em cartório após a publicação da pauta de julgamento.

§ 2º Afixar-se-á a pauta na entrada da sala em que se realizar a sessão de julgamento.

O dispositivo inova em relação ao modelo primitivo (CPC/73), ao ampliar para cinco dias o prazo mínimo entre a publicação da pauta e a realização da sessão de julgamento. Também o parágrafo primeiro estabelece que as partes poderão ter vista dos autos mesmo após a publicação da pauta de julgamento, o que a princípio sequer seria necessário estar expresso, pois os processos são públicos de qualquer maneira (art. 189).

Art. 936

Art. 936. Ressalvadas as preferências legais e regimentais, os recursos, a remessa necessária e os processos de competência originária serão julgados na seguinte ordem:

I – aqueles nos quais houver sustentação oral, observada a ordem dos requerimentos;

II – os requerimentos de preferência apresentados até o início da sessão de julgamento;

III – aqueles cujo julgamento tenha iniciado em sessão anterior; e

IV – os demais casos.

O dispositivo inova em relação ao modelo primitivo (CPC/73), por aprimorar a ordem de preferência para julgamento dos processos em dias de sessão.

Art. 937

Art. 937. Na sessão de julgamento, depois da exposição da causa pelo relator, o presidente dará a palavra, sucessivamente, ao recorrente, ao recorrido e, nos casos de sua intervenção, ao membro do Ministério Público, pelo prazo improrrogável de 15 (quinze) minutos para cada um, a fim de sustentarem suas razões, nas seguintes hipóteses, nos termos da parte final do *caput* do art. 1.021:

I – no recurso de apelação;

II – no recurso ordinário;

III – no recurso especial;

IV – no recurso extraordinário;

V – nos embargos de divergência;

VI – na ação rescisória, no mandado de segurança e na reclamação;

~~VII – no agravo interno originário de recurso de apelação, de recurso ordinário, de recurso especial ou de recurso extraordinário;~~

> VIII – no agravo de instrumento interposto contra decisões interlocutórias que versem sobre tutelas provisórias de urgência ou da evidência;
>
> IX – em outras hipóteses previstas em lei ou no regimento interno do tribunal.
>
> § 1º A sustentação oral no incidente de resolução de demandas repetitivas observará o disposto no art. 984, no que couber.
>
> § 2º O procurador que desejar proferir sustentação oral poderá requerer, até o início da sessão, que o processo seja julgado em primeiro lugar, sem prejuízo das preferências legais.
>
> § 3º Nos processos de competência originária previstos no inciso VI, caberá sustentação oral no agravo interno interposto contra decisão de relator que o extinga.
>
> § 4º É permitido ao advogado com domicílio profissional em cidade diversa daquela onde está sediado o tribunal realizar sustentação oral por meio de videoconferência ou outro recurso tecnológico de transmissão de sons e imagens em tempo real, desde que o requeira até o dia anterior ao da sessão.

O dispositivo inova em relação ao modelo primitivo (CPC/73), ao prever quais serão os recursos que poderão ter sustentação oral e de que maneira ela deverá ser realizada. Pelo regime primitivo, tal direito somente não era possível no agravo na modalidade por instrumento e nos embargos de declaração. No CPC, houve mudança, pois passou a ser admitida esta sustentação em alguns casos do primeiro deles, quando o tema abordar tutela provisória de urgência ou de evidência. O sétimo inciso, que autorizava sustentação em agravo interno perante os Tribunais Superiores, foi vetado, muito embora permaneçam algumas situações autorizadas no parágrafo terceiro. Ainda, o parágrafo primeiro prevê que a sustentação oral poderá ser realizada em sede de IRDRD – Incidente de Resolução de Demandas Repetitivas (art. 976 – art. 987). E, outro parágrafo relevante, é o quarto, que autoriza que a sustentação oral seja realizada por meio eletrônico pelo advogado que tiver domicilio profissional em cidade distinta daquela onde o tribunal está localizado.

Razões do veto presidencial ao sétimo inciso do art. 937:

> *"A previsão de sustentação oral para todos os casos de agravo interno resultaria em perda de celeridade processual, princípio norteador do novo Código, provocando ainda sobrecarga nos Tribunais".*

Comentário ao veto presidencial

Este inciso originariamente passava a prever a possibilidade de sustentação oral das partes no momento em que fossem julgados os agravos internos originários de recursos de apelação, ordinário, RESP ou REXTR. A justificativa do veto se pautou por essa prática poder retardar a atividade dos tribunais, culminando em maior morosidade, violando o princípio constitucional do tempo razoável da duração do processo, que também é uma das normas fundamentais (art. 4º). Neste caso, não se pode olvidar que o CPC amplia em demasia as atividades desempenhadas nos tribunais, que passam a realizar exclusivamente, entre muitas outras, a competência para a análise de juízo de admissibilidade dos recursos, e que passarão a julgar incidentes de resolução de demandas repetitivas e de assunção de competência, entre muitos outros trabalhos. Portanto, neste ponto o veto e sua fundamentação são benéficos e adequados, para melhor equilibrar a gestão processual nas instâncias revisoras.

> **Enunciado nº 61 da I Jornada de Processo Civil CEJ/CJF:** *"Deve ser franqueado às partes sustentar oralmente as suas razões, na forma e pelo prazo previsto no art. 937, caput, do CPC, no agravo de instrumento que impugne decisão de resolução parcial de mérito (art. 356, § 5º, do CPC)"*.
>
> **Enunciado nº 41 da ENFAM:** *"Por compor a estrutura do julgamento, a ampliação do prazo de sustentação oral não pode ser objeto de negócio jurídico entre as partes"*.

> **Tempo de sustentação oral para o *amicus curiae*.** *"Havendo três "amici curiae" para fazer sustentação oral, o Plenário, por maioria, deliberou considerar o prazo em dobro e dividir pelo número de sustentações orais. O tempo de sustentação oral é de quinze minutos. O Colegiado considerou esse tempo em dobro (trinta minutos) e, dividido pelos três "amici curie", disponibilizou dez minutos para a manifestação de cada um deles na tribuna"* (STF. RE 612.043/PR, Rel. Min. Marco Aurélio, julgado em 04/05/2017).
>
> **Tutela antecipada e requerimento em sustentação oral. Viabilidade.** *"É possível o requerimento de antecipação dos efeitos da tutela em sede de sustentação oral. A antecipação dos efeitos da tutela constitui relevante medida à disposição do juiz, para que propicie a prestação jurisdicional oportuna e adequada que, efetivamente, confira proteção ao bem jurídico em litígio, abreviando, ainda que em caráter provisório, os efeitos práticos do provimento definitivo. Em linha de princípio, o requerimento da tutela antecipada – requisito exigido nos termos do art. 273 do CPC/73 –, assim como a sua extensão, pode ser formulado ou alterado pelo autor, desde que observado o pedido inicial, pois a medida não pode ser mais ampla. Assim, pode o autor requerer ou não, na exordial, a antecipação de parte da tutela, e depois pedir a antecipação da tutela jurisdicional em sua totalidade – o ordenamento jurídico não é infenso à modificação do requerimento de tutela antecipatória. Ora, se o pedido poderia ser formulado ao relator, e o próprio art. 273 do CPC/73 deixa nítido que novas circunstâncias autorizam o requerimento, possível também que seja deduzido em sessão de julgamento, em feito que comporta sustentação oral, ao Colegiado que apreciará o recurso. Isso porque, tal procedimento consiste em manifestação formal (art. 554 do CPC/73 e 937 do CPC/2015) a oportunizar à parte adversa até mesmo o contraditório prévio ao exame do pedido"* (STJ. RESP 1.332.766-SP, Rel. Min. Luis Felipe Salomão, por unanimidade, julgado em 1º/06/2017, DJe 1º/08/2017).

Art. 938

Art. 938. A questão preliminar suscitada no julgamento será decidida antes do mérito, deste não se conhecendo caso seja incompatível com a decisão.

§ 1º Constatada a ocorrência de vício sanável, inclusive aquele que possa ser conhecido de ofício, o relator determinará a realização ou a renovação do ato processual, no próprio tribunal ou em primeiro grau de jurisdição, intimadas as partes.

§ 2º Cumprida a diligência de que trata o § 1º, o relator, sempre que possível, prosseguirá no julgamento do recurso.

§ 3º Reconhecida a necessidade de produção de prova, o relator converterá o julgamento em diligência, que se realizará no tribunal ou em primeiro grau de jurisdição, decidindo-se o recurso após a conclusão da instrução.

§ 4º Quando não determinadas pelo relator, as providências indicadas nos §§ 1º e 3º poderão ser determinadas pelo órgão competente para julgamento do recurso.

O dispositivo realiza mero ajuste redacional em sua maior parte, disciplinando principalmente o processamento no tribunal quando for detectado vício sanável. O terceiro parágrafo, porém, é inédito e autoriza a produção de provas mesmo quando pendente de julgamento o recurso. Trata-se de um novo poder do relator (art. 932, inc. I), que pode trazer ganhos de eficiência, pois não será mais necessário ter que nulificar primeiro a decisão para que, depois, com o retorno dos autos a primeira instância, novas provas possam ser produzidas. Pelo CPC, de uma forma muito mais salutar haverá o sobrestamento do recurso ou da ação autônoma enquanto a prova é produzida no próprio tribunal ou se for o caso até mesmo por meio de carta de ordem.

> **Possibilidade de convalidar vício sanável no processamento do recurso ou ação autônoma do tribunal: ausência de intimação do membro do MP para atuar em primeira instância (CPC/73).** "*1. A preliminar de nulidade do processo deve ser rejeitada, em virtude da ausência de intervenção do Ministério Público, diante da presença de interesse de menor impúbere .2. A ausência de intimação do Ministério Público não é causa de nulidade quando suprida por pronunciamento posterior do órgão e inexiste prejuízo comprovado para a parte, por ser uma instituição uma e indivisível*" (TJ-RJ. Apelação nº 0008383-30.2008.8.19.0212. Rel.ª Des.ª Mônica Costa di Piero. DJ 20/04/2010).

Art. 939

Art. 939. Se a preliminar for rejeitada ou se a apreciação do mérito for com ela compatível, seguir-se-ão a discussão e o julgamento da matéria principal, sobre a qual deverão se pronunciar os juízes vencidos na preliminar.

O dispositivo realiza mero ajuste redacional, cuidando da solução de preliminares e do mérito do recurso.

Art. 940

Art. 940. O relator ou outro juiz que não se considerar habilitado a proferir imediatamente seu voto poderá solicitar vista pelo prazo máximo de 10 (dez) dias, após o qual o recurso será reincluído em pauta para julgamento na sessão seguinte à data da devolução.

§ 1º Se os autos não forem devolvidos tempestivamente ou se não for solicitada pelo juiz prorrogação de prazo de no máximo mais 10 (dez) dias, o presidente do órgão fracionário os requisitará para julgamento do recurso na sessão ordinária subsequente, com publicação da pauta em que for incluído.

§ 2º Quando requisitar os autos na forma do § 1º, se aquele que fez o pedido de vista ainda não se sentir habilitado a votar, o presidente convocará substituto para proferir voto, na forma estabelecida no regimento interno do tribunal.

O dispositivo realiza mero ajuste redacional em sua maior parte, cuidando da possibilidade de o magistrado que atuar em tribunal pedir vistas por não se sentir habilitado para participar do julgamento naquele momento. A inovação fica por conta do parágrafo segundo, pois, caso aquele que tenha pedido as vistas ainda não tenha devolvido os autos, deverá então o presidente do órgão requisitar o processo e encaminhá-lo ao tabelar para que este profira o voto em seu lugar.

Art. 941

Art. 941. Proferidos os votos, o presidente anunciará o resultado do julgamento, designando para redigir o acórdão o relator ou, se vencido este, o autor do primeiro voto vencedor.

§ 1º O voto poderá ser alterado até o momento da proclamação do resultado pelo presidente, salvo aquele já proferido por juiz afastado ou substituído.

§ 2º No julgamento de apelação ou de agravo de instrumento, a decisão será tomada, no órgão colegiado, pelo voto de 3 (três) juízes.

§ 3º O voto vencido será necessariamente declarado e considerado parte integrante do acórdão para todos os fins legais, inclusive de pré-questionamento.

O dispositivo trata, em sua maior parte, de mero ajuste redacional. Estabelece critérios para definir qual membro do Tribunal irá redigir o acórdão. Esclarece, também, que o voto já manifestado pode ser alterado por qualquer membro em momento anterior ao presidente do órgão proclamar o resultado, com exceção daquele que já tiver sido proferido por magistrado afastado ou substituído, hipótese em que deverá ser mantido. Mantém a previsão de que são três membros do órgão colegiado que irão julgar a apelação e o agravo na modalidade por instrumento. Por fim, inova estabelecendo que o voto vencido deverá ser declarado e considerado parte integrante do acórdão, até para fins de prequestionamento. Observa-se, portanto, um cuidado do CPC com este requisito de admissibilidade do recurso extraordinário ou especial, tanto que outra norma também passou a prever a possibilidade de ser adotado o denominado "pré-questionamento ficto", quando forem oferecidos embargos de declaração (art. 1.025).

Art. 942

Art. 942. Quando o resultado da apelação for não unânime, o julgamento terá prosseguimento em sessão a ser designada com a presença de outros julgadores, que serão convocados nos termos previamente definidos no regimento interno, em número suficiente para garantir a possibilidade de inversão do resultado inicial, assegurado às partes e a eventuais terceiros o direito de sustentar oralmente suas razões perante os novos julgadores.

§ 1º Sendo possível, o prosseguimento do julgamento dar-se-á na mesma sessão, colhendo-se os votos de outros julgadores que porventura componham o órgão colegiado.

§ 2º Os julgadores que já tiverem votado poderão rever seus votos por ocasião do prosseguimento do julgamento.

§ 3º A técnica de julgamento prevista neste artigo aplica-se, igualmente, ao julgamento não unânime proferido em:

I – ação rescisória, quando o resultado for a rescisão da sentença, devendo, nesse caso, seu prosseguimento ocorrer em órgão de maior composição previsto no regimento interno;

II – agravo de instrumento, quando houver reforma da decisão que julgar parcialmente o mérito.

§ 4º Não se aplica o disposto neste artigo ao julgamento:

I – do incidente de assunção de competência e ao de resolução de demandas repetitivas;

II – da remessa necessária;

III – não unânime proferido, nos tribunais, pelo plenário ou pela corte especial.

O CPC eliminou o recurso chamado de embargos infringentes (art. 530 – art. 534, CPC/73), que eram interpostos pelos legitimados em algumas situações envolvendo acórdãos não unânimes. Porém, para substituir tal recurso, foi criada uma nova técnica de julgamento para os acórdãos que se encontrarem nesta situação, ou seja, quando forem não unânimes, caso em que deverão ser convocados magistrados tabelares para prosseguir no julgamento, até com a possibilidade de realização de nova sustentação oral.

Esta técnica deverá ser observada automaticamente, sob pena de *error in procedendo*, em qualquer decisão proferida por maioria em recurso de apelação (seja quanto ao juízo de admissibilidade ou ao próprio mérito), quando o pedido deduzido na ação rescisória tiver sido julgado procedente por maioria e, também, quando este for o resultado em acórdão que deu provimento a agravo de instrumento para impugnar decisão interlocutória de mérito (art. 942, *caput* e § 3º). Há, contudo, casos expressos em lei que não admitem esta nova técnica (art. 942, § 4º).

No modelo primitivo (CPC/73), o tema recebeu exaustivo trato nos verbetes sumulares dos Tribunais Superiores, embora todos se refiram a ele como se fosse o antigo recurso. Contudo, após a vigência do CPC, terão que ser atualizados.

Por fim, apesar de terem sidos eliminados os embargos infringentes do modelo primitivo (CPC/73), foram mantidos aqueles previstos na Lei de Execuções Fiscais (art. 34, Lei nº 6.830/80). No entanto, trata-se de outro recurso, que apenas possui a mesma nomenclatura, uma vez que são outras as hipóteses de cabimento e forma distinta de processamento.

> **Verbete nº 293 da Súmula do STF:** *"São inadmissíveis embargos infringentes contra decisão em matéria constitucional submetida ao plenário dos Tribunais"*
> (N.A.: diante da eliminação dos embargos infringentes, este verbete sumular deverá ser interpretado no sentido de que, na hipótese que ele aborda, não será admitida a técnica de julgamento prevista no art. 942 do CPC).

Verbete nº 294 da Súmula do STF: *"São inadmissíveis embargos infringentes contra decisão do Supremo Tribunal Federal em mandado de segurança"* (N.A.: diante da eliminação dos embargos infringentes, este verbete sumular deverá ser interpretado no sentido de que, na hipótese que ele aborda, não será admitida a técnica de julgamento prevista no art. 942 do CPC).

Verbete nº 455 da Súmula do STF: *"Da decisão que se seguir ao julgamento de constitucionalidade pelo tribunal pleno, são inadmissíveis embargos infringentes quanto à matéria constitucional"* (N.A.: diante da eliminação dos embargos infringentes, este verbete sumular deverá ser interpretado no sentido de que, na hipótese que ele aborda, não será admitida a técnica de julgamento prevista no art. 942 do CPC).

Verbete nº 597 da Súmula do STF: *"Não cabem embargos infringentes de acórdão que, em mandado de segurança, decidiu por maioria de votos a apelação"* (N.A.: diante da eliminação dos embargos infringentes, este verbete sumular deverá ser interpretado no sentido de que, na hipótese que ele aborda, não será admitida a técnica de julgamento prevista no art. 942 do CPC).

Verbete nº 88 da Súmula do STJ: *"São admissíveis embargos infringentes em processo falimentar"* (N.A.: diante da eliminação dos embargos infringentes, este verbete sumular deverá ser interpretado no sentido de que, na hipótese que ele aborda, será admitida a técnica de julgamento prevista no art. 942 do CPC).

Verbete nº 169 da Súmula do STJ: *"São inadmissíveis embargos infringentes no processo de mandado de segurança"* (N.A.: diante da eliminação dos embargos infringentes, este verbete sumular deverá ser interpretado no sentido de que, na hipótese que ele aborda, não será admitida a técnica de julgamento prevista no art. 942 do CPC).

Verbete nº 390 da Súmula do STJ: *"Nas decisões por maioria, em reexame necessário, não se admitem embargos infringentes"* (N.A.: diante da eliminação dos embargos infringentes, este verbete sumular deverá ser interpretado no sentido de que, na hipótese que ele aborda, não será admitida a técnica de julgamento prevista no art. 942 do CPC).

Enunciado nº 62 da I Jornada de Processo Civil CEJ/CJF: *"Aplica-se a técnica prevista no art. 942 do CPC no julgamento de recurso de apelação interposto em mandado de segurança"*.

Enunciado nº 63 da I Jornada de Processo Civil CEJ/CJF: *"A técnica de que trata o art. 942, § 3º, I, do CPC aplica-se à hipótese de rescisão parcial do julgado"*.

Art. 943

Art. 943. Os votos, os acórdãos e os demais atos processuais podem ser registrados em documento eletrônico inviolável e assinados eletronicamente, na forma da lei, devendo ser impressos para juntada aos autos do processo quando este não for eletrônico.

§ 1º Todo acórdão conterá ementa.

§ 2º Lavrado o acórdão, sua ementa será publicada no órgão oficial no prazo de 10 (dez) dias.

O dispositivo em questão deve ser interpretado literalmente, tratando da forma do acórdão, que deve ser assinado manual ou eletronicamente, ter ementa e a mesma ser publicada em órgão oficial em dez dias.

Art. 944

Art. 944. Não publicado o acórdão no prazo de 30 (trinta) dias, contado da data da sessão de julgamento, as notas taquigráficas o substituirão, para todos os fins legais, independentemente de revisão.

Parágrafo único. No caso do *caput*, o presidente do tribunal lavrará, de imediato, as conclusões e a ementa e mandará publicar o acórdão.

O dispositivo é inédito e cuida da consequência procedimental para a falta de publicação do acórdão no prazo de trinta dias.

Art. 945

Art. 945. (Revogado)

Trata-se de norma que foi adequadamente revogada quando o CPC (Lei nº 13.105/2015) ainda se encontrava em período de *vacatio legis*. Tratava-se de dispositivo inédito, disciplinando a forma procedimental para o processo e julgamento dos recursos e processos que não permitam sustentação oral. Previa que o relator deveria intimar as partes para ciência de que o julgamento poderá ser por meio eletrônico, o que vem sendo popularmente denominado "Plenário virtual". As partes, em cinco dias, poderiam apresentar memoriais e discordância deste processamento. Contudo, ainda que tenha ocorrido esta revogação, não há obstáculos para que os Tribunais permaneçam realizando o julgamento desta maneira, mormente em virtude de o CPC ter albergado o princípio da liberdade das formas (art. 188). De todo modo, a revogação foi coerente, sobretudo quanto à primitiva redação do § 3º, que autorizava que as partes discordassem do julgamento pelo "Plenário virtual" sem a necessidade de fundamentar, o que vai contra as normas fundamentais que regem o CPC. Afinal, se para o magistrado é exigido o exaustivo dever de fundamentar e motivar observando todos os requisitos legais (art. 489, § 1º), seria no mínimo incoerente permitir que a advocacia pública ou privada, bem como os membros do Ministério Público ou da

Defensoria Pública, pudessem externar manifestações de vontade com consequências processuais sem externar seus argumentos. Infelizmente, exemplos disso constam no CPC, pelo menos no que diz respeito à Defensoria Pública (art. 341, parágrafo único).

Art. 946

Art. 946. O agravo de instrumento será julgado antes da apelação interposta no mesmo processo.

Parágrafo único. Se ambos os recursos de que trata o *caput* houverem de ser julgados na mesma sessão, terá precedência o agravo de instrumento.

O dispositivo realiza mero ajuste redacional, mantendo a previsão de que em casos de pendência de agravo de instrumento, este recurso será julgado antes do de apelação.

CAPÍTULO III
DO INCIDENTE DE ASSUNÇÃO DE COMPETÊNCIA

Art. 947

Art. 947. É admissível a assunção de competência quando o julgamento de recurso, de remessa necessária ou de processo de competência originária envolver relevante questão de direito, com grande repercussão social, sem repetição em múltiplos processos.

§ 1º Ocorrendo a hipótese de assunção de competência, o relator proporá, de ofício ou a requerimento da parte, do Ministério Público ou da Defensoria Pública, que seja o recurso, a remessa necessária ou o processo de competência originária julgado pelo órgão colegiado que o regimento indicar.

§ 2º O órgão colegiado julgará o recurso, a remessa necessária ou o processo de competência originária se reconhecer interesse público na assunção de competência.

§ 3º O acórdão proferido em assunção de competência vinculará todos os juízes e órgãos fracionários, exceto se houver revisão de tese.

§ 4º Aplica-se o disposto neste artigo quando ocorrer relevante questão de direito a respeito da qual seja conveniente a prevenção ou a composição de divergência entre câmaras ou turmas do tribunal.

O dispositivo cuida do incidente de assunção de competência, que não é uma novidade, passando a ser regulado pelo CPC de maneira mais ampla do que no modelo primitivo (CPC/73). Ele pode ser instaurado durante o julgamento de recurso, remessa necessária ou de causa de competência originária que envolver relevante questão de direito com grande repercussão social, sem repetição em múltiplos processos. Em outras palavras, deve ser adotado quando houver questão de direito repetitiva que surge em processos de causas distintas, que não podem ser consideradas como demandas seriais. Um exemplo seria a definição de quais são os poderes exatos da atividade do *amicus curiae* no processo, eis que o CPC (art. 138, § 2º) não os estabelece pontualmente. Assim, é perfeitamente possível aquilatar que este tema, embora seja questão de direito com relevância social, não dará margem a processos repetitivos, uma vez que tal questão poderá ser observada em processos que sejam absolutamente distintos entre si (v.g., um processo em que se busca a revisão de contrato e um outro, já coletivo, que fala sobre direitos do consumidor).

A finalidade deste incidente é, justamente, trabalhar em prol de prevenir eventual divergência nas decisões proferidas entre as turmas e as câmaras do mesmo tribunal. Desta maneira, presentes os seus requisitos ensejadores, o relator poderá propor o início deste incidente de ofício ou a requerimento da parte ou do Ministério Público ou da Defensoria Pública (art. 947, § 1º). Sendo aceito, os autos serão encaminhados ao órgão colegiado com competência regimental para apreciá-lo.

Pode ocorrer, porém, que este órgão colegiado delibere pela desnecessidade de ser instaurado este incidente, em virtude da ausência de preenchimento dos seus pressupostos. Em tais casos, será proferida decisão e os autos retornarão ao órgão anterior, que irá prossseguir no julgamento do recurso, da remessa necessária ou da causa de competência originária.

Contudo, pode ocorrer exatamente o oposto, ou seja, o reconhecimento de que estão presentes os pressupostos para que este incidente seja processado. E, nesta nova hipótese, será proferida decisão pelo órgão colegiado que, não apenas irá julgar o recurso, a remessa necessária ou mesmo a ação de competência originária, mas, também, estabelecerá a tese jurídica a ser aplicável aos futuros casos, o que deverá ser respeitado por todos os órgãos jurisdicionais vinculados àquele determinado tribunal, seja desde uma Vara Cível a uma Câmara ou Turma com competência cível no mesmo Tribunal (art. 947, § 3º). Esta vinculação, porém, deixa de existir quando houver revisão da tese (*overruling*).

A decisão proferida pelo Tribunal no julgamento deste incidente, por também implicar na análise do recurso, na remessa necessária ou na ação que lhe originou, permitirá, conforme o caso, a interposição tanto do REXTR como do RESPE, se os órgãos jurisdicionais vinculados a este tribunal não a observarem, o prejudicado poderá, além de recorrer, também se valer da via reclamação (art. 988, inc. IV).

CAPÍTULO IV
DO INCIDENTE DE ARGUIÇÃO DE INCONSTITUCIONALIDADE

Art. 948

> **Art. 948.** Arguida, em controle difuso, a inconstitucionalidade de lei ou de ato normativo do poder público, o relator, após ouvir o Ministério Público e as partes, submeterá a questão à turma ou à câmara à qual competir o conhecimento do processo.

O controle difuso de inconstitucionalidade pode ser realizado tanto pelo magistrado lotado em primeira instância como por aqueles que atuam nos Tribunais. Só que, curiosamente, o juiz tem uma liberdade muito maior em realizar este controle difuso do que qualquer membro do Tribunal, uma vez que estes últimos, em regra, não poderão agir isoladamente, devendo observar o incidente disposto no CPC (art. 948 – art. 950). Portanto, é muito importante observar que as regras ora abordadas tratam exclusivamente do controle de constitucionalidade difuso que for realizado perante Tribunal, não devendo ser observado em casos de controle concentrado ou abstrato.

Durante o processamento de um recurso, de uma remessa necessária, ou mesmo no decorrer de um processo de competência originária do Tribunal, o controle difuso poderá ser suscitado, para fins do reconhecimento de uma inconstitucionalidade, por qualquer magistrado que estiver atuando no caso, bem como pelo membro do Ministério Público, pelas próprias partes e, até mesmo, por algum terceiro interessado. Uma vez realizada esta provocação, o órgão fracionário deverá deliberar se a mesma é ou não consistente, após a oitiva do *parquet*, caso a provocação não tenha sido de iniciava do mesmo.

> **Inconstitucionalidade da Lei estadual e nulidade pela falta de observância da cláusula de reserva de plenário.** "*1) A omissão do órgão fracionário em relação à cláusula de reserva de plenário caracteriza uma nulidade de natureza absoluta, a qual necessita ser reconhecida e sanada mediante a anulação do acórdão proferido. Precedente do STF. 2) Por questões de economia processual, é cabível, no julgamento dos Embargos de Declaração, a anulação do acórdão e a imediata remessa dos autos ao órgão especial para que possa apreciar a inconstitucionalidade suscitada. 3) Embargos acolhidos*" (TJ. Embargos de Declaração. Proc. 0000482-31.2016.8.03.0000, Rel. Des. Raimundo Vales, Câmara Única, julgado em 21/02/2017).

Art. 949

> **Art. 949.** Se a arguição for:
>
> I – rejeitada, prosseguirá o julgamento;
>
> II – acolhida, a questão será submetida ao plenário do tribunal ou ao seu órgão especial, onde houver.

> **Parágrafo único.** Os órgãos fracionários dos tribunais não submeterão ao plenário ou ao órgão especial a arguição de inconstitucionalidade quando já houver pronunciamento destes ou do plenário do Supremo Tribunal Federal sobre a questão.

O dispositivo realiza mero ajuste redacional, sobre o processamento em casos de a arguição ter sido acolhida ou rejeitada. Desta maneira, após a instauração do incidente, pode ser que os membros do órgão fracionário possam concluir que esta questão não tem nenhuma relevância ao caso concreto, hipótese em que será dado prosseguimento ao julgamento (art. 949, inc. I). Ao contrário, se por maioria ou por unanimidade for entendido que esta questão envolvendo a inconstitucionalidade é relevante, será então lavrado acórdão e determinada a suspensão imprópria do processo para que a questão, envolvendo a constitucionalidade, seja definida pelo Pleno ou pelo Órgão Especial, dependendo da estrutura do Tribunal local (art. 949, inc. II). É, portanto, mais uma hipótese em que haverá a cisão funcional horizontal da competência, ou seja, a transferência da solução de uma questão advinda de um processo para órgão jurisdicional distinto, embora integrante da estrutura do mesmo Tribunal.

Logo, não se afigura possível que os órgãos fracionários de um Tribunal, como as Turmas ou Câmaras, possam realizar diretamente este controle difuso, o que, por sinal, vem a atender exigência constitucional (art. 97, CF), que cuida do princípio da reserva de plenário, *verbis*: "*Somente pelo voto da maioria absoluta de seus membros ou dos membros do respectivo órgão especial poderão os tribunais declarar a inconstitucionalidade de lei ou ato normativo do Poder Público*".

Mas esta remessa dos autos ao Pleno ou Órgão Especial pode, em algumas situações, ser mitigada. Com efeito, uma delas ocorre quando o processo já tramita perante estes órgãos, o que permite que esta questão seja imediatamente deliberada e decidida. Outra, por sinal bastante frequente, é quando o controle difuso for suscitado perante Turma Recursal, já que esta não pode ser caracterizada como Tribunal e, por esta razão, escapa da incidência do princípio da reserva de plenário (art. 97, CF). E, ainda, também não haverá necessidade de efetuar esta remessa quando já houver manifestação do Plenário ou do órgão especial do Tribunal local ou mesmo do STF a respeito desta alegada inconstitucionalidade (art. 949, parágrafo único).

Art. 950

> **Art. 950.** Remetida cópia do acórdão a todos os juízes, o presidente do tribunal designará a sessão de julgamento.
>
> § 1º As pessoas jurídicas de direito público responsáveis pela edição do ato questionado poderão manifestar-se no incidente de

inconstitucionalidade se assim o requererem, observados os prazos e as condições previstos no regimento interno do tribunal.

§ 2º A parte legitimada à propositura das ações previstas no art. 103 da Constituição Federal poderá manifestar-se, por escrito, sobre a questão constitucional objeto de apreciação, no prazo previsto pelo regimento interno, sendo-lhe assegurado o direito de apresentar memoriais ou de requerer a juntada de documentos.

§ 3º Considerando a relevância da matéria e a representatividade dos postulantes, o relator poderá admitir, por despacho irrecorrível, a manifestação de outros órgãos ou entidades.

O dispositivo realiza mero ajuste redacional. Ele pontua que, durante o processamento deste incidente, as pessoas jurídicas de direito público responsáveis pela edição do ato questionado poderão manifestar-se no incidente de inconstitucionalidade se assim o requererem, observados os prazos e as condições previstos no regimento interno do tribunal (art. 950, § 1º). Igualmente, a parte legitimada à propositura das ações visando ao controle abstrato de constitucionalidade (art. 103, CF) poderá manifestar-se, por escrito, sobre a questão constitucional objeto de apreciação, no prazo previsto pelo regimento interno, sendo-lhe assegurado o direito de apresentar memoriais ou de requerer a juntada de documentos (art. 950, § 2º). E, por fim, considerando a relevância da matéria e a representatividade dos postulantes, o relator poderá admitir, por despacho irrecorrível, a manifestação de outros órgãos ou entidades (art. 950, § 3º).

> Verbete nº 513 da Súmula do STF: "*A decisão que enseja a interposição de recurso ordinário ou extraordinário não é a do plenário, que resolve o incidente de inconstitucionalidade, mas a do órgão (câmaras, grupos ou turmas) que completa o julgamento do feito*" (N.A.: este verbete deve ser interpretado de maneira ampliativa, também incluindo a possibilidade de interposição do RESP, que somente foi criado em momento posterior à sua edição).

CAPÍTULO V
DO CONFLITO DE COMPETÊNCIA

Art. 951

Art. 951. O conflito de competência pode ser suscitado por qualquer das partes, pelo Ministério Público ou pelo juiz.

Parágrafo único. O Ministério Público somente será ouvido nos conflitos de competência relativos aos processos previstos no art. 178, mas terá qualidade de parte nos conflitos que suscitar.

O dispositivo realiza mero ajuste redacional, embora indique restrições para a participação do membro do Ministério Público nos incidentes de conflito de competência.

> **Verbete nº 428 da Súmula do STJ:** *"Compete ao Tribunal Regional Federal decidir os conflitos de competência entre juizado especial federal e juízo federal da mesma seção judiciária"*.

Competência do TRF para julgar conflito de competência entre juízo federal e juizado especial federal localizados na mesma Região (CPC/73). *"Considerou-se que a competência para dirimir o conflito em questão seria do Tribunal Regional Federal ao qual o juiz suscitante e o juizado suscitado estariam ligados, haja vista que tanto os juízes de primeiro grau quanto os que integram os Juizados Especiais Federais estão vinculados àquela Corte. No ponto, registrou-se que esse liame de ambos com o tribunal local restaria caracterizado porque: 1) os crimes comuns e de responsabilidade dos juízes de primeiro grau e das Turmas Recursais dos Juizados Especiais são julgados pelo respectivo Tribunal Regional Federal e 2) as Varas Federais e as Turmas Recursais dos Juizados Especiais Federais são instituídos pelos respectivos Tribunais Regionais Federais, estando subordinados a eles administrativamente"* (STF. REXTR nº 590.409/RJ. Rel. Min. Ricardo Lewandowski. DJ 26/08/2009).

Conflito de competência. Mandado de segurança. Convenção partidária. Escolha de candidatos. Anulação. Competência da Justiça Eleitoral. *"Compete à Justiça Eleitoral processar e julgar as causas em que a análise da controvérsia é capaz de produzir reflexos diretos no processo eleitoral"* (STJ – CC 148.693-BA, Rel. Min. Ricardo Villas Bôas Cueva, por unanimidade, julgado em 14/12/2016, DJe 19/12/2016.

Conflito de competência. Direito fundamental à saúde. Fornecimento de medicamento de baixo custo. Conteúdo econômico mensurável. Competência do Juizado Especial Federal. *"Competem ao Juizado Especial Federal as causas acerca do fornecimento de medicamento de custo ínfimo, na hipótese em que o conteúdo econômico da demanda seja mensurável, como no caso em que se pleiteia somente o fornecimento do medicamento, versando a pretensão a respeito de obrigações vincendas e a soma de doze parcelas não exceder o valor de sessenta salários-mínimos (art. 3º, § 2º, da Lei 10.259/2001). Maioria"* (TRF 1 – CC 0012420-13.2016.4.01.0000, Rel. p/ acórdão Des. Federal Kassio Marques, em 28/03/2017).

Conflito de competência. Ação coletiva para fornecimento de vacinas contra a HPV. *"Conflito negativo de competência. Ação civil pública. Tutela jurisdicional inibitória. Abstenção de uso e distribuição de vacina contra HPV. Eficácia nacional do julgado. Leis 8.078/1990 e 7.347/1985. Em se tratando de demanda em que se busca a proteção de interesses difusos e coletivos consistente na abstenção quanto ao uso e distribuição de vacinas contra a HPV (human papillomavirus infection) em todo o território nacional, a competência para processar e julgar a ação civil pública será do foro da capital do Estado ou do Distrito Federal, nos termos do art. 93, II, da Lei 8.078/1990 cc o art. 21 da Lei 7.347/1985. Unânime"* (TRF-1 – CC 0059603-77.2016.4.01.0000, Rel. Des. Federal Souza Prudente, em 28/03/2017).

> **Conflito de competência. Juizado especial federal e juízo comum. FGTS. Expurgos inflacionários. Juros progressivos. Valor da causa inferior a 60 salários-mínimos. Competência absoluta do juizado especial federal.** "*A ausência de juntada dos extratos das contas vinculadas do FGTS não obsta o processamento da demanda no âmbito do juizado especial federal, uma vez que o STJ entendeu, sob a sistemática dos recursos repetitivos, por ocasião do julgamento do RESP 1.108.034/GO, que a responsabilidade pela apresentação dos extratos analíticos é da Caixa Econômica Federal – como gestora do FGTS –, pois tem total acesso a todos os documentos relacionados ao Fundo e deve fornecer as provas necessárias ao correto exame do pleiteado pelos fundistas. Maioria*" (TRF 1 – CC 0000317-71.2016.4.01.0000, Rel.ª Juíza Federal Hind Ghassan Kaiath (convocada), em 28/03/2017).

Art. 952

Art. 952. Não pode suscitar conflito a parte que, no processo, arguiu incompetência relativa.

Parágrafo único. O conflito de competência não obsta, porém, a que a parte que não o arguiu suscite a incompetência.

O dispositivo realiza mero ajuste redacional sobre quem não pode suscitar o incidente de conflito de competência.

Art. 953

Art. 953. O conflito será suscitado ao tribunal:
I – pelo juiz, por ofício;
II – pela parte e pelo Ministério Público, por petição.
Parágrafo único. O ofício e a petição serão instruídos com os documentos necessários à prova do conflito.

O dispositivo realiza mero ajuste redacional, dispondo sobre aqueles que podem suscitar o incidente de conflito de competência.

Art. 954

Art. 954. Após a distribuição, o relator determinará a oitiva dos juízes em conflito ou, se um deles for suscitante, apenas do suscitado.
Parágrafo único. No prazo designado pelo relator, incumbirá ao juiz ou aos juízes prestar as informações.

O dispositivo realiza mero ajuste redacional, cuidando do processamento inicial do incidente de conflito de competência.

Art. 955

> **Art. 955. O relator poderá, de ofício ou a requerimento de qualquer das partes, determinar, quando o conflito for positivo, o sobrestamento do processo e, nesse caso, bem como no de conflito negativo, designará um dos juízes para resolver, em caráter provisório, as medidas urgentes.**
>
> **Parágrafo único. O relator poderá julgar de plano o conflito de competência quando sua decisão se fundar em:**
>
> **I – súmula do Supremo Tribunal Federal, do Superior Tribunal de Justiça ou do próprio tribunal;**
>
> **II – tese firmada em julgamento de casos repetitivos ou em incidente de assunção de competência.**

O dispositivo realiza mero ajuste redacional, prevendo casos em que o desembargador ou o ministro poderão julgar de plano este incidente, bem como determinar outras providências, como sobrestar o andamento do processo ou, também, determinar que apenas um magistrado provisoriamente fique responsável pela análise de eventuais medidas urgentes. Houve supressão da menção ao uso do agravo interno para impugnar esta decisão monocrática. Contudo, tal exclusão se deu porque foi criado dispositivo prevendo, de maneira mais genérica, que qualquer decisão monocrática poderá ser impugnada pelo agravo interno (art. 1.021).

Art. 956

> **Art. 956. Decorrido o prazo designado pelo relator, será ouvido o Ministério Público, no prazo de 5 (cinco) dias, ainda que as informações não tenham sido prestadas, e, em seguida, o conflito irá a julgamento.**

O dispositivo realiza mero ajuste redacional, cuidando da oitiva do membro do Ministério Público, se for o caso, bem como prevendo que este incidente será julgado na sequência.

Art. 957

> Art. 957. Ao decidir o conflito, o tribunal declarará qual o juízo competente, pronunciando-se também sobre a validade dos atos do juízo incompetente.
>
> Parágrafo único. Os autos do processo em que se manifestou o conflito serão remetidos ao juiz declarado competente.

Este dispositivo é idêntico ao do modelo primitivo (CPC/73), cuidando da decisão do conflito, que deve indicar o órgão competente e se pronunciar, também, sobre a validade dos atos praticados pelo que foi reconhecido como incompetente.

> **Impossibilidade de magistrado recorrer da decisão que aprecia conflito de competência (CPC/73).** "*Os juízos suscitante e suscitado não detêm legitimidade para interpor recurso contra as decisões proferidas pelo STJ em conflito de competência, as quais devem ser por eles cumpridas sem contestação. Agravo regimental não conhecido*" (Agravo regimental no conflito de competência nº 109.237/MG. Rel. Min. Aldir Passarinho Júnior. DJ 17/05/2010).

Art. 958

> Art. 958. No conflito que envolva órgãos fracionários dos tribunais, desembargadores e juízes em exercício no tribunal, observar-se-á o que dispuser o regimento interno do tribunal.

O dispositivo realiza mero ajuste redacional, permitindo a aplicação do regimento interno dos tribunais em caráter eventual nos casos de conflito de competência.

Art. 959

> Art. 959. O regimento interno do tribunal regulará o processo e o julgamento do conflito de atribuições entre autoridade judiciária e autoridade administrativa.

O dispositivo realiza mero ajuste redacional, também estabelecendo, como o anterior, a possibilidade de o regimento regular eventuais conflitos de atribuições entre autoridade judiciária e autoridade administrativa.

CAPÍTULO VI
DA HOMOLOGAÇÃO DE DECISÃO ESTRANGEIRA E DA CONCESSÃO DO *EXEQUATUR* À CARTA ROGATÓRIA

Art. 960

Art. 960. A homologação de decisão estrangeira será requerida por ação de homologação de decisão estrangeira, salvo disposição especial em sentido contrário prevista em tratado.

§ 1º A decisão interlocutória estrangeira poderá ser executada no Brasil por meio de carta rogatória.

§ 2º A homologação obedecerá ao que dispuserem os tratados em vigor no Brasil e o Regimento Interno do Superior Tribunal de Justiça.

§ 3º A homologação de decisão arbitral estrangeira obedecerá ao disposto em tratado e em lei, aplicando-se, subsidiariamente, as disposições deste Capítulo.

A ação de homologação de decisão estrangeira era prevista no modelo primitivo como sendo de competência originária do STF, devendo estar prevista em seu regimento. Contudo, com o advento da EC nº 45/2004, esta competência foi transferida ao STJ que, inicialmente, disciplinou o seu procedimento por meio de resolução e, posteriormente, pelo seu próprio regimento interno. Com o CPC, o procedimento padrão passou a ser regulado por este Capítulo VI e apenas de maneira supletiva pelo regimento do STJ, salvo disposição em contrário prevista em tratado.

Uma inovação se encontra no parágrafo primeiro, que é a possibilidade de também ser homologada a decisão interlocutória estrangeira que tiver que ser executada no Brasil, o que, aliás, alterou o nome do Capítulo de "homologação de sentença estrangeira" para "homologação de decisão estrangeira". O mesmo procedimento que será analisado para estes casos também será aplicado, no que couber, para a concessão do *exequatur* à carta rogatória.

> **Aplicação imediata de normas que versam sobre competência para fins de processamento e julgamento de homologação de decisão estrangeira.** "*É pacífico o entendimento no sentido de que as normas constitucionais que alteram competência de Tribunais possuem eficácia imediata, devendo ser aplicado, de pronto, o dispositivo que promova esta alteração. Precedentes: HC 78.261-QO, Rel. Min. Moreira Alves, DJ 09/04/99, Primeira Turma e HC 78.416, Rel. Min. Maurício Corrêa, DJ 18/05/01, Segunda Turma. Questão de ordem resolvida para tornar insubsistentes os votos já proferidos, declarar a incompetência superveniente deste Supremo Tribunal Federal e determinar a remessa dos autos ao egrégio Superior*

Tribunal de Justiça" (STF. Agravo regimental na carta rogatória nº 9.897-1/ Estados Unidos da América. Rel.ª Min.ª Ellen Gracie. DJ 14/03/2008).

Tratado Estrangeiro firmado pode dispensar que a decisão estrangeira seja previamente homologada no STF para ser executada (CPC/73). "*Sentença estrangeira: Protocolo de Las Leñas: homologação mediante carta rogatória. O Protocolo de Las Leñas ('Protocolo de Cooperação e Assistência Jurisdicional em Matéria Civil, Comercial, Trabalhista, Administrativa' entre os países do Mercosul) não afetou a exigência de que qualquer sentença estrangeira – à qual é de equiparar-se a decisão interlocutória concessiva de medida cautelar – para tornar-se exequível no Brasil, há de ser previamente submetida à homologação do Supremo Tribunal Federal, o que obsta à admissão de seu reconhecimento incidente, no foro brasileiro, pelo juízo a que se requeira a execução; inovou, entretanto, a convenção internacional referida, ao prescrever, no art. 19, que a homologação (dito reconhecimento) de sentença provinda dos Estados partes se faça mediante rogatória, o que importa admitir a iniciativa da autoridade judiciária competente do foro de origem e que o exequatur se defira independentemente da citação do requerido, sem prejuízo da posterior manifestação do requerido, por meio de agravo à decisão concessiva ou de embargos ao seu cumprimento*" (STF. Carta Rogatória. Agravo regimental nº 7.613. Rel. Min. Sepúlveda Pertence. DJ 03/04/97).

Necessidade de homologar decisão estrangeira sobre divórcio quando esta também dispuser sobre partilha de bens, guarda ou alimentos. "*1. A regra inserta no art. 961, § 5º, do CPC/2015 (..) aplica-se apenas aos casos de divórcio consensual puro ou simples e não ao divórcio consensual qualificado, que dispõe sobre a guarda, alimentos e/ou partilha de bens, nos termos dos artigos 1º e 2º do Provimento nº 53/2016 do Conselho Nacional de Justiça. 2. Na hipótese, trata-se de pedido de homologação de sentença estrangeira de divórcio consensual qualificado, sendo perfeitamente cabível o pedido de homologação realizado nesta Corte*" (STJ – SEC 14.525/EX, CE, julgado em 07/06/2017).

Possibilidade de homologar decisão estrangeira que determinou o perdimento de bem imóvel situado no Brasil em decorrência de condenação penal em crime de lavagem de dinheiro, pois o bem imóvel não terá a sua titularidade transferida para o outro País, mas apenas o produto da sua arrematação. "*É possível a homologação de sentença penal estrangeira que determine o perdimento de imóvel situado no Brasil em razão de o bem ser produto do crime de lavagem de dinheiro. De fato, a Convenção das Nações Unidas contra o Crime Organizado Transnacional (Convenção de Palermo), promulgada pelo Decreto nº 5.015/2004, dispõe que os Estados partes adotarão, na medida em que o seu ordenamento jurídico interno o permita, as medidas necessárias para possibilitar o confisco do produto das infrações previstas naquela convenção ou de bens cujo valor corresponda ao desse produto (art. 12, 1, a), sendo o crime de lavagem de dinheiro tipificado na convenção (art. 6º), bem como na legislação brasileira (art. 1º da Lei nº 9.613/98). Ademais, nos termos do CP: 'Art. 9º A sentença estrangeira, quando a aplicação da lei brasileira produz na espécie as mesmas consequências, pode ser homologada no Brasil para: I – obrigar o condenado à reparação do dano, a restituições e a outros efeitos civis'. Verifica-se, assim, que a lei brasileira também prevê a possibilidade de perda, em favor da União, ressalvado o direito do lesado ou de terceiro de boa-fé, do produto do crime, como um dos efeitos da condenação (art. 91, II, b, do CP). Nesse contexto, não prospera a alegação de que* *a homologação de sentença estrangeira de expropriação de bem imóvel – situado no Brasil – reconhecido como proveniente de atividades ilícitas ocasionaria ofensa à soberania nacional, pautada no argumento de que competiria à autoridade judiciária brasileira conhecer de ações relativas a imóvel situado no País, de acordo com o previsto no art. 12, § 1º, da LINDB, bem como no art. 89, I, do CPC/1973. Com efeito, não se trata especificamente sobre a situação de bem imóvel, sobre a sua titularidade, mas sim sobre os efeitos civis de uma condenação penal determinando o perdimento de bem que foi objeto de crime de lavagem de capitais. Inclusive, é importante destacar que o bem imóvel não será transferido para a titularidade do país interessado, mas será levado a hasta pública, nos termos do art. 133 do CPP"* (STJ. SEC 10.612-FI, Rel.ª Min.ª Laurita Vaz, julgado em 18/05/2016, DJe 28/06/2016 – Informativo nº 586).

Possibilidade de homologação de decisão estrangeira de anulação de matrimônio confirmada pela Santa Sé, que tem personalidade jurídica de direito internacional público. *"É possível a homologação pelo STJ de sentença eclesiástica de anulação de matrimônio, confirmada pelo órgão de controle superior da Santa Sé. De início, o § 1º do art. 216-A do RISTJ prevê a possibilidade de serem homologados "os provimentos não judiciais que, pela lei brasileira, tiverem natureza de sentença". Nesse contexto, as decisões eclesiásticas confirmadas pelo órgão superior de controle da Santa Sé são consideradas sentenças estrangeiras para efeitos de homologação. Isso porque o § 1º do art. 12 do Decreto federal nº 7.107/2010 (que homologou o acordo firmado entre o Brasil e a Santa Sé, relativo ao Estatuto Jurídico da Igreja Católica no Brasil, aprovado pelo Decreto Legislativo nº 698/2009) determina que a 'homologação das sentenças eclesiásticas em matéria matrimonial, confirmadas pelo órgão de controle superior da Santa Sé, será efetuada nos termos da legislação brasileira sobre homologação de sentenças estrangeiras'. Aliás, não há como sustentar a inconstitucionalidade deste dispositivo legal, tendo em vista que ele apenas institui, em matéria matrimonial, que a homologação de sentenças eclesiásticas, confirmadas pelo órgão de controle superior da Santa Sé – que detém personalidade jurídica de direito internacional público –, será realizada de acordo com a legislação brasileira. Além disso, o caráter laico do Estado brasileiro não impede a homologação de sentenças eclesiásticas, tanto que o Brasil, nos termos do art. 3º de referido Decreto federal nº 7.107/2010, reconhece a personalidade jurídica das instituições eclesiásticas. Além do mais, vale salientar, quanto ao procedimento, que o Código de Direito Canônico assegura plenamente o direito de defesa e os princípios da igualdade e do contraditório, sendo que, nas causas que tratem da nulidade ou dissolução do casamento, sempre atuará o defensor do vínculo, que, por ofício está obrigado a apresentar e expor tudo o que razoavelmente se puder aduzir contra a nulidade ou dissolução (Cân. 1432) e, mais, a sentença favorável à nulidade do matrimônio será submetida a reexame necessário pelo tribunal de segundo grau (Cân. 1682)"* (STJ. SEC 11.962-EX, Rel. Min. Felix Fischer, julgado em 04/11/2015, DJe 25/11/2015 – Informativo nº 574).

Pendência de causa perante a Justiça Brasileira não obsta a homologação da decisão estrangeira (CPC/73). *"1. Cuidando-se de competência internacional concorrente, como na hipótese em exame, a tramitação de ação no Brasil ou no exterior que possua o mesmo objeto da sentença estrangeira homologanda não impede o processo de homologação, sendo certo, ainda, que a suspensão do andamento deste feito ofenderia o disposto no art. 90 do Código de Processo Civil. 2. O fato de* *o laudo arbitral não ser exequível no país de origem não é óbice à homologação, pois dispõe a Lei de Arbitragem, em seu art. 35, que: 'Para ser reconhecida ou executada no Brasil, a sentença arbitral estrangeira está sujeita, unicamente, à homologação do Supremo Tribunal Federal'. 3. Concluindo o Tribunal Arbitral não ter competência para examinar as pretensões relativas aos contratos submetidos à Arbitragem em Londres, não cabe a este Superior Tribunal de Justiça, em juízo delibatório de homologação, julgar nulo o laudo arbitral, sob pena de invadir a competência do Tribunal Arbitral. Ademais, a análise dessa pretensão demanda incursão no mérito das regras contratuais estabelecidas entre as partes, o que não é permitido neste procedimento homologatório. 4. Eventual possível compensação de valores, assim como a ocorrência de pagamento extrajudicial, são temas que devem ser apreciados em sede de execução. 5. Preenchidos os requisitos exigidos pela Resolução nº 9/STJ e pela Lei de Arbitragem, impõe-se a homologação da sentença estrangeira. 6. Pedido deferido"* (STJ. SEC 9.880/EX, Rel.ª Min.ª Maria Thereza de Assis Moura, Corte Especial, julgado em 21/05/2014, DJe 27/05/2014).

Impossibilidade de se homologar decisão estrangeira que decretou a falência de sociedade sedida no Brasil (CPC/73). *"I – Impõe-se a homologação da sentença estrangeira quando atendidos os requisitos indispensáveis ao pedido, bem como constatada a ausência de ofensa à soberania nacional, à ordem pública e aos bons costumes (arts. 5º, incisos I a IV, e 6º da Resolução nº 9/STJ, c/c art. 17 da LICC). II – In casu, busca o requerente, no Brasil, a homologação de sentença de falência (insolvência civil) proferida pela autoridade portuguesa em desfavor do requerido, com quem mantém sociedade empresária, para fins do disposto no parágrafo único do art. 1.030 do novo Código Civil (exclusão de sócio declarado falido). III – Ocorre, não obstante, que a legislação pátria aplicável prescreve que a declaração de falência está restrita, como regra, ao juízo do local onde o devedor possui o centro de suas atividades, haja vista o princípio da universalidade (art. 3º da Lei nº 11.101/2005). IV – Nesse sentido, incabível a homologação de sentença estrangeira para os fins pretendidos pelo requerente, uma vez que a declaração de falência é de competência exclusiva da justiça brasileira, sob pena de ofensa à soberania nacional e à ordem pública. Pedido indeferido"* (STJ. SEC 1.734/PT, Rel. Min. Fernando Gonçalves, Rel. p/ Acórdão Min. Felix Fischer, Corte Especial, julgado em 15/09/2010, DJe 16/02/2011).

Art. 961

Art. 961. A decisão estrangeira somente terá eficácia no Brasil após a homologação de sentença estrangeira ou a concessão do *exequatur* às cartas rogatórias, salvo disposição em sentido contrário de lei ou tratado.

§ 1º É passível de homologação a decisão judicial definitiva, bem como a decisão não judicial que, pela lei brasileira, teria natureza jurisdicional.

§ 2º A decisão estrangeira poderá ser homologada parcialmente.

§ 3º A autoridade judiciária brasileira poderá deferir pedidos de urgência e realizar atos de execução provisória no processo de homologação de decisão estrangeira.

§ 4º Haverá homologação de decisão estrangeira para fins de execução fiscal quando prevista em tratado ou em promessa de reciprocidade apresentada à autoridade brasileira.

§ 5º A sentença estrangeira de divórcio consensual produz efeitos no Brasil, independentemente de homologação pelo Superior Tribunal de Justiça.

§ 6º Na hipótese do § 5º, competirá a qualquer juiz examinar a validade da decisão, em caráter principal ou incidental, quando essa questão for suscitada em processo de sua competência.

O dispositivo traz algumas novidades. A primeira delas é endossar o entendimento já sumulado pelo STF, de que somente podem ser homologadas as decisões já transitadas em julgado. Também admite a homologação de decisão não judicial que, no Brasil, teria natureza jurisdicional. É possível, ainda, a homologação parcial de sentença estrangeira ou mesmo concessão de tutelas de urgência. Contudo, o juízo sobre haver ou não urgência é apenas da autoridade jurisdicional estrangeira. Há dispensa de homologação da sentença estrangeira de divórcio, embora o último parágrafo permita que qualquer órgão jurisdicional julgue a validade ou não desta decisão em processo que lhe for distribuído.

> Verbete nº 420 da Súmula do STF: *"Não se homologa sentença estrangeira proferida no estrangeiro sem prova do trânsito em julgado"*.

Art. 962

Art. 962. É passível de execução a decisão estrangeira concessiva de medida de urgência.

§ 1º A execução no Brasil de decisão interlocutória estrangeira concessiva de medida de urgência dar-se-á por carta rogatória.

§ 2º A medida de urgência concedida sem audiência do réu poderá ser executada, desde que garantido o contraditório em momento posterior.

§ 3º O juízo sobre a urgência da medida compete exclusivamente à autoridade jurisdicional prolatora da decisão estrangeira.

§ 4º Quando dispensada a homologação para que a sentença estrangeira produza efeitos no Brasil, a decisão concessiva de medida de urgência dependerá, para produzir efeitos, de ter sua validade expressamente reconhecida pelo juiz competente para dar-lhe cumprimento, dispensada a homologação pelo Superior Tribunal de Justiça.

O dispositivo é inédito, cuidando da possibilidade de se homologar decisão concessiva de tutela de urgência, embora por vezes ela tenha que ser requerida via carta rogatória. Traz, ainda, outras providências sobre esta questão.

Art. 963

Art. 963. Constituem requisitos indispensáveis à homologação da decisão:

I – ser proferida por autoridade competente;

II – ser precedida de citação regular, ainda que verificada a revelia;

III – ser eficaz no país em que foi proferida;

IV – não ofender a coisa julgada brasileira;

V – estar acompanhada de tradução oficial, salvo disposição que a dispense prevista em tratado;

VI – não conter manifesta ofensa à ordem pública.

Parágrafo único. Para a concessão do *exequatur* às cartas rogatórias, observar-se-ão os pressupostos previstos no *caput* deste artigo e no art. 962, § 2º.

O dispositivo é inédito, cuidando dos requisitos indispensáveis para que a decisão estrangeira seja homologada ou para que haja a concessão do *exequatur* à carta rogatória.

Art. 964

Art. 964. Não será homologada a decisão estrangeira na hipótese de competência exclusiva da autoridade judiciária brasileira.

Parágrafo único. O dispositivo também se aplica à concessão do *exequatur* à carta rogatória.

O dispositivo é inédito, cuidando de hipóteses em que não ocorrerá a homologação da decisão estrangeira e nem a concessão do *exequatur* para as cartas rogatórias. Por exemplo, isso ocorrerá nas situações previstas no CPC em que a jurisdição brasileira é exclusiva para equacionar a questão (art. 23).

Art. 965

Art. 965. O cumprimento de decisão estrangeira far-se-á perante o juízo federal competente, a requerimento da parte, conforme as normas estabelecidas para o cumprimento de decisão nacional.

Parágrafo único. O pedido de execução deverá ser instruído com cópia autenticada da decisão homologatória ou do *exequatur*, conforme o caso.

O dispositivo realiza mero ajuste redacional, cuidando do cumprimento da decisão estrangeira perante o juízo federal de primeira instância, o que guarda sintonia com o texto constitucional (art. 109, X, CF). Há a eliminação da "carta de sentença" para que este cumprimento seja efetivado, bastando que a parte interessada instrua o seu requerimento com cópia autenticada da decisão homologatória ou do *exequatur*, conforme o caso.

CAPÍTULO VII
DA AÇÃO RESCISÓRIA

Art. 966. A decisão de mérito, transitada em julgado, pode ser rescindida quando:

I – se verificar que foi proferida por força de prevaricação, concussão ou corrupção do juiz;

II – for proferida por juiz impedido ou por juízo absolutamente incompetente;

III – resultar de dolo ou coação da parte vencedora em detrimento da parte vencida ou, ainda, de simulação ou colusão entre as partes, a fim de fraudar a lei;

IV – ofender a coisa julgada;

V – violar manifestamente norma jurídica;

VI – for fundada em prova cuja falsidade tenha sido apurada em processo criminal ou venha a ser demonstrada na própria ação rescisória;

VII – obtiver o autor, posteriormente ao trânsito em julgado, prova nova cuja existência ignorava ou de que não pôde fazer uso, capaz, por si só, de lhe assegurar pronunciamento favorável;

VIII – for fundada em erro de fato verificável do exame dos autos.

§ 1º Há erro de fato quando a decisão rescindenda admitir fato inexistente ou quando considerar inexistente fato efetivamente

ocorrido, sendo indispensável, em ambos os casos, que o fato não represente ponto controvertido sobre o qual o juiz deveria ter se pronunciado.

§ 2º Nas hipóteses previstas nos incisos do *caput*, será rescindível a decisão transitada em julgado que, embora não seja de mérito, impeça:

I – nova propositura da demanda; ou

II – admissibilidade do recurso correspondente.

§ 3º A ação rescisória pode ter por objeto apenas 1 (um) capítulo da decisão.

§ 4º Os atos de disposição de direitos, praticados pelas partes ou por outros participantes do processo e homologados pelo juízo, bem como os atos homologatórios praticados no curso da execução, estão sujeitos à anulação, nos termos da lei.

§ 5º Cabe ação rescisória, com fundamento no inciso V do *caput* deste artigo, contra decisão baseada em enunciado de súmula ou acórdão proferido em julgamento de casos repetitivos que não tenha considerado a existência de distinção entre a questão discutida no processo e o padrão decisório que lhe deu fundamento.

§ 6º Quando a ação rescisória fundar-se na hipótese do § 5º deste artigo, caberá ao autor, sob pena de inépcia, demonstrar, fundamentadamente, tratar-se de situação particularizada por hipótese fática distinta ou de questão jurídica não examinada, a impor outra solução jurídica.

A ação rescisória comumente é compreendida como o meio processual apropriado por meio do qual se busca rescindir uma sentença transitada em julgado, com eventual rejulgamento da matéria nela decidida. Trata-se, portanto, não de um recurso (prolongamento da relação processual anteriormente já existente), mas sim de uma ação autônoma de impugnação, de competência originária dos Tribunais, que deve ser utilizada dentro de um determinado período de tempo e que tem por objetivo o reconhecimento de um vício processual de extrema gravidade para que em seguida, se for o caso, haja nova análise da pretensão de direito material anteriormente deduzida no processo primitivo.

A ação rescisória, como acima apresentado, tem a finalidade inicial de desconstituir o ato jurisdicional que transitou em julgado, e que esteja impregnado de um vício processual denominado "rescindibilidade". É que somente seria possível analisar novamente a pretensão material caso não mais persistissem os efeitos da decisão meritória anteriormente proferida. Este primeiro momento, comumente designado como "juízo rescindente", é objeto comum de todas as ações rescisórias.

Ultrapassado o juízo rescindente, com a consequente desconstituição da anterior decisão de mérito, deverá o Tribunal analisar, caso a caso, se é hipótese que autoriza a realização do "juízo rescisório", ou seja, a realização de um novo julgamento da pretensão material que foi deduzida inicialmente em outro processo. É possível concluir, portanto, que em toda ação rescisória haverá um juízo rescindente, muito embora nem sempre ocorrerá o juízo rescisório, mesmo na hipótese em que o primeiro tiver sido realizado positivamente. Há em regra, portanto, um mérito "duplo" em muitas ações rescisórias.

O CPC permite ação rescisória de qualquer decisão judicial que seja de mérito, o que incluirá as decisões interlocutórias de mérito, logicamente (v.g., art. 356). Também será possível usar esta via processual para questionar o ato do magistrado que, na ação monitória, converter o mandado inicial em executivo (art. 701, § 3º) ou até mesmo a sentença que julgar a partilha (art. 658). Excepcionalmente, também é admitida para as decisões terminativas que impeçam nova propositura de demanda (v.g., art. 485, V) e para as que não recebem recurso.

As hipóteses que autorizam a rescisória são mantidas, com algumas modificações. O terceiro inciso inclui as hipóteses de "coação" e "simulação", além das outras que prevê. O quinto inciso tem redação alterada para "norma jurídica", em detrimento de "lei", o que já era amplamente aceito pela jurisprudência e pela doutrina. Também o sétimo inciso tem a sua redação melhorada, substituindo "documento novo" por "prova nova", o que é bem mais amplo. Desaparece o oitavo inciso previsto no modelo primitivo (casos de desistência, homologação de confissão e de acordo). O nono inciso do modelo primitivo foi transformado no atual oitavo inciso.

Por fim, é de se destacar novidade (art. 966, §§ 5º e 6º) no sentido de que é possível o ajuizamento de ação rescisória contra decisão baseada em enunciado de súmula, acórdão ou precedente (art. 927), que não tenha considerado a existência de distinção entre a questão discutida no processo e o padrão decisório que lhe deu fundamento. Contudo, para estes casos, caberá ao autor, sob pena de inépcia, demonstrar, fundamentadamente, tratar-se de situação particularizada por hipótese fática distinta ou questão jurídica não examinada, a impor outra solução jurídica.

> **Verbete nº 343 da Súmula do STF:** *"Não cabe ação rescisória por ofensa a literal disposição de lei, quando a decisão rescindenda se tiver baseado em texto legal de interpretação controvertida nos tribunais".*
>
> **Verbete nº 514 da Súmula do STF:** *"Admite-se ação rescisória contra sentença transitada em julgado, ainda que contra ela não se tenha esgotado todos os recursos".*
>
> **Verbete nº 100, II, da Súmula do TST:** *"Havendo recurso parcial no processo principal, o trânsito dá-se em momentos e em tribunais diferentes, contando-se o prazo decadencial para a ação rescisória do trânsito em julgado de cada decisão, salvo se o recurso tratar de preliminar ou prejudicial que possa tornar insubsistente a decisão recorrida, hipótese em que flui a decadência a partir do trânsito em julgado da decisão que julgar o recurso parcial".*

Enunciado nº 27 da ENFAM: "*Não é cabível ação rescisória contra decisão estabilizada na forma do art. 304 do CPC/2015*".

Enunciado nº 36 da ENFAM: "*A regra do art. 190 do CPC/2015 não autoriza às partes a celebração de negócios jurídicos processuais atípicos que afetem poderes e deveres do juiz, tais como os que: a) limitem seus poderes de instrução ou de sanção à litigância ímproba; b) subtraiam do Estado/juiz o controle da legitimidade das partes ou do ingresso de amicus curiae; c) introduzam novas hipóteses de recorribilidade, de rescisória ou de sustentação oral não previstas em lei; d) estipulem o julgamento do conflito com base em lei diversa da nacional vigente*".

Hipótese de cabimento. Violação à literal disposição de lei. Precedente do STJ com eficácia vinculante. "*Nos casos em que se admite a relativização da Súmula 343 do STF, não é cabível propositura da ação rescisória com base em julgados que não sejam de observância obrigatória*" (STJ – RESP 1.655.722-SC, Rel.ª Min.ª Nancy Andrighi, por unanimidade, julgado em 14/03/2017, DJe 22/03/2017).

Descabimento de ação rescisória para fins de reconhecer vício na citação (CPC/73). "*A Turma reiterou que a ação rescisória não pode ser utilizada para reconhecer a nulidade do processo por falta de citação. Na hipótese, o trânsito em julgado da sentença não atingiu os autores, que não foram partes na primeira ação justamente pela falta de citação, daí impossível o manejo da rescisória diante da falta de pressuposto lógico. Incabível, também, substituir essa ação por outra, dada a especificidade da rescisória, que não deve comportar alargamentos a permitir servir de meio indireto à declaração de nulidade processual. Precedentes citados: RMS 6.493-PA, DJ 20/5/1996; RESP 62.853-GO, DJ 1º/8/2005; RESP 26.041-SP, DJ 13/12/1993, RESP 94.811-MG, DJ 1º/2/1999*" (STJ. Ação rescisória no 771-PA. Rel. Min. Aldir Passarinho. DJ 13/12/2006).

Cabimento de ação rescisória para impugnar sentença proferida em execução, que transitou em julgado materialmente, reconhecendo a extinção da obrigação (CPC/73). "*PROCESSUAL CIVIL. AÇÃO RESCISÓRIA. ACÓRDÃO CONFIRMATÓRIO DE SENTENÇA QUE EXTINGUIU EXECUÇÃO PELO PAGAMENTO. POSSIBILIDADE. CONTEÚDO MATERIAL DO JULGADO. VIOLAÇÃO AO ART. 485 DO CPC NÃO CONFIGURADA. RECURSO NÃO CONHECIDO. 1. Para verificar o cabimento da ação rescisória em uma sentença extintiva de execução, deve se aferir se o provimento jurisdicional produziu efeitos na órbita do direito material, gerando, portanto, coisa julgada material, ou se seus reflexos restringem-se, unicamente, ao âmbito processual, caso em que haveria coisa julgada formal. 2. No caso, julgador monocrático declarou extinta a execução por entender que o INSS já havia feito o pagamento integral do débito, tendo fundamentado sua decisão no art. 794, I, do Código de Processo Civil, que dispõe extinguir-se a execução quando 'o devedor satisfaz a obrigação'. 3. A decisão que extingue execução pelo pagamento, reveste-se de conteúdo material sendo, portanto, atacável pela ação rescisória. 4. RESP não conhecido*" (STJ. RESP nº 238.059-RN. Rel. Min. Fernando Gonçalves. DJ 10/04/2000).

O verbete nº 343 da Súmula do STF não deve ser adotado quando se tratar de violação a norma constitucional (CPC/73). *"AÇÃO RESCISÓRIA. Questão controvertida. Texto constitucional. Imunidade parlamentar. Uma vez definida a orientação do egrégio Supremo Tribunal Federal sobre a interpretação de texto constitucional, é possível ajuizamento de ação rescisória contra sentença que decidiu de modo diverso (art. 485, V, do CPC). Questão relacionada com a extensão do conceito de imunidade parlamentar (art. 53 da CR). Inaplicação da Súmula 343/STF quando se trata de alegada violação a texto constitucional. Precedentes. Recurso conhecido e provido"* (STJ. RESP nº 287.148-RJ. Rel. Min. Ruy Rosado, s/d).

Ação rescisória. Servidor público municipal celetista submetido a concurso público. Dispensa com fundamento no art. 21, parágrafo único, da LRF. Inexistência de procedimento administrativo em que assegurado o devido processo legal e o direito à ampla defesa. Retorno ao trabalho. Aplicação dos arts. 169 e 182 do Código Civil. *"Conforme precedentes do Supremo Tribunal Federal, o servidor público celetista da administração direta, autárquica ou fundacional ou o empregado de empresa pública ou de sociedade de economia mista, ainda que admitidos por meio de aprovação em concurso público, não têm direito à estabilidade do art. 41 da CF, a não ser que a contratação tenha se dado anteriormente à Emenda Constitucional nº 19/98. Todavia, também de acordo com o entendimento consolidado pela Suprema Corte, viola o art. 5º, LV, da CF a dispensa de servidor municipal nomeado após aprovação em concurso público, ainda que em estágio probatório, com fundamento no art. 21, parágrafo único, da Lei de Responsabilidade Fiscal, quando não assegurado o contraditório e a ampla defesa em procedimento administrativo. Sob esses fundamentos, a SBDI-II, por unanimidade, conheceu do recurso ordinário em ação rescisória e, no mérito, negou-lhe provimento, assentando que, a despeito de não se tratar de servidor público estável, na forma do art. 41 da CF, a dispensa, sem o precedente procedimento administrativo, é nula, razão pela qual se determina o retorno ao trabalho, com pagamento dos salários vencidos e vincendos desde a data da dispensa, nos termos dos arts. 169 e 185 do Código Civil, ficando, no entanto, assegurado ao Município empregador o direito de renovar o despedimento, desde que observe a exigência do prévio procedimento administrativo em que assegurado o devido processo legal e o direito à ampla defesa. Vencidos os Ministros Luiz Philippe Vieira de Mello Filho e Ives Gandra Martins Filho"* (TST. RO- 5904-64.2012.5.07.0000, SBDI-II, Rel. Min. Douglas Alencar Rodrigues, 21/03/2017).

Ação rescisória. Execução. Diferenças de abono de complementação de aposentadoria. Decisão que adequa os cálculos de liquidação para incluir parcelas vincendas. Ausência de pedido expresso. Possibilidade. Art. 290 do CPC de 1973. *"As diferenças de abono de complementação de aposentadoria deferidas em sede de reclamação trabalhista constituem prestações periódicas, de trato sucessivo, de modo que, nos termos do art. 290 do CPC de 1973, o deferimento das parcelas vincendas independe de pedido, mantendo-se o pagamento enquanto inalterada a situação de fato, sem prejuízo de eventual revisão, conforme disposto no art. 471, I, do CPC de 1973. Assim, a decisão, na fase de execução, que faz a adequação dos cálculos de liquidação para incluir as verbas vincendas dá efetividade ao comando exequendo, além de valorizar o princípio da economia processual, ao coibir o ajuizamento de demandas idênticas. Sob esses fundamentos, a SBDI-II, por unanimidade, conheceu do recurso ordinário e, no mérito, negou-lhe provimento, mantendo, ainda que por fundamento diverso (violação do art. 290 do CPC de 1973), a decisão do Tribunal Regional que julgara procedente a ação rescisória para determinar o prosseguimento da execução quanto às parcelas vincendas do abono de complementação de aposentadoria*" (TST. RO-9476-95.2014.5.02.0000, SBDI-II, Rel. Min. Alberto Luiz Bresciani de Fontan Pereira, 25/10/2016).

Cabimento em caso de interpretação controvertida dos tribunais. "*Trata-se de recurso de embargos de declaração opostos por Raízen Combustíveis S.A. e pela Fazenda Nacional ao acórdão proferido nos autos de ação rescisória ajuizada pela União Federal/Fazenda Nacional, contra apelação em mandado de segurança. O acórdão rescindendo havia autorizado a compensação de valores recolhidos a título de PIS (de fevereiro de 1999 até dezembro de 2002), e COFINS (de fevereiro de 1999 até dezembro de 2004) sobre a receita bruta da empresa, de acordo com o artigo 3º, § 1º da Lei 9718 de 1998. Excluiu-se da base de cálculo os valores correspondentes à venda de mercadorias e à prestação de serviços assim como as parcelas vincendas de outros tributos geridos pela Receita Federal. Incidiriam para a compensação, ainda, correção monetária igual à aplicada aos créditos tributários, com os efeitos da taxa Selic e juros de mora. A ação rescisória ajuizada pela primeira embargante, Fazenda Nacional, objetivava impedir a compensação dos tributos supracitados. Suscitou, nesses embargos, omissão quanto ao período de cumprimento do comando judicial, no caso, a não incidência de PIS e COFINS às receitas não operacionais das empresas. Raízen, segunda embargante, arguiu a omissão quanto aos efeitos do julgamento do Recurso Extraordinário nº 590.809, julgado em rito de repercussão geral, que discorre sobre a Súmula 343 do STF. Esta súmula dispõe acerca do descabimento de ação rescisória por ofensa a literal disposição de lei, quando a decisão rescindenda se tiver baseado em texto legal de interpretação controvertida nos tribunais. In casu, da interpretação dos conceitos de receita e faturamento, dispostos no § 1º do artigo supracitado. Além de requerer a aplicabilidade da Súmula acima referida, invocou violação ao procedimento do artigo 942 do CPC/2015, que versa a respeito da prossecução do julgamento em ocorrência de resultado não unânime de apelação, em sessão com outros julgadores, e que, no caso em questão, a ação rescisória deveria prosseguir com maior composição. O Desembargador Federal relator, Luiz Antônio Soares, introduziu o voto analisando o recurso da segunda embargante, citando o entendimento vinculante proferido pelo Pretório Excelso para a súmula 343, evocado pela empresa. Tal entendimento consiste na observação da situação jurídica, na qual, inexistente o controle concentrado de constitucionalidade, haja entendimentos diversos sobre o alcance normativo, principalmente quando a Corte Máxima tenha sinalizado ótica coincidente com a revelada em decisão rescindenda. Vislumbra-se, pois, que o acórdão rescindendo não pode ser visto como a violar a lei, mas como resultado de interpretação possível, segundo manifestações do próprio Plenário do Supremo Tribunal Federal. Analisando a matéria debatida, percebe-se que não se trata de questão submetida a alteração de entendimento ou posicionamento do STF, desde o trâmite da ação rescisória (demanda principal). À época, o entendimento já era pacífico com relação à inconstitucionalidade do artigo 3º, § 1º, da Lei 9.718/98 – naquilo que excedeu à fonte de custeio autorizada pela CF/88 antes da Emenda Constitucional nº 20/98 – por parte do STF, que demarcou o conceito de faturamento como 'receita obtida em razão do desenvolvimento das atividades que constituem o objeto social da empresa'. O que foi debatido, na verdade, foi a implicação dessa declaração de inconstitucionalidade* sobre a base de cálculo das contribuições em questão. Declarou o relator, portanto, a inaplicabilidade da Súmula 343. Quanto aos incidentes para compensação de valores recolhidos pela Fazenda Nacional, aduziu que houve violação à disposição legal, uma vez que a cumulação da taxa Selic com juros de mora de 1% ao mês conflita com o prescrito no artigo 39, § 4º, da Lei 9.250/95 – dispositivo que norteia as formas de compensação de taxas e impostos federais. No tocante à alegação de omissão ao artigo 942 do CPC/15, o relator ponderou que o julgamento iniciou-se com a apreciação das preliminares, incluindo a análise da aplicação da Súmula 343 do STF, que foi de pronto afastada pela 2ª Seção, admitindo, desta forma, a ação rescisória. Dando continuidade ao julgamento, constatou-se, no mérito, a procedência da ação rescisória por unanimidade. A complementação do julgamento, com quórum ampliado, só seria aplicável em caso de rescisão de decisão transitada em julgado, com resultado não unânime ou por maioria de votos. Quanto aos embargos opostos pela UF, o Desembargador Federal relator Luiz Antonio Soares apontou carência de êxito dos mesmos, a julgar que está expresso no acórdão embargado o período no qual as empresas rés não devem sofrer a aplicação do PIS e COFINS sobre suas receitas não operacionais, que seria de fevereiro de 1999 até dezembro de 2002, para PIS, e de fevereiro de 1999 até dezembro de 2004, para COFINS. Dado o exposto, decidiu negar provimento aos embargos de ambas as partes, sendo seguido, à unanimidade, pela Segunda Seção Especializada do Tribunal Regional Federal da 2ª Região. Precedentes: STF: AR 2370 AgR/CE (DJe de 12/11/2015); RE 590.809/RS (DJe de 24/11/2014); Súmula 343" (TRF-2. Embargos de Declaração 0006753-87.2014.4.02.0000 (2014.02.01.006753-5), julgado em 07/06/2017, DJF2R 27/06/2017. Rel. Des. Federal Luiz Antonio Soares – 2ª Seção Especializada).

Processual civil. Ação rescisória. Concurso público. Anulação de questões da prova objetiva. Realização da fase subsequente. Perda de objeto. Violação ao art. 267, VI, do CPC/73. Inocorrência. Súmula 343 do STF. Improcedência. "*Trata-se de ação rescisória visando à rescisão de acórdão que extinguiu sem julgamento do mérito o processo em que se buscava a anulação de questões da prova objetiva do concurso da Polícia Rodoviária Federal, sob o fundamento de que o autor não tinha interesse de agir, já que a segunda etapa do certame já havia sido realizada*" (TRF. Processo nº 0804226-77.2016.4.05.0000. Rel. Desembargador Federal Fernando Braga, julgado em 20/12/2016)

Dois processos que trataram da mesma ação e duas sentenças de mérito transitadas em julgado materialmente contraditórias entre si. Prevalência da segunda se não for ajuizada ação rescisória no prazo bienal (CPC/73). "*Conflito de sentenças transitadas em julgado, versando sobre a mesma lide. Prevalência da última. Lições da Doutrina. Configurada a existência de decisões opostas, versando sobre a mesma lide, resolve-se a questão pela afirmação do prevalecimento da que por último se tornou definitiva. Em suma, a coisa julgada formal da segunda decisão opera-se contra a coisa julgada formal da primeira. Provimento do recurso*" (TJ-RJ. Agravo de instrumento nº 2004.002.06373. Rel. Des. Sérgio Cavalieri Filho. DJ 22/09/2004).

Erro de fato não se confunde com má valoração da prova, para efeitos de propositura da ação rescisória (CPC/73). "*AÇÃO RESCISÓRIA. Erro de fato. Código de Processo Civil. Art. 485, IX. Não se admite ação rescisória fundada em erro de fato sobre o qual houve controvérsia e pronunciamento judicial. A má* *apreciação da prova e a injustiça da decisão não autorizam a rescisão da decisão que se diz ser injusta, porque construída sobre o pilar de* error in judicando. *Improcedência do pedido de rescisão*" (TJ-RJ. Ação rescisória nº 1995.006.00072. Rel. Des. Wilson Marques. DJ 11/04/1997).

Art. 967

Art. 967. Têm legitimidade para propor a ação rescisória:

I – quem foi parte no processo ou o seu sucessor a título universal ou singular;

II – o terceiro juridicamente interessado;

III – o Ministério Público:

a) se não foi ouvido no processo em que lhe era obrigatória a intervenção;

b) quando a decisão rescindenda é o efeito de simulação ou de colusão das partes, a fim de fraudar a lei;

c) em outros casos em que se imponha sua atuação;

IV – aquele que não foi ouvido no processo em que lhe era obrigatória a intervenção.

Parágrafo único. Nas hipóteses do art. 178, o Ministério Público será intimado para intervir como fiscal da ordem jurídica quando não for parte.

O dispositivo pouco inova em relação ao modelo primitivo (CPC/73), versando sobre a legitimidade para a rescisória. Na primeira das hipóteses, que é a ação rescisória ajuizada por alguma das partes do processo anterior, há a necessidade de se ter um cuidado especial quando nele tiver ocorrido um litisconsórcio, pois a natureza deste pode influenciar a análise da legitimação para a ação rescisória. Com efeito, se foi julgado improcedente o pedido deduzido no processo original que tinha um litisconsórcio necessário no polo ativo, então, para a ação rescisória, também haverá a necessidade de inclusão de ambos na nova relação processual. Assim, estes litisconsortes deverão propor em conjunto a ação rescisória ou, havendo recusa de qualquer um deles, deverá ocorrer a inclusão do renitente no polo passivo, já que ele deve participar do processo obrigatoriamente, conforme recomenda a melhor doutrina.

Ao revés, se a hipótese versar sobre litisconsórcio facultativo, não se pode olvidar a regra estampada no CPC (art. 117), que esclarece que os litisconsortes devem ser considerados como partes distintas, razão pela qual não podem ser agraciados ou prejudicados pelos atos do outro. Neste novo caso, cada litisconsorte poderia ter instaurado sozinho o seu próprio processo primitivo, independentemente da presença do outro. E, em consequência, o mesmo irá ocorrer na ação rescisória, muito embora essa circunstância possa gerar o risco de decisões de mérito conflitantes como, por exemplo, a improcedência para um dos litisconsortes facultativos no processo original e uma decisão favorável àquele que ajuizou, sozinho, a ação rescisória.

Além das partes originárias, a ação rescisória também poderá ser ajuizada pelo Ministério Público em algumas situações. Na primeira delas, poderá ser ajuizada pelo *parquet* quando atuar como parte principal. Mas, o Ministério Público também pode ajuizá-la para rescindir a sentença de mérito proferida em processo que não tenha participado como fiscal da ordem jurídica (quando a sua atuação era necessária) ou quando se percebe que o processo primitivo estava sendo empregado com o intuito de colusão ou simulação entre as partes.

Por fim, o CPC também confere legitimação ao terceiro, assim entendido aquele que era completamente estranho ao processo primitivo, mas que ainda assim poderia ter algum interesse jurídico na questão. Este terceiro que pode ajuizar a ação rescisória seria o mesmo que poderia ter agido, por exemplo, na condição de assistente simples no processo anterior.

Quanto ao polo passivo, deve ser preenchido por todos os demais que participaram do processo primitivo, eis que eventual julgamento proferido nos autos da ação rescisória irá atingi-los, razão pela qual devem participar de todos os seus termos, em observância à garantia do devido processo legal.

> **Litisconsórcio passivo necessário na ação rescisória.** "*A ação rescisória, quando busca desconstituir sentença condenatória que fixou honorários advocatícios sucumbenciais, deve ser proposta não apenas contra o titular do crédito principal formado em juízo, mas também contra o advogado em favor de quem foi fixada a verba honorária*"(STJ. Terceira Turma. RESP 1.651.057-CE, Rel. Min. Moura Ribeiro, julgado em 16/05/2017 – Informativo nº 605).
>
> **Ação rescisória. Vício de consentimento no acordo celebrado no processo matriz. Advogados do reclamante que agiram em suposto conluio com o preposto da reclamada. Ilegitimidade passiva *ad causam*.** "*Advogados não possuem legitimidade ad causam para figurar no polo passivo de ação rescisória em que se discute vício de consentimento no acordo celebrado no processo matriz. No caso, os advogados da parte reclamante na ação originária, atuando com procuração com assinatura falsa, teriam praticado ato simulado em colusão com o preposto da empresa reclamada, consistente na celebração de acordo. Entendeu-se, entretanto, que os aludidos profissionais não são terceiros juridicamente interessados, para fins do art. 487, II, do CPC de 1973, porque a eventual desconstituição da sentença homologatória não alcançaria a relação jurídica desses causídicos com as partes no processo. Sob esses fundamentos, a SBDI-II decidiu, por unanimidade, conhecer dos recursos ordinários dos réus e, no mérito, por maioria, dar-lhes parcial provimento para, reconhecendo a ilegitimidade passiva ad causam, extinguir o processo sem resolução de mérito, em relação aos advogados réus, na forma do art. 267, VI, do CPC de 1973. Vencidos os Ministros Douglas Alencar Rodrigues, relator, Renato de Lacerda Paiva, Emmanoel Pereira e Ives Gandra Martins Filho, que conheciam e não proviam o recurso ordinário dos réus, por considerarem irrecusável a presença*

no polo passivo da ação dos advogados que conluiaram" (TST. RO-10022-22.2013.5.08.0000, SBDI-II, Rel. Min. Douglas Alencar Rodrigues, red. p/ acórdão Min. Alberto Luiz Bresciani de Fontan Pereira, 04/04/2017).

Art. 968

Art. 968. A petição inicial será elaborada com observância dos requisitos essenciais do art. 319, devendo o autor:

I – cumular ao pedido de rescisão, se for o caso, o de novo julgamento do processo;

II – depositar a importância de cinco por cento sobre o valor da causa, que se converterá em multa caso a ação seja, por unanimidade de votos, declarada inadmissível ou improcedente.

§ 1º Não se aplica o disposto no inciso II à União, aos Estados, ao Distrito Federal, aos Municípios, às suas respectivas autarquias e fundações de direito público, ao Ministério Público, à Defensoria Pública e aos que tenham obtido o benefício de gratuidade da justiça.

§ 2º O depósito previsto no inciso II do *caput* deste artigo não será superior a 1.000 (mil) salários-mínimos.

§ 3º Além dos casos previstos no art. 330, a petição inicial será indeferida quando não efetuado o depósito exigido pelo inciso II do *caput* deste artigo.

§ 4º Aplica-se à ação rescisória o disposto no art. 332.

§ 5º Reconhecida a incompetência do tribunal para julgar a ação rescisória, o autor será intimado para emendar a petição inicial, a fim de adequar o objeto da ação rescisória, quando a decisão apontada como rescindenda:

I – não tiver apreciado o mérito e não se enquadrar na situação prevista no § 2º do art. 966;

II – tiver sido substituída por decisão posterior.

§ 6º Na hipótese do § 5º, após a emenda da petição inicial, será permitido ao réu complementar os fundamentos de defesa, e, em seguida, os autos serão remetidos ao tribunal competente.

A petição inicial da ação rescisória deve ter os mesmos requisitos de qualquer outra, muito embora possua algumas especificidades (art. 319 c/c art. 968). Por exemplo, quando for hipótese de realização de juízo rescisório, este deverá ser requerido expressamente. Contudo, como já foi anteriormente analisado, este juízo rescisório poderá ou não ocorrer, dependendo do fundamento invocado para a ação rescisória e, também, da situação concreta ocorrida nos autos. De todo modo, deve constar que, em toda petição inicial de ação rescisória, deve ao menos haver o pedido de rescisão do julgado, o que constitui o juízo rescindente.

Vale dizer que caberá ao interessado indicar, com precisão, a causa de pedir em que se funda a sua ação rescisória, pois ela irá limitar a atuação do Tribunal, eis que, em razão do princípio da congruência, é vedado a este órgão conhecer de ofício de fundamento ou causa de pedir, inclusive aquelas relativas a outras rescindibilidades, que não tenham sido ventiladas pelo próprio demandante.

Esta petição inicial também deve ser acompanhada de uma caução, que é fixada em 5% (cinco por cento), sobre o valor da causa, que, na ação rescisória, será em regra o mesmo da demanda primitiva, já que nela poderá eventualmente ocorrer o juízo rescisório, ou seja, um novo julgamento daquela pretensão de direito material anteriormente deduzida. Outrossim, deve-se destacar que o valor desta caução não poderá ser superior ao equivalente a 1.000 (mil) salários-mínimos, que é seu limite máximo (art. 968, § 2º).

Esta caução, porém, é dispensada quando se tratar de rescisória distribuída pela União, Estados, Distrito Federal, Municípios, bem como suas respectivas autarquias e fundações públicas. Da mesma maneira, o Ministério Público, a Defensoria Pública e, ainda, todos aqueles que tenham obtido a gratuidade de justiça ficam dispensados de prestar esta caução (art. 968, § 1º). Há, inclusive, o verbete nº 175 da Súmula do STJ, que expressamente dispensa a caução ao menos em relação ao INSS, eis que este não era mencionado expressamente no modelo primitivo (art. 488, parágrafo único, CPC/73).

A caução ora mencionada será revertida em prol do demandado naquelas hipóteses em que for proferida decisão monocrática ou mesmo acórdão unânime, que reconheçam a inadmissibilidade ou improcedência do pedido formulado no bojo da ação rescisória (art. 974, parágrafo único). Em qualquer outra hipótese, seja de julgamento de procedência ou mesmo por maioria de votos, a caução será levantada pelo autor deste processo de competência originária dos Tribunais.

> **Verbete nº 175 da Súmula do STJ:** *"Descabe o depósito prévio nas ações rescisórias propostas pelo INSS".*

Art. 969

Art. 969. A propositura da ação rescisória não impede o cumprimento da decisão rescindenda, ressalvada a concessão de tutela provisória.

Sendo deferida a rescisória, é de se indagar se ela irá ou não suspender eventual cumprimento de sentença/execução que se encontrar em curso. De acordo com esta norma, a propositura da ação rescisória não impede o cumprimento da decisão rescindenda, ressalvada a concessão de tutela provisória, o que difere em muito do modelo anterior em seus primórdios (redação originária do art. 489, CPC/73), que era no sentido da "insuspensividade" da execução. É o que ainda se encontra refletido, por sinal, em antigo verbete sumular do antigo Tribunal Federal de Recursos, muito embora o referido verbete não tenha mais aplicação.

Portanto, não há obstáculos para a concessão de tutela provisória de urgência no bojo da ação rescisória, determinando a suspensão da execução em curso. Mas, certamente, o demandante da rescisória terá dificuldades em preencher os requisitos para a concessão desta medida de urgência, posto que exige a demonstração de probabilidade do direito (art. 300), o que é bem difícil diante da existência de uma decisão de mérito, proferida em juízo de cognição exauriente, afirmando exatamente o oposto.

> Verbete nº 234 da Súmula do antigo Tribunal Federal de Recursos, de onde se extrai: "*É inadmissível medida cautelar para impedir os efeitos da coisa julgada*".
>
> Enunciado nº 43 da I Jornada de Processo Civil CEJ/CJF: "*Não ocorre a estabilização da tutela antecipada requerida em caráter antecedente, quando deferida em ação rescisória*".

> Excepcionalidade da concessão de tutela de urgência em sede de ação rescisória, ante a dificuldade em demonstrar a probabilidade do direito invocado quando já se tem decisão de mérito afirmando o oposto (CPC/73). "*Como se trata de medida excepcional, o deferimento de liminar, nessa hipótese, só é cabível quando a questão concreta demonstrar a liquidez e a certeza da procedência do pedido rescisório, exigindo-se, desta forma, mais do que o mero* fumus boni iuris *ordinário da ação cautelar convencional*" (TRF-2. Medida cautelar nº 960236433-5, Rel. Des. Federal Sérgio Feltrin. DJ 13/11/2001).

Art. 970

Art. 970. O relator ordenará a citação do réu, designando-lhe prazo nunca inferior a 15 (quinze) dias nem superior a 30 (trinta) dias para, querendo, apresentar resposta, ao fim do qual, com ou sem contestação, observar-se-á, no que couber, o procedimento comum.

O demandado será citado pessoalmente ou mesmo de forma ficta, para que possa apresentar a sua defesa no prazo que tiver sido estabelecido pelo membro do Tribunal. E esta defesa poderá ser apresentada por meio de contestação e até da reconvenção, embora ambas venham na mesma peça (art. 343). Quanto à alegação de impedimento ou de suspeição de membro do tribunal, tais temas já devem vir por petição específica com esta finalidade (art. 146).

A contestação poderá ser apresentada com a veiculação de defesas instrumentais (sejam dilatórias ou peremptórias) ou mesmo de mérito (sejam diretas ou indiretas). Em preliminar de contestação, poderá ser questionado o valor atribuído à causa (art. 337, inc. III), pois é perfeitamente possível conceber uma hipótese em que o autor possa maquiar o valor da causa de modo a recolher a menor a caução de 5% (cinco por cento). Assim, como esta caução pode eventualmente ser revertida ao demandado nas hipóteses autorizadas por lei (art. 974, parágrafo único), é possível que este queira se valer deste argumento, de modo a retificar o valor da causa e forçar o demandante a complementar o depósito nos prazos estabelecidos pelos membros do Tribunal, sob pena de o processo ser extinto (art. 968, § 3º). Da mesma maneira, também se admite que, na contestação, seja questionado o deferimento da gratuidade de justiça (art. 337, inc. XIII), pois pode ser do interesse do demandado demonstrar ao Tribunal que o demandante não é merecedor deste benefício. Nesta hipótese, se esta tese for acolhida, ocorrerá a revogação da decisão que anteriormente deferiu a gratuidade e o autor será intimado, no mesmo momento, para que preste a caução exigida por lei, sob risco de a ação rescisória ser extinta (art. 968, § 3º).

Quanto à reconvenção, esta em tese é possível, conforme recomenda a doutrina. Usualmente, o exemplo fornecido é o do demandado que também tem interesse em obter a rescisão daquele julgado primitivo, mas por fundamento distinto daquele utilizado pelo autor da ação rescisória. É que, apenas desta maneira seria possível preencher o requisito da "conexão" entre a demanda primitiva e a reconvenção (art. 343), sem que houvesse supressão de instância. Com efeito, se outra questão fosse trazida na reconvenção, estaria sendo usurpada a competência do magistrado lotado em primeira instância, salvo, é claro, se for alguma hipótese de competência originária do próprio Tribunal, o que não criaria qualquer obstáculo. Porém, se a reconvenção for utilizada como sucedâneo de ação rescisória, certamente deverá ser exigida observância aos seus requisitos, entre eles que esta questão tenha sido apresentada no prazo bienal (art. 975), bem como que tenha sido prestada a caução de 5% (cinco por cento) sobre o valor da causa (art. 968, inc. II), sob o risco de permitir que esse raciocínio possa constituir uma via processual oblíqua para fraudar a aplicação da lei.

Art. 971

Art. 971. Na ação rescisória, devolvidos os autos pelo relator, a secretaria do tribunal expedirá cópias do relatório e as distribuirá entre os juízes que compuserem o órgão competente para o julgamento.

Parágrafo único. A escolha de relator recairá, sempre que possível, em juiz que não haja participado do julgamento rescindendo.

O dispositivo realiza mero ajuste redacional, prevendo que a função de relator para a ação rescisória deve recair, sempre que possível, em magistrado que não tenha participado do julgamento rescindendo.

Art. 972

> Art. 972. Se os fatos alegados pelas partes dependerem de prova, o relator poderá delegar a competência ao órgão que proferiu a decisão rescindenda, fixando prazo de 1 (um) a 3 (três) meses para a devolução dos autos.

O dispositivo realiza mero ajuste redacional, prevendo que poderá ser expedida carta de ordem para a produção de provas em órgão de primeira instância, além de ser fixado o prazo impróprio de três meses para sua devolução.

Art. 973

> Art. 973. Concluída a instrução, será aberta vista ao autor e ao réu para razões finais, sucessivamente, pelo prazo de 10 (dez) dias.
>
> Parágrafo único. Em seguida, os autos serão conclusos ao relator, procedendo-se ao julgamento pelo órgão competente.

O dispositivo realiza mero ajuste redacional, prevendo a possibilidade de apresentação de memoriais sucessivos ao final da instrução, pelo prazo de dez dias. É eliminada a parte final do modelo primitivo (CPC/73), porquanto desnecessária, que falava especificamente sobre a remessa a Tribunais que eram ali nominados.

Art. 974

> Art. 974. Julgando procedente o pedido, o tribunal rescindirá a decisão, proferirá, se for o caso, novo julgamento e determinará a restituição do depósito a que se refere o inciso II do art. 968.
>
> Parágrafo único. Considerando, por unanimidade, inadmissível ou improcedente o pedido, o tribunal determinará a reversão, em favor do réu, da importância do depósito, sem prejuízo do disposto no § 2º do art. 82.

O dispositivo realiza mero ajuste redacional, com pequenas alterações na menção aos artigos nele contidos, bem como com a substituição de "sentença" por "decisão", para se adequar aos demais dispositivos. Assim, quando o Tribunal for proferir a decisão colegiada a respeito da ação rescisória, irá na mesma ocasião realizar inicialmente o juízo rescindente para, em seguida (e se for o caso), fazer o juízo rescisório. Quando ambos são realizados se estará diante de uma decisão objetivamente complexa, pois ela analisou dois pedidos distintos que foram formulados na petição inicial. Vale dizer, outrossim, que não há nenhum obstáculo no sentido de que sejam os mesmos magistrados participando de ambos os julgamentos uma vez que de acordo com entendimento sumulado do STF.

A decisão colegiada que aprecia o pedido formulado na ação rescisória desafia embargos de declaração, RESP e REXTR, se for o caso. Também poderá permitir a aplicação da técnica processual de julgamento em que se convocam magistrados tabelares para atuarem, quando se tratar de decisão não unânime no sentido da procedência do pedido desta ação (art. 942, § 3º, inc. I).

Por fim, ainda será cabível, se preenchidos os requisitos, até mesmo o ajuizamento de uma nova ação rescisória para impugnar esta decisão monocrática proferida no bojo de uma anterior ação rescisória, muito embora seja certo que não pode ser considerada como um recurso, mas sim como uma ação autônoma de impugnação.

> **Verbete nº 252 da Súmula do STF:** *"Na ação rescisória não estão impedidos juízes que participaram do julgamento rescindendo".*

> **Ação rescisória julgada procedente com a rescisão de parte da decisão de mérito transitada em julgado e a possibilidade de pleitear a restituição da indevida verba honorária do advogado.** *"Se a decisão judicial que ensejou a fixação de honorários de sucumbência for parcialmente rescindida, é possível que o autor da rescisória, em posterior ação de cobrança, pleiteie a restituição da parte indevida da verba advocatícia, ainda que o causídico, de boa-fé, já a tenha levantado. Inicialmente, destaca-se que os honorários de sucumbência são verbas de natureza alimentar, de modo que a questão envolve aparente conflito entre os princípios da irrepetibilidade dos alimentos e o da vedação ao enriquecimento sem causa. De regra, a jurisprudência tem-se firmado no sentido de que a verba alimentar é irrepetível, com exceção das hipóteses em que tenha sido recebida de má-fé ou em decorrência de decisão precária posteriormente reformada. Entretanto, nas hipóteses em que isso foi afirmado, evidenciam-se situações excepcionais, que não podem ser transportadas para o âmbito do direito privado, notadamente nas relações contratuais, sem as ressalvas e distinções necessárias. De fato, não se trata de questionar a atribuição da natureza alimentar aos honorários, mas sim de verificar o alcance dessa qualificação para dirimir o suposto conflito entre os princípios da irrepetibilidade dos alimentos e o da vedação ao enriquecimento sem causa. É fato que uma decisão transitada em julgado gera legítima confiança. Contudo, não se pode deixar de consignar que, se é possível o ajuizamento de uma ação rescisória, sua procedência deve ter reflexos práticos, inclusive na esfera patrimonial, sob pena de absoluta ineficácia do provimento judicial. Como cediço, não há preceitos absolutos no ordenamento jurídico. Não obstante ser assente na jurisprudência a tese acerca da irrepetibilidade dos alimentos, também esse postulado merece temperamentos, sobretudo quando*

a verba de natureza alimentar – e não os alimentos propriamente ditos – for flagrantemente indevida em razão da superveniência da rescisão do julgado que fixou os honorários de sucumbência. E assim o é porque a decisão em que o causídico se amparou para receber a referida verba não mais existe no mundo jurídico. Ora, não se pode obstruir a pretensão da parte que obteve êxito em ação rescisória de buscar a restituição dos valores pagos indevidamente a título de honorários de sucumbência, ainda que a essa verba tenha sido atribuído caráter alimentar. Independentemente da boa-fé do causídico, que acreditava, no momento em que levantou o numerário relativo à verba de sucumbência de forma autônoma, que aquele valor lhe era devido, o certo é que, com a alteração proveniente da procedência da ação rescisória, aquele montante não encontrava respaldo em nenhuma decisão judicial. Trata-se de aplicação dos princípios da razoabilidade e da vedação ao enriquecimento sem causa, isso sem falar na necessidade de se dar máxima efetividade às decisões judiciais. Qual o sentido de, em situações excepcionais, o ordenamento jurídico admitir o afastamento da preclusão e da própria coisa julgada para desconstituir sentença eivada de vício e, por construção pretoriana, impedir que, em determinadas situações, o novo julgado produza plenos efeitos? A única resposta é que não há sentido algum. Nessa perspectiva, a consequência do enriquecimento sem causa é a restituição, ainda que a falta de justa causa seja superveniente à liquidação da obrigação. A propósito, prescrevem os arts. 884 e 885 do CC, in verbis: 'Art. 884. Aquele que, sem justa causa, se enriquecer à causa de outrem, será obrigado a restituir o indevidamente auferido, feita a atualização dos valores monetários'; e 'Art. 885. A restituição é devida, não só quando não tenha havido causa que justifique o enriquecimento, mas também se esta deixou de existir'. Por fim, sendo a restituição devida, a boa-fé daquele que recebe pagamento indevido é relevante para a análise e apuração do quantum a ser devolvido" (STJ. RESP 1.549.836-RS, Rel. Min. Ricardo Villas Bôas Cueva, Rel. para acórdão Min. João Otávio de Noronha, por maioria, julgado em 17/05/2016, DJe 06/09/2016 – Informativo nº 589).

Art. 975

Art. 975. O direito à rescisão se extingue em 2 (dois) anos contados do trânsito em julgado da última decisão proferida no processo.

§ 1º Prorroga-se até o primeiro dia útil imediatamente subsequente o prazo a que se refere o *caput*, quando expirar durante férias forenses, recesso, feriados ou em dia em que não houver expediente forense.

§ 2º Se fundada a ação no inciso VII do art. 966, o termo inicial do prazo será a data de descoberta da prova nova, observado o prazo máximo de 5 (cinco) anos, contado do trânsito em julgado da última decisão proferida no processo.

§ 3º Nas hipóteses de simulação ou de colusão das partes, o prazo começa a contar, para o terceiro prejudicado e para o Ministério Público, que não interveio no processo, a partir do momento em que têm ciência da simulação ou da colusão.

O dispositivo cuida do prazo para ajuizamento da ação rescisória, embora preveja mudanças. Ele é mantido em dois anos e é contado do trânsito em julgado da última decisão proferida no processo, o que coincide com entendimento sumulado do STJ, mas que é totalmente contrário à adequada jurisprudência do STF e do TST sobre o tema.

Há previsão de que se o termo final deste prazo cair em férias forenses, recesso, feriado ou em dia que não houve expediente, será prorrogado para o primeiro dia útil seguinte.

Por fim, a última mudança quanto ao prazo para o ajuizamento da ação rescisória é que, por vezes, o seu termo inicial não irá contar necessariamente da data do trânsito em julgado da decisão. Com efeito, se a rescisória for proposta pelo motivo juntada de prova nova (art. 466, VII), o seu prazo continuará sendo de dois anos, mas com início da data da descoberta desta prova, muito embora seja necessário observar o tempo máximo de cinco anos da data do trânsito em julgado. Da mesma forma, também na hipótese de simulação ou colusão (art. 966, III) o prazo será contado do momento em que houver ciência de uma destas circunstâncias. E, ainda, nos casos em que o STF, em controle concentrado ou difuso, tiver declarado a inconstitucionalidade da lei em que tiver se fundado sentença já transitada em julgado, será a partir do trânsito em julgado da decisão do Pretório Excelso que iniciará o prazo de dois anos para ajuizamento da ação rescisória quanto ao processo primitivo (art. 525, § 15 c/c art. 535, § 8º c/c art. 966, V).

> **Verbete nº 264 da Súmula do STF:** *"Verifica-se a prescrição intercorrente pela paralisação da ação rescisória por mais de cinco anos".*
>
> **Verbete nº 401 da Súmula do STJ:** *"O prazo decadencial da ação rescisória só se inicia quanto não for cabível qualquer recurso do último pronunciamento judicial".*
>
> **Verbete nº 122 da Súmula do TST:** *"Na hipótese de colusão das partes, o prazo decadencial da ação rescisória somente começa a fluir para o Ministério Público, que não interveio no processo principal, a partir do momento em que tem ciência da fraude"* (N.A.: este verbete foi cancelado em 11/08/2003, muito embora o seu conteúdo tenha sido adotado pelo CPC/15).

> **Possibilidade de se ajuizar ação rescisória para cada capítulo decisório que transitar em julgado materialmente no decorrer do processo (CPC/73).**
> *"A Turma consignou que, ao contrário do que alegado pelo Bacen, a matéria discutida nos autos teria natureza constitucional (CF, art. 5º, XXXVI). Asseverou que as partes do julgado que resolvem questões autônomas formariam sentenças independentes entre si, passíveis de serem mantidas ou reformadas sem dano para as demais. Ponderou que unidades autônomas de pedidos implicariam capítulos diferentes que condicionariam as vias de impugnação disponibilizadas pelo sistema normativo processual, consistentes em recursos parciais ou interpostos por ambos os litigantes em face do mesmo ato judicial formalmente considerado. Lembrou que, em recente julgamento, o STF concluíra pela executoriedade imediata de capítulos*

autônomos de acórdão condenatório e declarara o respectivo trânsito em julgado, excluídos aqueles capítulos que seriam objeto de embargos infringentes (AP 470 Décima Primeira-QO/MG, DJe de 19/2/2014). Destacou que esse entendimento estaria contido nos Enunciados 354 ('Em caso de embargos infringentes parciais, é definitiva a parte da decisão embargada em que não houve divergência na votação') e 514 ('Admite-se ação rescisória contra sentença transitada em julgado, ainda que contra ela não se tenha esgotado todos os recursos') da Súmula do STF. Frisou que o STF admitiria a coisa julgada progressiva, ante a recorribilidade parcial também no processo civil. Sublinhou que a coisa julgada, reconhecida no art. 5º, XXXVI, da CF como cláusula pétrea, constituiria aquela que pudesse ocorrer de forma progressiva quando fragmentada a sentença em partes autônomas. Assinalou que, ao ocorrer, em datas diversas, o trânsito em julgado de capítulos autônomos da sentença ou do acórdão, ter-se-ia a viabilidade de rescisórias distintas, com fundamentos próprios. Enfatizou que a extensão da ação rescisória não seria dada pelo pedido, mas pela sentença, que comporia o pressuposto da rescindibilidade. Mencionou, ademais, o inciso II do Verbete 100 da Súmula do TST ('Havendo recurso parcial no processo principal, o trânsito em julgado dá-se em momentos e em tribunais diferentes, contando-se o prazo decadencial para a ação rescisória do trânsito em julgado de cada decisão, salvo se o recurso tratar de preliminar ou prejudicial que possa tornar insubsistente a decisão recorrida, hipótese em que flui a decadência a partir do trânsito em julgado da decisão que julgar o recurso parcial'). Esclareceu que a data de 8/2/1994 corresponderia ao termo inicial do prazo decadencial para o ajuizamento da ação rescisória, e não a de 20/6/1994, referente à preclusão da última decisão. Assim, formalizada a rescisória em 6/6/1996, estaria evidenciada a decadência do pleito. Outros precedentes citados: AR 903/SP (DJU de 17/9/1982) e AC 112/RN (DJe de 4/2/2005)" (STF. RE 666.589/DF, Rel. Min. Marco Aurélio, 25/03/2014).

Impossibilidade de se ajuizar ação rescisória para cada capítulo decisório que transitar em julgado materialmente no decorrer do processo. Termo inicial para ajuizamento da única ação rescisória se inicia quando ocorreu o trânsito em julgado da última decisão (CPC/73). "*O prazo decadencial de dois anos para a propositura da ação rescisória tem início na data em que se deu o trânsito em julgado da última decisão, mesmo que nela se tenha discutido questão meramente processual relacionada à tempestividade dos embargos de declaração. Precedente da Corte Especial. 2. RESP provido. Súmula 401*" (STJ. RESP nº 543.368/RJ. Rel.ª Min.ª Eliana Calmon. DJ 13/10/2009).

CAPÍTULO VIII
DO INCIDENTE DE RESOLUÇÃO DE DEMANDAS REPETITIVAS

Art. 976

Art. 976. É cabível a instauração do incidente de resolução de demandas repetitivas quando houver, simultaneamente:

I – efetiva repetição de processos que contenham controvérsia sobre a mesma questão unicamente de direito;

II – risco de ofensa à isonomia e à segurança jurídica.

§ 1º A desistência ou o abandono do processo não impede o exame de mérito do incidente.

§ 2º Se não for o requerente, o Ministério Público intervirá obrigatoriamente no incidente e deverá assumir sua titularidade em caso de desistência ou de abandono.

§ 3º A inadmissão do incidente de resolução de demandas repetitivas por ausência de qualquer de seus pressupostos de admissibilidade não impede que, uma vez presente o pressuposto antes considerado inexistente, seja o incidente novamente suscitado.

§ 4º É incabível o incidente de resolução de demandas repetitivas quando um dos tribunais superiores, no âmbito de sua respectiva competência, já tiver afetado recurso para definição de tese sobre questão de direito material ou processual repetitiva.

§ 5º Não serão exigidas custas processuais no incidente de resolução de demandas repetitivas.

O dispositivo é inédito e trata de um novo incidente inspirado em um modelo adotado na Alemanha (*Musterverfahren*), de uso mais restrito e levemente diferenciado. Para que seja instaurado é necessário que haja repetição de processos que contenham controvérsia sobre a mesma questão unicamente de direito e risco à isonomia e à segurança jurídica. A inadmissão do incidente pode ser motivada por existir quando o tribunal superior já tiver afetado recurso para definição de tese sobre questão de direito material ou processual repetitiva. Pode também ser fundada, por exemplo, na ausência de risco à isonomia. Contudo, a inadmissão não impede a instauração de novo procedimento, caso sejam regularizadas as pendências. Há isenção de custas para este incidente.

> Enunciado nº 19 da ENFAM: "*A decisão que aplica a tese jurídica firmada em julgamento de casos repetitivos não precisa enfrentar os fundamentos já analisados na decisão paradigma, sendo suficiente, para fins de atendimento das exigências constantes no art. 489, § 1º, do CPC/2015, a correlação fática e jurídica entre o caso concreto e aquele apreciado no incidente de solução concentrada*".
>
> Enunciado nº 20 da ENFAM: "*O pedido fundado em tese aprovada em IRDR deverá ser julgado procedente, respeitados o contraditório e a ampla defesa, salvo se for o caso de distinção ou se houver superação do entendimento pelo tribunal competente*".
>
> Enunciado nº 21 da ENFAM: "*O IRDR pode ser suscitado com base em demandas repetitivas em curso nos juizados especiais*".
>
> Enunciado nº 22 da ENFAM: "*A instauração do IRDR não pressupõe a existência de processo pendente no respectivo tribunal*".
>
> Enunciado nº 44 da ENFAM: "*Admite-se o IRDR nos juizados especiais, que deverá ser julgado por órgão colegiado de uniformização do próprio sistema*".

Art. 977

> Art. 977. O pedido de instauração do incidente será dirigido ao Presidente do Tribunal:
>
> I – pelo juiz ou relator, por ofício;
>
> II – pelas partes, por petição;
>
> III – pelo Ministério Público ou pela Defensoria Pública, por petição.
>
> Parágrafo único. O ofício ou a petição será instruído com os documentos necessários à demonstração do preenchimento dos pressupostos para a instauração do incidente.

O dispositivo é inédito e trata da legitimidade para instauração deste incidente, que pode ser das próprias partes da demanda, bem como do Ministério Público, Defensoria Pública ou até mesmo de ofício. O *parquet* atuará como fiscal da ordem jurídica nos casos em que não teve a iniciativa.

Art. 978

> Art. 978. O julgamento do incidente caberá ao órgão indicado pelo regimento interno dentre aqueles responsáveis pela uniformização de jurisprudência do tribunal.
>
> Parágrafo único. O órgão colegiado incumbido de julgar o incidente e de fixar a tese jurídica julgará igualmente o recurso, a remessa necessária ou o processo de competência originária de onde se originou o incidente.

O dispositivo é inédito e prevê que este requerimento deverá ser dirigido à presidência do tribunal, que pode ser o TRF ou o TJ, devidamente instruído com os documentos necessários à demonstração do preenchimento dos pressupostos para a sua instauração. O órgão responsável pelo julgamento é aquele que o regimento interno indicar, dentre aqueles que tratam da uniformização de jurisprudência do próprio tribunal.

Art. 979

> Art. 979. A instauração e o julgamento do incidente serão sucedidos da mais ampla e específica divulgação e publicidade, por meio de registro eletrônico no Conselho Nacional de Justiça.

§ 1º Os tribunais manterão banco eletrônico de dados atualizados com informações específicas sobre questões de direito submetidas ao incidente, comunicando-o imediatamente ao Conselho Nacional de Justiça para inclusão no cadastro.

§ 2º Para possibilitar a identificação das causas abrangidas pela decisão do incidente, o registro eletrônico das teses jurídicas constantes do cadastro conterá, no mínimo, os fundamentos determinantes da decisão e os dispositivos normativos a ela relacionados.

§ 3º Aplica-se o disposto neste artigo ao julgamento de recursos repetitivos e da repercussão geral em recurso extraordinário.

O dispositivo é inédito e prevê que, após a instauração, haverá publicidade do incidente, bem como do tema de que trata. Também impõe que o Tribunal mantenha banco eletrônico de dados atualizado com informações específicas sobre questões de direito submetidas ao incidente.

Art. 980

Art. 980. O incidente será julgado no prazo de 1 (um) ano e terá preferência sobre os demais feitos, ressalvados os que envolvam réu preso e os pedidos de *habeas corpus*.

Parágrafo único. Superado o prazo previsto no *caput*, cessa a suspensão dos processos prevista no art. 982, salvo decisão fundamentada do relator em sentido contrário.

O dispositivo é inédito e prevê que o incidente de resolução de demandas repetitivas deve ser julgado pelo Tribunal em até um ano, tendo preferência sobre todos os demais processos, com exceção daqueles que envolvam réu preso e os pedidos de *habeas corpus*. Findo o prazo sem solução, todos os processos voltam a tramitar, o que é extremamente salutar, pois a indefinição na solução atenta contra o tempo razoável de duração do processo. Porém, a suspensão pode permanecer se o relator assim determinar e motivar.

Art. 981

Art. 981. Após a distribuição, o órgão colegiado competente para julgar o incidente procederá ao seu juízo de admissibilidade, considerando a presença dos pressupostos do art. 976.

O dispositivo é inédito e prevê que, após a distribuição, o órgão colegiado competente procederá à admissibilidade deste incidente, considerando a presença dos seus requisitos autorizadores (art. 982).

Art. 982

Art. 982. Admitido o incidente, o relator:

I – suspenderá os processos pendentes, individuais ou coletivos, que tramitam no Estado ou na região, conforme o caso;

II – poderá requisitar informações a órgãos em cujo juízo tramita processo no qual se discute o objeto do incidente, que as prestarão no prazo de 15 (quinze) dias;

III – intimará o Ministério Público para, querendo, manifestar-se no prazo de 15 (quinze) dias.

§ 1º A suspensão será comunicada aos órgãos jurisdicionais competentes.

§ 2º Durante a suspensão, o pedido de tutela de urgência deverá ser dirigido ao juízo onde tramita o processo suspenso.

§ 3º Visando à garantia da segurança jurídica, qualquer legitimado mencionado no art. 977, incisos II e III, poderá requerer, ao tribunal competente para conhecer do recurso extraordinário ou especial, a suspensão de todos os processos individuais ou coletivos em curso no território nacional que versem sobre a questão objeto do incidente já instaurado.

§ 4º Independentemente dos limites da competência territorial, a parte no processo em curso no qual se discuta a mesma questão objeto do incidente é legitimada para requerer a providência prevista no § 3º deste artigo.

§ 5º Cessa a suspensão a que se refere o inciso I do *caput* deste artigo se não for interposto recurso especial ou recurso extraordinário contra a decisão proferida no incidente.

O dispositivo é inédito e prevê que, admitido o incidente, o relator suspenderá os processos individuais ou coletivos pendentes, que tramitam em sua área de jurisdição, bem como requisitará informações a órgãos em cujo juízo tramita processo no qual se discute o objeto do incidente. Os requerimentos de tutelas de urgência podem ser apresentados nos próprios processos sobrestados e serão enfrentados nos respectivos juízos.

Este sobrestamento pode durar até um ano, conforme esclarecido em norma anterior (art. 980). Findo o prazo sem solução, todos os processos voltam a tramitar, o que é extremamente salutar, pois a indefinição na solução atenta contra o tempo razoável de duração do processo. Porém, a suspensão pode permanecer se o relator assim determinar e motivar.

> **Enunciado nº 107 da I Jornada de Processo Civil CEJ/CJF:** *"Não se aplica a suspensão do art. 982, I, do CPC ao cumprimento de sentença anteriormente transitada em julgado e que tenha decidido questão objeto de posterior incidente de resolução de demandas repetitivas"*.

Art. 983

Art. 983. O relator ouvirá as partes e os demais interessados, inclusive pessoas, órgãos e entidades com interesse na controvérsia, que, no prazo comum de 15 (quinze) dias, poderão requerer a juntada de documentos, bem como as diligências necessárias para a elucidação da questão de direito controvertida e, em seguida, manifestar-se-á o Ministério Público, no mesmo prazo.

§ 1º Para instruir o incidente, o relator poderá designar data para, em audiência pública, ouvir depoimentos de pessoas com experiência e conhecimento na matéria.

§ 2º Concluídas as diligências, o relator solicitará dia para o julgamento do incidente.

O dispositivo é inédito e prevê como deve ser o processamento deste incidente, bem como a possibilidade de apresentação de documentos ou a realização de diligências necessárias que tenham sido requeridas por todos aqueles que dele participam. De acordo com ele, o relator poderá até admitir e ouvir terceiros na qualidade de *amicus curiae* (art. 138), que, excepcionalmente nesta hipótese possui interesse na solução da controvérsia e que até mesmo poderá interpor recurso caso a tese que defenda não venha a ser acolhida (art. 138, § 3º). Por fim, esta norma também permite a designação de audiência pública para a oitiva de pessoas com experiência e conhecimento na matéria.

Art. 984

Art. 984. No julgamento do incidente observar-se-á a seguinte ordem:

I – o relator fará a exposição do objeto do incidente;

II – poderão sustentar suas razões, sucessivamente:

a) o autor e o réu do processo originário, e o Ministério Público, pelo prazo de 30 (trinta) minutos.

b) os demais interessados, no prazo de 30 (trinta) minutos, divididos entre todos, sendo exigida inscrição com 2 (dois) dias de antecedência.

§ 1º Considerando o número de inscritos, o prazo poderá ser ampliado.

§ 2º O conteúdo do acórdão abrangerá a análise de todos os fundamentos suscitados concernentes à tese jurídica discutida, sejam favoráveis ou contrários.

O dispositivo é inédito e prevê que, após a instrução, será designada data para julgamento. No dia, o relator fará a exposição do fato e na sequência será dado o direito de sustentação oral, pelo prazo de trinta minutos, que poderá ser ampliado dependendo do número de inscritos para sustentar.

> **Tempo de sustentação oral para o *amicus curiae* em processamento de recurso.** "*Havendo três amici curiae para fazer sustentação oral, o Plenário, por maioria, deliberou considerar o prazo em dobro e dividir pelo número de sustentações orais. O tempo de sustentação oral é de quinze minutos. O Colegiado considerou esse tempo em dobro (trinta minutos) e, dividido pelos três amici curie, disponibilizou dez minutos para a manifestação de cada um deles na tribuna*" (STF. RE 612.043/PR, Rel. Min. Marco Aurélio, julgado em 4/5/2017).

Art. 985

Art. 985. Julgado o incidente, a tese jurídica será aplicada:

I – a todos os processos individuais ou coletivos que versem sobre idêntica questão de direito e que tramitem na área de jurisdição do respectivo tribunal, inclusive àqueles que tramitem nos juizados especiais do respectivo Estado ou região;

II – aos casos futuros que versem idêntica questão de direito e que venham a tramitar no território de competência do tribunal, salvo revisão na forma do art. 986.

§ 1º Não observada a tese adotada no incidente, caberá reclamação.

§ 2º Se o incidente tiver por objeto questão relativa a prestação de serviço concedido, permitido ou autorizado, o resultado do julgamento será comunicado ao órgão ou à agência reguladora competente para fiscalização da efetiva aplicação, por parte dos entes sujeitos a regulação, da tese adotada.

O dispositivo é inédito e prevê que a decisão proferida pelo órgão competente por firmar a tese jurídica, também deve analisar o recurso, a remessa necessária ou a causa de competência originária de que se originou este incidente. Esta decisão será aplicada aos demais processos que versem sobre o mesmo tema na área em que o tribunal possui competência, inclusive perante os juizados especiais, o que soa inconstitucional quando confrontado com a Carta Magna, pois esta estabelece ser da competência da turma recursal, composta por juízes, a instância revisora das decisões do sistema dos juizados (art. 98, CF). É que, a princípio, afigura-se impossível ao TJ ou ao TRF estabelecer precedentes sobre questões processuais típicas do juizado especial (v.g., legitimidade, complexidade da causa, procedimento, dentre outras), que devem ser solucionadas dentro do próprio sistema especializado. No entanto, em relação a matérias de direito substancial (v.g., como nos temas envolvendo direito do consumidor), cujo conhecimento é comum aos 2 (dois) sistemas, já não parece viável afastar a possibilidade de instauração de IRDR pelo Tribunal local.

Alhures a esta questão, esta decisão do incidente também é aplicável aos futuros processos, que poderão ser resolvidos liminarmente. De resto, a falta de observância da decisão do incidente motivará o uso da via reclamação ao mesmo tribunal. E, por fim, também o Poder Executivo deve observar o teor da decisão neste incidente, em casos envolvendo a prestação de serviço concedido, permitido ou autorizado, razão pela qual se deve efetuar comunicação à agência reguladora competente para a fiscalização da efetiva aplicação.

Art. 986

Art. 986. A revisão da tese jurídica firmada no incidente far-se-á pelo mesmo tribunal, de ofício ou mediante requerimento dos legitimados mencionados no art. 977, inciso III.

O dispositivo é inédito e prevê que a decisão deste incidente não gera coisa julgada ou preclusão quanto à tese firmada, embora gere coisa julgada no caso concreto que foi apreciado e aplicado na sequência. No entanto, é possível a revisão da tese no mesmo tribunal e pelos mesmos legitimados (*overruling*).

Art. 987

Art. 987. Do julgamento do mérito do incidente caberá recurso extraordinário ou especial, conforme o caso.

§ 1º O recurso tem efeito suspensivo, presumindo-se a repercussão geral de questão constitucional eventualmente discutida.

§ 2º Apreciado o mérito do recurso, a tese jurídica adotada pelo Supremo Tribunal Federal ou pelo Superior Tribunal de Justiça será aplicada no território nacional a todos os processos individuais ou coletivos que versem sobre idêntica questão de direito.

O dispositivo é inédito e prevê que a decisão deste incidente pode ser impugnada por REXTR ou RESP, conforme o caso, muito embora estes passem a ter efeito suspensivo com presunção de existência de repercussão geral.

CAPÍTULO IX
DA RECLAMAÇÃO

Art. 988

Art. 988. Caberá reclamação da parte interessada ou do Ministério Público para:

I – preservar a competência do tribunal;

II – garantir a autoridade das decisões do tribunal;

III – garantir a observância de enunciado de súmula vinculante e de decisão do Supremo Tribunal Federal em controle concentrado de constitucionalidade;

IV – garantir a observância de acórdão proferido em julgamento de incidente de resolução de demandas repetitivas ou de incidente de assunção de competência;

§ 1º A reclamação pode ser proposta perante qualquer tribunal, e seu julgamento compete ao órgão jurisdicional cuja competência se busca preservar ou cuja autoridade se pretenda garantir.

§ 2º A reclamação deverá ser instruída com prova documental e dirigida ao presidente do tribunal.

§ 3º Assim que recebida, a reclamação será autuada e distribuída ao relator do processo principal, sempre que possível.

§ 4º As hipóteses dos incisos III e IV compreendem a aplicação indevida da tese jurídica e sua não aplicação aos casos que a ela correspondam.

§ 5º É inadmissível a reclamação:

I – proposta após o trânsito em julgado da decisão reclamada;

II – proposta para garantir a observância de acórdão de recurso extraordinário com repercussão geral reconhecida ou de acórdão

> proferido em julgamento de recursos extraordinário ou especial repetitivos, quando não esgotadas as instâncias ordinárias.
>
> § 6º A inadmissibilidade ou o julgamento do recurso interposto contra a decisão proferida pelo órgão reclamado não prejudica a reclamação.

O dispositivo é inédito e prevê que a reclamação é uma demanda de competência originária dos tribunais, para fins de preservar a competência do tribunal, garantir a autoridade das suas decisões, a observância de decisão proferida pelo STF em controle de constitucionalidade ou a observância de súmula vinculante ou da decisão proferida em julgamento do IRDR ou incidente de assunção de competência.

Pode ser proposta perante qualquer tribunal, e seu julgamento compete ao órgão cuja competência se busca preservar ou autoridade se pretenda garantir. Não há prazo para a reclamação, somente não podendo ser utilizada quando a decisão já tiver transitado em julgado, o que está de acordo com entendimento sumulado do STF. Contudo, ainda que o recurso pendente não seja apreciado, essa circunstância não impede o processamento desta via processual.

> Verbete nº 734 da Súmula do STF: *"Não cabe reclamação quando já houver transitado em julgado o ato judicial que se alega tenha desrespeitado decisão do Supremo Tribunal Federal".*

> **Reclamação: cabimento no STF somente após terem sido esgotados os recursos ordinários.** *"A Segunda Turma negou provimento a agravo regimental interposto contra decisão que negara seguimento a reclamação, em razão do não esgotamento das vias ordinárias de impugnação, conforme previsto no art. 988, § 5º, II, do novo Código de Processo Civil (CPC). Na espécie, a reclamação foi ajuizada contra acórdão proferido por tribunal regional eleitoral, que, ao manter pena de inelegibilidade fixada em sentença, teria desrespeitado o que decidido pelo Supremo Tribunal Federal (STF) no julgamento do RE 658.026/MG (DJE de 31/10/2014), com repercussão geral reconhecida. Em face do referido acórdão, o recorrente também interpôs recurso especial eleitoral no Tribunal Superior Eleitoral. Segundo o agravante, a regra inscrita no art. 988, § 5º, II, do CPC compreenderia apenas o exaurimento de recursos ordinários cabíveis no âmbito do tribunal de origem, de modo que a interposição de recurso especial eleitoral em nada prejudicaria o cabimento da reclamação. Para o Colegiado, a reclamação somente é cabível quando esgotados todos os recursos ordinários na causa em que proferido o ato supostamente contrário à autoridade de decisão do STF com repercussão geral reconhecida. Nesses termos, a hipótese de cabimento prevista no art. 988, § 5º, II, do CPC deve ser interpretada restritivamente, sob pena de o STF assumir, pela via da reclamação, a competência de pelo menos três tribunais superiores (Superior Tribunal de Justiça, Tribunal Superior do Trabalho, Tribunal Superior Eleitoral), para o julgamento de recursos contra decisões de tribunais de segundo grau de jurisdição. O ministro Dias Toffoli acompanhou o ministro Teori Zavascki (relator), mas ressalvou a aplicação do entendimento apenas aos casos provenientes da Justiça Eleitoral, em*

razão das características específicas do recurso especial eleitoral e das peculiaridades da composição do Tribunal Superior Eleitoral" (STF. Rcl 24686 ED-AgR/RJ, Rel. Min. Teori Zavascki, julgado em 28/10/2016).

Natureza jurídica da reclamação: vários entendimentos doutrinários (CPC/73). *"Todos sabemos que a reclamação, qualquer que seja a natureza que se lhe atribua – ação (PONTES DE MIRANDA, "Comentários ao Código de Processo Civil", tomo V/384, Forense), recurso ou sucedâneo recursal (MOACYR AMARAL SANTOS, RTJ 56/546-548; ALCIDES DE MENDONÇA LIMA, "O Poder Judiciário e a Nova Constituição", § 80, 1989, Aide), remédio incomum (OROSIMBO NONATO, apud Cordeiro de Mello, "O processo no Supremo Tribunal Federal", vol. 1/280), incidente processual (MONIZ DE ARAGÃO, "A Correição Parcial", § 110, 1969), medida de direito processual constitucional (JOSÉ FREDERICO MARQUES, "Manual de Direito Processual Civil", vol. 3º, 2ª parte, § 199, item nº 653, 9ª ed., 1987, Saraiva) ou medida processual de caráter excepcional (Ministro DJACI FALCÃO, RTJ 112/518-522) –, configura instrumento de extração constitucional destinado a viabilizar, na concretização de sua dupla função de ordem político-jurídica, a preservação da competência e a garantia da autoridade das decisões do Supremo Tribunal Federal (CF, art. 102, I, "l"), consoante tem enfatizado a jurisprudência desta Corte Suprema"* (STF. Reclamação nº 9.428/DF. Rel. Min. Cezar Peluso. DJ 10/12/2009). N.A: vale destacar que, segundo orientação majoritária, a reclamação é uma ação de índole constitucional, conforme demonstra o seguinte aresto do Pretório Excelso: *"A tendência hodierna, portanto, é de que a reclamação assuma cada vez mais o papel de ação constitucional voltada à proteção da ordem constitucional como um todo. Os vários óbices à aceitação da reclamação em sede de controle concentrado já foram superados, estando agora o Supremo Tribunal Federal em condições de ampliar o uso desse importante e singular instrumento da jurisdição constitucional brasileira"* (STF. Reclamação nº 4.987-PE. Rel. Min. Gilmar Mendes. DJ em 13/03/2007).

Possibilidade de reclamação ser ajuizada também perante os Tribunais inferiores, sejam Federais ou Estaduais (CPC/73). *"A reclamação constitui instrumento que, aplicado no âmbito dos Estados-membros, tem como objetivo evitar, no caso de ofensa à autoridade de um julgado, o caminho tortuoso e demorado dos recursos previstos na legislação processual, inegavelmente inconvenientes quando já tem a parte uma decisão definitiva. Visa, também, à preservação da competência dos Tribunais de Justiça Estaduais, diante de eventual usurpação por parte de Juízo ou outro Tribunal local. A adoção desse instrumento pelos Estados-membros, além de estar em sintonia com o princípio da simetria, está em consonância com o princípio da efetividade das decisões judiciais"* (STF. Ação direta de inconstitucionalidade nº 2.212/CE. Rel.ª Min.ª Ellen Gracie. DJ 14/11/2003).

Art. 989

Art. 989. Ao despachar a reclamação, o relator:

I – requisitará informações da autoridade a quem for imputada a prática do ato impugnado, que as prestará no prazo de 10 (dez) dias;

II – se necessário, ordenará a suspensão do processo ou do ato impugnado, para evitar dano irreparável;

III – determinará a citação do beneficiário da decisão impugnada, que terá prazo de 15 (quinze) dias para apresentar a sua contestação.

O dispositivo é inédito e prevê que, ao despachar, o relator (que deve ser preferencialmente o mesmo da demanda principal) requisitará informações à autoridade no prazo de dez dias, ordenará a suspensão dos processos e determinará a citação do beneficiário da decisão impugnada, que terá prazo de quinze dias para apresentar resposta.

> Enunciado nº 64 da I Jornada de Processo Civil CEJ/CJF: *"Ao despachar a reclamação, deferida a suspensão do ato impugnado, o relator pode conceder tutela provisória satisfativa correspondente à decisão originária cuja autoridade foi violada".*

Art. 990

Art. 990. Qualquer interessado poderá impugnar o pedido do reclamante.

O dispositivo é inédito e prevê que qualquer interessado poderá impugnar o pedido apresentado.

Art. 991

Art. 991. Na reclamação que não houver formulado, o Ministério Público terá vista do processo por 5 (cinco) dias, após o decurso do prazo para informações e para o oferecimento da contestação pelo beneficiário do ato impugnado.

O dispositivo é inédito e traça contornos mais precisos sobre a atuação do membro do Ministério Público nesta via processual.

Art. 992

Art. 992. Julgando procedente a reclamação, o tribunal cassará a decisão exorbitante de seu julgado ou determinará medida adequada à solução da controvérsia.

O dispositivo é inédito e prevê que, sendo julgado procedente o pedido na reclamação, o tribunal cassará a decisão e determinará a medida adequada para a solução da controvérsia. Embora não haja previsão no CPC, o vencido não é condenado a arcar com os honorários advocatícios da parte contrária, de modo semelhante ao que ocorre com o mandado de segurança. Contudo, há precedente do STF em sentido exatamente contrário, no que se refere a este tema.

> São devidos honorários advocatícios em sede de reclamação. "*Embargos de declaração em agravo interno em reclamação. Direito Processual Civil. Instauração do contraditório. Honorários de sucumbência. Cabimento. Embargos declaratórios acolhidos para sanar omissão. 1. A Lei nº 8.038/93 foi derrogada pela Lei nº 13.105/2015 (art. 1.072, IV), alcançando a expressa revogação, dentre outros, dos arts. 13 a 18 do diploma legislativo de 1990, passando o instituto da reclamatória a estar abalizado pelos arts. 988 a 993 do novel diploma processual, com previsão da instauração do contraditório (CPC, art. 989, III). 2. Embora ambos os institutos possuam sedes materiae na Lei nº 13.105/2015, a litigância de má-fé e os honorários sucumbenciais distinguem-se tanto na ratio de sua instituição quanto no beneficiário do provimento. 3. Cabimento da condenação em honorários advocatícios quando verificada a angularização da relação processual na ação reclamatória. 4. Embargos declaratórios acolhidos para, suprindo a omissão, fixar os honorários de sucumbência em 10% (dez por cento) sobre o valor do benefício econômico perseguido nos autos em referência (art. 85, §2º, do CPC), cuja execução deverá ser realizada no juízo de origem*" (STF. Rcl nº 25.160 AGR-ED/SP. Rel. Min. Dias Toffoli, DJ 06/10/2017).

Art. 993

Art. 993. O presidente do tribunal determinará o imediato cumprimento da decisão, lavrando-se o acórdão posteriormente.

O dispositivo é inédito e prevê que o Presidente do Tribunal determinará o imediato cumprimento da decisão, devendo ser lavrado o acórdão posteriormente.

TÍTULO II
DOS RECURSOS

CAPÍTULO I
DAS DISPOSIÇÕES GERAIS

Art. 994

Art. 994. São cabíveis os seguintes recursos:

I – apelação;

II – agravo de instrumento;

III – agravo interno;

IV – embargos de declaração;

V – recurso ordinário;

VI – recurso especial;

VII – recurso extraordinário;

VIII – agravo em recurso especial e extraordinário;

IX – embargos de divergência.

Com o CPC, os recursos passam a ser: apelação; agravo de instrumento; agravo interno; embargos de declaração; recurso ordinário; RESP; REXTR; agravo em RESP ou REXTR; embargos de divergência. Foram excluídos os embargos infringentes, bem como o agravo, o RESP e o REXTR, que eram interpostos na modalidade retida (art. 522 e art. 542, § 3º, CPC/73). Permanece, contudo, outro recurso, também denominado embargos infringentes, mas que é previsto em lei especial e que era totalmente diferente quanto ao prazo e hipóteses de cabimento do modelo primitivo que foi suprimido (art. 34, Lei nº 6.830/80). Por sinal, estes embargos infringentes na execução fiscal uma vez julgados pelo mesmo órgão prolator da decisão já permitiria a imediata interposição de REXTR, em raríssima hipótese em que o exaurimento ocorre ainda perante um magistrado atuante em primeira instância, conforme consta em verbete sumular do STF.

> Verbete nº 640 da Súmula do STF: *"É cabível REXTR contra decisão proferida por juiz de primeiro grau nas causas de alçada, ou por turma recursal de Juizado Especial".*

Art. 995

Art. 995. Os recursos não impedem a eficácia da decisão, salvo disposição legal ou decisão judicial em sentido diverso.

Parágrafo único. A eficácia da decisão recorrida poderá ser suspensa por decisão do relator, se da imediata produção de seus efeitos houver risco de dano grave, de difícil ou impossível reparação, e ficar demonstrada a probabilidade de provimento do recurso.

O dispositivo prevê que as decisões geram efeitos imediatamente, mas que estes podem ser sustados por decisão judicial ou quando a própria lei restringir, em casos que preveja, por exemplo, que haverá o efeito suspensivo. O parágrafo único autoriza que o relator suspenda a eficácia de qualquer decisão, o que poderia muito bem estar inserido em um rol mais específico que contempla os seus poderes (art. 932).

Art. 996

> Art. 996. O recurso pode ser interposto pela parte vencida, pelo terceiro prejudicado e pelo Ministério Público, como parte ou como fiscal da ordem jurídica.
>
> Parágrafo único. Cumpre ao terceiro demonstrar a possibilidade de a decisão sobre a relação jurídica submetida à apreciação judicial atingir direito de que se afirme titular ou que possa discutir em juízo como substituto processual.

A interposição de um recurso majoritariamente não equivale ao ajuizamento de uma nova ação, muita embora em ambas as situações haja a necessidade de análise da "legitimidade". Com efeito, quando uma das partes exerce o direito de ação ao provocar o Estado-Juiz, deverá demonstrar a sua legitimidade para tanto, que pode decorrer da presença na relação jurídica material ou de disposição normativa. Assim, após esta provocação o Estado-Juiz presta a jurisdição no instrumento denominado processo, que poderá permitir a participação de outros além daqueles que já estão integrando a relação jurídica processual. Esta legitimidade para recorrer se traduz, portanto, na autorização normativa para que outros, além das partes principais, também possam se valer de determinados instrumentos processuais em algumas hipóteses.

A legitimidade para recorrer é prevista nesta norma, que autoriza que o recurso seja interposto pelo demandante ou pelo demandado, bem como pelo Ministério Público quando atua como fiscal da ordem jurídica e, também, por um terceiro que tenha interesse jurídico.

A legitimidade das partes não é merecedora de maiores comentários, posto que se elas são legítimas para figurar no processo desde o seu início, também assim devem permanecer durante o seu desenrolar, uma vez que podem vir a ser atingidas pelo que ali restar decidido, o que torna obrigatória a sua participação de modo a preservar o direito fundamental ao devido processo legal e ao contraditório.

Quanto ao Ministério Público, a instituição tem legitimidade para recorrer nas hipóteses em que atua como parte principal (v.g., autor de uma ação civil pública) ou como fiscal da ordem jurídica, naquelas situações em que há interesse público primário evidenciado pela natureza da lide ou pela qualidade da parte. Vale dizer que, nesta segunda situação, a própria legislação vai estabelecer em quais hipóteses o *parquet* deverá atuar, sob pena de macular o processo com algum vício (art. 178 c/c art. 279). Assim, poderá o Ministério Público recorrer nestas situações e, também, naquelas em que deveria ter atuado embora não tenha sido intimado, de modo a reconhecer a nulidade do processo. E, ainda, mesmo que não haja recurso voluntário interposto pelas partes principais, conforme em verbete sumular do STJ.

Já no recurso de terceiro, o recorrente ali se encontra para defender a sua esfera pessoal, sendo irrelevante se a sua atuação possa vir a auxiliar reflexamente qualquer uma das partes como, por exemplo, quando o seu recurso é provido para fins de nulificar um determinado ato decisório que era prejudicial ao demandante. É o que exige o CPC (art. 996, parágrafo único), ao dispor que cumpre ao terceiro demonstrar a possibilidade de a decisão sobre a relação jurídica submetida à apreciação judicial atingir direito de que se afirme titular ou que possa discutir em juízo como substituto processual. Mas, por óbvio, a atuação deste terceiro não pode ser tão ampla, de modo a inovar nas matérias já debatidas durante o processamento do recurso. Com efeito, se as partes principais não podem trazer fatos novos e, consequentemente, novas provas para demonstrar estes fatos, também a mesma restrição deve ser adotada em relação ao terceiro. Assim, a sua atuação é bastante limitada a temas que podem ser conhecidos de ofício ou que não se sujeitam à preclusão, tal como a imensa maioria das questões de natureza processual (v.g., alegação de ofensa a coisa julgada material) e eventualmente até mesmo de cunho material (v.g., arguição de prescrição – art. 487, inc. II).

> **Verbete nº 99 da Súmula do STJ:** *"O Ministério Público tem legitimidade para recorrer no processo em que oficiou como fiscal da lei, ainda que não haja recurso da parte".*

> **Declinação da competência em favor da Justiça do Distrito Federal a pedido do MPF em virtude de substituição do membro da carreira. Recurso interposto por outro membro do MPF não conhecido.** *"O STJ concluiu que o art. 577, parágrafo único, do CPP, que preceitua que não se admitirá recurso da parte que não tiver interesse na reforma ou modificação da decisão, é compatível com os princípios fundamentais do Ministério Público expressos nos arts. 127, § 1º, da CF – unidade, indivisibilidade e independência funcional –, de onde se infere que os membros do Ministério Público, a despeito da existência de independência funcional, integram um só órgão, sob a mesma direção. A substituição dos membros do Ministério Público não altera subjetivamente a relação jurídica processual estabelecida entre o Ministério Público Federal e o réu. Unânime"* (TRF-1 – RSE 0005818-59.2014.4.01.3400, Rel. Juiz Federal Leão Aparecido Alves, em 25/04/2017).

Art. 997

Art. 997. Cada parte interporá o recurso independentemente, no prazo e com observância das exigências legais.

§ 1º Sendo vencidos autor e réu, ao recurso interposto por qualquer deles poderá aderir o outro.

§ 2º O recurso adesivo fica subordinado ao recurso independente, sendo-lhe aplicáveis as mesmas regras deste quanto aos requisitos de admissibilidade e julgamento no tribunal, salvo disposição legal diversa, observado, ainda, o seguinte:

I – será dirigido ao órgão perante o qual o recurso independente fora interposto, no prazo de que a parte dispõe para responder;

II – será admissível na apelação, no recurso extraordinário e no recurso especial;

III – não será conhecido, se houver desistência do recurso principal ou se for ele considerado inadmissível.

O dispositivo em questão deve ser interpretado literalmente, mantendo a possibilidade de o recurso ser interposto pela via adesiva na apelação, no RESP e no REXTR. Não é mais feita menção aos embargos infringentes, eis que esta espécie recursal foi eliminada do CPC.

Art. 998

Art. 998. O recorrente poderá, a qualquer tempo, sem a anuência do recorrido ou dos litisconsortes, desistir do recurso.

Parágrafo único. A desistência do recurso não impede a análise de questão cuja repercussão geral já tenha sido reconhecida e daquela objeto de julgamento de recursos extraordinários ou especiais repetitivos.

A desistência do recurso pode ser manifestada a qualquer tempo, mas desde que após sua interposição, já que não se pode desistir de algo que simplesmente não existe. Em algumas hipóteses, no entanto, ela não será permitida. A primeira ocorre nos casos de REXTR ou RESP que tenham sido selecionados, entre tantos outros, como representativos da controvérsia que se pretende sanar ou quando o primeiro tiver a repercussão geral reconhecida (art. 998, parágrafo único). Nesta situação, a jurisprudência já vinha negando a desistência do recorrente, pois isso equivaleria a frustrar a análise de tema tão relevante pelas Cortes Superiores.

Igualmente, não deve ser permitida a desistência quando os desembargadores ou ministros já tiverem exposto parcialmente a conclusão de seus votos, embora o julgamento ainda não tenha sido concluído. Basta imaginar, por exemplo, uma situação caracterizadora de uma sucumbência recíproca em que uma parte tenha apelado autonomamente enquanto a outra apenas tenha aderido. Se aquele que se valeu do recurso principal percebe, pelo teor dos votos até então proferidos, que a sua esfera pessoal será prejudicada, a possibilidade de desistência do seu recurso (que geraria automaticamente a impossibilidade de análise do outro), poderia se transmutar em perigoso instrumento para a prática de iniquidades. Portanto, também nesta hipótese a desistência deve ser vedada, conforme recomenda expressiva doutrina. No entanto, nem sempre a orientação dos Tribunais é na linha ora defendida.

> **Enunciado nº 65 da I Jornada de Processo Civil CEJ/CJF:** *"A desistência do recurso pela parte não impede a análise da questão objeto do incidente de assunção de competência".*

Impossibilidade de desistência pelo recorrente do seu recurso especial que foi selecionado como paradigma para o regime dos recursos repetitivos (CPC/73). *"A Corte Especial, ao prosseguir o julgamento, por maioria, entendeu que, submetido o recurso ao disposto na Resolução nº 8/2008-STJ e no art. 543-C do CPC, na redação que lhe deu a Lei nº 11.672/2008 (recurso repetitivo), não há como ser deferido pedido de desistência. Admitiu-se que, quando submetido o recurso ao regime daquela legislação, surge o interesse público ditado pela necessidade de uma pronta resolução da causa representativa de inúmeras outras, interesse esse que não se submete à vontade das partes. O Min. João Otávio de Noronha (vencido) entendia possível acolher a desistência, visto que é a lei quem a garante, além do fato de que a desistência, de acordo com a doutrina, é ato unilateral. Outros Ministros ficaram vencidos em parte, por entenderem diferir a análise da desistência para depois do julgamento da questão de direito tida por idêntica, garantindo, assim, a produção dos efeitos previstos no § 7º do art. 543-C do CPC, solução que, segundo essa linha, atenderia tanto ao interesse público quanto ao das partes. Dessarte, os autos retornaram à Segunda Seção para o julgamento do recurso repetitivo"* (STJ. Questão de ordem no RESP 1.063.343-RS. Rel.ª Min.ª Nancy Andrighi. DJ 17/12/2008).

Possibilidade de desistência de recurso cujo julgamento já tenha se iniciado, mas que esteve interrompido por pedido de vista. *"Trata-se de embargos infringentes opostos por SOTEGE ENGENHARIA S/A em face da União Federal, visando à prevalência de voto vencido proferido perante a 3ª Seção Especializada desta Corte, nos autos de ação rescisória intentada pela embargada. Durante a liquidação do processo originário, a UF requereu, por duas vezes, seu ingresso na lide, na condição de assistente da ré, Rede Ferroviária Federal – RFFSA, e a consequente remessa dos autos à Justiça Federal. Em ambos os casos, a ora recorrente (então autora) interpôs agravos de instrumento contra as decisões do Juízo de Direito que declinaram da competência para a Justiça Federal, e os dois recursos foram providos pelo Tribunal de Justiça do Estado do Rio de Janeiro, fixando a competência da Justiça Estadual. O feito lá prosseguiu, sendo prolatados sentença e acórdão. Quando do início da execução, todavia, adveio a Medida Provisória nº 353/2007, que extinguiu a RFFSA e dispôs sobre a sua sucessão pela União Federal. O processo, então, regressou à JF, onde aquela ofereceu embargos à execução. Posteriormente, a Fazenda Nacional – já na qualidade de sucessora da Sociedade de Economia Mista – veio a propor a mencionada ação rescisória, visando a desconstituir acórdão da 7ª Turma Especializada deste TRF-2, que, nos autos dos referidos embargos à execução, dera parcial provimento a recurso de apelação da SOTEGE. O julgado rescindendo, a seu turno, entendera que a coisa julgada formada na Justiça Estadual deveria ser observada, pois não seria viável, no âmbito de embargos à execução, pretender a revisão do quantum contido nos acórdãos proferidos pelo TJ/RJ, sob pena de se atribuir ao juiz federal singular o papel de instância revisora das deliberações dos desembargadores estaduais. A 3ª Seção Especializada, em contrapartida, julgou, por maioria, procedente o pedido rescisório, nos termos do voto do Desembargador Federal Marcus Abraham. A decisão baseou-se, primeiramente, na ocorrência de erro* *de fato (art. 485, V, do CPC/1973), uma vez que o acórdão rescindendo admitira que a União teria deixado de recorrer do julgado da 6ª Câmara Cível do TJ/RJ, dando como existente coisa julgada em relação à competência da Justiça Estadual para a demanda originária, quando, na verdade, a ora embargada não fora sequer intimada – a despeito de ter manifestado seu interesse no feito, e a despeito de também as partes autora e ré haverem requerido sua intimação, à época. Fundamentou-se o decisum, também, em violação literal (art. 485, IX, do CPC/1973) ao art. 109, I, da CF/88 (que trata da competência dos juízes federais para processar e julgar as causas em que a União, entidade autárquica ou empresa pública federal forem interessadas na condição de autoras, rés, assistentes ou oponentes); ao art. 38 da Lei Complementar nº 73/1993 (que dispõe serem as intimações e notificações feitas nas pessoas do Advogado da União ou do Procurador da Fazenda Nacional), e aos arts. 1º e 2º do Decreto nº 3.277/1999 (que versam sobre a dissolução e liquidação, respectivamente, da Rede Ferroviária Federal). Destarte, o processo foi declarado nulo desde agosto de 2002, e insubsistentes a sentença e o acórdão da liquidação, devendo ser reabertos às partes as ações e recursos cabíveis desde aquela data. Ocorre que, durante o julgamento dos presentes embargos, o próprio Desembargador Federal Marcus Abraham – que, em um primeiro momento, pronunciara-se contrariamente ao acolhimento do pleito rescisório – pediu vista dos autos, dando ensejo à suspensão da sessão. Nesse ínterim, o julgador reviu seu posicionamento, passando a votar em conformidade com a Desembargadora Federal Nizete Lobato e o Desembargador Federal Marcelo Pereira, que entendem, com base em precedentes do STJ, que, para tutelar valores de maior envergadura, é passível a flexibilização dos rigores do inciso IX e §§ 1° e 2° do art. 485 do CPC/1973 (dispositivos que tratam da ocorrência de erro de fato, quando a sentença considerar inexistente um episódio efetivamente ocorrido, e quando não tenha havido controvérsia nem pronunciamento judicial acerca desse, como in casu), de modo a abarcar, também, o erro na valoração da prova (consistente na desconsideração da prova constante dos autos). Após o retorno da sessão colegiada, contudo, verificou-se solicitação de desistência dos embargos infringentes. O Desembargador Federal Guilherme Couto de Castro, a seu turno, relator dos presentes embargos, acatou a homologação do requerimento, tomando por base a jurisprudência das Cortes Superiores, que vêm entendendo no sentido da possibilidade de admissão da desistência de recurso cujo julgamento já tenha se iniciado, mas que esteve interrompido por pedido de vista. Isto posto, decidiram os membros do Órgão Especial, por unanimidade, homologar o pleito de desistência, na forma do voto do relator. Precedentes: STF: RE 113.682 (DJU 11/10/2001); STJ: RESP 63.702 (DJU 26/08/96); RESP 689.439 (DJ 22/03/2010); RMS 20.582 (DJU 18/10/2007)"* (TRF-2. Embargos Infringentes 0002972-28.2012.4.02.0000 (2012.02.01.002972-0), julgado em 04/05/2017, e-DJF2R 26/05/2017, Rel. Des. Fed. Guilherme Couto de Castro – Órgão Especial).

Art. 999

Art. 999. A renúncia ao direito de recorrer independe da aceitação da outra parte.

Dispositivo idêntico ao modelo primitivo (CPC/73), tratando da renúncia ao direito de recorrer, que é manifestada antes da interposição do recurso.

Art. 1.000

> Art. 1.000. A parte que aceitar expressa ou tacitamente a decisão não poderá recorrer.
>
> Parágrafo único. Considera-se aceitação tácita a prática, sem nenhuma reserva, de ato incompatível com a vontade de recorrer.

O dispositivo em questão deve ser interpretado literalmente, tratando do instituto da preclusão ao direito de recorrer, que pode até ser lógica, quando praticado um ato anterior incompatível com a posterior interposição do recurso. Por exemplo, se tiver sido proferida uma sentença condenatória de obrigação de pagar e tendo o demandado requerido a expedição de guia para pagamento deste valor, este ato implica em aquiescência quanto ao teor da decisão, o que motivará o não recebimento do seu recurso de apelação que posteriormente venha a ser interposto. No entanto, nada impede que a parte ré queira cumprir imediatamente a decisão por não pretender se sujeitar, por exemplo, a arcar com a correção monetária (que passará a ser efetuada diretamente pela instituição financeira receptora do depósito). Assim, sendo feita esta ressalva expressa de que a sentença estará sendo cumprida, mas que ainda assim pretende recorrer, o seu futuro recurso deverá ser conhecido.

Art. 1.001

> Art. 1.001. Dos despachos não cabe recurso.

Dispositivo idêntico ao modelo primitivo (CPC/73), dispondo acertadamente que não cabe recurso de despacho, eis que não possuem conclusão e nem mesmo precisam ser motivados.

Art. 1.002

> Art. 1.002. A decisão pode ser impugnada no todo ou em parte.

O dispositivo em questão deve ser interpretado literalmente, com a substituição da palavra "sentença" por "decisão", que é um termo mais amplo.

Art. 1.003

Art. 1.003. O prazo para interposição de recurso conta-se da data em que os advogados, a sociedade de advogados, a Advocacia Pública, a Defensoria Pública ou o Ministério Público são intimados da decisão.

§ 1º Os sujeitos previstos no *caput* considerar-se-ão intimados em audiência quando nesta for proferida a decisão.

§ 2º Aplica-se o disposto no art. 231, incisos I a VI, ao prazo de interposição de recurso pelo réu contra decisão proferida anteriormente à citação.

§ 3º No prazo para interposição de recurso, a petição será protocolada em cartório ou conforme as normas de organização judiciária, ressalvado o disposto em regra especial.

§ 4º Para aferição da tempestividade do recurso remetido pelo correio, será considerada como data de interposição a data de postagem.

§ 5º Excetuados os embargos de declaração, o prazo para interpor os recursos e para responder-lhes é de 15 (quinze) dias.

§ 6º O recorrente comprovará a ocorrência de feriado local no ato de interposição do recurso.

O dispositivo tem algumas novidades, como a possibilidade de os recursos serem interpostos via correio, considerando o prazo da postagem. Também afirma, no parágrafo quinto, que todos os recursos devem ser interpostos em quinze dias, com exceção dos embargos de declaração. Esta norma, contudo, somente se aplica aos recursos previstos no CPC (com exceção dos agravos previstos também em leis especiais ou regimentos – art. 1.070), pois os previstos em leis especiais permanecerão sendo regulados pelas mesmas. Assim, nos processos que tramitam perante o Juizado Especial, permanece o prazo de dez dias para a interposição do recurso inominado (art. 42, Lei nº 9.099/95). Deve ser lembrado que o ato praticado antes do seu termo inicial deve ser considerado como tempestivo (art. 218). Destaca-se, também, que há precedente do STJ no sentido de que os agravos previstos em seus respectivos regimentos ou que sejam regulados pela Lei nº 8.038/90 permanecem sendo interpostos em 5 (cinco) dias, caso se trate de matéria penal.

> Verbete nº 641 da Súmula do STF: *"Não se conta em dobro o prazo para recorrer, quando só um dos litisconsortes haja sucumbido"*.
>
> Enunciado nº 46 da ENFAM: *"O § 5º do art. 1.003 do CPC/2015 (prazo recursal de 15 dias) não se aplica ao sistema de juizados especiais"*.

Prazo para interposição de agravo em processo penal não foi alterado pelo CPC/15. "*A Primeira Turma, por maioria e em razão da intempestividade, não conheceu de agravo regimental interposto contra decisão que inadmitiu, na origem, recurso extraordinário sobre matéria penal. De início, o ministro Edson Fachin (relator) destacou que a decisão de inadmissibilidade foi publicada em 26/4/2016 (terça-feira), com início do prazo recursal em 27/4/2016 (quarta-feira) e fim em 11/5/2016 (quarta-feira), mas o agravo somente foi interposto em 17/5/2016 (terça-feira), quando já expirado o prazo de quinze dias corridos. Observou que o prazo previsto para a interposição de agravo de instrumento contra decisão que inadmite recurso extraordinário era de cinco dias, conforme o art. 28 da Lei 8.038/90. Com as alterações do Código de Processo Civil pela Lei 8.950/94, a Corte pacificou o entendimento de que o art. 28 da Lei 8.038/90 não havia sido revogado em matéria penal, permanecendo o prazo de cinco dias para interposição do agravo. Relembrou que o novo Código de Processo Civil (CPC) alterou a sistemática recursal e, especificamente quanto ao recurso extraordinário, revogou expressamente os arts. 26 a 29 e 38 da Lei 8.038/90, conforme disposto no art. 1.072 do novo diploma instrumental. Entretanto, foi mantido o art. 39 da Lei 8.038/90 ('Da decisão do Presidente do Tribunal, de Seção, de Turma ou de Relator que causar gravame à parte, caberá agravo para o órgão especial, Seção ou Turma, conforme o caso, no prazo de cinco dias'), que cuida de agravo interno, distinto do agravo cabível para destrancamento de recurso extraordinário. Por sua vez, o agravo destinado a destrancar recurso extraordinário criminal era regulamentado pelo art. 28 da Lei 8.038/90, revogado. Feitas essas considerações, o ministro verificou que, em razão da alteração da base normativa, inexistindo previsão específica no Código de Processo Penal (CPP) e no Regimento Interno do Supremo Tribunal Federal (RISTF), à luz do preconizado no art. 3º do CPP, o prazo a ser observado na interposição do agravo destinado a impugnar a decisão de inadmissibilidade do recurso extraordinário é o da regra geral do art. 1.003, § 5º, do CPC/2015, ou seja, de 15 dias. A despeito do que dispõe o art. 219, "caput", do CPC/2015, que determina a contagem do prazo recursal em dias úteis, o caso concreto trata de agravo em recurso extraordinário em matéria criminal. Nessa hipótese, as regras do processo civil somente se aplicam subsidiariamente. Dessa forma, sempre que em conflito regras formalmente expressas em lei, há de ser aplicado o critério da especialidade. No caso, a contagem dos prazos no processo penal está prevista no art. 798 do CPP ('Todos os prazos correrão em cartório e serão contínuos e peremptórios, não se interrompendo por férias, domingo ou dia feriado'). Portanto, o CPC/2015 não regula o processo penal nesse particular. Logo, diante da nova sistemática processual, o prazo para interposição do agravo que almeja destrancar recurso extraordinário criminal inadmitido na origem passou a ser de 15 dias, com a contagem regida pelo CPP. A ministra Rosa Weber e os ministros Luiz Fux e Roberto Barroso acompanharam o relator quanto à intempestividade do recurso para não o conhecer, uma vez que a interposição se deu 21 dias após o início do prazo, mas não quanto aos fundamentos. Vencido o ministro Marco Aurélio, que afastava a intempestividade, por considerar ter havido a uniformização dos prazos em 15 dias úteis, exceto para embargos declaratórios*" (STF. ARE 993407/DF, Rel. Min. Edson Fachin, 25/10/2016).

Termo inicial para a interposição de recurso em caso de intimação pessoal realizada pelo Oficial de Justiça se inicia com a juntada do mandado aos autos. "*Nos casos de intimação pessoal realizada por oficial de justiça, a contagem* *do prazo para a interposição de recursos ou a eventual certificação de trânsito em julgado começa a partir da juntada aos autos do mandado devidamente cumprido. Com base nesse entendimento, a Segunda Turma, por maioria, proveu agravo regimental para afastar a intempestividade de recurso extraordinário. A Turma afirmou que a contagem do prazo recursal a partir da juntada aos autos do mandado seria uma exigência do art. 241, II do CPC ('Art. 241. Começa a correr o prazo: [...] II – quando a citação ou intimação for por oficial de justiça, da data de juntada aos autos do mandado cumprido'). Vencido o Ministro Teori Zavascki (relator), que negava provimento ao agravo. Pontuava que a intimação pessoal de que trata o art. 17 da Lei 10.910/2004 não poderia ser confundida com a intimação por oficial de justiça referida no art. 241, II, do CPC. Aquela independeria de mandado ou de intervenção do oficial de justiça, se perfectibilizando por modos variados, previstos no CPC ou na praxe forense, como, por exemplo: mediante a cientificação do intimado pelo próprio escrivão ou pelo chefe de secretaria (CPC, art. 237, I, e art. 238, parte final)"* (STF. ARE 892732/SP, Rel. Min. Teori Zavascki, red. p/ o acórdão Min. Dias Toffoli, 05/04/2016).

Prazo para interposição de agravo em processo penal não foi alterado pelo CPC/2015. *"Processual Civil e Processual Penal. Agravo regimental em reclamação. Recurso que impugna decisão monocrática de relator proferida após a entrada em vigor do novo CP. Prazo ainda regido pelo art. 39 da Lei 8.038/90. Intempestividade"* (STJ. AgRg na Reclamação nº 30.714-PB. Rel. Min. Reynaldo Soares da Fonseca. DJ 27/04/2016).

Intimação da Fazenda Pública para recorrer. Devolução dos autos sem manifestação recursal. Alegada dúvida quanto à atribuição para atuar no feito. Erro inescusável. Paridade de armas. *"O termo a quo do prazo para a interposição de recurso pela União se dá com a entrega dos autos com vista, conforme previsto no art. 6º da Lei 9.028/95 e no art. 20 da Lei 11.033/2004. Assim, comprovada a regularidade dos procedimentos adotados relativamente à intimação da Procuradoria-Regional da União e incontinenti à Procuradoria da Fazenda Nacional, é descabida a pretensão de que seja reaberto o prazo recursal, motivada por dúvida inescusável acerca de quem seria a atribuição para atuar no feito, por afronta aos princípios da isonomia e da paridade de tratamento entre as partes. Unânime"* (TRF-1. ApReeNec 0009031- 20.2007.4.01.3400, Rel.ª Des.ª Federal Maria do Carmo Cardoso, julgado em 13/03/2017).

Art. 1.004

Art. 1.004. Se, durante o prazo para a interposição do recurso, sobrevier o falecimento da parte ou de seu advogado ou ocorrer motivo de força maior que suspenda o curso do processo, será tal prazo restituído em proveito da parte, do herdeiro ou do sucessor, contra quem começará a correr novamente depois da intimação.

O dispositivo em questão deve ser interpretado literalmente, dispondo sobre as providências que deverão ser adotadas em hipóteses de falecimento da parte ou do seu advogado durante o prazo para recorrer.

Art. 1.005

> Art. 1.005. O recurso interposto por um dos litisconsortes a todos aproveita, salvo se distintos ou opostos os seus interesses.
>
> Parágrafo único. Havendo solidariedade passiva, o recurso interposto por um devedor aproveitará aos outros quando as defesas opostas ao credor lhes forem comuns.

Dispositivo idêntico ao do modelo primitivo (CPC/73), que poderia ter sido objeto de ajuste redacional, pois, em regra, o recurso interposto por um litisconsorte não aproveita aos demais. Este aproveitamento somente pode ocorrer se o litisconsórcio em questão for unitário, hipótese em que é reconhecida uma interdependência de atuação entre os litisconsortes, o que justificaria que os atos benéficos praticados por um beneficiassem o outro, eis que há necessidade de que a solução jurisdicional seja a mesma para todos.

Art. 1.006

> Art. 1.006. Certificado o trânsito em julgado, com menção expressa da data de sua ocorrência, o escrivão ou o chefe de secretaria, independentemente de despacho, providenciará a baixa dos autos ao juízo de origem, no prazo de 5 (cinco) dias.

O dispositivo em questão deve ser interpretado literalmente, para as providências cartorárias que devem ser observadas após a certificação da ocorrência do trânsito em julgado.

Art. 1.007

> Art. 1.007. No ato de interposição do recurso, o recorrente comprovará, quando exigido pela legislação pertinente, o respectivo preparo, inclusive porte de remessa e de retorno, sob pena de deserção.
>
> § 1º São dispensados de preparo, inclusive porte de remessa e de retorno, os recursos interpostos pelo Ministério Público, pela União, pelo Distrito Federal, pelos Estados, pelos Municípios, e respectivas autarquias, e pelos que gozam de isenção legal.

§ 2º A insuficiência no valor do preparo, inclusive porte de remessa e de retorno, implicará deserção se o recorrente, intimado na pessoa de seu advogado, não vier a supri-lo no prazo de 5 (cinco) dias.

§ 3º É dispensado o recolhimento do porte de remessa e de retorno no processo em autos eletrônicos.

§ 4º O recorrente que não comprovar, no ato de interposição do recurso, o recolhimento do preparo, inclusive porte de remessa e de retorno, será intimado, na pessoa de seu advogado, para realizar o recolhimento em dobro, sob pena de deserção.

§ 5º É vedada a complementação se houver insuficiência parcial do preparo, inclusive porte de remessa e de retorno, no recolhimento realizado na forma do § 4º.

§ 6º Provando o recorrente justo impedimento, o relator relevará a pena de deserção, por decisão irrecorrível, fixando-lhe prazo de 5 (cinco) dias para efetuar o preparo.

§ 7º O equívoco no preenchimento da guia de custas não implicará a aplicação da pena de deserção, cabendo ao relator, na hipótese de dúvida quanto ao recolhimento, intimar o recorrente para sanar o vício no prazo de 5 (cinco) dias.

O preparo se traduz na exigência de que o recorrente efetue os custos necessários para que o seu recurso possa ser admitido. É tema tratado nesta norma do CPC, que exige que, já no ato de interposição, o interessado comprove o respectivo preparo, bem como o porte de remessa e retorno, sob pena de deserção.

Se o interessado postular a gratuidade de justiça na própria peça do recurso, ficará por ora dispensado deste recolhimento até que o tema seja analisado. É, de certa maneira, raciocínio que se encontra estampado em norma do CPC (art. 101, § 1º).

Mas, não sendo hipótese de gratuidade deferida, realmente o preparo já deve ser demonstrado por ocasião da interposição do recurso. Só que, em casos de insuficiência do preparo, o magistrado deverá determinar a intimação do recorrente para que efetue a regularização em 5 (cinco) dias (art. 1.007, § 2º). Vale dizer que tal norma só tem aplicação quando o preparo já tiver sido efetuado, porém não integralmente. Quando o recurso for interposto sem qualquer recolhimento de custas, a parte também terá que ser intimada na pessoa de seu patrono para que regularize esta situação, mas agora já terá que recolher o valor em dobro (art. 1.007, § 4º), não sendo permitida que seja novamente intimada para esta finalidade (art. 1.007, § 5º). Contudo, se o recurso for interposto após já ter sido encerrado o expediente bancário, será então permitido que o preparo seja feito no primeiro dia útil subsequente, tal como reconhecido em verbete do STJ.

A legislação em alguns momentos dispensa essa exigência (v.g., art. 1.007, § 1º, art. 1.023, art. 1.042, § 2º, entre outros). O primeiro (art. 1.007, § 1º) cuida da dispensa de preparo nos recursos interpostos pelo Ministério Público, pela União, pelo Distrito Federal, pelos Estados e Municípios, bem como pelas suas respectivas autarquias. Este entendimento, por sinal, já era constante de outro verbete sumular do STJ. Já o segundo (art. 1.023) é o que dispensa o preparo para os embargos de declaração, o que já era permitido no modelo anterior (CPC/73). E, por fim, no último (art. 1.042, § 2º), esta exigência também é dispensada nas hipóteses em que é interposto o agravo aos Tribunais Superiores.

Existe, contudo, uma crítica a todas estas hipóteses, uma vez que tais dispositivos estariam gerando uma indevida isenção heterônoma de tributos. Com efeito, estas custas processuais nada mais são do que taxas que, por sua vez, se constituem em uma das espécies de tributo. Assim, não poderia um ente fazendário (no caso a União que, por meio do Congresso Nacional, criou o CPC – lei federal) conceder isenção de um tributo que pode não ser da sua competência (como na hipótese de custas devidas em razão de processo instaurado perante a Justiça Estadual), o que equivaleria a uma indevida intromissão em aspectos financeiros que envolvem outros entes públicos. Assim, seria melhor concluir que tais normas somente seriam aplicáveis no âmbito da Justiça Federal, sem qualquer impedimento para que qualquer Estado-membro da Federação criasse a sua própria legislação concedendo isenção de seus próprios tributos. Mas deve ser alertado que tais normas previstas no CPC vêm sendo reiteradamente aplicadas e sem quaisquer ressalvas neste sentido.

> **Verbete nº 483 da Súmula do STJ:** *"O INSS não está obrigado a efetuar depósito prévio do preparo por gozar das prerrogativas e privilégios da Fazenda Pública".*
>
> **Verbete nº 484 da Súmula do STJ:** *"Admite-se que o preparo seja efetuado no primeiro dia útil subsequente, quando a interposição do recurso ocorrer após o encerramento do expediente bancário".*

> **Recurso da decisão que indefere requerimento de gratuidade de justiça não precisa vir acompanhado do preparo, cabendo ao relator analisar esta situação antes de pura e simplesmente inadmitir o recurso.** *"Não se aplica a pena de deserção a recurso interposto contra o indeferimento do pedido de justiça gratuita. Nessas circunstâncias, cabe ao magistrado, mesmo constatando a inocorrência de recolhimento do preparo, analisar, inicialmente, o mérito do recurso no tocante à possibilidade de concessão do benefício da assistência judiciária gratuita. Se entender que é caso de deferimento, prosseguirá no exame das demais questões trazidas ou determinará o retorno do processo à origem para que se prossiga no julgamento do recurso declarado deserto. Se confirmar o indeferimento da gratuidade da justiça, deve abrir prazo para o recorrente recolher o preparo recursal e dar sequência ao trâmite processual. Partindo-se de uma interpretação histórico-sistemática das normas vigentes aplicáveis ao caso (CF e Lei nº 1.060/50) e levando-se em consideração a evolução normativo-processual trazida pelo CPC/2015, é oportuno repensar o*

entendimento até então adotado pelo STJ no sentido de considerar deserto o recurso interposto sem o comprovante de pagamento das custas processuais, mesmo quando o mérito diga respeito ao pedido de justiça gratuita, tendo em vista a completa falta de boa lógica a amparar a exigência de recolhimento do preparo nesses casos. Isso porque, se o jurisdicionado vem afirmando, requerendo e recorrendo no sentido de obter o benefício da assistência judiciária gratuita, porque diz não ter condição de arcar com as despesas do processo, não há sentido nem lógica em se exigir que ele primeiro pague o que afirma não poder pagar para só depois o Tribunal decidir se realmente ele precisa, ou não, do benefício. Além disso, não há sequer previsão dessa exigência na Lei nº 1.060/50. Neste ponto, convém apontar que a CF consagra o princípio da legalidade (art. 5º, II), que dispensa o particular de quaisquer obrigações em face do silêncio da lei (campo da licitude). Assim, se a norma não faz exigência específica e expressa, parece inteiramente vedado ao intérprete impô-la, a fim de extrair dessa interpretação consequências absolutamente graves, a ponto de eliminar o direito de recorrer da parte e o próprio acesso ao Judiciário. Ademais, é princípio basilar de hermenêutica que não pode o intérprete restringir quando a lei não restringe, condicionar quando a lei não condiciona, ou exigir quando a lei não exige. Essa é a interpretação mais adequada da Lei nº 1.060/50 e consentânea com os princípios constitucionais da inafastabilidade da tutela jurisdicional e do processo justo e com a garantia constitucional de concessão do benefício da assistência judiciária gratuita ao necessitado (art. 5º, XXXV, LIV e LXXIV, da CF)" (STJ. AgRg nos ERESP 1.222.355-MG, Rel. Min. Raul Araújo, julgado em 04/11/2015, DJe 25/11/2015 – Informativo nº 574).

Ausência de preparo mesmo após o recorrente ter sido regularmente intimado para realizá-lo: deserção. *"1. O Enunciado administrativo nº 3 do Superior Tribunal de Justiça dispõe, in verbis: "Aos recursos interpostos com fundamento no CPC/15 (relativos a decisões publicadas a partir de 18 de março de 2016) serão exigidos os requisitos de admissibilidade recursal na forma do NCPC". 2. Certidão cartorária atestando que a GRERJ não foi paga. 3. Como é cediço, nos termos do artigo 1.007, caput, do CPC/15, "no ato de interposição do recurso, o recorrente comprovará, quando exigido pela legislação pertinente, o respectivo preparo, inclusive porte de remessa e de retorno, sob pena de deserção". 4. Diante disso, considerando que, mesmo devidamente intimada, a apelante deixou de promover a respectiva regularização e recolhimento do preparo recursal, impõe-se o reconhecimento da deserção"* (TJ. AI 0032867-85.2016.8.19.0000. Rel. Antonio Carlos dos Santos Bittencourt. Data: 03/10/2016. 27ª Câmara Cível Consumidor).

Art. 1.008

Art. 1.008. O julgamento proferido pelo tribunal substituirá a decisão impugnada no que tiver sido objeto de recurso.

O dispositivo em questão deve ser interpretado literalmente, permanecendo o efeito substitutivo que surge quando o recurso é provido ou é negado o seu provimento, com análise do mérito da causa.

CAPÍTULO II
DA APELAÇÃO

Art. 1.009

Art. 1.009. Da sentença cabe apelação.

§ 1º As questões resolvidas na fase de conhecimento, se a decisão a seu respeito não comportar agravo de instrumento, não são cobertas pela preclusão e devem ser suscitadas em preliminar de apelação, eventualmente interposta contra a decisão final, ou nas contrarrazões.

§ 2º Se as questões referidas no § 1º forem suscitadas em contrarrazões, o recorrente será intimado para, em 15 (quinze) dias, manifestar-se a respeito delas.

§ 3º O disposto no *caput* deste artigo aplica-se mesmo quando as questões mencionadas no art. 1.015 integrarem capítulo da sentença.

No modelo primitivo (CPC/73), o magistrado proferia diversas decisões interlocutórias no curso da fase de conhecimento, sendo que tornavam-se preclusas se não fosse interposto o agravo retido (recurso que deixou de estar previsto no CPC). Assim, sob a égide do antigo modelo, se o demandante postulasse a produção de uma prova pericial e o magistrado a indeferisse, teria que interpor um agravo retido para evitar a preclusão do tema. E, depois que fosse proferida sentença de improcedência, teria que apelar deste ato decisório reiterando a análise do agravo anteriormente interposto, caso em que o Tribunal primeiro o analisaria e depois, se fosse o caso, julgaria o teor da apelação, ainda na mesma sessão. Observa-se, portanto, que eram duas decisões distintas (decisão interlocutória e sentença), tendo sido cada uma delas objeto de um recurso diferente em momentos próprios. A técnica da retenção, adotada neste modelo antigo, buscava apenas evitar que o Tribunal tivesse que analisar imediatamente a irresignação do agravante, razão pela qual o referido recurso ficaria retido, aguardando que fosse interposta a apelação no momento próprio para que fosse reiterado se este fosse o caso.

Contudo, o novo modelo (CPC) elimina o agravo retido (e também o REXTR e RESP que podiam ser utilizados desta mesma forma – art. 542, § 3º, CPC/73), passando a disciplinar as consequências desta mudança em norma específica (art. 1.009, § 1º). Pela nova sistemática, o exemplo acima já teria outra forma de proceder. É que, diante do indeferimento do pedido de prova pericial, caberá à parte prejudicada verificar se esta hipótese comporta ou não agravo de instrumento. Se for uma das hipóteses previstas em lei (art. 1.015), este agravo necessariamente deverá ser interposto, sob pena de a decisão interlocutória precluir. Mas, não estando esta situação prevista no rol que admite o uso do agravo de instrumento, caberá à parte tão somente peticionar ao magistrado postulando a reconsideração do ato decisório (se quiser), e, em caso negativo, aguardar a prolação da sentença. É que, de acordo com o CPC, passa a ser permitido que o recurso de apelação questione não apenas os fundamentos constantes na sentença como, também, aqueles constantes em todas as decisões interlocutórias que foram proferidas ao longo do processo, desde que não sejam aquelas que se sujeitavam a agravo de instrumento, posto que as mesmas já estariam preclusas (art. 1.009, § 1º c/c art. 507). Desta maneira, a parte derrotada, no mesmo recurso de apelação, apresentará, em preliminar, argumentos contrários à decisão interlocutória que indeferiu a produção da prova pericial e, ao mesmo tempo, combaterá os fundamentos constantes da própria sentença. Esta situação, em que passa a ser autorizada neste recurso a apresentação de irresignações quanto às decisões interlocutórias não preclusas, também pode ser suscitada diretamente pelo apelado nas suas contrarrazões (art. 1.009, §§ 1º e 2º) e já vinha sendo observada no sistema dos juizados especiais, que tem severas restrições ao uso de recursos.

> **Enunciado nº 67 da I Jornada de Processo Civil CEJ/CJF**: "*Há interesse recursal no pleito da parte para impugnar a multa do art. 334, § 8º, do CPC por meio de apelação, embora tenha sido vitoriosa na demand*a".
>
> **Enunciado nº 93 da I Jornada de Processo Civil CEJ/CJF**: "*Da decisão que julga a impugnação ao cumprimento de sentença cabe apelação, se extinguir o processo, ou agravo de instrumento, se não o fizer*".

> **Juiz induz patrono a erro ao nominar "decisão interlocutória" como "sentença". Apelação processada como agravo de instrumento em virtude do princípio da fungibilidade.** "*Processual civil. Embargos de divergência em agravo em recurso especial. Divergência entre as Turmas da 2ª Seção em casos idênticos, inclusive envolvendo as mesmas partes e órgãos judiciais de 1ª e 2ª instâncias. Excepcionalidade do caso concreto. Execução de título extrajudicial. Exceção de pré-executividade. Exclusão de executado do polo passivo. Interposição de apelação ao invés de agravo de instrumento. Inexistência de má-fé. Indução a erro pelo juízo. Relativização da dúvida objetiva na restrita hipótese dos autos. Princípio da fungibilidade. Aplicabilidade. Precedentes. Embargos de divergência a que se dá provimento*" (STJ. EARESP 230380/RJ. Rel. Min. Paulo de Tarso Sanseverino. DJ 11/10/2017).
>
> **Impossibilidade de redução de ofício do valor das *astreintes* em grau recursal em casos de não admissibilidade do recurso.** "*O valor das astreintes não pode ser reduzido de ofício em segunda instância quando a questão é suscitada em recurso de apelação não conhecido*" (STJ. RESP 1.508.929-RN, Rel. Min. Moura Ribeiro, por unanimidade, julgado em 07/03/2017, DJe 21/03/2017).

Art. 1.010

Art. 1.010. A apelação, interposta por petição dirigida ao juízo de primeiro grau, conterá:

I – os nomes e a qualificação das partes;

II – a exposição do fato e do direito;

III – as razões do pedido de reforma ou de decretação de nulidade;

IV – o pedido de nova decisão.

§ 1º O apelado será intimado para apresentar contrarrazões no prazo de 15 (quinze) dias.

§ 2º Se o apelado interpuser apelação adesiva, o juiz intimará o apelante para apresentar contrarrazões.

§ 3º Após as formalidades previstas nos §§ 1º e 2º, os autos serão remetidos ao tribunal pelo juiz, independentemente de juízo de admissibilidade.

O recurso de apelação deve ser interposto perante o próprio órgão prolator da sentença, acompanhado do respectivo preparo (se for o caso) e no prazo de 15 (quinze) dias (art. 1.003, § 5º). Este prazo, porém, pode ser ampliado naquelas hipóteses tradicionais (v.g., recurso interposto pela Fazenda Pública ou por litisconsortes com diferentes procuradores), assim como também pode ser reduzido para 10 (dez) dias, tal como ocorre nos processos que observarem o procedimento previsto no ECA (art. 198, inc. II, Lei nº 8.069/90). Vale dizer que, nesta última hipótese, sequer haverá prazo diferenciado para o *parquet* ou defesa, conforme prevê esta mesma norma após mudança introduzida em sua redação (Lei nº 12.591/2012).

Na peça do recurso de apelação deverá constar o nome e a qualificação das partes, os fundamentos de fato e de direito bem como o requerimento de nova decisão (art. 1.010, incs. I, II, III e IV). Mas, como este recurso se processa entranhado nos próprios autos, a qualificação das partes pode até ser dispensada, eis que já consta em outras peças processuais. No entanto, na hipótese de recurso interposto por terceiro, este deverá necessariamente se qualificar.

Usualmente, são elaboradas duas peças (uma de interposição do recurso ao juízo monocrático e outra com as razões direcionadas ao Tribunal), embora ambas devam ser apresentadas no mesmo momento perante o órgão jurisdicional de primeira instância. Esta prática, no entanto, é absolutamente desnecessária, já que as razões já podem vir expressas na própria petição de interposição do recurso. Em realidade, este hábito decorre da antiga sistemática adotada pelo antepenúltimo Código de Processo Civil (CPC/39) e que, até hoje, persiste no Código de Processo Penal. Com efeito, nos processos penais, a apelação deve ser interposta em 5 (cinco) dias (art. 593, CPP) e, somente após, haverá ainda um prazo de mais 8 (oito) dias (art. 600, CPP), para que sejam indicadas as razões recursais.

Também é possível que as questões de fato não propostas no juízo inferior sejam suscitadas na apelação, se a parte provar que deixou de fazê-lo por motivo de força maior (art. 1.014). Em tais casos, pode até ser que o relator, oportunamente, determine as provas que devem ser produzidas para comprová-las (art. 938, § 3º).

Após a interposição da apelação, o CPC prevê que, dependendo da hipótese, o magistrado poderá se retratar da sentença que proferiu. Isso pode acontecer em algumas situações indicadas em lei (art. 198, inc. VII, Lei nº 8.069/90, art. 331, art. 332 e art. 485, § 7º) e deve ser realizado antes mesmo do juízo de admissibilidade do recurso e até antes de se intimar a parte contrária para apresentar contrarrazões (pelo menos é que o está positivado em dois dispositivos: art. 331, § 1º, e art. 332, § 4º). Aliás, tanto não cabe ao juiz efetuar esta admissibilidade, que nem mesmo constou a possibilidade de agravo de instrumento para impugnar esta decisão (art. 1.015), ao contrário do que constava expressamente no modelo anterior (art. 522, CPC/73). Portanto, este é realmente um grave problema, pois a lei permite, sem ressalvas, que em alguns casos baste ao demandante interpor a apelação, que o magistrado terá a possibilidade de se retratar ainda que este recurso seja formalmente imperfeito, já que não mais lhe competiria fazer esta verificação.

De qualquer maneira, na sequência, será o recorrido intimado para apresentar as suas contrarrazões, também no prazo de 15 (quinze) dias. Este prazo, igualmente, poderá ser ampliado ou reduzido naquelas mesmas hipóteses (v.g., contrarrazões apresentadas pela Fazenda Pública ou por particular em processo regulado pelo ECA). E, de novidade, poderá o apelado postular, em preliminar de suas contrarrazões, que o Tribunal também se manifeste sobre alguma decisão interlocutória anteriormente proferida no processo que não esteja acobertada pelo manto da preclusão (art. 1.009, § 1º).

> Enunciado nº 68 da I Jornada de Processo Civil CEJ/CJF: "*A intempestividade da apelação desautoriza o órgão a quo a proferir juízo positivo de retratação*".

Art. 1.011

Art. 1.011. Recebido o recurso de apelação no tribunal e distribuído imediatamente, o relator:

I – decidi-lo-á monocraticamente apenas nas hipóteses do art. 932, incisos III a V;

II – se não for o caso de decisão monocrática, elaborará seu voto para julgamento do recurso pelo órgão colegiado.

Quando os autos chegarem a segunda instância, deverá ser observado o procedimento regulado pelo CPC (art. 929 – art. 946), que cuida da ordem dos processos no Tribunal e que até mesmo já foi abordado em momento próprio (v. item nº 35.2.). Vale dizer que este procedimento é aplicável em todos os recursos, respeitadas algumas peculiaridades de cada um.

Assim, uma vez estando os autos no Tribunal, eles serão registrados e distribuídos a um dos órgãos internos, que pode ser tanto uma Câmara quanto uma Turma (dependendo da organização de cada Tribunal. No mesmo momento da distribuição, também será sorteado um dos desembargadores integrantes do órgão fracionário para atuar como relator neste recurso, observando os princípios da publicidade, alternatividade e do sorteio. Vale dizer que a apelação poderá ser oportunamente decidida tanto monocrática (onde a lei autorizar) quanto coletivamente por meio da manifestação de três membros do Tribunal (art. 941, § 2º).

Após a distribuição, os autos seguirão conclusos ao relator pelo prazo de 30 (trinta) dias, que, depois de elaborar o voto, restitui-lo-á, com relatório à secretaria. Isso, claro, sem embargo de proferir decisão monocrática (art. 932). Contudo, destaca-se que o CPC (art. 932, parágrafo único) estabelece que o relator, antes de negar seguimento ao recurso pela inadmissibilidade, deverá previamente intimar o recorrente para que, em 5 (cinco) dias, regularize o vício detectado ou complemente a documentação exigível. E, da mesma forma, quando o relator constatar a ocorrência de fato superveniente à decisão recorrida ou existência de questão apreciável de ofício que ainda não foram examinadas, mas que são importantes para o julgamento do recurso, competirá ao mesmo intimar as partes para que se manifestem previamente no mesmo prazo, o que está em harmonia com outra norma do CPC (art. 10).

O CPC também autoriza que o relator determine a realização ou a renovação do ato processual, no próprio tribunal ou em primeiro grau de jurisdição, quando constatada a ocorrência de vício sanável, inclusive aquele que possa ser conhecido de ofício (art. 938, § 1º). Além disso, também há dispositivo (art. 938, § 3º), que permite que, se for reconhecida a necessidade de produção de prova, o relator possa converter o julgamento em diligência, que se realizará no tribunal ou em primeiro grau de jurisdição, decidindo-se o recurso após a conclusão da instrução.

Art. 1.012

Art. 1.012. A apelação terá efeito suspensivo.

§ 1º Além de outras hipóteses previstas em lei, começa a produzir efeitos imediatamente após a sua publicação a sentença que:

I – homologa divisão ou demarcação de terras;

II – condena a pagar alimentos;

III - extingue sem resolução do mérito ou julga improcedentes os embargos do executado;

IV - julga procedente o pedido de instituição de arbitragem;

V - confirma, concede ou revoga tutela provisória;

VI - decreta a interdição.

§ 2º Nos casos do § 1º, o apelado poderá promover o pedido de cumprimento provisório depois de publicada a sentença.

§ 3º O pedido de concessão de efeito suspensivo nas hipóteses do § 1º poderá ser formulado por requerimento dirigido ao:

I - tribunal, no período compreendido entre a interposição da apelação e sua distribuição, ficando o relator designado para seu exame prevento para julgá-la;

II - relator, se já distribuída a apelação.

§ 4º Nas hipóteses do § 1º, a eficácia da sentença poderá ser suspensa pelo relator se o apelante demonstrar a probabilidade de provimento do recurso ou se, sendo relevante a fundamentação, houver risco de dano grave ou de difícil reparação.

O dispositivo mantém, como regra, a concessão de efeito suspensivo ao recurso de apelação, embora em alguns casos aqui relacionados ele não ocorra. Há, porém, algumas mudanças. O modelo primitivo mencionava que não haveria efeito suspensivo para as apelações interpostas para impugnar sentenças proferidas em processo cautelar, o que não é mais mencionado no CPC, posto que a autonomia do processo cautelar foi seriamente atingida com as reformas. Todos os demais incisos permanecem, alguns com redação ajustada. O quinto inciso segue a recomendação doutrinária prevalente, pois trata dos casos envolvendo confirmação, concessão ou revogação da tutela provisória na própria sentença, sendo que no modelo primitivo somente havia menção à confirmação. Por sinal, o parágrafo quinto do artigo subsequente (art. 1.103) é enfático em prever que este capítulo da sentença é questionado, exclusivamente, pelo recurso de apelação. Quanto ao novo inciso sexto, que cuida dos casos de interdição, em realidade já até constava no modelo primitivo (CPC/73), mas em dispositivo esparso (art. 1.184, CPC/1973).

O restante do dispositivo prevê a possibilidade de cumprimento provisório da sentença, cujas regras já foram apresentadas (art. 520 – art. 522). Ressalva-se, outrossim, que nem sempre será possível o cumprimento provisório, pois em várias situações a própria legislação proíbe que a execução seja iniciada antes do trânsito em julgado (art. 2º-B, Lei nº 9.494/97 e art. 52, IV, Lei nº 9.099/95). O último parágrafo permite ao relator dar efeito suspensivo ao recurso que originariamente não o possui.

> **Enunciado nº 39 da I Jornada de Processo Civil CEJ/CJF:** "*Cassada ou modificada a tutela de urgência na sentença, a parte poderá, além de interpor recurso, pleitear o respectivo restabelecimento na instância superior, na petição de recurso ou em via autônoma*".

Tutela provisória de urgência revogada por ocasião da prolação da sentença de improcedência. Responsabilidade objetiva do demandante em ressarcir o demandado. "*Se a antecipação da tutela anteriormente concedida a assistido de plano de previdência complementar fechada houver sido revogada em decorrência de sentença de improcedência do seu pedido, independentemente de culpa ou má-fé, será possível à entidade previdenciária – administradora do plano de benefícios que tenha suportado os prejuízos da tutela antecipada – efetuar descontos mensais no percentual de 10% sobre o montante total de cada prestação do benefício suplementar que vier a ser recebida pelo assistido, até que ocorra a integral compensação, com atualização monetária, da verba que fora antecipada, ainda que não tenha havido prévio pedido ou reconhecimento judicial da restituição. De fato, a sistemática adotada pelos dispositivos da legislação processual civil que visam combater o dano processual – relacionados à tutela antecipada, à tutela cautelar e à execução provisória – inspira-se, conforme entendimento doutrinário, em princípios diversos daqueles que norteiam as demais disposições processuais, as quais buscam reprimir as condutas maliciosas e temerárias das partes no trato com o processo, o chamado improbus litigator. Cuida-se de responsabilidade processual objetiva, bastando a existência do dano decorrente da pretensão deduzida em juízo para que sejam aplicados os arts. 273, § 3º, 475-O, I e II, e 811 do CPC/73 (correspondentes aos arts. 297, parágrafo único, 520, I e II, e 302 do CPC/2015). Desse modo, os danos causados a partir da execução de tutela antecipada (assim também a tutela cautelar e a execução provisória) são disciplinados pelo sistema processual vigente à revelia de indagação acerca da culpa da parte ou de questionamento sobre a existência ou não de má-fé. Nesse contexto, em linha de princípio, a obrigação de indenizar o dano causado pela execução de tutela antecipada posteriormente revogada é consequência natural da improcedência do pedido, decorrência ex lege da sentença. Por isso, independe de pronunciamento judicial, dispensando também, por lógica, pedido da parte interessada. Com mais razão, essa obrigação também independe de pedido reconvencional ou de ação própria para o acertamento da responsabilidade da parte acerca do dano causado pela execução da medida. Aliás, o art. 302, parágrafo único, do CPC/2015 estabelece que, independentemente da reparação por dano processual, a parte responde pelo prejuízo que a tutela de urgência causar à parte adversa, devendo a indenização ser 'liquidada nos autos em que a medida tiver sido concedida, sempre que possível'. Realmente, toda sentença é apta a produzir efeitos principais (condenar, declarar, constituir, por exemplo), que decorrem da demanda e da pretensão apresentada pelo autor, e, também, efeitos secundários, que independem da vontade das partes ou do próprio juízo. Nessa conjuntura, a sentença de improcedência, quando revoga tutela antecipadamente concedida, constitui, como efeito secundário, título de certeza da obrigação de o autor indenizar o réu pelos danos eventualmente experimentados, cujo valor exato será posteriormente apurado em liquidação nos próprios autos. Com efeito, a responsabilidade objetiva pelo dano processual causado por tutela antecipada posteriormente revogada decorre da inexistência do direito anteriormente acautelado, responsabilidade que independe de* *reconhecimento judicial prévio ou de pedido do lesado. Além do mais, o CC positivou princípio de sobredireito regente das relações jurídicas privadas, qual seja, a boa-fé objetiva (art. 422), o qual constitui cláusula geral, dirigida precipuamente ao julgador, afigurando-se como instrumentalizadora do sistema, a emprestar a este um aspecto móbil apto a mitigar a rigidez da norma posta, legalmente ou contratualmente. Quanto à possibilidade de a entidade previdenciária – administradora do plano de benefícios que tenha suportado os prejuízos da tutela antecipada – efetuar descontos mensais no percentual de 10% sobre o montante total de cada prestação suplementar, considerando não haver norma que trate especificamente do caso, deve-se, por analogia, buscar, no ordenamento, uma norma que diga respeito à situação assemelhada. Embora as previdências privada e pública submetam-se a regimes jurídicos diversos, com regramentos específicos, tanto de nível constitucional, quanto infraconstitucional, o regramento da previdência estatutária, eventualmente, pode servir como instrumento de auxílio à resolução de questões relativas à previdência privada complementar (RESP 814.465-MS, Quarta Turma, DJe 24/5/2011). No tocante à previdência oficial, a Primeira Seção do STJ (RESP 1.384.418-SC, DJe 30/8/2013) entendeu que, conquanto o recebimento de valores por meio de antecipação dos efeitos da tutela não caracterize, do ponto de vista subjetivo, má-fé por parte do beneficiário da decisão, quanto ao aspecto objetivo, é inviável falar que pode o titular do direito precário pressupor a incorporação irreversível da verba ao seu patrimônio, cabendo ser observados os seguintes parâmetros para o ressarcimento: a) a execução de sentença declaratória do direito deverá ser promovida; b) liquidado e incontroverso o crédito executado, o INSS poderá fazer o desconto em folha de até 10% da remuneração dos benefícios previdenciários em manutenção até a satisfação do crédito, adotado, por simetria, o percentual aplicado aos servidores públicos (art. 46, § 1º, da Lei nº 8.112/90). Este entendimento, ademais, consolidou-se no julgamento do RESP Repetitivo 1.401.560-MT (Primeira Seção, DJe 13/10/2015). Dessa forma, a par de ser solução equitativa, a evitar o enriquecimento sem causa, cuida-se também, no caso aqui analisado, de aplicação de analogia em vista do disposto no art. 46, § 1º, da Lei nº 8.112/90, aplicável aos servidores públicos. Além disso, não bastasse a similitude das hipóteses (devolução dos valores recebidos, a título de antecipação de tutela, por servidor público e/ou segurado do INSS) – a bem justificar a manifesta conveniência da aplicação da analogia –, enquanto a previdência oficial é regime que opera com verba do orçamento da União para garantir sua solvência (a teor do art. 195, caput, da CF, a seguridade social será financiada por toda a sociedade) os planos de benefícios de previdência complementar, por disposições contidas nos arts. 20, 21 e 48 da LC nº 109/2001, podem, até mesmo, vir a ser liquidados extrajudicialmente, em caso de insolvência, e eventual resultado deficitário ou superavitário dos planos é, respectivamente, suportado ou revertido em proveito dos participantes e assistidos. Ora, não se pode perder de vista que as entidades fechadas de previdência complementar, por força de lei, são organizadas sob a forma de fundação ou sociedade civil, sem fins lucrativos, havendo um claro mutualismo com a coletividade integrante dos planos de benefícios administrados por essas entidades, de modo que todo eventual excedente é revertido em favor dos participantes e assistidos do plano. O art. 34, I, da LC nº 109/2001 deixa límpido que as entidades fechadas de previdência privada "apenas" administram os planos (inclusive, portanto, o fundo formado, que não lhes pertence). Nesse contexto, o entendimento firmado aqui – de que pode ser observado o aludido percentual de 10%*

para a devolução, por assistido de plano de previdência complementar, de valores recebidos a título de antecipação de tutela posteriormente revogada – já foi adotado pela Terceira Turma do STJ (RESP 1.555.853-RS, DJe 16/11/2015)" (STJ. RESP 1.548.749-RS, Rel. Min. Luis Felipe Salomão, julgado em 13/04/2016, DJe 06/06/2016 – Informativo nº 584).

Impossibilidade de se valer do agravo de instrumento para impugnar tutela provisória de urgência concedida na própria sentença (CPC/73). *"AGRAVO REGIMENTAL. AGRAVO DE INSTRUMENTO. PREVIDENCIÁRIO. ANTECIPAÇÃO DE TUTELA CONCEDIDA NA SENTENÇA. AGRAVO DE INSTRUMENTO. INVIÁVEL. RECURSO CABÍVEL. APELAÇÃO. PROVIMENTO NEGADO. 1. É inviável a interposição de agravo de instrumento contra a sentença de primeiro grau que antecipa os efeitos da tutela jurisdicional. Mirando-se no princípio da unirrecorribilidade ou singularidade recursal o único remédio cabível, no caso, é a apelação. 2. Decisão monocrática confirmada, agravo regimental a que se nega provimento"* (STJ. Agravo de instrumento nº 200300794119. Rel. Min. Hélio Quaglia Barbosa. DJ 21/11/2005).

Possibilidade de concessão de tutela provisória na própria sentença (CPC/73). *"Tutela Antecipada – Sentença – Se a tutela antecipada pode ser concedida a qualquer momento (art. 273 do CPC), antes mesmo da prova e do juízo final favorável à pretensão do autor, nada justifica impedir sua concessão depois da instrução e da sentença procedente do pedido, em decisão aos embargos declaratórios"* (STJ. RESP nº 279.251-SP. Rel. Min. Ruy Rosado. DJ 15/2/2001).

Art. 1.013

Art. 1.013. A apelação devolverá ao tribunal o conhecimento da matéria impugnada.

§ 1º Serão, porém, objeto de apreciação e julgamento pelo tribunal todas as questões suscitadas e discutidas no processo, ainda que não tenham sido solucionadas, desde que relativas ao capítulo impugnado.

§ 2º Quando o pedido ou a defesa tiver mais de um fundamento e o juiz acolher apenas um deles, a apelação devolverá ao tribunal o conhecimento dos demais.

§ 3º Se o processo estiver em condições de imediato julgamento, o tribunal deve decidir desde logo o mérito quando:

I – reformar sentença fundada no art. 485;

II – decretar a nulidade da sentença por não ser ela congruente com os limites do pedido ou da causa de pedir;

III – constatar a omissão no exame de um dos pedidos, hipótese em que poderá julgá-lo;

IV – decretar a nulidade de sentença por falta de fundamentação.

> § 4º Quando reformar sentença que reconheça a decadência ou a prescrição, o tribunal, se possível, julgará o mérito, examinando as demais questões, sem determinar o retorno do processo ao juízo de primeiro grau.
>
> § 5º O capítulo da sentença que confirma, concede ou revoga a tutela provisória é impugnável na apelação.

Este dispositivo possibilita que o Tribunal analise diretamente o mérito da causa em sede do recurso de apelação, ainda que ele não tenha sido apreciado pelo juiz de primeira instância, que proferiu sentença terminativa (art. 485). O seu objetivo é imprimir maior celeridade ao processo, de modo a evitar que, após a decisão do Tribunal que cassar a sentença, tenham os autos que retornar à primeira instância apenas para que outra sentença possa ser dada e que, certamente, será impugnada por um novo recurso de apelação. É claro, no entanto, que esta possibilidade (art. 1.013, § 3º) não pode ser realizada em qualquer situação, mas, tão somente, quando não mais houver necessidade de dilação probatória, o que justifica a nomenclatura bastante usual que consagra a "teoria da causa madura", embora haja determinado segmento doutrinário que prefira cunhar a sua própria: "efeito desobstrutivo".

Como visto, portanto, o intento do legislador foi possibilitar maior efetividade na prestação jurisdicional, mormente naquelas hipóteses em que não há mais necessidade de produção de novas provas. Não merece acolhida, porém, a tese de que este dispositivo seria inconstitucional, por violação ao princípio do juiz natural ou ao princípio que assegura o duplo grau de jurisdição. Com efeito, o primeiro não é ofendido, pois se consubstancia na garantia de que o mérito será analisado por um ou vários membros do órgão julgador que foram escolhidos por meio de critérios objetivos e impessoais e que também não são parciais. Assim, percebe-se que aqueles que integram o Tribunal preenchem tais requisitos, de modo a afastar o maltrato a este princípio, inclusive porque é a própria lei (art. 1.013, § 3º) que lhe confere a possibilidade de assim agir. E, da mesma maneira, também não há qualquer violação ao princípio do duplo grau de jurisdição, posto que este princípio permanece sendo observado, já que a decisão proferida pelo Tribunal poderá ser eventualmente impugnada por outros recursos, como o REXTR, o RESP e, também, os embargos de declaração, apenas para citar alguns. Quando muito se poderia objetar que há uma supressão de instância autorizada pela lei, o que não sugere a violação de qualquer princípio.

Há divergência sobre esta norma poder ou não ser utilizada em outros recursos, apesar de este dispositivo estar inserido, no CPC, no capítulo reservado à apelação. Não se vislumbra obstáculos sérios em aplicá-lo também ao recurso de agravo por instrumento, caso esteja suficientemente instruído e já permita a resolução do mérito da causa diretamente pelo desembargador. Por exemplo, imagine-se que se trata de demanda em que o consumidor pede ressarcimento por danos morais em face de uma determinada empresa e, logo após a apresentação da resposta do réu, o magistrado expressamente determina a inversão do ônus da prova por decisão interlocutória. Neste caso, pode ser que o demandado interponha recurso de agravo de instrumento (art. 1.015, inc. XI), que foi desprovido pelo Tribunal, ao argumento de que se tratava de inversão *ope legis*, caso em que era automática em razão de lei desde o início do processo. E, se neste momento, o mesmo tribunal vislumbrar que a causa já se encontra suficientemente madura para julgamento, não haveria obstáculos em já se julgar, no próprio agravo de instrumento, o mérito da demanda primitiva. Mas claro que, para que isso ocorra, o agravo deve vir muito bem instruído, com o máximo de cópias possíveis do processo (art. 1.017, incs. I, II e III). Por outro lado, no modelo primitivo, grassava séria divergência sobre esta teoria da causa madura também poder ser aplicada no recurso ordinário, já que este somente pode ser interposto em processos que tramitaram em órgãos jurisdicionais cuja competência é fixada na Constituição. Assim, autorizar a aplicação da causa madura nestas situações seria o equivalente a burlar o texto constitucional, já que o mérito da causa estaria sendo apreciado por órgão jurisdicional diverso do que consta na Carta Magna. Na jurisprudência, esta última visão, no sentido da impossibilidade, era adotada pelo STF, o que colidia frontalmente com o entendimento do STJ, que a permitia. Contudo, o CPC foi expresso ao afirmar que esta teoria tem perfeita aplicação, quando possível, ao recurso ordinário constitucional (art. 1.027, § 2º).

> **Impossibilidade de aplicar a teoria da causa madura em recurso ordinário. (CPC/73)** *"Recurso ordinário provido para reconhecer a legitimidade passiva das autoridades apontadas como coatoras e determinar a devolução dos autos ao Superior Tribunal de Justiça para a apreciação do mérito do mandado de segurança, inaplicável o art. 515, § 3º, do Código de Processo Civil"* (STF. Recurso ordinário em mandado de segurança nº 26.959-DF. Rel. Min. Eros Grau. DJ 15/05/2009).
>
> **Possibilidade de emprego dos dispositivos que regem a teoria da causa madura também no agravo de instrumento.** *"Admite-se a aplicação da teoria da causa madura (art. 515, § 3º, do CPC/73) em julgamento de agravo de instrumento. De fato, há precedentes do STJ que pugnam pela não aplicação da teoria da causa madura em agravo de instrumento. Analisando-os, nota-se que a decisão monocrática proferida no RESP 1.150.812-ES (DJe 16/12/2009) tem amparo em outros dois julgados: o RESP 530.053-PR (Segunda Turma, DJ 16/11/2004) e o RESP 445.470-DF (Segunda Turma, DJ 1º/9/2003). De ambos, o último pode ser considerado como o paradigma a respeito da matéria e, após leitura atenta do voto condutor, extrai-se a seguinte fundamentação: 'No que se refere à alegação de ofensa ao art. 515 do CPC, deixo de analisá-la porquanto o dispositivo somente é aplicável no julgamento da apelação e não de agravo de instrumento, como na hipótese dos autos.' Propõem-se, entretanto, um debate mais aprofundado sobre o tema. Para tanto, parte-se da decisão proferida no AgRg no Ag 867.885-MG (Quarta Turma, DJ 22/10/2007), a qual examinou conceitualmente o art. 515, § 3º, do CPC/1973, com profundidade. Na ocasião, consignou-se: 'A novidade representada pelo § 3º do art. 515 do Código de Processo Civil nada mais é do que um atalho, legitimado pela aptidão a acelerar os resultados do processo e desejável sempre que isso for feito sem prejuízo a qualquer das partes; ela constituiu mais um*

lance da luta do legislador contra os males do tempo e representa a ruptura com um velho dogma, o do duplo grau de jurisdição, que por sua vez só se legitima quando for capaz de trazer benefícios, não demoras desnecessárias. Por outro lado, se agora as regras são essas e são conhecidas de todo operador do direito, o autor que apelar contra a sentença terminativa fá-lo-á com a consciência do risco que corre; não há infração à garantia constitucional do due process porque as regras do jogo são claras e isso é fator de segurança das partes, capaz de evitar surpresas.' Traçadas as premissas, não se pode descurar que, em sua concepção literal, a aplicação do art. 515, § 3º, do CPC/73 pressuporia extinção de processo sem julgamento de mérito por sentença e existência de questão de direito em condições de imediato julgamento. Porém, doutrina processual relevante já superou o dogma da incidência do dispositivo apenas nas hipóteses de sentença/apelação e considera a disposição como relacionada à teoria geral dos recursos. Isso com base em algumas premissas: a) a norma propõe um atalho para acelerar julgamentos baseados na ruptura com o dogma do duplo grau de jurisdição, assumido como princípio, mas não como garantia; b) a disposição não pode acarretar prejuízo às partes, especialmente no que se refere ao contraditório e à ampla defesa; c) a teoria da causa madura não está adstrita ao recurso de apelação, porquanto inserida em dispositivo que contém regras gerais aplicáveis a todos os recursos; e d) admite-se o exame do mérito da causa com base em recursos tirados de interlocutórias sobre aspectos antecipatórios ou instrutórios. Dessa forma, parece razoável entender que: 'quem pode o mais, pode o menos.' Se a teoria da causa madura pode ser aplicada em casos de agravos de decisões interlocutórias que nem sequer tangenciaram o mérito, resultando no julgamento final da pretensão da parte, é possível supor que não há impedimento à aplicação da teoria para a solução de uma questão efetivamente interlocutória, desde que não configure efetivo prejuízo à parte" (STJ. RESP 1.215.368-ES, Rel. Min. Herman Benjamin, julgado em 1º/06/2016, DJe 19/09/2016 – Informativo nº 590).

Possibilidade de aplicar a teoria da causa madura em recurso ordinário (CPC/73). *"A orientação jurisprudencial mais recente do STJ é de que é cabível a aplicação do art. 515, § 3º, no recurso ordinário em mandado de segurança quando a causa já estiver madura para julgamento. Todavia, se o* writ *foi indeferido liminarmente, sem que tenha havido o regular processamento do feito, tal providência afigura-se incabível"* (STJ. Recurso ordinário em mandado de segurança nº 25.806-RN. Rel. Min. João Otávio de Noronha. DJ 18/05/2010).

Possibilidade de prosseguimento da demanda mesmo após falecimento do demandante, incluindo a aplicação da teoria da causa madura. *"Processual Civil e Previdenciário. Benefício assistencial. Falecimento da autora no curso da ação. Extinção do processo sem julgamento do mérito. Impossibilidade. Sentença anulada. Julgamento do mérito. Possibilidade. Art. 1.013, § 3º, I, do CPC/2015. Aplicação. Lei nº 8.742/93 com redação dada pelo Decreto 6.214/2007. Requisitos. Preenchimento. Pagamento dos valores devidos aos herdeiros da autora. Possibilidade"* (TRF-5. Apelação Cível nº 591.770-SE. Processo nº 0002929-44.2016.4.05.9999. Relator: Desembargador Federal Rubens de Mendonça Canuto Neto, julgado em 21/02/ 2017, por unanimidade).

***Querela nullitatis insanabilis* utilizada para impugnar decisão de mérito já transitada em julgado. Extinção por ofensa a coisa julgada. Possibilidade de o Tribunal, em grau recursal, aplicar a teoria da causa madura para afastar a coisa julgada do processo anterior.** *"Afastada* *a extinção da ação por impossibilidade jurídica do pedido. Inexistência de prejudicialidade que tenha afetado a decisão judicial. Análise do mérito, nos termos do art. 1.013, § 3º, I, do CPC/2015. Violação ao princípio da moralidade administrativa (aqui lastreado na noção de justa indenização), com a solidez da decisão fundada em dados errôneos ou tendenciosos. Possibilidade de revolver a coisa julgada, quando seus fundamentos são comprovadamente indignos à realidade. Precedentes. Particularidades do imóvel objeto desta ação que não permitem automática comparação com terrenos vizinhos, de geografias distintas. Indenização fixada com base em parâmetros que não se vinculavam à realidade. Observações produzidas pelo IPT e INPE não combatidas na perícia atual ainda que tivessem uma plêiade de dados de muito maior complexidade do que o questionável laudo no qual baseou seus parâmetros. Equívocos cometidos na perícia original que valorizaram indevidamente o imóvel, que não foram elucidados pelo laudo desta querela, quanto a: a-) características geográficas da terra nua; b-) dimensão e variedade da cobertura vegetal; c-) valorização da madeira. O laudo omitiu características que pudessem comprometer a implantação do loteamento pelos então proprietários, desprezando as vegetações de mangue e restinga, e valorizando o percentual aproveitável de madeira, inclusive quanto de sua qualidade. A perícia realizada neste feito não respondeu aos questionamentos produzidos, trilhando caminho com os mesmos parâmetros da perícia original. Possibilidade de flexibilização da coisa julgada (tratando-se da coisa julgada com base irreal). Levantamento acobertado por decisão judicial transitada em julgado, com presunção de boa-fé. Acolhimento em parte do pedido da Fazenda para determinar a devolução ao Estado dos valores pendentes de levantamento, de maneira a equilibrar a segurança jurídica, a justa indenização, a moralidade pública e as responsabilidades das partes na consolidação do julgado. Sentença reformada para julgar procedente em parte a ação, dando a desapropriação por quitada, permitindo ao Estado o levantamento dos valores pendentes, fixada a sucumbência recíproca das partes. Recurso de apelação da autora provido em parte e prejudicado o recurso adesivo"* (TJ-SP. Ap. 0000190-76.2008.8.26.0294, Rel. Des. Marcelo Semer, julgado em 06/03/2017).

Art. 1.014

Art. 1.014. As questões de fato não propostas no juízo inferior poderão ser suscitadas na apelação, se a parte provar que deixou de fazê-lo por motivo de força maior.

O dispositivo em questão deve ser interpretado literalmente, tratando de hipóteses em que questões de fato não propostas na etapa de conhecimento podem ser aventadas no processamento da apelação. Trata-se, porém, de norma de cunho excepcional.

CAPÍTULO III
DO AGRAVO DE INSTRUMENTO

Art. 1.015

Art. 1.015. Cabe agravo de instrumento contra as decisões interlocutórias que versarem sobre:

I – tutelas provisórias;

II – mérito do processo;

III – rejeição da alegação de convenção de arbitragem;

IV – incidente de desconsideração da personalidade jurídica;

V – rejeição do pedido de gratuidade da justiça ou acolhimento do pedido de sua revogação;

VI – exibição ou posse de documento ou coisa;

VII – exclusão de litisconsorte;

VIII – rejeição do pedido de limitação do litisconsórcio;

IX – admissão ou inadmissão de intervenção de terceiros;

X – concessão, modificação ou revogação do efeito suspensivo aos embargos à execução;

XI – redistribuição do ônus da prova nos termos do art. 373, § 1º;

~~XII – conversão da ação individual em ação coletiva;~~

XIII – outros casos expressamente referidos em lei.

Parágrafo único. Também caberá agravo de instrumento contra decisões interlocutórias proferidas na fase de liquidação de sentença ou de cumprimento de sentença, no processo de execução e no processo de inventário.

O recurso de agravo, na modalidade por instrumento, é aquele que tem como objetivo impugnar uma decisão interlocutória (art. 203, § 2º) proferida por magistrado atuante em primeira instância, muito embora possa ser usado, excepcionalmente, para impugnar sentenças, como ocorre, por exemplo, quando for proferida uma que decrete a falência de uma sociedade (art. 100, Lei nº 11.101/2005).

Trata-se de recurso de fundamentação livre, razão pela qual a parte pode questionar qualquer tipo de fundamento, seja a ocorrência de *error in procedendo* ou *error in judicando*. E, para que possa ser instrumentalizado, a parte irá extrair cópias reprográficas de peças do processo (art. 1.017) para instruir este recurso, cuja petição deve ser protocolizada diretamente no Tribunal, pois os autos físicos permanecerão em poder do juízo em que a causa tramita.

Este recurso, contudo, somente pode ser utilizado nas hipóteses admitidas em lei, principalmente naquelas que se encontram indicadas em norma constante no CPC (art. 1.015). Mas, para os casos ali não previstos, não haverá prejuízo imediato para qualquer das partes, posto que no momento em que for interposto o recurso de apelação para impugnar a sentença, é que será permitido também manifestar irresignação quanto a todas as decisões interlocutórias anteriores que não podiam ser questionadas por agravo de instrumento (art. 1.009, § 1º). Acredita-se, inclusive, que esta norma que enumera as hipóteses de cabimento deste recurso (art. 1.015) venha a sofrer uma interpretação restritiva, pois se for potencializado o uso do agravo de instrumento, certamente os acórdãos que as apreciarem também poderão ser objeto de RESP ou REXTR (que, ao contrário do modelo anterior, não ficam mais retidos – art. 542, § 3º, CPC/73), o que aumentaria a taxa de congestionamento do fluxo de entrada e saída de novos processos nas Cortes superiores.

Entre os casos que permitem o agravo de instrumento (art. 1.015 e incs.) se extrai que ele é possível para impugnar as decisões que versarem sobre tutelas provisórias (inc. I), o que é absolutamente adequado, pois usualmente são fundadas na urgência, de modo que o Tribunal deve analisar imediatamente tais temas. Inclusive, a relevância deste tema até mesmo autoriza, em caráter inédito, a possibilidade de as partes realizarem sustentação oral no momento do julgamento (art. 937, inc. VIII).

A segunda situação que permite o agravo de instrumento (inc. II) ocorre quando se tratar de decisão interlocutória de mérito, que tanto pode ser quando o juiz profere o julgamento antecipado parcial do mérito (art. 356) ou mesmo pronuncia a prescrição de apenas um dos cheques que embasam a demanda (art. 354). Seja em um caso ou outro, trata-se de decisões de mérito, a desafiar este tipo de recurso. Curiosamente, somente neste caso o CPC autoriza que, em hipóteses de decisão não unânime no sentido do provimento do recurso, seja adotada técnica processual que consiste na chamada de mais julgadores para participar da sessão (art. 942, § 3º, inc. II).

O terceiro caso (inc. III) ocorre quando o juiz rejeita a alegação de convenção de arbitragem, que deveria ter sido trazida pelo demandado como preliminar em sua contestação (art. 337, inc. X), sob pena de preclusão (art. 337, § 6º).

A quarta hipótese (inc. IV) cuida das decisões interlocutórias proferidas no incidente de desconsideração da personalidade jurídica (art. 133 – 137). É curioso, contudo, que este incidente é tratado pelo CPC como uma modalidade de "intervenção de terceiros", sendo certo que há outro inciso na mesma norma (inc. IX) estabelecendo a possibilidade de este recurso também ser usado quando foi admitida ou rejeitada a "intervenção de terceiros". Ao que parece, a intenção do legislador era de que, no caso específico da desconsideração da personalidade jurídica, fosse agravável qualquer decisão interlocutória proferida no decorrer deste incidente, ao contrário das demais espécies de intervenção de terceiros, pois nestas somente seria possível interpor o agravo de instrumento da decisão que admite ou rejeite este ingresso.

A quinta situação (inc. V) ocorre quando o juiz rejeita o pedido de gratuidade da justiça ou acolhe o requerimento de sua revogação. Isso também poderá ser feito na própria sentença e, neste caso, o recurso cabível é o de apelação (art. 101). De resto, não se pode olvidar que as decisões interlocutórias que analisam tais temas não geram preclusão, pois a situação financeira de cada um é altamente instável, motivo pelo qual, durante o tramitar do processo, pode ser que haja a formulação de novo requerimento e de nova decisão a respeito deste tema (o que, certamente, também permitirá novo recurso de agravo de instrumento).

O sexto caso (inc. VI) ocorre quando o juiz determinar, por decisão interlocutória, a exibição ou posse de documento ou coisa. Neste, o agravo imediatamente interposto direto ao Tribunal é medida recomendável, em razão da natureza constritiva e impositiva que é gerada pelo ato impugnado.

O recurso também vai ser utilizado quando o magistrado excluir litisconsortes (inc. VII), o que é absolutamente correto e salutar, já que se trata de uma decisão interlocutória. Afinal, o CPC esclarece pontualmente que, para ser considerada uma sentença, é necessário que haja o encerramento de uma fase processual (art. 203, § 1º), o que não ocorreu neste caso, eis que o processo irá seguir em relação às demais partes. E, ainda tratando de litisconsórcio, também previu o CPC (inc. VIII) a possibilidade deste recurso nos casos em que o juiz admitir ou indeferir o denominado "litisconsórcio multitudinário" (art. 113, § 1º).

Há, outrossim, possibilidade de agravar a decisão que conceder, modificar ou revogar o efeito suspensivo dos embargos à execução (inc. X), o que é salutar, posto que qualquer uma dessas situações implicará em consequências diretas ao andamento, ou não, da execução por título extrajudicial que se encontra em apenso, sendo que, neste outro processo, qualquer decisão interlocutória será agravável (art. 1.015, parágrafo único). Portanto, como se trata de hipótese que irradia diretamente nesta execução, em que qualquer decisão interlocutória pode ser agravada, é recomendável que haja o mesmo tratamento.

Outro caso seria quando o juiz realizasse a redistribuição do ônus da prova, pela adoção da teoria da carga dinâmica (inc. XI). Vale dizer que este ato deve ser realizado até o saneamento do processo, para que não seja criada situação em que a parte não possa desempenhar este novo ônus (art. 373, § 2º). Contudo, ainda que a decisão de saneamento aborde outros temas (v.g., indefira produção de prova pericial), o agravo somente poderá questionar o seu capítulo referente à redistribuição do ônus da prova.

Também é possível (art. 1.015, parágrafo único) que seja interposto agravo de instrumento contra decisões interlocutórias proferidas na fase de liquidação de sentença ou de cumprimento de sentença, no processo de execução e no processo de inventário, além de este recurso também ser utilizado em outros casos expressamente previstos em lei (inc. XIII), como a hipótese em que uma sentença de falência for proferida (art. 100, Lei nº 11.101/2005), quando o juiz de primeiro grau rejeitar o requerimento para que o processo que ali tramita tenha prosseguimento, se estiver tramitando concomitantemente um RESP ou REXTR advindo de outro processo que foi afetado a um tribunal superior e que cuida da mesma tese jurídica (art. 1.037, § 13, inc. I) ou mesmo quando profere decisão de extinção parcial do processo (art. 354, parágrafo único).

Vale dizer que, em tais casos, se não for interposto o recurso de agravo de instrumento no momento próprio, o conteúdo de tais decisões irá gerar preclusão (art. 507 c/c art. 1.009, § 1º), não mais podendo ser modificado, exceto na situação envolvendo a concessão ou não da gratuidade de justiça, conforme já exposto.

Razões do veto presidencial ao décimo segundo inciso do art. 1.015:

> *"Da forma como foi redigido, o dispositivo poderia levar à conversão de ação individual em ação coletiva de maneira pouco criteriosa, inclusive em detrimento do interesse das partes. O tema exige disciplina própria para garantir a plena eficácia do instituto. Além disso, o novo Código já contempla mecanismos para tratar demandas repetitivas. No sentido do veto manifestou-se também a Ordem dos Advogados do Brasil – OAB".*

Comentários ao veto presidencial

A mesma razão para este veto foi aplicada a outro dispositivo que versava sobre a possibilidade de a ação individual ser convertida em coletiva (art. 333). O veto foi adequado. Com efeito, o dispositivo trazia inovação sem precedentes, ao permitir que, em casos de relevância social e dificuldade de formação de litisconsórcio, pudesse qualquer legitimado para a ação civil pública (art. 5º, Lei nº 7.347/85), requerer que uma determinada demanda individual fosse convertida em demanda coletiva. Esta conversão não seria possível, porém, quando o direito social em questão fosse o individual homogêneo ou quando já tivesse iniciado a audiência de instrução e julgamento. Outras situações que também não autorizariam a conversão ocorreriam quando já existisse processo coletivo com idêntico propósito ou o juízo não tivesse competência para o processo coletivo que viesse a ser formado. Mas, nestes casos de conversão, previa o dispositivo que o requerente iria emendar a inicial apresentada, bem como que o demandado apresentaria resposta em quinze dias, ficando o autor originário na condição de litisconsorte unitário ativo e dispensado de recolher qualquer outra despesa processual.

O artigo em questão, como se observa, era de fato completamente subversivo ao sistema das tutelas coletivas e desnecessário para a ordem jurídica, já sendo bastante criticado no meio jurídico. Com efeito, uma característica inerente ao processo coletivo é, justamente, a possibilidade do *opt out*, ou seja, de o titular individual do direito de feição coletiva optar pela via individual em detrimento de aguardar a solução do processo coletivo (art. 104, Lei nº 8.078/90). Só que este dispositivo retirava esta possibilidade, ao determinar que a via individual seria tolhida quando o processo fosse convertido em coletivo. Além disso, também se poderia objetar que, se os requerentes desta conversão têm legitimidade para propor ação civil pública, então deveria adotar esta providência e não intervir em um processo individual, tencionando transformá-lo em coletivo.

De resto, recorda-se que o CPC, acertadamente, já prevê em outro dispositivo (art. 139, inc. X), que quando o juiz se deparar com processos que potencialmente caracterizam uma lesão social, a tarefa se limitaria a oficiar aos legitimados para o processo coletivo para que tenham ciência desta circunstância e adotem as providências necessárias cabíveis. Desta forma, foi correto o veto ao dispositivo, pois, realmente, após ter sido vetado o art. 333, não faria qualquer sentido manter o décimo inciso do art. 1.015, que permitia o cabimento do recurso de agravo, na modalidade por instrumento, da decisão que convertesse a ação individual em coletiva.

> **Verbete nº 733 da Súmula do STF:** "*Não cabe REXTR contra acórdão que defere medida liminar*" (N.A.: o verbete se refere à impossibilidade de usar o REXTR após o julgamento do recurso de agravo, na modalidade por instrumento em que foi deferida tutela de urgência).
>
> **Enunciado nº 8 da I Jornada de Processo Civil CEJ/CJF:** "*Não cabe majoração de honorários advocatícios em agravo de instrumento, salvo se interposto contra decisão interlocutória que tenha fixado honorários na origem, respeitados os limites estabelecidos no art. 85, §§ 2º, 3º e 8º, do CPC*".
>
> **Enunciado nº 69 da I Jornada de Processo Civil CEJ/CJF:** "*A hipótese do art. 1.015, parágrafo único, do CPC abrange os processos concursais, de falência e recuperação*".
>
> **Enunciado nº 70 da I Jornada de Processo Civil CEJ/CJF:** "*É agravável o pronunciamento judicial que postergar a análise de pedido de tutela provisória ou condicioná-la a qualquer exigência*".
>
> **Enunciado nº 71 da I Jornada de Processo Civil CEJ/CJF:** "*É cabível o recurso de agravo de instrumento contra a decisão que indefere o pedido de atribuição de efeito suspensivo a Embargos à Execução, nos termos do art. 1.015, X, do CPC*".
>
> **Enunciado nº 72 da I Jornada de Processo Civil CEJ/CJF:** "*É admissível a interposição de agravo de instrumento tanto para a decisão interlocutória que rejeita a inversão do ônus da prova, como para a que a defere*".
>
> **Enunciado nº 93 da I Jornada de Processo Civil CEJ/CJF:** "*Da decisão que julga a impugnação ao cumprimento de sentença cabe apelação, se extinguir o processo, ou agravo de instrumento, se não o fizer*".

> **Perda de objeto do agravo de instrumento interposto para impugnar decisão interlocutória que ainda não foi julgado pelo Tribunal ao tempo em que o magistrado lotado em primeira instância já proferiu sentença no mesmo processo (CPC/73).** "*É pacífico o entendimento desta Corte Superior no sentido de que perde o objeto o agravo de instrumento contra decisão concessiva ou denegatória de liminar com a superveniência da prolação de sentença, tendo em*

vista que essa absorve os efeitos do provimento liminar, por se tratar de juízo de cognição exauriente" (STJ. Agravo regimental no RESP nº 2006/0220872-3. Rel. Min. Mauro Campbell Marques. DJ 27/05/2010).

Impossibilidade de se valer do agravo de instrumento para impugnar tutela provisória de urgência concedida na própria sentença (CPC/73). "*AGRAVO REGIMENTAL. AGRAVO DE INSTRUMENTO. PREVIDENCIÁRIO. ANTECIPAÇÃO DE TUTELA CONCEDIDA NA SENTENÇA. AGRAVO DE INSTRUMENTO. INVIÁVEL. RECURSO CABÍVEL. APELAÇÃO. PROVIMENTO NEGADO. 1. É inviável a interposição de agravo de instrumento contra a sentença de primeiro grau que antecipa os efeitos da tutela jurisdicional. Mirando-se no princípio da unirrecorribilidade ou singularidade recursal o único remédio cabível, no caso, é a apelação. 2. Decisão monocrática confirmada, agravo regimental a que se nega provimento*" (STJ. Agravo de instrumento nº 200300794119. Rel. Min. Hélio Quaglia Barbosa. DJ 21/11/2005).

Interpretação restritiva das hipóteses que permitem o uso do agravo de instrumento. "*AGRAVO DE INSTRUMENTO. AÇÃO DE OBRIGAÇÃO DE FAZER C/C INDENIZAÇÃO. CONTRATO DE FORNECIMENTO DE ENERGIA ELÉTRICA. Impugnação à decisão que homologa honorários periciais. Decisum não previsto no artigo 1.015 do Código de Processo Civil de 2015. Cuida-se de rol taxativo no entendimento da doutrina e jurisprudência. Decisão proferida e publicada em data posterior à entrada em vigor do Código. Entendimento do Superior Tribunal de Justiça de aplicação no novel* Codex. *Recurso que não se conhece*" (TJ-RJ. AI nº 0051469-27.2016.8.19.000. Rel.ª Des.ª Leila Albuquerque. DJ 04/10/2016).

Art. 1.016

Art. 1.016. O agravo de instrumento será dirigido diretamente ao tribunal competente, por meio de petição com os seguintes requisitos:

I – os nomes das partes;

II – a exposição do fato e do direito;

III – as razões do pedido de reforma ou de invalidação da decisão e o próprio pedido;

IV – o nome e o endereço completo dos advogados constantes do processo.

O dispositivo em questão deve ser interpretado literalmente, por ser autoexplicativo do que deve constar na peça de agravo. Há algumas novidades que já eram realizadas na prática, como a necessidade de indicar os nomes das partes nesta peça, bem como passou a constar expressamente que este recurso também pode ser utilizado para invalidar decisões.

Art. 1.017

Art. 1.017. A petição de agravo de instrumento será instruída:

I – obrigatoriamente, com cópias da petição inicial, da contestação, da petição que ensejou a decisão agravada, da própria decisão agravada, da certidão da respectiva intimação ou outro documento oficial que comprove a tempestividade e das procurações outorgadas aos advogados do agravante e do agravado;

II – com declaração de inexistência de qualquer dos documentos referidos no inciso I, feita pelo advogado do agravante, sob pena de sua responsabilidade pessoal;

III – facultativamente, com outras peças que o agravante reputar úteis.

§ 1º Acompanhará a petição o comprovante do pagamento das respectivas custas e do porte de retorno, quando devidos, conforme tabela publicada pelos tribunais.

§ 2º No prazo do recurso, o agravo será interposto por:

I – protocolo realizado diretamente no tribunal competente para julgá-lo;

II – protocolo realizado na própria comarca, seção ou subseção judiciárias;

III – postagem, sob registro, com aviso de recebimento;

IV – transmissão de dados tipo fac-símile, nos termos da lei;

V – outra forma prevista em lei.

§ 3º Na falta da cópia de qualquer peça ou no caso de algum outro vício que comprometa a admissibilidade do agravo de instrumento, deve o relator aplicar o disposto no art. 932, parágrafo único.

§ 4º Se o recurso for interposto por sistema de transmissão de dados tipo fac-símile ou similar, as peças devem ser juntadas no momento de protocolo da petição original.

§ 5º Sendo eletrônicos os autos do processo, dispensam-se as peças referidas nos incisos I e II do *caput*, facultando-se ao agravante anexar outros documentos que entender úteis para a compreensão da controvérsia.

A petição deste recurso deverá vir acompanhada obrigatoriamente de cópias reprográficas de várias peças do processo (art. 1.017, inc. I), ou, então, da declaração de inexistência de qualquer uma delas (art. 1.017, inc. II – v.g., informação de que o demandado ainda não foi citado e que, por este motivo, não tem como carrear aos autos o seu instrumento de mandato e a contestação). E isso tudo sem embargo de serem apresentadas outras peças facultativas (art. 1.017, inc. III). Vale dizer que, na ausência de qualquer uma destas cópias, caberá ao desembargador primeiramente intimar o agravante para que efetue a regularização, antes de inadmitir o recurso (art. 1.017, § 3º). Mas, de todo modo, se deve destacar que esta providência, de instruir o recurso com as cópias reprográficas, somente deve ser observada quando se tratar de processo "físico" (art.1.017, § 5º). Portanto, para os processos que tramitam em meio eletrônico não há necessidade de juntada de tais peças.

A cópia da petição inicial, contestação e da peça que ensejou a decisão agravada são relevantes, para que o Tribunal possa melhor entender o litígio envolvendo as partes. Da mesma maneira, a cópia da decisão agravada é fundamental, pois os autos permanecem tramitando no juízo de primeira instância e o Tribunal precisará analisar os fundamentos da decisão interlocutória que está sendo impugnada. Igualmente, há a necessidade de apresentar a certidão de intimação (ou documento oficial), pois o juízo de admissibilidade é realizado exclusivamente pelo Tribunal, que precisará verificar a tempestividade do recurso. E, ainda, a necessidade da procuração decorre da circunstância de que o próprio Tribunal é que determinará a intimação do advogado do agravado para contra-arrazoar o recurso, muito embora a mesma possa ser dispensada quando se tratar de agravado revel ou quando o mesmo ainda não tiver sido citado no processo primitivo.

Este agravo de instrumento é usualmente interposto perante o próprio tribunal competente para julgá-lo. Porém, o CPC em boa hora legitimou o que vários Tribunais já vinham realizando, que é uma descentralização para o protocolo de tais recursos, que dependendo até mesmo poderiam ser distribuídos na própria localidade em que o processo tramita. Deveras, para um país de dimensões continentais, em que muitas vezes a sede do juízo fica a milhares de quilômetros do tribunal, esta previsão é mais do que muito bem-vinda (art. 1.017, § 2º).

> **Enunciado nº 73 da I Jornada de Processo Civil CEJ/CJF:** *"Para efeito de não conhecimento do agravo de instrumento por força da regra prevista no § 3º do art. 1.018 do CPC, deve o juiz, previamente, atender ao art. 932, parágrafo único, e art. 1.017, § 3º, do CPC, intimando o agravante para sanar o vício ou complementar a documentação exigível".*

> **Agravo de instrumento e obrigatoriedade da juntada das peças para processo físico. Desnecessidade se for eletrônico nas duas instâncias.** *"A disposição constante do art. 1.017, § 5º, do CPC/2015, que dispensa a juntada das peças obrigatórias à formação do agravo de instrumento em se tratando de processo eletrônico, exige, para sua aplicação, que os autos tramitem por meio digital tanto no primeiro quanto no segundo grau de jurisdição"* (STJ. Terceira Turma. RESP 1.643.956-PR, Rel. Min. Ricardo Villas Bôas Cueva, julgado em 09/05/2017 – Informativo nº 605).
>
> **Possibilidade de o agravo de instrumento ser entregue com as cópias exigidas por lei armazenadas em mídia digital (DVD).** *"As peças que devem*

formar o instrumento do agravo podem ser apresentadas em mídia digital (DVD). De fato, não foram localizados precedentes do STJ contendo questão absolutamente idêntica à debatida no caso. Não obstante, verifica-se que, já em outras ocasiões, o STJ reconheceu a força probante de documentos digitalizados, excepcionando apenas a hipótese em que sobrevém fundada dúvida ou impugnação à sua validade. Cuidava-se de situações em que, por exemplo, foi juntado documento digitalizado em meio físico (papel contendo cópia simples), cuja autenticidade não foi questionada. Nesse sentido: RESP 1.073.015-RS (Terceira Turma, DJe 26/11/2008) e AgRg no Ag 1.141.372-SP (Terceira Turma, DJe 17/11/2009). Assim, se o STJ já admitiu como válida, em ocasiões pretéritas, a simples cópia (em papel) de documentos extraídos da internet, há excesso de formalismo em recusar, para os fins do art. 365, VI, do CPC/1973 (reproduzido no art. 425, VI, do CPC/2015), a validade de reprodução digitalizada entregue em DVD" (STJ. RESP 1.608.298-SP, Rel. Min. Herman Benjamin, julgado em 01/09/2016, DJe 06/10/2016 – Informativo nº 591).

Decisão proferida em processamento de recursos repetitivos. Para efeitos de aferir tempestividade em agravo de instrumento, a comprovação da intimação da Fazenda Pública é por meio do termo de abertura de vistas.
"O termo de abertura de vista e remessa dos autos à Fazenda Nacional substitui, para efeito de demonstração da tempestividade do agravo de instrumento (art. 522 do CPC) por ela interposto, a apresentação de certidão de intimação da decisão agravada (art. 525, I, do CPC). De fato, determina o art. 525, I, do CPC que o agravo de instrumento deve ser instruído, 'obrigatoriamente, com cópias da decisão agravada, da certidão da respectiva intimação e das procurações outorgadas aos advogados do agravante e do agravado'. A literalidade do artigo em testilha poderia levar à rápida conclusão de que a referida certidão, como peça obrigatória na formação do instrumento do recurso de agravo, seria requisito extrínseco sem o qual o recurso não ultrapassaria, sequer, a barreira da admissibilidade. Entretanto, a interpretação literal dos dispositivos legais não é, em algumas ocasiões, a mais adequada, especialmente em se tratando de leis processuais, as quais têm a finalidade precípua de resguardar o regular exercício do direito das partes litigantes. Efetivamente, a interpretação das regras processuais, na linha do pensamento da moderna doutrina processualista a respeito da necessidade de primazia da finalidade das normas de procedimento, na busca por uma prestação jurisdicional mais breve e efetiva, deve levar em conta não apenas o cumprimento da norma em si mesma, mas seu escopo, seu objetivo, sob pena de se privilegiar o formalismo em detrimento do próprio direito material buscado pelo jurisdicionado. Assim, para que se decida a respeito da ocorrência ou não de excesso de formalismo, é preciso, na linha de pensamento acima exposta, atentar para a finalidade da exigência legal de apresentação da aludida certidão de intimação que, frise-se, é a verificação da tempestividade do agravo de instrumento. Dessa forma, sendo possível verificar a referida tempestividade por outro meio, atingindo-se, assim, a finalidade da exigência formal, deve-se, em atenção ao princípio da instrumentalidade das formas, considerar atendido o pressuposto e conhecer-se do agravo de instrumento. Ademais, os arts. 38 da LC nº 73/93, 6º, §§ 1º e 2º, da Lei nº 9.028/95, 20 da Lei nº 11.033/2004 e 25 da Lei nº 6.830/80 dispõem a respeito das formas de intimação da União, inclusive, no tocante às execuções fiscais, tendo a Fazenda Nacional a prerrogativa de ser intimada das decisões, por meio da concessão de vista

pessoal dos autos. Em razão da mencionada prerrogativa, é certo que o prazo para apresentação de recursos pela Fazenda Nacional tem início a partir da data em que há a concessão da referida vista pessoal. Por tal motivo, entende-se que, nos casos em que a Fazenda Nacional figura como agravante, pode a certidão de concessão de vistas dos autos ser considerada como elemento suficiente da demonstração da tempestividade do agravo de instrumento, substituindo a certidão de intimação legalmente prevista. Sob esse prisma, é preciso chamar a atenção para o fato de que tal tratamento não pode, via de regra, ser automaticamente conferido aos litigantes que não possuem a prerrogativa de intimação pessoal, sob pena de se admitir que o início do prazo seja determinado pelo próprio recorrente, a partir da data de vista dos autos, a qual pode ser posterior ao efetivo termo inicial do prazo recursal que, geralmente, é a data da publicação da mesma decisão (ERESP 683.504-SC, Corte Especial, DJe 1o/7/2013). A propósito, no precedente acima citado, afastou-se a aplicação do princípio da instrumentalidade das formas, pois se considerou que a aposição unilateral de ciente do advogado não goza de fé pública, sendo insuficiente para aferição da tempestividade do recurso". (STJ. RESP 1.383.500-SP, Rel. Min. Benedito Gonçalves, Corte Especial, julgado em 17/02/2016, DJe 26/02/2016 – Informativo nº 577).

Ausência de certidão da intimação da decisão não gera a inadmissibilidade do agravo de instrumento, caso possa ser suprida por outro meio hábil (CPC/73). *"1 – Em homenagem ao princípio da instrumentalidade, a ausência da certidão de intimação da decisão agravada pode ser suprida por outro instrumento hábil a comprovar a tempestividade do agravo de instrumento. 2 – Exigir dos agravados a prova de fato negativo (a inexistência de intimação da decisão recorrida) equivale a prescrever a produção de prova diabólica, de dificílima produção. Diante da afirmação de que os agravados somente foram intimados acerca da decisão originalmente recorrida com o recebimento da notificação extrajudicial, caberia aos agravantes a demonstração do contrário. 3 – Dentro do contexto dos deveres de cooperação e de lealdade processuais, é perfeitamente razoável assumir que a notificação remetida por uma das partes à outra, em atenção à determinação judicial e nos termos da Lei nº 6.015/73, supre a intimação de que trata o art. 525, I, do CPC. Agravo a que se nega provimento"* (STJ. Agravo regimental no RESP nº 201000612602. Rel.ª Min.ª Nancy Andrighi. DJ 16/08/2010).

Art. 1.018

Art. 1.018. O agravante poderá requerer a juntada, aos autos do processo, de cópia da petição do agravo de instrumento, do comprovante de sua interposição e da relação dos documentos que instruíram o recurso.

§ 1º Se o juiz comunicar que reformou inteiramente a decisão, o relator considerará prejudicado o agravo de instrumento.

§ 2º Não sendo eletrônicos os autos, o agravante tomará a providência prevista no *caput*, no prazo de 3 (três) dias a contar da interposição do agravo de instrumento.

> **§ 3º O descumprimento da exigência de que trata o § 2º, desde que arguido e provado pelo agravado, importa inadmissibilidade do agravo de instrumento.**

Após a interposição do agravo, deverá o agravante providenciar, por simples petição, a juntada de cópia deste recurso junto ao órgão jurisdicional de primeira instância, no prazo de 3 (três) dias. Trata-se de providência que deve ser realizada obrigatoriamente pelo agravante, quando se tratar de processo físico (art. 1.018, § 2º), sob pena de o agravo não ser admitido, caso este tema tenha sido alegado e provado pelo agravado (art. 1.018, § 3º). Contudo, tratando-se de processo que tramita por meio eletrônico, a juntada de tal peça em primeira instância é uma mera faculdade do recorrente (art. 1.018), embora seja uma providência salutar para que, eventualmente, o magistrado possa se retratar da decisão proferida.

Percebe-se que, para os processos físicos, a solução apresentada pelo legislador erigiu a juntada desta cópia no juízo de primeira instância a uma condição específica (regularidade formal) para a admissibilidade do agravo de instrumento, que é perfeitamente justificável. É que, se a comunicação e a cópia não forem apresentadas no juízo monocrático, isso poderá prejudicar sobremaneira o agravado, daí o CPC (art. 1.018, § 3º) ter expressamente consignado que apenas ele poderá suscitar o não conhecimento do recurso. Isso ocorre porque caberá ao Tribunal efetuar a intimação ao advogado do agravado para que responda ao recurso, o que usualmente é feito por meio de publicação no Diário Oficial ou até mesmo pela via postal, só que desacompanhado do inteiro teor do recurso interposto. Assim, o patrono do agravado terá que necessariamente se deslocar até a sede do Tribunal para que tenha acesso à íntegra do recurso, o que nem sempre será uma providência extremamente rápida, bastando imaginar Estados brasileiros que tenham uma extensão territorial muito grande. Logo, a juntada da cópia do recurso em primeira instância permite ao agravado ter acesso mais simples e rápido ao conteúdo das razões recursais, o que favoreceria a sua defesa.

Se, no entanto, for constatado que nenhuma cópia foi juntada no juízo monocrático, caberá ao agravado então requerer, a este órgão, uma certidão informando esta situação, que irá acompanhar as contrarrazões ao recurso de agravo de instrumento. É bem razoável, portanto, que tal descumprimento apenas possa ser alegado e provado pelo agravado no prazo de sua resposta, malgrado ainda seja possível localizar algumas decisões que não conhecem do agravo de instrumento em razão de informação prestada pelo próprio juiz de primeiro grau.

> **Enunciado nº 73 da I Jornada de Processo Civil CEJ/CJF:** *"Para efeito de não conhecimento do agravo de instrumento por força da regra prevista no § 3º do art. 1.018 do CPC, deve o juiz, previamente, atender ao art. 932, parágrafo único, e art. 1.017, § 3º, do CPC, intimando o agravante para sanar o vício ou complementar a documentação exigível".*

> **Momento adequado para o agravado informar a não juntada de cópia do agravo de instrumento em primeira instância é nas próprias contrarrazões (CPC/73).** "*Conquanto não o diga o texto expressis verbis, deve entender-se que a arguição há de vir na resposta do agravado, pois essa é a única oportunidade que a lei lhe abre para manifestar-se A prova será feita, ao menos no comum dos casos, por certidão do cartório ou da secretaria, que ateste haver o prazo decorrido in albis. Na falta de arguição e prova por parte do agravado, o tribunal não poderá negar-se a conhecer do agravo – salvo, é claro, com fundamento diverso*" (STJ. RESP nº 1.008.667. Rel. Min. Luiz Fux. DJ 18/11/2009).

Art. 1.019

Art. 1.019. Recebido o agravo de instrumento no tribunal e distribuído imediatamente, se não for o caso de aplicação do art. 932, incisos III e IV, o relator, no prazo de 5 (cinco) dias:

I – poderá atribuir efeito suspensivo ao recurso ou deferir, em antecipação de tutela, total ou parcialmente, a pretensão recursal, comunicando ao juiz sua decisão;

II – ordenará a intimação do agravado pessoalmente, por carta com aviso de recebimento, quando não tiver procurador constituído, ou pelo Diário da Justiça ou por carta com aviso de recebimento dirigida ao seu advogado, para que responda no prazo de 15 (quinze) dias, facultando-lhe juntar a documentação que entender necessária ao julgamento do recurso;

III – determinará a intimação do Ministério Público, preferencialmente por meio eletrônico, quando for o caso de sua intervenção, para que se manifeste no prazo de 15 (quinze) dias.

Após a regular interposição do recurso de agravo, ele será distribuído a uma das Turmas ou Câmaras integrantes do Tribunal, bem como será autuado. Haverá, também, o sorteio de um relator, que, ao receber os autos, poderá agir de uma das maneiras previstas no CPC (art. 932, incs. III e IV c/c art. 1.019).

Primeiramente, poderá o relator não conhecer do recurso, desde que tenha intimado a parte para que o regularizasse, se isso fosse possível (art. 932, parágrafo único). Trata-se de providência que realmente deve ser observada, exceto naqueles casos em que não seja possível sanar o vício que motiva o não conhecimento do recurso, tal como a intempestividade. Mas, não sendo o caso, o relator irá admitir o recurso e até já poderá julgar o seu mérito monocraticamente, desde que no sentido do desprovimento. É que ainda não seria possível prover o recurso em virtude de o agravado ainda não ter sido intimado para responder ao recurso.

Não sendo caso de decisão monocrática no sentido da inadmissibilidade ou do improvimento do agravo de instrumento, o relator poderá, de ofício ou a requerimento da parte, conceder o efeito suspensivo ao recurso ou até mesmo dar o denominado "efeito ativo", que pelo legislador é rotulado como "antecipação da tutela, total ou parcial, da pretensão recursal" (art. 1.019, inc. I). Apenas há de se acrescentar que, caso seja dado o efeito suspensivo, somente estará suspensa a eficácia da decisão interlocutória proferida em primeira instância, o que não necessariamente irá abranger a suspensão integral do processamento dos autos. Contudo, eventualmente a questão a ser dirimida no agravo pode ser de suma importância para a própria conclusão do processo, o que pode caracterizar a existência de uma prejudicial, que autorizaria o magistrado a suspender a tramitação do processo que se encontra em primeiro grau para aguardar a solução dada ao recurso de agravo. Por exemplo, o magistrado em determinado processo determina a constrição judicial de valores constantes em conta-corrente do executado. Porém, determinada instituição financeira estranha ao processo apresenta embargos de terceiros, aduzindo que celebrou contrato de propriedade fiduciária com o devedor, tendo por objeto valores decorrentes de recebíveis de cartão de crédito, que estavam sendo creditados naquela conta. O magistrado, por entender que este tipo de contrato somente pode ter por objeto bens móveis infungíveis, indefere a liminar pretendida, que é objeto de agravo de instrumento. Observe-se que, neste caso, o tema envolve uma questão de direito, que será dirimida pelo Tribunal ao julgar o recurso de agravo, praticamente "antecipando" a tese que o juiz deverá adotar na ocasião em que proferir a sentença. Logo, em tais casos, seria até prudente suspender o processo aguardando a decisão do recurso, muito embora não haja previsão clara quanto a esta hipótese. Mas, de qualquer maneira, a decisão monocrática do relator, quanto ao efeito ativo ou suspensivo, poderá ser objeto de questionamento por qualquer parte, por meio da interposição do recurso de agravo interno (art. 1.021).

Na sequência, o relator ordenará a intimação do agravado pessoalmente, por carta com aviso de recebimento, quando não tiver procurador constituído, ou pelo Diário da Justiça ou por carta com aviso de recebimento dirigida ao seu advogado, para que responda no prazo de 15 (quinze) dias, facultando-lhe juntar a documentação que entender necessária ao julgamento do recurso (art. 1.019, inc. II). Da mesma maneira, determinará a intimação do Ministério Público, preferencialmente por meio eletrônico, quando for o caso de sua intervenção (v.g., art. 178), para que se manifeste no prazo de 15 (quinze) dias (art. 1.019, inc. III).

Após estas providências, o relator irá requerer ao presidente do órgão fracionário, no prazo não superior a 1 (um) mês, a designação de dia e hora para a realização do julgamento (art. 1.020). Mas, se neste ínterim vier a informação do magistrado lotado em primeira instância no sentido de que reformou a decisão agravada, o relator irá então considerar prejudicado o recurso de agravo, medida que será objeto de uma decisão monocrática (art. 1.018, § 1º).

Não sendo caso de agravo prejudicado, no dia do julgamento o relator irá narrar a seus pares a respeito do que trata o conteúdo do recurso. O CPC prevê, porém, uma hipótese em que o agravo de instrumento gera direito de sustentação oral (art. 937, inc. VIII). Após, o relator irá proferir o seu voto e, em seguida, irão votar os demais desembargadores. Esta decisão coletiva no agravo de instrumento será, portanto, tomada pelo voto de 3 (três) membros do Tribunal (art. 941, § 3º). Apenas em um caso de agravo de instrumento (art. 1.015, inc. II) é que a decisão de provimento não unânime autorizará a técnica de processamento consistente em chamar mais 2 (dois) desembargadores para complementação do julgamento (art. 942, § 3º, inc. II).

> **Possibilidade de emprego dos dispositivos que regem a teoria da causa madura também no agravo de instrumento.** *"Admite-se a aplicação da teoria da causa madura (art. 515, § 3º, do CPC/73) em julgamento de agravo de instrumento. De fato, há precedentes do STJ que pugnam pela não aplicação da teoria da causa madura em agravo de instrumento. Analisando-os, nota-se que a decisão monocrática proferida no RESP 1.150.812-ES (DJe 16/12/2009) tem amparo em outros dois julgados: o RESP 530.053-PR (Segunda Turma, DJ 16/11/2004) e o RESP 445.470-DF (Segunda Turma, DJ 1º/9/2003). De ambos, o último pode ser considerado como o paradigma a respeito da matéria e, após leitura atenta do voto condutor, extrai-se a seguinte fundamentação: 'No que se refere à alegação de ofensa ao art. 515 do CPC, deixo de analisá-la porquanto o dispositivo somente é aplicável no julgamento da apelação e não de agravo de instrumento, como na hipótese dos autos.' Propõem-se, entretanto, um debate mais aprofundado sobre o tema. Para tanto, parte-se da decisão proferida no AgRg no Ag 867.885-MG (Quarta Turma, DJ 22/10/2007), a qual examinou conceitualmente o art. 515, § 3º, do CPC/73, com profundidade. Na ocasião, consignou-se: 'A novidade representada pelo § 3º do art. 515 do Código de Processo Civil nada mais é do que um atalho, legitimado pela aptidão a acelerar os resultados do processo e desejável sempre que isso for feito sem prejuízo a qualquer das partes; ela constituiu mais um lance da luta do legislador contra os males do tempo e representa a ruptura com um velho dogma, o do duplo grau de jurisdição, que por sua vez só se legitima quando for capaz de trazer benefícios, não demoras desnecessárias. Por outro lado, se agora as regras são essas e são conhecidas de todo operador do direito, o autor que apelar contra a sentença terminativa fá-lo-á com a consciência do risco que corre; não há infração à garantia constitucional do* due process *porque as regras do jogo são claras e isso é fator de segurança das partes, capaz de evitar surpresas.' Traçadas as premissas, não se pode descurar que, em sua concepção literal, a aplicação do art. 515, § 3º, do CPC/73 pressuporia extinção de processo sem julgamento de mérito por sentença e existência de questão de direito em condições de imediato julgamento. Porém, doutrina processual relevante já superou o dogma da incidência do dispositivo apenas nas hipóteses de sentença/apelação e considera a disposição como relacionada à teoria geral dos recursos. Isso com base em algumas premissas: a) a norma propõe um atalho para acelerar julgamentos baseados na ruptura com o dogma do duplo grau de jurisdição, assumido como princípio, mas não como garantia; b) a disposição não pode acarretar prejuízo às partes, especialmente no que se refere ao contraditório e à ampla defesa; c) a teoria da causa madura não está adstrita ao recurso de apelação, porquanto inserida em dispositivo que contém regras gerais aplicáveis a*

> *todos os recursos; e d) admite-se o exame do mérito da causa com base em recursos tirados de interlocutórias sobre aspectos antecipatórios ou instrutórios. Dessa forma, parece razoável entender que: 'quem pode o mais, pode o menos.' Se a teoria da causa madura pode ser aplicada em casos de agravos de decisões interlocutórias que nem sequer tangenciaram o mérito, resultando no julgamento final da pretensão da parte, é possível supor que não há impedimento à aplicação da teoria para a solução de uma questão efetivamente interlocutória, desde que não configure efetivo prejuízo à parte"* (STJ. RESP 1.215.368-ES, Rel. Min. Herman Benjamin, julgado em 1º/06/2016, DJe 19/09/2016 – Informativo nº 590).

Art. 1.020

Art. 1.020. O relator solicitará dia para julgamento em prazo não superior a 1 (um) mês da intimação do agravado.

O dispositivo em questão deve ser interpretado literalmente, tratando de providência que deve ser adotada pelo relator após a intimação do agravado, que seria solicitar ao presidente do órgão dia para julgamento em prazo não superior a um mês.

CAPÍTULO IV
DO AGRAVO INTERNO

Art. 1.021

Art. 1.021. Contra decisão proferida pelo relator caberá agravo interno para o respectivo órgão colegiado, observadas, quanto ao processamento, as regras do regimento interno do tribunal.

§ 1º Na petição de agravo interno, o recorrente impugnará especificadamente os fundamentos da decisão agravada.

§ 2º O agravo será dirigido ao relator, que intimará o agravado para manifestar-se sobre o recurso no prazo de 15 (quinze) dias, ao final do qual, não havendo retratação, o relator levá-lo-á a julgamento pelo órgão colegiado, com inclusão em pauta.

§ 3º É vedado ao relator limitar-se à reprodução dos fundamentos da decisão agravada para julgar improcedente o agravo interno.

§ 4º Quando o agravo interno for declarado manifestamente inadmissível ou improcedente em votação unânime, o órgão colegiado, em decisão fundamentada, condenará o agravante a pagar ao agravado multa fixada entre um e cinco por cento do valor atualizado da causa.

> § 5º A interposição de qualquer outro recurso está condicionada ao depósito prévio do valor da multa prevista no § 4º, à exceção da Fazenda Pública e do beneficiário de gratuidade da justiça, que farão o pagamento ao final.

Esta modalidade de agravo é regulada pelo CPC (art. 1.021), sendo o recurso adequado para impugnar a decisão monocrática proferida pelo desembargador ou ministro relator (v.g., a que não admite recurso de apelação). Também pode ser usado para impugnar decisão proferida pelo Tribunal inferior que inadmitir REXTR ou RESP, dependendo do fundamento adotado (art. 1.030, §§ 1º e 2º). Ele tem como característica a circunstância de que deverá ser protocolizado e decidido perante o mesmo órgão e Tribunal em que estiver lotado o magistrado que proferiu a decisão monocrática anterior, embora não possa ser decidido isoladamente.

Este agravo interno, que deve ser interposto no prazo de 15 (quinze) dias úteis (art. 1.003, § 5º), é instrumentalizado por petição que deverá ter argumentação "específica" (art. 1.021, § 1º), e será dirigida ao mesmo relator da decisão anterior. Na sequência, será determinada a intimação do agravado para apresentar contrarrazões em outros 15 (quinze) dias úteis. Após, o relator poderá se retratar ou não da sua anterior decisão monocrática (art. 1.021, § 2º).

Contudo, se for detectado que o agravo interno não trouxe qualquer argumentação "específica", deverá ser desprovido, com a fixação de multa por recurso protelatório (art. 1.012, § 4º). Com efeito, já há jurisprudência do STF no sentido de que, para estes recursos que exigem argumentação nova e específica, não se deve sequer dar oportunidade para a parte regularizar a peça (art. 932, parágrafo único), pois isso somente é possível para a correção de vícios formais como ausência de preparo, entre outros, mas jamais para complementar fundamentação.

Não sendo caso de retratação, o agravo interno será apreciado pelo mesmo órgão anterior, inclusive com a participação do mesmo relator (que acabou de negar a retratação em gabinete). Acrescenta-se, outrossim, que neste recurso na maioria das vezes não há direito a sustentação oral, em razão de acertado veto presidencial (art. 937, inc. VII). Contudo, em poucos casos isso até pode ocorrer (art. 937, § 3º).

Quando o agravo interno for declarado manifestamente inadmissível ou improcedente em votação unânime, o órgão colegiado, em decisão fundamentada, condenará o agravante a pagar ao agravado multa fixada entre um e cinco por cento do valor atualizado da causa (art. 1.021, § 4º). E, vale dizer, se isso ocorrer, ou seja, se for aplicada esta multa, a interposição de qualquer outro recurso está condicionada ao depósito prévio do seu valor, à exceção da Fazenda Pública e do beneficiário de gratuidade da justiça, que farão o pagamento ao final (art. 1.021, § 5º). Destaca-se, ainda, que esta multa não deve ser aplicada automaticamente, pois não se trata de mera decorrência lógica do não provimento do agravo, conforme precedente do STJ.

Por fim, há de se fazer rápida abordagem sobre o "agravo regimental", até para diferenciá-lo do "agravo interno". Este outro recurso recebe esta nomenclatura por não estar previsto no CPC ou em outra lei federal, mas sim no regimento interno do próprio Tribunal. Ele é, basicamente, utilizado nas mesmas situações que o agravo interno, ou seja, para impugnar decisões monocráticas que tenham sido proferidas por um desembargador ou ministro.

Ocorre que, pela atual ordem constitucional, apenas o Congresso Nacional, por meio de lei, é que pode regular matéria processual (art. 22, inc. I, CF), o que tornaria de duvidosa constitucionalidade (ou mesmo recepção) os regimentos que persistem em ter este tipo de previsão. Assim, além deste vício formal, também haveria um flagrante déficit de democracia, pois normas processuais estariam sendo criadas por membros de Tribunais, que não foram eleitos pela população.

Na jurisprudência, contudo, há julgados no sentido da permanência destes agravos regimentais, mesmo diante da atual Constituição, ante a justificativa de que não se trata de recurso, mas apenas de um meio de sujeição ao órgão colegiado de todas as questões que foram objeto do recurso anteriormente interposto, mas que não foram apreciadas em sua integralidade pelo relator. Seria sob este ponto de vista, portanto, um mecanismo para compor a vontade do órgão colegiado, e não um recurso propriamente dito.

Este entendimento, porém, não deve prosperar, pois, o que realmente se pretende com o uso desta via é, em última análise, obter a reforma da decisão proferida monocraticamente, sendo evidente a sua natureza recursal. O CPC (art. 1.070), contudo, parece ter aderido ao entendimento esposado nos tribunais, no sentido da viabilidade do agravo regimental, tanto que até mesmo fez dispor que, para qualquer recurso de agravo, seja ele previsto em lei ou em "regimento", o prazo será de 15 (quinze) dias. Curiosamente, há precedentes dos Tribunais Superiores realmente mantendo estes agravos regimentais ou até mesmo os previstos em leis especiais (v.g., Lei nº 8.038/90), só que com o prazo de 5 (cinco) dias, caso sejam provenientes de processos que versem sobre matéria penal ou processual penal.

> **Verbete nº 116 da Súmula do STJ:** *"A Fazenda Pública e o Ministério Público têm prazo em dobro para interpor agravo regimental no Superior Tribunal de Justiça".*
>
> **Enunciado nº 74 da I Jornada de Processo Civil CEJ/CJF:** *"O termo "manifestamente" previsto no § 4º do art. 1.021 do CPC se refere tanto à improcedência quanto à inadmissibilidade do agravo".*
>
> **Enunciado nº 77 da I Jornada de Processo Civil CEJ/CJF:** *"Para impugnar decisão que obsta trânsito a recurso excepcional e que contenha simultaneamente fundamento relacionado à sistemática dos recursos repetitivos ou da repercussão geral (art. 1.030, I, do CPC) e fundamento relacionado à análise dos pressupostos de admissibilidade recursais (art. 1.030, V, do CPC), a parte sucumbente deve interpor, simultaneamente, agravo interno (art. 1.021 do CPC) caso queira*

impugnar a parte relativa aos recursos repetitivos ou repercussão geral e agravo em recurso especial/extraordinário (art. 1.042 do CPC) caso queira impugnar a parte relativa aos fundamentos de inadmissão por ausência dos pressupostos recursais".

Possibilidade de fixação de multa em agravo interno manifestamente protelatório. *"Agravo interno no recurso extraordinário com agravo. Administrativo. Servidor. Incorporação de horas extras. Ausência do necessário prequestionamento. Súmula 282 do STF. Violação ao princípio do devido processo legal. Matéria com repercussão geral rejeitada pelo plenário do STF no ARE 748.371. Tema 660. Negativa de prestação jurisdicional. Inocorrência. Alegada ofensa ao artigo 93, IX, da Constituição Federal. Inexistência. Reiterada rejeição dos argumentos expendidos pela parte nas sedes recursais anteriores. Manifesto intuito protelatório. Multa do artigo 1.021, § 4º, do CPC/2015. Aplicabilidade. Recurso interposto sob a égide do novo Código de Processo Civil. Aplicação de nova sucumbência. Agravo interno desprovido"* (STF. ARE nº 916.685 / Agr. Rel. Min. Luiz Fux. DJ 16/09/2016).

Possibilidade de regimento interno prever agravo interno validamente, por não se tratar de recurso (CPC/73). *"Afastou-se a alegação do recorrente, de invalidade de tal recurso – sustentava ser da competência privativa da União a criação de recurso processual (CF, art. 22, I, da CF) e que, de acordo com o art. 620, § 1º do CPP, a decisão seria irrecorrível –, tendo em vista não ser o agravo regimental um recurso, mas apenas meio de se promover a integração da vontade do Colegiado que o relator representa, sendo a sua instituição de competência dos regimentos internos dos Tribunais"* (STF. Agravo regimental no agravo de instrumento nº 247.591-RS. Rel. Min. Moreira Alves. DJ 14/03/2000).

Exigência de fundamentação nova para o relator negar o juízo de retratação no agravo interno. *"É vedado ao relator limitar-se a reproduzir a decisão agravada para julgar improcedente o agravo interno"* (STJ. RESP 1.622.386/MT, Rel.ª Min.ª Nancy Andrighi, Terceira Turma, DJe 25/10/2016).

Prazo para interposição de agravo em processo penal não foi alterado pelo CPC/15. *"Processual Civil e Processual Penal. Agravo regimental em reclamação. Recurso que impugna decisão monocrática de relator proferida após a entrada em vigor do novo CP. Prazo ainda regido pelo art. 39 da Lei 8.038/90. Intempestividade"* (STJ. AgRg na Reclamação nº 30.714-PB. Rel. Min. Reynaldo Soares da Fonseca. DJ 27/04/2016).

Possibilidade de fixação de multa em agravo interno manifestamente protelatório que foi interposto pela Fazenda Pública e recolhimento do valor (CPC/73). *"Havendo condenação da Fazenda Pública ao pagamento da multa prevista no art. 557, § 2º, do CPC, a interposição de qualquer outro recurso fica condicionada ao depósito prévio do respectivo valor. O art. 557, § 2º, do CPC é taxativo ao dispor que 'Quando manifestamente inadmissível ou infundado o agravo, o tribunal condenará o agravante a pagar ao agravado multa entre 1% (um por cento) e 10% (dez por cento) do valor corrigido da causa, ficando a interposição de qualquer outro recurso condicionada ao depósito do respectivo valor'. De fato, a multa pelo uso abusivo do direito de recorrer caracteriza-se como requisito de admissibilidade do recurso, sendo o seu depósito prévio medida adequada para* *conferir maior efetividade ao postulado da lealdade processual, impedindo a prática de atos atentatórios à dignidade da justiça, bem como a litigância de má-fé. Nesse contexto, tanto o STJ quanto o STF têm consignado que o prévio depósito da multa referente a agravo regimental manifestamente inadmissível ou infundado (§ 2º do art. 557), aplicada pelo abuso do direito de recorrer, também é devido pela Fazenda Pública. Além disso, a alegação de que o art. 1º-A da Lei nº 9.494/97 dispensa os entes públicos da realização de prévio depósito para a interposição de recurso não deve prevalecer, em face da cominação diversa, explicitada no art. 557, § 2º, do CPC. Este dispositivo legal foi inserido pela Lei nº 9.756/98, que trouxe uma série de mecanismos para acelerar a tramitação processual, como, por exemplo, a possibilidade de o relator, nas hipóteses cabíveis, dar provimento ou negar seguimento, monocraticamente, ao agravo. Assim, esse dispositivo deve ser interpretado em consonância com os fins buscados com a alteração legislativa. Nesse sentido, "não se pode confundir o privilégio concedido à Fazenda Pública, consistente na dispensa de depósito prévio para fins de interposição de recurso, com a multa instituída pelo art. 557, § 2º, do CPC, por se tratar de institutos de natureza diversa" (AgRg no ARESP 513.377-RN, Segunda Turma, DJe de 15/8/2014). Precedentes citados do STJ: AgRg nos EARESP 22.230-PA, Corte Especial, DJe de 1º/7/2014; EAg 493.058-SP, Primeira Seção, DJU de 1º/8/2006; AgRg no Ag 1.425.712-MG, Primeira Turma, DJe 15/5/2012; AgRg no ARESP 383.036-MS, Segunda Turma, DJe 16/9/2014; e AgRg no ARESP 131.134-RS, Quarta Turma, DJe 19/3/2014. Precedentes citados do STF: RE 521.424-RN AgR-EDv-AgR, Tribunal Pleno, DJe 27/08/2010; e AI 775.934-AL AgR-ED-ED, Tribunal Pleno, DJe 13/12/2011"* (STJ. AgRg no ARESP 553.788-DF, Rel.ª Min.ª Assusete Magalhães, julgado em 16/10/2014).

CAPÍTULO V
DOS EMBARGOS DE DECLARAÇÃO

Art. 1.022

Art. 1.022. Cabem embargos de declaração contra qualquer decisão judicial para:

I – esclarecer obscuridade ou eliminar contradição;

II – suprir omissão de ponto ou questão sobre o qual devia se pronunciar o juiz de ofício ou a requerimento;

III – corrigir erro material.

Parágrafo único. Considera-se omissa a decisão que:

I – deixe de se manifestar sobre tese firmada em julgamento de casos repetitivos ou em incidente de assunção de competência aplicável ao caso sob julgamento;

II – incorra em qualquer das condutas descritas no art. 489, § 1º.

O dispositivo regula as hipóteses de cabimento do recurso de embargos de declaração. O *caput*, acertadamente, prevê que ele pode ser utilizado para impugnar qualquer "decisão", o que é um termo mais amplo em detrimento dos que eram utilizados no modelo primitivo (CPC/73).

É criada uma nova hipótese de cabimento, qual seja, a correção de erro material. Curiosamente, o erro material pode ser corrigido de ofício a qualquer momento (art. 494), de modo que a parte pode trazer este tema por simples petição caso já tenha escoado o seu prazo para embargar. O parágrafo único esclarece o que deve ser considerado como decisão judicial omissa.

De resto, já há precedente de Tribunal Superior no sentido de que o magistrado não é obrigado a analisar todos os argumentos trazidos pelas partes, mas somente se ater àqueles realmente relevantes para a solução do mérito.

> **Verbete nº 52 da Súmula do TJ-RJ:** *"Inexiste omissão a sanar através de embargos declaratórios, quando o acórdão não enfrentou todas as questões arguidas pelas partes, desde que uma delas tenha sido suficiente para o julgamento do recurso".*
>
> **Enunciado nº 75 da I Jornada de Processo Civil CEJ/CJF:** *"Cabem embargos declaratórios contra decisão que não admite recurso especial ou extraordinário, no tribunal de origem ou no tribunal superior, com a consequente interrupção do prazo recursal".*
>
> **Enunciado nº 76 da I Jornada de Processo Civil CEJ/CJF:** *"É considerada omissa, para efeitos do cabimento dos embargos de declaração, a decisão que, na superação de precedente, não se manifesta sobre a modulação de efeitos".*
>
> **Enunciado nº 40 da ENFAM:** *"Incumbe ao recorrente demonstrar que o argumento reputado omitido é capaz de infirmar a conclusão adotada pelo órgão julgador".*

> **Embargos de declaração não se prestam a reforma da decisão.** *"O Plenário, em conclusão de julgamento, rejeitou embargos de declaração opostos de decisão proferida no RE 571.969/DF (DJe de 18/9/2014), na qual assentara-se que a União, na qualidade de contratante, possui responsabilidade civil por prejuízos suportados por companhia aérea em decorrência de planos econômicos existentes no período objeto da ação – Informativo 818. Alegou-se omissão quanto ao afastamento do instituto da preclusão acerca da impugnação aos critérios utilizados na perícia para a aferição do desequilíbrio econômico-financeiro do contrato de concessão. Sustentou-se, também, omissão sobre a prevalência do regime intervencionista do Estado com relação ao instituto da responsabilidade objetiva. Arguiu-se ser contraditória a indicação do instituto da desapropriação como exemplo de responsabilidade do Estado por ato ilícito, bem assim o próprio resultado do julgamento, em face de conclusão do laudo pericial no sentido da ausência de nexo causal entre as medidas de intervenção e o agravamento das dívidas da embargada. Por fim, afirmou-se que a limitação de lucro excessivo não configura dano indenizável. O Colegiado esclareceu que os embargos de declaração não se prestam para provocar reforma da decisão embargada, salvo nos pontos em que haja omissão, contradição ou obscuridade (CPC, art. 535).*

No caso, todavia, não se pretende provocar esclarecimento, mas modificar o conteúdo do julgado, para afastar a responsabilidade da União pelos danos causados à embargada. O acórdão impugnado enfrentou, devidamente, a questão relativa ao reconhecimento da preclusão sobre a impugnação feita aos critérios utilizados na perícia para a aferição do desequilíbrio econômico-financeiro do contrato de concessão. Ademais, foi enfatizado que o afastamento da preclusão e, consequentemente, da intempestividade da peça apresentada pela União, é matéria infraconstitucional, insuscetível de análise em sede de recurso extraordinário. De igual modo, incabível, nessa via, o exame dos elementos afetos ao equilíbrio econômico-financeiro de contrato administrativo" (STF. RE 571.969 ED/DF, Rel.ª Minª Cármen Lúcia, julgado em 03/08/2017).

Inadmissibilidade de recurso não permite aplicar o entendimento firmado em sede de recurso repetitivo. Suposta "omissão" do julgado que não pode ser atacada por meio de embargos de declaração. *"A interpretação do art. 1.022, parágrafo único, I, do CPC/2015, não pode ser feita em descompasso com esse entendimento. Ou seja, não preenchidos os requisitos de admissibilidade de um recurso, o não enfrentamento do mérito do recurso, ainda que existentes teses firmadas em julgamento de casos repetitivos ou em incidente de assunção de competência, é consequência lógica e necessária"* (STJ. EDcl no AgRg no ARESP nº 743.396/SE. Rel. Min. Marco Buzzi. DJ 1º/09/2016).

Embargos de declaração. Não cabimento para sanar omissão de argumento que é incapaz de infirmar a conclusão do julgador. Desnecessidade de o magistrado analisar todas as questões suscitadas pelas partes. *"Mesmo após a vigência do CPC/2015, não cabem embargos de declaração contra decisão que não se pronuncie tão somente sobre argumento incapaz de infirmar a conclusão adotada. Os embargos de declaração, conforme dispõe o art. 1.022 do CPC/2015, destinam-se a suprir omissão, afastar obscuridade ou eliminar contradição existente no julgado. O julgador não está obrigado a responder a todas as questões suscitadas pelas partes, quando já tenha encontrado motivo suficiente para proferir a decisão. A prescrição trazida pelo inciso IV do § 1º do art. 489 do CPC2015 ['§ 1º Não se considera fundamentada qualquer decisão judicial, seja ela interlocutória, sentença ou acórdão, que: (...) IV – não enfrentar todos os argumentos deduzidos no processo capazes de, em tese, infirmar a conclusão adotada pelo julgador'] veio confirmar a jurisprudência já sedimentada pelo STJ, sendo dever do julgador apenas enfrentar as questões capazes de infirmar a conclusão adotada na decisão"* (STJ. EDcl no MS 21.315-DF, Rel. Min. Diva Malerbi (Desembargadora convocada do TRF da 3ª Região), julgado em 08/06/2016, DJe 15/06/2016 – Informativo nº 585).

Embargos de declaração devem ser apreciados pelo mesmo Tribunal que prolatou a decisão (CPC/73). *"Verificada a ocorrência de uma das hipóteses previstas no art. 535 do Código de Processo Civil, devem os autos retornar ao Tribunal de origem para que seja, por meio de novo julgamento, sanada a omissão apontada nos Embargos de Declaração opostos. A matéria atinente à prescrição alegada em contrarrazões de Apelação e reiterada nos Embargos Declaratórios não foi apreciada pela Corte local. Ofensa ao art. 535 do CPC configurada"* (STJ. Agravo regimental no RESP nº 1.168.197-DF. Rel. Min. Herman Benjamim. DJ 04/03/2010).

> **Embargos de declaração em incidente de arguição de inconstitucionalidade. Atualização monetária dos débitos trabalhistas. Art. 39 da Lei nº 8.177/91. Declaração de inconstitucionalidade da expressão "equivalentes à TRD". Aplicação do índice IPCA-E. Efeito modificativo. Modulação de efeitos.**
> "*O Tribunal Pleno, em sede de embargos de declaração em incidente de arguição de inconstitucionalidade, decidiu, por maioria, conferir efeito modificativo ao julgado para modular os efeitos da decisão que declarou inconstitucional, por arrastamento, a expressão "equivalentes à TRD", contida no art. 39 da Lei nº 8.177/91, e acolheu o IPCA-E como índice de atualização monetária dos débitos trabalhistas, para que produza efeitos somente a partir de 25/3/2015, data coincidente com aquela adotada pelo Supremo Tribunal Federal no acórdão prolatado na ADI 4.357. De outra sorte, por unanimidade, em cumprimento à decisão liminar concedida no processo STF-Rcl-22.012, Rel. Min. Dias Toffoli, o Pleno excluiu a determinação contida na decisão embargada de reedição da Tabela Única de cálculo de débitos trabalhistas, a fim de que fosse adotado o índice IPCA-E, visto que tal comando poderia significar a concessão de efeito erga omnes, o que não é o caso. Vencidos, totalmente, os Ministros Maria de Assis Calsing, Antonio José de Barros Levenhagen, Maria Cristina Irigoyen Peduzzi, Dora Maria da Costa e Ives Gandra Martins Filho, que julgavam prejudicados os embargos de declaração em razão da liminar deferida pelo STF e, parcialmente, o Ministro Brito Pereira, que acolhia os embargos declaratórios para prestar esclarecimentos, sem modular os efeitos da decisão*" (TST. ED-ArgInc-479-60.2011.5.04.0231, Tribunal Pleno, Rel. Min. Cláudio Mascarenhas Brandão, 20/03/2017).

Art. 1.023

Art. 1.023. Os embargos serão opostos, no prazo de 5 (cinco) dias, em petição dirigida ao juiz, com indicação do erro, obscuridade, contradição ou omissão, e não se sujeitam a preparo.

§ 1º Aplica-se aos embargos de declaração o art. 229.

§ 2º O juiz intimará o embargado para, querendo, manifestar-se, no prazo de 5 (cinco) dias, sobre os embargos opostos, caso seu eventual acolhimento implique a modificação da decisão embargada.

O dispositivo prevê que este recurso será interposto em cinco dias, com possibilidade de dobra do prazo caso no processo haja litisconsórcio com diferentes procuradores. Haverá contrarrazões do embargado, se existir risco de efeito modificativo.

Art. 1.024

Art. 1.024. O juiz julgará os embargos em 5 (cinco) dias.

§ 1º Nos tribunais, o relator apresentará os embargos em mesa na sessão subsequente, proferindo voto, e, não havendo julgamento nessa sessão, será o recurso incluído em pauta automaticamente.

> § 2º Quando os embargos de declaração forem opostos contra decisão de relator ou outra decisão unipessoal proferida em tribunal, o órgão prolator da decisão embargada decidi-los-á monocraticamente.
>
> § 3º O órgão julgador conhecerá dos embargos de declaração como agravo interno se entender ser este o recurso cabível, desde que determine previamente a intimação do recorrente para, no prazo de 5 (cinco) dias, complementar as razões recursais, de modo a ajustá-las às exigências do art. 1.021, § 1º.
>
> § 4º Caso o acolhimento dos embargos de declaração implique modificação da decisão embargada, o embargado que já tiver interposto outro recurso contra a decisão originária tem o direito de complementar ou alterar suas razões, nos exatos limites da modificação, no prazo de 15 (quinze) dias, contado da intimação da decisão dos embargos de declaração.
>
> § 5º Se os embargos de declaração forem rejeitados ou não alterarem a conclusão do julgamento anterior, o recurso interposto pela outra parte antes da publicação do julgamento dos embargos de declaração será processado e julgado independentemente de ratificação.

O dispositivo em questão deve ser interpretado literalmente. De novidade, o CPC passa a consagrar o princípio da fungibilidade, ao permitir que o relator conheça os embargos de declaração como agravo interno no tribunal, mas desde que o recorrente seja intimado previamente para regularizar sua peça.

Também passa a ser expresso que é admitida a possibilidade de a parte que já tiver recorrido complementar seu recurso anterior caso os embargos de declaração interpostos pela outra venham a ser conhecidos e providos. Nesta mesma situação, se os embargos forem rejeitados, o recurso já interposto pela outra parte se processa independentemente de ratificação, o que está de acordo com o entendimento sumulado mais atual do STJ.

> Verbete nº 579 da Súmula do STJ: *"Não é necessário ratificar o recurso especial interposto na pendência do julgamento dos embargos de declaração quando inalterado o julgamento anterior".*

> **Tempestividade do recurso interposto prematuramente ou após o advento do termo final (CPC/73).** *"É tempestivo, por possuir objeto próprio, o recurso interposto contra decisão já juntada aos autos, ainda que não publicada no Diário de Justiça. Tendo em conta esse entendimento, fixado pela 1ª Turma no AI 497477 AgR/PR (DJU de 8/10/2004)"* (STF. Ação originária nº 1.133, Rel. Min. Carlos Britto. DJ 16/06/2005).

> **Intempestividade do recurso interposto prematuramente ou após o advento do termo final (CPC/73).** *"A intempestividade dos recursos tanto pode derivar de impugnações prematuras (que se antecipam à publicação dos acórdãos) quanto decorrer de oposições tardias (que se registram após o decurso dos prazos recursais). Em qualquer das duas situações – impugnação prematura ou oposição tardia –, a consequência de ordem processual é uma só: o não conhecimento do recurso, por efeito de sua extemporânea interposição. – A jurisprudência do Supremo Tribunal Federal tem advertido que a simples notícia do julgamento, além de não dar início à fluência do prazo recursal, também não legitima a prematura interposição de recurso, por absoluta falta de objeto. Precedentes"* (STF. Embargos de declaração no agravo regimental no agravo de instrumento nº 375.124. Rel. Min. Celso de Mello. DJ 28/06/2002).
>
> **Impossibilidade de ser dado provimento a embargos de declaração por decisão monocrática, eis que esta estaria alterando decisão de órgão colegiado (CPC/73).** *"Opostos embargos declaratórios de decisão colegiada, o relator poderá negar seguimento monocraticamente, com base no caput do art. 557 do CPC, pois não haverá mudança do decisum, mas não poderá dar provimento ao recurso para suprir omissão, aclarar obscuridade ou sanar contradição do julgado, com fundamento no § 1º-A do mesmo artigo, pois em tal hipótese haveria inexorável modificação monocrática da deliberação da Turma, Seção ou Câmara do qual faz parte"* (STJ. RESP nº 1.049.974-SP. Rel. Min. Luiz Fux. DJ 03/08/2010).
>
> **Tempestividade do recurso interposto prematuramente ou após o prazo o advento do termo final (CPC/73).** *"Rendo-me, ressalvando meu ponto de vista, à posição assumida pela maioria da Corte Especial deste Sodalício, pelo seu caráter uniformizador no trato das questões jurídicas no país que, com base em recente decisão (EResp 492.461/MG), datada de 17/11/2004, consignou que a interposição de recursos contra decisões monocráticas ou colegiadas proferidas pelo STJ pode, a partir de agora, ser realizada antes da publicação dessas decisões na imprensa oficial. 4. Embargos de divergência acolhidos"* (STJ. Embargos de divergência em agravo nº 2004/0121708-4. Rel. Min. José Delgado. DJ 04/04/2005).

Art. 1.025

> **Art. 1.025.** Consideram-se incluídos no acórdão os elementos que o embargante suscitou, para fins de prequestionamento, ainda que os embargos de declaração sejam inadmitidos ou rejeitados, caso o tribunal superior considere existentes erro, omissão, contradição ou obscuridade.

O dispositivo passa a prever, de maneira inédita, que os embargos de declaração possam ser utilizados para fins de prequestionamento, inclusive o "ficto". Para melhor entender o alcance desta norma, são necessários alguns esclarecimentos adicionais.

O prequestionamento muitas vezes é apresentado como um requisito de admissibilidade de difícil compreensão quando, em realidade, não traz em si grandes dificuldades. Basicamente, o que se espera com o prequestionamento é que, no

REXTR ou no RESP, não sejam ventiladas questões que ainda não foram apreciadas nas instâncias inferiores. Apenas isso. Assim, caso o interessado pretenda fundamentar o seu RESP na circunstância de o acórdão ter afrontado determinada lei federal, esta questão necessariamente já deverá ter sido anteriormente decidida pelo mesmo Tribunal inferior que proferiu a decisão.

O grande problema é que a lei processual não explicava quando e nem de que maneira o prequestionamento deve ser efetuado, o que vem gerando uma praxe, nem sempre técnica, de realizá-lo apenas por meio dos embargos de declaração, após a decisão já ter sido proferida o que, em realidade, se traduz em um "pós-questionamento".

Além disso, os embargos de declaração podiam expor o eventual interessado a uma série de situações desfavoráveis. Por exemplo, não é raro encontrar jurisprudência reputando que os embargos de declaração não podem ser utilizados para fins de prequestionamento, o que possibilitaria, inclusive, a aplicação da multa prevista no CPC (art. 538, parágrafo único), malgrado exista entendimento sumulado pelo STJ.

Além destes problemas que são gerados em razão do uso deste recurso, outra situação bastante comum ocorre quando o Tribunal inferior se recusa a enfrentar a omissão (descumprimento da CF/88 ou de lei federal) apontada nos embargos de declaração, sob a justificativa de não ser relevante. Em casos como o presente, a jurisprudência do STF usualmente considera que houve a ocorrência do denominado "prequestionamento ficto", o que já seria suficiente de modo a permitir a admissibilidade do REXTR por este motivo. A Suprema Corte, portanto, costuma interpretar esta situação como se o Tribunal inferior tivesse refutado a aludida contrariedade, até mesmo já constando verbete sumular neste sentido e que é, em essência, justamente o conteúdo do dispositivo que ora se analisa. Caberá ao STJ, porém, rever o seu entendimento em sentido contrário, que também consta em verbete sumular.

> **Verbete nº 356 da Súmula do STF:** "*O ponto omisso da decisão, sobre o qual não foram opostos embargos declaratórios, não pode ser objeto de REXTR, por faltar o requisito do prequestionamento*".
>
> **Verbete nº 98 da Súmula do STJ:** "*Embargos de declaração manifestados com notório propósito de prequestionamento não têm caráter protelatório*".
>
> **Verbete nº 211 da Súmula do STJ:** "*Inadmissível RESP quanto à questão que, a despeito da oposição de embargos declaratórios, não foi apreciada no juízo a quo*".

> **Necessidade de o prequestionamento ser realizado para fins de admissibilidade do recurso especial (CPC/73).** "*PROCESSO CIVIL. AGRAVO REGIMENTAL. RESP AUSÊNCIA DE PREQUESTIONAMENTO. SÚMULAS Nºs 282 e 356 do STF. ANTECIPAÇÃO DE TUTELA. INTELIGÊNCIA DO ART. 273, § 2º, DO CPC. 1. O prequestionamento dos dispositivos legais tidos como violados constitui requisito indispensável à admissibilidade do RESP Incidência das Súmulas nºs 282 e 356 do Supremo Tribunal Federal. 2. O possível risco de irreversibilidade dos efeitos do provimento*

> *da antecipação da tutela contida no art. 273, § 2º, do CPC não pode ser interpretado ao extremo, sob pena de tornar inviável o direito do reivindicante. 3. Agravo regimental que se nega provimento"* (STJ. Agravo regimental no agravo nº 502.173/RJ, Rel. Min. João Otávio de Noronha. DJ 02/08/2005).
>
> **Impossibilidade de uso dos embargos de declaração com o intuito de realizar o prequestionamento quando, em realidade, o recorrente pretender reexame da matéria (CPC/73).** *"Embargos de Declaração. Alegação de existência de omissões no julgado. Pretensão de prequestionamento. Inocorrência de qualquer das hipóteses capituladas no art. 535 do CPC. Embargos com propósitos infringentes. Via imprópria para obter a alteração do julgado. Recurso que pretende, em verdade, novo reexame da matéria. Mero inconformismo da parte não dá ensejo à interposição de Embargos de Declaração. Embargos rejeitados"* (TJ-RJ. Embargos de declaração nº 2008.001.61290. Rel. Des. Pedro Freire. DJ 13/03/2009).

Art. 1.026

Art. 1.026. Os embargos de declaração não possuem efeito suspensivo e interrompem o prazo para a interposição de recurso.

§ 1º A eficácia da decisão monocrática ou colegiada poderá ser suspensa pelo respectivo juiz ou relator se demonstrada a probabilidade de provimento do recurso ou, sendo relevante a fundamentação, se houver risco de dano grave ou de difícil reparação.

§ 2º Quando manifestamente protelatórios os embargos de declaração, o juiz ou o tribunal, em decisão fundamentada, condenará o embargante a pagar ao embargado multa não excedente a dois por cento sobre o valor atualizado da causa.

§ 3º Na reiteração de embargos de declaração manifestamente protelatórios, a multa será elevada a até dez por cento sobre o valor atualizado da causa, e a interposição de qualquer recurso ficará condicionada ao depósito prévio do valor da multa, à exceção da Fazenda Pública e do beneficiário de gratuidade da justiça, que a recolherão ao final.

§ 4º Não serão admitidos novos embargos de declaração se os 2 (dois) anteriores houverem sido considerados protelatórios.

Os embargos de declaração possuem efeito interruptivo quanto ao prazo dos demais recursos (jamais para outros atos, como a apresentação de contestação, conforme precedente do STJ), mas, como novidade, agora tão somente em relação à parte que o interpôs. Com efeito, no modelo anterior (CPC/73), constava norma no sentido de que o efeito interruptivo dos embargos era extensível a todas as partes (art. 538, CPC/73). O novo modelo, porém, não mais faz menção a esta situação (art. 1.026). Pelo contrário, há até mesmo outro dispositivo (art. 1.024, § 4º), que prevê que não será reaberto prazo para a outra parte recorrer, mas apenas para alterar o conteúdo do seu recurso anteriormente interposto, caso tenha ocorrido modificação da decisão embargada. Este efeito interruptivo, portanto, ficará restrito apenas à parte que tiver interposto embargos de declaração, mas mesmo ele poderá ser mitigado, quando forem opostos novos embargos de declaração para impugnar o conteúdo da mesma decisão que já foi objeto dos embargos anteriormente.

Desta maneira, observa-se que, mesmo naquelas hipóteses em que o outro litigante já tiver apresentando o seu recurso, ainda assim será lícito a ele complementá-lo, mas apenas quanto ao que foi alterado em decorrência dos embargos de declaração (art. 1.024, § 4º). No entanto, caso permaneça silente, ainda assim o seu recurso anteriormente interposto poderá ser recebido, independentemente de reiteração ou qualquer manifestação a respeito, caso preenchidos os requisitos de admissibilidade (art. 1.024, § 5º).

Embargos protelatórios permitem multa de dois por cento do valor da causa ao embargado. Se houver reiteração, pode aumentar para dez por cento e passa a ser condição para recebimento dos futuros recursos, exceto aos beneficiários de gratuidade e Fazenda Pública, que só a recolherão ao final. O último parágrafo passa a prever que não mais serão admitidos novos embargos de declaração caso os dois anteriores já tenham sido considerados protelatórios.

Por fim, há precedente de Tribunal Superior reconhecendo que neste recurso a parte vencedora tem direito à majoração da verba honorária.

> **Verbete nº 579 da Súmula do STJ:** *"Não é necessário ratificar o recurso especial interposto na pendência do julgamento dos embargos de declaração quando inalterado o julgamento anterior".*
>
> **Verbete nº 48 da Súmula do TJ-RJ** *"Os embargos de declaração, quando intempestivos, não interrompem o prazo para a interposição de recursos".*

> **Embargos de declaração são incabíveis para impugnar decisão do Presidente do Tribunal, razão pela qual não suspendem ou interrompem o prazo para o agravo (art. 1.021 ou art. 1.042, conforme o caso).** *"Os embargos de declaração opostos contra a decisão de presidente do tribunal que não admite recurso extraordinário não suspendem ou interrompem o prazo para interposição de agravo, por serem incabíveis. Esse é o entendimento da Primeira Turma que, por maioria e em conclusão, converteu embargos declaratórios em agravos regimentais e a eles negou provimento (vide Informativo 700). Vencidos os ministros Marco Aurélio e Luiz Fux, que deram provimento aos agravos, por entenderem que todo pronunciamento com carga decisória desafia embargos declaratórios"* (STF. ARE 688776 ED/RS., Rel. Min. Dias Toffoli, DJ 28/11/2017).
>
> **Possibilidade de honorários advocatícios recursais em embargos de declaração.** *"É cabível a fixação de honorários recursais, prevista no art. 85, § 11, do novo Código de Processo Civil, mesmo quando não apresentadas contrarrazões ou contraminuta pelo advogado (art. 85. A sentença condenará o vencido a pagar honorários ao advogado do vencedor. [...] § 11. O tribunal, ao julgar recurso, majorará os honorários fixados anteriormente levando em conta o trabalho adicional realizado*

em grau recursal, observando, conforme o caso, o disposto nos §§ 2º a 6º, sendo vedado ao tribunal, no cômputo geral da fixação de honorários devidos ao advogado do vencedor, ultrapassar os respectivos limites estabelecidos nos §§ 2º e 3º para a fase de conhecimento"). Com base nessa orientação, a Primeira Turma negou provimento a agravos regimentais e, por maioria, fixou honorários recursais. O Ministro Marco Aurélio (relator) ficou vencido. Assentou que a fixação de honorários tem como pressuposto o trabalho desenvolvido pelo profissional da advocacia. Se o advogado não teve trabalho e não apresentou contraminuta ou contrarrazões, considerado o recurso interposto, não seria possível a condenação do recorrente ao pagamento da referida verba. Ressaltou não ter recebido o advogado em audiência, tampouco memorial apresentado por ele" (STF. AI nº 864.689 AgR/MS e ARE nº 951.257 AgR/RJ. Rel. orig. Min. Marco Aurélio, red. p/ o ac. Min. Edson Fachin. DJ 27/09/2016).

Embargos de declaração interpostos para impugnar decisão interlocutória que deferiu tutela provisória não interrompe o prazo para o oferecimento da contestação. "*1. Ação ajuizada em 05/03/2015. Recurso especial interposto em 10/06/2015 e redistribuído a esta Relatora em 26/08/2016. 2. Cinge-se a controvérsia a definir se, na hipótese, a oposição de embargos de declaração contra a decisão que deferiu a antecipação de tutela pleiteada pelo autor interrompeu o prazo para o oferecimento da contestação por parte da recorrida, para fins de determinar a ocorrência ou não de revelia. 3. A contestação é ato processual hábil a instrumentalizar a defesa do réu contra os fatos e fundamentos trazidos pelo autor em sua petição inicial, no intuito de demonstrar a improcedência do pedido do autor. 4. A contestação possui natureza jurídica de defesa. O recurso, por sua vez, é uma continuação do exercício do direito de ação, representando remédio voluntário idôneo a ensejar a reanálise de decisões judiciais proferidas dentro de um mesmo processo. Denota-se, portanto, que a contestação e o recurso possuem naturezas jurídicas distintas. 5. Os embargos de declaração interrompem o prazo para a interposição de outros recursos, por qualquer das partes, nos termos do art. 538 do CPC/73. 6. Tendo em vista a natureza jurídica diversa da contestação e do recurso, não se aplica a interrupção do prazo para oferecimento da contestação, estando configurada a revelia. 7. Recurso especial parcialmente conhecido e, nessa parte, provido*" (STJ. RESP nº 1.542.410. Rel.ª Min.ª Nancy Andrighi. DJ 07/10/2016).

Impossibilidade de embargos de declaração com requerimento de efeitos infringentes ser considerado como pedido de reconsideração, por prejudicar o embargante em virtude da ausência do efeito interruptivo quanto ao prazo recursal. "*Os embargos de declaração, ainda que contenham pedido de efeitos infringentes, não devem ser recebidos como 'pedido de reconsideração'. Os embargos de declaração são um recurso taxativamente previsto na Lei Processual Civil e, ainda que contenham indevido pedido de efeitos infringentes, não se confundem com mero 'pedido de reconsideração', este sim, figura processual atípica, de duvidosa existência. Inclusive, a hipótese sequer comporta a aplicação do princípio da fungibilidade recursal, pois 'pedido de reconsideração' não é recurso. Assim, deve-se reconhecer que os embargos de declaração apresentados tempestivamente com pedido de efeitos infringentes não devem ser recebidos como 'pedido de reconsideração', porque tal mutação não atende a nenhuma previsão legal, tampouco aos requisitos de aplicação do princípio da fungibilidade. Ademais, a jurisprudência desta Corte é firme no sentido da impossibilidade de recebimento de mero 'pedido de reconsideração' como embargos de declaração, por ausência de previsão legal e por isso constituir erro* *grosseiro (Pet no ARESP 6.655-RN, Quarta Turma, DJe 15/10/2013). Ora, se inexiste respaldo legal para receber-se o 'pedido de reconsideração' como embargos de declaração, é evidente que não há arrimo legal para receber-se os embargos de declaração como 'pedido de reconsideração'. Não se pode transformar um recurso taxativamente previsto em lei (art. 535 do CPC) numa figura atípica, que não possui previsão legal ou regimental. Além disso, a possibilidade de o julgador receber os embargos de declaração com pedido de efeito modificativo como 'pedido de reconsideração' traz enorme insegurança jurídica ao jurisdicionado, pois, apesar de interposto tempestivamente o recurso cabível, ficará à mercê da subjetividade do magistrado (RESP 1.213.153-SC, Primeira Turma, DJe 10/10/2011). Realmente, o surpreendente recebimento dos aclaratórios como 'pedido de reconsideração' acarreta para o embargante uma gravíssima sanção sem previsão legal, qual seja, a não interrupção de prazo para posteriores recursos, fazendo emergir preclusão, o que supera, em muito, a penalidade prevista no parágrafo único do art. 538 do CPC, segundo o qual, 'Quando manifestamente protelatórios os embargos, o juiz ou o tribunal, declarando que o são, condenará o embargante a pagar ao embargado multa não excedente de 1% (um por cento) sobre o valor da causa. Na reiteração de embargos protelatórios, a multa é elevada a até 10% (dez por cento), ficando condicionada a interposição de qualquer outro recurso ao depósito do valor respectivo'. De fato, a inesperada perda do prazo recursal é uma penalidade por demais severa contra a qual nada se poderá fazer, porque encerra o processo. Nessa linha de intelecção, o recebimento dos aclaratórios como 'pedido de reconsideração' aniquila o direito constitucional da parte ao devido processo legal e viola, ainda, o princípio da proibição da reformatio* in pejus. *Inexiste maior prejuízo para a parte do que a perda da possibilidade de recorrer, apresentando seus argumentos às instâncias superiores no fito legítimo de buscar a reforma de julgado que entende equivocado. Por sua vez, o parágrafo único do art. 538 do CPC já estabelece a penalidade cabível quando o jurisdicionado desvirtua a função dos embargos de declaração, qual seja, a imposição de multa. Portanto, o recebimento dos aclaratórios como 'pedido de reconsideração' padece de, ao menos, duas manifestas ilegalidades, sendo a primeira a ausência de previsão legal para tal sanção subjetiva, e a segunda, a não interrupção do prazo recursal, aniquilando o direito da parte embargante e ignorando a penalidade objetiva, estabelecida pelo legislador no parágrafo único do art. 538 do CPC"* (STJ – RESP 1.522.347-ES, Rel. Min. Raul Araújo, julgado em 16/09/2015, DJe 16/12/2015 – Informativo nº 575).

Embargos de declaração interrompem o prazo para a interposição de qualquer outro recurso, exceto se for considerado intempestivo (CPC/73). *"É pacífico no âmbito do STJ o entendimento de que os embargos de declaração podem ser opostos contra qualquer decisão judicial, interrompendo o prazo para interposição de outros recursos, salvo se não conhecidos em virtude de intempestividade"* (STJ. RESP nº 1.017.13/MG. Rel. Min. Carlos Mathias, convocado do TRF-1. DJ 17/04/2008).

Embargos de declaração interrompem o prazo para a interposição de qualquer outro recurso, exceto para embargos declaratórios da mesma decisão (CPC/73). *"Conforme entendimento pacificado, os embargos de declaração interrompem o prazo para a interposição de quaisquer outros recursos para ambas as partes, exceto o de embargos declaratórios contra a mesma decisão"* (STJ. RESP nº 749.053/RS. Rel.ª Min.ª Denise Arruda. DJ 12/11/2007).

> **Embargos de declaração interpostos pelo reclamante. Intuito protelatório e possibilidade de aplicação da multa prevista no art. 1.026, § 2º, do CPC de 2015.** *"É admissível a imposição de multa em situações em que se constate que há procrastinação na interposição de embargos de declaração pelo reclamante. Verificado que o empregado se utilizou dos embargos de declaração para ver reapreciadas premissas fáticas já afastadas, em contrário aos seus interesses, resultou demonstrado o manifesto caráter protelatório do curso normal do processo, a atrair a aplicação da multa prevista no art. 1.026, § 2º, do CPC de 2015. Na ocasião, ressaltou-se que não é possível adotar a presunção de que o credor de verba alimentar nunca tem a intenção de procrastinar o feito, devendo-se apurar, no caso concreto, a má utilização dos embargos de declaração. Sob esse fundamento, a SBDI-I, por unanimidade, conheceu do recurso de embargos, por divergência jurisprudencial, e, no mérito, por maioria, negou-lhes provimento. Vencidos os Ministros Augusto César Leite de Carvalho, relator, e Alexandre Agra Belmonte"* (TST. E-ED-ARR- 414800-90.2007.5.09.0892, SBDI-I, Rel. Min. Augusto César Leite de Carvalho, red. p/ acórdão Min. João Oreste Dalazen, 18/05/2017).
>
> **Embargos de declaração protelatórios e possibilidade de aplicação de multa por litigância de má-fé (CPC/73).** *"As Turmas do Superior Tribunal de Justiça têm decidido que a interposição de embargos de declaração com intuito meramente protelatório enseja a aplicação de multa em razão da litigância de má-fé. Precedentes. Aplicada a multa de R$ 5.000,00 (cinco mil reais) para cada um dos embargantes, corrigida monetariamente até o seu efetivo pagamento, em razão da litigância de má-fé. Embargos de declaração rejeitados"* (TRF-4. Embargos de declaração na apelação nº 200004011385583. Juiz Rel. Fábio Rosa. DJ 21/08/2002).

CAPÍTULO VI
DOS RECURSOS PARA O SUPREMO TRIBUNAL FEDERAL E PARA O SUPERIOR TRIBUNAL DE JUSTIÇA

Seção I
Do Recurso Ordinário

Art. 1.027

Art. 1.027. Serão julgados em recurso ordinário:

I – pelo Supremo Tribunal Federal, os mandados de segurança, os habeas data e os mandados de injunção decididos em única instância pelos tribunais superiores, quando denegatória a decisão;

II – pelo Superior Tribunal de Justiça:

a) os mandados de segurança decididos em única instância pelos tribunais regionais federais ou pelos tribunais de justiça dos Estados e do Distrito Federal e Territórios, quando denegatória a decisão;

b) os processos em que forem partes, de um lado, Estado estrangeiro ou organismo internacional e, de outro, Município ou pessoa residente ou domiciliada no País.

§ 1º Nos processos referidos no inciso II, alínea "b", contra as decisões interlocutórias caberá agravo de instrumento dirigido ao Superior Tribunal de Justiça, nas hipóteses do art. 1.015.

§ 2º Aplica-se ao recurso ordinário o disposto nos arts. 1.013, § 3º, e 1.029, § 5º.

O recurso ordinário é bastante assemelhado ao recurso de apelação, ou seja, se presta a impugnar decisões que tenham ou não resolvido o mérito da causa e também é considerado como sendo de fundamentação livre, ou seja, pode ser usado pela parte para impugnar qualquer aspecto da decisão.

Este recurso é de competência exclusiva do STF ou do STJ, conforme a situação concreta apresentada. Suas hipóteses de cabimento encontram-se na Carta Magna e no CPC (art. 102, inc. II, alínea "a" e art. 105, inc. II, alínea "a", CF e art. 1.027, incs. I e II) e, por esta razão, é grave erro confundi-lo com o REXTR ou o RESP, sendo até mesmo negada a possibilidade de adoção do princípio da fungibilidade. Pelo menos é o que consta em verbete da Súmula do STF.

Na primeira das hipóteses cabe recurso ordinário ao STF, os mandados de segurança, os *habeas corpus*, os *habeas data* e os mandados de injunção decididos em única instância pelos Tribunais superiores, mas apenas quando a decisão for denegatória. Na segunda, o STJ julgará o recurso ordinário interposto para impugnar as decisões também denegatórias que vierem a ser proferidas em sede de mandado de segurança decididas em única instância por algum TRF ou TJ. Tanto no primeiro caso como no segundo, o que se percebe é que este recurso somente é possível em decisões que venham a ser desfavoráveis ao demandante, sejam terminativas (art. 485) ou definitivas (art. 487), o que indica que pode ou não ser empregado *secundum eventum litis*.

Pode ocorrer, todavia, que o processo que tenha sido instaurado perante algum Tribunal venha a ter uma cumulação de pedidos, se forem preenchidos os requisitos legais (art. 327). Neste caso, é perfeitamente possível que, por ocasião do julgamento, a decisão de mérito possa acolher um dos pedidos e rejeitar o outro. Nesta situação, em que restou configurada uma hipótese de sucumbência parcial (o demandante foi integralmente vencedor em um pedido e totalmente derrotado quanto ao outro), caberá ao interessado interpor o recurso ordinário em relação ao capítulo denegatório enquanto o outro se valerá do REXTR ou do RESP, conforme o caso, para questionar a outra parte da decisão que acolheu o pleito autoral. É curioso notar, ainda, que, nesta mesma hipótese, cada parte deverá interpor o seu recurso autonomamente, uma vez que seria vedada a interposição na modalidade adesiva, por não ser possível que uma parte possa aderir ao recurso da outra com uma espécie recursal completamente distinta (v.g., o recurso ordinário aderir a um RESP).

E, além dos dois casos acima descritos, este recurso também poderá ser julgado pelo STJ, nas causas em que forem partes, de um lado, Estado estrangeiro ou organismo internacional e, do outro, Município ou pessoa residente ou domiciliada no País (art. 109, inc. II, CF). Vale dizer que, neste último caso, as decisões interlocutórias comportam impugnação por meio do recurso de agravo de instrumento, também perante o STJ (art. 1.027, § 1º).

Por fim, o CPC também passa a prever, expressamente, a aplicação da teoria da causa madura no recurso ordinário, o que conflita com entendimento do STF, malgrado esta prática seja aceita no STJ.

> **Verbete nº 272 da Súmula do STF:** "*Não se admite como ordinário REXTR de decisão denegatória de mandado de segurança*".
>
> **Verbete nº 513 da Súmula do STF:** "*A decisão que enseja a interposição de recurso ordinário ou extraordinário não é a do plenário, que resolve o incidente de inconstitucionalidade, mas a do órgão (câmaras, grupos ou turmas) que completa o julgamento do feito*" (N.A.: este verbete deve ser interpretado de maneira ampliativa, também incluindo a possibilidade de interposição do RESP, que somente foi criado em momento posterior à sua edição).

> **Impossibilidade de aplicar a teoria da causa madura em recurso ordinário. (CPC/73)** "*Recurso ordinário provido para reconhecer a legitimidade passiva das autoridades apontadas como coatoras e determinar a devolução dos autos ao Superior Tribunal de Justiça para a apreciação do mérito do mandado de segurança, inaplicável o art. 515, § 3º, do Código de Processo Civil*" (STF. Recurso ordinário em mandado de segurança nº 26.959-DF. Rel. Min. Eros Grau. DJ 15/05/2009).
>
> **Possibilidade de aplicar a teoria da causa madura em recurso ordinário (CPC/73).** "*A orientação jurisprudencial mais recente do STJ é de que é cabível a aplicação do art. 515, § 3º, no recurso ordinário em mandado de segurança quando a causa já estiver madura para julgamento. Todavia, se o* writ *foi indeferido liminarmente, sem que tenha havido o regular processamento do feito, tal providência afigura-se incabível*" (STJ. Recurso ordinário em mandado de segurança nº 25.806-RN. Rel. Min. João Otávio de Noronha. DJ 18/05/2010).

Art. 1.028

> **Art. 1.028. Ao recurso mencionado no art. 1.027, inciso II, alínea "b", aplicam-se, quanto aos requisitos de admissibilidade e ao procedimento, as disposições relativas à apelação e o Regimento Interno do Superior Tribunal de Justiça.**
>
> **§ 1º Na hipótese do art. 1.027, § 1º, aplicam-se as disposições relativas ao agravo de instrumento e o Regimento Interno do Superior Tribunal de Justiça.**
>
> **§ 2º O recurso previsto no art. 1.027, incisos I e II, alínea "a", deve ser interposto perante o tribunal de origem, cabendo ao seu presidente ou vice-presidente determinar a intimação do recorrido para, em 15 (quinze) dias, apresentar as contrarrazões.**
>
> **§ 3º Findo o prazo referido no § 2º, os autos serão remetidos ao respectivo tribunal superior, independentemente de juízo de admissibilidade.**

O recurso ordinário segue, em regra, o processamento do recurso de apelação, o que, aliás, decorre de expressa previsão normativa (art. 1.028). Assim, deverá ser interposto no tribunal prolator da decisão (art. 1.028, § 2º), no prazo de 15 (quinze) dias (art. 1.003, § 5º). Na sequência, o recorrido será intimado para apresentar as contrarrazões e, então, o recurso será remetido ao tribunal competente sem a realização do juízo de admissibilidade (art. 1.028, § 3º).

Este recurso é dotado de efeito devolutivo, eis que o seu mérito será analisado por outro órgão do Poder Judiciário. De todo modo, qualquer que seja a hipótese que comporte a interposição do recurso ordinário, não se pode olvidar que a mais recente jurisprudência do STF vinha negando a possibilidade de que, em tais recursos, fosse aplicada a teoria da causa madura (art. 1.013, § 3º), caso a decisão impugnada seja de natureza terminativa (art. 485). É que, nesta hipótese, se fosse permitido ao Tribunal apreciar o mérito da causa em sede de recurso ordinário, estaria sendo usurpada a competência do órgão que prolatou a referida decisão, com flagrante desrespeito ao texto constitucional. Contudo, o CPC passa a prever expressamente esta possibilidade (art. 1.027, § 2º), o que está de acordo com o entendimento atual do STJ, conforme noticiado na análise do dispositivo anterior.

Este recurso também não possui, como regra, efeito suspensivo, muito embora este possa vir a ser obtido se for apresentado requerimento do interessado diretamente ao tribunal superior (art. 1.027, § 2º c/c art. 1.029, § 5º).

Por fim, há de se mencionar que este recurso admite a sustentação oral (art. 937, inc. II) e que, quanto ao resto, deverá observar o regimento dos tribunais (art. 1.028, *caput* e § 1º).

Seção II
Do Recurso Extraordinário e do Recurso Especial

Subseção I
Das Disposições Gerais

Art. 1.029

Art. 1.029. O recurso extraordinário e o recurso especial, nos casos previstos na Constituição Federal, serão interpostos perante o presidente ou o vice-presidente do tribunal recorrido, em petições distintas que conterão:

I – a exposição do fato e do direito;

II – a demonstração do cabimento do recurso interposto;

III – as razões do pedido de reforma ou de invalidação da decisão recorrida.

§ 1º Quando o recurso fundar-se em dissídio jurisprudencial, o recorrente fará a prova da divergência com a certidão, cópia ou citação do repositório de jurisprudência, oficial ou credenciado, inclusive em mídia eletrônica, em que houver sido publicado o acórdão divergente, ou ainda com a reprodução de julgado disponível na rede mundial de computadores, com indicação da respectiva fonte, devendo-se, em qualquer caso, mencionar as circunstâncias que identifiquem ou assemelhem os casos confrontados.

§ 2º (Revogado).

§ 3º O Supremo Tribunal Federal ou o Superior Tribunal de Justiça poderá desconsiderar vício formal de recurso tempestivo ou determinar sua correção, desde que não o repute grave.

§ 4º Quando, por ocasião do processamento do incidente de resolução de demandas repetitivas, o presidente do Supremo Tribunal Federal ou do Superior Tribunal de Justiça receber requerimento de suspensão de processos em que se discuta questão federal constitucional ou infraconstitucional, poderá, considerando razões de segurança jurídica ou de excepcional interesse social, estender a suspensão a todo o território nacional, até ulterior decisão do recurso extraordinário ou do recurso especial a ser interposto.

§ 5º O pedido de concessão de efeito suspensivo a recurso extraordinário ou a recurso especial poderá ser formulado por requerimento dirigido:

I – ao tribunal superior respectivo, no período compreendido entre a publicação da decisão de admissão do recurso e sua distribuição, ficando o relator designado para seu exame prevento para julgá-lo;

II – ao relator, se já distribuído o recurso;

III – ao presidente ou ao vice-presidente do tribunal recorrido, no período compreendido entre a interposição do recurso e a publicação 4 da decisão de admissão do recurso, assim como no caso de o recurso ter sido sobrestado, nos termos do art. 1.037.

As hipóteses de cabimento para o REXTR e o RESP continuam previstas na Carta Magna (art. 102, III, c/c art. 105, III, CF). O dispositivo estabelece a forma para a petição de interposição de qualquer um destes recursos excepcionais. De novidade, o CPC permite que o STF e o STJ desconsiderem vício formal e admitam um recurso tempestivo, desde que não o reputem grave. Trata-se, contudo, de norma flagrantemente inconstitucional, pois viola o princípio da isonomia (art. 7º), já que os requisitos de admissibilidade não estarão sendo exigidos de todos indistintamente. Também prevê que, quando houver incidente de resolução de demandas repetitivas, poderão ser sobrestados todos os recursos excepcionais que versam sobre a mesma matéria. Admite, ainda, que haja requerimento do interessado para a concessão de efeito suspensivo tanto no REXTR quanto no RESP por mera petição, pois o processo cautelar autônomo, que era utilizado para esta finalidade, praticamente desapareceu com o CPC, excetuando-se poucas hipóteses (v.g., produção antecipada de provas – art. 381/art. 383).

> Verbete nº 272 da Súmula do STF: "*Simples interpretação de cláusulas contratuais não dá lugar a REXTR*".
>
> Verbete nº 279 da Súmula do STF: "*Para simples reexame de prova não cabe REXTR*".
>
> Verbete nº 282 da Súmula do STF: "*É inadmissível o REXTR quando não ventilada, na decisão recorrida, a questão federal suscitada*" (N.A.: com o advento da CF e, com a consequente criação do STJ e do RESP, este verbete deve ser interpretado como fazendo referência a esta, até então, nova espécie recursal).
>
> Verbete nº 513 da Súmula do STF: "*A decisão que enseja a interposição de recurso ordinário ou extraordinário não é a do plenário, que resolve o incidente de inconstitucionalidade, mas a do órgão (câmaras, grupos ou turmas) que completa o julgamento do feito*" (N.A.: este verbete deve ser interpretado de maneira ampliativa, também incluindo a possibilidade de interposição do RESP, que somente foi criado em momento posterior à sua edição).
>
> Verbete nº 640 da Súmula do STF: "*É cabível REXTR contra decisão proferida por juiz de primeiro grau nas causas de alçada, ou por turma recursal de Juizado Especial*".

Verbetes nº 634 da Súmula do STF: *"Não compete ao Supremo Tribunal Federal conceder medida cautelar para dar efeito suspensivo a REXTR que ainda não foi objeto de juízo de admissibilidade na origem".*

Verbetes nº 635 da Súmula do STF: *"Cabe ao Presidente do Tribunal de origem decidir o pedido de medida cautelar em REXTR ainda pendente do seu juízo de admissibilidade".*

Verbete nº 733 da Súmula do STF: *"Não cabe REXTR contra decisão proferida no processamento de precatórios".*

Verbete nº 735 da Súmula do STF: *"Não cabe REXTR contra acórdão que defere medida liminar".*

Verbete nº 5 da Súmula do STJ: *"A simples interpretação de cláusula contratual não enseja RESP".*

Verbete nº 7 da Súmula do STJ: *"A pretensão de simples reexame de prova não enseja RESP".*

Verbete nº 13 da Súmula do STJ: *"A divergência de julgados do mesmo Tribunal não enseja RESP".*

Verbete nº 83 da Súmula do STJ: *"Não se conhece do RESP pela divergência, quando a orientação do Tribunal se firmou no mesmo sentido da decisão recorrida".*

Verbete nº 115 da Súmula do STJ: *"Na instância especial é inexistente recurso interposto por advogado sem procuração nos autos".*

Verbete nº 203 da Súmula do STJ, nos seguintes termos: *"Não cabe RESP contra decisão proferida por órgão de segundo grau dos Juizados Especiais".*

Verbete nº 579 da Súmula do STJ: *"Não é necessário ratificar o recurso especial interposto na pendência do julgamento dos embargos de declaração quando inalterado o julgamento anterior".*

Requisito para a admissibilidade do Recurso especial: esgotamento das demais vias recursais, inclusive regimentais. *"Ainda que a matéria do processo judicial tenha natureza penal, não cabe, por ocasião do julgamento de recurso especial, o reexame de ofício da tempestividade do agravo de instrumento anteriormente provido para determinar o processamento do próprio recurso especial. De fato, a Corte Especial do STJ, por ocasião do julgamento dos ERESP 218.863-BA (DJe 5/2/2009) – ressalvando a norma inserta no § 2º do art. 258 do RISTJ – pacificou entendimento no sentido de que é cabível a interposição de agravo regimental contra decisão do relator que dá provimento ao agravo de instrumento para determinar a subida do recurso especial, quando a irresignação apresentada referir-se à admissibilidade do próprio agravo. Dessa forma, não tendo sido interposto o recurso pertinente, está preclusa a matéria (art. 473 do CPC/1973), de modo que, o juízo de admissibilidade, no momento em que apreciado o recurso especial, é apenas do próprio recurso especial (ERESP 171.499-RS, Corte Especial, DJ 19/2/2001)"* (STJ – ERESP 1.414.755-PA, Rel. Min. João Otávio de Noronha, por maioria, julgado em 18/05/2016, DJe 06/09/2016 – Informativo nº 589).

Possibilidade de alterar o valor da indenização em sede de recurso especial (CPC/73). *"A iterativa jurisprudência desta Corte firma-se no sentido de que só se reexaminam os valores do* quantum *indenizatório quando ínfimos ou* *exorbitantes, tendo em vista que o valor não viola os princípios da razoabilidade e da proporcionalidade*" (STJ. Agravo regimental no agravo de instrumento nº 1.299.377-SP. Rel. Min. Humberto Martins. DJ 01/07/2010).

Para fins de exaurimento das vias recursais, a remessa necessária não substitui o recurso pertinente (CPC/73). "*RESP Requisito de admissibilidade. Recurso interposto pela Fazenda Pública contra acórdão que negou provimento a reexame necessário. Preliminar de preclusão lógica (por aquiescência tácita) contra a recorrente, que não apelou da sentença: improcedência. Precedentes do STJ e do STF*" (STJ. RESP nº 905.771/CE. Rel. Min. Teori Albino Zavascky. DJ 29/06/2010).

Possibilidade de o efeito ativo ser concedido a recurso especial (CPC/73). "*Esta Corte Superior tem admitido, em situações excepcionais, ser cabível o processamento de medida cautelar proposta com o objetivo de conferir efeito ativo a RESP, ainda que pendente o exame da admissibilidade no Tribunal de origem. Trata-se de procedimento vinculado ao poder geral de cautela do magistrado, que tem por fim assegurar a efetividade da decisão que vier a ser proferida no futuro*" (STJ. Agravo regimental na medida cautelar nº 6.146/DF. Rel. Min. João Otávio de Noronha. DJ 29/09/2003).

Art. 1.030

Art. 1.030. Recebida a petição do recurso pela secretaria do tribunal, o recorrido será intimado para apresentar contrarrazões no prazo de 15 (quinze) dias, findo o qual os autos serão conclusos ao presidente ou ao vice-presidente do tribunal recorrido, que deverá:

I – negar seguimento:

a) a recurso extraordinário que discuta questão constitucional à qual o Supremo Tribunal Federal não tenha reconhecido a existência de repercussão geral ou a recurso extraordinário interposto contra acórdão que esteja em conformidade com entendimento do Supremo Tribunal Federal exarado no regime de repercussão geral;

b) a recurso extraordinário ou a recurso especial interposto contra acórdão que esteja em conformidade com entendimento do Supremo Tribunal Federal ou do Superior Tribunal de Justiça, respectivamente, exarado no regime de julgamento de recursos repetitivos;

II – encaminhar o processo ao órgão julgador para realização do juízo de retratação, se o acórdão recorrido divergir do entendimento do Supremo Tribunal Federal ou do Superior Tribunal de Justiça exarado, conforme o caso, nos regimes de repercussão geral ou de recursos repetitivos;

III – sobrestar o recurso que versar sobre controvérsia de caráter repetitivo ainda não decidida pelo Supremo Tribunal Federal ou pelo Superior Tribunal de Justiça, conforme se trate de matéria constitucional ou infraconstitucional;

IV – selecionar o recurso como representativo de controvérsia constitucional ou infraconstitucional, nos termos do § 6º do art. 1.036;

V – realizar o juízo de admissibilidade e, se positivo, remeter o feito ao Supremo Tribunal Federal ou ao Superior Tribunal de Justiça, desde que:

a) o recurso ainda não tenha sido submetido ao regime de repercussão geral ou de julgamento de recursos repetitivos;

b) o recurso tenha sido selecionado como representativo da controvérsia; ou

c) o tribunal recorrido tenha refutado o juízo de retratação.

§ 1º Da decisão de inadmissibilidade proferida com fundamento no inciso V caberá agravo ao tribunal superior, nos termos do art. 1.042.

§ 2º Da decisão proferida com fundamento nos incisos I e III caberá agravo interno, nos termos do art. 1.021.

Conforme observado no dispositivo anterior (art. 1.029), tanto o RESP quanto o REXTR são interpostos perante o Tribunal de origem, em peças próprias contendo a exposição do fato e do direito, a demonstração de seu cabimento, além de suas razões. Após a interposição do recurso, será intimada a parte contrária para apresentar as suas contrarrazões (art. 1.030). Na sequência, o Tribunal, por meio de sua presidência ou vice-presidência, até poderá realizar o juízo de admissibilidade de tais recursos (art. 1.030, incs. I e II), negando seguimento quando: a) se tratar de REXTR em que o STF não conheceu da repercussão geral ou quando o acórdão impugnado já estiver de acordo com entendimento do Pretório Excelso em casos como este; b) se tratar de REXTR ou RESP que estejam em conformidade com entendimentos firmados pelo STF ou STJ em julgamentos proferidos em sede de recursos repetitivos. Esta decisão monocrática, por sinal, poderá ser impugnada pelo interessado por meio do agravo interno (art. 1.030, § 2º, c/c art. 1.021).

Além disso, o Tribunal de origem também poderá (art. 1.030, incs. II-IV): a) encaminhar o processo ao órgão julgador para realização do juízo de retratação, se o acórdão recorrido divergir do entendimento do Supremo Tribunal Federal ou do Superior Tribunal de Justiça exarado, conforme o caso, nos regimes de repercussão geral ou de recursos repetitivos; b) sobrestar o recurso que versar sobre controvérsia de caráter repetitivo ainda não decidida pelo Supremo Tribunal Federal ou pelo Superior Tribunal de Justiça, conforme se trate de matéria constitucional ou infraconstitucional (o que irá desafiar agravo interno – art. 1.030, § 2º, c/c art. 1.021); c) selecionar o recurso como representativo de controvérsia constitucional ou infraconstitucional (art. 1.036, § 6º).

Da mesma maneira, também o CPC (art. 1.030, inc. V) permite ao tribunal recorrido até mesmo admitir o REXTR ou o RESP, quando: a) o recurso ainda não tenha sido submetido ao regime de repercussão geral ou de julgamento de recursos repetitivos; b) o recurso tenha sido selecionado como representativo da controvérsia; c) o tribunal recorrido tenha refutado o juízo de retratação. Contudo, em casos de inadmissibilidade ainda na origem, será possível a interposição de agravo ao tribunal superior, um para cada recurso inadmitido (art. 1.030, § 1º, c/c art. 1.042). Mas, de qualquer modo, se ocorrer hipótese inversa e forem admitidos ambos os recursos, os autos devem ser inicialmente encaminhados ao STJ, embora eventualmente possa ser dali redirecionado ao STF (art. 1.031), conforme já será observado na sequência.

Fica o alerta, portanto, que conforme exposto nos parágrafos deste dispositivo e mencionado acima, há casos em que a decisão proferida pelo Tribunal inferior irá desafiar agravo interno (art. 1.021) ou agravo em extraordinário ou em especial (art. 1.042).

> **Verbete nº 727 da Súmula do STF:** "*Não pode o magistrado deixar de encaminhar ao Supremo Tribunal Federal o agravo de instrumento interposto da decisão que não admite REXTR, ainda que referente a causa instaurada no âmbito dos Juizados Especiais*" (N.A.: a menção a "agravo de instrumento" deve ser compreendida como "agravo a extraordinário e especial", que é previsto no art. 1.042, CPC/2015).
>
> **Enunciado nº 77 da I Jornada de Processo Civil CEJ/CJF:** "*Para impugnar decisão que obsta trânsito a recurso excepcional e que contenha simultaneamente fundamento relacionado à sistemática dos recursos repetitivos ou da repercussão geral (art. 1.030, I, do CPC) e fundamento relacionado à análise dos pressupostos de admissibilidade recursais (art. 1.030, V, do CPC), a parte sucumbente deve interpor, simultaneamente, agravo interno (art. 1.021 do CPC) caso queira impugnar a parte relativa aos recursos repetitivos ou repercussão geral e agravo em recurso especial/extraordinário (art. 1.042 do CPC) caso queira impugnar a parte relativa aos fundamentos de inadmissão por ausência dos pressupostos recursais*".
>
> **Enunciado nº 78 da I Jornada de Processo Civil CEJ/CJF:** "*A suspensão do recurso prevista no art. 1.030, III, do CPC deve se dar apenas em relação ao capítulo da decisão afetada pelo repetitivo, devendo o recurso ter seguimento em relação ao remanescente da controvérsia, salvo se a questão repetitiva for prejudicial à solução das demais matérias*".

> **Embargos de declaração são incabíveis para impugnar decisão do Presidente do Tribunal, razão pela qual não suspendem ou interrompem o prazo para o agravo (art. 1.021 ou art. 1.042, conforme o caso).** "*Os embargos de declaração opostos contra a decisão de presidente do tribunal que não admite*

> *recurso extraordinário não suspendem ou interrompem o prazo para interposição de agravo, por serem incabíveis. Esse é o entendimento da Primeira Turma que, por maioria e em conclusão, converteu embargos declaratórios em agravos regimentais e a eles negou provimento (vide Informativo 700). Vencidos os ministros Marco Aurélio e Luiz Fux, que deram provimento aos agravos, por entenderem que todo pronunciamento com carga decisória desafia embargos declaratórios"* (STF. ARE 688776 ED/RS., Rel. Min. Dias Toffoli, DJ 28/11/2017).

> **Descabimento de embargos de declaração para impugnar a decisão que negou retratação em sede de recurso extraordinário no Tribunal de origem.**
> *"É incabível recurso de embargos contra decisão de Turma do Tribunal Superior do Trabalho que refuta juízo de retratação, admitindo-se apenas a devolução dos autos à Vice-Presidência do TST para análise do juízo de admissibilidade do recurso extraordinário, nos termos da alínea "c" do inciso V do art. 1.030 do CPC de 2015. No caso, a Oitava Turma deu provimento ao recurso de revista da reclamada, entendendo válida a dispensa imotivada de empregado de sociedade de economia mista. Após a apreciação da matéria sobrestada pelo Supremo Tribunal Federal, os autos retornaram à Turma, que não exerceu o juízo de retratação ao argumento de que a decisão do STF que reconheceu a impossibilidade de dispensa imotivada de empregado público alcança apenas a Empresa de Correios e Telégrafos – ECT. Sob esses fundamentos, a SBDI-I, por unanimidade, não conheceu dos embargos, determinando o retorno dos autos à Vice-Presidência para exercer o juízo de admissibilidade do recurso extraordinário como entender de direito"* (TST. E-RR-125700- 85.2007.5.05.0192, SBDI-I, Rel. Min. Aloysio Corrêa da Veiga, 23/03/2017).

Art. 1.031

Art. 1.031. Na hipótese de interposição conjunta de recurso extraordinário e recurso especial, os autos serão remetidos ao Superior Tribunal de Justiça.

§ 1º Concluído o julgamento do recurso especial, os autos serão remetidos ao Supremo Tribunal Federal, para apreciação do recurso extraordinário, se este não estiver prejudicado.

§ 2º Se o relator do recurso especial considerar prejudicial o recurso extraordinário, em decisão irrecorrível, sobrestará o julgamento e remeterá os autos ao Supremo Tribunal Federal.

§ 3º Na hipótese do § 2º, se o relator do recurso extraordinário, em decisão irrecorrível, rejeitar a prejudicialidade, devolverá os autos ao Superior Tribunal de Justiça, para o julgamento do recurso especial.

O dispositivo mantém a possibilidade de interposição simultânea tanto do REXTR quanto do RESP e determina as providências a serem observadas para o seu escorreito processamento.

Art. 1.032

> **Art. 1.032. Se o relator, no Superior Tribunal de Justiça, entender que o recurso especial versa sobre questão constitucional, deverá conceder prazo de 15 (quinze) dias para que o recorrente demonstre a existência de repercussão geral e se manifeste sobre a questão constitucional.**
>
> **Parágrafo único. Cumprida a diligência de que trata o *caput*, o relator remeterá o recurso ao Supremo Tribunal Federal, que, em juízo de admissibilidade, poderá devolvê-lo ao Superior Tribunal de Justiça.**

O dispositivo permite a aplicação do princípio da fungibilidade, ou seja, aproveitar o recurso equivocado como se fosse o correto. Só que, para tanto, o relator do STJ deve determinar que o recorrente faça os ajustes necessários para que o RESP seja convolado em REXTR, com indicação da repercussão geral. Contudo, o STF pode discordar deste processar e determinar a devolução dos autos ao STJ para análise do RESP primitivo. O oposto também pode ser feito pelo STF ao STJ, quando for constatada, no REXTR, uma ofensa reflexa à Constituição, muito embora o STJ não possa rever esta conclusão. É tema de que cuida justamente o dispositivo subsequente.

> Enunciado nº 79 da I Jornada de Processo Civil CEJ/CJF: *"Na hipótese do art. 1.032 do CPC, cabe ao relator, após possibilitar que o recorrente adite o seu recurso para inclusão de preliminar sustentando a existência de repercussão geral, oportunizar ao recorrido que, igualmente, adite suas contrarrazões para sustentar a inexistência da repercussão".*

Art. 1.033

> **Art. 1.033. Se o Supremo Tribunal Federal considerar como reflexa a ofensa à Constituição afirmada no recurso extraordinário, por pressupor a revisão da interpretação da lei federal ou de tratado, remetê-lo-á ao Superior Tribunal de Justiça para julgamento como recurso especial.**

O dispositivo permite a aplicação do princípio da fungibilidade, ou seja, aproveitar o recurso equivocado como se fosse o correto. Assim, o STF pode discordar do recorrente e determinar a remessa do REXTR ao STJ, para que seja analisado como

RESP, se perceber que a interposição foi motivada por violação reflexa à Constituição. O oposto também pode ser feito pelo STJ ao STF, com diferenças no processamento, conforme já apresentado no dispositivo antecedente.

Ocorre que, em certas situações, sequer haverá violação reflexa à Carta Magna, repousando o desrespeito tão somente restrito à esfera da legalidade. Em tal situação, já há precedente do STF deixando de receber o REXTR, pois a presente norma (art. 1.033) pressupõe não apenas ofensa à lei, mas, também, reflexamente à Constituição.

> **Verbete nº 636 da Súmula do STF:** *"Não cabe REXTR por contrariedade a princípio constitucional da legalidade, quando a sua verificação pressuponha rever a interpretação dada a normas infraconstitucionais pela decisão recorrida".*
>
> **Enunciado nº 80 da I Jornada de Processo Civil CEJ/CJF:** *"Quando o Supremo Tribunal Federal considerar como reflexa a ofensa à Constituição afirmada no recurso extraordinário, deverá, antes de remetê-lo ao Superior Tribunal de Justiça para julgamento como recurso especial, conceder prazo de quinze dias para que as partes complementem suas razões e contrarrazões de recurso".*

> **Recurso extraordinário inadmitido. Ausência de violação reflexa ao texto constitucional em decorrência de a pretensão deduzida repousar apenas na esfera da legalidade.** *"O Plenário, por maioria, não conheceu de recurso extraordinário em que se discutia a possibilidade de imposição ao INSS, nos processos em que figurasse como parte ré, do ônus de apresentar cálculo de liquidação do seu próprio débito. A Corte reputou que a pretensão deduzida repousaria apenas na esfera da legalidade. Desse modo, assentou a inexistência de questão constitucional e, por conseguinte, de repercussão geral. De início, destacou que, embora o presente recurso extraordinário tivesse sido apregoado para julgamento conjunto com a ADPF 219/DF (acima noticiada), a ótica no âmbito da ADPF, que é ação objetiva, diferiria da ótica no âmbito do recurso extraordinário. Essa espécie recursal teria por base os fundamentos do acórdão recorrido na via extraordinária, que, no caso, teria apenas realizado interpretação de regras infraconstitucionais (Lei 10.259/2001, Lei 9.099/95, CPC) e do Enunciado 52 das Turmas Recursais da Seção Judiciária do Rio de Janeiro. Desse modo, concluir de forma diversa do que decidido pelo tribunal de origem demandaria o reexame da legislação infraconstitucional. Seria assente no STF o entendimento segundo o qual a contrariedade aos princípios da legalidade genérica ou administrativa, ou do devido processo legal – como alegado no recurso comento –, quando depende de exame de legislação infraconstitucional para ser reconhecida como tal, configuraria apenas ofensa constitucional indireta. Nesse sentido, encontrar-se-ia sob o pálio da Constituição tão somente a garantia desses direitos, mas não seu conteúdo material, isoladamente considerado. Assim, não havendo controvérsia constitucional a ser dirimida no recurso extraordinário, seria patente a ausência de repercussão geral, uma vez que essa, indubitavelmente, pressuporia a existência de matéria constitucional passível de análise pelo STF. Vencido o Ministro Edson Fachin, que conhecia do recurso extraordinário e negava-lhe provimento por entender que seria lícito ao magistrado, atendendo às peculiaridades do caso concreto e aos princípios que regem as causas em tramitação*

> *perante os juizados especiais, exigir não só os elementos materiais mantidos sob a guarda do INSS e que fossem necessários à elaboração dos cálculos necessários, como também a apresentação do próprio discriminativo apto a instruir a fase executória do processo"* (STF. RE 729.884/RS, Rel. Min. Dias Toffoli, 23/06/2016).

Art. 1.034

Art. 1.034. Admitido o recurso extraordinário ou o recurso especial, o Supremo Tribunal Federal ou o Superior Tribunal de Justiça julgará o processo, aplicando o direito.

Parágrafo único. Admitido o recurso extraordinário ou o recurso especial por um fundamento, devolve-se ao tribunal superior o conhecimento dos demais fundamentos para a solução do capítulo impugnado.

Passa a ser previsto expressamente que o RESP ou o REXTR que tiverem sido admitidos por um fundamento, podem ser analisados por outros, mas desde que sejam relativos ao mesmo capítulo da decisão.

> **Verbete nº 292 da Súmula do STF:** *"Interposto o REXTR por mais de um dos fundamentos indicados no art. 101, III, da Constituição, a admissão apenas por um deles não prejudica o conhecimento por qualquer dos outros".* (N.A.: com o advento da CF, a norma citada no verbete deve ser interpretada como fazendo referência ao atual art. 102, III, da Carta Magna).

Art. 1.035

Art. 1.035. O Supremo Tribunal Federal, em decisão irrecorrível, não conhecerá do recurso extraordinário quando a questão constitucional nele versada não tiver repercussão geral, nos termos deste artigo.

§ 1º Para efeito de repercussão geral, será considerada a existência ou não de questões relevantes do ponto de vista econômico, político, social ou jurídico que ultrapassem os interesses subjetivos do processo.

§ 2º O recorrente deverá demonstrar a existência de repercussão geral para apreciação exclusiva pelo Supremo Tribunal Federal.

§ 3º Haverá repercussão geral sempre que o recurso impugnar acórdão que:

I – contrarie súmula ou jurisprudência dominante do Supremo Tribunal Federal;

II – (Revogado);

III – tenha reconhecido a inconstitucionalidade de tratado ou de lei federal, nos termos do art. 97 da Constituição Federal.

§ 4º O relator poderá admitir, na análise da repercussão geral, a manifestação de terceiros, subscrita por procurador habilitado, nos termos do Regimento Interno do Supremo Tribunal Federal.

§ 5º Reconhecida a repercussão geral, o relator no Supremo Tribunal Federal determinará a suspensão do processamento de todos os processos pendentes, individuais ou coletivos, que versem sobre a questão e tramitem no território nacional.

§ 6º O interessado pode requerer, ao presidente ou ao vice--presidente do tribunal de origem, que exclua da decisão de sobrestamento e inadmita o recurso extraordinário que tenha sido interposto intempestivamente, tendo o recorrente o prazo de 5 (cinco) dias para manifestar-se sobre esse requerimento.

§ 7º Da decisão que indeferir o requerimento referido no § 6º ou que aplicar entendimento firmado em regime de repercussão geral ou em julgamento de recursos repetitivos caberá agravo interno.

§ 8º Negada a repercussão geral, o presidente ou o vice-presidente do tribunal de origem negará seguimento aos recursos extraordinários sobrestados na origem que versem sobre matéria idêntica.

§ 9º O recurso que tiver a repercussão geral reconhecida deverá ser julgado no prazo de 1 (um) ano e terá preferência sobre os demais feitos, ressalvados os que envolvam réu preso e os pedidos de habeas corpus.

§ 10. (Revogado).

§ 11. A súmula da decisão sobre a repercussão geral constará de ata, que será publicada no diário oficial e valerá como acórdão.

O dispositivo prevê, em consonância com o texto constitucional (art. 102, § 3º, CF), que permanece a repercussão geral apenas para o REXTR, com contornos mais precisos (por exemplo, quando contrariar tese fixada em julgamento de casos repetitivos – o que também autoriza reclamação). Também permanece a possibilidade de *amicus curiae* (art. 138) para a discussão deste tema.

O CPC, contudo, não estabelece quórum para reconhecer a repercussão geral, muito embora deva ser mantido o panorama atual, que é o de quatro ou cinco votos favoráveis (art. 543-A, § 4º, CPC/73). Com efeito, a Carta Magna (art. 102, § 3º), prevê o quórum apenas no Pleno do STF, ao dispor que a repercussão geral será negada por voto de 2/3 dos seus membros, o que equivale a oito ministros. Portanto, como o

STF é composto por mais duas Turmas, integradas cada uma por cinco ministros, é de se considerar que a análise da repercussão geral, na turma em que for distribuído o REXTR, deverá ter o quórum de pelo menos quatro ou cinco votos favoráveis à repercussão geral, pois, somente desta forma, restarão apenas sete ou seis ministros para, conforme o caso, negar a repercussão geral se eventualmente o recurso tivesse que ser enviado ao Pleno do STF, obedecendo a fração constitucional.

Se o relator a admitir, determinará o sobrestamento de todos os processos pendentes que tratem da mesma questão, muito embora isso só possa durar um ano. Negada a repercussão geral, o presidente ou vice do tribunal de origem negará seguimento aos recursos que estavam sobrestados, o que até mesmo poderá desafiar um agravo interno (art. 1.021).

Subseção II
Do Julgamento dos Recursos Extraordinário e Especial Repetitivos

Art. 1.036

Art. 1.036. Sempre que houver multiplicidade de recursos extraordinários ou especiais com fundamento em idêntica questão de direito, haverá afetação para julgamento de acordo com as disposições desta Subseção, observado o disposto no Regimento Interno do Supremo Tribunal Federal e no do Superior Tribunal de Justiça.

§ 1º O presidente ou o vice-presidente de tribunal de justiça ou de tribunal regional federal selecionará 2 (dois) ou mais recursos representativos da controvérsia, que serão encaminhados ao Supremo Tribunal Federal ou ao Superior Tribunal de Justiça para fins de afetação, determinando a suspensão do trâmite de todos os processos pendentes, individuais ou coletivos, que tramitem no Estado ou na região, conforme o caso.

§ 2º O interessado pode requerer, ao presidente ou ao vice-presidente, que exclua da decisão de sobrestamento e inadmita o recurso especial ou o recurso extraordinário que tenha sido interposto intempestivamente, tendo o recorrente o prazo de 5 (cinco) dias para manifestar-se sobre esse requerimento.

§ 3º Da decisão que indeferir o requerimento referido no § 2º caberá apenas agravo interno.

§ 4º A escolha feita pelo presidente ou vice-presidente do tribunal de justiça ou do tribunal regional federal não vinculará o relator no tribunal superior, que poderá selecionar outros recursos representativos da controvérsia.

§ 5º O relator em tribunal superior também poderá selecionar 2 (dois) ou mais recursos representativos da controvérsia para julgamento da questão de direito independentemente da iniciativa do presidente ou do vice-presidente do tribunal de origem.

§ 6º Somente podem ser selecionados recursos admissíveis que contenham abrangente argumentação e discussão a respeito da questão a ser decidida.

Desaparecem o REXTR e o RESP interpostos na modalidade retida, pois apenas foram mantidos os que ficam sobrestados, em casos repetitivos. O dispositivo detalha o processamento inicial quando houver multiplicidade de recursos idênticos. Na origem, dois ou mais serão afetados e encaminhados ao tribunal respectivo, embora no tribunal superior haja a determinação de que outros também o sejam (ou até pode ser tudo feito lá, independentemente do tribunal inferior). É explicitado como deve ser a escolha destes modelos recursais que serão utilizados como paradigmas.

Passa a ser previsto que o interessado pode requerer, ao presidente ou ao vice-presidente do tribunal de origem, que exclua a decisão de sobrestamento e inadmita o recurso especial ou o recurso extraordinário que tenha sido interposto intempestivamente. Se isso ocorrer, a outra parte deve ser ouvida, para que haja decisão a respeito logo na sequência. Vale dizer ainda que, se este requerimento tiver sido indeferido, será possível interpor agravo interno (art. 1.021).

> Enunciado nº 23 da ENFAM: *"É obrigatória a determinação de suspensão dos processos pendentes, individuais e coletivos, em trâmite nos Estados ou regiões, nos termos do § 1º do art. 1.036 do CPC/2015, bem como nos termos do art. 1.037 do mesmo código".*

Art. 1.037

Art. 1.037. Selecionados os recursos, o relator, no tribunal superior, constatando a presença do pressuposto do *caput* do art. 1.036, proferirá decisão de afetação, na qual:

I – identificará com precisão a questão a ser submetida a julgamento;

II – determinará a suspensão do processamento de todos os processos pendentes, individuais ou coletivos, que versem sobre a questão e tramitem no território nacional;

III – poderá requisitar aos presidentes ou aos vice-presidentes dos tribunais de justiça ou dos tribunais regionais federais a remessa de um recurso representativo da controvérsia.

§ 1º Se, após receber os recursos selecionados pelo presidente ou pelo vice-presidente de tribunal de justiça ou de tribunal regional federal, não se proceder à afetação, o relator, no tribunal superior, comunicará o fato ao presidente ou ao vice-presidente que os houver enviado, para que seja revogada a decisão de suspensão referida no art. 1.036, § 1º.

§ 2º (Revogado).

§ 3º Havendo mais de uma afetação, será prevento o relator que primeiro tiver proferido a decisão a que se refere o inciso I do *caput*.

§ 4º Os recursos afetados deverão ser julgados no prazo de 1 (um) ano e terão preferência sobre os demais feitos, ressalvados os que envolvam réu preso e os pedidos de *habeas corpus*.

§ 5º (Revogado).

§ 6º Ocorrendo a hipótese do § 5º, é permitido a outro relator do respectivo tribunal superior afetar 2 (dois) ou mais recursos representativos da controvérsia na forma do art. 1.036.

§ 7º Quando os recursos requisitados na forma do inciso III do *caput* contiverem outras questões além daquela que é objeto da afetação, caberá ao tribunal decidir esta em primeiro lugar e depois as demais, em acórdão específico para cada processo.

§ 8º As partes deverão ser intimadas da decisão de suspensão de seu processo, a ser proferida pelo respectivo juiz ou relator quando informado da decisão a que se refere o inciso II do *caput*.

§ 9º Demonstrando distinção entre a questão a ser decidida no processo e aquela a ser julgada no recurso especial ou extraordinário afetado, a parte poderá requerer o prosseguimento do seu processo.

§ 10. O requerimento a que se refere o § 9º será dirigido:

I – ao juiz, se o processo sobrestado estiver em primeiro grau;

II – ao relator, se o processo sobrestado estiver no tribunal de origem;

III – ao relator do acórdão recorrido, se for sobrestado recurso especial ou recurso extraordinário no tribunal de origem;

IV – ao relator, no tribunal superior, de recurso especial ou de recurso extraordinário cujo processamento houver sido sobrestado.

§ 11. A outra parte deverá ser ouvida sobre o requerimento a que se refere o § 9º, no prazo de 5 (cinco) dias.

§ 12. Reconhecida a distinção no caso:

I – dos incisos I, II e IV do § 10, o próprio juiz ou relator dará prosseguimento ao processo;

II – do inciso III do § 10, o relator comunicará a decisão ao presidente ou ao vice-presidente que houver determinado o sobrestamento, para que o recurso especial ou o recurso extraordinário seja encaminhado ao respectivo tribunal superior, na forma do art. 1.030, parágrafo único.

§ 13. Da decisão que resolver o requerimento a que se refere o § 9º caberá:

I – agravo de instrumento, se o processo estiver em primeiro grau;

II – agravo interno, se a decisão for de relator.

O dispositivo continua a detalhar o processamento quando houver multiplicidade de recursos idênticos. Há previsão de que o relator de tais recursos afetados no tribunal superior poderá determinar que todos os processos que versarem sobre o mesmo tema fiquem suspensos, tal como já ocorre na análise da "repercussão geral". Mas, aqueles que foram sobrestados indevidamente por conter tese distinta (*distinguishing*) poderão ser destrancados por petição direcionada ao órgão em que o processo se encontrar, com contraditório da parte adversária em 5 (cinco) dias. A decisão pode desafiar agravo de instrumento ou agravo interno, conforme o caso.

> Enunciado nº 81 da I Jornada de Processo Civil CEJ/CJF: "*A devolução dos autos pelo Superior Tribunal de Justiça ou Supremo Tribunal Federal ao tribunal de origem depende de decisão fundamentada, contra a qual cabe agravo na forma do art. 1.037, § 13, II, do CPC*".
>
> Enunciado nº 23 da ENFAM: "*É obrigatória a determinação de suspensão dos processos pendentes, individuais e coletivos, em trâmite nos Estados ou regiões, nos termos do § 1º do art. 1.036 do CPC/2015, bem como nos termos do art. 1.037 do mesmo código*".
>
> Enunciado nº 24 da ENFAM: "*O prazo de um ano previsto no art. 1.037 do CPC/2015 deverá ser aplicado aos processos já afetados antes da vigência dessa norma, com o seu cômputo integral a partir da entrada em vigor do novo estatuto processual*" (N.A.: este prazo era mencionado no parágrafo 5º, que foi revogado por ocasião da entrada em vigor da Lei nº 13.256/2016).

Art. 1.038

Art. 1.038. O relator poderá:

I – solicitar ou admitir manifestação de pessoas, órgãos ou entidades com interesse na controvérsia, considerando a relevância da matéria e consoante dispuser o regimento interno;

II – fixar data para, em audiência pública, ouvir depoimentos de pessoas com experiência e conhecimento na matéria, com a finalidade de instruir o procedimento;

III – requisitar informações aos tribunais inferiores a respeito da controvérsia e, cumprida a diligência, intimará o Ministério Público para manifestar-se.

§ 1º No caso do inciso III, os prazos respectivos são de 15 (quinze) dias, e os atos serão praticados, sempre que possível, por meio eletrônico.

§ 2º Transcorrido o prazo para o Ministério Público e remetida cópia do relatório aos demais ministros, haverá inclusão em pauta, devendo ocorrer o julgamento com preferência sobre os demais feitos, ressalvados os que envolvam réu preso e os pedidos de *habeas corpus*.

§ 3º O conteúdo do acórdão abrangerá a análise dos fundamentos relevantes da tese jurídica discutida.

O dispositivo continua a detalhar o processamento quando houver multiplicidade de recursos idênticos. Durante o processamento do REXTR ou RESP afetados no tribunal superior, há previsão (art. 1.038, inc. I) de poder ser admitida a participação de terceiros, inclusive órgãos ou entidade "com interesse na controvérsia". Estes terceiros parecem estar dissociados da figura do *amicus curiae* (art. 138), pois este, tradicionalmente, participa do processo apenas para democratizar o debate de temas sensíveis, sem qualquer interesse pessoal em que uma determinada parte seja a vencedora. De qualquer maneira, pelo menos sob a égide do modelo primitivo (CPC/73), o STJ já vinha sendo bastante rigoroso em deferir tais participações, quando se tratasse de particular que alegava que teve o seu recurso individual sobrestado em instância inferior em que se debatia a mesma tese jurídica. Neste caso, a Corte superior vislumbrou que o interesse alegado pelo postulante a assistente era de cunho nitidamente subjetivo (e quiçá econômico). Foi alertado, inclusive, que o deferimento do seu pleito até mesmo poderia gerar um rito sistêmico para o gerenciamento do processo, eis que abriria a possibilidade de manifestação de todos aqueles que figuram em processos que tiveram a sua tramitação também suspensa enquanto se aguarda a decisão paradigma. O mesmo raciocínio, por sinal, também foi adotado quando a DPU requereu seu ingresso em recurso representativo da controvérsia ante o argumento de que atua em diversos outros processos em que se discute o mesmo assunto. De todo modo, e se for o caso, também poderão ser designadas audiências públicas para debate do tema (art. 1.038, inc. II). E, ainda, poderão ser requisitadas informações aos tribunais inferiores, além de ser intimado o MP (art. 1.038, inc. III).

> **Enunciado nº 41 da I Jornada de Processo Civil CEJ/CJF:** "*Nos processos sobrestados por força do regime repetitivo, é possível a apreciação e a efetivação de tutela provisória de urgência, cuja competência será do órgão jurisdicional onde estiverem os autos*".
>
> **Enunciado nº 82 da I Jornada de Processo Civil CEJ/CJF:** "*Quando houver pluralidade de pedidos de admissão de amicus curiae, o relator deve observar, como critério para definição daqueles que serão admitidos, o equilíbrio na representatividade dos diversos interesses jurídicos contrapostos no litígio, velando, assim, pelo respeito à amplitude do contraditório, paridade de tratamento e isonomia entre todos os potencialmente atingidos pela decisão*".

> **Recurso especial processado como repetitivo e impossibilidade de ingresso da Defensoria Pública na condição de *amicus curiae* ante o argumento de que é parte em outro processo em que se discute o mesmo tema (CPC/73).** "*A eventual atuação da Defensoria Pública da União (DPU) em muitas ações em que se discuta o mesmo tema versado no recurso representativo de controvérsia não é suficiente para justificar a sua admissão como* amicus curiae. *Precedente citado: RESP 1.333.977-MT, Segunda Seção, DJe 12/3/2014*" (STJ. RESP 1.371.128-RS, Rel. Min. Mauro Campbell Marques, julgado em 10/9/2014).
>
> **Recurso especial processado como repetitivo e impossibilidade de ingresso de terceiro na condição de assistente simples ante o argumento de que é parte em outro processo em que se discute o mesmo tema (CPC/73).** "*Não configura interesse jurídico apto a justificar o ingresso de terceiro como assistente simples em processo submetido ao rito do art. 543-C do CPC o fato de o requerente ser parte em outro feito no qual se discute tese a ser firmada em recurso repetitivo. Isso porque, nessa situação, o interesse do terceiro que pretende ingressar como assistente no julgamento do recurso submetido à sistemática dos recursos repetitivos é meramente subjetivo, quando muito reflexo, de cunho meramente econômico, o que não justifica sua admissão como assistente simples. Outrossim, o requerente não se enquadra no rol do art. 543-C, § 4º, do CPC, sendo certo ainda que nem mesmo aqueles inseridos da referida lista podem ser admitidos como assistentes no procedimento de recursos representativos, não sendo possível, também, a interposição de recurso por eles para impugnar a decisão que vier a ser prolatada. Ademais, a admissão da tese sustentada pelo requerente abriria a possibilidade de manifestação de todos aqueles que figuram em feitos que tiveram a tramitação suspensa em vista da afetação, o que, evidentemente, inviabilizaria o julgamento de recursos repetitivos*" (STJ. RESP 1.418.593-MS, Rel. Min. Luis Felipe Salomão, julgado em 14/5/2014).

Art. 1.039

> Art. 1.039. Decididos os recursos afetados, os órgãos colegiados declararão prejudicados os demais recursos versando sobre idêntica controvérsia ou os decidirão aplicando a tese firmada.
>
> Parágrafo único. Negada a existência de repercussão geral no recurso extraordinário afetado, serão considerados automaticamente inadmitidos os recursos extraordinários cujo processamento tenha sido sobrestado.

O dispositivo estabelece as providências que devem ser adotadas após o julgamento dos recursos afetados, devendo os Tribunais inferiores adotar o mesmo entendimento firmado. Assim, para os processos que neles permaneceram sobrestados, resta somente proceder à retratação ou à aplicação da tese jurídica vencedora. Eventual recusa, por sinal, poderá dar ensejo ao ajuizamento de uma reclamação (art. 988, II).

Art. 1.040

> Art. 1.040. Publicado o acórdão paradigma:
>
> I – o presidente ou o vice-presidente do tribunal de origem negará seguimento aos recursos especiais ou extraordinários sobrestados na origem, se o acórdão recorrido coincidir com a orientação do tribunal superior;
>
> II – o órgão que proferiu o acórdão recorrido, na origem, reexaminará o processo de competência originária, a remessa necessária ou o recurso anteriormente julgado, se o acórdão recorrido contrariar a orientação do tribunal superior;
>
> III – os processos suspensos em primeiro e segundo graus de jurisdição retomarão o curso para julgamento e aplicação da tese firmada pelo tribunal superior;
>
> IV – se os recursos versarem sobre questão relativa a prestação de serviço público objeto de concessão, permissão ou autorização, o resultado do julgamento será comunicado ao órgão, ao ente ou à agência reguladora competente para fiscalização da efetiva aplicação, por parte dos entes sujeitos a regulação, da tese adotada.
>
> § 1º A parte poderá desistir da ação em curso no primeiro grau de jurisdição, antes de proferida a sentença, se a questão nela discutida for idêntica à resolvida pelo recurso representativo da controvérsia.

> § 2º Se a desistência ocorrer antes de oferecida contestação, a parte ficará isenta do pagamento de custas e de honorários de sucumbência.
>
> § 3º A desistência apresentada nos termos do § 1º independe de consentimento do réu, ainda que apresentada contestação.

O dispositivo continua estabelecendo as providências que devem ser adotadas após o julgamento dos recursos afetados. Os parágrafos, porém, cuidam de uma situação no mínimo curiosa, ao permitirem que a parte autora desista do processo individual na pendência de um recurso excepcional repetitivo, logo após ter sido proferido o acórdão do processo paradigma. Neste caso, prevê a norma que a desistência, manifestada por petição, independe da anuência do réu, bem como pode ser feita a qualquer momento desde, apenas, que não tenha sido proferida sentença no caso individual, e se for acompanhada do pagamento dos honorários caso já tenha sido apresentada a contestação.

No meio acadêmico, já se chegou a sustentar que esta norma é positiva, por estimular a desistência do demandante depois que o STF ou STJ já firmaram a tese contrária, evitando maiores delongas e novas despesas processuais. Mas é exatamente o contrário. O autor que manifesta a desistência no seu processo individual, após já ter sido proferida decisão de mérito desfavorável no recurso excepcional repetitivo paradigma, age com nítida má-fé no processo, violando norma fundamental do CPC (art. 5º). Com efeito, o seu intento, neste caso, é claramente obter, por esta manobra que independe da anuência do réu, uma sentença terminativa (art. 485, VIIII), que apenas fará coisa julgada formal, não impedindo a propositura desta mesma ação oportunamente, caso ocorra, em curto espaço de tempo, um *overruled* do precedente. Trata-se de norma que, sob este ponto de vista, é absolutamente desnecessária e que, espera-se, não venha a ser adotada na sua literalidade.

Art. 1.041

> Art. 1.041. Mantido o acórdão divergente pelo tribunal de origem, o recurso especial ou extraordinário será remetido ao respectivo tribunal superior, na forma do art. 1.036, § 1º.
>
> § 1º Realizado o juízo de retratação, com alteração do acórdão divergente, o tribunal de origem, se for o caso, decidirá as demais questões ainda não decididas cujo enfrentamento se tornou necessário em decorrência da alteração.
>
> § 2º Quando ocorrer a hipótese do inciso II do *caput* do art. 1.040 e o recurso versar sobre outras questões, caberá ao presidente ou ao vice-presidente do tribunal recorrido, depois do reexame pelo

órgão de origem e independentemente de ratificação do recurso, sendo positivo o juízo de admissibilidade, determinar a remessa do recurso ao tribunal superior para julgamento das demais questões.

O dispositivo continua estabelecendo as providências que devem ser adotadas após o julgamento dos recursos afetados. Permite que, em casos de manutenção do acórdão recorrido, sejam então os recursos excepcionais encaminhados aos Tribunais Superiores.

Seção III
Do Agravo em Recurso Especial e em Recurso Extraordinário

Art. 1.042

Art. 1.042. Cabe agravo contra decisão do presidente ou do vice-presidente do tribunal recorrido que inadmitir recurso extraordinário ou recurso especial, salvo quando fundada na aplicação de entendimento firmado em regime de repercussão geral ou em julgamento de recursos repetitivos.

I – (Revogado);

II – (Revogado);

III – (Revogado).

§ 1º (Revogado):

I – (Revogado);

II – (Revogado):

a) (Revogado);

b) (Revogado).

§ 2º A petição de agravo será dirigida ao presidente ou ao vice-presidente do tribunal de origem e independe do pagamento de custas e despesas postais, aplicando-se a ela o regime de repercussão geral e de recursos repetitivos, inclusive quanto à possibilidade de sobrestamento e do juízo de retratação.

§ 3º O agravado será intimado, de imediato, para oferecer resposta no prazo de 15 (quinze) dias.

§ 4º Após o prazo de resposta, não havendo retratação, o agravo será remetido ao tribunal superior competente.

§ 5º O agravo poderá ser julgado, conforme o caso, conjuntamente com o recurso especial ou extraordinário, assegurada, neste caso,

> **sustentação oral, observando-se, ainda, o disposto no regimento interno do tribunal respectivo.**
>
> **§ 6º Na hipótese de interposição conjunta de recursos extraordinário e especial, o agravante deverá interpor um agravo para cada recurso não admitido.**
>
> **§ 7º Havendo apenas um agravo, o recurso será remetido ao tribunal competente, e, havendo interposição conjunta, os autos serão remetidos ao Superior Tribunal de Justiça.**
>
> **§ 8º Concluído o julgamento do agravo pelo Superior Tribunal de Justiça e, se for o caso, do recurso especial, independentemente de pedido, os autos serão remetidos ao Supremo Tribunal Federal para apreciação do agravo a ele dirigido, salvo se estiver prejudicado.**

Conforme analisado em momento próprio, os tribunais inferiores devem inicialmente realizar o juízo de admissibilidade do REXTR ou do RESP (art. 1.030). Para muitos casos de inadmissão por parte da presidência ou da vice-presidência nestes Tribunais, será possível ao interessado se valer de um recurso de agravo ao Tribunal Superior (art. 1.042), cujo modelo primitivo era conhecido como "agravo nos próprios autos" (art. 544, CPC/73). Alerta-se, porém, que para outras decisões o recurso cabível já será o agravo interno (art. 1.021). É fundamental, portanto, que o operador do Direito conheça os parágrafos da norma anteriormente abordada (art. 1.030), para verificar qual o recurso correto para ser utilizado.

Prevê a norma em comento que cabe agravo contra decisão do presidente do tribunal recorrido que inadmitir recurso extraordinário ou recurso especial, salvo quando fundada na aplicação de entendimento firmado em regime de repercussão geral ou em julgamento de recursos repetitivos. Vale destacar que realmente faz sentido o impedimento de que este recurso seja utilizado nos casos de precedentes oriundos de recursos processados na forma repetitiva ou em que tenha sido reconhecida a repercussão geral, posto que não haveria possibilidade de o agravante ter êxito nas instâncias superiores, além de permitir que este novo recurso seja usado, por via oblíqua, na tentativa de rever entendimento anterior já fixado em recursos que foram afetados.

O processamento deste recurso é bem simples. É que o CPC (art. 1.042, § 2º) estabelece que a petição deste agravo será dirigida ao presidente ou vice-presidente do tribunal de origem independentemente do recolhimento de custas e despesas postais, aplicando-lhe o regime de repercussão geral e de recursos repetitivos, inclusive quanto à possibilidade de sobrestamento e de juízo de retratação. Logo em seguida, será o agravado intimado para apresentar suas contrarrazões e, não havendo retratação, será o agravo remetido ao tribunal competente (art. 1.042, §§ 3º e 4º). Por fim, destaca-se que este agravo poderá ser julgado, conforme o caso, conjuntamente com o recurso especial ou extraordinário, assegurada, neste caso, sustentação oral, observando-se, ainda, o disposto no regimento interno do tribunal respectivo (art. 1.042, § 5º).

> **Verbete nº 727 da Súmula do STF:** *"Não pode o magistrado deixar de encaminhar ao Supremo Tribunal Federal o agravo de instrumento interposto da decisão que não admite REXTR, ainda que referente à causa instaurada no âmbito dos Juizados Especiais"* (N.A.: o verbete sumular em questão deve ser interpretado como fazendo referência ao recurso de agravo previsto neste dispositivo).
>
> **Enunciado nº 77 da I Jornada de Processo Civil CEJ/CJF:** *"Para impugnar decisão que obsta trânsito a recurso excepcional e que contenha simultaneamente fundamento relacionado à sistemática dos recursos repetitivos ou da repercussão geral (art. 1.030, I, do CPC) e fundamento relacionado à análise dos pressupostos de admissibilidade recursais (art. 1.030, V, do CPC), a parte sucumbente deve interpor, simultaneamente, agravo interno (art. 1.021 do CPC) caso queira impugnar a parte relativa aos recursos repetitivos ou repercussão geral e agravo em recurso especial/extraordinário (art. 1.042 do CPC) caso queira impugnar a parte relativa aos fundamentos de inadmissão por ausência dos pressupostos recursais".*

> **Decisão que não comporta agravo em recurso extraordinário ou especial e desnecessidade de remessa deste recurso interposto erroneamente para realização da admissibilidade no STJ.** *"Após a entrada em vigor do CPC/2015, não é mais devida a remessa pelo STJ, ao Tribunal de origem, do agravo interposto contra decisão que inadmite recurso especial com base na aplicação de entendimento firmado em recursos repetitivos, para que seja conhecido como agravo interno. Com o advento do CPC/2015, que entrou em vigor em 18 de março de 2016 (Enunciado Administrativo nº 1 do Plenário do STJ), passou a existir expressa previsão legal no sentido do não cabimento de agravo contra decisão que inadmite recurso especial quando a matéria nele veiculada já houver sido decidida pela Corte de origem em conformidade com recurso repetitivo (art. 1.042, caput). Tal disposição legal aplica-se aos agravos apresentados contra decisão publicada após a entrada em vigor do CPC/15, em conformidade com o princípio tempus regit actum. Nesse contexto, entende-se, diante da nova ordem processual vigente, não ser mais caso de aplicar o entendimento firmado pela Corte Especial no AgRg no ARESP 260.033-PR (DJe 25/9/2015), porquanto não há mais como afastar a pecha de erro grosseiro ao agravo interposto já na vigência do CPC/2015 contra inadmissão de especial que contrarie entendimento firmado em recurso especial repetitivo e, assim, determinar o retorno do feito ao Tribunal de origem para que o aprecie como agravo interno. Ressalte-se, por oportuno, que ficam ressalvadas as hipóteses de aplicação do aludido precedente aos casos em que o agravo estiver sido interposto ainda contra decisão publicada na vigência do CPC/1973"* (STJ. ARESP 959.991-RS, Rel. Min. Marco Aurélio Bellizze, por unanimidade, julgado em 16/08/2016, DJe 26/08/2016 – Informativo nº 589).

Seção IV
Dos Embargos de Divergência

Art. 1.043

Art. 1.043. É embargável o acórdão de órgão fracionário que:

I – em recurso extraordinário ou em recurso especial, divergir do julgamento de qualquer outro órgão do mesmo tribunal, sendo os acórdãos, embargado e paradigma, de mérito;

II – (Revogado);

III – em recurso extraordinário ou em recurso especial, divergir do julgamento de qualquer outro órgão do mesmo tribunal, sendo um acórdão de mérito e outro que não tenha conhecido do recurso, embora tenha apreciado a controvérsia;

IV – (Revogado).

§ 1º Poderão ser confrontadas teses jurídicas contidas em julgamentos de recursos e de ações de competência originária.

§ 2º A divergência que autoriza a interposição de embargos de divergência pode verificar-se na aplicação do direito material ou do direito processual.

§ 3º Cabem embargos de divergência quando o acórdão paradigma for da mesma turma que proferiu a decisão embargada, desde que sua composição tenha sofrido alteração em mais da metade de seus membros.

§ 4º O recorrente provará a divergência com certidão, cópia ou citação de repositório oficial ou credenciado de jurisprudência, inclusive em mídia eletrônica, onde foi publicado o acórdão divergente, ou com a reprodução de julgado disponível na rede mundial de computadores, indicando a respectiva fonte, e mencionará as circunstâncias que identificam ou assemelham os casos confrontados.

§ 5º (Revogado).

Os embargos de divergência são um recurso de competência exclusiva do STF ou do STJ e possuem um tratamento bastante escasso no CPC (art. 1.043 – art. 1.044). O seu objetivo é tentar uniformizar a interpretação do texto normativo, tarefa que é realizada pelos dois Tribunais Superiores, embora isso seja realizado sem caráter vinculativo, mas que pelo menos poderá resultar na reforma ou anulação da decisão que o motivou. Ou seja, ainda que a orientação firmada nos embargos de divergência não venha a ser aplicada pelos demais órgãos componentes daquele Tribunal, pelo menos a sua decisão terá alterado aquela que lhe deu ensejo.

As suas hipóteses de cabimento estão no CPC (art. 1.043), que as ampliou quando comparadas com o modelo anterior (art. 546, CPC/73). É que passa a ser prevista a possibilidade de este recurso ser utilizado quando, no mesmo tribunal superior, for detectada divergência em decisão proferida em um REXTR ou RESP com outra proferida por qualquer órgão do mesmo tribunal, relativamente ao mérito do recurso.

Também passa a ser permitida a confrontação desta divergência quando se tratar de decisão que enfrentou o mérito com outra que não tenha conhecido o recurso, muito embora tenha abordado a controvérsia.

Ocorrendo qualquer uma dessas situações (art. 1.043, incs. I e III) serão cabíveis embargos de divergência ao órgão especial do STJ quando se tratar de decisões divergentes neste tribunal ou este recurso será interposto perante o Pleno do STF, quando se tratar de suas próprias decisões.

Alguns outros aspectos, porém, devem ser ressaltados quanto a esta espécie recursal. O primeiro é que, diferentemente do que ocorria no modelo anterior (CPC/73), passa a ser expressamente admitida a possibilidade de confronto de teses jurídicas contidas em julgamentos de recursos e de ações de competência originária (art. 1.043, § 1º). Aliás, é de se destacar que, anteriormente, este confronto necessariamente deveria ser entre acórdãos proferidos pela mesma via processual (v.g., a decisão de um REXTR com a decisão de outro recurso da mesma natureza). A única situação em que isso não era observado envolvia o acórdão proferido em sede de agravo interno, quando o anterior recurso excepcional não tivesse sido conhecido, conforme entendimento cristalizado em verbete sumular do STJ.

Outro aspecto relevante no CPC é que também passa a ser previsto que a divergência que autoriza a interposição deste recurso pode verificar-se tanto na aplicação do direito material quanto no do direito processual (art. 1.043, § 2º). E, por fim, é de se destacar que o CPC, de maneira inovadora, passou a admitir a utilização deste recurso quando o acórdão paradigma for da mesma Turma que proferiu a decisão embargada, desde que sua composição tenha sofrido alteração em mais da metade de seus membros (art. 1.043, § 3º).

Como a finalidade deste recurso é impugnar um acórdão proferido por um Tribunal que destoa de outro proferido pelo mesmo, caberá ao recorrente comprovar esta divergência, o que poderá ser realizado por meio de certidão, cópia ou citação de repositório oficial ou credenciado de jurisprudência, inclusive em mídia eletrônica, onde foi publicado o acórdão divergente, ou com a reprodução de julgado disponível na rede mundial de computadores, indicando a respectiva fonte, e mencionará as circunstâncias que identificam ou assemelham os casos confrontados (art. 1.043, § 4º). Só assim, enfim, será possível a realização de um confronto analítico entre as decisões. Neste ponto, aliás, destaca relevar que, para fins de comprovação da divergência, não basta a mera transcrição da ementa, posto que esta se constitui em uma síntese, o que impediria a real compreensão do teor do julgamento.

Também é importante destacar que este recurso não se afigura possível quando as decisões tiverem sido proferidas em Tribunais distintos. Nesta hipótese, até seria possível se valer do RESP com o objetivo de dirimir esta divergência.

Por firm, esta norma também permite que a demonstração da divergência seja tal como no modelo primitivo (CPC/73), ou seja, por pesquisa realizada na rede mundial de computadores.

> Verbete nº 168 da Súmula do STJ: *"Não cabem embargos de divergência, quando a jurisprudência do Tribunal se firmou no mesmo sentido do acórdão embargado"*.
>
> Verbete nº 316 da Súmula do STJ: *"Cabem embargos de divergência contra acórdão que, em agravo regimental, decide RESP"*.
>
> Verbete nº 420 da Súmula do STJ: *"Incabível, em embargos de divergência, discutir o valor de indenização por danos morais"*.

Art. 1.044

Art. 1.044. No recurso de embargos de divergência, será observado o procedimento estabelecido no regimento interno do respectivo tribunal superior.

§ 1º A interposição de embargos de divergência no Superior Tribunal de Justiça interrompe o prazo para interposição de recurso extraordinário por qualquer das partes.

§ 2º Se os embargos de divergência forem desprovidos ou não alterarem a conclusão do julgamento anterior, o recurso extraordinário interposto pela outra parte antes da publicação do julgamento dos embargos de divergência será processado e julgado independentemente de ratificação.

O dispositivo traz ajustes quanto ao processamento deste recurso. O seu prazo de interposição será de quinze dias (art. 1.003, § 5º), sujeitando-se ao preparo e à verificação dos demais requisitos tradicionais de admissibilidade. Após, deverão ser analisados os regimentos internos do STF ou do STJ, que estabelecerão a competência para recepção, processamento e julgamento deste recurso (art. 1.044). E, por fim, vale destacar que a interposição de embargos de divergência no STJ interrompe o prazo para interposição de REXTR por qualquer das partes, bem como que, se os embargos de divergência forem desprovidos ou não alterarem a conclusão do julgamento anterior, o REXTR já interposto pela outra parte antes da publicação do julgamento dos embargos de divergência será processado e julgado independentemente de ratificação, o que é harmônico com outras normas do CPC (art. 218, § 4º, e art. 1.024, § 5º).

> **Enunciado nº 83 da I Jornada de Processo Civil CEJ/CJF:** *"Caso os embargos de divergência impliquem alteração das conclusões do julgamento anterior, o recorrido que já tiver interposto o recurso extraordinário terá o direito de complementar ou alterar suas razões, nos exatos limites da modificação, no prazo de quinze dias, contados da intimação da decisão dos embargos de divergência".*

LIVRO COMPLEMENTAR
DAS DISPOSIÇÕES FINAIS E TRANSITÓRIAS

Art. 1.045

Art. 1.045. Este Código entra em vigor após decorrido 1 (um) ano da data de sua publicação oficial.

A norma em comento prevê que o CPC entra em vigor após decorrido 1 (um) ano da data de sua publicação oficial. Só que a contagem deste prazo deve observar disposição em lei específica (art. 8º, § 1º, LC nº 95/98). Assim, levando-se em consideração que a contagem do prazo para entrada em vigor das leis que estabeleçam período de vacância far-se-á com a inclusão da data da publicação e do último dia do prazo, entrando em vigor no dia subsequente à sua consumação integral, facilmente se constata que o CPC entrará em vigor em 18/03/2016.

Art. 1.046

Art. 1.046. Ao entrar em vigor este Código, suas disposições se aplicarão desde logo aos processos pendentes, ficando revogada a Lei nº 5.869, de 11 de janeiro de 1973.

§ 1º As disposições da Lei nº 5.869, de 11 de janeiro de 1973, relativas ao procedimento sumário e aos procedimentos especiais que forem revogadas aplicar-se-ão às ações propostas e não sentenciadas até o início da vigência deste Código.

§ 2º Permanecem em vigor as disposições especiais dos procedimentos regulados em outras leis, aos quais se aplicará supletivamente este Código.

§ 3º Os processos mencionados no art. 1.218 da Lei nº 5.869, de 11 de janeiro de 1973, cujo procedimento ainda não tenha sido

incorporado por lei submetem-se ao procedimento comum previsto neste Código.

§ 4º As remissões a disposições do Código de Processo Civil revogado, existentes em outras leis, passam a referir-se às que lhes são correspondentes neste Código.

§ 5º A primeira lista de processos para julgamento em ordem cronológica observará a antiguidade da distribuição entre os já conclusos na data da entrada em vigor deste Código.

O dispositivo estabelece que as disposições constantes no CPC aplicam-se imediatamente aos processos pendentes, adotando como regra geral a teoria do isolamento dos atos processuais, quanto ao tema aplicação da lei processual no tempo (art. 14). Contudo, esta norma em seu primeiro parágrafo adota a teoria das fases processuais, ao dispor que as antigas regras sobre o procedimento sumário e os procedimentos especiais que foram revogados, continuam tendo aplicação nos processos pendentes até que sentença tenha sido proferida.

Também estabelece uma ordem cronológica para julgamento dos processos já conclusos quando da entrada em vigor do CPC. Esta ordem prioriza a ordem de distribuição. Para os novos processos instaurados a ordem será a da conclusão (art. 12).

> Verbete nº 205 da Súmula do STJ: *"A Lei nº 8.009/90 aplica-se à penhora realizada antes da sua vigência".*

> Aplicação imediata de norma que cuida do tema "competência" (CPC/73).
> *"É pacífico o entendimento no sentido de que as normas constitucionais que alteram competência de Tribunais possuem eficácia imediata, devendo ser aplicado, de pronto, o dispositivo que promova esta alteração. Precedentes: HC 78.261-QO, Rel. Min. Moreira Alves, DJ 09/04/99, 1ª Turma e HC 78.416, Rel. Min. Maurício Corrêa, DJ 18/05/01, 2ª Turma. Questão de ordem resolvida para tornar insubsistentes os votos já proferidos, declarar a incompetência superveniente deste Supremo Tribunal Federal e determinar a remessa dos autos ao egrégio Superior Tribunal de Justiça"* (STF. Agravo regimental na carta rogatória nº 9.897-1/Estados Unidos da América. Rel.ª Min.ª Ellen Gracie. DJ 14/03/2008).

Art. 1.047

Art. 1.047. As disposições de direito probatório adotadas neste Código aplicam-se apenas às provas requeridas ou determinadas de ofício a partir data de início de sua vigência

O dispositivo estabelece que as novas disposições sobre direito probatório se aplicam apenas às provas requeridas ou deferidas após o advento do CPC. As antigas, ao contrário, permanecem regidas pelo modelo primitivo (CPC/73), até serem ultimadas, cujas regras passam a ter ultratividade temporária.

Para exemplificar, no que diz respeito à produção de prova oral em AIJ, a legislação anterior autorizava o chamado sistema presidencialista, segundo o qual caberá ao próprio magistrado colher pessoal e diretamente a prova (art. 446, inc. II, CPC/73). Porém, o atual permite que as próprias partes formulem perguntas diretamente às testemunhas (art. 459). Assim, se a prova testemunhal foi requerida, por exemplo, em fevereiro de 2016, será produzida de acordo com o modelo primitivo, já que o CPC somente será aplicado para aquelas que forem pleiteadas quando já se encontrava em vigor.

Art. 1.048

> Art. 1.048. Terão prioridade de tramitação, em qualquer juízo ou tribunal, os procedimentos judiciais:
>
> I – em que figure como parte ou interessado pessoa com idade igual ou superior a 60 (sessenta) anos ou portadora de doença grave, assim compreendida qualquer das enumeradas no art. 6º, inciso XIV, da Lei nº 7.713, de 22 de dezembro de 1988;
>
> II – regulados pela Lei nº 8.069, de 13 de julho de 1990 (Estatuto da Criança e do Adolescente).
>
> § 1º A pessoa interessada na obtenção do benefício, juntando prova de sua condição, deverá requerê-lo à autoridade judiciária competente para decidir o feito, que determinará ao cartório do juízo as providências a serem cumpridas.
>
> § 2º Deferida a prioridade, os autos receberão identificação própria que evidencie o regime de tramitação prioritária.
>
> § 3º Concedida a prioridade, essa não cessará com a morte do beneficiado, estendendo-se em favor do cônjuge supérstite ou do companheiro em união estável.
>
> § 4º A tramitação prioritária independe de deferimento pelo órgão jurisdicional e deverá ser imediatamente concedida diante da prova da condição de beneficiário.

O dispositivo estabelece uma ordem de prioridade de tramitação para os processos em que figure como parte pessoa com idade igual ou superior a sessenta anos ou portadora de doença grave, bem como aquelas reguladas pela Lei nº 8.069/90. O requerente deve fazer prova de que preenche estes requisitos, independendo de deferimento pelo órgão jurisdicional, segundo consta no último parágrafo.

É curioso detectar uma contradição do legislador no terceiro e no quatro parágrafos, pois, enquanto no primeiro consta expressamente que "concedida a prioridade", o último já estabelece que "a tramitação prioritária independe de deferimento pelo órgão jurisdicional".

A concessão da prioridade de tramitação decorre de uma decisão judicial, não se tratando de providência automática ou algo que possa ser feito diretamente pelo serventuário. Portanto, por envolver a análise do preenchimento dos seus requisitos, é necessária uma decisão devidamente motivada. Logo, não deve ser aplicado o parágrafo quarto em sua literalidade.

Por fim, este tratamento previsto no CPC não exclui outros que também são garantidos pelo Estatuto do Idoso (Lei nº 10.741/2003), que, inclusive, não apenas trata de direitos materiais como, também, estabelece figuras delitivas penais com preceitos primários e secundários.

> **Incorre nas sanções do art. 102 da Lei nº 10.741/2003 o agente que utiliza cartão bancário da vítima, sua mãe, em proveito próprio e sem o consentimento desta.** "*Apelação criminal. Estatuto do idoso. Art. 102 da Lei nº 10.741/2003, em continuidade delitiva. Agente que utiliza o cartão bancário da vítima, sua mãe, por doze vezes, enquanto ela encontrava-se acamada, apropriando-se de seus recursos e dando-lhes aplicação diversa de sua finalidade. Materialidade e autoria comprovadas. Farto conjunto probatório. Condenação mantida. Reclamo não provido. Na hipótese, as declarações das testemunhas, aliadas ao extrato unificado da instituição financeira e aos demais elementos constantes no feito, não deixam dúvidas da materialidade do crime e de sua autoria*" (TJ-SC. Processo: 0015568-60.2013.8.24.0033. Rel. Des. Moacyr de Moraes Lima Filho. Origem: Itajaí. Órgão Julgador: Terceira Câmara Criminal. julgado em 11/04/2017. Classe: Apelação Criminal).

Art. 1.049

> **Art. 1.049. Sempre que a lei remeter a procedimento previsto na lei processual sem especificá-lo, será observado o procedimento comum previsto neste Código.**
>
> **Parágrafo único. Na hipótese de a lei remeter ao procedimento sumário, será observado o procedimento comum previsto neste Código, com as modificações previstas na própria lei especial, se houver.**

O dispositivo estabelece que quando qualquer lei específica submeter o processo a determinado rito sem esclarecer qual, deverá ser observado o procedimento comum, o que também se aplica em relação àquelas leis que fizerem menção a rito sumário ou sumaríssimo (v.g., art. 129, II, Lei nº 8.213/91).

Art. 1.050

Art. 1.050. A União, os Estados, o Distrito Federal, os Municípios, suas respectivas entidades da administração indireta, o Ministério Público, a Defensoria Pública e a Advocacia Pública, no prazo de 30 (trinta) dias a contar da data da entrada em vigor deste Código, deverão se cadastrar perante a administração do tribunal no qual atue para cumprimento do disposto no arts. 246, § 2º, e 270, parágrafo único.

O dispositivo estabelece que a Fazenda Pública deve realizar cadastro, em trinta dias da entrada em vigor do CPC, para fins de citação e intimação em processos eletrônicos. O mesmo também deve ser observado pelo Ministério Público, Defensoria Pública e, também, pela Advocacia Pública. Este cadastro deverá ser realizado perante os tribunais que atuarem.

Art. 1.051

Art. 1.051. As empresas públicas e privadas devem cumprir o disposto no art. 246, § 1º, no prazo de 30 (trinta) dias, a contar da data de inscrição do ato constitutivo da pessoa jurídica, perante o juízo onde tenham sede ou filial.

Parágrafo único. O disposto no *caput* não se aplica às microempresas e às empresas de pequeno porte.

O dispositivo estabelece que o mesmo cadastro mencionado no artigo anterior (art. 1.050) deve ser observado pelas empresas públicas e privadas, exceto pelas microempresas ou as de pequeno porte. Defende-se, contudo, que esta disposição somente seja observada por aquelas empresas que sejam grandes litigantes perante os tribunais, sob risco de se criar uma burocracia desnecessária.

Art. 1.052

Art. 1.052. Até a edição de lei específica, as execuções contra devedor insolvente, em curso ou que venham a ser propostas, permanecem reguladas pelo Livro II, Título IV, da Lei nº 5.869, de 11 de janeiro de 1973.

O dispositivo estabelece que até a criação de lei específica, o modelo primitivo (art. 748 – art. 786-A, CPC/73) permanece em vigor regulamentando os processos de execução por quantia certa em face de devedor insolvente, mais conhecida como "insolvência civil", que guarda algumas semelhanças com o requerimento de falência, já que ambas têm a possibilidade de criar um "juízo universal", embora esta última via seja regulamentada por legislação própria (Lei nº 11.101/2005).

> **Legitimidade ativa do credor trabalhista para pedir falência de devedor.**
> "*A natureza trabalhista do crédito não impede que o credor requeira a falência do devedor. Da análise do art. 97, IV, da Lei nº 11.101/2005 ('Art. 97. Podem requerer a falência do devedor: [...] IV – qualquer credor), verifica-se que o legislador conferiu ampla legitimidade ativa para o requerimento de decretação de falência do devedor, de modo que, em princípio, estarão todos os credores aptos a fazê-lo. Nessa linha, há doutrina no sentido de que o credor "é, por excelência, o titular da relação jurídica falimentar. [...] A lei não distingue entre dívida civil, comercial, trabalhista ou fiscal, importando, isso sim, que seja líquida, dando ensejo, repita-se, à ação executiva'. Em igual sentido, existem doutrinadores pátrios que têm entendido que 'a palavra 'qualquer', constante do inciso, sugere que todos os credores, individualmente ou em conjunto, podem requerer a falência do devedor. Incluir-se-iam, nesse rol, os credores civis, comerciais, trabalhistas e fiscais'. Assim, adota-se corrente doutrinária que sustenta que: 'Credores trabalhistas, fiscais, acidentários podem em tese requerer a falência do devedor desde que possuam o título executivo pertinente, seja ele judicial ou extrajudicial e esteja protestado para fins falimentares. Neste caso, é possível o pedido de falência com base no art. 94, I, da LRF. Há, também, a possibilidade do pleito de falência com base no art. 94, II quando superveniente uma execução frustrada'*" (STJ. RESP 1.544.267-DF, Rel. Min. Ricardo Villas Bôas Cueva, por unanimidade, julgado em 23/08/2016, DJe 06/09/2016 – Informativo nº 589).

Art. 1.053

Art. 1.053. Os atos processuais praticados por meio eletrônico até a transição definitiva para certificação digital ficam convalidados, ainda que não tenham observado os requisitos mínimos estabelecidos por este Código, desde que tenham atingido sua finalidade e não tenha havido prejuízo à defesa de qualquer das partes.

O dispositivo prestigia o princípio da instrumentalidade, ao possibilitar o aproveitamento dos atos processuais que tenham sido praticados por meio eletrônico não observando os requisitos estabelecidos no CPC. Vale dizer que outro dispositivo já mencionado (art. 195) deu ao tema semelhante solução.

Art. 1.054

Art. 1.054. O disposto no art. 503, § 1º, somente se aplica aos processos iniciados após a vigência deste Código, aplicando-se aos anteriores o disposto nos arts. 5º, 325 e 470 da Lei nº 5.869, de 11 de janeiro de 1973.

O dispositivo estabelece que desaparece a ação declaratória incidental para os novos processos, posto que a questão prejudicial já pode ser imediatamente decidida na própria sentença, com força de coisa julgada.

Pelo novo sistema criado, a coisa julgada irá abranger não apenas a solução da questão principal como, também, automaticamente a da questão prejudicial interna, desde que deste enfrentamento dependa a resolução do mérito, tiver sido respeitado o contraditório prévio e o juízo tiver competência em razão da matéria e da pessoa para apreciar tal tema. Em outras palavras, o magistrado estará decidindo além dos limites provocados inicialmente e o CPC está sugerindo que a contestação decorre do exercício do direito de ação, eis que estará ampliando objetivamente o objeto do processo. O tema já foi abordado em artigo anteriormente analisado (art. 503, § 1º).

Art. 1.055

~~Art. 1.055. O devedor ou arrendatário não se exime da obrigação de pagamento dos tributos, multas e das taxas incidentes sobre os bens vinculados e de outros encargos previstos em contrato, exceto se a obrigação de pagar não for de sua responsabilidade, conforme contrato, ou for objeto de suspensão em tutela provisória.~~

Razões do veto presidencial ao art. 1.055:

"Ao converter em artigo autônomo o § 2º do art. 285-B do Código de Processo Civil de 1973, as hipóteses de sua aplicação, hoje restritas, ficariam imprecisas e ensejariam interpretações equivocadas, tais como possibilitar a transferência de responsabilidade tributária por meio de contrato".

Comentários ao veto presidencial

O último veto presencial se referiu justamente a este dispositivo, que previa que o devedor ou arrendatário não se exime da obrigação de pagamento dos tributos, das multas e das taxas incidentes sobre os bens vinculados e de outros encargos previstos em contrato, exceto se a obrigação de pagar não for de sua responsabilidade, conforme contrato, ou for objeto de suspensão em tutela provisória.

Em realidade, esta norma já se encontra em vigor com ligeiras adaptações (art. 285-B, § 2º do CPC/73), muito embora o *caput* do dispositivo restrinja enormemente o seu uso, apenas aos litígios que tenham por objeto obrigações decorrentes de empréstimo, financiamento ou arrendamento mercantil. O receio externado no veto é que este art. 1.055, desacompanhado de outra norma restritita como a existente atualmente, poderia fomentar a insegurança jurídica e interpretações equivocada, como a de que seria permitido transferir responsabilidade tributária por meio do contrato.

Art. 1.056

> **Art. 1.056. Considerar-se-á como termo inicial do prazo da prescrição prevista no art. 924, inciso V, inclusive para as execuções em curso, a data de vigência deste Código.**

O dispositivo estabelece qual será o termo inicial para a contagem da prescrição intercorrente, que agora passa a ser possível de ser pronunciada em sede de execução (art. 924, IV).

> **Verbete nº 150 da Súmula do STF:** *"Prescreve a execução no mesmo prazo de prescrição da ação".*

> **Prescrição intercorrente e imprescindibilidade de prévia intimação do exequentes antes da sua pronúncia pelo magistrado.** *"Em execução de título extrajudicial, o credor deve ser intimado para opor fato impeditivo à incidência da prescrição intercorrente antes de sua decretação de ofício. Prestigiando a segurança jurídica e o reconhecimento antigo e reiterado de que as pretensões executivas prescrevem no mesmo prazo da ação, nos termos da Súmula nº 150 do STF, albergou-se na Terceira Turma do STJ possibilidade de reconhecimento de ofício da prescrição intercorrente, utilizando-se como parâmetro legal a incidência analógica do art. 40, §§ 4º e 5º, da Lei nº 6.830/80 – Lei de Execução Fiscal (LEF). Essa mesma solução foi concretizada no CPC/15, em que se passou a prever expressamente regra paralela ao art. 40 da LEF, nos seguintes termos: 'Art. 921. Suspende-se a execução: (...) § 4º. Decorrido o prazo de que trata o § 1º sem manifestação do exequente, começa a correr o prazo de prescrição intercorrente. § 5º. O juiz, depois de ouvidas as partes, no prazo de 15 (quinze) dias, poderá, de ofício, reconhecer a prescrição de que trata o § 4º e extinguir o processo.' Todavia, ressalte-se que em ambos os textos legais – tanto na LEF como no CPC/15 – prestigiou-se a abertura de prévio contraditório, não para que a parte dê andamento ao processo, mas para possibilitar-lhe a apresentação de defesa quanto à eventual ocorrência de fatos impeditivos da prescrição. E em razão dessa exigência legal de respeito ao prévio contraditório, cumpre enfatizar que, quanto à aplicação do instituto no âmbito da execução fiscal, o STJ, por intermédio de sua Primeira Seção, assentou o entendimento de que é indispensável a prévia intimação da Fazenda Pública, credora naquelas demandas, para os fins de reconhecimento da prescrição intercorrente (ERESP 699.016/PE, Primeira Seção, DJe 17/3/2008; RMS 39.241/SP, Segunda Turma, DJe 19/6/2013). Nessa ordem*

> *de ideias, a viabilização do contraditório, ampliada pelo art. 10 do CPC/2015 –, que impõe sua observância mesmo para a decisão de matérias conhecíveis de ofício –, concretiza a atuação leal do Poder Judiciário, corolária da boa-fé processual hoje expressamente prevista no art. 5º do CPC/2015 e imposta a todos aqueles que atuem no processo. Ao mesmo tempo, conforme doutrina, mantém-se a limitação da exposição do devedor aos efeitos da litispendência, harmonizando-se a prescrição intercorrente ao direito fundamental à razoável duração do processo*" (STJ. RESP 1.589.753-PR, Rel. Min. Marco Aurélio Bellizze, julgado em 17/05/2016, DJe 31/05/2016 – Informativo nº 584).

Art. 1.057

Art. 1.057. O disposto no art. 525, §§ 14 e 15, e no art. 535, §§ 7º e 8º, aplica-se às decisões transitadas em julgado após a entrada em vigor deste Código, e, às decisões transitadas em julgado anteriormente, aplica-se o disposto no art. 475-L, § 1º, e no art. 741, parágrafo único, da Lei nº 5.869, de 11 de janeiro de 1973.

O dispositivo estabelece que, para os processos instaurados antes do advento do CPC, em que as sentenças se tornaram inexigíveis em decorrência de decisão do STF que tiver declarado a inconstitucionalidade da lei em que elas se basearam, permanecerá o modelo primitivo a ser aplicado, com algumas regras que terão ultratividade (art. 475-L, § 1º; art. 741, parágrafo único, CPC/1973). Para os novos processos, deverão ser observados artigos do próprio CPC (art. 525, §§ 14 e 15; art. 535, §§ 7º e 8º).

> **Necessidade de emprego da ação rescisória para desconstituir coisa julgada material de decisão lastreada em lei declarada inconstitucional pelo STF, com modulação retroativa (CPC/73).** "*A sentença de mérito transitada em julgado só pode ser desconstituída mediante ajuizamento de específica ação autônoma de impugnação (ação rescisória) que haja sido proposta na fluência do prazo decadencial previsto em lei, pois, com o exaurimento de referido lapso temporal, estar-se-á diante da coisa soberanamente julgada, insuscetível de ulterior modificação, ainda que o ato sentencial encontre fundamento em legislação que, em momento posterior, tenha sido declarada inconstitucional pelo Supremo Tribunal Federal, quer em sede de controle abstrato, quer no âmbito de fiscalização incidental de constitucionalidade. A decisão do Supremo Tribunal Federal que haja declarado inconstitucional determinado diploma legislativo em que se apóie o título judicial, ainda que impregnada de eficácia* ex tunc, *como sucede com os julgamentos proferidos em sede de fiscalização concentrada (RTJ 87/758 – RTJ 164/506-509 – RTJ 201/765), detém-se ante a autoridade da coisa julgada, que traduz, nesse contexto, limite insuperável à força retroativa resultante dos pronunciamentos que emanam,* in abstracto, *da Suprema Corte. Doutrina. Precedentes*" (STF. REXTR nº 594.350/RS. Rel. Min. Celso de Mello. DJ 11/06/2010).
>
> **Inexigibilidade de título executivo judicial transitado em julgado calcado em lei não recepcionada pela Constituição.** "*Ainda que tenha havido o*

> *trânsito em julgado, é inexigível a obrigação reconhecida em sentença com base exclusivamente em lei não recepcionada pela Constituição. Fundado o título judicial exclusivamente na aplicação ou interpretação da lei ou ato normativo tidas pelo STF como incompatíveis com a CF, é perfeitamente permitido o reconhecimento da inexigibilidade da obrigação na própria fase de execução. Por outro lado, fundada a sentença em preceitos outros, decorrentes, por exemplo, da interpretação da legislação civil ou das disposições constitucionais vigentes, a obrigação é perfeitamente exigível, só podendo ser suprimida a partir da rescisão do título pelas vias ordinárias, sob pena de restar configurada grave ofensa à eficácia preclusiva da coisa julgada material. Isso porque, a partir da entrada em vigor da Lei nº 11.232/2005, que incluiu, no CPC/73, o art. 475-L, passou a existir disposição expressa e cogente assegurando ao executado arguir, em impugnação ao cumprimento de sentença, a inexigibilidade do título judicial. Essa norma, diga-se de passagem, foi reproduzida, com pequeno ajuste técnico na terminologia empregada, no art. 525 do CPC/2015"* (STJ. RESP 1.531.095-SP, Rel. Min. Ricardo Villas Bôas Cueva, julgado em 09/08/2016, DJe 16/08/2016 – Informativo nº 588).

Art. 1.058

Art. 1.058. Em todos os casos em que houver recolhimento de importância em dinheiro, esta será depositada em nome da parte ou do interessado, em conta especial movimentada por ordem do juiz, nos termos do art. 840, inciso I.

O dispositivo estabelece que as somas em dinheiro, deverão ser depositadas em conta bancária vinculada ao juízo, com o nome da parte ou do interessado, podendo apenas ser movimentada por ordem do magistrado.

Art. 1.059

Art. 1.059. À tutela provisória requerida contra a Fazenda Pública aplica-se o disposto nos arts. 1º a 4º da Lei nº 8.437, de 30 de junho de 1992, e no art. 7º, § 2º, da Lei nº 12.016, de 7 de agosto de 2009.

O dispositivo estabelece que permanecem as restrições de tutela provisória em desfavor da Fazenda Pública que constam na Lei nº 8.437/92 e na Lei nº 12.016/2009 (que revogou, mas manteve em essência aquelas previstas na Lei nº 4.348/64 e na Lei nº 5.021/66). Portanto, o julgamento na ADC4 permanece com plena aplicação, não podendo ser concedida tutela provisória de urgência ou de evidência nos casos previstos na Lei nº 8.437/92 e na Lei nº 12.016/2009, muito embora possa ser concedida para os outros casos que ali não tenham sido contemplados.

> **Verbete nº 729 da Súmula do STF:** *"A decisão na ADC-4 não se aplica à antecipação dos efeitos da tutela em causa de natureza previdenciária".*

> **Possibilidade de deferimento de tutela provisória em desfavor da Fazenda Pública (CPC/73).** *"PROCESSUAL CIVIL. AGRAVO REGIMENTAL NO AGRAVO DE INSTRUMENTO. TUTELA ANTECIPADA CONTRA A FAZENDA PÚBLICA. POSSIBILIDADE. PRESSUPOSTOS. REEXAME DO CONJUNTO FÁTICO-PROBATÓRIO. SÚMULA 7/STJ. AGRAVO REGIMENTAL NÃO PROVIDO. 1. "É possível a concessão de antecipação dos efeitos da tutela em face da Fazenda Pública, como instrumento de efetividade e celeridade da prestação jurisdicional, sendo certo que a regra proibitiva, encartada no art. 1º, da Lei nº 9.494/97, reclama exegese estrita, por isso que, onde não há limitação não é lícito ao magistrado entrevê-la" (RESP 1.070.897/SP, Rel. Min. Luiz Fux, Primeira Turma, DJe de 2/2/10). 2. A jurisprudência do Superior Tribunal de Justiça é assente no sentido da impossibilidade de revisão dos pressupostos para a concessão do pedido de tutela antecipada, pois exigiria o reexame do conjunto fático-probatório dos autos, inviável na via eleita, a teor do enunciado sumular 7/STJ. 3. Agravo regimental não provido"* (STJ. Agravo de instrumento nº 201001497273. Rel. Min. Arnaldo Lima. DJ 18/02/2011).

Art. 1.060

Art. 1.060. O inciso II do art. 14 da Lei nº 9.289, de 4 de julho de 1996, passa a vigorar com a seguinte redação:

"Art. 14. [...]

II – aquele que recorrer da sentença adiantará a outra metade das custas, comprovando o adiantamento no ato de interposição do recurso, sob pena de deserção, observado o disposto nos §§ 1º a 7º do art. 1.007 do Código de Processo Civil;" (NR)

O dispositivo altera dispositivo de legislação específica (art. 14, II, Lei nº 9.289/96).

Art. 1.061

Art. 1.061. O § 3º do art. 33 da Lei nº 9.307, de 23 de setembro de 1996 (Lei de Arbitragem), passa a vigorar com a seguinte redação:

"Art. 33. [...]

§ 3º A decretação da nulidade da sentença arbitral também poderá ser requerida na impugnação ao cumprimento da sentença, nos termos dos arts. 525 e seguintes do Código de Processo Civil, se houver execução judicial." (NR)

O dispositivo tencionava corrigir a Lei de Arbitragem (Lei nº 9.307/96) quanto à defesa que é apresentada em execução por título executivo judicial que seja sentença arbitral. É que a legislação específica (Lei nº 9.307/96) trata esta defesa como embargos, muito embora o mais adequado seja a impugnação, que foi criada mais recentemente (Lei nº 11.232/2005).

Curiosamente, o disposto na lei específica (art. 33, § 3º, Lei nº 9.307/96) foi objeto de retificações por 2 (duas) leis distintas, atestando descuido do Poder Legislativo. Com efeito, inicialmente foi aprovado o CPC (Lei nº 13.105/2015), que já fazia uma correção do aludido dispositivo (art. 1.061), mas que somente entraria em vigor em março de 2016. Ocorre, porém, que lei mais recente (Lei nº 13.129/2015), entrou em vigor em julho de 2015, já corrigindo o teor do mesmo dispositivo da Lei de Arbitragem. Assim, a lei mais recente corrigiu apenas provisoriamente a redação desta norma (art. 33, § 3º, Lei nº 9.307/96), posto que, com a entrada em vigor do CPC, será este (lei mais antiga) quem estará impondo a redação final do artigo em comento.

Art. 1.062

Art. 1.062. O incidente de desconsideração da personalidade jurídica aplica-se ao processo de competência dos juizados especiais.

O dispositivo admite que ocorra, nos Juizados Especiais, uma nova modalidade de intervenção de terceiros, denominada incidente de desconsideração de personalidade jurídica (art. 133 – art. 137), ainda que a lei específica diga o oposto (art. 10, Lei nº 9.099/95).

Quanto a este aspecto, não se vislumbram empecilhos sérios para que a desconsideração seja deferida em juizado. O problema, em realidade, reside na observância do novo processamento estatuído. Com efeito, não tendo sido requerida a desconsideração na petição inicial, será então formado um "apenso", com suspensão da demanda primitiva, para que seja viabilizada a citação do sócio a fim de que apresente defesa quanto a esta tema. Após, haverá dilação probatória se for o caso e, enfim, será proferida decisão interlocutória (quando se tratar de desconsideração realizada perante órgão de primeira instância), caso em que será possível o recurso de agravo de instrumento (art. 1.015, inc. IV). Observa-se, desta forma, certos empecilhos práticos para a adoção desta maneira de proceder em sede de juizados. Primeiro, porque o contraditório prévio, a dilação probatória para a solução do incidente, bem como a suspensão da demanda originária irão conspirar contra os critérios norteadores desta via (art. 2º, Lei nº 9.099/95). E, segundo, é que não há possibilidade de emprego do agravo de instrumento perante as Turmas Recursais. Observa-se, assim, que com o CPC realmente será possível que haja o reconhecimento da desconsideração da personalidade jurídica em sede de juizados especiais (art. 1.062). Contudo, em tais casos, não deverá ser observado o procedimento estabelecido na nova legislação (art. 133 – art. 137), por ser absolutamente incompatível com seus princípios inspiradores. Assim, poderá ser reconhecida nos próprios autos, sem que haja a suspensão da análise de qualquer tema e, inclusive, com contraditório postergado, já que norma fundamental do CPC (art. 9º) deve ser interpretada de maneira ampliativa por não citar inúmeras outras situações no mesmo sentido, mas que constam na nova lei (v.g., art. 854).

Art. 1.063

> Art. 1.063. Até a edição de lei específica, os juizados especiais cíveis previstos na Lei nº 9.099, de 26 de setembro de 1995, continuam competentes para o processamento e julgamento das causas previstas no art. 275, inciso II, da Lei nº 5.869, de 11 de janeiro de 1973.

O dispositivo estabelece que o modelo primitivo permanece com ultratividade quanto ao rol de teses que admitiam a adoção do procedimento sumário em razão da matéria (art. 275, II, CPC/73), enquanto nova lei específica não for editada. Isso ocorre em razão da própria lei reitora deste sistema (art. 3º, II, Lei nº 9.099/95). Assim, tais temas continuam sendo de competência dos Juizados Especiais, sejam eles estaduais, fazendários ou federais.

Art. 1.064

> Art. 1.064. O *caput* do art. 48 da Lei nº 9.099, de 26 de setembro de 1995, passa a vigorar com a seguinte redação:
>
> "Art. 48. Caberão embargos de declaração contra sentença ou acórdão, nos casos previstos no Código de Processo Civil." (NR)

O dispositivo estabelece que, nos Juizados Especiais, os embargos de declaração podem ser opostos tanto para impugnar sentença proferida pelo magistrado singular quanto acórdão dado pelos membros da turma recursal.

Art. 1.065

> Art. 1.065. O art. 50 da Lei nº 9.099, de 26 de setembro de 1995, passa a vigorar com a seguinte redação:
>
> "Art. 50. Os embargos de declaração interrompem o prazo para a interposição de recurso." (NR)

O dispositivo estabelece que é modificado o efeito dos embargos de declaração interpostos nos juizados especiais, que passa a ser o interruptivo, assim como aqueles interpostos nos demais juízos e tribunais. Deve-se lembrar que em outro momento desta obra foi mencionado que o efeito interruptivo será apenas para a parte que apresentar os embargos de declaração (art. 1.056).

Art. 1.066

Art. 1.066. O art. 83, *caput* e § 2º, da Lei nº 9.099, de 26 de setembro de 1995, passam a vigorar com a seguinte redação:

"Art. 83. Cabem embargos de declaração quando, em sentença ou acórdão, houver obscuridade, contradição ou omissão.

[...]

§ 2º Os embargos de declaração interrompem o prazo para a interposição de recurso. (NR)

O dispositivo estabelece que é modificado o efeito dos embargos de declaração interpostos nos juizados especiais criminais, que passa a ser o interruptivo, assim como aqueles interpostos nos demais juízos e tribunais. Também explicita os temas que podem ser apresentados nesta via recursal. Curiosamente, o CPC passou a prever mais uma hipótese para o uso de embargos de declaração, que seria a ocorrência de "erro material" (art. 1.022, inc. III), malgrado não tenha sido incluída ou mencionada nesta outra norma (art. 1.066).

Art. 1.067

Art. 1.067. O art. 275 da Lei nº 4.737, de 15 de julho de 1965 (Código Eleitoral), passa a vigorar com a seguinte redação:

"Art. 275. São admissíveis embargos de declaração nas hipóteses previstas no Código de Processo Civil.

§ 1º Os embargos de declaração serão opostos no prazo de 3 (três dias), contado da data de publicação da decisão embargada, em petição dirigida ao juiz ou relator, com a indicação do ponto que lhes deu causa.

§ 2º Os embargos de declaração não estão sujeitos a preparo.

§ 3º O juiz julgará os embargos em 5 (cinco) dias.

§ 4º Nos tribunais:

I – o relator apresentará os embargos em mesa na sessão subsequente, proferindo voto;

II – não havendo julgamento na sessão referida no inciso I, será o recurso incluído em pauta;

III – vencido o relator, outro será designado para lavrar o acórdão.

§ 5º Os embargos de declaração interrompem o prazo para a interposição de recurso.

§ 6º Quando manifestamente protelatórios os embargos de declaração, o juiz ou o tribunal, em decisão fundamentada, condenará o embargante a pagar ao embargado multa não excedente a 2 (dois) salários-mínimos.

§ 7º Na reiteração de embargos de declaração manifestamente protelatórios, a multa será elevada a até 10 (dez) salários-mínimos." (NR)

O dispositivo estabelece mudanças no Código Eleitoral (Lei nº 4.737/65), que passa a prever embargos de declaração com prazo de apenas três dias, bem como que a multa pelo caráter protelatório não terá parâmetro com o valor da causa e sim com o salário-mínimo.

> Contagem dos prazos em dias corridos em processo eleitoral. *"1. Em razão da incompatibilidade entre a previsão contida no art. 219 do CPC/2015 e o princípio da celeridade, inerente aos feitos que tramitam na Justiça Eleitoral, a jurisprudência desta Corte Superior entende ser inaplicável a contagem dos prazos em dias úteis ao processo eleitoral (AgR-REspe nº 44-61/SP, Rel. Min. Luiz Fux, DJE 26/10/2016; ED-AgR-REspe nº 533-80/MG, Rel.ª Min.ª Maria Thereza de Assis Moura, DJE 3/8/2016). 2. Prevalece, in casu, a redação do caput do art. 7º da Res.-TSE nº 23.478/16, ao prever que o disposto no art. 219 do novo Código de Processo Civil não se aplica aos feitos eleitorais. 3. Merece ser desprovido o agravo interno, tendo em vista a inexistência de argumentos hábeis para modificar a decisão agravada. 4. Agravo regimental a que se nega provimento"* (TSE. Agravo Regimental no Recurso Especial Eleitoral nº 84-27/AM, DJE 05/05/2017).

Art. 1.068

Art. 1.068. O art. 274 e o *caput* do art. 2.027 da Lei nº 10.406, de 10 de janeiro de 2002 (Código Civil), passam a vigorar com a seguinte redação:

"Art. 274. O julgamento contrário a um dos credores solidários não atinge os demais, mas o julgamento favorável aproveita-lhes, sem prejuízo de exceção pessoal que o devedor tenha direito de invocar em relação a qualquer deles." (NR)

"Art. 2.027. A partilha é anulável pelos vícios e defeitos que invalidam, em geral, os negócios jurídicos" (NR)"

O dispositivo altera dispositivo de legislação específica (art. 274 e art. 2.027, Lei nº 10.406/02 – CC).

Art. 1.069

> Art. 1.069. O Conselho Nacional de Justiça promoverá, periodicamente, pesquisas estatísticas para avaliação da efetividade das normas previstas neste Código.

O dispositivo estabelece que caberá ao CNJ promover de tempos em tempos uma série de pesquisas objetivando apurar a efetividade das normas constantes na novel legislação. Afinal, o fato é que o CPC, mesmo com todas as suas alterações, em uma análise perfunctória não aparenta velar pelo tempo razoável de duração do processo. Com efeito, como já exaustivamente exposto em toda a obra, o diploma passa a prever: a) que os prazos serão contados apenas em dias úteis (art. 219); b) que haverá suspensão dos prazos processuais entre 20 (vinte) de dezembro a 20 (vinte) de janeiro (art. 220); c) que o rito comum passa a ser 3 (três) audiências com finalidades distintas possíveis, inclusive com previsão de que uma em específico deve ser designada em pauta respeitando intervalo de 1 (uma) hora entre uma e outra (art. 357, § 9º); d) que a Fazenda Pública passa a ter prazo em dobro para todas as suas manifestações, exceto as previstas em regramentos especiais (art. 183); e) que todos os recursos, com exceção dos embargos de declaração, deverão ser interpostos em 15 (quinze) dias (art. 1.003, § 5º); f) aumento das hipóteses autorizadoras de agravo, na modalidade por instrumento (art. 1.015); g) permanência, como regra, do efeito suspensivo ao recurso de apelação (art. 1.012); h) criação de nova e automática técnica de julgamento, quando o acórdão proferido for não unânime em algumas situações (art. 942); entre muitas e muitas outras situações que indicam clara dissintonia entre o postulado constitucional que garante o razoável tempo de duração do processo e o conteúdo de grande parte das normas do CPC. Mas, se vai ou não dar certo e gerar funcionalidades, só o tempo (melhor julgador), poderá demonstrar.

Art. 1.070

> Art. 1.070. É de 15 (quinze) dias o prazo para a interposição de qualquer agravo, previsto em lei ou em regimento interno de tribunal, contra decisão de relator ou outra decisão unipessoal proferida em tribunal.

O dispositivo estabelece que todos os agravos internos, previstos em lei ou regimento (v.g., art. 4º, § 3º, Lei nº 8.437/92; art. 16, Lei nº 9.507/92), deverão também ser interpostos no prazo de quinze dias, que passa a ser o prazo comum para quase todos os recursos, com exceção dos embargos de declaração (art. 1.003, § 5º) e das demais espécies recursais que estiverem previstas, exclusivamente, em alguma lei especial, que permanecerão com seu prazo original, tal como ocorre com o recurso inominado que deve ser interposto em dez dias para impugnar a sentença proferida em sede de juizados especiais (v.g., art. 42, Lei nº 9.099/95).

Há precedentes do STF e do STJ no sentido de que os agravos previstos em seus respectivos regimentos ou que sejam regulador pela Lei nº 8.038/90 permanecem sendo interpostos em 5 (cinco) dias, caso se trate de matéria penal.

> **Enunciado nº 58 da I Jornada de Processo Civil CEJ/CJF:** "*O prazo para interposição do agravo previsto na Lei nº 8.437/92 é de quinze dias, conforme o disposto no art. 1.070 do CPC*".

> **Prazo para interposição de agravo em processo penal não foi alterado pelo CPC/2015.** "*A Primeira Turma, por maioria e em razão da intempestividade, não conheceu de agravo regimental interposto contra decisão que inadmitiu, na origem, recurso extraordinário sobre matéria penal. De início, o ministro Edson Fachin (relator) destacou que a decisão de inadmissibilidade foi publicada em 26/4/2016 (terça-feira), com início do prazo recursal em 27/4/2016 (quarta-feira) e fim em 11/5/2016 (quarta-feira), mas o agravo somente foi interposto em 17/5/2016 (terça-feira), quando já expirado o prazo de quinze dias corridos. Observou que o prazo previsto para a interposição de agravo de instrumento contra decisão que inadmite recurso extraordinário era de cinco dias, conforme o art. 28 da Lei 8.038/90. Com as alterações do Código de Processo Civil pela Lei 8.950/94, a Corte pacificou o entendimento de que o art. 28 da Lei 8.038/90 não havia sido revogado em matéria penal, permanecendo o prazo de cinco dias para interposição do agravo. Relembrou que o novo Código de Processo Civil (CPC) alterou a sistemática recursal e, especificamente quanto ao recurso extraordinário, revogou expressamente os arts. 26 a 29 e 38 da Lei 8.038/90, conforme disposto no art. 1.072 do novo diploma instrumental. Entretanto, foi mantido o art. 39 da Lei 8.038/90 ('Da decisão do Presidente do Tribunal, de Seção, de Turma ou de Relator que causar gravame à parte, caberá agravo para o órgão especial, Seção ou Turma, conforme o caso, no prazo de cinco dias'), que cuida de agravo interno, distinto do agravo cabível para destrancamento de recurso extraordinário. Por sua vez, o agravo destinado a destrancar recurso extraordinário criminal era regulamentado pelo art. 28 da Lei 8.038/90, revogado. Feitas essas considerações, o ministro verificou que, em razão da alteração da base normativa, inexistindo previsão específica no Código de Processo Penal (CPP) e no Regimento Interno do Supremo Tribunal Federal (RISTF), à luz do preconizado no art. 3º do CPP, o prazo a ser observado na interposição do agravo destinado a impugnar a decisão de inadmissibilidade do recurso extraordinário é o da regra geral do art. 1.003, § 5º, do CPC/2015, ou seja, de 15 dias. A despeito do que dispõe o art. 219, "caput", do CPC/2015, que determina a contagem do prazo recursal em dias úteis, o caso concreto trata de agravo em recurso extraordinário em matéria criminal. Nessa hipótese, as regras do processo civil somente se aplicam subsidiariamente. Dessa forma, sempre*

que em conflito regras formalmente expressas em lei, há de ser aplicado o critério da especialidade. No caso, a contagem dos prazos no processo penal está prevista no art. 798 do CPP ('Todos os prazos correrão em cartório e serão contínuos e peremptórios, não se interrompendo por férias, domingo ou dia feriado'). Portanto, o CPC/15 não regula o processo penal nesse particular. Logo, diante da nova sistemática processual, o prazo para interposição do agravo que almeja destrancar recurso extraordinário criminal inadmitido na origem passou a ser de 15 dias, com a contagem regida pelo CPP. A Ministra Rosa Weber e os Ministros Luiz Fux e Roberto Barroso acompanharam o relator quanto à intempestividade do recurso para não o conhecer, uma vez que a interposição se deu 21 dias após o início do prazo, mas não quanto aos fundamentos. Vencido o ministro Marco Aurélio, que afastava a intempestividade, por considerar ter havido a uniformização dos prazos em 15 dias úteis, exceto para embargos declaratórios" (STF. ARE 993407/DF, Rel. Min. Edson Fachin, 25/10/2016).

Prazo para interposição de agravo em processo penal não foi alterado pelo CPC/15. "*Processual Civil e Processual Penal. Agravo regimental em reclamação. Recurso que impugna decisão monocrática de relator proferida após a entrada em vigor do novo CP. Prazo ainda regido pelo art. 39 da Lei 8.038/90. Intempestividade*" (STJ. AgRg na Reclamação nº 30.714-PB. Rel. Min. Reynaldo Soares da Fonseca. DJ 27/04/2016).

Art. 1.071

Art. 1.071. O Capítulo III do Título V da Lei nº 6.015, de 31 de dezembro de 1973 (Lei de Registros Públicos), passa a vigorar acrescido do seguinte art. 216-A:

"Art. 216-A. Sem prejuízo da via jurisdicional, é admitido o pedido de reconhecimento extrajudicial de usucapião, que será processado diretamente perante o cartório do registro de imóveis da comarca em que estiver situado o imóvel usucapiendo, a requerimento do interessado, representado por advogado, instruído com:

I – ata notarial lavrada pelo tabelião, atestando o tempo de posse do requerente e seus antecessores, conforme o caso e suas circunstâncias;

II – planta e memorial descritivo assinado por profissional legalmente habilitado, com prova de anotação de responsabilidade técnica no respectivo conselho de fiscalização profissional, e pelos titulares de direitos reais e de outros direitos registrados ou averbados na matrícula do imóvel usucapiendo e na matrícula dos imóveis confinantes;

III – certidões negativas dos distribuidores da comarca da situação do imóvel e do domicílio do requerente;

IV – justo título ou quaisquer outros documentos que demonstrem a origem, a continuidade, a natureza e o tempo da posse, tais como o pagamento dos impostos e das taxas que incidirem sobre o imóvel.

§ 1º O pedido será autuado pelo registrador, prorrogando-se o prazo da prenotação até o acolhimento ou a rejeição do pedido.

§ 2º Se a planta não contiver a assinatura de qualquer um dos titulares de direitos reais e de outros direitos registrados ou averbados na matrícula do imóvel usucapiendo e na matrícula dos imóveis confinantes, esse será notificado pelo registrador competente, pessoalmente ou pelo correio com aviso de recebimento, para manifestar seu consentimento expresso em 15 (quinze) dias, interpretado o seu silêncio como discordância.

§ 3º O oficial de registro de imóveis dará ciência à União, ao Estado, ao Distrito Federal e ao Município, pessoalmente, por intermédio do oficial de registro de títulos e documentos, ou pelo correio com aviso de recebimento, para que se manifestem, em 15 (quinze) dias, sobre o pedido.

§ 4º O oficial de registro de imóveis promoverá a publicação de edital em jornal de grande circulação, onde houver, para a ciência de terceiros eventualmente interessados, que poderão se manifestar em 15 (quinze) dias.

§ 5º Para a elucidação de qualquer ponto de dúvida, poderão ser solicitadas ou realizadas diligências pelo oficial de registro de imóveis.

§ 6º Transcorrido o prazo de que trata o § 4º deste artigo, sem pendência de diligências na forma do § 5º deste artigo e achando-se em ordem a documentação, com inclusão da concordância expressa dos titulares de direitos reais e de outros direitos registrados ou averbados na matrícula do imóvel usucapiendo e na matrícula dos imóveis confinantes, o oficial de registro de imóveis registrará a aquisição do imóvel com as descrições apresentadas, sendo permitida a abertura de matrícula, se for o caso.

§ 7º Em qualquer caso, é lícito ao interessado suscitar o procedimento de dúvida, nos termos desta Lei.

§ 8º Ao final das diligências, se a documentação não estiver em ordem, o oficial de registro de imóveis rejeitará o pedido.

§ 9º A rejeição do pedido extrajudicial não impede o ajuizamento de ação de usucapião.

> § 10. Em caso de impugnação do pedido de reconhecimento extrajudicial de usucapião, apresentada por qualquer um dos titulares de direito reais e de outros direitos registrados ou averbados na matrícula do imóvel usucapiendo e na matrícula dos imóveis confinantes, por algum dos entes públicos ou por algum terceiro interessado, o oficial de registro de imóveis remeterá os autos ao juízo competente da comarca da situação do imóvel, cabendo ao requerente emendar a petição inicial para adequá-la ao procedimento comum".

O dispositivo estabelece a possibilidade de que ocorra o reconhecimento extrajudicial da usucapião, alterando a Lei de Registros Públicos (Lei nº 6.015/73). A usucapião é instituto de direito material, que possibilita a aquisição não negocial da propriedade ou de outro direito real pela posse prolongada, uma vez preenchidos os seus requisitos legais, dentre eles, em geral, a posse e o tempo.

Este dispositivo segue uma tendência de desjudicialização de certos procedimentos jurisdicionais, autorizando que a usucapião seja reconhecida diretamente perante Tabelião. A rigor, porém, não se trata de uma novidade no ordenamento jurídico brasileiro, tendo em vista a viabilidade de usucapião na seara de regularização fundiária urbana através de procedimento administrativo, em favor do detentor de título de legitimação de posse, correndo a prescrição aquisitiva deste registro (art. 60, Lei nº 11.977/2009).

Quanto à usucapião em análise, dentre o elenco de requisitos legais, deverá ser atestado pelo tabelião o tempo de posse do requerente, onde é permitida a união de posses com seus antecessores. Igualmente, a legislação faz exigência de que a planta e memorial descritivo sejam assinados por profissional legalmente habilitado, com responsabilidade técnica e registro no respectivo Conselho de Fiscalização Profissional, justamente pela importância da perfeita caracterização do imóvel usucapiendo, suas características e confrontações, porquanto a escritura pública ficará sujeita a compor/ alterar registro de natureza pública, interferindo na esfera de terceiros.

Outras formalidades exigidas são a apresentação das certidões negativas dos distribuidores da comarca da situação do imóvel e do domicílio do requerente. Igualmente, também são exigidos o justo título ou outra documentação que demonstre a origem da posse, continuidade, natureza e tempo. Além disso, ordena-se ampla publicidade sobre a pretensão de usucapião extrajudicial, incluindo a comunicação pessoal a entes públicos e a publicação de edital em jornal de grande circulação.

É de se frisar que a usucapião em cartório tem como requisito fundamental a ausência de litigiosidade. Mas, mesmo assim, deverá ser realizada na presença de advogado.

Não sendo possível o reconhecimento extrajudicial da usucapião, ou caso não haja interesse na observância desta via, caberá ainda sua postulação judicial, muito embora o processo vá observar o procedimento comum, já que o especial existente no modelo primitivo foi revogado pelo CPC. Mas foi mantida a exigência de citação dos vizinhos confinantes em algumas hipóteses (art. 246, § 3º).

> **Verbete nº 237 da Súmula do STF:** "*O usucapião pode ser arguido em defesa*".
>
> **Verbete nº 263 da Súmula do STF:** "*O possuidor deve ser citado pessoalmente para a ação de usucapião*".
>
> **Verbete nº 340 da Súmula do STF:** "*Desde a vigência do CC, os bens dominicais, como os demais bens públicos, não podem ser adquiridos por usucapião*".
>
> **Verbete nº 391 da Súmula do STF:** "*O confinante certo deve ser citado, pessoalmente, para a ação de usucapião*".

> **Ação de usucapião especial urbana. Benefícios da justiça e da assistência judiciária gratuita. Presunção relativa de hipossuficiência.** "É relativa a presunção de hipossuficiência do autor em ação de usucapião especial urbana e, por isso, é ilidida a partir da c*omprovação inequívoca de que o autor não pode ser considerado necessitado nos termos do parágrafo único do art. 2º Lei nº 1.060/50*" (STJ. RESP 1.517.822-SP, Rel. Min. Ricardo Villas Bôas Cueva, por unanimidade, julgado em 21/02/2017, DJe 24/02/2017).
>
> **Ação de usucapião especial rural. Apelação Cível. Comprovação dos requisitos legais. Extensão da propriedade. Área inferior ao módulo rural. Possibilidade. Repercussão geral no STF. Precedente do STJ. Ônus sucumbenciais. Inversão.** "*I –* In casu, *verifica-se que a ocorrência da aquisição da propriedade pela forma originária mencionada restou devidamente comprovada, em razão do tempo de permanência dos recorrentes no imóvel e na utilização do bem como moradia própria e para o sustento de sua família, fato reconhecido inclusive pela parte ré/apelada. II – Não pairam questionamentos acerca do ônus dos autores/recorrentes no tocante à produção de provas robustas hábeis a comprovar que ocupam a área apontada na exordial, o que, no presente caso, não ocorreu, restando comprovada apenas a posse de gleba de terras com extensão de 0,6412 hectares do imóvel rural de propriedade da ré/apelada. III – Reconhecido o usucapião da área de 0,6412 hectares pelos autores/apelantes, estes não podem ser impossibilitados de terem sua propriedade aquisitiva reconhecida, em virtude da pequena extensão da gleba de terras e por ser esta inferior ao módulo rural, posto que o artigo 191 da Constituição Federal e o artigo 1.239 do Código Civil preveem apenas a existência de demarcação de área máxima passível de ser usucapida, não de área mínima. Entendimento do STF esposado em sede de repercussão geral e precedente do STJ. IV – Reformada a sentença, com a parcial procedência do pedido, os ônus sucumbenciais devem ser suportados na proporção de 50% (cinquenta por cento) por cada litigante, observando-se ser a parte autora beneficiária da gratuidade da justiça. Apelação cível conhecida e parcialmente provida*" (TJ-GO. 0417349-34.2007.8.09.0145 – Apelação. Rel. Carlos Alberto França. DJ de 08/02/2017).

Art. 1.072

Art. 1.072. Revogam-se:

I – o art. 22 do Decreto-Lei nº 25, de 30 de novembro de 1937;

II – os arts. 227, *caput*, 229, 230, 456, 1.482, 1.483 e 1.768 a 1.773 da Lei nº 10.406, de 10 de janeiro de 2002 (Código Civil);

III – os arts. 2º, 3º, 4º, 6º, 7º, 11, 12 e 17 da Lei nº 1.060, de 5 de fevereiro de 1950;

IV – os arts. 13 a 18, 26 a 29 e 38 da Lei nº 8.038, de 28 de maio de 1990;

V – os arts. 16 a 18 da Lei nº 5.478, de 25 de julho de 1968; e

VI – o art. 98, § 4º, da Lei nº 12.529, de 30 de novembro de 2011.

O dispositivo revoga, sem apresentar justificativas, artigos previstos no Código Civil ou em outras leis específicas. Seguem brevíssimos comentários sobre cada um dos atos normativos atingidos:

Decreto-Lei nº 25/73, art. 22

Este dispositivo conferia direito de preferência aos entes da Administração direta quando da alienação onerosa de bens tombados, em que pese a legitimação destes para adjudicar (art. 876, § 5º), embora se sujeitassem ao regramento da concorrência de pretendentes (art. 876, § 6º). Mas, de qualquer maneira, em casos de alienação judicial de bem tombado deve ser dado ciência à União, ao Estado e ao Município (art. 889, VIII).

Lei nº 10.406/2002, art. 227, *caput*, art. 229, art. 230, art. 456, art. 1.482 e art. 1.483

O art. 227 do Código Civil foi revogado, pois seu conteúdo, que anteriormente era previsto no art. 401 do Código de Processo Civil de 1973, não foi mantido no atual modelo. Então, por coerência, já que não mais haveria essa manutenção, também o Código Civil deveria ser revogado neste ponto. Os dispositivos, em síntese, tratavam da vedação de prova exclusivamente testemunhal em contratos de valor exorbitante, que excedessem o décuplo do maior salário-mínimo vigente do país, ao tempo em que foram celebrados. A lógica pretérita se escorava na falibilidade deste meio de prova, tratando de um exemplo de sistema de prova tarifada.

Em complemento, revogou-se o dispositivo que vedava as presunções não legais, que guardam vinculação com as regras de experiência, nos casos em que a lei então excluía a prova testemunhal (art. 230 do CC).

Já a revogação do art. 229 do Código Civil deve ser analisada juntamente com a norma prevista no art. 448 do Código de Processo Civil, tendo optado o legislador por restringir o direito ao silêncio da testemunha. De relevante, há de se relatar a revogação da regra civilista que chancelava a escusa do dever de depor sobre fato que pudesse expor a testemunha a dano patrimonial imediato (art. 229, III, *in fine*, CC).

Por sua vez, o art. 456 do Código Civil, que condicionava o exercício pelo adquirente do direito de evicção à efetiva denunciação da lide ao alienante nos termos então designados pela lei processual, também foi revogado. É que o Código de Processo Civil tratou o oferecimento de denunciação a lide como mera faculdade, e não mais obrigatoriedade, como no modelo predecessor (art. 125).

Também foram revogados dois dispositivos civilistas (art. 1.482 e art. 1.483) que tratavam de matéria própria processual denominada "remição". A revogação é adequada, pois este tema sofreu severos ajustes por meio do implemento da Lei nº 11.382/2006), que ampliou os legitimados para o uso da "adjudicação", o que, por sinal, foi mantido no modelo atual (art. 876, §§ 3º e 4º). Assim, não faria qualquer sentido manter estes dois artigos civilistas.

Por fim, o legislador também optou pela revogação das normas civilistas sobre a interdição diante do seu corpulento relevo processual. No CPC, a interdição permanece retratada como um procedimento de jurisdição voluntária (art. 745 – art. 756).

Lei nº 1.060/50, art. 2º, art.-3º, art.-4º, *caput* e §§-1º-a 3º, art.-6º, art.-7º, art.-11, art.-12 e art.-17

A revogação de todos estes artigos, previstos na legislação específica que cuida da "assistência judiciária aos necessitados", se deu em decorrência de o Código de Processo Civil regular tais temas em seu próprio bojo, em título "Da Gratuidade de Justiça" (art. 98 – art. 102 do CPC).

Lei nº 8.038/90, art. 13, art. 14, art. 15, art. 16, art. 17, art. 18, art. 26, art. 27, art. 28, art. 29, e art. 38

A reclamação passa a ser prevista diretamente no Código de Processo Civil (art. 988 – art. 993), o que justificou a revogação de tais dispositivos. O mesmo vale quanto ao procedimento dos recursos especial e extraordinário, que agora são amplamente regulados no novo Código de Processo Civil.

Lei nº 5.478/68, art. 16, art. 17 e art. 18

Foram revogadas várias disposições da legislação específica sobre alimentos, pois o Código de Processo Civil deu tratamento mais específico para o cumprimento de sentença ou para a execução por título extrajudicial.

Lei nº 12.529/2011, § 4º do art. 98

A Lei nº 12.529/2011 trata especificamente da prevenção e repressão às infrações à ordem econômica, sendo que o parágrafo revogado está incluído em dispositivo de índole processual que cogita do oferecimento de embargos ou do ajuizamento de qualquer ação que vise à desconstituição do título executivo formado pela decisão oriunda do Conselho Administrativo de Defesa Econômica – Cade, que comine multa ou imponha obrigação de fazer ou não fazer. Neste caso, o dispositivo ora em enfoque ampliava a eficácia preclusiva da coisa julgada para abranger, inclusive, causas de pedir distintas, salvo em relação a fatos supervenientes, em lógica de afronta ao entendimento tradicional (art. 506) e em prejuízo do demandante.

BIBLIOGRAFIA SUGERIDA

ALMEIDA, Marcelo Pereira. *Precedentes judiciais – análise crítica dos métodos empregados no Brasil para a solução de demandas em massa.* Curitiba: Juruá, 2014.

ARAUJO, Luis Carlos de. MELLO, Cleyson de Moraes. *Curso do novo processo civil.* Rio de Janeiro: Freitas Bastos, 2015.

BUENO, Cassio Scarpinella. *Manual de direito processual civil.* São Paulo: Saraiva, 2015.

_____. *Novo código de processo civil anotado.* 1ª ed. São Paulo: Saraiva, 2015.

CABRAL, Antônio do Passo. CRAMER, Ronaldo (coords.). *Comentários ao novo código de processo civil.* Rio de Janeiro: Forense, 2015.

CALAMANDREI, Piero. *Eles, os juízes, vistos por nós, os advogados.* 6 ed. Lisboa: Livraria Clássica, 1960.

CÂMARA, Alexandre Freitas. *O novo processo civil brasileiro.* 1ª ed. São Paulo: Atlas, 2015.

CAPPELLETTI, Mauro; GARTH, Bryant. *Acesso à justiça,* tradução de Ellen Gracie Northfleet. Porto Alegre: Sérgio Antônio Fabris Editor, 2002.

CARNEIRO, Paulo Cezar Pinheiro. PINHO, Humberto Dalla Bernardina de. *Novo código de processo civil – anotado e comparado.* Rio de Janeiro: Gen Método, 2015.

DIDIER JÚNIOR, Fredie. *Curso de direito processual civil, v. 1.* Salvador: JusPodivm, 17a ed., 2015.

DIDIER JR., Fredie. BRAGA, Paula Sarno. OLIVEIRA, Rafael Alexandria de. *Curso de Direito Processual Civil, v. 2.* 10ª ed. Salvador: JusPodivm, 2015.

DIDIER JÚNIOR, Fredie. CUNHA, Leonardo Carneiro da. *Curso de direito processual civil, v. 3.* Salvador: JusPodivm, 13ª ed., 2016.

FLEXA, Alexandre. MACEDO, Daniel. BASTOS, Fabrício. *Novo código de processo civil.* Salvador: Juspodivm. 2015.

GRECO, Leonardo. "A tutela da urgência e a tutela da evidência no Código de Processo Civil de 2014/2015", *Revista Eletrônica de Direito Processual Civil – REDP,* v. XIV, 2014. Disponível em: <http://www.redp.com.br/edicao_14.htm> Acesso em 13/06/2015, às 11:56 hrs.

_____. A crise no processo de execução. *Estudos de direito processual.* Faculdade de Direito de Campos, 2005, p. 07-88.

_____. A reforma do poder judiciário e o acesso à justiça. *Estudos de Direito Processual*. Faculdade de Direito de Campos, 2005, p. 583-621.

HARTMANN, Guilherme Kronemberg. Complexidade da causa, inadmissibilidade ritual e o aproveitamento dos atos processuais praticados nos juizados especiais cíveis estaduais. *Coleção repercussões do CPC/15, v. 7 – Juizados Especiais*. REDONDO, Bruno Garcia et al (Coords.). 1ª ed. Salvador: JusPodivm, 2016.

Revista de Processo – REPRO, Ano 41, nº 253, março/2016.

_____ et al. A reforma do direito probatório no processo civil brasileiro – Anteprojeto do grupo de pesquisa 'Observatório das reformas processuais da Faculdade de Direito da UERJ" (versão preliminar) in *Revista Eletrônica de Direito Processual Civil – REDP, v. XIII*, 2014. Disponível em: <http://www.e-publicacoes.uerj.br/index.php/redp/issue/view/828> Acesso em: 20/04/2015, às 12:39 hrs.

HARTMANN, Rodolfo Kronemberg. HARTMANN, Guilherme Kronemberg. *Petições & prática cível*. 1ª ed. 3ª Tiragem. Niterói: Impetus, 2017.

HARTMANN, Rodolfo Kronemberg. *Curso completo de processo civil*. 4ª ed. Niterói: Impetus, 2017.

_____. *Novo código de processo civil – comparado e anotado*. 2ª ed. 3ª tiragem. Niterói: Impetus, 2016.

MASCIOTRA, Mario. *La conducta procesal de las partes*. Buenos Aires: Ad-Hoc, 2009.

MENDES, Aluisio Gonçalves de Castro; HARTMANN, Guilherme Kronemberg. A audiência de conciliação ou de mediação no Novo Código de Processo Civil. *Revista de Processo – REPRO, Ano 41, nº 253*, março/2016.

MITIDIERO, Daniel. *Colaboração no processo civil*: Pressupostos sociais, lógicos e éticos. São Paulo: RT, 2009.

MOREIRA, José Carlos Barbosa. Duelo e processo. *Temas de direito processual*, série 8. São Paulo: Saraiva, 2004, p. 211-221.

_____. O processo, as partes e a sociedade. *Temas de direito processual*, série 8. São Paulo: Saraiva, 2004, p. 29-40.

_____. Por um processo socialmente efetivo. *Temas de direito processual*, série 8. São Paulo: Saraiva, 2004, p. 15-27.

_____. O neoprivatismo no processo civil. *Leituras complementares de processo civil*. 6ª ed. Salvador: JusPodivm, 2008.

NALINI, José Renato. *Ética geral e profissional*. 8 ed. São Paulo: RT, 2011.

NEVES, Daniel Amorim Assumpção. *Manual de direito processual civil*. 8ª ed. Salvador: JusPodivm, 2016.

_____. *Novo código de processo civil comentado artigo por artigo*. 1ª ed. Salvador: JusPodivm, 2016.

PASSOS, julgado em J. Calmon de. O magistrado, protagonista do processo jurisdicional. *Os poderes do juiz e o controle das decisões judiciais*. José Miguel Garcia Medida et al. (Coords.) São Paulo: RT, 2008.

REDONDO, Bruno Garcia. SANTOS, Welder Queiroz dos. SILVA, Augusto Vinícius e. VALLADARES, Leandro Carlos Pereira (coords.). *Coleção repercussões do CPC/15, v. 7 – Juizados Especiais*. 1ª ed. Salvador: JusPodivm, 2016.

ROCHA, Felippe Borring. *Manual dos juizados especiais cíveis estaduais*. 8ª ed. São Paulo: Atlas, 2016.

SANTANA, Alexandre Ávalo. ANDRADE NETO, José. *CPC/15 – Análise doutrinária sobre o novo direito processual brasileiro*. Campo Grande: Contemplar, 2015.

THEODORO JUNIOR, Humberto. *Curso de Direito Processual Civil, v. I.* 56ª ed. Rio de Janeiro: Forense, 2015.

THEODORO JÚNIOR, Humberto. NUNES, Dierle. BAHIA, Alexandre Melo Franco. PEDRON, Flávio Quinaud. *CPC/15– Fundamentos e Sistematizações*. 1ª ed. Rio de Janeiro: Gen Forense, 2015.

TUCCI, José Rogério Cruz e. *Tempo e processo*: uma análise empírica das repercussões do tempo na fenomenologia processual (civil e penal). São Paulo: Saraiva, 1997.

Rua Alexandre Moura, 51
24210-200 – Gragoatá – Niterói – RJ
Telefax: (21) 2621-7007

www.impetus.com.br

Esta obra foi impressa em papel offset 63 gr/m².